佛山年鉴

FOSHAN YEARBOOK

2015

（总23期）

《佛山年鉴》编纂委员会　　佛山年鉴社　编

SPM

南方出版传媒

广东人民出版社

·广州·

图书在版编目（CIP）数据

佛山年鉴.2015／《佛山年鉴》编纂委员会，佛山年鉴社编．—广州：广东人民出版社，2015.11
ISBN 978-7-218-10529-1

Ⅰ.①佛…　Ⅱ.①佛…②佛…　Ⅲ.①佛山市—2015—年鉴　Ⅳ.①Z526.53

中国版本图书馆CIP数据核字（2015）第264928号

佛山年鉴. 2015

FOSHAN NIANJIAN 2015

《佛山年鉴》编纂委员会　佛山年鉴社　编

出 版 人：曾　莹

责任编辑：卢　卫　陈　绍　张贤明　陈其伟　林　冕　李展鹏　周惊涛　严耀锋
封面设计：卢　卫
责任技编：周　杰　黎碧霞

出版发行：广东人民出版社
地　　址：广州市大沙头四马路10号
邮政编码：510102
电　　话：（020）83798714（总编室）
传　　真：（020）83780199
网　　址：http://www.gdpph.com
印　　刷：佛山市华彩印刷有限公司
开　　本：850mm×1168mm　1/16
印　　张：34.5　　插　页：66　　字　数：1250千
版　　次：2015年11月第1版　2015年11月第1次印刷
定　　价：380.00元

编辑说明

一、《佛山年鉴》是由中共佛山市委员会、佛山市人民政府主持出版的一部地方性综合年鉴。每年更新资料出版一次，国内外公开发行。

二、《佛山年鉴》旨在全面、系统、准确地反映每个年度佛山市政治经济和社会各项事业的基本情况，为读者了解和研究佛山提供基本资料。

三、《佛山年鉴》采用分类编辑法。主体内容以篇目、类目、分目、条目四个结构层次的体例设置框架，以条目为表现内容的基本形式。全书条目标题统一采用黑体字加【　】表示。

四、本年鉴按常规以出版年份作卷次名称，《佛山年鉴 ·2015》着重反映2014年佛山市政治、经济、文化、教育等各项事业的发展情况。全书设《特载》《佛山大事记》《佛山概况》《政治》《法制》《经济》《科教文》《社会生活》《各区、镇街建设》《社会统计资料》《文件 · 法规选编》等11个篇目。为突显出版当年的新闻时效性，特设《新的一页——坚持稳中求进　突出改革创新》图片特辑，以图片形式反映2014年和2015年发生的要事和大事。

五、本年鉴统计数据采用法定计量单位，主要统计数据，均经撰稿单位与统计部门核对。全书所载录内容均由各撰稿单位审定提供。由于统计口径不一，个别数字可能不一致，使用时以佛山市统计局提供的数据为准。

六、本年鉴的编辑出版工作得到全市各级党委、政府的大力支持和统计部门、各有关单位以及广东人民出版社的通力合作，谨此致谢。本刊疏漏之处，敬请批评指正。

《佛山年鉴》编纂委员会

《佛山年鉴》编委会办公室

佛 山 年 鉴 社

目　录

图片专辑

第一篇　特　载

第二篇　佛山大事记

第三篇　佛山概况

第四篇　政　治

第五篇　法　制

第六篇 经 济

第七篇　科　教　文

第八篇　社会生活

第九篇 各区、镇街建设

第十篇　社会统计资料

第十一篇　文件・法规选编

主题索引

佛山市行政区域图

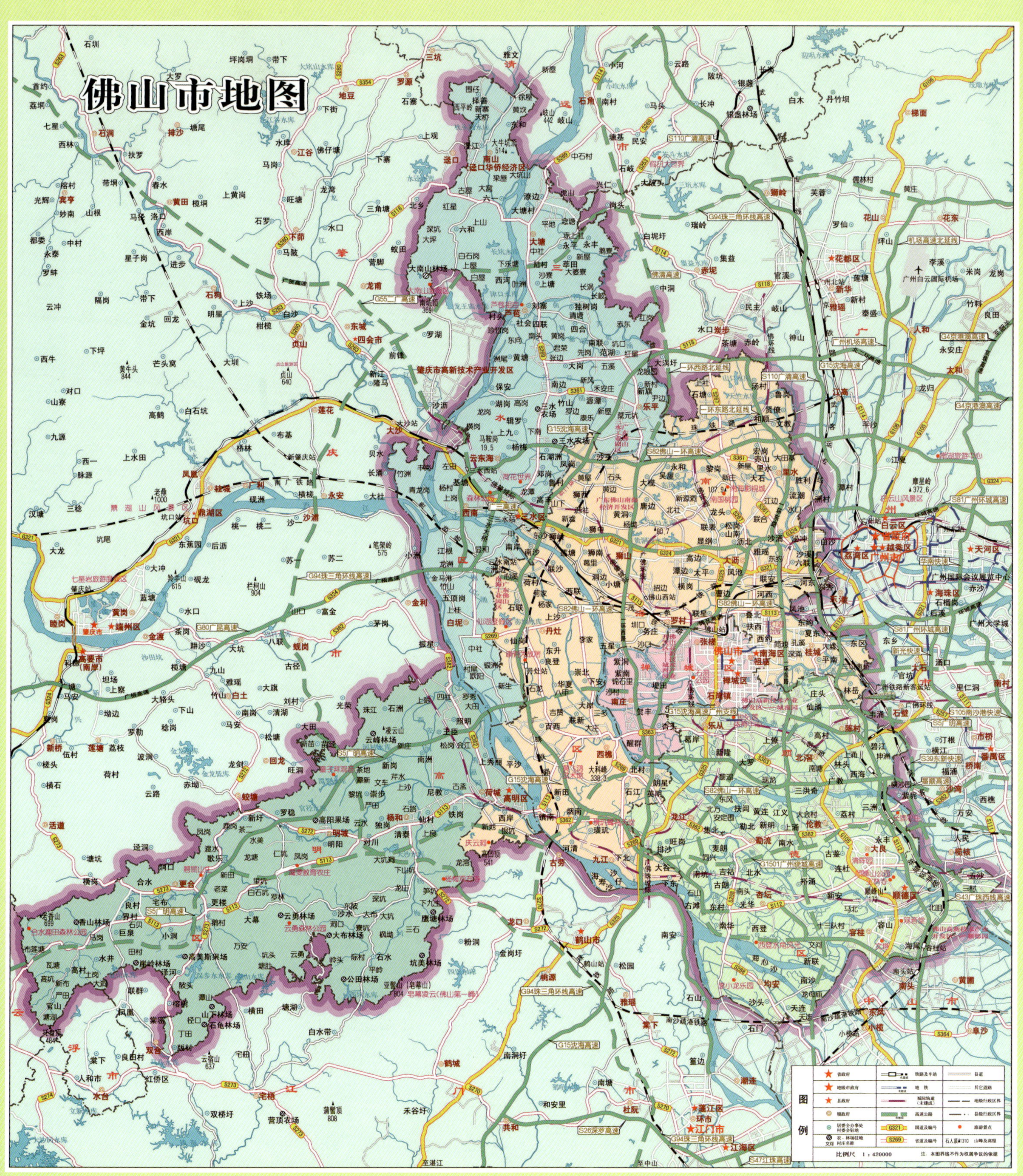

图说2014佛山新发展

佛山经济实力得到增强

7603.28亿元
全市地区生产总值

103825元
人均地区生产总值

1579.01亿元
实现财政总收入

其中：
地方一般公共预算收入

500.73 亿元
增长14.3%

- 全社会固定资产投资2612.45亿元，增长15.0%。
- 社会消费品零售总额2560.58亿元，增长13.1%。
- 进出口总值688.18亿美元，增长7.6%，其中出口467.20亿美元，增长9.9%。

城市环境得到改善，人民生活得到实惠

城市升级三年行动计划基本完成，城市形象品质得到较大提升。

城镇新增就业**8.2**万人，城镇登记失业率**2.35%**。

全市$PM_{2.5}$下降**15%**、PM_{10}下降**21%**。

城镇、农村常住居民人均可支配收入预计分别增长**9.0%、9.6%**。

全市财政民生支出**337.39**亿元，占一般公共预算支出的**64.3%**。

城乡居民储蓄存款余额**5806.94**亿元，比年初增长**3.7%**。

深入推进改革开放，城市发展活力增强

商事制度改革成效显著，全市新登记市场主体**7.29**万户，工商登记“全城通办”进展顺利。

网上办事大厅建设提速，市、区两级网上服务事项**4971**项，二级以上办事深度事项占**97.43%**，三级占**56.21**%。

设立**616**台“市民之窗”自助服务终端，**39**万笔行政服务通过终端办理。

佛山成为广东省建设法治化国际化营商环境试点城市。

加大产业转型力度，结构调整取得实效

完成工业技术改造投资 **278.56** 亿元

23.7% 增长

产业转型

一汽–大众二期、福田汽车、南车制造基地等项目陆续开工，阿格蕾雅光电材料、亨氏食品、村田纳米陶瓷电容器材等项目投产。

出台扶持服务业特别重大项目实施办法，南海万达广场、万科广场开业，中国慧聪家电城及家电博物馆项目运营，季华中央商务带、桂澜路千米商贸长廊建设加快，佛山华强广场动工，国通保税物流中心（B型）获批。

广东工业设计城、顺德创意产业园成为全省有影响的工业设计产业集群区域。

长鹿旅游休博园获评国家AAAAA级旅游景区，佛山（国际）家居博览城、桂城平洲玉器街、乐从国际会展中心、高明盈香生态园成为国家AAAA级旅游景区。

招商引资

- 引进超千万美元的外资签约项目**98**个，投资总额**82.88**亿美元。
- 引进超亿元的内资签约项目**147**个，投资总额**963.23**亿元。

科技创新

- 中国驰名商标**6**个，总数达**124**个。
- 全市财政安排创新型城市建设资金**21.07**亿元。
- 百万人口发明专利申请量**995**件，增长**55.2%**。
- 新增省级、市级创新团队**13**个，省级、市级工程中心**96**家，引进国家“千人计划”专家**23**人，设立院士工作室**29**个。

金融创新

佛山民间金融街引入**60**多家金融机构。全市新增银行**2**家、保险公司**4**家、小额贷款公司**3**家、股权投资企业**56**家、融资租赁公司**10**家、新三板企业**11**家、上市企业**2**家。

民营经济

鼓励实施“两化”融合、机器人应用、品牌营销等举措，加强重点企业培育，全市产值超千亿元企业**1**家、超百亿元企业**11**家。举办民营企业精英研修班，引导中小民企建立现代企业制度，**2010**户个体工商户转型升级为企业。

大力发展民生社会事业，促进社会和谐进步

企业退休职工月人均基本养老金增长**14.2%**，城乡居民社会养老保险基础养老金增长**12.5%**。城乡低保标准准提高**8.5%**，城乡低保对象大病医疗救助报销比例平均达**80%**，农村五保供养标准平均增长**26.4%**。

基层“平安村居”和各行业“平安细胞”创建覆盖面**80%**。公安“六大专项”打击整治行动获得全省第**二**名，“110”刑事警情同比下降**10%**。禅桂新中心城区“禁摩禁电”平稳推进。

新市民入户及随迁子女就读义务教育公办学校实施统一积分，符合条件异地务工人员随迁子女参加居民医保享受同等财政补贴，实行异地务工人员大病救助。

打造肉食品“全链条闭环式”监管模式，新增餐饮服务食品安全示范点**100**家、阳光厨房**695**家、市级“菜篮子”基地**19**个、省级食品安全示范学校食堂**100**家。

全国文明城市
National Civilized City

国家卫生城市
National Sanitary City

国家园林城市
National Garden City

国家洁净城市
National Clean City

国家历史文化名城
National Famous Historical and Cultural City

中国优秀旅游城市
Top Tourist City in China

联合国『人类住区优秀范例』城市
Best Practice on Human Settlements by the United Nations

全国科技进步先进市
National Model City in Promoting Science and Technology

中国品牌之都
China Brand Economy City

国家环境保护模范城市
National Model City in Environmental Protection

全国绿化模范城市
National Model Green City

坚持稳中求进 突出改革创新

2015新的一页 图 片 特 辑
FOSHAN YEARBOOK

大事要闻

记载佛山辉煌岁月 见证城市腾飞轨迹

大事要闻

2014 年，是贯彻落实党的十八届三中、四中全会精神，全面深化改革的开局之年。市政府在省委、省政府和市委的正确领导下，在市人大、市政协的监督支持下，积极应对复杂形势，坚定不移落实“稳增长、促改革、调结构、惠民生、防风险”的各项政策措施，求真务实、锐意进取，各项工作取得新进步。

经济实力得到增强 全年实现地区生产总值 7603.28 亿元，增长 8.6%；人均地区生产总值 103825 元。全社会固定资产投资 2612.45 亿元，增长 15%。社会消费品零售总额 2560.58 亿元，增长 13.1%。进出口总值 688.18 亿美元，增长 7.6%，其中出口 467.2 亿美元，增长 9.9%。

质量效益得到提升 实现财政总收入 1579.01 亿元，增长 6.2%。地方一般公共预算收入 500.73 亿元，增长 14.3%。先进制造业和高技术制造业分别占全市工业总产值比重 36.1%、6.9%，同比提高 0.3、0.6 个百分点。

城市环境得到改善 城市升级三年行动计划基本完成，城市形象品质得到较大提升。全市 $PM_{2.5}$ 下降 15%、PM_{10} 下降 21%。单位 GDP 能耗预计下降 4.25%，主要污染物二氧化硫和化学需氧量排放量完成省下达的削减任务。

人民生活得到实惠 全市财政民生支出 337.39 亿元，占地方一般公共预算支出的 64.3%。城镇新增就业 8.2 万人，城镇登记失业率 2.35%。城镇、农村常住居民人均可支配收入预计分别增长 9%、9.6%。城乡居民储蓄存款余额 5806.94 亿元，比年初增长 3.7%。

2015 年 1 月 22 日，中国共产党佛山市第十一届委员会第六次全体会议举行。会议要求全市各级部门要以提高经济发展质量和效益为中心，坚持稳中求进，突出改革创新，争当“三个定位、两个率先”排头兵。

2015 年 2 月 4 日，佛山市第十四届人民代表大会第五次会议在机关大礼堂隆重开幕。

2015 年 3 月 6 日，在全国“两会”上，全国人大代表、佛山市委书记刘悦伦积极发言。

2015 年 2 月 4 日，代市长鲁毅在市十四届人大第五次会议上做政府工作报告。

2015 年 2 月 3 日，中国人民政治协商会议第十一届佛山市委员会第四次在市政协礼堂开幕。

大事要闻

2014年8月6日，中共中央政治局委员、广东省委书记胡春华（前右3）到佛山北汽福田汽车股份有限公司调研装备制造业发展情况。

2015年5月4日，广东省省长朱小丹（前左2）在南海区狮山镇视察一汽－大众佛山工厂。

2015 年 4 月 17 日，佛山市委书记刘悦伦（右 3）率领佛山代表团一行，赴广西南宁市考察。在南宁市委副书记李泽（右 2）等陪同下，刘悦伦一行在南宁市的高新区东盟企业总部基地考察。

2015 年 4 月 24 日，在贵州省黔东南州州委副书记、州长廖飞（左 2）等陪同下，佛山市市长鲁毅（前右 2）一行考察黔东南州的中科汉天下公司。

大事要闻

2015 年 3 月 18 日，佛山市创建全国文明城市工作总结暨 2015 年全市精神文明建设工作大会举行。刘悦伦、鲁毅等领导为佛山市获得“全国文明城市”“全国未成年人思想道德建设工作先进城市”揭牌。

2014 年 12 月 23 日，佛山市召开法治镇（街）创建工作经验交流会。市委书记刘悦伦，市领导杨建华、李子甫、梁维东、区邦敏、卢立湃、江楷鑫以及省依法治省办专职副主任黄文平等出席了会议。

2015 年 4 月 8 日，由市委书记刘悦伦、市长鲁毅带队，分别对高明区、顺德区和佛山新城进行了城市升级三年行动计划现场巡查。

2014 年 12 月 25 日，佛山市召开“三旧”改造工作会议，市委书记刘悦伦、市长鲁毅出席会议，会议对“三旧”改造审批流程再造进行了探讨。

大事要闻

2015 年 2 月 26 日，佛山市委书记、市人大常委会主任刘悦伦（前左 2）在副市长、市公安局局长江楷鑫（前左 1）等陪同下，到市公安局指挥中心调研。

2015 年 2 月 25 日，佛山市市长鲁毅到佛山市图书馆、佛山市人才资源开发服务中心视察。图为在佛山市人才资源开发服务中心，鲁毅向前来提档的中国银行人力资源部工作人员询问招聘情况。

2014 年 2 月 10 日，佛山市召开党的群众路线教育实践活动动员部署会议。

2015 年 2 月 15 日，佛山市委书记刘悦伦、市长鲁毅一行到广东省军区走访慰问。

大事要闻

2014 年 4 月 17 日，佛山市召开推进教育现代化工作总结会暨全市教育工作会议。图为时任市长刘悦伦（左）从广东省教育厅厅长罗伟其（右）手中接过“广东省推进教育现代化先进市”牌匾。

2015 年 3 月 15 日，全国第一个以“征信”为服务内容的企业征信建设促进会——佛山市企业征信建设促进会成立。

2014 年 11 月 5 日，佛山市召开全市公安英模事迹报告会。

2015 年佛山市庆祝“五一”国际劳动节大会。图为部分全国劳动模范、先进工作者在会上合影。

大事要闻

2014 年 5 月 14 日，佛山市环境保护综合督查试点启动会举行，会上宣布了佛山市成为广东省首个“全国环保综合督查”试点城市。

2014 年 11 月 6 日，佛山市公安局、市环境保护局领导为联合执法办公室揭牌。

2014 年 3 月 15 日，佛山市消委会、市工商局联合举办“3·15”大型现场宣传咨询活动。

2014 年 4 月 1 日，佛山市国税局、市地税局在佛山市政府官方微博平台 @ 佛山发布联合举办局长微访谈活动。

大事要闻

2015 年 1 月 13 日上午，“2014 佛山口碑榜” 发榜盛典在佛山新图书馆举行。图为佛山市委常委、宣传部部长冯德良（右 5）为获得最佳口碑单位的代表颁奖。

佛山市 2015 年名牌工作会议。

2015 年 1 月 14 日，中共佛山市委副书记、代市长鲁毅（左 3），在佛山传媒集团党委书记、管委会主任刘宁（右 1）的陪同下，视察佛山电台 FM92.4 频率直播室，佛山传媒集团管委会副主任、佛山电台台长李先贵（左 1）向领导们介绍情况。

佛山电视台连续 7 年在北京设立直播室报道全国“两会”，并策划汇聚市民意见的“全民议案”，在“两会”报道中寻找本土价值。

大事要闻

2014 年 10 月 16 日，最高人民检察院司法改革办公室副主任张新泽组织全国人大常委会委员王明霞和部分四川团全国人大代表到佛山市人民检察院调研检察改革。

佛山市政府第三届专家顾问团第二次会议。

2014 年 1 月 9 日，佛山市副市长王玲（右）向驻澳部队赠送慰问金。

2014 年 7 月 26 日，佛山市举办“幸福双拥 情定佛山——2014 年佛山市军地青年联谊活动”，80 多位佛山军地青年在活动现场联谊交友。

大事要闻

2015 年 3 月 24 日，佛山人力资源服务产业园在绿岛湖都市产业区举行开园仪式。

2015 年 1 月 6 日，"芯光源孵化器"人才增值计划启动活动在广东省新光源产业基地举行。

2014 年 5 月 21 日，佛山市公共资源交易一体化服务平台推广应用工作会议召开。

2015 年 4 月 8 日，“高明企业上市孵化基地”（高明资本市场服务中心）签约暨揭牌仪式在高明区举行。图为高明区政府代表与广东金融高新区股权交易中心代表签订战略合作框架协议。

大事要闻

2014 年 1 月 21 日，佛山市与德国因戈尔施塔特市签署友好城市关系协议。

2015 年 3 月 20 日，北京外国语大学南方研究院、北京外国语大学德国研究中心揭牌仪式在佛山新城的中欧中心举行。佛山市委书记刘悦伦（左 2）、北京外国语大学校长彭龙（左 3）等领导出席揭牌仪式。

2015 年 3 月 26 日，佛山市友好城市德国因戈尔施塔特市首席市长克里斯蒂安 · 吕泽尔博士（前右 3）一行在佛山新城的中欧中心参观，了解中欧中心及其相关企业、机构进驻的情况。

2015 年 4 月 20 日，德国高级专家组织南中国（南海）工作站在南海区人才服务中心揭牌。

大事要闻

2015 年 1 月 28 日，佛山科技金融综合服务中心与佛山商协会组织在佛山国家火炬创新创业园签署共建服务平台战略合作框架协议。

2014 年 4 月 16 日，佛山市商标战略办举办 2014 年佛山市新《商标法》培训班。

佛山市国税局"营改增"专题调研会。

2014年5月20日，南海区大沥镇举办以"诚信，与税月同行"为主题的演讲比赛。比赛现场，大沥镇办税员协会挂牌成立。

大事要闻

2014 年 10 月 26 日，佛山市银行协会组织佛山银监局和各成员单位举行“幸福佛山 和谐金融”——佛山市银行业金融知识万里行活动。

文明佛山 · 文明人——佛山市公民道德宣传日活动。

第一篇

特　载

把握新常态　激发新动力
努力争当“三个定位、两个率先”排头兵

——在中共佛山市委十一届六次全会上的报告

（2015年1月22日）

中共佛山市委书记　刘悦伦

同志们：

现在我代表市委常委会，向全会作报告。

这次全会的主题是，全面贯彻落实党的十八大和十八届三中、四中全会及中央经济工作会议精神，深入学习贯彻习近平总书记系列重要讲话精神，按照省委第十一届四次全会部署，把握新常态，坚持稳中求进，以提高经济发展质量和效益为中心，突出创新驱动，全面深化改革，推进依法治市，努力争当“三个定位、两个率先”排头兵。

一、将党的群众路线贯穿改革发展全过程，开创出阔步向前新局面

刚刚过去的一年，是我们在中央和省委的正确领导下，积极应对复杂形势，克服经济下行压力，战胜各种困难，增创发展新优势的一年。一年来，全市上下以开展党的群众路线教育实践活动为统领，以建设人民满意政府为抓手，主动拥抱新一轮改革发展的春天，各项工作取得了新成绩。

践行群众路线加强党的建设成效显著。紧紧围绕“为民务实清廉”主题，按照省委胡春华书记挂点南海对我市提出的要求，扎实有效开展党的群众路线教育实践活动，规定动作高质量完成，建设人民满意政府等自选动作亮点纷呈，党员干部作风明显转变。从严治党坚定有力，系统谋划推进基层服务型党组织建设，实施大抓基层“1 + 5”[1]行动方案，建立镇（街）党政领导干部直接联系群众制度，打通联系和服务群众“最后一公里”，为全省建立推广“直联制”提供了经验。反腐倡廉坚持不懈，用“制度+科技”手段，打造“四风”网络监督、企业资源规划廉洁风险科技防控、婚丧喜庆事宜信息管理等五大平台，提高反腐倡廉工作科学化水平，有力净化了党风政风。

全面深化改革成果丰硕。更加突出改革的系统性、整体性和协同性，注重从点上开花引向面上结果。全市382项改革超过一半取得实质性进展，其中22项市的重大改革取得阶段性成果，承接中央、省的37项改革试点顺利推进。行政审批制度改革取得新突破，在省内率先推出政府权责清单和投资、审批、监管“三单”管理，推行工商登记“同城通办”，探索“一门式”行政服务改革取得良好成效。基层社会治理不断创新，南海“政经分离”、顺德“政社分开”，以及构建公共法律服务体系等改革经验全市推广，社会治理体系更加完善。医药卫生、文化教育、公共资源交易、农村和金融体制等领域改革扎实推进，社会活力进一步激发。

经济保持平稳健康发展。紧紧抓住稳增长、调结构这一主线，大力发展实体经济，地区生产

总值和固定资产投资保持中高速增长，全年经济呈现稳中有进、稳中向好、质量和效益双提升的发展态势。坚持优化存量，提升增量，加快推进传统产业“凤凰涅槃”，积极发展战略性新兴产业，着力打造万亿规模先进装备制造产业带。新型现代农业加快发展。努力解决第三产业发展短板，金融创新方兴未艾，工业设计、电子商务等现代服务业蓬勃发展。坚持走有佛山特色的创新发展之路，国家创新型城市建设取得新进展，R&D比重持续提高，国家级科技企业孵化器、国家高新技术企业、公共创新平台不断增加，成为国家知识产权示范城市和国家知识产权服务业集聚发展试验区。

城市面貌焕然一新。城市升级三年行动计划取得明显成效，城市面貌从点到线，从线到面，呈现出连片成面的整体效果。中心城区“一老三新”[2]区域建设全面提速，各组团核心区扩容提质，全市“三旧”改造面积和投入资金全省领先。交通设施建设快速推进，高速路网进一步完善，贵广、南广铁路佛山段建成通车，全面进入城市轨道路网建设新时代，现代化立体交通体系加快成型。确立从“城市升级”迈向“城市升值”的新型城镇化道路，在完善硬件建设的基础上，更加注重教育文化事业发展、城市文明进步和人文素质提升。生态文明建设可圈可点，依法加强环境保护，组建“环保警察”队伍，着力推进大气和水环境综合整治，PM_{10}和$PM_{2.5}$持续下降，空气质量逐步向好。新建一批生态景观林带、休闲公园和运动健身场所，城市更加美丽宜居。

民主法治建设取得新进展。认真办理人大代表建议、政协委员提案，人民群众普遍关心的切身利益问题得到较好解决。紧紧围绕经济社会发展重大问题，广泛征询群众意见，开展民主协商，重大建设的民意基础更加牢固。积极开展各领域统战工作，最广泛争取各方力量促进佛山发展。注重法治佛山建设，深入实施法治惠民工程，积极创建法治镇（街），全面推进重大行政决策程序制度化建设，大力支持法院、检察院改革试点，做好行使地方立法权准备工作，法治化水平进入全国城市前列。

宣传思想文化工作进一步加强。坚持唱响主旋律，深入开展中国特色社会主义、中国梦等主题教育宣传活动，大力培养和践行社会主义核心价值观。突出抓好舆论引导，进一步推动新闻发布工作常态化，健全网络管理引导体制机制，壮大主流思想舆论，用强大的正能量助推经济社会发展。创新社科理论研究与管理，不断拓展公共文化服务的广度和深度，牢牢把握文艺工作的主题和方向，有力推动文艺事业发展繁荣。成功举办中国四大名镇城市文化经贸交流活动，以及2014年佛山秋色欢乐节、亚太地区龙舟公开赛等节庆赛事，推出了粤剧电影、话剧、戏曲、文学等一批原创作品。

社会民生事业全面进步。认真落实各项惠民政策，保障和改善民生工作得到加强。全市财政民生支出337.39亿元，占公共财政预算支出的64.27%。率先成为全省推进教育现代化先进市，五区在全省率先通过全国义务教育发展基本均衡区国家督导评估。保障性住房建设、农村危房改造等省市民生实事全面完成。底线民生保障标准持续提高。基本公共服务惠及更多异地务工人员。对口援助和扶贫开发工作积极推进。信访维稳和矛盾纠纷化解工作扎实有效，群众合理诉求得到及时解决。“平安佛山”建设取得新成效，创建食品安全示范市顺利推进。群众满意度和幸福感进一步提高。

同志们，过去的一年是我们经历各种考验的一年，各项建设能够取得丰硕成果，凝聚了全市人民的智慧、汗水和心血。在此，我代表市委，向全市广大党员、干部群众和社会各界人士，表示衷心的感谢并致以崇高的敬意！

在看到成绩的同时，我们也要清醒认识到，我们的工作与人民群众的期盼和要求还有不少差距，前进中还存在一些问题和不足，主要表现在：一是经济下行压力较大，增长动力转换较慢，稳增长任务艰巨。二是发展的质量和效益还不够高，产业转型升级仍处在爬坡越坎阶段，产业层次整体不高的局面亟待改变。三是科技创新能力不够强，创新驱动发展的基础还不牢固。四是环境治理任务繁重，大气和水污染问题较为突出。五是安全生产形势严峻，排查治理安全隐患工作还不到位。六是一些党员干部违纪违法、作风不实、为官不为问题仍然存在，党风廉政建设有待进一步加强。面对这些问题和不足，我们必须高度重视，切实加以解决。

二、把握新常态，抓牢新机遇，以新思路引领新发展

2015年，是全面深化改革、完成“十二五”规划目标、谋划好“十三五”的关键之年，是全面建设“法治佛山”的开局之年，也是促进佛山转型发展的攻坚之年。按照党的十八大精神和习近平总书记对广东的“三个定位、两个率先”要求，市委提出率先全面建成小康社会，提前实现地区生产总值和城乡居民人均收入翻一番目标。任务艰巨，重担在肩！

科学认清形势，准确把握走势，是确立新思路、引领新发展的基本前提。我们要清醒地看到，当前国际国内经济形势面临的不确定因素较多，世界经济仍处在国际金融危机后的深度调整期，国内经济运行多重困难和多方面矛盾相互交织，经济发展出现新常态，消费、投资、出口、竞争和调控等许多方面呈现出新特征。与全国宏观发展大趋势相同，佛山经济也呈现出从高速增长转为中高速增长，结构不断优化升级，从要素驱动、投资驱动转向更多依靠创新驱动等显著特点。认识新常态、适应新常态、引领新常态，是当前和今后一个时期佛山经济发展的重要课题。面对新常态，我们观念上要适应，认识上要到位，方法上要对路，既要反对唯GDP导向，又要坚持以经济建设为中心；既要千方百计大力发展第三产业，又要坚定不移打牢制造业根基；既要反对不切实际的盲目投资，又要加大有效投资和高质量项目的招商引资力度；既要努力引进和培育新兴产业，又要促进传统产业就地加快转型升级。

新常态是挑战，更是机遇。要继续走在改革发展的前列，必须坚定信心，直面挑战，抓住机遇，凝心聚力谋发展，心无旁骛抓落实，以“六个坚持”引领各项工作开展：

——坚持稳增长调结构，促进经济持续健康发展。积极做好经济结构调整的“加减乘除法”[3]，推进新型工业化、信息化、城镇化、农业现代化同步发展，培育新的增长点，增强战略性新兴产业和现代服务业的支撑作用，推动传统产业加快向中高端迈进。

——坚持全面深化改革，再创体制机制新优势。进一步转变政府职能，发挥市场决定性作用，充分调动社会力量，打造市场化法治化国际化营商环境，促进大众创业、万众创新，为转型发展提供动力源泉。

——坚持“治以法尊”[4]，不断提高治市理政水平。以法治思维和法治方式深化改革、推动发展、化解矛盾、维护稳定，着力推动法治政府、法治社会建设，保障司法公正，让法治的阳光照亮每一个角落。

——坚持优化城市环境，促进城市价值全面提升。不断改善人居环境，丰富城市内涵，提升城市品质，增强城市的影响力和竞争力，使佛山成为人才向往、人民充满幸福感的城市。

——坚持保障和改善民生，不断提高人民满意度。深入推进人民满意政府建设，围绕有效解决群众最关心、反映最突出的问题扎实做好民生工作，着力惠民生、纾民困、解民忧，让广大市民生活和安全得到保障、心灵充满温暖。

——坚持抓好党建主业，形成奋发有为的干事创业环境。落实全面从严治党，加强思想和制度建设，强化大抓基层导向，锲而不舍改进作风，深入推进反腐倡廉，建设一支拼劲十足的高素质干部队伍，为改革发展提供坚强组织保证。

三、全方位推进改革创新，促进城市价值全面提升

提升城市价值是佛山未来发展的一项重大任务。我们要以改革创新思维总揽未来佛山经济社会发展，以产业升级增强城市实力，以城市升级提高城市品质，以优秀岭南文化丰富城市内涵，把佛山打造成为有实力、有活力、有魅力的现代化特大城市。

（一）力促转型，建设现代产业高地。坚持做大总量和优化结构统筹推进，大力实施创新驱动发展战略，着力提升制造业的智能化水平，促进产业结构调整和发展方式转变。

以打造珠江西岸先进装备制造产业带为龙头，加快建立现代产业体系。聚焦传统产业、新兴产业和现代服务业三大板块，加快产业转型升级，积极培育新的经济增长点，全面提升产业竞争力。紧抓

打造珠江西岸先进装备制造产业带的机遇，努力构建以智能制造为核心的装备制造产业链，加快基地建设和产业集聚，尽快达到万亿规模。顺应“工业4.0”[5]发展趋势，加快传统产业技术改造、“挖潜开荒”[6]，延伸全产业链，向高端方向发展。高度重视战略性新兴产业发展，把新医药、新材料、新能源、节能环保等培育成为撬动佛山未来发展的新支点。千方百计推动第三产业提速增长，加快促进制造业服务化，做大做强金融、物流、会展、旅游、文化创意、科技服务等现代服务业。更加突出大招商、大策划，全力引进一批具有龙头带动效应的大项目。把握移动互联网和电子商务快速发展的趋势，积极支持商业模式创新和新业态发展。大力发展高效安全、资源节约、环境友好的现代农业，加快完善农产品市场服务体系。

以“金融科技产业”融合为核心，加快完善要素支撑体系。聚焦科技、金融、人才、园区载体四大要素，进一步完善产业升级支撑体系，推动佛山从制造之城走向创造之城、智造之城。全力抓好科技创新，加大投入力度，加快创建国家创新型城市的步伐，发挥企业自主创新主体作用，深化产学研协同创新，提升公共服务平台建设水平，增强科技成果转化能力。全力抓好金融创新发展，继续完善金融产品及服务创新政策环境，让金融资本成为推动企业持续发展的强大动力。着力推进人才体制机制改革，抓好领军型创新人才和团队建设，培育与产业结构优化相适应的人才队伍。大力支持中德工业服务区、佛山国家高新区、广东金融高新区、南方智谷等重大载体建设，推动产业集群发展。

（二）丰富内涵，全面提升城市品质。要紧紧围绕新型城镇化建设要求，坚持高水平规划、高标准建设、高效能管理，着力营造适宜创业发展和生活居住的城市环境。

致力城市有形价值提升。大力推进轨道交通规划建设，加快与广州地铁系统联结成网、无缝对接。进一步完善高快速路网，实现各组团城区间、与周边城市间的快捷对接，重点加强与广州南站、南沙港、白云机场等三大枢纽和广州核心城区的有效衔接，使广州优势也成为佛山优势。加强能源、水利、通信、市政等设施建设，加快统筹跨区域公共资源力度，促进五区合作互动、协调发展。在完成城市升级三年行动计划的基础上，高水平实施城市升级两年延伸计划，进一步提升中心城区和各组团城区的辐射力和凝聚力。以拓展发展空间、提升城市品质、改善生活环境为导向，着力推进“三旧”改造，活化农村集体建设用地。加快实施百村升级计划，大力推进村级工业园、城中村、高速公路沿线、滨河水岸沿线的综合整治和改造升级，为发展先进制造业和新兴产业腾出空间。高标准推进生态环境建设，聚焦大气污染，铁腕整治，建立跨区域环保执法联动机制，严格环保问责追责，进一步改善空气和水环境质量。全力创建全国森林城市。大力推行城市管理数字化、标准化、网格化，建立城市公共安全与应急管理体系，重点加强城市工业危险源、人流密集场所、公共交通、公共卫生等公共安全领域的风险防控，努力提升城市管理水平。

佛山市城市升级三年行动计划取得明显成效，城市面貌焕然一新。图为南海广东金融高新区一角。

致力城市无形价值提升。正确认识传统与现代、继承与创新的辩证关系，促进城市现代文明与传统特色文化交织共融、协调发展。从“促进文化与产业融合”“助力城市建设提升”“深化公共文化服务均等化”以及“塑造传播城市形象”等方面着手，大力推动城市文化跨界发展，积极打造创新创造活跃、岭南风韵突出、城乡服务均等、城市形象鲜明的文化导向型城市。认真落实抓好文化升级两年行动计划，积极推进46个重点项目建设。继续深入创建全国文明城市。高度重视意识形态工作，坚持党管媒体，强化宣传舆论引导，为改革发展提供强大的精神动力。加强网络虚拟社会管理和载体建设，持续净化网络环境。抓好主题宣传教育，将社会主义核心价值观融入到经济社会发展的各个领域、各个环节。强化外宣工作，讲好佛山故事，多层次全方位全面展现佛山形象。

（三）克难而进，再创体制机制新优势。要把改革创新贯穿于经济社会发展全过程，努力打造市场化法治化国际化营商环境，增创体制机制新优势。

坚持将深化改革作为推动新发展的根本动力。紧紧抓住新一轮改革发展的有利时机，实现改革新突破、见实效。坚持改革和具体工作相结合、顶层设计与基层探索相结合，以群众、企业需求和问题为导向，发挥基层改革创造性和积极性，全面深化各项改革。继续转变政府职能，进一步理顺市、区和镇（街）政府权责。加大投资管理体制改革攻坚力度，为企业提供宽松便利、规范有序的市场环境。推进工商登记“同城通办”，实现全市五区全覆盖。加大“一门式”政务服务改革力度，探索佛山政务服务新模式。加快落实农村土地制度改革新政策，提高农村土地利用效益。积极争取中央和省的改革试点项目，总结推广各区改革成熟的经验和做法，推动形成以改革成果转化引领发展的崭新局面。

坚持将扩大开放作为深化区域合作的重要路径。围绕“一带一路”国家战略，以经贸往来、科技合作以及文化交流为主要内容，依托佛山丰富的侨力资源加快走出去、引进来，把佛山打造成为21世纪海上丝绸之路[7]和丝绸之路经济带[8]的重要节点。围绕“泛珠三角”[9]建设，扩大对港澳和内地城市的开放，积极参与珠江－西江经济带和粤桂黔高铁经济带建设，不断提升泛珠区域合作水平。围绕广佛同城化和珠三角一体化发展，充分利用广东自贸区的优势，进一步完善优势互补、良性互动的区域合作机制，推动基础设施、产业布局、环境保护、民生事业等一体化进程。围绕对口援助、扶贫开发和区域共同发展，做好援藏援疆和帮扶云浮工作，发挥各方资源优势，合作共建产业转移工业园和经济合作区。

（四）惠泽民生，持续提高人民满意度。建设人民满意政府，加大民生保障力度，让改革发展的成果更多惠及广大人民群众。

积极推动幸福佛山建设。坚持经济发展与民生改善同步推进，把民生工程办成群众实惠工程、民心工程。走以人为本的包容性发展之路，大力推进城乡和外来常住人口基本公共服务均等化，改善就业、住房、就医、教育、社会保障等基本生活条件，为异地务工人员和城市困难群体提供公平发展机会，切实增强全体市民对“幸福佛山”的认同感、自豪感。深化创建国家教育综合改革试验区，加快建立与佛山产业发展和社会服务相适应的高等教育和职业教育体系。大力提升公共卫生服务水平，积极探索多元化办医，增加医疗卫生服务供给，满足群众多样化就医需求。落实全民健身战略，打造15分钟城市社区健身圈，提升市民体质。

全力维护社会和谐稳定。深入推进“平安佛山”建设，强化立体化治安防控体系，严厉打击违法犯罪，提升维稳综治工作信息化水平，确保社会大局稳定。深刻吸取顺德区“12·31”重大爆燃事故教训，全面加强安全生产工作，落实安全生产“一岗双责”责任制，强化企业安全生产主体责任，建立风险防控体系，坚决遏制重特大安全事故。扎实推进“全国安全社区”创建。高度重视食品药品和农产品质量安全，进一步提升食品药品和农产品安全检测能力和监管水平。切实加强信访、行政调解和人民调解工作，坚持依法依规与合情合理相结合，完善利益协调、诉求表达和权益保障等机制，切实做好社会稳定风险评估工作，及时解决好社会矛盾和问题。加强和创新社会治理，完善社会参与机制，构筑协同共治新格局。

四、全面推进“法治佛山”建设，不断提高治市理政水平

要强化“治以法尊”理念，善于运用法治思维和法治方式引领改革发展，努力形成尚法守制、公平正义的法治新格局。

（一）着力加强党的领导，总揽法治建设全局。各级党委要始终发挥总揽全局、协调各方的领导核心作用，坚持党领导立法、保证执法、支持司法、带头守法，把党的领导贯穿于“法治佛山”建设的全过程。建立党委领导立法的工作机制，探索由市

人大及其常委会主导立法工作。改进党委对政法工作的领导，支持法院、检察院深入推进司法体制改革试点，确保司法机关依法独立公正行使职权，维护社会公平正义。

（二）着力推进依法行政，全面建设法治政府。 努力建设权责明确、透明廉洁、诚实信用、便民高效的法治政府，形成用法治手段管权、管事、管人的体制机制。完善重大行政决策的法治化程序，全面提高行政决策的合法性。加快搭建行政决策大数据平台，完善政府法律顾问制度，提高依法办事水平。积极推进政府事权规范化、制度化，建立并落实权责清单管理机制。深入推进重点领域综合执法，有条件的领域可以推行跨部门、跨行业综合执法，推进执法重心向区、镇（街）下移。大力创建法治镇（街），提升基层社会治理法治化水平。完善行政执法和刑事司法衔接机制，建立行政执法机关与司法机关信息共享、案情通报、案件移送制度，提升严格规范公正文明执法水平。

（三）着力推进全民守法，加快建设法治社会。 坚持把全民普法和法治文化建设作为"法治佛山"建设的长期性、基础性工作。把领导干部带头学法、模范守法作为树立法治意识的关键，把法治教育纳入国民教育体系，扎实推进法律进机关、进乡村、进社区、进学校、进企业、进家庭活动，不断拓展宣传渠道、丰富宣传形式，营造办事依法、遇事找法、解决问题用法、化解矛盾靠法的法治良序。健全依法维权和矛盾纠纷预防化解机制，引导和支持群众理性合法表达诉求。建设区、镇（街）、村（社区）三级公共法律服务平台，不断提升公共法律服务水平，让人民群众享受更多"法治红利"。

五、强化党建主体责任，认真落实全面从严治党新要求

干事创业，关键在党。各级党组织要把抓好党建作为最大责任担当，以高的标准、实的举措、严的纪律，落实全面从严治党新要求，营造风清气正、干事创业的良好从政生态。

（一）把抓好党建作为最大政绩。 切实树立抓好党建是本职、不抓党建是失职、抓不好党建是不称职的政治理念，把每条战线、每个领域、每个环节的党建工作抓具体、抓深入、抓落实。

以上率下履行党建第一责任。 各级党组织特别是一把手，要强化主业意识，聚精会神抓党建，种好自己的"责任田"。建立区、镇（街）党委书记抓党建工作述职评议制度，健全党组织书记逐级约谈制度，切实把管党治党的主体责任落到实处。加大党建指标考核，注重考核结果运用，对高度重视党建工作，履职尽责抓到位的领导班子、领导干部要充分肯定，并作为评价和选拔任用干部的重要依据；对抓党建不力、滋生不正之风的领导班子、领导干部，要严肃追责。

同向发力抓好思想建党与制度治党。 要改进和创新思想政治建设和理论武装工作的方式方法，在坚定理想信念、入脑入心、知行合一上下功夫，解决学而不信、学而不化、学而不用问题，教育和引导党员干部树立正确的价值追求，始终做到"心中有党、心中有民、心中有责、心中有戒"。强化党员干部制度意识，以钉钉子的精神抓好制度执行。落实党建制度改革要求，鼓励基层实践创新，聚焦问题和制度操作执行，完善地方配套政策措施，以切实有效的制度保障党员干部发挥先锋模范作用。

加大力度建设"堡垒型+服务型"基层党组织。 坚持把抓基层党建和创新基层社会治理结合起来，完善镇（街）领导干部驻点普遍直接联系群众制度，高标准推进"直联制"实现"四个转变"，即领导推动由部署安排向督导落实转变，工作推进由试点探索向统一规范转变，直联方式由驻点接访向主动走访转变，解决问题由单一性向系统性转变。更好地发挥基层党组织在基层治理民主化和法治化中的引领作用。抓好基层党组织带头人和骨干队伍建设，打造"五强"[10]书记队伍。构建整顿软弱涣散基层党组织长效机制，实现由治标到治本的转变。按照"大党委、大服务、大治理"的理念，探索构建区域化党建新模式，增强基层党组织在辖区内的统筹驾驭能力。提高党员发展质量，优化党员结构，加强党员教育管理，拓宽党员发挥作用渠道。

（二）把抓好党风廉政建设作为永恒主题。 切实履行党风廉政建设党委主体责任和纪委监督责任，深入推进党风廉政建设和反腐败斗争，持之以恒改进作风，坚定不移惩治腐败，科学有效预防腐败。

坚持不懈，把作风建设进行到底。党的群众路线教育实践活动让党员干部作风有了明显好转，但作风问题容易反弹，必须抓常、抓细、抓长。要始终绷紧作风建设这根弦，深入贯彻落实中央八项规定精神，用好“四风”网络监督平台，推进作风建设常态化、长效化，不断巩固和扩大教育实践活动成果。加强党的政治纪律建设，把守纪律讲规矩摆在更加重要的位置，强化刚性约束，杜绝有令不行、有禁不止行为，始终做到与党中央政治上同心、思想上同向、行动上同步。

标本兼治，把反腐倡廉引向深入。继续保持高压态势，以零容忍态度惩治腐败。强化纪律教育，让党员干部知纪、懂纪、明纪、守纪。纪检监察部门要勇于亮剑、敢于动真碰硬，严厉查处各种腐败行为。要加大治本力度，不断健全制度规范，堵塞制度漏洞，积极推进廉政风险科技防控平台建设，开展制度廉洁性评估审查，提高预防腐败工作的科学化水平。突出重点领域廉政风险防控，深化公共资源交易体制机制改革。依法公开各领域权力运行流程，让权力始终在阳光下运行，重点加强对“一把手”行使权力的监督，切实把权力关进制度的笼子，从源头上预防和治理腐败。

（三）把“为官有为”作为从政之要。“为官一任，造福一方”，是永不过时的执政理念。要牢记发展使命，争当时代先锋。

坚守“三严三实”[11]的行为准则。各级党员干部要按照“三严三实”的要求修身做人、为官用权、干事创业，自觉补足精神之“钙”。新常态下虽“为官不易”，但决不能“为官不为”。佛山正处于转型发展、深化改革的关键时期，需要全市上下继续保持敢为人先、攻坚克难的决心和干劲，需要党员干部特别是领导干部敢于担当、夙夜在公、勇于作为。我们既要坚决反对腐败，又要鼓励支持干事创业；既要坚决惩治官商勾结，又要推动打造良好营商环境；既要坚决反对乱作为，又要防止不作为、慢作为。

始终坚持“三个区分”[12]评价干部，营造想干事有条件、能干事有机会、干成事有平台的干事创业氛围，搭建干部施展才华的广阔舞台。

坚持“德才兼备”的选任标准。按照“信念坚定、为民服务、勤政务实、敢于担当、清正廉洁”的好干部标准选拔任用干部。进一步完善干部选拔和考评制度，防止唯票取人、带病提拔、带病上岗。注重从基层和一线发现和培养干部，加大市、区干部交流力度。要在实际工作中考察干部的“作为情况”，嘉奖“能官”，鞭策“懒官”，调整“庸官”，惩治“贪官”，努力建设一支政治上靠得住、工作上有本事、作风上过得硬、人民群众信得过的干部队伍。

同志们！佛山发展正当其时，我们要继续以敢为人先的勇气、改革创新的锐气、求真务实的风气，带领全市党员干部和人民群众，紧密团结在以习近平同志为总书记的党中央周围，开拓进取，扎实工作，为建设美丽幸福佛山，实现中华民族伟大复兴的中国梦而努力奋斗！

注释：

[1]“1 + 5”：“1”是指《佛山市实施大抓基层建设服务型党组织行动方案》，“5”是指《佛山市实施“五强书记建设工程”行动计划》《佛山市党员队伍优化活化行动计划》《佛山市党员民营企业家队伍培养行动计划》《佛山市整顿软弱涣散基层党组织行动计划》《佛山市构建区域化党建格局行动计划》。

[2]“一老三新”：“一老”是指以东华里、祖庙为代表的禅城老城区；“三新”是指东北面的南海沥桂新区，东南面的佛山新城以及禅城西部的南庄绿岛湖、张槎智慧新城片区。

[3]“加减乘除法”：“加法”，指发现和培育新增长点；“减法”，指压缩落后产能；“乘法”指全面推动科技、管理、市场、商业模式创新；“除法”指注重发展绿色经济。

[4]“治以法尊”：是市委第十一次代表大会报告提出的社会发展目标之一，报告明确提出要力争实现“学有优教、病有良医、老有善养、住有宜居、行有通衢、治以法尊”。

[5]“工业 4.0”：这个概念是由德国提出的，它描绘了一个通过人、设备与产品的实时联通与有效沟通，构建一个高度灵活的个性化和数字化的智能制造模式。工业 1.0 是机械制造时代，工业 2.0 是电气化与自动化时代，工业 3.0 是电子信息化时代，工业 4.0 时代则意味着以智能制造为主导的第四次工业革命的到来。工业 4.0 在 2011 年汉诺威

工业博览会被首次提出并成为焦点。2014年10月，中德两国签署的《中德合作行动纲要》明确双方将在工业4.0方面加强合作，标志着中国工业也将加快向智能化时代迈进。

[6]"挖潜开荒"：是2014年底李克强总理与专家学者和企业负责人共同"把脉"经济形势提出的观点。李克强总理指出，打造中国经济升级版，既要加大力度支持新业态、新产业，又要致力于传统产业的"挖潜开荒"，培育和发展经济增长的"双发动机"。

[7] 21世纪海上丝绸之路：是我国为进一步深化与东盟的合作提出的战略构想，由国家主席习近平2013年10月访问东盟国家时提出。

[8] 丝绸之路经济带：是我国为进一步推动与西亚各国之间深化经济合作提出的战略构想，由国家主席习近平2013年9月在哈萨克斯坦纳扎尔巴耶夫大学演讲时提出。

[9]"泛珠三角"：指沿珠江流域的广东、福建、江西、广西、海南、湖南、四川、云南、贵州9个省，加上香港和澳门两个特别行政区。

[10]"五强"：指党性观念强、服务本领强、致富能力强、化解矛盾能力强、廉洁履职意识强。

[11]"三严三实"：指"既严以修身、严以用权、严以律己，又谋事要实、创业要实、做人要实"。

[12]"三个区分"：省纪委十届六次全会提出的重要精神，指把因缺乏经验、先行先试出现的失误与明知故犯而违纪违法的行为区分开来，把国家尚无明确规定时的探索性试验与国家明令禁止后有法不依的行为区分开来，把为加快发展的无意过失与为谋取私利故意违纪违法的行为区分开来。

佛山市致力于打造有实力、有活力、有魅力的现代化特大城市。图为发展中的佛山新城文化中心。

政 府 工 作 报 告

——佛山市第十四届人民代表大会第五次会议

（2015年2月4日）

佛山市代市长　鲁毅

各位代表：

现在，我代表佛山市人民政府向大会报告政府工作，请予审议，并请政协各位委员和其他列席人员提出意见。

2014年工作回顾

2014年，是贯彻落实党的十八届三中全会精神，全面深化改革的开局之年。市政府在省委、省政府和市委的正确领导下，在市人大、市政协的监督支持下，积极应对复杂形势，坚定不移落实“稳增长、促改革、调结构、惠民生、防风险”的各项政策措施，求真务实、锐意进取，各项工作取得新进步。

——**经济实力得到增强**。全年实现地区生产总值7603.28亿元，增长8.6%；人均地区生产总值103825元。全社会固定资产投资2612.45亿元，增长15.0%。社会消费品零售总额2560.58亿元，增长13.1%。进出口总值688.18亿美元，增长7.6%，其中出口467.20亿美元，增长9.9%。

——**质量效益得到提升**。实现财政总收入1579.01亿元，增长6.2%。地方一般公共预算收入500.73亿元，增长14.3%。先进制造业和高技术制造业分别占全市工业总产值比重36.1%、6.9%，同比提高0.3、0.6个百分点。

——**城市环境得到改善**。城市升级三年行动计划基本完成，城市形象品质得到较大提升。全市$PM_{2.5}$下降15%，PM_{10}下降21%[1]。单位GDP能耗预计下降4.25%，主要污染物二氧化硫和化学需氧量排放量完成省下达的削减目标。

——**人民生活得到实惠**。全市财政民生支出337.39亿元，占地方一般公共预算支出的64.3%。城镇新增就业8.2万人，城镇登记失业率2.35%。城镇、农村常住居民人均可支配收入预计分别增长9.0%、9.6%。城乡居民储蓄存款余额5806.94亿元，比年初增长3.7%。

一年来，主要做了以下工作：

一、加大产业转型力度，结构调整取得实效

产业转型有新进展。工业结构调整提速。省委、省政府要求佛山作为珠江西岸先进装备制造产业带龙头，我们抢抓机遇，迅速行动，启动万亿规模先进装备制造业产业基地建设。积极落实省技术改造扶持政策，设立市优质技改创新项目贷款风险补偿基金，完成工业技术改造投资278.56亿元，增长23.7%。推进“两化”深度融合[2]，22家企业获批国家、省“两化”融合管理体系贯标[3]试点企业，27家企业入选广东省电子商务百强。一汽－大众二期、福田汽车[4]、南车制造基地等项目陆续开工，阿格蕾雅光电材料、亨氏食品、村田纳米陶瓷电容器材等项目投产。现代服务业发展动力增强。出台扶持服务业特别重大项目实施办法，南海万达广场、万科广场开业，中国慧聪家电城及家电博物馆项目

运营，季华中央商务带、桂澜路千米商贸长廊建设加快，佛山华强广场动工，国通保税物流中心（B型）获批。广东工业设计城、顺德创意产业园成为全省有影响的工业设计产业集群区域。长鹿旅游休博园获评国家AAAAA级旅游景区，佛山（国际）家居博览城、桂城平洲玉器街、乐从国际会展中心、高明盈香生态园成为国家AAAA级旅游景区。成功举办第十届中国（佛山）机械装备展览会、第七届中国（顺德）工业设计博览会。农业现代化步伐加快。出台农民专业合作社三年发展计划，新增农民专业合作社44个、市级农业龙头企业20家、现代农业园区18个。

招商引资有新成果。引进超千万美元的外资签约项目98个，投资总额82.88亿美元。引进超亿元的内资签约项目147个，投资总额963.23亿元。福田汽车、风发科技智能电机生产基地等项目，本田汽车零部件、萨克米机械、爱信精机等外资龙头企业增资扩产项目，广东集成芯片研发与产业培育中心、广东化工交易中心、浪潮云计算中心等现代服务业项目签约落户。重大平台建设有新进展。佛山国家高新区引进阿里巴巴·佛山产业带、大金智地高端产业服务区等项目，佛山科技街初具雏形。中德工业服务区引进及洽谈德国安联财险、瑞曼迪斯集团、库卡机器人集团等项目。广东金融高新区引进广东金融结算中心等54个项目，投资及募集资金90多亿元。南方智谷、智慧新城、绿岛湖都市产业区、佛山泛家居电商创意园、中欧科技合作产业园、广东新光源产业基地、广东智能制造产业基地、广东物联网应用产业基地、佛山塑料制品国际采购中心等平台建设和招商顺利推进。

金融科技产业融合有新亮点。全市财政安排创新型城市建设资金21.07亿元，带动规模以上企业研发投入增长。我市获批国家知识产权示范城市、国家知识产权服务业集聚发展试验区、全国陶瓷产业知名品牌创建示范区，南海区获批全省金融科技产业融合创新综合试验区，顺德区获批国家知识产权试点城市。公共创新平台建设加快，顺德中山大学卡内基梅隆大学国际联合研究院、南海广工大数控装备协同创新研究院启用，三水合肥工业大学研究院挂牌成立，佛山中科院产业技术研究院新材料产业园投入使用。新增国家认定企业技术中心3家、国家级科技企业孵化器4家；国家高新技术企业73家，总数达618家；中国驰名商标16个，总数达134个；集体商标[5]4件，总数达21件；广东省名牌产品187个，总数达399个；百万人口发明专利申请量995件，增长55.2%。新增省级、市级创新团队13个，省级、市级工程中心96家，引进国家“千人计划”专家23人，设立院士工作室29个。金融服务实体经济能力提升。市、区财政出资5亿元设立支持企业融资专项资金，帮助中小企业缓解融资困难。成立佛山科技金融综合服务中心，设立市科技型中小企业信贷风险补偿基金、产业金融引导基金，启动佛山科技保险试点。成立市金融发展与稳定领导小组，防范和化解企业财务风险，优化金融生态环境。金融创新有新进展。广东金融高新区股权交易中心挂牌企业融资38.6亿元，佛山民间金融街引入60多家金融机构。全市新增银行2家、保险公司4家、小额贷款公司3家、股权投资企业56家、融资租赁公司10家、新三板企业11家、上市企业2家。

2014年1月23日，广东金融高新区股权交易中心新增挂牌企业鸣锣。

民营经济做强做大有新成绩。民营工业占全市规模以上工业总产值比重69.6%，比上年提高3.7个百分点，对全市工业增长贡献率79.8%。完善各级领导挂点重点培育企业工作机制，实施“一企一策”帮扶，研究解决重点培育企业发展难题。认真落实中央“营改增”、小微企业减税等政策，全市减免各项税收122.09亿元。鼓励实施“两化”融合、机器人应用、品牌营销等举措，加强重点企业培育，全市产值超千亿元企业1家、超百亿元企业11家。举办民营企业精英研修班，引导中小民企建立现代企业制度，2010户个体工商户转型升级为企业。

二、全面推进城市转型升级，城市形象品质不断提升

城市升级成效突出。“强中心”战略深入实施。禅城老城区传统文化氛围浓厚，“大祖庙商圈”初具规模，岭南天地三期加快建设，梁园周边环境改造提升初步完成,仁寿寺改造顺利推进,汾江河“一河两岸”景观提升工程完成；禅西新城绿岛湖行政服务大厅、欧洲工业园A区启用，人才公寓、国际中学等建成使用；桂城千灯湖片区金融公园、灯湖广场等项目建设顺利；佛山新城中欧（中德）服务中心等平台主体建成，中德高技术实验园研发楼及人才公寓即将竣工，交通枢纽中心完成地下基础工程。城市组团建设成效显著。狮山博爱湖、南海市民服务中心等城市配套项目进展顺利，西樵听音湖片区雏形显现；顺德新城保利商务综合体、美的广场、置业广场封顶，华侨城文化旅游综合项目加快推进；西江新城基本完成核心区示范工程建设，明湖公园、秀丽河公园、丽江水廊建成；三水新城基础设施建设加快推进。“三旧”改造稳步实施，荣获全省“三旧”改造一等奖，北江新区“三旧”综合改造项目、高明江滩滨河景观工程成为样板。

基础设施建设力度加大。广明高速陈村至西樵段、肇花高速三水段正式通车。市域路网中禅西大道二期、G321南海段改造、三花公路改造、南庄至九江公路复线、佛陈大桥扩建和樵乐路、龙湾大桥、季华路快速化改造完工。贵广、南广铁路佛山段通车，三水南站投入使用。佛山西站、佛肇城际线、广佛地铁二期加快建设，城市轨道交通二号线一期、南海新型交通系统试验段工程开工，城市轨道交通三号线工程开展前期工作。能源、水利、通信宽带、智能电网等建设加强。国家重点项目500千伏“西电东送”换顺线工程[6]、500千伏东坡变电站、16个110千伏以上输变电项目投产。光纤入户率达34.5%，新增4G基站8322个。成为首批国家信息惠民试点城市。

城市管理机制不断完善。严格落实城市管理考核机制。开展城市道路环境卫生、建设工地和泥头车污染源头管控、户外广告清理、水浸黑点治理等专项整治。整合数字城管资源，建立渣土运输GPS监控平台和工地视频监控平台。推动城市管理向乡村延伸，实施农村整治“1060”工程[7]，切实改善乡村面貌和环境卫生状况。提升城市公共交通服务水平，禅南、禅顺公交一体化提速。全市新增49条公交线路、993辆公交车、4800辆公共自行车、54个公共自行车服务站点，建成38个公交首末站和枢纽站。中心城区公交分担率提升至30.1%。

环境治理和生态建设成绩显著。建立环保责任考核追究机制，设立“环保警察”，强化环保执法。基本完成100项环保民生实事。全力推进大气污染防治。扩大限燃区域至中心城区面积60%；深化工业企业大气污染治理，整治污染企业804家；严厉打击黑烟车，全年淘汰黄标车及老旧车8.05万辆；严格控制扬尘污染,征收扬尘排污费。坚持“一河一策”治理水环境污染，19条重点整治河涌基本达到Ⅴ类标准。新建污水配套管网217.84公里。对禁养区内畜禽养殖场全面清理。强化固体废弃物、危险废物管理，积极推进南海垃圾焚烧发电一厂等改扩建，大力开展城镇生活垃圾无害化处理。新增国家级生态乡镇7个，总数达19个。新建和改造提升绿地面积720.73公顷，创建绿色建筑175万平方米。建成智慧公园、九江外滩景观工程、丽江水廊等10个大型公园，建设和改造提升一批村居公园和社区体育公园。完成珠二环高速顺德段、东平河两岸等106公里生态景观林带建设。谢边互通立交、顺峰山东入口等重要节点景观改造基本完工，完成33.9公里“五位一体”沿街景观综合整治[8]。

三、深入推进改革开放，城市发展活力增强

市场活力进一步激发。编制实施企业投资准入负面清单、审批清单和市场监管清单。建立以备案制为主的企业投资管理体制。商事制度改革成效显著，全市新登记市场主体7.29万户，工商登记“全城通办”进展顺利。在省内率先推出政府权责清单。网上办事大厅建设提速，市、区两级网上服务事项4971项，二级以上办事深度[9]事项占97.43%，三级占56.21%。设立616台“市民之窗”自助服务终端，39万笔行政服务通过终端办理。公共资源交易一体化服务平台建设顺利，市公共信用信息管理系统初步建成。成为省建设法治化国际化营商环境试点城市。

基层社会治理创新稳步实施。开展“城乡社区建设提升年”活动，社区协同共治、社区服务水平不断提升。禅城区开展社区“一门式”服务试点，南海区开展社区网格化管理试点，三水区推行“一站式”公共服务平台。顺德区试点建立社会组织综合监管体系。各区均成立社会组织孵化培育基地，全市社会组织达4663家。成立社工人才培育基地、市社工协会和市志愿者联合会。全市村（居）完成换届选举工作，书记、主任“一肩挑”比例达89.9%。

农村综合改革扎实推进。全面完成农村集体经济组织证书颁发和农村集体土地所有权确权登记发证。禅城区完成农村“股权固化”，南海区稳妥推进确权确股式股权改革，三水区和顺德区均安镇、容桂街道试点开展农村土地承包经营权确权登记颁证工作。全市农村财务网上监控平台和集体资产交易平台交易资产累计7.7万宗，合同标的总额426.09亿元。高明区推进“一事一议”财政奖补计划[10]。三水区探索实施村民自治决策、执行、监督分开的“两级议事会”治理模式。

开放合作水平不断提升。全市境外投资项目26个，投资总额增长283.2%。实际利用外资26.56亿美元，增长5.4%。顺德区获批国家级出口家电质量安全示范区。广佛同城化取得新进展，交通路网和轨道交通对接进展顺利，两市金融机构资金结算技术上实现同城化，环保协作、民生合作不断深化。佛港澳合作有新成效，汇丰环球运营中心、广发金融中心一期投入运营。荣获国际友好城市交流合作奖，与德国因戈尔施塔特市、波兰斯达洛加勒德市结为国际友好城市。建立对口帮扶云浮工作新机制，举办7场招商会，投入对口帮扶云浮财政资金4.1亿元，加快佛山（云浮）产业转移工业园建设。扶贫开发“双到”完成年度任务。对口援建新疆伽师、西藏墨脱取得新成效。

四、大力发展民生社会事业，促进社会和谐进步

民生保障有新提高。省、市民生实事全面完成[11]。企业退休职工月人均基本养老金增长14.2%，城乡居民社会养老保险基础养老金增长12.5%。城乡低保标准提高8.5%，城乡低保对象大病医疗救助报销比例平均达80%，农村五保供养标准平均增长26.4%。教育综合改革试验区建设加快，成为全省首个推进教育现代化先进市，全市五区在全省率先通过全国义务教育发展基本均衡区国家督导评估。实施技能晋升培训补贴，5.1万人参加技能培训。实施创业带动就业政策，发放创业小额担保贷款5616万元，成功创业6662人，带动就业3.6万人。“零就业”家庭持续动态“清零”。加快构建“基层首诊、分级诊疗、双向转诊”模式，建立疾病应急救助制度，鼓励和引导社会办医，新增非公立医疗机构57家。新市民入户及随迁子女就读义务教育公办学校实施统一积分，符合条件异地务工人员随迁子女参加居民医保享受同等财政补贴，实行异地务工人员大病救助。

文化活动魅力彰显。重点公共文化设施建设加快，市图书馆新馆投入使用，市文化馆新馆封顶，佛山大剧院加快建设。祖庙、仁寿寺、梁园等改造提升工程加快推进。成功举办中国四大名镇[12]城市交流活动、佛山秋色欢乐节和亚太地区龙舟公开赛等活动。“魅力佛山·四季情韵”艺术惠民工程精彩纷呈。顺德区被联合国教科文组织评为“世界美食之都”。对外文化交流广泛开展，龙狮表演、剪纸、陶艺、香云纱等佛山非物质文化遗产在德国、澳大利亚等国展示。加强社会主义核心价值观宣传教育，开展“微文明”“微志愿”活动，创建全国文明城市深入推进，市民文明程度不断提升。

平安佛山建设有新举措。基层“平安村居”和各行业“平安细胞”创建覆盖面80%。公安“六大专项”打击整治行动获得全省第2名，110刑事警情同比下降10%。禅桂新中心城区“禁摩禁电”[13]平稳推进。出租屋管理进一步强化和规范。开展“全国安全社区”创建和基层安全生产网格化监管试点，里水、大沥、北滘、伦教镇被评为“全国安全社区”，新增安全生产达标企业6272家，总数达19251家。食品（农产品）安全示范市建设扎实推进。试点推行家禽“集中屠宰，生鲜上市”，打造肉食品“全链条闭环式”监管模式，新增餐饮服务食品安全示范点100家、阳光厨房695家、市级“菜篮子”基地19个、省级食品安全示范学校食堂100家。强化疫情联防联控，有效遏制登革热、H7N9 禽流感、手足口病等疫情。

五、全面启动人民满意政府建设，政府自身建设得到加强

“六个政府”[14] 建设扎实推进。出台《佛山市建设人民满意政府行动方案（2014 ~ 2020 年）》和 11 个行动子计划，筹措项目资金 76.1 亿元，其中 197 项民生项目完成 145 项。建立人民满意政府第三方评价体系。根据第三方调查评估，2014 年佛山市建设人民满意政府总体评价 82.46 分。

依法行政不断深化。以市重大行政决策程序规定为基础，完善重大行政决策配套制度和程序。健全市政府法律顾问制度。严格执行市人大及其常委会的各项决议决定，自觉接受市人大及其常委会的法律监督和市政协的民主监督，认真办理人大代表和政协委员的建议、提案 273 件，办复率 100%。创新行政复议机制，全面推广集中复议制度。根据中国政法大学发布的中国法治政府评估报告，佛山法治政府建设排名第三。

深入整治“四风”问题。认真开展党的群众路线教育实践活动，切实改进作风，全市会议数量下降 2.4%、文件数量下降 6.1%。深入推进市级部门预算、决算和“三公”经费预算、决算公开，市级财政预算资金全部纳入国库集中支付。建立镇（街）领导干部每周定期直接联系群众制度。构建全省首个狠刹“四风”网络监督平台，打造民主评议政风行风、领导干部操办婚丧喜庆事宜信息管理等平台，出台领导干部问责实施意见和行政过错责任追究实施细则，强化对领导干部管理和监督。

老年人、残疾人、妇女儿童事业，审计、粮食储备、民族宗教、双拥优抚、台湾事务、档案方志、社会科学、人防、气象等工作取得新成绩。

各位代表！过去的一年，成绩来之不易。在此，我代表佛山市人民政府向全市广大干部群众，异地务工人员，中央、省驻佛山单位，驻佛山人民解放军指战员，武警官兵和社会各界人士表示崇高的敬意！向长期关心支持佛山建设的港澳台同胞、海外侨胞、国内外友人表示衷心的感谢！

我们清醒地认识到，我市经济社会发展仍然存在一些困难和问题，主要是：经济运行不稳定因素较多，稳增长任务艰巨；产业转型升级任重道远，现代服务业发展有待提升；创新驱动发展的基础不牢固，自主创新能力整体不强；企业不同程度存在经营困难；城市优质公共服务供给有待改进；环境治理任务较重，大气和水污染问题较为突出；“12·31”事故教训极其深刻，安全生产企业主体责任和政府监管责任亟需强化。对此，我们将在今后工作中深入研究，认真解决。

2015 年工作安排

2015 年是全面深化改革的关键之年，是全面落实依法治国方略的开局之年，也是全面完成“十二五”规划的收官之年。我市发展面临许多有利因素，领衔打造珠江西岸先进装备制造产业带，第三产业发展成效逐步显现，一批重点项目和高端平台建设加快，经济发展后劲增强。城市形象品质不断提升，各项改革不断深入，综合环境持续优化。总体而言，我市发展处于重要战略机遇期，我们要认清形势、坚定信心，适应新常态、把握新机遇，坚定不移促进经济发展方式转向质量效率型集约增长，经济结构转向存量优化、增量优质的深度调整，对全省经济增长和结构调整起支撑作用，争当全省改革发展排头兵。

2015 年政府工作的指导思想。深入贯彻落实党的十八大，十八届三中、四中全会，中央经济工作会议和省委十一届四次全会精神，按照市委十一届六次全会的总体部署，主动适应经济发展新常态，坚持稳中求进工作总基调，以经济提质增效升级为中心，以创新驱动为总抓手，以建设人民满意政府为动力，保持经济运行在合理区间，推进依法行政，提升开放水平，狠抓改革攻坚，加强民生保障，强化风险防控，完成“十二五”发展目标，规划“十三五”发展任务，努力推动经济平稳健康发展和社会和谐稳定。

2015 年经济社会发展主要预期。全市地区生产总值增长 8.5% 左右，人均地区生产总值增长 7.8%；地方一般公共预算收入增长 10%；全社会固定资产投资增长 15%；社会消费品零售总额增长 12%；进出口总值增长 3.8%；城乡居民收入增长与经济增长基本同步；城镇登记失业率控制在 3% 以内。

实现上述目标任务，重点做好以下八方面工作：

一、抢抓打造珠江西岸先进装备制造产业带机遇，加快产业转型升级

积极研究“工业 4.0”[15]计划，结合佛山实际，推动佛山制造智能化转型。坚持先进装备制造业和现代服务业双轮驱动，力争经济结构战略性调整走在全省前列。

大力发展先进装备制造业。积极落实省政府珠江西岸先进装备制造产业带布局规划，集聚发展智能制造、节能环保、新能源、汽车制造和装备服务业等重点装备产业，力争到 2020 年装备制造业总产值突破 1 万亿元，努力建设世界级先进装备制造业产业基地。着力引进一批带动能力强的龙头项目，培育一批拥有核心部件制造技术的“高、精、专”中小型配套企业，促进装备制造业向数字化制造、绿色制造和智能制造跨越发展，加快构建装备制造业全产业链。全力推进落实重点支撑项目[16]和珠海签约 10 个项目[17]，加快一汽－大众二期、福田汽车、南车制造基地、陆地方舟新能源汽车等项目建设，推动项目落地，形成产能。

力促现代服务业发展提质增效。全面落实提升发展第三产业各项政策措施，重点支持发展金融、现代物流、商务会展、工业设计、服务外包等生产性服务业，加快发展医疗健康、教育培训、养老服务、文体休闲等生活性服务业。加快推进国药集团中药南方总部、苏宁电子商务运营基地、华侨城文化旅游综合项目等 145 个重大服务业项目，14 个省级服务业集聚区建设，规划建设一批总部经济基地，促进第三产业发展提速、比重提高、水平提升。大力发展文化艺术、创意设计、动漫游戏等文化产业，加快建设石湾“国家级文化产业示范园区”等重点项目，促进社会资本、金融资本和文化资源融合，将文化旅游创意产业打造成为我市战略性支柱产业。

以技术改造为核心促进存量优化。贯彻落实省、市扶持技术改造优惠政策，积极争取省财政技术改造专项资金补助，市、区财政 3 年配套 24 亿元支持企业技术改造。实施全市工业企业技术改造行动计划，未来 3 年全市工业技术改造投资计划完成 1300 亿元，年均增长 25%，力争半数规模以上工业企业完成新一轮技术改造。整合运用物联网、移动互联网、云计算、大数据、3D 打印技术等新一代信息技术和高端智能制造技术，加快机器人推广应用，实施“百企智能制造提升工程”“自动化生产线改造”计划，推动佛山制造业向智能化转型，力争成为全省乃至全国智能制造先进城市。实施“两化”深度融合战略，加强云制造公共服务平台推广运用，促进更多制造企业“登云上线”。推动企业采用卓越绩效管理、精益生产管理等先进质量管理方法，制定产业联盟标准，培育细分行业龙头，打造行业区域品牌，提升产品质量和企业效益。

以产业链招商为抓手促进增量优质。树立“大招商”“招大商”“择优择强”的招商理念，进行高水平、专业化的招商策划，把先进装备制造业、战略性新兴产业和现代服务业作为招商重点，瞄准国内外先进地区和城市实施定向招商和主题招商，着力引进一批高端优质项目、先进技术、关键设备和优秀人才。充分挖掘本土企业增资扩股潜能，重点推动我市龙头企业与国际装备业巨头开展合资合作，带动引进一批机器人系统集成商，建设机器人产业园。不断提升佛山国家高新区、中德工业服务区、广东金融高新区等重大平台的产业内涵和建设水平，加快南方智谷、智慧新城、绿岛湖都市产业区、广东新光源产业基地、广东智能制造产业基地、珠江西岸装备制造产业创新基地、中科院佛山新材料产业基地等产业平台建设，增强承接吸纳国内外优质项目和高级人才的能力。

做强做优民营经济。落实推动民营企业跨越发展各项政策，发挥民营企业在打造先进装备制造产业带中的主力军作用，发展壮大产值超百亿元企业队伍。坚持各级领导挂点企业制度，定期深入企业，帮助企业破解发展难题。完善中小微企业政策服务体系，鼓励和引导中小民营企业进行公司制、股份制改造。推动民营资本与国际资本、战略性新兴产业对接，形成新的竞争优势。继续开展高级经理人、企业接班人培训。

二、大力实施创新驱动发展战略，促进金融科技产业深度融合

把创新驱动发展战略作为经济工作的总抓手，努力建设自主创新示范区，当好全省创新驱动发展排头兵。

提升科技创新能力。以创建国家创新型城市为引领，大力实施工业创新驱动转型升级攻坚战三年行动计划。强化企业自主创新主体作用，实施大中型骨干企业研发机构全覆盖，支持美的等大型企业与科研院所联合组建研究院，各区重点帮扶一批创新型、科技型骨干企业。深化产学研协同创新，加快建设中科院产业技术研究院、华南智能机器人创新研究院、华南家电和机械检测基地、广东半导体照明产业联合创新中心、诺尔贝机器人研究院等重大新型研发机构。加快佛山知识产权交易平台建设，积极申报中国佛山（陶瓷）、顺德（家电）知识产权快速维权中心，全面推进国家知识产权示范城市和国家知识产权服务业集聚发展试验区建设。

加强金融创新发展。充分发挥金融支持实体经济发展的作用，优化金融生态环境，引导民间资本投入科技型、智慧型企业。加快建设省金融科技产业创新融合试验区和产业金融改革试验区，完善“政策金融、科技金融、民间金融”三位一体金融服务模式，充分发挥佛山民间金融街、广东金融高新区股权交易中心、深交所路演中心等平台作用，创新发展互联网金融、知识产权证券化、众筹融资、融资租赁等金融产品和服务，构建科技金融服务体系。

实施人才强市战略。完善人才政策，重点引进和培养创新科研团队、创新领军人才、高技能人才和企业经营管理人才等高层次人才。加快“产业社区”建设，完善产业园区基础设施和生活服务配套，努力解决人才居住、子女入学等问题。实行招商引资和招才引智相结合，在引进中高端企业项目的同时，注重引进拥有先进技术的人才团队，实现产城人三者良性互动。

三、加快新型城镇化建设，推动城市升级向城市升值转变

把握建设珠三角世界级城市群机遇，全面提升佛山城市价值和竞争力。

实施城市升级两年延伸计划。深化“强中心”战略，打造佛山城市中轴线[18]，加快佛山新城建设、南海千灯湖片区拓展、禅城绿岛湖都市产业区建设和禅城老城区提升。推动城市组团提升发展质量。加快顺德新城、沥桂新城、西江新城、三水新城等片区建设。围绕绿岛湖、博爱湖、桂畔海、明湖、云东海等水道和生态片区，打造一批生态景观带和滨水区。推动城市升级向乡村和社区延伸。实施百村升级计划，推进30个特色古村落活化[19]、30个城中村（旧社区）改造和48个新农村建设，打造一批美丽乡村、宜居社区。加强特色古村落历史风貌及古建筑保护，实现历史文脉延续。

加强基础设施建设。加快推进广佛环线（佛山西站—广州南站）、佛肇城际线建设，配合广州地铁7号线延伸线、广佛江珠线前期工作，尽快启动广佛环线（佛山西站—白云机场）、肇顺南城际等项目。推动轨道二号线一期工程、南海新型交通系统建设，启动轨道三号线建设准备。加快建设佛山西站、佛山新城交通枢纽中心等项目。推进高速路网中广明高速广州段、广中江高速顺德段、佛清从高速南段等建设，加快市域路网中魁奇路东延线二期、岭南大道南延线、汾江路南延线、海五路西延线等建设。积极开展佛山新机场建设可行性研究。加强能源、水利、通信、电网建设。推进220千伏顺德奎福输变电站等项目建设，推动光纤入户工程，加快新能源汽车充电桩建设。

加大“三旧”改造力度。完善我市“三旧”改造政策，充分调动社会资本参与改造的积极性。支持南海区开展广东新一轮深化“三旧”改造综合试点。提升改造村级工业园区。推进高速公路沿线改造，专项整治高速公路沿线300米范围内旧厂房，再造百里绿色长廊。推进沿街、沿河、沿湖景观“五位一体”改造，开展内街小巷环境综合整治。

提升城市综合管理水平。实施城市管理“四化”[20]工程，完善城市管理考核机制，加快数字城管建设。加强道路卫生、绿化管养、污染源头管控、户外广告清理等工作，进一步提升城市整洁度、美观度。推动社会化市政管理模式向城中村、城乡结合区域、主干道两旁延伸。实施大数据战略和智能交通、智慧社区、智慧医疗等项目，加快国家信息惠民试点城市建设。

提高城市和市民文明素质。以创建全国文明城市为抓手，推进文明城市“八大环境”[21]建设，强化巡查督办和考评问责机制。培育和践行社会主义核心价值观，引领社会文明新风尚。持续开展“微文明”市民行动，打造佛山“微文明”品牌。支持发展志愿服务，推广南海区桂城街道“社工＋志愿者”社区志愿服务模式，积极发动市民参与城市治理。发展公益慈善事业，弘扬乐善好施、扶弱济贫的传统美德。

四、加强生态文明建设，共建美丽佛山

对生态环境倍加重视，对资源能源精打细算，走绿色、低碳、可持续的发展道路。

打好环境治理攻坚战。以蓝天、净水、绿地成为佛山新常态为目标，落实新《环境保护法》，建立健全环保综合执法体系和跨区域联动协调机制，强化市、区、镇（街）、村（居）四级环保责任，实现源头严防、过程严管、后果严惩。实施内河涌"一河一策"整治计划，重点推进汾江河、西南涌、芦苞涌等广佛跨界河涌综合整治，确保完成整治任务。加大城镇污水管网建设力度，有效提高污水收集率。整治改造小锅炉、VOCs[22]排放企业，实施电力行业超洁净排放，加速淘汰黄标车，依法整治黑烟车，努力实现大气质量状况持续改善。加强农业面源污染控制和养殖场污染治理。加快全市危险废物处理处置能力建设。开展全市供水及水源地优化整合。加快垃圾处理设施建设，改进垃圾分类收运体系，逐步实现生活垃圾减量化目标。

大力发展循环经济。推进排污权有偿使用和交易试点，落实电机能效提升等扶持政策，引导企业自觉减排。对重点耗能企业和公共机构开展节能监察，加大节能执法力度。加快低碳能源管网规划建设，扩大低碳能源使用范围。抓好全国电力需求侧综合管理试点城市建设，加大"3C"绿色电网[23]建设力度，推广分布式太阳能光伏发电应用工程，探索光伏发电项目并网规范管理。推进绿色生态示范城区建设，加快新能源汽车推广应用。

加强绿色生态建设。发展生态集约、观光休闲农业，加快现代农业园区和海峡两岸农业合作试验区建设，鼓励支持农业龙头企业和农民专业合作社发展，提高农业现代化水平。创建国家森林城市。开展新一轮绿化佛山大行动，实施森林质量提升、城市绿化增量提质、森林公园和湿地公园扩面、绿色生态廊道建设、乡村绿化美化工程，加速构建森林生态屏障、城乡绿地、水系湿地生态、绿色生态廊道体系，确保完成3万亩森林碳汇工程造林任务，河涌绿化整治659公里。加大社区公园、郊野公园、湿地公园、市政公园规划建设力度。

五、加强区域合作交流，扩大对外开放水平

以更开放的胸怀加强国内外交流合作，以更开放的举措谋转型、促发展，以更开放的视野推动更高水平的对外开放。

增创对外开放新优势。抢抓"一带一路"[24]建设机遇，以经贸往来、科技合作以及文化交流为主要内容，坚持"引进来"和"走出去"并重，积极开拓新兴市场，把佛山打造成为"一带一路"的重要节点。加强与欧美、东盟、非洲、中东、南美等地区在投资贸易、资源开发、工程承包等方面的深度合作，建设高水平的开放型经济。承办好中国（广东）－印尼经贸合作交流会。支持鼓励民间文化交流，采取多种形式开展城市形象推广，提升佛山在海内外的知名度和影响力。积极扩展与海外华人华侨的联系交往，发展与我市产业、文化相匹配的国际友好城市。

密切佛港澳台合作。深入落实CEPA和粤港、粤澳合作框架协议，加强与香港、澳门、台湾地区在贸易投资、先进服务业、科技文化、人才教育等领域的合作交流。推动佛港澳服务贸易自由化，大力引进港澳台现代服务业项目，谋划打造粤港合作高端服务示范区[25]，鼓励开展与香港跨境人民币贸易融资业务。加强佛港跨境电子商务合作，加快国通保税物流中心建设。

推进区域经济一体化。积极推动广佛同城化，抓好地铁线网规划对接、海华大桥建设、珠江大桥放射线接广佛新干线等项目，加强广佛交界区域基础设施、产业协作、环境治理、城市管理等对接。支持顺德区与南沙加强合作，融合对接广东自贸区。参与泛珠合作、珠江－西江经济带建设，加强与珠江西岸城市交流合作，着力打造粤桂黔高铁经济带合作试验区。加快佛山云浮一体化帮扶，3年投入财政帮扶资金13.5亿元，加大超亿元优质项目招商力度，助推云浮跨越发展，力争对口帮扶工作在全省领先。做好新疆伽师、西藏墨脱对口援建工作。加强全市统筹规划，落实《佛山市推进区域合作工作方案》。

六、深化各项改革，充分激发佛山发展活力

全面深化重点领域和关键环节改革，把改革红利不断转化为发展新动能，营造市场化法治化国际化发展环境。

加大市场化改革力度。健全企业投资全链条、全流程、全行业的“三单”管理[26]模式。放宽市场准入，鼓励社会资本参与重大基础设施和公共服务领域投资。深化商事制度改革，加强社会信用体系建设，完善配套监管制度，实现企业准入“宽进严管”。推进公共资源交易监管机制改革。规范政府性债务管理，做好国资优债工作。强化财政绩效管理，推进国库集中支付电子化改革，加快建设现代财政制度。

加快政府职能转变。推广行政职权标准化建设，实现量权限权。总结推广禅城区“一门式”政务服务改革试点经验，方便市民办事。加强电子政务规划建设，完善网上办事大厅、改革发展市民建言献策平台和“12345”统一服务平台，加快建设企业专属和市民个人网页。推进工商、质监管理体制调整，深化事业单位分类改革。

创新基层社会治理。推进社区公共服务综合信息平台建设，增强城乡社区服务功能，优化社区工作机制，构建社区自治体系。发挥各级社会组织孵化培育基地作用，培育发展和规范管理社会组织，推动社会组织承接政府职能转移和购买服务。健全社工人才评价机制，加强社工专业人才培育基地建设管理。完善有效预防和化解社会矛盾机制，改革行政复议体制和信访工作机制。

探索农村综合改革。开展农村土地承包经营权确权登记颁证试点，完善土地征收和补偿安置制度，稳步推进农村土地承包经营权流转，保障农民合法权益。加快推进区、镇（街）、村（居）三级互联互通的农村集体“三资”管理[27]服务平台体系建设。

七、加强社会事业发展，切实保障和改善民生

深入实施民生政府建设系列行动计划，确保完成民生政府建设重点项目任务，稳步提高市民生活水平和幸福指数。

实施基本公共服务均等化。推进基层基本公共服务均等化实施方案。深化创建国家教育综合改革试验区。启动学前教育第二期三年行动计划，统筹城乡义务教育资源均衡配置，推进普通高中优质多样特色化发展，加快佛山科技学院新校区建设，完善现代职业教育体系，提升特殊教育发展水平，推动民办教育加快发展。提升就业和社会保障水平。落实促进就业政策措施，指导和帮助高校毕业生、就业困难人员等群体就业。加大创业扶持力度，促进大众创业、万众创新。实施以企业为主体的技能提升培训，增加高技能人才总量。完善全征地农村居民与城镇职工养老保险制度衔接机制，建立健全城乡居民基本养老保险待遇调整机制。扩大社保覆盖面，推动社保业务网络延伸到村（居）。推进养老服务体系建设，完善社会福利和社会救助体系。深化医药卫生体制改革，促进优质医疗资源下沉，提高基层医疗卫生服务能力，推行家庭医生式服务。做好迎接国家卫生城市复审工作。加强新市民积分制服务管理，促进异地务工人员市民化。

增强城市文化软实力。启动实施文化升级两年行动计划，建设岭南风韵突出、城市形象鲜明的文化导向型城市[28]。健全现代公共文化服务体系，打造“城乡十分钟文化圈”。实施艺术惠民工程，开展“佛山韵律”系列文化活动。承办第九届广东国际旅游文化节，推动佛山历史文化街区申报国家AAAAA级旅游景区，创建城市中央休闲区[29]。加强传统文化保护与利用，促进非物质文化遗产传承与发展。完善体育设施，推进社区体育公园建设，广泛开展全民健身运动，增强市民体质。

着力办好一批民生实事。加强保障性住房建设，确保按时完成省下达的住房保障目标任务。投入6.82亿元推进河涌水环境治理等民生水务工程。新建300公里污水处理厂配套管网。实施100项环保民生实事。提高城乡居民基本养老保险基础养老金水平。提高公益性普惠性幼儿园生均公用经费标准和免费义务教育财政拨款标准。建设区、镇（街）、村（居）三级公共法律服务平台，落实一镇（街）一律师顾问团和一村（居）一专职调解员。新增市级“菜篮子”基地10个。加快推进主要公共场所无线局域网（WLAN）惠民建设。加快“市民之窗”自助服务终端布点，实现村（居）全覆盖，推动全天候自助服务区建设。落实公交提升计划，中心城区公交分担率达32%。完成迳口华侨农场2629户危房改造任务。

确保社会大局稳定。深入推进平安佛山建设，完善立体化社会治安防控体系，提升市民安全感。做好国防动员、双拥、优抚安置工作，巩固军政军民团结。加强安全生产监管，落实安全生产“一岗双责”和企业主体责任，强化企业安全生产标准化和基层“网格化”安全监管体系，提升社会火灾防控能力和公共消防安全管理水平，遏制重特大安全生产事故。做好食品（农产品）安全示范市创建深化及验收工作，健全“从农田到餐桌”食品安全电子追溯体系，完善食品监管体系、责任体系和检验检测体系，加快食品安全“社会共治”进程。设立“食品药品警察”，加大执法力度。抓好手足口病、登革热、禽流感、埃博拉出血热等传染性疾病防控，防止出现重大公共卫生事件。

八、扎实推进人民满意政府建设

巩固群众路线教育实践活动成果，按照《佛山市建设人民满意政府行动方案（2014～2020年）》和11个行动子计划，着力建设为民务实清廉政府。

坚持依法行政。牢固树立“治以法尊”理念，自觉维护宪法与法律权威，严格依照法定权限和程序行使权力、履行职责，建设权责明确、便民高效的法治政府。完善重大行政决策法治化程序，制订行政决策目录管理办法等制度规范。加强政府法律顾问工作。推进政务公开。严格规范公正文明执法，健全行政执法和刑事司法衔接机制，推进重点领域综合执法，推动执法重心向基层下移。完善覆盖城乡的公共法律服务网络，大力创建法治镇（街），提升基层社会治理法治化水平。配合做好行使地方立法权准备工作。

建设责任政府。完善行政职权清单管理制度，落实政府部门责任制和岗位责任制。健全行政问责制度，完善行政过错责任追究机制，增强行政责任意识，依法正确履行职责。抓好审计监督，推动公共资金、国有资产、国有资源、领导干部经济责任履行情况审计全覆盖。自觉接受人大、政协、社会团体、市民和新闻媒体的监督。

加强作风建设。落实中央“八项规定”，切实抓好群众路线教育实践活动整改。落实廉政建设责任制，加大对违法行政、懒政怠政的行政监督、监察力度，强化重点部门和岗位廉政风险防控，推进政府机关廉政风险科技防控平台建设。严控“三公”经费支出和楼堂馆所建设。完善直接联系和服务群众机制，努力实现服务企业稳增长、服务社区促和谐、服务群众保民生。强化政府绩效管理，狠抓各项工作落实。

各位代表，把握新常态、激发新动力。展望未来，我们对佛山发展充满信心。让我们在党的十八大和十八届三中、四中全会精神指引下，按照省委、省政府和市委的决策部署，振奋精神，勇于担当，创新有为，为“加快转型升级，建设幸福佛山”而努力奋斗！

注释：

[1] $PM_{2.5}$、PM_{10}：$PM_{2.5}$，细颗粒物，指环境空气中空气动力学当量直径小于等于2.5微米的颗粒物；PM_{10}，可吸入颗粒物，指环境空气中空气动力学当量直径在10微米以下的颗粒物。

[2]“两化”深度融合：信息化和工业化的深层次结合。

[3] 贯标：贯彻信息化和工业化融合管理体系标准的简称。

[4] 福田汽车（项目）：福田汽车的商用车产销量位居全球第一，其华南生产基地分两期实施，其中一期规划建设年产24万辆生产能力的皮卡和SUV工厂，预计今年年底前投产，一期工程全部达产后年销售收入360亿元。该项目对于佛山打造华南地区重要的汽车生产基地和先进装备制造业产业基地，有着极为重要的意义。

[5] 集体商标：以团体、协会或者其他组织名义注册，专供该组织成员在商事活动中使用，以表明使用者在该组织中的成员资格的标志。集体商标的使用具有广告效益，有利于取得规模经济效益，扩大国内及国际市场的影响力。

[6]“西电东送”换顺线工程：“西电东送”线路自江门换流站至顺德变电站输电线路工程。

[7] 农村整治“1060”工程：围绕10个农村整治领域，各区每年提出60个整治项目。

[8]“五位一体”沿街景观综合整治：建筑立面、路面及标志、人行道和附属设施、道路绿化、路灯和夜景亮化等五个方面。

[9]（网上）办事深度：网上办事深度是指部门服务事项在主厅提供网上办理的服务等级，共分为三个等级：一级是在主厅提供办事指南、表格下载和网上受理服务；二级是在一级基础上，实现主厅统一受理，办理结果主厅统一反馈；三级是在二级基础上，在主厅实现全流程网上办理，办理进度可全流程网上跟踪、查询和全过程监督。

[10]“一事一议”财政奖补计划：对农民通过

一事一议、筹资筹劳开展的村内户外道路、小型农田水利、村容村貌改造、人畜饮水、环卫设施、植树造林、文化体育设施等村民迫切需要并直接受益的公益事业建设项目实施奖补。

[11] 省、市民生实事全面完成：开工建设保障性住房 4210 套，竣工 9982 套。投入 6.48 亿元完成水环境治理等 13 项水利项目。新建 3 家民办养老服务机构，新增养老服务床位 1600 个。全市五区共设立 22 间家庭医生式服务市级示范点，为 8.7 万签约居民提供上门诊疗服务，家庭病床服务 10910 人次。新建平价商店 35 家。三水迳口华侨农场危房改造累计开工 2200 户，基本完成 1500 户。等等。

[12] 中国四大名镇：分别是明清时期江西的景德镇、湖北的汉口镇、广东的佛山镇、河南的朱仙镇。

[13] 禁摩禁电：禁止摩托车、电动自行车及其他安装有动力装置的非机动车在相应禁行区域内上路行驶。

[14] “六个政府”：分别是民生政府、高效政府、法治政府、诚信政府、责任政府、廉洁政府。

[15] “工业 4.0”：一个由德国政府提出的高科技战略计划，旨在提升制造业的智能化水平，包括了智能工厂、智能生产、智能物流三大主题。工业 1.0 是机械制造时代，工业 2.0 是电气化与自动化时代，工业 3.0 是电子信息化时代，工业 4.0 时代则意味着以智能制造为主导的第四次工业革命的到来。

[16] 重点支撑项目：根据《佛山市打造万亿规模先进装备制造业产业基地工作方案》，在建重点支撑项目 160 个，计划投资金额 612.79 亿元。

[17] 和珠海签约 10 个项目：2014 年 8 月 14 日，国家工信部－广东省人民政府共同推进珠江西岸先进装备制造产业带发展合作协议签署暨项目签约仪式在珠海举行，佛山共有 10 个先进装备制造业项目现场签约，计划投资金额 321.4 亿元。

[18] 佛山城市中轴线：规划建设范围北起海八路，南至佛山新城三乐路，全长约 14 公里。根据区位、功能定位等要素，中轴线分为北部门户区段、佛山老城区段、两园（文华公园、亚艺公园）深村区段、佛山公园北园区段、佛山新城区段 5 个功能区。

[19] 特色古村落活化：实施历史文化风貌保护、景观风貌整治、特色文化资源活化利用、公共服务设施建设、道路交通设施建设、市政基础设施建设、古村落管理、环境保护等 8 个方面措施，把古村落建设成生活舒适便捷、环境整洁有序、景观优美怡人、社会和谐稳定的村落，并实现传承岭南文化、古村旅游兴旺的目标。

[20] 城市管理“四化”：运行市场化、管理网格化、作业精细化、考核标准化。

[21] 文明城市“八大环境”：分别是廉洁高效的政务环境、民主公正的法治环境、公平诚信的市场环境、健康向上的人文环境、有利于青少年健康成长的社会文化环境、舒适便利的生活环境、安全稳定的社会环境、可持续发展的生态环境。

[22] VOCs：挥发性有机化合物。

[23] “3C”绿色电网：是指将计算机、通信、控制等现代信息技术与传统电力技术有效结合，实现电网发展向“智能、高效、可靠、绿色”的转变。

[24] “一带一路”：丝绸之路经济带和 21 世纪海上丝绸之路。

[25] 粤港合作高端服务示范区：是佛山市把握粤港服务贸易自由化和广东自贸区建设契机，以广东金融高新区和三山新城为主要区域，为吸引香港高端服务业资源进驻，着力打造的区域性合作平台。

[26]（企业投资）“三单”管理：负面清单、审批清单、监管清单。

[27] 农村集体“三资”管理：农村资金、农村资产、农村资源管理。

[28] 文化导向型城市：建设创新创造活跃、岭南风韵突出、城乡服务均等、城市形象鲜明的文化导向型城市，是落实中央和省提出的文化引领的具体举措。

[29] 城市中央休闲区：一个城市的休闲项目与设施的聚集之地，它涉及四个方面的聚集：城市文化的聚集、城市底蕴的体现、城市生活的集中和城市娱乐的汇集。

第二篇

佛山大事记

2014年佛山大事记

1月

△3日，禅城区、南海区、三水区政府签署《加快佛高区核心园区协同建设合作框架协议》，三区将通过城市功能上的差异互补、产业上的密切协作、交通上的高度衔接，共同推进佛山高新区核心园区加快发展。

△3～6日，武当三丰派第15代功夫传人、武当师行功夫馆馆长陈师行到佛山交流访问。他称赞佛山是民间武林圣地，希望携手将中国武术文化传播发扬光大。

△6日，佛山市光伏发电应用推广现场会在三水区召开。市长刘悦伦要求将光伏发电列入生态建设重大改革事项，居民社区、公共建筑要全面推广应用，使其成为佛山“太阳能城市。”

中共顺德区委召开十二届四次全体（扩大）会议。会议提出将佛山新城与乐从镇的融合作为顺德新一轮改革发展战略目标。

△7日，广东内河最大最先进的海事巡逻船艇“海巡09206”在佛山九江海事处列编首航。

△10日，在北京举行的国家科学技术奖励大会上，广东美的生活电器制造有限公司获2013年度国家技术发明二等奖、佛山海天（高明）调味食品有限公司获国家科学技术进步二等奖。

△13日，首届佛山市工艺美术大师颁证仪式在南风古灶举行。该奖项涵盖10个艺术门类的74名佛山市工艺美术大师获颁证书。市领导刘悦伦和麦洁华出席仪式。

广东省住房和城乡建设厅发布广东省第二届岭南特色规划与建筑设计评选活动获奖项目，佛山市共有4个项目获奖。

△21日，佛山·云浮产业对接项目推介会在新兴县举行，共签约43个项目，投资额达168.34亿元。

△22日，中共佛山市委召开十一届五次全体会议。会议对改革促发展、做大做强第三产业、生态文明建设、提升产城人融合水平、建设人民满意政府、造就强大人才队伍等六方面工作作了部署。

德国因戈尔施塔特市与佛山市缔结为友好城市。

△23日，佛山市十四届人大常委会第十六次会议召开。会议任命毛永天为市教育局局长、彭聪恩为市环境保护局局长、潘志文为市旅游局局长、陈锋为市卫生和计划生育局局长。

佛山市党外知识分子联谊会成立，副市长麦洁华当选为会长。

△24日，佛山市卫生和计划生育局挂牌成立。

△27日，中央电视台对南海区在广东省内率先推出“负面清单”的实践情况进行了详细报道，肯定了“三单”管理改革模式。

△3日，中国工艺美术大师、佛山市美术家协会主席钟汝荣应邀访问新西兰基督城，并作画参与新春慈善筹款晚会拍卖。中国驻基督城总领事谭秀甜、基督城市长Lianne Dalziel等出席。

△7日，岭南画派第二代传人刘春草逝世，享年89岁。刘春草是岭南画派创始人陈树人唯一弟子，创有“我之为我，自有我在”的艺术风格。

△10日，佛山市党的群众路线教育实践活动动员大会在市机关大礼堂召开。会议明确：教育实践活动的重要任务是着力解决“四风”突出问题，着力解决关系群众切身利益问题，着力解决联系服

务群众“最后一公里”问题，着力建设更加国际化和民生化的政务环境。

广东省科技金融工作会议在广州市举行。佛山市南海区获批建设金融·科技·产业融合创新综合实验区并获授牌。

△ 11 日，佛山市海天调味食品股份有限公司在上海证券交易所上市。首次公开发行 7485 万股，发行价格为 51.25 元 / 股。

△ 13 日，首本系统介绍佛山佛教历史起源、传承发展，并由市长刘悦伦作序的专著——《佛山佛教》首发。

△ 14 日，《佛山市住房建设规划（2011 ~ 2015）》印发。计划到 2015 年，实现全市城镇居民人均住房建筑面积达 39 平方米，住房保障覆盖面达 20%。

由佛山传媒集团、市慈善会、市红十字会主办的佛山第三届公益慈善盛典在市机关大礼堂举行，市领导李贻伟、刘悦伦、冯德良、麦洁华分别为获公益慈善之星的 10 个“金玫瑰奖（个人）”、10 个“红玫瑰奖（机构）”得主和 9 家“传媒推崇的爱心企业”代表颁奖。随后举行“温爱佛山——元宵慈善文化人人行”活动，当晚共有 63 万人行通济。

△ 17 ~ 18 日，佛山市政协十一届三次会议召开。会议强调：全面深化改革是佛山当前的中心工作。大会通过了各项决议，共收到 122 份提案。

△ 18 ~ 19 日，佛山市十四届人大第四次会议召开。会议听取和审议《政府工作报告》等 6 个报告。城市环境建设提升、食品安全、道路规划建设、产业升级转型成为代表关注的焦点，并提交相关议案。

△ 19 日，佛山市市长刘悦伦上线微访谈，共收到意见和建议 191 条。

由中共广东省委宣传部组织的“主流网媒看广东”联合采访组到佛山举办媒体见面会，市长刘悦伦率领相关部门负责人与媒体进行主题为“深化改革树新风”的互动讨论。

佛山市政府与中国交通建设股份有限公司、佛山市轨道交通发展有限公司、南车青岛四方机车车辆股份有限公司签署《佛山市城市轨道交通 2 号线一期工程 BOT 特许经营权协议》。

△ 21 日，广佛肇经济圈第四次市长联席会议暨广佛同城化第六次市长联席会议在广州市召开，会议就如何继续深化广佛肇合作问题进行探讨和部署。

△ 24 日，前民主德国总理洛塔尔·德梅齐埃，以及安联集团和雷曼迪斯集团等德国企业家访问佛山中德工业服务区。

广东省召开质量工作电视电话会议，表彰 2013 年度获省政府质量奖的 10 家企业。其中佛山美的电器、坚美铝材和科达机电名列榜中。

△ 25 日，中共佛山市委书记李贻伟就人才话题上线微访谈，共收到意见及建议 2500 多条。随后市委办公室发文要求，各区有关单位于 3 月 25 日前，在其官方政务微博上，对群众的提问必须一一回复。

△ 26 日，佛山陶瓷艺术产业联盟成立，市长刘悦伦为 47 名市级陶艺大师颁发证书。

△ 1 日，中央电视台报道佛山中德工业服务区（佛山新城）奠基消息。

全市工商登记制度改革开始实施，工商登记程序由“先证后照”改为“先照后证”，注册资本实缴登记制改为认缴登记制，企业年度年检制度改为年度报告公示制度。

△ 4 日，全国“邻里守望”志愿服务活动工作座谈会在北京召开，佛山市委常委、宣传部部长、市文明委副主任冯德良代表佛山市在大会上作经验介绍。

△ 5 日，佛山市禅城区政府与阿里巴巴在禅西新城绿岛湖签约，打造佛山产业带电商平台。这是广东省第二个阿里巴巴 · 城市产业带项目。

△ 6 日，佛山市妇女联合会命名 25 名妇女为全市“三八红旗手”和 10 个单位为“三八红旗集体”称号。

△ 7 日，《经济日报》刊发题为《广东佛山：政府与市场的优美“三步舞”》，围绕“小政府，大社会，好市场”，对佛山市新一轮行政改革进行深入剖析。

△ 9 日，全国人大代表、佛山市市长刘悦伦接受央视《见证履职》栏目的现场直播访谈，介绍佛山市食品安全监管工作情况。

△ 10 日，佛山市南海区西樵镇获第六批“中国历史文化名镇”称号。

△ 11 日，佛山市政府印发《佛山新城建设管理委员会主要职责内设机构和人员编制规定》。新的新城管委会为市政府正处级派出机构，下设 15 个机构。其中，城市重建局是新设机构，专门负责“三旧”改造等工作。

第五届佛山十佳“美德之星”暨 2013~2014 年度“佛山好人”命名仪式在南风古灶举行。丁敏强、关婉飞等 10 人当选为第五届“美德之星”；马超、邓惠娟等 29 人获 2013~2014 年度“佛山好人”称号。

南庄医院更名为“佛山市第一人民医院禅城医院”，同济医院更名为“佛山市第一人民医院脑科康复医院”，两医院举行挂牌仪式。

△ 14 日，佛山市政府召开 2014 年“环保执法年”动员大会。推行“执法全覆盖”，成立市、区、镇（街道）三级违法排污专业巡查队，加大环境执法力度。

佛山军分区召开大会，宣布李玉林任佛山军分区政委。

△ 18 日，佛山市社会科学界联合会第七次代表大会召开。会议选举商学兵为主席，邓翔为专职副主席。

佛山希尔顿酒店及度假村开业。该酒店位于禅城区东平桥北，共 27 层，拥有 600 间客房，由碧桂园房地产开发有限公司兴建。

△ 19 日，瑞士《新苏黎世报》驻华记者马克思到佛山市访问，就佛山经济发展、企业转型、中德工业服务区建设等情况采访了佛山市副市长宋德平和顺德区委副书记、佛山新城管委会主任赵海。

广东省最大酒文化博物馆——佛山市岭南酒文化博物馆揭牌。该馆位于石湾酒厂内，建筑面积 9000 平方米，向公众展示岭南酒文化、传统酿造技艺。

△ 20 日，佛山市首个食品安全企业联盟——“食品安全正能量企业联盟”成立。

佛山市文学艺术界联合会召开第八次代表大会，选举杨凡周为市文联主席，郝卫兵为专职副主席。

△ 24 日，由全国政协文史和学习委员会副主任、香港广东社团总会主席王国强率领的香港广东社团总会一行到佛山市访问，了解佛山发展现状，加强与家乡的沟通联系。

文化部副部长、国家文物局局长励小捷到佛山市调研，考察了祖庙以及岭南天地街区。他对佛山引进社会资本参与历史文化街区的保护与开发的探索给予肯定。

匈牙利总理府首席顾问雷卡 · 苏梦肯尼博士等 4 位政府要员带队，来自匈牙利车辆制造、机械与信息技术等顶尖行业的 21 家企业 40 位高管到佛山市访问。期间，TESCO 公司与佛山新城物联天下签署了战略合作协议。

△ 26 日，佛山市首个农村廉租房项目北滘西海保障房交付使用，首批入住群众有 73 户，家庭住房保障面积部分月租为 1 元 / 平方米。该项目由北滘镇政府及镇慈善会共同出资兴建，总建筑面积为 6785 平方米。

2014 年云浮 - 佛山城市可经营项目投资推介会在云浮市举行，现场签约总投资 197.57 亿元，佛山市企业占总签约项目 63.6%。

△ 27 日，佛山市政府印发《城乡社区建设提升年工作实施方案》。按照方案要求，佛山力争 1 年左右时间，把城乡社区建设成为服务功能完善、居住环境舒适、治安秩序良好、文化生活丰富、管理手段科学、人际关系和谐、公众参与广泛的美好城乡社区。

佛山市召开环境保护工作会议，公布了 2014 年涵盖水环境治理、大气污染防治等 100 项环保民生工程，总投入为 43 亿元。

广东省实施“单独二孩”（夫妻双方一方为独生子女的，可生育第二个孩子）政策。佛山市有 1 万多名育龄女性符合政策。

△ 28 日，第二次佛山市港澳合作工作联席会议召开。会议总结 2013 年佛港澳合作工作情况，提出 2014 年全方位推进各部门与港澳地区交流和合作。

△ 29 日，佛山市首个电商物流基地在佛山创意产业园成立。该物流基地将为企业提供一站式的第三方仓储物流服务，填补本市第三方电商仓储物流“空白”。

△ 29 ~ 31 日，佛山市出现暴雨和冰雹等强对流天气。三水芦苞最大雨量 195.8 毫米，顺德勒流最大阵风 9 级。造成街道 42 处，农田、鱼塘、经

济作物 2362 亩，棚舍 6.4 万平方米水浸。市三防办启动该年首个全市防御重大气象灾害（暴雨、雷雨大风和冰雹）Ⅲ级应急响应机制。

4月

△ 1 日，佛山市召开“三旧”改造工作会议，重点推进涉及土地面积 3.3 万亩，44 个“三旧”改造项目。

△ 2 日，广东省政府表彰第四届“人民满意的公务员（集体）”。佛山市梁志毅、麦志雄、赖雪晖及南海区妇女联合会、顺德区行政服务中心获表彰。

佛山祖庙举行北帝诞庙会，约 10 万市民观看北帝巡游。

△ 3 日，佛山市启动建设人民满意政府行动，公布《佛山市建设人民满意政府行动方案（2014 ~ 2020 年）》，并成立以市长为组长的建设人民满意政府工作领导小组。

广东省发展改革委员会批准佛山市为全省建设法治化国际化营商环境试点城市。

△ 4 日，佛山市五区通过教育部组织的专家组评估认定，成为广东省首批（16 个）“国家义务教育基本均衡县（区）”。

△ 9 日，广东省副省长许瑞生率领省直有关部门到佛山市检查大气和水环境整治工作。

△ 10 日，中共佛山市委、市政府召开全市农村工作会议，提出 5 年内实现城乡高度融合发展，基本形成城乡一体、法治文明的社会管理格局。

佛山市政府全面启动编制政府权责清单，明确至 7 月底前，完成市、区、镇（街）三级政府权责清单的编制和公布，初步建立负面清单、准许清单、监管清单的“三单”管理模式。

△ 14 日，佛山中国科学院产业技术研究院光机电孵化器项目签约落户佛山市高新技术开发区。

△ 15 日，广东省林业厅通报新一轮绿化广东大行动绩效情况，佛山市 2013 年森林资源保护和发展目标责任制考核获评优秀，排名全省第一位。佛山市全年城乡生态建设累计投入 8.8 亿元。

△ 17 日，德国联盟党党团主席福尔克尔 · 考德尔率领代表团访问佛山新城中德工业服务区。佛山市委书记李贻伟陪同。

广东省教育厅授予佛山市“广东省推进教育现代化先进市”牌匾，佛山是全省首个获此称号的地级市。

△ 19 日，《人民日报》报道，佛山把改善治安环境摆上重要位置，通过编织立体防控网，社会治安形势稳定，群众安全感和对公安工作的满意度达 92%。

广东省内首个“双卫星”应用服务平台——“北斗天绘技术成果应用与服务示范工程”项目启动仪式在佛山市顺德区陈村花卉世界举行。该项目由顺德区城智投资发展有限公司与爱心世纪园（北京）投资管理有限公司共建运营。

△ 20 日，在上海举行的中国城镇化高层国际论坛上，佛山新城与国家发改委城市和小城镇改革发展中心、欧洲发展机构协会签订框架性合作协议，共建中欧城镇化合作示范区，探索新型城镇化道路。

△ 21 日，福布斯发布 2014 年华人富豪榜，佛山市美的集团创始人何享健、碧桂园控股股东杨惠妍、联塑集团董事长黄联禧、海天味业董事长庞康榜上有名。

△ 22 日，全国政协副主席、民建中央常务副主席马培华率领调研组到佛山就“重点区域大气污染综合防治”课题开展调研。

贵广、南广铁路广州枢纽工程东平水道特大铁路桥竣工，全长 9.23 公里。

△ 23 日，佛山市在广东省内率先开通狠刹“四风”（形式主义、官僚主义、享乐主义和奢靡之风）网络监督平台，统一受理群众对“四风”问题的投诉举报。

△ 24 日，即日起，《佛山市行政过错责任追究实施细则》开始实施。

“粤港澳电影交流考察活动”60 位电影人到佛山访问，参观了佛山祖庙、岭南天地、西樵国艺影视城、西樵松塘村。

△ 25 日，佛山市政府审议通过《中心城区公交扩容提质行动方案》，提出至 2020 年，形成以轨道交通为骨干，常规公交为主体，出租车和公共自行车为补充，信息与科技为手段，公交枢纽衔接和线网布局合理的城市公共交通体系。

以佛山警察为创作原型的中国首部警察组曲《中国梦 · 金盾情》原创作品音乐会在顺德区举行。中国文联、中国音乐家协会、公安部等相关领导及佛山市领导李贻伟、冯德良、梁维东、彭会等出席。

△ 28 日，佛山市召开“五一”国际劳动节庆祝大会，表彰获 2014 年全国、广东省“五一”劳动奖状、奖章及工人先锋号等 23 个先进个人和单位。其中广东省九江酒厂有限公司获“2014 年全国五一劳动奖状”，梁家兰、梁宜广、王康平获“2014 年全国五一奖章”，佛山市川东磁电股份有限公司温控器车间、佛山市地方税务局纳税服务科获“2014 年全国工人先锋号”荣誉。

佛山市禅城区季华路历时一年升级改造全线通车。

△ 29 日，在广东省科技奖励大会上，佛山市共获 16 项科技创新成果奖。

广东省召开农村土地承包经营权确权登记颁证试点工作电视电话会议，确定佛山市三水全区、顺德 2 个镇（街）为试点，2015 年全面铺开，2016 年底全面完成。

△ 30 日，佛山市质量强市工作暨市政府质量奖总结会议召开。广东万和新电气股份有限公司、佛山市三水凤铝铝业有限公司、佛山市海天调味食品股份有限公司、佛山高富中石油燃料沥青有限责任公司、广东美芝制冷设备有限公司获 2013 年首届市政府质量奖，各获奖励 100 万元。

历时 4 年建设的新西樵大桥通车。该桥东起禅城区南庄镇龙津路东侧，终于南海区西樵镇山根村，全长 2.69 公里，最高时速为 80 公里。

5月

△ 1 ~ 2 日，“黄飞鸿杯”第八届全国南北狮王争霸赛在佛山南海西樵山举行。来自全国 19 路南北狮王参加比赛，南海西樵黄飞鸿狮艺武术馆、南海广泰机械厂龙狮团分别获陆地高桩狮王和水上飞狮冠军。

△ 5 日，由佛山著名青铜雕塑家梁汝南铸造的佛山历史名人青铜鼎首个作品向社会亮相。

△ 7 日，一汽 - 大众佛山分公司二期项目在南海区狮山镇举行奠基仪式。该项目总投资约 153 亿元，建成后将形成年产 30 万辆整车的能力，生产大众和奥迪品牌 AQB 平台的最新产品。

△ 8 日，佛山市政府常务会议通过《佛山市推进家禽集中屠宰试点工作的实施意见》，启动定点屠宰企业建设。规定：从 6 月 1 日起，全市范围内各级机关、学校、医院等机构团体单位集体食堂停止使用活禽食材。

国内领先的计算平台与 IT 应用解决方案供应商浪潮集团到佛山市考察，佛山市委书记李贻伟会见该集团副总裁孙海波一行。

佛山和江门两市水务部门签订《西江干流行政区域交界河段河道采砂联合执法协议》，双方将建立河道采砂、运砂信息通报机制等，实现联合执法。

广东纳税百强排行榜揭晓，广东烟草佛山市有限责任公司、广东美的制冷设备有限公司、佛山市鑫城房地产有限公司、佛山海天（高明）调味食品有限公司和广东南海农村商业银行股份有限公司入选。

△ 9 日，《城市竞争力蓝皮书：中国城市竞争力报告 No.12》在北京发布。佛山市综合经济竞争力连续两年排名全国十强，居全国地级市榜首。

《佛山市实行党政领导干部问责的实施意见》和《佛山市处理“四风”问题实施意见》印发，明确对不履行或不正确履行法定职责的党政领导进行责任追究。

△ 12 ~ 14 日，中央第九巡回督导组到佛山市检查指导党的群众路线教育实践活动，强调打造作风建设长效机制，巩固发展教育实践成果。

广东省人大常委会主任黄龙云率领省直有关部门负责人到佛山市检查推进《珠江三角洲地区改革发展规划纲要（2008 ~ 2020 年）》“九年大跨越”工作情况。

△ 13 日，中共佛山市委组织部通知，罗海明任佛山市档案局局（馆）长。

全国最大的化工产品电子交易平台，总投资额达 50 亿元的大型产业项目——广东化工交易中心在佛山市禅城区启动。

落户佛山南海广东金融高新区的全景路演中心正式启动，为华南地区唯一成为上市公司的路演中心。

△ 14 日，佛山市公安司法鉴定中心在禅城区国家火炬创新创业园揭牌成立。该中心为全国仅有的三家此类实验室之一，检测出来的 DNA 结果，可与全球 35 个国家和地区认证体系及全球 54 个实验室互认。

△ 15 日，广东省副省长陈云贤考察广东金融高新区股权交易中心、佛山民间金融街，表示将在科

技平台和创新机制建设等方面，给予佛山大力支持。

佛山市政府与中国电信广东公司签署共建“信息惠民　智慧佛山”战略合作协议，提出未来3年，广东电信将投入不少于45亿元，使全市光纤到户覆盖能力达80%以上。

在北京举行的中国报业协会年度理事会暨中国报业融合发展高峰论坛上，佛山日报社副总编辑陈晓大获2013年度“中国报业经营管理奖。”

△19日，第十届中国（深圳）国际文化产业博览会闭幕。佛山市18家企业（协会）参展，成交金额达600多万元，佛山市获颁最佳展示奖、优秀组织奖，成为地级市唯一获奖城市。

△21日，全国旅游景区质量等级评定委员会公布新一批通过国家AAAA级景区。其中佛山（国际）家具博览城、南海平洲玉器街、顺德乐从国际会展中心、高明盈香生态园、三水温泉度假村入选。至此，佛山市拥有AAAAA级景区1个、AAAA级景区15个。

△22日，中共广东省委决定：刘悦伦任佛山市委书记，鲁毅任佛山市委委员、常委、副书记。

广东生物医药前孵化器项目启动活动在佛山高新区南海园举行。15名来自美国华人生物医药协会（CBA）的海外博士（其中4人为国家“千人计划”专家）参加项目路演。

△23日，俄罗斯、南非、印度等20多个国家驻港澳总领事到佛山新城（中德工业服务区）考察规划建设总体情况及产业、交通等重点项目。

△26日，佛山市全面实施工商登记制度改革。计划8月，所有登记事项实行网上办理。

佛山市第三届公益慈善项目大赛60强名单揭晓。惠景康复养老志愿者中心项目、银龄心晴——平安钟“银丝带”长者心理关爱行动项目以及“平安入户，情系万家”项目分别获前三名。

2013年度广东新闻奖评选结果公布，《佛山日报》共9件作品获奖，其中二等奖2件，三等奖6件，标题奖1件。同时，曾庆斌在第11届广东新闻金枪奖、金话筒奖评选中获金枪奖。

△27日，位于高明区大成路的佛山骏鸿纺织印染公司因偷排污水，被高明区环运局处以94.5万元罚款，为佛山市开出史上单笔最大环保罚单。

△29日，广东省副省长许瑞生率领检查团到佛山市检查广佛跨界河涌的整治工作，要求广（州）佛（山）要加大力度，进一步搞好河涌治理。

△4日，佛山市文化广电新闻出版局与广东广电网络佛山分公司在佛山市图书馆联合发布了2014年度文化艺术惠民项目合作事宜，“筑梦佛山”文化艺术公益夏令营同时启动。

△4～5日，中共广东省委常委、省纪委书记黄先耀到佛山市调研基层党风廉政建设和经济社会发展情况，佛山市委书记刘悦伦、副书记鲁毅陪同调研。

△6日，中共广东省委、省政府在广东伟业铝厂集团有限公司南海长虹岭生产基地举行2014年广东省节能宣传月·低碳日启动仪式暨电机能效提升工作现场会，广东省副省长刘志庚、佛山市副市长宋德平出席会议。

△7日，佛山市三水区思贤滘河段被列为佛山市首条严管河段。

△10日，中共中央政治局委员、广东省委书记胡春华参加佛山市委常委班子专题民主生活会，强调把教育实践活动成效体现到推进改革发展稳定各项工作中，确保取得群众满意的实效。

佛山市与波兰斯达洛加勒德市缔结友好城市，该市成为佛山第12个国际友好城市。

△14日，佛山市首家岭南非遗艺术主题展览馆“岭南艺苑”在佛山岭南天地揭幕。

△15日，由广东省体育局、教育厅联合主办的首届“省长杯”青少年足球联赛在佛山新城世纪莲体育中心体育场启动，广东省省长朱小丹、佛山市委书记刘悦伦等领导为足球联赛开球。

△17日，全国人大法律委员会副主任委员安建率领有关部门负责人到顺德区开展“深化行政审批制度改革、加快政府职能转变”专题调研。

佛山市政府印发《佛山市商务局主要职责内设机构和人员编制规定》，设立佛山市商务局。该局于同年7月7日挂牌成立。

△19日，佛山市十四届人大常委会第十九次会议决定杨建华任市人大常委会代理主任，鲁毅任市政府代理市长。

中共佛山市委书记刘悦伦率领14个市直部

门领导就纠正“四风”、城市升级等问题，上线“@佛山发布”，与网民进行微访谈，共收到4000多个网友提问，吸引200万网民围观。

△24日，中国针织行业高峰论坛在佛山市禅城区张槎街道召开。会上，张槎街道被授予“中国针织名镇”称号，继2002年后再获此殊荣。

△25日，佛山市政府常务会议审议通过《关于调整佛山市黄标车提前报废申报奖励资金程序的通知》，明确调整后的黄标车提前报废申报奖励资金的有关规定。

美的集团向广东德耆慈善基金会捐款500万元，用于支持顺德善耆家园养老院的建设。

△26日，佛山市政府召开全市水环境整治工作会议，强调加强“一河一策”共42条河涌实行量化考核，加快清理污染严重企业1035家和畜禽养殖场722家。

福田汽车在佛山高新区三水园举行奠基仪式。该项目占地面积933.69亩，主要生产福田皮卡和SUV，将与一汽－大众形成佛山汽车双核，为佛山打造珠三角西岸机械装备产业带增添新动力。

△27日，佛山地铁2号线一期前期工程建设启动。该工程线路长32.4公里，设车站17座，总投资189.35亿元。

△27～30日，在北京举行的第四届“大地奖”陶瓷精品评比会上，佛山市共获3块金牌、2块银牌和1块铜牌。

△30日，2014年广东（佛山）扶贫济困日活动启动，市四套班子和五区领导带头募捐，共收到各界捐款353多万元。

是月，由中国寓言文学研究会主办的中国第11届“乾有杯”金江寓言文学大奖赛上，佛山作家晓雷作品《千里牛》获第一名，成为全国10位获奖者中唯一广东获奖者。

△1日，佛山市上调城乡低保对象大病医疗救助在政策范围内住院自付医疗费用救助比例，报销比例最高将不低于90%，年报销最高封顶线不低于6万元。

佛山市调整优抚对象抚恤补助标准，烈属、因公牺牲军人遗属每人每月补助1880元。

由中共佛山市委党史研究室编辑的《广东省革命遗址通览·佛山市》出版发行。

佛山市政府印发实施陶瓷、玻璃制造、铝型材和VOCs（挥发性有机化合物）排放整治方案，明确了4个行业481家企业的污染整治措施和要求。

由佛山市档案局举办的“梦想征集及寄存”正式启动。该活动由市档案局向市民征集1000个愿望，存入“梦想寄存库”中，20年后，市民将凭寄存证书，拆封被寄存的梦想。

△2～3日，由中央实践办组织的人民日报社、中央电视台等6家中央新闻单位，到佛山采访反“四风”网络监督平台。同月8日，新华社发稿，向全国介绍佛山开展党的群众路线教育实践活动的经验和做法。

△3～4日，中央第九巡回督导组组长王金山参加佛山市顺德区委常委班子专题民主生活会。

△4日，经中共广东省委批准，李子甫任佛山市委副书记，许国任佛山市委常委，刘东豪任佛山市禅城区委书记。

佛山市政府与清华大学在北京签署以全力打造中国版“特斯拉”为主旨的新能源汽车合作项目协议。佛山市委副书记、代市长鲁毅出席仪式。

△6日，佛山市国学研究会成立，陈宪年当选为会长。

△8日，中共佛山市委召开全面深化改革领导小组会议，肯定了各项重点改革任务的前期工作，提出进一步改善法治环境，围绕建设人民满意政府重点进行21项改革。

佛山军分区召开大会，宣布郑佳树任佛山军分区司令员。

△10日，佛山市政府常务会议审议通过《关于加快佛山市科技服务业发展的实施意见（试行）》，科技人才团队最高可获800万元资助。

共青团佛山市第十四次代表大会选举曹洪彬为团市委书记，王树斌、肖欣为团市委副书记。

△11日，广东省政府通报地级市人民政府履行耕地保护目标责任考核情况，佛山市获2013年度“三旧”改造考核一等奖。

△11～13日，由国家体育总局社会体育指导中心、中国体育舞蹈联合会等联合主办的第12届全国青少年体育舞蹈锦标赛上，佛山禅舞培训中心

代表队共获 8 块金牌。

△ 14 日，佛山市十四届人大常委会第二十次会议表决通过：任命区邦敏、郭文海为市政府副市长，江楷鑫为副市长、市公安局局长，周志彤为市商务局局长。

△ 15 日，佛山市环保局发布佛山市上半年环境空气质量达标率为 78.2%。

△ 16 日，佛山科技街创客空间在南海区狮山镇启动，成为国内首个政府牵头、给予资金支撑的创客平台。

△ 18 日， 佛山高新区首批“清华校友创业项目”签约仪式在佛高区深圳清华大学研究院力合科技园举行，6 个项目团队共获项目资助 1100 万元 。

高明区新广农牧有限公司获农业部授予“国家肉鸡产业技术体系——广东新广白羽肉鸡育种示范基地”牌匾，成为全国首家由农业部授牌的国家级育种示范基地。

△ 22 日，佛山市政府和浪潮集团、广东蔚海集团三方合作建立的泛珠三角浪潮云计算中心在禅城区智慧新城揭牌。该中心将为泛珠三角地区（含香港、澳门）各级政府及广大企业提供新一代云计算服务。

广佛同城化暨广佛跨界河涌整治首次会议在广州市召开。会议提出：力争 2015 年摘掉广佛跨界水环境整治省挂牌督办牌子。广州市长陈建华和佛山代市长鲁毅出席会议。

佛山市科技金融综合服务中心在佛山火炬园揭牌。同日，广东省科技厅与佛山市政府签订共建广东省科技金融服务体系试验区框架协议。

“欧洲中小企业对话中国区域经济圈（带）系列研讨会——走进珠三角经济圈”在北京举行。佛山市南海区是唯一应邀出席的区域代表，会上介绍了南海区为促进欧洲中小企业落户的相关举措。

△ 23 日，中欧科技合作产业园在佛山市南海区狮山镇启动。首批入驻企业佛山市同能机电有限公司与意大利 FIR 集团等 4 个欧洲项目签署进驻备忘录。

禅城区第三届人大常委会第三十二次会议选举决定：孔海文为禅城区政府代理区长。

△ 24 日，佛山市召开新型城镇化工作会议，贯彻落实中央和广东省城镇化工作会议精神，部署新型城镇化工作，会议提出：在三年城市升级行动完成之后，继续开展“城市升级两年延伸计划”，进一步促进城市升级。

△ 24 ~ 27 日，2014 年云浮（佛山）名优农产品博览会暨家庭农场成果展在顺德国通食材世界举行。参观总人数达 21 万人次，现场交易额约 1300 万元，签约产销合作协议项目 11 个，金额达 1.27 亿元。

△ 25 日，佛山市政府常务会议通过《深化创建教育综合改革试验区工作方案》，决定从 2014 年秋季学期起，中等职业学校（含技工学校）全日制学籍在校学生城乡同步实施免学费政策。

在北京召开的第 12 届全国见义勇为英雄模范表彰大会上，三水市民李福根被评为“全国见义勇为模范”称号。2011 年 11 月，54 岁的渡船船长李福根，为救一女乘客携子投江，毅然跳进湍急的江中救人不幸牺牲。

△ 28 日，佛山市委副书记、代市长鲁毅率领有关部门人员考察佛山援疆工作时表示，佛山将追加 900 万元投入援疆建设。

由南方报业传媒集团主办的“岭南魅力名镇”开发与保护座谈会和“岭南魅力名镇”评选颁奖活动在南海区西樵镇举行。会上，南海区西樵镇获“岭南魅力名镇”称号。

8月

△ 1 日，中共中央政治局委员、广东省委书记胡春华参加佛山市南海区大沥镇凤池社区党委专题组织生活，要求建立党员干部普遍直接联系群众的长效机制。

中央电视台新闻联播节目报道佛山开通狠刹形式主义、官僚主义、享乐主义和奢靡之风“四风”网络监督平台的经验。

△ 4 日，佛山市南海区获批成为广东省青年创新创业试验区。凡进入试验区创业青年，给予最高 500 万元扶持奖励以及人才公寓补贴等优惠。

△ 4 ~ 6 日，佛山市组织全市副处以上领导干部纪律教育学习，解决在反腐倡廉建设和作风建设方面存在的突出问题。

△ 7 日，佛山市调整房地产市场调控政策，佛山户籍居民个人拥有 2 套住房后实行限购，非佛山户籍人员在本市未有住房的可购买 1 套住房。

△ 11 日，第 14 届中国股权投资中期论坛暨 2014 年金融、科技、产业融合创新洽谈会在佛山市南海区“广东金融高新区”举行，同时“蓝海众投”互联网金融平台发布。

△ 12 日，佛山市反腐倡廉网络教育基地正式开通。由“廉洁课堂”“法规考学”“廉洁文化”“廉洁书屋”“廉洁影视”“互动交流”等 6 个模块组成。

△ 13 日，佛山市汽车行业协会成立。一汽 - 大众汽车有限公司佛山分公司总经理陈大鹏当选会长。

△ 14 日，佛山市启动流管信息系统移动采集终端，流动人员凭身份证可直接办理居住证。至此，佛山流动人口总量突破 420 万人，出租屋超过 100 万间。

△ 15 日，国家知识产权局专利检索咨询中心佛山代办处揭牌成立。

△ 19 日，在广东省、佛山市领导的见证下，广东金融电子结算中心与广东金融高新区签约，正式落户佛山。

△ 23 日，第五届国际柴烧文化节在佛山禅城南风古灶龙窑广场举行。同时，历经 4 年大修的南风古灶龙窑正式复烧。

△ 23 ~ 24 日，在江苏省常州市由中国国际标准舞总会主办的第 15 届 CBDF 全国青少年国际标准舞锦标赛上，佛山市 16 位选手参赛，共获 15 项冠军。

△ 26 日，佛山市政府印发《关于开展适龄重度残疾儿童少年送教上门服务工作的实施意见》，提出对每个残疾儿童送教上门时间每周不少于 2 次，每次 3 课时，每学年不少于 240 课时。

△ 28 日，广东省内首个专项环境保护行政过错责任追究办法——《佛山市人民政府环境保护行政过错责任追究实施办法》公布，明确各级领导追责情形。

2014 中国佛山 - 印尼经贸投资合作交流会在印尼雅加达举行。佛山市委书记刘悦伦率领陶瓷、家具等行业 35 名企业家组成的经贸代表团，与印尼 100 多名客商进行对接，签订合作意向。

△ 29 日，佛山市禅城区国土城建和水务局发布《关于汾江北立交桥东西两侧地块改造项目土地与房屋征收决定的公告》及安置补偿实施方案，征收住宅最高补偿为 6500 元 / 平方米。

△ 30 日，中（国）英（国）两国合作项目之一——广东 - 诺丁汉高级金融研究院签约落户广东金融高新技术服务区。

9月

△ 1 日，即日起，佛山市禅城区和南海区桂城街道实行全面禁止摩托车上路。

△ 2 日，佛山市召开建设人民满意政府项目推进工作专题会议，强调加快项目推进，加强督办，强化宣传，全力推进人民满意政府建设。对工作不落实的单位和责任人，实行问责。

佛山市政府与广东省科技厅签订共建省科技金融服务体系试验区框架协议，规定佛山银行通过省金融服务平台，进一步扩大规模，发展投资、融资业务。

△ 4 日，由佛山市工商联合会牵头举办的佛港澳及珠三角商会合作交流会在佛山市举行。会议主题是贯彻落实国务院批复的《珠江 - 西江经济带发展规划》，探讨珠江、西江区域经济发展方向和合作意向。

△ 5 日，中共广东省委第十巡视组对佛山市和禅城区领导班子成员进行为期 3 个月的巡视监督工作。

中共佛山市委、市政府印发《佛山市开展严厉打击环境违法排污工作的实施意见》，要求市、区、镇（街道）三级设立“环保警察”，坚决打击环境污染犯罪。

佛山市召开专题会议，研究部署先进装备制造产业发展、企业技术改造以及传统产业存量优化等 3 项经济工作。代市长鲁毅提出，要像抓城市升级一样抓好先进装备制造产业的发展。

△ 5 ~ 8 日，第二届佛山商博会暨中国新型城镇化佛山产业博览会在佛山国际家居博览城举行，约 500 家企业参展。参展项目涉及房地产、家电、汽车及生态农业、食品等多个行业，为佛山企业进入内地市场开辟新渠道。

△ 9 日，佛山市公安局原副局长王宏强被广州铁路运输中级法院以受贿罪判处有期徒刑十年，追缴所受贿人民币 476 多万元，没收财产 50 万元。

在北京召开的全国教育系统先进集体和先进个人表彰会上，佛山市黄新古、黎亚春、李彬等 15

名教师获全国优秀教师、全国教育系统先进工作者荣誉称号。

△ 11 日，佛山市首家市级外国语学校——佛山市外国语学校在禅城区绿岛湖举行落成暨开学典礼。招收不同类型学生约 1200 人。

△ 12 日，由佛山市商务局、纳米比亚贸易与工业部共同主办的中国（佛山）- 纳米比亚企业对接会在佛山市举行。来自佛山市和非洲纳米比亚两地 150 多位企业家和企业代表进行了业务洽谈对接。

△ 12 ~ 13 日，中共中央政治局委员、广东省委书记胡春华考察西藏对接援藏工作时，对佛山援助墨脱县的民生、产业和智力项目建设，以及援藏资金向农牧区和牧民倾斜的思路，给予充分肯定。

△ 15 日，佛山南车现代有轨电车车辆制造基地在高明区动工开建。初期投资 4.5 亿元，形成年生产现代有轨电车 100 列的产能、兼容地铁车辆新造，预计 2015 年 7 月试投产。

△ 17 日，中国社会科学院城市发展与环境研究所发布《城市蓝皮书：中国城市发展报告》，对全国 287 座地级以上市的健康发展情况进行综合评价，佛山市城市健康发展指数位居全国第四，于深圳、上海、北京之后。

△ 18 日，佛山市召开创建全国文明城市工作推进会，市委书记刘悦伦提出，举全市之力迎接全国文明城市检查，以“创文”工作提高市民幸福感及满意度。

佛山市科学技术协会承办的广东省“千会万企金桥工程”启动仪式暨佛山市新兴产业发展论坛在南海举行。会议目标是用 4 年时间发动 1000 家以上学会，与 1 万家以上企业开展合作，化解科技和经济“科协模式”的问题。

△ 18 日至 10 月 4 日，在韩国仁川市举行的第 17 届亚洲运动会上，佛山籍运动员钟杏平夺蹦床银牌，郑鹏飞与队友获男子双人划艇 1000 米银牌，郭佳和梁婉霞分别获女子垒球和女子现代五项团体赛铜牌。

△ 19 日，中共佛山市委书记刘悦伦接受《人民日报》以及广东省、佛山市媒体的联合采访，畅谈推进人民满意政府建设的情况，表示继续以建设人民满意政府推动政府工作和各项改革更加深入。

△ 22 日，佛山市志愿者联合会成立，首批约 50 个团体会员加盟，共有注册志愿者 60 万人。

△ 23 日，佛山市政府常务会议审议通过《佛山市环境保护综合治理实施方案（2014 ~ 2017 年）》《关于〈佛山市建设人民满意政府行动方案（2014 ~ 2020 年）〉的督查督办办法》等一批文件。

胡润百富榜在北京发布。碧桂园杨惠妍，美的何享健、何剑锋父子和海天味业的庞康进入前 100 名。

△ 24 日，佛山市召开全市登革热防控会议，进一步加强对登革热病的防控，截至会议召开，全市报告病例 789 例，其中死亡 1 例。

历时 4 年半建设的南九复线通车。该路线起于佛山市禅城区南庄镇龙津路，终于龙高路，全长 11.5 公里，总投资 16.2 亿元。

△ 28 日，由佛山传媒集团和中国孔子基金会联合摄制的 35 集史诗巨作《孔子》在佛山电视台开映。

△ 30 日，佛山市政府印发新修订《佛山市老年人优待办法》，扩大佛山市户籍老年人优待范围，新增外埠老人优待服务。

△ 1 日，佛山顺德籍、清晖园捐赠者、最后一名中国空军美国志愿援华航空队飞虎队员龙启明在四川省重庆市逝世，享年 91 岁。

“黄飞鸿杯”第十届世界华人狮王争霸赛在西樵山举行，共 16 支队伍参赛。西樵黄飞鸿狮艺武术馆获高桩冠军，上海比麟堂龙狮团获水上冠军。

△ 8 日，佛山市公安局经侦支队环境犯罪侦查大队成立，成为广东省内首个公安部门组建的查处生态环境犯罪的专门机构。

云南景谷 10 月 7 日发生 6.6 级地震，佛山市民间的菠萝义工应急救援队和蓝天救援队赴灾区参与救援。

△ 9 日，由佛山市监察局、市纠风办牵头建设的民主评议政风行风网络平台建成。

△ 10 日，中共佛山市委召开全市党的群众路线教育实践活动总结大会。该活动历时 7 个月，全市共 1 万多个党组织，25.1 万名党员接受教育。

△ 15 日，佛山市启动中学生肺结核病防治干

预项目，共投入350万元为全市高中（含普通高中、职业高中、技工院校）入学新生免费提供X线胸片检查筛查肺结核病。

△16日，由佛山市非物质文化遗产保护中心和市民间艺术研究社共同主编的《陈永才剪纸艺术》首发，该书记述佛山国家级非遗传承人陈永才剪纸艺术生涯。

△17日，“中国企业科技创新计划”全球研修项目在佛山新城举办首场路演，佛山企业和德国及欧洲合作进行现场交流。

在《2014中国中小城市绿皮书》发布会上，佛山市五区全部进入中国科学发展百强区名单，顺德区和南海区分别位列前两名；狮山镇、大沥镇、北滘镇、里水镇、西樵镇、龙江镇、乐从镇、乐平镇、杏坛镇、陈村镇等10个镇（街）入列中国综合实力百强镇，其中，狮山镇为全国排名第三。

△18日，第11届亚洲残疾人运动会在韩国仁川市闭幕。期间，佛山市残疾运动员共获12块金牌、6块银牌和2块铜牌，并打破5项亚洲纪录。

△21日，《人民日报》、新华社、《南方日报》等媒体组成联合采访团，聚焦佛山市南海区了解区、镇、村三级联动，切实解决民生实事的直接联系群众制度。

△31日～11月2日，广东21世纪海上丝绸之路国际博览会在东莞市举行。佛山市共12家企业参展，产品涉及家电、食品、家居用品等，促成20个签约项目，总成交额109亿元。

11月

△1～2日，2014年亚太国际龙舟赛在佛山新城举行，来自澳大利亚、西班牙等国家和地区的20支龙舟队参加。顺德乐从龙舟队包揽男子200米、500米直道竞速冠军，南海九江女子龙舟队获500米直道竞速冠军。

△3日，第五届“我最喜爱的人民警察”颁奖典礼在湖北省武汉市举行。佛山市公安局三水分局特警孙建国获颁特别奖，并被授予二级英模称号。同月6日，佛山市举行“为民公安英模事迹报告会”。市委书记刘悦伦接见了孙建国等英模代表并出席报告会。

加拿大不列颠哥伦比亚省政府亚洲特别代表斯图伟一行到访佛山。双方将全力支持两地企业加强氢能源制造技术与经贸往来，在轨道交通产业领域实现互利共赢。

△5日，佛山市城市管理工作会议公布了《佛山市百村升级行动计划建设方案》。提出：下一步工作重点将向城市纵深及村居延伸，两年内改造提升百余村。

△6日，佛山市召开加快先进装备制造产业发展暨工业技术改造投资工作会议，提出未来三年，市级财政每年支出不少于1亿元作为技术改造专项资金，推进工业技术改造，助力产业转型升级。

△7日，佛山市政府正、副市长全部配备法律顾问，“一对一”为市长们提供法律咨询服务，在广东省内尚属首次。

佛山市农业产业商会成立，首批会员单位共123个，涵盖本市级以上农业龙头企业、农民专业合作社示范社、“菜篮子”基地等领域。

△7～9日，佛山市举办秋色欢乐节暨中国四大名镇城市文化经贸交流合作系列活动。佛山、武汉、景德镇、开封四市代表团四百多年来首次相聚，共谋发展。

△10日，全国最大电商平台阿里巴巴签约落户佛山市南海区大沥镇，双方将合作共建“阿里巴巴 · 南海产业带”，计划3年内引入2000家以上企业，打造基于电商平台的南海产业集群。

△12日，在由国家新闻出版广电总局和广东省政府主办的“广东日”南派纪录片优秀作品颁奖典礼上，佛山电视台送评的《老佛山新天地》获“南派纪录片大奖”，《流水年华》获一等奖。

△13日，佛山市代市长鲁毅率领各区及市直有关负责人到南海里水督查实施《珠江三角洲地区改革发展规划纲要（2008～2020年）》重点项目，监督落实投入20亿元建设100公里的截污管网项目。

△15日，由佛山海外联谊会青年委员会主办的第七届佛港澳青年经济交流活动在佛山市举行，为三地的合作交流提供平台。来自佛山、香港服务业的特邀代表以“促进佛港澳现代服务业合作发展”为论题进行讲演。

△16日，由全国53家电台主办的“牵手2014中国最美村镇”评选结果在南京市揭晓。佛山市顺

德区勒流街道江义村获“中国最美村镇”。

△ 16 ~ 28 日，佛山市第八届运动会在高明区举行。该届运动会首次交由区一级承办，也是首次将市体育大会、市中学生运动会和市青少年运动会“三赛合一”。

△ 17 日，中共广东省委常委、广州市委书记任学锋，市长陈建华率领党政代表团到访佛山。两市将在环保、交通等领域推进更高层次、更广领域合作。

△ 21 日，国务院印发《关于调整城市规模划分标准的通知》，明确特大城市常住人口标准为 500 万人以上 1000 万人以下。佛山市常住人口超过 800 万人，按新标准佛山属特大城市。

德国巴伐利亚州州长、基社盟主席霍斯特·泽霍夫一行到佛山市访问，考察了南海区狮山一汽 - 大众园区，佛山市代市长鲁毅陪同。

△ 26 日，广东省政府办公厅发布《珠江三角洲地区旅游一体化规划（2014 ~ 2020 年）》，将打造以广州“千年商都”、佛山“舞狮岭南”、肇庆“山水生态”为核心主题的具有国际影响力的旅游目的地。

西藏林芝地委书记赵世军率领党政代表团到佛山市访问。佛山市委再次向墨脱县捐赠 800 万元援建资金。

△ 27 日，第 16 届中国专利奖揭晓，佛山市 8 项专利获奖，主要集中在家电领域。其中美的企业获 5 个奖项。

△ 28 日，南海、顺德分别召开干部大会，宣布广东省委决定：梁维东任南海区委书记，区邦敏任顺德区委书记。

△ 28 ~ 30 日，在深圳市举行的全国第 24 届体育舞蹈锦标赛上，佛山市上百对选手参赛，共获 18 枚金牌。

12月

△ 1 日，联合国教科文组织通过官方网站公布，佛山市顺德区获“世界美食之都”称号，成为中国继成都后获该称号的第二个城市。至此，全球共 8 个城市获此称号。

△ 2 日，由国家安全监管总局和中国职业安全健康协会主办的全国安全社区建设工作会议在四川省成都市举行。佛山市南海区的大沥镇和里水镇获颁“全国安全社区”牌子。

△ 4 日，中共佛山市委书记刘悦伦就“践行群众路线，建设人民满意政府”上线微访谈，共收集意见建议 3000 多条。刘悦伦表示，要从百姓不满意的地方着手，着力改进提升政府各项工作。

佛山市政府与浪潮集团签订战略合作协议，在佛山共建云计算中心，推进云计算技术在电子政务、大数据应用、电子商务、食品安全及智能交通等多个领域的应用，促进经济发展和转型升级。

香港佛山社团总会访问团由总会筹备委员会主任邓祐才带队到佛山市访问。访问团表示：抓住佛港深化合作的机遇，拓展交流平台，推动深化合作。

民政部副部长顾朝曦到佛山市禅城区调研行政服务“一门式”改革。他勉励“‘一门式’改革要大胆往前推”。

△ 6 日，位于祖庙路的佛山市图书馆搬至佛山新城开放使用。新馆藏书 300 万册、阅览座位 2500 个、自修座位 200 多个，是旧馆的两倍多。

第三届中国地市报“十强”“十佳”颁奖会在上海市举行。佛山日报社获“第三届中国地市报新闻创新十强”称号，社长、总编辑宋卫东被评为“十佳总编辑”。

△ 9 日，“中国设计活动日”活动在佛山市顺德区的广东工业设计城举行“中国设计新锐奖”——2014 年全国大学生工业设计大赛颁奖礼。

△ 12 日，佛山召开市委常委扩大会议，听取五区区委书记抓基层党建工作的述职报告并进行评议。会议强调，要把给群众送温暖作为基层党建工作重要内容抓实抓好。

佛山市禅城区第三届人大常委会召开第三十五次会议，听取了区政府《关于莲升片区 5-2 地块概念规划方案》的报告，批准锦华路、公正路恢复临街骑楼的建议方案。

△ 13 日，佛山市实验学校、佛山市外国语学校、佛山市协同（国际）学校公布了“小升初”面谈改革方案，统一采取面谈方式招录学生，成为佛山市首批公布面谈方案的民办初中“小升初”方案改革的学校。

△ 15 日，中共佛山市委、市政府召开诚信“红

黑名单”发布会，公布一批践行社会信用体系建设或存在失信行为的企业（个人）名单。

△16日，佛山市政府划拨350万元，首次设立市级社会建设创新专项资金，在创意产业园举行35个资助项目签约仪式，打造社会建设与社会治理领域的专业平台，撬动更多的社会力量参与社会建设。

广东省第二届科技成果与产业对接会在佛山市召开，对接会以先进装备制造业为主题，23个省内高校、科研院所和创新平台携300多项科研成果与珠三角西岸六市一区展开对接。来自全省13所高校500多名机械制造专业毕业生与170多家企业开展人才需求对接。

△18日，佛山市招商引资工作会议召开。会议公布了2014年全市共签约超千万美元外资项目87个，资金总额77.92亿美元；签约超亿元的内资项目132个，资金总额903.96亿元。其中已动工项目133个，资金总额733.82亿元。

△20日，“2014中国全面小康十大示范县市”在北京揭晓，佛山市顺德区获“2014中国全面小康十大示范县市”和“2014中国十大社会治理创新”两个奖项。

△23日，中共佛山市委召开广东省委巡视佛山情况反馈会议。广东省委第十巡视组组长陈文生反馈了巡视佛山市工作情况，市委书记刘悦伦表态发言。按照省委统一部署，从9月至11月，省委第十巡视组对佛山市进行了巡视监督工作。

佛山高新技术开发区建设“珠江西岸装备制造产业创新基地”暨第三届珠三角国际科技园高层次海外人才项目对接会在佛山市南海区狮山镇举行，12个装备制造类项目在活动现场签约揭牌。广东副省长刘志庚、佛山市代市长鲁毅等省、市领导参加。

△23～24日，佛山军分区第九次代表大会召开。刘悦伦当选为军分区党委第一书记。

△25日，佛山市召开全市“三旧”改造工作会议，市委书记刘悦伦强调：改造要坚持以高端制造和高新技术产业为主，房地产和服务业为辅的基本模式和方向。

△26日，在北京召开的第七届健康中国论坛暨健康时报15周年庆典会上，佛山市第一人民医院获“第七届健康中国论坛·新媒体建设金牌示范医院”称号。

△28日，佛陈大桥新桥通车。两座新桥建在旧桥两侧，总投资3.35亿元。

△29日，振兴粤酒产业系列工程之“粤酒传奇酿不息”活动在石湾酒厂集团举行。中国酒业协会理事长王延才向石湾酒厂集团颁发了“中国白酒酒庄联盟”牌匾，广东省酒类行业协会颁发“岭南老酒庄——编号001”牌匾。

△30日，佛山市政府常务会议通过《佛山市既有住宅加装电梯管理暂行办法》，对旧房办理增设电梯的条件、手续和程序作了清晰的规定。

△31日，佛山市国税系统全年税收收入685.93亿元，同比增长12%。其中，中央级收入525.55亿元，省级收入39亿元，市区级收入121.38亿元。

佛山燃气集团与中海油气电集团签订天然气采购合同，约定从2015年至2019年中海油将向佛山市供应15亿立方米海上天然气。

上午9时30分，佛山市顺德区勒流街道广东富华工程机械制造有限公司厂房发生气体爆燃事故，造成17人死亡，33人受伤。广东省委书记胡春华、佛山市委书记刘悦伦、佛山市代市长鲁毅当即赶赴现场并前往医院慰问住院伤员，强调要全力救治伤员，认真做好各项善后处置工作。

广明高速公路陈村至西樵段通车。高明往来禅桂中心城区的高速通道贯通，融入佛山一环路网。

（张丽珍）

第三篇

佛山概况

基本概况

建置沿革

【综述】 佛山“肇迹于晋，得名于唐”。六七千年前的新石器时代，佛山先民们以渔耕和制陶开创原始文明。春秋战国时期，佛山属于百越地。秦汉时期，现禅城、南海、顺德、三水属南海郡番禺县；高明属高要县。晋代，禅城称“季华乡”。隋开皇十年（590年），从番禺县分置南海县，因旧置南海郡得名。唐贞观二年（公元628年），乡民在塔坡岗掘得3尊铜佛像，人们把塔坡岗称为佛家之山，取名“佛山”，捐款重建塔坡寺，将佛像供奉于寺内，立石碑，上刻“佛山”二字。佛山由此得名。后经一千三百多年变迁，逐渐演化成佛山市及其辖境。

【晋代至民国时期】 晋代，禅城称“季华乡”。隋开皇十年（590年），从番禺县分置南海县，因旧置南海郡得名。唐贞观二年（628年），季华乡称“佛山”，意为“佛家之山”，简称“禅”。五代十国时佛山禅城、顺德属咸宁县，宋初重新并入南海县。明景泰三年（1452年），敕封佛山为“忠义乡”，属南海县。同年，置顺德县，意为“顺天威德”。明成化十一年（1475年）置高明县，因原有高明巡检司而得名。清嘉庆二十四年（1819年）置三水县，意为“三水合流”。民国时期，佛山曾先后设佛山镇、佛山市、佛山镇。

【中华人民共和国时期】 1949年10月15日，佛山解放，10月31日，佛山市人民政府成立。1950年3月，设广东省珠江专区专员公署，辖中山、顺德、南海、三水、花县、番禺、宝安、东莞8县和佛山市，专署驻地中山县石岐镇。

1952年11月，撤销珠江专员公署，设粤中行政公署，辖中山、顺德、南海、三水、番禺、东莞、宝安、增城、博罗、龙门、珠海、新会、高明、鹤山、封开、怀集、高要、广宁、四会、新兴、罗定、云浮、郁南、德庆24县和石岐市，并领导省辖佛山市、江门市。粤中行署驻地江门市。1954年6月，粤中行政公署由江门市迁入佛山市。

1956年撤销粤中行政公署，成立佛山专员公署，驻地佛山市。辖中山、珠海、番禺、顺德、南海、三水、新会、鹤山、高明、台山、开平、恩平、花县13县和石岐市，领导省辖的佛山市、江门市。1958年，佛山、江门改县级市，由佛山专区领导。1966年，佛山市升为地级市，由广东省、佛山专区双重领导。1970年，佛山专区更名为佛山地区，佛山、江门改为县级市。佛山地区辖南海、顺德、三水、高鹤、台山、恩平、番禺、中山、珠海、新会、开平、斗门12县和佛山、江门两市。1974年，佛山、江门两市恢复为省辖市，实行省地双重领导。1980年，成立佛山地区行政公署，辖中山、斗门、顺德、南海、三水、高鹤、新会、台山、开平、恩平10县和佛山市、江门市。

1983年6月1日，撤销佛山地区建制，实行市领导县体制。佛山市辖中山、南海、顺德、高明、三水5县。同年，中山县改为中山市（县级），1984年6月，佛山市辖汾江区（1986年易名为城区）和石湾区及南海、顺德、高明、三水4县，代管中山市。1988年1月，中山由县级市升为地级市，从佛山市划出。1992～1994年，南海、顺德、高明、三水先后撤县设市（县级），由佛山市代管。

2002年12月起，佛山市辖禅城、南海、顺德、高明、三水五区。

（市方志办）

自然地理

【地理位置、范围和面积】 佛山市位于广东省中南部，珠江三角洲腹地。东倚广州，邻近深港澳。全境于北纬22°38′～23°34′，东经112°22′～113°23′之间。佛山市域东距西、南距北均约103公里，大致呈“人”字形，总面积为3848.48平方公里，辖禅城、南海、顺德、高明、三水五区。

佛山市东傍广州、西接肇庆、南邻江门和中山，陆运、水运、空运交通基础设施齐备，交通便捷。佛山市距广州新白云国际机场、广州南沙港、广州新火车站车程均在1小时之内，佛山市毗邻港澳，与香港、澳门分别相距231公里和143公里，车程均在2小时左右。沈海高速、广昆高速等主要公路干线穿越境内，广佛、佛开高速公路和广深珠高速公路等交通干线经佛山而过，广明高速陈村至西樵段、肇花高速三水段正式通车，佛山一环、珠二环等环城高速环绕穿越佛山市各区。广佛地铁建成开通，贵广、南广铁路佛山段通车，佛山机场开通民用航线，佛山市民出行更加便捷。珠江水系中的西江、北江贯穿全境。佛山市有通航河流70多条，可通航里程1000多公里，20多个口岸使水上运输四通八达，为经济发展提供了良好的条件。

【地质地貌】 佛山市地势总体有北高南低、西高东低的特征，大部分地区较为低平，地势起伏较小，以平原为主，为珠江水系之北江、西江三角洲平原，海拔一般小于5米，多在1.2～4.8米，河汊众多，桑基鱼塘密布，其间零星分布有丘陵残丘和残留台地，丘陵残丘海拔小于100米，坡度15°以下；残留台地海拔一般小于50米，浑圆低平；佛山市西部的高明、北部的三水地区有连绵的山体，为丘陵－低山地貌，地势陡峻，相对高差大，山谷纵横，植被茂密。佛山市最高山峰为高明区杨和镇的皂幕山，海拔805米，三水大塱涡地势低洼，高程-1.7米，为全市最低点。

在中国大地构造分区中，佛山市位于二级构造单元武夷－云开－台湾造山系，经历了各构造旋回的地质演化，形成了佛山市极具特征的地质背景。距今8亿至2300万年的岩石构成了佛山市的坚硬基底，沉积岩、岩浆岩和变质岩三大岩类均有发育，但是以各地质时期的沉积岩为主体。各地质时代的地层发育较为齐全、分布广泛，发育的地层有南华系、寒武系、泥盆系、石炭系、二叠系、三叠系、侏罗系、白垩系、古近系和第四系，以古近系和第四系分布最广。佛山市位于珠江三角洲平原，属于浅覆盖区，基岩上覆盖着5万年以来形成的松散堆积层，即第四纪地层，厚度一般小于50米，最厚70米，是珠江水系与中国南海共同作用形成的，其沉积中心沿北东向和北西向呈现出有规律的展布，与区域断裂构造的展布较一致，显示了断裂构造对第四纪沉积的控制作用。大约9000万年前开始发生火山活动，4800万年至3600万年前的火山活动，形成了西樵山、王借岗、紫洞等地的火山岩，岩性主要为粗面岩、玄武岩等，经过后来的风化、剥蚀，造就了今日的西樵山火山地貌景观和王借岗、紫洞等地的火山岩柱状节理地质遗迹。经历了漫长的地质历史演化，佛山市范围内地质构造复杂，主要的构造形迹包括褶皱、断裂等，以一组多条断裂构成断裂构造带为特征。断裂构造总体以北东向广州－从化断裂带（南段）、北西向白坭－沙湾断裂带和西江断裂带为主，它们相互切割、复合，构成了本区构造的基本格架。佛山市断裂构造具有多期活动的特征，主要形成期为加里东期至燕山期。佛山市新构造运动主要表现为基底断块的差异升降。

佛山市地下水资源较为丰富，地下水类型主要有松散岩类孔隙水、碳酸盐岩类裂隙溶洞水、红层孔隙裂隙水和基岩裂隙水等，以松散岩类孔隙水为主，不同地区含水量有所差异，总体含水量为中等至丰富。地下水位高，一般埋深1～2米，连续含水层分布有1～3层，以微承压至承压水为主，顺德区陈村、伦教、勒流、杏坛和均安一线的东南部为咸水区，佛山市其余地区为淡水区，过渡带为上淡下咸区。

佛山市地质灾害的发生与强降雨和人类工程活动密切相关，人为因素诱发的地质灾害比例也越来越大。全市（不包括顺德区）共有地质灾害或隐患点165处，其中崩塌119处、滑坡36处、地面塌陷9处、泥石流1处。2014年佛山市发生地质灾害8处，其中5处为小型崩塌、2处滑坡、1处为地面沉降。2014年发出地质灾害气象风险预警分别为四级预警35次、三级预警8次。

（贝永辉）

【气候】 佛山属于南亚热带季风海洋性气候，温暖、多雨、湿润，夏长冬短，夏季长达半年之久。四季气候可概括为，夏少酷热，冬无冰雪，春常阴雨，秋高气爽。年平均气温22.5℃，1月最冷，平均温度13.9℃；7月最热，平均温度29.2℃；年平均相对湿度为76%，年平均风速为2米／秒。春夏常出现雷雨大风、短时强降水、强雷电、冰雹、龙卷风等灾害性天气，夏秋常有热带气旋影响。年降雨量1681.2毫米，西部和北部丘陵山地因地形抬升作用而稍多,年平均雨日146.5天；雨季集中在4～9月，期间降雨量约占全年总降雨量的80%，夏季降水不均，旱涝无定，秋冬雨水明显减少。年日照时数达1619.4小时，作物生长期长。

由于地处低纬，海洋和陆地天气系统均对佛山有明显影响，冬夏季风的交替是佛山季风气候突出的特征：冬春多偏北风，夏季多偏南风。冬季的偏北风因极地大陆气团向南伸展而形成的,干燥寒冷；夏季偏南风因热带海洋气团向北扩张所形成的，温暖潮湿。

冬季（12月至次年2月）。佛山的冬季普遍盛行东北风和北风，来自北方既寒冷又干燥的气团，从源地长途跋涉,到达佛山时势力大大减弱；同时，随着地面气温逐渐升高,气团原来寒冷干燥的性质，逐渐改变为较冷湿润的性质，到达广东时气压差也降低，因此风速也由北向南逐渐减小。当佛山人置身于冬季的怀抱,随风侵来的并不都是入骨的寒冷，也不是满目的萧条与凄清。但是，也有个别年份例外，在寒潮来临时，也可能出现霜冻天气。冬季是佛山的干季，降水较少，晴好天气多，光照充足。1月为最冷月，月平均气温为13.9℃，极端最低气温曾达到-1.9℃，出现在1967年1月17日（南海区测站）。

春季（3～5月）。春季白昼渐长，气温和降水量均处在上升时期，天气多变，常出现乍暖乍冷天气。佛山的春天常常是阴雨绵绵，寒风料峭，“连绵春雨湿红棉”，这个季节的雨水是“让人欢喜让人愁”，虽然能滋润万物、过滤空气，但也淹没了阳光的踪影，因此春季又是日照最少的季节。由于缺乏阳光，气温日变化小，总让人感到寒意丝丝透骨，当然，有的年份也会出现春光明媚的景象。另外，春季是冬夏环流的交替季节，天气过程复杂，变化迅速，中小尺度天气系统非常活跃，因此常出现强对流天气。雨季通常从4月开始，同时进入前汛期。

夏季（6～9月）。佛山的夏季盛吹偏南风，丰沛的水汽随南风源源不断输送到上空，为夏季降雨提供有利条件。5月、6月是佛山前汛期的降雨高峰期，各地出现暴雨的机会甚多。同时，每年的6～10月又是热带气旋影响广东的主要时段，平均每年有1～2个热带气旋影响佛山。因此夏季是雷暴和热带气旋肆虐的季节，全年中50%～60%的雨水集中在夏季，毫无羁绊的雨伴着狂虐的风，往往形成严重的灾害，然而夏季的雨又常常是人们翘首期盼的。佛山的夏季绵长，天气炎热，一年中最热的月份是7月，全市的月平均气温达到29.2℃；极端的最高气温曾出现过39.2℃（2005年7月18日，南海区测站）。盛夏季节气温高，加上相对湿度大，更显得暑气逼人。因此，在人们期盼至极时悄然到来的雨水，夹着凉风，淅淅沥沥带走暑热，滋润心田。

秋季（9～11月）。告别炎夏，步入凉秋，天高云淡，好风长吟，秋天是一年中最舒适的季节。此时冷空气开始频繁南下，气温逐渐下降，飒飒秋风涤尽胸中的积郁，让人神清气爽。秋天并不是热带气旋活跃的季节,但仍有出现的可能。总的来说，秋季多以晴天为主，少降水。从9月下旬至11月底平均降水量仅155.1毫米，约占全年降雨的十分之一，历史上还曾多次出现连续30天无雨的年份，秋燥的特点十分明显。

（陈小芸）

【水文】 佛山市多年平均径流量27.93亿立方米（统计年限1956～2000年，下同），多年本地水资源总量为29.45亿立方米。佛山有西、北江丰富的过境客水，近年平均（1999～2013年）入境水量

2567.9亿立方米，出境水量2588.6亿立方米。

2014年佛山市降水属平水年，年平均降水量1539.2毫米，比多年平均偏少1.1%；地表水资源量27.61亿立方米，比多年平均偏少1.2%；地下水资源量6.25亿立方米，比多年平均偏少8.2%；水资源总量28.63亿立方米，比多年平均偏少2.8%。全市入境水量2781.1亿立方米，出境水量2800.4亿立方米。

2014年，受上游水文情势影响，马口、三水(二)站全年洪水场次多，洪水以中低洪水为主，潮洪混杂时段长，最高水位（珠江基面，下同）超过3米的明显涨水过程有2次，分别在5月和6月。马口、三水（二）站全年均未达到警戒水位（7.5米）。马口站年最高洪水位为4.03米、年最大流量为2.47万立方米/秒，分别出现在6月8日和6月7日；三水（二）站年最高洪水位为4.98米，年最大流量为9480立方米/秒，均出现在5月24日。马口站和三水（二）站年最小流量分别为负流8830立方米/秒和负流1940立方米/秒，均小于历史最低值；年平均流量分别为7320立方米/秒和1860立方米/秒，接近多年平均值。

2014年有2个热带气旋影响佛山市，分别是1409号超强台风“威马逊”和1415号强台风“海鸥”。2个热带气旋给佛山市带来不同程度的降水和风暴潮增水，分别出现20～70厘米和80～120厘米的风暴潮增水。受上游来水影响下，紫洞、板沙尾等12个水文站，有5个站点的年最高水位出现在5月24日，其余7个站点年最高水位均出现在6月；全年最低水位基本上出现在枯水期12月。

（刘幼萍）

资源物产

【水资源】 佛山是典型的三角洲河网区，西、北江及其分流河道贯穿全市，内河涌纵横交错。河流水面积有347.04平方公里，占全市总面积的9.1%。

2014年佛山市降水属平水年，年平均降水量1539.2毫米，比常年（多年平均，统计年限1956～2000年，下同）偏少1.1%；地表水资源量27.61亿立方米，比常年偏少1.2%；地下水资源量6.25亿立方米，比常年偏少8.2%；水资源总量28.63亿立方米，比常年偏少2.8%，人均拥有水资源量391立方米。全市入境水量2781.1亿立方米，出境水量2800.4亿立方米。

（刘　勇）

【矿产资源】 佛山市地层发育较齐全，岩浆活动频繁，地质构造复杂，成矿条件良好，银、铅、锌、岩盐、石膏、水泥用灰岩、建筑用花岗岩、砖瓦用页岩等矿产资源较丰富。佛山市已发现矿产53种，矿床（点）327处，其中大型矿床11处，中型矿床24处，小型矿床52处，矿点240处。矿产种类有能源矿产、金属矿产、非金属矿产和水气矿产，已查明有储量的矿产40种。

（许　伟）

【生物资源】 佛山市植物资源丰富，已查明并有较大经济价值的树种有50多科，约200种。主要林木有马尾松、湿地松、杉、落羽杉、水松、罗汉松、桉、相思、木麻黄、竹、樟树、凤凰木、木棉、苦楝、茶、桑等，另有荔枝、龙眼、柑橘、香蕉、大蕉、黄皮、柚、杨桃、芒果、桃、南华李、梅等果树资源以及数十种药用植物资源。

野生动物资源种类繁多，有野猪、穿山甲、黄猄、狐狸、果子狸、箭猪、蛇、龟等兽类及爬行动物，有鹰、山鸡、夜莺、燕、百灵鸟、杜鹃、画眉等鸟类，多分布在丘陵山地区。此外，以草鱼、鳙鱼、鲢鱼、鲮鱼、鲤鱼等为主的淡水养殖资源和鲈鱼、鳑鱼、银鱼等江河水产资源也相当丰富。

（市农业局）

【土特产品】 佛山土特产品丰富，全市各区都有各具特色的产品。其中出名的有：禅城的佛山盲公饼、酝扎猪蹄（佛山扎蹄）、佛山柱候鸡、石湾米酒、佛山应记云吞面、海天豉油、豉味玉冰烧等；南海的西樵大饼、平洲福肉饼、九江煎堆、南海麻奢狗肉、盐步秋茄、平洲金丝柚、平洲石硖龙眼、官窑石碣西瓜、九江双蒸酒、官窑马蹄、南海沙溪马蹄粉等；顺德的大良双皮奶、龙江煎堆、大良膏煎、伦教糕、顺德鱼生、大良磞砂、南乳肉等；高明的合水粉葛、对川红茶、三洲黑鹅、合水肉姜、更楼肉姜、杨梅金皇芒果、合水西瓜、山桔、青梅等；三水的大塘黑皮冬瓜、乐平雪梨瓜、乐平小宝西瓜、三水家乡米醋等。其中，大塘黑皮冬瓜、乐平雪梨瓜、合水粉葛等获国家地理标志。特色旅游产品有石湾公仔、佛山香云纱（莨纱绸）、南海刺绣（粤绣的最重要组成部分）、大良鱼灯秋色等。其中石湾公仔和佛山香云纱获国家地理标志。

（陈森平）

历史人文

【千年古镇】 佛山历史悠久，文化底蕴深厚，是国家历史文化名城。据考证，佛山的历史起源于现禅城区石湾镇街道澜石区域，距今约4500～5500年前，百越先民沿西江、北江来此繁衍生息，以渔耕和制陶开创原始文明。唐贞观二年（公元628年），因在城内塔坡岗上掘得三尊铜佛像，认为此地是佛家之地，遂立石榜改季华乡为“佛山”。

唐宋年间，佛山的手工业、商业和文化已十分繁荣。明清时，更是发展成商贾云集、工商业发达的岭南重镇，与湖北的汉口镇、江西的景德镇、河南的朱仙镇并称全国“四大名镇”，与北京、汉口、苏州并称天下“四大聚”，陶瓷、纺织、铸造、医药四大行业鼎盛南国。清末，佛山得风气之先，成为中国近代民族工业的发源地之一，先后诞生了中国第一家新式缫丝厂和第一家火柴厂。

始建于北宋元丰年间，被誉为“东方民间艺术之宫”“岭南建筑艺术之宫”的佛山祖庙。

【传统文化】 佛山悠久的历史，孕育了独具魅力的岭南传统文化。佛山素有陶艺之乡、粤剧之乡、武术之乡、广纱中心、岭南成药之乡、南方铸造中心、民间艺术之乡等美誉，形成了秋色、“行通济”等独具特色的民俗。

佛山是“南国陶都”“中国陶瓷名都”，制陶工艺源远流长，自古有“石湾瓦，甲天下”的美誉。建于明代正德年间的南风古灶，是世界现存最古老的柴烧龙窑，薪火相传至今500多年，被誉为“陶瓷活化石”。

佛山是“南国红豆”粤剧的发源地，诞生了粤剧艺人的代称——“红船子弟”和粤剧最早的戏行组织——琼花会馆。2004年举办的琼花粤剧艺术节，使佛山呈现古人描绘的“红船泊晚沙，万人看琼花”的盛况。

佛山是“岭南成药之乡”，产品种类齐全的古方正药历史有400余年，涌现了“黄祥华”如意油、“冯了性”药酒、“源吉林”甘和茶等一批老字号名药。

佛山是“武术之乡”，是中国南派武术的主要发源地，现在世界上广泛流行的蔡李佛拳、洪拳、咏春拳等均发端于佛山，著名武术大师黄飞鸿，咏春宗师梁赞、叶问，影视武打明星李小龙等祖籍及师承亦在佛山。2004年，佛山被授予“武术之城”称号。

佛山是“狮艺之乡”，是南狮的发源地，是首个“中国龙狮龙舟运动名城”。每年一度的“狮王争霸赛”吸引国内外广大武术、体育爱好者参与。禅城区是“中国龙狮运动之乡”，南海区西樵镇是全国唯一“中国龙狮名镇”。

佛山的铸造业始于西汉，到明代佛山的铸造技术已达相当高的水平，成为南中国冶炼中心，以至“佛山之冶遍天下”。张心泰在《粤中小识》中道：“盖天下产铁之区，莫良于粤，而冶铁之工，莫良于佛山”。

佛山是珠江三角洲民间艺术的摇篮，孕育并保留了大量体现岭南文化精髓的民间艺术及民俗事象。狮舞、粤剧、龙舟说唱、佛山木版年画、广东剪纸、石湾陶塑技艺、佛山狮头、香云纱染整技艺、祖庙庙会、佛山秋色、十番、人龙舞、佛山彩灯和八音锣鼓等14个项目入选国家非物质文化遗产名录，11人入选国家级非物质文化遗产代表性传承人。正月十六“行通济”始于明末，盛于清乾隆年间，延续至今并逐渐被赋予慈善等现代色彩，每年吸引数十万人参加，200多年来还流传着“行通济，无闭翳”的谚语。全市各地方还有各不相同的习俗，如官窑的“生菜会”、罗村的“乐安灯会”等。

佛山是珠三角“美食之乡”，是粤菜发源地之一，有“食在广东，厨出凤城”之说。佛山以其民间食谱丰富、茶楼食肆林立、烹饪技艺精良而蜚声海内外。2004年和2011年，顺德区和佛山市先后被中国烹饪协会命名为“中国厨师之乡”“中国粤菜美食名城”。2014年，顺德区获联合国教科文组织确定的“世界美食之都”称号。每年举办的“佛山美食欢乐节”，成为集美食、旅游、文化艺术为一体的盛大旅游节庆活动。

【历史名人】 佛山人文荟萃，才俊辈出。

封建社会前期，广东出现九贤人，后人都尊他们为先贤，其中佛山占了4位：战国时南海人高固，东汉时南海人疏源，西晋南海人王范，晋代南海人黄恭。

自唐至清光绪三十年（1905年），佛山有文进士786人，武进士98人，举人近4000人。其中文状元5人、榜眼3人、探花3人、会元7人、解元25人。广东先后出现9位文状元，佛山占5位：澜石黎涌村的简文会，是南汉乾享四年（920年）的状元；南海人张镇孙（今属顺德）是南宋咸淳七年（1271年）状元；与简文会同村的伦文叙，是明弘治十二年（1499年）的状元；顺德人黄士俊，是明万历三十五年（1607年）的状元；顺德人梁耀枢，是清同治十年（1871年）的状元。

封建社会到朝廷做官的佛山人，很多都尽心为国出力、为民办事。广东先后出过6位宰相，佛山就占了3位，如南海人方献夫（明嘉靖年间宰相）和顺德人黄士俊（明崇祯九年宰相，后再任南朝桂王宰相）等。另外，佛山人戴鸿慈是清宣统年间协办大学士，以“诤言”名世。佛山人庞尚鹏，历经明朝嘉靖、万历两朝，官居左副都御史，敢于与贪污腐败的官吏作斗争，民谣赞他“亮如水，猛如虎”，称他为“庞铁面”，当代人认为他是封建社会杰出的经济体制改革家。三水何维柏，生活于嘉靖、隆庆、万历三朝，官至尚书，敢于犯颜直谏，阻止皇帝几次劳民伤财的工程，坚决与奸臣严嵩作斗争。

在岭南文化形成、发展过程中，作出巨大贡献的佛山人如繁星闪烁。明朝诗坛“南园五子”，佛山占其二（孙蕡、王佐）；嘉靖年间“南园后五子”，佛山占其三（梁有誉、欧大任、吴旦）。万历年间的区大相，对岭南诗派的形成起到关键作用，被誉为“粤东诗派皆宗海目”。此后，有“岭南三大家”之陈邦彦、邝露；“岭南后三大家”之陈恭尹、梁佩兰，“岭南四家”之黎简、张锦芳、黄丹书，以及“岭南近代四家”之黄节、罗惇曧。绘画方面，有广东现存最早的古典绘画作品的作者、南海人颜宗，有明代开创水墨写意新派的林良，有“开启广东画坛新时代”的黎简，以及杰出画家苏仁山、苏六朋。近代则有被称为独树一帜的“新写实主义”画家的黄少强。文学小说创作方面，有《粤讴》的创作者招子庸，有近代小说巨子吴趼人。佛山是粤剧的发祥地，著名的粤剧艺术家有开粤剧改良先声的黄鲁逸，有“广东梅兰芳”美誉的千里驹，粤剧五大流派薛（觉先）、马（师曾）、桂（名扬）、廖（侠怀）、白（驹荣）都是佛山人。佛山是著名的“武术之乡”，在海内外影响广泛的武术名家有梁赞、黄飞鸿、叶问和李小龙等。

教育科技方面，有撰写童蒙课本《三字经》的宋末区适子；在西樵山设书院读书讲学，使西樵山成为远近闻名理学名山的有明代霍韬、方献夫以及新会人湛若水；与陈澧并称广东大儒的清代朱九江；被称为广东第一位科学家的邹伯奇；被称为“中国铁路之父”的中国第一位铁路工程师詹天佑。

地处南海之滨的佛山，得风气之先，有一批广东最早“睁眼看世界”的人。南海人黄衷，嘉靖十五年（1536年）写成《海语》一书，是广东第一部影响较大的记述海岛及关于海外的书籍。清嘉庆十四年（1809年）接种牛痘法传到澳门，南海人丘熹在澳门行医，亲身试种，鼓励亲友试种，效果甚佳。基督教由澳门传入内地后，高明人梁发在1823年成为第一位华人牧师。顺德人梁廷枏，1844年先后写成《夷氛闻记》《海国四说》，介绍欧美各国的情况。

鸦片战争后，一批爱国闻人、华侨，学习西方工业革命的成功经验，办工厂，兴实业，使佛山成为近代中国民族资本主义工业的重要诞生地。他们之中，有：创办中国近代首家民族资本新式企业——继昌隆缫丝厂的陈启沅；中国第一家民族资本机器造纸厂——宏远堂机器造纸公司的钟星溪；创办机器制造厂、生产出第一台国产柴油机的陈沛霖、陈拔庭、薛文森；创办南洋烟草公司、与英美烟草公司竞争的简照南、简玉阶兄弟。同时，产生一批高举爱国主义旗帜，以拯救中华民族为己任，寻找救国富民之路的仁人志士，较为突出的有：合著《新政真铨》一书的何启、胡礼垣；发动和领导的戊戌维新运动的康有为；与孙中山并称"四大寇"的尢列；追随孙中山，继承中山遗志，为革命做出杰出贡献的何香凝。黄花岗72位烈士中，佛山就有13位。

中国共产党成立后，每个历史时期，都有一批杰出的佛山儿女，为中华民族的解放，为共产主义事业英勇奋斗。他们中有参与创建广东中共党组织的"高明三谭"（谭平山、谭植棠、谭天度）、党的好女儿陈铁军、被彭湃誉为"红色花木兰"的区夏民、参加省港大罢工和广州起义的中国工农红军杰出指挥员黄甦、大革命时期就组织农民武装与反动势力斗争的吴勤。此外，跌打名医李广海，能工巧匠黄炳、陈渭岩，陶瓷工艺美术大师刘传等佛山杰出人物，在国内外都享有盛名。

（市地方志办）

行政区划

【综述】 佛山市总面积3848.48平方公里，下辖禅城、南海、顺德、高明、三水5个区。全市共有21个镇、11个街道。其中，禅城区面积154.02平方公里，辖南庄1个镇和祖庙、张槎、石湾镇3个街道；南海区面积1074.05平方公里，辖大沥、里水、狮山、丹灶、九江、西樵6个镇和桂城1个街道；顺德区面积806.55平方公里，辖乐从、龙江、杏坛、均安、北滘、陈村6个镇和大良、容桂、伦教、勒流4个街道；高明区面积939.64平方公里，辖杨和、更合、明城3个镇和荷城1个街道；三水区面积874.22平方公里，辖芦苞、大塘、白坭、乐平、南山5个镇和西南、云东海2个街道。

【界线管理】 2014年，佛山市行政区域界线管工作有序开展。推进平安边界创建工作，印发《2014年度佛山市"平安边界"创建工作意见》。举办全市行政区域界线管理业务培训班。组织开展"佛山－中山"线市级界线联检和"禅城－顺德"线、"南海－顺德"线、"南海－高明"线区级界线联检工作。全面落实界线签约委托管理制度，市、区签订市级行政区域界线签约委托管理协议书，并通过政府购买服务方式引入专业测绘公司，承担界线委托管理和界线联检测量工作。佛山市民政局联合中山市民政局举行"佛山－中山"线沿线毗邻镇街签订平安边界共建协议仪式，佛山市顺德区容桂街道和均安镇的代表分别与中山市古镇镇、小榄镇、东凤镇、南头镇、黄圃镇的代表在共建协议书上签字。各区分别与界线毗邻区重新签订区级界线平安边界共建协议书，结对开展平安边界共建活动。

界线明确，界桩完整、清晰，是构建和谐平安边界环境的基础。图为2014年11月期间，工作人员对损毁的界碑进行重新埋设。

【勘界工作】 2014年，佛山市实施"南海－三水"线勘界界线图成果验收，并对部分微调界线段实地勘察界线走向。完成对"南海－顺德"线、"南海－高明"线、"高明－三水"线勘界档案整理和向上级政府报备工作。全市开展界线纠纷隐患排查，对发现的损毁界桩进行重设，并向沿线群众普及国家有关界桩管理的规定。

【地名管理】 2014年，佛山市完成区划地名信息化系统的开发升级和更新工作，依托区划地名信息系统的投入使用，全市地名命名、更名审批工作全部实行网上办理。全年全市共办理建筑物、住宅区和道路命名、更名申请共443宗。推进地名文化建设，编撰了《佛山市地名文化遗产名录》。开展第二次全国地名普查准备工作，并成立了由副市长王玲任组长，市府办、佛山军分区司令部、市民政局、市发展和改革局等21个单位为成员的佛山市第二次全国地名普查领导小组，制定印发了全市地名普查实施方案。

（吕龙锋）

人口与语言

【人口】 至2014年末，佛山市总户数116.25万户，比上年增加0.29万户，增长0.25%；全市总人口385.61万人（包括未落常住户口），比上年增长1.05%。（注：根据公安部调整统计口径后的标准，全市常住人口均统计为非农业人口。）全市总人口中禅城区总人口61.37万人、南海区总人口126.52万人、顺德区总人口127.1万人、高明区总人口30.13万人、三水区总人口40.49万人。全市总人口中，男性191.72万人、女性193.88万人。全年人口自然增长率为6.6‰，比上年减少0.11‰；人口机械增长率为3.73‰，其中迁入25988人、迁出11665人。

至2014年末，全市共有外来人口424.7万人，同比增加7.17%，其中，禅城、南海、顺德、高明、三水五区的外来人口分别为51.22万人、195.75万人、142.07万人、13.91万人和21.75万人。

（温威威）

【语言】 佛山推广使用普通话，境内方言主要为粤语。

佛山方言的类别与分布：佛山境内粤语处于强势，客家话属于弱势，仅通行于三水、高明、南海部分区域。禅城区域大致等于佛山原来的市区，通行粤语，无其他方言。南海绝大多数居民使用粤语，仅有和顺鲁岗的北洲和猛冲、松岗唐联的燕溪、松岗显子岗的大坑等村落有约1000人使用客家话。按照特点的不同，南海粤语可分为五小片：一是桂城片，位于南海中部；二是大沥片，位于南海东部；三是官窑片，位于南海北部；四是九江片，位于南海南端；五是沙头片，位于南海西南部偏东。以上粤方言属于珠三角片（南番顺小片），但在桂城西约的岐阳与健龙、桂城东二的新村、桂城叠南的乐庆有居民使用四邑片粤方言，但不足1000人。九江镇的西岸为鹤山、高明所包围，语言较复杂，其中八村及六村的新地、下舍通行鹤山茶山话（茶山话归属暂不详）。顺德基本属于纯粤语区，顺德粤语可分为五小片：一是大良片；二是陈村片；三是桂洲片；四是龙江片；五是均安片。其中龙江粤语接近四邑片方言。三水以粤方言为主，客家话则通行于迳口、六和、大塘、范湖等地部分乡村，三水粤语分为五片：一是西南片；二是芦（苞）塘（大塘）片；三是金（本）白（坭）片；四是迳口片；五是南（边）范（湖）片。高明多数地域使用粤语，只有合水西部的官山、鹿田少数乡村使用客家话，使用人口约3000～4000人。高明粤方言的内部则大致为三片：一是以明城话为代表的中、西部方言，使用范围包括明城、新墟、更合等区域；二是以西安话为代表的北部方言，通行地域包括西安、三洲、富湾；三是以人和、杨梅为主的南部方言。

（淦述卫）

民族宗教

【综述】 据2010年第六次人口普查，佛山市有少数民族52个，常住人口25.97万人，占全市总人口3.6%，与第五次人口普查相比，少数民族人口增长了75.5%，其中1000人以上的少数民族有14个，分别是壮族132263人、土家族37384人、苗族27688人、瑶族22111人、布依族9463人、侗族8946人、彝族3801人、回族2889人、白族1967人、土族1772人、满族1343人、黎族1275人、仫佬族1218人、仡佬族1006人。少数民族人口来自全国各地，分布在全市各镇（街道）。

至2014年底，佛山市有佛教、道教、天主教、基督教4个宗教。市一级宗教团体（按新的统计口径，天主教、基督教两会分别按1个算）有4个：佛山市佛教协会、佛山市道教协会、佛山市天主教爱国会、佛山市基督教两会（三自会和协会）。区一级宗教团体有7个：禅城区佛教协会、禅城区基督教三自会、南海区道教协会、顺德区佛教协会、顺德区天主教爱国会、顺德区基督教两会、三水区基督教三自会。全市有宗教活动场所55个（佛教寺院17个、道教宫观5个、天主教堂12个、基督教堂点21个），教职人员251人，信教群众12.3万人。

2014年，佛山市少数民族人士担任市、区两级人大代表15人、政协委员16人。宗教人士担任市、区两级人大代表7人、政协委员22人。

是年，佛山市民族宗教工作部门围绕市委、市政府中心任务，深入开展群众路线教育实践活动，扎实推进各项工作，促进社会稳定。承办由广东省民族宗教事务委员会主办的2014年珠三角城市民族和宗教工作会议，进一步推动佛山市民族宗教工作的开展。加强民族团结宣传教育，改进服务管理工作，依法妥善处理涉及民族因素的矛盾问题，促进民族团结。深入贯彻党的宗教工作基本方针，依法管理宗教事务，弘扬宗教优秀文化，出版发行《佛山佛教》，推动仁寿寺改造提升，充分发挥宗教在促进佛山经济社会发展中的积极作用。佛山市南海区民族宗教事务局和张筠、吴劲瑜2人分别获国务院第六次民族团结进步模范集体称号和模范个人称号。佛山市公安局禅城分局国内安全保卫大队、佛山市顺德区民族宗教事务局、佛山市高明区荷城街道泽英小学等3个单位和徐敏彤、黄伟生、陈润明、张文辉等4人分别获广东省第六次民族团结进步模范集体称号和模范个人称号。全市宗教界全年开展扶贫慈善活动捐助合计180多万元。

【民族团结进步创建活动】 2014年，佛山市民族工作围绕“守望相助，共创未来”主题，通过丰富多彩的形式宣传党的民族政策。一是通过报刊、微博、电视等多渠道进行民族团结进步宣传，同时，各区还印制大量民族政治法规及民族基本知识宣传小册子分发到相关企业和社区进行宣传，印制宣传民族团结的海报张贴宣传。二是组织少数民族运动员组团参加广东省第五届少数民族传统体育运动会，参加高脚竞速等9个项目的比赛，并获得优秀组织奖和体育道德风尚奖，促进各民族的交流，增进感情。三是在禅城区东方广场举办“民族团结同心行，携手共筑中国梦”大型广场民族政策宣传嘉年华活动，以艺术表演形式宣传党的民族政策，吸引近700名群众现场参与。四是在学校开展以“祖国好、民族好”为内容的中学生征文比赛，在少数民族人数较多企业举办游园活动，广泛普及民族政策知识。五是通过举办联欢会、座谈会，广泛听取少数民族群众建议意见，改善和提升服务质量，促进民族团结。

【《佛山佛教》出版发行】 2014年2月13日，佛山市在佛山仁寿寺举行《佛山佛教》首发仪式，广东省民族宗教委以及佛山市政府有关领导出席首发仪式。该书是由佛山市民族宗教局与广东省禅宗文化研究基地合作，成立专题课题组，邀请北京师范大学徐文明教授作为首席专家，通过查阅资料、实地探访，对佛山的佛教资源及价值进行较为完整的挖掘和整理，取得的标志性的研究成果——佛山是佛教传入岭南较早的地方之一、佛山之名来源于佛教、佛教文化与佛山的发展密切相关，并在此基础上形成的一部以古时南海为主、包括现代全市五区佛教发展历史情况的学术专著。佛山市市长刘悦伦为该书作序。

【仁寿寺改造提升工程奠基】 2014年2月25日，佛山市仁寿寺改造提升工程奠基，广东省民族宗教委和佛山市有关领导出席，到场信教群众1000多人。重新规划的仁寿寺，面积从原有的19亩扩大到45亩，通过提升仁寿寺硬件建设，丰富仁寿寺文化内涵，使仁寿寺成为集历史性、创新性、地标性于一体，承载佛山悠久厚重的佛教历史文化的佛教寺院，成为佛山寻根、正名、扬善的胜地。

（梁礼臻）

经济和社会发展概况

【综述】 2014年，面对复杂严峻的国内外经济形势，佛山市上下按照市委十一届五次全会部署，坚持稳中求进工作总基调，全面落实稳增长、促改革、调结构、惠民生、防风险各项措施，全面深化改革，大力建设人民满意政府，经济社会在新常态下保持总体平稳，预期目标和主要任务较好完成。

【经济保持平稳增长】 经济运行在合理区间。2014年，面对经济下行压力，佛山市将稳增长作为经济工作的首要任务，扩投资、拓消费、稳外贸，多管齐下推动经济保持在合理区间运行。全市生产总值7603.28亿元，增长8.6%。其中：第一产业142.47亿元，增长2.6%；第二产业4687.02亿元，增长9.4%；第三产业2773.8亿元，增长7.5%。三次产业比重为1.9∶61.6∶36.5，第三产业占比较上年提高0.4个百分点。

固定资产投资高位增长。2014年，佛山市发挥投资的关键带动作用，抓重点项目建设，固定资产投资实现高位增长。全市固定资产投资2612.45亿元，增长15%，连续两年保持15%的高速增长。重点项目进展顺利，省重点建设项目完成投资513.9亿元，为年度投资计划的115.5%，市重点建设项目完成投资236.6亿元，为年度投资计划的103.1%，南海移动物联网等项目建成投产。

消费市场平稳畅顺。2014年，佛山市社会消费品零售总额2560.58亿元，增长13.1%。汽车、信息消费成为热点，限额以上汽车类商品消费零售额427.23亿元，增长26.2%。消费价格基本平稳、环境继续改善，居民消费价格指数累计增长2.3%，比上年下降0.2个百分点，万达广场开业，祖庙、桂城、大良、荷城、西南等商圈提升，电子商务高速增长，新模式、新业态不断涌现。

进出口增长领跑珠三角。2014年，佛山市出台支持外贸稳定增长24条（《佛山市支持外贸稳定增长实施方案》包含的24项措施），推动进出口难中求进、危中寻机，一路领跑珠三角。全市进出口总额688.2亿美元，增长7.6%，其中出口467.2亿美元，增长9.9%；进口221亿美元，增长3.2%，进出口、出口和进口增幅分别排珠三角9市第三名、第二名和第三名。对外贸易区域结构基本稳定，一般贸易结构持续优化，跨境贸易电子商务服务试点工作有序开展。

【转型升级步伐加快】 结构调整深入推进。2014年，佛山市落实省部合作协议，领衔打造珠江西岸先进装备制造业产业带，全市规模以上先进制造业完成工业总产值6782.94亿元，增长11.9%，其中装备制造业5168.26亿元，增长15.6%，先进装备制造业正引领产业转型向纵深推进。强化工业技改投入助推传统产业转型升级，突出示范应用带动战略性新兴产业加速发展，全市完成工业技改投资278.56亿元，增长23.7%，新增新能源电动汽车617辆，建成光伏发电项目装机容量14.5万千瓦。实施全产业链招商模式，新引进北汽福田、长城华冠、青岛四方等优质项目，全市实际吸收外资26.56亿美元，增长5.35%；新批或净增资超千万美元项目73个，投资总额39.8亿美元。

第三产业加速提质。2014年，佛山市深入实施提升服务业发展水平三年行动计划，创新推动第三产业大发展。现代服务业发展良好，金融物流、会展商贸、工业设计、文化创意、旅游休闲、科技服务等行业对经济发展贡献日益突出。重点项目推进顺利，广东化工交易中心、国脉互联网金融、宜家家居、永旺梦乐城、希尔顿酒店、新加坡华南中心等项目签约落户，欧浦钢网成功上市，深交所全景（广东）路演中心正式启动，长鹿农庄获批国家AAAAA级旅游景区。

民营企业稳健经营。2014年，佛山市创新政府帮扶机制，鼓励企业做大做强，全市有超千亿元企业1家,超百亿元企业11家。落实惠企政策措施，减轻小微企业负担，全年共计为中小微企业减免税收0.54亿元，减免行政事业性收费约4亿元。

金融科技产业深度融合。2014年，佛山市出台《佛山市推进金融科技产业融合的实施意见》，争创全国金融科技产业融合发展试验区。金融创新迈出新步伐。组建金融投资控股公司和科技金融综合服务中心，设立科技型中小企业信贷风险补偿基金、产业金融引导基金、金融科技产业创新融合基金等，全市新增银行2家、保险公司4家、小额贷款公司3家、融资租赁公司10家、融资担保公司2家、上市企业（含新三板）13家，股权投资机构总数达226家，注册资本超过384亿元。广东金融高新区加快建设，累计投资项目216个，引进投资总额507亿元。佛山民间金融街集聚发展，吸引60多家金融机构进驻。科技创新再上新台阶。获批“国家知识产权示范城市”和“国家知识产权服务业集聚发展试验区”，全市R&D占地区生产总值比重达2.6%，比上年提高0.27个百分点。产学研协同推进，成立中科院产业技术研究院，累计引进中科院创新团队近90个，开展项目合作超过1100项。创新队伍发展迅速，全市入选“千人计划”23人，拥有省级创新团队5个、市级创新团队29个。

【改革创新】 行政体制改革深入推进。2014年，佛山市加快政府职能转变，基本完成新一轮机构改革工作，率先编制出台政府权责清单，市、区两级部门11大类行政职权全部依据明确、网上公开。继续深化行政审批制度改革，公布新一批改革目录，上级部门下放事项的承接率达95%，本级政府改革事项落实率达99%。注重政民互动，建成佛山改革发展建言献策平台，推动网络问政、网络行政、网络监督“三网融合”。创新政务服务，形成“上连省厅、下至镇街”的四级联动综合网上服务体系，建成企业综合服务窗口和网上办事综合服务窗口，铺设616台“市民之窗”服务终端,办理业务39万笔。

经济体制改革亮点纷呈。2014年，佛山市深化投资管理体制改革，率先建立企业投资管理“三单”模式。全面推行企业注册登记制度改革和联合审批改革，实现企业登记“一站申请、一窗受理、一表登记、并联审批、六证联发”，试行企业注册登记同城通办。深化工程建设项目竣工联合验收改革，验收时限从原来的最少半年左右压缩到平均8个工作日左右。加快营商环境建设，成为广东省唯一的“非特区”法治化国际化营商环境试点市。

农村综合改革扎实推进。2014年，佛山市大力推进农村土地承包经营权确权登记颁证工作，三水区和顺德区的均安镇、容桂街道试点工作进展顺利。进一步规范农村集体经济管理，农村集体资产管理交易平台和农村财务监管平台“两个平台”运行良好，全市累计进入平台交易的农村集体资产有7.7万宗，涉及合同标的总额426.09亿元，平均增值13.97%，共有5477套账务在农村财务监管平台实施监管。

社会管理改革有效开展。2014年，佛山市全面开展“城乡社区建设提升年”活动。民主议事和决策机构基本实现村居全覆盖，城市建成区常住人口志愿者注册率8.3%以上。加强社工队伍建设，全市持证社会工作者共3245人，比上年增长86.3%。深入推进医药卫生体制改革，构建“基层首诊、级诊疗、向转诊”的分级诊疗模式，市一医院托管禅城区人民医院、同济医院，市中医院托管张槎医院。试点推行家庭医生式服务，全市组建家庭医生服务团队551个，为签约居民提供上门诊疗服务12.85万人次。全面创建教育综合改革试验区,成为全省首个“广东省推进教育现代化先进市”。

【城市建设发展】 基础设施日臻完善。2014年，贵广、南广铁路佛山段建成通车，高铁经济带构想启航。广佛线二期、南海新型公共交通系统试验段加快建设，地铁二号线一期工程动工建设，三号线完成初步设计招标，佛山轨道网建设提速。广明高速陈村至西樵段（一期工程）、肇花高速三水段建成通车，全市高速公路通车总里程达471公里，东联西进步履坚定。禅西大道二期、原G321南海段改造、三花公路改造一期、南九公路复线、佛陈大桥扩建、兴业路北延线三水段、樵乐路快速化改造等项目建成通车，季华路快速化改造、绿景西路一期完成，现代化立体交通体系不断优化。

城乡面貌赏心悦目。2014年，佛山市城市升级三年行动计划圆满收官。"强中心"战略深入实施，"一老三新"格局基本形成，老城更靓，新城更美。组团式城市继续提质，顺德新城、三水中心城区、高明西江新城功能逐步完善，佛山新城公共文化中心、禅城绿岛湖湿地公园、南海博物馆、顺德博物馆、高明西江新城体育中心、三水北江体育休闲公园等公共设施建成投入使用。景观改造成绩突出，佛山新城沿江绿化带、禅城区汾江河滨水长廊、顺德区北滘细海河两岸改造、高明区秀丽河堤围整治成为典型。

城市环境整洁有序。2014年，佛山市继续完善城市管理考评制度，健全城市管理成效机制。全面推动项目落实，29个"五位一体"项目累计完成投资4.96亿元。加强城中村和社区的设施改造升级，促进社会化市政管理模式向城中村、城乡结合区域延伸。智能交通建设不断加快，全市整合式的"智能召车中心"初步完成，中心城区公交分担率30.1%。

区域合作全面深入。2014年，佛山市加快推进广佛同城化，广佛交通网络对接日益完善，西二环乐平立交建成通车，龙溪大道快速化改造项目动工，广佛肇经济圈步伐加快，广佛肇（怀集）经济合作区规划获广东省人民政府批复。全面铺开对口帮扶云浮工作，先后组织7次大型招商活动，其中云浮－佛山城市可经营项目投资推介洽谈会现场签约项目22个，投资总额197.57亿元。推进援藏援疆工作，分别安排援藏、援疆资金0.62亿元和4.31亿元，对口援建项目全数启动。做好扶贫开发"双到"工作，顺利完成年度任务。

【环境治理成效显著】 节能减排任务完成。2014年，佛山市推进节能降耗，强化对重点用能单位的能耗监测，单位GDP能耗下降4.25%。推进大气污染防治，扩大高污染燃料限制使用区域，加快重点工业行业治污改造提升，强化机动车污染防治，化学需氧量、氨氮、二氧化硫、氮氧化物排放量分别下降3.63%、3.64%、6.69%、10.33%。全力推进水环境整治，开展重点河涌"一河一策"治理，有19条河涌水质主要指标达到国家地表水Ⅴ类标准。建立广佛跨界区域水污染联防整治工作机制。推动城市基础设施向农村延伸，城镇污水处理率达96.7%。

生态建设有序推进。2014年，佛山市启动省级生态市创建工作，南海区、高明区申报省级生态区顺利通过项目预审。推进低碳试点工作，禅城、顺德低碳示范区建设深入推进，全市共有13家企业进入广东省第一批碳排放交易市场进行交易。推进国家森林城市创建工作，完成造林更新改造2.26万亩、生态景观林带建设106公里、乡村绿化美化示范村建设70个。

【社会民生持续改善】 社会保障水平持续提高。2014年，佛山市就业保持稳定，全年城镇新增就业岗位82363个，创业带动就业36473人。基本民生继续加强，企业退休职工月人均基本养老金增加到2438元，全市参加城镇职工基本养老保险310.5万人、基本医疗保险268.4万人，参加城乡居民医保205.8万人，异地务工人员随迁子女参加居民医保享受本市户籍居民同等财政补贴。底线民生保障提高，城乡低保标准提高至510元／人·月；保障房建设超额完成年度任务，基本建成9982套；启动7次低收入群体临时价格补贴与物价上涨联动机制，发放补贴721万元。

社会事业不断进步。2014年，佛山市教育事业取得突破，成为广东省首个所有区（县）均通过国家级义务教育均衡发展评估的城市。率先建设以公益普惠性幼儿园为主体的学前教育服务网络，随迁子女入读公办学校超过24.3万人，占比超过71.5%。稳步提高基本公共卫生服务均等化水平，基本公共卫生服务经费标准达到常住人口人均35元。推进平价医疗服务，全市二级以上公立医院全部设立平价诊室。

社会秩序稳定和谐。2014年，佛山市深入开展食品安全示范市建设，建成1285家市级食品安全示范点，通过验收"阳光厨房"达到2018家。试点推行家禽"集中屠宰、冷链配送、生鲜上市"，建成市级"菜篮子"基地34个。推进"平安佛山"创建活动，开展"六大专项"打击整治行动。

（陈永婷）

政治文明建设

依法治市

【综述】 2014年，按照《法治广东建设五年规划（2011～2015）》《佛山市依法治市2012～2016年规划》和《佛山市2014年依法治市工作要点》的部署，佛山依法治市工作以依法执政为核心，以依法行政、公正司法、开展社会治理工作为重点，不断深化基层民主法治建设和推进法治文化建设。全年各级部门共排查各类矛盾纠纷1000多宗，矛盾纠纷化解率90%以上。组织市社会组织参与社会治理、化解矛盾纠纷专题调研并形成调研报告。确定市社会组织参与社会治理、化解社会矛盾的试点单位，市、区、镇三级部门进行指导培育，并组织召开经验交流会，大力推动法治镇街创建和社会治理工作。做好“设区市获得地方立法权立法”的前期准备工作。推出佛山市重大决策程序的4个配套制度文件，聘请7位资深律师担任市长、副市长的“一对一”法律顾问。市国税局等4个单位被确定为广东省第二批法治文化建设示范点。三水区获评“全国法治县（市、区）创建活动先进单位”称号。广东省打造珠三角法治示范区建设中期检查评估组对佛山市法治工作做法给予高度评价。

【社会组织参与社会治理、化解矛盾纠纷调研】 2014年4月下旬至7月上旬，由佛山市人大常委会副主任卢立湃带队，市人大常委会有关领导和市依法治市办、市中级法院、市民政局、市司法局、市工商联等单位人员参加，对佛山市社会组织参与社会治理、化解矛盾纠纷情况进行调研。

调研组认为，佛山市高度重视社会组织培育发展，社会组织总数多年来稳居广东省全省第三、地级市之首。为此，市社工委、民政局等有关单位做了大量工作：一是改革登记制度，降低准入门槛。二是加大扶持力度，注入发展动力。三是突出重点培育，完善发展格局。四是重点推进，创新社会组织监督管理方法。五是推进行业自律，加强社会组织规范建设。

调研组发现，佛山市在社会组织培育管理发展，参与社会治理、化解社会矛盾的过程中仍然存在一些“短板”亟需弥补。一是社会组织的发展滞后于经济社会发展。二是部分社会组织素质不高、管理不规范。三是政府对社会组织的支持力度不够。四是社会组织监管力不从心。

调研组从观念、体制、管理及社会组织自身等4个方面进行了原因分析，分别从社会支持、政策支持、能力支持和管理支持4个方面提出了意见建议。

调研报告得到市委、市政府的高度肯定，市委、市政府有关部门进行了跟踪处理，并把相关意见和建议融入有关政策的制订中。

【“珠三角法治创建示范区”中期情况检查调研】 2014年8月20日，由广东省司法厅副厅长何流明带队的工作组，对佛山市打造“珠三角法治创建示范区”中期情况进行了检查调研。中共佛山市委依法治市办、市司法局、市法制局及南海区依法治区办、顺德区依法治区办负责人参加法治创建座谈汇报。市人大常委会委员、市委依法治市办常务副主任胡亚林汇报佛山市创建“社会主义法治文明示范城市”的设想和措施，重点介绍创建工作与市委中心工作、大部制改革、创建全国文明城市工作、“三打两建”及社会治安综合治理、“城市升级三年行

动计划”紧密结合的五点做法，剖析存在问题，提出完善法治创建工作的打算。工作组还实地察看了顺德区陈村镇、市医疗纠纷调解委员会。广东省依法治省办工作组对佛山市打造“珠三角法治创建示范区”进展情况给予了充分肯定。

【依法治市领导小组第19次全体会议】 2014年11月7日召开。会议围绕“以法治精神推动佛山全面深化改革”主题，专题学习《中共中央关于全面推进依法治国若干重大问题的决定》和总书记习近平所做的“说明”，听取市委依法治市领导小组办公室汇报佛山市2013年和2014年上半年依法治市工作情况，并结合佛山实际对《关于全面推进“法治佛山”建设的实施意见》（讨论稿）进行研究讨论。会上，市委书记、市委依法治市领导小组组长刘悦伦作了重要讲话。刘悦伦认为，通过运用法治思维化解社会矛盾、创建平安佛山活动、推进依法行政和公正司法、加强法治文化建设和法律服务等一系列扎实有效的工作，法治佛山建设由“冷”变“热”、由“虚”变“实”、由“轻”变“重”，为改革和发展提供了有力的保障。刘悦伦要求，要认真学习领会党的十八届四中全会精神，切实把思想和行动统一到“治以法尊”上来；要以法为纲，构建立法、执法、司法、监督等全方位的法治体系；要统筹兼顾，以法治精神推动佛山全面深化改革，引领经济社会协调可持续发展。刘悦伦指出，各级政府要进一步依法规范和履行政府职能，进一步实现政府职能、权限、责任的法定化，建立健全规范自由裁量权工作制度，加强行政职权标准化建设。

【法治镇（街）创建工作经验交流现场会】 2014年12月23日，佛山市法治镇（街）创建工作经验交流现场会在南海区狮山镇召开。佛山市市、区、镇（街）相关领导及广东省依法治省办专职副主任黄文平，以及佛山市委依法治市领导小组全体成员等约150人参加会议。

经验交流会上，务庄社区参理事会、市医调委、佛山市湖北商会等三种类型社会组织代表及南海区桂城街道、顺德区陈村镇、三水区西南街道作了经验介绍，其他部分镇（街）和社会组织以书面形式进行工作交流。市委书记、市委依法治市领导小组组长刘悦伦作了重要讲话。刘悦伦强调，要严格按照党的十八届三中和四中全会精神，从法律意识、法律制度、法治政务、法律服务、法律调解等方面，深入推进法治镇（街）创建工作：一要着力重构基层治理组织架构，通过全面深化改革，厘清基层各类组织的职责分工和权责边界，构建以党组织为核心、自治组织为主体、经济组织为基础、社区服务中心为平台、群团组织和社会组织为协同、公众参与为路径、民主法治为保障的基层社会治理新格局；二要着力构建完善的公共法律服务体系，构建政府主导、覆盖城乡、多方参与、管理有效、优质便捷、可持续的公共法律服务体系，大力推进基层社会治理法治化；三要着力健全矛盾纠纷排查调处化解综合机制，进一步健全社会矛盾纠纷预防化解机制，完善多元化纠纷解决机制；四要加强深化法治镇（街）创建工作的组织保障，进一步健全“党委统揽全局、各方积极推进、狠抓贯彻落实”的法治佛山建设工作格局。

（梁倩婷）

依法行政

【综述】 2014年，佛山市依法行政工作深入贯彻党的十八届四中全会关于全面推进依法治国若干重大问题的决定，以建设法治政府为目标，坚持科学规划、统筹安排、重点突破、整体推进，推动社会治理理念和治理能力的现代化、法治化。

2014年，佛山市在广东省率先为市长配备“一对一”法律顾问；发布《佛山市重大行政决策程序规定》，首次把公众参与、专家论证、风险评估、合法性审查和集体讨论决定作为重大行政决策必经程序；出台《佛山市行政执法争议协调办法》，解决权责交叉、多头执法问题；建立健全政府信息公开联席会议制度，通过联席会议制度，市政府办公室统筹推进全市政府信息公开工作。是年，中国法治政府评估佛山名列全国第三。

【行政职权标准化建设】 2014年，佛山市继续抓好行政审批和行政处罚两大类别的职权标准化工作，每个职权都编制行政审批事项办事指南和业务手册，细化、量化裁量标准，让职权准确、无差别实施。

是年，在基层政府的积极探索尝试下，顺德商事登记制度改革、南海“三单”管理改革、禅城“一门式”改革等顺利推进。南海区在广东省率先实现行政审批标准化、程序化和电子化运行。

【政府信息公开联席会议制度】 2014年，佛山市建立健全政府信息公开联席会议制度，强化政府信息公开组织领导。该制度规定，由市政府常务副市长任联席会议的第一召集人，市政府秘书长任召集人，发改、教育、民政、人社、国土规划、住建、交通、农业等与公共企事业单位密切相关的部门为成员单位。通过联席会议制度，市政府办公室统筹推进全市政府信息公开工作。

【社会治理制度创新】 2014年，佛山市创新社会治理方式，多渠道防范和化解社会矛盾。一是构建公共法律服务体系，推进基层社会治理法治化。健全完善覆盖城乡的公共法律服务网络，不断提升公共法律服务水平。推行律师事务所与村（居）结对共建，落实“一小时法律援助服务圈”，充分发挥人民调解化解社会矛盾第一道防线的作用。二是探索乡镇（街道）领导干部驻点普遍直接联系群众制度。南海区先行先试，建起“区驻点为支撑—镇驻班为主体—村常驻为延伸”三级体系。构建市、区、镇（街道）、村（社区）多级社情民意数据库，为创新社会治理提供科学依据。三是推行行政复议委员会试点全覆盖。2014年，佛山在各区全面推广集中复议制度。探索案件审理公开透明审理机制，对典型案件进行集中议决。探索建立行政复议案件繁简分流制度。

【重大行政决策程序规定】 2014年，经佛山市政府常务会议通过，《佛山市重大行政决策程序规定》正式发布。该规定首次把公众参与、专家论证、风险评估、合法性审查和集体讨论决定作为重大行政决策必经程序。

【法治政府评估佛山名列全国第三】 2014年12月28日，中国政法大学法治政府研究院开展《中国法治政府评估报告（2014）》在北京发布，佛山名列全国第三。报告对包括4个直辖市、27个省府所在市的100个地级以上城市政府的法治建设水平进行评价，评价依据行政决策、行政执法、政府信息公开、监督与问责、社会矛盾化解与行政争议解决、社会公众满意度调查等9个指标，其中，社会矛盾化解与行政争议解决指标得分佛山居全国第一。

（黄焯怡）

基层政权建设

【综述】 至2014年末，佛山共有村委会328个，其中禅城区54个、南海区67个、顺德区108个、高明区51个、三水区48个；共有居委会411个，其中禅城区90个、南海区182个、顺德区96个、高明区21个、三水区22个。2014年，佛山市圆满完成全市村委会、居委会换届选举工作，并开展全市“城乡社区建设提升年”活动，不断取得基层治理新成果、新经验，全市城乡社区软硬件环境不断优化。

【村委会、居委会换届】 2014年，佛山市村委会、居委会换届选举期间，全市共有村委会、社区居委会739个（村委会328个、社区居委会411个），其中需换届的735个村委会、居委会（禅城区奇槎、东平、江滨等3个新成立的社区不需参加此次换届）均完成换届选举工作，共选举出村（居）委会成员3103名，其中党委建议人选当选率94.7%。新一届村、居委会成员中，大专及以上文化程度占63.9%，比上一届提高9.5%；平均年龄41.6岁；书记、主任“一肩挑”比例达89.9%，比上一届提高25.4%；“两委”交叉任职率89.4%，比上一届提高33.3%。此次换届选举历时2个月，总体进程平稳顺利。

【城乡社区建设】 2014年，佛山市以开展“城乡社区建设提升年”活动为统揽，推进“固基础、优队伍，推自治、促协同，理关系、减负担，强服务、精管理”等工作，取得较好的工作成效。

社区基础设施成效显著。全市五区全年共投入

2.7 亿元用于提升社区基础设施建设水平，顺利完成“六个一”工程建设任务，相继出台社区工作经费的保障性文件，较大地改善了社区办公与服务用房条件。

社区协同共治纵深发展。丰富公众参与新载体，全市共建立 463 个“社区参理事会”“村（居）议事监事会”等民主议事和决策机构，占村（居）委会总数的 62.74%。强化民主监督，全市村（居）务公开民主管理示范创建工作达标率 90%，提前完成广东省民政厅下达的任务指标。

城乡社区治理手段进一步创新。启动社区公共服务综合信息平台建设工作，禅城区、南海区、顺德区被定为广东省社区公共服务综合信息平台建设试点单位。禅城区以“一门式”政务服务体系改革为抓手，试点推进综合信息平台建设，受到国家、广东省有关部门的高度关注和人民群众的普遍好评。南海区在大沥镇、狮山镇和里水镇选取 10 个社区开展社区综合性网格化治理的试点工作，取得较好效果。

社区服务水平提升步伐加快。社区志愿服务蓬勃发展，城市建成区常住人口志愿者注册率 8.3%。社区文化活动更加繁荣，全市社区普遍开展“邻里守望”社区志愿服务、道德讲堂、“身边好人”巡讲巡演等活动。每个社区至少发展 3 名以上文化志愿者。产业社区建设进度加快，其中，三水区以“产城人”融合为发展理念，全面提升乐平镇产业园区、西南街道水乡工业园和大塘镇工业园的产业基础设施和管理服务水平，努力为异地务工人员提供优质高效的公共服务。

【基层治理创新】 2014 年，佛山市打造基层治理精品工程。

基层治理课题攻关。联合华中师范大学中国农村研究院开展对全市“城乡基层治理”和“产业园区社区服务”2 个方向课题的研究，以提炼总结佛山特色的城乡基层治理和产业园区社区服务的成功经验和做法。经过与课题团队共同调研、探讨、研究，共形成 10 份调研报告，其中，《两级议事会：打造村民自治“小大人”——基于广东省佛山市三水区创新村、小组两级议事会的调查与思考》和《协商民主：实现基层自治的有效路径——基于佛山市民主协商实践的调查与思考》2 份报告递交民政部并受到关注，民政部部长李立国、副部长窦玉沛作出肯定批示。

社区公共服务创新。根据民政部等 5 部委《关于推进社区公共服务综合信息平台建设的指导意见的通知》精神，在禅城区、南海区和顺德区调研展开试点工作。禅城区建立以区主要领导主导推动的工作机制，引进国内优秀技术团队，与民政部公共服务综合信息平台有关要求规范直接对接，高标准高起点打造平台建设模式，受到市委、市政府和广东省民政厅主要领导的高度关注，并吸引兄弟城市到访考察学习。市委书记刘悦伦、副市长王玲多次到禅城区调研社区公共服务综合信息平台试点工作建设情况，研究下一步全市推进该工作的可行性做法。

基层治理探索。各区、镇（街道）因地制宜，探索符合本地实际的基层治理新经验。有的推动社会服务专业化，通过购买社会服务，引入专业社会组织开展社区服务， 搭建了“创益中心”、家庭服务中心、“七一空间”“陈氏大宗祠”等社区综合服务平台，逐步建立起“4・30 学堂”“长者饭堂”“工疗站”等便民利民服务品牌；有的推动公共服务均等化，涌现出了“新南海人　梦家园”“创享家”、北滘异地务工人员服务中心、“新三水人服务站”、狮山树本产业家园、乐平产业园区等新型产业社区模式；有的推动村（居）民自治互助，如南海探索创建熟人社区、三水深入推进村组两级自治等，同时，各地“乡贤会”“慈善会”“街坊会”“邻里中心”“互助社”等村（居）民自治组织蓬勃发展；有的探索信息化手段，如禅城区推进“一门式”政务改革、南海区推行“网格化”社区治理模式、顺德区在勒流街道所有村（居）委会推行“手机村务通”试点工作，不断开创基层治理工作新局面。

（吕龙锋）

党风廉政建设概况

【综述】 2014年，佛山市落实党风廉政建设责任制，加大执纪监督问责力度，强化办案主业，以零容忍态度惩治腐败；深入贯彻落实中央八项规定精神，整治“四风”，强化刚性约束，解决发生在群众身边的腐败问题；建立信息化监督平台，构建“制度+科技”防腐模式；深化重点领域制度改革和机制创新，从源头上预防和治理腐败；开展反腐倡廉宣传教育，不断提升党员领导干部廉洁自律水平；继续强化各级党委主体责任和纪委监督责任的落实，推动各部门各单位按党风廉政建设责任制的要求分工落实，引导人民群众有序支持和参与反腐败工作，党风廉政建设和反腐败斗争取得新成效。

【纪律审查】 2014年，佛山市各级纪检监察机关共受理信访举报3018件次；初核线索1029件，同比上升20.6%；立案496件，同比上升83.7%；结案336件，同比上升52%；给予党纪政纪处分334人，同比上升53.2%；移送司法机关50人；全市共查处县处级干部22人，乡科级干部65人；通过办案挽回直接经济损失8121万元。重点查办市档案局原局长张永钊受贿案，市食品药品监督管理局原局长戚耀方受贿案，顺德区人大常委会原副主任袁伟伦受贿案，顺德区原副区长、区市场监管局原局长赵万雄受贿案，市铁投集团原党委书记肖建伟贪污案等一批大案要案。解决发生在群众身边的腐败问题，共查处农村基层违纪违法案件251件251人。配合广东省委巡视组开展巡视工作，协助广东省纪委查办有关案件。坚持以法治思维和法治方式惩治腐败，加强办案监督管理，严格办案程序，严把案件质量关。推进办案点规范化建设，严格落实办案安全责任制，严把办案安全关。推进查办腐败案件体制机制改革，落实线索处置和案件查办“两报告”制度。按照“办案巡查开路、风险防控跟进”的思路，在医疗卫生、科技、国资、水利等系统开展以案治本、廉政风险防控工作。

【党风政风监督】 2014年，佛山市深入贯彻落实中央八项规定精神，聚焦“四风”，强化刚性约束，集中开展对收（送）“红包”礼金、“会所歪风”、公款送礼、公款吃喝等问题的专项治理。坚持暗访、查处、追责、曝光“四管齐下”，开展明察暗访97次，查处违反中央八项规定精神以及“庸、懒、散、奢”等问题48个92人，其中给予党纪、政纪处分26人，点名道姓通报典型案例10起17人。根据审计部门提供的线索，严肃查处违反财经纪律、公款旅游和违规发放旅游充值卡等问题。建立狠刹“四风”网络监督平台和民主评议政风行风工作网络平台，配套出台《佛山市处理“四风”问题实施意见》等制度，不断完善作风建设长效机制。建设婚丧喜庆事宜信息管理平台，防止领导干部大操大办和借机敛财。强化监督检查，落实党风廉政建设责任制，组织6个单位党委（党组）书记向市纪委全会述责述廉述德，对4家市直国有企（事）业单位开展党风廉政建设巡查。完成禅城区罗南村基层党风廉政建设示范点工作，推进村（组）重大事项监督平台和农村廉情预警防控机制试点，推广村（居）干部违规问题联合处置机制。

【党风廉政宣传教育】 2014年，佛山市开展党风廉政宣传教育，强化党员领导干部廉洁从政意识，营造崇廉尚洁社会氛围。开展“廉洁佛山走基层”主题系列宣传活动，配合中央电视台拍摄《作风建设

永远在路上》专题片，对佛山市建设“四风”网络监督平台、婚丧喜庆信息管理平台的做法和成效进行宣传报道。开展纪律教育学习月活动，举办领导干部纪律教育学习班和第三期权力集中部门、资金密集领域领导干部培训班。建设多功能三维网络教育管理平台，拓宽党员干部教育监督渠道，创新廉政教育方式方法。面向全社会开展廉洁宣传教育，开展“廉洁佛山 · 粤曲好声音”私伙局大赛等活动，制定群众性廉洁文化建设实施意见，评选一批廉洁文化建设示范点，大力营造拒腐崇廉的社会氛围。举办“纪检监察机关开放日”活动，邀请市政府特约监察员、媒体代表和市民代表走进纪检监察机关。首次开展市纪委领导上线微访谈活动，加强与网民互动交流。

【源头治腐】 2014 年，佛山市深化重点领域制度改革和机制创新，从源头上预防和治理腐败。推进设立市、区两级公共资源交易管理委员会和市、区、镇（街道）三级公共资源交易中心，公共资源交易管理委员会下设办公室作为日常办事机构的“一委一办一中心”公共资源交易监管体制改革，建设公共资源交易一体化服务平台，将交易主体、交易平台管理者、行业监管部门三大主体的行为统一纳入信息化管理，进行全程电子监察。出台招标文件范本和相关配套制度，探索信用优先随机定标和摇号评标办法，规范招投标市场秩序，切实减少人为因素干扰和从源头上预防弄虚作假等违法违规行为。在国资系统全面推进 ERP 及廉洁风险科技防控平台建设，实现对市属国有企业资金、资产、人力资源等核心业务在线全程监控，有效防止国有资产流失，降低经营管理者廉洁风险。选择国土规划系统开展试点，推进党政机关廉政风险科技防控平台建设。配合广东省纪委召开全省预防腐败创新工作现场会，推广佛山市预防腐败的经验做法。开展廉政风险防控年度计划报备和制度廉洁性评估审查试点，对部分单位年度计划落实情况和重点项目防控情况进行实地检查，加强廉政风险防控长效机制建设。

【行政监察】 2014 年，佛山市加强执法监察和效能监察，重点开展环境治理、土地管理和安全生产等突出问题的督查督办，全市受理行政效能投诉 365 件，办结率 100%。在南海区开展行政处罚标准化工作和行政处罚电子监察系统应用试点，通过信息化手段对行政执法行为开展全过程全方位电子监察，规范行政执法行为，推进依法行政。组织市政府特约监察员参与监督检查、党风廉政建设责任制考核、政风行风评议、明察暗访等多项工作，发挥特约监察员的监督作用。创新建设民主评议政风行风工作网络平台，拓宽群众参与评议渠道，提高评议工作效率和质量，确保民主评议政风行风工作公开公正进行。进一步健全和完善镇（街）、村（居）二级纠风网络建设，组织纠风志愿者服务队、纠风员参与纠风工作。发挥网络反腐联盟、政企廉洁诚信联盟等的作用，动员社会力量参与反腐败。推进建立政府权责清单制度，推动廉政风险防控与权责清单制度相衔接。推进诚信政府建设，完成政务诚信征信目录编制工作，初步构建政务诚信体系。

【监督检查】 2014 年，佛山市纪检监察部门贯彻市委、市政府关于开展人民满意政府建设行动计划的部署要求，制定并推动落实“廉洁政府”“诚信政府”“责任政府”三个子计划的工作。加强对人民满意政府建设、城市升级三年行动计划以及网上办事大厅建设等重大决策部署贯彻落实情况的监督检查，推动中心工作落实。建立健全督查督办机制，出台《关于〈佛山市建设人民满意政府行动方案（2014～2020 年）〉的督查督办办法》，建立项目工作台账制度，明确重点工作项目内容、进度目标、责任单位等。推进绩效管理工作，开发绩效管理系统，坚持以绩效管理统筹规范各类考核检查，实现将市本级考核检查项目压减至 10% 的目标。成立市问责工作领导小组及其办公室，修订《佛山市实行党政领导干部问责的实施细则》，增加问责辅助措施，明确问责程序和各问责主体的责任分工。制定出台《佛山市行政过错责任追究实施细则》，细化行政过错责任追究的情形和操作程序，进一步完善行政过错责任追究机制。

（陈宣宇）

精神文明建设概况

【综述】 2014年，佛山市精神文明建设工作坚持贯彻落实总书记习近平讲话精神，培育和践行社会主义核心价值观，推进公民思想道德建设，提升城市文明形象和市民文明素质。以创建全国文明城市工作为引领，坚持以“创建为民、创建惠民”为宗旨，坚持“五区同创”，注重把社会主义核心价值观落细落小落实，用文明创建的成果体现党的群众路线教育实践活动和“建设人民满意政府”的实际成效，不断提升城市价值，增强广大市民群众的认同感、归宿感和幸福感，精神文明建设工作和创建全国文明城市工作均取得重要成效。

【社会主义核心价值观的培育与践行】 2014年，佛山市发挥新闻媒体传播社会主流价值的主渠道作用，加强宣传引导，把社会主义核心价值观贯穿到日常形势宣传、成就宣传、主题宣传、典型宣传、热点引导和舆论监督中。利用户外宣传阵地和载体，每月直接宣传三个倡导、24字的户外公益广告2万多幅。打造社会主义核心价值观的网上传播阵地，利用手机短信、彩信、微博、微信等平台，发布核心价值观宣教信息。

开展佛山市民践行社会主义核心价值观系列活动。推进社会主义核心价值观进社区、进企业、进园区、进窗口。与创建全国文明城市工作相结合，深入各行各业，开展文艺活动、演讲征文、展览展示、论坛、经典诵读、宣讲等宣传实践活动。推进社会主义核心价值观进教材、进课堂。结合网络文明传播，开展“我的社会主义核心价值观”优秀微电影作品征集活动、微视频街访活动等。

【志愿服务】 2014年，佛山市志愿服务工作有序开展。以社区志愿服务为重点，推进志愿服务制度化建设。出台《中共佛山市委　佛山市人民政府关于进一步发展志愿服务事业的实施意见》；成立市志愿者联合会；建立完善招募、培训、注册、供需对接、资金保障、反馈激励等制度。是年，南海区桂城街道翠颐社区的学雷锋志愿服务经验先后3次在中央文明办召开的会议上被用作先进经验进行交流；中央文明办专职副主任徐令义对佛山市建立完善社区志愿服务回馈制度表示肯定。

推进“邻里守望”志愿服务活动。特别注重结合党的基层组织建设和社会管理创新，全市党员以社区为重点带头参与“邻里守望”志愿服务活动4466场次，服务群众超过17万人次。市委书记刘悦伦以文化志愿者身份，为市少年宫学员进行授课辅导。

引入志愿服务资助资金竞争性分配机制，全年志愿服务重点项目资金资助40个，志愿服务项目共68万元。

春运期间，佛山市南海区汽车客运站为乘客准备爱心姜茶。

【社会信用体系建设】 2014年，佛山市印发社会信用体系建设工作要点、重点项目表、考评办法等文件。市精神文明办会同12个市直相关部门，建立“红黑名单”发布制度，印发《“构建诚信 惩戒失信”合作备忘录》的实施细则。是年，佛山市开展诚信创建活动，开展“做精工产品、做诚信企业”“诚信示范店”“学习双桂坊、诚信做食品”等活动；建立2784家建筑行业企业诚信档案；完善“佛山市企业信用信息网”；建立信用查询、信用动态、信用公告、重点人群信息查询、人民法院执行征信查询、优秀企业等6个特色栏目，整合企业等级评定信息、企业处罚信息等67个信息项。

【“文明市民”行动】 2014年，佛山市文明市民行动持续开展。

文明旅游活动。成立佛山市提升公民出境旅游文明素质联席会议制度，出台2014年文明旅游工作方案。通过设置宣传栏和利用传统媒体与新媒体等对文明旅游进行立体宣传。制定《2014年佛山市旅游市场秩序专项整治工作方案》，开展系列旅游市场整治专项行动，促使旅游市场秩序有效提升。建成6个“景区硬件、景区管理、景区游客”三位一体的文明旅游示范景区。

“文明餐桌”活动。派发“文明餐桌”相关宣传海报23万多张，全市参与“文明餐桌”单位已达8375家，活动参与率为82.4%。对全市46家机关食堂、企事业单位食堂、学校食堂和餐饮企业进行了抽查。

网络文明传播。开展“道德箴言”传播活动，对首批200多名优秀的网络文明传播志愿者进行专题培训，对佛山汽车站等4家全国文明单位网络文明传播者进行每月一次培训，有效利用博客、微博、论坛、微信等网络互动阵地传播网络文明，构建积极、健康、文明的网络环境。

【公民思想道德建设】 2014年，佛山市继续加强公民思想道德建设。加强公民道德修养课堂建设。在机关、企业、食品药品行业、社区、学校等广泛开展活动，建立起覆盖全市的“公民道德修养课堂”，共建设课堂753个；总课堂开展“行业文明新风课堂”系列活动20场次。制作佛山市美德人物故事专题片，供基层道德讲堂学习使用。挑选树立和宣传一批学习先进典型。全市各级涌现出各类道德模范和身边好人共1045名，有7人荣登“中国好人榜”，7人荣登“广东好人榜”。各区“好人”品牌亮点纷呈，推荐命名一大批新“好人”。同时，通过公民道德修养课堂、百场好人事迹文艺巡演和“模范人物进校园”等多种途径学习宣传典型人物的先进事迹。

文明佛山·文明人——佛山市公民道德宣传日活动。

【“我们的节日”系列活动】 2014年，佛山市继续开展“我们的节日”主题活动，在春节、元宵节、清明节、端午节、七夕节、中秋节和重阳节等传统节日期间，组织开展了大量弘扬传统文化、传统美德活动。开展春节送春联下乡30余场次，慰问走访生活困难道德模范和老弱幼残特殊群体5000人次，参加温爱佛山慈善文化万人行活动40万人以上。清明节各地祭奠活动达20多场次、参加网上祭英烈150万人次。

【群众性精神文明创建】 2014年，佛山市群众性精神文明创建工作继续开展。组织开展了文明单位与“十好”文明村居共建活动。抓好各级文明单位、文明村镇的培育指导、推荐评选工作，不断提高创建工作科学化、常态化水平。组织开展文明网站创建活动，加强互联网法制教育和道德教育，推动形成文明办网、文明上网良好风尚。开展平安创建、和谐家庭创建和无邪教创建等活动。对农村文明创建30个重点项目给予资金扶持。将文明创建与佛山市城市升级两年延伸计划开展“佛山市百村升级行动计划”相结合，广泛开展“最美家庭”推荐命名活动，将活动延伸到全市115万个家庭。组织开展“好家风、好家训”征集宣传活动。

【“创文”工作机制建设】 2014年，佛山市以调研、暗访、巡查、骑行、步行等方式查找创建全国文明城市工作中存在的问题及薄弱环节，建立市领导骑行、步行调研机制。完善“创文”工作的考评制度、督查督办制度、信息工作制度，并建立重点工作月报制度，形成创建全国文明城市工作的长效机制。市人大、市政协开展专门文明创建工作调研3次。2014年，佛山市主要领导（书记、市长）对全市文明创建工作做出专门批示17次，开展“创文”工作专项督查6次。市委书记刘悦伦为文明城市创建工作动员造势，在《人民日报》《南方日报》《佛山日报》《珠江商报》《珠江时报》刊发署名文章。禅城区成立区人大常委会“创文”城管督查领导小组，创新建立现场“三交办”活动和评议活动等督办方式。南海区推出“创文”示范工作“奖优奖先”项目，建设验收42个项目，发放奖励扶持资金191万元。顺德区继续以城市升级、美城行动、文明城市三位一体，协同推进的总体思路推进“创文”工作。全年全市组织实施四个季度模拟测评和两次专项测评。

【“创文”宣传】 2014年，佛山市继续加强创建全国文明城市宣传。加强媒体宣传。为《人民日报》、新华社、中央电视台、《南方日报》、广东卫视等媒体提供佛山“创文”工作亮点。中央、省级媒体多次在重要时段、版面对佛山“创文”进行专题（专版）报道。制订新闻宣传工作方案，要求市内媒体对应“创文”重点工作，开设“社会诚信体系建设”“志愿服务”等20多个专栏进行针对性报道。注重建设佛山文明网和文明佛山微博、微信，扩大宣传面，加强与市民的互动交流。扩大公益广告宣传。2014年，佛山市25类公共场所长期固定户外公益广告牌约有11万副（块），电子显示屏播放公益广告达2711.5小时。另外，在绿地、灯杆、路牌等容易进入市民视野的地方设置精美的公益广告；结合天气预报、车主小秘书、校讯通等短信渠道进行大覆盖地宣传；通过全市超过170万用户的数字电视平台设置“我们的价值观”等开机宣传画面。

【未成年人思想道德建设】 2014年，佛山市未成年人思想道德建设持续推进。召开“六支队伍”调研会、推进会和主题班会，扶持“六支队伍”培育和践行社会主义核心价值观项目11个，形成全社会都关心未成年人成长的良好氛围。建成学校少年宫71所、“青少年道德修养课堂”133所、“做一个有道德的人”主题活动联系点58个。组织开展“做一个有道德的人”主题活动，组织广大未成年人开展清明“网上祭英烈”、“六一”儿童节“学习雷锋、做美德少年”、“十一”国庆节“向国旗敬礼”3项网上签名寄语活动，学生参与面达100%。深入推进网络、网吧、荧屏声频视频、校园周边环境净化工作，继续保持对互联网、手机等渠道的淫秽色情等有害信息的依法打击的高压态势。是年，佛山市童心向党歌咏活动整台节目被采用，并在中央文明网播出。

（尹　祎）

社会建设概况

【综述】 2014年，佛山市全面贯彻党的十八大和十八届三中、四中全会精神，按照中央、广东省有关加强社会建设、创新社会治理决策部署，把社会建设摆在与经济建设同等重要的位置。全市坚持深入、系统、全面推动社会管理体制改革，按照“强政府、大社会”的思路，从促进政府职能转变、加强社会组织培育发展和规范管理上入手，建设人民满意政府，促进社会组织质量齐提；以保障和改善民生为重点，促进社会事业全面加快发展；以改革创新为动力，推行“三单管理”，创新改进行政服务方式；以基层社会治理为着力点，开展“城乡社区建设提升年”活动，将社会治理重心下沉到城乡社区，突出构建社会协同善治格局，促进经济社会协调发展。

2014年，佛山市全年财政民生支出337.39亿元；企业退休职工月人均基本养老金、城乡居民社会养老保险基础养老金、城乡低保标准、城乡低保对象大病医疗救助报销比例、农村五保供养标准均有不同程度的增长或提高；基本社会保险覆盖面进一步扩大。超额完成保障性住房建设任务。成为广东省首个推进教育现代化先进市。新增非公立医疗机构57家。试点推行家庭医生式服务。民生体育设施建设不断完善。推进重点公共文化设施建设，加强保护传统文化资源。新市民入户与符合条件异地务工人员及随迁子女教育医疗等方面得到保障。全面建设人民满意政府。推行“三单管理”，规范政府权力运行。加快网上办事大厅建设，推进市、区、镇（街）、村（社区）政务服务四级联动，成为广东省行政服务先进标准体系试点城市。充分发挥工青妇等群团组织作用，推动志愿服务和社工服务对社会治理作更大贡献，促进社会组织质量发展。全市社工人才发展呈井喷式增长态势，全市通过职业水平测试的社工人数达3245人，是2011年的7.8倍。通过开展“城乡社区建设提升年”活动，促进更多居民参与社区治理，推进农村综合改革，基层社会治理迈入法治化，城乡社区治理方式得到有效创新。

【民生社会事业加快发展】 2014年，佛山市财政民生支出337.39亿元，占一般公共预算支出的64.3%；企业退休职工月人均基本养老金增长14.2%，城乡居民社会养老保险基础养老金增长12.5%；城乡低保标准提高8.5%，城乡低保对象大病医疗救助报销比例平均达80%，农村五保供养标准平均增长26.4%；基本社会保险覆盖面进一步扩大。超额完成保障性住房建设任务。成为广东省首个推进教育现代化先进市，全市五区在全省率先通过全国义务教育发展基本均衡区国家督导评估。建立疾病应急救助制度，鼓励和引导社会办医，全年新增非公立医疗机构57家。试点推行家庭医生式服务，探索养老服务标准化建设。民生体育设施建设不断完善，群众体育活动更加丰富。推进重点公共文化设施建设，加强保护传统文化资源。新市民入户及随迁子女就读义务教育公办学校实施统一积分，符合条件异地务工人员随迁子女参加居民医保享受同等财政补贴，实行异地务工人员大病救助。随着基本公共服务均等化水平的不断提高，佛山市对产业人才的吸引力明显增强。

【体制机制改革继续深化】 2014年，佛山市深化行政审批制度改革，大力推进政府职能转变，用政府权力的“减法”换取市场活力的“加法”，努力创造更加公平、公正、高效的发展环境，最大程度释放改革红利。是年，佛山市被广东省定为建设法治化国际化营商环境试点城市。

全面建设人民满意政府。制订“1＋11”工作方案，从民生政府、法治政府、高效政府、责任政府、诚信政府、廉洁政府六大项目入手，全力打造人民满意政府，为地方政府如何完善治理体系、提升治理能力探路。

推行“三单管理”，规范政府权力运行。在广东省率先推出实施企业投资准入负面清单、审批清单和市场监管清单，开发应用“佛山市政府权责清单管理系统”，进一步厘清政府与市场、政府与企业、市与区、政府部门之间的权责关系，促进政府加快转变职能，构建“宽进严管”的市场监管体系。同时在南海区试点开展行政职权标准化建设工作，以量权限权、减少自由裁量为原则，建立行政审批要件标准、流程标准、裁量标准、制度标准。

创新改进行政服务方式，提升政务服务效能。加快网上办事大厅建设，推进市、区、镇（街）、村（社区）政务服务四级联动，成为广东省行政服务先进标准体系试点城市。全市三级部门共10268项审批服务事项进驻网上办事大厅，审批事项进驻率达100%。全面推行“一窗式”综合服务、“一站式”网上服务、“市民之窗”自助服务和三级联动同城服务。全年全市设立“市民之窗”自助服务终端616台。

【多元共治社会新常态逐步构建】 2014年，佛山市把推动公众参与社会治理作为社会体制改革的重要内容加以推进，培育发展和规范管理社会组织，发挥工青妇等枢纽型群团组织作用，打造志愿服务品牌，全面提升城市品位、品格和品质，并获“全国未成年人思想道德建设工作先进城市”称号。

社会组织发展实现量质齐升。深化社会组织登记管理制度改革，建立市、区、镇（街）三级社会组织孵化基地，培育工商经济类、社会服务类、公益慈善类社会组织。市、区两级设立社会创新资金和社会组织发展扶持资金，通过项目的形式，引导社会组织参与公共服务提供和社会治理。出台政府向社会组织购买服务政策，加大购买力度的同时，引入第三方机构对购买项目进行评估，保障社会组织服务质量，促进社会组织良性发展。至年底，全市社会组织总数达到4652个，数量位列全省第三。是年，各区也在社会组织发展方面进行深入有益探索。比如禅城区建立起广东省内首家养老类社会组织孵化基地，“安颐通平安钟”项目被广东省定为“社会创新项目”和“社会创新实验基地”；南海区打造“家·南海”“1＋8＋N”社会创益体系和社工化工程，投入上亿元建立“家基金”，整合各镇（街）各部门的资源，打造出区镇一体化的社会工作和社会服务品牌。顺德区探索推动法定机构和社会企业发展，增强社会参与社会组织建设的力量。

工青妇等群团组织作用得到进一步发挥。市总工会出台《关于在我市企业全面推进工资集体协商工作的意见》，选聘一批市、区级工资集体协商专职指导员开展集体协商指导工作，组织市协调劳动关系相关部门组成联合督导组，深入各区开展工资集体协商专项督导工作，推动和谐劳资关系发展。团市委不断深化街道区域化团建和乡镇实体化“大团委”建设，在全市7个街道成立区域共建委员会，新建非公企业团组织314家、农村专业合作社团组织16家，推动274个行政村团组织集中换届选举。市妇联大力推进家庭服务中心建设，至年底，全市有家庭服务中心27间，其中南海区、高明区实现所有镇（街）全覆盖。

志愿服务和社工服务对社会治理的贡献明显增强。出台《关于进一步发展志愿服务事业的实施意见》，推动佛山志愿服务朝专业化、常态化、制度化发展。依托市青年志愿者协会及各区志愿者组织（团队）成立市志愿者联合会。建立使用市志愿者联合会网站、微信订阅号和“佛山志愿者”手机APP，打造志愿服务对接平台。全面开展志愿服务重点项目资金扶持活动，引入竞争性分配机制，给优质志愿服务项目提供资金扶持。推广南海桂城“社工＋志愿者”社区志愿服务制度化模式，推动志愿服务活动入社区、入家庭。至年底，全市注册志愿者60多万名，占全市常住人口近10%。全市持证社工为3245人。

【城乡社区建设成效明显】 2014年，佛山市按照中共广东省委向佛山市提出加强基层社会治理重构探索的部署，把加强社会建设、创新社会治理的工作着力点放在城乡社区建设上，制定“1 + 6”创新基层社会治理工作意见，开展“城乡社区建设提升年”活动，推动基层社会协同共治、社区服务管理水平有力提升。佛山市被定为广东省推进统筹城乡综合改革试点城市。南海区被选为全国社区治理和服务创新实验区、全国农村综合改革示范试点。

社区治理居民参与度提高。全市共建立463个“社区参理事会”“村（居）议事监事会”等民主议事和决策机构，占村委会、居委会总数的62.74%。强化民主监督，全市村（居）务公开民主管理示范创建工作达标率90%，提前完成广东省民政厅下达的任务指标。

城乡社区治理方式得到有效创新。全市启动社区公共服务综合信息平台建设工作，禅城区、南海区、顺德区被定为广东省社区公共服务综合信息平台建设试点单位。禅城区以“一门式”政务服务体系改革为抓手，试点推进综合信息平台建设，受到国家、广东省有关部门的高度关注和人民群众的普遍好评。南海区选取10个社区开展社区综合性网格化治理试点工作，取得较好效果。顺德区乐从镇试点开展“一网三化”社区治理模式，推动社区治理从重管理向重服务转变。

农村综合改革扎实推进。全市全面完成农村集体经济组织证书颁发和农村集体土地所有权确权登记发证。禅城区完成农村“股权固化”，南海区稳妥推进确权确股式股权改革，三水区和顺德区试点开展农村土地承包经营权确权登记颁证工作。推进农村财务网上监控平台和集体资产交易平台“两个平台”建设，规范农村集体资产管理，全年全市“两个平台”交易资产累计7.7万宗，合同标的总额426.09亿元。

基层社会治理迈入法治化。出台广东省内首份《关于构建公共法律服务体系推进基层社会治理法治化的实施方案》，构建政府主导、覆盖城乡、多方参与、优质便捷、可持续的基本公共法律服务体系。全面推进“一村（居）一律师”工作，将全市划分为738个网格，每个网格由一个律师事务所负责，实现每村至少有1名以上律师服务的目标。

【佛山首设社会创新专项资金】 2014年7月，佛山市社会工作委员会办公室牵头启动市社会建设创新专项资金项目（以下简称“专项资金”）申报工作。这是佛山市首次设立专项资金扶持和资助社会建设领域创新工作，专项资金总金额达350万元。截至8月31日申报结束，全市共收到来自257个单位及组织的281个项目。其中顺德区申报的项目数量最多，达113个，紧随其后的是市级66.5个（其中涉及联合申报项目）、南海43个。

此专项资金的申报主体除社会团体、社工或公益性组织外，还涵括职能部门、企业等各类组织机构。在总体申报项目的九大类型中，公共服务领域的公益项目最多，高达78个；社会组织创新发展项目、公益性便民类服务平台运行项目紧随其后，分别有47个和37个。项目评审全程引入专业机构和专家力量，经过形式审查、书面审查和现场答辩评审等环节，最终35个项目通过审批获得资助。

【佛山市城乡社区建设提升年】 2014年是佛山市“城乡社区建设提升年”。佛山市成立以市长为组长的领导小组，将办公室设在市社工委，并组织召开全市动员会， 建立信息、会议、宣传、督导等工作机制，充实人员，印发《佛山市“城乡社区建设提升年”工作方案》，确定20大项56小项任务，开展为期一年的城乡社区建设提升年工作。活动中，市直各有关单位、各区、各镇街充分发挥主阵地的作用，形成合力，推动城乡社区建设各项工作取得良好成效。是年，全市城乡社区建设工作任务完成率超95%，在城乡社区治理的关键环节取得了新突破，一是基层治理基础得到进一步加强；二是基层民主治理深化发展；三是社区工作机制优化提升；四是社区服务水平不断提高。

（袁慧慧）

生态文明建设概况

【综述】 2014年，佛山市推进国家生态市创建，并加快创建国家森林城市。佛山市建成区绿化覆盖率39.79%，绿地率37.38%，城市人均公园绿地面积13.74平方米。全市有林地面积101.5万亩，森林覆盖率21.87%。有西樵山国家森林公园、广东云勇森林公园、广东海景森林公园等国家级、省级、县级森林公园27个，县级自然保护区1个。

至2014年，全市共创建国家级生态乡镇19个，省级生态乡镇24个。

（黄丽英　姚　瑾　邱媛玲）

佛山市森林公园、自然保护区基本情况

名称	面积（公顷）	级别	行政区域
西樵山国家森林公园	1400	国家级	南海区
广东云勇森林公园	1800	省级	佛山市高明区与鹤山市
海景森林公园	53	省级	南海区
三洲森林公园	407.3	县级	高明区
皂幕山森林公园	1749.1	县级	高明区
鹿洞山森林公园	2800	县级	高明区
茶山森林公园	928	县级	高明区
鹰塘森林公园	807.2	县级	高明区
西坑森林公园	400	县级	高明区
明阳塔森林公园	541.1	县级	高明区
香山森林公园	2148.6	县级	高明区
泰康山森林公园	285.7	县级	高明区
顺德顺峰山森林公园	243.4	县级	顺德区
顺德马岗森林公园	167.4	县级	顺德区
顺德锦屏山森林公园	122.9	县级	顺德区
顺德龙峰山森林公园	232.8	县级	顺德区
顺德大金山森林公园	191.8	县级	顺德区
顺德翠湖森林公园	501.4	县级	顺德区
顺德都宁岗森林公园	84.8	县级	顺德区
顺德马宁山森林公园	167.4	县级	顺德区
顺德象山森林公园	97.8	县级	顺德区
西岸森林公园	1115.2	县级	南海区
象岗山森林公园	206.8	县级	南海区
展旗岗森林公园	71.9	县级	南海区
大南山森林公园	3399	县级	三水区
大坑森林公园	1710	县级	三水区
三水森林公园	467	县级	三水区
高明合水桫椤自然保护区	1038	县级	高明区

【污染物排放监管】 2014年，佛山市构建“治污—监控—监管—执法—追责”的各环节、全链条管理体系，环境监管水平实现新进展，新突破。

污染物排放监管机制。出台《关于开展严厉打击环境违法排污工作的实施意见》，提出七大方面要求23条具体措施，健全部门监管、企业自律、社会监督“三位一体”的环境执法新机制。

污染物治理。大气污染治理方面，出台扩大高污染燃料限制使用区域和陶瓷、玻璃、铝型材行业深化治理方案等文件，对大气污染防治进行提标提速，特别是对电厂提出“超洁净排放”；做好机动车污染防治，创新使用黄标车“闯禁”实行电子抓拍系统，推行申报奖励“一站式”服务，结合全城“围剿”黑烟车专项行动，加快黄标车和老旧车淘汰工作；开展扬尘污染治理，试行征收施工工地扬尘排污费，利用“经济杠杆”加强扬尘污染防治工作，率先探索推广多功能抑尘车（俗称雾炮车）改善施工工地扬尘污染；结合本地大气污染源解析，出台《佛山市在不良气象条件下在人口密集区域实施大气污染综合防治工作方案》，严格管控人口密集区扬尘、机动车、重点工业企业及饮食业污染。水环境整治方面，推进河涌整治向流域化精细化转变，全面开展重点河涌“一河一策”治理工作，推进流域内1035家重污染企业及722家禽畜养殖场关停工作，出台《汾江河流域水污染物排放标准》，此为佛山市最严格流域性污染物排放标准，大大提高流域治理水平。村级工业区整治方面，出台《佛山市村级工业区“一村一策”环境整治工作的指导意见》，全市全面整治村级工业区，动员多方力量对村级工业区进行拉网式排查，掌握企业现状，开展村级工业区“一村一策”环境整治提升方案编制。

污染物排放监控制度。开展环境监察网格化管理，将辖区内重点监控企业和重点环境风险企业纳入网格化管理范围，并建立市督查、区检查、镇（街）巡查、村（居）协查的“环境大监管”体系。

违法排污执法。将2014年定为“环保执法年”，推行“三不三直五结合”方式，加大处罚力度，对违法排污行为实行“九个一律”，强化环境执法刚性措施。

环境违法查处。市公安局经侦支队环境犯罪侦查大队及各区环境犯罪侦查中队相继挂牌，提高环境犯罪案件侦办效率，有效震慑环境犯罪行为。

【生态市创建和农村环境综合整治】 2014年，广东省环保厅和顺德区政府签订了合作共建生态文明示范区的协议，顺德区将为全省生态文明示范区建设提供试点。开展“细胞工程”创建，至2014年底，全市共创建国家级生态乡镇18个，省级生态乡镇23个。按计划推进农村环境综合整治工作，实行“以奖促治”，因地制宜打造农村环境综合整治亮点项目，推动实施农村环境整治“1060”工程。

【生态文明“大社会”共治】 2014年，佛山市环境保护工作主动顺应环保工作形势、顺应人民群众强烈诉求，从体制机制的顶层设计开始先行先试、逐步完善，努力走在时代的前列。佛山市探索出一条制造业城市特有的“政府主导—社会联动—企业负责—公众参与”的环境整治模式。

环境管理体系。以建章立制为抓手，先后出台《佛山市环境保护“一岗双责”责任制实施办法》《佛山市人民政府环境保护行政过错责任追究实施办法》等一系列重要文件，建立“环境管理行政体系、治理体系及监督体系”3套体系，从分责、考责、问责3个环节入手，健全一系列的环境保护责任制度，夯实环境综合治理基础，有效推进环保各项工作落实到实处。

环保“大社会”治理模式。出台《佛山市环境保护综合治理实施方案（2014～2017）》，作为全市环境治理纲领性文件，有效分清各级政府、相关部门、排污单位、社会公众的环境保护职责。

社会参与环保监督机制。发挥人大监督和政协参政议政的职能和作用，为全市环保工作出谋献策。建立和完善市人大代表、市政协委员参与环保重要任务的责任落实督查督办机制，调动人大和政协力量，推动环保重点项目的落实。建立环保监督员制度，邀请环保监督员参与环保工作的检查、评估、验收，开展对各类环境污染行为的举报工作，监督全市环保重点任务落实、环境管理措施执行和环保执法活动。鼓励和支持新闻媒体对环境保护进行宣传及舆论监督，主动邀请新闻媒体参与环境执法，重视新闻媒体提供的违法排污线索，建立环保执法新闻通报制度。

（姚　瑾）

【林业生态建设】 2014年，佛山市加快创建国家森林城市工作进程。加快推进高速公路沿线和滨河景观带等生态景观林带建设，全年全市新建生态景观林带106公里。加快推进森林进城围城，启动禅城王借岗森林公园等5个森林公园规划建设，启动佛山植物园首期建设，推进绿岛湖等绿化提升建设，打造周尾围湿地公园等一批生态休闲公园。全面铺开乡村绿化美化，确立“一村一公园”建设目标，全市完成乡村绿化美化示范村建设116个。加快重点生态区的纯林、低效林更新改造，全市完成山上造林2.26万亩，其中完成森林碳汇工程5100亩。开展义务植树活动，全年全市参加植树活动291.11万人次，种植各类树木折算347.96万株，义务植树尽责率91.26%。加强森林资源保护，完成佛山市绿地森林资源本底调查，并启动森林资源二类调查工作。保持保护野生动物执法高压态势，全市共出动各级林业行政执法人员和森林公安民警1695人次，检查市场131个，店铺酒楼831家，野外场所65个，涉及野生动物资源案件21宗。坚持将森林防火安全常抓不懈，采取由市与区、区与镇、镇与村、村委与村小组、村小组与企业层层签订责任书的形式，共签订责任书、责任状2186份，切实将森林防火责任重心下沉到基层。

（邱媛玲）

【生态控制规划】 2014年，佛山市加强规划生态控制，开展基本生态控制线划定和生态控制线管理办法编制工作，明确控制线的“划定与调整”“监督和管理”“法律责任”等问题；组织佛山市绿线整合规划编制工作，对部分原已划定的，但是已不合时宜或确需调整的绿线进行修改，增强本次绿线图则的时效性。

【耕地保护】 2014年，佛山市进一步完善基本农田保护补贴机制，进一步完善耕地占补制度，高标准基本农田建设竣工验收工作完成，基本农田保护工作有序开展。

基本农田保护补贴机制建设。建立全国首创的基本农田补贴实施效果评价指标体系；制定更为科学合理的补贴标准；完善基本农田补贴模式理论，实现从实践到理论的升华，建立具有全国示范意义的佛山基本农田补贴模式，完成2013年广东省国土资源厅“书记项目”——《佛山市基本农田保护补贴实施效果与完善调查报告》，报省国土厅审核。

耕地占补制度建设。全面梳理佛山市耕地占补平衡台账，完善相关数据库；在保证质量的基础上完成占补平衡、占优补优、占水田补水田的承诺，确保佛山市一批重点项目的用地报批工作；督促建立占补平衡项目新增耕地的后期管护配套制度，确保新增耕地质量建设与管理扎实推进，防止新增耕地改变耕作状态，严防抛荒，严禁被非农业建设占用。

高标准基本农田建设竣工验收工作完成。2014年6月，佛山市按规定对市2012年度高标准基本农田建设进行验收。该年度佛山市高标田建设任务为4.8万亩，实际建设总规模为9.2万亩，完成发放竣工验收意见函5.16万亩，超额完成3600亩。

【城市慢行系统规划】 2014年，佛山市组织编制城市慢行系统规划，形成《佛山市城市慢行系统规划》和《关于佛山市城市慢行系统发展建设的实施意见》，成果报市政府待批复。规划实施后，将逐步引导建立城市慢行系统，改善居民出行方式。

（许　伟）

【节能减排】 2014年，佛山市全力推进节能减排工作，取得一定成效。严格执行能源利用状况报告制度，完成119家企业（单位）的节能监察。制定《佛山市电机能效提升补贴工作指南》，公开遴选确定3家废旧电机回收企业和2家电机能效提升工作核查单位，完成9个项目共9358千瓦已改造项目的核查工作。建立了工业企业、电厂自发自用电的统计制度，使工业用电量能够更全面地反映工业经济增长情况。佛山市电力需求侧管理平台正式上线运行，全市完成备案项目333个，预计可实现降低（转移）负荷25.7万千瓦。组织开展打击成品油市场违法经营行为专项行动，打击违法经营窝点14个，净化成品油市场环境。此外，推广使用国Ⅴ车用燃油，行政区域内所有加油站全部销售国Ⅴ车用汽油。

（何志珊）

第四篇

政　　治

FOSHAN YEARBOOK

佛山市党政机关

中共佛山市委

【综述】 2014 年，中共佛山市委全面贯彻落实党的十八大、十八届三中全会和广东省委十一届三次全会精神，积极应对复杂形势，克服经济下行压力，战胜各种困难，以开展党的群众路线教育实践活动为统领，以建设人民满意政府为抓手，以“加快转型升级、建设幸福佛山”为目标，坚持稳中求进，改革创新，着力激发市场活力，加快推进政府职能转变、产业提升、城市升级和环境优化，增创发展新优势，努力保障和改善民生，切实提高经济发展质量和效益，促进经济持续健康发展、社会和谐稳定，各项工作取得新成绩。

2014 年，全市坚定不移落实“稳增长、促改革、调结构、惠民生、防风险”的各项政策措施，确保全年经济运行总体平稳。全年实现地区生产总值 7603.28 亿元，增长 8.6%，人均地区生产总值 103825 元；财政总收入 1579.01 亿元，增长 6.2%，其中地方一般公共预算收入 500.73 亿元，增长 14.3%；全社会固定资产投资 2612.45 亿元，增长 15%；社会消费品零售总额 2560.58 亿元，增长 13.1%；进出口总值 688.18 亿美元，增长 7.6%，其中出口 467.2 亿美元，增长 9.9%。城镇常住居民人均可支配收入 36555 元，增长 9%；农村常住居民人均可支配收入 20094 元，增长 9.6%。

【党的群众路线教育实践活动】 2014 年，佛山市围绕“为民、务实、清廉”主题，扎实有效开展党的群众路线教育实践活动，高质量完成“规定动作”，创新推进建设人民满意政府等特色“自选动作”，促进党员干部作风明显转变。切实贯彻全面从严治党的要求，系统谋划推进基层服务型党组织建设，实施大抓基层“1 + 5”行动方案（即《佛山市实施大抓基层建设服务型党组织行动方案》《佛山市实施“五强书记建设工程”行动计划》《佛山市党员队伍优化活化行动计划》《佛山市党员民营企业家队伍培养行动计划》《佛山市整顿软弱涣散基层党组织行动计划》《佛山市构建区域化党建格局行动计划》)，建立镇（街）党政领导干部直接联系群众制度，打通联系和服务群众“最后一公里”，为广东全省建立推广“直联制”提供经验。坚持反腐倡廉， 用“制度 + 科技”手段打造“四风”网络监督、企业资源规划廉洁风险科技防控、婚丧喜庆事宜信息管理等五大平台，提高反腐倡廉工作科学化水平，有力净化党风政风。

【深化改革】 2014 年，佛山市更加突出改革的系统性、整体性和协同性，推动全市 382 项改革的 50% 以上取得实质性进展，其中 22 项市的重大改革取得阶段性成果，承接中央、广东省的 37 项改革试点顺利推进。行政审批制度改革方面，在广东省内率先推出政府权责清单和投资、审批、监管“三单”管理，推行工商登记“同城通办”，积极探索“一门式”行政服务改革。基层社会治理方面，在全市推广南海“政经分离”、顺德“政社分开”以及构建公共法律服务体系等改革经验，不断完善社会治理体系。医药卫生、文化教育、公共资源交易、农村和金融体制等领域改革扎实推进，进一步激发社会活力。

【经济平稳健康发展】 2014 年，佛山市大力发展实体经济，全年经济呈现稳中有进、稳中向好、质量和效益双提升的发展态势。坚持优化存量，提升增量，加快推进传统产业“凤凰涅槃”，积极发展战略性新兴产业，着力打造万亿规模先进装备制造产业带。新型现代农业加快发展。努力解决第三产业发展短板，金融创新方兴未艾，工业设计、电子商务等现代服务业蓬勃发展。坚持走有佛山特色的创新发展之路，国家创新型城市建设取得新进展，R&D 比重持续提升，国家级科技企业孵化器、国家高新技术企业、公共创新平台不断增加，成为国家知识产权示范城市和国家知识产权服务业集聚发展试验区。

【城市升级】 2014 年，佛山市继续推进实施城市升级三年行动计划，城市面貌从点到线、从线到面呈现出连片成面的整体效果。中心城区“一老三新”区域（“一老”是指以东华里、祖庙为代表的禅城老城区；“三新”是指东北面的南海沥桂新区，东南面的佛山新城以及禅城西部的南庄绿岛湖、张槎智慧新城片区）建设全面提速，各组团核心区扩容提质，全市“三旧”改造面积和投入资金在全省领先。快速推进交通设施建设，进一步完善高速路网，贵广、南广铁路佛山段建成通车，现代化立体交通体系加快成型。确立从“城市升级”迈向“城市升值”的新型城镇化道路，在完善硬件建设的基础上，更加注重教育文化事业发展、城市文明进步和人文素质提升。生态文明建设方面，依法加强环境保护，组建“环保警察”队伍，着力推进大气和水环境综合整治，PM_{10} 和 $PM_{2.5}$ 持续下降，空气质量逐步向好。新建一批生态景观林带、休闲公园和运动健身场所，促进城市更加美丽宜居。

【民主法治建设】 2014 年，佛山市加强对各民主党派的领导和沟通，紧紧围绕经济社会发展重大问题，开展民主协商，同时广泛征询群众意见，夯实重大建设的民意基础。积极开展各领域统战工作，最广泛争取各方力量促进佛山发展注重法治佛山建设，深入实施法治惠民工程，积极创建法治镇（街），全面推进重大行政决策程序制度化建设，大力支持法院、检察院改革试点，做好行使地方立法权准备工作，法治化水平进入全国城市前列。

【宣传思想文化工作】 2014 年，佛山市坚持唱响主旋律，深入开展中国特色社会主义、中国梦等主题教育宣传活动，大力培养和践行社会主义核心价值观。突出抓好舆论引导，进一步推动新闻发布工作常态化，健全网络管理引导体制机制，壮大主流思想舆论，用强大的正能量助推经济社会发展。创新社科理论研究与管理，不断拓展公共文化服务的广度和深度，牢牢把握文艺工作的主题和方向，推动文艺事业发展繁荣。成功举办中国四大名镇城市文化经贸交流活动以及 2014 年佛山秋色欢乐节、亚太地区龙舟公开赛等节庆赛事，推出粤剧电影、话剧、戏曲、文学等一批原创作品。

【社会民生事业】 2014 年，佛山市认真落实各项惠民政策，加强保障和改善民生工作。全市财政民生支出 337.39 亿元，占公共财政预算支出的 64.27%。佛山市成为首个“广东省推进教育现代化先进市”，五区在广东全省率先通过全国义务教育发展基本均衡区国家督导评估。全面完成保障性住房建设、农村危房改造等省、市民生实事。持续提高底线民生保障标准。基本公共服务惠及更多异地务工人员。积极推进对口援助和扶贫开发工作。信访维稳和矛盾纠纷化解工作扎实有效，群众合理诉求得到及时解决。“平安佛山”建设取得新成效，创建食品安全示范市顺利推进。群众满意度和幸福感进一步提高。

【中共佛山市委十一届五次全会】 2014 年 1 月 22 日召开。全会认真贯彻落实党的十八届三中全会、广东省委十一届三次全会精神，听取李贻伟代表市委常委会所作的《拥抱新一轮改革发展的春天》报告，总结 2013 年主要工作，部署 2014 年工作任务。

全会强调，佛山要发扬改革精神和传统，改革再出发，从零开始，以强烈的进取意识、机遇意识、责任意识，以更加积极有为的态度率先拥抱新一轮改革发展的春天，继续保持改革发展走在全国、全省前列，不断增创发展新优势。在改革过程中既要贯彻落实好中央和广东省委部署的“规定动作”，又要紧紧围绕自身实际，开展好“自选动作”。一是做大做强第三产业。要在继续保持产业发展总战略不变的同时，下定决心攻克第三产业短板，推动优质学位、优质医疗、先进文化、精彩体育、养老和特色美食等生活服务业，工业设计、文化创意、科技金融等制造服务业，环境、绿化、交通、资讯等城市服务业加快发展。二是全力打好生态文明建设攻坚战。大投入、大治理、大监管，全面实现环境污染可管理、可控制、可监督。出狠招，敢碰硬，坚决落实各项法律法规，真正做到源头严防、过程严管、后果严惩，确保全市生态环境不断优化。三是提升产城人融合水平。进一步实施强中心战略，志在长远，逐步见效，加快建设经国务院批准的361平方公里中心区域，提升中心城区的集聚能力和城市品位。推动各组团核心区扩容提质，产城融合，促进生产空间集约高效、生活空间舒适宜居、生态空间绿美水秀，实现对资本和人才的吸引力倍增。坚持因地制宜、分类指导，鼓励各镇（街）放开手脚，探索各具特色的城镇化发展模式。建设一批较高水平的智慧城镇，让镇（街）居民享受到城市的便利生活，把城镇建设成为类似于城市但又有别于城市的新型魅力城镇，提升镇（街）对人才的吸纳能力。四是建设人民满意政府。以建设人民满意政府为统领，开展党的群众路线教育实践活动。全方位推进民生政府、高效政府、法治政府、责任政府、诚信政府和廉洁政府建设，实现各级政府由管控向服务转变，由审批为主向监管为主转型，打造“环境高地”。五是打造强大的人才队伍。人才是一切工作的核心。继续发扬佛山在改革开放之初“不拘一格用人才”的精神，吸引、培养和集聚起强大的专业人才队伍、企业家队伍和优秀干部队伍。打破自我封闭的用人体系，让党政机关、企事业单位、社会各方面人才顺畅流动起来，开创人才辈出、人尽其才、才尽其用的局面。

【建立狠刹“四风”网络监督长效机制的工作意见】 2014年2月26日，佛山市委办公室、市政府办公室转发《佛山市纪委监察局关于建立狠刹“四风”网络监督长效机制的工作意见》，部署建立狠刹“四风”（形式主义、官僚主义、享乐主义和奢靡之风）网络监督长效机制工作，通过构建统一入口的投诉受理平台、统一调度的投诉处置平台和统一监督的投诉监察平台，建立群众投诉便捷、处置高效有力、监督问责到位的狠刹“四风”网络监督长效机制，以全面覆盖、快速反应、正确处置为工作原则，着力整治“四风”问题，密切党群干群关系，增强党员干部组织纪律观念，树立为民务实清廉的良好形象，带动社会风气整体好转。市成立狠刹“四风”网络监督长效机制建设领导小组及办公室，下设网络监督平台建设专责小组、电子监察专责小组和责任追究专责小组，其中网络监督平台建设专责小组主要职责是建设网络监督统一平台和投诉处理统一调度机制；电子监察专责小组主要职责是建设狠刹“四风”投诉举报处理电子监察系统，对各单位办理“四风”问题投诉举报情况开展实时电子监察；责任追究专责小组主要职责是对发现的“四风”突出问题和“四风”问题投诉举报处置不力或效能低下且造成不良影响的行为开展调查和责任追究。制定佛山市狠刹“四风”投诉举报办件效能监察和责任追究的具体实施意见，加强对各单位办件效率、效果的监督，对不按时限办结、不按程序答复、不按要求处理，办事推诿拖沓、效能低下等行为，通过电子监察系统发放红、黄牌，并将监察结果纳入绩效管理体系。对“四风”问题处置或整改不力，造成不良影响的行为，按照有关规定严格责任追究。

【发展志愿服务事业的实施意见】 2014年5月8日，佛山市出台《关于进一步发展志愿服务事业的实施意见》，部署进一步发展志愿服务事业，明确提出以“专业化和项目化、常态化和普及化、社区化和信息化”为工作指引，弘扬“服务他人、奉献社会”的理念，建立覆盖全社会、与政府服务和市场服务相衔接的社会志愿服务体系，形成“党政领导、各方参与、服务多元、组织完善、制度健全”的志愿服务工作新格局，努力推动“奉献、友爱、互助、进步”的志愿精神深入人心，市民文明素质不断提高，到2015年，全市注册志愿者人数达到常住人口的10%，注册志愿者年人均志愿服务时数达到30小时以上；2020年，进一步促进志愿服务国际化和社会化，初步形成人人愿为、人人能为、人人可为的志愿服务发展环境，参与志愿服务成为社会新风尚。一是健全市、区、镇（街）志愿服务组织体系；二是创新志愿服务体制机制；三是加强志愿服务队伍建设；四是建立健全志愿服务认证激励机制；五是构建志愿服务项目体系；六是加快推进社区志愿服务；七是加强文明城市创建志愿服务；八是积极为大型社会活动提供志愿服务；九是建立和完善应急志愿服务体系；十是多渠道增加志愿服务工作经费投入；十一是加强志愿文化推广和社会氛围营造。

【实行党政领导干部问责的实施意见】 2014年5月9日，佛山市出台《佛山市实行党政领导干部问责的实施意见》，部署实施党政领导干部问责，明确问责范围包括本市镇（街）级以上各级党委（党组、党工委）、政府（办事处）及其工作部门的领导成员，以及上述工作部门内设机构的领导成员；镇（街）级以上各级党委（党工委）、政府（办事处）直属事业单位和工会、共青团、妇联等人民团体，以及国有企业领导人员和国有控股企业、国有参股企业中对国有资产负有经营管理责任的领导人员。问责情形包括因决策严重失误、工作失职失误、管理监督不力、滥用职权、对群体性突发性事件处置失当造成重大损失或恶劣影响的，以及在干部选拔任用、组织人事和贯彻落实党风廉政建设责任制方面出现问题的，或者其他给党和国家利益、人民生命财产、公共财产造成重大损失或恶劣影响等行为。问责方式主要分为责令公开道歉、停职检查、引咎辞职、责令辞职、免职。问责结果作为年度考核和评先进、干部任用的依据。

【建立镇（街）党政领导干部直联制的实施意见】 2014年8月20日，佛山市出台《关于建立镇（街）党政领导干部驻村（社区）直接联系群众制度的实施意见（试行）》，部署建立镇（街）党政领导干部驻村（社区）直接联系群众制度，实行联系群众更直接、全覆盖、常态化、制度化，并建立驻村（社区）直接联系群众工作的人员保障、调查研究、民情日志、专题会议、协调督促、考核评估等制度，确保驻村（社区）直接联系群众工作形成长效机制。明确镇（街）党政领导干部是驻村（社区）直接联系群众工作的主体，村（社区）辖区所有群众都是驻村（社区）直接联系对象，具体包括辖区村（社区）居民和外来人员等。联系时间统一安排在每周二下午3时至6时30分进行，并根据联系对象的实际情况，机动灵活安排夜晚、周末、节假日时间开展联系工作；联系地点一般固定于村（社区）“两委”办公场所的驻村（社区）室；联系方式主要包括定点接访、重点约访、上门拜访、带案下访、座谈听证等；联系内容主要有听取群众意见、帮助解决实际问题、强化基层党组织建设、宣传政策法规等。

【完善预防和处置企业欠薪工作机制的工作意见】 2014年8月18日，佛山市出台《关于进一步完善预防和处置企业欠薪工作机制的意见》，部署各级政府要建立相关部门处理欠薪群体性事件的联动机制及信息通报制度，切实加强预防因欠薪引发的群体性事件，使劳资矛盾引发社会不稳定事件的处理制度化、规范化。一是完善企业欠薪预防机制。构建劳资纠纷预警信息平台，健全企业欠薪社会监督机制，加强企业欠薪排查调处，强化建筑施工领域源头治理，形成预防欠薪长效机制。二是完善企业欠薪处置机制。建立健全市、区、镇（街）三级欠薪事件的协调处置机制，提高欠薪案件处置效率；做好欠薪争议仲裁工作，快速处理集体欠薪争议；依法惩治拒不支付劳动报酬犯罪。

【打击环境违法排污工作的实施意见】 2014年9月17日，佛山市出台《佛山市开展严厉打击环境违法排污工作的实施意见》，部署构建纵向到底、横向到边的环境监管网络，落实监管责任，确保监管到位；依法从快从严从重打击环境违法行为，加大环境污染犯罪司法打击力度，依法查处不符合环境保护要求的企业，在案件查处率、执行结案率、责任追究等方面达到全省先进水平，努力建设人民满意的生产和生活环境。主要措施：一是严格环境监管。建立“环境大监管”体系，推行“全覆盖”模式，实行“严监控”管理，推行“智能化”执法。二是依法严惩违法排污。坚持“零容忍”查处，设立“环保警察”，强化环境执法刚性措施，严查“黑烟车”，推行“黑名单”管理，严格村级工业区环境管理。三是依法严厉司法打击。快侦快破环境污染犯罪案件，从快提起环境污染犯罪案件诉讼，依法从严审理环境污染犯罪案件。四是严肃责任追究。建立环境违法行政问责制，深入查办环境污染犯罪背后的职务犯罪，建立查处违法排污通报制度。五是推进企业自律。引导企业环保自律，促进企业环保诚信。六是推动社会监督。强化信息公开，完善公众参与监督机制，充分发挥新闻媒体监督作用。七是加强环境执法队伍能力建设。

【基层社会治理的工作意见】 2014年9月17日，佛山市出台《关于创新基层社会治理的意见（试行）》，部署创新基层社会治理，按照党的领导核心地位与提高民主法治水平相结合原则、重点与循序渐进相结合原则、维护群众权益与维护社会和谐稳定相结合原则、注重规范统一与鼓励基层探索相结合原则，有序推进基层治理各项改革，构建以党组织为核心、自治组织为主体、经济组织（包括集体经济组织、企业、新经济组织等在内的各类经济组织）为基础、社区服务中心（指社区开展党务、政务和服务的综合平台）为平台、群团组织和社会组织为协同、公众参与为路径、民主法治为保障的基层社会治理新格局。成立市基层社会治理改革工作领导小组，加强各部门协作配合，加强资源保障和宣传引导，严格督促检查。一是重构基层治理组织架构。调整村（居）基层组织机构设置，强化党对基层各类组织的领导，加强基层党员队伍和干部队伍建设，稳步推进"村改居"，鼓励实行社区服务管理"网格化"。二是推进基层治理民主化法治化。完善基层民主管理机制、基层议事决策机制，强化民主监督机制，规范村（居）基层组织领导班子产生方式，深化平安法治村（社区）建设，健全矛盾纠纷排查调处化解综合机制。三是推进基本公共服务均等化。健全完善公共服务体系，加大财政投入力度，改善村（社区）公共服务设施。四是推动基层社会协同共建。推行镇（街）领导干部驻村（社区）直接联系群众制度，调动社会资源参与村（社区）建设，完善社区服务体系，激发工青妇组织活力，发挥镇（街）总商会及行业商会的优势作用，培育发展公益性、服务性、互助性社区社会组织。五是规范农村集体经济管理。依法保障集体经济组织成员权利，鼓励探索"量化到人，确权到户"的股权改革模式，提高农村集体经济管理公开化科学化水平。

（陈冬明）

附：2014年中共佛山市委领导名单

书　记：李贻伟（任至5月）
　　　　刘悦伦（5月任职）
副书记：刘悦伦（任至5月）
　　　　鲁　毅（5月任职）
　　　　李子甫（6月任职）
　　　　周天明（任至3月）
常　委：张子兴　冯德良　邓伟根（任至9月）
　　　　李雅林　梁维东　魏　辉（任至5月）
　　　　李玉林（5月任职）
　　　　李子甫（任至6月）　区邦敏
　　　　许　国（6月任职）

现任中共佛山市委领导名单

书　记：刘悦伦
副书记：鲁　毅　李子甫
常　委：张子兴　冯德良　李雅林　梁维东
　　　　区邦敏　李玉林　许　国　黄志豪

（2015年5月市委供稿）

佛山市人大

【综述】 2014年，佛山市人大常委会在市委的正确领导下，围绕中心，服务大局，依法履职，以全面深化改革精神积极探索创新，各项工作取得新的进展。听取和审议"一府两院"（佛山市人民政府、佛山市中级人民法院和佛山市人民检察院）专项工作报告5项，审查批准计划、预决算和审计报告等6项，对3部法律法规的实施情况进行执法检查，开展专题调研监督18项，对37件规范性文件进行备案审查，任免地方国家机关工作人员68人次，顺利完成市第十四届人大第四次会议确定的工作任务。

【佛山市第十四届人民代表大会第四次会议】 2014年2月18～19日召开。会议听取和审议了市人大常委会常务副主任杨建华所作的《佛山市人民代表大会常务委员会工作报告》、市人民政府市长刘悦伦所作的《政府工作报告》、市中级人民法院院长陈陟云所作的《佛山市中级人民法院工作报告》、市人民检察院检察长金波所作的《佛山市人民检察院工作报告》，审议了市发展和改革局局长周文受市人民政府委托所作的《佛山市2013年国民经济和社会发展计划执行情况与2014年计划草案的报告》、市财政局局长黄福洪受市人民政府委托所作的《佛山市2013年预算执行情况和2014年预算草案的报告》，并通过了批准上述报告的决议。大会依法选举张卓、陈仕兴2人为市第十四届人大常委会委员。

【佛山市第十四届人大常委会第十六次至第二十三次会议】 2014年，佛山市第十四届人大常委会召开了第十六次至第二十三次会议。听取和审议了市人民政府《关于贯彻实施行政处罚法情况的报告》《关于佛山市“十二五”规划纲要实施中期评估的报告》《关于佛山市公共交通发展情况的报告》《关于佛山市2014年上半年国民经济和社会发展计划执行情况的报告》《关于佛山市2014年上半年财政预算收支执行情况的报告》《关于佛山市本级2013年度财政决算草案的报告》《关于佛山市2013年度本级预算执行和其他财政收支情况的审计工作报告》《关于佛山市城市升级三年行动计划中水环境治理项目落实情况的报告》《关于佛山市级2014年财政预算调整的报告》《关于市第十四届人大第四次会议代表建议办理情况的报告》《佛山市中级人民法院关于执行工作情况的报告》《佛山市公安局关于流动人口管理工作情况的报告》等12项报告；作出了《关于接受李贻伟同志辞去佛山市第十四届人民代表大会常务委员会主任职务请求的决定》《关于接受刘悦伦同志辞去佛山市人民政府市长职务请求的决定》《关于杨建华同志为佛山市第十四届人民代表大会常务委员会代理主任的决定》《关于鲁毅同志为佛山市人民政府代理市长的决定》《关于召开佛山市第十四届人民代表大会第五次会议的决定》《关于列席和邀请列席佛山市第十四届人民代表大会第五次会议人员的决定》《关于佛山市第十四届人民代表大会第五次会议设旁听席的决定》等7项决定，以及《佛山市人民代表大会常务委员会关于批准佛山市2013年市本级决算的决议》《佛山市人民代表大会常务委员会关于批准市级2014年财政预算调整的决议》等2项决议；审议通过了《佛山市第十四届人民代表大会常务委员会代表资格审查委员会关于个别代表的代表资格审查报告》《佛山市第十四届人民代表大会常务委员会代表资格审查委员会成员调整名单》《佛山市人大常委会2014年工作要点》《佛山市人民代表大会常务委员会联系人民代表大会代表办法（修订稿）》。依法任免市人大常委会工作机构负责人3人次；决定任免市人民政府组成人员25人次；任免市中级人民法院法官35人次；任免市人民检察院检察官5人次。

【人大监督】 2014年，佛山市人大常委会紧紧围绕市委中心工作，围绕佛山市改革发展主线，依法履行监督职责，监督的针对性和实效性进一步增强。

依法推进全市中心工作的落实。佛山市人大常委会坚持中心导向，紧紧围绕市委确定的全市重大目标任务，加强对佛山市产业转型、城市升级、生态文明建设等工作的监督和支持力度。组织全体常委会组成人员对佛山市城市升级和新型城镇化建设情况进行集中视察，充分肯定成绩，提出意见建议，支持和推进佛山市从“城市升级”迈向“城市升值”的新型城镇化道路。听取和审议了市政府关于城市升级三年行动计划中水环境治理项目落实情况的报告，要求市政府继续加大水环境治理力度，加快污水管网建设和改造，更加重视农村污水处理，进一步改善佛山市水环境质量。支持佛山市创建全国文明城市工作，组织人大代表进行明察暗访，要求佛山市各级政府及有关部门进一步加大城市管理力度，动员市民积极参与，共同提升城市文明水平。

依法推进经济持续健康发展。佛山市人大常委会坚持发展导向，密切关注佛山市经济发展面临的复杂形势和进入“新常态”特点，切实加强对全市宏观经济运行情况的监督。听取和审议了市政府关于2014年上半年经济社会发展计划执行情况的报告、实施“十二五”规划纲要中期评估报告，要求市政府强化实体经济的支撑作用，加快建立现代产业体系，大力发展现代装备制造业，激发民营企业活力，努力实现经济社会发展目标。听取和审议市政府关于2014年上半年预算执行情况和市级2014年度财政预算调整情况以及2013年市级财政决算、审计情况的报告，加强对社保基金管理情况的监督，跟踪督促审计查出问题的整改，作出有关决议，要求市政府进一步深化改革，释放改革红利，增强经济发展的内生动力，进一步提高财政资金使用绩效，促进经济持续健康发展。常委会还组织对佛山市休闲农业发展、水利改革发展情况进行调查研究，着力促进佛山市现代农业发展，推进发展民生水利，构建人水和谐环境。

依法推进民生进一步改善。佛山市人大常委会坚持民生导向，回应社会关切问题，推进民生热点难点问题的解决。佛山市登记在册居住半年以上流动人口345万人，流动人口服务管理及其子女入读公办学校难的问题是群众密切关注的热点难点问题，市人大常委会围绕这两个问题，深入开展调研，听取了有关工作报告，要求市政府及各部门要切实转变观念，将常住流动人口与户籍人口纳入实有人口范畴，根据实有人口数进行服务和管理，增强流动人口的城市认同感和归属感；继续完善非户籍常住人口子女入读义务教育阶段公办学校政策，巩固和扩大已取得的成绩，破除政策壁垒，切实解决非户籍人口子女入学难问题。市政府认真落实常委会审议意见，在市、区、镇（街）设立了新市民服务和管理办公室，加强对流动人口的管理和服务工作。市人大常委会还紧紧抓住群众普遍关注的学前教育问题，人大常委会主任会议听取和研究了有关调研报告，提出市政府要将学前教育确定为国民教育体系的重要组成部分和重要的社会公益事业，逐步加大补贴力度，增加公益性、普惠性幼儿园学位。

依法推进常委会审议意见的落实。佛山市人大常委会坚持问题导向，紧紧抓住问题的解决，加强跟踪督办，严格按照监督法、《佛山市人大常委会决议决定及审议意见交办督办办法》的规定，推进常委会审议意见的落实。市人大常委会全年向市人民政府、市中级人民法院、市人民检察院“一府两院”印发审议意见13件，要求“一府两院”在规定时间内报告落实审议意见情况，并建立了督办档案。“一府两院”按规定做到事事有回音、件件有落实。市人大常委会加强对“一府两院”整改承诺的跟踪督办，促进监督工作抓一项、改一项、成一项，确保取得预期成效。

【法治环境建设】 2014年，佛山市人大常委会紧紧围绕“改善我市法治环境”的改革专题，以推进依法行政、公正司法为重点，努力提升佛山市公务员队伍运用法治思维和法治方式深化改革、推动发展、开展工作的能力。

深入推进法治佛山建设。党的十八届四中全会提出“依法赋予设区的市地方立法权”。为了做好相关准备工作，在市委的重视支持下，市人大常委会及早谋划，注重研究立法的引领和保障作用，及时部署市立法机构设置、地方立法人才培养和储备等工作，及时举办了全市立法工作培训班。依法治理是建设法治社会的必然要求，市人大常委会将推进依法治理作为监督工作的重要抓手，会同市有关单位共同组织调研市社会组织参与社会治理、化解矛盾纠纷工作，确定试点单位，精心指导培育，认真总结经验做法，召开现场会及时推广。大力弘扬法治精神，推进“法治惠民”实事工程落实，深入推动法治文化建设。同时，深入开展《广东省信访条例》宣讲活动，牵头开展14场宣讲会，5680人次参加宣讲活动，营造了良好的法律实施氛围。

深入推进依法行政。市人大常委会监督和支持市政府深入贯彻落实《国务院关于加强法治政府建设的意见》，继续深入推进法治政府建设，全力打造人民满意政府。依法开展执法检查工作，组织对行政处罚法、城市民族工作条例、宗教事务条例等法律法规实施情况进行检查，增强国家行政机关以及公务人员依法办事意识和依法行政能力，确保法律法规在全市正确实施。根据监督法和有关规定，依法对市政府及各区人大常委会报请备案的规范性文件进行备案审查，维护国家法制统一。

深入推进司法公正。市人大常委会支持市中级法院开展审判权运行机制改革试点和审判长负责制改革，支持市检察院开展主任检察官办案责任制改革。市人大常委会会议听取和审议了市中级法院关于执行工作的报告，推进市各级法院科学整合执行力量，合力攻坚“执行难”问题，努力让人民群众在每一宗执行案件中都感受到公平正义。

【人大代表履职工作】 2014年，佛山市人大常委会重视发挥人大代表的作用，建立人大代表联系群众长效机制，组织人大代表闭会期间履职活动，督办人大代表议案、建议，人大代表履职的积极性和实效性进一步提升。

进一步完善人大代表密切联系群众的长效机制。市人大常委会注重构建常委会组成人员联系人大代表、人大代表联系人民群众的长效机制。修订《佛山市人民代表大会常务委员会联系人民代表大会代表办法》，新规定每名常委会组成人员联系5名人大代表，定期和不定期听取代表的意见建议。2014年，市人大常委会34名组成人员分别走访和联系市人大代表217人，占市人大代表总数的56.2%。制定《佛山市人民代表大会代表联系人民群众暂行办法》《佛山市人民代表大会代表履职考核暂行办法》，依法规范和鼓励市人大代表定期联系人民群众以及依法履行代表职务的行为。举办代表联络站建设经验交流会，进一步加强代表联络站建设，全年在村居新设立人大代表联络站312个，增进代表与群众的联系，扩大群众反映诉求渠道。

进一步丰富人大代表活动内容。市人大常委会围绕发展装备制造业、扶持中小企业发展、创建国家文明城市等方面，组织代表开展调研、视察以及代表专业小组活动，引导代表提出高水平的议案、建议。邀请代表参加常委会的执法检查、调研和列席常委会会议等活动，充分听取和吸纳代表的意见建议。组织代表参加市中级人民法院和市人民检察院“两院”司法改革情况通报会，使代表及时了解“两院”司法改革新进展。建立代表履职网络平台，进一步拓宽代表知情知政和履职渠道。根据广东省人大常委会的部署，建设基层省人大代表与省人大常委会在线交流平台，实现基层全国、省、市人大代表对省、市人大常委会工作的远程参与和实时互动。举办了市人大代表培训班，进一步提高代表履职能力。2014年，共组织代表开展视察、执法检查、调研等活动47次，共535人次参加。

进一步提高人大代表议案、建议的办理实效。市人大常委会持续加大议案、建议督办工作力度，共督促办理代表在市第十四届人大第四次会议上提出的议案、建议73件，重点督办了关于加快地下空间规划、新建城镇小区配建幼儿园和小学设施、推进中心城区公交一体化等3个专题的议案、建议。组织代表对政府办理代表议案、建议情况进行督办和检查，并听取和审议了市政府关于佛山市公共交通发展情况的报告。市政府高度重视，认真落实常委会审议意见，加快公交枢纽站和地铁建设，推进中心城区公交一体化建设，中心城区公交分担率达30.1%。同时，市政府认真办理其他重点督办议案，出台《佛山市城镇新建住宅区配建教育设施管理暂行办法》，开展《佛山市中心城区地下空间利用专项规划和禅桂片区地下空间资源普查》的编修工作，议案、建议办理取得良好成效。

【人大常委会依法履职能力提升】 2014年，佛山市人大常委会坚持和落实市人大常委会党组、主任会议、主任办公会议等学习制度，深入学习党的十八大和十八届三中、四中全会精神以及总书记习近平系列重要讲话精神，坚定对中国特色社会主义的道路自信、理论自信、制度自信，增强做好新时期人大工作的责任感和使命感，增强群众观念，强化法治意识，明确了工作目标和任务。市人大常委会及机关认真贯彻落实中央、广东省委和佛山市委的部署，坚持高标准、严要求开展党的群众路线教育实践活动，深入查找“四风”存在的问题，深刻剖析思想根源，认真做好对照检查。召开领导班子专题民主生活会，以整风精神开展批评与自我批评，对作风之弊、行为之垢进行全面清理，切实促进常委会领导班子建设。同时，坚持边听边查边改，注重标本兼治、建章立制，认真制定整改方案，明确整改责任、目标和时限，着力在整改落实、解决突出问题上下功夫，建立了常委会主任办公会议制度、常委会征集代表和群众监督议题机制，改进常委会会议审议办法等，制订或完善了机关财务管理制度、车辆管理制度、公文处理办法、保密工作制度、信访工作办法等制度，建立和完善了作风建设长效机制，常委会及机关作风建设取得明显成效。

（洪普清　龙福汉）

附：2014年佛山市人大常委会主任、副主任名单

主　　任：李贻伟（任至6月）

常务副主任、代主任：杨建华（其中代理常委会主任6月任职）

副 主 任：徐海祥　黄建丰（女）　刘耀淳　霍　伙　卢立湃

现任佛山市人大常委会主任、副主任名单

主　　任：刘悦伦

常务副主任：杨建华

副 主 任：徐海祥　黄建丰（女）　刘耀淳　霍　伙　卢立湃　林　征

（2015年5月市人大供稿）

佛山市人民政府

【市政府常务会议纪要】 2014年，佛山市政府共召开市政府常务会议20次。会议主要讨论研究以下事项：促进佛山市金融科技产业融合发展；确定禅城区机动车安全技术检验机构资格许可创新试点工作方案；市铁投集团办理股权质押贷款；印发《佛山市住房建设规划（2011～2015）》和《佛山市住房保障规划（2013～2015）》；调整佛山市第四、第五、第六阶段限制高污染（高排放）汽车通行；佛山市2014年公交提升计划；市政府对市铁投集团授权；佛山市城市轨道交通二号线（一期）工程BOT特许权协议；缓解佛山市2013～2014年中心城区交通拥堵；佛山“一环”高速化升级改造工程；推进佛山市城市轨道二号线（一期）工程TOD综合开发；市本级2014年政府投资项目计划情况报告；佛科院北院校区建设工程融资代建；对各区2013年组织财税收入工作进行奖励；调整市直机关临时工经费标准；佛山市创建国家森林城市；划拨扶持款缴付投资开发公司资本金；安排2013年佛山市重大科技项目海内外招标中标项目经费；修订《关于在国内外重大比赛中获得优异成绩的佛山市运动员奖励试行办法》；筹备佛山市第八届运动会工作；佛山市新城开发建设有限公司2013年工程项目建设、城市管理及经费预算；修订《佛山市物业管理办法（试行）》；《佛山市智能交通发展规划》；《佛山市中心城区TC管理中心实施方案》；将广高线高明对川至迳尾段改建工程项目维修费用纳入车辆通行费大中修专项支出；《佛山市优秀历史建筑保护规划》；建立企业职工养老保险缴费年限津贴完善基本养老金计发办法；《佛山市政府投资项目BT融资建设管理办法》；促进佛山市太阳能发电应用实施意见；《市政府常务会议工作规程》；佛山食品安全责任追究办法；佛山市停车场管理办法；佛山市公路工程施工信用优选合理低价评标办法；调整路桥公司、建盈公司存量资金用途用于高速公路资本金；修订佛山市人民政府工作规则；拨付2013年佛山对口帮扶云浮产业转移资金；《佛山市建设人民满意政府行动方案》；修订《佛山大剧院委托经营管理用户需求》；《佛山市第二批城市绿地绿线管理图则（2011～2020）》；电机效能提升补贴配套资金；《佛山市民融合服务平台管理暂行办法》；做好2013年冬季符合政府安排工作条件退役士兵安置工作；《佛山市重点招商项目引导资金管理办法实施细则》；《佛山市2014年体制改革工作要点》；《佛山市农村环境综合整治规划（2013～2015）》；《佛山市建设满意政府100项环保民生实事（2014年）》；修订《佛山市高污染燃料限制区域的实施方案（2014年版）》；《佛山市电力行业“超洁净排放”改造工作方案》；《关于开展编制政府权责清单工作的通知》；《佛山市城市桥梁桥下空间利用和管理的指导意见》；佛清从高速公路项目过桥贷款；申请拨付2014年首批援疆项目建设资金；申请墨脱县门珞民族敬老院建设资金；《佛山市扬尘污染防治管理办法》；2013年度市级淘汰非公务类黄标车补贴资金；《佛山市新能源汽车推广应用工作实施方案（2014～2015年）》；《进一步发展志愿服务事业的实施意见》；合资设立佛山南车轨道车辆有限公司；《关于加快佛山市出租车行业发展的意见》；《佛山市中心城区公交扩容提质行动方案》；加强摩托车管理工作；《佛山市推进家禽集中屠宰试点工作的实施意见》；拨付2014年度16.5亿元优债专项资金；调整佛山新城财政管理体制；《佛山市社会信用体系建设规划（2014～2020年）》；《佛山市公园绿地建设规划（2012～2020）》；《佛山市2014年度地质灾害防治方案》；《佛山市批而未供土地清理整顿工作方案》；《佛山市行政过错责任追究实施细则》；《佛山市档案管理规定》；《佛山市级行政事业单位土地和房产清查存在问题整改方案》；佛职院卫国路69号原校区资产处置；《佛山市农村土地承包经营权确权登记颁证试点工作实施方案》；佛山市城市轨道交通二号线一期、三号线工程投资分摊；《佛山市首批公共场所无线局域网（WLAN）试点建设实施方案》；《佛山市加快推进公共场所无线局域网建设的意见》；佛山火车站主体建筑外立面改造方案；异地务工人员随迁子女参加居民基本医疗保险享受财政补贴；市总工会购买联运大厦；市体育代表团参加第14届省运会补贴办法；《关于进一步完善特种行业摩托车管理的意见》；安全生产工作情况专题报告；调整企业职工基本养老保险单位缴费比例；《关于贯彻落实〈广东省市场监管体系建设规划（2012～2016年）〉的实施意见》；调整佛山境内铁路站场名称；通过广佛公司自主融资形式缓解广佛地铁运营资金压力；《佛山市家禽集中屠宰试点工作财政补贴资金管理办法》；市经济和信息化局商务局主要职责内设机构和人员编制规定；文华公园和亚洲艺术公园土地权属；《佛山市森林城市建设总体规划（2012～2020）》；《佛山市建设法治化国际化营商环境2014年工作要点》；佛科院采用BOT模式建设本部西区学生宿舍及配套设施；禅桂中心区沿街建筑景观综合整治项目2013年奖励资金支付；提高农村五保供养标准；《佛山市实施〈珠江三角洲地区改革发展规划纲要（2008～2020年）〉2013年度评估考核办法》；江珠高速公路北延线佛山段开工建设；调升城乡居民养老保险基础养老金水平；进一步提高城乡低保对象大病医疗救助报销比例；加强政府性债务管理；佛山市本级2014年地方政府性债务收支计划；佛山市施工工地扬尘排污费征收管理试行办法；市陶瓷行业、玻璃制造行业、铝型材行业和第二批VOCs排放企业整治方案；开展铁腕打击环境违法排污工作的实施意见及环境保护行政过错责任追究实施办法；佛山市燃气安全管理办法；佛山市建设工程混凝土临时搅拌站监督管理暂行办法；申请变更珠江三角洲城际快速轨道交通广佛线首通段竣工验收委员会副主任委员；佛山市促进货运业装备提升资金管理办法；佛山市处置城市地铁事故灾难应急预案；佛山市黄标车提前报废申报奖励资金程序调整；拨付保障性住房建设专项资金；各区2013年生态景观林带建设市级财政补助资金；佛山市市级粮食风险基金管理办法；安排2014年扶贫开发“规划到户责任到人”及重点县帮扶工作资金；高明革命老区扶贫开发“双到”后续跟踪帮扶工作2014年重点项目计划；支持佛山国通保税物流中心建设；划拨佛山市科技型中小企业信贷风险补偿基金；加强畜禽养殖综合整治工作；加快佛山市科技服务业发展的实施意见；进一步加强佛山市专利工作的补充措施；海五西路工程建设；佛山市地震应急预案；市一中校园排水系统改造工程；深化创建教育综合改革试验区工作方案；市塑料工贸集团等17家公司改制前退休人员补贴调整方案；市二医院改制过程中拆迁历史遗留问题；促进公路水路货运业发展具体工作落实方案；扶持医疗卫生单位医学重点专科建设实施方案；奖励获省级宜居示范城镇、宜居示范村庄、宜居社区称号单位；国有建设用地使用权和矿业权网上交易规则（试行）；拨付2014年援疆项目建设资金；追加市直离休干部医疗经费预算；佛山市老年人优待办法；佛山市电子化政府采购管理办法；追加社保卡工本费预算；市中级法院审判综合大楼土地补偿款专项资金；佛山市流动人口和出租屋服务管理办法；追加2014年度市财政新能源汽车推广应用补助资金；调整2014年度失业保险基金预算；廉政建设和反腐败工作；“三旧”改造工作和国土管理使用；佛山市彩管置业有限公司地块实施“三旧”改造；佛山市中轴线地区（南区段02-02A街区）控制性详细规划；佛山市商品房屋租赁管理实施办法；佛山市老楼危楼安全排查工作方案；佛山“一环”2014年养护预算审核意见；2014佛山秋色欢乐节系列活动方案；适龄重度残疾儿童少年送教上门服务工作实施意见；2013年度佛山市科学技术奖励项目授奖；划拨第一批佛山市“广东省绿色照明示范城市”建设项目工程补贴经费；佛山市“三旧”改造专项规划及动态调整；南海区新一轮深化“三旧”改造综合试点工作；残疾人职业康复服务中心工程项目追加建设资金；2012～2013年政策性涉农保险市级补助资金；佛山市轨道交通项目督办管理制度；佛山市城市管理奖励资金使用管理办法；中小河流治理市级配套补助资金；2013年中小企业国际市场开拓资金分配方案；进一步加强和规范控制性详细规划编制和管理工作；佛山市环境保护“一岗双责”责任制实施暂行办法；佛山市环境保护综合治理实施方案（2014～2017年）；建设人民满意政府行动方案的督查督办办法；市公控公司申请发行超短期融资券；2014年佛山高新区发展专项资金使用方案；公开拍卖处置部分房地产物业；进一步推进医疗卫生服务体系改革发展意见；调整佛山市医疗机构设置规划（2011～2015年）；佛山市交通影响评价编制与管理办法；佛山市城市配送网络构建试点工作方案和佛山市配送发展规划；佛山市优质技改创新项目贷款风险补偿基金管理暂行办法；佛山市打造万亿规模先进装备制造业产业基地扶持办法；佛山市推进先进装备制造业发展工作落实情况督察督办方案；佛山市级2014年财政预算调整报告；佛山市民营科技园区产权分割和产权登记暂行办法；佛山市重金属污染综合防治2014年度行动计划；开展全城“围剿”黑烟车专项行动工作方案；做好中央、省下达黄标车提前淘汰补贴专项资金工作；佛山市扬尘防治专项行动工作方案；佛山市在不良气象条件下在人口密集区域实施大气污染综合防治工作方案；佛山市城市轨道交通二号线（一期）TOD土地储备实施方案；佛山市科技经济发展资金（技术标准战略专项）管理办法；2014年度佛山市实施技术标准战略专项经费使用安排（第二批）；公布佛山市政府权责清单；设立支持外贸稳增长专项资金；进一步完善临时价格补贴与物价上涨联动机制；广州海关申请口岸专项补贴经费；推动光伏产业发展的实施方案（2014～2017年）；佛山市分布式光伏发电应用项目奖励和补助资金管理办法；增加佛科院财政拨款；2014年佛山市学前教育专项经费奖补方案；促进民办教育规范特色发展的实施意见；调整2014年度企业职工基本养老保险基金支出预算；2013年度加快发展服务外包专项资金使用方案；佛山市居住房屋出租管理实施细则；佛山新市民积分制服务管理规定；城市轨道交通建设规划修编工作；2014年佛山市科技计划项目等经费安排；将佛山市科技孵化基金海内外创新团队项目资金并入科技型中小企业信贷风险补偿基金；加快推进债券融资工作的实施意见和扶持办法；设立佛山市中小企业转贷应急资金；2014年市级基层医疗卫生扶持资金；家庭经济困难学生助学实施办法（修订）；佛山市学前教育生均公用经费制度实施办法；佛山市特殊教育提升计划（2014～2016年）；做好2014年全国普通高等学校毕业生就业创业工作所需资金；佛山市异地务工人员大病救助试行办法；加强陆生野生动物资源保护通告；市气象灾害防御规划；2012年度已竣工高标准基本农田项目市级奖励；设立佛山市疾病应急救助基金；防控埃博拉出血热疫情首期专项经费；佛山市地铁二号线一期工程项目TOD一级土地开发收益管理试行办法；佛山市新能源汽车推广应用市级补助资金管理办法；佛山市市级财政专项资金竞争性分配改革实施意见；佛山市市级党政机关和事业单位会议费差旅费外宾接待费等管理办法；佛山市公共汽车客运管理办法；扶持建筑企业做大做强工作意见；《佛山市工程建设项目信用分类优选随机合理低价评定标办法》和《佛山市工程建设项目招标代理机构遴选管理办法》；佛山市政务诚信征信目录。

【市政府工作会议纪要】 2014年，佛山市召开市政府工作会议112次，主要研究部署以下工作：协调处理梁园及周边环境提升改造项目、佛山祖庙功能及景观提升工程；推动跨境贸易电子商务发展工作；协调处理佛山嘉益实业有限公司近期出现的经营困难以及由此可能引发的社会稳定等问题；召开赢家“城市矿产”示范基地项目建设协调工作；佛山大剧院建设和管理工作；佛山城市中轴线北门户区段规划建设工作；市工人文化宫拆迁安置协调工作；推进佛山市与南车青岛四方战略合作项目；研究部署2014年安全生产重点工作任务；佛山大剧院建设和管理工作；加快城际轨道交通综合开发的战略部署；南海水泥厂文头岭地块权属及维稳问题协调工作；推进佛山市与中山大学合作项目建设；深化与中国石化广东石油分公司合作；文华公园和亚艺公园整治、提升工作；加强摩托车管理工作；协调处理祖庙东华里片区改造工程中东华里古建筑群文物保护规划及修缮设计方案编制事宜；加快推进佛山市信息惠民融合服务平台建设；提升第三产业改革发展工作；2014年佛山公开赛——欧巡挑战赛暨中国职业锦标赛筹备工作；部署开展第二季度安全生产各项工作；加快推进佛山“一环”高速化改造工作；加快中心城区公交发展工作；仁寿寺改造提升工程用电等问题；金融支持不锈钢行业发展工作；佛山祖庙、图书馆、仁寿寺、梁园改造工作；佛山市残疾人综合服务中心改造工程结算工作；创建佛山城市中央休闲区工作；加快佛山科学馆新馆展览工程建设；魁奇路东延线二期工程（禅城段）供水管道协调工作；金融稳定协调工作；市运会前期筹备工作；佛科院北院校区建设工作；城市轨道交通二号线一期工程项目建设；市体校新校区建设有关问题协调工作；涉诉资产进入南方联合产权交易中心开展拍卖、变卖的进场交易服务费问题协调工作；加快推进佛山国通保税物流中心建设工作；市轨道交通二号线一期前期工程调研会工作方案；佛山市公共资源交易一体化服务平台推广应用工作；佛山市休闲旅游产业发展工作；全市少儿托管机构管理问题协调工作；市一中校园排水改造工程、学生宿舍扩建工程；2014年佛山公开赛——欧巡挑战赛暨中国职业锦标赛第二次筹备工作；南海大道以西季华六路以南A、B地块商业综合体项目审批及验收协调；广佛环线有关情况工作；佛山“一环”高速化改造；乐从钢贸信贷风险的前期处置工作；推进南车高明基地和高明区现代有轨电车示范线项目建设工作；协调解决佛山市科技孵化基金中的2000万元海内外创新团队资金的使用和管理问题工作；佛山市城市轨道二号线一期工程与魁奇路快速化改造工程衔接工作；历史文化名城保护规划；佛山市第三产业重点项目工作和统计工作；“中国古代四大名镇城市文化经贸交流合作会议”系列活动筹办工作；广佛地铁首通段南海区境内市政过街通道建设有关问题协调工作；配合限摩加快中心城区公交发展工作；佛山火车站主体建筑外立面改造工程；建设人民满意政府项目推进工作；贯彻落实省委、省政府关于经济工作的决策部署，研究推进珠江西岸先进装备制造产业带发展、企业技术改造、传统产业存量优化工作；全市公共资源保护工作；R&D指标及工业技术改造投资增速指标统计工作；魁奇路（镇中路至湖景路口）快速化工作；推进佛山市与南车青岛四方战略合作项目工作；魁奇路东延线二期工程顺德段征拆及项目建设情况协调工作；2014年第四季度全市安全生产暨防范重特大事故工作；2014佛山秋色欢乐节筹办工作；2014年亚太地区龙舟公开赛（中国佛山）系列活动筹备工作；高明区现代有轨电车示范线项目推进工作；全市校园安全工作；政府优债工作；佛山市金融科技产业工作；珠三角城际轨道交通项目佛山段建设工作；佛山市第八届运动会；佛山市城市轨道交通二号线一期工程湖涌站TOD规划方案及进展工作；广佛地铁首通段消防验收工作；妥善处理市残疾人机动轮椅车工作；市级体育社团基地建设工作；佛山市城市展览馆新馆布展项目招投标工作；佛山新城招商工作；推进建设佛山新机场建设工作；市重点路桥项目建设和管养问题协调工作；桃园路西延线、兴业路北延线工程南海段征地拆迁及建设工作；2014年广东省科技成果与产业对接会工作；佛山“一环”及延长线高速化改造专题协调工作；佛山市中心城区公共交通发展工作；市科技金融工作；佛山市旅游文化创意产业发展工作。

【经济稳中有进】 2014年，佛山市完成地区生产总值7603.28亿元，增长8.6%，增速居珠三角第五位。其中，第一产业增加值142.47亿元，增长2.6%；第二产业增加值4687.02亿元，增长9.4%；第三产业增加值2773.8亿元，增长7.6%。规模以上工业实现增加值4249.23亿元，增长9.9%。其中，规模以上先进制造业实现产值6782.94亿元，增长11.9%；规模以上高技术制造业实现产值1303.12亿元，增长19%。三次产业比为1.9∶61.6∶36.5。全年累计完成进出口688.18亿美元，增长7.6%。其中，出口467.2亿美元，增长9.9%；进口220.98亿美元，增长3.2%。完成地方公共财政预算收入500.73亿元，增长14.36%。金融机构本外币存款余额11275.63亿元，较年初下降0.9%。其中，居民储蓄存款5806.94亿元，较年初增长3.65%。居民消费价格指数101.2。据中国社科院发布的《2014中国城市竞争力蓝皮书》，佛山城市综合竞争力在大陆和台、港、澳地区的城市中居第九位。

【万亿规模先进装备制造产业基地建设】 2014年，广东省委、省政府要求佛山作为珠江西岸先进装备制造产业带龙头，佛山市抢抓机遇，制订相关工作方案、招商计划、扶持办法，建立联席会议制度，启动万亿规模先进装备制造业产业基地建设。积极落实省技术改造扶持政策，设立市优质技改创新项目贷款风险补偿基金，工业技术改造投资278.56亿元，增长23.7%。一汽－大众二期、福田汽车、南车制造基地等项目开工，阿格蕾雅光电材料、亨氏食品、村田纳米陶瓷电容器材等项目投产。

【金融科技产业融合】 2014年，佛山市金融服务实体经济能力提升。市、区出资5亿元设立支持企业融资专项资金，帮助中小企业缓解融资困难。成立佛山科技金融综合服务中心，设立市科技型中小企业信贷风险补偿基金、产业金融引导基金，启动佛山科技保险试点。全市新增银行2家、保险公司4家、小额贷款公司3家、股权投资企业56家、融资租赁公司10家、新三板企业11家、上市企业2家。获批国家知识产权示范城市、国家知识产权服务业集聚发展试验区、全国陶瓷产业知名品牌创建示范区。公共创新平台建设加快，顺德中山大学卡内基梅隆大学国际联合研究院和南海广工大数控装备协同创新研究院启用，三水合肥工业大学研究院挂牌成立，佛山中科院产业技术研究院新材料产业园投入使用。新增国家认定企业技术中心3家、国家级科技企业孵化器2家；国家高新技术企业73家，总数达618家；中国驰名商标6个，总数达124个；广东省名牌产品187个，总数达399个；百万人口发明专利申请量995件，增长55.2%。新增省级、市级工程中心96家，引进国家“千人计划”专家23人，设立院士工作室32个。

【服务业发展】 2014年，佛山市出台扶持服务业特别重大项目实施办法，南海万达广场、万科广场开业，中国慧聪家电城及家电博物馆项目运营，季华中央商务带、桂澜路千米商贸长廊建设加快，佛山华强广场动工，佛山国通保税物流中心（B型）获批建设。广东工业设计城、顺德创意产业园成为广东省有影响的工业设计产业集群区域。佛山长鹿旅游休博园获评国家AAAAA级旅游景区。成功举办第十届中国（佛山）机械装备展览会、第七届中国（顺德）工业设计博览会。

【招商引资】 2014年，佛山市新引进超千万美元的外资签约项目98个，投资总额82.88亿美元。引进超亿元的内资签约项目147个，投资总额963.23亿元。新引进福田汽车、长城华冠新能源汽车、风发科技智能电机生产基地及本田汽车零部件、萨克米机械、爱信精机等外资龙头企业增资扩产项目，广东集成芯片研发与产业培育中心、广东化工交易中心、浪潮云计算中心等现代服务业项目相继签约落户。

【民营经济】 2014年，佛山市促进民营经济做大做强。继续完善各级领导挂点重点培育企业工作机制，实施“一企一策”帮扶，研究解决重点培育企业发展难题。认真落实中央“营改增”、小微企业减税等政策，全市减免各项税收122.09亿元。鼓励实施“两化”融合、机器人应用、品牌营销等举措，加强重点企业培育，全市产值超千亿元企业1家、超百亿元企业11家。举办民营企业精英研修班，引导中小民企建立现代企业制度，2010户个体工商户转型升级为企业。全市民营工业占规模以上工业总产值比重69.6%，对全市工业增长贡献率79.8%。

【高端产业载体项目】 2014年，佛山国家高新区新引进阿里巴巴·佛山产业带、大金智地高端产业服务区等项目，佛山科技街基本成型。中德工业服务区引进及在谈德国安联财险、瑞曼迪斯集团、库卡机器人集团等项目。广东金融高新区引进广东金融结算中心等54个项目，投资及募集资金90多亿元。

【市场活力激发】 2014年，佛山市编制实施“三单管理”制度，即企业投资准入负面清单、审批清单和市场监管清单。建立以备案制为主的企业投资管理体制。公布实施《佛山市行政职权清单》。网上办事大厅建设提速，市、区两级网上服务事项4971项，二级以上办事深度事项占比97.43%，三级占比56.21%。铺设616台“市民之窗”自助服务终端。公共资源交易一体化服务平台建设顺利，市公共信用信息管理系统初步建成。建设公共财政综合管理平台，完善财政专项资金竞争性分配，财政资金100%纳入国库集中支付范围。商事制度改革成效显著，全市新登记市场主体超过7.29万户。成为广东省建设法治化国际化营商环境试点城市。

【基层社会治理模式】 2014年，佛山市开展“城乡社区建设提升年”活动。禅城区开展社区“一门式”服务试点。南海区开展社区网格化管理试点。三水区推行“一站式”公共服务平台。顺德区试点建立社会组织综合监管体系。全市各区均成立社会组织孵化培育基地，社会组织达4663家。成立社工人才培育基地、市社工协会和市志愿者联合会。

【农村综合改革】 2014年，佛山市全面完成农村集体经济组织证书发放和农村集体土地所有权确权登记发证。禅城区完成农村“股权固化”。南海区稳妥推进确权确股式股权改革。三水区全区和顺德区均安镇、容桂街道试点开展农村土地承包经营权确权登记颁证工作。农村财务网上监控平台和集体资产交易平台交易资产累计7.7万宗，合同标的总额426.09亿元。三水区探索实施村民自治决策、执行、监督三分开的“两级议事会”治理模式。

【区域发展及友好合作】 2014年，佛山市境外投资项目26个，投资总额增长283.2%。顺德区获批国家级出口家电质量安全示范区。广佛同城化取得新进展，交通路网和轨道交通对接进展顺利，两市金融机构资金结算从技术上基本实现同城化，环保协作、民生合作不断深化。佛港澳合作有新成效，汇丰环球运营中心、广发金融中心一期投入运营。获国际友好城市交流合作奖，与德国因戈尔施塔特市、波兰斯达洛加勒德市结为国际友好城市。建立对口帮扶云浮工作新机制，举办7场招商会，投入对口帮扶云浮财政资金4.1亿元，加快佛山（云浮）产业转移工业园建设。

【城市升级成效突出】 2014年，佛山市城市升级三年行动计划基本完成。“强中心”战略深入实施。禅城老城区传统文化氛围浓厚，“大祖庙商圈”初具规模，岭南天地三期加快建设，梁园周边环境改造提升初步完成，汾江河“一河两岸”景观提升工程完成；禅西新城绿岛湖行政服务大厅、欧洲工业园A区启用，人才公寓、国际中学等建成使用；桂城千灯湖片区金融公园、灯湖广场等项目建设顺利；佛山新城中欧（中德）服务中心等平台主体建成，中德高技术实验园研发楼及人才公寓竣工，交通枢纽中心完成地下基础工程。城市组团建设成效显著。狮山博爱湖、南海市民服务中心等城市配套项目进展顺利，西樵听音湖片区雏形显现；顺德新城保利商务综合体、美的广场、置业广场封顶，华侨城文化旅游综合项目加快推进；西江新城基本完成核心区示范工程建设，明湖公园、秀丽河公园、丽江水廊建成；三水新城基础设施建设加快推进。“三旧”改造稳步实施，获广东省“三旧”改造一等奖。

【基础设施建设力度加大】 2014年，广明高速陈村至西樵段、肇花高速三水段正式通车。市域路网中禅西大道二期、G321南海段改造、三花公路改造、南庄至九江公路复线、佛陈大桥扩建和樵乐路、龙湾大桥、季华路快速化改造完工。贵广、南广铁路佛山段通车，三水南站投入使用。佛山西站、佛肇城际线、广佛地铁二期加快建设，城市轨道交通二号线一期、南海新型交通系统试验段工程开工，城市轨道交通三号线工程开展前期工作。佛山市成为首批国家信息惠民试点城市。

【城市管理机制不断完善】 2014年，佛山市继续严格落实城市管理考核机制。一是开展城市道路环境卫生、建筑工地和泥头车污染源头管控、户外广告清理、水浸黑点治理等专项整治。整合数字城管资源，建立渣土运输GPS监控平台和工地视频监控平台。二是推动城市管理向乡村延伸，实施农村整治“1060”工程，切实改善乡村面貌和环境卫生状况。三是提升城市公共交通服务水平，全市新增49条公交线路、993辆公交车、4800辆公共自行车、54个公共自行车服务站点，建成38个公交首末站和枢纽站，中心城区公交分担率提升至30.1%。

【环境治理和生态建设成绩显著】 2014年，佛山市建立大环保治理格局和责任考核追究机制，成立“环保警察”，强化环保执法。扩大限燃区域至中心城区面积60%；深化工业企业大气污染治理，整治污染企业804家；严厉打击黑烟车，全年淘汰黄标车及老旧车8.05万辆；严格控制扬尘污染，征收扬尘排污费。坚持“一河一策”治理水环境污染，19条重点整治河涌基本达到Ⅴ类标准。新建污水配套管网133.2公里。对禁养区内畜禽养殖场全面清理。强化固体废弃物、危险废物规范化管理，积极推进南海垃圾焚烧发电一厂等改扩建工作。$PM_{2.5}$下降15%，主要污染物二氧化硫和化学需氧量排放量完成省下达的削减目标。新增国家级生态乡镇7个，创建绿色建筑175万平方米。新建和改造提升绿地面积720.73公顷。建成智慧公园、九江外滩景观工程、丽江水廊等10个大型公园，建设或改造提升一批社区体育公园。完成珠二环高速顺德段、东平河两岸等106公里生态景观林带建设。基本完成谢边互通立交、顺峰山东入口等重要节点景观改造，完成33.9公里“五位一体”沿街景观综合整治。

【人民满意政府建设】 2014年，佛山市出台《佛山市建设人民满意政府行动方案》和11个行动子计划，筹措项目资金76.1亿元。建立人民满意政府第三方评价体系。根据第三方调查评估，2014年佛山市建设人民满意政府评价82.46分。

【文化活动魅力彰显】 2014年，佛山市成功举办中国“四大名镇”城市交流活动，佛山秋色欢乐节和亚太地区龙舟公开赛等活动。顺德区被联合国教科文组织评为“世界美食之都”。重点公共文化设施建设加快，市图书馆新馆建成并投入使用，市文化馆新馆顺利封顶，佛山大剧院加快建设。“魅力佛山·四季情韵”艺术惠民工程精彩纷呈。祖庙、仁寿寺、梁园等改造提升工程加快推进。对外文化交流广泛开展，龙狮表演、剪纸、陶艺、香云纱等佛山非物质文化遗产在德国、澳大利亚等国展示。加强社会主义核心价值观宣传教育，创建全国文明城市进入候选名单。

【平安佛山建设有新举措】 2014年，佛山市基层“平安村居”和各行业“平安细胞”创建覆盖面达80%。公安“六大专项”打击整治行动获广东全省第二名，“110”刑事警情下降10%。实施“全国安全社区”创建和基层安全生产网格化监管试点。新增安全生产达标企业6272家。试点推行家禽“集中屠宰，生鲜上市”，新增餐饮服务食品安全示范点100家、阳光厨房695家、市级“菜篮子”基地19个。强化疫情联防联控工作机制，有效遏制登革热、H7N9禽流感、手足口病等疫情。

【民生保障标准提升】 2014年，佛山市财政民生支出337.39亿元，占公共财政预算收入64.3%。企业退休职工月人均基本养老金增长14.2%，城乡居保基础养老金增长12.5%。城乡低保标准提高8.5%，城乡低保对象大病医疗救助报销比例平均达到80%，农村五保供养标准平均增幅26.4%。教育综合改革试验区建设加快，成为广东省首个推进教育现代化先进市，各区在全省率先通过全国义务教育发展基本均衡区国家督导评估。全面实施技能晋升培训补贴，5.1万人参加技能培训。实施创业带动就业政策，发放创业小额担保贷款4969万元，支持6662人成功创业，带动就业3.6万人。全市城镇新增就业8.2万人，城镇登记失业率2.35%，“零就业”家庭持续动态“清零”。加快构建“基层首诊、分级诊疗、双向转诊”模式，建立疾病应急救助制度，鼓励和引导社会办医，新增非公立医疗机构57间。新市民入户及随迁子女就读义务教育公办学校实施统一的积分，符合条件的异地务工人员随迁子女参加居民医保享受同等财政补贴，实行异地务工人员大病救助。

（梁志鸿）

附：2014年佛山市人民政府市长、副市长名单

市　　长： 刘悦伦（任至5月）
副市长、代市长： 鲁　毅（6月任职）
常务副市长： 李子甫（任至7月）
区邦敏（7月任职）
副　市　长： 许　国（任至7月）
麦洁华（女）　王　玲（女）
刘　炜（挂职，任至9月）
宋德平　彭　会（任至7月）
郭文海（7月任职）
江楷鑫（7月任职）

现任佛山市人民政府市长、副市长名单

市　　长： 鲁　毅
常务副市长： 黄志豪
副　市　长： 麦洁华（女）　王　玲（女）
宋德平　江楷鑫　郭文海

（2015年6月市政府研究室供稿）

【佛山市人民政府行政服务中心】 2014年，佛山市行政服务中心积极推进全面深化改革，不断完善政务服务体系，大力优化营商环境和政务服务环境，努力打造行政服务佛山新模式。

政府权责清单编制。编制形成《佛山市行政职权清单》和《佛山市企业投资管理“三单”》（“三单”指负面清单、审批清单、监管清单），同步组织开发“佛山市政府权责清单管理系统”。11月12日，市政府正式公布权责清单。进一步厘清政府与市场、政府与企业、市与区、政府部门之间的权责关系，依法明确政府的权力边界和企业的活动范围，初步建立以负面清单为基础的企业投资“三单”管理方式，促进政府加快转变职能，构建“宽进严管”的市场监管体系。《行政职权清单》共清理出市、区两级11类行政职权11773项，其中，市本级保留8913项，区本级保留9939项，中央、省属驻佛山单位保留1005项；负面清单共编制禁止和限制投资措施591条，其中，禁止类391条，限制类200条；审批清单梳理出415项投资准入许可事项；监管清单市、区两级平均编制监管类422种、监管措施2033条、监管标准2598个。

行政审批流程再造。在全市范围内全面推行企业注册登记改革和企业登记联合审批改革，建立健全“一站申请、一表登记、一窗受理、六证并联、三证同发、许可告之”的企业登记联合审批机制。对网上办事综合服务窗口和企业登记综合服务窗口进行整合升级，市、区两级按照受审分离原则实行企业登记“一窗式”综合服务。开通网上办事大厅“企业登记一站通”项目，全面推行企业登记网上办理。通过整合企业登记申请表格和申请材料，减少申请材料21份，实现6个工作日内可一次性领取工商营业执照、税务登记证、组织机构代码证和企业公章。至年底，全市（顺德区除外）按改革后登记方式登记的企业共28967户，其中，住所改革8213户，按“认缴制”方式登记的企业15517户，按“先照后证”方式登记的企业5237户。“一站式”企业登记共受理139宗，办结123宗。全面实施工程峻工联合验收改革。除顺德区外，在全市市、区、镇（街）全面实施工程竣工联合验收改革。各区统一使用市联合验收系统操作验收业务，实现市、区、镇（街）三级上下无缝对接，实行了“一窗受理、一次性告知、统一验收、限时办结”的联合验收工作机制，工程项目验收过程更加公开透明，得到企业认可。截至2014年12月31日，全市（顺德区除外）共受理联合验收项目2947宗，办结2859宗，验收总建筑面积5872.4万平方米，办结率97.01%，平均办结时间8.04天，低于13天的承诺时间。

行政职权标准制订。行政职权标准化建设工作在南海区率先启动，以南海区为试点以点带面，以量权限权、减少自由裁量为原则，建立行政审批要件标准、流程标准、裁量标准、制度标准。对“佛山市行政审批和社会服务事项管理系统”进行标准化适应性改造，行政审批标准化建设已纳入全省试点。南海区研发行政审批标准化信息录入审查系统，开展标准化建设试点工作。2014年，佛山市市、区两级收到单位申请件740件，完成审查发布事项2426件。至年底，市级共保留实施事项704项，其中，行政许可455项，非行政许可99项，社会服务事项150项。

行政服务方式创新。推动行政服务标准化。积极推进市、区、镇（街）、村（居）政务服务四级联动，先后顺利通过“广东省行政服务先进标准体系试点项目”和“佛山市技术标准战略资助项目”的评估验收。按照政务服务综合化、网络化、自助化、同城化的工作思路，全面推行“一窗式”综合服务、“一站式”网上服务、“市民之窗”自助服务、三级联动同城服务。积极推广应用网上办事服务。完成审批服务综合受理和协同调度系统功能升级改造，进行“企业登记一站通”的功能开发和上线。省、市、区、镇街网上办事大厅实现了联网同步，全市三级部门共接入10268项审批服务事项进驻网厅，审批事项进驻率达100%；提升网上办事在线办理率，减少申请人到现场次数，市、区两级网上服务事项4968项，达到一级、二级、三级以上办事深度的事项分别占比为100%、98.05%、55.68%。推进实体大厅办事效能提升，市行政服务中心大厅进驻部门25个（市级整体进驻单位4个），共设66个对外服务窗口，进驻人员278名，可办理事项424项。2014年共办理业务25.86万件，群众评议76175次，满意率100%。

“市民之窗”自助服务终端推广。在行政审批标准化和一体化的基础上，全力打造“市民之窗”自助终端、手机移动办事终端（包括微信平台）、互动电视办事终端等“政府在线服务”平台。至年底，全市开通24小时自助服务区17个，布设“市民之窗”自助服务终端659台，共进驻服务事项26项，累计办理业务超过38万笔。开通网上办事邮政速递服务，市级单位306项事项可适用邮政速递。在南海区开通手机服务终端，南海区500多项服务事项可通过手机网上办事终端办理；探索推进有线电视办事，高清电视系统与网厅做好对接，按“政务动态”“服务网点”“电视办事”“结果查询”“服务评议”5个功能模块搭建初步“智能电视办事”平台。

政民互动大平台搭建。规划设计政民互动大平台建设，推动网络问政、网络行政、网络监督“三网融合”。完善佛山“12345”统一服务平台建设，升级改造“12345”热线信息系统功能，建成佛山改革发展市民建言献策平台，建立狠刹“四风”网络监督平台。大力拓展网络渠道服务，2014 年 5 月正式开通佛山“12345”微信，推动从电话向网络的服务模式转型，实现“12345”网、微信、微博、短信、移动终端、自助终端等多渠道的网络服务全覆盖，拓宽政民互动沟通渠道。2014 年，“12345”各渠道受理群众服务请求合计 97.2 万人次，比 2013 年增加 45.94 万人次。群众通过“12345”热线对政府工作提出的建言献策共 6245 件，针对“四风”问题向狠刹“四风”网络监督平台的举报共 1.97 万件。市和五区热线办合计向市、区各级成员单位调度工单 27.57 万件次，办结工单 16.62 万件。群众对“12345”的服务满意度为 99.78%。

交易一体化平台建设。大力推进公共资源交易全面实现电子化、网络化，加强了一体化服务平台“市、区、镇”三级平台互联互通建设。建立重点重大交易项目“绿色交易通道”工作制度，做到特事特办、快捷高效。市公共资源交易中心“阳光交易，普法同行”项目被授予第三批“657”普法品牌称号。2014 年，发布各类公共资源交易信息 1713 条，完成各类公共资源交易项目 504 项，交易总金额达 41.5 亿元，全年 23 个项目通过“绿色交易通道”顺利完成，预算总金额约 8883 万元。全市有 41 个房建市政类工程交易项目和 15 个公开招标采购项目进行网上交易。增加承接业务类型，启用工程交易新的评分定标办法，进一步优化专家抽取系统，增加专家异地抽取功能，全年完成 937 个项目 4410 人次的专家抽取工作。

【禅城区人民政府行政服务中心】 2014 年，禅城区行政服务中心以推进“一门式”政务服务改革为抓手，探索群众办事阳光便捷的新路径。9 月，禅城区成立由区委书记担任组长的行政审批制度改革领导小组，以祖庙街道、石湾镇街道和培德社区、同安社区为试点，推行“一门式”政务服务改革。至年底，镇（街）282 个事项“一窗”办理，办理事项 20 多万件。深入拓展“一按灵”市民服务平台、“市民之窗”等民生服务，主动推送公共服务。制定《禅城区构建政民互动大平台行动计划（2014 ~ 2020 年）》，建成禅城区政民互动大平台网站，架起政府与民众亲密互动的桥梁。全面推进服务大厅规范化建设，按照“一门式”改革理念建设绿岛湖大厅。全面落实企业登记联合审批改革，至年底，企业登记综合窗口共受理企业登记联合审批业务 46 宗，办结 42 宗，咨询累计 5876 宗。加强和完善建设工程竣工联合验收工作，至年底，共受理建设工程项目 141 宗，办结项目 140 项。积极推进网上办事大厅的建设，至年底，进驻广东省网上办事大厅佛山市禅城分厅服务事项总数共 1004 项，进驻服务事项网上办理率达 99.9%，网上办事深度达到三级的服务事项占 58.61%，574 项服务事项开通邮政专递服务。整合优化电子政务资源，完成电子政务云节点扩容建设，推动数据共享交换。

【南海区人民政府行政服务中心】 2014 年，南海发布《南海区行政职权清单——区本级目录（2014 年本）》，该份目录囊括了区级 34 个行政机关（含市派出机构、垂直管理单位）8877 项行政职权。编制企业投资管理三单，其中，负面清单涉及 1693 条管理措施；审批清单 5 大类 218 个审批事项；监管清单按属地原则编制，基本涉及所有行业分类，共 2114 条监管措施。自行研发行政审批标准化信息系统，并应用运行。布设 326 台“市民之窗”，实现区、镇（街）、村（居）三级全覆盖，南海区 1308 个事项都可通过自助终端办理。开通自助终端 24 小时服务区 4 个，通过“市民之窗”办理件数突破 10 万件。创新智慧城镇建设，规范智慧城镇工作标识；开发“4G”伺服网格化系统，实现区、镇、社区联动，健全基层综合服务管理；协调 37 个部门实现 50 个系统接入区智慧平台；建设智慧城市管理指挥（应急）中心中央控制系统，优化政务服务呼叫中心功能区设置，扩建可容纳 32 个座席位置的政府服务热线呼叫中心。打造阳光交易平台，被广东省标准化协会授予“标准化良好行为 AAAA 单位”称号；南海区公共资源交易网正式上线，实现信息发布渠道、统一公告形式、统一网上招投标入口，兼顾市、区、镇三级信息发布的需求。

【顺德区人民政府行政服务中心】 2014年，顺德区行政服务工作围绕行政审批制度改革、信息化和电子政务建设、服务窗口效能管理等职能，稳步推进各项工作。督查落实已公布改革事项目录和新一轮审批事项调整改革工作；完成编制权责清单工作和全区事项裁量准则标准化的最终审核。企业登记并联审批改革范围扩展到10个镇（街），全年完成并联审批业务911宗，实现并联审批改革所有企业类型的全区覆盖。启动顺德区通用综合监管平台的设计工作，出台监管方案、监管分工目录和投资经营指导目录，全面构建市场监管和投资新体系。将顺德区各部门70多个网上审批服务网站统一纳入顺德分厅，全部实现1200多项事项在网上办事大厅提供在线申办服务，网上办理率100%。建成10个镇（街）、40个村（居）的网上办事站（点），设置覆盖全区的“市民之窗”自助服务终端114台，创立网上办事邮政速递服务，推出移动终端（包括智能手机、平板电脑）的网上办事大厅。截至2014年，顺德区网上办事大厅访问量超过75万人次，实名注册账户73953个。2014年6月广东省经信委正式批复顺德区作为地级市电子证照系统建设的试点地区。7月18日，顺德区统一政府咨询和行政投诉平台正式投入运行，提供8种服务渠道和7×24小时服务。至12月，该平台话务量突破1.4万通，市民对平台服务质素的满意度保持在99%。

【高明区人民政府行政服务中心】 2014年，高明区行政服务中心稳步推进该区深化行政审批制度改革一系列工作，全年受理各类审批、办证等业务34.2万件，办结数34.02万件，办结率99.47%。牵头制订权责清单，全区纳入权责清单的行政职权合计共10532项（不含镇、街）。推广行政服务标准化，规范办事指南。深化“三个集中到位”改革，建设“一站式”服务大厅；深化关键领域业务流程再造改革，完善跨部门并联审批，全年共受理验收项目106宗，办结验收项目102宗，完成时间最短3天，平均7.6天；落实重点项目模拟审批，促进项目加快落地；改革企业登记制度，实施商事登记制度及登记流程综合服务窗口工作制度，实现企业营业执照、组织机构代码证和税务登记证“一窗收件、一表登记、六证并联、三证同发”，为企业减少重复申请资料21份，减少往返次数5次，减少登记时间约20个工作日；深化完善网上办事大厅建设，大幅提升网上办事深度，推进网厅建设再扩容，推广应用“市民之窗”，拓宽自助终端覆盖面；整合扩容“12345”热线、协助完善市民建言献策平台，高明区热线办2014年共下派限时回复工单5000多件，回复及时率98.74%。

【三水区人民政府行政服务中心】 2014年，三水区行政服务中心各项改革创新任务成效明显。全年行政服务大厅共受理业务46.39万件，业务按期办结率100%，其中提前办结率52.58%，即办件率63.7%。区受理（督办）中心解答群众咨询4.18万件，受理群众督办投诉7件。“12345”热线处理各类投诉和咨询8983例，工单总量同比增长108%，答复率100%。全区28个部门1061个事项全部明确最低办结时限，审批时限从改革前的17.5工作日缩减到5.3工作日，审批提速69.7%。统筹推进全区权责清单编制工作；完成“市民之窗”自助服务终端50台布设工程，截至12月底，“市民之窗”自助终端完成6.1万项全流程网上办理事项，减少市民上门办理次数3.9万次；开展工程建设领域行政审批改革，建立报批中心，对纳入区重点建设工程项目库范畴的项目试点“并联预审”；建设网上预约系统提供办事预约服务；启用房地产权办证大厅；完善大厅建设推动网上办事服务延伸至镇街和村居；建设企业综合服务窗口；项目竣工联合验收全部落实“一窗受理”；推动工程竣工联合验收工作市、区、镇三级联动；建设工程交易启用佛山市建设工程投标企业信息数据库，启用公共资源交易一体化服务平台和广东省电子政府采购平台以及引入电子反拍采购方式，促进政府采购交易活动的规范化。

（郭明君）

佛山市政协

【综述】 政协十一届佛山市委员会在2014年间，辞去委员职务9名，撤销委员资格2名，增补委员10名；免去常务委员职务3名，补选常务委员2名。

增减后，实有委员411名，其中常委73名。现有委员中，中共党员156名，非中共人士255名。现有常务委员中，中共党员28名，非中共人士45名。2014年，市政协围绕全市工作大局履行职能，聚焦全面深化改革建言谋策，广泛凝聚各方智慧和力量，为促进佛山市改革发展作出贡献。

【政协第十一届佛山市委员会第三次会议】 2014年2月17～18日在佛山召开。代表佛山市各党派、人民团体、社会各界及港澳地区特邀人士等29个界别的委员393人出席会议。市党政军领导到会祝贺，市各民主党派、工商联主要负责人，在佛山市工作、居住的省政协委员，没有安排担任政协第十一届佛山市委员会委员的市政府有关部门和中央、省驻佛山部分单位领导，市政协历届正副主席、秘书长，市政协历届港澳委员联谊会理事和市政协机关副处级以上干部等72人列席会议，另邀请30名市民代表旁听。会议按照中共佛山市委十一届五次全会的部署和要求，以科学发展观为指导，以推动全面深化改革为主线，进一步动员全市政协委员、各参加单位和广大委员，积极投身到全面深化改革和加快发展的实践中去，切实履行政治协商、民主监督和参政议政职能，为推进佛山改革发展、增进人民福祉作出新的更大贡献。会议审议通过了政协佛山市委员会常务委员会工作报告和关于市政协十一届二次会议以来提案工作情况的报告；表彰市政协十一届二次会议以来的16件优秀提案；列席市十四届人大四次会议，听取并讨论《政府工作报告》及其他报告；会议补选劳洪喜、张朝阳为市政协常委；通过市政协十一届三次会议决议。市政协主席杨晓光在闭幕会上讲话。

【政协常务委员会会议】 2014年，佛山市政协召开第六次、第七次、第八次常委会议。第六次常委会议讨论市《政府工作报告（征求意见稿）》；听取市政府部门办理2013年政协提案情况通报；听取市纪委、市中级法院和市检察院的工作情况通报；审议讨论市政协《常委会议工作报告》（草案）和《提案工作情况报告》（草案）；审议通过召开市政协十一届三次会议的决定和议程（草案）、日程（草案）及有关决定（草案）；审议通过《政协佛山市委员会履职管理办法》；审议通过辞免和增补十一届市政协委员名单。第七次常委会议审议有关人事事项。第八次常委会议就“我市加快发展旅游文化产业”专题进行议政。

【政治协商】 专题协商。2014年，佛山市政协把专题协商作为民主协商的重要形式，围绕经济社会发展热点问题和即将出台的政策法规开展专题协商。组织委员与市有关部门对《关于加快佛山市科技服务业发展的实施意见（征求意见稿）》进行讨论；召开法治社会建设座谈会，为推进依法治市提出对策；就民族工作进行专题座谈协商，为佛山市做好民族工作、促进民族团结融合提出建议。同时，组织委员对佛山市建设人民满意政府的第三方评价指标体系和行动方案督查督办办法、市惩防体系建设分工方案、市政务诚信征信目录等20多项政策文件提出意见建议。

提案办理协商。2014年，佛山市政协共收到提案500件，立案302件，经合并后，实际交办206件。通过市领导牵头督办重点提案、开展提案办理专题协商、办理情况“回头看”、开门办案等举措，使许多提案转化为党委、政府的相关政策措施。市委书记、市长、市政协主席分别牵头督办《关于创新和加强我市人才队伍建设的建议》《关于大力发展我市第三产业的若干建议》《关于改善我市大气环境质量的建议》《关于进一步加强我市食品安全监督管理的建议》等4件重点提案，推动提案办理工作上新水平。结合佛山市环境执法年活动，市政协与市环保局开展了水环境治理提案办理协商活动，政府职能部门、政协委员、市民代表、新闻媒体共同为整治佛山市水环境把脉。创新开展专委会跟踪办理提案活动，由相关专委会跟踪办理《关于推动异地务工人员公共服务均等化的建议》《关于加快我市工业设计发展与应用，打造“广东设计之都”的建议》等提案，促进相关工作的开展。实行提案办理“回头看”，组织提案人就2013年度政协提案《关于加强“车检”管理的建议》进行跟踪走访，促成职能部门进一步完善落实“七大机制”，把“车检”这项群众普遍关心的大事做好做扎实。《人民政协报》以《佛山市政协提案办理“回头看”——贪官被揪出　车检乱象无　民众心气顺》

为题，对此进行了专题报道。提案所提问题得到解决或基本解决、办理落实或列入计划逐步落实的两类提案占交办总数的96.6%；委员反馈对提案办理表示满意的占87.9%，基本满意的占12.1%。

【民主监督】 专题视察。2014年，佛山市政协由各专门委员会牵头，组织委员就“佛山经济社会发展”“创建全国文明城市”“智能装备制造业发展”“社会救助体系建设”“文明村建设”“城市升级三年行动计划”“产业转移园区建设”“农村环境保护”“水资源整合”“迳口华侨农场发展情况（回头看）”等10个专题开展视察。视察专题数量创新高，视察成果更加丰硕，许多意见建议得到采纳，促进相关工作的开展。

社情民意信息工作。2014年，佛山市政协共收到各类社情民意信息2159篇，编报《佛山政协信息》346期，其中，被全国政协、广东省委、广东省政协、佛山市委采用90多篇，多篇信息得到广东省、佛山市领导批示。《关于加快发展我市装备制造业的几点建议》《“依法治国”应重点解决“选择性立案”困局》《应取消二类疫苗的层层加价》等一批关乎产业转型升级、社会治理创新、法治建设、民生热点等方面的社情民意信息，为各级党委政府解决有关问题提供了有价值的参考。政协信息工作继续保持全国、全省先进水平，连续第十次获得全国政协信息工作先进单位称号。

政协委员履行民主监督职能。2014年，佛山市政协在市的党的群众路线教育实践活动中，组织委员20多批次对市直单位领导班子及成员进行民主评议。组织委员多批次参加全市绩效评议、有关听证会等监督评议检查活动，推荐委员参加新闻媒体《民生直通车》《微博访谈》等栏目，履行民主监督职能。

【参政议政】 专题调研议政。2014年，佛山市政协重点选择“加快发展旅游文化产业”“基层行政审批制度改革”两大课题，组成由政协委员、民主党派、相关部门和专家学者参加的专题调研组，深入调查研究，形成较高质量的调研报告，分别召开常委会议和主席会议进行专题议政，与市政府领导及有关部门协商讨论，形成常委会议、主席会议建议案送市委、市政府。关于促进佛山旅游文化产业加快发展的调研报告和建议案，提出加快创建城市中央休闲区、打造龙头旅游文化项目和核心景区、深度挖掘并利用好岭南文化内涵等对策建议，市委、市政府主要领导专门听取汇报，充分肯定调研议政成果，表示要将旅游文化产业提升为佛山支柱产业来培育，出台相关配套政策。关于深化基层行政审批制度改革的调研报告和建议案，提出加大全市行政审批制度改革统筹协调力度、切实理顺和明确行政服务中心职能定位、总结探索“一体化通办”的行政审批新模式等7条意见建议，市主要领导批示有关部门要纳入改革统筹考虑。同时，开展“轨道交通规划建设管理”专题调研，形成调研报告，为加快城市升值献计出力。

网络议政。2014年，佛山市政协充分依托市政协网站“委员之家网络互动平台”、微博等新媒体，为政协委员通过互联网参政议政、建言谋策提供便捷渠道。是年，佛山政协委员积极参与网络议政，共发表200多篇反映佛山市经济社会发展热点难点问题的意见建议，内容涉及行政、交通建设管理、公共服务、城市规划、企业发展、人才培养、青少年教育、文化升级、妇女权益保护等方面。市政协办公室每季度将这些意见建议进行综合整理，送市委、市政府，许多意见建议得到市政府领导的批复和相关部门的采纳。

【政协与各民主党派、工商联和人民团体合作共事】

2014年，佛山市政协充分发挥各民主党派、工商联、参加政协的人民团体和无党派人士参政议政积极性，为他们有序参与政协协商、调研、视察和考察等活动创造条件、搭建平台；尊重、鼓励和支持他们在政协各种会议和平台上，积极发表意见建议。坚持中共政协党组成员与各民主党派负责人联系制度，政协秘书长与各民主党派、工商联秘书长（办公室主任）联席会议制度。2014年，各民主党派、工商联、有关人民团体共提交集体提案41件，反映社情民意信息996篇。

【政协与港澳台侨人士联系交流】 2014年，佛山市政协领导班子前往香港、澳门拜访港澳委员和重要社团，指导筹建港澳佛山社团总会，召开港澳委员座谈会，通报和介绍佛山经济社会发展情况，为他们知情议政提供条件。市政协邀请和接待港澳人士、海外侨胞和台湾高雄议会代表到佛山访问，组织港澳委员考察内地经济发展情况和投资环境，为港澳台地区与内地开展合作交流提供良好平台。首次组织港澳委员企业家与佛山企业家交流，为三地合作发展建言谋策。定期走访委员企业，帮助佛山的港澳台侨企业解决发展中的实际困难。引介港澳同胞捐助公益和扶贫助学，为公益慈善事业捐款捐物价值1500多万元。

【政协公共外交活动】 2014年，佛山市政协开展佛山公共外交发展规划研究，其中，完成的《发挥侨乡优势，促进交流合作——佛山市开展公共外交的实践与思考》论文，该论文先后被《广东公共外交实践与探索》和全国《公共外交季刊》采用刊登；首次举办《中国公共外交的新阶段》专题报告会；邀请外国驻港澳领事团莅临佛山市考察访问，提高佛山的国际知名度，扩大交流合作；为佛山市企业“走出去”牵线搭桥，邀请巴西、智利、巴基斯坦驻中国广州领事馆的官员到佛山为200多家佛山民营企业介绍三国的投资环境与政策等方面的情况，为加快佛山向国际化发展引智借力。

【佛山市政协与各级政协联动协作】 2014年，佛山市政协定期召开市政协与各区政协主席工作会议、秘书长联席会议和提案、信息工作会议，与各区政协联合开展视察、调研等活动，形成上下联动、协调运作、优势互补的良好局面。协助广东省政协开展“推进农村转移人口市民化”“我省行政村发展情况”“佛山市构建法治化国际化营商环境专场研讨‘回头看’”等11项专题调研、视察、座谈活动。

【政协文化交流和公益慈善活动】 2014年，佛山市政协成立佛山政协书画院并举办首届书画作品展，推动书画文化艺术交流。举办“文明佛山”手机摄影优秀作品征集活动，展现佛山美景和市民良好的精神风貌。配合广东省政协征集“改革开放广东一千个率先”文史资料，编辑出版佛山文史资料《敢为人先》，发挥其存史资政育人作用。

2014年，佛山市政协筹建并于8月成立“佛山市通济慈善基金会”，开展公益慈善活动，先后支持市妇幼保健院新生儿抢救系统的建设，资助一批贫困学生，为医院捐助救护车等。同时，广泛发动政协委员和机关干部参与公益慈善活动，全年为各级公益慈善事业捐款捐物价值2000多万元。

【政协委员履职管理创新】 2014年，佛山市政协出台《政协佛山市委员会委员履职管理办法》，对委员参加政协活动、提交提案、信息、提出意见建议等履职情况进行量化打分，激发委员履职积极性，推动委员履职常态化、制度化。新办法实施后，委员履职意识明显增强，参加政协活动、提交提案、信息等方面的积极性进一步提高，履职实效也进一步显现。在此期间，《人民日报》以《佛山：政协委员能言敢言善言》为题进行大篇幅报道，肯定佛山市政协拓宽委员议政建言渠道，营造民主宽松议政氛围的做法。

（陈勃冲）

附：2014年佛山市政协主席、副主席名单

主　席： 杨晓光
副主席： 黄　炳　杨军辉　袁毅桦（女）　谭家驹　杨锡基　陈道明　廖东明　马亮照

现任佛山市政协主席、副主席名单

主　席： 杨晓光
副主席： 乔　平（女）　袁毅桦（女）　谭家驹　杨锡基　马亮照　柳玉斌　唐冬生

（2015年6月市政协供稿）

佛山市纪委

【综述】 2014年，佛山市各级纪检监察机关坚持以“廉洁佛山”建设为统领，着力打造“法治纪检”“信息纪检”“阳光纪检”。坚持以法治思维和法治方式惩治腐败，不断加大执纪监督问责力度，保持惩治腐败高压态势；深入贯彻落实中央八项规定精神，着力整治“四风”问题，强化监督检查；利用现代信息技术建立信息化监督平台，构建“制度+科技”防腐模式，扎实推进廉政风险防控；深化重点领域制度改革和机制创新，从源头上预防和治理腐败；积极开展党风廉政教育宣传，推进廉洁文化建设，引导社会力量有序参与反腐败，营造崇廉尚洁社会氛围；推进纪检监察内设机构调整和派驻（出）机构改革，聚焦主业主责，强化自身建设。紧紧围绕落实全面从严治党要求，党风廉政建设和反腐败工作取得新进展、新成效。

【市纪委十一届四次全会】 2014年2月12日，中共佛山市纪委十一届四次全会在市机关大礼堂召开。市委书记李贻伟出席会议并作重要讲话，市委常委、市纪委书记张子兴代表市纪委常委会作题为《坚持改革创新，强化执纪监督，深入推进“廉洁佛山”建设》的工作报告。全会传达学习习近平在十八届中央纪委第三次全会上的重要讲话精神、十八届中央纪委第三次全会和广东省纪委十一届三次全会精神，分组讨论并审议通过市纪委十一届四次全会工作报告和全会决议。市纪委委员、市直副局以上单位纪检组长（纪工委书记）、中央和广东省驻禅各单位的纪检组长（纪委书记）、各区纪委副书记、市纪委机关和派驻机构全体干部以及市政府特约监察员参加会议，市几套班子党员领导干部、全市副处级以上现职党员干部听取市委书记李贻伟的讲话。李贻伟传达习近平在十八届中央纪委第三次全会上的重要讲话精神，要求全市党员干部认真学习领会，抓好贯彻落实。全会从5个方面总结2013年全市党风廉政建设和反腐败工作：一是整治“庸懒散奢”，扎实有效推进作风建设；二是加强执纪办案，保持惩治腐败高压态势；三是推进制度创新，深入开展廉政风险防控；四是强化教育监督，促进领导干部廉洁从政；五是提高能力素质，加强纪检监察队伍建设。全会部署2014年的主要工作任务：一是强化“刚性约束”，深入推进作风建设；二是强化“法治纪检”，坚决查处腐败行为；三是强化“信息纪检”，实现制度加科技防腐；四是强化“阳光纪检”，推进工作方式转变。此外，该次市纪委全会继续开展市直机关“一把手”述责述德述廉活动，禅城区委、高明区委和市发改局、市人社局、市国土规划局、市安监局党组主要负责人向市纪委全会作述责述德述廉报告。

【党内监督工作】 2014年，佛山市深入贯彻落实中央八项规定精神，聚焦“四风”，强化刚性约束，集中开展对收送“红包”礼金、“会所歪风”、公款送礼、公款吃喝等问题的专项治理。坚持暗访、查处、追责、曝光“四管齐下”，开展明察暗访97次，查处违反中央八项规定精神以及“庸懒散奢”等问题48个92人，其中给予党纪政纪处分26人，点名道姓通报典型案例10起17人。根据审计部门提供的线索，严肃查处违反财经纪律、公款旅游和违规发放旅游充值卡等问题。认真落实党风廉政建设责任制，组织6个单位党委（党组）书记向市纪委全会述责述德述廉，对4家市直国有企（事）业单位开展党风廉政建设巡查。完成禅城区罗南村基层党风廉政建设示范点工作，推进村（组）重大事项监督平台和农村廉情预警防控机制试点，推广村（居）干部违规问题联合处置机制。

【纪检信息化监督平台】 2014年，佛山市纪委探索建立信息化监督平台，构建“制度＋科技”防腐模式。建立狠刹“四风”网络监督平台，配套出台《佛山市处理“四风”问题实施意见》等制度，实现“四风”问题受理处置“统一入口、统一调度、统一监督”，不断完善作风建设长效机制。建设民主评议政风行风工作网络平台，拓展网络电视、行评网站等渠道，增强民主评议的群众参与度。建设公共资源交易一体化服务平台，由市、区向镇（街）、村（居）延伸，推进公共资源交易全程阳光化。在国资系统全面推进ERP及廉洁风险科技防控平台建设，实现对市属国有企业资金、资产、人力资源等核心业务在线全程监控。选择国土规划系统开展试点，推进党政机关廉政风险科技防控平台建设。建设多功能三维网络教育管理平台，拓宽党员干部教育监督渠道，创新廉政教育方式方法。建设婚丧喜庆事宜信息管理平台，防止领导干部大操大办和借机敛财。

【党风廉政宣传教育】 2014年，佛山市以“严明组织纪律，锻造优良作风”为主题，开展纪律教育学习月活动。举办全市副处级以上领导干部纪律教育学习班和第三期权力集中部门、资金密集领域领导干部培训班，刘悦伦作专题辅导报告，张子兴通报了一批违纪违法典型案例及违反中央八项规定精神典型问题。在市委党校举办第三期“双集班”，全市政府部门和党群系统负责人事、审批、执法及资金管理的处级领导干部186人参加培训，并统一组织到广东省反腐倡廉教育基地开展警示教育。全市举办领导干部纪律教育学习班260余场，党政“一把手”讲廉政党课300余场，受教育党员干部6.8万人次。围绕狠刹“四风”网络监督平台、党员领导干部婚丧喜庆管理事宜信息平台、民主评议政风行风网络平台、国有企业ERP及廉洁风险科技防控等亮点特色工作，主动策划宣传报道，在全省乃至全国产生了积极影响。中央纪委、中央电视台联合摄制《作风建设永远在路上》专题片，对佛山市推进作风建设的相关经验进行了推介。

【纪检监察工作调研】 2014年，佛山市纪检监察部门协助中央党建领导小组秘书组、中国社科院调研组开展调研，起草《关于治理经济特权、规范党内政治生活的探索与思考》等汇报材料；针对公共资源交易领域存在的问题，撰写《关于领导干部插手公共资源配置的调研报告》，为深入解决领导干部插手公共资源配置问题提出对策建议；总结狠刹“四风”网络监督平台、党员干部婚丧喜庆事宜管理平台、民主评议政风行风网络平台等亮点工作经验，形成一批有较高质量的调研汇报材料；组织全市纪检监察系统学习贯彻党的十八届四中全会精神座谈会，刘悦伦出席座谈会并讲话，对近年来佛山市纪检监察工作给予充分肯定。

【纪检监察队伍建设】 2014年，佛山市纪委根据中纪委、广东省纪委“转职能、转方式、转作风”的要求，聚焦执纪监督问责主业，推进纪检监察内设机构调整和派驻（出）机构改革。市纪委监察局撤销4个室，新设3个纪检监察室和纪检监察干部监督室，组建党风政风监督室、组织部、宣传部、第六纪检监察室（加挂企事业单位党风廉政建设工作巡查办公室牌子），直接从事纪检监察主业的部门占内设机构总数的67%，一线办案人员比例超过60%。保持派驻机构现行管理体制不变，将市直33个派驻机构按“性质相近、人数相当”的原则分为5个联组，联组组长由市纪委常委兼任，强化指导和管理；市纪委5个纪检监察室分别对口联系一个联组，形成工作合力。

（陈宣宇）

附：2014年中共佛山市纪委书记、副书记名单

书　记：张子兴

副书记：曹小华　朱娅丽　裴广明

现任中共佛山市纪委书记、副书记名单

书　记：黄　力

副书记：朱娅丽　裴广明

（2015年6月市纪委供稿）

民主党派 · 工商联

民主党派

【综述】 2014年，佛山市各民主党派共有成员3174人，平均年龄50岁。其中，分布在教育界、科技界、医卫界、经济界、文化出版界2043人，大学以上文化2333人，高级、中级职称2549人。

2014年，佛山市民主党派工作坚持“抓落实、促提升、创一流”的总体工作思路，以“围绕中心、服务改革、促进发展”为主题，凝心聚力，发挥民主党派的优势作用，促进民主党派履行参政议政和社会服务职能。是年，各民主党派在市“两会”共提交提案273件、议案35件，获优秀提案共14件（包括合并案）。全年各民主党派提交各类信息共1049条、调研报告82篇。

【中国国民党革命委员会佛山市委员会】 2014年，市民革发展党员16人，共有党员276人，平均年龄53岁，大学以上文化207人，高级、中级职称226人。设有4个总支、15个支部、1个小组。

市民革全年向市政协提交提案56件，2件被评为市政协十一届三次会议以来优秀提案。以市委会名义提交的《关于加强优化我市电子商务发展的若干建议》被定为市政协主席督办案。

市民革开展坚持和发展中国特色社会主义学习实践活动、“创建组织工作先进支部、争做优秀基层组织工作者、伸出博爱之手”——民革基层组织牵手困难群众等社会服务活动，学习宣传民革爱国、革命和不断进步的优良传统，加强自身建设，发挥基层组织服务社会的重要作用。

【中国民主同盟佛山市委员会】 2014年，市民盟发展盟员38人，共有盟员841人，其中，分布在教育界474人。盟员平均年龄54岁，大学以上文化684人，高级、中级职称的735人。设有1个区委会（民盟顺德区委会）、7个总支和44个支部。

市民盟全年向市政协大会提交提案67件，6件被评为市政协十一届三次会议以来优秀提案。《关于创新和加强我市人才队伍建设的建议》被列为书记督办案；《关于大力发展我市第三产业的若干建议》被列为市长督办案；《关于改善我市大气环境质量的建议》被列为政协主席督办案。《进一步推进大型公共建筑节能降耗的建议》等2条信息被全国政协采纳。

市民盟开展“我为民盟建一言”主题年教育活动，发挥基层组织的积极性、展现盟员风采，增强组织吸引力和凝聚力，取得良好效果。开展关爱自闭症儿童、广西扶贫助学活动、开展纪念抗战主题展览等社会服务活动。

5月，中国民主同盟佛山市委员会召开十三届七次全体会议，选举张枫为民盟佛山市第十三届委员会副主委。

【中国民主建国会佛山市委员会】 2014年，市民建发展会员26人，共有会员406人，其中，分布在经济界、新的社会阶层285人。会员平均年龄52岁，大学以上文化223人，高级、中级职称173人。设有4个总支和17个支部。

市民建全年向市政协提交提案22件，《关于切实落实创新引领战略，加快推进国家创新型城市建设的建议》获优秀提案奖。《关于规范国家代赔的建议》《关于有效控制非编人员的建议》《重视官员干部自杀事件的负面评议并加以正确引导》等3篇信息被民建中央采用；《对十八届四中全会开创全面依法治国新阶段的三点期待》《加强联保联贷风险防控助力中小企业融资发展的建议》等2篇信息被中共广东省委采用。

市民建开展助学敬老等社会服务活动，向阳春市永宁镇民族希望学校、肇庆市怀集安华小学、高明区明城镇敬老院等多个单位帮扶资金32万多元。

【中国民主促进会佛山市委员会】 2014年，市民进发展会员20人，共有会员373人，其中，分布在教育界、文化出版界253人。会员平均年龄40岁，大学以上文化181人，高级、中级职称301人。设有1个区委会（民进顺德区委会）、2个总支和29个支部。

市民进全年向市政协提交提案37件，4件被评为市政协十一届三次会议以来优秀提案。《关于加快拔尖创新型人才和高层次应用人才培养的建议》被评为市委书记督办案。信息《农民住房抵押、担保、转让面临的困难及对策》和《应取消二类疫苗的层层加价》被全国政协采用。

市民进发挥界别优势开展社会服务活动，举行“翰墨情义深　共筑家国梦——佛山民进开明画院艺术家书画陶作品展暨作品义卖帮扶佛山抗战老兵活动”，为开明慈善基金会·同心筑梦专项基金筹款，向阳春市马水镇中心小学赠送电脑和书籍，与共建单位——南海区平洲江滨社区举办文艺晚会、桂城街道江滨居委开展“庆‘七一’送健康”活动等。

【中国农工民主党佛山市委员会】 2014年，市农工党发展党员42人，共有党员494人，其中，分布在医药卫生界297人。党员平均年龄51岁，大学以上文化427人，高级、中级职称435人。设有4个总支和28个支部。

市农工党全年向市政协提交提案47件，6件被评为市政协十一届三次会议以来优秀提案。信息《建议我国统一商品房计价方式》被全国政协采用，《对混合所有制改革的难点及出现的新情况新问题提出建议》被中央统战部《零讯》刊物采用，《创新模式　发挥优势　做好党派妇女工作》《关于规范坐堂中医准入资格以及诊金的建议》《记优秀农工党员　基层海事人》等3篇信息被农工中央《前进论坛》采用。

市农工党全年共组织“国际科学与和平周”等各项社会服务活动22次，捐款捐物价值71万元。

党员陈爱贞被提拔为佛山市疾控中心主任。

【中国致公党佛山市委员会】 2014年，市致公党发展党员24人，共有党员282人，其中，大学以上文化220人。党员平均年龄50岁，高级、中级职称198人。设有3个总支和10个支部。

市致公党全年向佛山市政协提交提案36件，4件被评为市政协十一届三次会议以来优秀提案。信息《关于推动农村集体建设用地抵押融资和流转的建议》被中共广东省委领导批示；信息《警惕城市地下工程的“地下交易”》被中共广东省委采用。

市致公党通过开展市委会领导班子的届中述职和民主评议工作，开展“我为佛山致公党发展献计出力”“创特色　展风采”等系列活动，组织“佛山蝶变·城市升级骑行体验”“走进老区　看佛山新变化”“扬青春活力　展致公风采”等活动加强自身建设和增强组织凝聚力。市致公党发挥优势做好社会服务工作，组织成员到清远市井建村小学、佛山市三水区迳口中心小学等地开展帮扶活动。市委会加强与海外友好社团交往，接待古巴洪门民治党代表团和英国洪门致公堂曼切斯特支部主委冯家亮、澳洲洪门致公总堂会长蔡开福等海外宾客，并积极参与侨商会、侨界青年的活动，加强与侨、海界别人士的联系和联谊工作。

【九三学社佛山市委员会】 2014年，市九三学社发展社员58人，共有社员502人，其中，大学以上文化391人。社员平均年龄为51岁，高级、中级职称481人。设有7个基层委员会和25个支社。

市九三学社全年向市政协提交提案32件，4件被评为市政协十一届三次会议以来优秀提案。《关于创新和加强我市人才队伍建设的建议》为市委书记督办案，《关于大力发展我市第三产业的若干建议》为市长督办案，《关于进一步加强我市食品安全监督管理的建议》为政协主席督办案。信息《依法治国应重点解决“选择性立案”困局》和《关于建立全国道路运输管理信息平台的建议》被全国政协采用。

发挥基层组织社会服务作用，禅城九三学社设立“爱心基金会”帮助禅城区祖庙街道贫困家庭；南海九三学社到社区开展义诊、法律、教育、金融咨询等便民服务；顺德九三学社到农村开展“送医送药义诊活动”。

社员何万龙被聘为佛山市市长法律顾问；社员邱熙被任命为市地震局副局长。

【民主党派组织建设促进工作】 2014年3月，佛山市委统战部分别到各民主党派机关开展“加强党派组织建设、推动创六好活动开展”专题调研，听取民主党派的意见和建议，查找在党派工作中的存在问题，践行党的群众路线教育实践活动。专题调研围绕民主党派组织建设的主题，调研解决三方面问题：一、了解各党派组织成员发展情况，协商出台佛山党派成员发展规程，规范党派成员发展工作；二、了解各党派现届市委会领导班子情况，推动各党派后备干部队伍建设；三、协商研究第二季度开展民主党派“同心”联合调研等问题。经过调研，整理各党派组织建设的基本情况，并对党派组织发展工作中的问题进行分析，列出了10项问题以及相应的工作措施。形成《关于佛山市民主党派组织建设工作专题调研的报告》上报市委，并得到市委书记刘悦伦的批示。

6月18日，市委书记刘悦伦分别走访市民革、市民盟、市民建、市民进、市农工党、市致公党和市九三学社等7个民主党派机关，详细了解民主党派的界别、年龄构成、成员数量、工作成效以及机关编制、办公条件等情况，并就民主党派工作提出相关意见，推动民主党派组织建设。

【党外干部培训班】 2014年5月和12月，中共佛山市委组织部、中共佛山市委统战部、市社会主义学院等联合举办党外中青年干部、知联会理事和党外领导干部等3期培训班，选调各民主党派市委会主委、副主委、基层骨干，市知联会会长、理事，市党外处级干部等共132名优秀党外干部参加培训。通过培训，进一步加深了党外干部对中国共产党领导的多党合作和政治协商制度的理解，不断提高理论水平和“四种能力”（指政治把握能力、参政议政能力、组织领导能力和合作共事能力）的掌握以及围绕中心、服务大局的意识。市政协副主席、统战部部长马亮照出席培训班开学典礼并作开班动员讲话。

【民主党派、无党派人士“同心”联合调研活动】 2014年第二季度，中共佛山市委统战部牵头各民主党派和市知联会围绕市委、市政府的中心工作，组建“打造活力城市　提升佛山城市价值”调研组和“提升制造业服务水平　做大做强佛山第三产业”调研组。分别与市发展和改革局、市经济和信息化局、市教育局、市科技局、市人力资源和社会保障局、市国土资源和城乡规划局、市环境保护局、市住房和城乡建设管理局、市交通运输局、市商务局、市金融局、佛山新城管委会等职能部门以及网民代表、美的集团、广东科达公司、广东蒙娜丽莎集团、市会展协会、市律师协会等多家企业和行业协会进行座谈；到佛山新城、佛山智慧新城、南海区、顺德区和广州、深圳等地进行考察学习。此外，两个调研组还分别到成都、绵阳、德阳三地学习当地在打造城市活力方面的做法和经验；到沈阳、本溪、大连三地学习当地在生产性制造业方面的成功经验。经过深入的调研和分析研究，形成《打造活力城市　提升佛山城市价值》和《提升制造业服务水平　做大做强佛山第三产业》2份报告。调研报告得到市委书记刘悦伦和市委副书记李子甫的批示。8月13日，中共佛山市委召开了民主党派、无党派人士“同心”联合调研成果研讨会，会议对联合调研成果进行研讨并听取意见，共同分析研究调研报告提出的问题和建议，以及采纳情况。会后，市发展和改革局、市经济和信息化局等13个职能部门分别跟进落实相应的工作措施，推动联合调研工作。市委统战部把各职能部门的相关工作意见反馈各民主党派，并把相关情况整理上报中共佛山市委。

【民主党派“暖心、爱心、同心·社会服务”活动】 2014年第三季度，由中共佛山市委统战部牵头协调，以各民主党派成员为主体组成联合社会服务团，以市委统战部与各民主党派市委会联动、市委统战部与区委统战部联动的形式，到社区、村企和对口扶贫单位开展各种形式的联合社会服务活动。其中，9月4日，到顺德区乐从镇举办2014佛山市民主党派“暖心、爱心、同心·社会服务”活动启动仪式暨“同心共筑中国梦·社会服务进社区”联合活动；9月5日，到高明区开展“暖心、爱心、同心·社会服务进革命老区”联合活动，联合活动为革命老区提供医疗义诊、法律、教育、健康、卫生、心理、农业技术咨询等十多项服务，并捐赠高明区明城镇敬老院改造项目，以及资助困难学生、奖励优秀学生等，总值7万多元。两次活动参与的党派成员200多人次，2000多群众受惠，赢得了基层群众的一致好评。在“同心·联合社会服务”活动的带动下，各党派充分发挥各自的特色优势作用，积极开展“同心·社会服务”系列活动。各民主党派开展“同心”社会服务活动全年累计150多项次，参加的党派成员人数近1000人次，捐资赠物价值80多万元，服务社会群众近5万人次。

【民主党派负责人暑期座谈会】 2014年8月，中共佛山市委组织开展民主党派负责人暑期座谈会活动。活动分为两部分，一是组织外出学习考察，二是召开座谈会。

外出学习考察由杨晓光和马亮照等市领导带队，分两个学习组，分别到西安、延安和重庆、南充等地进行学习考察，开展坚持和发展中国特色社会主义主题和延安精神、党派发源地和党派历史等方面的学习实践活动和交流党派、党外干部工作。

座谈会由中共佛山市委副书记李子甫主持。市各民主党派主委、副主委和办公室主任，以及中共佛山市委统战部有关负责人共40多人参加座谈会。各民主党派负责人围绕多党合作、协商民主制度和加强自身建设等主题座谈发言，并就佛山在职业教育发展、打造珠江西岸装备制造产业带龙头、城市升级与形象宣传等方面提出了意见和建议。中共佛山市委书记刘悦伦出席会议并讲话。刘悦伦充分肯定了民主党派工作的成绩，谈及了自己对党派工作的感受，并就进一步加强民主党派的建设和发展、发挥好各民主党派的作用提出工作意见。围绕各党派提出的问题，刘悦伦逐一进行了回应。一是职业教育方面的问题。佛山未来发展仍要紧靠制造业，高级技能人才在提升制造业方面显得特别重要，改变对职业教育的观念、提高职校地位和市民对职业教育的认同度是关键。二是市委高度重视民主党派工作。在民主党派的政治安排和实职安排方面继续加大力度，落实好相关的文件要求，与组织部门协商民主党派的培养、锻炼和使用问题。三是装备制造业的问题。除了注重装备制造业“量”上的发展，还要注重“质”的发展，向重装备方面加大发展、向智能高端方面加大发展，而且相关的服务业配套要能满足装备业发展的需要。四是党派的自身建设问题。各党派面临换届的人事调整幅度很大，党委和党派在这个方面要加强沟通、加大协商的力度，共同把工作落实好。五是城市升级问题。之前的工作取得的成效要继续扩大，注重从软环境上下功夫。六是城市宣传的问题。与相关城市联系，由佛山牵头筹划举办以“四大名镇”为主题的联合宣传活动，编印相关的宣传资料，以联合活动的形式宣传佛山。

【民主党派社会服务基地成立】 2014年11月，佛山市首个民主党派社会服务基地在南海区狮山镇佛山高新区挂牌成立。市政协副主席、市委统战部部长马亮照，各民主党派市委会负责人、南海区委统战部、狮山镇、佛山高新区的相关领导等，共60多人出席挂牌仪式。服务基地旨在继续发扬民主党派社会服务品牌，创新服务形式、扩大服务范围、增强服务效果，促进民主党派开展社会服务长效机制建立。基地建立后，将开展包括卫生医疗保健常识、心理健康知识、育儿知识、金融理财、法律知识、教育和文化艺术等各种咨询或专题讲座。

附：现任各民主党派正、副主委名单

市民革（第十一届）

主　委：杨军辉

副主委：彭　翔　黄耀丽（女）　唐冬生

市民盟（第十三届）

主　委：杨锡基

副主委：赵新文　谭光明　方小兵
　　　　张　枫（女）

市民建（第十二届）

主　委：李应滔

副主委：张卫红　范宝初　罗钦文

市民进（第七届）

主　委：袁毅桦（女）

副主委：王光护　谭伟亮　武小文（女）

市农工党（第十届）

主　委：邓国清

副主委：刘　明　李　薇（女）

市致公党（第五届）

主　委：乔　羽

副主委：朱新进　陈小霞（女）

市九三学社（第六届）

主　委：徐海祥

副主委：章成国　胡充寒　李景明

（涂　勇）

工商联

【综述】 2014年，佛山市工商联执委共237人，组织网络由5个区级工商联、32个镇街（总）商会和107个行业商（协）会、44个综合商会、18个异地商会构成，共5万多会员，覆盖了家电、五金、建材、家具、涂料等支柱产业。佛山市工商联认真贯彻落实中央、省委和市委关于加强和改进新形势下工商联工作的文件精神，适应经济发展和社会建设新常态，在凝聚改革共识、推动转型升级、发挥基层作用和转变作风方面下功夫，促进非公有制经济的健康发展和非公有制经济人士的健康成长。

【工商联组织建设】 2014年7月21日，佛山市工商联召开十三届四次执委会（扩大）会议暨佛山企业家大讲堂，新增补22名执委，其中常委1名、专职副主席1名。11月27日，召开十三届执委会常委会（扩大）会议，增补专职副主席1名。共有执委237名、常委110名（其中主席、副主席32名，副会长22名）。

2014年，市工商联推动广东金融城商会、佛山市珠江西岸装备制造产业联盟发展促进会、佛山市汽车行业协会、佛山市湖南省益阳商会、佛山市自动门行业协会、佛山市家居材料商会等多个商（协）会成立。

【工商联调研】 2014年是佛山市工商联的调研之年，启动《佛山市镇街总商会发展模式的创新与实践》《佛山商会联盟发展的实践与创新研究》《发挥社会组织作用，参与社会治理，化解矛盾纠纷专题调研》3个调研课题。同时开展进商会、进企业、进基层"三进"服务活动，通过组织相关职能部门顾问下企业调研活动，配合中央统战部副部长、全国工商联党组书记、常务副主席全哲洙到佛山开展商会建设以及理想信念教育实践活动情况调研等，多层次多领域多渠道为民营经济发展建言献策。

【工商联参政议政】 2014年，佛山市工商联做好佛山市人大、政协"两会"的参政议政工作。召开参政议政选题会,组织民营企业和商(协)会代表参加，广泛听取收集意见建议。在市"两会"期间提交《关于发挥商会联盟作用，开创佛港澳合作新局面的建议》《关于打造"中国之家,佛山制造"的建议》《关于加快佛山总部经济发展的建议》《关于提升城市商业氛围,优化营商环境,促进商贸繁荣的建议》《关于进一步推进外来务工人员平等享受佛山市公共服务的建议》《关于利用智能制造提升传统产业和促进产业转型的建议》等6份提案。市工商联共参与提案议案主办或会办4个，答复佛山市党代表大会代表提议2份，向市有关部门提交意见建议30多条，积极履行工商联的参政议政职能，为市委、市政府促进民营经济的发展提供决策参考依据。

【非公有制经济人士教育培训】 2014年5月，佛山市工商联举办北京大学佛山市企业家培训班，共组织佛山50名民营企业家参加培训。全国工商联副书记黄小祥在该培训班讲授了企业创新专题，佛山市委常委李雅林在该培训班作了动员讲话。该培训班开拓了佛山企业家的视野，帮助企业家实现智慧的转型升级。11月，市工商联组织举办佛山市商（协）会会长培训班，共组织50人到市委党校参加培训，并组织参培人员参观深圳华为、万科2家世界名牌企业总部，增强商协会领导班子的工作责任和引领商协会发展的能力，有效激发基层组织的生机与活力。是年，禅城区工商联组织68名企业家赴浙江大学举行"浙江大学－佛山市禅城区企业家电子商务研修班"。南海区工商联借助南商学院平

台，举办南商高管研修班、北斗星企业培训班等培训活动，参与企业家达3000人次。高明区工商联组织企业家、商（协）会代表到北京清华大学举办“高明区2014年民营企业家培训班”。

【工商联法律服务】 2014年，佛山市工商联以法治思维推进商（协）会参与基层社会治理体系建设。重点搭建打击和防范经济犯罪协调中心、商事纠纷调解中心，推动全市各级工商联、总商会和条件成熟的异地商会和行业商（协）会成立商事纠纷调解机构，引导商（协）会依法依规在法治框架内开展商事纠纷调解工作，建立健全调解工作规程、诉调对接机制等法律工作程序。市工商联系统全年共建立各种商会调解机构（平台）41个，打击和防范经济犯罪协调中心5个。

以法治方式推进商（协）会在法治框架内解决商会企业之间的矛盾纠纷。加大维权工作力度，让商会企业回归到法治轨道上来依法依规解决矛盾纠纷，组织和引导各级商事调解机构对区域内或行业内的商会企业之间的矛盾纠纷进行调解，建立起“调解＋诉讼”“调解＋仲裁”“调解＋司法确认”的商事纠纷解决机制。市工商联系统全年共开展维权工作17例，挽回经济损失2200万元，开展调解工作62例，成功调解56例。在加大维权和调处工作的基础上，加大法律“进基层、进商会、进企业”的“三进”服务活动，举办了房地产行业法务实践专题讲座，组织全体商（协）会秘书及企业法务人员参加广东省商事调解巡回演讲活动。各级工商联、商会全年开展各种类型的法律宣讲活动112场次，编印各种法律宣传文本6300多册，开展调解培训活动8场次，共培训233人。

【工商联宣传】 2014年，佛山市工商联共出版会刊《佛商》杂志4期，宣传党的各项方针政策和促进民营经济发展的有关政策措施，展示佛山市民营企业的风采。编辑出版《佛山市工商联60周年专刊》画册，记载佛山工商联发展历程。市工商联全年在各种新闻媒体上刊登文稿26篇，在网站上发布会务动态、会员商讯、政策信息等信息190条。

【商会、行业协会建设】 2014年4月21日，佛山市工商联组织召开全市商会工作会议，刘悦伦、马亮照出席会议并作讲话。会上首次出台了《关于加强全市商协会工作的指导意见（试行）》，做好商（协）会建设制度上的顶层设计，进一步明确基层商（协）会的分类指导原则、对象和实施办法，从制度上规范全市商（协）会的发展。

南海区工商联推动区政府出台《关于进一步加强南海区商协会的工作意见》和《南海区镇（街道）总商会及行业协会承接政府职能转移实施方案》。顺德区工商联制定《异地顺德商会管理办法》。高明区工商联研究起草《关于加强高明区行业协会商会建设促进民营经济发展的实施意见》。

【佛港澳及珠三角商会合作交流会】 2014年9月4日，由佛山市工商联牵头举办佛港澳及珠三角商会合作交流会。该合作交流会以“珠江－西江经济带与民营企业新商机”为主题，共话《珠江－西江经济带发展规划》为区域经济带来的改变。来自珠三角各市及港澳、新疆伽师等地的工商联、商（协）会代表和企业家100多人与会，共同探讨新机遇下企业的发展机遇，谋划新一轮的转型升级。佛山市政协副主席、统战部部长马亮照，中山大学管理学院副院长徐勇教授、广东财经大学顾文静教授出席会议。

【第二届佛山商博会】 2014年9月5～8日，佛山市工商联组织举办第二届佛山商博会，进一步宣传推广佛山品牌，打响“中国家·佛山造”主题。展会分为城市规划、现代制造业、城镇化产业、汽车文化、时尚品牌和绿色美食等多个展区，参展企业超过130家，为佛山企业搭建供需采购对接平台，并通过六大重大活动，八个专题活动，让海内外的佛商和企业能够互动交流。

（杨俏玲）

爱国统一战线工作

【综述】 2014年，佛山爱国统一战线认真贯彻全国、广东省和佛山市统战部长会议精神，落实佛山市委的部署，以“围绕中心、服务改革、促进发展”为主题，推进各领域统战工作取得新发展。佛山民主党派工作充满活力，民主协商、联合调研参政议政、社会服务等工作持续开展，全年向市人大、市政协“两会”提交议案、提案308件；党外代表人士队伍建设有新进展，开展党外代表人士教育培训、推荐党外干部进行基层挂职锻炼、加强党外干部队伍管理、推动无党派代表人士工作平台建设；非公经济领域统战工作创新发展，推动了基层商会建设和产业联盟发展；港澳社团建设取得历史性进步，成立香港佛山社团总会和举办多项适合港澳青年特点的社团活动；对台经贸和交流交往有新成绩，对台招商效果明显，组建佛山青年台商委员会；民族宗教实现和谐发展，仁寿寺改造提升工程奠基，召开民族工作座谈会和开展创建“平安宗教场所”活动等；统战信息工作继续保持位居全省前列，并有4篇统战理论论文获全省统战理论政策研究成果奖。

【民主党派工作】 协商制度建设进一步推进。2014年，中共佛山市委统战部组织召开市各民主党派、工商联和各界人士代表座谈会等党外人士民主协商会、座谈会、通报会共9场次，鼓励党外人士建诤言、献良策，激发统一战线协商民主热情，推动协商民主制度化、规范化。市领导在落实协商民主制度上做出表率，带头参加统一战线重要活动，带头与民主党派联谊交友，体现和谐与合作。市委书记刘悦伦、副书记李子甫先后走访市各民主党派机关，对进一步推进市多党合作事业作出指示。刘悦伦、李子甫和市政协主席杨晓光出席市各民主党派负责人暑期座谈会，期间，杨晓光还率领市各民主党派负责人外出学习考察，提升了暑期座谈会议活动的层次和成效。

联合调研出成果。2014年，中共佛山市委统战部牵头组织围绕“提升佛山城市价值”和“做大做强佛山第三产业”2个专题，开展佛山市民主党派和无党派人士“同心”联合调研活动，形成调研报告2篇，提出24项建议措施。联合调研活动后，佛山市委召开调研成果研讨会，推动市发展和改革局等10多个政府部门把调研成果转化为实际工作成效，落实完善民主党派参政议政工作机制。

民主党派参政议政成果显著。2014年，佛山市各民主党派在市人大、政协“两会”建言献策，提交议案、提案共308件，内容涉及教育、科技、环保、城建、交通、农业、卫生等多方面，针对性强，社会影响力大。

社会服务创品牌。2014年9月，佛山市民主党派在顺德区和高明区开展“同心共筑中国梦，社会服务进社区、进革命老区”活动，为基层群众提供医疗义诊、扶贫助学、农业技术指导、法律咨询等服务，继续擦亮民主党派“暖心、爱心、同心·社会服务”活动品牌。市各民主党派全年开展社会服务共150多项次，捐资赠物80多万元，受惠群众5万多人次。11月，佛山首个民主党派社会服务基地在南海狮山佛山高新区挂牌成立，并建立工作制度，推动形成社会服务长效机制。

组织建设见成效。2014年，佛山市委统战部按照“政治素质好、领导班子好、队伍建设好、基层组织好、履职能力好、机关建设好”的“六好”目标，与各民主党派、区委统战部联动，开展民主党派创“六好”组织建设暨2014民主党派组织发展年主题活动，不断提升民主党派组织发展水平。深入各民主党派开展组织建设工作专题调研，形成调研报告，为下一步工作明确方向。

【党外代表人士队伍建设】 党外代表人士教育培养工作力度加大。2014年，佛山市爱国统一战线系统共举办党外代表人士培训班19期，近900名优秀党外人士参加学习，实现培训人员广覆盖。推荐安排6名市直机关的党外干部到镇（街）进行基层挂职锻炼，有效提升党外干部实践工作能力。12月，佛山市委统战部与市委组织部联合召开各民主党派主委座谈会，协商加强民主党派干部队伍建设工作，为2016年民主党派换届打好基础。

党外干部队伍管理工作更规范。2014年，佛山市委统战部加强与市委组织部沟通，落实安排2名市民主党派主委提为正处级，充分体现市委的关心。政协委员的调整安排程序更加规范，认真考察委员人选，按照政协章程规定，增补市政协委员9名、辞免5名、撤销委员资格2名，并完善了市政协委员数据库。

无党派代表人士工作平台搭建。2014年，佛山市成立党外知识分子联谊会，无党派人士、副市长麦洁华担任首任会长。联谊会吸纳一大批优秀无党派代表人士，推动全市无党派代表人士队伍建设。

【非公经济领域统战工作】 基层商会建设成为佛山统战工作的品牌。2014年4月，佛山市召开全市商会工作会议，总结推广南海区以商会联盟促进产业联盟发展的经验做法，以典型示范，引领民营经济发展。是年，佛山市出台《关于加强全市商协会工作的指导意见（试行）》，推进市、区、镇三级工商联（总商会）会长参与政府经济分析会制度，推动商协会工作的规范化和制度化，促进经济统战工作体制创新。佛山市2014年基层商会建设相关做法得到广东省委常委、统战部部长林雄充分肯定，同时《南方日报》也专题宣传了佛山商会建设经验。

产业联盟创新发展。2014年，佛山市成立佛山市珠江西岸装备制造产业联盟发展促进会，推动打造万亿规模先进装备制造业产业基地。依托南海狮山佛山高新区创建佛山陶瓷全国知名品牌示范区，大力推进玉器、内衣、童装、纺织、鞋业、铝型材、光电源、泛家具、陶瓷艺术等行业逐步建立产业联盟，大力推进品牌产业联盟建设。成功举办以“中国家·佛山造”为主题的第二届佛山商博会，推动建立技术、创新、区域、采购、经销等联盟，搭建服务产业联盟发展的平台。

商协会参与基层社会治理。2014年，佛山市加强镇街总商会建设的同时，促进政府服务事项向基层商协会组织延伸。推动市、区、镇三级工商联（总商会）成立商事纠纷调解委员会，调解工作全覆盖，营造法治化营商环境。是年，市工商联关于“深化镇街总商会建设，协同加强社会管理”的创新基层治理项目被全国工商联评为全国十佳案例。

非公经济人士培训。2014年，佛山市发挥南商学院、顺商学院和国内其他高等院校等作用，推动企业家培训制度化、专业化、实体化，引领民营企业家争当优秀建设者。

【港澳及海外交流】 2014年，经过近三年筹组，坚持不懈做工作，争取中联办、香港特首、香港著名人士以及广东省、佛山市领导的重视，香港佛山社团总会成功组建，发挥了凝聚港澳人心的积极作用，树立起港澳社团发展工作新的里程碑。

2014年，市统战部协助澳门中联办组织90多名广东高校澳门学生进行“寻根之旅·佛山行活动”；会同团市委组织多个佛港澳青年社团的40多名青年代表赴北京，在国家行政学院首次举办佛港澳工商界青年菁英中国政治经济研修班；在香港理工大学举办“打造国际营商环境”研讨交流会。通过开展形式多样的活动，不断增进港澳青年对内地经济社会发展情况的了解，增强对国家的认同感、对家乡的归属感。

佛山海外联谊会在澳门举行第六届第三次理事大会，促进佛港澳联谊交流。禅城区在全市率先实现镇街香港社团全覆盖，取得港澳基层社团建设的突破。顺德区在英国成功举办世界顺德联谊总会第九届恳亲大会，深化海外统战工作。各区港澳乡亲社团也分别组团回乡考察，促进五区乡情联动。

【佛台经贸和交流交往创新绩】 2014年，佛山市设立驻台招商代表处，举办一系列招商活动。全年新增和增资台资企业共29家，吸引台资1.4亿美元。

新增加佰泰自动化设备、泰之然机械等3家大型优质装备企业。台湾餐饮巨头——王品集团等服务业企业相继落户佛山。签订了《促进禅台两地服务业交流合作框架协议》。

以创建“台商满意台办”为目标，积极搭建政企沟通桥梁，推动市、区领导深入台资企业走访，协调解决多家企业的求助案件，进一步坚定台商扎根佛山的信心。

组建佛山青年台商委员会，涵盖五区，首批会员达80多人。在浙江大学举办青年台商转型升级培训班，组织了“学习参访之旅”系列活动，推动青年台商继承父业和开拓创业，促进佛山台资企业的持续发展。

促进开展佛台教育、经贸、社会管理等领域交流，突出抓好文化艺术交流、青年学生和基层交流。3月，举办“2014年海峡两岸（佛山）文化交流活动”，90多位佛台艺术家共同探讨中华文化和艺术融合，在岛内外产生了积极反响。

【民族宗教工作】 2014年，佛山市仁寿寺改造提升稳步推进。市委统战部认真协调仁寿寺改造提升工作，指导仁寿寺面向社会各界积极募集资金，检查监督建设情况。2月，仁寿寺改造提升奠基仪式举行，同时各项工程建设稳步推进。

佛山佛文化资源得到深入挖掘研究，出版发行研究成果《佛山佛教》，并举行首发式。

城市民族工作扎实开展。市府办转发佛山市切实做好城市民族工作要点；民族工作座谈会召开，“民族团结同心行，携手共筑中国梦”大型广场民族政策宣传嘉年华活动举办；佛山代表团参加广东省第五届少数民族传统体育运动会。全年，全市4个集体、5名个人先后获全国和广东省第六次民族团结进步模范集体和模范个人称号。

宗教事务管理创新。“平安宗教场所”深入创建；宗教团体自身建设加强；11月，宗教教职人员和信教群众代表共180人学习宗教政策法规和党的十八届四中全会精神；宗教界积极扶贫济困，树立宗教良好社会形象。

【统战信息宣传】 2014年，佛山市委统战部充分调动民主党派、无党派人士等建言献策，及时总结反映统战工作新经验、新亮点。编印《佛山统战信息》共235期，被上级部门采用60多条次，省、市领导批示6条，继续保持统战信息工作位于全省前列。

运用“报刊+微信”的信息化手段，首次在《佛山日报》开设9个专版，集中宣传中国共产党领导的多党合作历史、佛山市多党合作的主要成就以及各民主党派的界别特色、工作成效等，扩大统一战线的社会影响。

印发统战理论研究课题指引，发动统一战线广大成员开展统战理论调研。4篇论文获得广东省统战理论政策研究成果奖。

【全市统战部长会议】 2014年1月21日，佛山市召开全市统战部长会议。市委常委、组织部部长李雅林出席会议并讲话，市政协副主席、市委统战部部长马亮照作工作部署，全市统战系统有关单位负责人与会。会议深入学习贯彻党的十八届三中全会、广东省委十一届三次全会精神，贯彻落实全国、全省统战部长会议精神，总结2013年统战工作情况，研究部署2014年工作。李雅林充分肯定全市统一战线取得的工作成绩，并强调要深入学习党的十八届三中全会精神，不断增强统战工作的责任感和使命感；要汇聚统一战线正能量，为“加快转型升级、建设幸福佛山”作出新贡献；要加强领导完善机制，为促进佛山统战工作再上新台阶提供保障。马亮照部署重点推进深入学习贯彻中央、省委和市委有关会议和总书记习近平系列讲话精神；发挥统一战线优势服务全面深化改革；推进协商民主发展；抓好党外代表人士队伍建设；促进民营企业做大做强；推动港澳两地社团总会建设；扩大佛台合作交流；稳步开展民族宗教工作；提升统战信息质量；加强统战部门自身建设等10项工作任务。

【佛山市各民主党派、工商联和各界人士代表迎春座谈会】 2014年1月21日举行。市委书记李贻伟，市政协主席杨晓光，市政协副主席、市委统战部部长马亮照等出席座谈会，与市各民主党派和工商联主要负责人，无党派、宗教、台商等各界代表人士共40多人共商佛山发展。市民进、市致公党、市工商联、市党外知识分子联谊会、佛山仁寿寺的负责人和市台商代表等先后发言，分别围绕进一步加强民主党派工作、党外干部培养使用、企业转型升级、教育、文化、医疗、环保等各方面工作提出意见建议。李贻伟对意见建议逐一回应，并要求有关部门研究出台政策措施，支持民主党派开展调研活动和培训工作，并希望大家要不分彼此、不分级别、不分党派、不分年龄，把力量聚集起来，在新一轮改革中抢抓机遇，为佛山未来发展再创新优势。

【佛山市党外知识分子联谊会】 2014年1月23日成立并举行成立大会。会议选举产生第一届理事会领导机构，无党派人士、副市长麦洁华当选为首任会长。麦洁华表示，市知联会将加强组织建设，积极参政议政，开展社会服务，展示良好形象，更好地凝聚无党派知识分子力量。成立市知联会是佛山市推动落实党外代表人士队伍建设的有力举措，将更有效地团结广大无党派人士，为佛山全面深化改革和各项事业的发展献计出力。

【佛港澳工商界青年菁英中国政治经济研修班】 2014年5月6～10日在北京国家行政学院举办。研修班突出港澳特色，由佛山市委统战部联合团市委组织，香港金紫荆女企业家协会、香港隽士会、香港佛山工商联会钻石青年团等多个港澳青年组织参与筹办，40多名佛港澳青年代表参加，学员以港澳工商界青年为主。香港中联办港岛工作部部长吴仰伟出席开班仪式并作动员讲话，马亮照出席结业典礼。学员们研讨学习了新阶段中国发展的基本趋势等课程内容，拜访了全国工商联和国务院港澳办，与北京团市委、北京市工商联以及北京青年企业家代表进行座谈交流，还参观了北京朝阳区艺术规划馆。研修班取得良好的学习成效，使港澳青年加深了解中国政治经济的实质和发展现状，并搭建起平台，促进佛港澳三地工商界青年朋友的事业发展，推动佛港澳的交流与合作。

【党外干部基层挂职锻炼】 2014年，为加强优秀年轻干部的培养选拔，佛山市搭建平台，选派36名中青年干部到镇（街）基层进行为期半年的挂职锻炼，其中党外干部6名，包括5名民主党派成员和1名无党派人士。挂职锻炼采取先培训再挂职的方式，培训内容主要是政治理论、市情学习等，挂职方向是镇（街）党政机关。这是中共佛山市委保证统一战线后继有人、持续发展的一项重要举措，也是近年来首次安排多名党外干部同时参加基层实践锻炼，培养使用党外干部工作取得新突破。

【区级统战部门机构改革】 2014年，佛山市区一级爱国统一战线工作部门进行机构改革，区委统战部不再与原区委社会工作部合署办公。各区重新核定区委统战部主要职责、内设机构和人员编制。区外事侨务局与区委统战部合署办公，区委统战部挂区民族宗教事务局、区港澳台工作办公室牌子。通过设置区委统战部，基层统战工作力量得到加强，同时也理顺了市、区统战部门工作关系，有利于推动全市统战工作的开展。

（张畹芝）

港澳台事务和侨务

港澳事务

【综述】 2014年，佛山市港澳工作部门以推进佛港澳深化合作为主线，认真贯彻落实中央对港澳的各项方针政策，深化佛港澳多领域交流与合作，把港澳的资源优势转化为佛山市发展优势，推动佛山市转型升级。另外，佛山市港澳事务局联合暨南大学经济学院特区港澳经济研究所合作开展“借鉴香港经验，促进佛山服务业发展”的调研课题研究，为佛港现代服务业合作发展提供理论参考；召开佛山市港澳合作工作联席会议第二次会议，会议强调2014年把推进服务贸易自由化作为佛港澳合作的重中之重；佛山市政府印发《佛山市2014年实施粤港合作框架协议和深化佛港澳合作工作要点》，对实施框架协议、开展佛港合作工作按各部门职能进行详细分工，明确职责，推进佛港合作。同时积极开展各种经贸、文体等方面活动，积极推动与港澳地区的合作交流。

【“借鉴香港经验，促进佛山服务业发展”课题调研】 2014年，佛山市港澳事务局提出“借鉴香港经验，促进佛山服务业发展”的调研课题，课题纳入2014年佛山市委政策研究室重点跟进的调研课题。并联合暨南大学经济学院特区港澳经济研究所合作开展课题研究，共同对佛山市旅游局、体育局、民政局、文广新局、卫生局、佛山第一人民医院和佛山市福康社会工作服务中心，以及香港社会福利署、康乐及文化事务署、旅游业议会等机构进行实地调研及访谈，针对旅游、文化、体育、卫生健康和社区服务等五大领域，总结香港的发展经验及其对佛山的启示，并结合佛山实际提出相应的政策建议。调研报告提交佛山市委、市政府政策研究部门作决策参考。

【佛山市港澳合作工作联席会议第二次会议】 2014年3月召开，46个成员单位参加会议。会议强调2014年把推进服务贸易自由化作为佛港澳合作的重中之重，确保达到2014年基本实现粤港澳服务贸易自由化的总体目标，要求各部门对照服务贸易自由化的要求，认真制订相关政策措施。举办粤港澳合作走势、粤港澳服务贸易自由化专题讲座，指导粤港澳合作工作方向。

【《佛山市2014年实施粤港合作框架协议和深化佛港澳合作工作要点》印发】 2014年，佛山市政府印发《佛山市2014年实施粤港合作框架协议和深化佛港澳合作工作要点》，结合佛山实际，对现代服务业、制造业及科技创新、国际化营商环境等重点佛港合作领域做工作部署，对实施框架协议、开展佛港合作工作按各部门职能进行详细分工，明确职责，推进佛港合作。

【佛港澳合作】 2014年，佛山市加强佛港官方合作，推动重点项目发展。2月，全国港澳研究会会长陈佐洱率团到佛山，指导佛山市广东金融高新技术服务区、粤港金融科技园等重点平台项目创新开展港澳合作事宜。此外，市港澳工作部门配合广东省港澳办社会事务处进行“学习香港经验创新社会管理”专题调研，借此机会将乐平敬老院筹建医院过程中遇到的困难问题及时向相关部门反映，并得到有效解决。3月，香港中联办副处长王栩忠、香港社会

服务发展研究中心副主席陈圣光一行30多人到禅城区交流。这是香港社会服务机构首次以组团的方式到禅城进行互动交流，交流发挥香港社研中心人才、资源支持禅城专业社会服务工作的发展。4月，市港澳事务部门通过广东省港澳办协调佛山市旅游局组织旅游行业相关人员赴港，学习香港在推介旅游形象及如何利用中介机构加强行业自律、规范旅游市场及美食推介的经验和做法。佛港双方就进一步解决旅游行业管理和市场秩序方面出现的新情况、新问题等进行深入交流。7月，市港澳事务部门协助佛山市通济慈善基金会就邀请港澳籍人士担任基金会领导职务事宜专门请示国务院港澳办和广东省港澳办，并给出相关建议。

【佛港澳民间交流】 2014年，佛山市加强佛港澳民间交流，巩固和涵养港澳资源。2月，佛山市港澳事务局邀请佛山市政协委员、香港隽士会创会会长何绮莲律师和相关部门负责人开展交流座谈活动，为增进佛港澳合作提供有益参谋。3月，香港南海同乡总会理事长邓祐才率领南海同乡总会访问团一行50多人回佛山参观。市港澳事务部门协助他们了解佛山最新的经济发展及投资情况，并共同探讨佛港两地经贸合作新领域。4月，全国政协委员、澳门佛山联谊会会长梁华率领的联谊会成员一行60人回佛山开展敬老慰问活动，支持慈善事业。11月7～9日，佛山市港澳事务局邀请佛山乡亲、全国政协委员梁华率澳门中华文化联谊会、澳门佛山联谊会一行50多人，以及澳门三水同乡会理事长潘效光一行6人到佛山市参加秋色欢乐节系列活动，参观城市新貌、考察重点园区，感受佛山改革开放新成就。

顺德区外事侨务局接待香港重点嘉宾曾德成、黎栋国、曾钰成、林健锋、梁君彦、尤曾家丽、陈国基、许智明、郑耀棠等到访。荣誉市民梁洁华博士牵线何梁何利基金会回顺德举办20周年纪念活动。

【佛港澳青少年文化交流活动】 2014年，南海区外事侨务局协助港澳南海青年联谊会在香港、澳门举办帮助青少年健康成长的“我的人生路”活动。1月，在香港保良局罗氏基金中学举办“我的人生路”香港篇演讲活动，邀请南海乡贤叶刘淑仪和林健锋担任演讲嘉宾。叶刘淑仪议员分享她在2003年退出政坛的原因以及在当年暂别香港远赴美国留学时的体会，后来又在朋友的影响下重返政坛的心路历程。林健锋议员则分享他成长中所遇到的事情以及选择从政的原因，与同学们交流有关热点问题的看法。5月，在澳门岭南中学举办“我的人生路”澳门篇演讲活动，邀请澳门江门同乡会会长梁伯进、香港著名广告导演及电影数码特效总监黄宏达、澳门新方盛集团执行董事刘家裕为主讲嘉宾，主讲嘉宾与100多位学生及嘉宾分享他们各自人生路上的经历和经验，鼓励学生们努力学习、服务社会，收到良好的效果。

顺德区外事侨务局举办“顺港澳台四地青年才俊座谈会”，通过专家授课、社团间互动交流等形式，深化爱国爱乡宣传，推动社团由联谊交流型向社会事务、政治功能型转变升级。香港顺联组织青年乡亲回顺德举办“香港青少年顺德夏令营”，开展慈善服务和公益活动，加强两地青少年互动互信。

高明区外事侨务局举办粤（高明、珠海）港澳青少年夏令营。该活动以“同心超越，共赢未来”为主题，并得到旅港高明同乡会、澳门高明同乡会、珠海高明商会的大力支持。活动共有来自香港、澳门、珠海、高明的85名青少年参加。四地青少年携手并肩，在活动中建立友谊、增进了解，加深对乡情和文化的认识，了解高明的发展现状。

【港澳资企业服务】 2014年，佛山市港澳工作部门开展“下基层、进侨企、惠民生”为主题的侨港澳资企业走访慰问活动，先后走访南海美立盛塑胶厂、佛山惠洋喷涂工业有限公司、广东石湾酒厂有限公司、香港创意服务有限公司、广东溢达纺织有限公司等侨港澳资企业，了解佛山市港澳资企业发展状况，特别是中小企业在转型升级方面存在的问题和困难，为佛山市的侨港澳企业升级、转型以及向其他地区或内地转移创造条件、提供便利和政策支持，增强侨港澳商在佛山投资和发展的信心。

组织侨港澳资企业考察内外市场，寻找合作发展新商机。组织佛山市侨商会12家侨港澳资企业代表团与江门侨商企业开展交流对接活动；组织6家重点港澳资企业赴湖北省进行专项考察，参加2014华侨华人创业发展洽谈会；组织6家侨港澳商企业参加2014年侨商江西上饶行活动推介会，引导企业“走进内地”，了解市场，谋划转型，寻找发展机遇。

协助佛山市侨商会换届。佛山市山湖电器有限公司董事长霍树添当选为新一届会长，带领侨商会更好发挥“侨商家园，政企纽带，公益载体，交流平台”作用，推动侨港澳资企业发展，为佛山市经济社会建设作出新贡献。

【“见 · 识香港”大型图片展走进佛山】 2014年12月18～24日，“见 · 识香港”大型图片展在佛山市东方广场举行。该次展览由香港特别行政区政府驻粤经济贸易办事处主办，佛山港澳事务局、佛山市商务局、香港工业总会珠三角工业协会及佛山市侨商投资企业协会协办。图片展向市民全方位展示了香港在贸易、教育、文化、环保、旅游等方面的最新发展，以及香港机构在内地的公益服务情况，介绍佛港交往合作对地方经济和社会民生的贡献，展示佛港合作创造双赢的成效。

（廖倩瑜）

台湾事务

【佛台经贸合作】 2014年，按照佛山市委、市政府关于打造“万亿规模先进装备制造业产业基地”及提升服务业比重等战略部署，佛山市台湾事务部门进一步创新对台经贸合作工作机制，促进佛台经贸合作有新进步，重点产业有新突破。接待台湾组团到佛山投资考察7批80多人次，举办推介会3场。赴台团组15批次。副市长宋德平率队赴台开展装备制造业合作，成效明显。在台湾举办“佛台先进装备制造业合作恳谈会”，拜会了台湾数家先进装备制造业龙头企业。2014年，全市新增和增资台资企业29家，实际利用1.4亿美元，其中新增3家优质装备企业，加佰泰自动化设备公司（投资2900万美元）、泰之然机械设备有限公司（投资2800万美元）、威宝士陶机公司（投资2900万美元）。同时，高明凤凰谷有机农经示范区合作受到关注。

【台资企业发展】 2014年，受国际经济形势持续低迷、国内经济结构持续调整和台资企业自身产业发展瓶颈的影响，佛山台资企业发展遇到诸多困难。针对这些问题，佛山加大对台资企业的服务力度，广泛开展调研，召开台商座谈会，了解企业面临的困难和问题，建立重点台资企业对口联系制度，组织有关部门深入企业，采取现场办公等形式进行解决。对反映强烈的涉台土地纠纷、环保、安全生产等问题，协调有关部门为台企排忧解难。大力推动台企落实职工住房公积金制度，规范企业管理。组织广东金融高新区股权交易中心与市台协签订战略合作协议，进一步拓宽台资企业融资渠道。集中力量解决一批台资企业面临的困难和问题，为协助台资企业走出困境作出贡献，得到台商普遍好评。

【佛台交流】 2014年，佛山市共计接待台湾到访团组18批358人次，组织赴台考察交流团组98批518人次。举办了“2014年海峡两岸（佛山）文化交流系列活动”，65位台湾艺术家及近30位佛山艺术家围绕中华文化，共同探讨书画艺术和陶瓷艺术的融合。该活动得到中央电视台等多家主流媒体报道，并在台湾岛内外产生积极反响。医疗卫生系统开展了多层次的赴台考察交流活动，推动佛台医疗卫生领域交流与合作。2014年，全市赴台就读学历生、交换生60人次。

【青年台商队伍建设和活动】 2014年，佛山市为进一步整合全市青年台商队伍，推动市台商投资企业协会成立佛山市青年台商委员会。该委员会首批会员80人。

举办“佛山市青年台商学习之旅”系列活动。在浙江大学举办第四期“佛山市青年台商转型升级培训班”，40多名青年台商参加。组织佛山市青年台商赴知名大型企业考察，促进台资企业持续发展。

佛山市青年台商会与市青年联合会、市青年商会等社团开展了联谊活动。组织青年台商赴东莞等地与当地青年台商组织开展交流活动。南海区开展“2014南海港澳台青年创智之旅”活动，顺德开展台商子弟夏令营活动。

【台胞合法权益保障】 2014年，佛山市共受理各类涉台求助及投诉案件132宗，通过市、区共同努力，办结119宗，结案率90%。一是涉台土地纠纷历史遗留案件得到集中处理。在对台资企业用地情况进行摸查调研后，通过与国土规划部门的沟通配合，依法依规进行集中处理。二是涉台重点案件得到彻底解决。通过司法程序，解决三水高尔夫球俱乐部股权纠纷案，充分维护涉案各方的合法权益。三是加强台资企业案件调处和涉台突发事件处置，维护企业利益和社会稳定。四是为台胞排忧解难，成功解决一批台资企业在发展过程中遇到的问题和困难，受到台商的充分肯定。

【市台协工作】 2014年，佛山市台商投资企业协会配合开展佛台经贸合作工作，做好赴台考察团组的接待和行程安排，主动邀请台湾行业协会和企业到佛山考察。举办台商座谈会5次，主动搜集台商各方面意见，向有关部门反映，为台资企业争取权益，协助处理了一批台资企业和台胞台属反映的问题。顺利完成换届，组建市台协第十届理监事会，新增青年台商进入理监事会。成功举办酒会、座谈会、运动比赛等各类活动。举办市台协爱心园游会等活动，捐款捐物价值近50万元。

（高　电）

侨　务

【综述】 2014年，佛山市侨务工作部门根据广东省侨办《关于印发〈2014年实施“五大行动”工作要点〉的通知》的部署，着力涵养资源、文化外宣、侨场发展等工作，推动“五大行动”，配合国侨办开展“和谐侨社建设年”活动，直接服务佛山市提升对外开放水平、参与建设“21世纪海上丝绸之路”等战略部署，取得一定成效。其中，2014年佛山市政府工作报告把加快推进三水区迳口华侨农场危房改造列入政府民生实事，至年底，迳口华侨农场危房改造动工数累计2200户。佛山市进一步汇集侨智、发挥侨力，召开佛山市侨务引智工作研讨会，提出侨务引智工作重点聚焦佛山发展装备制造业所需的高端海外人才。世界顺德联谊总会第九届恳亲大会以及其他对外交流活动的举行，很好地对外宣传佛山经济社会发展成就。2014年，佛山市外事侨务局获“全省侨务信息工作先进单位”称号；顺德区大良北区再获评“全国社区工作明星社区”。2014年，佛山籍海外乡亲向佛山市捐助1.2亿元。

【迳口华侨农场危房改造】 2014年是佛山市三水区迳口华侨农场危房改造关键的一年，佛山市政府工作报告把加快推进该项工作列入政府民生实事。是年，市外事侨务部门召集相关部门赴迳口华侨农场协调、指导危房改造工作十余次，为侨场解决遇到的困难和问题，确保完成2014年既定目标和任务。广东省侨办在全省华侨农场危房改造会议上提出学习佛山做法。3月，南山侨苑动工，作为限价商品房，为危房户提供约1000套住房。2014年，迳口华侨农场危房改造工作按计划、照步骤扎实推进，自建房部分水电铺设到位，安置房抽签工作基本完成，动工数达1200户。

【侨务引智】 2014年，佛山市开展引智工作，进一步汇集侨智，发挥侨力。

新加坡中国科技交流促进会与佛山科学技术学院继续落实组建佛山南洋研究院方案。根据《佛山市科技创新团队资助办法》，佛科院引进新中科促会作为科技创新团队，将获佛山市政府启动资金。佛山南洋学院为市外事侨务局“才聚佛山”引智项目，由新加坡中国科技交流促进会与佛山科学技术学院于2013年签订共建协议。

佛山市政府2014年12月召开佛山市侨务引智工作研讨会，汇聚佛山市、区侨务部门、各职能部门及佛山科技学院、行业协会等部门单位力量，对新发展时期用好侨力资源，做好“引智”工作建言献策。会议提出，侨务引智工作是佛山市引智大局中的一部分，市级层面应当制定引智工作规划。佛山侨务引智工作下一步将重点聚焦佛山发展装备制造业所需的高端海外人才。

是年，佛山市海外交流协会新聘“海外招商顾问”7名，累计聘请“海外招商顾问”15名。“海外招商顾问”分布在世界五大洲的13个国家，借海外侨胞在人才、技术、管理等方面的优势，为佛山市在重点区域、重点领域开展有针对性的招商及宣传推介活动。

【海外交流活动】 2014年，佛山市广泛开展海外交流活动，聚合和培养青年乡亲，提高佛山市对外知名度。

世界顺德联谊总会第九届恳亲大会在英国伦敦和纽卡斯尔举行，20多个国家和地区的60多个顺德社团500多位乡亲欢聚一堂。此次恳亲大会围绕“传承与发展”主题，通过举办顺德优秀文化海外行启动仪式、英国顺德商会成立庆典、顺德－纽卡斯尔友好合作备忘录签署仪式等活动，进一步促进了欧洲顺德联谊总会会务发展，深化顺德与英国乃至欧洲之间合作发展。

佛山市外事侨务局精心组织以“文化寻根”为主题的华裔青少年夏令营，来自加拿大、荷兰的32名华裔青少年参加活动。华裔青少年们通过学习中国汉字寻根课程、传统工艺制作、佛山蔡李佛武术、观狮艺、划龙舟等的丰富活动，感受佛山特色岭南文化的独特魅力，了解佛山人文风貌和发展现状。

南海区外事侨务局在印尼广肇总会名誉顾问、印尼苏北广肇同乡会主席梁智灵的沟通与努力下，成功举办南海区第八届华裔青年夏令营。19名来自印尼的华裔青年及领队到南海，与20名南海桂江一中学生一道，学习中国传统文化，交流联谊，感受家乡风貌，培养家乡情结，加深两地青少年的友谊。

南海（海外）留学生联盟、南海区青商会举办海外留学生南海行活动，内容包括“家·南海　再出发”留学生及青商创业分享会，并成功举办在香港举办南海（海外）留学生联盟第三届海英汇活动，近200名来自澳门、加拿大、美国、新加坡、香港、英国的留学生和“海归”参加。

【海外乡亲支持佛山建设】 2014年，佛山籍海外乡亲积极支持佛山建设，助力公益慈善事业。2014年佛山市接受侨捐侨助1.2亿元。如，石景宜博士后人捐赠1500万元在南海建设石景宜博士博物馆。杏坛旅港乡亲胡宝星博士捐资1000万元成立胡宝星职业技术学校永久性教育基金，并亲自回到家乡杏坛出席基金颁奖大会。陈村旅港乡亲陈瑞球捐资550万元，成立陈氏奖教奖学基金和建设“陈瑞鸿生活楼”。

经加拿大乡亲邓永雄引荐，“KCMG碳复合汽车部件制造中心”项目成功落户南海狮山，成为加拿大万锦市友城项目引入的第一家企业，将高科技电能车生产技术引入国内。

【美国纽英伦佛山禅城联谊会成立】 2014年，“美国纽英伦佛山禅城联谊会”在美国麻省正式成立，由叶福文博士担任联谊会首任会长，发展会员35人。该社团是继2011年在英国梅德韦市成立英国梅德韦中国佛山禅城区联谊会后，禅城区第二个海外华人社团。

【马达加斯加顺德商会成立】 2014年12月，马达加斯加顺德商会成立大会暨商贸交流会在马达加斯加塔马塔夫举行，马达加斯加顺德商会首期会员逾40个（包括企业会员和个人会员）。由旅马乐从籍侨领陈健江担任首届会长。

（廖倩瑜）

对外交往

【综述】 2014年，佛山市外事工作部门发挥外事资源和渠道优势，以助力建设国际化营商环境、推进21世纪海上丝绸之路经济带为主要目标，贯彻落实《佛山市近期外事工作规划（2012年~2015年）》文件要求，推动重点项目发展，促进对外开放，组织重要外事活动，加强涉外安全工作力度，完善外事工作管理制度，并在对外宣传等各方面提高工作质量。2014年，佛山市分别获中国人民对外友好协会颁发的“中波友谊合作奖”和“国际友好城市交流合作奖”等荣誉。

【与“一带一路”沿线国家密切交往】 2014年，佛山市全面开展与“丝绸之路”沿线国家的经贸往来和人文交流，参与“一带一路”建设。8月，“2014中国佛山－印尼经贸投资合作交流会”在印度尼西亚首都雅加达举行，拉开佛山－东盟系列投资贸易推介活动的序幕。佛山市委书记刘悦伦率陶瓷、家具、家用电器、机械装备、贸易等佛山优势制造行业的35名企业家，组成佛山经贸代表团参加活动。部分企业达成合作意向。佛山市中小企业发展促进会与印尼中华总商会签署合作备忘录，为两地企业搭建平台。9月，佛山市政府代表团出访东盟，刘悦伦一行见证新加坡国立大学商学院与丰树集团在佛山市设立中国研究中心项目签约仪式。

佛山市与泰国大城府、吉尔吉斯斯坦奥什市等建立友好联系，并就对开展友好交流合作达成初步共识。同时，佛山市推动与泰国、新加坡、巴基斯坦、斯里兰卡、吉尔吉斯斯坦等相关国家和地区开展商贸、文化、旅游等领域的交流，主动安排越南、吉尔吉斯斯坦驻穗总领事与相关领域部门座谈交流，探讨合作。12月，吉尔吉斯斯坦奥什市副市长率考察团一行到佛山市考察访问，探讨两市结好可行性，并就双方开展商贸合作进行务实交流。第11届中小企业博览会期间，邀请泰国食品参展商到访佛山市，与佛山市国通物流负责人就双方开展跨境电子商务合作进行探讨。

【加强与欧美发达国家交流合作】 2014年，佛山市加强与欧美发达国家的交流和合作。

德国因戈尔市政府和企业代表团访问佛山市期间，因市彼得斯楼宇技术有限公司与佛山新城开发建设有限公司共同签署有关城市管理领域的合作意向书；因市文化教育主管官员恩格尔特（Engert）代表该市某重点中学（Christoph Scheiner Gymnasium）与佛山一中签署合作声明以加强两地教师和学生的交流；因市市立医院院长法斯腾梅耶尔（Fastenmeier）与佛山中医院签署合作协议，加强中医疗法，尤其是中医镇痛疗法领域的合作。

佛山市多次邀请德国驻穗总领事参与佛山新城的重要经贸和文化活动，与德国驻广州总领事馆及德国工商总会广州代表处保持密切沟通，并专程拜访新上任的德国驻穗总领事，及时通报中欧工业服务区最新发展情况。

加拿大不列颠哥伦比亚省政府亚洲特别代表斯图伟一行到佛山访问，双方政府表示两地企业加强氢能源制造技术与经贸往来，并表示希望在轨道交通产业领域实现互利共赢。

佛山市邀请奥地利驻华大使、瑞士驻穗总领事、英国驻穗总领事、加拿大卑诗省亚洲特别代表、匈牙利国家创新局局长、德国巴伐利亚州州长等重点欧美国家政府官员及企业代表到佛山访问，加强在产业投资、贸易、人文等领域的交流和合作。

【“友城”合作交流】 2014年，佛山市新增德国因戈尔施塔特市和波兰斯达洛加勒德市2个国际友好城市。至此,佛山国际友好城市增至8个。2014年，佛山市还组派第一批赴欧洲市民团开展“友城之旅——走进因戈尔施塔特市”活动，组织市民团参加因市市政府欢迎招待会、参加因市民俗活动“公爵节”、参观奥迪总部及相关市政设施等。在因市访问期间，佛山市还举办佛山历史文化图片展，向因市民众展示佛山传统岭南文化和悠久历史底蕴。是年5月，禅城区与英国梅德韦市签订《旅游合作框架协议》，双方商谈互派市民旅游团到对方国家旅游访问，加强两地民间沟通与文化交流。是年，佛山市分别获全国友协颁发的“中波友谊合作奖”和“国际友好城市交流合作奖”。

【领事保护】 2014年，佛山市领事保护工作为“走出去”保驾护航。市外事侨务局在6月伊拉克战乱之际向外交部、广东省外办报备佛山电建集团公司赴伊拉克技术人员的情况，为佛山市驻伊人员提供海外安全协助。该次伊拉克滞留中国工人事件中，佛山电建集团提前将派出的8名工人撤回。2014年佛山市正式开通领事保护热线“139291111569”，向海外佛山市民和企业提供服务，为遇到紧急情况的求助人提供领保应急指导与咨询，并借此建立与外交部领事保护中心及驻外使领馆之间的沟通协调机制，实现海外安全保护。

【对外宣传展示佛山形象】 2014年，佛山市利用各种涉外活动契机，展示宣传佛山改革开放成就，为佛山市对外开放搭建多层次平台，树立佛山良好形象。3月，瑞士《新苏黎世报》驻华记者马克思（Mr.Markus Ackeret）和北京记者高璐到访佛山，副市长宋德平接受关于佛山市双转移战略对佛山的经济发展和企业转型的具体影响以及中德工业服务区的建设情况方面的采访。5月，加拿大国际电视台（CCCTV）组织加拿大国际电视台总裁叶秀霞等高层一行到访南海，采访南海区经济、社会、文化、旅游等领域的发展情况，并制作节目在加拿大播映，向北美洲的华裔社群乃至英文主流社群宣传推介南海。6月，禅城区总商会十周年交流活动举行期间，佛山市专门邀请巴西、智利、巴基斯坦等国7名驻穗领馆官员到访佛山，并在交流活动上推介佛山与三国的双向贸易及投资机会，为企业开拓海外市场提供信息。

奥地利驻华大使、塞内加尔驻华公使衔参赞、德国驻穗总领事、越南驻穗总领事、日本驻穗总领事、瑞士驻穗副总领事、新加坡驻穗商务官员、外国驻港澳领团等到访佛山的使领馆官员近百人次。佛山市通过市领导会见座谈、实地考察访问等，宣传佛山投资新商机，增强佛山国际能见度。佛山市还接待非洲九国记者团、“笔尖下的中国”欧洲学者记者团等的采访，并指导相关部门接受德国《明镜》周刊、瑞士《新苏黎世报》、日本《读卖新闻》等外国主流媒体的采访，引导其客观、公正地报道佛山改革开放和经济建设成就，为佛山建设国际化营商环境营造良好的国际舆论环境。

【对外文化推广】 2014年1月，佛山市外事侨务局组织德国、法国、瑞士、波兰、美国等部分驻穗总领馆官员观看由佛山粤剧团主演的粤剧电影《小凤仙》,宣传佛山粤剧文化品牌和优秀岭南文化。同期，还邀请巴基斯坦驻穗总领事参观佛山传媒集团，与佛山媒体互动交流，促进佛巴两地在文化旅游等领域的交流合作。4月，由瑞士驻广州总领事馆、佛山市外事侨务局、佛山市环保局主办，佛山市图书馆承办的“气候变化——瑞士解决之道”展览在佛山市图书馆举办。5月，斯里兰卡驻穗总领事馆在佛山市举办《初尝兰卡》斯里兰卡主题摄影展，向佛山市民宣传和推介斯里兰卡的自然和人文风光。

【佛山市人民对外友好协会成立30周年】 2014年，佛山市人民对外友好协会成立30周年。是年，市友协完成换届并成立第九届理事会，并举办“友好卅载——佛山市人民对外友好协会成立三十周年图片展”和编印《友好卅载》纪念画册。佛山市人民对外友好协会于1984年9月挂牌成立。多年来，该协会为发展佛山市与各国人民间的友好关系，促进地方社会经济发展发挥了重要和积极的作用。

【佛山市APEC卡申办量在广东省前列】 至2014年底止，佛山市累计办理APEC商务旅行卡的企业共275批，799人次，申办量居广东省前列。

（廖倩瑜）

宣传·组织

宣传工作

【综述】 2014年，佛山市开展中心组学习1000多场次。连续第八年派出联合报道组驻北京报道全国“两会”，佛山传媒集团及其所属媒体全年共获244项荣誉称号或奖项。开展粤剧、高雅艺术、话剧、综艺晚会等免费巡演200多场。成立市文物保护委员会，评定第五批市级文保单位33处，评定首批市级非物质文化遗产保护传承基地（传习所）24个。佛山市文化产业增加值占全市地区生产总值比重达5.1%。全年在中央主流媒体刊发原创报道320多篇。全年开展微访谈近50场，全市开通政务微信230多个。开展社会主义核心价值观系列巡回宣讲近100场，4家单位被评为广东省培育和践行社会主义核心价值观示范点。

【理论武装】 学习型党组织建设。2014年，佛山市学习型党组织建设创新开展。中共佛山市委理论学习中心组全年举行25次集中学习。《佛山日报》开设“五区党政一把手谈学习体会”专栏，带动96个市直处级中心组、1000多场次学习全面铺开。《佛山探索“三步工作法”，构建学习型党组织建设新模式》在《党建》杂志上刊登。禅城区紫南村以学习型党组织引领社会主义新农村建设的经验，得到中共广东省委讲师团肯定。禅城区通过举办“通济论坛”，南海区通过举办“有为对话会”并建立“创思驿站”，三水区依托“三江讲坛”等载体，有效提升学习效率。

社科理论宣传普及。2014年，佛山市社会科学理论宣传普及广泛开展。策划“佛山大讲堂”，推进六个系列讲堂宣讲活动开展。“社科普及周”活动顺利举行，开展送书下乡、讲座等系列活动。组建“佛山市讲师团”，定期开展“专题宣讲”和“菜单式宣讲”，并建立“理论社科专家基层联系点”。顺德区和三水区分别成立理论社科讲师团和志愿者宣讲团，深入基层开展社科理论宣讲活动。组织编印并发挥《学习天地》《党员修养》等的学习咨询平台作用，认定佛山岭南文化研究院等6家单位为第一批“佛山市社会科学普及示范基地”，开创全市社科普及工作新局面。

社科理论研究。2014年，佛山市社科理论研究扎实开展。佛山市社科规划正式立项项目115个。完成《佛山市2013年重点课题研究成果汇编》，相关研究成果在《珠江时报》“思想佛山”专栏、“佛山荟”微信平台上再传播。如期出版《佛山科学发展蓝皮书2013》和《佛山市人文和社科研究丛书》（第一批）。《佛山“私伙局”研究》等5部作品纳入佛山市第三批人文和社科丛书资助范围。南海区《南海历史文化系列丛书（6）》，顺德区《均安女篮》《顺商精神顺商梦》等顺利出版。

社科组织建设。2014年，佛山市社科组织建设稳步提升。佛山市社会科学界联合会第七次代表大会顺利召开，选举产生新一届领导班子，并修改社科联章程。举办市级社科类社会组织业务培训班。对获得2013年、2014年佛山市社科类10个社会组织发展专项扶持资金项目进行绩效考核评估，并对2015年社会组织发展专项扶持资金申报项目进行评审。佛山市国学研究会成立。市社科专家库和市社科成果库初步建成。市社科联加强建章立制，形成《规范性文件汇编》。2014年市社科联再次获“全国先进社科组织”称号。

【舆论引导】 重大方针政策宣传。2014 年，佛山市精心组织好党的十八大和十八届三中、四中全会以及总书记习近平系列重要讲话精神的学习宣传，深化中国特色社会主义和“中国梦”主题的宣传报道，做好全国、广东省、佛山市“两会”等重要会议宣传工作。佛山传媒集团派出（为连续第八年派出）联合报道组驻北京报道全国“两会”；市主要领导刘悦伦获央视邀请（连续两年获邀），做客“两会”特别节目《见证履职》聚焦佛山经验，取得良好宣传效果。

重要经济社会活动宣传。2014 年，佛山市围绕市委、市政府中心工作开展宣传策划，组织媒体对佛山市学习贯彻党的十八届四中全会精神、建设人民满意政府、领衔打造珠江西岸机械装备制造业产业带、市政府权责清单管理、以法治思维推进全市改革、创建全国文明城市、城市升级三年行动、对口帮扶云浮等进行宣传，完成 2014 年村（居）委会换届选举、H7N9 防控、登革热防控、第八届佛山市运动会等宣传工作。

新闻宣传队伍和阵地管理。2014 年，佛山市举办新闻宣传工作专题培训班。组织佛山新闻作品参加广东省新闻战线“走基层、转作风、改文风”优秀作品评选表彰活动，并获二等奖和三等奖。禅城区拓宽宣传平台，社区报实现全区镇街全覆盖；南海区运用大数据手段，开展宣传受众调查，并在广东省内首创“宣传智库”，提升新闻宣传分析管理水平；顺德区指导 95 个村（居）开办村（居）报；高明区形成“传统媒体舆论场、网上舆论场、社会舆论场”三场同频发声的宣传合力；三水区出台《媒体宣传经费统筹使用办法（试行）》《媒体绩效评估办法》。

佛山传媒集团及其所属媒体成绩突出。2014 年，佛山传媒集团投资拍摄的大型电视连续剧《孔子》，应邀呈送为“纪念孔子诞辰 2565 周年国际学术研讨会”献礼，获得高度评价；佛山日报社获全国地市报“新闻创新十强”称号，54 件作品获国家级和省级奖项；佛山电台 66 件作品获国家级和省级奖项；佛山电视台 80 件作品获国家级和省级奖项；珠江时报社荣获“第三届中国地方都市类报纸成长性十强”等称号，23 件作品获“中国地市报新闻奖”;《珠江商报》21 件作品获“中国地市报新闻奖”。

【公共文化服务】 2014 年，佛山市图书馆新馆试开放；市文化馆新馆、佛山大剧院封顶；市博物馆新馆着手方案设计；祖庙功能和景观提升工程进展顺利。是年，佛山市广泛开展各类文化艺术惠民活动。开展“深入生活、扎根人民”文艺下基层活动。持续打造“魅力佛山”“我们的节日”等群众性文化品牌。“我们的中国梦”文化进万家系列活动参与人次超过 200 万。2014“魅力佛山”宣传文化惠民行动巡演 10 多场。开展“欢乐佛山 · 百姓舞台—— 唱响中国梦 · 百歌颂中华群众歌咏活动”。“魅力佛山 · 四季情韵”艺术惠民工程精彩纷呈，“筑梦佛山”文化艺术公益夏令营活动温暖人心。佛山秋色欢乐节，三月三祖庙北帝诞等民俗活动焕发新光彩。开展粤剧、高雅艺术、话剧、综艺晚会等免费巡演 200 多场。打造覆盖城乡的公共文化服务重点工程。基层公益电影放映、“农家书屋”建设、联合图书馆、汽车图书馆、智能图书馆等工程项目多点开花。电视图书馆资源不断充实，市民可在电视上点播文化共享工程、南风讲坛、佛山记忆等优秀视频节目。组织开展中国“四大名镇”城市文化经贸交流合作活动，签署《中国“四大名镇”城市文化经贸交流合作框架协议》。

【文艺创作】 2014 年，佛山市文艺精品创作生产稳步推进。大型话剧《康有为与梁启超》获第 12 届广东省艺术节“优秀剧目”一等奖；2 首歌曲作品入选广东省第九届精神文明建设“五个一工程”奖；粤剧电影《小凤仙》成功首映；大型戏曲剧本《胡贵妃》成功移植为 5 场古装粤剧；纪实文学《蔡李佛传奇》入选广东作家协会重大题材创作选题；系列散文《屋溪河以北》获《人民文学》新世纪散文奖。市文联实施第三届“重点文学创作项目计划”，并出资扶持 6 部长篇小说创作；举办第三届“佛山市文化创意产业发展培训班”和第二届“石湾陶艺新锐展”，发掘和培养优秀中青年陶艺人才。在第 12 届全国美术展览评选中，佛山有 22 件作品经层层筛选得以胜出，创造历年最高记录。

【本地历史文化资源整合提升】 2014 年，佛山扎实做好文物保护工作，成立市文物保护委员会。对市保单位塔坡庙修缮等 4 项工程进行验收，对 5 处市保单位的修缮设计方案以及仁寿寺改造提升项目设计方案进行评审，并评定第五批市级文保单位33处。完善《佛山市非物质文化遗产专项资金管理办法》，评定首批24个市级非物质文化遗产保护传承基地（传习所）。在已有6家民办博物馆的基础上推动民办博物馆（纪念馆、美术馆）建设，着手研究制订佛山市民办博物馆扶持办法。

佛山南海九江双蒸博物馆一角。

【对外文化交流】 2014年，佛山鼓励并组织本土优秀传统文化项目走出国门，传播佛山城市文化形象。南海黄飞鸿中联电缆武术龙狮协会赴德国参加多元文化艺术节，并在多个城市进行专场龙狮表演。在澳大利亚“悉尼·中国广东文化周”活动展出富有岭南传统文化特色的“广东屋”，向悉尼人民展现佛山剪纸、狮头、彩灯、陶艺、香云纱以及刺绣等一系列工艺精巧的非遗作品。市粤剧传习所多次应邀赴港澳演出，为传播优秀的粤剧艺术发挥积极的作用。佛山彩灯市级传承人受邀参加香港中秋彩灯会。

【文化产业发展】 2014年，佛山市大力推介重点文化产业项目，编印《2014年度佛山市重点项目手册》，为优秀项目搭建推介平台。顺利完成第十届深圳文博会参展工作，佛山馆参观人数达50万人次，佛山参展团获优秀组织奖和优秀展示奖。佛山市市级文化产业发展专项资金扶持《猪猪侠舞台剧》等5个项目共250万元，推荐2个项目参评省级文化产业发展专项资金项目。禅城区、南海区、高明区相继修订文化产业发展专项资金管理办法。是年，佛山市文化产业增加值占全市地区生产总值比重达5.1%。

【对外宣传】 2014年，佛山市在中央主流媒体刊发原创报道320多篇，其中《人民日报》47篇（头版2篇），中央电视台33篇（新闻联播6篇，焦点访谈1篇）。在省级媒体刊播报道300多篇。美国《华尔街日报》、英国《经济学人》、法国《欧洲时报》、瑞士《新苏黎世报》等境外主流媒体刊发涉佛山报道30余篇。禅城区优化外宣平台，利用《南方日报》《禅城观察》版面平台，持续向省级主流媒体宣传禅城的改革发展成果。南海区围绕“基层治理现代化”主题，除在中央媒体刊播多篇报道外，还在新华社《内参清样》刊发农村集体土地流转改革的稿件。顺德区实行宣传统筹，在中央媒体刊发60多篇报道，多篇引起较大反响。高明区的传统新春民俗活动在央视进行长达5分多钟现场直播，其策划的区域价值研讨会、绿博会及第八次市运动会宣传，登上各大主流媒体版面，引起社会各界的广泛关注和讨论。三水区在全国和广东省“两会”期间，在《南方日报》策划的新能源、三水绿色崛起的报道，受到广东省主要领导的关注。

2014年，佛山市重大舆情处置联动有序。印发《全市重大舆情处置联席会议纪要》，健全重大舆情处置联动处置机制。开展“媒政面对面”——政府部门新闻发言人与媒体互动恳谈会，架设政府部门与媒体沟通的桥梁。引导各部门树立防范意识，在重大活动、节日节点，重大政策出台前后，排查风险。通过指导应对、现场处置、协调媒体等多种途径开展舆论引导，最大程度避免、减少和消除舆情事件造成的各种不利影响。

【新闻发布】 2014年，佛山市进一步加强新闻发布工作。印发《关于进一步加强新闻发布工作的通知》，进一步明确各级各部门新闻发布工作的要求。五区和市直部门基本建立和完善了新闻发布、突发事件发布、新媒体发布等发布制度和相关配套制度。引进第三方机构，发布全国首份新闻发布年度评估报告。对5个区和35个市级单位2013年的新闻发布工作进行全面“体检”，提出改进建议。举办“佛山媒体大讲堂”12场，培训新闻发言人2000多人次。

【网络问政】 2014年，佛山市印发《网络问政和政务微博微信工作方案》，助力网络问政、网络行政、网络督政“三网融合”。组织刘悦伦等市领导微访谈，吸引提问、建议等近2万条，其中刘悦伦两次微访谈收到问题意见建议7000多条，引起中央群众路线网、人民网等高度关注。指导全市深入开展微访谈近50场，吸引提问约4万条。通过一系列工作，佛山市网络问政品牌效应进一步放大，“佛山市区镇领导微访谈全覆盖办实事”入选广东“政府治理能力现代化”优秀案例；佛山市获中国城市网络形象“十佳城市”奖（蝉联）和“政务网络形象”奖。

佛山市禅城区“五大网络宣传平台”上线运营，分类微访谈吸引众多网友关注；南海区推动开通70余个政务微信，并利用“南海一点通”APP等构筑新媒体宣传矩阵，“南海发布”获“广东十大外宣微博”；顺德区“幸福顺德”获“广东十大影响力飞跃微博”；高明区将信息发布触角延伸到移动终端“掌上高明”，引导利用民间新媒体加强宣传推介；三水区建立“三水发布”新媒体专业化运作模式，打造“微博、微信、手机报”的立体式政务信息发布平台。

【网络宣传】 2014年，佛山市推进市委、市政府官方微信“佛山发布”升级改版，指导全市开通政务微信230多个，粉丝量近30万。举办首期全市政务微信培训班。“佛山发布”双微（微博、微信）工作经验多次在省级会议上交流推广，并被省选荐至中央网信办。“佛山发布”微博、微信先后获“2014年度全国十大政务传播力奖”、地方政府微信TOP10榜单第六（地级市第一）和“广东十大最具影响力政务微信”“2014年度广东十大外宣微博”“十大办实事政务微博排行”等多项荣誉。

2014年，佛山市“线上线下”特色网宣活动扎实开展。组织开展书记、市长网上拜年活动。组织人民网等20多家中央和广东省主流媒体采访团“中央主流网媒看广东”之佛山站活动，报道近30篇、主流网媒热转100多条次。组织全国网络名人、中央及省属媒体和商业网站等近70人采访团开展“粤来粤好——2014年网络名人看广东”佛山站活动，网媒报道100余篇，微博微信阅读量超100万。策划开展2014年“文明办网、文明上网”系列活动，指导各网站开展主题宣传。发挥网评队伍作用，网络空间环境不断清朗。

【党的群众路线教育实践活动宣传】 2014年，佛山市开展党的群众路线教育实践活动专题理论学习1000多场次，组织市委宣讲团并发动各区讲师团开展宣讲300多场次，利用《学习天地》《党员修养》《佛山日报》理论版等载体进行宣传，助推教育实践活动入脑入心。推出“人民满意政府建设研究”等10个重点课题，并形成研究成果汇编。是年，佛山市党的群众路线教育实践活动宣传报道中，中央媒体宣传报道13次；省属媒体报道近300次；《佛山日报》《珠江时报》《珠江商报》刊发稿件2200多篇；佛山电台报道1000多次；佛山电视台播出2800多篇次；广佛都市网等新兴媒体转载报道5.7万篇。

【核心价值观建设】 2014年，佛山市印发《佛山市关于培育和践行社会主义核心价值观实施方案》，并细化牵头部门和责任单位。利用户外广告、建筑围挡、电子显示屏（楼宇电视）等载体，并联合报刊、电台、电视台等广泛开展社会主义核心价值观宣传。开展社会主义核心价值观系列巡回宣讲近100场。对全市新建、改扩建纪念设施共11处进行检查清理，3家单位通过申报第六批省级爱国主义教育基地初评，4家单位被评为广东省培育和践行社会主义核心价值观示范点。出台市级社会主义核心价值观示范点、主题公园（广场）建设的基本标准，确定18个单位为市级示范点进行建设，6个场所为主题公园（广场）进行建设，并建立挂点制度。把社会主义核心价值观融入挂灯笼、贴春联、逛庙会、“行通济”等民俗活动中，突出佛山地域特色。

【思想政治工作】 2014年，佛山市召开全市思想政治工作研究会年会，启动加强企业思想政治工作和提升企业文化软实力的实践与研究的调研。组织好《人民日报》和《求是》杂志等重点党报党刊在佛山市的发行征订工作，加强督查落实，发行量稳中有升。组织78人参加的申报职称考试和250余人的理论培训。组织全市政工专业资格申报评审工作，全市有63人被评为高级政工师。

（汪精华）

组织工作

【综述】 2014年，佛山市组织系统落实全面从严治党要求，坚持问题导向，组织并参与全市第二批党的群众路线教育实践活动，把学习总书记习近平系列重要讲话精神作为首要政治任务，确保各项“规定动作”走准走实、“特色动作”有效开展；在广东省先行探索镇（街）领导干部驻点普遍直接联系群众制度，固定人员、时间、地点，推动镇（街）领导干部面对面听取群众意见，增进与群众的感情。认真抓好新《党政领导干部选拔任用工作条例》贯彻落实，力抓干部工作规范化建设，完善干部选拔任用方式方法，选优配强领导班子和领导干部，强化干部队伍培养锻炼。从严管理监督干部，集中整治6项干部队伍和选人用人突出问题。系统谋划推进基层党建工作，制定实施大抓基层“1 + 5”行动方案，重构基层组织强化党组织领导核心地位，推进基层服务型党组织建设；稳步推进人才强市发展战略，以建设“人才高地”为目标，为全市产业发展和城市升值奠定人才智力基础；加强组织人事干部队伍建设，为佛山市改革再出发、增创新优势提供保证。

【党的群众路线教育实践活动】 2014年，佛山市党的群众路线教育实践活动在各级党委领导下，各级领导小组及其办公室认真履行职责，坚持高起点谋划、高标准要求、高质量推进。活动把学习习近平系列重要讲话精神作为首要政治任务来抓，督促党员领导干部带头示范、以上率下，把学习教育不断引向深入；全程紧扣“四风”问题，坚持从严从实，周密部署，扎实推进，强化督导，确保各项“规定动作”走准走实、不走过场；配合市委、市政府开展的“人民满意政府”建设活动，推动“微访谈”、狠刹“四风”网络监督平台、镇（街）领导干部驻点普遍直接联系群众等“特色动作”有效开展。2014年，全市1万多个党组织、25.1万名党员参加了教育实践活动，广大党员干部思想受到深刻洗礼，党内政治生活进一步严格，“四风”问题得到有力整治，群众反映突出问题得到有效解决，活动得到了上级充分肯定和群众普遍认可。

【镇（街）领导干部驻点普遍直接联系群众制度探索】 2014年，佛山市按照中共广东省委、中共佛山市委部署，在总结南海区直联制工作经验基础上，研究制订实施意见，在全市全面推行镇（街）领导干部驻点普遍直接联系群众制度。该制度旨在通过固定联系人员、固定联系时间、固定联系地点、创新联系方式，推动镇（街）领导干部深入基层面对面听取群众意见，了解群众诉求，解决群众问题，宣传党的方针政策，增进与群众的感情。至年底，625名镇（街）领导干部直接联系738个村（社区），直接联系群众26565名，收集意见建议15864条，95%的意见与建议在镇（街）、村（社区）得以解决。在此基础上，佛山市推动直联制工作不断深化，实现领导推动由部署安排向督导落实、工作推进由试点探索向统一规范、直联方式由驻点接访向主动走访、解决问题由单一性向系统性的“四个转变”，为广东省直联工作深入开展提供了经验，得到了中共广东省委组织部的充分肯定。

【贯彻落实《党政领导干部选拔任用工作条例》】 2014年，佛山市贯彻落实《党政领导干部选拔任用工作条例》工作有新进展。抓干部工作规范化建设，在加强学习培训的基础上，结合佛山实际，及时完善出台《市管干部选拔任用工作规程》《市直机关（单位）选拔科级干部工作意见》等配套制度，并对干部业务工作进行梳理，进一步细化和规范干部选拔任用规程。完善干部选拔任用方式方法，规范“动议”程序，注意收集平时了解情况，认真分析用人单位意见，主动听取分管领导建议，充分发挥党委（党组）的把关作用；加强干部日常分析研判，对五区和36个市直单位进行研判，重点与

245 名领导干部开展深入的个别谈话，收集掌握班子整体运作、干部日常表现等情况；探索建立干部信息“大数据”库，对班子建设提出优化方案。选优配强领导班子和领导干部，着眼于干部使用与岗位需求相匹配，借助届中调整时机，对干部作出人岗相适性分析，进一步优化领导班子结构。强化干部队伍培养锻炼，结合市委、市政府中心工作，全年共举办 77 期主体培训班和专题讲座，培训干部 3.7 万人次；不断探索完善干部实践锻炼制度，共选派 4 批次近 100 名干部开展挂职锻炼。

【干部管理监督】 2014 年，佛山市严格落实中央和广东省委部署，集中整治“违反干部任用标准程序、跑官要官和说情打招呼、三超两乱、干部档案造假、领导干部违规兼职、裸官”等 6 项当前干部队伍和选人用人突出问题。其中，调整“裸官”97 名，整改消化超职数配备干部 136 名，清理在企业违规兼职干部 163 名。加强干部日常管理监督，落实“三书”预警告诫办法，组织 800 多名市管干部报告个人有关事项和开展抽查核实工作。

【基层党建】 2014 年，佛山市制定实施大抓基层“1 + 5”行动方案，按照中央、广东省委关于大抓基层党建的要求，结合佛山市实际制定大抓基层“1 + 5”行动方案，统筹考虑基层书记队伍建设、党员队伍优化活化、党员民营企业家培养、整顿软弱涣散党组织、构建区域化党建格局等工作。

重构基层组织强化党组织领导核心地位。以村居“两委”换届为契机，选优配强村（社区）领导班子，物色 104 名经济能人、从机关下派 77 名人员担任书记、主任，“一肩挑”比例达 89.9%，“两委”交叉任职率达 89.4%，村（社区）书记 100% 兼任服务中心主任。优化基层党组织设置，推动 244 个村（社区）成立党委，全市 20% 的村小组和 36.8% 的经济（联）社单独建立支部。大力整顿转化村（社区）软弱涣散基层党组织 74 个。顺德区建立了“一体两翼四驱动”治理架构。高明区建立区镇村联动机制整顿软弱涣散基层党组织。三水区出台加强农村基层党组织建设“1 + 8”系列配套文件。

推进基层服务型党组织建设。以服务型党组织建设引领基层党建工作，出台构建区域化党建格局行动计划，推动各区开展试点工作，禅城区探索成立社区大党委、商圈党委，南海区推行“两新”组织（新经济组织和新社会组织）党组织属地管理，三水区以园区党建为载体整合各类党建资源和力量。进一步完善党代表任期制，深化党代会常任制试点工作，切实发挥党代表联系服务群众、参与民主监督作用。不断扩大“两新”组织党组织覆盖面，覆盖“两新”组织 29695 个，覆盖率 85.4%。挑选 150 名青年民营企业家，参加第一期党员民营企业家培养工程，助推非公经济转型发展。

【人才强市】 2014 年，佛山市人才强市工作有效开展。以产业集聚人才为主线，开展人才机制体制改革创新专题研究。完善党管人才方式方法，实施人才工作清单管理。坚持高端引领发展，发动申报国家“千人计划”、广东省“珠江人才计划”和“特支计划”，实施佛山市科技创新团队、创新创业领军人才等人才工程。统筹推进各支人才队伍建设，大力扶持各类人才培养基地发展。

2014 年 5 月，在佛山市创业的高聚激光海归团队向广东省科协有关领导介绍创业情况。

【组织人事干部队伍建设】 2014 年，佛山市组织人事干部队伍建设工作持续开展。在市委组织部机关内部，强调讲政治守纪律，把干部的思想和精力引导到专心干事创业上来；在全市组织人事干部队伍方面，加强专项业务培训，全年轮训500人次，实现培训全覆盖。是年，市委组织部机关实施“大科室制”，整合人员和力量，解决内部职责交叉、职能过细、力量分散等问题。

【全市组织部长会议】 2014年2月14日，佛山市召开全市组织部长会议，总结2013年全市组织工作，传达广东省全省组织部长会议精神，并对2014年全市组织工作作部署。市委常委、组织部部长李雅林出席会议并讲话，市委组织部科级以上干部、各区委组织部部长和副部长、市直单位分管组织人事工作的负责人参加了会议。会议要求，要将学习习近平系列讲话精神作为组织部门的首要政治任务，要按照总书记对组织部门提出的“管党治党的重要职能部门”的定位要求，切实履行好职责；要坚持好干部标准，坚持党管干部原则，坚持从严管理干部，切实加强干部队伍作风建设；要牢固树立大抓基层的鲜明导向，从麻绳细处抓起，把服务作为基层党组织的工作重心。会议强调，组织工作要围绕改革发展的要求，主动服务，在干部人才、党员等方面给予大力支撑和配合；要着力打造一支善于推动改革的高素质干部人才队伍，着力夯实改革发展的基层基础，着力营造支持改革、拥抱改革的良好氛围。会议提出，要着力抓好七项工作：一是抓好习近平系列重要讲话精神的学习；二是高标准严要求推进党的群众路线教育实践活动，为全市改革发展提供党员干部良好作风保障；三是以学习贯彻新修订的《干部任用条例》为契机，进一步做好全市的干部选拔培养工作；四是坚持从严管理干部，落实干部监督管理各项制度；五是大抓基层组织建设，为改革发展夯实基层基础；六是建立集聚人才的体制机制，加快建设人才高地；七是严字当头、扎扎实实推进组织部门自身建设。

【民营企业家培养暨到国企挂职锻炼青年座谈会】 2014年5月11日，佛山市组织部门召开民营企业家培养暨到国企挂职锻炼青年座谈会，组织青年民营企业家互相分享挂职锻炼的思考与心得。市委常委、组织部部长李雅林，团市委书记曹洪彬，市国资委党工委副书记李跃平，以及29名青年民营企业家出席。会议指出，佛山青年企业家要有良好的精神面貌，继承和弘扬敢为人先、低调务实、执着干实业、和谐包容的佛山企业家精神。青年企业家要根据佛山转型升级的需要，不断提高自身水平和能力，注重系统学习，善于总结经验教训，培养国际视野，在实践中不断历练自己。同时指出，青年企业家要客观、历史、辩证地看待事物，坚定理想信念，坚定中国特色社会主义道路自信、理论自信、制度自信。努力践行社会主义核心价值观，支持做好企业党建工作，把党建工作与企业发展结合起来，形成合力，不断促进佛山民营企业发展壮大。

【党的群众路线教育实践活动总结大会】 2014年10月10日，中共佛山市委召开全市党的群众路线教育实践活动总结大会。市委书记、市委党的群众路线教育实践活动领导小组组长刘悦伦出席会议并讲话，市委副书记、代市长鲁毅主持会议，广东省委第五督导组组长、省人大常委会副主任黄业斌出席会议并讲话，广东省委第五督导组常务副组长任建华、副组长马龙海出席会议，市委常委、组织部部长、市委教育实践活动领导小组副组长兼办公室主任李雅林对佛山市教育实践活动的主要做法及成效作总结。会议指出，中央、广东省委先后召开了教育实践活动总结大会，系统总结了教育实践活动积累的宝贵经验，从巩固和发展教育实践活动成果、新时期强化党要管党、从严治党的高度提出明确要求。同时指出，佛山市坚决贯彻中央、广东省委的决策部署，紧密结合佛山实际，高起点、高标准、高质量扎实推进教育实践活动，以建设人民满意政府、打造“四风”网络监督平台、直接联系群众制度等创新型举措，持续用力破“四风”顽疾，系统回应解决群众诉求问题，彰显了佛山特色，增强了活动实效，群众满意度进一步提高。全市各级党组织和广大党员干部要以锲而不舍、持之以恒的毅力和干劲，以抓铁有痕、踏石留印的力度和劲道，进一步巩固和扩大教育实践活动成果，全面推进作风建设和党的建设上新水平。

（董彦兵）

佛山市机构编制工作

【综述】 2014年，佛山市机构编制部门围绕市委、市政府的改革部署和中心工作，加强重点领域和关键环节改革攻坚，推进行政体制改革和机构编制管理工作。在广东省率先编制政府权责清单、事业单位公共服务清单；不断深化行政审批制度改革；加快转变政府职能，开展新一轮政府机构改革；深化和完善事业单位改革，科学调整公益三类事业单位类别，加大事业单位资源整合力度；创新事业单位治理和监管，事业单位信用体系建设和事业单位法人治理结构建设试点进展顺利，事业单位法人年度报告公示制度全面落实；严格控制和优化配置机构编制，开展机构编制核查和实名制管理；做好调查研究，加强全市机构编制部门工作联动，不断加强自身建设，取得明显成效。

【政府权责清单编制】 2014年，佛山市机构编制部门会同市、区有关部门，牵头抓总，在广东省率先全面开展政府权责清单编制工作。清理出市、区两级110个部门行政职权共计11773项，并向社会公开。牵头编制市场监管清单，创新推广“三单”管理，全面梳理出市直88个单位的监管标准4842个、监管措施2415项、监管类型459种，打造出事前、事中、事后市场监管清单模式。在教育、农业、环境保护、食品药品监管4个部门试点编制市、区层级管理权责清单，出台指导意见，明确市、区权责分工，理顺市、区权责关系，探索推进市、区纵向权责关系科学化、制度化、规范化。

【行政审批制度改革】 2014年，佛山市机构编制部门落实以简政放权推动稳增长、促改革、调结构、惠民生、防风险的各项工作。配合做好国务院行政审批制度改革第三方评估和审计工作，做好“接放管”，市直有关部门向社会组织转移职能18项，行政审批改革事项99%落实到位。在编制权责清单基础上，报请市政府公布《调整实施的行政审批事项目录》，市、区两级共改革行政审批事项398项，其中取消95项、调整303项。通过购买第三方服务开展专题调研，形成《佛山市企业注册登记制度改革背景下市场监管的问题与建议》的报告。起草工商登记制度改革后续市场监管工作方案，上报市政府。编制《佛山市许可经营项目对应监管职责目录》，进一步明确政府各部门对市场的主体监管责任、监管内容及措施。

【事业单位公共服务清单编制】 2014年4月起，佛山市编办以全面清理规范事业单位职责任务为主线，通过职责清理、民意调查、开辟网上专栏、建立动态数字台账等，多措并举，在广东省率先开展编制事业单位公共服务清单工作。编制出全省首份事业单位公共服务清单，涉及经济监督事务、信息、教育、卫生等19个行业121家事业单位，涵盖公共服务事项688项，并在市政府门户网站设立专栏进行公布，方便群众对事业单位履行公共服务职责情况进行监督。

【事业单位公共服务群众满意度调查活动】 2014年6～7月，佛山市编办组织开展全市首次事业单位公共服务群众满意度随机抽样调查活动。通过市政府官网、微信、微博、纸质问题等多种形式，了解五区群众对佛山市事业单位公共服务的评价和满意程度。调查内容涵盖科、教、文、就业、环保等十大领域60个细目，调查共发出抽样调查问卷2398份，收回有效问卷2222份，有效回收率为92.66%。群众对佛山市事业单位公共服务总体满意度为79.56%。群众对全市事业单位公共服务的总体情况给予了较充分的肯定。

【新一轮政府机构改革】 2014年，按照广东省统一部署，结合佛山实际，佛山市机构编制部门制订并报市政府印发《佛山市人民政府职能转变和机构改革方案》及对各区的改革指导意见，批复禅城等4个区的政府机构改革方案。整合内外贸管理、经济协作等职责，撤销原市对外经济贸易局，组建市商务局。推进市工商、质监行政管理体制调整工作。深化和完善区大部门体制改革，各区结合实际进一步调整和优化政府工作部门和党政机构的设置。各区分别组建区审计局、区文化体育局、区民政局、区环境保护局，整合区工商、质监和食药监等部门的职能，综合设置区市场监管机构。

【专项改革】 2014年，佛山市各项专项改革统筹推进。推进落实佛山新城与乐从镇融合发展的管理体制改革。在佛山新城管委会加挂佛山中德工业服务区管委会牌子，委托顺德区委、区政府管理，并规范其管理体制、机构设置、人员编制和领导职数配备，制定新的“三定”规定。完成市直食品（农产品）质量安全监管执法改革。整合市农业局的执法职能，将该职能划入市农林技术管理办公室统一承担。高明区积极推动国土资源执法职能向基层下沉，加强环保、城管、交通运输等领域的执法力量，成立农业综合执法队。做好市纪检监察机关“三转”工作，重新明确其工作定位，划转相关职能，市编办顺利承接市纪委转出的绩效管理工作。市检察院、市中级法院开展人员分类管理制度改革试点工作。研究机构编制调整事项，研究同意设立市议事协调机构近50个，并及时进行备案。

【大科室制改革】 2014年，佛山市围绕转变政府职能，创新内设机构设置和编制、职数、职能管理方式，在市食药监局、商务局、经信局试点推行“大科室制改革”。将相似、相近或相同的职能整合到一个科室承担，优化部门行政办事流程，创新科室编制和职数管理方式，打破部门原有科室限制，重新设置部门内设机构。改革后上述部门平均减少科室1～2个。

【事业单位分类改革】 2014年，佛山事业单位改革按照“调整与规范并重，加法和减法并用”的思路有序推进。继续深化公益三类及经营服务类事业单位改革，至年底，完成14家公益三类事业单位的类别调整。加强事业单位资源整合力度，将职能相近、相似或在同一区域重复设置的事业单位进行跨部门、跨领域资源整合。市质监局所属市质量计量监督检测中心涉及食品安全检测检验的人员编制、装备，整合划转到市食药监局所属的市食品药品检验所，全市只设1家食品药品检验检测机构，各区设快检快筛平台。优化整合市公共文化资源配置，利用佛山影剧院现有的机构编制资源，组建佛山市演艺中心，搭建佛山新城大剧院运营监管平台，收回编制27名。将市文物流通中心并入市祖庙博物馆，共收回编制7名。

【事业单位治理和监管创新】 2014年，佛山市事业单位法人登记服务进一步优化，法人监管不断强化，年度报告公开制度全面推开。事业单位信用体系建设试点进展顺利，市编办组织编制《佛山市事业单位信用信息采集指引》，并通过市信用办印发实施。以点带面逐步推开信用信息采集试点工作，市第一人民医院、市交通质监站等第一批共3家单位试点工作顺利完成。

推进事业单位法人治理结构试点。至年底，全市共有18家事业单位正在或已经组建理事会并制定章程。其中，佛山一中、市中心血站进入筹建理事会阶段。各区事业单位法人治理工作也逐步推开，禅城区图书馆、博物馆顺利召开第一届理事会；南海区人民医院集团、广东省中西医结合医院集团按理事会模式运作；三水区文化馆、理工学校完成理事会组建工作；高明区新市医院、区文化馆召开第一届理事会。

【机构编制核查与编制实名制管理】 2014年，佛山市机构编制部门根据中央和广东省的要求，在全市范围内部署开展了新一轮机构编制核查工作。核查工作历时9个多月，共完成系统升级、动员培训、单位自查、书面审查、实地核查、公示监督、验收数据共 7 个阶段工作，经过核查，全市机构编制信息更加准确全面。全市机构编制实名制数据已采集上报到广东省机构编制实名制系统，并顺利通过验收。2014 年 12 月，中央编办指定佛山市在全国机构编制监督检查业务培训研讨班上进行经验介绍。加强机构编制监督工作，按照“一个口集中”原则，整合机构编制台账、人员出入编登记和机构编制年度统计工作，出台《佛山市机构编制台账管理工作制度》，实现编制管理一套账、人员进出一个口。

【控编减编和机构编制监督】 2014 年，按照中央和广东省关于控编减编的要求，按照严控总量、盘活存量、优化结构的原则，全市机构编制部门深入开展控编减编工作。至年底，全面核实佛山市近 5 年来各类编制使用情况，以及未来 2 年市直机关事业单位退休人员情况。市、区编办均结合各自实际制定控编减编方案，进一步提高增编申请受理门槛，通过事业单位改革等有效办法收回和调剂使用编制。同时，按照撤一建一、总量内调剂的思路盘活现有资源，充实了执法、民生等重点领域的工作力量。

【机构编制工作联动开展】 2014 年，佛山市机构编制部门进一步加强工作联动，信息互通，经验共享，协同推进各项改革任务。市编办进一步完善数字人事编制系统，系统网络平台涵盖机构编制各项业务，并上接到省，覆盖到市、区、镇（街道），成为连接全市机构编制部门的工作纽带和机构编制管理工作有力抓手。全市机构编制的信息上传下达畅通，组织开展镇（街道）基层综合执法及信息化建设等 17 次重点专题调研，召开全市机构编制系统调研成果汇报会。举办全市编办系统素质能力提升培训班和首次全市事业单位法定代表人培训班等。

（高长君）

2014 年 11 月 12 日，佛山市政府权责清单新闻发布会现场。

地方军事

佛山军分区

【综述】 2014年，佛山军分区部队认真学习贯彻中央军委主席习近平治军、建军、强军思想，围绕奠定改革起步和实战化训练转型坚实基础，不断凝神聚力，改进作风，解放思想，部队思想政治建设、军事斗争准备、党的群众路线教育实践活动专项清理整治、国防教育、国防动员、双拥共建、征兵工作、安全保密大排查和开展互学互帮互促活动等各项工作稳步发展。

【部队思想政治建设】 2014年，佛山军分区按照中央军委主席习近平关于军队要“走在前列”的指示精神，坚持以学习贯彻党的十八大精神为红线，着力铸牢官兵听党指挥的军魂意识。

深入学习习近平系列重要讲话精神。专门为官兵配发习近平重要论述和马克思主义哲学等相关书籍，编印《习主席系列重要讲话（军事篇）》，收听收看军区首长和专家教授的专题授课辅导，广泛开展学习讨论活动。按照原原本本学、全面系统学、联系实际学等多种形式，进一步增强官兵深入学习贯彻习近平系列重要讲话精神的政治自觉和实践自觉，为推进年度工作顺利开展提供思想保证。

传达学习党的十八届四中全会、全军和军区政治工作会议精神。12月1日，佛山市委常委、军分区政委李玉林作了动员部署，并组织部队围绕“如何改变社会对军队形象的负面认识”等现实问题开展大讨论，采取随机式互动、探讨式学习的方式，让机关干部结合实际谈认识、谈感想。学习活动为期1周。

“牢记强军目标、献身强军实践”主题教育活动。5月，按照全军的总体部署，佛山军分区在全市人武系统集中1周时间开展“牢记强军目标、献身强军实践”主题教育活动。活动中，领导亲自作辅导授课，注重将意义讲透、将传统讲够、将方向点明；结合教育实践活动，组织官兵观看《为民务实清廉》授课辅导和《炮兵少校》《焦裕禄》《杨业功》等红色影片；广泛开展心得体会交流、战斗力标准大讨论，组织身边典型作先进事迹报告，进一步强化官兵矢志强军目标的坚定信念。

党委班子建设。针对军分区党委班子调整面较大的实际，主要在增强班子凝聚力、战斗力上下功夫。针对团级单位党委班子普遍年龄偏大的情况，主要在强化使命意识、责任意识教育引导上下功夫。坚持常委挂钩帮建、党委中心组理论学习制度，组织新任职党委正、副书记参加上级培训，严格贯彻落实民主集中制原则和《军队党委工作条例》，两级党委履行职责和完成任务较好。

民兵政治工作。宣传容奇港货柜码头民兵营、民兵轻舟分队等先进民兵组织，宣扬张海涛、潘柱升等民兵工作先进典型，有效提升了民兵政治工作的影响力和感召力。顺德区民兵主题教育试点活动，经验做法被广东省军区转发。适应新形势新任务要求，着眼新媒体、自媒体舆论引导管控，应急应战心理防护疏导，成立市民兵政治工作应急大队。

【军事斗争准备】 2014年，佛山军分区部队深入学习习近平“三个牢记”强军目标，牢固树立战斗力标准思想，以“两个转变”推进实战化训练，不断提升部队的打赢能力。

培养骨干。把培养一批国防动员和组织训练的

"明白人"作为年度军事斗争准备的基础性工作来抓。共组织4批次15人次送学培训和参加广东省军区参谋业务集训，参加深圳集训的5名参谋人员获得全省团体第三名的好成绩，整体上参谋人员的业务素质得到了巩固提高。

狠抓战备。围绕大规模作战背景下组织辖区防卫作战和支援地方社会主义建设两大任务，积极谋战备战，全年修订完善各类战备方案、应急预案21份，更新作战数据150多条。为进一步提升全市军事战备训练水平，初步拟定了市国防教育训练基地建设方案。

强化训练。力求做到全年全员参训备勤，先后组织民兵应急分队和职工队伍260人进行评比性考核，机关干部军事基础课目考核2次，人武部干部军事训练考核3次；开展了现役士兵警备、汽车等专业训练和考核，考核成绩优良。认真抓好了民兵通信分队演练和各区轻舟分队队员年度训练工作，以及全市民兵轻舟大队骨干集训。指导禅城区人武部完成了民兵高炮分队为期50天的集训和参加总部竞赛性考核。民兵高炮分队考核成绩在高炮实弹射击项目中取得优异成绩，受到总部表彰。11月中旬，为强化官兵的训练意识，提高训练质量，组织全区干部开展为期1周的基础课目、战术作业等训练考核，进行30公里野营拉练，并对各区应急分队进行紧急拉动考评，较好地锻炼了部队。

【专项清理整治】 2014年，佛山军分区党的群众路线教育实践活动专项清理整治贯穿全年。清人、清房、清车工作具体扎实，清理令岗不符干部1名、超占兵员10名、不合理住房46套、超面积办公用房30间，拆除11台车辆违规安装的警灯警报，清退超编车辆32台。加大租赁项目管理，清理整治房地产租赁项目88个，对55个"三证"不齐和审批程序不规范的租赁项目进行重新报批，收回出租屋875平方米。全年，军分区公务接待和行政消耗性开支与上年同比下降38%和27%。高度重视问题线索查处，接待群众来访4次，办理上级转发群众信件5起，都认真严肃地进行了调查回复和上报。

【国防教育和国防动员】 2014年，佛山军分区配合佛山市全民国防教育活动，李玉林先后3次到市委党校、顺德区、三水区为地方党政领导干部进行国防知识专题授课辅导。

结合市委班子调整，与市委、市政府协调完成了国防动员委员会成员调整，使国动委主要领导构成更利于党管武装工作，进一步理顺了市、区两级国动委领导机构。南海区人武部大胆创新民兵管理，在桂城街道成立了全市第一支常驻民兵应急连。结合各镇（街）任务特点首次创立"一镇一队"的特色应急队伍，受到广东省军区司令员盖龙云的好评，并指示在顺德区调研推广。南海区投入近1亿元的人防101指挥所工程也开启使用。

【公祭烈士大会】 2014年9月30日，由佛山市委、市政府牵头，在铁军公园举办佛山市首次公祭烈士大会。佛山军分区和市民政局协调驻军各单位、政府机关、社会团体、院校学生和人民群众数千人参加。

【双拥共建】 2014年，佛山市民兵应急信访维稳情况报告和处置机制、复退军人服务帮扶机制作用发挥好，有效化解全市10余起聚集上访苗头。佛山军分区协调市委、市政府出台军人子女入学入托优待政策；修改团职转业干部安置评分办法，使驻禅部队军官转业得到优先安置；落实"国发〔2008〕8号文件"，惠及所有转业干部；制订随军家属就业安置工作实施细则，计划2015年出台。

【征兵工作】 2014年，佛山市把院校作为征兵宣传主阵地，持续开展大学生入伍宣传活动；注重创新征兵宣传，充分利用基层兵役工作者扎根基层、熟悉民情的优势，走街串户，一对一发动，有效增强征兵宣传效果。佛山市南海区狮山镇因地制宜，在社区设置网络集中报名点，培训专业人员帮助应征青年报名，提高了应征青年的报名率。是年，全市报名人数4.13万人，大学生报名人数1.4万人，圆满完成1235名新兵征集任务。其中，高中以上文化程度1230人，占总征集人数的99.6%；大专以上537人，占43.5%；初中生仅有5名，占0.4%；党（团）员486名，占39.4%。兵员质量总体较好。

【军分区部队安全保密大排查】 2014年，佛山军分

区于4月和11月两次组织军分区全区开展安全保密大排查整治活动，对人员管控、车辆管理、防间保密、枪弹保管、制度落实等方面的问题进行了重点整治，组织官兵职工进行“四查四看”，即：查政治意识、查精神状态、查工作作风、查执行落实。

【互学互帮互促“三互”活动】 2014年，佛山军分区与广州军区海防一团结成帮扶对子开展互学互帮互促“三互”活动，佛山军分区、人武部两级投入81万余元帮助海防一团基层连队完善基础设施建设，为海岛官兵改善工作、生活、学习条件。佛山军分区与海防一团分别于6月和12月两次开展互访活动。

（曾玉勇）

武警佛山市支队

【综述】 2014年，武警佛山市支队遵循广东省总队党委总体工作思路，深入贯彻中央军委主席习近平重要讲话精神，始终坚持连续搞建设、接力打基础、规范抓落实、平稳求发展，全体官兵迎难而上、固强补弱、凝心聚力、奋勇争先，部队思想、政治建设卓有成效，遂行任务能力大幅提升，基层基础建设持续向好，从严治警力度不断加大，现代后勤建设推进有力，双拥工作成绩显著。同时，圆满完成佛山火车站春运执勤、“迎春花市”机动备勤和重要时间节点城市武装巡逻等任务。

【思想政治建设】 2014年，武警佛山市支队党的创新理论武装持续深入，主题教育、形势政策教育、经常性思想教育和意识形态领域工作扎实有效，先进军事文化建设推进有力，任务中政治工作作用明显，承办广东省总队基层干部理论学习和主题教育试点圆满顺利。支队政治处被省总队评为“先进政治处”，11篇经验材料被省总队转发。

支队党委班子深入开展“学习贯彻党章、弘扬优良作风”教育和“树立正确理念、明辨是非界限”学习讨论活动，班子成员的思维层次和思想作风得到加强。

支队组织党的群众路线教育实践活动，纠“四风”、正党风，坚持领导干部带头，“刀口向内”，班子成员带头搞教育，剖析“四风”存在的问题，主动接受上级民主生活会督导。开展以“三清”为重点的“双六项”整治纠治，强力压减纳编干部，清退超配公勤人员，清理不合规定公寓房，改造领导超面积办公用房，部队风气不断好转。

【遂行任务能力提升】 2014年，武警佛山市支队大抓军事训练的导向鲜明，各类集训严密组织，岗位大练兵活动广泛开展，反恐尖子比武、创破纪录、拉动演习等真打实抗，部队战斗力明显提升。组织强化训练，参加广东省总队反恐比武总成绩排名第七，3名战士被省总队表彰为“反恐训练尖子”；支队反恐分队在参加市公安局的反恐演习中，展示了30米高攀爬、20米距离上手枪精度速射以及特战小组协同等高难度的战术动作，赢得在场省公安厅领导和市委、市公安局领导的高度赞誉。

【基层基础建设】 2014年，武警佛山市支队完善了基层日、周、月、季工作规范，创新“夺红旗”实施办法，抓建基层更加有序。开展学“纲要”和基层干部“大练基本功”，以及党支部班子岗位练兵活动，抓建能力得到提升；支队党委机关先后派出10批次工作组进行“解剖麻雀式”蹲点调研，有6名党委成员、12名机关干部下连当兵；在顺德中队抓正规化试点，把内涵式发展的着眼点放在软件建设和经常性、基础性工作上，提升工作精细化、实效化的标准，推动基层全面建设。

【获评“基层建设先进支队”】 2014年，武警佛山市支队始终以强军目标为统领，认真贯彻广东省总队党委部署要求，按照“全面建设是基础、提高战斗力是核心、坚持标准是关键、打造精品是重点”的内涵式发展思路，抓实思想政治引领，突出核心能力建设，坚持依法从严治警，持续抓经常打基础，主动加强改进作风，年度工作有序推进，中心任务完成圆满，部队内部安全稳定，全面建设稳步发展，被广东省总队表彰为2014年年度“基层建设先进支队”。

【从严治警】 2014年，武警佛山市支队严格落实条令条例和规章制度，组织“防松治散”等专项教育整顿，每周督察讲评，规范部队秩序。坚持把“人车枪弹酒、水火电毒密”作为安全管理重点，扎实开展安全隐患排查治理，确保安全稳定。是年，武警佛山市支队被武警总部评为“连续19年预防事故案件工作先进单位”，被广东省总队评为“安全工作先进单位”。

【现代后勤建设】 2014年，武警佛山市支队完善各类后勤战备方案，规范战备物资储备，组织各类专业技术集训，应急保障能力明显增强，卫勤保障训练做法被广东省总队推广；落实党委理财、预算开支和公务卡结算等制度，各项经费收支平衡，家底经费达到规定标准；做好卫生防病工作，发展农副业生产，基层生活质量不断改善。

【双拥工作】 2014年，武警佛山市支队坚持把拥政爱民教育纳入政治教育计划，注重经常性的宣传教育引导，打牢官兵拥政爱民的思想根基。着眼维稳大局，服务于驻地经济建设，为地方党委、政府和人民群众做好事、办实事、解难事。参加植树造林、义务献血、便民服务等学雷锋活动，全年共出动兵力3400人次、动用车辆280台次，组织清扫街道2.5万米、清理垃圾淤泥16吨、免费理发350余人、免费发放药品价值1.96万元、植树800余棵、义务献血2.5万毫升，受到市、区、镇各级政府和人民群众好评，支队被佛山市评为“双拥共建先进单位”。

【火车站春运执勤】 2014年1月12日至2月20日，武警佛山市支队担负佛山火车站春运执勤任务。先后协助火车站工作人员疏导旅客18万余人，化解旅客危机15次，协助公安机关抓获小偷8名，收缴违禁物品26件，救助旅客58人次，为旅客扛行李、扶老携幼等551人次，圆满完成春运火车站执勤任务。

【“迎春花市”备勤】 2014年2月19日19时至20日1时，武警佛山市支队担负2014年佛山市“迎春花市”机动备勤任务，参勤官兵精神振作，以严整的警容、良好的形象成为“迎春花市”一道亮丽的风景线，高标准完成任务，赢得市公安局领导及广大市民的高度赞誉。

【城市武装巡逻】 2014年春节、国庆、“两会”等各敏感期期间，武警佛山支队出动兵力，协助市公安局圆满完成年度城市武装巡逻勤务。支队执勤官兵能够时刻保持高度警惕，严格自身要求，认真履行职责，坚持依法执勤、文明执勤，充分展示了武警部队“威武之师、文明之师”的良好形象，赢得地方党委、政府和人民群众的一致好评。

（邓观峻）

人民防空

【综述】 2014年，佛山市人民防空办公室根据中央、广东省委、佛山市委的工作部署，扎实开展党的群众路线教育实践活动，通过教育实践活动促进工作，在人防工程建设、指挥通信建设、法规宣传和机关建设等各方面都取得了较好的成绩，其中，“智慧人防”项目建设、结合绿道建设人防疏散基地（地域）工作突出，得到上级部门和领导好评。

【人防工程建设监督检查】 2014年，佛山市人防办推动人防工程建设监督检查，主要包括人防工程执法监督检查和人防工程监理单位监督检查，同时做好人防工程建设监理单位的登记工作。市人防办从2013年10月1日开展人防工程监理登记工作，至2014年底已完成20家人防工程建设监理单位、5家人防工程建设监理单项登记工作，全市（不含顺德）新开工的项目100%开展了人防工程专业监理。

【人防工程施工图技术审查职能转移】 2014年2月，佛山市行政体制改革工作领导小组办公室审核通过《佛山市人防办向社会转移防空地下室及人防工程施工图审查职能实施方案》，市人防办根据实施方案，完成人防工程施工图技术审查职能转移，对符合条件的3家人防工程施工图审查单位在政务网发布公告。

【地下空间开发研究】 2014年，佛山市人防办起草的《佛山地下空间开发可行性和效益性研究》被市政府定为第三届专家顾问团会议研究的 7 个重要课题之一，市人防办被市政府定为牵头单位。9 月 25 日，佛山市政府召开第三届专家顾问团会议，市政府相关部门和上海同技联合 – 地下空间规划设计研究院的专家一起探讨佛山地下空间开发利用的对策和建议。

【旧式人防工事测绘】 2014 年，佛山市人防办为了更好地开发利用旧式人防工事，为今后坑道综合开发改造提升提供第一手完整资料，委托佛山市城市规划勘测设计研究院对位于禅城区圣堂岗、狮岗、十字岗和大雾岗的 4 处旧式人防工事进行测绘，并形成详细的三维电子资料。

【人防物业资产评估】 2014 年 1 月，佛山市人防办委托第三方评估机构对 25 处人防物业的资产价值和 31 处人防物业的租赁价值进行评估，评估结果作为资产入账和物业出租的参考依据，规范人防物业管理。

【“智慧人防”项目建设】 2014 年，佛山市人防办启动“智慧人防”项目建设，建设周期为 2014 年至 2015 年。2014 年完成了“数据工程（首期）”及“人防业务数据管理平台”项目建设，推进人防工程业务管理系统建设。同时，完成部分人防指挥信息系统的升级改造，包括短波通信远程控制系统建设和固定台短波天线的改造。通过指挥信息系统的升级改造，使其运转更加畅通、稳定和高效。广东省人防办发文确定市人防办为全省“智慧人防”先行试点单位。

【结合绿道建设人防疏散基地（地域）】 2014 年，佛山市人防办推进结合绿道建设人防疏散基地（地域）工作，出台全市结合绿道建设人防疏散基地（地域）规划，并在全市五区及佛山新城区各建成一个示范点。7 月 2 ~ 3 日，广东省人防系统结合绿道建设人防疏散地域现场观摩会在佛山召开，与会人员实地观摩了禅城区绿岛湖和三水区森林公园人防疏散地域，并听取了佛山市人防办的经验介绍。同时，该项工作得到广东省人防办和其他地级市人防办的高度认可，省人防办认为佛山市人防办该项工作“领导重视、思路清晰、落实到位、成效明显”。9 月 5 日，广东省副省长许瑞生批示：佛山市人防办注重统筹兼具，合理利用资源，请继续边探索、边总结，使广东人防工作更具广东特色。

【人防机动指挥所区域协同支援训练】 2014 年 5 月 13 ~ 15 日，佛山市人防办按照全省机动指挥所区域协同支援训练第一组（2014 年 5 月，广东省人防办组织全省机动指挥所区域协同支援训练，广州、佛山、韶关、清远、肇庆市为第一组，广州市民防办为牵头单位。）的训练计划和要求，及时组织市、区两级机动指挥车辆 8 台、人员 21 名，到三水北江大堤进行综合训练，包括机动集结训练、短波通信训练、卫星通信训练和综合演练，并成功将采集到的音、视频信号传至广州市三防指挥部，圆满完成训练任务。

【防空警报试鸣】 2014 年 9 月 18 日，佛山市人防办组织全市防空警报试鸣，防空警报鸣响率 96.7%，中心城区警报音响覆盖率 100%。防空警报鸣放期间，全市生产、生活秩序及社会活动照常进行。通过试鸣，检验了装备，锻炼了队伍，增强了全体市民的国防意识、人防意识。

【人防法规宣传】 2014 年，佛山市人防办除利用报纸、杂志开展日常宣传以外，还结合警报试鸣日和防灾减灾日开展宣传。警报试鸣期间，全市印发警报试鸣公益广告 10 万份，发送警报试鸣短信 40 万条；在全市防空警报试鸣前，连续 5 天在佛山电视台、佛山电台、《佛山日报》、佛山传媒智慧驿站和公交车站发布警报试鸣公告。5 月 17 日，在禅城区普君新城南广场参加“科技进步活动月”启动仪式暨大型广场科普活动，普及市民的防空知识；11 月 30 日，市“关心下一代学习教育基地”在市人防办挂牌，为青少年学习人防知识提供平台。

【人防机关“准军事化”建设】 2014 年，佛山市人防办推进人防机关“准军事化”建设工作。按照“四有”“八室一库”“九个统一”的标准，完成荣誉室、战备值班室建设工作；规范图书管理目录；编印

“准军事化”建设工作资料5册共32万多字。佛山人防机关“准军事化”建设工作得到进一步加强。

（刘翠丽）

国防教育

【综述】 2014年，佛山市国防教育工作紧紧围绕全市中心工作，以培育“全民支持富国强军、人人参与国防建设”的社会氛围为目标，广泛深入、扎实有序地组织开展各种形式的国防教育工作，激发全市干部群众的爱国主义热情和国防意识。

【“八一”建军节期间国防教育活动】 2014年，佛山市在中国人民解放军建军纪念日（“八一”建军节）前后，以播放国防题材影片、召开座谈会、派发宣传单等形式开展国防教育宣传活动；组织市、区、镇四套班子成员过军事日活动，以射击训练、部队探访、参观国防现代化装备、体验部队“一日兵”生活等多种形式，增强领导干部的国防意识、团队意识。通过活动，有效增强广大干部和人民群众关心国防、支持军队建设的责任感和自觉性。

【清明节期间祭英烈活动】 2014年4月3日，佛山市国防教育办组织市有关单位和部队领导、机关干部、佛山驻军代表、军烈属、复员退伍转业军人代表和各界群众代表、学生代表及志愿者代表在佛山市禅城区铁军公园举行2014年佛山市祭奠革命先烈大会，通过为革命先烈敬献花圈、唱爱国歌曲、党员重温入党誓词、学生成人礼宣誓等活动，引导人们不忘传统、开拓进取。同时按照中央文明办要求，于3月26日至4月10日期间，在全市未成年人中开展“我们的节日·清明”网上祭英烈活动，通过网上献花、鞠躬、发表感言等形式，引导未成年人慎终追远、缅怀先烈，铭记革命先烈的光荣事迹。

【国防教育青少年演讲比赛】 2014年，佛山市国防教育办在全市中学中组织开展了以“海洋梦·青春行”为主题的第二届“南粤长城杯”佛山市青少年学生演讲比赛活动，引导青少年学生认识海洋、关心海洋、热爱海洋。参加比赛的12名选手结合自己对国防教育的理解及感悟，通过鲜活的内容、感人的事例，用深情激昂、富有感召力的语言进行了精彩生动的演讲。活动最终选出初中组、高中组共4名优秀选手进入“南粤长城杯”广东省总决赛，并在总决赛中获一等奖1名、二等奖2名及三等奖1名。市国防教育办公室获该比赛“优秀组织奖”。

【“努力建设巩固和强化军队、为实现中国梦提供坚强安全保障”专题讲座】 2014年9月19日，佛山市国防教育办邀请市委常委、军分区政委李玉林在佛山科学技术学院作题为“努力建设巩固和强化军队、为实现中国梦提供坚强安全保障”的专题讲座。李玉林用大量科学翔实的资料和生动鲜活的实例，系统地分析了当前我国安全面临的严峻挑战，详细地阐述了我国军队有决心有能力保卫国家主权和安全，寄望广大党员干部要眼里始终有忧患、胸中始终有国防、肩上始终有担当，不断增强忧患意识和责任意识，军地合力共同铸就强军梦，有力托举强国梦。

（狄春玉）

人民团体

市总工会

【综述】 2014年，佛山市已建基层工会组织22506家，涵盖法人单位32349家，会员154万人。是年，全市各级工会组织在市委和广东省总工会的领导下，加强工会维权、帮扶、服务一体化建设，重点开展为职工服务“十件实事”活动，团结动员广大职工在佛山市加快实现“三个定位、两个率先”目标的生动实践中展现新风貌，作出新贡献。同时，工会经费地税代收工作平稳有序推进，为职工服务的物质基础得到增强；工会经费审计监督常态化发展，经审工作规范化建设全面推进；教育工会工作稳步推进，广大教职员工为全市教育事业发展作出积极贡献；工会女职工委员会认真履行职责，开展女职工喜闻乐见的文体活动；努力协调市总工会及下属事业单位拆迁安置工作，确保工会资产保值增值；对外联谊交流、信息统计、退休职工管理等工作取得新成效。

【先进劳动者模范带领】 2014年，佛山市总工会深入开展“出彩2014·精湛技艺强素质”为主题的劳动竞赛和群众性经济技术创新活动，为全市经济发展建功立业。组织带动70多万名职工广泛开展各类职工职业技能比赛、重点交通工程建设劳动竞赛和“工人先锋号”创建活动，推动职工职业技能水平全面提升。注重发挥劳模示范引领作用，深入开展劳动模范“六进”大型爱心公益活动。加大“劳模创新室”创建力度，累计创建完成102个“劳模创新室”。以特定劳动群体为对象，在护士节、教师节、环卫工人节等各劳动者的节日期间，广泛开展选树“最美天使”“最让我感动的老师”“最敬业城市美容师群体”等活动。

【职工权益维护】 2014年，佛山市总工会坚持源头参与维护职工权益，加强劳动关系三方协商、工资集体协商、工会法律服务等体制机制建设，职工合法权益保障力度不断加大。出台《关于在我市企业全面推进工资集体协商工作的实施意见》，选聘一批市、区工资集体协商专职指导员。推动市协调劳动关系三方四家组成联合督导组，深入各区开展工资集体协商专项督导工作。坚持做好网络条件下的职工信访工作，建立完善市、区总工会官方微博、网站、“12351”维权热线、网络发言人平台、困难职工帮扶中心和三级外来工维权服务中心等职工诉求表达渠道。成立市、区应急处置领导小组和应急处置小分队，加强对职工维权维稳工作的组织领导和统筹协调，坚决抵制境外势力对工会组织和职工队伍的渗透影响。

【服务职工“十件实事”】 2014年，佛山市努力促进工会服务职工由“拾遗补缺型”向“适度普惠型”转变，将工会服务资源向外来工群体适度倾斜，逐步建立市、区、镇（街）、企业四级职工服务体系，服务职工“十件实事”取得良好成效：累计发动职工参加在职职工住院医疗综合（津贴）互助保障计划60506人次，全年理赔173人，赔付金额11.62万元，有效缓解患病职工家庭经济压力；组织1万名从事特殊行业的职工免费体检，关注职工身心健康；组织1万名优秀职工参观佛山建设新面貌，感受佛山城市发展的变化和成就；组织3000多名外来工子女参加“七彩候鸟站”暑期夏令营活动，增强对佛山城市的认同感和归属感；组织开展56场单身职工婚恋交友活动和第二届职工集体婚礼，满足他们向往幸福的需求；创建“职工心灵驿站”20家，为企业职工特别是青年职工提供心理咨询服务；完成创建“职工快乐大舞台”10家，为职工送去丰富多彩的文化活动；为1000多名职工提供免费学历教育，帮助他们实现继续深造的梦想；向62740人次困难职工家庭提供帮扶服务，使用帮扶资金732万元，解决职工最关心最直接最现实的利益问题；开展“秋光艳·夕阳美”退休职工系列文娱活动13场次，丰富退休职工精神文化生活。

【职工精神文化服务】 2014年，佛山市深入推进“中国梦·劳动美”主题活动，推动工会文化、职工文化、企业文化建设，不断丰富职工群众多层次、多样化的精神文化生活。进一步拓展职工文体阵地，推动“职工服务活动中心”、工人文化宫等职工文体设施纳入公共文化服务体系和文化惠民工程。结合青年职工的文化需求实际，探索开展“网上职工书屋”、网络宣传教育等工作，搭建实体与网络衔接互动、形式与功能不断完善的服务平台，为职工提供方便快捷优质的文化服务。鼓励支持有条件的企事业单位完善职工文体活动设施，为丰富职工精神文化生活创造更好更多的平台和载体。

【工会组织建设】 2014年，佛山市依法推动企业普遍建立工会，工会组织体系更加完善。把创建“职工之家”、开展“双亮”活动作为重要载体，依法开展基层工会民主选举，推进工会组织规范化建设，努力建设职工群众信赖的“职工之家”。加强工会干部培训工作，组建工会讲师团送课到基层，推动工会主席、财务经审干部等培训，努力把工会干部培养成为职工群众信赖的“娘家人”。全年开展培训38期，培训工会干部6100人次。

【佛山首份市级行业工资集体协议】 2014年12月18日，佛山市首份市级行业工资集体协议——《佛山市旅游行业工资集体协议》成功签订。签字仪式上，市总工会领导和佛山中旅、禅之旅、和平国旅、新之旅等旅游企业工会负责人作为劳方代表，市旅游协会领导和佛山中旅、禅之旅、和平国旅、新之旅等旅游企业的负责人作为资方代表，共同签订了《佛山市旅游行业工资集体协议》，广东省总工会基层组织建设部部长周驷耕出席活动并致辞。

根据协议，市旅游行业最低工资标准为1400元/月。在企业生产经营正常的情况下，职工实际工资收入导游不低于2600元/月、司机不低于2500元/月、行政内勤不低于2200元/月，其他未罗列的各岗位的职工每月实际工资收入不低于1400元/月。实际工资收入，即为职工依法缴交相关税、费之前的全部现金收入，包括正常工作时间工资、加班工资以及其他所有现金性收入。

【“五一”国际劳动节庆祝大会】 2014年4月28日，佛山市总工会在市委机关小礼堂召开佛山市“五一”国际劳动节庆祝大会。市委常委、组织部部长李雅林，市人大常委会副主任、市总工会主席黄建丰出席大会，市获得全国五一劳动奖状（奖章）、全国工人先锋号、省五一劳动奖状（奖章）、省工人先锋号的先进单位代表和先进个人，以及各级工会主席、工会干部代表等共200多人与会。大会宣读了表彰决定，并为佛山市获得2014年全国五一劳动奖状、2014年全国五一劳动奖章、2014年全国工人先锋号、2014年广东省五一劳动奖状、2014年广东省五一劳动奖章、2014年广东省工人先锋号的先进集体和个人颁发了奖状（奖章）、奖牌和证书。

2014年佛山市获全国五一劳动奖状、全国五一劳动奖章、全国工人先锋号名单

奖项	获奖集体（个人）
全国五一劳动奖状	广东省九江酒厂有限公司
全国五一劳动奖章	梁家兰
	梁宜广
	王康平
全国工人先锋号	佛山市川东磁电股份有限公司温控器车间
	佛山市地方税务局纳税服务科

2014 年佛山市获广东省五一劳动奖状、广东省五一劳动奖章、广东省工人先锋号名单

奖项	获奖集体（个人）
广东省五一劳动奖状	广东新怡内衣集团有限公司
	广东一方制药有限公司
	佛山永久纸业制品有限公司
	一汽－大众汽车有限公司佛山分公司
广东省五一劳动奖章	李忠青
	曾照有
	林晓生
	陈志兴
	彤彦伟
	刘忠华
	郭晓玲（女）
	许时彰
广东省工人先锋号	佛山市禅城区张槎街道行政服务中心窗口服务组
	佛山市南海佛广公共汽车有限公司 232 线路
	广东高明农村商业银行股份有限公司荷城支行
	佛山海尔电冰柜有限公司注塑班组
	佛山市汽车运输集团有限公司公交分公司 153 线

【“五走访”服务基层活动】 2014 年 3 月 22 ~ 31 日，佛山市总工会开展以“走访一个区总工会、走访一个镇（街）总工会、走访五个企业工会、走访五名劳模、走访五名困难职工”为主要内容的“五走访”服务基层活动。活动由市总工会领导班子成员分别带队，深入基层开展工作调研，听取企业、基层工会干部、劳模及一线职工的意见和建议，帮助他们解决经营、工作和生活等方面遇到的热点难点问题，发挥工会作为党联系职工群众的桥梁纽带作用。

“五走访”活动开展期间，各调研组共走访 4 个区总工会、11 个镇（街道）总工会以及 30 多家各类企业工会，与近 300 名企业管理人员、基层工会干部、劳模、一线职工进行座谈，收集归纳意见建议 27 条，并为 36 名困难职工发放慰问金合计 3.6 万元。

（蓝　星）

共青团市委

【综述】 2014 年，佛山市共有基层团委 560 个，基层团工委 37 个，团总支 455 个，团支部 8600 个，共青团员 22.94 万名，团干部 13212 名，其中专职团干 252 名。团市委机关内设三部一室，包括办公室、组织部、宣传部和志愿者工作部，下属一家公益二类事业单位佛山市青少年文化宫。

2014 年，佛山团市委围绕中心、服务大局，在加强基层组织建设、强化青少年思想引导、支持青年投身改革发展实践、服务青少年成长发展等方面做出努力。佛山市南海区西樵镇团委获 2014 年度全国五四红旗团委（团支部），共青团佛山市三水区委书记钱小霞被评为“广东省十佳团县委书记”，佛山市南海区丹灶镇云溪社区团总支被评为广东省五四红旗团支部标兵。在 2014 年团广东省委重点工作考核中，佛山共青团以扎实的业绩名列广东省首位。

【青年思想引导】 2014年，共青团佛山市委强化青年思想引导，夯实理论基础和宣传阵地。

坚持以社会主义核心价值观为指引，将共青团工作与党政中心工作紧密融合，通过新媒体手段，开展“非物质文化遗产之旅”“寻梦杰青”等宣传教育活动，在全市青年群体中大力弘扬社会主义核心价值观，为青年树立“中国梦”“佛山梦”，不断增强团组织对青年的吸引和凝聚，引领青年沿着正确的方向健康成长。

7 月 10 日，共青团佛山市第十四次代表大会成功召开，有力地凝聚了团员信念。团市委以开展党的群众路线教育实践活动为契机，引导青年把握时代特征，把青春梦与中国梦相联系，以“微志愿”

推动“微文明”，从而实现“大文明”，着力传播城市文明正能量，激发社会主义核心价值观在青年一代中扎根发芽。

【青年成长发展服务】 2014年，共青团佛山市委服务佛山产业转型升级，促进青年成长成才。

围绕佛山社会建设的中心工作与战略目标，先后成功举办“非WO莫属”大学生创业设计大赛、时代地产首届佛山青年创业大赛、首届中国青年创新创业大赛广东地区赛、“邮储银行杯”青年涉农产业创业创富大赛等多个青年创业比赛。特别是通过承办首届中国青年创新创业大赛广东地区赛，在全市掀起青年创业创新的热潮。

推进“启航计划”，依托产业园区建立2家市级青年创业孵化基地，并推动南海区成为全省唯一的广东省青年创新创业示范区。

推进“展翅计划”，向社会组织购买服务，深入校园和人才市场举办专题招聘会。在1034多家企业成立见习基地，提供岗位8361个，10179人报名见习对接，成功上岗3880多人。

服务新生代产业工人学历提升，连续第四年开展“圆梦计划”项目，由团市委、市人社局、市财政局、市教育局等多家单位联合佛山市科学技术学院等高校和教育机构，资助新生代产业工人提升学历，旨在提升人才竞争力，提高企业青年员工的归属感和稳定性，有效服务佛山产业转型升级。全年帮助1000名学员解决每人2000元学费补贴，促进新生代产业工人提升素质、成才发展。

【枢纽型团组织建设】 2014年，共青团佛山市委致力于打造枢纽型组织，强化协作，不断加强与提升团组织建设。一是强化团组织的基层服务能力。团市委督导各级团组织落实“三会两制一课”制度，深化推优入党工作；有序开展“五四”表彰评选活动，鼓励团员青年“创先争优”；成立大学生村官协会，加强对该群体的指导培养；组织34名先进集体代表和个人开展“千名团干讲团课”，覆盖团员青年3926人；针对基层团干开展专题培训，全市有7个街道成立了区域共建委员会，直属“两新”团组织296家；深化农村基层团组织结对共建和乡镇实体化“大团委”建设，打造市、区、乡镇团干部微信群和农村基层组织网络。至年底，佛山市已新建非公企业团组织314家，提前超额完成共青团广东省委分配的目标任务，覆盖青年15975人、团员4664人。二是充分发挥青少宫功能，促进少先队工作。在市少工委指导下，市青少宫先后与佛山九小、东平小学合作，成功建立了佛山九小和东平小学校外教育教学基地。打造全市首个纯公益青少年艺术团队——红领巾艺术团；开展筑梦佛山·律动新城——佛山市流动青少宫进东平小学等5所学校活动，覆盖人数达5000多人。三是加强青少年网络教育引导及校内外阵地建设。探索依托新媒体技术，构建学校共青团网络阵地新体系。全年组建网络宣传员队伍2支，其中，青年网络宣传员队伍约1400人，争做网上舆情信息的“采集器”、网上负面声音的“消减器”；学校青年网络宣传员队伍约2000人，立足校园论坛网络、放眼校外媒体媒介，引导广大青年学子理性思考、正面发声。

【青年志愿服务】 2014年9月22日，依托佛山市青年志愿者协会及各区志愿者组织（团队），召开佛山市志愿者联合会第一次代表大会，成立了佛山市志愿者联合会。是年，全市投入使用的“志愿V站”近20个。开展关爱农民工子女志愿服务，全市参与结对的志愿者组织55个，参与关爱行动服务志愿者人数2183人，针对关爱农民工子女的志愿服务内容已覆盖1796人次。是年，佛山被确立为广东省青少年社区矫正工作试点城市，团市委坚持“教育、感化、挽救”的工作方针，将社区矫正工作与社会管理创新相结合，共同推进青少年社区矫正社会化发展。

【青少年交流学习】 2014年，共青团佛山市委举办“佛港澳青年国情研修班”、各地市青年企业家经济座谈会及各类联谊交流活动，组织青年企业家走进上海复旦大学，开展新生代企业家培训班；与共青团云浮市委签订了共建合作框架协议，协议涵盖扶持云浮产业工人在职教育、少先队结对帮扶、提升云浮团干及志愿者骨干培训、青年企业家交流、“健康直通车”送医送药等8个方面内容；与新疆维吾尔自治区喀什地区伽师县就开展对口支援工作签订任务书，计划连续3年，每年组织90名青少年来粤开展“各族少年手拉手”夏（冬）令营交流活动。同时，与伽师县签订“粤喀600”助学金捐赠协议书，计划发动社会爱心力量募集善款，通过“一帮一”结对助学的形式专项用于帮扶伽师县困难青少年。

（杨　超）

妇联工作

【综述】 2014年，佛山市有市、区妇女联合会6个，镇（街道）妇女联合会32个，村（社区）妇女联合会（妇代会）735个，市级妇女社会组织57个。市、区、镇（街道）、村（社区）妇女组织组建率达100%。

2014年，全市各级妇联组织在市委、市政府的领导和上级妇联的指导下，深入贯彻落实党的十八大和十八届三中、四中全会、习近平总书记系列重要讲话精神，坚持党建带妇建，围绕中心、服务大局，以深入开展群众路线教育实践活动为契机，优化妇女组织建设、密切关注妇儿需求、推进妇儿民生服务，推动解决妇女儿童最关心、最直接、最现实的利益问题，为促进佛山市妇女儿童工作的持续发展作出应有贡献。

【家庭服务中心建设】 2014年，佛山市家庭服务中心建设被列为市“城乡社区建设提升年”中要全面完成的城乡社区基础设施“六个一”工程建设之一。至年底，全市已建家庭服务中心27间（不含顺德区，其中南海区、高明区实现家庭服务中心所有镇街全覆盖），服务覆盖范围包括了166个社区（村），服务总人数178万人，其中常住人口101万人，流动人口77万人。各家庭服务中心基本能体现服务手法专业、人才配备到位、服务平台广泛，成为妇联参与基层社会治理创新的重要抓手。

【妇女“两癌”救助】 2014年，佛山市妇女“两癌”（宫颈癌、乳腺癌）救助工作扎实开展。一是2014年6月，市妇联联合市民政局和市慈善会共同制定《佛山市妇女“两癌”医疗救助项目实施方案（试行）》，进一步在全市范围内对患有“两癌”的困难妇女及时开展医疗救助工作，至年底，全市共有21人得到救助，发放医疗救助金27.5万元。二是市妇联联合市第一人民医院、市妇幼保健院等开展妇女乳腺癌和宫颈癌义诊和免费筛查活动，共为200名贫困妇女提供宫颈癌筛查、为100名贫困妇女提供乳腺癌筛查服务。三是市妇联先后联合南海区机关幼儿园、市民政局等单位开展“双丝带”飞扬行动，发动师生和家长举行“小爱大爱，情系双丝带”爱心义卖、开展慈善漫步及义卖筹款等活动，筹得善款45612.3元，专项用于“两癌”贫困妇女的医疗救助。四是市妇联与有关社会组织合作开展“助力援爱——佛山市女企业家协会救助乳腺癌、宫颈癌贫困妇女项目”，30位户籍患病贫困妇女受益。

【儿童关爱服务】 2014年，佛山市关爱儿童服务到位。一是营造儿童成长的良好氛围。市妇联全年开展“家庭教育大讲堂进社区（村）”送课活动500余场，受惠家长5万人次；举办“家庭教育巡回报告会”1场，受惠群众3000多人；举办“与孩子心灵的论坛”14场，受益家长和学生3970多人次；举办“心手相牵　共同成长”专题沙龙18场，受益家长约540人次。探索开展“佛山市网上家长学校”，指导市儿童活动中心举办“童心·童梦·我的家”首届佛山市儿童环保创意作品展，为儿童成长营造良好的教育氛围，促进儿童健康成长，打造佛山特色的儿童服务品牌。二是关爱留守儿童、困境儿童成长。市妇联开展特殊儿童群体关爱活动，联合市儿福会开展“爱润孩子　助力成长”扶贫助学系列活动，共资助156名儿童，并多次组织入户探访。先后组织近600多名困境儿童、残障儿童、留守儿童参加“共享蓝天　快乐成长”公益儿童冬夏令营。开展“六一”儿童节系列慰问活动和“心连心，我们在一起——关爱农村留守儿童”活动，为佛山市特殊儿童群体提供暑假公益兴趣学习、外展活动和交流活动，传递社会温暖和关爱，帮助他们健康成长。三是深入开展儿童教育社会调研。市妇联组织调研佛山市残疾儿童少年十五年免费教育工作，开展佛山市0～3岁儿童家庭和机构教养状况调查研究与佛山市0～3岁儿童教养机构建设方案，探索适合佛山市实际情况、能充分运用现有资源的 0 ~ 3 岁教养支持中心的建设模式。

【特困妇女帮扶】 2014 年，佛山市帮扶困境妇女工作有实效。一是开展节日慰问送温暖。春节期间，慰问“情暖母亲 爱润孩子”项目共 200 户单亲特困母亲；母亲节前夕，发动市女企业家协会入户慰问禅城区 10 户单亲特困母亲家庭。二是组织公益活动献爱心。市妇联继续与市邮政局联合发动市民参与“寄送母亲邮包，传递爱心幸福”母亲邮包寄送活动，捐出爱心邮包 200 多个，总金额 2.28 万元；市女企业家协会启动“微关爱”公益慈善项目，通过会员自愿认捐“微保险”“微暖流”“微救助”等项目，共筹集善款 17.69 万元。三是利用临时救助解难题。对禅城区、高明区共 3 户特殊性困难的单亲特困母亲家庭进行临时性救助，帮扶金额共 1.2 万元；帮助 23 户单亲特困母亲家庭顺利申请“小强热线”爱心基金救助，救助总金额 5 万元。

【妇女维权】 2014 年，佛山市妇女维权服务扎实有效。一是深入基层开展妇女维权普法宣传活动。利用节假日在社区、公园开展户外普法宣传咨询活动，大力宣传《妇女儿童权益保护法》《婚姻法》《劳动法》和男女平等基本国策等政策法规。坚持落实“主席接访日”，定期邀请妇女代表接访，主动贴近群众，倾听妇女心声。市层面共举办户外普法宣传活动 7 场次，媒体报道 24 次（其中电视媒体 4 次），活动参加人数 4000 多人次，派发各类宣传单张 2.16 万张，获得“广东省妇女维权与信息服务站优秀外展服务”奖项。二是多渠道维护妇女权益。不断拓展窗口咨询服务、电话咨询服务、网络咨询服务等服务载体，开通“佛山妇联”微博、微信平台，开辟广东省妇女维权与信息服务项目（佛山站）专栏，打造“网上妇联维权站”，满足妇女群众的不同需求。全年共处理群众来访来电来信（含网络）信访咨询案件 1556 宗，服务 1739 人次。三是信访调解专业化。借力丰富的专业志愿者资源，发挥“妇工+社工+心理专家+律师”组合的调解服务模式优势，开展法律服务、心理咨询、婚姻辅导、家庭教育、调解等专业服务，为群众排忧解难，化解纠纷。全年全市共开展各类个案咨询服务 303 宗。

【妇女个人和妇女组织表彰】 2014 年，佛山市评选命名市“三八红旗手”25 名、“三八红旗集体”10 个，推荐 27 个集体、6 名个人获广东省妇联授予的荣誉称号，带动妇女群众学先进、赶先进，发挥妇女在经济发展和社会建设的积极作用。结合全国、广东省妇联要求，在全省率先全面开展“巾帼文明（标兵）岗”复查工作，确保巾帼文明（标兵）岗的先进性、示范作用。

【妇女创业与发展】 2014 年，佛山市继续在高明区、三水区开展妇女小额担保贷款工作，帮助妇女创业致富。至年底，全市累计有 753 名妇女成功获得贷款共 5131.9 万元。是年，佛山市妇联被评为 2011 ~ 2013 年小额贷款项目实施先进单位。

市妇联与市农业局联合召开“2014 年佛山市妇女增收致富支持行动暨农村女致富带头人培训交流会”，共命名 6 个市巾帼创业示范基地（种养类），其中南海区里水袁志敏农场成为第五批广东省巾帼创业示范基地（种养类），三水区大塘镇舜兆蔬菜专业合作社获得 2014 年中央农民专业合作组织发展资金 25 万元。

佛山市有效发挥社会组织中妇女的作用。一是以市直妇工委为依托，联合市委组织部举办科级女干部培训班，借助市妇联“女子学苑”，常年开设文化、艺术、健身等业余培训班，为女干部搭建赋能增值的平台。另外，举办市妇联系统干部团队培训班及市直妇工委“性格色彩解读”培训班。二是发挥市妇联社会组织培育发展中心的作用，加强与各团体会员的联系与服务。举办市社会组织妇工委工作交流会和妇工委骨干培训班，组织参观、考察活动，增进社会组织的联谊共融。开展市社会组织妇工委送服务进基层活动，引导社会组织、妇女组织参与关爱妇女、儿童、家庭社会服务。动员、支持、指导相关社会组织参加第二期“集思公益，幸福广东——支持妇女计划”项目申报，有 4 个项目入选。支持市女企业家协会开展工作，举办“2014 年佛山市女企业家协会‘秋之韵’年会暨‘微关爱’公益慈善项目启动仪式”，在联谊、学习、慈善、社会公益方面迈上新台阶。市女企业家协会连续 5 年获广东省先进协会荣誉称号。

佛山市女性干部进村、居“两委”比例有所提高。村、居“两委”换届完成后，全市（不含顺德区）532个村、社区100%配备了女委员，村、居“两委”女委员共有1086人，其中任“两委”正职人数115人，书记、主任“一肩挑”人数112人。

2014年7月22日，佛山市妇联、市农业局联合在三水区大塘镇“召开2014年佛山市妇女增收致富支持行动暨农村女致富带头人培训交流会”，并为佛山市巾帼创业示范基地（种养类）授牌。

【家庭文化建设】 2014年，佛山市广泛铺开“平安家庭”创建工作，加大“六防”“六无”宣传力度，“平安家庭”创建覆盖率达99.3%。开展文明家庭创建活动，在全市“妇女之家”全面开展寻找佛山“最美家庭”活动，评选出30户“最美家庭”，全市共有52个家庭和个人获广东省寻找“最美家庭”系列活动表彰。开展“心目中最美家庭”大讨论，举办“讲出你心中的故事”征文活动和“百场电影进村居”活动，为基层送出电影112场。举办2014年“美丽佛山　幸福相聚”家庭认养茶花及摄影活动，推动社会形成家庭和谐、邻里和睦、传颂美德的良好氛围。

【佛山市妇女第十二次代表大会】 根据《中华全国妇女联合会章程》有关每届任期5年的规定，经请示市委、市政府，2014年12月18日，佛山市妇女第十二次代表大会在市政府大礼堂召开，来自全市各条战线的346名妇女代表和特邀代表出席会议，市委书记刘悦伦出席会议并作重要讲话。会议全面总结了过去五年佛山市妇女事业和妇联工作取得的成就，明确新形势下妇女工作的奋斗目标，部署今后五年妇联工作任务，通过曾颖代表市妇联第十一届执行委员会作的题为《凝心聚力　开拓创新　团结动员全市妇女为建设美丽幸福佛山而努力奋斗》的工作报告，并选举产生佛山市妇女联合会第十二届执行委员会和新一届领导班子。曾颖为新一届市妇联主席。

【基层妇女组织建设】 2014年，佛山市妇联紧紧抓住村、居“两委”换届的有利契机，全面推进村、社区妇代会改建妇联工作。6月底，全市220个村、312个社区妇代会100%完成了改建工作，共产生村居妇联主席532名，妇联执委委员3239名。村、社区妇联的建立，推动了基层妇女参与社会管理工作。

【“妇女之家”建设】 2014年，佛山市在村、社区“妇女之家”全覆盖的基础上，根据《佛山市“妇女之家”管理手册》要求，开展“妇女之家”特色活动项目评选活动、“妇女之家”示范点推荐活动，择优评选25个佛山市“妇女之家”特色活动，创建省级“妇女之家”示范点共43个，市级示范点17个，优秀“妇女之家”80个，组建716支巾帼健身队（参与人数近3万人）、巾帼志愿服务队567支（志愿者10788人）、妇女互助小组524个（组员达4491人）。打通联系妇女群众“最后一公里”，实现“零距离”“微关爱”服务妇女群众。2014年广东省全省妇联“妇女之家”示范点建设工作会议在佛山顺利召开。

（市妇联）

市残疾人联合会

【综述】 佛山市残疾人联合会是经佛山市政府批准于1989年12月正式成立的全市性残疾人事业团体，具有代表、服务、管理三种职能：代表残疾人的共同利益，维护残疾人的合法权益；团结教育残疾人，为残疾人服务；履行政府委托的部分行政职能，管理和发展残疾人事业。2014年，佛山市残疾人联合会机关内设办公室和综合业务科2个科

（室），直属事业单位有佛山市残疾人综合服务中心、佛山市新希望康复门诊部、佛山市听觉语言康复中心和佛山市残疾人用品用具供应服务站。据第二次全国残疾人抽样调查，佛山市有残疾人 20.76 万人，占全市总人口 5.8%，全市持二代残疾人证 63318 人。

2014 年，市残联以残疾人社会保障体系、服务体系建设为抓手，以“加快转型升级、建设幸福佛山”为目标，深入践行党的群众路线教育实践活动，推动以保障残疾人基本生活、医疗、康复、权利及教育、就业、文化发展等需求为导向的服务创新，充分履行“代表、管理、服务”职能，努力推动佛山市残疾人事业快速发展。

【扶残助残】 2014 年，佛山市残联出台《佛山市残疾人参加城乡居民社会养老保险补贴办法》，全市有 9000 多名残疾人可享受本项补贴，补贴总金额 300 多万元。

筹备出台《佛山市残疾人保障规定》，为全市残疾人享受更多社会文明提供保障。

推进市残疾人职业康复中心工程（市重点民生工程）建设，为佛山市残疾人教育、康复、托养等提供更全面服务。

实施“珠江三角洲城市公共交通导盲系统”及“为视障人员免费配发读屏软件”2 个广东省助困扶残民生实事项目，分别惠及 400 名和 1300 名视力残疾人。

做好开展“残疾人基本服务状况和需求专项调查”准备工作，为摸清全市残疾人底数，制订“十三五”规划提供科学基础。

注重关心慰问贫困残疾人。在春节、助残日等重大节日组织走访慰问各区贫困残疾人 80 户，将党和政府的关爱切实送到他们心中。

【残疾人康复】 2014 年，佛山市残联加大对脑瘫、聋儿语训及假肢安装等康复项目救助力度，上半年对 50 名残疾人实施康复救助，7 月 1 日，残疾人康复救助以政府向社会购买残疾人康复服务形式实施后，开展 5 批康复救助，救助 226 人。

推行实施政府向社会购买残疾人康复服务项目。通过出台《佛山市残疾人康复救助暂行办法》和《佛山市残疾人康复救助定点服务机构管理制度》等政策性文件制定行业规范，通过招标方式确定 25 家机构为今后 3 年内佛山市残疾人康复救助定点服务机构。对这些定点服务机构实行严密检查、监督，有效挖掘市场潜力、减轻政府负担。

在全市残疾儿童中开展“阳光行动”专项活动。组建“阳光心理专家团队”，上门为残疾儿童及其家庭进行心理辅导；为残疾儿童家庭在职家属提供每月一次“阳光户外”活动，对残疾儿童一对一亲情陪护，惠及 14 位残疾儿童及家庭；提供关于残疾儿童康复系列服务，举办自闭儿童康复机构师资培训班、开展“自闭症关爱日”系列活动、残疾儿童出生预防及筛查等工作。

佛山市接受社区康复服务残疾人9153人、白内障复明手术2755人、听力语言残疾康复92人、肢体残疾康复1739人、智力残疾康复636人、精神病防治康复18542人、辅助器具供应服务2647人，高效完成广东省下达康复任务。

【残疾人就业服务】 2014 年，佛山市残联通过以培训促就业的方针推动残疾人就业工作稳步推进。截至 11 月底，全市已就业残疾人 12017 名，就业率 69%。

深入开展残疾人职业能力评估项目建设。该项目于 2012 年启动，经过 2 年研发和试行，成功研发 17 套测评工具，完成全市测试采样 5000 人次，为了解残疾人基本功能、心理状态和社交技能，评估其是否具备就业条件提供了科学依据。至年底，确定包括餐厅服务、收银、酒店房务、陶艺工种的仿真场地测试，整个项目建设周期预计为 3 ~ 5 年，总投入约 600 万元。

多种形式开展培训工作。委托专业公司对佛山市残疾人培训需求进行调查摸底，以电话咨询方式对 1250 名残疾人进行调查核实，准确把握全市残疾人培训需求。针对需求，采取学校、企业、残疾人“三联合”方式开展形式多样的培训，创新性采用“订单式培训”提高就业成功率。全年开展电子商务、烹饪、计算机等多个项目培训班，培训各类残疾人 519 人次，超过 30 名学员培训后实现对口就业。

采取有效措施，为残疾人就业工作创建有利条件。包括：按比例安排残疾人就业工作，实现将残疾人就业年审纳入政府网上办事大厅办事事项；每年组织举办残疾人就业专场招聘会；对123家安置残疾人就业多的用人单位，进行就业扶助政策落实情况反馈调查；送手语课程进企业，开展雇主培训；督促各区做好《残疾人就业和职业培训状况实名制系统》录入工作，为残疾人工作提供数据支持。

是年，佛山市3名选手获得全国残疾人岗位精英赛陶艺项目第五、第六名；选送16名选手参加省第五届残疾人职业技能竞赛9个项目竞赛，计算机（文本处理）、CAD机械制图、工艺编针（钩针）、盲人按摩师等项目获一等奖，剪纸获二等奖，市残联获团体第三名、优秀组织奖。

【残疾人教育工作】 2014年，佛山市特殊教育工作较往年有突破。市残联密切配合市教育局开展适龄重度残疾人儿童少年送教上门服务工作，完成信息核查及相关工作；配合市教育局实施《佛山市特殊教育提升计划》，保障残疾人受教育权利。

建立佛山市残疾人继续教育培训基地。开设奥鹏网络远程教育专科和佛山电大开放教育大专、中专等教育课程，对报名参加课程教育且取得所报专业毕业证的残疾人减免50%学费。6名残疾人运动员在读奥鹏网络远程教育专科、2名就读佛山电大中专教育课程。

协调做好全市普通高考残疾学生申报登记、录取工作；协助市启聪学校、省培英学校及各特殊教育学校做好2014年招生工作。

【残疾人宣传文体工作】 2014年，佛山市残疾人宣传文体工作有新发展。佛山市选送作品《春风拂槛最惠民》获第三届全省残疾人曲艺大赛表演奖一等奖，市残联获创作奖、辅导奖；选送作品参加第三届全省残疾人艺术作品大赛获3个二等奖、3个三等奖，市残联获组织奖。

市残联大力宣传残疾人事业，宣传稿件中残联网站采用12篇、《广东残疾人》杂志4篇、广东省残联网站43篇，市残联网站64篇、政务微博323条；完成市残联网站无障碍建设、改版工作；与佛山电视台合作播放手语节目及助残公益广告，与佛山电台合作播放助残公益广告，参加“民生直通车”节目，在线为残疾人答疑解惑。

市残联举办残疾人书画培训班，开展“中国梦”为主题的各项文化活动。

佛山市残疾运动员在国内外比赛中成绩显著。林福荣、林萍等5名运动员在仁川亚残运会取得12枚金牌、6枚银牌、2枚铜牌、1项第五、2项第六，并打破5项亚洲记录；曹远航在国际赛事2014年IPC田径大奖赛中获得1枚金牌、1枚银牌。国内比赛中，选送12名选手参加残疾人自行车比赛项目、残疾人游泳锦标赛、残疾人田径锦标赛、盲人柔道锦标赛、残疾人射箭锦标赛、残疾人射击锦标赛等，获得21枚金牌、12枚银牌、6枚铜牌、2项第四、2项第五、4项第六。佛山市是广东省聋人篮球、游泳基地，市残联做好基地后勤服务、安全管理及加强集训等工作，严抓残疾运动员日常训练和选拔培养工作，促进该两个项目的广东省代表队在相关全国比赛中取得优异成绩，其中在2014年全国残疾人游泳锦标赛上，广东省代表队共夺得14枚金牌、12枚银牌、8枚铜牌和团体总分第三的成绩，而在第九届全国残疾人运动会聋人篮球比赛中，广东省代表队亦获团体第三的成绩。

2014年，佛山市成功举办了残疾人乒乓球、羽毛球锦标赛。

【残疾人维权】 2014年，佛山市残联协调相关部门妥善处理残疾人机动轮椅车运行问题，并到广州、深圳、东莞等地学习先进管理经验，为出台规范性文件提供依据；开展第二批“残疾人维权工作达标市”创建工作；妥善处理残疾人来信、来访、“12345”热线等各项工作，为残疾人排忧解难；做好平安创建工作。综治暨平安创建工作实现了刑事案件、治安案件、重大事故、经济犯罪、违法乱纪行为“五无”。

（吴新来）

第五篇

法　　制

FOSHAN YEARBOOK

法　　制

佛山市委政法委

【综述】 2014 年，佛山市各级政法机关在市委、市政府和上级部门的正确领导下，结合党的群众路线教育实践活动等各项工作，全力维护社会稳定、促进社会公平正义、保障群众安居乐业，成效明显。

【社会大局持续稳定】 2014 年，佛山市政法部门以“社会矛盾化解年”工作为主线，通过压实“一把手”第一责任、区级的主体责任，以及牵头部门主导责任，严防死守、依法打击、标本兼治，有力维护社会稳定。

矛盾纠纷化解成效显著。各级各部门积极排查突出矛盾纠纷，化解率为 96.1%；其中纳入广东省台账、佛山市台账的化解率为 100%。特别是在化解涉农矛盾纠纷方面，通过落实包案责任、推进法治村（居）建设、努力建设阳光财务村务、加强农村综治维稳力量、创新民意沟通机制等措施，积极稳妥解决矛盾最集中的突出问题，取得较好成效。市委副书记李子甫在全省推进涉农矛盾化解工作会议上作了经验介绍推广。

群体性事件得到有效遏制。突出抓好社会动态掌握、矛盾纠纷排查、形势分析研判、现场应对处置、部门协调联动等主要环节，提前谋划，周密部署，成功破获一批涉恐案件，确保没有发生重大群体性事件。

风险评估工作深入推进。各级各部门认真落实重大决策社会稳定风险评估制度，着力将社会矛盾隐患防范和消解在萌芽状态。重新修订佛山市风险评估制度，汇编风险评估工作实务手册和风险评估典型案例，发放到各区和市直各成员单位供学习。建立评估专家库，从各级机关、企事业单位以及社会各界遴选出一批评估专家和专业机构，为风险评估工作提供专业咨询、风险识别、分析和评价，提高风险评估工作的科学性、权威性和公信力。开展专项排查，对存在较大隐患的在建重大工程项目，采取暂停施工、调整规划、完善方案等措施，及时堵塞漏洞。

长效机制逐步完善。坚持着眼长效、主动治理，建立健全了社会稳定形势量化分析评价制度、每月维稳形势联席会商制度、维稳信息网络制度、维稳工作责任追究制度、维稳工作考核制度、信息报送等多项长效制度，不断提升维护社会稳定的法治化、科学化、常态化水平。

【平安佛山创建】 2014 年，佛山市将创建“平安佛山”作为一项重点工作强力推进，着力抓好创建平安村居、平安学校、平安市场、平安企业和平安家庭，重点整治，宣传发动，群众的知晓率、安全感和满意度进一步提升。

完善社会治安整治长效机制。佛山市社会治安综合治理委员会印发《佛山市社会治安重点地区和突出治安问题排查整治工作制度》，对重点地区和问题的认定、挂牌、整治、摘牌等一系列工作进行规范，分两批对挂牌重点地区进行通报挂牌。全年共挂牌整治重点地区和突出问题市级 16 个、区级 26 个。其中，市综治办牵头市法院、检察院、公安、宣传部、人行等部门开展了防范打击电信诈骗专项行动，破获电信诈骗案件 2178 宗，同比增长 5.7 倍，并编成《佛山市防范打击电信诈骗案件调研报告》，被推广至全省，获广东省副省长李春生批示“转发各市公安局参阅”。

动态开展平安村居建设。加大平安村居创建力度，全市平安村居创建达标率95.8%；建成封闭、半封闭和物业管理安全小区逾5000个，过半数实现“零发案”。印发《佛山市“平安村居”考评验收工作方案》和《考评验收标准》，从平安村居建设的组织领导、社会稳定、社会治安、公共安全、平安宣传、群众安全感等6个方面提出具体建设标准，并首次把生产安全、食品药品安全、群众安全感和满意度纳入平安村居考评。同时，加强对平安村居的复评，南海区对2013年获评“平安村居”中的8个不达标村居进行摘牌，禅城区摘牌村居3个。

全面推进“平安细胞”创建。2014年是佛山市“平安细胞”工程建设第二年，各项工作齐头并进。其中，创建“平安医院”，实现了一级以上医院全覆盖；创建“平安市场”，升级改造市场310个，创建率86.11%，分别有10个、2个市场被评为广东省、全国年度诚信示范市场；创建“平安交通”，覆盖工地、公路、车站、港口、渡口等场所，全市交通运输行业生产安全事故数和死亡人数同比大幅下降。创建“平安校园”，突出抓好校园及周边治安环境综合治理、稳定、防溺水、校车安全管理、食品安全、消防、应急、法制副校长制度建设、安全评估等工作的落实，全市中小学和幼儿园平安校园创建率达94.5%，建有市级“安全文明校园”266所，省级“安全文明校园”30所。

以打开路、打防结合。以“能破案、多破案、快破案”为标准，坚持以打开路、以打促防、以打创平安，强力推进“六大专项”打击整治行动，全市接报刑事警情同比下降10%，其中“两抢”“两车”“两入”警情同比分别下降19.7%、21.7%和10.6%，命案破案率100%，百名民警逮捕数居全省第一，“六大专项”打击整治行动综合战果居广东省第二，其中打击整治涉食药假、涉电信诈骗、涉车犯罪3个单项居全省第一。深入推进“全能神”专项整治行动，狠抓摸底排查、破案攻坚、宣传教育、转化攻坚各项措施的落实，打击整治战果居全省第一。

【司法体制改革】 2014年，佛山市各级政法机关以创新体制机制、破除司法工作发展瓶颈为动力，以法治佛山、平安佛山建设为主线，不断推进司法体制改革，提升司法效率和公正廉洁水平。

探索审判长负责制和主任检察官负责制。法院系统推行审判权运行机制改革，完善“大执行”格局，办案质量明显提高。全市法院共受理各类案件12.83万件，办结11.1万件，同比分别上升12.1%和8.4%；一审判决发改率为2.85%，同比下降0.21个百分点。检察系统实行主任检察官办案责任制改革，调整内部机构设置，效果较好。全市检察机关共批捕15103人，起诉16745人。

推进司法体制改革试点工作。2014年11月27日，广东省司法体制改革试点工作动员部署会议确定佛山市为全省司法体制改革4个试点市之一，市中级法院、市检察院及南海区、顺德区法院、检察院被列为试点单位，综合开展司法责任制、司法人员分类管理、法官检察官职业保障制度和两院人财物由广东省统管等四项改革。佛山市迅速推进各项工作。一是召开市委常委会专题研究部署。12月4日，市委常委会学习、传达、贯彻省“11·27”会议精神，研究佛山市试点工作的总体思路和具体安排，强调协调配合，明确了各级党委政法委的牵头总责任，以及法院、检察院的改革主体责任。二是成立专门协调领导小组。由市委副书记、政法委书记李子甫任市司法体制改革试点工作协调领导小组组长，分管市领导任副组长，成员包括组织、人事、编制、人大法工委、财政、人社、法院、检察院等部门主要负责人。市司改办设在市委政法委，负责统筹全市司改试点工作。三是深入调查摸底。根据市委常委会的精神，组织、人事、编制、财政对试点单位的人财物等情况进行摸底登记，及时与省相应部门沟通。四是调整完善相关改革方案，落实相关措施，各项试点工作按照省的要求稳步推进。

完善“大执行”格局。进一步完善“党委领导、政府支持、法院主导、各有关部门参与”的大执行工作格局，加强佛山财产查控网建设，实现了财产查询、扣押、冻结信息化；开展拒不执行人员清查打击行动和涉民生案件集中执行活动，及时在网上公布被执行人失信信息，实际执行率由过去的21%提升至55%。

【法律监督和服务】 2014年，佛山市加强公共法律服务工作。出台《关于构建公共法律服务体系推进基层社会治理法治化的实施方案》，进一步满足群众的法律需求。加强人民调解，全市人民调解组织共调解矛盾纠纷 10471 宗，调解成功率达 97%；市医调委受理医疗纠纷 242 件，结案率达 85.5%，协议履行率达 100%。做好诉前联调，办理诉前联调案件 7292 件，达成协议并经过司法确认的比例达 87.3%。强化特殊人员管理，社区矫正“电子围墙”覆盖率达 74%。加大普法力度，佛山市被评为全国“六五”普法中期先进城市。

加强对执法司法活动的监督。2014 年，佛山市规范“两法衔接”（指行政执法与刑事司法衔接）的立案标准及移送依据，在市、区两级检察院分别探索区党委主推、镇街检察室主推、自侦部门主推、侦监部门主推等多种“两法衔接”工作模式，形成全市同步推进“两法衔接”的工作格局。2014 年，行政机关处罚案件 4258 件，移送公安机关案件 401 件，占比 18.84%。公安机关立案总数 256 件，占移送案件比 63.84%。加强对司法活动的监管，加大监所检察工作力度，市检察院新成立监所二科，专门派驻佛山监狱和高明监狱开展工作。积极探索公益诉讼工作，与市消费者委员会沟通协作，建立公益诉讼联动机制。

深化涉法涉诉信访工作。认真贯彻落实中央、省关于涉法涉诉信访改革精神，紧紧围绕政策指导、执法监督、宏观协调职能，多次到法院、检察院并深入镇街，对法、检系统信访积案进行督办和化解，全年涉法涉诉信访案件化解率达 89.5%。对群众反映强烈、领导关注度高、可能存在执法司法问题的重点案件立项进行了督办，督办、核办案件办结率达 80% 以上。

【政法队伍建设】 2014 年，佛山市政法部门深入开展党的群众路线教育实践活动。全面加强思想建设、作风建设、能力建设、文化建设“四个建设”。重点针对“四风”问题，深入查找不足，彻底进行整改，个人作风和单位风气明显好转。

加大队伍监管力度。佛山市中级法院配合审判权运行机制改革，以公正、廉洁司法为核心，扎实推进法院系统廉政建设，特别是加强对法官审判活动的监督，组织审判长签署廉政保证书等。检察机关部署学习贯彻“两个责任”，明确党组、纪检组责任分工，推进检察机关党风廉政建设；严格执行检察人员八小时外行为禁令和廉洁从检十项纪律，加强对禁令执行情况的督察；继续开展集中整治“庸懒散奢”专项活动，切实解决自身作风方面存在的突出问题。公关机关针对队伍教育管理工作、表彰奖励、请休假、外出报备等领域制定了“行得通、指导力强、长期管用”的规章制度。市司法局探索实行市局对监所纪检监察、警务督查再派驻制度，实现了内部审计、诫勉谈话、查办案件等制度常态化；修订窗口单位服务工作制度，健全和完善首问负责制、限时办结制等服务工作制度，以建章立制规范司法行政队伍的行为。

涌现出一批先进集体和模范。注重品牌意识，培养树立了一批先进典型和集体，以榜样的力量鼓舞士气、树立标杆、提升绩效，个人素质不断增强，多个集体立功受奖，涌现出“我最喜爱的人民警察”特别奖、全国二级英模、全国爱民模范、全国军转模范孙建国和“广东省政法干警践行党的群众路线先进典型”李勇等一批先进模范。

（伍建军）

审判工作

【综述】 2014 年，佛山市两级法院共受理案件 12.83 万件，办结 11.1 万件，同比分别上升 12.1% 和 8.4%，约占广东省 1/10；法官人均办案 131 件，超出全省人均办案量 33%。其中，市中级法院受理案件 19825 件，办结 18211 件，受理案件数为历史最高。

佛山市法院收结案情况

（单位：件）

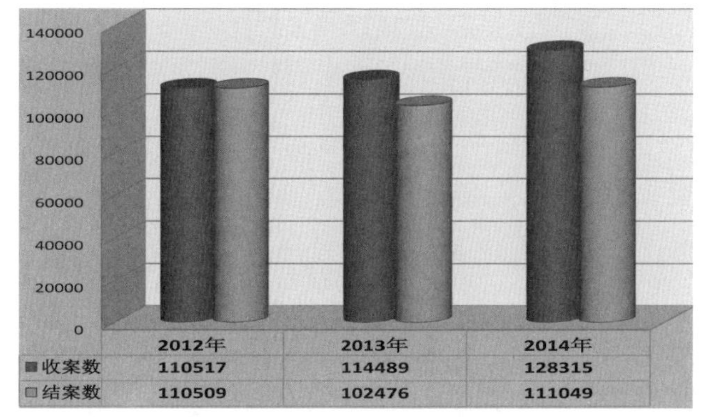

	2012年	2013年	2014年
收案数	110517	114489	128315
结案数	110509	102476	111049

佛山市法院各类案件结案情况

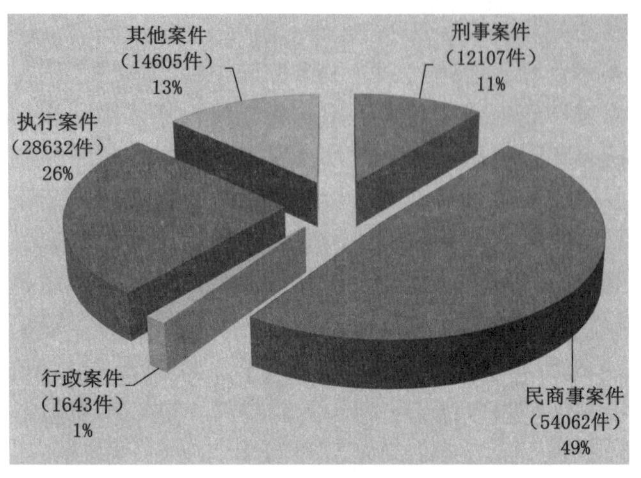

【刑事审判】 2014年，佛山市两级法院共审结各类刑事案件12107件，判处罪犯16644人。严惩故意杀人、绑架、抢劫等严重暴力犯罪，对1093名罪犯判处五年以上有期徒刑直至死刑；维护市场经济秩序，审结何国坤等19人跨国诈骗等经济犯罪案件676件；保护“菜篮子”安全，审结制售毒鱼翅、毒豆芽等危害食品安全案件71件，同比增长6.9倍；促进环境治理，审结西樵镇显岗村非法处置危险废物等环境污染案件56件。同时，从严把握刑罚执行条件，审结6018件减刑、假释案件，对508人不予减刑、假释。

佛山市法院审结刑事案件情况

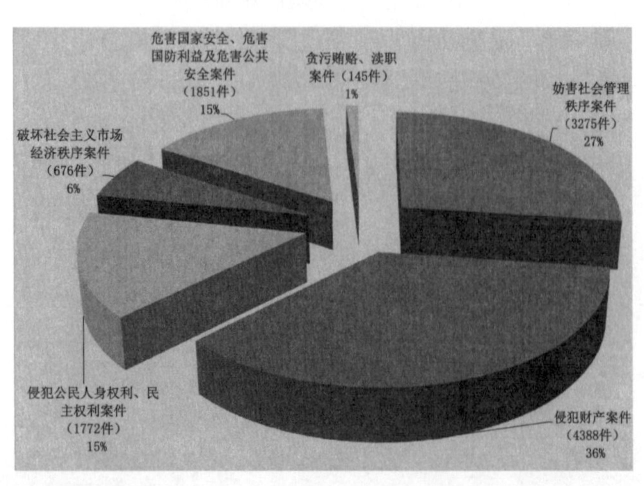

【民商事审判】 2014年，佛山市两级法院共审结各类民商事案件54062件，解决诉讼标的额451.9亿元。妥善化解社会矛盾，34.6%的民商事案件通过调解、撤诉实现案结事了；推动经济转型发展，审结乐从钢贸企业互保联保系列案等商事纠纷35081件，同比提高21.1%；挽救危困企业，规范市场主体退出机制，依法处理金型重工、焕发排栅、广大电器等企业破产重整、清算案件54件，佛山市中级法院被最高法院确定为全国破产案件审理方式改革试点法院；推进国家创新型城市建设，审结知识产权案件1901件，在佛山新城筹建知识产权专业法庭。

佛山市法院审结民商事案件情况

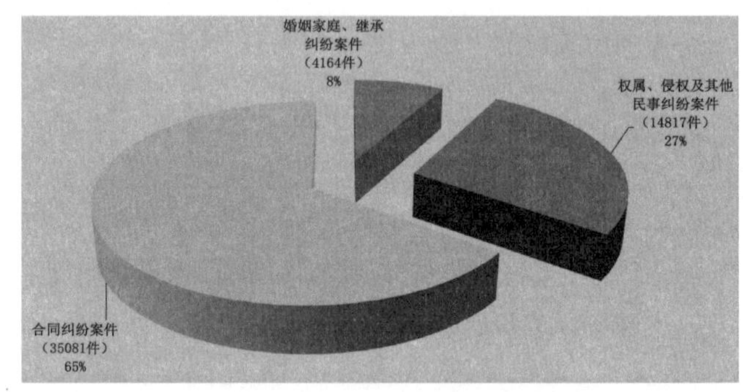

佛山市法院民商事案件处理情况

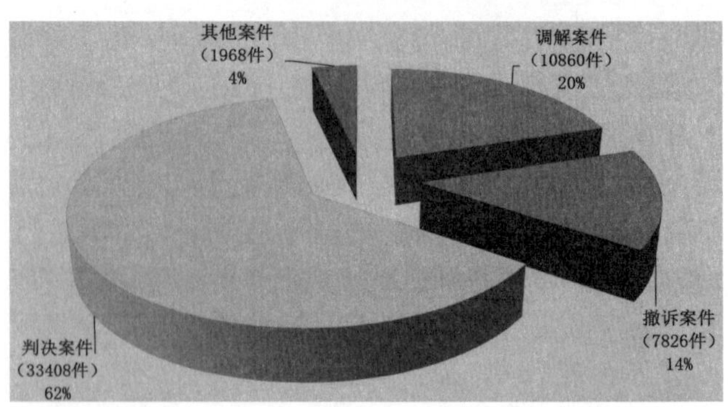

【行政审判】 2014年，佛山市两级法院共审结各类行政案件1643件。重点保障人民群众在社会保障、土地征收等领域的权利，审结富士康集团六千职工

公积金补缴等民生案件221件；化解“限摩禁电”“区域限行”等公共政策引发的法律纠纷，审结行政处罚案件77件；监督行政机关依法行政，撤销行政部门“捆绑执法”等40个违法或不当行政行为；依法审理国家赔偿案件，对4名受到国家机关职务侵害的当事人赔偿86.5万元。

【审判执行工作】 2014年，佛山市两级法院共办结执行案件28632件，执行到位金额93.4亿元，实际执行率、执行到位率分别为54.9%和45%。开展涉民生专项执行和反规避执行行动，重点打击拒不执行生效裁决犯罪，对赖债者实施限制出境50人，司法拘留71人，移送公安、检察机关追究刑事责任17人。

【法院改革创新】 2014年，佛山法院全面完成《深化佛山法院改革创新工作规划（2013～2014年）》。佛山市被确定为广东省司法体制改革4个试点城市之一，市中级法院和南海、顺德法院承接了完善司法责任制、法院人员分类管理、法官职业保障和推动广东省法院人财物统一管理等4项改革任务。

佛山市法院35项改革创新工作规划（2013～2014年）情况

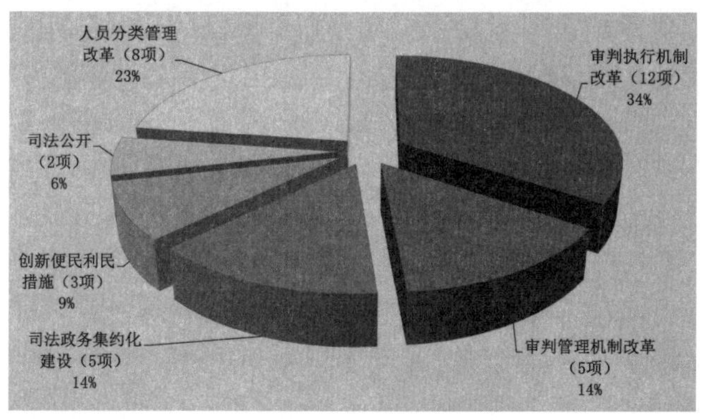

【审判权运行机制改革】 2014年，佛山市中级法院作为最高法院确定的试点法院，和禅城、顺德法院全面推行审判权运行机制改革。南海、三水法院先后选任首批主审法官，高明法院在内部启动运作。全市法院审判质效指标持续向好，一审判决案件发改率为2.9%，服判息诉率为84.6%，案件平均审理时间同比缩短6.3%。总结改革经验，将实践探索提升到理论创新高度，撰写了《法院人员分类管理改革研究》一书，由法律出版社出版发行，得到法律界广泛好评。

【佛山财产查控网正式上线运行】 2014年，佛山市中级法院牵头建设的佛山财产查控网正式上线运行，执行财产查控实现从“人工模式”向“网络模式”转变，对全市25家商业银行及23家行政机关掌握的财产信息实现“一站式”查控。上线运行4个月共查控银行存款19亿元、土地房产13794宗、车辆3905台，查控周期从30天缩短到2～5天，执行实效明显提高。

【司法公开】 2014年，佛山市中级法院全面建成审判流程、裁判文书和执行信息三大公开平台，实现办案全公开、节点全告知、程序全对接、文书全上网，裁判文书上网数量居广东省前三名。同时，对依法不予公开的法律文书公开案号并说明理由。建立法院官方微信平台，向当事人和社会公众及时推送案件信息和司法资讯。积极运用电视、网络、微博等新媒体技术，将《法槌回响》《佛山审判·法官》打造成人民群众喜闻乐见的司法品牌栏目。

【人民陪审员制度】 2014年，佛山法院推行人民陪审员“倍增计划”，确保基层群众所占比例不低于新增人民陪审员的2/3，增选530名人民陪审员，参审超过1万人次。在知识产权审判引入专家陪审员，在减刑假释案件试行听审团制度，在涉诉信访案件推行以人民陪审员为主的第三方评价机制，提高人民群众对司法活动的参与和监督力度。

【保障司法人权】 2014年，佛山法院完善相关机制，切实保障司法人权，坚决防范冤假错案，对12名刑事被告人依法宣告无罪，建议检察机关撤回起诉案件25件。坚持有错必纠，审结再审案件149件，落实疑罪从无，对25年前被判盗窃罪入狱8年的被告人白春荣改判无罪。贯彻宽严相济刑事政策，对3228名刑事被告人适用非监禁刑。保障弱势群体权益，对3112件案件的当事人缓减免交诉讼费629万元，对206名涉诉困难群众发放司法救助金340.9万元。

【法院人大代表联络工作】 2014年，佛山法院积极开展人大代表联络工作，邀请人大代表旁听庭审、见证执行等共计1522人次，认真做好40件代表提案及关注案件的办理，向市人大常委会专题汇报了全市法院执行工作情况。举办“国家宪法日”“公众开放日”“送法到基层”等阳光司法活动，增强社会大众对法院工作的了解和认同。

【法院便民利民举措】 2014年，佛山法院调整人民法庭职能定位，强化诉讼服务、调解纠纷、普法宣传功能。落实诉访分离和涉诉信访终结制度，涉诉信访案件数量同比下降15.3%。完善多元化纠纷解决机制，实现解纷主体多元化、方式社会化、人员职业化，市中级法院被最高法院确定为全国多元化纠纷解决机制改革示范法院。以信息化手段减轻当事人讼累，在全省率先试行诉讼文书电子送达。

【延伸司法职能】 2014年，佛山法院促进社会诚信体系建设，市中级法院与相关行政部门出台广东省首份失信惩戒实施细则，发布执行失信信息867条，38名被执行人迫于压力自动履行债务共计2406.8万元。助推法治政府建设，发出司法建议56份。加强未成年人罪犯的跟踪帮教，传递司法正能量，市中级法院被最高法院评为“全国法院少年法庭工作先进集体”。

【法院规范化建设】 2014年，佛山法院落实司法责任制，建立法官履职、错案认定等制度规范。首次启动司法巡查，市中级法院对基层法院领导班子、司法业务和队伍建设提出40多项整改意见。重点规范法官司法行为，组织庭审和裁判文书评查活动105次。增强制度刚性，严格执行“五个严禁”、任职回避、过问案件登记等制度。

【法官职业化】 2014年，佛山法院严格法官准入条件，市中级法院高标准公开选拔35名审判长，树立职业法官标杆。坚持法院文化理念引领，开展“法官的素质、品质和品格”大讨论，培育法官职业道德。评选佛山市法院系统第二届“十杰法官”，树立良好法官职业形象。完善法官履职保障机制，实现权责利相统一，提高法官职业尊荣感。

【佛山中院获选全国破产案件审理方式改革试点法院】

2014年11月26日，佛山市中级人民法院被最高人民法院选定为全国破产案件审理方式改革试点法院，试点项目包括企业破产案件集中管辖问题和企业破产案件绩效考核机制。这是在破产案件关键领域的大胆探索，也是国内唯一在绩效考核机制方面试点探索的法院。

根据改革试点的总体规划，佛山中院成立了由院长陈陟云任组长的改革工作领导小组，针对当前破产审判存在的问题，着力推进如下工作：一是扎实推进集中管辖及专业化审判，突破按照企业登记机关级别来确定管辖法院的传统做法，持续扎实推进破产案件的集中管辖。二是建立案件绩效考核机制，制订破产审判工作考评办法，单独对破产案件办理质量、破产审判流程管理等情况分别制订相应的评分标准，并全面制订管理人管理、选定及考核保障方面的规定。三是充分发挥债权人会议的作用，将破产程序主动置于相关利害关系人的监督之下，搭建破产信息发布平台，依法上网公开法律文书，发布案件的重大情况，定期公布未结案件的审理进度，建立案件重大情况向纪检部门书面报告制度。四是建立联合市政府及市金融局、银监局等相关职能部门参加的破产审判协同处置机制，为法院协调解决职工安置、资产变现、税费负担、企业变更注销等破产程序难题提供协调平台。五是引入并案审理模式，缩短审理周期。六是实施组合型管理人，提高破产清算效率；加强流程管理，督促管理人提高工作效率；严格破产费用控制，减少破产费用支出；实行管理人入册准入考试制度，确保管理人素质；对破产案件及管理人进行分级管理，避免矛盾；明确报酬和绩效挂钩，提高管理人工作积极性及重整成功的可能性；实行管理人的预选制度，确保破产工作顺利开展。

【法院队伍建设】 2014年，佛山市法院系统举办3期法官论坛，研讨法律难点问题，提高法律适用水平。组织法律职业共同体成员参与法律热点问题辩论，向社会大众传播法治信仰和理念。组织业务培训2200人次，增强法官专业技能。引导法官深入基层和群众，安排9名青年法官和新录用人员到基层镇街和人民法庭锻炼。

（黄志庆）

检察工作

【综述】 佛山市共有两级检察院6个，其中市检察院1个、区检察院5个，全市检察干警共798名（含事业编制23人），其中市检察院191名、五区检察院共有607名。2014年，全市检察机关始终保持打击刑事犯罪的高压态势，提升人民群众安全感，共批准逮捕各类刑事犯罪嫌疑人15103人，起诉16745人。始终坚持履行查办和预防职务犯罪职能，推进廉洁佛山建设，共立案侦查职务犯罪案件152件167人；始终坚持履行司法和执法监督职能，推进法治佛山建设。加快推进检察改革，完善检察权运行机制，自觉接受监督，规范司法行为。

【刑事检察】 2014年，佛山市检察机关坚持把依法打击刑事犯罪、保障人民群众生命财产安全放到突出位置，充分发挥批捕、起诉职能作用，努力为佛山经济社会发展营造良好环境。

依法打击各类刑事犯罪，维护社会治安稳定。认真开展广东省委部署的扫毒、扫黄赌、打击电信诈骗、打击涉车犯罪、打击涉枪犯罪、打击食品和药品制假售假犯罪六大专项打击整治行动，批准逮捕5141人，起诉6297人，办理了中央禁毒委督办的在全国有重大影响的“一号专案”等案件。坚决打击侵害民生犯罪，批准逮捕生产销售“毒牛肉”“毒豆芽”、病死猪肉等危害食品药品安全犯罪嫌疑人380人，起诉184人，维护佛山市食品安全形势稳定。依法批准逮捕破坏环境资源犯罪嫌疑人119人，起诉109人，服务环境保护和生态文明建设。

依法惩治各类经济犯罪，营造市场化、法治化营商环境。依法批准逮捕走私、金融诈骗等破坏市场经济秩序的犯罪嫌疑人1408人，起诉1114人。批准逮捕串通投标、非法经营等扰乱市场竞争秩序的犯罪嫌疑人330人，起诉265人，维护市场公平竞争环境。深入开展知识产权司法保护工作，批准逮捕假冒注册商标、侵犯著作权等侵犯知识产权的犯罪嫌疑人245人，起诉215人，为佛山市创建国家创新型城市提供司法保障。

积极延伸检察职能作用，促进社会治安综合治理。针对办案中发现的社会管理漏洞和制度缺陷，及时向发案单位提出检察建议79份，向相关职能部门报送信息36份，促进了多项社会管理工作的改进与创新，推动完善社会治安防控体系。广泛开展检察官“进机关、进企业、进乡村、进学校、进社区”活动，通过举办法制讲座、法律咨询等方式，促进提升全社会法治意识。强化对涉罪未成年人的司法保护，对确有悔改表现的涉罪未成年人适用附条件不起诉，对未成年人轻罪犯罪记录全部予以封存。由具有国家心理咨询师资格的检察官组成“扬帆心理志愿服务队”，为涉罪未成年人提供心理辅导，帮助他们顺利回归社会。

【查办和预防职务犯罪】 2014年，佛山市检察机关坚持有贪必肃、有腐必反，惩治和预防两手抓，切实解决发生在群众身边的不正之风和腐败问题。

严肃查办贪污贿赂案件，净化公务环境。全市检察机关共立案侦查贪污贿赂案件135件147人，同比上升18.4%。其中，查办处级干部8人，百万元以上案件22件，查办了一批涉农、医疗卫生、工程建设等领域的窝案串案，促进行业规范运行。对47名谋取非法利益的行贿人依法立案侦查，净化社会风气。开展职务犯罪国际追逃追赃专项行动，成功劝返、抓捕在逃职务犯罪嫌疑人7名，工作经验被最高人民检察院转发推广。

提升侦查技术信息化和专业化水平，提高侦查办案能力。全年自主侦查办案104件，比往年有了较大提升，市检察院办理的“郑年胜受贿、挪用公款案”“谭文雄受贿、私分国有资产案”均被评为全省反贪十大精品案件。坚持及时向发案单位通报情况，赢得理解和支持，维护发案单位的正常秩序。

加强反渎职侵权工作，保障群众合法权益。坚决以零容忍的态度惩治腐败，始终保持反腐败高压态势，把权力关进笼子里。认真查处不作为、乱作为给国家和人民利益造成重大损失的案件，立案侦查渎职侵权犯罪案件17件20人。持续开展查办和预防发生在群众身边、损害群众利益职务犯罪和危害生态环境职务犯罪专项工作，依法查处了社保、城建、林业等领域有关人员的玩忽职守、徇私舞弊等职务犯罪行为，促进严格执法。对24起重大事故介入调查，严查背后的渎职失职问题，推动完善相关规章制度。

推进职务犯罪预防，促进腐败源头治理。结合办案做好个案预防，深入发案单位就其存在的廉政漏洞和风险，开展案例剖析和廉政座谈，督促整改完善。与全市38个单位和部门共同开展系统预防，对8个重点工程项目开展同步预防。举办预防职务犯罪教育图片展览，全市300多家单位1万多名干部职工观看了展览。面向社会提供行贿犯罪档案查询服务3480次，限制有行贿犯罪记录的单位和个人进入佛山市工程建设及采购市场，促进社会信用体系建设。

【诉讼监督】 2014年，佛山市检察机关加强诉讼监督工作。一是加强刑事诉讼监督。坚持打击犯罪与保障人权并重，对不构成犯罪或证据不足的，依法不批准逮捕2028人，不提起公诉375人，有效防止冤假错案发生。坚持严格细致审查把关，对侦查活动中存在的问题提出纠正意见495件次，有效规范侦查办案活动。依法提出刑事抗诉，市检察院支持抗诉的陈邓昌抢劫案入选最高人民检察院首批抗诉指导案例，成为指导全国此类案件的执法标准和尺度。二是加强民事行政诉讼活动监督。依法受理审查民事行政申请监督案件275件，受理审查民事执行监督案件48件，促进解决执行难问题。

【刑罚执行和监管活动监督】 2014年，佛山市检察机关加强刑罚执行和监管活动监督。一是完善监所检察工作机制。市检察院设置监所检察二科，派驻佛山监狱、高明监狱。开展监管场所安全防范专项检查，督促监狱、看守所及时整改监管安全漏洞。办理羁押必要性审查案件590件，为在押人员追回非涉案财物近30万元，督促办案单位建立对犯罪嫌疑人非涉案财物的暂存保管制度，维护被监管人合法权益。二是开展减刑、假释、暂予监外执行专项检察活动。审查减刑、假释、暂予监外执行案件7497件，重新收监暂予监外执行的“三类罪犯”21名，纠正减刑、假释提请或裁定不当案件15件。

【检察改革】 2014年，佛山市检察机关按照中央、广东省委和上级检察机关司法改革总体部署，以开展检察官办案责任制改革试点工作为抓手，扎实推进各项检察改革和工作机制创新。

推进检察官办案责任制改革，突出司法属性。2013年11月，最高人民检察院经中央政法委批准，在全国开展检察官办案责任制改革试点，佛山市检察院和顺德区检察院被确定为改革试点单位。在2014年改革中，试点单位将人力向办案一线倾斜，选任了一批主任检察官，按照“谁办案谁负责”的原则，将案件的处理决定权依法授予主任检察官，完善配套考评奖惩管理机制。通过改革，建立了权责明确、制约有力、运行高效的工作机制，提高了办案质量和效率，得到最高人民检察院肯定，《人民日报》等媒体介绍了顺德区检察院司法改革经验。

推进涉法涉诉信访改革，切实把信访纳入法治化轨道。加大力量投入，将涉法涉诉信访案件交由主任检察官亲自办理，充分发挥人才和专业优势，妥善处理群众涉法诉求。全年全市接待群众来信来访3441件次，受理刑事申诉案件86件，发放司法救助金27万元。推行公开听证、公开审查制度，引导群众息诉罢访，重复信访量同比下降18.7%。市检察院控告申诉科贴近群众办实事，化解矛盾，获佛山市“工人先锋号”称号。

强化平等保护意识，优化民营经济发展环境。开展“检察服务民企”工作，加强非公有制企业合法权益保护，全年批准逮捕职务侵占、挪用资金等犯罪嫌疑人247人，起诉301人。依托政企廉洁诚信联盟平台，推动非公有制企业廉政建设。深入50家支柱型民营企业开展法律服务，帮助完善经营管理制度，增强防范刑事法律风险的能力，为民营经济做大做强提供司法保障。

【检察队伍建设】 2014年，佛山市检察机关以开展教育实践活动为契机，以法律监督能力建设为主线，不断强化队伍教育、管理和监督，努力提升队伍整体素质能力。

扎实开展党的群众路线教育实践活动。深入学习总书记习近平系列讲话精神和中央、省委、市委改进作风的规定，以整风精神解决“四风”和执法作风方面的突出问题。组织民主生活会，通过对照检查、走访、调研、网络问卷等方式，深入查找会议活动、公车管理、公务接待以及执法作风等方面问题，狠抓整改落实，努力做到为民务实清廉。落实党风廉政建设“两个责任”，理清责任清单，细化措施。以教育实践活动为契机，市检察院转变工作理念，以群众需求为导向，出实招、办实事，探索构建检察办事公开、检察资源公开、检察活动公开的完整工作体系，努力以公开促公信，建设群众满意检察院。

主动接受人大和社会各界监督。认真落实人大会议决议，坚持向人大及其常委会报告重要工作，积极配合开展代表视察、专题调研和执法检查，认真办理代表议案、委员提案及人大交办件，并逐一答复。全面推行人民监督员制度，对案件执法办案活动开展监督。注重提升新媒体时代的社会沟通能力，及时发布检察要闻，主动回应社会关切。完善人民监督员、特约检察员和专家咨询委员会制度，加强对社会舆情的收集和研判，把群众的意见和要求作为改进工作、检察决策的重要依据。

加强能力素质建设。加强检察人员理想信念、职业道德教育和过硬本领建设。建立自由学习团队机制，激发干警学习研究兴趣，不断提高业务理论研究水平。广泛开展业务培训、岗位练兵、业务竞赛，全面提高检察人员执法能力和综合素质，一批优秀检察人才脱颖而出。全年全市检察机关有3个集体和2名个人受到省级以上表彰奖励，其中佛山市检察院公诉科被最高检授予集体一等功。

（王洁茹）

政府法制工作

【综述】 2014年，佛山市政府法制工作以建设法治政府为目标，以体制机制创新为突破口，以提高制度建设质量、规范行政权力运行、保证法律法规严格执行为着力点，坚持科学规划、统筹安排、重点突破、整体推进，推动社会治理理念和治理能力的现代化、法治化。佛山市在广东省率先开发规范性文件管理数据库，实现对规范性文件的全部流程信息化管理；在广东省率先为市长配备“一对一”法律顾问；发布《佛山市重大行政决策程序规定》，首次把公众参与、专家论证、风险评估、合法性审查和集体讨论决定作为重大行政决策必经程序；出台《佛山市行政执法争议协调办法》，解决权责交叉、多头执法问题；推行行政复议委员会试点全覆盖；建立健全政府信息公开联席会议制度；推行律师事务所与村居结对共建，落实“一小时法律援助服务圈”；充分发挥人民调解化解社会矛盾第一道防线作用。是年，法治政府评估佛山名列全国第三。

【法治政府建设】 2014年，佛山市推出建设人民满意政府行动计划，法治政府建设是重要内容之一。《佛山市深化法治政府建设行动计划》立足法治政府定位，明确推进法治政府建设的15项重点任务。2014年12月，作为第三方机构，广东金融学院领导力发展研究中心发布2014年佛山建设人民满意政府评估报告，法治政府满意指数为84.9分，位列“六个满意政府”中第二名。

2014年12月28日，由中国政法大学法治政府研究院开展的《中国法治政府评估报告（2014）》在北京发布，佛山名列全国第三。

【规范性文件管理】 2014年，佛山市通过信息化手段健全规范性文件管理工作，率先在广东省开发规范性文件管理数据库，实现对规范性文件的全部流程信息化管理，建立涵盖规范性文件制作、发布、使用、管理全流程的完备的制度体系。全年全市共审核、审查规范性文件117份，分别向省政府和市人大常委会报送备案市政府规范性文件32份。审查备案各区报备的规范性文件80份。为国务院、省人大、省政府立法提供参考意见39份。

【行政执法监督】 2014年，佛山市行政执法监督工作有序开展。一是由佛山市法制局牵头组成市行政职权清理小组，组织市、区两级政府部门清理行政职权，编制完成《佛山市行政职权清单》，并形成市、区两级政府的行政职权通用目录。二是深化行政执法体制改革。出台《佛山市行政执法争议协调办法》，着力通过制度设计解决权责交叉、多头执法问题。三是开展行政职权标准化建设。继续抓好行政审批和行政处罚两大类别的职权标准化工作，每一个职权都编制行政审批事项办事指南和业务手册，细化量化裁量标准，让职权准确、无差别实施。佛山市南海区在广东省率先实现行政审批标准化、程序化和电子化运行。

【行政复议】 2014年，佛山市在推行行政复议委员会试点的基础上，在全市全面推广集中复议制度。积极探索案件审理公开透明审理机制，对典型案件进行集中议决。力推由常任委员、非常任委员参加的案件审理议决机制。探索建立行政复议案件繁简分流制度，出台《佛山市人民政府行政复议委员会办公室关于印发办理劳动和社会保障类行政复议案件试行简易程序的意见的通知》。

是年，佛山市行政复议委员会共收到行政复议申请311宗，受理260宗，办结252宗。共召开9次案件议决会议，召集复议双方当事人召开案件调查会50余次。

【政府信息公开】 2014年，佛山市强化政府信息公开组织领导，建立健全政府信息公开联席会议制度，通过联席会议制度，市政府办公室统筹推进全市政府信息公开工作。

加强载体建设，打造具有佛山特色的全方位、常态化、便民化的政民互动大平台。印发《佛山市2014年网络问政和政务微博工作方案》，利用现代电子网络信息技术，创新政府治理方式，依托佛山“12345”热线以及市长专线、市领导“微访谈”、网络发言人平台、政务网站等资源，畅通民意表达、民情反映、咨询办事、监督投诉的渠道，提高政府响应效率，逐步形成具有佛山特色的全方位、常态化、便民化的政民互动体系。充分发挥“佛山发布”在佛山政务微信中为群众提供权威信息和便民服务方面的龙头作用。2014年，“佛山发布”获年度全国十大政务传播力奖，清华大学新闻研究中心《2014政务新媒体传播力报告》显示，“佛山发布”综合传播值位列全国第七名，在第二届中国广东政务微信论坛中，“佛山发布”入选十大最具影响力政务微信平台，总分排名全省第三。

【政府常务会议学法】 2014年，佛山市组织领导干部学法活动。8月，邀请中央党校卓泽渊教授为市委中心组成员和市政府常务会议组成人员作“提高领导干部法治思维法治方式能力”专题报告。9月，邀请市政府专家顾问、中国政法大学副校长、博士生导师马怀德教授在市政府常务扩大会议上作“法治政府建设的新任务”专题学法讲座。

【依法行政考评】 2014年11月，佛山市政府常务会议听取依法行政考评工作专题汇报。代市长鲁毅要求各区各部门抓好整改落实工作。同月，市委常委（扩大）会议听取依法行政考评工作专题汇报。市委书记刘悦伦强调要高度重视依法行政考评工作，对照薄弱环节，加强整改，重点突破。

【市长“一对一”法律顾问】 2014年11月，佛山市举行市长法律顾问聘任会，聘请7位资深律师担任市长、副市长的“一对一”法律顾问。此举在广东省地级市尚属首创。

【地方立法权准备工作】 2014年，佛山市积极开展地方立法权准备工作。党的十八届四中全会提出，依法赋予设区的市地方立法权。佛山有望成为广东省第一批享有地方立法权的设区市。为迎接地方立法权，市政府积极做好相关的准备工作，市法制局等单位参加了市人大常委会组织的有关调研，提出政府立法机构设置、人员配备的意见，研究立法的有关程序和制度，积极就城乡建设管理、环境保护和历史文化保护等重点领域亟待解决的重点问题组织开展立法调研，研究确立政府立法重点项目。

（黄焯怡）

公安工作

【综述】 2014年，佛山市公安机关加强社会治安管理，完善和落实人防、物防、技防、信息防、制度防“五防”工作机制，加强社会治安立体化防控体系建设，全年全市“110”刑事警情同比下降10%，社会治安持续好转；加强刑事犯罪侦查，全面开展“六大专项”行动，部署掀起“八大战役”高潮，严厉打击各类违法犯罪活动，“六大专项”行动绩效列全省第二名，百名民警逮捕数居全省首位；经济犯罪侦查打击工作再创新高，全年全市经侦部门共受理案件2990宗，挽回经济损失4.19亿元；加强道路交通管理，公安交警部门深入开展禁摩禁电、创文治堵、严格执法、事故防范、科技管理、宣传教育等工作，全年全市道路交通事故四项指数同比分别下降11.48%、2.22%、4.84%和13.82%，道路交通事故死伤人数连续11年下降；加强出入境管理，公安出入境管理部门全年全市受理出入境业务268万人次，同比增长18.09%；加大毒品犯罪打击力度，全年全市公安机关共打击毒品犯罪团伙286个，破获毒品刑事案件2390宗，查处吸毒人员12794人，强戒吸毒人员6218人；持续开展火灾隐患排查整治专项行动，推进消防网格化、信息化、规范化、常态化“四化”管理模式，全年全市火灾事故各项指标稳步下降，火灾形势平稳可控。

【社会治安管理】 2014年，佛山市完善和落实人防、物防、技防、信息防、制度防“五防”工作机制，全面加强社会治安立体化防控体系建设。全市“110”刑事警情同比下降10%，其中“两车”“两入”“两抢”警情分别同比下降21.7%、10.6%、19.7%，社会治安持续好转。

完善立体防控，夯实治安防范根基。2014年，佛山市进一步深化“大巡防”工作，建立健全公安武警联勤、公安铁路联动和特警“动中备勤”机制，启动“亮警灯”工程，在全市复杂区域和路段设置太阳能警灯2407盏，在进入佛山的路口建立32个“护城河”勤务执勤点；推行法制、禁毒、交通、消防“四校长”工作机制，向全市636所中小学派出法制、禁毒、交通、消防兼职副校长；完善已建成的122个“社区警务E超市”建设，推进安装出租屋门禁+视频系统，社会治安和公共安全防范得到全面加强。

强力“扫黄禁赌”，净化社会治安环境。通过精准研判、强化专业队伍等措施强化“扫黄禁赌”工作，全年全市共查破涉黄赌案件7744宗，涉黄赌警情同比下降13.3%，涉黄赌专项行动绩效获全省第三名。针对突出治安问题、重点区域，深入开展集中清查统一行动，全力压减藏污纳垢空间，有效净化了社会治安环境。

规范源头管理，堵塞安全隐患漏洞。落实旅业100%安装使用旅馆业信息系统，加强明察暗访、网上定期巡查，确保住宿信息全面登记、准确录入、及时上传。按照以屋管人、以法管屋的工作思路，加强流动人口、出租屋管理，推进专业化队伍建设，明确执法指引和强化执法力度。2014年，全市出租屋刑事发案倒查登记率95.7%，流动人口入所倒查登记率70.9%，流动人口违法犯罪人数同比下降37.7%，涉出租屋违法犯罪警情同比下降21%。

严密安保措施，确保大型活动安全。加强对各项大型活动的审批与监督，主动与主办单位协调沟通，加强场所安全检查和风险评估，制订和完善安保工作方案和应急处置预案。2014年全市共举办迎春花市、“行通济”、亚太龙舟赛等大型活动272场，各项安保工作“零差错”。针对春节、中秋、国庆等重要节点，各级公安机关紧密结合阶段治安特点，以超常规的管控举措，力保社会治安大局稳定，为人民群众创造安全、祥和的社会治安环境。

狠抓基础建设，推进治安工作长效发展。狠抓治安行业从业人员培训，分别组织公共交通运输从业人员全员轮训、武装守护保安押运员培训、医院保卫人员专业技能培训，参训人员达2万余人次。强化服务群众业务基础建设，完善接待、处置群众咨询、投诉工作规范，治安部门推出132项网办业务，创新流程倒置、自动填表等特色功能，提升便民水平。加强社区警务建设，全市社区警务室716个，配置社区民警1048名，从社区防范、信息采集、走访群众、基础管控等方面构筑治安防控工作基石。

【刑事犯罪侦查】 2014年，佛山市公安机关把打击犯罪作为第一主业，全面开展“六大专项”行动，部署掀起“八大战役”高潮，严厉打击各类违法犯罪活动，“六大专项”行动绩效列全省第二名，百名民警逮捕数居全省首位。全市立命案现案同比下降25%，命案现案破案率100%，创历史新高。

打击涉枪犯罪专项行动。全年全市破获涉枪案件349宗，逮捕犯罪嫌疑人151名，缴获各类枪支

942 支，成功追捕涉枪在逃人员 58 名。涉枪专项行动绩效排名全省第一。

打击涉车犯罪专项行动。有针对性地开展涉车犯罪重点地区专项整治和涉牌证违法车辆专项治理工作。2014 年，全市打击涉车犯罪专项行动破案绝对数全省排名第一。

打击电信诈骗犯罪专项行动。坚持打防并举的工作理念，组建防范打击电信诈骗专业队，持续开展电信诈骗宣传防范工作。2014 年，全市共破获电信诈骗案件 2185 宗，同比上升 6.7 倍；逮捕 385 人，同比上升 4.2 倍。

【经济犯罪侦查】 2014 年，佛山市经侦部门共受理经济犯罪案件 2990 宗， 挽回经济损失 4.19 亿元，打击工作再创新高。公安部和省公安厅发来 6 次贺电，部、厅、市公安局领导先后 13 次批示肯定佛山市经侦部门打击工作。

专项行动勇创佳绩。全力推进打击涉食药假和涉银行卡犯罪专项行动。打假专项行动绩效在广东省排名第五，打击涉食品药品犯罪专项行动绩效在全省排名第二，合并考核在全省排名第一。打击银行卡犯罪专项行动绩效在全省排名第三。

服务民生成效显著。2014 年，佛山市在广东省首创设立打击环境犯罪专业队伍——环保警察，有效破解环境犯罪执法难题，成为打击环境犯罪一把“尖刀”。成功打掉一批病死猪、毒豆芽、假性药、港药、洋奶粉窝点，有效地保障人民群众健康安全。全面开展劳资纠纷排查，严厉打击恶意欠薪犯罪，切实保障劳动者合法权益。

【道路交通管理】 2014 年，佛山市公安交警部门深入开展“禁摩禁电”、“创文”治堵、严格执法、事故防范、科技管理、宣传教育工作，为全市“创文”成功提供了安全、有序、畅通的道路交通环境。2014 年，全市道路交通事故四项指数同比分别下降 11.48%、2.22%、4.84% 和 13.82%，道路交通事故死伤人数连续 11 年下降。

打好“禁摩禁电”关键战。按照市委、市政府的决策部署，全市公安交警部门精心组织，周密部署，制定一系列工作方案和执法指引，狠抓执法整治，强化舆情监控，加快“禁摩禁电”工作。为满足城市基础服务行业的需要，将邮政快递、抢险救灾、治安管理等行业的摩托车纳入特种行业摩托车进行管理。至 2014 年底，禅桂新禁摩区域实际在用摩托车数量从年初 10.2 万辆减至不足 2 万辆，全市涉摩交通事故同比下降 17.4%，涉摩违法犯罪警情同比下降 33%。

深度治理交通顽疾。严厉打击路面违法犯罪，组织开展整治酒驾、涉牌涉证、非法营运以及违法危化品运输车、校车等专项行动，配备“隐形战车”开展路面执法巡逻，提高对交通违法行为的威慑力和打击效能。严把车辆注册、年检、报废关，加强机动车驾驶人管理。全面加强公交车、校车管理，开展公交车、校车司机安全培训，全年培训 200 批次 27037 人，有效预防重大交通事故发生。

城市治堵上档提速。深化交通事故快处快撤机制，首创事故远程处理，最大限度地缩短事故现场撤离时间；加强交通疏导，优化主干道交通组织、单行道管理，促进城市交通微循环；严格执行限货、限黄标车政策，降低中心城区交通压力。在 2014 年全市汽车增长 18.5 万辆的背景下，中心城区平均车速提高至 35.7 公里 / 小时，较 2012 年“治堵”前提升了 37.8%。

提升便民服务水平。佛山市公安局网上服务中心开通了 34 项交管车管业务，为市民办事开辟便捷通道。推出机动车周末年审、驾驶人周末考试、满分复考“即约即考”、驾驶人考试学员自主预约、交管车管业务免费短信提示、新车环保标志、摩托车提前报废补偿“一站式”办理等一系列便民服务。加大道路交通事故救助力度，接收救助申请 207 份，使用救助基金 95 万元。是年，市公安局交警支队获第四届“全国文明单位”，交警支队车管所获 2014 年佛山口碑榜“市民满意窗口单位”，三水区车管所再获“全国优秀县级车辆管理所”荣誉称号。

【出入境管理】 2014 年，佛山公安出入境管理部门共受理出入境业务 268 万余人次，同比增长 18.09%；审批、签发各类出入国（境）证件 312 万余本（个），同比增长 5.66%。

全力做好电子往来港澳通行证启用工作。依时完成电子制证室改造、设备安装、前期培训和宣传工作，及时完善相关要求和措施，确保电子往来港澳通行证顺利过渡。自5月20日启用至年底，全市共办理电子通行证31.24万张，签发电子签注5.6万张。

出入境管理“创文”屡获赞誉。2014年是佛山“创文”工作验收关键年，全市公安出入境管理部门通过强化职业道德、优化服务流程和规范服务标准等措施大力推进“创文”工作，得到上级部门和群众的一致好评。12月9日，公安部部长助理王俭在佛山市督导检查“创文”工作时指出，佛山公安出入境管理部门充分应用信息化推出各项便民利民服务措施，充分体现了佛山文明风尚。市公安局出入境管理支队被评为佛山“最佳口碑单位”，是全市唯一进入榜单十强的政府行政单位。

全力开展埃博拉疫情防控。自2014年8月埃博拉疫情防范工作开展起，全市公安出入境管理部门积极发挥职能作用，全力做好疫区国家人员在佛山市的落脚点掌控，在广东省率先成立防控工作领导小组，组建10个“三人核查小组”，每天上门核查疫区入境人员情况，确保万无一失。

外国人服务管理开创新局面。是年，佛山公安出入境管理部门推进实施每日一排查、每周一研判、每月一通报、每季一评比、每所一专班“五个一”外管工作模式，全面提升外国人服务管理工作水平。9月25日，广东省公安厅在南海区召开现场会，推广佛山市清理整治“三非”外国人创新举措。12月25日，省政府召开外国人服务管理工作会议，向全省推广佛山外国人服务管理工作经验。全市42个公安派出所分别成立15支专业队、27个专班，“两专”民警共计188人，有力地维护了涉外治安环境。

【公安禁毒】 2014年，佛山市公安机关共打击毒品犯罪团伙286个，破获毒品刑事案件2390宗，同比分别上升410%和37.6%；破获公安部目标案件3宗，省目标案件17宗。共查处吸毒人员12794人，强戒吸毒人员6218人，同比分别上升51.3%和20%。佛山市公安机关在全省“六大专项”行动打击涉毒违法犯罪行动中取得全省第二的优异成绩。

加大涉外毒品犯罪打击力度。针对重点区域涉外毒品犯罪活动突出的问题，市公安局成立打击涉外毒品犯罪专业队，与广州禁毒部门协调联动，全面加强涉外毒品案件打击工作。全年全市共破获涉外贩毒案件15宗，抓获犯罪嫌疑人118人，缴获各类毒品31.7公斤。

加大涉毒娱乐场所整治力度。组织基层派出所、社区民警对涉毒地下场所开展大排查，并联合市文广新、市工商等部门切实加大清查整理力度，对涉毒娱乐场所“零容忍”，全力挤压涉毒场所的生存空间。2014年，全市共查处涉毒场所40家，行政拘留吸毒人员180人。全市娱乐场所涉毒问题得到有效遏制。

加大易制毒化学物品管制力度。联合药监、安监部门加大对使用、经营、仓储、运输等行业易制毒化学品的监督检查力度。2014年，全市共查处易制毒化学品违法案件44起，查扣易制毒化学品68吨。

加大禁毒宣传力度。市公安局把禁毒宣传作为预防毒品犯罪的重要手段，全面推进青少年学生和外来务工人员的禁毒宣传工作。策划组织了“禁毒宣传进学校、进企业、进广场、进社区”等系列专题宣传活动121场，直接参与群众超过60万人。建立禁毒副校长工作机制，中小学禁毒宣传教育普及率100%，全市连续11年实现校园学生无涉毒。

【消防管理】 2014年，佛山市公安机关持续开展火灾隐患排查整治专项行动，深入推进消防网格化、信息化、规范化、常态化“四化”管理模式，切实加强公共消防设施建设，推进落实消防安全主体责任，全年全市火灾事故各项指标稳步下降，火灾形势平稳可控。

狠抓消防安全主体责任落实。着力构建横向到边、纵向到底的消防安全责任体系。市、区、镇（街）、村（居）逐级签订消防工作目标责任书共796份，各级政府组织开展了62次消防安全专项督导。消防部门指导消防安全重点单位建立消防安全自我评估机制、专职消防安全管理人、消防设施维护保养和消防安全自我评价制度，有效推动责任落实到位。

狠抓消防安全隐患排查整治。部署开展“清剿火患”战役、重大火灾隐患集中整治、家庭作坊消防安全专项治理以及违章既有建筑、高层和地下公共建筑、集贸市场、老城区、城中村、人员密集场所、劳动密集型企业等八个专项整治行动，突出抓好禅城区针织行业、南海区专业批发市场、顺德区家具行业等三大行业整治，着重抓好火灾隐患重点地区政府挂牌督办整治行动。加强消防安全宣传，广泛宣传消防安全知识，在全市建立5个消防主题公园和消防示范街，将消防宣传融入群众生活。完善“96119”火灾隐患有奖举报机制，受理核查群众投诉举报946宗，发放奖金24.5万元。

狠抓消防安全网格化管理。推动全市31个镇街全部设立实体运行的消防办公室，各配备3～6名专（兼）职消防管理人员，统筹基层消防安全管理工作。全面推广运用消防安全网格化管理智能系统，为全市1895名村居网格化消防员配置了网格化巡查手机，有效规范了各镇街消防安全“网格化”管理模式。推动政府专职消防队管理创新，承担全省创新政府专职消防队伍管理长效机制试点任务，制定《关于进一步加强全市政府专职消防队伍建设的意见》《佛山市政府专职消防队伍建设管理规定》等政策文件。

狠抓消防行政管理制度改革。全市消防业务受理窗口实行低台敞开式办公，严格落实行政服务中心窗口的首问责任制、一次告知制、服务承诺制等9项窗口服务制度，清理了一批消防行政审批前置条件，统一了全市消防行政办事指南，规范了业务受理的程序。制定全市“三制”改革试点工作方案及配套文件，在顺德区开展技术审查与行政审批分离试点工作。下发《关于进一步明确消防监督管理事项的通知》，将大部分建设工程消防监督管理权限下发到各区大队，方便群众办事。赋予社区民警消防监督职能，并将5000元以下行政处罚的审批权限委托给公安派出所，明晰公安派出所消防监督执法责权。

狠抓灭火救援实战能力提升。加强对水域、道路交通、大跨度大空间三支救援专业队建设，组织和参加广佛区域实战化拉动演练4次，完成全国公安警务实战化教官技能比武汇报表演、广东省公安机关反恐处突综合演练、佛山市反恐处突和地震救助演练等重大任务。全市消防部队抢救和疏散被困人员1909人，抢救财产价值1.85亿元。

【佛山在广东省首设专职“环保警察”】 2014年10月8日，佛山市公安局经侦支队环境犯罪侦查大队正式挂牌成立，各区公安分局也相继成立环境犯罪侦查中队。佛山成为广东省率先在经侦部门组建打击破坏环境犯罪的专门队伍的城市。同年11月6日，佛山市公安局、佛山市环保局成立联合执法办公室，将全市打击环境污染犯罪推向制度化、专业化的新阶段。双方在案件侦办、信息共享、联合执法等方面相互协作配合，大大提高了打击污染环境犯罪的及时性、准确性、高效性。

至年底，全市涉环境污染刑事案件立案19宗，破案10宗，刑事拘留犯罪嫌疑人34人，逮捕32人，移送起诉15人，依法查处了一批重点污染环境的企业，迅速处置了群众反映强烈的“顺德容桂江边环境污染事件”和“南海区狮山镇博爱路河涌污染问题”。期间，佛山公安经侦部门联合环保部门主动出击，对佛山大型重点企业进行巡查，联合基层执法部门对村级工业园区进行巡查，取得了显著成效。

【佛山中心城区实施“禁摩”】 2014年，佛山市加强摩托车管理工作进入攻坚阶段。9月1日，禅桂新中心区域全面“禁摩”顺利实施，各区农村地区的摩托车入户政策亦作出适当调整，在用超标电动自行车过渡期顺利完成。至2014年12月，全市实际在用摩托车61.38万辆，比2005年的133.13万辆减少54.1%，全市涉摩违法犯罪警情同比下降35.3%，其中禅桂新地区涉摩违法犯罪警情同比下降71.6%，涉摩“飞抢”得到根本遏制；全市涉摩交通事故警情同比下降16%，禅桂新涉摩交通事故同比下降72.8%，禁摩区域摩托车违法上路现象基本消失。

为进一步加强城市升级，平稳推进佛山摩托车管理工作，市、区有关部门简化流程，鼓励报废，实现摩托车提前报废补偿“一站式”服务。群众提前报废摩托车只需跑1趟，在10天内就能领到补偿款，报废手续及流程极大简化，群众满意度大幅提升。搭建平台，立体宣传，凝聚民意。网上网下同步出击，充分运用传统媒体和网络媒体宣传摩托车管理政策；户内户外全面动员，组织基层工作人员上门直接面对摩托车、电动自行车使用者进行宣传劝喻，并派发宣传单张，做好解释工作。加强执法，从严管制，压缩空间。科学设置执法缓冲期，分阶段分步骤开展摩托车违法整治行动，依法查处摩托车违法行为，正确引导群众提前报废或迁出。保障民生，顺应民意，启动特种行业摩托车政策。禅桂新中心城区全面“禁摩”后，为满足城市基础服务行业需要，佛山市将邮政快递、抢险救灾、治安管理等行业的摩托车纳入特种行业摩托车进行管理，保障了全市相关特种行业在全面“禁摩”后能够顺利经营运作，保障民生。

（温威威）

司法行政工作

【综述】 2014年，佛山市有地级市司法局1个，区司法局5个，乡镇（街道）司法所33个，监狱1个；强制隔离戒毒所1个，律师事务所229家；公证处6个；司法鉴定机构11家，各类人民调解组织1226个。全市司法行政机关工作人员1300余人；律师2006人，其中社会执业律师1830人，公职、法律援助律师176人；公证机构工作人员40余人；司法鉴定人109人；人民调解员12651人。

2014年，全市司法行政机关开拓创新、务实进取，各项工作均取得显著成绩。以“657”普法品牌建设为载体，深入开展形式多样的“法律六进”活动，2014年佛山市被评为全国“六五”普法中期先进城市。人民调解工作围绕征地拆迁、物业管理、劳资关系、交通事故等社会热点、难点问题展开排查调解大量基层矛盾纠纷，全市人民调解组织排查化解各类矛盾纠纷调解案件总数8000多件，调解成功率97.9%。以法律手段创新社会管理，“一村居一律师”工作走在广东省前列。法律援助社会覆盖面不断扩大，全市法律援助机构共接待来电来访法律咨询20677人次，受理承办法律援助案件8733件。全市在册社区矫正人员2206人、刑释解教人员4709人，加强对社区矫正人员的日常管理，加强过渡性安置基地建设，全市依托企业建立安置帮教实体基地39个。

【监狱管理】 2014年，佛山监狱开展创建部级现代化文明监狱活动，坚持把维护场所持续安全稳定放在首位，提高服刑人员教育改造质量。佛山监狱引入新门禁系统和单警装备系统，加强战训队和防暴队建设，与驻监武警联合开展各类演练和安全大检查，规范罪犯考核奖惩工作。

【强制隔离戒毒管理】 2014年，佛山市强制隔离戒毒所健全处遇激励等机制，抓好所外就医、诊断评估等审批关，开展“打帮派、惩抗改、整秩序”等专项整治活动，有效加强所务政务公开，实现民警执法零投诉。

【社区矫正和安置帮教】 2014年，佛山市在册社区矫正人员2206人、刑释解教人员4709人。以社区矫正规范化建设年为切入点，加强对社区矫正人员的日常管理、季度考核及分类管理工作。加强与相关部门协调，促进社矫工作的监管重点对象、监管方式、执法流程向精细化发展。加强过渡性安置基地建设，至年底，全市依托企业建立安置帮教实体基地39个。

【人民调解】 2014年，佛山市进一步夯实人民调解工作规范化建设，继续推进行业性专业人民调解组织建设，在全市组织开展人民调解员调解技能选拔赛活动，全面加强基层人民调解组织建设和队伍建设。各人民调解组织积极开展矛盾纠纷排查调处工作，全年共开展12769次排查，调解纠纷6734宗，成功调解6603宗，调解成功率达98%。全市共有企业人民调解委员会205家，企业调解小组309个，在册企业人民调解员1300名，组织网络涵盖大中型国有企业、民营企业、外资企业和工业园区；物业纠纷调委会78家，在册物业纠纷人民调解员530人。

【律师服务】 2014年，佛山市积极发挥律师法律服务作用，推进公共法律服务均等化，全市律师积极做好案件代理和教育、医疗、住房、就业等涉及人民群众切身利益的法律服务工作。11月7日，7名律师受聘担任市政府市长、副市长法律顾问，“一对一”为市长们决策提供法律咨询，辅助领导依法行政、依法决策。积极实行“一村居一律师”工程，律师事务所与村居结对共建，进行网格式管理，律师在做好常规法制宣传、法律咨询等工作的同时，积极运用法律思维深入参与村居治理，参与涉法涉诉信访案件的处理及矛盾纠纷的排查和化解，预防敏感性和群体性案件发生。至2014年底，全市有律师事务所229家，执业律师1937名，全市738个村居实现律师全覆盖。南海区积极探索“一村居两法律顾问”，广东省委书记胡春华给予高度评价，广东省委、省政府2014年5月出台《关于开展一村（社区）一法律顾问工作的意见》，在全省推广佛山市的做法。推进法律服务进民企工作，各区全部设立商事纠纷调解委员会，除云东海之外各镇（街）总商会全部成立商事纠纷调解委员会。市律师协会在广东省率先发布《佛山律师业发展白皮书》，总结佛山律师业发展经验，研究佛山律师业发展轨迹，展望佛山律师业发展蓝图。

【法律援助】 2014年，佛山市进一步推进法律援助规范化建设，扩大法律援助覆盖面，努力满足困难群众法律援助需求，实现应援尽援。各区着力推进镇街法律援助工作站建设，禅城区组成“志愿V站”公益法律援助服务队，免费为群众提供法律咨询。全年全市法律援助机构共接待来电来访法律咨询20677人次，受理承办法律援助案件8733件，有效维护了困难群众和当事人的合法权益，为构建和谐平安佛山作出贡献。

【普法宣传】 2014年，佛山市全面贯彻实施“六五”普法规划，开展“法律六进”活动，重点加强对领导干部、公务员、青少年、村（居）民、外来务工人员和企事业经营管理人员的法制宣传教育，通过形式多样的法律宣讲活动，加强网络、微博、微信等新兴媒体的运用，让更多群众知法、懂法、守法，依法办事。以“657”普法品牌建设为载体，深化“一镇（街）一品牌”工作，大力推进具有佛山元素和岭南特色的法治文化建设，禅城区石湾镇街道在中海·文华熙岸建成全市首个法治文化小区。积极开展国家宪法日暨“12·4”全国法制宣传日宣传活动，市委书记刘悦伦于2014年12月4日在《佛山日报》头版发表《以法治佛山建设促进城市价值提升》的署名文章。2014年，佛山市被评为全国“六五”普法中期先进城市。

【公证服务】 2014年，佛山市公证部门不断提升公证服务水平，推行上门服务、减免费用和绿色通道等措施，建立健全岗位目标责任制、首问责任制、公证接待受理、预约办证服务、重大疑难公证事项会商以及投诉和复查处理等6项制度，在《佛山日报》共刊登8期系列宣传文章，不断提高公证知晓率。同时，针对残疾人、老人、孕妇、低保户和出国学生等特殊群体，推行上门服务、减免费用和绿色通道等措施，让群众切实感受公证服务的高效便捷。

【国家司法考试】 2014年国家司法考试于9月20～21日举行。佛山市考区设置2个考点，分别是佛山市荣山中学、佛山市汾江中学。全市共有2024人报名参加司法考试，实际参考人数1596人。通过司法考试人数263人，合格率16.47%。其中400分以上的高分通过者有31人，占通过人数的11.78%，最高分数444分。在通过考试的人员中，取得A证的252人、C证的11人，其中，有97名在校大学生顺利通过考试。

【司法鉴定】 2014年，佛山市司法鉴定部门组织开展以提升司法鉴定服务质量为目标的司法鉴定质量建设年活动，各鉴定机构认真对照《司法鉴定质量建设年活动考评标准》中列明的8大类17项指标，重点查找违法执业、违规执业、内控机制欠缺、不诚信经营等问题，对查找出来的问题及时制订整改方案，明确整改时限及责任人，切实落实整改措施。认真做好司法鉴定机构、鉴定人各类申请的审核、审批工作，全年共受理审查51件司法鉴定申请，其中由市司法局审批的7件，审查后加具意见上报广东省司法厅的44件。结合司法鉴定投诉的调查，不定期到司法鉴定机构进行抽查，确保鉴定案件质量。

【司法行风政风评议活动】 2014年，佛山市司法局作为市直机关民主评议政风行风活动重点单位之一，把行风评议工作作为大事摆上重要议事日程，成立专门机构，制订工作方案，组织辅导、召开座谈会、上线民生直通车，并通过明察暗访、聘请第三方机构评估等方式，找准找实政风行风问题。充分运用电视电台、报纸网站、微博微信等载体，广泛宣传司法行政工作业务知识和服务流程，大力提升市民群众对司法行政工作的知晓度和支持率。司法行政队伍素质明显提高，作风明显改善，职能得以彰显，地位得以提升。

【公共法律服务体系建设】 2014年，根据广东省司法厅和佛山市委、市政府的部署要求，佛山市司法行政部门围绕打造法制宣传育民、人民调解和民、法律服务便民、法律援助惠民、安帮矫正安民等“五项工程”，积极开展公共法律服务体系建设工作。积极争取市委、市政府的支持，在深入调研的基础上，以市委名义下发《构建公共法律服务体系推进基层治理法治化的实施方案》，提出建设公共法律服务三级实体平台、建立“三官一师”直联村居工作机制、建立“一镇街一律师顾问团”制度、建立“一村居一专职调解员”机制、进一步加强镇（街）司法所建设等12项措施。该文件得到副省长李春生及省司法厅多位领导的肯定与批示，刘悦伦高度评价该方案，认为符合佛山基层实际、可操作性强。市委专门召开会议，在全市部署构建公共法律服务体系推进基层社会治理法治化工作。

【司法行政督导】 2014年，佛山市继续坚持红绿牌督导检查，加强司法行政基层基础建设。5月、8月和12月，对禅城区、南海区、三水区和高明区4个区的司法局、22个镇街司法所的综治暨平安创建工作进行督导，发放红绿牌1131张，其中绿牌1093张，工作合格率为96.64%。

【人民调解员调解技能选拔赛活动】 2014年6～8月，佛山市司法局在全市组织开展了人民调解员调解技能选拔赛活动。笔试之后，在面试中12名调解员经过演说和案例分析两个环节的较量，向评委们充分展示了自己在处理矛盾纠纷中的法律专业知识水平和调解技能。经过评审，最终决出了一等、二等、三等奖和优秀奖。南海区司法局、三水区司法局被授予优秀组织奖。进一步推动佛山市广大人民调解员深入学习掌握人民调解基本知识、基本技能，提高处理矛盾纠纷的实践能力，挖掘和发现了一批政治素质好、业务能力强、工作业绩突出的人民调解能手，在全市营造了争当岗位模范、业务标兵的良好氛围。

【佛山获“六五”普法中期全国先进城市】 2014年，佛山市委、市政府高度重视和支持普法工作，“六五”普法期间，全市各区各部门通过卓有成效的普法活动，增强了全市群众法律意识，提高了干部依法行政能力，推进了基层法制建设，促进了社会的平安稳定，社会服务和管理的法治化水平不断提高，提升佛山市创建全国文明城市和法治城市的形象。2014年全国普法先进城市共85个，其中广东5个，佛山市是连续获得“全国普法先进城市”称号的两个城市之一。

（李艳玲）

坚持稳中求进 突出改革创新

2015新的一页 图 片 特 辑 FOSHAN YEARBOOK

汇聚智慧——制造业发达城市

记载佛山辉煌岁月 见证城市腾飞轨迹

汇聚智慧——制造业发达城市

产业转型有新进展

工业结构调整提速。2014 年，广东省委、省政府要求佛山作为珠江西岸先进装备制造产业带龙头。佛山市抢抓机遇，迅速行动，启动万亿规模先进装备制造业产业基地建设。积极落实省技术改造扶持政策，设立市优质技改创新项目贷款风险补偿基金，完成工业技术改造投资 278.56 亿元，增长 23.7%。推进“两化”深度融合，22 家企业获批国家、省“两化”融合管理体系贯标试点企业，27 家企业入选广东省电子商务百强。一汽 - 大众二期、福田汽车、南车制造基地等项目陆续开工，阿格蕾雅光电材料、亨氏食品、村田纳米陶瓷电容器材等项目投产。

佛山获“中国品牌经济城市”“中国品牌之都”等称号，成为“全国陶瓷产业知名品牌创建示范区”“国家商标战略实施示范城市”，涌现出美的电器、佛山照明、海天调味品、新中源陶瓷、健力宝饮料、联塑非金属管道、溢达纺织等一批著名品牌和商标。现有中国集体商标 21 件，驰名商标 133 件，均位居全省前列；参与研制行业标准 548 个、地区标准 164 个。

2014 年 8 月 6 日，中共中央政治局委员、广东省委书记胡春华在佛山调研装备制造业发展情况，要求佛山市发挥产业、技术优势，进一步做大做强先进装备制造业，在打造珠江西岸先进装备制造产业中发挥龙头带动作用，形成经济发展新的增长点。图为胡春华（前右 2）在广东丰凯机械股份有限公司调研。

一汽－大众佛山分公司投产。

2015 年 1 月 12 日，佛山市代市长鲁毅到福田汽车参观调研。

汇聚智慧——制造业发达城市

佛山市利迅达机器人系统有限公司工作人员操作机器人对浴缸进行打磨抛光。

2014 年 9 月 5~8 日，佛山市工商联在佛山家博城举办第二届佛山商博会暨中国新型城镇化佛山产业博览会。

三水产业联盟专家在佛山市诺尔贝机器人技术有限公司考察。

2014 年 12 月 10 日，第 15 届伦教木工机械展现场，来自意大利 VITAP 品牌的、针对定制家具的异性封边机获得专业观众关注。

汇聚智慧——制造业发达城市

百威啤酒佛山生产基地内，产品线忙碌运转。

通宝华龙控制器有限公司的车间里，两名工人在管理机器，设备全自动化运作。

三水区大塘镇佳利达纺织染有限公司员工正在车间工作。

海天（高明）工业园。

汇聚智慧——制造业发达城市

广东佳明机器有限公司技术人员正在安装新型双色注塑机。

利迅达是在顺德本土成长起来的机器人企业。图为技术人员正在对机械臂进行路径调试。

广东好帮手电子科技有限公司技术人员正在协助工人安装汽车导航仪。

美的工厂电子车间内的遥控器自动化生产线，采用多台机器人配合人工方式，生产效率大幅提升。

新宝电器车间内推行机器代人，一个车间内有80多台注塑机，每台注塑机配备一个机械手负责放料和取件。

汇聚智慧——制造业发达城市

民营经济做强做大有新成绩

2014 年，佛山市民营工业占全市规模以上工业总产值比重 69.6%，比上年提高 3.7 个百分点，对全市工业增长贡献率 79.8%。完善各级领导挂点重点培育企业工作机制，实施“一企一策”帮扶，研究解决重点培育企业发展难题。认真落实中央“营改增”、小微企业减税等政策，全市减免各项税收 122.09 亿元。鼓励实施“两化”融合、机器人应用、品牌营销等举措，加强重点企业培育，全市产值超千亿元企业 1 家、超百亿元企业 11 家。举办民营企业精英研修班，引导中小民企建立现代企业制度，2010 户个体工商户转型升级为企业。

格兰仕现代化生产线。

容桂海信科龙生产线。

碧桂园总部。

美的集团总部。

汇聚智慧——制造业发达城市

佛山国家火炬创新创业园。

佛山国星光电生产总部。

坚持稳中求进 突出改革创新

筑巢引凤——金融科技产业融合发展

筑巢引凤——金融科技产业融合发展

金融科技产业融合有新亮点

2014 年，佛山市财政安排创新型城市建设资金 21.07 亿元，带动规模以上企业研发投入增长。佛山市获批国家知识产权示范城市、国家知识产权服务业集聚发展试验区、全国陶瓷产业知名品牌创建示范区，南海区获批全省金融科技产业融合创新综合试验区，顺德区获批国家知识产权试点城市。公共创新平台建设加快，顺德中山大学 - 卡内基梅隆大学国际联合研究院、南海广工大数控装备协同创新研究院启用，三水合肥工业大学研究院挂牌成立，佛山中科院产业技术研究院新材料产业园投入使用。新增国家认定企业技术中心 3 家、国家级科技企业孵化器 4 家；新增国家高新技术企业 73 家，总数达 618 家；新增中国驰名商标 16 件，总数达 134 个；新增集体商标 4 件，总数达 21 件；新增广东省名牌产品 187 个，总数达 399 个；百万人口发明专利申请量 995 件，增长 55.2%。新增省级、市级创新团队 13 个，新增省级、市级工程中心 96 家，引进国家“千人计划”专家 23 人，设立院士工作室 29 个。金融服务实体经济能力提升。市、区财政出资 5 亿元设立支持企业融资专项资金，帮助中小企业缓解融资困难。成立佛山科技金融综合服务中心，设立市科技型中小企业信贷风险补偿基金、产业金融引导基金，启动佛山科技保险试点工作。成立市金融发展与稳定领导小组，防范和化解企业财务风险，优化金融生态环境。金融创新有新进展。广东金融高新区股权交易中心挂牌企业融资 38.6 亿元，佛山民间金融街引入 60 多家金融机构。全市新增银行 2 家、保险公司 4 家、小额贷款公司 3 家、股权投资企业 56 家、融资租赁公司 10 家、新三板企业 11 家、上市企业 2 家。

千灯湖金融商务区。

民间金融街。

广工大数控装备协同创新研究院。

顺德中山大学－卡内基梅隆大学国际联合研究院。

2015 年 2 月 9 日，广东绿之彩印刷科技股份有限公司在顺德区资本市场企业服务中心鸣锣，庆祝正式登录全国中小企业股份转让系统。

2015 年 3 月 6 日，在北京中关村全国中小企业股份转让系统一楼大厅，嘉宾敲响“开市宝钟”，南海再增两企业挂牌新三板。

筑巢引凤——金融科技产业融合发展

2015 年 5 月 5 日，广东－诺丁汉高级金融研究院揭牌暨“金融领导力读书班”在广东金融高新区广发商学院举行开班仪式。

2015 年 3 月 19 日，佛山市南海区创新创业行动计划在广佛智城启动。深圳清华大学研究院（佛山）创新中心等一批高端公共技术创新平台落户南海。

华兴银行佛山分行行长崔健、前海股权交易中心常务副总裁陈俊生、中盈盛达董事总裁谢勇东签署合作协议。

2015 年 1 月 6 日，"芯光源孵化器"人才增值计划启动活动在广东省新光源产业基地举行，佛山市南海区中科半导体科技促进中心同时揭牌。

广东瑞洲科技有限公司赴时尚之都意大利米兰参加皮革设备技术展。

筑巢引凤——金融科技产业融合发展

佛山智慧新城。

新光源产业基地。

2015 年 1 月 26 日，中德工业服务区科技交流暨项目路演大会在中欧平台举行。

佛山中欧工业园。

力合（顺德）科技园奠基典礼。

筑巢引凤——金融科技产业融合发展

2015 年 3 月 31 日，佛山首个互联网 + 云制造公共服务平台——“中国在线制造”启动。副市长宋德平等领导以及行业、企业负责人出席用手机微信启动的仪式。

2015 年 4 月 2 日，广东省青年创新创业试验区 U-inno 创业中心在狮山大学城清华力合科技园揭牌。

2014 年 3 月 11 日，佛山市副市长宋德平到凯仕乐（中国）医保科技集团有限公司进行电商产业调研。

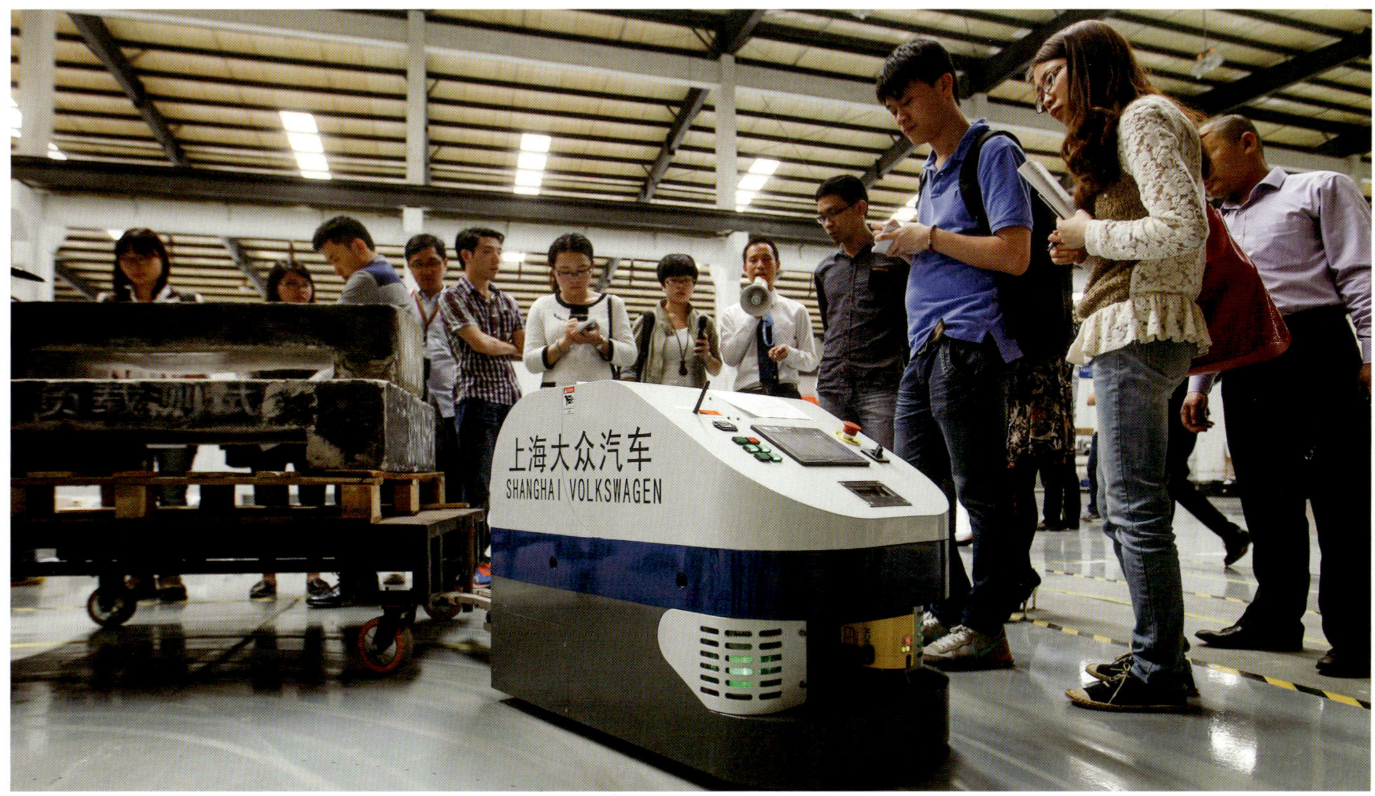

在广东嘉腾机器人自动化有限公司内，专业技术员给客商介绍 AGV 搬运机器人的原理以及用途。

筑巢引凤——金融科技产业融合发展

金融科技的融合带动城市的发展。

坚持稳中求进　突出改革创新

2015新的一页　图片特辑
FOSHAN YEARBOOK

点石成金——城市升级成效显著

记载佛山辉煌岁月　见证城市腾飞轨迹

点石成金——城市升级成效显著

城市升级成效突出

“强中心”战略深入实施。禅城老城区传统文化氛围浓厚，“大祖庙商圈”初具规模，岭南天地三期加快建设，梁园周边环境改造提升初步完成，仁寿寺改造顺利推进，汾江河“一河两岸”景观提升工程完成；禅西新城绿岛湖行政服务大厅、欧洲工业园A区启用，人才公寓、国际中学等建成使用；桂城千灯湖片区金融公园、灯湖广场等项目建设顺利；佛山新城中欧（中德）服务中心等平台主体建成，中德高技术实验园研发楼及人才公寓即将竣工，交通枢纽中心完成地下基础工程。

城市组团建设成效显著。狮山博爱湖、南海市民服务中心等城市配套项目进展顺利，西樵听音湖片区雏形显现；顺德新城保利商务综合体、美的广场、置业广场封顶，华侨城文化旅游综合项目加快推进；西江新城基本完成核心区示范工程建设，明湖公园、秀丽河公园、丽江水廊建成；三水新城基础设施建设加快推进。“三旧”改造稳步实施，荣获全省“三旧”改造一等奖，北江新区“三旧”综合改造项目、高明江滩滨河景观工程成为样板。

2015年4月10日，佛山市城市升级三年行动计划总结暨两年延伸行动计划动员大会举行。会上，市长鲁毅就城市升级两年延伸行动计划工作与各区政府和佛山新城管委会签订工作目标责任书。

2014 年 9 月 22 日，广东省委常委、宣传部部长庹震一行在佛山市委书记刘悦伦等陪同下到佛山市调研。图为庹震（左 3）、刘悦伦（左 2）等人在岭南天地调研。

“蓝天白莲”的佛山新城。

点石成金——城市升级成效显著

文华公园是禅城区的城市中轴地标。

禅城区智慧新城。

祖庙中央商务带。

季华商业圈。

点石成金——城市升级成效显著

佛山新城中心区景观。

佛山新城的中欧中心。

佛山新城在建的文化中心坊塔。

佛山国际家居博览城。

点石成金——城市升级成效显著

南海区千灯湖金融产业区。

南海区平州玉器街。

南海万达广场。

点石成金——城市升级成效显著

顺德新城。

顺德容桂天佑城。

顺德区北滘新城。

顺德区文塔公园。

点石成金——城市升级成效显著

高明区西江新城体育中心。

高明区西江新城文化中心。

三水区西南街道北江体育公园。

三水新城。

点石成金——城市升级成效显著

高明区西江新城明湖彩霞。

禅城区亚洲艺术公园。

坚持稳中求进 突出改革创新

滨水绿道——打造优美生态环境

记载佛山辉煌岁月 见证城市腾飞轨迹

滨水绿道——打造优美生态环境

环境治理和生态建设成绩显著

建立环保责任考核追究机制，设立“环保警察”，强化环保执法。基本完成100项环保民生实事。全力推进大气污染防治。扩大限燃区域至中心城区面积60%；深化工业企业大气污染治理，整治污染企业804家；严厉打击“黑烟车”，全年淘汰黄标车及老旧车8.05万辆；严格控制扬尘污染，征收扬尘排污费。坚持“一河一策”治理水环境污染，19条重点整治河涌基本达到V类标准。新建污水配套管网217.84公里。对禁养区内畜禽养殖场进行全面清理。强化固体废弃物、危险废物管理，积极推进南海垃圾焚烧发电一厂等改扩建，大力开展城镇生活垃圾无害化处理。新增国家级生态乡镇7个，总数达19个。新建和改造提升绿地面积720.73公顷，创建绿色建筑175万平方米。建成智慧公园、九江外滩景观工程、丽江水廊等10个大型公园，建设和改造提升一批村居公园和社区体育公园。完成珠二环高速顺德段、东平河两岸等106公里生态景观林带建设。谢边互通立交、顺峰山东入口等重要节点景观改造基本完工，完成33.9公里“五位一体”沿街景观综合整治。

佛山新城鸟瞰图。

顺德清晖园鸟瞰图。

绿树成荫的东平河畔。

顺德区陈村镇潭州水道优美的河岸绿化。

滨水绿道——打造优美生态环境

三水区荷花世界。

南海区听音湖。

高明区盈香九寨水城。

高明区皂幕山。

滨水绿道——打造优美生态环境

顺德区长鹿农庄。

南海区里水镇“梦里水乡”。

滨水绿道——打造优美生态环境

南海区映月湖。

顺德区北滘公园。

第三批广东省宜居示范城镇——顺德区均安镇凫洲河东岸。

升级改造后的禅城区同济涌。

滨水绿道——打造优美生态环境

顺德区顺峰山公园。

禅城区绿岛湖。

木棉花盛放的岭南大道。

城市道路两旁的绿化景观。

滨水绿道——打造优美生态环境

水乡的音符。

坚持稳中求进 突出改革创新

2015新的一页 图片特辑 FOSHAN YEARBOOK

大道如虹——加强基础设施建设

记载佛山辉煌岁月 见证城市腾飞轨迹

大道如虹——加强基础设施建设

佛山深入贯彻落实《珠江三角洲地区改革发展规划纲要（2008～2020年）》，大力推进区域一体化发展。自2009年广佛同城正式启动起，广州、佛山两市在城市规划、基础设施建设、产业互动、环境保护、民生领域等方面深入对接，建成国内首条城际地铁——广佛地铁，金融机构资金结算技术上实现同城化。同时，佛山积极推动广佛肇经济圈建设，密切佛港澳合作，参与泛珠合作和珠江－西江经济带建设，主动融合对接广东自贸区，着力打造粤桂黔高铁经济带合作试验区，有效拓展了发展的空间和腹地。

基础设施建设力度加大。广明高速陈村至西樵段、肇花高速三水段正式通车。市域路网中禅西大道二期、G321南海段改造、三花公路改造、南庄至九江公路复线、佛陈大桥扩建和樵乐路、龙湾大桥、季华路快速化改造完工。贵广、南广铁路佛山段通车，三水南站投入使用。佛山西站、佛肇城际线、广佛地铁二期加快建设，城市轨道交通二号线一期、南海新型交通系统试验段工程开工，城市轨道交通三号线工程开展前期工作。

路网覆盖促进广佛肇经济圈发展。

2015 年 4 月 2 日，佛山市路网建设推进现场会举行。图为佛山市市长鲁毅（右三）与五区领导签订交通运输重点工作责任书。

2014 年 9 月 4 日，佛山市工商联在禅城区举办佛港澳及珠三角商会合作交流会。

大道如虹——加强基础设施建设

谢边立交。

快速化改造的魁奇路。

季华路提速改造后的汾江路隧道。

龙湾大桥。

改造后的佛陈大桥。

大道如虹——加强基础设施建设

广明高速高明段。

建设中的汾江路南延线。

贵广（南广）高铁三水南站。

修建中的贵广铁路。

大道如虹——加强基础设施建设

南海桂江立交。

第六篇

经　济

工　业

概　况

【综述】 佛山是全国乃至全球著名的工业城市，工业主导地位明显，形成了机械装备、家用电器、陶瓷建材等十大优势行业和产业集群，光电、环保、新材料、新医药、新能源汽车等新兴产业发展迅速。2014 年，全市实现地区生产总值 7603.28 亿元，增长 8.6%；人均地区生产总值 10.38 万元。全市完成工业总产值（规模以上，下同）18810 亿元，同比增长 9.8%；完成工业增加值 4249.23 亿元，同比增长 9.9%。从国内情况看，佛山市工业增加值增速高于青岛、杭州、沈阳和无锡。从省内情况看，佛山市工业增加值增幅高于全省（8.4%）平均水平 1.5 个百分点，增幅在珠三角城市中排第六位，高于东莞、深圳和广州。全市共完成工业投资 963.09 亿元，同比增长 10.9%。其中，占工业投资比重达 93.3% 的制造业投资，同比增长 11.5%，增幅高于工业投资平均水平 0.6 个百分点。全年完成工业技术改造投资 278.56 亿元，同比增长 23.7%，投资额在全省排名第一。

民营经济发达是佛山经济的最大特色和优势。2014 年，民营工业完成工业总产值 13088.5 亿元，同比增长 11.4%，占全市规模以上工业总产值比重 69.6%，对全市工业增长贡献率 79.8%，拥有美的、格兰仕、东鹏、海天、万和、志高、碧桂园等一批骨干企业。佛山经济另一特点是以区镇经济为主，2014 年中国市辖区综合实力百强排名中，顺德区、南海区分别位居第一、第二位。

【产业结构调整】 传统产业加快转型升级。抓淘汰落后产能各项政策和措施落实。根据《广东省经济和信息化委关于下达 2014 年我省工业行业淘汰落后和过剩产能目标任务的通知》要求，完成对高明区印染厂、高明顺煌染整有限公司 2 家企业部分落后产能（设备）的淘汰任务。开展高强钢筋、平板玻璃、印染以及焦化等高耗能、高污染行业的摸底调查工作，加快有关行业的落后产能淘汰步伐。实施质量和效益双提升计划。对机械装备、陶瓷、纺织服装、铝型材等 4 个行业 27 个企业项目给予共 1150 万元的资金扶持，促进传统产业加快转型升级。开展“两化”融合管理体系贯标试点，全市共有 9 家企业获批“全国‘两化’融合管理体系贯标试点企业”，13 家企业获批“省‘两化’融合管理体系贯标试点企业”。完善“中国在线制造”公共服务平台，由 B2B 模式向 B2B2C 模式深化，成立泛家居产业联盟，建设以“实体体验店 + 移动网店 + 传统网店 + 微信店”四位一体的反向 O2O 云营销模式。

产业结构持续优化。先进制造和高技术制造业分别完成工业产值 6782.94 亿元和 1303.12 亿元，各增长 11.9% 和 19%，占全市工业总产值比重 36.1%、6.9%，比 2013 年提高 0.3 个百分点和 0.6 个百分点。汽配制造业在南海一汽 - 大众的带动下，大幅增长 22.1%。食品饮料、家具制造、非金属矿物制品业分别增长 12.4%、10.8%、8.8%。家电和金属制品业受市场波动影响，分别增长 4.6% 和 5.9%。纺织服装业受生产要素成本上升和环保压力增大的影响，同比增长 0.9%。

产业招商取得成效。全市引进超亿元的内资签约项目 147 个，计划投资总额 963.24 亿元。2014 年，把装备制造业作为招商工作的重点，编制《先进高端装备制造业招商分析报告》，制定《佛山市进一步加强先进装备制造业重点行业招商工作计划》，理清重点行业的上游配套、下游延伸、垂直供需和横向协作的产业链条，推进市、区、镇（街）、园区联动招商。赴江苏、浙江、安徽、重庆、四川等重点区域，对江淮、奇瑞、力帆、厦门ABB等龙头企业开展精准招商。引进了深圳风发科技智能电机基地、国脉互联司马钱项目、浪潮集团华南核心云计算中心、南方电网新能源产业基地、广东化工交易中心、南方电网新能源产业基地、纳动投资（上海）有限公司陶瓷变压器项目。

金融科技产业融合发展。2014年2月，佛山市政府正式出台《关于促进金融科技产业融合发展的实施意见》，加快全市金融改革的制度设计步伐。提出构建科技金融、民间金融和政策金融“三位一体”的金融服务模式，旨在运用政策金融手段，打通民间金融和科技金融对接的桥梁。此外，还成立佛山科技金融综合服务中心，设立市科技型中小企业信贷风险补偿基金、产业金融引导基金，启动佛山科技保险试点。

【自主创新能力】 2014年，佛山市获批国家知识产权示范城市、国家知识产权服务业集聚发展试验区、全国陶瓷产业知名品牌创建示范区，南海区获批全省金融科技产业融合创新综合试验区，顺德区获批国家知识产权试点城市。全市财政安排创新型城市建设资金21.07亿元，带动规模以上企业研发投入增长。公共创新平台建设加快，顺德中山大学卡内基梅隆大学国际联合研究院、南海广工大数控装备协同创新研究院启用，三水合肥工业大学研究院挂牌成立，佛山中科院产业技术研究院新材料产业园投入使用。新增国家认定企业技术中心3家、国家级科技企业孵化器4家；国家高新技术企业73家，总数达618家；中国驰名商标6个，总数达124个；集体商标4个，总数达21个；广东省名牌产品187个，总数达399个；百万人口发明专利申请量995件，增长55.2%。新增省级、市级创新团队13个，省级、市级工程中心96家，引进国家“千人计划”专家23人，设立院士工作室29个。

【万亿规模先进装备制造业产业基地】 2014年，广东省委、省政府提出打造珠江西岸先进装备制造产业带的重要战略部署，佛山是珠江西岸“六市一区”之一。为此，佛山制定了《佛山市打造万亿规模先进装备制造业产业基地工作方案》，全力推动工作开展。

深入实施“两化”融合战略，促进装备制造业“凤凰涅槃”。佛山市推动传统装备制造业向智能机器人、节能环保等先进制造业领域延伸，抢占先进制造业制高点。把技改工作与推进“两化”融合结合起来，落实全省加快先进装备制造业发展暨工业技术改造投资工作会议精神，市、区财政出资24亿元，推动企业实施技术改造。同时，实施“百企智能制造提升工程”，扶持劳动密集型企业“机器换人”。如美的集团通过自动化生产升级向“精益生产”模式迈进，累计投入1.1亿元实行“机器代人”运动，生产成本下降6%。

深入实施创新驱动战略，促进装备制造业“聚变反应”。结合装备制造业以民营经济和传统产业为主的特点，以创建国家创新型城市为契机，全力建设以企业为主体、市场为导向、产学研紧密结合的开放型区域创新体系。依托中德工业服务区、佛山国家高新区等高端载体，重点建设精密制造产业、自动化机械等特色产业基地，以及佛山中科院产业技术研究院、中欧科技合作产业园等装备制造业重点创新平台。

深入实施全产业链战略，促进装备制造业增量提质。推动产业向“微笑曲线”两端延伸，实现产业转型升级。引进国内外著名设计机构，打造工业设计集聚地，其中广东工业设计城经过5年发展，已有100多家优秀设计企业、1200多名设计师。创新产业发展模式，以云制造公共服务平台——“中国在线制造”为载体，推动装备制造企业实现产业链全业务环节的业务协作，已有近2万家企业上线开展业务。实施产业链招商，打造完整产业链条。在广东省明确以佛山为主打造智能制造装备、节能环保装备、新能源装备、汽车制造、生产性服务业等5个装备制造产业的基础上，结合自身实际，增加卫星应用装备、海洋工程装备2个重点产业，形成“5＋2”的重点发展方向，并有针对性地制订产业链招商计划，引进福田汽车、长城华冠等先进装备制造业项目。

深入实施服务企业行动计划，营造装备制造业发展良好环境。2014年，佛山市抓重点项目服务，推行重大项目责任制，明确每个项目的责任单位、责任人，并以问卷调查和市领导定期走访等形式加大对重点项目的跟踪服务力度，协调推动项目建设。加强人才引进与培养。实施城市升级三年行动计划，以良好城市环境吸引人才。发展职业教育，鼓励职业院校与企业联合办学，实行订单培养，为企业提供技术人才支撑；加强对本土民营企业家队伍建设，通过组织青年民营企业家到国企挂职、出外参观学习等方式，培育一支“佛”字牌知名企业家队伍。

帮扶装备制造企业开拓市场。2014年10月22～25日，佛山举办第十届中国（佛山）机械装备展览会，展会设国际标准展位1000个，展出面积达2.8万平方米，吸引了中南机械、佛威精机、广州数控、台湾协鸿、日本THK等近400家国内外知名机械装备企业参展。该届展览会增设了珠江西岸高端装备制造产业展示区，集中展示佛山、中山、江门、阳江、珠海、肇庆、顺德“六市一区”装备制造业发展成果，形成一定的规模和影响力。

2014年，佛山打造先进装备制造产业基地初具成效：一是总量平稳增长。2014年总产值为5168.26亿元，同比增长15.6%，约占全市规模以上工业总产值的27.26%。二是产业链条逐步完善。佛山装备制造企业大部分是依托现有优势产业而产生，并为本地企业服务和配套，形成了较为完整的产业链条，上下游企业形成良性互动局面。三是产业布局集群化发展。拥有国家火炬计划佛山精密制造产业基地、佛山自动化机械及设备产业基地等国家级特色产业基地，形成了伦教木工及玻璃机械集群、陈村国际压力及陶瓷机械集群等一大批特色产业集群。四是企业本土性和内生性突出。在全市规模以上的装备制造企业中，本土民营企业数量超过90%，民营企业对全市工业增长贡献率达79.8%。五是新兴产业快速成长。随着一汽－大众、北汽福田、陆地方舟、南车轨道等多个项目落户佛山，汽车及零部件制造、轨道交通等新兴装备制造业成长为支柱行业。

光电显示

【综述】 2014年，佛山市生产光电子器件125.14亿片，液晶电视机44.01万台，光学仪器72.58万台。

【光电显示产业布局】 2014年，佛山市光电显示产业的集聚效应日益凸显，吸引一大批上下游企业落户，产业布局日趋完善。其中，佛山液晶模组行业形成以模组生产企业为核心，上下游产业链厂商配套的发展模式。如群志光电的上下游产业链厂商纷纷入驻南海经济开发区；佛山维达光电生产的偏光板、国星光电生产的LED新光源也与液晶模组形成良好的配套关系。

在电视机整机装配方面，佛山市拥有一批具备相当实力的电视机整机装备企业。海信在华南的首个平板电视生产基地落户佛山顺德，可年产平板电视100万台以上。另外佛山朝野科技有限公司、中国广东日田有限公司、佛山市南海生之源数码电子有限公司等，具备为电视机提供机壳、机芯板、遥控器等部件的配套能力。

【光电显示公共服务平台建设】 2014年，广东平板显示产业技术研究院（即佛山市南海平板显示技术中心）以项目为载体开展运作，通过整合各种优势资源，对液晶电视产业链关键环节联合攻关，推动平板显示技术的引进、消化、吸收、再创新，协助中小整机企业从CRT电视向LCD电视转型，加快产业集聚，培养高端人才，增强产业的核心竞争力。广东省液晶电视技术中心充分整合上游厂商与下游整机厂的资源，推行液晶电视集成制造，目标是“更简化的制造、更高的品质和可行性、更低的设计与生产成本”，这不但是液晶电视规模化生产的需求，更可以帮助液晶电视整机制造企业面向更少的零件供应商，可以有更大的空间来开发个性化电视功能，增加附加值。

半导体照明

【综述】 佛山是国内规模最大的电光源生产基地之一，佛山LED产业的发展和布局较完善。2014年照明器具制造行业总产值达251.9亿元，同比增长11.1%。

【新光源产业集群化发展】 2014年，佛山市南海区以打造广东新光源产业化示范项目为抓手，采用“园区引导，民资为主”的建设模式，形成生产、研发、检测为一体的产业链条。广东新光源产业基地是广东省的重点建设项目，已建成75万平方米产业载体。国星半导体、联动科技、宁宇科技等高新技术企业领衔，130多家半导体照明企业进驻核心园区。华南国际电光源灯饰城总规划面积1200亩（首期建成400亩），1800个商铺进驻。国家半导体照明工程研发及产业联盟华南分中心、赛宝实验室、广东省半导体照明产业联合创新中心、香港科技大学LED-FPD工程技术研究开发中心等公共服务平台也相继落成。

太阳能光伏

【综述】 2014年，佛山市光伏设备及元器件制造实现工业总产值53.88亿元，同比增长11.4%。光伏发电应用及相关配套企业100多家，包括爱康、金晖电池、保威等，初步形成晶体硅太阳电池、高低压开关及控制系统、蓄电池及相关配套产品所组成的光伏装备产业集群，企业主要集中在三水区。2014年1月，三水区成为国家第一批创建新能源示范城市，是广东省2个示范城市之一。

【太阳能光伏分布式发电规模】 2014年，广东省下达佛山分布式光伏发电年度新增建设规模为150兆瓦，下达规模总量与广州同为全省最多。佛山有4个项目纳入重点项目，列入重点项目的总规模仅次于珠海市位居全省第二。4个重点项目分别为佛山三水工业园分布式光伏发电示范区项目（48兆瓦）、一汽－大众有限公司佛山工厂10MW光伏发电项目（10兆瓦）、南网能源美的制冷40MW光伏发电项目（40兆瓦）、佛山市禅城区张槎智能电器产业城分布式光伏发电项目（10兆瓦）。

【太阳能光伏发电推广】 2014年初，佛山市召开全市光伏发电应用推广现场会，推广太阳能光伏发电应用；2014年政府工作报告提出“推广三水分布式太阳能光伏发电应用项目，推进电能替代工程，促进能源消费结构转型”；印发《关于促进光伏发电应用的实施意见》，明确了全力推进光伏发电应用发展的工作目标、主要任务、宏观管理工作、扶持政策及组织实施等内容。10月，佛山市质量技术监督局、市发展和改革局等政府部门联合发布6项光伏发电应用技术标准，内容覆盖光伏电站的系统设计、施工与验收、安全管理、运行维护等方面，为全市光伏电站建设的安全保障、良好运行提供良好的技术支撑。

新材料

【综述】 2014年，佛山市以铝合金、不锈钢等金属结构材料为龙头，以电子信息材料、化工新材料、先进高分子材料等为代表，特色明显、优势突出的材料产业体系稳步发展。南海区以广东省新材料产业基地为核心，新型显示材料、新能源材料、功能陶瓷材料和纳米材料等新材料产业迅猛发展。被誉为“中国涂料之乡”的顺德区在金属材料、精细化工材料和有机高分子材料及复合材料发展势头良好，顺德区“新型建材产业基地”被列入2013年省市共建战略性新兴产业基地。高明区新材料产业涉及电子信息材料、新能源材料、纳米材料、先进复合材料、新型功能材料、高性能结构材料、化工新材料、新型建筑材料、生物医用材料等九大领域。三水区薄膜太阳能产业基地已引入了中建材、爱康等4个太阳能项目，并初步形成了以明宝、爱汽、聚菱燕、辉旭等世界500强为代表的汽配新材料集聚和以达安基因为代表的生物医药新材料集聚。

【新材料各细分行业发展】 2014年，佛山市新材料各细分行业根据市场需求，结合自身特点，确定各自的发展方向和措施。

新能源材料行业围绕完善动力电池等新能源材料及其产业链，发展燃料电池双极板材料，磷酸铁锂、锰酸锂、储氢合金等电池材料，重点发展CIGS多晶薄膜等光伏电池材料，培育染料敏化薄膜太阳能电池材料产业。

电子信息材料行业围绕新型平板显示材料及其产业链，重点发展高世代TFT-LCD（薄膜晶体管液晶显示器）用玻璃基板、偏光片、滤光片材料。积极发展 OLED 荧光材料、介质材料、电极材料、载流子传输功能材料。围绕节能照明材料及其产业链，重点发展氮化镓衬底晶片、量子点 LED 及相关产品。加强与中国科学院微电子研究所、苏州纳米所的技术合作，争取技术突破和产业化。

先进金属材料行业围绕现有铝型材等金属加工产业升级，培育发展新型建筑材料、超硬金属材料、特种金属功能材料。重点发展高性能铝合金、轨道交通用大规格工业铝型材、高精度铝化成箔、亲水箔、电子铝箔等，钨基合金材料、高性能金属粉体材料等，兼具高强、高韧、耐热和优异成形性能的高性能镁合金，以及快速凝固金属与合金（非晶态、准晶、微晶材料）、颗粒或纤维增强金属基复合材料等高性能特殊功能金属材料。积极培育生物相容镁合金材料、特种用途轻质金属基复合材料等。大力发展满足汽车、航空航天、生物医药等领域的特殊轻质材料产业链。

此外，先进陶瓷材料品质领先国内同行。医疗器械材料在器械和耗材上广泛开拓和发展。

【佛山中科院新材料产业园区中试基地】 2014 年 7 月，高明区明城镇佛山中科院新材料产业园区中试基地确定生产三大项目，包括元木复合材料、环境催化材料及工程项目、新一代绿色纳米复合涂层技术与材料项目，成立 8 家公司，分别是中科元木、中科博尚、中科禹泰、中科欧泊、中科吉港、中科四维、中科鸿图和中科诚亚公司，生产的产品主要包括元木环保复合材料、热敏材料的表面处理零溶剂材料、生物质材料、无机粉体材料的表面改性产品、空净格、醛净格等新材料产品。其中，中科元木、中科博尚、中科禹泰等 5 家公司已完成工商注册，并进驻园区，而中科元木等 4 家公司已经开始进行部分设备进场和安装。佛山中科院新材料产业园区项目共分为三期规划，其中首期包含 100 多亩的中试基地（项目孵化园区），标准厂房已于 2013 年底建好，共有厂房和宿舍 4 万多平方米。

佛山中国科学院产业技术研究院新材料产业园项目由佛山中国科学院产业技术研究院牵头，联合与中科院长期合作的民营企业集团共同出资建设。整个项目主要包括科技企业孵化基地、中试平台、产业化基地和人才公寓、员工廉租房与相应生活设施等。

机械装备

【综述】 2014 年，佛山市机械装备制造实现工业总产值 3819.55 亿元。行业主要产品包括：陶瓷机械、电气机械及设备、压力机械、木工机械、塑料机械、纺织机械、玻璃机械、印刷包装机械、金属加工机械、医疗器械、模具、机械零配件等。其中，陶瓷机械、木工机械产销量约占全国市场的 85% 和 50%；塑料机械、压力机械约占广东市场的 30% 和 40%。2014 年，全市共生产数控金属切削机床 5934 台，金属成形机床 8480 台，铸造机械 1763 台，机床数控装置 15401 套，起重机 17987 吨，气体压缩机 1473 万台。行业龙头企业包括科达洁能、伊之密、安德里茨等。部分专业机械龙头企业在技术方面取得一定突破，陶瓷压机、干式变压器、床具机械、注塑机、针织大圆机、高压真空泵、海工自升式升降平台等产品的技术水平领先于国内甚至国际同行。

【第十届中国（佛山）机械装备展览会】 2014 年 10 月 22 ~ 25 日，第十届中国佛山机械装备展览会暨第 11 届陈村机床博览会在陈村顺联国际机械城举办，工业机器人的案例展示成一大亮点。近 400 家国内顶尖机械装备企业云集，展会面积达 2.8 万平方米，为历届之最。“珠江西岸五市高端装备制造业产业展示区”首次亮相展会，展示佛山、中山、江门、阳江、珠海五市高端装备制造产业现状及未来发展趋势。

汽车及零部件

【综述】 2014 年，佛山市汽车制造业受南海一汽－大众产能持续释放、汽车行业产业链逐步完善等影响发展迅猛，成为拉动装备制造业稳步提升的主要力量，全年实现工业总产值 562.87 亿元，同比增长 22.1%，高于全市平均水平 12.3%。全市从事汽车及零部件制造规模以上企业超百家，拥有一汽－大众南海项目、北汽福田南海汽车厂、北汽福田汽车 PC6010（三水）项目、康盈交通设备制造、福迪汽车、粤海汽车、路之友机械制造、飞驰汽车制造有限公司、高明陆地方舟等 9 家整车生产企业以及本田变速箱、富华机械、丰田工机、南海文灿压铸公司以及中南铝车轮公司等一批规模大、素质高的汽配企业。整车制造企业、项目的发展和陆续落户佛山，带动更多的汽配企业进驻。同时，汽配企业的集聚发展，又为整车制造企业提供完善的配套供应服务，彼此形成良性互动。

【汽车产业发展载体】 至 2014 年底，佛山市建成佛山高新区禅城园、南海经济开发区、南海工业园区、顺德工业园区、三水工业园区及里水镇等汽车及零配件产业集聚区，初步形成相对完善的汽车及零配件产业链。佛山三水工业园区拥有中国汽车工业协会授予的中国汽车零部件（三水）产业基地；落户佛山的国家汽车及配件质量监督检验中心（广东）是华南地区唯一具有由国家授权资质的汽车及配件检测平台；佛山还拥有广东省机械与汽配产品质量监督检验站；南海区狮山镇为广东省汽车配件专业镇。依托现有工业园区、专业镇和特色产业基地，佛山汽车及零配件产业的集聚水平不断提高，呈现出鲜明的集群化、集约化发展特点。

家用电器

【综述】 2014 年，佛山市家用电力器具制造行业实现工业总产值 2422.79 亿元，同比增长 4.6%。电冰箱、空调器、微波炉、电饭煲、电风扇、电子消毒柜、电热水器等产品产销量均居全国首位和全球前列，行业龙头企业包括美的、格兰仕、海信科龙、志高、东菱、万和、万家乐等。2014 年，全市共生产家用电冰箱 995.83 万台，家用冷柜 240.69 万台，空调 2350.65 万台，家用电风扇 3721 万台，微波炉 5606.68 万台，家用洗衣机 328.57 万台，电热水器 1171.45 万台。

佛山家用电器产业已形成较大规模，产业链较为完善，基本实现产品配套生产本地化。整体技术水平处于国内中上水平，逐步形成以家电产业公共服务平台、企业技术研发中心、产学研一体化、行业协会为支撑的产业区域创新体系。随着行业对工业设计日益重视，产品竞争力得到不断提高。数字技术，模糊控制技术，变频技术，空气净化技术，节能、保鲜、静音技术，热磁化技术在家电产品中得到广泛应用。

【中国（广东）家电产业高峰论坛】 2014 年 2 月 27 日，主题为“中国家电产业新革命——全产业链助推家电产业转型升级”的中国（广东）家电产业高峰论坛在佛山市顺德区北滘镇举行。著名经济学家、北京大学国家发展研究院院长姚洋，著名创业类电视栏目《赢在中国》蓝天队队长、零点研究咨询集团董事长袁岳和来自全国 50 家知名家电企业以及 500 家家电企业的负责人，广东省家电商会、顺德区及北滘镇当地政府的领导，各有关行业协会的负责人，家电上下游产业链企业代表，新闻媒体代表等 600 多人参加了峰会。会上，经中国家电知名品牌馆评审小组评估认定，美的、TCL、格兰仕、海信科龙、康佳、长虹、志高等 52 家中国家电知名企业正式入驻中国慧聪家电城“中国家电知名品牌馆”（其中佛山企业 35 家）。同日，中国家电博物馆正式开放。

建筑材料行业

【综述】 2014 年，佛山市建筑材料行业完成总产值 1621.08 亿元，同比增长 8.8%。佛山建筑陶瓷和卫生陶瓷年产量约占全省的 90% 和 20%、全国的 40% 和 16%、全球的 25% 和 5% 。2014 年，全市共生产瓷质砖 10.59 亿平方米，陶质砖 5889 万平方米。行业龙头企业包括新明珠、新中源、东鹏、鹰牌、蒙娜丽莎等。

【第 23 届、第 24 届中国（佛山）国际陶瓷及卫浴博览交易会】 2014 年 4 月 18 ~ 22 日举行的第 23 届中国（佛山）国际陶瓷及卫浴博览交易会以“绿色 · 健康 · 升级”为主题，在综合多年办展经验基础上，再度突破，“老”展会又添“新”亮点。行业首款手机应用软件“微陶”在中国陶瓷产业总部基地展馆的启动仪式上正式上线，“引爆”整个展馆的人气。2014年10月18～22日，第24届陶博会继续延续第23届的“绿色·健康·升级”主题，吸引了众多企业的参与。5天总客流9.11万人次，同比23届陶博会增长19.7%，也是近五届展会最高人流。其中专业买家占总客流43%，国际买家占总客流14%，总数达1.28万人次，比第23届增长4%。木纹砖、水泥砖、仿石砖、花砖成为大热产品。

食品饮料业

【综述】 2014年，佛山市食品饮料业实现工业总产值777.6亿元，同比增长12.4%。主要产品有调味品、软饮料、米酒、啤酒和饲料等。佛山市食品饮料产业技术整体处于中等水平，高、中、低档产品比例失衡，新产品研发创新能力仍有待加强。但海天等个别龙头企业技术水平相对突出，工艺先进，处于国内先进水平，多家白酒企业也日益注重高端产品开发和推广。中国（三水）国际水都饮料食品基地集中了百威、红牛、亨氏、三全等30多家国内外知名食品饮料行业龙头及配套企业，其产业规模特别是品牌集聚度及单位产出效率，在全国园区经济实属少见，为名副其实的“国际水都”。

【国际水都饮料食品基地建设】 2014年12月2日，健力宝新厂、百威五期、亨氏食品三大项目在中国（三水）国际水都饮料食品基地动工或投产。亨氏的投产填补了水都基地食品产业的空白；健力宝新厂的奠基，是三水本土企业做大做强的信号；百威五期扩建直指全国最大生产基地，更是表现出企业对市场和三水的信心。水都基地已引入的项目总投资超过100亿元规模，项目全部建成投产后，产值可达300亿元，预计创税收近20亿元。

生物医药

【综述】 至2014年底，佛山市有药品生产企业49家，2014年产值约为36亿元；药品批发企业63家、药品零售连锁企业20家、零售药店3873家；全市有保健食品生产企业12家，涵盖胶囊、软胶囊、酒剂等多种剂型。保健品零售企业4735家。其中，广东红牛维他命饮料有限公司三水生产基地规模位居全市第一，2014年产值约40亿元。化妆品生产企业68家，化妆品经营企业8430家，企业数量居全省前列。全市共有医疗器械生产企业258家，医疗器械批发经营企业461家，市医疗器械行业生产总值约35亿元，规模居全省第4位。

【中医药产业转型升级】 2014年初，由南海区政府与中科院合作共建的“佛山市南海区生物医药产业基地”入选“第二批广东省战略性新兴产业基地”。是年，佛山市政府与国药集团的合作项目进展顺利，国药集团启动了在禅城区的“中国中药”总部基地建设项目，并全面完成了属下生产企业的新版药品GMP认证，启动了20多个拥有自主知识产权的新药研发项目。

家具制造业

【综述】 至2014年底，佛山约有6000多家家具制造企业和超过5000家家具配件和销售企业，产业相关从业人员近50万人。个别龙头企业在国内有较强竞争力，如维尚家具运用信息化技术开展生产设计处于国内先进水平，联邦、锡山等龙头企业有较强设计和管理水平。顺德区龙江镇拥有“中国家具制造重镇”和“中国家具材料之都”称号，有家具制造企业2600多家，商铺3000多家。乐从镇拥有“中国家具商贸之都”称号，有家具制造企业1300多家，家具及材料销售企业6000多家，是国内最大的家具商贸之都。

2014年，佛山市家具制造业实现产值444.91亿元，同比增长10.8%。主要产品有木质家具、金属家具、软体家具等。全年全市共生产木质家具约418万件，金属家具约1203万件，软体家具约649万件。

【第27届、第28届国际龙家具展】 2014年3月17～19日，第27届国际龙家具展暨17届亚洲国际家具材料博览会在顺德龙江开展，吸引来自全球8.5万名专业买家到会。展出一批全配套、一体化、系列化家具产品以及茶文化家具、新中式风格、简欧、田园风格家具等，适应越来越细分化的市场需要。

9月4～7日，第28届国际龙家具展览会在顺德龙江前进汇展中心举行，共有参展企业433家，分设民用展区、办公展区、材料展区、电商对接专区、龙家具设计大赛作品展区。本届展会有来自全球8.6万名专业买家到会参观采购。

【家具战略转型论坛】 2014年9月25日，顺德家具协会和乐从家具协会举办的“从秋季展商效式微对话渠道战略转型”论坛在顺德龙江举行，众多行业代表、专家出席。本次论坛的举行，主要是针对9月末广东秋季家具展的“冷场”进行讨论，以期探索家具展的战略转型。2014年在广州举行的广东家具秋季展，没有给家具行业带来“温暖”，从普通参展商到普通参展企业大多失落而归，已突显专业家具展会日渐式微。与会企业代表、专家各抒己见，认为家具产业正在转型，市场产业格局也处在变化的时段，佛山家具产业必须抱团出击，夺取终端，进行产业转移，从而布局全国。同时可以把制造环节向低成本区转移，向总部经济过渡。

石油化工

【综述】 2014年，石油及化学行业实现工业总产值1047.24亿元。全年全市共生产涂料106.47万吨，塑料制品285.45万吨。佛山石油化学行业规模偏小，技术水平处于国内中等水平，部分龙头企业如广东纬林纳稀土添加剂、华润涂料、德美纺织染料、华昊化工变性淀粉、南海霸力化工的水性粘胶剂等处于国内同类产品先进水平。

【石油销售】 2014年佛山辖区的成品油总需求约258万吨，其中汽油137万吨，柴油121万吨。从资源渠道看，投放到佛山地区的资源，主要来源于中石化、中石油、中海油三大集团，其中中石化投放的资源占成品油市场份额超过60%。佛山辖区有正品油油库7座，分别是中石化4座、中石油、中海油、中化集团各1座，中石化油库实行成品油管道输送资源。

2014年全市在营油站381座，中石化系统内203加油站，占有率为53%；中油（含BP）、中化、壳牌等国资及外资加油站100座，占26%；其余为社会民营加油站。

【油品升级】 国IV柴油升级。2014年1月1日，全国、广东省柴油升级至国IV标准，佛山辖区加油站销售的柴油也全面升级为国IV标准。

国V汽油升级。按照广东省政府要求，2014年10月1日前全省车用汽油标准将全面达到国V标准。其中，珠三角等地区14市（广州、深圳、珠海、佛山、惠州、东莞、中山、江门、肇庆、阳江、湛江、茂名、清远、云浮）提前3个月，于2014年7月1日前全面达到国V标准。

【中国石化销售广东佛山石油分公司】 中国石化销售广东佛山石油分公司（下称佛山石油）是中国石油化工股份有限公司属下销售企业，主要经营汽柴油、润滑油和燃料油的批发、配送和零售业务，以及天然气、便利店商品等业务。2014年，佛山石油销售成品油总量150万吨，同比增长6.2%，其中正品油零售128万吨，同比增长1.9%。2014年有易捷便利店203座，2014年非油品营业额2亿元，同比增加5810万元，增幅41%。

2014年1月20日，佛山石油迁建站高明聚力加油站正式运营；6月和10月，分别新建了同济东加油站、佛西加油加气合建站，并正式营业。

【政府质量奖擦亮企业金字招牌】 2014年，佛山石油化学企业在国内逐渐受到国内关注。如主营沥青及燃料油制品的佛山高富中石油燃料沥青有限责任公司，于2013年获首届“佛山市政府质量奖”之后，指定购买高富沥青的客户越来越多，有些企业直接与高富进行技术合作开发新产品。在巩固华中、华南、西南区域市场的基础上，高富还成功打入一些新的省份市场。

（何志珊）

2014年佛山市入选“中国企业500强”优秀企业介绍（6家）

【美的集团股份有限公司】 美的集团股份有限公司创业于1968年，是一家以家电制造业为主的大型综合性企业集团，旗下拥有小天鹅、威灵控股两家上市公司。1980年，美的正式进入家电业，1981年注册美的品牌。2013年，美的集团整体实现销售收入1210亿元，外销收入74亿美元。拥有中国最完整的小家电产品群和厨房家电产品群；在全球设有60多个海外分支机构，产品远销200多个国家和地区。2014年，美的集团整体实现收入1423亿元，其中外销收入498亿元。2014年“中国最有价值品牌”评价中，美的品牌价值达到683.15亿元，名列全国最有价值品牌第五位。

【碧桂园集团】 碧桂园集团创建于1992年，是中国具领导地位的综合性房地产开发商之一，业务包含建安、装修、物业发展、物业管理、酒店开发和管理等。碧桂园提供多元化的产品以切合不同市场的需求，2014年销售超1000亿元，纳税超100亿元。作为国内著名的综合性房地产开发企业，碧桂园集团涉及酒店、教育等多个行业。

【海信科龙电器股份有限公司】 海信科龙电器股份有限公司创立于1984年，主要生产冰箱、空调、冷柜和洗衣机等系列产品。科龙一贯注重科技领先，至2001年，科龙有10项冰箱核心技术处于国内领先地位。2006年底，海信成功收购科龙电器，海信白电资产注入科龙电器，海信科龙主导产品涵盖冰箱、空调、冷柜、洗衣机等多个领域，形成了年产800万套空调、900万台冰箱、80万台冷柜的强大产能。

【中国联塑集团控股有限公司】 中国联塑集团控股有限公司是中国领先的大型建材家居产业集团，产品及服务涵盖管道产品、卫浴产品、整体厨房、型材门窗、消防器材及卫生材料等领域。随着联塑全球化、国际化进程步伐的推进，中国联塑已拥有逾30家控股子公司，拥有超过25个生产基地，分布于全国15个省及加拿大和美国，形成了覆盖全国、辐射全球的生产基地和销售网络，能够及时、高效地为顾客提供产品和服务。

【广东志高空调有限公司】 广东志高空调有限公司创建于1994年，产业涵盖家用空调、中央空调、冰箱、洗衣机、制冷设备、生活电器等领域。经过20年快速稳健的发展壮大，至2014年，该公司拥有三大工业园，完整的空调配套产业链及物流中心，家用空调年设计产能达1000万套，是国内拥有包括压缩机在内的最大最完整集群式空调产业链企业之一，业务遍及全球200多个国家和地区。

【海天调味食品有限公司】 海天肇始于清代乾隆年间佛山古酱园，距今有300年历史，是中国专业的调味品生产企业，中华老字号企业。海天是中国最大的专业调味品生产企业，产品涵盖酱油、蚝油、醋、调味酱、鸡精、味精等200多个规格和品种。自上世纪九十年代始，海天已连续多年保持酱油产销量全国第一的纪录，并且一直保持比较高的增长速度，是国内调味品行业名副其实的第一品牌。该公司2014年实现营业收入98.17亿元，同比增长16.85%。

（何志珊）

2014年认定的佛山市“中国驰名商标”名单（41件）

序号	商　标	商标注册人/使用人	类别	认定商品/服务项目	地　区
1		佛山市东方医疗设备厂有限公司	12	轮椅、座厕车	南海
2	王者	佛山市高明王者陶瓷有限公司	19	非金属砖瓦	高明
3	ST&SAT+	佛山星期六鞋业股份有限公司	25	鞋	南海
4	ND	佛山市兴亚铝业有限公司	6	铝合金型材	南海
5	ROMARIO 羅馬利奧	佛山市三水罗马利奥陶瓷有限公司	19	瓷砖	三水
6		广东德联集团股份有限公司	1	制动液、防冻液	南海
7		南方风机股份有限公司	7	气体压缩排放输送用鼓风机、离心机	南海
8	澳翔	广东金牌陶瓷有限公司	19	瓷砖	三水
9	WIN TO 宏陶	广东宏陶陶瓷有限公司	19	瓷砖、非金属砖瓦	南海
10	KITO 金意陶	广东金意陶陶瓷有限公司	19	瓷砖（仿古砖）	禅城
11	WEIDENGBAO 威登堡	广东俊怡陶瓷企业有限公司	19	瓷砖、砖、玻璃马赛克	南海

续表

序号	商　标	商标注册人/使用人	类别	认定商品/服务项目	地　区
12	GELAISI 格莱斯	广东新明珠陶瓷集团有限公司	19	建筑用非金属墙砖、瓷砖、非金属地板砖	禅城
13	JINGANG 劲刚	广东新劲刚新材料科技股份有限公司	7	切削工具（包括机械刀片）、抛光机器和设备（电动的）、模压加工机器	南海
14	CRW 英皇	庞健锋	11	浴盆、淋浴隔间	高明
15	KBT	佛山市健博通电讯实业有限公司	9	天线	禅城
16		佛山市南华铝业有限公司	6	铝（铝型材）	南海
17	DONG PENG 东鹏	广东东鹏陶瓷股份有限公司	11	洗脸盆、洗澡盆、抽水马桶	禅城
18	汇亚 HUIYA	广东汇亚陶瓷有限公司	19	瓷砖、非金属地板砖、建筑用非金属墙砖	南海
19	卓远	佛山市三水宏源陶瓷企业有限公司	19	非金属砖瓦	三水
20	新元素	广东新元素板业有限公司	19	非金属天花板、非金属护壁板	南海
21	能强 NENGQIANG	广东能强陶瓷有限公司	19	瓷砖	禅城
22	巴丹	广东新中源陶瓷有限公司	19	砖、瓷砖、建筑用嵌砖	禅城
23	FUTIWA 福田	广东福田电器有限公司	9	电开关	顺德

续表

序号	商　标	商标注册人/使用人	类别	认定商品/服务项目	地　区
24		广东浪登服装有限公司	25	服装	顺德
25	港豐	广东港丰电器有限公司	17	塑料管	顺德
26	大鴻	广东三水大鸿制釉有限公司	1	陶瓷釉	三水
27	JIAHUA 佳华	广东佳华铝型材有限公司	6	铝型材	南海
28		广东星球铝业有限公司	6	普通金属合金	南海
29	SL 盛路	广东盛路通信科技股份有限公司	9	防无线电干扰设备（电子）、天线	三水
30	TAOCHENG	冼伟昌	19	彩色釉面墙地砖	南海
31		广东新润成陶瓷有限公司	19	瓷砖	南海
32	广成牌	佛山市广成铝业有限公司	6	金属建筑材料	三水
33	WESTERN 威士顿	佛山市承安铜业有限公司	6	铜	南海
34		广东中联电缆集团有限公司	9	电线、电缆	南海
35	WELECTONE	广东华力通变压器有限公司	9	变压器	南海

续表

序号	商　标	商标注册人/使用人	类别	认定商品/服务项目	地　区
36	ZNA ZHONGNAN ALLOY-WHEEL	佛山市南海中南铝车轮制造有限公司	12	车轮毂、车轮（骑车）、车轮（摩托车）	南海
37	荣冠	佛山市荣冠玻璃建材有限公司	19	玻璃马赛克、人造石	三水
38		佛山市荣冠玻璃建材有限公司	19	玻璃马赛克、人造石	三水
39	莎莲妮	广东新怡内衣集团有限公司	25	内衣	南海
40	Shaply	广东新怡内衣集团有限公司	25	内衣	南海
41	meisee 美思	广东美思内衣有限公司	25	内衣	南海

（市工商局）

2014年认定的佛山市“广东省著名商标”名单（183件）

序号	著名商标证号	商标	申请人	商品或服务项目	类别	地区
1	201417002	BRUNP 邦普	广东邦普循环科技股份有限公司	镍盐，碳酸盐，醋酸盐（化学品）	1	南海
2	201417006	德联 DELIAN	广东德联集团股份有限公司	防冻剂，液压系统用液	1	南海
3	201417008	CREATE TIDE	佛山市三水区康立泰无机合成材料有限公司	陶瓷釉料（釉用色料）	1	三水
4	201417009	瑞龍	广东瑞安科技实业有限公司	混凝土凝结剂（减水剂）	1	南海
5	201417010	银洋 银洋树脂 YINYANG RESIN	广东银洋树脂有限公司	未加工丙烯酸树脂	1	三水
6	201417015	科域 FO KUO	佛山市南海区金叶硅胶有限公司	工业用粘合剂（硅酮密封胶）	1	南海
7	201417016		佛山市南海区金叶硅胶有限公司	玻璃胶	1	南海
8	201417025	A'Gensn 安安金纯	佛山市安安美容保健品有限公司	化妆品，洗发液，浴液	3	禅城
9	201417046	正典 STANDARD	佛山市正典生物技术有限公司	兽医用生物制剂，兽医用化学制剂	5	三水
10	201417049	兴创 XINGCHUANG	佛山市南海桃园铝业有限公司	铝型材	6	南海
11	201417050	GAOTENG 南方高腾	佛山市南海南方铝业有限公司	普通金属合金，金属门，金属窗	6	南海

续表

序号	著名商标证号	商标	申请人	商品或服务项目	类别	地区
12	201417051	FPA	佛山通宝精密合金股份有限公司	金属片和金属板，金属铆钉，粉末冶金	6	禅城
13	201417053		佛山市南海宏钢金属制品有限公司	钢管	6	南海
14	201417058	合阁 HEGE	佛山市合阁钢构集成房屋有限公司	可移动金属建筑物	6	南海
15	201417059	东亚吉祥 DONG YA JI XIANG	佛山市东亚钢门有限公司	金属门，金属门板，金属门框	6	南海
16	201417064	TWM	广东东荣金属制品有限公司	家具用金属附件	6	顺德
17	201417065		广东合和建筑五金制品有限公司	窗户金属器材，窗用小滑轮，金属铰链	6	三水
18	201417067	® AGE	广东鸿丽金属制品有限公司	金属二节走珠滑轨，金属三节走珠滑轨，金属抽屉导轨	6	顺德
19	201417075		佛山市永盛达机械有限公司	陶瓷工业用机器设备（包括建筑用陶瓷机械）（超高压水切割机）	7	禅城
20	201417076	MODENA	广东摩德娜科技股份有限公司	制砖机，制瓦机	7	南海
21	201417077	金刚	佛山市南海金刚新材料有限公司	陶瓷辊棒	7	南海
22	201417084	KAI MING	广东佳明机器有限公司	注塑机	7	三水
23	201417087	G.M.K	佛山市金银河智能装备股份有限公司	炼胶机	7	三水

续表

序号	著名商标证号	商标	申请人	商品或服务项目	类别	地区
24	201417104	强珠 QIANGZHU	佛山市南海珠江减速机有限公司	机器传动装置	7	南海
25	201417109	Wynn's	广东威力狮五金有限公司	手工操作的手工具	8	南海
26	201417121	HDM	广东海川智能机器股份有限公司	衡量器具	9	顺德
27	201417124	PRETTY SUN	广东日美光电科技有限公司	灯箱，霓虹灯广告牌，电子公告牌	9	顺德
28	201417131	Shenglu	广东盛路通信科技股份有限公司	天线，电子信号发射器	9	三水
29	201417135	雄力 XIONG & LI	广东雄力电缆有限公司	电线，电缆	9	南海
30	201417136	WASUNG	广东华声电器股份有限公司	电缆，电线，插头、插座和其他连接物（电器连接）	9	顺德
31	201417138	利南	广东新南达电缆实业有限公司	电缆	9	南海
32	201417152	STOM	广东斯灵通科技有限公司	配电盘（电），配电控制台（电）	9	南海
33	201417155	KE	广东科源电气有限公司	变压器（35KV以下），配电箱（电）	9	南海
34	201417157	NRE	广东新昇电业科技股份有限公司	变压器（电子变压器）	9	三水
35	201417160	MCOSU美加顺	佛山市顺德区勒流镇百顺电器有限公司	电开关，光电开关（电器）	9	顺德

续表

序号	著名商标证号	商标	申请人	商品或服务项目	类别	地区
36	201417162	GCA 吉熙安	广东吉熙安电缆附件有限公司	电缆接头套，电线连接物，电器接插件	9	南海
37	201417180	ABLE	广东百合医疗科技有限公司	医用导管	10	南海
38	201417182	昭信	广东昭信企业集团有限公司	照明器械及装置	11	南海
39	201417186	EAGLEYE	佛山克莱汽车照明有限公司	汽车照明设备	11	南海
40	201417190	小熊	广东小熊电器有限公司	电热制酸奶器	11	顺德
41	201417191	Vanward 万和	广东万和新电气股份有限公司	煤气灶，电热水器	11	顺德
42	201417192	Efini	李杰明	电热壶，电力煮咖啡机，电炊具	11	顺德
43	201417194	Changdi 长帝	佛山市伟仕达电器实业有限公司	电烤箱	11	顺德
44	201417198	ELECPRO	广东伊立浦电器股份有限公司	电火锅，电压力锅（高压锅），电饭锅	11	南海
45	201417199	SKG	佛山艾诗凯奇电气有限公司	电热水器，烹调器具	11	顺德
46	201417201	M MING JIAN 名健	佛山市顺德区名健电器制造有限公司	电热水器	11	顺德
47	201417205	NAW 南洋有为	佛山市南海南洋电机电器有限公司	通风设备和装置（空气调节）（风幕机）	11	南海

续表

序号	著名商标证号	商标	申请人	商品或服务项目	类别	地区
48	201417211	WOMA	佛山市欧威斯洁具制造有限公司	浴室装置	11	三水
49	201417215	HUI ZHONG 汇众	广东汇众环境科技股份有限公司	污水处理设备，水净化装置，水软化器	11	顺德
50	201417217	WINBO 锐搏	广东东箭汽车用品制造有限公司	车辆行李架，汽车两侧脚踏板，车辆保险杆	12	顺德
51	201417221	Powerful	广东华钿勇士汽车用品有限公司	车辆保险杆，车辆行李架	12	顺德
52	201417253	相の宝	佛山美林数码影像材料有限公司	不干胶纸（冷裱膜）	16	高明
53	201417254	POS	佛山市顺德区亿达汽车密封件有限公司	密封环，密封橡皮圈	17	顺德
54	201417259	GARY	佛山市顺德区伦教希顺塑料厂	有机玻璃	17	顺德
55	201417265	桢英 ZHEN YING	佛山市南海区西樵桢英木业有限公司	胶合板	19	南海
56	201417266		万峰石材科技有限公司	石板，大理石，人造石	19	顺德
57	201417272	QIANGPAI	佛山市天纬陶瓷有限公司	瓷砖	19	南海
58	201417273		佛山市金巴利陶瓷有限公司	瓷砖	19	南海
59	201417274		广东新明珠陶瓷集团有限公司	建筑用非金属墙砖，非金属地板砖，瓷砖	19	禅城

续表

序号	著名商标证号	商标	申请人	商品或服务项目	类别	地区
60	201417276	展鹏 ZHANPENG	佛山市新华陶瓷业有限公司	瓷砖	19	三水
61	201417277	ITTO 意特陶	广东宏陶陶瓷有限公司	瓷砖	19	南海
62	201417278	比卡拉	广东安基装饰砖集团有限公司	瓷砖	19	南海
63	201417279	Soolsim	佛山市新联发陶瓷有限公司	瓷砖	19	南海
64	201417280		广东新明珠陶瓷集团有限公司	建筑用非金属墙砖，非金属地板砖，瓷砖	19	禅城
65	201417281	裕成陶瓷	广东新润成陶瓷有限公司	瓷砖，非金属地板砖	19	南海
66	201417284	one&one 壹加壹	广东新润成陶瓷有限公司	建筑砖瓦	19	南海
67	201417285		广东东鹏陶瓷股份有限公司	瓷砖	19	禅城
68	201417287	APF	广东科顺化工实业有限公司	防水卷材	19	顺德
69	201417290	南亮	佛山市南亮玻璃有限公司	镀膜玻璃	19	高明
70	201417293	维意 WAYES	佛山维尚家具制造有限公司	家具	20	南海
71	201417296	YABO 雅柏	广东雅柏家具实业有限公司	家具，沙发	20	南海

续表

序号	著名商标证号	商标	申请人	商品或服务项目	类别	地区
72	201417297	睡宝皇 SHUIBAOHUANG	佛山市南海区金龙恒家具有限公司	弹簧床垫	20	南海
73	201417303	虹桥 HONG QIAO	佛山市虹桥家具有限公司	椅子（座椅）	20	顺德
74	201417304	JUNYE	佛山市骏业家具发展有限公司	家具	20	顺德
75	201417305	韩丽 HANEX	广东韩丽家居集团股份有限公司	餐具柜，家具（陈列柜）	20	高明
76	201417306	聯邦·高登	广东联邦家私集团有限公司	壁柜	20	南海
77	201417327	SHUANGXIANG 双象	佛山佛塑科技集团股份有限公司	编织织物，聚丙烯编织布，聚乙烯编织布	24	禅城
78	201417328	JIA LI DA	佛山市三水佳利达纺织染有限公司	织物，布，纺织品垫	24	三水
79	201417329	飞越 FLYING YUE	佛山市南海天鹿纺织有限公司	棉织品，毛织品，苎麻织品	24	南海
80	201417330	吉贝 JI BEI	刘信江	纺织织物	24	南海
81	201417341	青蛙王子 FROG PRINCE	佛山市南海区弗格平治服饰有限公司	童装	25	南海
82	201417350	骆驼牌	广东骆驼服饰有限公司	皮鞋	25	南海
83	201417353		佛山市顺德区和亨袜业有限公司	袜	25	顺德

续表

序号	著名商标证号	商标	申请人	商品或服务项目	类别	地区
84	201417407	合水粉葛	佛山市粉葛种植协会	粉葛（新鲜蔬菜）	31	高明
85	201417417	九江雙蒸	广东省九江酒厂有限公司	酒（饮料），米酒	33	南海
86	201417440	世纪达	广东世纪达装饰工程有限公司	室内装潢，建筑	37	南海
87	2014Y11004	Dymatic 德美	广东德美精细化工股份有限公司	染料助剂	1	顺德
88	2014Y11005	正大制釉 ZHENGDA GLAZE	佛山市正大制釉有限公司	陶瓷釉料，工业增亮化学制品（颜料），烧结用陶瓷合成物（颗粒和粉末）	1	禅城
89	2014Y11007		广东三水大鸿制釉有限公司	陶瓷釉，陶瓷上釉料	1	三水
90	2014Y11023	宏英 HONG YING	佛山市宏英实业有限公司	粘胶液（硅酮耐候胶）	1	禅城
91	2014Y11024	GAO JU	佛山市三水科鑫化工有限公司	靴和鞋粘接剂	1	三水
92	2014Y11034	Blue Sea	佛山市万正涂料有限公司	木材涂料（油漆）	2	三水
93	2014Y11064	馮了性	佛山冯了性药业有限公司	药酒，中药成药	5	禅城
94	2014Y11069	圣通平	广东环球制药有限公司	片剂（硝苯地平缓释片）	5	顺德
95	2014Y11089		佛山市华鸿铜管有限公司	铜管，铜型材	6	南海

续表

序号	著名商标证号	商标	申请人	商品或服务项目	类别	地区
96	2014Y11090	廣亞	广亚铝业有限公司	各种型材，普通金属合金，金属板	6	南海
97	2014Y11093	粤亚	佛山市南海新亚铝业不锈钢有限公司	普通金属合金（铝合金型材）	6	南海
98	2014Y11094		佛山市南海永丰铝型材有限公司	金属板条，金属隔板，金属门（铝制品）	6	南海
99	2014Y11095	ND南大	佛山市兴亚铝业有限公司	铝合金型材	6	南海
100	2014Y11097	CHANG SHI	佛山市高明协进不锈钢制品有限公司	不锈钢型材	6	高明
101	2014Y11101	藍塔	佛山市业和不锈钢有限公司	钢管（装饰用）	6	高明
102	2014Y11104	BOREER 宝丽雅	广东宝丽雅金属建材有限公司	建筑用金属板（金属装饰保温板）	6	顺德
103	2014Y11107	SH·A3C	广东星徽精密制造股份有限公司	金属铰链，家具用金属附件（滑轨）	6	顺德
104	2014Y11117	LAYA 莱雅	广东莱雅化工有限公司	压缩气体和液态空气用金属容器	6	顺德
105	2014Y11122	金德 KINGTEX	广东丰凯机械股份有限公司	剑杆式无梭织布机	7	顺德
106	2014Y11125	新明和机械	佛山市高明新明和机械技术研究开发有限公司	湿式PV人造革生产线，干式PV、PVC人造革生产线	7	高明
107	2014Y11130	YIZUMI 伊之密	广东伊之密精密机械股份有限公司	注塑机	7	顺德

续表

序号	著名商标证号	商标	申请人	商品或服务项目	类别	地区
108	2014Y11131	震德	佛山市顺德区震德塑料机械有限公司	注塑机	7	顺德
109	2014Y11133		广东乐善机械有限公司	塑料吹瓶机	7	顺德
110	2014Y11135	KEDA	广东科达机电股份有限公司	陶瓷工业用机器设备（包括建筑用陶瓷机械），玻璃工业用机器设备（包括日用玻璃机械）	7	顺德
111	2014Y11139		佛山市云雀振动器有限公司	混凝土振动器	7	南海
112	2014Y11143	WAN SHUN	广东锻压机床厂有限公司	锻压设备	7	顺德
113	2014Y11147	Monte-Bianco	广东奔朗新材料股份有限公司	切削工具（包括机械刀片），刀具（机器零件），机械加工装置	7	顺德
114	2014Y11155	Welling	广东威灵电机制造有限公司	铁壳电机，塑封电机	7	顺德
115	2014Y11160	KENFLO® 肯富来	广东省佛山水泵厂有限公司	泵（真空泵、离心泵、混流泵）	7	禅城
116	2014Y11161		南方风机股份有限公司	除尘等用的鼓风机，离心机，气体压缩、排放、输送用鼓风机	7	南海
117	2014Y11195	卡仕达	广东好帮手电子科技股份有限公司	车辆用导航仪器（随车计算机），车辆用收音机，电视荧光屏	9	三水
118	2014Y11197		广东天波信息技术股份有限公司	程控电话交换设备（IC卡公用电话终端、无线终端、IP融合通信系统）	9	南海
119	2014Y11211	VL	广东中联电缆集团有限公司	电线，电缆	9	南海

续表

序号	著名商标证　号	商标	申请人	商品或服务项目	类别	地区
120	2014Y11219	顺特电气 SUNTEN	顺特电气设备有限公司	变压器，电抗器，组合式变电站	9	顺德
121	2014Y11223	BM	广东丰明电子科技有限公司	电容器	9	顺德
122	2014Y11225	MANK曼科	广东锦力电器有限公司	电器插座（触点），高低压开关板	9	顺德
123	2014Y11231	GCA	广东吉熙安电缆附件有限公司	电缆接头套，电器接插件，电线连接物	9	南海
124	2014Y11245	ST.WIN ZHUOSHI	卓道民，卓道杰	体育用风镜，安全头盔，体育用保护头盔	9	南海
125	2014Y11251		佛山市东方医疗设备厂有限公司	大便坐椅（座厕椅），助行器，拐杖	10	南海
126	2014Y11253	FSL	佛山电器照明股份有限公司	灯（照明灯）	11	禅城
127	2014Y11256	指定颜色	广东本邦电器有限公司	灯	11	顺德
128	2014Y11259	WINJET	广东威捷极光汽车灯具有限公司	车辆灯，车辆前灯，车辆转向指示灯	11	顺德
129	2014Y11262	Galanz 格兰仕	广东格兰仕集团有限公司	空调机，电饭锅	11	顺德
130	2014Y11264	DONLIM	广东新宝电器股份有限公司	电力煮咖啡机，烤面包器，电炊具	11	顺德
131	2014Y11267	Weber	广东威博电器有限公司	电热水器	11	顺德

续表

序号	著名商标证号	商标	申请人	商品或服务项目	类别	地区
132	2014Y11273		广东长菱空调冷气机制造有限公司	热水器（热泵热水器）	11	顺德
133	2014Y11275	Ronshen 容声	海信科龙电器股份有限公司	电冰箱，冰柜	11	顺德
134	2014Y11276	科龙	海信科龙电器股份有限公司	空气调节器，电冰箱	11	顺德
135	2014Y11278	美的 Midea®	广东美的电器股份有限公司	空调，电风扇	11	顺德
136	2014Y11281	九洲普惠 POPULA	佛山市南海九洲普惠风机有限公司	风扇（空气调节），风扇鼓风机（空调部件）	11	南海
137	2014Y11282	正野 GENUIN	广东正野电器有限公司	管道式排风扇，换气扇	11	高明
138	2014Y11285	Junte 骏特	冼锡彬	风扇（空气调节）	11	顺德
139	2014Y11288	SSWW浪鲸	佛山市浪鲸洁具有限公司	浴室装置，坐便器	11	禅城
140	2014Y11289	ARROW	佛山市顺德区乐华陶瓷洁具有限公司	座便器，洗澡盆	11	顺德
141	2014Y11299	ACCEL	广东亚新汽车传动有限公司	陆地车辆离合器	12	顺德
142	2014Y11334	COBOL® 高宝	佛山市顺德区高宝实业发展有限公司	色带，墨水	16	顺德
143	2014Y11339		佛山佛塑科技集团股份有限公司	双向拉伸聚酯薄膜	17	禅城

续表

序号	著名商标证号	商标	申请人	商品或服务项目	类别	地区
144	2014Y11341	金福	佛山市金福板业有限公司	硅酸钙板，纤维板	19	南海
145	2014Y11343	荣冠	佛山市荣冠玻璃建材有限公司	玻璃马赛克，人造石	19	禅城
146	2014Y11348	UMMIT® 萨米特	广东新明珠陶瓷集团有限公司	建筑用非金属墙砖，非金属地板砖，瓷砖	19	禅城
147	2014Y11349	T.W	佛山市天纬陶瓷有限公司	瓷砖，建筑用非金属墙砖	19	南海
148	2014Y11350	新 粤	广东新中源陶瓷有限公司	砖，非金属砖瓦，瓷砖	19	禅城
149	2014Y11351	顺 辉 SH	佛山高明顺成陶瓷有限公司	砖，瓷砖，建筑用非金属墙砖	19	高明
150	2014Y11353	惠万家	广东新明珠陶瓷集团有限公司	建筑用非金属墙砖，非金属地板砖	19	禅城
151	2014Y11354	金朝阳陶瓷 GOLDEN SUN CERAMICS	广东新明珠陶瓷集团有限公司	建筑用非金属墙砖，非金属地板砖，瓷砖	19	禅城
152	2014Y11355	SHIMANLI 诗曼丽	罗永祖	建筑用瓷砖	19	禅城
153	2014Y11357	汇 亚 HUIYA	广东汇亚陶瓷有限公司	瓷砖，非金属地板砖，建筑用非金属墙砖	19	禅城
154	2014Y11358	宏宇陶瓷 HONGYU CERAMICS	广东宏陶陶瓷有限公司	瓷砖，非金属砖瓦	19	南海
155	2014Y11359	華鹏	佛山石湾鹰牌陶瓷有限公司	墙地砖	19	禅城

续表

序号	著名商标证号	商标	申请人	商品或服务项目	类别	地区
156	2014Y11360	QIAODONG 樵東	广东蒙娜丽莎新型材料集团有限公司	非金属地板砖，瓷砖	19	南海
157	2014Y11361	来德利	广东强辉陶瓷有限公司	瓷砖，非金属地板砖，建筑用非金属墙砖	19	禅城
158	2014Y11363		佛山市利华陶瓷有限公司	墙地砖	19	南海
159	2014Y11364	联塑	广东联塑科技实业有限公司	非金属水管	19	顺德
160	2014Y11365	OCEANO 欧神诺	佛山欧神诺陶瓷股份有限公司	瓷砖，建筑用非金属墙地砖，非金属地板砖	19	三水
161	2014Y11367	新元素	广东新元素板业有限公司	非金属天花板，非金属护壁板	19	南海
162	2014Y11368	RCCZ	广东润成创展木业有限公司	非金属门，非金属门板，非金属门框	19	南海
163	2014Y11371	聯邦	广东联邦家私集团有限公司	家具	20	南海
164	2014Y11386		广东华兴玻璃股份有限公司	玻璃瓶（容器），调味品套瓶，细颈圆酒瓶	21	南海
165	2014Y11391	WIRE KING	广东伟经日用五金制品有限公司	非贵重金属架，厨房用刀叉架，家用非贵重金属篮	21	顺德
166	2014Y11392	Dong Yuan 东原	广东省东原厨具实业有限公司	非贵重金属厨房用具（不锈钢水槽）	21	顺德
167	2014Y11412	Qian Jin	广东前进牛仔布有限公司	布（牛仔布）	24	顺德

续表

序号	著名商标证　号	商标	申请人	商品或服务项目	类别	地区
168	2014Y11413		广东志达纺织装饰有限公司	印花棉布，装饰织品	24	顺德
169	2014Y11414		广东汇益纺织有限公司	纺织织物（经编拉架布）	24	高明
170	2014Y11428		广东美思内衣有限公司	胸衣，内衣裤	25	南海
171	2014Y11438		广东新怡内衣集团有限公司	内衣	25	南海
172	2014Y11461		广东可儿玩具有限公司	玩具娃娃（时装娃娃）	28	南海
173	2014Y11502		佛山市海天调味食品股份有限公司	食用油	29	禅城
174	2014Y11526		佛山市金城速冻食品有限公司	包子，饺子	30	南海
175	2014Y11528		广东白燕粮油实业有限公司	面粉，大米	30	顺德
176	2014Y11542		佛山市海天调味食品股份有限公司	醋，调味品	30	禅城
177	2014Y11554		佛山市南海种禽有限公司	鸡苗	31	南海
178	2014Y11563		佛山市三水区农林技术推广中心	黑皮冬瓜	31	三水
179	2014Y11578		佛山市三水华力饮料有限公司	植物饮料	32	三水

续表

序号	著名商标证号	商标	申请人	商品或服务项目	类别	地区
180	2014Y11581	远航九江	广东省九江酒厂有限公司	酒（饮料），米酒	33	南海
181	2014Y11608	欧浦	广东欧浦钢铁物流股份有限公司	（钢铁）货物贮存、运输、仓库出租	39	顺德
182	2014Y11611	禅之旅	佛山市禅之旅国际旅行社有限公司	观光旅游，旅行社（不包括预订旅馆），旅行安排	39	禅城
183	2014Y11615	MC 萬昌	广东万昌印刷包装有限公司	印刷	40	顺德

（市工商局）

安全生产

【综述】 2014年，佛山市安全生产工作以党的十八大和十八届三中、四中全会精神为指导，紧紧围绕“加快转型升级，建设幸福佛山”的目标，以建立和完善“四个体系”为工作主线，以及时消除事故隐患、坚决防范事故发生为核心任务，坚持稳中求进，突出改革创新，不断夯实安全生产工作基础，促进全市安全生产形势持续稳定好转。

【年度安全生产事故统计情况】 2014年，佛山市共发生各类事故4797起，死亡667人，受伤3741人，直接经济损失9921.23万元，事故起数、死亡人数、受伤人数和直接经济损失与上年同期（相同统计口径）相比分别下降8.28%、上升0.3%、下降4.49%和上升60.71%。

工业商贸方面，全市工业商贸企业发生职工伤亡事故22起、死亡39人、重伤15人、直接经济损失4965万元，与上年同期相比分别下降1起、上升16人、上升13人和增加损失3860万元。

道路交通方面，全市发生道路交通事故3331起、死亡616人、受伤3714人、直接经济损失699.4万元，与上年同期相比分别下降11.48%、下降2.22%、下降4.84%和下降13.82%。

火灾方面，全市发生火灾事故1444起、死亡12人、受伤12人、直接经济损失4256.83万元。其中生产经营性火灾事故662起、死亡2人、受伤4人、直接经济损失3812.03万元。

水上交通方面，全市没有发生水上交通事故。

渔业船舶方面，全市没有发生渔业船舶事故。

其他行业或领域方面，教育、水利、公用事业、民爆等行业或领域没有发生重伤以上生产安全事故。

较大事故情况，全市共发生8起较大事故，分别为一环“11·10”较大道路交通事故；南海区“11·10”较大建筑工地坍塌事故；顺德区“3·13”“7·3”“11·2”较大道路交通事故以及三水区“8·21”较大道路交通事故、“8·24”较大安全事故、“12·12”较大道路交通事故。

重大事故情况，全市共发生一起重大事故，为顺德区“12·31”重大爆炸事故，导致18人死亡，32人受伤。

【政府安全监管机制建设】 2014年，佛山市制定出台《佛山市安全生产责任追究办法》和《佛山市一般生产安全事故调查处理挂牌督办工作细则》，规范责任追究和挂牌督办工作。市委、市政府与各区以及22个负有安全监管职责的单位签订个性化的责任书，明确目标，细化责任。市委常委会、市政府常务会议先后3次研究安全生产工作，强调安全生产是重大的政治问题，要求全市党政一把手必须亲自动手抓。

【安全生产标准化建设】 2014年，佛山市把安全生产标准化建设与“诚信政府”建设以及“诚信企业”评定结合，全年完成创建任务7000余家，基本实现全部工贸企业（法人单位）100%达标。全市共创建安全生产标准化达标企业16929家，其中一级达标企业2家、二级达标企业65家、三级达标企业16862家，达标企业总数和达标比例均继续位居全省第一。

【安全生产基础建设】 2014年，佛山市完成33家涉及危险化工工艺的危险化学品生产企业自动化改造，约500家危险化学品生产经营企业标准化达标创建，20家危险化学品生产企业94套装置安全设计诊断，53处危险化学品重大危险源自动化监控改造，在全省率先完成危险化学品本质提升工作任务，佛山市危化企业本质提升工作的经验在2014年全省危险化学品安全监管工作会议上作介绍推广。安全生产“网格化”试点工作基本达到了“网格划分比较合理，行业监管和属地监管责任界定比较明确，制度建设比较完善，专职监管队伍建设得到加强”的效果，不少镇（街）在村（居）设置独立安监办并配置1～3名专职安监员，最基层的监管力量得到进一步加强。

【职业健康监管】 2014年，佛山市安全生产监督管理局坚持职业卫生与安全监管全面融合，加强建设项目职业卫生“三同时”源头管理，全市共审批项目229项，排名全省第一；全面推进企业职业卫生基础建设，全市 3984 家企业职业卫生基础建设达标，排名全省第一；扎实推进职业病危害项目申报，全市申报企业共 13686 家，排名全省第二。联合市人社局拿出 630 万元开展工伤预防职业健康体检，服务超过 2 万名职工，共完成职业健康体检 18455 人次、企业 8400 家，创历史新高。在全市开展了陶瓷洁具、石材加工等“五类”行业专项整治，122 家严重危害职业健康的企业得到有效治理。广东省安监局在佛山市召开了全省职业病危害治理现场会议，佛山市职业卫生监管工作被省安监局高度肯定并积极推广。

【安全预防控制机制建设】 2014 年，佛山市强化风险分析，落实管控措施，全市 1700 多个安全生产风险源（市级重点风险源 398 处）实现了“一处重大风险源一套管控对策”。强化应急演练，提升处置能力，全市各级、各部门以“双盲”形式组织开展综合演练 40 余场，相关企业组织开展专项演练 800 多场，参演人员达 2 万多人。

【安全生产执法监察与打非治违】 2014 年，佛山市集中开展安全生产“八打八治”工作，全市各有关部门共出动执法 22450 人次，检查企事业单位和场所 16079 家，其中：责令限期整改 1221 起，责令停产整顿 106 起，关闭取缔 34 家，备案重大非法违法场所 189 处，公告诚信缺失企业 35 家，配合公检法机关开展典型案例公开处理、审判 20 次。2014 年全市（不含顺德）监督检查和监察生产经营单位 16561 家，监督检查和监察生产经营单位 31950 次，查处事故隐患 42192 项，实施行政处罚 6378 次，实施经济处罚 573 次，罚款 1061.64 万元。

【安全生产信息化建设】 至 2014 年底，佛山市“智能安监”信息平台构建起 21 万余家生产经营单位的安全生产数据，其中 3 万余家重点企业建立完善的“一企一档”数据。平台与公安交警部门共享全市道路交通事故数据，经过对比筛查出全市超出平均伤亡数的隐患路段和交通事故黑点，有针对性地开展道路交通黑点的专项治理；平台与市“110”指挥平台实现数据联动，确保安监部门第一时间接到事故信息，第一时间赶赴现场参与处置生产安全事故。平台实现企业安全隐患排查自我管理，全市 8687 家安全生产标准化达标企业开展了隐患自查自报工作，共开展自查 90234 次，填报隐患 35.35 万条，平均每家企业填报隐患 40.69 条。

【安全培训及安全文化建设】 2014 年，佛山市安全生产委员会办公室联合市委组织部对全市镇（街）的主要领导和分管领导进行安全生产培训；在全省率先举办全市区、镇（街）两级安监局长和村（居）书记（主任）安全生产培训班，共轮训区、镇（街）安监领导干部和村（居）书记（主任）600 多人。对市、区、镇、村四级超过 1000 名安全生产检查人员进行分批次分阶段的全员培训。全市共考核初级安全主任 9398 人，新发证 8280 人；共考核特种作业人员 8154 人，新发证 6523 人，复审发证 10386 人；企业负责人再教育培训 8828 人。推进“全国安全社区”创建，南海区里水镇、大沥镇和顺德区北滘镇、伦教街道获评“全国安全社区”。

（冼碧玲）

民营经济

概　况

【综述】 截至2014年底，佛山市共有工商登记市场主体44.92万户，其中私营企业和个体工商户达41.81万户，占全市各类市场主体的93.1%。全市规模以上民营工业完成工业总产值13088.5亿元，同比增长11.4%，高于全市工业增幅1.6个百分点。全市规模以上民营工业对全市工业增长的贡献率为79.8%，拉动全市工业增长7.8个百分点。

【佛山市全方位支持民营经济发展】 2014年，佛山重点围绕“培育扶持民营企业跨越式发展”“创新帮扶高成长中小企业（民营企业）”“提升中小企业融资服务”和“完善中小微企业综合服务体系建设”等方面开展工作，推动佛山民营经济实现“稳中求进、转中求好”。

加大财政支持力度。一方面，综合运用无偿资助、偿还性资助、风险补偿、贷款贴息以及创业投资等方式，发挥财政资金杠杆作用，引导金融资本、民间资金参与实施一系列科技计划及战略性新兴产业、现代服务业发展等重大项目，促进金融科技产业融合发展。另一方面，继续减免清理涉企税费。

推动企业科技创新。通过政策引导，鼓励民营骨干企业加强技术创新；积极推动佛山市小微企业在智能装备、两化融合、电子信息、节能环保、工业设计等新兴领域和产业链核心环节进行技改创新，提升其产学研水平。设立科技信贷风险补偿基金和优质技改创新项目贷款风险补偿基金。其中，科技型中小企业信贷风险补偿基金以信贷风险补偿和贷款贴息的方式，降低佛山科技型中小企业融资门槛和成本。

缓解企业融资难题。建立多层次金融服务体系，包括引导和支持银行业机构进行网点优化，设立中小企业专营机构，如“中小企业贷款中心”“中小企业信贷工厂”等；鼓励民间资本参与设立小额贷款公司、融资性担保公司、村镇银行等新型金融机构。拓展企业融资渠道。引导银行业机构创新金融产品与金融服务，为中小企业量身订做金融产品，满足中小企业融资需求；扩大中小企业信用担保基金规模，政府委托合作担保机构、合作银行对基金进行专业化运作，为企业在合作银行取得贷款提供信用担保；推出适合小微企业需求特点的信贷保险产品，如“政银保”合作农业贷款方式；通过债券市场解决中小企业融资；推动中小企业股权融资；举办多场银企对接活动。

推进中小微企业服务体系建设。规范中小微企业服务平台的管理，做到服务向多元化、系列化、规范化方向发展，顺应各类中小企业不同的服务需求。创新企业服务方式。线上搭建企业云服务平台，线下引导服务机构开展各类扶助活动，共同为佛山民营企业提供全方位、多样化的专业服务。提升中小微企业人才素质。建立健全企业家培育机制，打造一支庞大的、高素质的企业家队伍，增加企业对市场政策的把控能力，努力促进中小微民营企业健康持续发展。

民营骨干企业

【综述】 2014年，佛山骨干企业整体平稳发展，全年规模以上工业完成工业总产值18810亿元，同比增长9.8%；完成工业增加值4249.23亿元，同比增长9.9%。规模以上民营工业完成工业总产值13088.5亿元，同比增长11.4%，增幅高于全市工业1.6个百分点。美的、碧桂园、格兰仕、一汽－大众、群志光电、海信科龙、中铝贸易、正印金属、顺德农村商业银行、联塑科技、乐从供销集团、志高空调、海天调味食品等13家企业被认定为2014～2015年度广东省重点支持大型骨干企业，比上年增加6家。

【跨百亿大型骨干企业发展趋势向好】 2014年，佛山超百亿元企业11家，超额完成省下达的9家超百亿元骨干企业目标。美的集团前三季度主营业务收入已过千亿元，全年主营业务收入超过1400亿元。格兰仕拆资30亿元建成微波炉自动化新工厂，单线人均效率比传统生产线提升了62%，大大提高了生产效率。群志光电通过兼并重组，进一步提升了经济效益和综合竞争力，2014年主营业务收入超过200亿元。一汽－大众佛山分公司一期产量升至20万辆/年，全年主营业务收入达260亿元；二期项目于2014年5月7日奠基，产业链逐步完善。佛山市南海正圣金属贸易有限公司销售情况逐渐回暖，销售额同比增长33%。顺德农商行深入实施业务转型发展，业绩显著，全年主营业务收入超过100亿元。

【后备骨干企业增量提质】 至2014年底，佛山超10亿元企业共135家，其中经市认定并扶持的重点培育企业45家，后备梯队充足，发展潜力巨大。2014年后备企业迅速发展。海天公司通过信息化改造，产能达到100万吨；坚美铝材投入2.5亿元进行技术改造，保持48%的增长率；溢达纺织发明专利量全市第一，发展后劲十足；机械装备企业伊之密产值同比增长11.9%；嘉腾机器人自动化有限公司市场份额不断扩大，销售业绩以每年30%～40%的增幅攀升；科达机电销售收入同比增长20%以上；陶瓷机械装备制造企业摩德娜产值增幅超过100%，萨克米机械产值增幅超过30%；家电企业美芝制冷通过自动化生产升级向“精益生产”模式迈进，2013年和2014年两年累计投入1.1亿元实行“机器代人”行动，生产成本下降了6%；万和新电气计划引进一批机器人，预计将可减少用工200人左右，缓解企业招工难的困境。

【骨干企业做强做大战略】 2014年，佛山市继续推动民营企业跨越发展，建立市、区两级领导挂点重点培育企业制度，形成以市委、市政府领导和区委、区政府领导为主体的重点培育企业挂点服务网络，全面了解企业需求，及时解决企业做强做大过程中遇到的问题。举办佛山市民营企业精英研修班，联合市委党校组织海天调味等36家重点培育企业主要负责人参加在清华大学举办的民营企业精英研修班，以掌握大数据时代与企业信息化战略知识为主题，辅导企业家制定科学合理的企业发展战略。召开民营企业做强做大专题工作会议、大型骨干企业座谈会等专题会议，发挥联席会议办公室统筹作用，研究解决重点行业、企业发展中的问题，并将企业诉求向各成员单位逐项分解落实。

在市政府政策“外部引导”和企业“强练内功”的双重作用下，骨干企业投入自主创新活动的热情高涨。美的集团依托物联网、云计算等先进技术，推出“空气”“营养”“水健康”“能源安防”四大智慧家居管家系统，联手阿里巴巴深挖“大数据”，由传统家电制造商转型为智慧家居创造商；广东伊之密精密机械股份有限公司的高效智能压铸岛以3500T的压铸机为主机，由统一操作系统控制，实现了重型卡车变速器壳体、汽车发动机缸体和变速箱壳体等大型压铸件的自动化生产，成套设备价值超过千万元；康宝电器研制无线物联智能家居系统已在大型小区内实现应用，方案日趋完善和成熟；海天味业联合其他优势食品企业，依托中科院过程工程研究所、华南理工大学、省食品工业研究所等高校院所的技术力量，围绕食品质量安全、生物技术应用、绿色环保生产加工等关键技术开发与应用，组建佛山市食品与生物技术研究院。

兼并重组和集团化经营是企业做强做大最快捷的方法。加快实施合资并购或战略联盟步伐，逐渐成为骨干企业做强做大的重要手段。南海奇美电子对南海奇美光电进行吸收合并，组建佛山市群志光电有限公司，通过强强联合，壮大企业规模、增强企业实力，2014年主营业务冲破200亿元；东方精工收购全球第二大瓦楞纸板生产线供应商——Fosber佛斯伯（意大利）60%的股份，完成对高端瓦楞纸板生产线布局，增强公司产品链优势，拓展未来成长空间；广东万家乐股份公司以现金1.72亿元收购施耐德东南亚所持有的顺特电气设备有限公司10%股权，成功控股顺特电气持有顺特设备60%股权，"整合产业链"实现做大做强；2014年底，美的集团与小米科技达成战略协议，在智能家居产业链、移动互联网电商业务等方面进行深度合作。

中小微企业

【综述】 2014年，佛山市中小企业局负责对中小企业经营情况的运行监测，通过持续改善样本选取、数据汇总和分析工作，建立有效的联系沟通机制，及时、准确掌握佛山中小企业生产经营情况。同时，开展中小企业生产运营情况专题调研，形成《佛山市中小微企业发展状况调研报告》，为政府有关职能部门制订和落实政策措施提供参考，提高政府对中小微企业发展环境的研判能力。为保证研究结论的信度与效度，《佛山市中小微企业发展状况调研报告》基于三方数据来源，主要包括：向全市五区12个主要行业3200家中小微企业发放调查问卷（回收有效问卷1502份），与全市14家行业协会和85家中小微企业的半结构化访谈，以及对纳入国家中小企业监测平台的企业运行情况进行抽样分析。调研结果表明，2014年佛山中小微企业在严峻复杂的发展环境中生产运营保持稳定、工业产值稳步增加、营业收入稳中有升、国际市场不断开拓、企业投资保持增长、技术水平不断提升。

【中小微企业融资】 2014年6月和9月，佛山分别举办了中小微企业与金融机构对接会和中小微企业与互联网金融企业对接会，探讨融资贷款的新途径，推广新型融资理念和融资项目，破解投资渠道单一、融资分布不均衡等问题，拓宽中小微企业融资渠道，缓解中小企业融资难题。设立了科技型中小企业信贷风险补偿基金，充分发挥创新资金对中小微企业的支持引导和放大作用，扶持、培育更多中小微企业。出台《佛山市优质技改创新项目贷款风险补偿基金管理暂行办法》，设立了3000万元优质技改创新项目贷款风险补偿基金，与金融机构合作支持企业融资，按1：10的比例放大资金杠杆作用，撬动金融机构加大对优质企业技术改造的信贷投入，构建政府引导、市场运作的多元化企业融资服务体系。

【中小微企业持续发展】 民营企业家素质提升工程开展。2014年，佛山市向社会征集优选了72个单位重点培训项目，其中企业家（高管）培训班共182项，内容涉及政策解读、技术创新、融资担保、市场开拓、信息化推进等各类公共培训服务，并通过网站对外公布，实现培训信息共享，以供广大中小微企业自主选择。同时，开展一系列专题性活动，如公共服务平台服务提升、大数据及互联网金融、中小微企业融资、服务标准化基础知识等，有针对性地为中小微企业提供培训服务。

中小企业服务专家库组建。2014年，建立了佛山市中小企业服务专家库，吸纳一批从事技术创新与质量服务、创业服务、信息服务、管理咨询服务、人才培训服务、投融资服务、市场开拓服务、法律服务等与中小企业服务工作相关的专家，为中小微企业储备智力财富，满足中小微企业的服务需求，进一步推进佛山经济社会持续健康发展，更好地服务民营企业。

现代企业制度建立。按照"企业主体、政府引导、政策支撑、要素保障、重点突破"的工作思路，集中优势资源推动佛山优质中小企业开展公司制、股份制改造，规范企业经营管理、完善法人治理结构，加强企业规范运作，培育一批竞争力强、有典型带动作用的重点示范中小企业，带动全市中小企业加快现代企业制度建设步伐，促进产业转型升级和经济发展方式的转变。

【中小微企业服务体系】 2014年，佛山举办了"佛山市中小企业公共服务平台、产业化基地运营能力提升培训班"，对全市中小企业服务示范机构负责人和高级管理人员进行包括资源整合能力、平台管理能力、内部管理能力三个方面的培训，促进佛山中小企业公共服务平台、产业化基地的良性发展和提升。收集整理中小企业服务示范机构的信息，编制《佛山市中小企业公共服务平台、基地手册》免费派发，为企业选择各类优质服务提供参考，帮助佛山中小企业优化提升。

佛山市中小微企业综合服务体系基本实现机构运作有章可循、行业自律有据可依、服务承诺言而有信，总体呈现出多元化、系列化、规范化的趋势，满足各类中小微企业服务需求。2014 年，佛山市中小企业服务机构共 69 个，遍布各区、镇（街），其中，国家中小企业“窗口”服务平台 4 个、省中小企业公共（技术）服务示范平台 8 个、省中小企业公共服务示范平台 15 个、省中小企业创新产业化基地 5 个、省民营（中小）企业创新产业化基地 12 个、省小企业创业基地 15 个、省中小企业融资服务示范机构 9 个、省中小企业互联网综合服务平台 1 个。

（何志珊）

个体经济

【综述】 2014 年，佛山市个体工商户平稳增长。至年底，全市实有个体工商户 26.36 万户，同比增长 8.47%。全年新登记个体工商户 4.58 万户，同比增长 18.1%，行业主要分布在批发零售业 18.06 万户，制造业 3.9 万户，居民服务和其他服务业 2.2 万户，住宿和餐饮业 1.68 万户。

【个体工商户转型升级】 2014 年 1 月 14 日，佛山市政府印发《佛山市人民政府关于促进个体工商户转型升级的意见》，明确规定给转型升级的个体工商户从资金、税收、市场登记、权属变更和技能培训等，给予政策扶持，推动“个转企”工作再上新台阶。“个转企”的推进对于个体业主做大做强、提高竞争力，对于促进地方经济增容扩张、转型持续发展，对于真实反映市场主体的实际经营规模和产值，防止税费流失都具有较强的现实意义。2014 年全市共办理“个转企”业务 2715 宗，是 2013 年同期的 4.5 倍。

私营企业

【综述】 2014 年，佛山市私营企业发展迅猛，新登记户数及注册资本均创历史新高。2014 年初，国务院和广东省政府相继颁布《注册资本登记制度改革方案》《广东省商事登记制度改革方案》以及省工商登记审批事项两个目录的正式实施，有效地激活了民间资本的投资欲望。至 2014 年底，佛山市实有私营企业 1.45 万户，比 2013 年增长 21.76%，增速较 2013 年同期增加 10.1 个百分点；注册资本（金）2832.65 亿元，增长 30.86%，增速增加 11 个百分点。全年新登记私营企业 2.95 万户、注册资本（金）479.83 亿元，同比分别增长 63.04% 和 58.26%。新登记户数创历史同期最高水平。

【顺德发布《顺德区商事登记制度改革后续监管工作方案》】 2014 年 2 月 19 日，佛山市顺德区政府发布《顺德区商事登记制度改革后续监管工作方案》，对市场监管职责进行分工，明确界定经营事项涉及多部门审批和市场主体从事多个经营事项的监管权责和牵头监管原则，解决部门职能交叉的问题，既防止多头监管造成互相推诿，又杜绝“几不管”造成监管盲区。顺德将建立全区统一商事主体信息公示平台、政务咨询与行政投诉平台和综合监管业务系统平台。三大平台建成后，商事主体登记信息、备案信息、监管信息和违法违规记录等信用信息都将向社会公开。

实施商事登记制度改革，使顺德市场准入的整体效率得到提升，市场活力得到激发。商事登记制度改革以后顺德新登记公司的数量月均增长 35.6%。截至 2014 年 1 月中旬，顺德区实有市场主体总数 12.6 万户，同比年增长 9.18%。其中，内资企业（含私营企业）50062 户，同比增长 15.41%；外资企业 2026 户，同比增长 1%；个体工商户 73836 户，同比增加 5.53%；农民专业合作社 31 户，同比增长 82.35%。

（王宇青）

农　　业

概　况

【综述】 2014年，佛山市各级农业部门围绕市委、市政府建设人民满意政府的部署要求，以“农业产业化、农村同城化、农民职业化”为发展方向，以《佛山市农业农村三年（2012～2014年）工作要点》为抓手，扎实推进各项重点工作，取得了较好的成效。2014年全市农业总产值274.7亿元，比上年增长（下同）2%；实现农业增加值142.5亿元，增长2.6%；农村集体经济总收入146.7亿元，增长3%；农产品流通销售（交易）额达980亿元。

【农业产业化】 2014年，佛山市积极搭建农业产业服务平台。11月，推动成立了佛山市农业产业商会，会员单位涵盖园艺、畜牧、水产等多个行业以及种养殖、加工、流通等多个产业链环节的123家农业龙头企业、农民专业合作社、涉农团体等，引导农业企业抱团发展，帮助农业企业和农民提高抵御自然风险和市场风险的能力。认定五星级现代农业园区5个、四星级现代农业园区13个。搭建农业信息化综合服务平台，率先在全省建设新型职业农民教育培训系统、现代农业发展扶持资金项目网络申报管理系统、动物检疫管理数据分中心、水产品标识溯源数据中心、农产品质量安全监管平台等五大系统。

扶持农业经营主体发展壮大。市政府出台了《佛山市农民专业合作社三年发展计划（2014～2016年）》，明确了发展合作社的目标任务、政策措施和保障机制，并拨出6000万元用于扶持各类经营主体，促进农业产业化发展。至年底，全市有市级农业龙头企业78家（新增20家），省级农业龙头企业26家（新增7家），国家级农业龙头企业3家；有销售收入超亿元龙头企业35家；有农民专业合作社共151家（新增44家），市级示范社34家，省级市范社12家。

推动农业产业结构进一步优化。编制了“菜篮子”工程建设规划、养殖水域滩涂规划、畜禽养殖业发展规划，促进种植业、水产业、畜禽业进一步优化调整。其中，种植业基本保持稳定，农作物种植面积148万亩，比上年同期略有降低。水产业稳中有升，渔业养殖面积保持在56.4万亩，养殖结构进一步优化；水产品总产量60.4万吨，比上年同期增长1.5%。受H7N9流感和畜禽养殖清理等因素影响，畜禽业尤其家禽养殖业面临着较大困难。为此，区级财政共安排1200万元扶持补贴涉禽企业；另一方面加快推进畜禽业向规模化、标准化转型，把规模养殖场和种畜禽养殖场设立纳入行政审批项目管理。全市规模养殖场产量占全市养殖总量的85%以上；规模养殖场减排设施项目建设和禁养区畜禽清理工作也基本完成。

探索通过政府购买服务的形式，委托科研院校开展职业农民技术高端培训。成立由59名农业专家组成的职业农民技术培训讲师团，并向全市28个培训学堂提供教学设施予以扶持。创新培训内容和手段，开展分类培训，对农业企业（合作社）负责人、农业企业技术骨干、农业种养户开展不同类型的培训，利用新整合的佛山市农业信息网资源，开展新型职业农民在线教学、咨询、考试、打证等远程教学。2014年全市累计培训职业农民5.2万人次。此外，结合职业农民培训推进基层农技推广体系建设，推广良种良法，遴选农业主导品种71个，

主推技术 21 项。

【农产品质量安全源头监管】 2014 年，佛山市继续推进市级“菜篮子”基地建设。至年底，全市已建成“菜蓝子”基地 34 个，年供应各类农产品 8.6 万吨以上；“三品一标一名牌”产品基地 83 个，认证产品 127 个。

加强肉品质量安全监管，落实动物检疫电子出证、生猪耳标等溯源管理制度，全市肉品车辆配送基本实现 GPS 全覆盖；率先在全省启动家禽集中屠宰试点工作，全市集体饭堂和禅城区（不含南庄）农贸市场家禽经营户基本实行家禽集中屠宰、统一配送、生鲜上市，为省出台《家禽经营管理办法》、全面推开家禽集中屠宰工作提供了试点经验；继续开展淡水鲜活水产品标识试点管理工作，全市可溯源水产品交易量达 22732 吨，有 16 家市级水产良种场、20 家区级良种场。

探索在农业企业引入 HACCP 管理制度，加强农产品质量安全风险源监控，在 3 个企业开展试点工作。加强农产品监督抽查和风险监测，全市五区共抽样检测农产品样品 232.3 万份，其中种植样品 190.2 万份，合格率 99.8%；畜禽样品 40.6 万份，合格率 99.9%；水产样品 15408 份，合格率 98.3%。开展“农药监管制度建设年”工作，印发实施了农药监管三项制度，通过加强高毒禁限农药监管、推进农资经营单位信用评价评级、建立农药审核官管理制度，规范农资产品使用管理。

制定《佛山市农产品和农资产品违法行为举报奖励实施细则》，发动广大市民、群众积极参与对不合格农产品和生产、销售假冒伪劣农资产品的违法行为进行监督、举报。先后开展了农产品质量“夏季百日行动”和“冬季百日行动”等专项行动，对食用农产品生产经营违法违规行为保持高压态势，全年全市共出动检查人员 8235 人次，检查各类农资生产经营企业 6006 家次，整顿农资市场 47 个次，印发资料 3.2 万份；立案查处生产经营农资案件 27 起，移送司法机关 2 件。严厉打击非法“电、毒、炸”捕捞行为，一举打掉盘踞西江 20 多年、以暴力抗法为特点的江西籍电鱼团伙。与此同时，加强农业执法能力培训，举办了 7 场专题执法培训和多场执法案卷评查交流会，参加人员近 300 人次，印发了《佛山市农业局行政执法责任追究办法（试行）》等执法配套制度，规范农业行政执法行为。

【农村综合改革】 2014 年，按照广东省的部署，佛山市三水区全区和顺德区的均安镇、容桂街道为农村土地承包经营权确权登记颁证试点区域。农村土地承包经营权纳入市政府的重要议事日程，印发《佛山市农村土地承包经营权确权登记颁证实施方案》，成立市农村土地承包经营权确权登记颁证工作领导小组；三水区制定确权实施方案及操作规范等配套文件资料，以确权确地、确权确股等方式，明确每户承包土地份额。并先后完成调查摸底、制订方案、完善机制、宣传动员、确定招投标程序等工作。

【农村集体资产管理】 2014 年，佛山市完善农村集体资产管理交易平台和农村财务网上监控平台“两个平台”运行机制，指导各区出台系列规章制度并做好日常数据统计分析和处理系统预警，进一步提高平台运营效能，并评定了 10 个“两个平台”规范管理示范村居。全市进入平台交易的农村集体资产有 7.7 万宗，涉及合同标的总额 426.1 亿元，平均增值率达 14%；全市农村集体财务共有 5477 个在管账套。

【新农村建设】 2014 年，佛山市农业部门根据《佛山市百村升级行动计划》要求，结合广东名村示范村建设，制定《佛山市百村升级行动计划 48 个新农村建设实施方案》，明确建设名单和建设标准，计划统筹利用“一事一议”“林业送苗下乡”和“菜篮子”工程等资源条件，按照“规划建设好、绿化美化好、空气水质好、公共服务好、社会风尚好”的标准进行规划建设，打造一批可推广、可复制的新农村建设精品。

【国家森林城市创建工作】 2014 年，佛山市加快创建国家森林城市工作进程，市政府向省林业厅递交申请材料。结合新一轮绿化佛山大行动和城市升级三年行动计划，加快推进生态景观林带、森林进城围城、乡村绿化美化等重点林业生态工程建设。全市共组织 291.36 万人次参加植树活动，种植各类树木折算数量 347.96 万株；完成造林更新改造 2.31

万亩，其中碳汇造林5100亩；完成生态景观林带建设106公里；完成乡村绿化美化示范村建设116个；启动禅城区王借岗森林公园等5个森林公园规划建设；打造了周尾围湿地公园等一批生态休闲公园。全市森林覆盖率达21.86%，进一步夯实了创建国家森林城市基础。

【森林和野生动物资源保护】 2014年，佛山市加强森林和野生动物资源保护，启动了森林资源二类调查，市农业、公安、工商部门建立协作机制，开展了“利剑行动”“冬季百日行动”等专项执法行动，严厉打击各类破坏森林和野生动物资源违法行为。全市共出动执法人员1441人次，检查各类经营场所1000多家，立案40宗，收缴野生动物10万多只（条）；加大野生动物保护宣传力度，由市政府发布《关于加强陆生野生动物资源保护的通告》，并举办了多场户外宣传活动。保护江河渔业资源，向江河投放鲤鱼、鲢鱼等鱼种鱼苗1294.5万尾，成鱼1万公斤。

【农村农业扶贫开发】 2014年，佛山市共统筹落实和投入中央、省、市各级和行业的资金9.39亿元帮扶150个贫困村，平均每村投入626.18万元。总投入资金中，用于帮扶到村资金8.01亿元，平均每村投入533.93万元，实施到村项目3379个；用于扶持到户资金1.39亿元，平均每户7621.38元，平均每人2324.91元，实施到户项目12.11万个，平均每户扶持项目6.67个。经过帮扶，贫困村生产生活条件大为改观，民生状况得到显著改善，2014年贫困户年人均纯收入达到6865.55元，村集体经济年收入平均达到7.35万元，村集体和贫困户实现稳定增收。

按照“云浮产、佛山销”的总体思路，通过建机制、搭平台、抓项目，推进佛山云浮两地农业产业对接。两市农业部门联合举办了云浮农业投资环境（佛山）推介会和云浮（佛山）名优农产品博览会暨家庭农场成果展，其中推介会签订投资合作项目21个，协议投资总额22亿元；农博会进场参观人数达21万人次，农产品交易金额达1300万元，两地农业企业意向合作协议金额1.27亿元。佛山（云浮）园艺产业示范区、海惠生态农业观光园、温氏肉鸡定点屠宰供应等14个项目已启动建设，总投资12.9亿元，完成投资1.5亿元。

高明革命老区跟踪帮扶工作方面，全年共投入资金2.71亿元，推进实施九大类共25个项目，老区经济发展明显加快，群众生产生活条件显著改善。启动迳口华侨经济区（三水区南山镇）扶贫开发工作，从2014年起，两年内安排1.32亿元扶贫专项资金，扶持村村通自来水工程、城镇农村污水处理（含管网）工程等6个大项共14个子项目开发建设，各项工作有序推进。

2014年7月25日，云浮（佛山）名优农产品博览会暨家庭农场成果展在佛山市顺德区陈村镇举行。

【农业安全生产】 2014年，佛山市印发了《佛山市农业局安全生产工作方案》等系列文件，层层落实责任，大力开展以农业机械和渔业船舶安全为重点的安全生产工作，全市签订安全生产责任书2186份，出动1300多人次开展了农机安全、渔业安全和“八打八治”打非治违等专项检查行动，排查重点农业事故风险源59个、事故隐患3628处，完成2500多名渔民的政策性渔业保险购买工作，农机“三率”综合水平达73.06%（同比提高4个百分点），实现在农业机械和渔业船舶等行业和领域全年“零事故、零伤亡”的目标。

切实加强应急管理，成立市农业应急办，开展安全生产风险分析和农业应急体系现状调查，举办动物疫情、农机事故等应急演练，农业突发事件应急能力有效提高。以“春防”“秋防”为抓手，采取“防、堵、灭”等综合措施，全力克服周边地区小反刍兽疫和省内人感染 H7N9 流感疫情冲击，狠抓“拉网式”集中免疫工作，全市未发生重大动物疫情。实行动物卫生监管对象评级分类管理，对全市 1044 家畜禽养殖场评级打分，实施动态分级管理。推进畜禽养殖备案和档案管理工作，全市基本建立起畜禽养殖档案管理。加强红火蚁和薇甘菊等有害生物防控，开展植物检疫执法检查，遏制红火蚁和薇甘菊传播蔓延势头。

（邱媛玲）

种植业

【综述】 2014 年，佛山市农作物总播种面积 148.13 万亩，比 2013 年减少 12.14 万亩，实现种植业产值 95.89 亿元（可比价），比 2013 年增长 3.2%。全年全市粮食作物播种面积 30.92 万亩，减少 0.09 万亩，总产量 9.84 万吨，增加 0.02 万吨；其中水稻种植面积 15.36 万亩，减少播种面积 0.72 万亩，总产量 5.41 万吨，比上年减少 0.21 万吨；蔬菜（含菜用瓜）播种面积 78.75 万亩，减少 10.78 万亩；薯类 9.06 万亩，增加 0.11 万亩；油料作物 2.82 万亩，增加 0.13 万亩；水果 3.57 万亩，减少 0.76 万亩；花卉种植面积 14.18 万亩，增加 0.86 万亩。

完善农业基础设施，全年新建标准基本农田 2.5 万亩，提升土壤有机质，稳定发展粮食生产，提高农业生产机械化水平，全年农机总动力 78.1 万千瓦，综合机械化水平 39%。

【强农惠农政策】 2014 年，佛山市发放种粮直补、农资综合直补及良种补贴共计 1363.82 万元；全市水稻投保覆盖率达到 100%，参保农户共 4.3 万户次，投缴保险费 270.91 万元，由财政全额负担，赔付面积 81.8 亩，涉及农户 10 户，赔付金额 2.75 万元。全市共使用农机购置中央财政补贴资金 291.52 万元，补贴机具 2884 台（套），享受补贴户数 275 户。

【科技支撑种植业发展】 2014 年，佛山市强化科技支撑，引导种植业生产结构优化调整，推广适用的种植业新品种新技术，大力推进设施农业发展。全市建有大棚面积 1.29 万亩，节水灌溉设施面积 2.07 万亩，全市农作物良种覆盖率达 98%，蔬菜品种基本实现良种化。

结合不同种植季节，组织农业科技人员下乡指导农户生产，传授病、虫、鼠、草、螺等防治知识，推广应用测土配方施肥技术，进行田间及基地指导 49 次，基层调研 22 次，参与农业应急处理 9 次，科技下乡 32 次，培训农户共 6810 人次，直接进村开展农技咨询活动 49 期，派发技术资料 3.64 万份。

【农资管理】 2014 年，佛山市各级农业部门以种子、农药、肥料、兽（渔）药、饲料和饲料添加剂等产品为重点，继续深入开展农资打假专项治理行动，并推动建立农药经营信用分类、高毒农药实名购买等制度。全市先后组织了“查农资，保春耕”为主题的春季农资打假专项、农资打假“夏季百日行动”、农资打假秋冬季等治理行动，分别实施了春播用种、夏季作物用肥、春季畜禽用药、饲料为重点、夏季肥料专项整治行动、秋冬农药市场专项整治等专项整治行动，突出重点季节、重点地区、重点市场、重点企业、重点品种和大要案件，深入开展农资打假专项行动。2014 年全市共出动检查人员 8235 人次，检查各类农资生产经营企业 6006 家次，整顿农资市场 47 个次，印发资料 3.2 万份；立案查处生产经营农资案件 27 起，移送司法机关 2 件，案件值 5 万元以上案件 1 件，公开制售假冒伪劣农资行政处罚案件信息 14 件。

【农业园区提档升级】 2014 年，佛山市新增农业园区 7 个，新增园区面积 0.55 万亩。到 2014 年底，全市共建有农业园区 43 个，园区面积 13 万亩，五星级现代农业园区 5 个、四星级现代农业园区 13 个。全市农业园区进驻企业 1025 家，企业所占农用地面积 5.24 万亩。其中市级农业龙头企业 27 家，所占农用地面积 2.3 万亩。连片面积 1 万亩的农业园区有 4 个，连片面积 1000 亩的有 7 个。主导产业生产（种植）型 3.74 万亩、休闲观光类 2.23 万亩。2014 年园区农业产值近 30 亿元。农业园区成了实施科技兴农战略的有效载体，设施农业发展增速，园区的科技含量不断提高，农业园区的经济效益、社会效益和生态效益越来越明显。

“菜篮子”工程建设稳步发展。至2014年底，全市认定市级“菜篮子”基地34个：生产基地28个（其中蔬菜14个、畜禽9个、水产6个）；流通基地5个；外延基地1个。市级“菜篮子”基地直销店（点）80个。省级“菜篮子”基地13个。

【农业机械化】 2014年，佛山市组织开展农机安全检查，出动检查592人次，检查拖拉机1962台，检查联合收割机8台，检查场地682处，派发宣传资料1.04万份，纠正违法行为26起。继续推进拖拉机安装“三灯”装置和粘贴反光贴，全市累计安装拖拉机“三灯”1499台，粘贴反光贴拖拉机1245台。开展农机安全生产教育，全市各级农机管理部门发送手机短信4.66万条，接受农机安全教育和咨询6565人次，派发宣传资料9280份，悬挂横额125条，在镇、村张贴标语3560条，发放农机安全生产宣传DVD光碟1245张。全市拖拉机注册率65.95%、年检率53.22%。

【佛山对口帮扶云浮农业工作】 2014年3月31日，云浮市人民政府、佛山市人民政府在顺德陈村花卉世界联合举办云浮农业投资环境（佛山）推介会。佛山市市长刘悦伦，云浮市市长卓志强、市委副书记郭汉毅等有关领导参加，推介会由佛山市委副书记、佛山对口帮扶云浮指挥部总指挥周天明主持。7月25～27日，由佛山、云浮两市农业局联合主办，顺德区陈村镇政府、广东国通物流城有限公司承办，顺德区农业局协办的2014年云浮（佛山）名优农产品博览会暨家庭农场成果展在佛山顺德国通食材世界成功举办。

（邱媛玲）

林　业

【综述】 2014年，佛山有林地面积101.5万亩，森林覆盖率21.87%，活立木蓄积527.09万立方米。全市有西樵山国家森林公园、广东云勇森林公园、广东海景森林公园等国家、省、县级森林公园27个，县级自然保护区1个。

2014年，全市林业绿化建设累计完成投资8.58亿元，新建生态景观林带106公里，完成乡村绿化美化示范村建设116个，完成森林碳汇造林5100亩，新增和改造绿化面积约560万平方米，建成一批森林公园、湿地公园、森林家园，组织291.11万人次参加植树活动，种植各类树木折算数量347.96万株，义务植树尽责率91.26%，超额完成省下达的目标任务。

【生态景观林带建设】 2014年，佛山市在完善提升佛开、广佛、广三高速等省布置的生态景观林带建设任务的同时，着重在提质扩面上下功夫，以生态化、公园化的建设标准，高标准完成珠二环高速顺德段生态景观林带建设。此外，坚持把城市绿化景观建设与水环境整治紧密融合，以公园化、生态化要求，加快推进东平河、潭州水道、高明西江等沿河绿化景观建设，打造多条亮丽的滨河景观带。全市共新建生态景观林带106公里，基本完成全部生态景观林带建设任务。

【森林进城围城】 2014年，佛山市按照新建和改造并举、增量和提质并重的原则，大力开展森林公园、湿地公园和城市公园绿地建设，多渠道、全方位扩展绿色生态休闲空间。全市落实建设资金近6000万元，启动禅城王借岗森林公园、南海三山森林公园、狮山中央森林公园、高明泰康山森林公园、三水九道谷森林公园等5个森林公园规划建设。佛山植物园建设有序推进，完成佛山植物园总体规划，并启动首期建设。此外，结合滨河滨水绿化景观提升，大力推进绿岛湖、博爱湖以及云东海等绿化提升建设，打造周尾围湿地公园、绿岛湖湿地公园、陈村玉带湿地公园等一批生态休闲公园。

【造林绿化工作】 2014年，佛山市以一系列的举措，推进造林绿化工作。一是继续大力推进以营造碳汇为目的的林分改造工程，加快重点生态区的纯林、低效林更新改造，全市完成山上造林2.26万亩，其中完成森林碳汇工程5100亩，超额完成省下达建设任务。二是稳步推进苗木培育基地建设，全市各级财政落实建设资金300万元，培育各类乡土阔叶树种苗木28.4万株，为绿化大行动提供苗木保障。三是全面铺开乡村绿化美化。确立“一村一公园”的建设目标，通过强化规划指导和落实财政激励资金，大力支持和鼓励各镇街、各乡村开展有自身特色的乡村绿化美化建设，重点对进村道路、村心公园、村后风景林进行绿化提升。全市已完成乡村绿化美化示范村建设116个。四是深入开展义务植树活动。在市几套班子领导带头开展植树拜年迎新活动的推动下，全市各级机关单位、社会团体积极行动，纷纷在植树季节组织开展植树、认种认养等活动，推动植树绿化活动向社会化发展。全市共组织291.11万人次参加植树活动，种植各类树木折算数量347.96万株，义务植树尽责率为91.26%。

【森林资源保护管理】 2014年，佛山市进一步强化森林资源保护管理。一是发挥粤北片山林纠纷联调值班市作用，不断完善联络机制，组织召开两次山林纠纷联调工作会议，主动加强与广州、肇庆、江门等邻近市的沟通，对存在纠纷的跨市案件进行现场踏查分析，共商解决对策，有效缓解多宗纠纷。二是加强林地保护管理。严格执行落实林地定额管理、使用林地预报以及占用征用林地审核审批等制度，严把项目审核审查关，对申报征收占用的24宗林地均做到事前有踏查、事中有巡查、事后有督查。此外，组织开展非法侵占林地清理排查专项工作，严厉打击破坏林地资源违法犯罪行为，全市共查处非法侵占林地案件4宗。三是认真抓好资源调查工作。顺利完成佛山市绿地森林资源本底调查，并启动了全市及云勇生态林养护中心的森林资源二类调查工作。

【野生动物保护执法管理】 2014年，佛山市以开展“利剑行动”“禅桂新为重点联合行动”以及“冬季百日行动”等专项执法行动为契机，在全市范围内开展全面打击破坏野生动物资源违法犯罪专项整治行动，不断加大执法检查力度，加大对城乡结合部各类临时售卖点、农庄、流动摊贩等专项清理，形成全市严打高压态势。同时，市林业部门主动加强与其他职能部门的沟通协助，分别与市公安局治安警察支队签订了《关于建立打击破坏森林和野生动物资源犯罪协作机制的协议》，与市工商行政管理局联合印发《关于切实加强当前野生动物保护管理工作的紧急通知》，通过部门联动执法的形式确保执法实效。此外，以11月野生动物宣传月为契机，采取市、区、镇联动的形式连续举行3场户外宣传活动，组织编印了广东省常见野生动物图谱、图册、宣传单张等资料4万多份，派发到各大批发市场经营户、酒楼食肆，并在佛山电视台黄金时段播放野生动物保护宣传片，做好野生动物保护宣传。“利剑行动”开展以来，全市共出动各级林业行政执法人员和森林公安民警1695人次，检查市场131个，店铺酒楼831家，野外场所65个，涉及野生动物资源案件21宗，其中行政案件20宗，刑事案件1宗。

【森林火灾防控】 2014年，佛山市坚持将森林防火安全常抓不懈，严格执行24小时值班和领导带班制度，组织开展森林防火大检查和防火宣传，有效保障了春节、全国“两会”、清明、“五一”、国庆、重阳等重要时间节点的森林防火安全。加快推进森林消防队伍专业化及设备器材机械化建设，组织开展8次森林防火技能培训演练，并完成一批森林消防器材的更新购置，及时充实到24个储备库，大大提高森林防火防控能力。此外，抓好层级和岗位责任制落实，采取由市与区、区与镇、镇与村、村委与村小组、村小组与企业层层签订责任书的形式，共签订责任书、责任状2186份，将森林防火责任重心下沉到基层，确保山有人管、林有人护、火有人扑。全年全市发生森林火灾3宗，未造成人员伤亡情况。

【林业行政管理和执法】 2014年，佛山市强化林业法制建设，先后举办全市林业行政执法培训班和林业行政执法案卷评查和交流会，制定多个有关野生动物执法管理的工作文件，完善野生动物救护、物种鉴定等管理制度，进一步规范林业行政管理和执法。着手制定林业科和林业执法监督所的廉政风险防控文件，明确重点防控事项，加强廉政风险防控管理。此外，根据市政府推进行政审批改革的部署要求，如期顺利完成涉林的行政职权清单编制，有效促进行政权力的公开透明。

（邱媛玲）

畜牧兽医

【综述】 2014年，佛山市畜牧生产总体稳定，畜禽养殖总量呈下降趋势。全年三鸟饲养量8581.68万只，比上年下降7.4%。生猪饲养量240.78万头，下降11.5%。肉类总产量22.65万吨，下降8.5%。其中，猪肉产量11.46万吨，下降8.7%；禽肉产量11.15万吨，下降8.3%。饲料总产量465.19万吨，下降0.4%。

【肉猪养殖效益】 2014年，佛山市生猪价格先跌后升，养殖效益低。年初，生猪价格一路下滑，一度跌至10元/公斤以下。5月后，猪价开始逐步回升，在15元/公斤上下波动。猪苗价格与肉猪价格变化相似，在450元/头上下波动。全年来看，生产管理水平高的自繁猪场可保本或微利，技术水平低的养殖场则出现亏损。

【家禽养殖效益】 2014年，佛山市家禽养殖前期亏损惨重，后期恢复调整。受人感染H7N9流感疫情影响，佛山市家禽生产遭受严重冲击。一季度，家禽产品出现严重滞销，养禽户损失惨重（肉鹅养殖除外），部分养殖户空栏停养，全市家禽存栏下降近4成。4月后，人感染H7N9流感疫情得到有效控制，市民对家禽消费信心逐步恢复，禽肉价格开始回升。三季度，家禽生产逐步全面恢复，价格进一步上升，处于深度调整阶段。四季度，周边地区再度发生人感染H7N9流感疫情，但禽肉市场未出现大幅波动。全年来看，家禽业仍略有盈利。

【人感染H7N9流感疫情对家禽业造成巨大影响】 2014年初，佛山及周边地区发生人感染H7N9流感疫情。各地纷纷采取活禽经营市场临时休市等疫情防控措施。市民谈禽色变，禽类消费降至冰点，家禽产品严重滞销，价格急剧下跌。大沥桂江三鸟批发市场活禽日均成交量由15万只以上下跌至不足8万只，中南农产品市场日均交易量由6万只下跌至2万只。优质石岐杂肉鸡、白鸭、肉鹅出场价格分别跌至5.6元/公斤、5.6元/公斤和16元/公斤，每只活禽亏损超过10元。

【家禽集中屠宰、统一配送、生鲜上市】 2014年，为加强禽类疫病防控，保障家禽肉品质量安全，强化公共卫生安全管理，根据广东省人民政府统一部署，佛山市政府决定开展家禽（指上市的鸡、鸭、鹅、鸽等家禽以及其他人工饲养可供食用的禽类）集中屠宰、统一配送、生鲜上市试点工作。从2014年6月1日起，全市范围内各级机关、学校、医院等单位集体食堂停止使用活禽食材。从2014年7月1日起，禅城区（不含南庄镇，下同）范围内的所有农贸市场、商场超市和餐饮服务单位等各类经营场所取消活禽交易，开展家禽生鲜上市试点工作。试点市场（单位）严把“准入关”，销售或使用的每批家禽产品必须集中屠宰且“三证”齐全（指由驻场官方兽医开具的《动物产品检疫合格证明B证》、屠宰企业出具的《肉品品质检验合格证》和家禽批发商出具的《家禽产品来源证》），每只家禽附有屠宰企业统一标识的脚环或条形码等。

【畜禽养殖综合整治】 2014年，佛山市政府印发《佛山市人民政府办公室关于加强畜禽养殖综合整治工作的通知》，要求加强畜禽养殖业发展规划，进一步修订禁养区、限养区、适养区的范围，加大禁养区的清拆工作，加强畜禽污染治理。2014年全市共搬迁或关闭养殖场721家。年出栏量3000头以上规模养猪场全部完成污染减排治理，出栏量1000～3000头养猪场完成70%的工作任务。投入市级财政资金228万元，完成4个市级农业源污染减排示范项目。

【饲料生产企业换证审查】 2014年，佛山市根据《饲料和饲料添加剂管理条例》《饲料和饲料添加剂生产许可管理办法》的规定和广东省畜牧兽医局的统一要求，原已取得《饲料生产企业审查合格证》《动物源性饲料产品生产企业安全卫生合格证》的饲料生产企业，须于2014年7月1日前统一换发新的《饲料生产许可证》。佛山市农业局利用饲料生产企业年度备案和换领新版《饲料生产许可证》的契机，实地核查企业生产情况，规范生产行为。严格按照《饲料生产许可管理办法》的要求，组织专家对申报企业进行现场验收，达不到生产许可条件的，责令限期整改，2014年全市共有46家企业换领了新证。

【畜牧兽医执法】 2014年，佛山市农业局整合内部资源，加大农业执法力度，全面落实农业部“六条禁令”，逐步提升监督执法队伍素养，全方位打造一支政治素质过硬和业务技能精通的高素质专业队伍，实现监督执法和畜产品质量安全监管工作规范化、制度化。一是建立健全动物卫生监督执法巡查制度。建立岗位责任制，签订责任书，养殖、屠宰、饲料、兽药等监管对象全部签订守法依规承诺书。二是开展牲畜屠宰领域“三打两整治”工作。规范屠宰加工企业生产经营行为，落实肉品品质检验制度，完善违法行为举报制度，严厉打击私屠滥宰和肉品注水等违法行为。三是强化奶站和奶牛场监管执法。全面核实奶牛场生产数据，健全进货验收、索证索票和企业自检等制度，对市内16个奶牛场和1个奶站实行全面抽检。四是加大违法案件查处力度。全年全市查处各类畜牧兽医违法案件24宗，其中兽药违法案件19宗，没收违法所得34945.5元。

（邱媛玲）

水　产

【综述】 2014年，佛山市渔业生产稳步发展，各项建设工作扎实推进，农民收益继续增长，水产品质量安全水平保持向好态势。2014年全市渔业养殖面积保持55.5万亩，优质鱼养殖面积24.8万亩，养殖结构得到进一步优化；水产品总产量61.3万吨，较2013年增长2.9%；水产品总产值108亿元，较2013年增长9.1%。

【现代渔业格局构建】 2014年，佛山市市、区两级财政共投入2255万元，用于扶持水产良种体系、渔业科技推广、现代渔业园区和渔业专业合作社等方面的建设。至年底，全市建立起2个渔业园区、16家市级水产良种场、20家区级良种场。培育涵盖水产养殖、加工和流通的农业龙头企业19家、涉渔“菜篮子”基地6个、渔业专业合作社26个。

【渔业前景科学规划】 2014年，佛山市农业局开展《佛山市养殖水域滩涂规划（2014～2023）》编制工作，按照区域特点和养殖功能定位，强化片区规划理念，打破行政界限，对渔业发展进行精心科学地规划，以规模化、标准化、设施化、生态化、现代化为重点，形成特色渔业、高效渔业、安全渔业和生态渔业的现代渔业发展格局。

【渔业科技化】 2014年，佛山市为保障渔业发展效益，大力提高渔业科技化水平。

开展职业农民培训，提高养殖技术和质量安全意识。通过一系列水产健康安全养殖知识的培训，从生产源头上有力促进广大水产从业人员质量安全意识的提高和健康安全养殖技术水平的提升。至年底，佛山市已培训新型职业农民超过10万人。南海区还为110名水产苗种场技术骨干进行职业技能培训，并取得了“水产苗种繁育工”职业技能证书，实行持证上岗。

创建示范点，以点带面推动全市推广健康养殖。全市创建了农业部健康养殖示范场8家；创建省、市水产品质量安全示范点45家，建设了无公害水产品生产基地25个，获无公害水产品认证8个，进一步提高了安全水产品供应保障能力。

探索高产高效实用健康养殖技术。市农业局在南海、顺德、三水和高明四区各选一家桂花鱼、生鱼等优质品种养殖场，总面积100多亩，应用HACCP关键控制点原理，采取微电解水处理技术，解决高产鱼塘水质差、病害多的难题。各区渔业部门开展了“池塘底排污”“鱼菜共生”“生物絮团”等池塘生态养殖技术的示范推广，探索佛山市优质鱼高产高效健康养殖模式的新路子。

开展产学研合作，促进技术创新。三水区农林渔业局与中国水产科学研究院珠江水产研究所签订了战略合作协议，并在三水青岐建立现代水产科技园，充分利用科研机构和当地的渔业资源优势，在研究现代渔业发展途径、搭建渔业产业平台、形成现代渔业产业体系、生态恢复与资源可持续利用和培养高层次渔业人才等方面加强合作，加快佛山市三水区现代渔业发展。

【渔业品牌发展】 2014年，佛山市何氏水产有限公司注册的“华锦渔业”牌鲈鱼在广东省十大名牌农产品评选活动中获“广东名鱼”称号。南海区百容水产良种有限公司的百容鲫鱼苗凭借其生长特点、生产性能等方面再次获得“广东省名牌产品”称号。同时南海区西樵镇启动“渔耕粤韵”建设项目，在2014年投入3500万元，以桑基鱼塘为特色，打造休闲渔业新品牌。

【水产品质量安全监管】 2014年，佛山市探索建设水产品质量安全追溯平台，推动全市标识信息化管理工作。加大水产品监督抽查和执法检查力度，严厉打击使用违禁药物的违法行为。全年出动执法人员3500多人次，对养殖场、苗种场和流通企业进行执法检查，抽样检测14192个水产品样品，合格率达98%以上。

【江河渔业生态环境】 2014年4～6月，按照省的部署，佛山市对辖区内的珠江干流、支流及通江湖泊禁止一切渔业捕捞活动。加大禁渔期内对各类非法捕捞违法犯罪行为的打击力度，出动执法人员629人次，组织多批次渔警联合打击非法“电、毒、炸”捕捞活动，共依法留置犯罪嫌疑人约60人，其中逮捕45人。各级财政2014年共投入增殖放流资金55万元，向江河水域投放各类鱼种鱼苗1294.5万尾，成鱼1.01万公斤。通过禁渔、放养结合，佛山江河渔业生态环境得到改善。

【渔业安全生产执法】 2014年，佛山市开展“渔业安全大检查”“八打八治”打非治违专项行动与渡口安全大检查联合执法行动、反走私行动暨防范商船渔船碰撞联合执法行动，检查渔船和商船共180多艘，派发渔业安全生产法律法规等宣传资料600多份，并对部分安全设施不规范、照明系统不合格的渔船发出限期整改通知书。举办各类渔民安全、技能培训班8个，培训渔民1400多人，完成2539名渔民的政策性渔业保险购买工作。并开展“安全生产宣传咨询日”、渔业安全生产知识系列宣传活动、渔业安全生产应急预案演练等活动。

（邱媛玲）

农业科技

【综述】 2014年，佛山农业科技工作以科技推广、信息化建设、品牌建设、新型职业农民培训等为重点，加强政策引导，投入资金建设，农业产业化、农民职业化水平逐步提升。

【农业科技项目监管】 2014年，佛山市推进农业科技推广项目建设，加强项目实施及验收监管，确保项目资金用到实处，项目建设起到实效，促进现代农业发展。一是加强农业科技推广项目建设。制定《2014年佛山市农业科技示范推广项目申报指南》，组织企业单位申报农业科技推广项目。经专家评审，结合相关资金管理制度，最后确定扶持19个农业科技示范推广项目建设。二是加强项目监管。9月，市农业局、市财政局派出工作人员，联合到南海区、高明区等抽查“应用生物农药和拌种剂建设农作物病虫害绿色防控示范区项目”等10个2013年农业科技推广项目，通过各项目负责人的汇报、资料核查、现场检查等形式，深入了解项目进展情况；组织检查“三水区大塘镇生物农药示范推广和有机肥加工示范”等2个农业科技推广项目，督促项目建设单位按项目实施方案开展项目建设。另外，佛山市2013年度基层农技推广体系改革与建设通过了广东省农业厅项目验收组的考核验收。三是收获农业科技成果。广东何氏水产有限公司“活鱼规模化高密度远程运输系统的应用与推广”项目通过应用推广独特的鲜活水产品低温暂养、智能温控等先进技术，获得2013年度广东省农业技术推广奖二等奖。

【农业信息化建设】 2014年，为进一步建立和完善农业信息服务体系，充分发挥信息化在农业生产和农村经济发展中的作用，全面提升佛山市农业信息化水平，构建“智慧佛山”，佛山市农业局组织建设佛山市农业信息化综合服务体系项目，整合建设网站群、应用群、信息群等统一的信息系统，打造1＋N的应用服务模式，为全市各级农业管理部门、企业、农户、市民提供在线农业综合管理与信息云服务。根据项目建设方案，项目建立了市农业信息服务平台、新型职业农民教育培训系统、现代农业发展扶持资金项目网络申报管理系统、动物检疫管理数据中心、水产品标识溯源数据中心、农产品质量安全监管系统等6个系统，待通过安全评估后正

式上线运行。

【农业标准化建设】 2014 年，佛山市以培育农业品牌为抓手，加强“三品一标一名牌”申报认证，促进农业标准化、规范化。一是抓无公害农产品认证。以落实佛山建设生态市、食品安全示范市和“农产品质量安全年”的建设任务为契机，鼓励符合条件的农业企业、农民专业合作社和农业协会等单位积极申报无公害农产品认证和复查换证，不断增加无公害农产品数量和扩大产地覆盖率。2014 年，全市申报无公害农产品企业 19 家、产品 28 个，获批准认定产地 19 个、产品 7 个（含上年申报的）。二是申报名牌产品。2014 年，全市有佛山住商肥料有限公司复合肥料等 4 个涉农企业的新产品成功申报认证，佛山市南海区联营种鸡场的南海黄鸡苗等 4 个涉农企业的名牌产品成功通过复审换证。广东何氏水产有限公司的“鲈鱼（活鱼）”、佛山市高明海达高新科技孵化养殖基地有限公司的“冰鲜鹅”获“广东省十大名牌系列农产品”称号。三是加强农业标准化项目建设。督促项目单位严格按照《广东省农业标准化示范区任务书》的内容和要求推进农业标准化项目建设，提高示范区的示范、推广和带动作用，提升农业现代化水平，促进农业增效、农民增收。经专家组审定，佛山市南海区菜心标准化示范区等 2 个 2011 年省级农业标准化项目通过考核验收。至年底，全市无公害农产品 84 个、绿色食品 4 个、有机产品 17 个、地理标志产品 4 件，农业类广东省名牌产品 22 个，省级以上农业标准化示范区 14 个、农业地方标准 32 项。

【农业品牌管护】 2014 年，佛山市注重对农业品牌的管理和保护，加强市场监管力度。一是加强无公害农产品标识检查。按照广东省农业厅《转发关于开展无公害农产品标志使用专项检查的通知》要求，市、区农业部门组织开展无公害农产品标志使用情况检查工作，累计出动检查人员 20 人次，检查市场（超市）10 个，发放宣传资料 300 多份。二是参加“3 · 15”消费者维权活动。3 月 15 日，市消费委员会开展全市维护消费者权益系列活动，市农业部门向广大消费者派发农产品质量安全资料约 1000 份，接受咨询约 600 人次，并现场开展质量检测，引导广大市民理性消费、健康消费。三是加强抽检监督。为加强认证产品证后监管，市农业主管部门将“三品一标”企业列为市农产品质量安全监督抽检对象，加强日常监管，保障农产品质量安全。

【农业成果展销平台】 2014 年，佛山市通过组织举办或参加农业展览会加强农业成果对外交流、扩大农产品品牌知名度。一是举办佛山市农业良种展示会。2014 年 12 月是第八届佛山市农业良种展示推广月。12 月 3 日，佛山市农业良种展示推广月观摩活动在佛山市农科所启动，活动设良种示范种植区、创意农业展示区等 5 个区域和蔬菜有机种植模式等 15 项实用技术进行展示，推动佛山“特色良种区域化、生产技术标准化、农产品品牌化”建设，加快高效生态农业发展；12 月 6 ~ 7 日还在禅城区展示推广月宣传活动，活动首次“挺进”市区，推动农民与市民牵手、农村与城市互动，在新的层面宣传佛山优质农业。二是组织参加第五届广东省农博会。11 月 14 ~ 16 日，佛山市农业主管部门组织了各区 29 家涉农企业赴广州市广交会展馆参加第五届广东现代农业博览会，展品有何氏鲈鱼、海达“冰鲜鹅”、粉葛、芋香冬瓜、生姜、皇帝蕉等无公害农产品、绿色食品、有机产品、地理标志保护产品、名牌产品及佛山特色农产品。该次农博会佛山总销售额约 50 万元，与采购商达成合作意向约 160 万元。三是组织参加第 12 届农交会。10 月 25 ~ 28 日，佛山市农业主管部门组织了南海皇朝食品有限公司、佛山市粉葛种植协会、顺德宏隆科技有限公司等 3 家企业，赴山东省青岛市参加 2014 第 12 届中国国际农产品交易会，并选送南海红宝蛋类食品、高明庆昌果仁、高明金禾乡香米、高明卖口乖食品等一批名优特色农产品参加广东省展厅综合展示，借助国内外大型展会推介佛山名、特、优、新农业成果，帮助企业进一步开拓市场，为加强佛山农业企业与国内外的交流合作提供平台。

【职业农民培育工作】 2014 年，佛山市农业主管部门根据佛山市建设创新型城市工作任务要求，逐步建立健全新型职业农民培育体系，推进职业农民技术培训计划实施，提升农业生产关键技术水平。一是制定培训计划。根据《佛山市职业农民技术培训方案》精神，研究制订《佛山市2014年职业农民技术培训工作实施方案》，明确了2014年培训计划和任务，并加以组织实施。二是成立培训讲师团。经专家评审，成立由59名专家组成的佛山市职业农民技术培训讲师团，并制订《佛山市职业农民技术培训讲师团章程》，形成佛山市职业农民技术培训师资力量，规范管理。三是扶持培训学堂建设。扶持完善28个培训学堂教学设施建设，提升学堂培训服务能力，满足学员参加培训学习的需要。四是购买培训服务。通过购买服务的形式，市农业局为职业农民举办企业管理、农业生产关键技术等高端培训和农产品质量宣传活动，受到学员的欢迎，培训成效显著。参加高端培训的学员大专以上学历、45岁以下的人数达60%以上，高学历、年轻化态势明显。全市2014年累计培训职业农民5.2万人次，其中科普实用技术与职业技能培训2.05万人次、农业实用技术咨询3.15万人次。

（邱媛玲）

农村经营管理

【综述】 2014年，佛山市深化农村集体产权制度改革，加快发展农民专业合作社，全面开展村级公益事业建设一事一议工作，深入做好农村财务规范管理，做好农村信访维稳，农村经营管理各项工作迈上新台阶。

【土地承包经营权确权登记颁证试点工作】 2014年，佛山市根据中央、省开展农村土地承包经营权确权登记颁证工作精神和部署，制订下发《佛山市农村土地承包经营权确权登记颁证试点工作实施方案》，成立市农村土地承包经营权确权登记颁证工作领导小组。选定三水区全区和顺德均安、容桂作为省级试点。市、区两级分别出台试点方案，成立领导小组。三水区实行“确地到社、量份到户”，近60%的经济社（村小组）完成资料收集录入，近40%的经济社（村小组）进行了确权方案表决；顺德区拟写了试点工作方案送区委、区政府审议；南海区初步拟定以股权固化到户为思路的确权思路；禅城区以确权确股不确地为方向开展调研；高明区以确地模式为方向，组织开展了前期摸底，计划组织推进试点。

【“三个平台”建设】 2014年，佛山市进一步深化农村集体资产管理交易平台、农村财务网上监控平台、集体经济组织股权管理平台的“三个平台”建设。一是加强农村集体资产管理交易平台和农村财务网上监控平台的“两个平台”应用管理。重点监控各区的“两个平台”是否全面应用、业务开展是否正常，对于平台系统预警提示的异常情况及时跟进处理，督促各区真正做到“全面应用、及时应用”。全市进入平台交易的农村集体资产有7.48万宗，涉及合同标的总额420.72亿元，平均增值率达14.2%；全市（不含顺德区）共有5474套账纳入平台核算管理。在强化资金监管方面，加强与金融机构联网监控，同金融机构进行密切合作，建立村集体银行账户委托监管机制，实现金融机构对农村财务票据和业务款项的同步监管，变事后查处为提前控制。同时，深入开展“两个平台”规范管理示范村居创建活动。在四区（不含顺德区）继续开展创建活动，新建一批示范村居单位10个；全市共有示范村居20个。二是推进集体经济组织股权管理平台建设。指导、协助南海区、顺德区先行建设到位，实现“成员管理、股权管理、分红管理、流转交易”信息化，率先搭建股权市场化交易平台。

【农村财务管理】 2014年，佛山市通过多种举措，不断规范农村财务管理。一是进一步完善农村财务管理制度。继续做好农村财务制度化管理工作，不断完善各级“预决算、银行存款、债权债务、财务收支、收益分配、财务支出逐级审批、财产清查、票据管理、会计岗位责任、会计档案、土地补偿费监管、转移性资金收支”等方面的管理制度，确保各项财务工作有章可循、规范操作。二是深入抓好农村财务审计工作。组织各区、镇（街）农业、审计部门开展对社会中介组织所代管的农村账务的审计，完成2014年全市第六届村民委员会换届选举审计工作。全市完成了对378个村、2333个审计对象的审计工作，审计资产总额达290.59亿元。三是抓好农村财务预决算的平台管理。督促各

区应用财监平台抓好村集体财务预决算工作，指导村集体全面做好“财务收支计划、固定资产购建计划、收益分配计划、其他与集体经济或农民负担有关的财务收支计划”，经民主表决后张榜公布，并报镇（街道）主管部门备案后执行。四是落实民主理财。全面落实重大事项民主决策，村集体资产出租等重要事项必须通过村民大会或村民代表会议讨论表决通过才能实施，重大工程实行招投标管理制度。重点把好申请、审核、公告、投标、开标、评标、公示、签约等环节，确保全程“阳光操作”。所有村委会均设立了民主理财小组，集体所有收支严格执行先审单后入账和月月审单的民主理财监督制度，有效保障了集体收支合法、合规，变事后监督为事前监督。

【农民专业合作社发展】 2014年，佛山市以财政奖补、示范社评比等方式，加快农民专业合作社的发展。一是制定发展计划，加强财政奖补力度。根据市政府在三水区芦苞镇召开农民专业合作社工作现场会的部署和要求，下发了合作社三年发展计划。安排市级资金750万元，通过竞争性评审择优扶持25个示范社建设项目。全市合作社发展到136家。二是开展示范社评比验收工作。全市共评定2014年市级示范社34家。8月，组织开展了示范社现场学习交流活动。12月，委托第三方机构对2012年市级资金扶持项目进行检查验收。

【一事一议财政奖补工作】 2014年，佛山市大力支持和推动农村公益事业发展，做好一事一议财政奖补工作。一是对上年项目进行重点考评。委托第三方机构对各区2013年一事一议财政奖补建设项目达200万元以上村进行重点考核评价。2014年，全市共考评11个村18个建设项目，涉及投资金额3843万元。二是推进2014年项目建设。2014年，全市共申报建设一事一议财政奖补项目93个，涉及12个镇（街）、58个村，受益人口达9.23万人。项目投入总资金达1亿元，其中，中央、省财政奖补资金1342万元，市、区各配套财政奖补资金1006.5万元，农民筹资6710万元。

【涉农稳定专项治理】 2014年，佛山市通过建立机构、健全机制、强化责任、完善制度、加大督导等一系列工作举措，精心创建“网格化”治理模式，实行市、区、镇、村四级联动，让一大批重大涉农矛盾得到成功化解。至12月，全市共排查涉农突出矛盾纠纷53宗，主要涉及征地、村务管理、村干部选举、村干部贪腐等方面的问题，共化解53宗，化解率为100%。涉农矛盾专项治理工作的全面开展，成功化解了农村长期积累的一些复杂社会矛盾，有效遏制了农村不稳定因素上行的势头，进一步促进了农村社会和谐发展。

（邱媛玲）

交通 · 邮政

交通概况

【综述】 2014 年，佛山市交通运输部门贯彻落实党的十八大和十八届三中、四中全会精神，坚定落实稳增长、促改革、调结构、惠民生的政策措施，抢抓建设人民满意政府和党的群众路线教育实践活动工作机遇，全力打造现代化的综合交通体系和规范安全的行业秩序，交通运输服务能力和管理水平不断提升，交通运输各项工作目标顺利实现。

2014 年，全市完成交通基础设施投资 53.95 亿元，其中路桥建设 40.55 亿元、港口码头设施（备）建设 5132 万元、站场建设 1171 万元、养护投入 2.8 亿元、城市轨道交通建设 9.96 亿元。

【区域交通一体化建设】 2014 年，佛山市加快推进广佛同城化交通基础设施对接工作，2014 年计划与广州对接交通项目共 26 项，广佛环线佛山西站至广州南站、龙溪大道快速化改造工程动工建设。开展对口帮扶云浮工作，结合两市地域相邻特点，积极谋划推动交通基础设施一体化，促进云浮更好地融入珠三角一体化发展。重点研究论证在佛山市高明区与云浮市新兴县交界处选址建设广州第二机场，推进江罗高速（高村至新兴段）、汕湛高速（清远至云浮段）、广明高速西沿线以及与云浮新兴连接的省道 S113 路况改善工程等项目，加快两市高速公路互联互通建设。

【佛山机场】 2014 年，佛山机场共保障 1087 个航班。开通航线为佛山—北京南苑、佛山—浦东。全年旅客吞吐量为 12.09 万人次，其中出港旅客 6.11 万人次，进港旅客 5.98 万人次，航班平均客座率为 84%，航班放行准点率为 91%。全年累计保障进出港货物 545.21 吨，其中出港 536.12 吨、进港 9.09 吨。全年未发生因机场保障原因造成的飞行事故、空防事故和航空地面事故及事故症候，各项安全指标均在民航行业标准范围之内。

（李丹心）

公路交通基础设施

【综述】 2014 年，佛山市境内公路通车总里程约为 5230.3 公里，其中高速公路 471.56 公里、一级公路 1398.62 公里、二级公路 408.15 公里、三级公路 898.44 公里、四级公路 2053.54 公里。全市公路密度达 137.8 公里 / 百平方公里，是珠三角地区公路交通发达的现代化都市。

【高速公路】 2014 年，佛山市范围在建及筹建高速公路项目 8 个。广明高速陈村至西樵段一期工程和肇花高速三水段 2 个项目于 2014 年 12 月 31 日顺利建成通车。5 个在建高速公路项目建设情况分别为：广明高速公路广州段佛山路段，征地拆迁工作已完成，林岳（吴家围）立交在建设中；江罗高速佛山段、广中江高速公路佛山段，由佛山市负责配合项目业主开展征地拆迁工作；佛清从高速公路南段一期项目累计完成投资约 6 亿元，占计划投资的 21.6%；佛江高速公路顺德段（江珠高速北延线佛山段）于 2014 年 8 月 26 日开工建设。筹建的广佛肇高速公路佛山段项目在按计划推进前期工作。

2014 年，全市新增高速公路 35 公里，高速公路密度达到 12.18 公里 / 百平方公里，全市 32 个镇（街）可在 15 分钟内进入高速公路网。在全省高速公路考核中，佛山市位居珠三角各市前列。

【市重点路桥建设项目】 2014 年，佛山市在建市重点路桥建设项目 17 项。截至 12 月，有佛陈大桥扩建工程、禅西大道一期、禅西大道二期、原 G321 南海段改造工程、南九复线、樵乐路改造、三花公路改造、兴业路北延线三水段等 8 个重点路桥项目建成通车。魁奇路西延线工程（佛开高速—罗格立交段）、“一环”西线辅道南庄段工程（樵乐路—季华路段）2 个项目计划于 2015 年春节前建成通车。其他 7 个在建项目建设情况为：魁奇路东延线二期完成投资约 66%；融合顺德北部片区和西部片区的乐龙公路完成投资约 70%；虹岭路西延线工程完成投资约 22%；乐平大道一期工程开始进场施工；广佛高速公路沙涌互通立交工程、荷杨大道工程（先行段已完工）、新 G325 改造工程（节点改造）在加快前期工作，争取早日动工建设。

【综合交通枢纽】 2014 年，佛山市加强与广州南站的轨道和道路衔接，协调推进佛山西站建设，共享共建区域铁路综合枢纽。大力构建公铁复合型现代化枢纽，佛山新城交通枢纽中心完成地下基础工程，佛山新汽车站选址落户工作取得初步进展，禅城区新南庄汽车客运站投入运营。

全市共有客、货运站场 54 个，其中等级客运站场 30 个、简易站及招呼站 3 个，平均日发班次 6352 次；货运站场 21 个，平均日换算货物吞吐量 10.79 万吨。

【城市道路项目】 2014 年，佛山市（以下数据均不含顺德区）城市道路建设项目 143 项，完工 85 项，建成人行天桥共计 14 座。全市有城市道路 1014 条，总里程 1051.74 公里，道路总面积 3018.92 万平方米，其中人行道总面积 685.59 万平方米。全年完成市政道路及相关配套设施建设投资约 51.62 亿元。佛山以推动“创文”和“城市升级”为契机，加强了中心城区道路和设施的巡查和维护，各区共修复路面 1.1 万平方米，新划标线 10.56 万米，更换、维修各种井盖 4072 个，整治修复人行道、盲道 10.2 万平方米，维修、新装护栏 1250 米，维修、增设示警桩、石柱 5047 件（套），更换路灯（罩）13521 盏，主干路亮灯率保持 99% 以上。

【农村公路】 2014 年，佛山市加强落实农村公路小修保养和预防性养护制度，常养公路保持路基稳定、排水畅通、路面整洁。年终县道优良路率为 83.9%，常养乡道优良路率为 80.8%。推进“路况提升、路网优化”项目，全市完成公路改造 75 公里，桥涵加固 27 座。继续抓好桥梁预防性养护，全市在册农村公路桥梁 1098 座，包括一二类桥 909 座、三类桥 180 座、四类桥 8 座、五类桥 1 座，桥梁安全状况显著提高，已核定的隐患桥梁均采取相应安全措施。

（李丹心）

城市公共交通

【综述】 佛山市政府于 2014 年 2 月印发了《佛山市 2014 年公交提升计划》，2014 年 5 月印发了《佛山市 2014 年中心城区公交扩容提质行动方案》。通过大力落实公交发展各项措施，2014 年，全市共新增公交车 993 辆，更新公交车 487 辆，新增公交线路 49 条，优化线路 121 条，新增公交首末站和枢纽站 38 个，新增公共自行车 4800 辆和 54 个租赁站点，完成中心城区外围 34 个摩托车换乘点的建设工作。中心城区 200 辆新增出租车完成招标工作。中心城区公交分担率提升至 30.1%。

【中心城区公交一体化】 2014 年，佛山市加强中心城区公交一体化的统筹力度，市铁路投资建设集团有限公司组建 TC 管理中心，公交服务监管体制进一步优化。五区交通部门积极推动区域合作，实现互融互通，开通或优化互通公交线路 20 条。12 月 26 日，禅城至广州南站，同时对接三水南站的城巴线路正式运行，进一步加强了公交与高铁站的有效衔接。禅城区应市民需求推出定制公交、高峰快线、夜间公交、支线小巴等特色公交服务。汾江路等多条公交专用道基本完成建设，全市首个配建公交站场（南海万科广场）建成并投入使用。

【公交服务质量】 2014年7月至8月，佛山市市、区交通部门为满足禁摩后市民不同层次的出行需求，组织公交企业及第三方研究机构开展中心城区进村入户公交出行需求调查活动。调查范围全面覆盖限摩区5个街道139个村和社区，入户抽样调查980户，完成有效问卷1200份，在掌握市民公交出行需求的同时大力宣传公交发展成果，引导市民选择公共交通出行。出租车服务管理信息化项目一期建设完成，全市统一出租车电召号码"82023456"开通试用。2014年9月16～22日，全市以"我们的街道，我们的选择"为主题，开展了一系列公交周及无车日活动，其中9月22日为无车日。活动期间开展了设立无车路段、采用绿色环保出行、自行车骑行活动、公交票价优惠等活动，在社会上营造了绿色、和谐的出行氛围。

（李丹心）

轨道交通

【轨道交通建设】 2014年，佛山市加快推进广佛地铁二期工程、广佛地铁2号线一期工程、地铁3号线工程等轨道交通建设。广佛线二期工程土建工程逐步进入收尾阶段，截至2014年12月31日土建工程累计完成产值10.1亿元，机电设备安装施工有序推进，机电综合监理标、轨道施工标、系统设备安装标、车站设备安装标的驻地均已完成。广佛线二期工程自魁奇路地铁站延伸至佛山新城交通枢纽，线路长度6.68公里，均为地下线路，共设4座车站，由南向北分别为新城东站、东平站、世纪莲站、澜石站，其中东平站与规划中的佛山地铁3号线、广佛环线、广佛江珠城际线换乘。

佛山城市轨道交通2号线一期工程，起于西端的南庄站，终于广州南站，全长32.4公里。其中高架段6.4公里，地下段25.3公里，过渡段0.7公里。全线设车站17座（地下14座，高架3座），其中换乘站7座。2014年2月，市政府与中标单位联合体（中国交通建设股份有限公司、佛山市轨道交通发展有限公司和南车青岛四方机车车辆股份有限公司）签订特许经营权协议，项目公司（中交佛山投资发展有限公司）于2014年4月8日正式成立并运作，前期工程于2014年6月27日动工。

南海区新型公共交通系统试验段（桂城至三山枢纽段）工程位于南海区桂城街道，项目起于桂澜路与夏平西路交叉口、广佛线蠕岗站，终于泰山路与林岳大道交叉口。线路全长13.11公里，其中地下线3.68公里、高架线6.31公里、地面线2.96公里、敞口段0.15公里。全线共设车站13座，其中地下站4座、地面站4座、高架站5座。项目总投资估算为42.2亿元，总工期为39个月。2014年初，项目正式进入施工阶段，截至2014年12月底完成投资12.66亿元，约占总投资的30%。佛山城市轨道交通3号线工程完成初步设计招标。高明区现代有轨电车示范线项目开展各项前期工作。

2014年12月24日，作为贵广（南广）高铁开通时佛山唯一的停靠站三水南站正式开始售票，26日启用。

【轨道营运】 广佛地铁首通段（魁奇路—西朗段）自2010年11月3日开通，轨道线路长度14.8公里，截至2014年12月31日，已实现连续安全运行1667天。2014年全年安全运营里程数累计达1090.7万车公里，列车正点率达99.97%，全年客流量达5466.76万人次，日均客运量14.8万人次。各大节假日，广佛线更成为两地市民往来的重要出行工具，10月1日当天客流量突破25.69万人次。

（李丹心）

公路运输与服务

【营运车辆保有量】 2014年，佛山市在册营运货车8.33万辆，总计39.18万吨位。在册营运客车1630辆，7.36万客位，其中，客运班车775辆，3.48万客位；包车客车855辆，3.88万客位。城市公交车辆5931辆，运营线路588条，运营线路总长度15282.9公里，年客运量61562.5万人次；出租汽车3581辆，年客运量9320万人次。

【经营业户及从业人员】 2014年，佛山市在册经营道路客运业户 43户，从业人员1.2万人；道路货运业户80470户，从业人员10.5万人；道路运输相关业务经营业户7249户，从业人员2.9万人，相关业务经营业户中机动车维修业户6714户，其中汽车维修业户4516户（一类131户、二类695户、三类3690户），摩托车维修业户2198户。

【道路客运】 2014年，佛山市客运线路460条，年平均日发4097班次。其中跨省线路89条，年平均日发122.5班次；跨地（市）客运线路291条，年平均日发2182.5班次。

【客、货运输量】 2014年，佛山市道路运输客运量完成5692万人次，较上年同期增长11.78%；旅客周转量完成59.16亿人公里，较上年同期增长17%；道路货运量完成2.47亿吨，较上年同期增长5.8 %；货物周转量完成187.91亿吨公里，较上年同期增长11.23%。

【汽车综合性能检测站及检测量】 2014年，佛山市共有汽车综合性能检测站11个，全年完成检测量共23.29万辆次。其中维修竣工检测11.86万辆次，等级评定检测10.47万辆次。

【机动车驾驶员培训】 2014年，佛山市共有机动车驾驶员培训业户40户，教练员人数5628人，教学车辆合计4686辆，全年共培训29.07万人次。

【道路运输行业监管】 2014年，佛山市交通部门圆满组织完成春运工作，春运期间全市共安全有序发送旅客846万人次，同比上升2.9%。实施出租车行业管理改革，将出租车服务与经营权挂钩，健全出租车行业准入和退出机制，进一步深化改革佛山市出租车行业经营权配置，促进行业稳定健康发展。贯彻落实道路客运相关政策规定，优化业务办理流程，做好审批、证件核发等各项事务；加大县际包车客运市场监督管理，优化县际包车运力结构和城际道路客运资源配置。集中开展了道路客运市场专项整治、危货运输执法监督检查、机动车驾培行业专项执法等执法行动，清理整顿机动车维修市场，大力维护运输市场秩序。推广“部门联合治超”与“交警日常治超”并重的路面治超执法模式，强化源头治超，持续推进超限超载治理工作。

加快落实淘汰营运类黄标车工作任务。引导运输企业推广新能源，首批纯电动公交车和出租车按计划投放。高明珠江货运码头成为广东省内河首个“绿色示范港口”支持项目。

（李丹心）

水路运输

【水路基础设施】 至2014年底，佛山市有生产用码头泊位271个，码头岸线19982米，泊位年通过能力8653万吨。内河航道通航里程115条1006公里。

【船舶保有量】 2014年，佛山市拥有水路运输机动船舶475艘，总载重量55.08万吨位，功率24.16万千瓦。其中，客船4艘，载客量1358客位；货船459艘，总载重量54.99万吨（包括集装箱船46艘、载重量5.81万吨位、4963个国际标准集装箱位）。

【水路运输】 2014年，佛山市水路完成货运量4044万吨，同比增长5.09%；货运周转量64.54亿吨公里，同比增长21.73%。水路客运量完成75.83万人次，同比下降0.86%；客运周转量9317.95万人公里，同比增长11.25%。

【港口吞吐量】 2014年，佛山港共完成货物吞吐量5907万吨，同比增长7.9%。其中，外贸货物吞吐量 2250 万吨，同上年基本持平，出口主要货物为陶瓷、机械电器设备、有色金属等；内贸货物吞吐量 3657 万吨，比上年增长 13.3%，进出港货物主要为矿建材料、煤炭、油品、钢铁等。集装箱吞吐量 289.84 万 TEU，同比增长 5.4%。旅客吞吐量 68.33 万人，同比下降 7.3%，旅客吞吐量呈逐年下降趋势。

【港口航道建设和维护】 2014 年，在建的佛山港了哥山港区通用码头工程项目为广东省重点建设项目，总投资估算约 5.4 亿元，拟建位置位于佛山市顺德区杏坛镇容桂水道入口段南华水闸下游左岸水域，岸线长度约 438 米，陆域用地约 276.02 亩。港区总布置分为货物仓储作业区、辅助生产及行政管理区两大区域，配套相应的机械设备、给排水、供电照明、通信等辅助生产、生活设施。工程建设规模为 4 个 3000 吨级（水工结构兼顾 5000 吨级）多用途泊位，设计年通过能力件杂货 160 万吨，集装箱 9.6 万 TEU。佛山港了哥山港区本港作业区通用码头计划建成具有二类口岸功能的通用码头，建成后将成为顺德最大的对外货运港口之一 。

2014 年，佛山市开展前期工作的码头建设项目共有 4 项：三水港扩建工程、佛山港大塘港区北江飞鹿货运码头工程、佛山君御西江国际游艇展示中心工程、佛山高明珠江货运码头扩建工程，计划总投资约 11.92 亿元，其中佛山港大塘港区北江飞鹿货运码头工程计划 2015 年内开工。

顺德水道文明样板航道顺利通过省级验收。2014 年，全市航道维护通航保证率、航标维护正常率、船舶优秀率均达 100%。

【港航管理】 2014 年，佛山市港航管理部门继续开展港口水路货运升级、港口资源整合工作。大力促进水路货运业发展，提升水路服务业。积极开展港口资源整合工作，以佛山新城建设为契机，加快推进中心城区码头的外迁。加强港口行业的安全监管，开发佛山市港航行业安全监管系统，并修编了《佛山市港口危险货物事故应急预案》，编制了《顺德区港口危险货物事故应急预案》。组织水运企业诚信评价和资质评估工作，扎实开展港航和水运执法工作，水路运输市场秩序进一步规范化。

（李丹心）

邮　政

【综述】 2014 年，佛山邮政以党的群众路线教育实践活动为契机，努力破解发展难题，寻找业务增长突破点，总体保持了业务稳步发展的态势。全年全市邮政三大板块（邮政、邮储、速递物流）合计实现业务收入 12.82 亿元，同比增长 12%。2014 年 3 月 3 日，佛山市邮政局正式更名为广东省邮政公司佛山市分公司。佛山邮政投递局南庄投递班投递员刘忠华获“2014 年广东省五一劳动奖章”称号。南海西樵邮政分局被评为 2013 年度“广东省巾帼文明岗”。

2014年3月3日，佛山市邮政局正式更名为广东省邮政公司佛山市分公司。

【邮政基础能力】 2014 年，佛山市共有邮政企业自营网点 81 个，邮储网点（含代理金融网点）105 个，邮政代办所 107 个，EMS 专营网点 71 个。另外有 380 个邮政服务亭（报刊亭）。全市设投递部 48 个，投递道段 1275 条，其中城市投递段道 215 条，农村投递道段 359 条，速递投递道段 701 段。邮路总里程单程 5635 公里，速递总里程为 25326 公里／天，普邮总里程为 25255 公里／天。全市共安装信报箱群 2.7 万个（格口 79.9 万个），全市城区信报箱平均覆盖率 80.7%。

【邮政网络运行】 2014年，佛山邮政重抓网络能力提升。在提升网运效能方面，在禅城、南海和顺德分别组建了11条自主转趟，确保邮件时限；开通禅、南、顺自主支线邮路，基本搭建起五区互通交换邮路；解决高明区邮件进出口时限问题；配合广东省邮政公司开展广深东佛国内小包全境T+1寄递的改革工作，实现四市互寄小包邮件直封，开通大市互寄的直通邮路。在提升投递支撑能力方面，通过继续推行小包协议箱投投递，有效缓解投递压力；申请获得290台特种行业摩托车全部到位，用于投递工作；自主研发便民自助投递柜并投入使用，探索解决现有信报箱功能单一问题；逐步推广智能手机在国内小包投递信息反馈及录入工作的应用，提高信息反馈时限。

【邮务类业务】 邮务类业务作为邮政的标志性业务，包括函件、集邮、报刊发行、包裹、机要通信等业务种类。2014年佛山全年函件量5558.06万件，其中，国内函件3037.62万件，国际函件418.42万件；国内包裹8.94万件，盲人读物及义务兵信件0.4万件，机要件2.59万件。全市有集邮预订户30083户，全市集邮协会会员23010人；全市已成立了13个青少年集邮组织，5家青少年邮局，2家全国青少年集邮示范基地；有报刊预订户17万户。

【邮政金融业务】 2014年，佛山市邮政金融坚持“沟通城乡，服务三农、社区和中小企业”战略定位，践行大型国有银行社会责任，在支持实体经济发展、推进民生社保工程、建设城乡支付结算体系、改善农村金融服务环境等方面取得显著成效，初步探索一条大型零售商业银行在开展普惠金融业务和追求商业可持续之间平衡的特色发展之路。全市邮政储蓄客户389万户，年资金交易额约1580亿元；城乡居民储蓄存款约170亿元；汇兑业务量206万笔、交易金额55亿元；代理各类中间业务55亿元。邮政金融通过多种渠道支持地方经济社会发展，共计投放贷款651亿元，各项贷款余额73亿元，增长20多亿元，新增存贷比75.56%；支持地方房地产发展，2014年新增发放购房贷款13亿元；为广佛地铁、绿岛湖新区开发、广东中旅南海旅游产业园等全市重点建设项目提供融资服务；累计服务的小微企业总数2万家；发放“再就业担保贷款”总额1.7亿元，帮助1.2万位佛山市民重新踏上就业岗位。联合政府、人民银行、银监部门，开展“创富大赛”活动，支持百姓创富创业。新时期，邮政金融将继续发挥好网络优势、资金优势和品牌优势，大力发展普惠金融，让公众享受更多金融便利。

【邮政速递物流业务】 2014年，佛山市邮政速递物流服务主要有市内同城速递、省内速递、国内速递、国际速递、物流、国际包裹、国内快递包裹等业务种类。同时开办代收货款、邮资到付、回执回单等个性化服务。配合政府部门构建网上行政审批大厅平台，打造网上办理同城政务专递业务；通过微信受理、营业网点、上门揽收、网上受理、“11185”和“11183”电话受理等方式成功把单一营业厅受理模式拉伸至多渠道全方位的受理模式，为广大市民和企业提供全方位优质的速递物流服务。全年为全市近5120家企业提供优质的速递物流服务，全年出口业务量1600万件，速递物流业务收入3亿元。

（顾丽冰）

信 息 化

信息化建设

【智慧城市建设】 2014 年，佛山市累计光纤接入用户 67.4 万户，增幅 77.8%，光纤入户率为 34.7%，比上 年增长 15 个百分点，光纤覆盖用户能力达 300 万户，光缆线路总长度达 10.7 万公里，互联网普及率 74.6%。佛山市成功入选第二批国家“信息消费”试点市，成为广东省唯一的入选城市。“三网”融合推进良好。全市共有高清交互业务户数 70.7 万户，数字电视用户 212 万户，广电高清互动系统已融合了电子政务、智慧社区、便民信息、互动教育等服务。

2013 年下半年佛山全面推进“智慧菜篮子”提货柜选点布点工作，为群众提供平价、安全、放心蔬菜。截至 2014 年底，全市共设置智能提货柜 663 个，覆盖社区点 147 个，其中机关单位 74 个，住宅小区 54 个，企业单位 19 个，发展用户 4 万多人。企事业单位智能货柜的使用率高峰期达 80%，平均使用率 50% 左右，社区日均使用率在 30% 左右，市民对“智慧菜篮子”工程表现出普遍的认可和浓厚的兴趣。

2014 年，佛山获“中国智慧城市规划与实践奖”“中国城市信息化（智慧城市）50 强”等荣誉。

【“两化”融合】 2014 年，由佛山市经济和信息化局主导打造的“中国在线制造”公共服务平台累计有 100 多家龙头企业正式上线，30 多家龙头企业体验试用，带动约 2 万家中小企业上线。该平台由 B2B 模式向 B2B2C 模式深化，成立了泛家居产业联盟，建设以“实体体验店 + 移动网店 + 传统网店 + 微信店”四位一体的反向 O2O 云营销模式。

开展工业化和信息化“两化”融合管理体系贯标试点，2014 年佛山共有 9 家企业获批“全国‘两化’融合管理体系贯标试点企业”，13 家企业获批“省‘两化’融合管理体系贯标试点企业”。

【电子政务】 2014 年，佛山市网上办事大厅共进驻市、区两级行政审批事项 3379 项，事项进驻率达 100%，其中网上办事深度一级以上 3379 项，网上办理率达 100%，进驻社会服务事项 1501 项，事项进驻率达 100%。市民个人网页已完成与 12 个市直单位的数据共享工作，实现了市、区 5000 余项政务事项查询、办理和在线申报服务。全市政务网站建设不断完善，佛山市政府网在第 13 届中国政府网站绩效评估中位列地市网站第一名，连续四年稳居该项评估榜首。

【电子商务】 2014 年，佛山市电子商务市场规模继续保持快速扩张的发展势头，对全市经济增长的贡献度逐步提高，作用日益突出。在广东省“广货网上行”活动及佛山市“万企触电”系列活动带动下，2014 年佛山电子商务交易额突破 2800 亿元，其中年交易额超亿企业约 50 家，超千万企业约 250 家，超百万企业约 900 家。全市共有 27 家企业获评“2013 ~ 2014 年度广东电商 100 强企业”，上榜企业数仅次于广州，远远高出排名在后的深圳、东莞等地。成功举办“佛山市‘千企万人’培训系列活动”等培训推广活动近 10 场，覆盖企业约 2000 家，参与人数达 1 万人次。

（何志珊）

信息产业

【集群化发展】 2014 年，佛山市形成了以群志光电、国星半导体等企业为龙头，覆盖平板显示器、电视设备、光电元器件等领域的产业聚集区。其中，平板显示产业是以 TFT-LCD 液晶面板模组、终端液晶显示器为主的特色产业链，产值超过 200 亿元，通过产业链招商，共引进 8 家上下游配套企业落户园区，主要为奇美公司提供电子元件、表面贴装、外壳冲压设备等相关配套。另外，朝野科技、生之源电子等民营企业都已进行产品转型，由原来的 CRT 逐步向平板液晶电视生产转移。

【新光源产业】 2014 年，佛山市南海区以打造广东新光源产业化示范项目为抓手，采用“园区引导、民资为主”的建设模式，形成集生产、研发、检测为一体的产业链条。聚集了照明产业及配套企业 572 家，产值超过 1000 万元的企业超过 90 家，2014 年产值突破 100 亿元。国家半导体照明工程研发及产业联盟华南分中心、赛宝实验室、广东省半导体照明产业联合创新中心、香港科技大学 LED-FPD 工程技术研究开发中心等公共服务平台也相继落成。

【物联网产业】 2014 年，佛山市初步形成完整的物联网产业体系，部分领域已形成一定市场规模，产业链趋于完善。其中禅城区依托广东省无线射频识别（RFID）产业（佛山）基地，发展以无线射频识别为代表的物联网产业，进一步加强产业基础建设，构建完整的物联网产业链，开展公共管理、民生服务和生产管理各个领域的智能应用。南海区依托广东省物流信息化试点镇，将物流作为物联网应用的重点领域，推动物联网技术发展。顺德区以华南家电研究院、顺德区信息化与工业化融合创新中心等公共服务机构为依托，以一批骨干企业为应用载体，加快物联网的技术应用和产品开发，加速产业化进程。三水区、高明区依托通信天线产业集群，重点发展了电子标签、读写器等物联网相关的硬件研发制造产业，推进物联网产业共性技术研究和产业应用推广。

【软件信息服务业】 2014 年，佛山市云计算、移动互联网、物联网、大数据等新兴领域发展迅速，成为佛山软件服务业发展的主要亮点。一是云制造公共服务平台取得初步成效。基本实现平台核心功能建设和产业云生态系统建立，至年底，平台上有近 2 万家企业上线开展协同设计、协同采购、协同服务业务。行业范围覆盖汽车、电子、机械装备、纺织服装、陶瓷、卫浴、建材、铝加工、铸造、有色金属等领域。二是车载移动互联网产业取得突破。广东翼卡车联网公司融合了智能人工、语音数据传输、智能模糊搜索算法、电话本优化、隐私保护等核心技术，创新基于物联网的软硬件一体化车载智能应用及原有的电子商务平台相结合，形成创新的车载移动互联生态系统。盛路通信收购深圳合正电子，组建了车载移动互联网应用服务开发团队，开发出汽车智联 APP，将着力拓展和研发移动互联网车载信息服务，并将陆续推出适用于车载环境的 APP 应用。三是云计算、大数据产业正在兴起。禅城区政府和中国电信广东公司、世纪互联签署战略合作框架协议，在“华南智慧新城”建设下一代绿色节能云计算数据中心项目；佛山联通建立五星 IDC 数据中心，并投产；中国移动建成华南三水工业园华南大区物流中心暨大区数据中心；佛山新媒体产业园建立鹏博士华南云计算数据中心；世纪互联云计算南中国总部基地也落户佛山。

（何志珊）

无线电事业

【移动通信基站管理】 2014 年，佛山针对制约通信基站发展的基站管理职责不清、行政审批程序过多等难题，修订了通信基站设置管理办法，印发《佛山市公用移动通信基站设置管理办法》和《加快通信基础设施建设推进新一代移动通信网络发展实施方案》，明确基站建设纳入城乡规划，简化设置审批流程，提出基站共建共享、景观美化要求，推动开放公有物业设置移动通信基站，解决多年制约通信基站发展问题。

基站年度建设计划修编制定。2014 年，佛山市根据《佛山市移动通信网络基站“十二五”专项规划（2011 ~ 2015年）》，修编年度计划。全年全市通过修编新增基站站点2558个，通过整合优化调整基站站点619个、共建共享站点839个，促进了全市通信网络建设健康合理发展。同时，组织开展2015年专项规划修编工作，对各区上报资料进行审核调整，编制2015年基站年度建设计划。

无线电管理相关审批工作。2014年，佛山市审批办理无线电相关事项共计445件，包括广东省无线电一体化管理平台259件，市通用审批业务办理系统173件，纸质材料申请13件。核发电台执照4702个，其中基站电台执照4031个，用户单位手持对讲机执照645个，业余无线电执照26个。全市合法公用移动通信基站17013个，其中2G基站5550个，3G基站6932个，4G基站4531个。

打击非法设置伪基站。2014年，佛山市按照广东省的工作部署和要求，开展打击整治非法生产销售和使用“伪基站”违法犯罪活动。市无线电管理部门组织成立打击伪基站无线电工作小组，加强对GSM900、DCS1800、TDSCDMA、CDMA2000、WCDMA等在用公众移动通信频段的监测和分析。同时加强与公安部门和移动通信运营公司的联系，派出代表3次参加由公安局召开的全市打击伪基站联席会议，配合公安部门做好非法设置“伪基站”的取证工作，对4台（套）疑似伪基站设备进行无线电发射频率及功率等技术性能指标测试，出具4份设备测试报告。

贵广铁路、佛肇城际铁路GSM-R系统电磁环境保护工作。2014年，根据广东省要求，佛山市组织部署了保护贵广铁路、佛肇城际铁路GSM-R系统电磁环境安全的工作任务。要求全市各级无线电管理部门高度重视，加强与其他部门的沟通协调，对贵广铁路、佛肇城际铁路沿线GSM-R系统电磁环境进行清理，建立和完善保护铁路专用频率的长效机制，做好铁路沿线GSM-R拟设台站电磁环境保护工作，保障贵广铁路、佛肇城际铁路的安全运行。

【公共场所WLAN建设】 2014年5月，佛山市印发《佛山市关于加快推进公共场所无线局域网（WLAN）建设的意见》和《佛山市关于首批公共场所无线局域网（WLAN）试点建设实施方案》，首选禅城区作为佛山市首批公共场所WLAN试点区，通过试点带动，推动全市深入开展公共场所WLAN建设。佛山市无线电管理部门通过统筹协调，并加强与各单位的沟通联系和实地调研，推动全市有序开展无线局域网建设工作。全年新增4G基站8322个，全市移动互联网用户数达1500万户。首批公共场所无线局域网（WLAN）试点建设已建成43处，接入点1400个。

【重大活动无线电安全保障】 2014年，佛山各级无线电管理部门加强与公安、通信运营公司等相关单位的沟通合作，及时启动通信保障应急预案，加大对重要无线电业务频段的监测和干扰查处力度，切实保障重要业务、重要地点的无线电通信安全。特别是确保在“春节”“行通济”“五一”“佛山秋色欢乐节”等重大节庆活动和防汛、防御强台风等重要时期的公众无线电通信安全畅通。同时，配合教育、司法、公安等部门，在国家、广东省各类重大考试中利用无线电监测定位和压制技术，及时遏制作弊信号传播，确保考试公平、公正和良好秩序。2014年全市各级无线电管理机构共参加全国高考、公务员等重大考试保障工作16次，共28天，派出人员344人次，投入车辆163辆次，启用技术设备258套（台），较好地完成各项工作任务，有效保障考场考试秩序。

（何志珊）

基本建设 · 环境保护

供　水

【综述】 2014 年，佛山市水务局加快供水资源整合，加强供水水质监督检查，推进农村供水设施建设和改造，确保城镇供水安全。

全市有供水龙头企业 3 家，其中市水业集团有限公司负责禅城、高明和三水区 3 个区域的供水服务，瀚蓝环境股份有限公司（原南海发展股份有限公司）负责南海区的供水服务，顺德水业控股有限公司负责顺德区的供水服务。有 1 间采用“活性炭 + 浸没式超滤膜”深度水处理工艺的优质水厂（佛山新城优质水厂，规模为 0.5 万立方米 / 日），其余城乡自来水厂均是采用常规净水工艺。有国家级水质监测站 1 个，省级监测站 2 个，均具备《生活饮用水卫生标准》出厂水 106 项指标的检测能力，并通过计量认证；区级的供水企业均具备超过 42 项指标的检测能力。至 2014 年底，全市共有水厂 40 间，供水管道约 9296 公里（管径 75 毫米以上），总设计供水规模约 534 万吨 / 日。年度售水量 12.24 亿立方米，其中：工业用水 5.43 亿立方米，居民生活用水 4.79 亿立方米；日均供水量约 370 万吨，人均生活用水 226 升 / 日 · 人。城镇供水水源保证率、自来水普及率为 100%。

【农村供水设施建设和改造】 2014 年，佛山市水务局推进城乡供水资源整合和农村供水设施建设改造工作，提升安全供水保障能力。禅城区完成石湾镇街道鄱阳村委会、张槎街道海口海五经济社 20 公里供水管网改造工程，1420 户农村居民实现抄表到户。南海区完成南海新桂城水厂（供水规模 38 万吨 / 日）的整体迁建工程，关停原桂城水厂并撤消取水口及一级水源保护区，实施平胜村供水改造工程，关停村级水厂——平胜水厂，由瀚蓝环境股份有限公司统筹供水，彻底解决该片区农村居民的饮用水安全问题。高明区关停富湾水厂和高明监狱水厂，由高明水厂统筹供水，进一步改善富湾的供水水质和确保供水安全。

【水质月度公告制度】 2014 年，佛山市水务局继续对 12 间主要水厂的出厂水和管网水的 42 项水质常规指标进行检测，并实行月度公布 42 项、年度公布 106 项水质检测数据。2014 年实施水质月度公告监测的水厂监测指标合格率为 100%。

（刘　勇）

【佛山市水业集团有限公司】 2014 年，佛山水业集团有限公司（下称“佛山水业”）实现供水量 4.76 亿立方米，污水计费量 2.8 亿立方米，并获得“广东省安全文化建设示范企业”称号。

佛山水业在供水方面不断加强安全优质供水，供水系统运行稳定可靠，供水水质稳定达标，全年供水水质综合合格率为 99.98%、出厂水合格率为 100%。多次对水源保护区取水口上下游进行全方位巡查，开展“北江寻源”水源考察活动，完成原水和管网水在线监测项目设置的调研论证工作，并制订《佛山水业集团原水、管网水在线监测系统 2014 ~ 2016 年建设规划》。启动优质水厂临时迁建工程、高明水厂扩建工程的前期工作，全年完成供水技改项目 83 项。为保障管网系统安全运行，全年新建及改造 DN50 以上管网 124 公里。

在污水处理方面，污水处理排放稳定达到国家标准，出水水质合格率为100%。完成污水技改项目16项，保障安全生产和出水水质达标，达到节能降耗的目的。各污水厂全年共接受佛山市环境监测中心站监测28次，12项基本控制项目监测结果合格。佛山水业与禅城区国土城建和水务局签订了东鄱、沙岗污水厂富余规模回购协议、南庄污水厂的特许权补充协议。

在客户服务方面，不断创新服务形式，相继推出官方微信、网上支付水费、服务进千家等创新服务，带给市民更快捷方便的服务体验。2014年顾客满意度调查取得81.46分，实现连续三年提升。在2014年“佛山口碑榜”评选活动中，佛山水业被评为四家“市民满意窗口单位”之一。

在业务拓展方面，结合自身的优势和产业环境，谋求进一步发展的空间，努力延伸产业链。5月，中标禅城区污泥处理处置BOT项目，取得禅城区污泥处理处置BOT项目的特许经营权。此外，开拓农村污水处理市场，在三水、高明两区成功中标17个农村生活污水处理工程项目，日污水处理规模达530立方米。

在科技创新方面，全年共组织申报国家、省、市、区科研项目9项，获批5项，获科研经费81万元。推动技术革新、工艺优化，MOSA污泥源减量项目研究取得阶段性进展，石湾取水口迁移二阶段技改和石塘水厂送水泵房水泵节能改造等重点项目的投入使用有效满足了生产需要。针对生产实际问题，开展技术攻关，如“改性石英砂过滤”试验研究、“污泥前端减量和后端深度脱水减容的一体化工艺研究”等项目取得进展。此外，建立了能源管理体系，并于2014年8月29日顺利通过禅城区经济和科技促进局专家组的验收，整个能源体系运行可靠有效，符合标准要求。

（全秋娜）

供　电

【综述】 2014年，佛山供电局围绕“简政放权、管理创新、技术进步”的工作思路，推进安全风险体系建设，强化经营管理，提升队伍素质，服务佛山经济社会建设，供电负荷突破1000万千瓦，同比上升5.39%，安全风险管理体系建设复审达到四星水平，获评广东省法治文化示范单位和2014年全国电力行业用户满意企业，获全国供电可靠性A级（金牌）企业殊荣，可靠性管理评价名列全国第一。

【电力供应】 2014年，佛山市放开用电，供电量556.31亿千瓦时，同比增长6.05%；售电量532.03亿千瓦时，同比增长5.47%；最高负荷1005.3万千瓦，同比增长5.39%。2014年，佛山全口径用户平均停电时间1.27小时，同比减少13.61%，城市用户平均停电时间0.41小时，同比减少21.15%。佛山供电局建立政企联动经营分析机制，主动靠前收集经济运行数据，全力做好电力供应。2014年全社会用电量中，第一产业12.89亿千瓦时，第二产业412.48亿千瓦时，第三产业71.79亿千瓦时，第一、第二、第三产业分别增长9.8%、7.12%、2.92%，第一、第二、第三产业所占总电量比重分别为2.29%、73.12%、12.73%；工业电量406.42亿千瓦时，同比增长7.01%；非工业电量157.71亿千瓦时，同比增长7.1%，工业和非工业所占总电量比重分别是72.04%、27.96%；居民用电量66.97亿千瓦时，同比增长10.68%。

【电力安全生产】 2014年，佛山供电局优化电网、设备、作业、环境与职业健康四大风险管控脉络，形成统一的“危害辨识—风险评估—风险控制（事故应急）—回顾改进”安全生产风险闭环管控机制。建立安全区代表“定点清扫”、团队互助共建机制，系统管控风险；开展设备隐患专项整治，构建“运行班组+专业班组+专家团队”运作模式，应用关键参数趋势分析法，发现和处理潜伏性设备隐患284项；自主研发配网故障智能诊断系统，搭建“调度+抢修+营销联动”集成平台，实现故障点及停电影响快速诊断；异地备用调度系统顺利投运，500千伏变电站全部集中监视。全年完成广东省西电东送大通道故障等应急演练71次；开展全局防风防汛安全大检查和隐患排查治理，对1024户重要三防用户、100个防风防汛隐患点、114个跨河地段进行全面检查。全年化解主网V级以上风险64项，防控配网V级以上风险92项；成功

应对“3·30”“威马逊”“海鸥”等自然灾害袭击，没有发生安全生产事故，没有发生误操作事件，四级及以上事件同比下降33%，获南方电网公司“抗击超强台风‘威马逊’抢修复电先进集体”称号，安全生产风险管理体系建设复审获评92分，走在南方电网公司前列。

【电网发展】 2014年，佛山供电局强化电网规划与城市规划有机衔接，结合佛山社会经济发展信息，开展佛山电网“十二五”滚动规划修编工作，优质完成佛山供电局2014年度110千伏及以下配电网规划项目库修编。与佛山五区政府签订2014年电网建设战略合作框架协议，饱和网架规划等2项成果纳入佛山城市总体规划；关注城市重点发展区域，完成顺德新城等5项专项规划并纳入政府备案。建立标准配网综合项目库，完成配电房等4类项目的标准化试点建设。抓实电网建设质量，在南方电网范围内率先编制电网基建工程样板点建设规范、5S评价手册，并全面推广应用。按照标准设计、标准配送、标准施工、标准验收的原则，在220千伏永丰变电站等变电站开展标准化试点建设，整理形成标准化建设“一点一册”成果推广应用。跨区域电网建设物流配送平台投入使用，完成136项配网工程物资的标准化配送工作。

2014年，佛山电网累计完成投资22.83亿元，投产500千伏糯扎渡II期（佛山段）等16项工程，完成配网工程997项；新增变电容量4615MVA，线路长度128公里。110千伏东华变电站获中国电力优质工程奖，10千伏桃业线等2项工程获南方电网公司优质工程奖。

【供电服务】 2014年，佛山供电局完善客户全方位服务体系建设，以“信息化平台”为支撑，加快客户需求传递，以“专项工作组”为补充，加强客户服务协同，以“多维度考评”为抓手，做实客户服务评价。抓业扩报装专项治理、低电压整治、深化落实强化客户全方位服务“三项机制”（客户全方位服务体系中的需求传递、服务协同和服务评价机制）措施，推动客户全方位服务体系建设工作有效落地。全力做好重大项目供电服务，配合完成贵广铁路220千伏双铁变电站验收送电。开展客户安全用电专项整治，重要用户“两率”（供电电源和自备应急电源配置合格率）达70%以上。2014年，专项解决业扩报装受限问题36项、低电压问题197项，客户重点关注的供电能力和质量诉求得到有效解决。获“2014年全国电力行业用户满意企业”，第三方客户满意度为88分，排名全省第二，在广东省十个公共服务行业满意度调查获84.29分，稳居全市公共服务行业第一。

【绿色节能】 2014年，佛山供电局开展节能减排工作，对内通过实施电网改造、加强运行管理等措施推动节能降损；对外通过深化优质服务，普及节电知识、推动客户实施节能项目改造。全年完成节约电量2.01亿千瓦时，节约电力4.25万千瓦。推广电动汽车应用，配合市发改局对经营性充电设施认定条件进行研究，制定佛山市经营性集中式充换电设施的认定方法，明确充电设施优惠电价政策的适用范围及准入条件，对佛山市属于经营性的充电设施执行大工业电价，并免收基本电费；向有关单位介绍用电报装流程、资料要求、电价政策、注意事项等，为充电设施用电报装业务提供全过程跟踪服务；加强对高明区已投运的18条充电桩进行运营管理、维护，完善运营机制，为高明区在运的纯电动汽车提供高质量、便捷可靠的充电服务。在全市范围内推广光伏发电项目，通过设立光伏专窗、细化管理规定、设立绿色服务通道，为分布式光伏发电项目提供高效、便捷的并网服务。2014年受理17个光伏发电项目并网运行，总并网容量达129.5兆瓦，累积绿色能源的光伏发电量达5609万千瓦时，上网电量711万千瓦时。

【电网技术】 2014年，佛山供电局与电力系统内科研单位加强变电站驾驶舱、东澳岛微网等科研项目合作交流，“863”项目“智能配电网自愈控制技术研究与开发”顺利通过科技部验收。深化电网经济运行平台13个模块投入应用。设立2个专家工作室、13个职工经济技术创新工作室，“输电线路多轴飞行器研发与深度应用”获南方电网公司2014年优秀职工技术革新成果二等奖和最具推广价值成果奖。至年底，佛山供电局累计获专利授权110项，成为南方电网公司唯一入选全国首批“两化”融合

（工业化与信息化）贯标试点单位。

（赵 岚）

供 气

【综述】 2014 年，佛山市禅城区、南海区、高明区、三水区液化石油气全年销量约 16 万吨，天然气全年销量 8.93 亿立方米。天然气居民用气价格保持为 3.65 元 / 立方米。

天然气管道。2014 年，佛山市天然气管道快速增长，禅城区、南海区、高明区、三水区的城镇天然气管道总长度约 2300 公里，其中市政管道约 1200 公里，中压支管及庭院管道 1000 公里，佛山市高压输配系统管道 100 多公里。2014 年佛山市禅城区、南海区、高明区、三水区共有投产使用的天然气长输管道 58 公里，其中禅城区 9.36 公里，南海区 3.64 公里，三水区 45 公里。天然气长输管道企业 3 家，分别是广东大鹏液化天然气有限公司、广东省天然气高压管网有限公司和中国石油西气东输管道公司。高明区有尚未建成投产的天然气长输管道约 30 公里。

汽车加气站。2014 年，佛山市汽车加气站建设提速，新增汽车加气站 6 座，全市总投产使用汽车加气站 22 座，其中 LNG 加气站 4 座，CNG 加气站 3 座，L-CNG 加气站 15 座。包括：魁奇路加气站、同济东加气站、南庄加气站、镇安污水厂加气站、城北天然气加气站、大桥天然气加气站、佛罗路临时加气站、张槎临时加气站、中石化佛西加油加气站、三山 L-CNG 加气站、大沥加气站、狮山（桃园）加气站、西樵加气站、顺风天然气加气站、奇力士加油加气站、兴顺天然气加气站、均安加油加气站、新协力加气站、高明荷城 L-CNG 加气站、高明群力加油加气站、云东海加气站、运发汽车加气站。在建加气站 5 座。

瓶装液化石油气。2014 年，佛山市禅城区、南海区、高明区、三水区燃气经营企业 16 家，瓶装液化石油气供应站 140 多个。

【城市供气安全生产】 2014 年，佛山市禅城区、南海区、高明区、三水区燃气经营企业未发生人员死亡的安全生产事故。佛山市住房和城乡建设管理局开展城镇燃气管道保护治理年活动，消除违章占压管道隐患、安全间距不足隐患、城镇燃气管道与市政公用管线交叉穿越隐患、城镇燃气管道质量隐患等隐患 252 处；组织排查石油天然气输送管道安全隐患 231 处。佛山市政府办公室出台《佛山市城镇燃气安全管理办法》，设置燃气设施保护范围，建立全市燃气管理信息系统，通过视频监控重点对全市液化石油气储配站实施远程监控，明确各区燃气执法管理部门应建立燃气执法队伍，开展经常性执法活动。

（何启松）

【佛山市燃气集团股份有限公司】 2014 年，随着中石油西气供应量渐增、中海油海气合同落实，佛山市燃气集团股份有限公司的气源结构进一步优化，保供压力及采购成本均有所降低，解决了中石油核定西气气量远低于合同量的问题。2014 年，该公司供应天然气 10.8 亿立方米，同比增长 19 %；销售液化石油气 1.89 万吨，同比减少 33%。实现销售总收入 38.7 亿元，同比增长 10%。

市场拓展。2014 年，佛山市燃气公司新增工业用户 146 户、商业用户 212 户、居民用户 5.9 万户、出租车用户 391 台，双燃料出租车 455 台。该公司密切配合政府环境治理工作，推进陶瓷、金属加工、铝型材、玻璃等行业的天然气置换。禅城、顺德、三水、高明、高要公司共签约“煤改气”用户 157 户，签约用气量 115 万立方米 / 天；已通气 56 户，用气量 20 万立方米 / 天。该公司与广东新协力集团有限公司组成联合体，经过竞投成功取得顺德区天然气汽车加气站项目经营权，合资设立了由该司控股的佛山市华顺力汽车能源有限公司。

工程建设。2014 年，佛山市燃气公司完成天然气高压管网三期工程初步设计及专家评审，以及顺德区天然气利用二期工程、高明区天然气利用二期工程的立项工作。建成燃气市政管 203 公里，完成楼栋室内管安装 6.7 万户。重点工程包括：禅城区西西线（S363）南庄段樵乐路市政管、三水区南山镇漫江大道市政管、高要市政管第三阶段等。抓紧汽车加气站改造及新建工程建设。完成同济东、魁奇西汽车加气站的升级改造工程，推进禅西大道

汽车加气站、三水锦江汽车加气站、更合汽车加气站建设。

安全与运行。2014 年，佛山市燃气公司全年无死亡、重大人身伤害、火灾、重大设备设施事故及重大质量事故。在安全运行方面该公司主要做了以下几方面工作。一是组织创建并全面试行站网建设与安全运行标准体系。该体系覆盖了公司生产的所有环节，统一了各公司业务流程和标准。二是加强燃气管道隐患排查治理和安全保护。共排查发现埋地管网隐患 79 处，已排查治理 71 处。与公安部门开展联防，成功处理多起可能引起管道破坏的事件。三是开展用户“一级隐患整治特攻行动”。落实整改措施、责任、资金、时限，集中力量开展专项整治工作，全年安检发现一级隐患 12548 处，完成整改 12033 处，整改率为 96%。四是全面开展燃气安全公益宣传。整合电视、电台、报纸、网络、公交车视频等多种媒体资源，充分考虑了不同受众的特点，其覆盖面、渗透性，以及投入的费用均超过往年。

信息化。推进管网三大系统 GIS、SCADA、GPS 深度应用，促进系统和业务的进一步融合。完成公控（佛燃）ERP 系统建设，启动公司独立部署 ERP 系统建设工作。完成 TCIS3.0 客户系统建设并与“96717”系统纵向集成，完成集团云计算平台建设的方案确认和测试工作。

客户服务。完成客户服务呼叫中心系统“96717”建设，并与客户服务管理系统（TCIS3.0）全面对接。全面推行《管道气业务客户服务标准与规范》《客户服务考核办法与配套制度》，规范和优化服务流程。提升网上营业厅功能，开通支付宝、财付通、电信翼支付等渠道的缴费功能，为用户提供更方便的气费支付途径。同时，利用微信、QQ、佛山市民网、佛山之窗等平台，拓宽用户查询、咨询业务的渠道。

（钟育政）

国土资源管理

【土地规划】 2014 年，佛山市完成《佛山市土地整治规划（2011 ~ 2015 年）》编制工作。合理安排年度土地利用计划，参照省的做法将指标分解至各区；有保有压，确保重点项目用地；对用地计划指标使用情况进行公示。佛山市国土资源和城乡规划局组织编制了《佛山市城市轨道交通 2、3 号线 TOD 研究》和《珠三角城际轨道站场 TOD 综合开发》，通过 TOD 发展模式，创建“轨道 + 物业”综合开发体系框架，带动轨道交通站点周边发展。

【耕地保护】 2014 年，佛山市完成高标准基本农田建设任务，并完成 2012 年度高标田建设验收。佛山市 2012 年度高标田建设任务为 3200 公顷（规定验收时间为 2014 年 6 月底），实际建设总规模为 6133 公顷，发放竣工验收意见函 3440 公顷，超额完成 240 公顷。省国土厅因此奖励佛山市 30 公顷用地计划指标。

佛山市进一步完善基本农田保护补贴机制。建立全国首创的基本农田补贴实施效果评价指标体系，制定更为科学合理的补贴标准，完善基本农田补贴模式理论。

【地籍管理】 2014 年，佛山市完成 2013 年度土地变更调查成果及城镇地籍调查成果上报工作。开展 2013 年度城镇土地利用强度调查，并按要求完成土地利用强度调查、数据汇总及典型城镇土地利用分析报告的撰写及上报工作。公布全国第二次土地调查成果数据。做好不动产登记的调研、培训等前期工作。全力推进地理国情普查，实现全面普查目标。

【土地利用】 2014 年，佛山市国土规划局通过提高用地报批质量、清理整顿等多途径，保障用地计划指标供应。

用地报批。完善用地报批批次要求，实现一年固定批次数，启用金土工程系统开展用地报批工作，加快用地报批审查速度，确保项目用地需求。获广东省政府批复项目 60 宗，批准用地总面积为 635.34 公顷，其中新增建设用地 422.3 公顷。“三旧”（旧城区、旧村庄、旧厂房）改造方面，上报广东省国土厅集体建设用地转国有审批有 7 宗，审批面积 20.57 公顷；上报广东省国土厅、住建厅完善历史用地手续审批 2 宗，审批面积 12.51 公顷。

批准而未供应的土地清理整顿。经清理整顿，

2009～2013年，佛山市共获国务院、广东省政府批准用地5159.42公顷，其中城市分批次用地3203.55公顷（不含顺德区），单独选址用地1955.96公顷；共供应土地3578.9公顷，总体供地率为69.37%，其中城市分批次用地供地率为58.79%，单独选址用地供地率为86.86%，达到国土资源部和土地督察局供地率不低于60%的要求。

征地留用地的落实机制完善。经初步摸查，佛山尚有留用地欠账约2840公顷。制定下发《佛山市国土资源和城乡规划局关于加快推进用地报批工作的通知》，建立留用地解决与只转不征用地报批相挂钩的机制，明确村集体有征地留用地未解决的，区政府申请办理该村集体范围内的只转不征用地报批时，须先解决留用地的报批，从而确保征地留用地得到落实。指导探索实施征地留用地货币抵顶实现方式。

征地公告工作规范开展。下发《佛山市人民政府关于委托区人民政府开展征地公告相关工作的通知》，委托各区制作发布征地公告、征地补偿安置方案公告，明确由各区人民政府作为征地公告等征地信息公开的责任主体，规范征地公告形式、内容和时限要求。下发《佛山市国土资源和城乡规划局关于规范征地公告的通知》，明确征地公告相关工作要求，并提供《征地及补偿安置方案公告（范本）》，规范征地公告内容形式。

【土地市场】 2014年，佛山市严格落实宏观调控措施，确保土地市场平稳运行。一是加大用地推出力度，实现用地明显增加。二是适当调整供地结构，促进房地产市场供求均衡。三是防范地价异常波动。四是全力推进保障性住房供地，满足安居工程用地需求。

做好土地供应，保障经济发展。科学编制佛山市2014年度国有建设用地供应计划。2014年计划供应土地1670.22公顷，其中住宅用地计划供应405.97公顷，确保住房用地供应计划总量高于前两年年均实际供应量。

加强批后监管，促进节约集约用地。一是依托“土地市场动态监测与监管系统”做好土地供应的动态监测监管。二是抓好闲置土地调查处置。三是做好开发区土地集约利用评价工作。

深化农村集体建设用地流转。拟定《佛山市农村住房用地抵押流转总体方案》，待省政府批复。

【矿产管理】 2014年，佛山市参与应检矿山17个，实际检查矿山17个，年检率100%。佛山市国土资源和城乡规划局组织开展了2014年矿产资源领域安全生产大检查，联合市安监、公安等部门进行实地检查。出台《进一步完善采矿权会审管理有关工作的通知》，建立和完善各项管理制度。

【地灾防治】 2014年，佛山市共发生和处置地质灾害灾情2起，没有造成人员伤亡。全年共投入治理经费2080万元，消除地质灾害隐患点26处。出台2014年度地质灾害防治方案和隐患点搬迁治理方案，指导开展各项地质灾害防治工作。组织监测预警系统项目组对全市重要监测点进行了2066人次的专业巡查监测。全年累计发布三级预报预警8次，四级预报预警35次。严格落实《矿产资源总体规划（2008～2015）》和《佛山市矿业权设置方案（2011～2015）》，开展矿山安全专项联合检查行动2项。公布实施《佛山市2014年度地质灾害防治方案》，组织编制《佛山市国土规划局安全生产风险分析报告》。6月20日，全省推进地质灾害监测预警体系现场会在佛山召开，省国土资源厅向全省各地市现场推广佛山经验。建成地质灾害应急指挥平台，并开展了地质灾害应急指挥演练，检验地质灾害应急指挥平台运行效果。

2014年6月20日，广东省地质灾害监测预警现场会议在佛山市南海区西樵山召开，与会代表现场考察了西樵山滑坡地质灾害仪器监测点。

【测绘管理】 2014年，佛山市第一次全国地理国情普查领导小组完成佛山市地理全面普查目标。积极推动数字区（县）地理空间框架建设与应用，完善佛山市地理信息公共平台，进行“天地图 · 佛山”运行维护，对全市公益类及重要商业类兴趣点进行采集更新。

推动国土规划信息化建设工作。完成廉政风险科技防控平台建设，配置国土资源业务11项、27个重点防控内容；该平台于2014年5月上线，至年底，国土、规划业务共办理事项49402宗，其中嵌入防控规则的业务7005宗，触犯防控规则的有92宗。完成网上办事大厅建设任务，国土资源和城乡规划电子政务系统均纳入广东省网上办事大厅佛山分厅，提供所有审批事项（53项）的网上申报。

及时完成国土资源信息化运行维护与交换任务。完成佛山市国土资源电子政务系统与省国土资源厅“土地登记信息监管系统”对接交换与存量土地登记数据导出上报工作；完成国土资源电子政务系统相关查询、预冻结和数据交换工作，满足市法院查控网需求；完成国土资源电子政务系统与省厅用地报批系统的无缝对接，实现全市用地报批业务镇（街）—区—市—省的全流程电子化报批；完成全市统一基准地价软件平台的升级改造，实现全市基准地价数据的统一管理和应用。

【土地执法监察】 2014年，佛山市加强土地执法监察措施，有力地保护土地资源并促进土地资源的管理和利用。

土地卫片执法检查。对填报的2013年度的625宗违法用地全部进行处理，其中：510宗非立案处理，立案115宗；查处115宗，结案115宗，立案率、查处率、结案率、履行职责到位率均为100%。立案案件全部作出行政处罚，申请强制执行84宗，罚款745.35万元；依法决定拆除违法建（构）筑物14.58万平方米。

打击国土资源突出违法行为。2014年，佛山市（不含顺德区）通过动态巡查上报案件134宗，涉及面积40.77公顷，挽回经济损失103万元。其中立案的48宗，结案45宗；已经制止土地违法131宗，禅城区有3宗无法制止的，都作立案处理。

高尔夫球场清理整治。佛山市纳入清理整治的高尔夫球场共8个（不含顺德区），按照清理整治类型划分，撤销类1个，整改类7个。

（许　伟）

城乡规划管理

【综述】 2014年，佛山市国土资源和城乡规划局按照广东省国土厅、住建厅的要求和市委、市政府重点工作任务，结合佛山实际，围绕新型城镇化，继续深入推进“强中心”建设，引导节约集约用地，稳步推进城市升级，完善城市轨道交通结构，深入探索制度改革，努力建设生态城市。

【城乡规划编制】 2014年1月，佛山市国土规划局将《佛山市城市总体规划》上报省政府审查，并由省政府转呈国务院审批。完成市级土地整治规划（2011 ~ 2015年）编制工作。启动《佛山市新型城镇化规划（2014 ~ 2020）》编制工作。

组织开展城市中轴线规划设计工作，在中轴线城市设计的基础上，完成南、北两个区段的控制性详细规划的编制工作，并将规划成果上报市政府。中轴线建设实施工作部署的27个项目稳步推进前期工作，并进一步细化落实实施方案。在前期完成《佛山仁寿寺重建项目工作方案》和《佛山市仁寿寺及周边片区控制性详细规划》的基础上，市国土规划局牵头并会同建设单位组织开展项目审批和实施建设工作，项目于2014年2月25日举行施工奠基仪式。完成组织梁园改造提升规划设计方案编制工作，提出梁园保护与提升周边传统风貌特色的规划对策和规划设计方案，并交由禅城区政府推进建设实施。推进禅桂中心区沿街景观整治。组织编制综合整治规划，整治道路39条，整治范围合计147.5公里。制定《佛山市禅桂中心区沿街建筑景观综合整治工作方案》，完成禅桂中心区56公里沿街建筑景观综合整治验收工作。

组织编制《佛山市城市轨道交通2、3号线TOD研究》和《珠三角城际轨道站场TOD综合开发》，通过TOD发展模式，建立以公共交通为导向的城市发展和土地配置模式，创建“轨道 + 物业”综合开发体系框架，带动轨道交通站点周边发展，促进和引导多中心城市结构，提升和优化城市总体空间格局。《佛山市城市轨道交通2号线TOD研究》部分成果完成专家评审，《珠三角城际轨道站场周边TOD规划研究及控制性详细规划》完成珠三角城际7个站点和城市轨道2号线3个站点的TOD综合开发规划初步方案。

完成《佛山建设低碳城市规划》《东平水道规划研究与控制图则》等项目的编制工作。完成《公共设施配套标准研究》《佛山市中心城区城市建设强度分区规划研究》专家评审，重点关注区域绿地及水系保护、环境容量控制、人居环境改善、公共服务设施提升等。组织开展佛山中心城区地下空间利用专项规划和禅桂片区地下空间资源普查编制工作。启动《佛山市地下空间开发利用管理暂行办法》项目。《佛山历史文化名城专题图规划管理二期》项目通过专家验收，可实施应用。

【城市升级】 佛山市为了提升城市品质和综合竞争力，2012年开始实施城市升级三年行动计划，该计划共4大类工程，99个项目，至2014年底，完工的32个，已开工的67个。全市各区和佛山新城安排的300个城市升级项目，完工的97个，已开工的172个，已启动的31个。佛山城市升级项目在组团中心提升、交通基础设施建设、轴线和节点改造提升、城乡环境整治4个方面都取得了阶段性效果，城市升级整体效果扩点提质。

2014年7月24日，佛山市召开新型城镇化工作会议暨城市升级半年巡查现场会后，市国土规划局组织开展城市升级两年延伸行动计划制定工作。《佛山市百村升级行动计划建设方案》于2014年11月5日在全市印发。

【佛山市中轴线建设】 2014年，佛山市中轴线建设实施工作部署的27个项目稳步推进。城市中轴线5个重要节点的城市设计工作完成，《佛山市中轴线地区控制性详细规划》出台，佛山市城市中轴线北门户段绿化景观方案经过国际竞赛选出2个优胜方案评并上报市政府研究决策。仁寿寺建设的征地拆迁工作完成。市东路—普君北路改造提升竣工通车。佛山新城滨江景观带完成阶段建设目标。

佛山市中轴线启动区地下空间综合利用专项规划和禅桂片区地下空间资源普查项目完成地下空间数据收集和整理，规划成果按程序全部完成，并于12月印发执行。该规划对地下公共设施、地下市政、地下人防、综合防灾等方面进行专项布局和规划，提出建设原则和控制要求，以实现城市地下空间的统一规划、综合开发、合理利用、依法管理，使佛山城市地下空间的开发利用与城市的社会、经济、环境保持协调发展，并促进佛山城市发展总体战略目标的实现。

【生态控制线规划】 2014年，佛山市生态控制线划定规划及管理办法研究项目完成生态控制线划定工作方案成果，该成果通过市国土规划局组织的专家评审会评审和省住建厅的专家技术审查，并于12月30日上报市政府审批。该项目是贯彻国家关于构建生态安全屏障、推进生态文明建设精神的成果，项目包括佛山生态控制线划定、建立地理空间数据库、制定配套管理办法，争取实现生态控制线法制化管理。

【基础设施规划】 2014年，佛山市国土规划局组织编制《佛山市轨道交通系统规划》；启动《佛山市综合交通规划修编》，以进一步落实交通发展白皮书的有关要求；完成《佛山市智慧交通中观交通模型开发》《新型城镇化背景下佛山城市交通与空间发展对策研究》；完成《佛山新机场选址咨询研究》；《佛山市地下管线综合管廊专项规划》形成，并进一步修改完善；完成《佛山市城市地下管线勘测成果数据建设（四期）》编制；组织开展氢能源产业发展专题讲座。

佛山新机场。开展《佛山新机场选址咨询研究》，对佛山新建机场的必要性、可行性进行分析，提出佛山新机场的定位、规模和预期服务范围，并对7个初步选址进行充分分析，明确了推荐场址。

国家铁路和城际轨道。完成贵广（南广）铁路征拆工作，确保贵广（南广）铁路2014年12月26日正式开通。佛肇城际佛山段主线征拆工作全部完成并交付施工。加快推进佛肇城际三水站、云东海站，以及广佛环线陈村站、张槎站、北滘站前期工作。

城市轨道。开展城市轨道交通2号线二期前期准备工作，2014年6月27日启动城市轨道交通2号线工程一期工程前期工程建设。重点配合推进3号线的线路起终点、线站位、敷设方式和车辆基地选址，以及广佛环线北滘综合检修基地、3号线车辆段或停车场共同设置双层车辆地的选址和综合布局等方案的研究工作。

枢纽站场。重点推进佛山西站及相关工程建设工作，协调解决佛山西站主站房国铁与地铁3号、8号线地下空间的施工时序问题，并配合推进佛山西站的周边路网规划、配套交通接驳设施工程可行性研究、地下空间开发工程可行性研究、综合开发模式以及消防和人防设计方案等前期研究工作。

（许　伟）

“三旧”改造

【综述】 2014年是佛山市落实《佛山市城市升级二年延伸行动计划》的第一年，也是佛山市在全省开展新一轮深化“三旧”改造综合试点的第一年。随着佛山市城市升级工作不断推进和深入，“三旧”改造重点围绕城市升级和环境再造，拓展发展空间，促进土地资源的集约利用和产业结构的优化提升，重塑城市形象。2014年，“三旧”改造工作运行情况良好，项目推进整体有序。

【新一轮深化“三旧”改造综合试点工作方案】 2014年，经省政府同意，佛山市政府正式通过了《佛山市南海区新一轮深化“三旧”改造综合试点工作方案》，在南海区全面启动“三旧”改造新一轮试点工作。一是强化规划引领作用，积极推进区域改造；二是完善收益分配机制，建立城乡统一的建设用地市场；三是优化审批流程，提高“三旧”改造用地审批效率；四是制定配套政策，形成“三旧”改造政策合力，为全省继续深入推进该项工作提供政策储备。

【“三旧”改造项目总体推进情况】 至2014年12月，佛山市纳入“三旧”改造标图建库土地面积52.8万亩，实施“三旧”改造项目共951个，总用地面积9.6万亩，项目改造预算投入资金1941亿元。其中，已完成前期筹备改造项目33个，占地面积2750亩；改造中项目530个，占地面积77960亩；已完成改造项目388个，占地面积15326亩。

2014年，全市五区“三旧”改造工作有序推进。禅城区新增改造项目17个，改造面积2925.52亩，竣工改造项目10个，改造面积1046.44亩，投入改造资金123.65亿元；南海区新增改造项目198个，改造面积11568.76亩，竣工改造项目106个，改造面积3552.5亩，投入改造资金71.5亿元；顺德区新增改造项目23个，改造面积2847.38亩，竣工改造项目8个，改造面积812.68亩，投入改造资金50.89亿元；高明区新增改造项目25个，改造面积1807.09亩，竣工改造项目24个，改造面积1316.2亩，投入改造资金5.05亿元；三水区新增改造项目7个，改造面积1052.35亩，竣工改造项目7个，改造面积708.02亩，投入改造资金44.79亿元。

【佛山市五区“三旧”项目建设】 2014年，佛山市五区通过划定“三旧”改造重点片区，加大重点改造项目力度等方式，推进项目建设。

禅城区。重点抓好中山公园和村（社区）公园的改造提升，美化城市环境。继续推进季华路升级改造、魁奇路东延线、魁奇路西延线、绿景西路等大动脉建设，配合推进地铁2号线、3号线建设，推动区域合作。通过对南浦村、绿地中心、华南金谷等改造，促进农村产业层次进一步提高；通过仁寿寺改造提升、梁园改造提升、岭南天地等旧城镇改造项目，传承和弘扬城市文脉，提升文化软实力。

南海区。通过“三旧”改造项目推介会共推介项目115个，涉及土地1.2万亩，投资额近900亿元。为配合城市升级二年延伸计划，南海区“三旧”改造城市更新示范项目涉及用地近5万亩，打造出“千灯湖产业总部经济区”、广佛国际商贸城等一批优质示范项目；工业提升示范项目涉及用地3700亩，建成华南国际口腔器材城、广东生物医药产业基地、广东新材料产业基地等一批优质产业连片开发项目。为深入推进试点工作，南海区从规划引领、收益分配、优化审批、综合配套4方面，深化开展“三旧”改造探索与创新工作。

顺德区。将村级工业园的改造作为改造重点，制定了三年工作计划，在每个镇（街）各确定一个重点改造项目，涉及改造面积1700亩。顺德区结合自身实际，对旧厂房采取有限度的改造措施，工业设计城和德胜创意产业园在原有的旧厂房基础上改造；对历史建筑和古村进行“保育”式改造和活化，确保城市文脉的延续，逢简水乡“活化”宝华巷项目推进较为顺利。

高明区。加大对全区重点区域的“三旧”改造控制性详细规划的覆盖力度，编制完成沿江路以东区域、三洲旧区以及中心城区四大片区的控制性详细规划。稳步推进沿江路以东区域和三洲旧区改造作为重点项目，以点带面推动“三旧”改造。高明区将完善全区历史用地手续与旧区改造紧密结合起来，通过整合土地资源、优化发展空间，为全区产业转型和城市升级预留发展空间和提供用地保障。强化对低效“三旧”用地的改造，通过淘汰高能耗、高污染的企业，腾出土地引进优质项目，促进产业结构的优化。

三水区。将产业汇聚和城市更新作为“三旧”改造工作的主线，着力三大片区，打造一批重点亮点项目。在城市出入口片区，重点推进广海大道丁字基项目改造；在中心城区，重点推进体育休闲公园、北江新区、博雅滨江、旧健力宝厂等项目；在新城与旧城区连接点，重点推进万达广场和百利达广场等项目。截至2014年12月，全区共启动项目27项，投入资金23.05亿元，涉及用地面积3602.99亩。其中，北江体育公园、凯乐德卫浴升级改造等8个项目已完成。

【“三旧”改造规划修编】 2014年，佛山市“三旧”改造专项规划较好地指导了全市的“三旧”改造工作，这种做法得到了省里的充分肯定并在全省推广。为适应佛山市总体规划的新调整，对佛山市的“三旧”改造项目加以统筹和引导，配合和支持总体规划“1＋2＋5”战略构想的实现。2014年，佛山市从多方面开展了全市“三旧”改造专项规划的修编工作。一是依据国家、省相关文件及政策要求，结合佛山实际，明确“标图入库”标准；二是结合新版总体规划要求，明确佛山市“三旧”改造的目标与方向；三是通过项目开发强度等的引导，兼顾项目开发的可实施性与整体城市形象之间的平衡；四是通过“三旧”改造项目的实施，为市级重大交通设施及线路、重大市政设施、公共绿地及通廊等进行预控；五是建议改造模式与改造策略，引导和建立相关配套机制，推动“三旧”改造项目的实施操作。

【佛山市“三旧”改造经验推广】 2014年，佛山市的“三旧”改造经验得到了上级政府的充分肯定，省政府最新“三旧”改造政策的编制，也充分听取和吸收了佛山的经验和做法。同时，佛山市的“三旧”改造工作也得到了全国各省、市的关注，全年接待各级政府、民间、企业、传媒等调研学习团队60余批次。2014年，为进一步总结“三旧”改造实施五年来取得的实践经验，向各级领导和广大市民汇报和展示“三旧”改造的突出成效，市三旧办组织“三旧”改造成果展览。

（许　伟）

城乡建设

【综述】 2014年，佛山市围绕新型城镇化，继续深入推进“强中心”建设，通过实施城市升级三年行动计划，引导节约集约用地，完善城市轨道交通结构，建设生态城市，《佛山市城市总体规划》呈国务院审批，城市品质得到显著提升。2014年，佛山城区绿化率39.79%，绿地率37.38%，人均公园绿地面积13.74平方米，城镇生活垃圾无害化处理率100%。深化行政审批服务改革，编制建设管理负面清单、审批清单和监管清单（简称“三单”），探索建立建设领域“三单”管理模式。推进城市管理标准化、精细化和常态化，继续理顺城市管理体制，完善城市管理考评办法和方式，提升数字城管功能，实现覆盖面积643平方公里。加强违法建筑查处，全年拆除违法建设面积23万平方米。推进农村生活垃圾处理，完成“一镇一站，一村一点”中转站建设；推进生活垃圾减量化、餐厨垃圾资源化和终端处理设施建设。规划建绿实现公园绿地建设提速，城市升级改造向社区乡村延伸，沿街景观综合整治，启动30个古村落活化升级；提前超额完成省级宜居社区“十二五”创建任务。

（张珍妮）

【城镇村庄建设】 2014年，佛山市禅城区、南海区、高明区、三水区共设建制镇15个；行政村292个，已编制村庄规划的行政村215个，占全部行政村比例73.6%。建制镇镇域面积18.38万公顷，镇域户籍人口147.65万人，暂住人口128.24万人。其中，建成区面积1.51万公顷，建成区户籍人口46.92万人，暂住人口40.34万人；村镇建设管理人员536人，专职人员361人；建制镇市政公用设施方面（含暂住人口），燃气普及率61.4%，人均道路面积13.22平方米，污水处理率95.69%，人均公园绿地面积4.34平方米，绿化覆盖率12.4%。

【中心镇建设】 2014年，佛山市禅城区、南海区、高明区、三水区共设中心镇7个，分别是南海区里水镇、西樵镇，高明区明城镇、更合镇、杨和镇，三水区乐平镇、芦苞镇。中心镇镇域总面积1404.4平方公里，镇域总人口102.53万人，镇域暂住人口45.75万人；其中建成区面积67.12平方公里，建成区户籍人口12.72万人，建成区暂住人口11.96万人。村镇建设管理人员214人，其中专职人员125人。中心镇建成区公共绿地面积328.27万平方米，公园绿地面积137.14万平方米，镇区道路长度668.08公里，镇域道路长度1146.45公里。

佛山市宜居城乡建设成绩斐然，市民热衷于在绿荫花海中徒步健身。

【宜居城乡建设】 2014年，佛山市五区57个社区获评“广东省宜居社区”；5个城镇、35个村庄获评“广东省宜居示范城镇和宜居示范村庄”；南海区里水镇创建“梦里水乡、广佛城心花园”宜居生态环境项目获评“广东省宜居环境范例奖”；4个镇、72个村庄、32个社区分别获得佛山市市级“宜居城镇”“宜居村庄”“宜居社区”称号。至年底，佛山市累计11镇78村158社区为省级宜居示范城镇、宜居示范村庄、宜居社区，7个省级宜居环境范例奖；12镇、182村庄、190社区成为市级宜居城镇、宜居村庄、宜居（示范）社区。南海区西樵镇简村村、百西村，里水镇汤南村、孔西村，丹灶镇棋盘村、和平村、仙岗村，九江镇烟桥村，桂城街道江头村，大沥镇璜溪村，以及三水区大塘镇梅花村获评广东省第一批传统村落。

（伍佩龄）

【建筑业】 2014年，佛山市在建监督工程6314项，建筑面积6324.63万平方米，工程总造价1053.86亿元；佛山市禅城区、南海区、高明区、三水区新报建项目2399项，建筑面积2755.56万平方米，工程造价456.19亿元。评为2013年度佛山市优秀施工企业9家，评为2013年度佛山市建筑业企业优秀项目经理22人；评为2013年度佛山市先进工程监理企业9家，评为2013年度佛山市优秀总监理工程师 17人，评为2013年度佛山市优秀监理工程师35人；评为2013年度佛山市混凝土行业优秀企业3家，评为2013年度佛山市优秀混凝土行业企业家5人。

（周炳明）

【建筑工程质量管理】 2014年，佛山市加强对工程实体质量和参建各方主体质量的行为监督，开展工程质量检查和巡查。开展房屋建筑工程质量监督执法检查、质量巡查、工程质量检测机构检查、混凝土搅拌站季度巡查等检查活动，对检查排查发现的问题进行限期整改，消除质量安全隐患，对检查发现的工程质量违法违规行为进行查处。

开展“质量月”活动，组织市区建筑质量监督部门和施工、监理企业人员到中山市现场学习观摩；开展质量常见问题专项治理研讨会；邀请国家级专家白蓉为佛山市质量监督人员及施工、监理企业负责人进行质量常见问题治理专题讲座；组织混凝土质量和建筑扬尘管理现场观摩会，10月15日组织400余人观摩南海区民太建筑材料有限公司大金钢搅拌站混凝土质量管理和扬尘治理工作；组织全市搅拌站混凝土检测员、试验员继续教育。

【建设工程安全生产】 2014年，佛山市发生建筑施工安全事故1起，死亡3人。全市开展50多次房屋安全生产大检查和专项检查，检查人员3000多人次，排查2100多个建筑工程项目，下发整改通知书542份，执法建议书4份。全市住建系统发出建筑安全生产动态扣分4598条，其中对施工企业318条，监理企业236条，施工企业主要负责人19条，项目负责人1335条，安全员1665条，总监理工程师821条，专业监理工程师211条。重点开展“八打八治”打非治违专项行动工作，将“打非治违”与日常动态巡查、建筑施工季度巡查、质量检查、招投标标后建筑行为检查等有机结合起来。整治期间对在建项目进行大排查，特别是对在建深基坑工程进行拉网式排查。开展“安全生产月”活动，开展建筑施工安全生产知识咨询活动，发放安全知识标语和扑克牌3000多份；组织全市施工、监理企业负责人约700人观摩学习安全生产文明施工示范工地。对全市700多三类人员（企业负责人、项目负责人、专职安全员）进行培训，对全市200多质量安全监督人员进行教育培训。建筑施工企业通过播放DVD安全宣传片、图片展示、班前交底等方式，对一线作业人员进行安全培训。

（关晔华）

【勘察设计管理】 2014年，佛山市完成三水区百利达广场项目等138项大中型建设工程初步设计审查，办理禅城绿地金融中心（二期）项目等13项超限抗震设防专项审查批复。做好勘察设计企业违反强制性条文网上公示制度和通报工作，全年公示4批共59个项目违强情况。开展工程勘察设计质量安全监督执法检查，共抽查项目31项，对检查中发现的问题严格要求相关责任单位落实整改。6月，佛山市住房和城乡建设管理局印发实施《建筑工程勘察设计质量重点监控企业管理制度》。对勘察设计企业实施分类监管，将存在相关违法违规情形的勘察设计企业列入重点监控企业名单，3家勘察设计单位被列为重点监控企业。

推进佛山市岭南特色建筑设计创作。4月，开展岭南特色建筑设计学术交流活动，邀请广东省第二届岭南特色建筑设计奖佛山获奖项目的设计单位进行学术交流，组织获奖项目南海区“叶问纪念馆”进行现场交流学习。

【建设科技与信息化】 2014年，佛山澜石不锈钢总部大厦等5个项目组织申报2014年度广东省建筑业新技术应用示范工程（立项）。2月，佛山市公共文化综合体项目佛山市图书馆顺通过广东省住建厅组织的新技术应用示范工程专项验收。广东省六建集团有限公司“风作用下复杂造型钢结构及幕墙体系实测分析及施工技术”等5项新技术，以及市避水通新型建筑材料有限公司“FDS（源水通）结构自防水材料”项目1项通过广东省住建厅组织的科技成果鉴定。

佛山市市级智能建筑能耗监测管理系统启用。系统整合已有的能耗数据采集系统，实现对重点建筑用能监控管理，为制订建筑节能限额指标等提供依据。开发佛山市建设工程施工图审查管理系统，推进施工图审查及监管工作的信息化和标准化。

【建筑节能】 2014年，佛山市完成绿色建筑标识项目18项，建筑面积175.18万平方米，超额完成省下达的120万平方米建设任务指标，完成率位于全省前列。低星级绿色建筑呈现规模化发展趋势，高星级绿色建筑比例较2013年有提高，广佛新世界庄园广佛会获住建部三星级绿色建筑标识，岭南新天地18号地块商住项目、佛山新城商务中心一期工程等5个项目获二星级绿色建筑标识。佛山新城创建国家绿色生态示范城区获广东省住建厅同意向住建部申报。佛山住房和城乡建设管理局会同佛山新城建设管委会组织科研技术单位按照国家绿色生态示范区建设标准，制定绿色生态城区数十项指标体系。7月，广东省住建厅批复同意佛山市开展一星级绿色建筑评价工作，制订《佛山市绿色建筑评价标识管理实施细则（试行）》和《佛山市一星级绿色建筑评价标识申报指南》，成立绿色建筑评价标识专家委员会，委托佛山市建筑节能协会负责标识相关日常管理工作。

佛山市科技馆与青少宫太阳能发电系统工程、广东万和杨和基地新能源集成热水工程示范项目等2个项目列入省建筑节能示范项目，获得省级财政资金支持145万元。开展2014年度市级建筑节能示范项目评审工作，沿海馨庭（二期）等4个项目通过专家评审和佛山市政府审批，获得市级财政安排的200万元建筑节能发展专项资金补助。

全年预收墙改基金2.79亿元，返退基金5582.22万元。完成77项新型墙体材料、10项建筑节能材料的目录登记。开展大型公共建筑能效测评和标识试点。8月，南海区景兴环球大厦项目通过住建部组织的评定，取得民用建筑能效测评标识（理论值）一星级，成为佛山市首个取得能效标识的建筑项目。

（吴燕婷）

住房与房地产业

【房地产市场】 2014年，佛山市新建商品房上市面积1592.85万平方米，同比上升20.28%；成交面积1230.22万平方米，同比上升19.42%；成交套数15.02万套，同比上升11.22%；平均成交价格9274.96元/平方米，同比下降1.71%。其中，新建商品住房上市面积1109.67万平方米，同比上升11.41%；成交面积1004.47万平方米，同比上升20.48%；成交套数95794套，同比上升22.22%；平均成交价格9109.14元/平方米，同比上升0.54%。

全市二手房成交面积554.36万平方米，同比下降3.72%；成交套数44571套，同比上升0.54%；成交金额206.01亿元，同比上升2.7%。其中，二手住房成交面积409.46万平方米，同比上升2.35%；成交套数34673套，同比上升3.85%；成交金额161.09亿元，同比上升5.37%。

2014年8月7日，佛山市调整完善住房限购措施，全市的交易量短时间内大幅度增长，商品房与商品住房成交面积创下佛山历史新高，位居全省第一。

【住房保障】 2014年，佛山市住房保障工作以建设进度、质量安全、分配管理为着力点，完成广东省下达的新开工建设公租房3360套、基本建成公租房8339套的目标任务，实际新开工建设公租房项目8个，共3448套，开工率102.6%，基本建成公租房项目26个，共8902套，完成率106.8%。加快保障房分配，全年完成保障房分配7279套。改革、完善保障房申请、审批程序，推动保障房信息化管理，落实保障性安居工程信息公开等，使住房保障工作更方便群众、更公开透明、更高效规范，促进住房保障工作制度完善。

（仇国强）

【房地产产权登记】 2014年，佛山市禅城区、南海区、顺德区、高明区、三水区累计登记房屋总建筑面积4.38亿平方米，其中住宅212.64万套、建筑面积2.63亿平方米，非住宅建筑面积1.75亿平方米。国有土地上房屋初始登记4485件，建筑面积1298.81万平方米；转移登记11.83万件，建筑面积1317.25万平方米；变更登记16891件，建筑面积821.2万平方米；抵押权登记14.91万件，建筑面积5977.33万平方米；注销登记3154件，建筑面积115.57万平方米；其他登记86256件，建筑面积1412.03万平方米；全市集体土地上房屋登记29378件，建筑面积905.72万平方米。2014年2月、8月，佛山市分别出台了《房屋白蚁防治管理办法》和《佛山市商品房屋租赁管理实施办法》，以保证房屋管理和使用安全。

（李启林）

【物业管理】 2014年，佛山市物业服务企业437家，其中一级资质企业33家，二级资质企业42家，三级（含暂定）资质企业共362家。佛山市政府办公室修订发布《佛山市物业管理办法》；佛山市住房和城乡建设管理局制订印发《佛山市住宅专项维修资金办事指南》。

佛山市住宅小区约1700个，1275个项目引入物业管理，占全市小区总数近八成。其中，已成立业委会的有690个，组建率为54.12%。

佛山市物业服务企业概况表

	全市	禅城区	南海区	顺德区	高明区	三水区
企业总数（家）	437	112	135	128	24	38
一级资质（家）	33	11	11	9	1	1
二级资质（家）	42	12	11	16	–	3
三级资质（家）（含暂定三级）	362	89	113	103	23	34

佛山市业主委员会组建率概况表

	全市	禅城区	南海区	顺德区	高明区	三水区
实施物业管理小区（个）	1275	346	303	460	68	98
成立业委会数量（个）	690	177	93	375	26	19
组建率（%）	54.12	51.16	30.69	81.52	12.81	19.39

（江　飞）

【住房公积金概况】 至2014年底，佛山市建立住房公积金制度的单位11514家，累计建立公积金制度的职工110.48万名（保有量91.95万名）。其中，各类企业职工占80.11%。2014年，归集资金87.54亿元，同比增长14.70%；累计归集资金464.99亿元，归集余额152.81亿元。职工购房、建房等提取金额61.58亿元，累计提取金额312.19亿元。新增职工提取公积金购建住房2.95万套，同比增长9.96%；累计职工提取公积金购建住房23.33万套。2014年，发放住房公积金抵押贷款12021笔、金额35.95亿元，同比增长26.16%；累计发放贷款89066笔、金额200.84亿元，贷款余额132.11亿元。住房公积金抵押贷款依时收回，贷款资金安全，逾期率0.013%。2014年，佛山住房公积金增值收益为2.07亿元，比上年增长14.58%；扣减贷款风险准备金和管理经费后，1.84亿元可作廉租住房建设补充资金。

【公积金制度行政执法】 2014年，佛山市公积金制度行政执法受理1780名职工实名执法申告，立案执法382宗，涉及职工人数2.59万名。发出催缴函374份，作出行政处理决定118宗，申请法院强制执行231宗。企业循“救济途径”的法定程序降低缴存比例的13宗、涉及职工人数11840名。通过行政执法推动公积金制度覆盖面扩大，维护职工权益、化解劳资矛盾。

【公积金贷款支持保障性住房建设试点】 2014年，佛山市大力推进“利用住房公积金贷款支持保障性住房建设”试点工作。截至2014年12月底，共向三水区西南中心城区公租房建设贷款试点项目发放贷款2500万元。贷款本息归还正常，没有出现拖欠现象，没有发现影响贷款安全的现象和因素。国家住房公积金督察员于2014年4月、11月，分别对佛山市的试点工作进行了巡查，对试点工作开展情况给予肯定；11月份的检查，国家督察员金一平对佛山市住房公积金管理工作和所取得的成绩给予高度评价。

【公积金贷款最高额度提高】 2014年4月，经市公积金管理委员会审议通过，调整佛山市住房公积金贷款办法，按规定依时足额缴存住房公积金满2年以上（大于或等于24个月），且在贷款申请审核前3个月内依时足额缴存住房公积金的，贷款额度个人最高30万元提高至36万元，增强公积金贷款支持职工购建住房的力度。

【公积金业务承办银行的考核管理】 2014年，佛山市公积金业务各承办银行月平均“出错率”，按从低至高次序分别为：建设银行佛山市分行、工商银行佛山分行、农业银行佛山分行、佛山农商银行。住房公积金贷款业务受理办理时间，从承办银行受理职工申请至贷款资金划入开发商账户止，共5个环节，合计平均用时34.99天。其中，承办银行的“受理办理申请”“向开发商放款”两个环节的合计平均用时2.4天；承办银行与借款申请人签订借款合同并办理抵押手续平均用时 28.78 天；管理中心“审核办理”“发出贷款支票”2 个环节的合计平均用时 3.8 天。

【公积金信息化管理和服务】 2014 年，佛山市加强公积金信息化建设，提高信息化防控力度。建立住房公积金管理网络系统，依托信息化技术，不断升级公积金管理信息系统，创新管理模式，改进服务工作。所有公积金业务均在系统内完成，包括职工存款和贷款的结息，以及网上业务申报和办理，同时，利用系统对各项业务进行监管，防范资金风险。

2014 年，佛山市住房公积金所有业务（除贷款外），全部实现“即报即办”“即报即批”“全市通办”。采用电子签章技术，结合公积金网上申报系统，单位业务全程网上申报、网上审批、网上办结；除公积金贷款业务外，其他公积金业务全部实现网上办理。提取直接划款，职工办理公积金提取，通过与各银行的网银接口在 48 小时内将款项划至其本人指定的银行账户。

（耿亚兰）

城市综合管理

【综述】 2014 年，佛山市推进城市管理标准化、精细化和常态化，城市管理向城市纵深及村居延伸，体制机制逐步完善，标准化考评和市场化管理基本形成。全年投入城市管理资金 74.9 亿元。增加城市管理执法人员 531 人，增加“4050”市容环卫交通监督员 213 人。数字化城市管理通过破除技术瓶颈，提升系统性能，提高工作效率，覆盖面积 627 平方公里，实现全市覆盖。强化整治和专项治理，整治户外违法广告，制定《关于加强我市建筑渣土运输管理的指导意见》《关于加强住宅小区、商业物业等周边公共空间市政、环卫、绿化管养的指导意见》，推进建设工程文明施工、环境卫生等专项整治工作和督查督办，促进各区加大城管执法，加大对重难点问题的解决力度。加强宣传，开展各种城市管理户外活动、聘请城市管理考评监督员、建立市容环卫交通监督员队伍、落实“门前三包”等，调动社会各方力量共同参与城市管理，通过城市管理公益广告宣传、制作宣传短片、设立文明曝光台等形式提升市民的文明意识。

（王俊恒）

【生活垃圾处理】 2014 年，佛山市 4 座生活垃圾无害化处理场（厂）处理生活垃圾 277 万吨，平均每日处理量为 7595 吨。佛山市城镇生活垃圾无害化处理率达 100%，城乡生活垃圾无害化处理率达 99%。南海区推进日处理能力为 1500 吨的南海垃圾焚烧发电一厂改扩建项目建设，推进日处理能力为 300 吨的餐厨废弃资源化利用和无害化处理项目建设；顺德区推进首批 5 个镇级垃圾中转站的改造提升建设，启动日处理能力为 3000 吨的顺德区生活垃圾焚烧发电厂技改项目。推进农村生活垃圾处理，完成“一镇一站、一村一点”中转站建设，完善城乡环卫保洁一体化及城乡生活垃圾收运系统，形成农村垃圾“村收—镇运—市、区处理”模式，实现区、镇（街）、村（社区）三级环卫全覆盖。11 月，广东省人大组织农村垃圾收运处理工作第三方评估，结果佛山市在珠三角城市中排名第一。

（彭　杰）

【园林绿化】 2014 年，佛山市建成区绿化覆盖率 39.79%，绿地率 37.38%，城市人均公园绿地面积 13.74 平方米。全年全市绿化投资 18.31 亿元，新建和改造绿地面积 721 万平方米，其中新建公园绿地 242 万平方米，改造公园绿地 166 万平方米。建成禅城智慧公园、东平滨水公园、顺德潭州水道陈村段玉带公园、南海中央公园、大沥九龙公园、九江外滩景观工程、千灯湖三期、平湖映月公园、高明智湖公园、丽江水廊、高明河漫滩景观等 11 个大型公园。推进社区公园建设，全年新建社区（体育）公园 34 个，改造提升 39 个，完善社区公园各项体育运动设施。

建设道路绿网骨架，打造绿廊景观。开展道路路面、人行道、路灯、绿化、建筑立面等“五位一体”道路整治，建设 29 条示范路，提升城市景观。建设高速公路生态景观林带，完成佛开高速、珠二环高速顺德段生态景观林带建设，拓宽广佛、广三高速生态景观林带绿化建设范围。

建设水系绿化，建成一批高品质的滨水景观。建设西江、北江及其支流生态防护绿地和城市滨河景观带；打造潭州水道、顺德水道、汾江河、德胜河、秀丽河、大棉涌等一批滨河景观带，其中潭州水道绿化景观带雏形初现，成为佛山最长、标准最高的滨河景观带。绿岛湖、博爱湖、听音湖、明湖、云东海等大型湿地湖泊建设工程顺利推进，湿地景观建设效应增强。

（黄丽英）

【城市管理行政执法】 2014年，佛山市城市管理工作配合佛山城市升级和创建全国文明城市，开展中心城区市容市貌整治，对城市管理“六乱”行为进行查处，全市城管执法系统受（处）理案件50.12万宗，立案7219宗，罚款金额787.25万元。严控违法建设行为，加大住建部利用卫星遥感技术辅助城乡规划督察中违法建设的查处力度，全年共拆除违法建设面积23.56万平方米；严查车辆撒漏行为，全年查处撒漏车辆1295辆。

（卢兆华）

【数字城管】 2014年，佛山市数字化城市管理信息系统全市全覆盖完成，全市覆盖面积约为643平方公里，比2013年增加约16平方公里。完善信息采集机制和优化考评机制，提升案件办理质量，全年共立案106.64万宗，比2013年提高52%；重复投诉案件量降幅50%。8月，启动系统升级改造项目，建立佛山市智慧城管底层框架，提升系统功能和拓展系统功能模块；将车载GPS数据、工地监控视频等内容纳入系统，打造多功能监控平台。全年200多环卫作业车辆和生活垃圾运输车辆接入市级平台，完成禅城、南海、顺德区级平台工地视频接入。

（潘钊鸿）

水务建设和管理

【民生水利建设】 2014年佛山市水务工程计划实施150宗，新开工51宗、续建99宗，年度工程总投资22.5亿元。其中，汾江河北岸整治工程、西边涌整治工程、官山河河道整治工程、南沙围堤围整治工程、南围水闸重建工程、曾滘闸站工程等13宗纳入政府工作重点任务的水务民生实事建设项目已完工。

在工程管理方面，市水务局联合市发改局等部门印发2份招标文件范本，制定《佛山市水利建设市场主体信用的管理办法》，形成“一处守信、处处得益，一处失信，处处受制”的联动机制。

依法治水和从严监管工作取得新推动。加强河湖专项执法巡查，全市进行执法巡查1873次，出动执法人员7477人次，执法车2403辆次，查办各类水事违法行为321件次，其中，严厉打击和妥善处置“11·18”17艘大规模违法运砂船案件，得到省水利厅和北江管理局的肯定。加强对水利工程质量安全隐患的排查和治理，开展水利安全生产“八打八治”工作，同时委托中介机构编制《佛山市水利工程建设安全生产工作指南》。全市共设置安全警示标志2238个，水利平安工地创建覆盖率达50%以上。开展水法宣传，组织好世界水日和中国水周的各项宣传活动，并印发普法宣传口袋书，制作水利宣传记录片。

【城市排水能力】 2014年，佛山市中心城区排水管网总长1808公里，大部分区域排水标准为一年一遇标准，部分重点区域为二年一遇标准。泵站工程566处，总装机流量4803.9立方米每秒，总装机功率39.88万千瓦，水泵总台数为1662台。

加快城市排涝整治。2014年全市城镇内涝点约105处，大部分内涝点的成因为排涝标准低，地势低洼、出水口堵塞管径偏小，有瓶颈现象或路段排水管道管径偏小，周边环境的改建工程造成管网、排水口淤塞。汛期前共投入的排水设施维护资金约6670万元，开展排水管网清疏维护、市政泵站设备维修更换及相关的排水管网改造等工作，整治水浸黑点64个，其中，清疏排水管约1855公里，安装防坠网1300个，清理淤泥7.33万立方米。重点整治禅城区佛山一中校外片区、港口路片区、金澜南路、站前路；三水区健力宝南路铁路涵洞、新华南路铁路涵洞、汽车站、西青大道铁路桥底、口岸大道；高明区知言街、蟠龙巷，文昌路一小门口，莲花路、米兰路、文华路、丹霞路及帝景豪庭等水浸黑点。

推行排水许可证制度。为进一步规范城市排水管理，市水务局与市国土、交通、住建、环保等部门协同管理市政排水管网的建设和验收工作，统一制订《城市排水许可证办事指南》，纳入全市联合验收办事指南汇编。从2013年起，佛山市推行建设项目竣工联合验收制度，凡新改扩建工程项目（包括新建楼盘和小区）未按规定办理《城市排水许可证》的，不能验收和启用。2014年，全市办理《城市排水许可证》61份，对推进城镇排水建设起到促进作用。

【广佛跨界河涌整治】 2014年，佛山市重点谋划“水文章”，推进广佛跨界河涌整治，完成64条重点河涌“一河一策”水质达标方案编制，加快二级截污管网与主管网的连通、延伸，加强水质监测和源头治理，打击偷排，展开村级工业污染源监控巡查和专项整治，使城乡污水处理率保持在92%以上。其中，南海区对跨界河涌加大截污力度，里水镇重点推进“两厂、四站、十一片区”等重点污水处理设施工程建设，狮山镇在西南涌流域共建设21项截污管网工程，截污管网建设总长为71.3公里，全部项目于2014年年底开工建设。另外继续铁腕整治工业污染，对无证无照企业整治开展多次综合执法行动，至12月底，里水镇、狮山镇开展铁腕治污大型行动134次，并加大河涌沿线污染企业废水在线监控的安装力度，推进重点企业清洁生产审核、验收工作。并对违规畜禽养殖场进行强制清拆，推进西南涌沿岸畜禽养殖场整治。将引水调度和河涌保洁常态化，加强水体流动，改善水质。

（刘　勇）

污水处理

【污水处理厂的建设和管理】 2014年，佛山市水务局继续加强污水处理厂的建设和管理，新建顺德区乐从污水处理厂二期和三水区乐平生活污水处理厂扩建工程等2宗污水处理厂建设项目，其中乐从污水处理厂二期通过环保验收；试运行阶段的污水处理厂项目5项，分别为南庄污水处理厂、逢沙污水处理厂、高明中心城区第四污水处理厂、乐平生活污水处理厂扩建工程、南山污水处理厂；停运的污水处理厂1座，为南海区丹灶金沙污水处理厂；在建污水处理厂项目有7宗，分别为里水大石污水处理厂、容桂第二污水处理厂、勒流污水处理厂三期、陈村污水处理厂二期、龙江污水处理厂二期、更合镇第二污水处理厂、白坭污水处理厂二期。

至2014年12月，全市有54家污水处理厂投入运营，其中禅城区5座、南海区24座、顺德区12座、高明区7座、三水区8座，设计日处理规模达232万吨 / 日，配套管网1808公里。全市污水处理厂处理工艺达二级及以上处理级别，排放标准由环境影响评价确定，污水处理厂达标排放率为100%。处理工艺大类为生物处理法，小类别包括氧化沟，A/O，A2/O，CASS工艺等。

【农村生活污水处理】 2014年，佛山市大力推广小型污水处理装置。禅城区吉利邓岗村分散式农村生活污水处理工程已完成通水调试，出水水质达到设计要求，上淇村污水处理设施项目也已完成土建；南海区有西樵镇崇北村、西樵镇平沙村、丹灶镇西城村等12个分散式农村生活污水处理工程完成土建工程；顺德区新建的15个分散式农村生活污水处理工程全部完成土建；高明区完成荷城街道榴边村、四社村、塘边村等10个农村污水处理设施建设；三水区完成10个农村污水处理设施，完成投资216万元。随着各区农村污水处理工作的有效推进，农村水环境进一步改善。

至年底，全市有40座污水处理厂位于镇街，纳污范围包括镇周边的附近行政村，部分村（社区）的污水已基本上引入城镇污水处理厂进行处理。

【污泥处理】 2014年，佛山市实际处理污泥量（含水率80%）共20.6万吨。禅城区、顺德区、高明区委托具备严控废物处理资质的单位外运处理处置，南海区、三水区的污泥运入污泥处置中心进行焚烧。根据有关工作部署，禅城区为满足污泥处置的有关要求，建设东鄱污水处理厂污泥技改项目及南庄污泥处理厂项目，以推进污泥处理处置新技术的实施，并且在5月份完成了污泥处置的招投标工作，确定了污泥处置的主体单位，确保污泥无害化处理率达100%；南海区污泥焚烧处置中心项目推进顺利，项目基本完工。各污水处理厂产生的污泥都送到污泥处置中心进行无害化处置。顺德区污泥全部外运至有严控资质的单位处置，污泥处置中心完成可行性研究报告的评审工作。高明区申请调整污泥处置中心建设，落实污泥处置的运营单位，对污泥进行外运处理。三水区污泥处置中心项目以佛山市三水佳利达纺织染有限公司为主体，利用其大塘热电厂现有热电锅炉建设，该项目环境影响评价报告书通过环评审批，取得环保部门发出的危险废物处置资质后接收全区污泥。

（刘　勇）

气象事业

【综述】 2014年，佛山市气象局全力推进气象现代化建设，加快推进体制改革，完善气象现代化保障机制，加快推进法治化建设，提升依法履职能力，建立气象投资领域“三单”管理模式。气象预报预警服务水平稳步提升，10月起市气象局与环保局联合发布环境空气质量预报，11月起在全省率先开展暴雨、雷雨大风、冰雹、大雾镇街预警信号发布工作。天气预报质量居全省前三，自动站资料上传质量、中央财政预算执行进度均居全省前三，市气象局张广彦获得“省天气预报竞赛个人比武”全年二等奖，三水区气象局被评为全省新型台站，全市气象现代化水平进一步提高。

【气象业务建设】 2014年，佛山市新建1台风廓线雷达、10套地面气象自动站、4套路面温度观测站、4套酸雨监测仪及2套大气负离子自动观测仪器；完成大气成分观测站升级改造，新增气溶胶浓度仪、黑碳仪、蓝天观测仪、大气颗粒物激光雷达；完成省内首部X波双偏振段雷达安装建设；完成“12121”应急气象电话系统二次升级改造及完善；气象部门与三防部门共同完成镇街气象服务站的建设；气象信息员村居覆盖率达100%；市龙卷风研究中心的龙卷风计算机设备安装就绪，初步建立龙卷风数值模式系统，龙卷风监测设施建设加速推进；市气象局与中国科学院云降水物理与强风暴重点实验室开展共建“强风暴与龙卷风联合实验室”的合作。南海区、三水区、高明区先后成立突发事件预警信息发布机构；全市各级政府出台《气象灾害防御规划（2014～2020）》；全市各级气象部门与教育、人社部门联合发文落实台风、暴雨预警信号停课细则。2014年新增“佛山天气发布”QQ群、智能电视气象服务、手机APP服务等气象信息发布方式，开通“气象超市”气象服务定制服务；向公众发布《佛山市气象公共服务白皮书（2014）》；防雷审批服务全部达到三级深度。

【气候特征】 2014年佛山市气候主要特点是：低温阴雨持续时间长、入汛早、暴雨强灾害重、龙卷风多、后汛期降水少、气温高。年平均气温比常年（常年平均值为1981～2010年的统计平均值）略偏高，年降雨量与常年持平，日照时数比常年略偏少；低温阴雨属于偏重年景，开汛日为3月30日，与常年（4月6日）相比偏早；龙舟水属于轻度年景。气象灾害主要特点是：汛期雷雨大风、短时强降水、冰雹、龙卷风等极端灾害性天气多发、频发，其中，暴雨、台风、龙卷风带来较为严重的灾害损失。有“海贝思”“威马逊”“海鸥”“凤凰”4个热带气旋进入佛山市防区，其中“海鸥”对佛山市造成明显影响。

全市年平均气温22.9℃，比常年略偏高0.4℃，年内气温变化起伏大，阶段性偏高或偏低显著。2月、3月、5月、12月月平均温度比常年偏低，2月、12月偏低明显，偏低1.5～1.8℃；其余月份比常年偏高，6月、7月、9月、10月较常年偏高1.1～1.4℃。夏季年内高温日数全市平均45.3天，比常年偏多24.7天。其中北部33天、中部37天、南部66天，北部比常年偏多11.5天，中部偏多15.8天，南部偏多47天。2014年极端最高气温37.9℃（南海·8月1日），极端最低气温3.3℃（三水、南海·2月20日）。全市年降水量1717.3毫米，与常年持平。年内降水时空分布极不均匀，1月、10月严重偏少；5月、11月、12月偏多6～8成，3月偏多1.6倍。2014年日照总数为1507.9小时，比常年偏少1成。日照各月分布不均匀，3月、4月、5月、11月、12月比常年偏少2～5成；1月比常年偏多6～7成。2014年佛山市平均灰霾日数为93.3天，比上年少13天。灰霾在降水少且风力微弱的干季多发，在雨水多且风力强盛的湿季较少出现。

【主要天气气候事件】 2014年，佛山市气候事件纷呈复杂。1月份降水历史同期最少。1月份佛山市天气稳定，月内无降水记录，为有气象记录以来历史同期最少值。恰逢春节前春运返乡高峰期，阳光与出城返乡过节的佛山旅客相伴。

2月份气温波动剧烈，出现“三级跳”。2月1～6日春节假期，全市平均气温19.8℃，较常年显著偏高6.2℃；2月中旬佛山市出现长时间低温阴雨天气，全市平均气温8.2℃，刷新历史同期最低值，较常年偏低7.6℃；下旬全市平均气温又回升到17℃以上，较常年同期偏高1.7℃，气温波动剧烈。

严重年景低温阴雨。2月份上旬末到中旬，受冷空气不断补充影响，天气持续寒冷，多日的日平均气温下降到12℃及以下，8～20日出现了长达13天的低温阴雨过程，属严重年景。

前汛期开汛急、灾种多。3月29～31日佛山市出现了大范围的暴雨，并伴有冰雹、雷雨大风等强对流天气。首场暴雨导致佛山市3月30日开汛，较常年（4月6日）偏早7天。强对流天气过程中雷击造成2人死亡、1人受伤，雷雨大风造成棚舍倒塌导致9人受伤，部分低洼地方出现水浸。

5月上、中旬暴雨频发。5月上、中旬受高空槽和偏南暖湿气流影响，强降水频繁。5月4日夜间到5日出现暴雨，4日20时到5日20时全市70%的自动站录得累积雨量超过50毫米的暴雨，最大累积雨量在高明杨和录得100.6毫米。7～9日出现持续性强降雨，并伴有6～8级雷雨大风；11～20日雷阵雨天气频密，多短时强降雨和雷雨大风等强对流天气。

龙卷风。2014年两次龙卷风袭击佛山市。6月3日15时25分顺德区陈村镇广隆工业区出现龙卷风，造成2厂20余吨重的厂房顶被揭，1人受轻微刮伤；受热带气旋“海鸥”外围环流影响，9月16日夜间三水区白坭镇出现雷雨大风并伴有局地小龙卷，企业厂房、农业生产棚舍和市政基础设施受损。

最强台风“威马逊”影响佛山。1949年以来最强台风“威马逊”袭击华南。佛山受“威马逊”外围环流影响，7月17～18日佛山出现平均风力5～6级，阵风7～9级，并伴有大雨、局部暴雨。

8月无台风，天气酷热。8月在西北太平洋及南海没有台风生成（仅出现一个从中太平洋移入的台风），也没有台风登陆中国，台风生成和登陆个数均为1949年以来历史同期最少，历史罕见。由于无台风影响，佛山市长时间持续高温酷热。

“海鸥”携狂风暴雨席卷佛山。受“海鸥”环流影响，9月15日夜间至17日佛山出现7～9级、局部10级大风，并伴有暴雨。全市176个自动站中有85个自动站录得8级或以上阵风，18个自动站录得9级阵风，4个自动站录得10级阵风，有81个自动站累积雨量超过50毫米。

夏季高温日数破历史记录。2014夏季佛山市气温偏高，高温日45.3天，比常年偏多24.7天。其中顺德区全年高温日数达66天，破有气象记录以来的最多高温日数记录。

年底天气“玩蹦极”，由“夏天”直接跳入“冬天”。12月1日受强冷空气南下影响，佛山气温骤降，从11月30日到12月2日2天内气温降幅达17℃，感觉1天内就从“夏天”直接进入“冬天”。由于冷空气不断补充影响，佛山市天气持续寒冷，12月1～8日，12月15～23日全市各区皆发布了寒冷黄色预警信号。

（吴　斌）

防汛防旱防风工作

【综述】 2014年，佛山市各区共发布暴雨预警信号107次，雷雨大风预警信号187次，台风预警信号19次，市三防指挥部启动防风Ⅳ级应急响应2次、防汛Ⅳ级应急响应1次，汛情主要特点是开汛早而急，前汛期降水偏多，强对流天气频发，龙舟水期间降雨量普遍偏少，后汛期影响的热带气旋数量少。在抗击3月30日雷雨大风、5月5日暴雨、5月7～11日持续性强降水、5月15～17日强雷雨、5月19～22日强雷雨及台风“海鸥”过程中，市三防指挥部积极部署，及时启动防汛、防风应急响应，各职能部门组织安全督导检查，针对各类防汛薄弱环节，落实措施，明确责任，确保民众安全。2014年，佛山市各种灾情直接经济损失仅2000多万元，比2013年减少20%，比2012年减少80%，是近5年来最少的洪涝灾害损失。

【水雨风情特点】 2014年佛山市开汛日为3月30日，汛期总降雨量1488.7毫米，较常年平均偏多1成，整体汛情正常，汛情风情主要特点：一是开汛早而急，前汛期降水偏多，强对流天气频发。前汛期主要有3月30～31日雷雨大风、5月5日暴雨、5月7～11日持续性强降水、5月15～17日强雷雨、5月19～22日强雷雨5场强对流天气对佛山市造成影响。二是龙舟水期间（5月21日至6月20日）降雨量普遍偏少，佛山市平均降水量236.9毫米，比常年偏少1成。三是三水水文站、马口水文站出现2次明显涨水过程，受西、北江上游来水影响，5月24日三水站出现洪峰水位4.97米、相应流量9060立方米／秒，5月25日马口站2时出现洪峰水位3.84米、相应流量22800立方米／秒；6月7日三水站出现洪峰水位4.02米、相应流量7860立方米／秒，马口站出现洪峰水位4.03米、相应流量24800立方米／秒，两次涨幅水位均在警戒线以下。四是后汛期影响的热带气旋数量少，共有3个热带气旋（威马逊、海鸥、凤凰）进入佛山市防区，其中“威马逊”和“海鸥”对佛山市有一定影响。2014年8月18日17时许，佛山大堤狮山镇段（桩号7＋230～7＋290）发生长约60米的堤外坡坍塌险情，三防、水务部门采取有效措施进行应急处理，有效控制了险情。

【灾情概况】 2014年入汛以后，佛山市遭遇了强对流天气和台风的袭击。特别是5月份多场连续性强降雨对全市造成一定的经济损失。雷雨大风及台风共造成全市3个区13个镇（街道）受灾，直接经济损失2445.49万元，农作物受灾面积1985.3公顷，受灾人口2000人。

【三防“最后一公里”防御措施】 2014年，佛山市三防工作从解决三防专职人员和三防预警信息发布工作入手，确保“最后一公里”防御措施落实到位。措施一是落实解决镇（街道）三防专职人员。重视基层三防队伍的建设，经过各级大力争取，22个镇（街道）三防专职人员全部得到解决，通过聘任和借调等方式落实三防专职人员46名，另外村（居）落实网格联络员、巡查员、监测员5016名，进一步健全基层三防队伍。措施二是加强基层三防硬件配置。全市配置手摇报警器211个、铜锣1472个、无线预警广播和应急气象大喇叭8套，编制基层三防应急预案1992份和一页纸操作预案1112份，设置防灾减灾专栏721个，印发三防宣传手册5.21万本，增强基层工作主动性，促进了防灾减灾水平的提高。措施三是加强三防预警信息全覆盖。全市落实简易预警设备三防应急预警人员1194名，建设短信预警信息发布系统28个、视频会商系统29套、水文自动测报系统47个，山洪灾害监测预警平台2个，进一步完善应急预警机制。为切实提高气象预警信息传递的时效性，南海区结合本区52个气象自动站功能，安装气象信息显示屏240个（其中有16个村居安装了该显示屏），为全区气象监测提供了保障，方便了气象信息的传播。

【山塘水库防汛安全管理】 2014年，佛山市严格执行《佛山市小型水库、山塘安全巡查工作管理办法》，落实山塘水库巡查管理工作。落实山塘水库安全巡查工作负责人责任书签订工作367宗，其中水库132宗、库容1万立方米以上山塘235宗。市三防办印发《小型水库安全巡查登记表》和《小型山塘安全巡查登记表》各1000本，各级认真开展小型水库及山塘安全巡查并登记备案1.25万次，确保工程安全运行。

【防汛督查】 2014年，佛山市加强防汛工作督导检查。市三防指挥部组织市防汛督查组，到三水区乐平镇三防办、黄婆坑水库和高明区沧江泵站、三洲电排站开展防汛督导工作，重点检查镇三防值班记录、三防文件及防汛责任书，登陆省三防责任人管理系统检查防汛责任人录入情况，现场询问了工作人员有关岗位职责、三防值班及预警通知等内容，为进一步做好防汛督查整改工作。各区亦相应开展防汛督查工作，对镇（街道）防汛仓库、村（居）三防工作组和水利工程进行了抽查，确保安全度汛。

【支援兄弟市救灾抢险】 2014年，广东省防汛抢险民兵轻舟机动一大队派出轻舟队员和指挥保障人员33人，出动冲锋舟5艘、橡皮艇2艘、运输车1台、大客车1台、指挥车2台，于5月23~24日赴清远市阳山县参加抢险救灾，向受灾山村运送干粮食品125箱，圆满完成任务。省三防抢险潜水一队分别于5月27日和6月9日赴清远市阳山县太平镇和清远市英德执行抢修任务，2次执行任务共5天，共出动20人次，出动车辆6车次，潜水作业20人次，潜水作业时间累计21小时，圆满完成抢险排险任务。

【三防信息系统建设】 2014年，佛山市推进三防信息化项目主要有三项。提高基层三防应急信息接收保障水平，市、区、镇（街道）三防部门安装三防信息接收应急保障系统35套，实现省到市、市到区、区到镇（街道）四级视频会商、应急救援、远程指挥及应急信息的互联互通；完成“广东省三防值班系统”的建设工作，将市、区两级三防值班安排表录入省系统，实现防汛值班的统一管理；落实三防应急发电设备。区、镇两级三防办完成应急发电设备配置，加强三防信息网络电力保障。

（陈冬喜 董欣欣）

城乡环境卫生

【爱国卫生运动】 2014年，佛山市爱国卫生运动委员会于3～4月在全市范围内组织开展第26个爱国卫生月活动，活动主题确定为“小害虫、大危害——除害防病保健康”。为做好登革热防控工作，市爱国卫生运动委员会于5月21日制定印发《2014年佛山市防蚊灭蚊行动方案》，并于6月24～25日对各区开展以灭蚊为重点的病媒生物防制工作进行督导检查。

2014年9月，佛山市暴发登革热疫情。佛山市爱国卫生运动委员会于10月2日、5日、8日在全市范围内开展统一灭蚊行动，并根据10月12日全省登革热防控现场会会议精神，部署开展防蚊灭蚊爱国卫生大行动“十日攻坚战”，遏制登革热疫情上升的势头。

【卫生创建工作】 2014年，佛山市共新创建省卫生村102个，其中三水区76个、高明区24个、顺德区2个。三水区的白坭镇、乐平镇、芦苞镇和顺德区的勒流街道通过了国家卫生镇复审并被全国爱国卫生运动委员会重新确认为国家卫生镇。

2014年全市新创建和升级健康村（居）共47个，其中禅城区新建13个，升级3个；顺德区新创建31个。

（何敏宏）

环境保护

【综述】 2014年，佛山市环境保护工作创新建立环境保护工作机制，基本形成“党委统一领导，政府具体负责，人大、政协支持参与，市环委会牵头负责，市、区、镇三级联动，环保部门全程跟进，职能部门齐抓共管,社会广泛监督”的“大环保”格局，全市环境质量稳中向好。空气质量逐步得到改善。

【水环境质量】 2014年，佛山市各种生活、生产用水质量各有差异。佛山市饮用水源地水质均达《地表水环境质量标准》Ⅲ类水质标准，饮用水源地水质达标率为100%，水质状况总体保持优良。主要江河水质状况总体优良，平洲水道、容桂水道及潭洲水道符合《地表水环境质量标准》Ⅲ类水质，西江干流水道、东平水道、顺德水道、东海水道符合《地表水环境质量标准》Ⅱ类水质。主要城市内河涌，除佛山水道达到相应水质标准，其余的西南涌、大棉涌、桂畔海、大良河、水口水道、高明河均存在超标现象，主要污染物为溶解氧、氨氮、五日生化需氧量和总磷等。

【大气环境质量】 2014年，佛山全市环境空气中二氧化硫（SO_2）、二氧化氮（NO_2）、可吸入颗粒物（PM_{10}）、细颗粒物（$PM_{2.5}$）平均浓度分别为25μg/m³、48μg/m³、66μg/m³，45μg/m³，一氧化碳（CO,95位百分数）浓度为1.6mg/m³,臭氧（O_3，最大8小时均值90位百分数）浓度为167μg/m³，其中SO_2、PM_{10}和CO浓度达标，NO_2、$PM_{2.5}$以及O_3浓度超标。佛山全市空气质量指数（AQI）优良天数比例为74.7%，未出现重度污染或严重污染，空气质量有所改善，影响空气质量的主要污染物为$PM_{2.5}$、NO_2和O_3。

城市降水酸雨情况：全市降水pH值为4.75，比上年下降0.1个pH单位。全年酸雨频率为58.6%，比上年下降4.9个百分点。酸雨污染较上年略有缓和。

【声环境质量】 2014年，佛山市区域环境噪声昼间平均等效声级为56.8dB（A），达到环境噪声2类区昼间标准；道路交通噪声昼间平均等效声级为67.0dB（A），达到4a类（主干交通两侧）昼间标准。全市功能区噪声昼间平均等效声级为57.0dB（A），夜间平均等效声级为49.8dB（A），除4a类区夜间平均等效声级超过相应质量标准外，其余功能区噪声均达到相应标准。

【辐射环境质量】 至2014年底，佛山市有放射源1997枚，其中Ⅰ类源119枚，Ⅱ类源1枚，Ⅲ类源13枚，Ⅳ类、Ⅴ类放射源1864枚；射线装置数696台，其中，Ⅱ类射线装置43台，Ⅲ类射线装置653台。核技术应用项目主要分布于金属压延、医疗卫生、饮料生产和光电照明等行业。全市放射性环境状况正常，无放射性污染事故发生，电磁辐射水平保持稳定。

【环境保护综合治理制度建设】 2014年，佛山市以建章立制为抓手，不断加强顶层设计，先后出台《佛山市环境保护“一岗双责”责任制实施办法》《佛山市人民政府环境保护行政过错责任追究实施办法》《佛山市环境保护综合治理实施方案（2014～2017）》等一系列重要文件，建立“环境管理行政体系、治理体系及监督体系”三套体系，从分责、考责、问责三个环节入手，健全了一系列的环境保护责任制度，夯实环境综合治理基础，有效推进环保各项工作落实。

【环境管理综合督查试点】 2014年5月，环保部将佛山市列为全国环保综合督查试点城市，以市政府作为主要督查对象，总结分析佛山环保管理现状，为佛山市以环境保护优化经济发展、推动生态文明建设、推动科学发展提供指导。佛山市针对督查中发现的问题，举一反三，及时整改，促进环境管理水平提升。

【100项环保民生实事】 2014年3月，佛山市出台《佛山市建设满意政府100项环保民生实事（2014年）》，涵盖水环境整治、大气污染防治、固体废物管理、环境管理、环境执法等五个方面，通过市政府与区政府签订责任书，层层分解、落实责任，并对外公布，接受群众监督。至年底，100项环保民生实事基本完成，突出环境问题得到解决。

【排污权交易试点】 2014年9月，广东省正式同意佛山市作为首批开展排污权有偿使用和交易试点城市。至年底，佛山市初步完成交易办法与流程、政府储备与转让、资金收支与管理等整体配套性政策文件拟定，开展指标定价研究与经济影响评估，并启动对全市重点排污企业开展排污指标初始核定。

【主要污染物总量减排】 2014年，佛山市编制《佛山市2014年主要污染物总量减排计划》，将涉及结构调整、工业废水治理、配套管网建设、清洁能源替代、脱硫脱硝、落后产能淘汰及规模化畜禽养殖场等方面297个项目纳入减排计划并大力督促落实，各个项目基本按期完成，且2014年佛山市主要污染物总量减排均取得“优秀”等级。

【生态市创建】 2014年，佛山市继续推进生态市创建工作。继续开展生态市“细胞工程”创建，截至2014年全市共创建国家级生态乡镇19个，省级生态乡镇24个。按计划推进农村环境综合整治工作，实行“以奖促治”，因地制宜打造农村环境综合整治亮点项目，推动实施农村环境整治“1060”工程。2014年4月18日，广东省环保厅和顺德区政府签订合作共建生态文明示范区协议，顺德区将为全省生态文明示范区建设提供试点。

【水环境综合整治】 2014年，佛山市通过各种举措，强力整治水环境。一是全面开展重点河涌“一河一策”治理。推进截污管网建设、引水工程、生物修复、岸线整治等治水工程，狠抓全市水环境整治，第一批重点河涌389个项目，至年底，全市已完成187项，实施中106项。完成第二批90条“一河一策”重点河涌整治编写工作。二是强化精细化考核，推行“涌长段长责任制”。建立工程清单，紧盯项目进行督查，实现精细化管理。建立重点河涌整治工作进展情况月报制度，及时掌握项目进展。推行“涌长段长责任制”，将重点河涌的监督和管理责任落实到区、镇（街道）、村领导，实施水质目标与建设任务推进“双考核”制度。三是保障饮用水源安全。强化饮用水源地月度巡查，开展突击巡查、联合巡查等，加强饮用水源保护。完成佛山市集中式饮用水源地环境基础状况调查，启动地下水环境基础状况调查，完成重点流域污染源调查及风险评价工作。

【大气污染防治】 2014年，佛山市加大力度，严格推行大气污染防治措施。

深化工业污染治理。出台《佛山市大气污染防治行动实施方案（2014～2017年）》，进一步明确整治目标，通过“25项措施”对全市大气污染防治工作进行战略部署。扩大高污染燃料限制使用区域面积，相比2012年扩大1.9倍，60%的中心城区纳入限燃区，开展限燃区清洁能源改造整治。突出重点行业，高标准整治电厂、陶瓷、铝型材、玻璃等燃煤消耗量较大行业，特别是对全市9家电厂提出“超洁净排放”改造，加强印刷、制鞋、家具、汽车等行业重点挥发性有机化合物排放的治理，全市整治大气污染重点企业804家，力促大气污染排放主要指标达标。

强化机动车污染防治。加快黄标车淘汰工作，全年淘汰黄标车及老旧车8.05万辆，淘汰率为113%，超额完成省下达的考核任务。实施“以奖促治”，发放奖励补贴3.9亿元，提前报废3.4万辆。加强黄标车电子抓拍，建设黄标车抓拍电子卡口点570处，摄像头1874个，设置“限黄”标志牌838个。加大“黑烟车”查处力度，试行“黑烟车”电子抓拍系统，对过往的“黑烟车”进行监控处罚，全市路检车辆累计3.2万辆，尾气超标数6440辆，受理公众举报“黑烟车”1003宗。

严格控制扬尘污染。出台《佛山市扬尘污染防治管理办法》，明确建筑施工工地、道路、管线施工、港口、码头、堆场等扬尘污染防治要求。出台《佛山市施工工地扬尘排污费征收管理试行办法》，利用排污费征收“杠杆”加强扬尘污染防治工作。探索应用扬尘治理新设备，测试评估多功能抑尘车（俗称雾炮车）的降尘效果，创新治理施工工地扬尘污染技术手段。

应对重污染天气。市环境保护局与市气象局联合发布佛山市环境空气质量预报，公布未来三天的空气质量等级、首要污染物的预报信息，尽早发布预警。完善空气质量重污染应急预案，明确大气重污染应急指挥的组织机构、工作职责、工作机制及预警的响应程序、工作流程等发布要求和应急措施执行情况的监督机制等，提高大气重污染的预防预警和应急响应能力。开展不良气象条件下在人口密集区域实施大气污染综合防治行动，围绕中心城区主要污染源，针对扬尘、机动车、重点工业企业、露天焚烧行为、饮食业污染实施严格管控，并加大督查督办力度，有效降低人口密集区域空气污染程度。

【环境执法】 2014年，佛山市通过改革和创新，环境执法工作得到有效开展。

推进“环保执法年”建设。着力推进“环保执法年”行动，推行“三不三直五结合”方式。市环境保护局草拟《佛山市开展严厉打击环境违法排污工作的实施意见》，并以市委、市政府的名义印发，提出七大方面要求23条具体措施，健全部门监管、企业自律、社会监督“三位一体”的环境执法新机制。2014年，全市共出动环境监察人员9.21万人次、现场检查企业3.97万家次、立案处理企业1882宗、罚款金额达6225万元，比上年分别增长73%、38%、99%、244%；移送案件63宗，增长270%。

创新执法手段。佛山市在全省率先开展环境监察网格化管理工作，建立市督查、区检查、镇（街）巡查、村（居）协查的“环境大监管”体系，明确监管责任，编织纵向到底、横向到边的监管网络。率先推行无人机执法，引入无人机以近地面飞行方式进行航拍，强化打击精准度。佛山市率先在广东省设立“环保警察”，市公安局经侦支队环境犯罪侦查大队及区环境犯罪侦查中队相继挂牌，并成立打击环境污染联合执法办公室，建立联络员机制及信息共享机制，提高环境犯罪案件侦办效率。扩大污染源自动监控系统建设，建立全天候监控网络，出台《佛山市污染源自动监测数据适用环境行政处罚实施细则》及《佛山市污染源自动监测运维单位信用管理办法》，加强全市自动监控社会化运营单位监管，强化自动监测数据执法应用，遏制超标排污行为。

推进执法方式取得新转变。环保执法实现六个转变：一是从白天、工作日为主向“白＋黑”“5＋2”转变，实现执法时间全覆盖；二是从传统向现代化转变，实现执法方式智能化；三是从单一性执法向联合性执法转变，实现执法部门联动化；四是从粗放式向集约化转变，实现执法管理精细化；五是从监督性向服务性转变，实现执法形象服务化；六是从追究行政责任向追究刑事责任转变，实现执法力度“铁腕”化。

【环境保护宣传】 2014年，佛山市共组织和引导市内外媒体开展环保报道超过1500篇（条），创近几年来最高纪录。组织和引导市内外媒体开展环保报道，市环境保护局联合佛山电台FM94.6开办节目“兴之所至——环保在行动”，打造一个媒体监督、服务群众的环保平台；与《南方都市报》《中国环境报》《珠江环境报》和《环境》杂志等媒体合作，全面体现市环境保护局环保工作的进展和成效；持续利用“佛山环保”微博、微信等网络平台开展市环境保护局环保宣传工作；与佛山电视台《小强热线》节目合作开展“环保随访”“关爱山川河流”青少年河涌整治调查等系列报道活动。开展纪念“六五”世界环境日活动。抽调多名法律业务骨干深入各区，针对环境执法人员和企业负责人，开展6场新《环保法》宣讲。

（姚　瑾）

2014年11月6日，佛山市公安局和环保局联合成立“打击污染环境联合执法办公室”，标志佛山市打击环境犯罪进入制度化、专业化阶段。

商贸流通业

工商行政管理

【工商登记注册】 2014年，佛山市在营造宽松平等的发展环境上有新突破。一是商事制度改革稳步推进。按照国家和省的统一部署，市工商局从3月1日起启动注册资本登记制度改革，自5月26日起在全市全面铺开工商登记制度改革，全市注册资本认缴制、简化住所（经营场所）登记手续、主体资格与经营资格分离登记、工商登记前置改后置审批等一系列改革措施全部落地，有效激发社会投资创业热情。2014年全系统为企业、个体工商户注册登记费减免金额3700万元。正式实施注册资本登记制度改革10个月，全市新登记市场主体7.03万户，注册资本超596.94亿元，同比分别增长41.73%和26.68%。截至2014年12月底，全市各类市场主体突破43.9万户，注册资本超6397亿元。二是“同城通办”工作有序推进。在全国首创地级市行政区域内工商登记注册“同城通办”模式，推进各登记窗口业务标准化管理，分别于2014年8月1日和10月1日实现市区之间、区与区之间的登记注册通办。三是“个转企”工作加速推进。在市层面牵头出台《关于促进个体工商户转型升级的意见》，督促市18个成员单位推出的42项扶持政策落实到位，2014年全市共完成“个转企”经济主体2715户，是2013年的4.5倍。

【企业信用信息管理】 2014年，佛山市工商部门推进企业信息公示工作。在落实企业（含个体户和农专社）年报、即时信息公示等各项管理制度的基础上，履行企业信用信息公示平台建设牵头单位职能，协同市经信、发改、编办等多部门，创新搭建涵盖全市所有行政部门的企业信用信息公示平台。至年底，该平台初步建成，整合企业基本信息、企业等级评定信息、企业红黑名单信息、企业处罚信息等80个信息项，可供市民免费查询的数据量达1600多万条。

【市场合同管理】 2014年，佛山市工商部门加强市场合同管理，促进和维护市场良性发展。一是佛山市诚信市场建设取得新成效。全市新增9个省级诚信示范市场，佛山市瓷海陶瓷交易市场获评国家级诚信示范市场。二是牵头和参与综治维稳工作，依职能做好农贸市场登革热、禽流感防控、禁摩禁电、平安创建、安全生产以及“创文”迎国检等专项工作。

【商标战略】 2014年，佛山市重点抓好公共资源商标保护及企业商标品牌建设工作，成功保护“祖庙”“行通济”“詹天佑”等一批公共资源商标。2014年，全市新增注册商标18285件，新增驰名商标6件，新增集体商标4件，全市注册商标达13.51万件，中国驰名商标124件，广东省著名商标443件，集体（证明）商标26件，继续保持全省领先。

【工商监管执法】 2014年，佛山市围绕整顿和规范市场经济秩序，开展不正当竞争突出问题、箱包皮具和汽配打假、打击“洋垃圾”和成品油走私等专项行动。2014年全系统共查办各类经济违法案件2832件，案值5518.53万元。继续开展打击传销工作。牵头制定《佛山市创建无传销城市工作实施方案》，发放有关宣传资料1.56万份，发布打击传销

警示、提示1280条次，与市公安局建立打击传销联合执法协作机制，形成“齐抓共管、打防结合、标本兼治”的打击传销工作格局，传销违法犯罪行为得到有效遏制，打击传销工作实现“零发案”。

【消费维权】 2014年，佛山市保障消费权益，在营造安全放心的消费环境上有新作为。在全国率先成立首个地级市消费维权和社会监督工作领导小组，修订完善《佛山市政府12345热线运行管理办法》及3个配套文件，市工商局与市监察局、市行政服务中心召开会议，明确“12345”统一话务平台（二期）建设7项工作目标，解决消费维权和社会监督建设领导架构、责任分工和平台系统提升等关键问题。立足民生热点创新开展“抽检商品我做主”活动。通过网络调查、热线报料、问卷调查等方式，收集消费者意见建议397条，对群众反映热点排名前五位的商品进行专项抽检，立案查处销售不合格商品案件22件，启动重点商品专项整治行动，查处违法案件88件，没收违法物品1.38万件。及时受理消费者投诉、调解消费纠纷，促进社会稳定和谐。2014年，全市工商行政管理系统受理消费投诉举报2.39万宗，其中，实施行政调解的消费投诉1.77万件，同比增长44.6%，为消费者挽回经济损失1120.79万元。

（王宇青）

流通业

【综述】 2014年，佛山市商贸流通业平稳、健康发展，居民消费结构进一步优化。全市商品市场保持较快的增长态势，其中批发零售业增长较快，住宿餐饮业日趋合理健康。全年批发零售业实现销售额2248.29亿元，同比增长14%，占全市社会消费品零售总额的87.8%，拉动社会消费品零售增长12.2个百分点。汽车类商品销售额累计427.23亿元，比上年同期增长26.2%。日用品类，粮油、食品、饮料、烟酒类，石油及制品类，家用电器和音像器材类等商品分别比上年同期增长16.8%、16.8%、15.7%、13.1%。因国家出台厉行节约政策，住宿餐饮业的表现相对温和理性，共实现零售额312.3亿元，比上年同期增长7.2%。

2014年全市社会消费品零售总额2560.58亿元，同比增长13.1%。

【电子商务发展】 2014年，佛山市电子商务交易额达2800亿元，同比增长47.36%。其中B2B交易额约2324亿元，占总交易额的83%，同比增长43%。网络零售市场交易额约364亿元，占总交易额的13%，同比增长61%。电子商务服务和应用企业总量达到8.8万家，全市电子商务服务企业直接从业人员超过7万人，由电子商务间接带动的就业人员超过14万人。

【城乡商业设施建设】 2014年，佛山市商务局组织编印《佛山市禅桂新大型商业网点全景图》，全面体现佛山市大型商业综合体的布点。建立市区联动、政企联动、商企联动的工作机制，大力推进王府井百货、大连万达、南海万科等大型商业综合体进驻试业，带动季华商务带和祖庙、桂城、西南、荷城等商圈的改造提升。

【现代物流业调研和扶持】 2014年，佛山市通过调研全面掌握全市物流行业发展情况，并配合打造完善的城市物流配送体系，通过“智慧物流腾飞方案计划”，为产业和人民群众的生活提供无障碍物流服务。用好用足国家资金，将有限的资金用于扶持最具发展潜力的企业，通过竞争性分配评选出6家企业获得中央财政资金扶持资格，其中包括2家物流企业的物流信息平台：佛山市佛航物流集团有限公司的中小型船东企业经营管理云平台和广东海元物流有限公司的广佛车货配载全程交易平台。

【会展业发展】 2014年，佛山市召开商品国际采购中心建设工作座谈会，调研了解各区在推动国际采购中心建设方面所做的工作以及全市13家国际采购中心的建设和发展情况、存在问题及建议，研究2014年市级国际采购中心专项扶持资金的支持方向。鼓励有实力的国际采购中心举办专业会展，为制造业产品提供展示交易销售平台。4月和10月的第23、第24届佛山陶博会成功举办，共取得了近20万人次的客流量成绩，与同期比有大幅上升，国内行业龙头会展地位进一步巩固。11月的首届中国（佛山）健康乐活节暨中国（佛山）国际医疗器械展览会成功举办，吸引了200多家医疗器械和绿色安全食品、健康家居用品、老年保健和健康养生服务等企业参展。2014中国顺德国际家用电器博览会、中国慧聪家电交易会、第17届和第18届亚洲国际家具材料博览会、第27届和第28届国际龙家具精品展、第十届中国（佛山）机械装备展览会、第七届佛山（陈村）茶文化博览会以及汽车展等展会成功举办。

【现代流通方式发展】 2014年，佛山市以连锁经营为代表的现代商贸流通业态发展迅速，万宁、屈臣氏、7-11、华润万家、顺客隆等连锁企业发展迅速。1～12月共有24家外资商业企业27个门店通过佛山市城市商业网点规划认定进驻。其中包括宜家家居、玩具反斗城、华润万家、万宁、屈臣氏、吉之岛、迪卡侬等知名企业。

（李　佳）

粮食流通

【粮油储备管理】 2014年，佛山市各级粮食部门在落实粮食储备规模工作中做到积极主动，做好粮食安全保障工作。一是佛山市粮油储备规模有效落实。按照“调控有力、高效灵活、规范运作”的原则，全面落实相关措施，切实从费用补贴、轮换管理、质量监管等方面抓好储备粮油管理工作，严格落实好地方储备粮油任务，保证储备粮油数量真实、质量良好、储存安全，佛山市各级储备粮油规模均按时足额落实到位。二是做好新增储备任务的前期准备工作。2014年，按照国务院第52次常务会议关于做好粮食安全保障的要求，佛山市储备任务将翻一番。为了确保新增粮油储备规模按时、按质、按量落实到位，佛山市提前对佛山市仓储基础情况进行摸底调查，抓紧督导各级粮食部门落实好新增储备粮油的前期准备工作，特别注意做好租仓信息交流和社会仓库资源挖掘利用，同时，进一步完善相关制度和措施，推广动态储备管理方式，有效提高粮食储备管理效能。

【粮库建设】 2014年，佛山市各级粮食部门按照上级关于加强粮食流通基础设施建设的有关要求，结合本地储粮工作实际，加强部门沟通合作，争取各级政府支持，全力打造市（区）中心粮库，粮食储备体系得到不断完善。一是高度重视，积极推进。市、区两级粮食部门按照市委、市政府的有关要求，针对佛山市粮食储备库规模小、仓储条件差、设备落后、自动化程度低的现状，全力做好辖区内粮库的升级改造及新粮库建设规划工作，佛山市各地新粮库建设工作稳步推进。二是科学规划，确保质量。新粮库的科学规划及设计关系到粮库日后的功能使用效率及储备应用，佛山市在推进粮库建设工作过程中注意做好粮库建设规划的前瞻性与战略性调研，加强粮库工程各环节的督导工作，为新粮库工程的顺利开展打下了良好的工作基础。三是加强交流，提升水平。在抓好新粮库建设规划的同时，佛山市注意加强与各市的交流与学习，为建一流粮库积累更多的实践经验。2014年8月和10月，市发展和改革局（粮食局）联同参与新粮库建设的有关单位组成考察组，分别赴省内的深圳、东莞以及省外的郑州、天津、杭州、常州等地参观学习，对粮食管理信息化建设，仓储运营模式以及粮库仓型设计、设备配置、新能源应用等方面的情况进行全面了解，进一步拓展新时期粮库建设的新视野，为把新粮库建设成为立足于佛山，辐射珠三角，拥有国家先进管理水平的现代化粮食储备库积累了宝贵经验。

【全国粮食库存检查】 佛山市粮食库存检查工作从2014年3月底开始，至4月底基本结束。检查工作分企业自查、区级督查和市级交叉普查三个阶段进行。在区级自查的基础上，市发展和改革局（粮食局）在各级发改局、财政局、农发行以及市储备粮管理总公司等有关部门抽调业务骨干人员共45人，组成5个检查组，于4月14～18日以“本地回避、综合交叉”为原则，分赴各区对粮食库存情况进行交叉普查，检查组严格按照本次库存检查的总体要求，采用粮堆丈量、抽包检斤等检查方法细致核查佛山市的储备粮食数量，重点检查了佛山市范围内的中央储备粮库存情况，通过核对国有粮食企业自查工作底稿，逐级检查粮食统计、财务数据，摸清佛山市国有粮食企业的库存家底，并对库存粮食质量、储备管理、资金使用情况进行认真检查，同时对存在问题提出建议，以认真负责的态度完成佛山市粮食普查工作。

【粮食行业安全生产管理】 2014年，佛山市各区粮食部门按照上级部门的要求，定期开展安全生产专项和常规检查,吸取社会上粮食安全各类事故教训，组织开展安全生产演练，严格抓好各项安全生产薄弱环节整治，特别加强对各类自然灾害预防措施，防火、防粉尘爆炸、储粮化学药剂的管理和熏蒸作业等重要环节的安全隐患排查。并定期邀请市消防、安监部门进行指导，多管齐下狠抓粮食行业安全。在各单位自查的基础上,市发展和改革局（粮食局）结合本年春秋两季粮油安全和仓储设施清查工作，对国有粮食企业的安全生产检查情况进行复查，检查结果表明，各级粮食部门均能落实好安全生产责任制，粮油库区内安全设施配备齐全，没有出现生产作业违规行为。

【粮食产销合作】 2014年9月19日，佛山市发展和改革局（粮食局）组织佛山市各区粮食部门共30余人赴湖北省荆州市举办“2014年荆州－佛山粮食产销合作洽谈会”，市发改局、各区粮食部门和有关企业分别与荆州市签订了《建立紧密产销合作关系协议》。10月，市发改局组织各级粮食部门参加江西省南昌市绿色食品博览会；12月，赴黑龙江考察交流粮食工作，开展粮食产销合作洽谈活动。通过组织开展各种粮食产销合作活动，进一步促进佛山市与粮食产区关系，实现粮食产销优势互补，为佛山市与粮食产区粮食企业搭建购销平台，做到产区粮源有市场，销区粮源有保障，促进产销区粮食经济共同发展，有效保障佛山市粮源供应安全。

【粮食应急工作】 2014年，市发改局以确保佛山市粮食安全为核心，不断健全粮食应急机制，完善应急制度，开展佛山市粮食应急演练，做到应急工作思想、组织、措施到位，进一步夯实佛山市粮食应急工作基础，应急工作水平进一步提升。

加大扶持力度，完善应急网络。为做好粮食应急的准备工作，市发改局落实相关应急配套措施，进一步加强粮食应急加工、运输、供应网络建设。2014年，根据广东省粮食局《关于印发实施广东省粮食应急保障网点认定管理试行办法》及《转发国家粮食局关于进一步健全和落实粮食应急供应网点的通知》精神,市发展和改革局（粮食局）争取政府和有关部门支持，申请价格调节基金用于佛山市粮食应急、加工、运输网点等设施建设和维护工作，进一步加大对各区粮食应急网络的政策扶持力度，全市（不含顺德）共有100家企业纳入粮食应急保障网络。其中,粮食应急加工企业19家、应急运输企业5家、应急供应点76个。

组织开展粮食应急演练。为检验粮食应急预案的完备性、可行性和可操作性，及时发现预案中的缺陷和不足，提高应对突发情况粮食供给能力。2014年12月10日，市发改局组织市粮食应急指挥部各成员单位及各区粮食部门开展了一次粮食应急演练。这是继2010年粮食应急演练以来，佛山市开展的第二次粮食应急演练。该次演练分信息报告、响应启动、处置措施、应急终止等4个阶段进行，以现场会议与视频演示相结合的方式，对应急状态下佛山市粮食应急工作进行了实操演练。演练过程中，各参演单位严肃认真，力求演练接近实战，演练取得了圆满成功。

【军粮管理工作】 2014年，佛山市坚持“平战结合、突出战备；军民兼容、部队优先；主副并进、以副补主”的军粮供应企业改革发展思路，全市军粮管理工作卓有成效。一是发挥军粮供应主渠道作用，提升保障能力。禅城、南海两个军粮供应集约化保障试点区探索军粮供应军民融合式发展之路，推进佛山市军粮供应工作又好又快发展。二是抓好军粮质量管理和服务规范。各级粮食部门继续完善军粮财务、供应业务操作等管理制度建设，有效提高各项管理工作水平。三是加强质量管理，认真贯彻执行《中南五省（区）军粮质量军地联合抽检暂行办法》，做好一年两检工作。加强军地沟通，建立回访制度，营造一个和谐的军粮供应氛围，有效保证军粮质量。四是加强培训教育，提高军供人员综合素质。通过参加新版管理系统的培训学习，为佛山市军粮新旧系统的数据转换工作打下良好基础，有效保障佛山市军粮供应不脱档，管理业务跟得上。

（骆家洪）

食品安全

【综述】 2014年，佛山市食品药品监督管理局认真履行“四品一械”监管职能和市食安办职责，全面强化监管力度、重拳治理市场顽疾、扎实构建长效机制，从严整顿佛山市食品药品市场秩序、切实保障食品药品生产安全。

至年底，全市共有获得生产许可证的食品企业854家，食品生产行业总产值699.8亿元，其中农副食品加工业产值276.8亿元，饮料制造业产值200.5亿元，其他食品制造业产值246.6亿元；有登记的食品经营企业（含酒类经营企业）51783家，农贸市场351个，餐饮服务单位19910家。

【食品安全监管】 食品生产环节。2014年，佛山市共检查食品生产企业1964家次，发现并跟踪处理存在问题的企业数176家次。抽检食品2327批次，不合格产品发现率11.2%。组织对生产企业第一、第二阶段飞行检查，共检查企业77家，查处4宗利用过期大米生产加工食品、卫生条件差等严重违法生产行为，并将检查结果进行公开通报。

食品流通环节。2014年，佛山市共检查流通经营户6821户次和批发市场、集贸市场等各类市场667个次。组织打击制售假酒专项行动，联合市酒类协会召开全市打击制售假酒专项行动部署及重点线索分析会议，查找案源线索；开展清查流通领域问题食品工作，实施“芬卡”牌橄榄油、“亨氏”米粉、台湾“地沟油”涉及企业食品、“毒豆芽”等多项问题食品的清查工作。

餐饮服务环节。2014年，佛山市加强学校食堂和周边食品安全监管力度。组织开展春、秋季开学前学校食堂食品安全检查、中高考期间食品安全保障，开展学校食堂及学校周边食品安全专项检查统一行动，确实保障学校师生食品安全。

【食品生产企业风险防控体系全面覆盖】 2014年，佛山市在上年推行该体系的企业不足全市总量一半的情况下，实现全市食品生产企业全覆盖。同时，佛山市取得HACCP、ISO22000等食品安全管理体系认证的大中型企业数量由2013年的38家增加至52家，食品生产环节系统性风险得到切实防范。

【食品小作坊集中加工中心建设】 2014年，佛山市新建食品集中加工中心3家，至此，全市食品集中加工中心达到11家（其中在建2家），其产品基本覆盖市内各大市场，全市小作坊加工食品安全得到有效保障。是年，南海区全面推行熟食制品市场准入制度，为解决当前食品高风险环节的监管难题提供了很好的思路，国家食药监总局及广东省食药监局相关领导在调研过程中对这一做法表示充分肯定。

【集体聚餐管理】 2014年，佛山市针对农村集体聚餐和企业、工地、学校食堂等用餐人数多、风险集中的关键环节，通过实施集体聚餐备案管理办法、建立多部门联合执法机制和开展创建食品安全示范食堂等措施、活动，突出重点领域的风险防控。此外，全年全市共建成省级学校示范饭堂100家，创建数量与质量均得到广东省食药监局高度认可。

【“阳光厨房”和创建食品安全示范点】 2014年，佛山市“阳光厨房”和创建食品安全示范点等工作得到进一步巩固和提升。全市“阳光厨房”通过验收2018家，市级食品安全示范点1285家；同时，市食安办出台食品安全示范区的评价标准，掀开食品安全示范市建设验收序幕。

同时，食品抽检覆盖面大幅提升。2014年，市、区两级政府增加财政投入，各部门加大工作力度，全年抽检食品数量3.2万批次，比2013年的1.7万批次增长88.2%，基本实现食品安全示范市建设规定的每千人4批次抽检覆盖面的要求。

【家禽“集中屠宰，生鲜上市”试点】 2014年，佛山市家禽“集中屠宰，生鲜上市”试点工作开局良好。佛山作为广东省内三个试点城市之一，在缺乏法律支撑的情况下，推行该试点工作遇到了不少困难。禅城区食药监局树立全市一盘棋的大局观念，勇于承担全市首个试点区域的工作任务，以严谨、负责的态度，对于工作中遇到的问题实施了多项有效的措施，确保试点工作顺利推进，不仅为全市，还为全省推广该项工作积累宝贵经验。

【食品专项整治】 2014年，佛山市推进国家食品药品监管总局、工商总局联合部署的农村市场“四打击、四规范”工作，将打击面从农村扩大到城区、城乡结合部，充分发挥基层食品药品协管员力量，深挖案源，取缔一批非法生产加工窝点，确保农村食品生产、经营秩序。强化食品流通环节的源头治理。对全市规模大、经营覆盖面广的几大定型包装食品综合批发市场，采取市、区监管部门联动的方式实施高频次、高密度的日常检查，强化监督抽验力度，发现、查处一批销售假冒伪劣食品的大要案件，规范食品流通市场秩序。通过充分调研摸清全市食品药品行业底数，按照“疏导一批、查处一批、规范一批”的工作思路，以各区、各镇（街）主城区为重点，逐步推进至其他区域，全力清理整治餐饮行业无证行为。开展食品“三打两整治”专项整治行动。重点开展打击制售假酒、打击非法销售加工“病死猪肉”及其制品和保健食品打“四非”3项专项行动，同时，还开展婴幼儿配方乳粉质量安全和农产品质量安全2项专项整治工作。

【食品监管工作机制】 2014年，佛山市在完成223个（超额完成7.7%）农贸市场的升级改造基础上持续提升市场管理水平。出台《关于建立和完善食品市场安全监管体系的意见》和拟定《农贸市场规范管理暂行办法》，对新建、新办市场一律按照新的标准进行验收。印发《关于食品药品违法违规企业“黑名单”的管理规定实施细则》，明确将有严重违规违法或多次违规违法的企业以及相关从业人员纳入行业黑名单，并向社会公布；制定《佛山市食品安全档案管理办法》，为进一步规范食品生产经营单位的经营行为探索经验。出台《佛山市食品安全责任追究办法》，设定食品安全责任的“高压线”，通过责任倒逼机制落实食品安全监管责任。公布《佛山市市、区两级食品药品安全监管权责划分意见》和《市、区层级管理权责清单》。完善食品安全应急处置机制。

（马亚男）

药品安全

【综述】 至2014年底，佛山市有药品生产企业49家，2014年产值约36亿元；药品批发企业63家，药品零售连锁企业20家，零售药店3873家；全市有保健食品生产企业12家，涵盖胶囊、软胶囊、酒剂等多种剂型。保健品零售企业4735家。其中，广东红牛维他命饮料有限公司三水生产基地规模位居全市第一，2014年产值约40亿元。化妆品生产企业68家，化妆品经营企业8430家，企业数量居全省前列。全市共有医疗器械生产企业258家，医疗器械批发经营企业461家，市医疗器械行业生产总值约35亿元，规模居全省第四位。

【药品安全监管】 药品生产监管环节。2014年，佛山市检查药品生产和经营企业、医疗机构制剂室、药包材生产企业167家次，完成GMP认证9家，GMP跟踪检查11家，收回药品GMP证书2个，完成医疗机构制剂再注册初审品种80个，行政审批初审、现场核查和相关备案154项。

药品流通监管环节。全年全市共检查批发企业48家，连锁企业15家，GSP跟踪检查16家，上报广东省食药监局撤销GSP证书3家。市直医疗机构检查覆盖率100%，疫苗流通使用环节专项监督检查覆盖率100%。至年底，全市已有50家批发连锁企业、563家零售药店顺利通过新修订GSP认证检查。

保健食品和化妆品监管环节。全年共检查保健食品生产企业15家次，化妆品生产企业70家次，对生产企业的制度、原料管理、添加剂的使用、生产记录等方面进行重点检查，对存在问题的企业提出限期整改要求。

医械监管环节。全年共办理医疗器械生产经营企业行政许可事项210件，办结205件，登记备案件96件。检查定制式义齿生产企业15家，使用单位130家。生产企业检查覆盖率100%。

不良反应监测环节。2014年，佛山市共报送药品不良反应及医疗器械不良事件报告表2427份。其中严重的246份、新的严重的90份、医疗器械不良事件上报数量为343份。

【药品专项整治】2014年，佛山市开展医疗器械“五整治”专项行动。落实国家食药监总局、广东省食药监局工作部署，共出动执法人员940人次、检查企业300多家次，切实强化对医疗器械的监管。开展中药生产质量专项整治。出台工作方案，按照“打击违规，帮扶后进，监帮结合”思路，督促企业对缺陷项目逐一整改，加快完成新版GMP的软件改造，提升质量管理水平。

【食品医药产业转型升级】2014年，国药集团启动在禅城区的“中国中药”总部基地建设项目，并全面完成属下生产企业的新版药品GMP认证，启动了20多个拥有自主知识产权的新药研发项目；“中国中药”基地可望在2016年提前实现含税收入百亿元的战略目标。制定和实施促进食品生产经营规模化、集约化的产业政策，加速食品产业集聚发展。规范小企业、小作坊的生产经营行为，推进食品集中加工点和产业园区建设，出台有关促进和规范食品集中加工建设的配套政策，对进场经营企业进行规范管理。结合城市升级三年行动计划，推进餐饮服务示范工程建设，通过建设“美食城”“美食街”等集中经营场所，将分散的小餐饮集中入场经营，改善经营环境。

【食品药品稽查打假】2014年，佛山市食品药品系统完成食品抽检5306批次。其中，本级食品抽检总合格率89.99%，内在质量合格率93.97%；完成“三品一械”抽检2065批次，其中药品监督性抽检不合格批次135批，不合格率38.5%，创历年新高。2014年全市食药监系统共立案查处违法案件2172宗，同比增长18.6%，涉案货值2303.1万元，同比增长116.7%；罚没款636.2万元，同比增长8.3%；取缔窝点和无证经营场所788个，同比增长68%；移送公安机关案件296宗，同比增长9倍，刑事拘留524人，同比增长近12倍。持续高压的打假治劣，结合建立公安食药监驻点坐班协作机制，进一步深化食品药品“两法”衔接，强化了全市食品药品安全保障水平。

【食品药品安全百日行动】2014年7月中旬至10月底，佛山市食品药品监管系统在市公安部门的大力支持下，市、区、镇三级共同发力，组织开展为期百天的食品药品安全百日行动。严厉打击涉及面广、社会影响大、群众反映强烈的危害食品药品安全违法犯罪行为。行动期间，全市共立案1157宗，其中大要案291宗（涉案货值15万元以上或成功移送公安的案件为大要案）。案件涉案货值1626.83万元，没收、查扣物品货值607.89万元，罚没款314.29万元，取缔窝点388个，移交公安案件275宗，刑事拘留及逮捕183人。在查处的291宗大案要案中，市食品药品监督管理局联合市公安部门查处的“10·14假冒保健食品窝点案”“10·16无中文标识洋奶粉案”，南海区局查处的“7·09走私冻肉案（涉案货值700多万元）”，三水区局查处的“8·27涉嫌生产销售有毒有害食品案”，影响都非常大，给违法犯罪分子予以沉重的打击。

从查处案件质量看，查处案件类型覆盖面较广，覆盖食品、保健食品、药品、医疗器械、化妆品、酒类等。从线索排查情况看，全市共检查企业43804家次，排查覆盖面涉及“四品一械”生产经营单位。全市系统监管业务科室移交有效案件线索658条，线索排查的覆盖面和效果均创全市系统开展的专项行动的历史新高。从对成人用品市场的清查规模来看，行动共查处涉嫌经营假劣药品店铺314家，抓获犯罪嫌疑人272人，取得非常好的行动效果。这也是佛山市食品药品监管部门成立后对成人用品市场清查规模最广，力度最大，出警最多，效果最好的一次专项清查行动。

2014年11月5日，佛山市食品药品监督管理局举办“食品药品安全百日行动成果展”。

【食品药品应急体系建设】 2014年，佛山市修订并印发《佛山市食品安全事故应急预案》和《佛山市食品安全舆情监测和应急处置指南》，进一步明确各方职责，完善食品安全事故调查处理程序。组织市、区、镇三级食品安全监管人员开展食品安全舆情监测与处置培训，提升监管人员舆情监测和对突发事件应对处置的能力。承办全省处置重大食品安全事故应急演练。由广东省政府主办，省食品药品监管局、佛山市人民政府承办的广东省（佛山）处置重大食品安全事故应急演练于11月28日上午在佛山市举行。佛山市食品药品监督管理局组织业务骨干和专家撰写演练剧本，跟进协调各现场的外景录制，同时组织开展后勤、接待、会务等工作。演练期间，省内多家媒体对活动进行报道，取得了良好的社会效果。演练活动赢得了国家食药监总局，广东省政府领导和社会各界的赞誉，为广东省食品安全应急处置工作提供了范例。

【食品药品社会共治】 2014年，佛山市加强与市内外媒体的机制性沟通，定期举办新闻通气会，大力普及食品药品安全科普知识，引导科学消费，提振消费信心。大力开展从业人员培训和食品药品安全知识普及教育。根据食品药品举报奖励制度实施情况，进一步强化“四品一械”举报奖励工作。充分发挥行业协会作用，支持行业协会、监管对象和社会群众参与监管工作，借助社会力量揭露行业潜规则和违法犯罪行为，营造良好社会共治氛围。组织食品药品安全宣传活动24场次，其中食品安全“四进”宣传活动10场次，食品安全走进中石化宣传展示及培训等活动14场次。启动“舌尖上的安全”食品安全正能量系列活动，成立“食品安全正能量企业联盟”并组织3场由群众参加的食品溯源体验活动。统筹制定全市食品安全宣传周活动方案和举办宣传周启动仪式，并将启动仪式录制成电视节目在宣传周期间播放。组织力量编写《安全饮食 合理用药》食品药品安全知识读本，面向各市直单位、全市中小学以及禅城区社区免费派发1.5万册。组织开展家禽集中屠宰集中宣传工作，举办现场宣传活动10场，派发海报、小册子3000份，在禅城区100多个市场、50个智慧驿站、20台公交车、30块公交站牌设置户外广告。先后发布《抽检工作通告》《致广大市民的一封公开信》，在公交车上宣传食品药品投诉举报电话等。激发广大群众参与食品药品监管的热情，全力压制食品药品违法违规行为的生存空间。

【食品药品监管机构改革】 2014年，佛山市食品药品监管机构改革基本完成，成为广东省内较早完成机构改革的地级市。市、区、镇（街）三级均设立了食品药品监管机构，形成由1个市局、5个区局和32个镇（街道）分局组成的三级食品药品监管架构。截至2014年，全市食品药品监管系统共有公务员编制567名，其他监管人员（政府雇员、合同工）411名，其中市、区、镇（街）人员所占比例分别为12.8%、32.6%和54.5%。同时，在各村、社区组建了食品安全协管员、信息员（以兼职为主）等群众性监督队伍1323人，负责隐患排查、协助执法、反馈信息和宣传引导等工作。技术监管方面，整合市食品药品检验检测资源，将原佛山质量计量检测中心食品部划入原市食品药品检验所，成立市食品药品检验检测中心。

（马亚男）

国有资产经营管理

国有资产监督管理

【综述】 2014 年，佛山市国有资产监督管理委员会贯彻落实党的十八届三中、四中全会精神，以深入开展党的群众路线教育实践活动为主线，以规划为统领，以创新为理念，以精细管理为抓手，优化结构，整合资源，促进企业转型升级，不断增强国企活力、控制力、影响力。此外，市国资委继续加强自身干部队伍和机关党组织建设，全年开展各类教育培训 20 多场，超 2000 人次参加。9 月，正式成立国资委机关党委。

【国资系统教育实践活动】 2014 年，佛山市国资系统按照中央、省委的要求和市委的统一部署，扎实开展党的群众路线教育实践活动，并加强整改落实；开展了“领导干部办公用房整治”“整治庸懒散奢等不良风气”等 8 项专项行动；制定了审批权限、产权管理、物业租赁、中介选聘、效能监察等 18 项规章制度。通过教育实践活动，有力推动国资中心工作开展。

【国资发展新模式】 2014 年，根据中央和广东省有关全面深化国有企业改革的政策精神，结合教育实践活动中听取到的有关意见建议，市国资委加紧制订市属国企中长期发展规划和国资国企深化改革方案，探索国资发展新模式。围绕市委、市政府中心工作，抓好重点项目建设的推进，促进产业转型升级。围绕企业发展，不断深化国有企业改革，探索国资发展的新模式。围绕国有资产的保值增值，狠抓国有资产的运营与管理，牢固树立服务的意识，做到监管与服务并重。与中国本土规模最大的综合性咨询公司和君集团合作，提出今后 5 ~ 10 年佛山市国资改革与发展的战略思路和行动计划，着力将佛山市公用事业控股有限公司打造成公用类企业的产业发展平台，将佛山市公盈投资控股有限公司打造成城市运营平台，将佛山市金融投资控股有限公司打造成综合性金融发展平台。

【国企发展新优势】 2014 年，佛山市国资系统企业紧紧把握新机遇，再造国企发展新优势。一是参与佛山（云浮）产业转移园的建设工作。抓好佛山（云浮）产业转移工业园建设，成立广东佛山（云浮）产业转移工业园投资开发有限公司。同时推动园区投资建设，佛山市属国企参与云浮－佛山城市可经营项目投资，累计签约 7 个项目，充分发挥国资的引领作用。二是推动市属优势产业和优质企业向外拓展。水业市场方面，合资成立佛山新城供水有限公司，布局佛山新城供水市场；燃气市场方面，燃气集团与民企合作，投资建设加气站。三是打造产业平台发展优质项目和新兴产业。打造金融、科技、产业三融合的平台，组建佛山市金融投资控股有限公司，探索金融、类金融板块产业深度整合的模式，发挥小额贷、融资租赁、基金、担保等公司的金融作用。打造城市建设和准公共产品领域的建设开发和资本运作平台，进一步盘活国有土地和物业资产。推动火炬园公司将科技、信息、产业、金融深度融合，打造科技产业平台，支持火炬园公司成立佛山火炬园孵化投资管理公司、佛山科技金融综合服务中心有限公司，并成功获批国家级科技产业孵化创业发展基地。全面整合公盈公司资源，打造城市运营平台。

【国资系统安全生产工作】 2014年，佛山市国资系统以国资委安全生产风险防控年为契机，做好安全生产工作。一是抓落实，坚持全面的安全检查与风险化解。开展节前安全生产检查、石油天然气输送管道安全专项督查等多项专项检查活动，督促市属国企加强隐患排查，防范重特大事故发生。二是注重实效，全方位多角度做好安全生产宣传。开展市国资系统“安全生产风险防控年”活动，推进安全生产标准化工作，建立健全宣传教育长效机制。

【国资廉政建设】 2014年，佛山市国资系统全面建成ERP廉洁风险防控系统，实现对4家一级企业及下属315家独立法人单位的经营管理信息的实时在线监管，“人脑＋电脑”防范廉洁风险。12月，召开现场会予以经验介绍，得到省、市领导的充分肯定。

履行党风廉政建设主体责任。一是落实廉政建设责任。落实“党工委统一领导、班子齐抓共管、纪工委监督协调、科室各负其责”的工作机制，把加强党风廉政建设和反腐败工作，与业务工作一起部署、一起落实、一起检查、一起考核。二是开展国资系统纪律教育学习月活动，提高国资系统廉政风险防控意识。三是依法执纪，做好纪检监察信访线索查办工作。

【国资委服务意识改进】 2014年，佛山市国资委致力改进工作作风，提升为基层服务意识，提高工作效率。一是建立现场办公会议制度。市国资委定期到各一级企业现场办公，听取意见，共同研究基层提出的问题。全年共组织4次现场办公，集中梳理研究解决73个问题。二是制定市国资委《权责清单》。明确权责清单与负面清单。三是简政放权，提高工作效率。结合企业实际，一方面提高企业处置资产的资产额度，另一方面将部分审批权限下放至一级企业审批，并改为报备制度，提升办事效率。四是规范财务审计、资产评估等工作的招投标工作，大大缩短招投标时间。在市相关部门的协助下，建立起市国资系统摇珠选聘中介库和摇珠选聘中介平台，选聘中介开展审计评估业务的时间从原来旧规程须60天确定中介机构压缩到15天，工作效率大大提升。

（梁颖诗）

市属国有企业介绍

【佛山市公用事业控股有限公司】 2014年，佛山市公用事业控股有限公司在市委、市政府和市国资委的正确领导下，围绕“抢抓机遇、深化改革、铸造精品公控、打造佛山淡马锡”的工作方针，锐意进取、攻坚克难，在市场开拓、项目建设、内部管理和企业文化等多个方面取得良好发展，全面实现年初制定的经营目标。

企业经营利润逆势增长。该公司以打造“精品公控”为目标，努力实现精细化管理，多渠道采取措施降本增效，实现了经营利润的逆势增长。2014年该公司完成营业收入82.6亿元，实现净利润7.7亿元，上缴税费7.4亿元。

主营业务做优做强。面对国内市场竞争激烈的环境，该公司在市国资委的支持下，带领电建、水业和燃气等子公司应对挑战、克服难关，多渠道提高企业盈利能力，提升效益。一方面，通过“深耕细作”，拓展水业、发电、燃气等业务板块市场空间；另一方面，进一步规范行业服务标准，提升公用事业服务水平，获得社会肯定。其中，燃气集团获选“公共服务10强”，水业集团获选“市民满意窗口单位”荣誉称号。

AA+平台发挥引领优势。该公司利用自身AA+信用评级的优势，有效融通资金，大大提高融资能力和融资灵活度，从财务融资、项目建设等多个方面推进金控、建投和火炬园等新划入该公司的业务发展。一方面，拓宽融资渠道，提高资金使用效率；另一方面，推进项目建设，加快一体化发展。此外，参加对口援建，佛山（云浮）产业转移园建设取得初步成效。

企业管控建设成效显著。该公司进一步优化和完善ERP系统多个板块个性化功能开发，在下属各子公司基本实现了ERP系统全覆盖，ERP建设与应用工作得以不断深化。其中，ERP项目应用成果《基于廉洁风险防范的国有企业集团管控信息系统建设与运用》从近千家申报企业中脱颖而出，获第24届广东省企业管理现代化创新成果一等奖，这是佛山市2014年度唯一一个获奖企业管理现代化创新成果。12月，广东省预防腐败创新工作现场会分会场设在市公控公司，ERP项目的创新做法和成效得到了各级领导的高度肯定，强化了市公控公司ERP项目建设的示范性作用。

安全生产工作扎实推进。2014年，该公司整体安全生产情况良好，未发生各类安全事故，完成了全年的安全指标。公司下属各企业开展平安创建活动，取得多项荣誉：水业集团获得了广东省安监局颁发的“广东省安全文化建设示范企业”、佛燃集团汽车燃气公司获市安全生产监督管理局授予的“佛山市安全文化建设示范企业”称号。

党建文化建设。一是深入开展党的群众路线教育实践活动。二是认真落实作风建设、党风廉政建设和反腐倡廉工作。三是全面开展企业文化建设工作。企业文化建设活动丰富，成绩突出。其中，在市国资系统运动会中，获“优秀组织奖”“体育道德风尚奖”“足球赛冠军”“乒乓球团体冠军”等6个团体奖项，以及6金3银10铜的单项奖。

（徐新辉　周　慧）

【佛山市公盈投资控股有限公司】 2014年，佛山市公盈投资控股有限公司按照“解债、重组、发展”的总体思路，调结构、抓稳定、推改革、促发展，一手抓历史遗留问题解决，一手抓转型提升，探索发展新路径，求真务实、开拓创新，改革、稳定协调发展，各项工作成效显著。

深化改革，推进转型升级。根据市国资委战略部署，着力将公盈公司打造成资本运营平台和大型的现代城市产业载体，引领佛山城市现代服务的发展。公盈公司结合企业实际，制定《佛山市公盈投资控股有限公司深化企业改革方案》，探索企业改革转型的定位，着眼于实现从管理型企业向经营管理型企业的转变。与知名的城市建设、投资、运营机构和知名企业交流、互动、合作，引进战略合作伙伴，引导企业在发展战略、管理和资本运作等方面迈上一个新台阶。

调整架构，推进资源优化配置。一是完善企业架构，减少管理层级。对公盈公司本部及属下企业的管理体制、组织架构、人员配置等进行大刀阔斧的改革和调整，集中系统优势资源，成立公盈公司安全管理中心、财务管理中心，建立公盈系统的资金池，并将维稳办、军转干服务中心、群众来访接待中心、离退休人员服务中心等部门整合组建信访服务中心，构建公盈系统信访、维稳、安全、资金工作新体系，实现人员和资源的集中管理和统一调配。指导属下企业进行架构调整，完善党组织建设和工会组织机制，减少管理层次。二是全面整合资源，打造运营平台。对二级公司的同质化经营进行整合、重组，形成分类经营板块，着力打造中力、骏承、禅聚德三个运营平台，赋予新的任务。

勇于担当，着力解决历史遗留问题。一是做好信访维稳工作。严格落实信访维稳工作责任制，完善涉稳领导机制和信访管理防控机制，统筹信访问题的处理。2014年，公盈系统共计接待来访群众486批2350人次，处理信访件171件，回复率100%。二是化解历史积案。2014年，涉及公盈系统的14项信访包案案件已解决13项，国资委领导12项包案案件已全部解决。三是加快推进解决涉及群众利益的历史遗留问题。推进227名孤寡等特殊退休人员移交社区管理和量化工作，南海水泥厂原厂生活区宿舍拆迁租户安置补偿问题以及华侨企业总公司早期楼盘所涉246户住户办理房产证等一批涉及群众切身利益的历史遗留问题得到解决。四是加速推进企业解债工作。全面梳理公盈系统的债权、债务关系，加快解债工作。通过司法程序，有效化解了标的1500多万元的债务风险。佛陶解债事宜取得突破性进展，促成中承公司与香港中银签署债权转让协议。

多措并举，确保国有资产保值增值。一是优化资源管理，完善物业租赁机制。按分类管理原则，对公盈本部及属下二级公司托管企业和代管剥离资产进行重新调整。2014年公盈系统物业租赁上平台通过审批312宗，其中成功交易199宗，成交率为63.78%，已成交物业平均租金提升率为32.5%。二是盘活存量物业，提高资产活力。结合城市产业发展方向和部分计划改造物业的实际情况，拟对合成材料厂、绣品厂、二轻联社江湾二路厂房、皮鞋厂、石油化学工业公司和火车站等部分物业进行改造、提升并拟定了初步方案。

聚焦产业，积极谋划项目建设。结合城市发展需求和公司实际，站在城市运营商的角度，以城市转型发展为背景、以重点项目为依托，设计并推进汽配物流、火车站综合大楼城市商业服务综合体、佛山智能总部基地、养老养生产业、安居工程、“禅文化”特色街区等意向发展项目。启动推进罗村混凝土供应站的重组和发展。火车站主体建筑外立面改造工程已完成了立项、可研、环保、施工图设计、项目工程预算书等环节，预计2015年国庆前整体完工。

完善制度，全面提升管理能力。一是加强人力资源管理。进一步完善公盈系统的薪酬制度体系，制定并实施公盈系统人才招聘方案，同时加强在职人员的培养、管理和后备人才队伍建设。二是加强财务预算管理。严格执行落实预算管理制度，对企业资金进行统一监管。三是加强制度建设。全面展开制度修编工作，企业部门职责、公车管理、法律服务、物业维修、定点招标、印章管理等制度体系进一步修订和完善。四是加强审计监督，推进依法经营、依法治企工作。规范和完善法律中介机构的选聘机制，确保公司决策和各项制度的落实，维护国有资产安全。

稳扎稳打，有序推进ERP及廉政风险科技防控系统建设工作。公盈公司和其属下各企业按时完成了资产模块、财务模块建设、廉政风险科技防控系统建设。研定了信息管理系统的整体业务解决方案，启动了HR模块建设。12月10日，配合国资委圆满完成防腐败创新工作现场会ERP系统演示。

常抓不懈，切实加强党建工作和廉政建设。一是党的基层组织建设不断夯实。进一步完善健全企业基层党组织建设。二是反腐倡廉工作有效推进。制定了《市公盈公司效能监察督办实施意见》，修改和完善了《公盈公司“三重一大”事项议事规则》《公盈公司纪检监察信访工作实施办法》等制度，相关工作得到有效规范。

注重实效，深入开展党的群众路线教育实践活动。按照上级的工作部署和要求，结合企业实际认真开展教育实践活动，有序推进三个环节的各项具体工作，做到“规定动作不折不扣、自选动作特色创新、‘四风’整肃触及灵魂、活动开展务求实效”，把教育实践活动切实融入企业的改革发展中。通过教育实践活动，全系统各级党组织、员工队伍建设进一步加强，工作作风进一步转变，“四风”突出问题明显改善。切实做到以教育实践活动促进中心工作，以工作成绩检验教育实践活动成效，取得了明显的思想认识成果、实践成果和制度成果。

（夏书文　钱素萍）

【佛山市路桥建设有限公司】 2014年，佛山市路桥建设有限公司以全省高速公路网建设为契机，以一环高速化为核心工作，一手抓改革管理，一手抓作风建设，全面推进“建管养征经”五项主业。

一环高速化项目建设。市路桥公司成立一环高速化专责工作小组，通过大量调查研究，分析省内5个高速项目借道利用一环的必要性及可行性，会同市发改局、交通局拟定以项目为依托，以建设方案报批为主线，通过“三个调规、两个立项”，统筹推进一环高速化改造工作。2014年4月底获得省政府批复同意，5个高速公路项目改造利用一环路段并纳入全省高速公路联网收费。2014年佛江高速前期工作顺利完成，调规报告于6月13日获得立项批复；广明二期、佛清从二期调规报告完成初稿；广佛肇高速工可报告完成评审、修编，专项评估基本完成；佛江北延线工可报告完成初稿。

高速公路建设。广明高速佛山东段于2014年12月31日建成通车，完成投资总额22.19亿元。广明高速通车后，佛山一环连接广明高速，西接西二环，东接广珠西线，实现了高明与广州的高速贯通。佛清从高速全面推行监理管理模式改革和中心实验室独立检测，提高工程的监管控制水平，至2014年12月底，累计完成投资6.12亿元，占概算投资的22.05%，完成建安费13345万元，形象进度8.39%。佛江高速于2014年8月26日实现先行标段正式动工。

代建项目建设。禅西大道二期2014年4月30日实现通车；佛陈大桥扩建工程2014年12月28日实现通车。魁奇路东延线二期工程完成建安产值6700万元，占总产值的12％；沙涌立交2014年底进入工程招标阶段。

一环公路养护。市路桥公司将一环划分成14个责任区，每周至少42次巡查整治，同时加强与沿线相关执法、交警部门合作，通过至少10次的联合检查行动，加大公路违法行为的打击力度。经过强化管理，一环路容路貌显著提升，2014年全年的城市管理考评全部达标。全年共投入完成日常养护金额约7439万元，专项养护工程金额约2002万元，养护质量指数MQI为91.4，评定等级为优。

工程项目管理。开展监理管理模式改革，以佛清从高速、魁奇路东延线项目为试点，业主与监理单位共建总监办，总监办集成业主项目组和监理单位的宏观控制权力，减少了审批流程，提高工作效率，管理更加扁平高效。下属佛山市公路桥梁工程监测站获省质监局核发的计量认证参数表，试验检测项目增至41大项510小项。下属佛山路桥技术咨询公司自主研发《路桥工程档案管理软件系统》，取得国家软件著作权。

年次票征收工作。截至2014年12月底，年次票收费合计16.65亿元，增长8.12%。按照平稳过渡的原则，顺利实现年票自主收费交接，路桥公司2014年起自主开展年票征收工作。扩展年票收费渠道，实现"佛山交警信息服务网"、市路桥公司网站网上自助缴纳年票。2014年9月30日撤销穗盐收费站，完成相关的撤站清理、人员安置等工作。

（邹靓涛）

【佛山市铁路投资建设集团有限公司】 2014年，佛山市铁路投资建设集团有限公司（以下简称佛山铁投集团）贯彻落实市委、市政府发展城市轨道交通、公共交通的战略部署，积极履职，推进企业中心工作。广佛线二期建设稳步推进，工程优质安全可控；佛山地铁2号、3号线前期工作取得重大进展，2号线一期工程于6月选址试动工；启动新一轮线网建设修编；高明南车基地及有轨电车示范线建设、TC管理和出租车经营等多项新业务取得新进展。截至2014年12月底，佛山铁投集团资产总额145.20亿元，负债总额119.18亿元，所有者权益26.02亿元。

广佛线二期工程稳步推进。2014年，广佛线二期工程全面推进，土建各标均已进入主体结构及附属结构施工阶段，车站先后封顶，大部分区间实现贯通，为轨道施工提供场地条件。机电系统工作全面铺开，所有机电系统设备招标采购全部完成。机电设计联络、样机生产进展顺利。全年土建工程完成产值4.2亿元。工程管理部于4月获2014年佛山市"工人先锋号"荣誉牌匾。

佛山地铁2号、3号线前期工作。2号线一期工程于2014年6月选址登洲站、湖涌站试动工。12月30日，工可报告获得广东省发改委的批复。初步设计阶段各项专题工作全面完成，通过了主管部门组织的专家预审查；深入做好《2号线一期工程管理办法》修编等工作，从制度建设入手探索有效监管。3号线工程可行性研究于12月通过了广东省评估单位的专家评审，配套专题仅剩环境评价未获批复；总体设计工作于12月底完成终稿。

配合市国土规划局进行《佛山市城市轨道交通系统规划》编制，于10月通过了专家审查。12月初，市政府常务会议讨论通过了新一轮建设规划修编工作。

广佛线首通段运营。2014年输送旅客5466.78万人次；日均14.98万人次，较上年增长11.2%。"十一"期间日最高客流25.69万人次。行车间隔5分钟，高峰期间安排14列上线列车，列车准点率99.98%。未发生行车安全事故、乘客人身伤亡事故、治安及消防事故。佛山段出入口及过街通道累计开通32个，其中2014年新增开通3个；佛山段出入口剪纸安装全部完成。

高明南车基地及有轨电车示范线建设。南车基地顺利取得所需用地，项目可行性研究报告于3月获得批复；初步设计于4月获得批复；8月下旬启动厂房建设等项目的公开招标，顺利完成建设单位、监理单位的招标工作。有轨电车示范线建设完成了高明汽车站－体育中心工程可行性研究、初步设计及勘察总承包和设计咨询招标及合同签署等多项工作。

中心城区公共交通管理。2014年，佛山铁投集团贯彻落实市政府对中心城区公交管理体制与经营模式改革的工作部署，成立了TC管理中心，推进佛山智能公交平台建设、出租车电召平台服务公司、搭建公交服务质量体系，完善站场建设管理、筹建出租汽车公司等。7月1日，联达出租车电召运营公司正式投入运营。12月初，佛铁出租汽车有限公司注册成立，出租车采购、站场设置等工作加快推进。

筹集工程建设资金。与市、区财政部门和市国资委积极沟通协调，与银行等金融机构深入探讨融资方式，全年共筹集资金25.15亿元，对外支付22.38亿元，有效保障各项轨道交通工程建设。

集团党建纪检监察工作。以开展第二批群众路线活动为载体，加强作风建设，增强领导干部的宗旨思想、理想信念、纪律意识。多措并举，加强企业纪检工作。通过“检企共建”增强预防职业犯罪力度；加快开展ERP及廉洁风险科技防控平台建设，把“以风险为导向”的企业内部控制理念渗透于业务流程，通过结合ERP系统建设，以“制度+科技”完善财务预算、资金等模块建设，12月实现与市国资委平台对接运行的目标，达到实时监控、动态防腐。

重视人才引进和培育工作，通过公开招聘、举荐等方式引进高学历、高素质专业人才，截至12月31日，本科以上学历占75.3%，中高级职称以上人员占61%，40岁以下人员占79%，队伍呈现年轻化、专业化、高学历的特点。树立面向基层选拔干部人才的导向，优化组织架构和集团化管理模式；通过开展OA系统升级改造，提升企业信息化水平；通过进一步加强工程造价管理、合同管理、全面预算管理和制度建设，抓好重点难点工作的进度和成效管理。

（刘国玲）

【佛山市金融投资控股有限公司】 2014年，佛山市金融投资控股有限公司围绕“强管理、调结构、促发展、保稳定”12字方针，进一步优化企业组织结构，形成以金融类金融业务为引领，资产经营为依托，土地开发为驱动，齐头并进、共同发展的格局，企业整体平稳发展。

立足服务本土中小企业，全力搭建金融平台。2014年3月28日，该公司名称由佛山市投资控股有限公司更改为佛山市金融投资控股有限公司，并通过资本公积转增资本及股权增资形式将注册资本金增加到3.1亿元，主营业务确立。一是发起设立佛山市产业金融引导基金（以下简称“引导基金”）以及佛山市科技型中小企业信贷风险补偿基金（以下简称“风险补偿基金”），并投入运营。引导基金年内成功投放企业1家，总金额500万元；风险补偿基金自2014年9月22日开始运行至2014年12月31日，累计放贷金额9550万元，银行授信金额1.79亿元，杠杆放大倍数3.74倍。二是省市共建产权交易平台，实现共赢发展。南方产权交易所发挥依托南方中心的平台优势和品牌优势，不断开拓业务，创新发展。2014年重点推进涉诉资产进场交易和佛山市排污权有偿使用和交易的试点工作。三是科技小额贷公司稳健经营，效益显著。2014年累计发放贷款253笔，放款率达96.49%，信贷资金实现良性循环，风险控制水平良好。四是做好产业链的“建链、补链、强链”工作，抓住机遇，延伸金融服务，助推第三产业发展。佛山市广佛通电子收费营运有限公司确立了以小额支付为发展方向，与银行等金融机构、目标商户三方进一步深入合作开发出更多支付平台；按照市委、市政府提出“打造珠三角西岸机械设备制造产业带”思路，探索融资租赁业务，发起设立中外合资融资租赁公司的请示获市国资委批复同意。

依法依规，稳步推进土地开发。在市国资委、市公用事业控股有限公司的大力支持下，新东亚创新产业园项目有序推进，年内完成东亚公司889名在职职工的安置工作；1062名退休职工的社会化管理也于2015年1月顺利完成；转型重组相关资产于2014年11月成功公开转让；东亚公司如期于2014年12月31日停止排污。城北地块规划开发项目中完成城北仓储和东货场连片开发项目的前期策划工作。

加强国有资产管理，提高整合效率。一是借市汽车驾驶培训行业实施“先培训、后付费”按时收费培训模式试点之机，探索开展汽车服务业务，投资500万元设立盈通达驾驶员培训有限公司的请示获市国资委批复同意；二是新华艺市场建立华艺网上商城，向O2O（线上线下电子商务）进军，网上商城在秋季中国广交会期间试运行。三是退出一批难以扭转亏损状况的企业，处置空置资产以提高国有资产的使用效率。2014年结业清算环通国际货运公司、旺棉兴纺织经销公司、东亚印染企业公司及民间艺术文化发展有限公司；公开转让联运大厦。

调整组织架构，优化管理流程。建立以佛山市金融投资控股有限公司为决策层、业务平台公司为执行层、业务单元为实施层的三级组织层级管理及权责关系；搭建金融类金融业务平台、资产运营业

务平台、资产处置业务平台、现代服务业务平台及土地管理开发平台。修订和完善“三重一大”事项决策、物业管理、项目投资、资金管理、物资采购、工程维修等经济运行中关键部位的管理制度。初步建立公司风险控制制度体系。

（张晓云）

【佛山市建设开发投资有限公司】 2014年，佛山市建设开发投资有限公司在上级主管单位的大力支持和正确领导下，紧紧围绕年初制定的各项工作目标，团结协作、锐意进取，积极推进项目开发、土地梳理、安全生产、资产管理、物业经营、党风廉政和企业文化建设等工作，实现了公司经营业绩和管理水平的稳步提升。

2014年，该公司的营业收入3.24亿元，同比增加约6000万元，利润总额3681万元，较好地完成了全年的经营指标。2014年，公司5个重点推进项目分别是彩管公司、叠翠山庄、三水塘福路、塑料四厂及云浮产业园配套项目。

彩管公司地块项目。至年底，彩管公司地块项目完成了公司改制、房拆除、土地证更名、“三旧”自主改造批复等工作，完成了项目规划、定位、设计，并进行土地出让工作。项目售楼部主体结构、住宅区止水帷幕工程完成施工，售楼部进行内外墙装饰工程。

叠翠山庄地块项目（又名“绿地香树花城”）。项目开发进展顺利，销售中心2014年7月19日正式揭幕开放，首期单位于2014年9月初预售，至年底，共成交约1200套，成交金额11.6亿元。

三水塘福路地块项目。该项目是佛山水业集团与市建设开发投资公司的合作项目，至年底，完成了开发方案论证、补交土地出让金、地块及地上物评估核准等工作。通过公开招标方式，确定了项目设计单位和勘察单位，并已开展相关工作。土地资产转让方案已上报国资委审批。基于房地产市场的波动，市建设开发投资公司将与水业集团共同研判三水房地产市场后再稳步推进。

塑料四厂地块项目。该项目地块是收储地，位于张槎轻工路。该地块的规划条件已协调禅城区规划局制定有关片区控规，并已获得市政府批准。该地块的主要问题是转制企业和租户的搬迁问题，经多次谈判仍无结果，需要通过司法程序解决。

云浮产业园配套项目。根据云浮产业园的总体布局，年底，完成了项目策划定位、概念方案设计工作，并初步确定项目一期开发内容。

此外，市建设开发投资公司还完成了石湾陶瓷片区项目、佛罗路项目、三水乐平项目、南海水泥厂项目和佛山电炉厂项目的前期策划等相关工作。

（吕超明）

【佛山火炬创新创业园有限公司】 2014年，佛山火炬创新创业园有限公司（以下简称“火炬园公司”）围绕“抓经营、促转型”发展战略，努力在公司管理、园区服务和招才引智等工作上实现突破，为“建设幸福火炬园，铸造精品火炬园”迈出坚实一步。火炬园公司通过对园区现状和发展状况分析，提出了转型战略，将发展重点从园区建设转到园区经营，使园区不断创造新的经济价值和社会价值。

火炬创新创业园在2014年打造园区六大服务平台，包括高级人才交流平台、智能物管服务平台、政策服务平台、投融资服务平台、法律服务平台、孵化服务平台。完善人才服务工作。园区服务工作包括申报了博士后工作站分站，为企业寻找适合高级人才服务；设立禅城区人才服务联合工作站，成为区“人才阳光工程”项目中首批8家人才服务工作站之一，为园区高层次人才提供快捷高效的“直通车”服务；探索启动“一卡通”智能化服务平台、实现国家级科技企业孵化器的社会效益与经济效益的有效结合；以先进的理念、精心的设计、良好的布局和人性服务为特色，做好园区招商规划，打造了5A创业梦想平台，实现企业无需携带设备即可入驻的孵化模式和建立创业导师机制等，在园区兴起一股创新创业的热潮；经科技部批准，通过2013年度享受税收优惠政策的审核，是佛山市唯一一家通过科技部审核的单位。积极与各级政府部门沟通联动，面向园区众多企业举办了近10多次的服务活动，包括与税务部门举办的小型微利企业所得税讲座、配合财务部门举办的税企共建示范点、与科技部门开展的创新创业大赛，以及有关中小型企业创新基金、佛高新区专项资金申报、专家公寓等各项政策服务。申报区经促局的电子商务产业园，争取电子商务企业的租金补贴等相关优惠条款；申报全国青年创业园等项目，加强软服务环境的建设工作。

以园区服务功能为导向，设立特色子公司和服务机构，实现服务专业化和收入多元化。成立了佛山火炬园孵化器投资管理公司和佛山科技金融综合服务中心有限公司，为科技企业提供科技中介、金融政策咨询、信用服务和科技金融产品服务。该公司已与多家金融机构、企业和中介机构建立合作，并建成“佛山科技金融网”作为信息发布平台。完成佛山知识产权交易平台策划工作。该平台依托市科技局，联合市知识产权维权中心、OTC股权交易中心及其他4家单位，打造成为一个集展示、孵化、路演和培训、后台服务、交易中心等五大功能互动配合的服务平台。

在招才引智方面，引进了一批优质的科技项目，包括广东世惠科技有限公司、佛山市中成硅酸盐科技有限公司等多家科技型企业，涉及电子信息、新型材料、科技服务业等多个领域。2014年，火炬创新创业园园区被评为国家级科技企业孵化器，继续保持与市科技局、市人社局以及禅城区经促局、张槎街道等建立有效的联动机制，力争市、区的相关政策扶持，以高效、全面的服务，着力促使科技项目落户园区。

4月，火炬园公司经营部成功获得了“工人先锋号”的荣誉。

（万　冬）

【佛山市新城开发建设有限公司】 2014年，佛山市新城开发建设有限公司按照“强中心”战略部署，围绕打造中德工业服务区（中欧城镇化示范区）要求，提升企业市场化核心竞争力，稳步推进项目建设，加快企业转型发展。

重点工程项目有序推进。中德高技术服务平台项目总体进展顺利，完成土建及主要机电专业的施工图设计及审查。坊塔项目作为国内首例采用钢斜交外框加钢支撑核心筒结构体系的超高层建筑，完成佛山大剧院、城市展览馆两区幕墙主桁架及室内砌体等工程。图书馆项目完成设备、机电、智能化安装及各专业调试工作，正式投入使用。科学馆与青少年宫项目完成智能化、空调、机电设备安装，以及通水通电和装修工程。档案中心项目完成智能化、高压细水雾、空调、机电设备安装和室外环境绿化及幕墙收尾工作。

交通路网建设进展顺利。汾江路南延线工程项目北岸暗埋段完成一期主体结构，以及基坑开挖、支护施工；两岸护岸工程第二阶段，南岸暗埋段、沉管管段预制施工均完成。华阳路南延（含华阳桥）道路工程项目征地拆迁和管线迁改全部完成。华阳桥北引桥承台及墩柱施工完成。岭南大道（富华路至三乐路段）工程征地拆迁取得较大的进展。佛山新城CBD二期周边路网工程（项目共包括10条市政道路的建设）、新吉路工程、万福路（荷岳路至万福路）、永兴道道路工程等区间路网按计划抓紧实施。万福路（荷岳路至永兴路）、永兴道（万福路至银桂路）等道路工程完成施工。

绿化工程项目不断突破。大型绿化工程顺利展开。重点开展新闻中心北面绿化景观项目、新城水闸东侧公共绿地、滨河景观带夜景项目、文化中心河涌周边景观、世纪大街景观、百顺道河涌景观等6大绿化项目建设，总绿化建设面积约95万平方米。绿化管养质量不断提升。坚持绿化建设与管护并重的方针，大力推行规范化、精细化和科学化管理，构建起绿化管养的长效机制，有效巩固佛山新城的绿化建设成果。共接管绿化面积110.4万平方米，乔木5.12万棵，水生植物7.9万平方米；保洁面积合计20.6万平方米，其中园路、铺装场地面积20.2万平方米，景观水体面积4170平方米，公共厕所11座。

特色项目服务配套完善。滨河景观带夜景项目于3月中旬完成设计施工总承包招投标工作，7月底全面完工。该项目总占地约65万平方米，建成后滨河景观带人气得到大幅提升。加大对露天泳场服务团队培训力度，泳场管理服务不断提升。自5月11日开放起，暑假高峰期入场人数常达2000人的上限，单日客流量最高峰近万人。全年共接待泳客36.4万人次（累计接待泳客120万人次），新办卡5.4万张（累计约21万张），旧卡激活2.85万张，电瓶车往返接送10万人次，泳客溺水紧急救护14起，未发生一起安全责任事故。

（王　松）

对外经济贸易

对外贸易

【综述】 2014 年，佛山市进出口总额 688.2 亿美元，同比增长 7.6%。其中出口 467.2 亿美元，增长 9.9%；进口 221 亿美元，增长 3.2%。

【外贸出口结构】 2014 年，佛山市外贸出口结构进一步优化。从市场来看，香港、欧盟、南非、美国和东盟位列佛山市前五大贸易伙伴，进出口全部实现正增长，其中对香港出口增长 18.3%，对欧盟增长 6.5%，对南非增长 43%，对美国增长 1.1%，对东盟增长 0.3%。从产品来看，全市大部分主要商品保持稳定，19 个出口超 3 亿美元的大宗商品中有 15 个保持正增长，其中服装增长 18.4%，灯饰增长 18.2%，汽车零件增长 13.2%，微波炉增长 12.9%。众多骨干企业如美的、科龙等均保持稳定增长。从贸易方式来看，一般贸易出口 272.8 亿美元，增长 4.8%，占出口总值近六成，显示佛山市产业实体利用深加工链条实现产品效益的能力进一步增强。

【国际市场开拓】 2014 年，佛山市以新兴市场、丝绸之路沿线国家为开拓重点，组织了 10 多次专项市场开拓活动，点面结合，突出成效。包括 5 月组团赴以色列、土耳其和塞尔维亚开展经贸活动，9 月举办“中国（佛山）－纳米比亚企业对接会”，11 月赴毛里求斯、南非和莫桑比克开展经贸活动，一方面重点引导佛山企业抢抓订单提升市场份额，另一方面与当地商协会等机构搭建信息咨询服务平台，建立长效合作机制，围绕帮助佛山及当地企业解决贸易投资合作困难进行深入探讨，达成一系列共识。组织 260 多家企业分别参加第 115 届、第 116 届广交会，鼓励企业根据订单新特点，大胆创新产品和服务，发掘新的商机。此外，还组织企业参加美国迈阿密环球资源采购交易会、粤港时尚生活展等 14 场国际性展会，达成了一批贸易成交协议。

佛山－以色列企业对接会座无虚席，两地企业家热烈商谈互相投资合作。

【服务外包高速增长】 2014 年，佛山市登记的服务外包企业数量为 200 家，服务外包离岸合同金额 2.06 亿美元，同比增长 108.99%，离岸执行金额 1.08 亿美元，同比增长 51.05%。

（李　佳）

【佛山市贸促会】 2014 年，佛山市贸促会（佛山国际商会）以开展党的群众路线教育实践活动为契机，紧密联系当前国际国内经济社会发展的新形势、新机遇，围绕外经贸中心工作，发挥贸促机构特点和优势，加强对外交流活动、组展办展功能和商事法律及信息建设，较好完成年度各项任务。

组织境外经贸交流活动。依托重点行业及重点招商载体开展一系列对外经贸交流活动。先后组织德意法三国、“走进非洲”、美洲、印度印尼马来西亚三国等5场经贸交流活动。在当地举办多场佛山投资营商环境推介会，促成意大利米兰的GIOVANNONI工业设计大师的回访和企业合作，还促成德国瑞曼迪斯环保产业项目的考察团对佛山市进行投资考察。市贸促会与印度尼西亚工商会馆、马来西亚中国总商会签订了合作备忘录。

接待来访商务团组。先后接待了哥伦比亚中商会、塞内加尔驻华使馆、蒙古国工商会、巴西阿玛帕州中小企业协会、澳门贸易投资促进会、香港商务总会和澳门查理斯通公司等8个机构或经贸代表团，为相关境外采购代表团组织大量市场考察、商务对接、采购洽谈活动。

举办对外贸易投资政策讲座。组织南沙新区先行先试新政策论坛、“投资欧洲”论坛、“法德投资环境”交流会等多场政策讲座，参加人员350多人次，帮助有意向“走出去”的企业获取可靠的海外投资贸易政策。

组织企业参加国内外知名展会。先后组织企业参加“2014澳门国际环保合作发展论坛”“香港时装节”“澳门国际品牌连锁加盟展”“第19届澳门国际贸易投资展览会”“2014美国夏季国际服装服饰、面料辅料及鞋类展览会”“第12届中国商品（印度孟买）展览会”等7场国际知名展会及“第三届中国广州国际食品食材展览会”“首届中国（满洲里）中俄蒙古国际机械建材博览会”等4场国内展会，开拓国内外市场。

探索本地自主办展。举办“2014中国（佛山）健康乐活节暨中国（佛山）国际医疗器械展览会”“2014中国（佛山）国际电子商务博览会”等本地展会，支持佛山新兴产业和新业态的发展，促进企业扩大市场销售。

搭建商事法律服务平台。2014年2月，经市政府批准，佛山市贸促会设立了商事法律事务部，加挂出证认证部牌子。联合广东南天明律师事务所成立了中贸商事服务中心，为外贸企业提供全方位专家顾问服务。举办了“佛山外贸转型及涉外风险控制讲座”等4场涉外风险防范、知识产权等实用知识讲座，培训企业代表1000多人次。

提高出证认证服务质量。开展电子原产地证书（ECO）推介及业务培训，提高信息化程度和办证便捷度。拓展瑞士、冰岛自贸区等新的优惠原产地证业务。落实国家政策全额减免企业办理原产地证、ATA单证册费用，减轻企业负担。建立佛山市贸促会原产地证书数据分析制度，为政府和企业研判对外经贸形势提供决策参考。2014年，全市贸促系统出证认证总量13.57万份，其中：一般原产地证11.05万份、单据认证731份、国际商事证明书1.98万份、代办领事认证3217份、ATA单证册14份、代办优惠原产地证1489份。

提升信息服务水平。建立企业和协会、政府的信息数据库，积极收集发布经贸动态、贸促活动信息、海关统计数据、进出口新政及贸易预警信息等资讯。全年累计发布文章和信息共485篇，发出相关手机短信117条，编印4期《国际贸易投资动态》及《佛山贸促简报》。

（关立涛）

利用外资

【综述】 2014年，佛山市新批外商直接投资项目235个；合同外资金额37.32亿美元，同比增长5.58%；实际吸收外资金额26.59亿美元，同比增长5.35%。全市共引进超千万美元项目73个，投资总额39.8亿美元，合同外资18.7亿美元。全市共引进世界500强项目9个，其中新批项目4个，增资项目5个。至年底，累计共有60家世界500强企业在佛山市投资了113个项目，投资总额83亿美元，合同外资34.9亿美元。

【一批优质项目落户】 2014年，佛山市各区都推进和落实一批优质项目，禅城区着重引进区域总部，如工业自动化应用中心是跨国龙头企业宝洁公司的自动化设备供应商，融入跨国公司全球产业链；南海区以金融高新区和佛山国家高新技术产业开发区为龙头，突出汽车、装备制造，引入精铟机械等龙头项目。顺德区重点引进机器人和智能装备及生命科学产业，推进包括库卡机器人工程中心、博奥生物遗传病筛查中心等优质项目。高明区在先进装备制造、新材料、食品饮料方面引进了关键龙头项目。三水区引进35个亿元项目，以北汽福田为龙头，大批汽配项目进驻落户。

【国际化招商团队组建】 2014年，佛山市商务局创造性地聘用4名外籍专员，打造一批胸怀世界，跨越语言、文化和制度障碍，又具专业优势的国际化招商团队。外籍专员已在挖掘重大项目信息、重大招商推介活动、建设适宜外藉人士阅读的手机版网站等多方面发挥了独特作用。佛山市这一人才创新也获得媒体的高度关注，一大批国内外知名媒体相继报道，提升了佛山市招商引资的影响力。

【招商机制建设】 2014年，佛山市进一步建立和完善产业链招商协同机制和招商信息网络机制，深化“纵向＋横向”联动招商格局，即：纵向推动市、区、镇（街）工业园区三个招商梯队有序分工、前后衔接、上下互动；横向加强各部门协同，主动提供立项、土地、规划、环保等配套服务，确保优质项目顺利落户。同时进一步完善覆盖德国、日本和台湾、广州、北京、上海、深圳等地的招商网络，为从全球引入高端项目奠定坚实的基础。

（李　佳）

对外经济合作

【综述】 2014年，佛山市“走出去”境外投资项目26个，项目总数增长13.04%，总投资额4.8亿美元，同比增长283.17%，其中中方投资额2.4亿美元，同比增长108.85%。

【对外投资】 2014年，佛山市企业对外投资体量呈现跨越发展，如广东吉瑞科技集团投资1.15亿美元经营印尼铁矿；美的集团相继在越南、泰国、印度、埃及等国家再投资，已设立企业5家，投资额达1.25亿美元。同时对欧美、港澳等发达国家和地区投资项目增多，如伊立浦对香港项目增加投资2000万美元，为其再投资并购瑞士飞机通用发动机和引擎企业提供保障等。

（李　佳）

口岸管理

【综述】 2014年，佛山市口岸运行安全畅通，全年完成进出口货运量2171.7万吨，同比增长4%，出入境人员89.06万人次。

【佛山国通保税物流中心（B）型建设】 该项目2014年初获海关总署、财政部、税务总局和外汇局等四部委审批，佛山市成立专责领导小组，加强协调海关、国检等部门，争取对佛山国通保税物流中心面积调整的支持，解决推进过程中的问题，促进该项目各项建设工作全面铺开。

【跨境电商通关便利】 2014年，佛山市加强协调口岸查验单位，针对跨境电子商务的商品类别，实施便利通关措施。如检验检疫部门对B2C贸易货物检疫合格后实施清单核放，对B2B2C贸易货物检验检疫合格后实施核销放行。

【埃博拉病毒口岸防控关】 2014年，佛山口岸针对埃博拉病毒在西非地区的蔓延和佛山市与非洲地区贸易往来较多的现状，立足口岸联席会议，协调各口岸单位通过加强人员培训和物资储备、加强联防协作、开展应急演练、加强宣传引导和口岸监测等措施，保障全市口岸的正常运作。

（杨剑梅）

海　关

【综述】 2014年，佛山海关主动适应形势发展，凝心聚力抓改革，一心一意谋发展，崇尚实干、狠抓落实，确保改革落地生根，以改革思维促进贸易便利化，千方百计服务区域经济发展。

2014年，佛山辖区监管进出口货物2171.8万吨，同比增长4%，占广州海关33.8%；进出口货值534.2亿美元，同比增长6.3%，占广州海关32.1%；监管进出境旅客98万人次，同比下降5.9%；监管火车11829节次，同比下降2.6%；监管进出境快件237万件，同比增长7.5%。

【海关改革】 2014年，佛山海关大力推动改革工作，取得新进展。一是精心设计方案，坚持问题导向，在总关党组和改革办、课题组的全力支持和指导下，协助制订《佛山地区海关深化改革工作方案》，明确4大改革任务、10项具体措施。二是抓好督办落实，召开动员会议，制定任务分解表，科学设计实施路径和步骤，明确完成时限和责任部门，先行先试、先易后难；其中机关业务处室制定综合业务、风险管理、专项稽查、企业管理等4个具体改革实施方案。三是注重总结宣传，设立改革专报和网页专栏，加强信息新闻宣传，营造改革氛围，及时总结做法，复制推广改革经验。四是推进区域无纸化通关，无纸化通关报关单78.6万份，无纸化比例为96.7%，高于广州海关同期整体水平，其中高明办、顺德办通关无纸化走在前列，比率分别高达99.3%和98.6%。

【海关服务外贸工作】 2014年，佛山海关发挥自身功能和优势，促进佛山对外贸易工作。一是支持地方建设，主动与地方一体化思考，促成国通保税物流中心（B型）正式施工建设；支持佛山市将广东金融高新区和佛山中德工业服务区纳入粤港澳自由贸易实验区；培育新增长点，支持佛山市作为非试点城市开展跨境贸易电子商务；其中顺德办协助地方打造“市场采购”平台，促进乐从家居用品属地报关出口。二是服务企业发展，开展行业调研，密切关企合作，推行企业协调员制度；送政策上门，举办海关政策宣讲会，加强高资信企业培育；协调解决陶瓷砖出口难题，帮助陶瓷行业做大做强；其中南海办对接地方“三单”改革，拟定准许清单19项、负面清单21类、监管清单6类21项。三是推进贸易便利化，加快“属地申报、口岸验放”“属地申报、属地验放”惠及面，引导水果、冻品等重点商品物流正常回流；简政放权，减负增效，规范进出口环节经营性收费，定期清理滞港货物；其中禅城办提供限时、延时、加时、随时等“四时”通关服务，满足特殊通关需求。四是加强统计分析，不断增强海关在地方外贸发展领域的“话语权”和依存度，全年向各级地方政府报送外贸进出口分析材料等20份，针对性开展专项统计分析，提出开拓新兴国家市场、扩大佛山市海关代征税规模、回归属地申报等意见建议。在各方共同努力下，2014年1～12月，佛山市外贸进出口总值4226.6亿元，比上年同期（下同）增长6.6%，同期广东省下降2.5%，占同期广东省外贸总值的6.4%。其中，出口2869.4亿元，增长8.8%，同期广东省增长0.5%，占广东省出口总值的7.2%；进口1357.2亿元，增长2.2%，同期广东省下降6.5%，占广东省进口总值的5.1%。

【口岸监管】 2014年，佛山海关不断优化监管工作，口岸等监管场所的管理进一步规范。一是巩固“绿篱”成果，落实“三个100%”查验等各项监管措施，强化与地方环保、打私及联检单位合作，严厉打击固废夹藏，遏制“两废”走私回潮；其中三水办在三水港投入使用全国海关首套“三废”快检系统（PDS6000）。二是规范监管场所，完善卡口、仓库堆场管理，重点维护视频监控设施，落实监装监卸制度，严格要求货物分区堆放，加强地磅、空柜和拖车进出管理。三是深化物流监控，继续完善“四位一体”物流监控体系建设，提升监控科技含量，规范通关流程，严密物流管理链条。年内，佛山辖区查验率为11.6%，查获率为15.7%，均高于广州关区平均水平。

【海关综合治税】 2014年，佛山海关积极夯实执法基础，综合治税新格局进一步完善。一是强化职能管理，充分发挥归类、审价、原产地审核作用，优化送检化验，做好税收咨询和核查，严防“跑冒滴漏”，确保应收尽收。二是大力拓展税源，走访税源企业，落实纳税大户联络员制度，扩大汽配、固废、水果、冻品等主要税源商品进口，便利保税内销征税，挖掘稽查补税，推广税费电子支付，吸引税源回归；其中南海办主动对接南沙港口整车进口业务，帮助一汽－大众做好整车进口计划；禅城办对接丝绸之路建设推动铁路物流发展，年内东货场转关出口货物1800.1吨、南储保税仓自哈萨克斯坦进口电解铜1000吨；高明办、三水办电子支付率排名靠前，高明办以99.56%的电子支付率位居广州关区第一。三是做好税收监控，运用关税分析监控系统，掌握税收进度，深入分析税源商品、税源企业、价格水平和税收走势，定期刊发分析简报，加大征管评估力度。2014年佛山辖区累计税收入库131.4亿元，同比增长4.3%，其中禅城办入库18.2亿元，下降9.5%；顺德办入库22.9亿元，增长16.5%；南海办入库52.6亿元，增长7.1%；三水办入库23.2亿元，增长1%；高明办入库14.5亿元，增长2.2%。

【海关保税业务】 2014年，佛山海关为了促进地方经济发展，推行一系列的保税业务，取得新的发展。一是推进国通项目建设，前往兰州、白云机场考察学习验收经验，制定方案、分解任务，督促企业加快建设；机关和顺德办统筹协调解决国通保税物流中心（B型）调整规划面积、土地产权、建设资金等问题。二是加强监控分析，继续落实加工贸易价格真实回归要求，重点关注黄金加工贸易，强化黄金加工贸易数据分析，动态跟踪黄金饰品加工企业的手册和执行情况。三是加强政策研究，复制推广上海自贸区海关监管创新制度经验，支持开展“保税展示”“保税检测”“期货交割”等业务；其中顺德办启动“顺达电脑厂保税维修”试点，为企业拓展产业链、提高市场竞争力提供支持。年内，辖区实有运作加工贸易企业890家，实际进出口212.59亿美元，深加工结转20.4亿美元，内销征税4.9亿元。

【海关业务后续管理】 2014年，佛山海关加强后续管理工作，使各业务的发展取得新的效能。一是强化风险管理，建立佛山海关风险管理工作例会制度，开展高风险口岸排查，综合分析研判关键环节、敏感商品、重点企业和异常物流，组织机动查验、复查复验，做好参数维护，落实分类分级布控指令；其中南海办强化废五金和橡胶木方监控，形成日监控、周汇总、月小结、季对比、半年画像、全年总结的模式。二是开展稽查核查，实施差别化稽查作业模式，对红酒、汽配、音响、打印机等商品开展专项稽查，推进保税中后期核查和减免税核查；全年佛山辖区共实施稽查作业175宗，占广州关区33.91%；稽查补税4665.9万元，占广州关区29.66%；移交案件线索共20宗，占广州关区38.46%。三是加强企业管理，做好新闻宣传，落实新的《企业信用管理暂行办法》，全面对接地方商事登记制度改革；其中南海办联合南海区经促局到街镇举办为期4个月的“政策巡展”和宣讲活动；三水办通过自主编程建立企业评估量化指标，运用指标对比和量化分析手段快速确定管理重点。截至12月31日，佛山辖区注册企业8660家，其中高级认证企业75家、一般认证企业407家、一般信用企业8151家、失信企业27家。

【海关打击走私】 2014年，佛山海关以高压态势严格打击走私，保护和净化了辖区的正常经济贸易。一是优化办案模式，坚持“挖团伙、破大案”理念，拓展“网络缉私”手段，深化关警“混合编队”机制建设，发挥情报先导作用，突出打击重点，始终保持打击走私高压态势。二是开展专项行动，年内先后组织“绿风”打击农产品走私和“布网”缉毒等专项行动，参与地方组织的联合执法专项行动。三是实施综合治理，对外主动联系协调地方政法委、打私办、禁毒委、公检法等部门，对内加强情报、侦查、查私、法制部门和监管、稽查、风控、关税部门的整体联动。四是统筹关区缉私，牵头协调佛山辖区打私工作的组织开展和对外联系，完善统一协调的缉私工作机制，提高辖区缉私工作的协同作战能力。全年共立案821宗，同比下降36%，案值8.75亿元，同比下降5.7%。其中：佛山分局立案386宗，案值6.14亿元，年内侦办了“12·25”“11·08”等专案；顺德分局立案267宗，案值8681.7万元，年内办结案值9.6亿元、偷逃税额3.14亿元的“2·11”走私食品案件；南海分局立案168宗，案值1.74亿元，年内侦办了“11·07”“11·08”专案和“BW64”走私毒品等案件。

（王　庆）

检验检疫

【综述】 2014年，佛山出入境检验检疫局深入贯彻落实国家质检总局“抓质量、保安全、促发展、强质检”的要求和2014年广东检验检疫工作会议精神，强化质量管理，推进业务改革，转变服务方式，提升行政效能，促进佛山经济社会的稳定发展。1～10月，受理报检94175批次，货值28.8亿美元，同比分别下降30%和49%；签发各类原产地证书23357份，签证金额8.7亿美元。6月，佛山检验检疫局获“广东省文明单位”荣誉称号。

【检验检疫改革】 2014年，佛山市推进检验检疫改革，提升检验监管效能。一是对进境跨境电商货物按照“源头可溯、风险可控、质量可靠、责任可究”的监管总要求，强化风险管理，规范现场检验检疫行为，制定合理的现场查验比例，严把重点货物查验关，确保工作质量，对B2C贸易货物检疫合格后实施清单核放，对B2B2C贸易货物检验检疫合格后实施核销放行，推动佛山跨境电子商务发展。3～10月，共计受理跨境电商货物报检170批、数量16.9万件、货值1044.5万美元。二是建立以风险管理为内容的进口监管新模式，以进口全备案为前提制定进口工业品合格评定程序，提升进口产品监管的有效性。对进口服饰采取“产品备案+清单核对+现场抽查”监管模式，在风险评估的基础上，实行监管前置、电子清单提前审核，并加强不合格商品后续追溯。三是试行进口食品分类管理，选定进口业务较为稳定的2家公司进口为试点，在核查货物单证完整，产品现场查验无误后，实施50%的比例抽样，并动态调整抽查比例和监管措施。

【检验检疫宏观监管】 2014年，佛山市加强检验检疫宏观监管，质量安全检验措施得力。一是组织对13项重点内容和44个业务风险点数据进行检查，加强风险分析工作，建立工作质量检查、稽查的长效工作机制，保障行政执法工作质量。选派辖区1家企业参加全国质量大会，推荐1家企业申报中国质量诚信企业，推动质量观念深入人心。二是组织对2013年重点进出口产品质量进行分析，向佛山市政府报送《2013年出口陶瓷质量安全概况及对策》《关于2013年佛山口岸进出口食品质量安全概况的报告》2份质量报告，佛山市副市长宋德平2次批示，给予高度肯定。三是加强有机产品入境验证工作，明确监管工作6个要点，加强3C免办管理，受理免办申请38份，发出免办证明33份，不予受理5份，查处佛山局第一起3C方面的违法案件。完成8家玩具生产企业的换证和许可审批。开展出口食品备案企业监督检查和HACCP监督检查，树立1家“出口食品备案管理优秀标杆企业”。

【检验检疫执法把关】 2014年，佛山市强化检验检疫执法把关，保障进出口商品和出入境人员安全。一是以提高货物检出率为抓手，加强对进口机电产品、进口旧机电、进口服饰、餐厨用具及婴幼儿用品等商品的查验，加强对出口木制品及家具的甲醛释放量、玩具产品的增塑剂和陶瓷产品的基本物理性能方面的检验。查验发现2台进口西门子医疗设备存在质量安全隐患，价值225万美元。二是全面实施出口食品的分类管理，按照风险分析结果实施抽检，对重点敏感商品进行重点检测，加强进出境动植物及其产品检验检疫监管。对21批次水果和2批次小麦开展182个监控项目的安全风险监控。三是应对香港《食物内除害剂残余规例》，加大对供港食品的风险排查力度，对供港蔬菜、面粉和茶叶进行重点项目监测，抽取24个样品监测530多个项目。全年供港食品1497批27871.68吨，货值10044.71万美元；供港活猪106批4240头，货值124.8万美元。四是加强动植物疫情监控，首次在广东口岸截获家具窄吉丁。截获进境植物疫情3217批次，其中检疫性有害生物53批次。五是加强埃博拉出血热疫情防控，加强人员培训和物资储备，加强联防协作，开展应急演练，加强宣传引导和口岸监测及医学巡查，口岸现场查验出入境人员41826例，发现症状26例，确诊病例11例，发现率0.06%，确诊率42.31%。

佛山检验检疫工作人员在了解卫生洁具企业自检工作情况。

【检验检疫助推企业发展】 2014年，佛山市检验检疫工作发挥职能优势，促进企业发展。一是充分利用优惠政策，帮助企业享受国外关税优惠，降低企业出口成本。实行企业备案与产品审查分离原则，提高企业备案效率。取消原产地签证企业年审，简化签证手续，实施产地证签证无纸化。累计签发各类原产地证书23357份，签证金额8.7亿美元，企业因此获得关税减免466万美元（以5.36%计算）。落实相关减免收费政策，1～10月减免出口商品检验检疫费707万元，减轻企业负担。二是充分利用现有资源，用有限资金完成江湾路、三水办等的7个业务窗口改造，加快检验检疫窗口标准化建设，推进“三个一”通关模式。三是充分利用“广东出口陶瓷与建筑材料公共技术服务平台”，为企业提供检测、认证、培训、信息咨询等技术服务，为创建佛山建筑卫生陶瓷知名品牌示范区提供技术支持，开展国外认证和检测业务，研究突破厄瓜多尔修订的最新陶瓷砖技术法规，解决中国陶瓷砖自2014年1～7月不能出口到厄瓜多尔的技术性贸易措施难题；帮助企业应对哥伦比亚陶瓷砖标签技术法规。四是秉承“服务佛山企业，发展佛山外贸”的理念，帮扶企业解决各种难题。5月，英威达公司1台鼓风设备损坏需外运新加坡维修，导致整条生产线暂停生产。佛山出入境检验检疫局快速协助企业办理好进口旧机电产品有关文件手续，协调口岸联检部门，对修复进口鼓风机在现场查验后准许调运工厂检验，帮助企业顺利完成安装调试，在最短的时间内恢复正常生产。帮扶出口饲料生产企业佛山立达尔公司进行风险因子分析，确定每个产品的关键控制点，确定一个产品一种监管模式的方案，企业出口快速增长。

【检验检疫履职能力提升】 2014年，佛山出入境检验检疫局加强提升履职能力，检验检疫水平实现新跨越。一是大力加强实验室建设，提升检测质量和管理水平。该局技术中心顺利通过“三合一”监督扩项评审，涉及产品类别226大类、1234个检测标准。二是争取更多国外检测机构和认证机构的认可，与佛山市消委会、佛山水业有限公司建立合作关系。三是巩固和发展国家陶瓷检测重点实验室联盟，组织联盟的第六次会议，组织联盟参加“第二届国际检验检测技术与装置博览会”，展示联盟的技术实力和服务水平。四是加强科研制标及科技管理，组织申报项目9项，申报广东出入境检验检疫局2014年度科研制标2项。

（杨　珊）

财政税务

财　政

【综述】 2014年，佛山市地方公共财政预算收入完成500.73亿元，比上年增长14.27%；全市公共财政预算支出完成524.94亿元，比上年增长7.48%。全市各区均实现平稳增长，其中禅城、南海、顺德、高明、三水分别增长11.51%、14%、13.02%、14.96%、23.01%。财政收入的持续稳健增长，为全市经济、社会和民生事业发展提供有力保障。

【财政收入稳增长】 2014年，佛山市科学组织收入工作，实现财政收入平稳持续增长。一是各级财税部门密切配合，协调联动，认真落实收入情况通报、分析机制，提升财税统计分析、数据应用与收入形势预判能力，确保财政收入平稳增长。二是拓宽非税收入来源。继续深化小汽车号牌竞价发放工作，不断创新管理手段，优化服务方式，拓宽收入来源；创新非税收入征缴渠道，加快非税收入管理系统升级改造，方便市民缴费。三是加强对国有土地收储出让的全方位管理，加大土地收储与出让工作力度，增加政府后备财源。四是全力支持“大国资”改革。完善市级国有资本经营预算，配合推进“一环”快速化改造，协调解决国企改革历史遗留问题，推进债务优化工作。

【财政支出控制】 2014年，佛山市贯彻中央“八项规定”，严格落实厉行节约各项措施。全市各级财政部门严格执行年度预算，从严控制行政经费和一般性支出，将节约的资金用于促进发展、改善民生等各项重点支出需要。同时，联合监察、审计等部门下发进一步加强厉行节约反对铺张浪费相关工作的文件，牵头制订并印发党政机关和事业单位会议费、差旅费、外宾接待经费、因公临时出国经费等管理办法，明确支出标准和操作规范，建立健全厉行节约反对浪费的长效机制。

【财政支出结构】 2014年，佛山市财政支出大力支持经济、产业转型发展。一是支持创新驱动发展战略。全市投入创新型城市建设资金21.07亿元，加大自主创新、技术改造、战略性新兴产业等重要领域的支持力度。二是安排产业链招商方面资金1.6亿元，扶持先进装备制造业、现代服务业和战略性新兴产业的引进和建设，不断优化产业结构，提升经济发展效益和质量。三是扶持中小企业加快发展，推进中小企业的服务体系和信用担保体系建设。安排外贸发展扶持资金1.98亿元，支持企业开拓国内市场与对外贸易发展。四是创新财政资金扶持方式，加快现代金融体系建设。市财政首期全额投入1亿元资金，支持设立产业金融引导资金，创新扶持产业发展模式，推动股权投资体系建设。五是优化经营、投资环境，服务企业发展。扩大“营改增”改革试点，为相关行业减轻税收负担；按上级政策降低、免征（停征）行政事业性收费68项，并研究出台堤围防护费下调方案，减轻企业负担。

全力推动城市升值及重点项目建设。一是全力支持城市升级建设。筹措资金推进“强中心”建设，中心城区的“一老三新”（“一老”是指以东华里、祖庙为代表的禅城老城区；“三新”是指东北面的南海沥桂新区，东南面的佛山新城以及禅城西部的南庄绿岛湖、张槎智慧新城片区）区域等城市重点项目建设取得明显成效；同时，及时理顺市与顺德区、佛山新城之间的财政体制调整、资金划拨等方面事务，确保佛山新城建设有序推进。二是全市重点交通工程建设方面投入 61.96 亿元，大力推动广佛线二期、佛山地铁 2 号线一期、3 号线前期、贵广（南广）铁路、广佛环线、佛肇城际线、佛山西站轨道交通节点等重点工程建设。三是大力支持节能减排和环境保护。全市投入环保绿化方面资金 21.14 亿元，支持推进节能减排、节能技术改造及城市主干道夜景改造、生态景观带建设等工作，发展循环经济，加快创建“国家生态市”和“全国绿化模范城市”。

【基本公共服务均等化】 2014 年，佛山市财政部门根据市委、市政府关于建设人民满意政府的总体部署，落实保障 2014 年建设人民满意政府的 65 个重点项目支出和省、市各项民生实事资金，推进《佛山市保障和改善民生　推动基本公共服务均等化行动计划（2014 ~ 2020 年）》，重点加大教育、社会保障、医疗卫生、住房保障、公共安全、公共交通等公共领域的投入；同时，草拟《关于进一步完善基层基本公共服务均等化的实施方案》，向纵深推进基本公共服务均等化建设。2014 年，全市民生方面的投入达 337.39 亿元， 比上年增长 7.52%，占地方一般公共预算支出的比重达到 64.27%。

【财政综合管理改革】 2014 年，佛山市继续推进财政综合管理改革。一是公共财政综合管理平台建设走上新台阶。公共财政综合管理平台项目一期正式上线并通过验收，借助信息化手段形成财政管理闭环；编制完成相关工作规范，对财政核心业务流程进行规范化、标准化改造。二是预算管理改革全面深入推进。重点是探索重大建设项目跨年度预算管理模式，提高财政资金的使用效率，减少项目资金结转。三是财政专项资金竞争性分配改革取得新成效。2014 年竞争性分配改革纳入市 22 项重大改革专题，研究制定了《佛山市市级财政专项资金竞争性分配改革试行意见》全市共有 84 个项目开展竞争性分配，金额共 7.69 亿元，比上年增加 4.55 亿元，增长 145%。四是国库管理制度改革迈出新步伐。省财政厅将佛山市确立为省首批地级市国库集中支付电子化管理试点单位。五是财政绩效管理改革向纵深迈进。探索建立以财政支出绩效评价和预算绩效评审为核心的预算支出管理新机制，清晰反映财政资金的来龙去脉和使用绩效；突出财政支出项目绩效目标管理，强化项目运行绩效跟踪监控，市本级对 200 万元以上一般公共预算支出项目的绩效目标情况和支出进度实行绩效监控。

【安全高效理财】 2014 年，佛山市各级财政部门坚持将财政改革创新与财政监督管理工作有机结合起来，构建“突出重点、内外结合、上下协作、多层次、全方位”的财政监督体系。一是坚持突出重点。建立健全财政资金运行监控体系，加大对重点领域财政资金支付使用的监控力度；进一步扩大公务卡制度改革和财务核算信息集中监管改革覆盖面；联合有关单位对部分预算单位经费预算管理使用情况进行专项检查，规范预算单位财政财务管理。二是坚持内外结合。一方面， 严格内部监督与控制。通过加强内部审计检查，完善机关工作规范、制度性文件等，提升机关运作和管理水平；进一步推进权责发生制政府综合财务报告试编工作，提高各级财政部门财务分析能力和报表编制水平。 另一方面，配合中央、省、市开展的各项审计和检查工作，以审计、检查促管理、提绩效。三是坚持上下联动。深入开展贯彻执行中央八项规定、严肃财经纪律和“小金库”专项治理行动，堵塞资金管理漏洞。同时， 加强对下级财政部门的监督、指导，建立健全市、 区、 镇（街）三级财政监管机制。四是坚持多层次、全方位管理。提升基建审核水平。完善中介审核的评分细则，引入奖惩机制，激励中介机构保持高水平的审核质量，实现财政审核水平的整体提升。2014 年，全市共完成审核工程概、预、结算项目 1790 项，完成评审金额 296.62 亿元，核减金额 26.06 亿元，核减率 8.8%。发挥财务总监监督和纽带作用。履行对市级 50 个 500 万元以上重点项目资金使用环节的监管职责，构筑管理、监督、服务三位一体的工作模式，确保财政资金安全高效。引导会计行业健康发展。加强对中介机构的政策引导和日常监管，开展会计信息和会计师事务所执业质量检查，规范会计核算基础，严肃财经纪律，促进行业健康发展。

（上官蔚云）

国家税务

【综述】 2014年，佛山市国税系统共组织税收收入685.93亿元，同比增长12%，增收73.35亿元，其中：中央级收入525.55亿元，同比增长11.7%；省级收入39亿元，同比增长10.5%；市区级收入121.38亿元，同比增长13.8%。剔除海关代征税后，共组织国内税收收入576.45亿元，同比增长14.3%。另外，共办理出口退税204.05亿元。全市各区国税税收均实现增长，禅城区、南海区、三水区增长相对较快，增幅分别为14.1%、20.3%、22.2%。全市国税各产业税收均实现增长，第一产业增长91.1%，第二产业增长14.6%，第三产业增长5.5%，所占比重分别为0.1%、72.1%、27.8%。

【组织税收收入】 2014年，佛山市出台《组织收入联动机制运行管理办法（试行）》，完善组织督导机制、信息共享机制、任务发布机制、联合分析机制和收入评价机制，形成各部门齐抓共管的工作格局。组建风险监控中心，深度开展风险预警监控，共设置预警监控指标77个，自动产生并推送疑点数据累计超过7万条。以“16个低税负+9个低利润率”行业为突破口，通过纳税提醒、纳税评估、税务审计、反避税调查、税务稽查等风险应对方式，进一步提升促收工作成效。

【“营改增”试点扩围】 2014年，佛山市先后将铁路运输和邮政业、电信业纳入“营改增”试点范围，使“营改增”企业扩大到32491户，其中：交通运输业1278户，占3.93%；邮政服务业9户，占0.03%；电信业66户，占0.2%；现代服务业31138户，占95.84%。2014年，“营改增”共为全市纳税人减少税收负担15.77亿元，有力支持佛山产业结构调整和经济社会发展。

【税收优惠政策】 2014年，佛山市落实小微企业免征增值税政策，为52.9万户（次）纳税人减税超过1亿元。落实小微企业所得税优惠政策，为符合条件的78685户企业减税1.88亿元，政策覆盖面和企业受惠面均达100%。落实简并增值税征收率政策，为2400多户纳税人减税超过5000万元。落实新能源汽车免征车购税政策，为全市1243台公交车辆免税3900万元。落实高新技术企业税收优惠，支持154户企业创新，共减税11.1亿元。

【国税行政审批制度改革】 2014年，佛山市推行税务行政权力清单制度，编制行政职权清单，厘清行政职权的行为类别、相关法律法规政策依据。2014年，佛山国税共在佛山市政府网站公布职权清单148项，其中：行政审批70项，行政处罚38项，行政强制12项，行政征收6项，行政检查1项，行政指导2项，行政确认9项，职权交叉分散1项，其他事项9项。在南海区国税局试点开展行政职权标准化建设，编写税务行政审批标准化流程62项，使区级审批事项的办事指南信息更加清晰明确，审批程序更加简便高效，审批行为更加规范可控。制订《税务行政处罚裁量权执行基准（试行）》，细化、量化税务行政处罚裁量基准，规范裁量范围、种类、幅度，并试点税务行政处罚裁量基准嵌入税收执法风险防御系统，为全省国税系统推广应用积累经验。

【国税纳税服务】 2014年，佛山市国税部门通过各种服务，引导、帮助企业、个人积极纳税。开展“便民办税春风行动”。举办“听民生　聚民智　便民办税微访谈”活动，凸显规格高、参与广、话题热等特点，达到预期宣传效果。开通“佛山国税纳税服务”微信公众号，方便纳税人获取涉税信息。拓展网上办税功能，发票代开、发票验旧业务全面实现网上办理。在全市各办税服务厅配置74台自助办税服务终端，全部建有自助办税服务区，其中14个为“24小时”自助办税服务区。推行所得税汇算清缴鉴证报告无纸化报送，为6600余户企业减轻报送负担。自主开发出口退税网上预申报系统，纳税人足不出户即可完成出口退（免）税预申报。与地税部门、银行机构共同推出“税融通”服务项目，帮助中小企业解决融资难题。通过新闻媒体向社会发布纳税信用等级评定公告，及时曝光12宗税收违法案件，税收守信激励和失信惩戒机制逐步建立。落实《全国税务机关纳税服务规范》。梳理业务事项132项、基本规范499条、升级规范

163条，修改业务流程53个、表证单书37份，并同步更新外网办税指南，初步实现办理程序一致、受理程序一致、服务体验一致的效果。

【国税征管改革】 2014年，佛山市国税系统推进各种征管改革。推进分局职能部门化。先后在高明区、禅城区、三水区国税局试点，将税源管理职责划分为依申请事项、依职权事项和风险管理事项三大类，合理分解到各层级、各部门、各岗位，打破当前基层税务分局税源管理岗位权力过于集中的完全属地管理模式，提升税源管理效能，降低执法廉政风险。推进大企业集约化管理。制定《大企业分类分级联动管理办法》，建立“市国税局主导管理、区国税局主体管理、税务分局辅导管理”的三级联动管理机制。推进稽查标准化管理。优化工作流程，明晰执法标准，严密质量监控，形成全市国税系统统一适用的稽查管理模式。

【“金税三期”工程试点】 2014年，佛山市高明区国税局作为全省唯一的全量双轨试运行单位，为双轨试运行提供了组织、人员、技术、机制、后勤保障。全市国税系统集中开展三轮覆盖“会统票”的全业务验证测试，为协助国家税务总局开发组完成金税三期工程优化工作起到决定性作用。试点期间，全市国税系统共抽调163名业务骨干参与测试攻关工作，完成CTAIS数据的补充、核实、清理任务56项，处理数据超过25万条；累计试运行业务超过10万笔，成功录入率达95%以上；累计上报运维问题895个，并向软件公司提出13项业务需求及10项完善建议。

【国税税收现代化建设】 2014年，佛山国税完成六大体系基本框架的构建，使体系建设与税收现代化总目标成功对接。佛山国税六大体系共包含子体系36个，有制度（流程）292项，待建或完善制度（流程）236项，平台111个，品牌87个，机制93项，形成长达11.3万字的路线图、任务书、时间表，有力推进佛山国税事业整体全面发展。

【国税系统法治文化建设示范点】 2014年，佛山市国税系统以创建“法治文化建设示范点”和“依法行政示范单位”为载体，出台法治文化建设工作规划、创建广东省法治文化建设示范点工作方案、开展依法行政示范单位创建活动实施方案、法治税务示范基地建设工作方案等，打造文化宣传平台、执法监督平台、法律服务平台和廉政教育平台，创建执法监督信息化、法律参谋专业化、人才培养精英化、普法宣传网络化等法治文化品牌。2014年，佛山市国家税务局被授予“广东省法治文化建设示范点”称号。

（吴康民）

地方税收

【综述】 2014年，佛山市地税系统累计组织税费收入746.92亿元，同比增长8.82%，增收60.1亿元。组织税收收入466.52亿元，同比增长10.9%，增收45.86亿元。其中：中央级收入78.72亿元，同比增长13.83%；省级共享收入107.25亿元，同比增长9.34%；省级固定收入33.24亿元，同比增长25.43%；市县级收入247.32亿元，同比增长9.1%。组织社保费收入227.8亿元，同比增长5%，增收10.85亿元；教育费附加、文化事业建设费及其他规费收入52.6亿元，同比增长6.88%，增收3.39亿元。

【地方税收特点】 2014年，佛山市地方税收收入运行总体上呈现“税收增速高于全省平均水平、各级次收入全面增长、财产行为税收入规模扩大、房地产业占比创新高、各区增长不平衡”等特点。

税收增速高于全省平均水平。2014年，佛山地方税收收入规模连续21年居全省地级市首位，占全省（不含深圳市，下同）地方税收收入的11.7%，较2013年提高0.09个百分点，税收增速（10.9%）比全省平均增速（10.11%）高0.79个百分点，增速位居全省地税系统第十位。

各级次收入全面增长，省级固定收入增幅最高。中央级收入受企业所得税汇算清缴收入和个人所得税收入较快增长拉动，同比增长13.83%；省级共享收入受土地增值税清算收入较快增长拉动，同比增长9.34%；省级固定收入受银行业业绩扩大及2013年同期保险业大笔退税拉低基数影响，同比增长25.43%；市县级收入受土地增值税清算收入及市县级固定税种收入平稳增长拉动，同比增长9.1%。

财产行为税收入规模不断扩大。2014年财产行为税9个税种同比增长11%，收入规模由2013年的167.43亿元提高到2014年的185.85亿元，其中土地增值税、契税收入规模均超过40亿元，城市维护建设税收入规模超过30亿元。

第三产业税收比重进一步提高。第三产业税收增速（11.78%）快于全市增速0.88个百分点，占总税收比重71.57%，较2013年提高0.56个百分点。房地产业税收收入增长17.44%，税收增收贡献率达54.13%，占总税收比重为38.64%，较2013年提高2.15个百分点，达到历年新高。

各区收入增长不平衡：南海区和三水区两位数增长，高明区增幅较低。南海区受企业所得税汇算清缴收入和土地交易契税收入较快增长拉动，同比增长14.76%；三水区受市县级固定税种收入较快增长拉动，同比增长14.07%；禅城区受企业所得税负增长影响，同比增长9.8%；顺德区受营业税低增长0.72%以及契税和耕地占用税负增长影响，同比增长8.41%；高明区受土地交易契税及土地增值税清算收入大幅下降影响，同比仅增长0.23%。

【地税税收优惠政策】 2014年，佛山各级地税部门（不含顺德区）根据上级政策导向，全面贯彻扶持小微纳税人发展和鼓励创新等税收优惠政策，并着力减轻企业规费负担。扶持小微纳税人发展。广泛宣传小微企业优惠政策，建立管理台账，专人跟进，100%通知到户，严格执行直接申报、无需备案简易流程，切实提高受惠面，全年为2023户小型微利企业减免企业所得税910.6万元，办理小微企业营业税优惠51122户次、减免2473.9万元。落实专项优惠政策。减免农贸市场、农产品批发市场相关税收，办理优惠140户次、减免税额1019万元。鼓励企业创新。贯彻高新技术企业、研发费加计扣除等企业所得税优惠政策，分别减免税收2.8亿元、3151万元。减轻企业规费负担。在产业转型升级背景下，政府出台系列减轻企业费负措施，与相关费种主管部门联系沟通，顺利实施基本养老保险和失业保险费基下调、堤围费征收标准下调以及对月营业额2万元以下纳税人免征堤围费、对月营业额2万元以下娱乐业纳税人免征文化事业建设费等规费优惠政策，共优惠社保费6.1亿元、堤围费3.1亿元、文化事业建设费23万元。

【“金税三期”上线】 2014年，佛山市承接“金税三期”优化版双轨试点和特色软件试运行工作，奠定单轨上线坚实基础。顺应国家税务总局集中到省级集中的模式调整，3月起派员参与广东省“金税三期”应用系统全面优化工作，对数据监控、管理服务、申报征收及应用总集成等进行优化，形成评审意见提交总局；修改数据清理辅助系统，向全省提供后台数据修改支持和技术咨询。推进系统双轨试运行。作为全省首批试点上线单位，9月底在南海地税局桂城分局实现双轨试运行，并加紧业务测试，为全省运行积累经验；11月底在全市开展全量全员全功能双轨试运行，及时发现问题，促进功能完善。推进特色软件接入改造。禅城区地税局重点支持发票在线系统和税源管理平台，南海区地税局重点支持社保费系统和自助办税终端，11月底本地特色软件双轨运行，至年底，税源管理平台、社保费系统和自助办税终端测试通过率100%，发票在线系统测试通过率98%；加强与国税、人民银行、财政等部门沟通协调，组织实施佛山市财税库行横向联网系统（ETS系统）接入改造。组织单轨前冲刺。组织全系统业务人员全面开展压力测试，联合市国税局向党政部门汇报“金税三期”上线情况，认真开展税务人员培训，利用媒体、网站、微信等渠道面向纳税人广泛宣传，为2015年1月8日单轨运行奠定坚实基础。

【地税纳税服务】 2014年，佛山市地税纳税服务通过跨区、跨部门协同合作，提高服务水平，各税种税费业务得到有效提升。税费业务同城通办有序推进。打破主管分局行政资源区域限制，3月起在高明区地税局、4月起在禅城区地税局探索申报征收、门前开票、发票领购、开具涉税证明等业务同区通办，8月实现设立、变更税务登记业务全市通办，9月底禅城区、高明区同区通办业务扩展至发票验销、新办参保单位缴费登记核定等 10 大类业务。统一全市车船税征管系统，与车管部门实现数据交换，6 月实现车船税在自助办税终端机上跨区缴纳，本市车主无需再受车辆登记地限制。牵头搭建社保费地税、社保、财政三方协同办公平台。借鉴河源模式，联合社保、财政部门，牵头搭建社保费三方协同办公平台并于 8 月底上线，地税和社保部门信息交互时间由 3 天缩短至半小时，有效缓解地税、社保系统信息不对称、缴费人两头跑等问题。推进电子办税无纸化。大力推广电子办税服务厅，引导纳税人应用 CA 认证，提供申报征收无纸化、自动获取涉税信息等便捷服务，7 月起市局出资为 CA 认证纳税人提供半年免费体验期，全年推广 CA 用户 18215 户。创新采用政府采购方式配送发票。5 月起以政府采购方式免费为首批 CA 认证纳税人提供电子发票邮政配送服务，全年共为 133 户纳税人配送电子发票 62697 份，CA 认证纳税人足不出户即可办妥发票领购业务。联合 16 家银行机构推出“税融通”项目。银行机构向诚信纳税的中小企业提供“流动资金贷款”“承诺抵押贷款”等融资产品及金融服务，对 A 级纳税人给予无抵押贷款、手续费减免等贷款优惠。至年底，83 家企业获批贷款 12 亿元，诚信纳税户融资更加便利。

（周　鹏）

2014 年 4 月 1 日，佛山市国税局、佛山市地税局在佛山市政府官方微博平台 @ 佛山发布联合举办局长微访谈活动。

金　融

概　况

【综述】 2014年，佛山市金融业增加值达287.74亿元，同比增长3.6%，占GDP比重达到3.8%，金融总量在省内排名第三位，仅次于广州和深圳，佛山市已经形成银行、证券期货、保险等传统金融机构和融资担保、小额贷款、股权投资基金、融资租赁等泛金融机构相结合的较为完备的金融体系，机构总数超过600家，约是2008年的7倍。

【金融平台建设】 至2014年底，佛山民间金融街（广东省第二个民间金融街）首批获批设立的17家小额贷款公司已全部开业，累计近60家金融机构入驻，汇集民间资本40多亿元。广东金融高新区股权交易中心（广东省第三个股权交易中心）已在江门、肇庆、云浮、韶关、揭阳、茂名、粤桂合作特别试验区等地设立运营中心或服务基地，并设立知识产权交易平台、科技板、国资板、青创板等特色板块，自2013年10月底投运起，累计注册登记企业1141家，挂牌企业40家，实现融资超38.6亿元。全景网（广东）路演中心（广东省首个路演中心）于2014年5月13日正式启动，并成功承办“2014年广东上市企业投资者集体接待日”活动。佛山市金融投资控股公司于2014年3月正式成立，成为佛山市运用金融资源的又一抓手，运作总规模约6亿元的各类扶持基金。

【金融生态环境】 2014年7月，佛山市出台《佛山市金融突发事件应急预案》，进一步完善金融突发事件应急机制，健全金融应急体系，为迅速有效处置各类金融突发事件提供制度保障，并完善一系列配套措施，引导设立支持企业融资专项基金、行业互助基金，综合化解企业资金困难。成立由市主要领导任组长的佛山市促进金融发展和维护金融稳定工作领导小组，提升全市金融发展和维稳协调工作的领导架构。2014年初，为推动金融监管部门建设金融诚信体系，不断优化金融生态环境，佛山市制定出台《关于创建金融生态示范市、促进经济协调发展的意见》。此外，佛山市仲裁委员会金融仲裁院于2014年12月30日在佛山民间金融街正式揭牌，有助于维护地方金融市场各方的合法权益。

（徐轶奕）

金融监督管理

【货币信贷管理情况】 2014年，佛山市率先试点创新型货币政策工具。试点常备借贷便利工具，累计运用常备借贷便利资金1000万元，提升向地方法人金融机构提供短期流动性支持的能力。开办支小再贷款业务，以债券质押的方式累计发放6亿元支小再贷款，全国率先以信贷资产质押方式发放4亿元支小再贷款。2014年，人民银行佛山市中心支行向顺德农商银行发放4笔支小再贷款，该机构利用上述支小再贷款资金共发放250笔贷款，惠及122家小微企业，在一定程度上缓解了辖区小微企业融资难、融资贵的问题，提高了货币政策工具的操作灵活性。

用好用活支农再贷款和再贴现政策工具。累计发放支农再贷款0.3亿元；累计办理再贴现业务7.15亿元，其中：小微企业票据再贴现4.59亿元，惠及小微企业277家次；涉农企业票据再贴现1.02亿元，惠及涉农企业24家次。引导金融机构加大对“三农”和小微企业发展的支持力度。

（袁　亮）

【银行业监管】 2014年，佛山银监分局围绕“严监管、防风险、谋改革、促发展”的工作主线，履行监管职责，坚守风险底线，确保辖区银行业健康平稳发展。

防范重点领域风险。一是继续深化推进平台贷款清理规范工作，通过召开专题工作会议、强化全口径风险管理、加快存量处置等方式，遏制平台风险上升势头。二是加强房地产贷款风险监控，督促辖内银行业金融机构严格执行房地产企业“名单制”管理，保持房地产开发贷款与购房贷款结构的稳定性。三是防范信息科技风险，通过开展信息科技风险快速巡查等方式，引导辖内机构采取有效措施防范和化解各类信息科技风险。

稳妥处置大客户信贷风险。针对辖内发生的个别企业资金链断裂的信贷风险事件，佛山银监分局及时采取组织风险处置协调会、高管谈话、实地走访等监管措施，引导机构妥善处置相关风险，主动协调政府提供各种平台支持和帮助；同时，为强化风险防控基础工作，佛山银监分局出台了《重大授信风险客户信息平台工作方案》，以积极主动应对各类风险。

防范案件风险、操作风险和舆情风险。一是督促机构开展案件风险排查工作，慎防案件风险和员工道德风险。二是提示全辖银行机构防范中间业务合规风险，组织开展全面风险排查，强化理财业务合规风险管理和代销业务风险管理。三是完善舆情监测及报送机制，通过舆情跟踪加强对市场的正面引导，及时妥善应对和处理舆情事件，督促机构切实加强声誉风险防范。

引导辖内银行业加大改革力度。一是推进银行业治理体系改革。贯彻落实“一行一策”的工作措施，针对辖内法人机构的风险特点制定相应的监管工作措施，推进辖内法人银行机构同业专营部制和理财事业部制的改革。二是深化农村金融改革。引导辖内农村中小金融机构以乡村超市POS终端等金融电子机具为主要手段，推动基础金融服务向村一级延伸，辖内农村地区实现金融机具服务“村村通”。三是引导邮储银行深化二类支行改革。引导邮储银行实行差别化的改革措施，通过打造特色网点等措施，探索优化改革方案。至年底，邮储银行佛山分行列入改革范畴的50家二类支行中，已有34家完成改革，完成率为68%。

提升辖区银行业金融服务质效。一是引导盘活存量，增加可贷资金。引导辖内银行业金融机构加快推进信贷资产证券化工作，顺德农商银行成功发行信贷资产支持证券15.34亿元，成为全国农村中小金融机构首单信贷资产支持证券。二是引导完善小微企业金融服务。佛山银监分局组织开展小微企业金融服务宣传月活动和开展专项督导，并简化小微支行和社区支行的准入流程，督促银行机构按要求有序设立。至年底，首批4家小微支行、14家社区支行已获批开业。三是督促改进“三农”金融服务质量。通过组织审慎监管会谈、发出监管意见书等方式，引导辖内银行机构按照强农惠农富农的新要求和“三农”金融服务的新需求，深入推进“三大工程”，加大涉农产品创新力度，探索推进金融服务“三农”新模式。

（刘添豪）

银行业

【综述】 2014年，佛山新增广州农商银行佛山分行和佛山南海新华村镇银行2家银行机构。至年底，全市共有银行业机构51家，银行业机构网点数1871个、银行业从业人员数32333名，金融机构本外币各项存款余额达11275.63亿元，连续3年是全省唯一突破万亿元的地级市。各项贷款余额7595.79亿元，同比增长6.81%。佛山“藏富于民”，居民储蓄存款余额5806.94亿元，同比增长3.65%，在全国地级市排名前列，在全省排第三位。

【存款情况】 2014年，佛山存款总体情况是存款少增，外币存款大幅增长。至年底，佛山市中外资银行机构本外币各项存款余额11275.63亿元，较年初减少111.5亿元，同比少增1308.49亿元，较年初下降0.98%。

年末，佛山市中外资银行机构人民币各项存款余额10932.5亿元，较年初减少151.15亿元，同比少增1427.97亿元，较年初下降1.36%。

年末，佛山市中外资银行机构外币各项存款余额56.08亿美元，较年初增加6.3亿美元，同比多增17.51亿美元，较年初增长12.66%。

【贷款情况】 2014年，佛山市贷款总体情况是贷款余额同比增长，外币贷款继续萎缩。至年末，佛山市中外资银行机构本外币各项贷款余额7595.79亿元，同比增长6.81%，比上年同期低4.5个百分点，其中，人民币贷款余额7446.45亿元，同比增长8.36%，比上年同期减缓3.8个百分点；外币贷款余额24.41亿美元，同比下降37.86%，比上年同期降幅扩大31.5个百分点。

2014年，佛山市中外资银行机构新增本外币贷款484.49亿元，同比少增235.35亿元，较年初增长6.81%。其中，新增人民币贷款574.6亿元，同比少增169.49亿元；外币贷款减少14.87亿美元，同比多降12.19亿美元。

（徐轶奕　袁　亮）

证券、期货业及上市公司

【综述】 至2014年底，佛山证券营业部数量达到78家，期货营业部14家，全市证券交易成交总额(不含权证)为24516.3亿元，占全省总成交份额14.01%，在全省排第三位。

2014年，佛山海天味业、欧浦钢网、新宝电器3家企业分别在主板和中小板上市。至年底，佛山上市公司总数达到40家，形成A股、B股、H股、S股、L股等齐头并进的局面，累计融资超过650亿元，比2005年增长近9倍，证券市场“佛山板块”逐步壮大，并形成了上百家企业的拟上市企业梯队。此外，随着新三板全国试点放开，至年底，佛山有11家企业成功挂牌新三板。

【证券业自律管理】 2014年4月，广东省证券期货业协会组织召开地方协会会议，重点传达中国证监会文件《关于进一步规范证券经纪业务活动有关事项的通知》，文件对证券经纪业务有关监管要求做了进一步明确、重申和细化。佛山市证券期货协会、证券经营机构按照文件要求，全面开展自查自纠工作，形成统一报告，确保佛山市证券期货经营机构“进出自由、佣金费率自由、客户转销户自由”的市场开放原则得以贯彻，促进市场公平、公开、公正竞争。

【新三板专题调研】 2014年2～3月，佛山市证券期货协会联合佛山市金融工作局、佛山市五区金融工作办公室开展全市新三板专题调研工作。通过座谈会和走进上市公司、拟上市公司的方式，深入了解佛山市场新三板发展情况、企业顾虑、中介机构在提供服务中面临的困境，形成调研报告并提出具体建议。

根据调研发现，在各区政府及券商机构的积极推动下，佛山本土企业家逐渐熟悉新三板、天交所、广东金融高新区股权交易中心等场外交易市场，但佛山企业新三板的立项挂牌工作与全国相比，进展还是相对较慢，所以调研工作组提出了加快推进佛山市新三板业务发展的建议。一是要认识到政策和意识引导尤为重要；二是业务协作平台的强强联合；三是企业上市政策和制度的解读与培训；四是做好企业信息的跟踪服务工作。

【股指期权投资报告会】 2014年金融衍生品市场最值得期待的股指期权为投资交易带来全新格局，国内证券、期货交易所都在积极筹备期权类产品上线交易。为了指导佛山广大投资者进行理性的期权投资，2014年7月26日，在中国金融交易所的大力支持下，华泰长城期货佛山营业部、华泰证券佛山大良证券营业部联合主办“财富知识大讲堂——股指期权投资报告会”。中国金融交易所优秀讲师张萌、(新加坡)上海昂亿投资管理有限公司主管合伙人姜涵、华泰期货金融部副总经理刘涛等主讲嘉宾，用通俗易懂的话语解读了期权的相关知识和操作技巧，详细介绍了创新业务，现场解读2014下半年股票热点和股指期权交易规则、期权交易策略运用及期权交易风险管理。

【期货大讲堂】 2014年8月14日，由上海期货交易所、佛山市证券期货协会联合主办的“期货大讲堂——走进佛山”大型投资者教育宣讲活动在佛山举行，吸引行业从业人员、广东有色金属交易平台、投资者近200人。邀请资深专家分别围绕《如何在宏观趋势中有效识别并应对价格风险》《企业利用期货工具增效促经营》《贵金属期货市场运行情况介绍》《上期所套期保值六成及业务介绍》等四大主题，分享热点投资话题及企业套期保值策略。

【非法集资排查】 2014年5月，佛山市处置非法集资领导小组下发《关于开展非法集资风险专项排查活动的通知》，行业高度重视，并对非法集资排查工作进行细致安排形成长效督查机制。一是明确负责人责任制，各证券期货经营机构对本单位员工是否涉及非法集资活动进行初步筛查，出具承诺函，由负责人亲笔签字盖公章后报送佛山市证券期货协会存档。二是由佛山市证券期货协会牵头成立专项督查小组到各证券期货经营机构开展现场排查。三是针对券商发售的理财产品的市场规模，根据督查小组的现场检查进度，不定期排查和汇总，形成券商理财产品规模统计表。对基金、债券（非基金类）、信托、资产管理计划的交易额数据进行全面统计。

【基金及债券】 2014年，佛山股权投资行业快速发展，全年新增基金56家，新增注册资本97亿元。至年底，全市股权投资基金总数达到226支，注册资本约384亿元，成功投入260多个项目，重点扶持科技型中小企业。同时，由粤科集团发起，南海区政府、省科技厅、科技部共同出资设立的20亿元母基金已成功在金融高新区注册，首期10亿元资金已到位。在债券领域，截至2014年底，全市已发行61期各类债券，融资规模358.28亿元。12月29日，佛山市政府正式下发《关于加快推进债券融资工作的实施意见》，专项扶持实现债券融资的企业。

（徐轶奕　张晶晶）

保险业

【综述】 2014年，佛山市新增保险机构4家（产险公司和寿险公司各2家），至年底，全市有保险机构61家，其中产险公司27家、寿险公司34家。全年全市完成保费收入219亿元（占全省12%），同比增长25%，其中产险收入40.84亿元，同比增长14.94%；寿险收入24.66亿元，同比下降8.93%。2014年保险赔付支出65.5亿元，同比增长4.62%，产险和寿险营业网点432家，遍布全市五区各个乡镇。

【保险市场经营秩序】 2014年，佛山市保险业通过贯彻落实一系列的监管措施和实行行业自律，各经营主体能自觉依法合规经营，广大从业人员实行了持证上岗，突出体现差异化服务。全行业基本形成公平有序的竞争格局，保险市场经营秩序良好。

【行业投诉调处机制建设】 2014年，佛山市保险行业协会继续通过佛山市保险行业协会保险纠纷调查委员会完善行业投诉调处机制建设。调委会依照国家法律法规、行业标准、社会道德习惯，调解保险消费者和保险机构之间的保险纠纷，维护各方当事人的合法权益，对减轻保险消费者的维权成本和节省司法资源起到重要作用。

2014年，佛山市保险行业协会与佛山市南海区人民法院民二庭、民五庭合作实行保险纠纷诉中调解对接。同时，与佛山市禅城区法院祖庙法庭合作实行交通事故保险纠纷快速诉前调解工作。全年，调委会共受理保险合同纠纷调解案件618件，调处成功408件，达成调解金额864万元。

【保险知识宣传普及】 2014年，佛山市保险行业协会在维护管理好官网信息发布的基础上，开通微信公众号“佛保协”，并创办行业刊物《佛山保险》，传播佛山保险行业资讯，接受保险相关咨询。

佛山市保险行业协会和佛山电台“飞跃924”频道进行定期合作，在每月最后一个星期四的“自在畅行”节目时段上推出“保险在线”，邀请保险专家探讨当前保险热点，解答听众疑问。

7月，保险协会开展“保险知识进校园”活动，向佛山电大及佛山大学赠送保险知识类书本。同时，牵头成立佛山市“保险知识进学校”讲师团，在铁军小学开展保险知识讲座。

佛山市保险行业协会在户外咨询活动中为市民解答保险知识。

【保险服务水平提升】 2014年，佛山市各保险主体研发和推广群众需求量大的保险新产品，创新服务渠道，加强售后服务。一是推广全省统一制定的“机动车保险理赔服务标准”“人身险服务标准”“保单和保险理赔网上查询”“保险赔款实名全额支付”等制度；二是充分利用现代通信手段提升服务效率，实现单证电子化、定损及审批流转电子化的案卷流转过程，突破理赔案件流转的“时效瓶颈”，建立了反应迅速、服务快捷的遍及全省“通赔”服务网络体系；三是开展“车险理赔服务现场检测工作”，有效促进保险公司的现场理赔服务水平；四是佛山保险业与公安交警、“110”指挥中心、物价事务所对接，提升车辆轻微道路交通事故快速处理工作，2014年佛山市五区建立了30个快处快赔服务点。

为贯彻落实佛山市委、市政府的治堵工作方案，佛山市保险协会制定进一步提升快处快赔工作的方案，方案规定从2014年5月15日起，快处快赔适用范围从原来的直接经济损失5000元调整至在1万元以下的交通事故，快速理赔的覆盖范围更广。

【保险业服务社会实体经济】 2014年，佛山市保险业发挥功能作用，在经营好商业险种的同时，配合市委、市政府的政策方针，推行和试办一系列政策性保险，如与“三农”对口的农村住房、能繁母猪、水稻、山林、养殖以及“政银保”模式的小额贷款保险等支农惠农保险业务均正常运作；参与社会医疗改革，服务医改，配合政府有关部门建立社会救助基金机制；运用保险经济补偿功能为道路交通和市政建设大项目提供巨额风险保障；推进《佛山市政策性小额贷款项目实施方案》的落地，缓解佛山小微企业融资难的问题；成功争取到政府出台《佛山市人民政府办公室关于印发佛山市科技保险试点方案的通知》，对科技保险实施财政补贴的政策。

（徐轶奕　刘莹莹）

地方金融机构

【综述】 2014年，佛山市小额贷款公司和融资性担保公司等新型地方类金融机构的日常监管工作进展顺利。2014年初，佛山市政府在全省率先正式出台《佛山市小额贷款公司业务创新监管暂行办法》和《佛山市小额贷款公司业务档案监管指引》，引导小额贷款公司依法依规经营。

在对融资性担保行业监管方面。2014年，佛山市金融局联合各区监管部门、会计师事务所分别开展3次全市（顺德除外）融资性担保机构现场检查，加强对融资担保公司的经营情况、人事变动等日常监管，并充分发挥行业协会的自律作用，加强对担保公司相关信息的掌握，有效防范违法违规行为的发生。11月，佛山市金融局组织召开2014年全市融资性担保行业工作会议，通报行业监管和风险隐患情况。

在对小额贷款行业监管方面。2014年，佛山市金融局组织各区金融办会同相关监管部门和会计师事务所，开展了3次全市小额贷款公司的现场检查工作，检查覆盖面达100%，并派员参加了全省小额贷款公司风险排查工作。日常监管工作中，市、区监管部门通过省小额贷款公司非现场监管系统，及时对应系统异常反馈信息，做到企业数据上报零误差、零疏漏。同时，监管部门通过电话、网站等多种渠道，及时处理有关投诉，得到了社会各界的好评。

【融资性担保业】 至2014年底，佛山市（不含顺德区）共有融资性担保机构27家，其中法人机构22家（禅城区12家、南海区7家、高明区1家、三水区2家）；分支机构5家（禅城区2家、南海区2家、三水区1家），同比减少1家。佛山市（顺德区除外）融资担保机构注册资本共37.86亿元，资产总额47.53亿元，融资性担保业务在保余额62.8亿元，在保客户1035户，新增担保额56.59亿元。

2014年，辖内融资性担保机构积极落实产业政策，进一步加大服务中小微企业的力度，有力地支持了佛山市实体经济发展。中小微企业年末融资性担保在保余额61.2亿元，占全部担保余额的97.5%；在保户数919户，2014年新增54.7亿元，新增户数679户；涉及“三农”年末融资性担保在保余额0.74亿元，在保户数34户，新增0.88亿元，新增户数77户；高新技术企业年末融资性担保在保余额2.5亿元，在保户数35户，新增2.4亿元，新增户数29户。

2014年，佛山市融资性担保公司取得多项荣誉，如中盈盛达担保被评为“2014年度最具成长性融资担保公司”和“2014年度支持协会工作先进单位”。

【小额贷款业】 至2014年底，佛山市（顺德区除外）共核准设立29家小额贷款公司，注册资本合计59.53亿元，规模在全省位居第二（仅次于广州）。自2009年起累计向地方中小企业、“三农”和个体工商户投放贷款3.3万笔、512亿元，平均单笔贷款额为154万元。2014年累计投放7224笔、147.1亿元贷款，其中涉农贷款8.3亿元。小额贷款业成为佛山中小微企业和“三农”飞速发展的“助推器”和传统金融机构的重要补充。

2月，佛山民间金融街新增3家小额贷款公司，总数达17家，已形成一定规模。期间更涌现出一批如科技、华信、宏汇等优秀的小额贷款公司，为推动佛山民间融资阳光化、规范化起到良好的示范作用。

3月，佛山市启动首次小额贷款公司评级工作，对照各公司日常经营情况，评级结果基本符合预期，对进一步完善行业监管、引导行业健康发展具有重要的借鉴意义。

6月，佛山市在全省率先发行广东金融高新区股权交易中心“灯湖私募债”系列之“14集成小贷债”“14友诚小贷债”，不仅为小额贷款公司融资拓展了新思路和新渠道，募集到更充裕的资金，同时也有效拓宽了小微企业融资渠道。

（徐轶奕）

审计·技术监督

审　计

【综述】 2014 年，佛山市审计机关（不含顺德区，下同）完成审计项目 100 个，查出主要问题金额 30.45 亿元，其中违规金额 1091 万元、损失浪费金额 772 万元、管理不规范金额 30.26 亿元；审计处理处罚金额 3206 万元，其中应上缴财政 113 万元、应减少财政拨款或补贴 188 万元、应归还原渠道资金 817 万元、应调账处理金额 1947 万元；审计发现非金额计量问题 478 个；审计促进整改落实有关问题资金 3134 万元。移送司法机关、纪检监察机关和有关部门处理事项 1 件。出具审计报告和专项审计调查报告 113 篇，领导批示、采用 19 篇；提出审计建议 361 条，提交审计信息 105 篇，领导批示、采用 50 篇。

2014 年，佛山五区重新组建审计局，依法独立行使审计监督权、履行宪法和法律规定的审计职责。

【财政审计】 2014 年，佛山市共审计（调查）81 个单位，审计查出主要问题金额 28.63 亿元。围绕预算管理、资金安全、政府性债务、落实屡审屡犯问题整改以及引领镇（街）财政审计步入正轨等 5 方面开展财政审计。向人大专题汇报镇（街）财政审计中发现的主要问题，助力提升镇（街）财政审计水平。审计调查 2013 年度税收收入征管情况，关注税收政策执行、税款征缴方面问题，督促完善征管信息的收集和分析研判机制。重点关注“三公”经费、会议费等公用费用以及公务卡制度执行、楼堂馆所建设等情况，实行精细化部门预算执行审计，促成出台政策规范管理。

【经济责任审计】 2014 年，佛山市对 17 名领导干部进行了经济责任审计，查出主要问题金额 1.61 亿元。将政府性债务管理、民生改善、机构编制、环境治理、自然资源资产开发利用和保护情况等纳入审计范围，扩大经济责任审计结果运用，促进责任追究和问责机制的健全完善。向纪检监察部门移送涉嫌违纪违法问题线索 1 件，经调查核实后行政处分 10 名相关责任人。

【固定资产投资审计】 2014 年，佛山市完成审计项目 8 个，查出管理不规范金额 7567 万元，核减投资额 188 万元。深化路桥工程、环境治理、征地拆迁等重点项目跟踪审计，提出几百条审计建议，督促整改工程质量管理等问题。对部分工程违法转包分包、存在工程质量隐患等问题移送纪检监察部门查处，问责 7 名相关责任人。综合分析工程项目招投标存在的问题，撰写专题报告《政府工程招投标存在的突出问题及建议》，得到市委领导批示和省委办公厅采用，促使相关职能部门研究修订招投标管理的有关规定。继续开展支援新疆资金审计，重点关注援建资金分配、使用以及项目建设的进度和管理情况，确保资金安全、合规、节约有效使用，促使各项政策措施落到实处。

【社会保障审计】 2014 年，佛山市加强社保资金、城镇保障性安居工程、体育彩票公益金等民生资金审计，全年共查出主要问题金额 9483 万元。重点跟踪审计佛山市 2013 年保障性安居工程的投资、建设、分配、运营等情况，提出完善住房保障准入管理和多部门联动审核机制等建议，促进各项惠民政策落到实处。

【专项审计（调查）】 2014年，佛山市审计工作紧紧跟踪稳增长、促改革、调结构、惠民生、防风险等政策措施落实情况；延伸审计污水处理费的征收管理和“三旧”改造返还资金使用情况；审计佛山五区公资办及其下属公司，揭示公共资产管理、主营业务运作、债权债务处置等方面问题，促进深化公资系统改革；按审计署统一部署，开展土地出让收支和耕地保护情况审计。

【召开专题会议通报审计发现问题】 2014年，佛山市审计局以市政府名义召开78个单位160人参加的审计情况通报会，指出审计发现部门预算单位存在的普遍性问题，部署督促检查八项规定等系列文件贯彻落实情况。把以往审计一单位、惩处一单位的模式转变为整体预防模式，破解屡审屡犯问题，推进高效高端审计。

【工程项目全过程跟踪审计】 2014年，佛山市审计工作首次实施工程项目全过程跟踪审计，探索对两大重点市政工程项目的资金筹集使用和建设管理情况实施全过程跟踪审计。把建设全过程划分为三个阶段，明确规定每个阶段跟踪审计的介入时间、主要内容和具体事项。2014年重点审查招投标文件、合同和日常财务资料，出具15份审计意见书，提出近百条审计建议，督促纠正不合法、不规范招投标文件，控制投资规模，助力建立健全内控制度。

【党政主要领导同步审计】 2014年，佛山市审计部门开展区委书记、区长和镇（街）党委书记、镇长经济责任同步审计，根据领导干部职责权限，重点检查承担贯彻政策措施、经济发展、环境保护、民生改善等责任，促进干部更好履职尽责。这次对党政主要领导实行同步审计，在佛山市是首次实行。

（陈嘉文）

质量技术监督

【综述】 2014年，佛山市共拥有广东省名牌产品数399个，占全省总数的22.6%，位居全省各市之首，国家、省、市产品质量抽检不合格发现率13.1%，比上年降低1.8%。全市企事业单位累计参与制修订国家标准786项、行业标准548项，发布实施42项联盟标准，创建“标准化良好行为企业”116家，新增农业标准化示范（试点）项目5个，服务业试点项目10项，制造业试点项目3项，南海区实施技术标准示范区试点以优异的成绩通过验收。佛山市连续四年特种设备“零事故、零死亡”，佛山市质监局连续三年被评为安全生产优秀单位。

【质量强市】 2014年，佛山市完成2013年市政府质量奖评审工作，广东万和新电气股份有限公司、佛山市三水凤铝铝业有限公司、佛山市海天调味食品股份有限公司、佛山高富中石油燃料沥青有限责任公司、广东美芝制冷设备有限公司等5家企业获“2013年佛山市政府质量奖”。截至2014年底，全市累计获得省级以上政府质量奖企业6家。制定《佛山市建设质量强市2014～2015年行动计划》《佛山市2014～2015年度质量目标》，明确了2014年、2015年两年质量强市工作的计划及目标。佛山市南海区获“全国铝合金型材产业知名品牌示范区”称号，成为全国铝型材产业唯一的知名品牌示范区。同时还申报佛山陶瓷产业、南海盐步内衣产业全国知名品牌示范区并获批创建。正式申报禅城不间断电源产业全国知名品牌示范区。制定《佛山市质监局2014年“质量月”活动方案》，开展质量宣传活动，印发宣传资料2500多份。

【培育细分行业龙头企业】 2014年，佛山市质监局将重点培育的龙头企业由2013年的180家增加到350家，对于细分行业龙头企业，均引导他们实施卓越绩效管理模式，促进他们从优秀走向卓越；对于有一定基础的优势企业，引导采用精益生产管理、六西格玛管理等先进管理方法，提高其现代质量管理水平。同时，通过在企业建立首席质量官、免费培训企业管理人员、开展“质量义诊”等多种形式，“一企一策”有针对性地进行帮扶。

【技术标准战略】 2014年，佛山市制定《2014年佛山市实施技术标准战略重点工作方案》，明确了4大方面48项工作的措施内容，各项工作得到有效落实，形成了“服务业标准化重点突破，制造业标准化势头不减，农业标准化持续推进”的良好局面。修订完成《佛山市技术标准战略资金管理办法》，并由市政府印发实施。推动南海电风扇协会制定并实施3项联盟标准，解决了长期以来电风扇核心配件无标准导致成品质量上不去的问题，市、区两级监督抽查合格率由2013年的57.14%、15.97%大幅攀升至2014年的100%、78.57%。牵头组织制定发布6项分布式光伏发电领域技术规范，为全市五区分布式光伏电站建设和推广提供有力的技术支撑。推动市行政服务中心在全省率先制定实施涵盖市、区、镇（街）三级和五区的行政服务标准化体系，南海区公共资源交易中心获批上升成为广东省首个国家级政府采购服务业标准化试点。

【诚信计量】 2014年，佛山建立机动车安检监管服务系统、制定行业自律管理规定、细化处罚规定严惩违规行为、推出互认办法推进便民服务等措施，重拳整治车检违规乱象。通过中介代办年审车辆逐月下降，个人自行送检的车辆逐月攀升，广大群众对车检工作更加放心。免费检定集贸市场、卫生医疗站等民生服务单位的15226件计量器具，共减免收费58万余元。加强能源计量监管，对78家企业能源计量器具配备和管理工作进行核查，督促企业落实节能降耗工作；开展节能技术服务，指导10家企业开展清洁生产审核工作，完成124台锅炉的能效测试，节能1006.3吨标准煤，二氧化碳排放量减少2529.3吨，为企业节省85.6万元能源开支。

【特种设备安全监管】 2014年，佛山市完成27858台电梯“使用权者”确认工作，占比97.3%，15723台电梯购买了责任保险。对电梯、起重机械安装维修单位进行评定管理，对屡次、严重违规企业设立“黑名单”制度，并对企业进行约谈和警示。检查安装改造维修施工现场265个，对9家安装、改造、维修单位的13个施工现场给予扣分处理。同时，在收集特种设备检测数据、日常巡查发现的问题等数据的基础上，通过风险分析，动态掌握特种设备主要安全隐患，严防系统性风险，将特种设备安全问题解决在萌芽状态，全年提出特种设备安全风险防范措施和建议74项、发出安全隐患风险警示22份，发现并消除特种设备安全隐患2346个。

【质监行政执法】 2014年，佛山市建立质监行政执法监管体系，对行政执法工作流程进行再造，从搜集有关案件信息开始，到进场处理的工作程序和要求、事实认定和证据固化、适用法律法规、行政处罚的裁量等，对执法办案环节进行全程监察和全面记录。同时，制定自由裁量权细化的指引，纪检监察部门对办理的案件实行抽查、回访制度，实现整个行政执法工作流程再造和管理规范。保证行政执法工作履职到位，控制行政履职风险和廉政风险，堵塞漏洞，提高了执法透明度和公正性。全年全市质监系统立案查处违法案件679宗，查扣涉案产品货值4900万元，受理产品质量举报投诉案件458宗，处理“12345”行政服务热线转办的质监业务工单1818宗。

【检验检测及其平台建设】 2014年，佛山市完成产品质量检验7.01万批次，检定／校准计量器具49.5万台（件）。国家汽车检测中心顺利通过国家质检总局现场验收评审。省质量监督饮料及食品添加剂产品检验站通过验收，省风光电新能源产品检验站的筹建工作稳步推进。

【质监队伍建设】 2014年，佛山市质监部门做好质监行政管理体制改革，不断强化风险防范教育。制定廉政风险防控项目台账，涉及141个项目、137条防控措施，层层签订了党风廉政建设和反腐责任书。指导各区局开展食品监管职能划转工作，市、区两级质监部门完成食品监管职能划转工作。开展行政管理体制改革工作，成立市质监局行政管理体制调整工作领导小组，保障各项工作有序进行。对原有的63项内部管理制度进行了全面梳理，按照新精神、新要求予以修订和完善。

（管东东）

旅　　游

旅游发展及建设

【综述】 佛山地处岭南，亚热带的地理环境和风光，富有特色的社会人文景观构成了佛山丰富多彩的旅游资源。佛山是广东著名旅游胜地、全国优秀生态旅游城市、中国最佳文化旅游城市。2014 年，佛山市共接待国内外游客 3995 万人次，同比增长 5.16%；接待国内外过夜游客 1182 万人次，同比增长 5.64%；景区接待国内外游客 3916 万人次，同比增长 3.3%；实现旅游总收入 496.27 亿元，增长 15.12%，占地区生产总值 6.53%；旅游增加值 223.32 亿元，占地区生产总值 2.94%，占地区第三产业增加值比重为 8.05%，旅游业继续保持稳中有升的增长态势。

佛山市 2014 年旅游经济发展情况表

类别	接待过夜旅游者（万人次）	旅游总收入（亿元）	旅游外汇收入（万美元）	一日游人数（万人次）	旅游从业人员（万人）
全市合计	1181.92	496.27	133447.79	2813.12	5.80
禅城区	293.81	149.15	55637.69	711.39	0.35
南海区	336.66	145.39	19290.85	765.70	3.11
顺德区	310.54	138.79	49143.79	723	1.03
高明区	21.58	29.18	5573.43	337.28	0.12
三水区	219.33	33.76	3802.03	275.75	1.18

【旅游龙头品牌】 2014 年，佛山顺德长鹿旅游休博园获评国家 AAAAA 级旅游景区，是继南海西樵山后佛山市第二个国家 AAAAA 级旅游景区。佛山历史文化街区创建国家 AAAAA 级旅游景区整体规划完成，启动向省和全国旅游景区质量等级评定委员会申报“景观质量”评审工作。新增佛山国际家居博览城、南海平洲玉器街、顺德乐从国际会展中心、高明盈香生态园 4 个国家 AAAA 级旅游景区。新增三水伊利牛奶和顺德周大福珠宝文化中心 2 个国家 AAA 级旅游景区。

【旅游投资项目】 2014 年，佛山市休闲旅游投资在建重点项目达 27 个，其中超 10 亿元项目 8 个，总投资额 321.04 亿元。佛山市云东海文化创意产业示范基地、广东南海万顷洋园艺世界等 15 个项目列入 2014 年广东省重点建设项目。西樵山国艺影视城、广东凌云山旅游度假区等 18 个项目列入佛山市提升第三产业改革发展重点工程项目和重点工作项目。1506 创意城（南风古灶）、佛山创意产业园、佛山泛家居电商创意园等纳入广东省文化创意和设计服务与相关产业融合发展重大项目。

【旅游市场推广】 2014 年，佛山市先后组团参加 2014 中国（广东）国际旅游产业博览会和中国（上海）旅游博览会。牵头举办“多彩广佛肇，岭南真味道”2014 广州、佛山、肇庆旅游（广西南宁、贵州贵阳）专场旅游推介会；“中国四大名镇”城市旅游推介会；金秋畅游佛山旅游精品线路推介会。与中央电视台“江河万里行”摄制组、凤凰卫视、亚洲电视、佛山日报社、佛山电视台，以及东南亚媒体等合作，通过记者采风、刊登旅游专版、举办美食推介活动等形式，有效宣传佛山旅游资源和特色旅游产品。打造“一个旅游宣传网站、一本休闲旅游攻略、一部旅游宣传片、一首旅游宣传歌曲、一批旅游精品线路、一次优秀导游员评比”“六个一”宣传载体，推进佛山旅游营销。

【旅游节庆活动】 2014 年，佛山市市、区联动推广佛山旅游节庆活动取得喜人成绩。以“发掘佛山名菜名店，唱响粤菜味道正宗”为主题，成功举办 2014（第 12 届）佛山美食节，评出 20 道佛山名菜，10 天时间有近 100 万游客和市民到现场品尝美食。顺德区获“世界美食之都”称号，成功举办第九届中国（美的）岭南美食文化节。高明区举办 2014 年高明区第五届绿色商品博览会暨第四届美食节、菜花节暨油菜花美食。三水区举办 2014 年三水旅游文化节暨雅居乐 · 雅湖半岛美食嘉年华。一系列活动成功举办，进一步弘扬佛山美食文化，提升佛山中国粤菜名城形象。

【旅游行业规模】 截至 2014 年底，佛山市有对外开放旅游景区（点）68 个，其中国家 AAAAA 级景区 2 个，国家 AAAA 级景区 14 个，AAA 级景区 3 个；星级饭店 81 家，其中五星级 11 家、四星级 17 家；旅行社总数 109 家，其中出境游组团社 24 家，禅之旅、佛山国旅、佛山中旅、南海中旅、顺之旅、口岸国旅 6 家旅行社入选全国“百强”旅行社。持证导游员 3901 人，其中中级导游 140 人、高级导游 14 人。

【旅行社管理】 2014 年，佛山市办理 4 家旅行社的设立审批、4 家旅行社经营出境旅游业务的初审、2 家旅行社的注销备案，以及 21 家旅行社的经营许可证变更备案。筹备佛山市旅行社协会申请设立工作。督促各旅行社做好埃博拉出血热疫情和登革热疫情防控工作。

【星级旅游饭店评比】 2014 年，佛山市旅游局指导恒安瑞士大酒店申报五星级旅游饭店，指导并完成中恒金都大酒店做好评定性复核工作，对高明区恒威大酒店、喜伯年酒店、和风假日酒店等旅游企业进行群众路线教育调研并指导酒店星评工作，组织参加 2014 中国酒店业交流年会，完成佛山市 2014 年度星级饭店复核工作，进一步提升饭店行业整体服务质量。2014 年，佛山市拥有星级饭店 81 家，其中五星级饭店 11 家、四星级饭店 17 家。

【旅游技能培训】 2014 年，佛山市旅游局组织参加广东省首届酒店职业英语口语大赛，取得 3 个一等奖、3 个二等奖、4 个三等奖、1 个最佳组织奖、8 个优秀指导老师奖。发动 20 名导游、领队参加广东出境游从业人员西班牙加泰罗尼亚旅游资源在线培训。组织 4 名省级星评员参加 2014 年省级星评员培训。组织参加广东省旅行社总经理岗位职务培训班。组织佛山 15 名全国导游人员资格考试口试考评员参加培训学习。开通佛山市旅游教育培训网络管理平台，开拓导游人员培训教育新渠道，建立导游、领队诚信档案。

【导游领队管理】 2014 年，佛山市旅游局组织两次导游人员资格考试，718 人参加笔试，692 人参加口试。其中，初级导游人员资格考试报名人数 781 人，通过考试 216 人，通过率 27.66%；中级导游人员等级考试报名人数 25 人；高级导游人员等级考试报名人数 3 人。举办佛山市优秀导游员选拔大赛，产生郑黎、贾锐、王舒扬、杨兴湖、陈艳莹、姜君、陈小虹、彭珊、周大田、陈慧敏等 10 名优秀导游员。评定王毅成、许云威、余冬冬、陈小虹、周大田、周健、林培群、黄大业、彭珊、谭富根等 10 人为佛山市金牌导游员。选派顺之旅英语导游岑志豪赴西藏开展导游援藏。推荐禅之旅导游冯志平参与全国“寻找最美导游”评选活动。为 11 家出境游组团社 228 名领队办理领队证申办、换证手续。办理导游证（IC 卡）制证、刷卡更新 1534 人次。

【旅游安全管理】 2014 年，旅游、交通、消防、质监、安监等部门多次联合对佛山市旅游企业进行安全生产执法检查。安全生产月活动期间，出动检查组 86 个，检查人员 252 人次，检查旅行社门市部 113 间，酒店 35 家，景区（点）24 个。分批抽查 8 家旅行社用车情况，严防旅游交通安全事故发生。定期在互联网发布“旅游服务警示”，及时向旅游者发布目的地旅游安全预警和旅游服务警示。全市五区旅游投诉立案235宗，赔偿金额12万多元。印制《安全旅游服务指南》《旅游安全应急手册》30万份，派发旅游维权宣传资料、单张5万多份。

【旅游市场监管】 2014年，佛山市对17个旅游景区（点）开展旅游景区亮证经营、明码标价情况检查，发出整改通知2份。对涉嫌违规经营台湾游业务的11家旅行社发出《整改通知书》，并集中相关负责人学习《大陆居民赴台湾地区旅游管理办法》等法律文件。高明盈香生态园成立佛山首个“消费维权工作站”，建立旅游市场投诉举报联动工作机制。市、区两级开展旅游市场检查行动162次，出动检查人员522人次。其中联合检查38次，检查旅游企业145家，检查导游56名，13家旅行社因涉嫌违规经营被责令整改。

【旅游文化创意产业发展领导小组成立】 2014年11月25日，为进一步加强对佛山市旅游文化创意产业发展工作的组织领导，把旅游文化创意产业打造成为佛山市国民经济的支柱产业，佛山市人民政府决定成立佛山市旅游文化创意产业发展领导小组。市长鲁毅担任组长，麦洁华、郭文海两位副市长担任副组长，成员包括禅城、南海、顺德、高明、三水五区人民政府区长以及20多个市职能部门负责人。领导小组下设办公室，设在市旅游局，办公室主任由邓灿荣兼任，办公室副主任由潘志文、俞进、魏启文兼任，办公室成员由各区人民政府和市旅游局、文广新局、体育局分管领导组成。

【旅游文化创意产业发展领导小组第一次工作会议】 2014年12月22日，佛山市旅游文化创意产业发展领导小组召开第一次工作会议，鲁毅、麦洁华、郭文海出席会议。会议重点部署在《佛山日报》开辟“抚摸历史肌肤，沐浴佛山阳光”“转型升级，佛山智造”等新闻专栏，定期深度挖掘佛山中国历史文化名城、改革开放策源地特色特质；着手编制佛山市旅游文化创意产业发展“十三五”规划，拟订扶持旅游文化创意产业发展政策措施，号召各区发挥本地优势，实施错位发展，优化旅游文化创意产业发展新业态。

【佛山城市中央休闲区】 2014年，佛山市继续通过对禅城区的祖庙片区、石湾片区，南海区的千灯湖片区以及佛山新城片区进行战略整合和升级改造，构建佛山城市中央休闲区，着力提升整体文化内涵，定位为集历史、功夫、陶艺、名人、演艺、影视、购物、休闲、餐饮、娱乐、体育、健身等功能于一体的慢生活、高品质“城市中央休闲区”，重点打造为广府文化的体验圣地，深度休闲、重复消费的旅游目的地。至年底，“禅桂新”片区打造佛山城市中央休闲区初具规模，创建工作稳步推进。

【“十一”黄金周旅游】 2014年，国庆与重阳双节相逢，佛山主要景区人头涌涌，西樵山举办“黄飞鸿杯”第十届世界华人狮王争霸赛，中国历史文化名村、翰林古村松塘村举办第三届“翰林文化节”，南风古灶新建演艺区“古窑映象”正式揭幕，丹灶大湿地公园举办越野车王争霸赛，顺德长鹿农庄举办“狮舞龙采莲船”“南北醒狮舞动国庆”及国庆丰收大巡演等活动，第九届中国（美的）岭南美食文化节掀起5天美食高潮，等等。假日活动异彩纷呈，旅游市场“进出两旺”。全市景区（点）接待游客344.16万人次，同比增长4.52%，接待过夜旅游者9.31万人次，同比增长17.25%，旅游收入22.62亿元，同比增长19.87%。

【文明旅游】 2014年，佛山市旅游部门结合佛山市创建全国文明城市要求，以文明旅游为重点，制作《文明与旅游同行》宣传小册子，倡导文明出行。大力宣传《中华人民共和国旅游法》文明旅游条款，构建多层次立体宣传网络。组织参加“我们的节日 · 端午”文明旅游主题宣传活动，向市民及游客广泛宣传文明出游。组织参加佛山市旅游行业道德模范和身边好人巡讲巡演活动，掀起崇尚文明旅游、争当文明旅游之星热潮。组织参加“新消法、新权益、新里程”“3 · 15”主题宣传活动，倡导旅游诚信经营，创建适宜消费城市。加强文明旅游管理，制定旅行社诚信经营评价标准；建立旅行社信用等级评价制度、景区信用等级评价制度2项制度；落实旅行社负起“行前培训责任”，导游、领队负起“提醒提示责任”，景区负起“管理服务引导责任”，旅游、商务、教育、公安、文化、海关等部门负起“出境人员文明行为管理责任”等 4 项责任。

（陈森平）

佛山新八景介绍

【西樵叠翠（南海西樵山）】 国家 AAAAA 级景区。西樵山位于广东省佛山市南海区的西南部，是广东四大名山之一，自然风光清幽秀丽，旅游文化底蕴厚重，民俗风情古朴自然。自明清以来，文人雅士，群贤毕至，旅人游子，纷至沓来，使秀美的西樵山成为名噪南粤的旅游名山。西樵山自然风光美轮美奂，山上 72 峰峰峰皆奇，42 洞洞洞皆幽，更有湖、瀑、泉、涧、岩、壁、潭、台点缀其间。西樵山林深苔厚，郁郁葱葱，洞壁岩缝，储水丰富。正是因为西樵山有如此高品位的自然旅游资源，它相继被评为“国家级风景名胜区”“国家森林公园”“国家地质公园”和国家 AAAAA 级旅游区，更有“珠江文明的灯塔”“南粤理学名山”和“南狮发源地”“黄飞鸿故里”之美誉。

【祖庙圣域（禅城祖庙）】 国家 AAAA 级景区。祖庙位于禅城区祖庙路 21 号，占地面积 2.55 万平方米，是广东省爱国主义教育基地，广东十个文明旅游景区示范点之一。其辖区包括祖庙古建筑群、孔庙、黄飞鸿纪念馆、叶问堂等。其中祖庙古建群始建于北宋元丰年间（1078 ~ 1085 年），是全国重点文物保护单位，于 1959 年正式对外开放。祖庙因其“历岁久远，且为诸庙首”而得名。正殿当中供奉道教真武玄天上帝，排列于南北中轴线上的万福台、灵应牌坊、锦香池、三门、前殿、正殿、庆真楼等兼具宋、明、清式建筑特点的古建筑，因其至今保存完整，且有享誉中外的三雕二塑留存至今，从而使祖庙获“东方民间艺术之宫”“岭南建筑艺术之宫”等美誉。祖庙博物馆馆藏文物以道教及佛山地方民俗文物为主。基本陈列充分展示道教文化、武术文化、佛山民间艺术等民俗文化，每年举办春节祈福、佛山祖庙庙会（“三月三”北帝诞）、乡饮酒礼、春秋谕祭等民俗文化活动。

【清晖毓秀（顺德清晖园）】 国家 AAAA 级景区。清晖园是国家重点文物保护单位，中国十大名园之一。2013 年 3 月，清晖园管理处更名为“清晖园博物馆”。清晖园原为明朝万历丁未状元黄士俊的府邸。清乾隆年间，为进士龙应时购得，其后，复经龙家一门数代精心营建，格局始臻定型。1959 年，时任广东省委书记陶铸批专款修复予以重点保护。二十世纪九十年代末，顺德党委政府再度扩建，清晖园重现古名园的风采。清晖园内曲径回廊，景趣盎然，蔚为壮观。园内妙联佳句俯仰可拾，名人雅士音韵盈漾，艺术精品比比皆是，令人流连忘返。园内叠石假山，曲水流觞。闲步曲桥，金鲤碧波嬉戏；徐行花径，绿树时花扑面。时而庭园内传出袅袅弦歌，听一曲粤韵，令人心清耳悦，如醉如痴。，清晖园集明清雅士文化、岭南古园林建筑、江南园林艺术、珠江三角水乡特色于一体，是一个如诗如画，如梦幻似仙境的迷人胜地。

清晖园澄漪亭。

【古灶薪传（禅城南风古灶）】 国家 AAAA 级景区。1506 创意城（南风古灶片区）位于素有“南国陶都”美誉之称的广东佛山石湾，占地 1000 余亩，是国家重点文物保护单位，已载入世界基尼斯纪录，并成功入选 2010 年上海世博会城市最佳实践区。南风古灶景区集旅游休闲、玩陶、武术、艺术教育、会展及创意产业于一体，全力打造世界陶文化圣地。景区内汇聚了两条龙窑、古寮场、明清古建筑群、3000平方米的世界最大的玩陶厅、石湾陶瓷博物馆、250亩生态公园以及现代艺术大师的代表作——马桶瀑布。其中，南风古灶建于1506年，是世界上持续使用至今最古老、保存最完好的龙窑，被称为“活的文物，移不动的国宝”。

【花海奇观（顺德陈村花卉世界）】 国家AAAA级景区。顺德陈村花卉世界总体规划5000亩，是广东省高新农业旅游项目，拥有独特的花卉文化主题公园，是旅游观光、休闲度假、增长见识的好去处。到花卉世界，将进入万紫千红、花团锦簇的花海之中，每个花卉公司都是一个亮丽的景点，有一座座造型各具特色的精致庭园，既有中式的小桥流水，又有西式的园林景观，蓝天、碧水、风车、青草和美丽的鲜花构成了一幅幅绚丽多彩的优美画卷。除此之外，全国最大的私人藏石馆荟萃天下名石、园林式的根雕展馆独树一帜、博大精深的中国古典家私和书画艺术展示。

【云水荷香（三水荷花世界）】 国家AAAA级景区。三水荷花世界是规模大，品种资源丰富，集建筑、雕塑、荷花文化、机动游戏、饮食于一体的荷花观赏旅游景区。占地面积1300亩，水面积800亩，园内可观赏到500多个珍稀荷花品种。景区主要划分为八大功能区：植物观赏区、荷文化展示区、廉政文化展示区、青少年感恩教育区、青少年科普教育区、游乐区、饮食文化区、节目表演活动区，每个功能区各具特色。漫步荷塘，既可春看“小荷才露尖尖角”，夏赏“风过荷举，莲障千重”，秋览“芙蓉老秋霜”；也可晨窥凌波仙子，如贵妃出浴，日察玉荷婷婷，似少女初长成，晚探少女含颦，感受暗香浮动；既可与花同眠，独抱幽香，又可静心垂钓，怡养性情；既可欣赏童话式大型歌舞，感受艺术熏陶，又可细尝“荷莲大宴”，品味特色佳肴，更可泛舟采莲，享受自然。

【皂幕凌云（高明皂幕山）】 国家AAAA级景区。皂幕山，亦称笔架山、鸦髻山，号称“佛山第一峰”。山体东起鹤山市四堡林场、西止杨和镇公田村、北上坑尾林场、南至罗汉尖，山长11公里，宽5公里，面积48平方公里。除主峰海拔805.2米外，其他山峰多在400米以下，连绵不断，气势磅礴，浑然天成。山内溪涧潺潺，松涛阵阵，凝碧叠翠，群峰起伏蜿蜒，嶙峋争雄，敦厚雄浑，耸立于天幕，皂幕山因此而得名。依托优越的山水资源，规划建成了包括皂幕山森林公园、杨梅观音禅寺、丽堂农业观光基地、潜龙谷、金水台漂流、银海高尔夫球场、对川茶场、大沙湖等八大景点，以自然风光为主题，融合生态休闲、运动养生、宗教文化、度假娱乐等多种元素于一体的综合性旅游景区。

【南国桃源（南海南国桃园）】 南国桃园旅游度假区是集休闲度假、康体娱乐、商务会议、宗教文化、田园风光于一体的“超五星级”旅游度假胜地。园区总面积6.8平方公里，由平顶山、尖峰岭、凤凰山、碧波湖、鸭子湖、桃花谷“三山”“二湖”“一谷”构成，主要景点有南海观音寺、鹭鸟天堂、碧波湖等。此外，园内设有国际标准高尔夫球场、桃源乡村俱乐部等多项可供享受食住游乐玩一站式的服务，是喧嚣闹市中的世外桃源。园内的南海影视城是集影视、休闲旅游、户外拓展培训和婚纱拍摄、品牌展示为一体的影视拍摄基地。

（陈森平）

部分著名景点介绍

【佛山梁园】 佛山梁园位于禅城区松风路，是广东省文物保护单位，始建于清嘉庆年间，为当地诗书画名家梁蔼如、梁九章、梁九华、梁九图叔侄四人所建私家园林的总称。鼎盛时期的梁园规模宏大，占地200亩，由群星草堂、汾江草庐、十二石斋、寒香馆等多个群体组成，造园者巧妙地将住宅、祠堂、园林和谐地联结在一起，具有浓郁地方色彩。梁园与顺德清晖园、番禺余荫山房及东莞可园并称为清代广东四大名园，是岭南园林的杰出代表。梁园占地面积约1.3万平方米，建筑面积共4000平方米。园林整体布局巧妙，亭台楼阁、石山小径、小桥流水、奇花异草皆各得其所，是典型岭南建筑风格的集中体现。园内湖水萦回、奇石巧布、绿树成荫；建筑玲珑而不失典雅，砖雕、木雕、石雕、灰塑琳琅满目、富有浓郁的岭南建筑特色。

【佛山岭南天地】 佛山岭南天地位于佛山市中心的中心，是一个集旅游、休闲、商业及文化于一体的国际级综合地产项目。总建筑面积达150万平方米，荟萃佛山丰富的文化遗产，包括21处文物保护单位，128栋历史建筑，8条历史街巷，以及国家级重点文物保护单位——东华里。整个综合社区占地65公顷，大型商场、商业街区、高尚住宅、星级酒店、优质公寓及甲级写字楼等星罗棋布，俨如城中之城。优异的城市规划更让岭南天地获多项国际荣誉。街区内保留了大量岭南建筑，如商业街、老字号店铺、当铺、会馆、宗庙、族群院落、名人故居等，极具当地特色，也蕴藏着丰富的传奇故事。岭南天地内共有闻名全国的文物21处，如简氏别墅、嫁娶屋、李众胜堂祖铺、龙塘诗社等，处处尽显佛山历史情怀。

佛山岭南天地。

【佛山国际家居博览城】 佛山国际家居博览城（国家AAAA级景区）位于禅城区澜石大桥北，以80万平方米超大空间、50万件家居艺术典藏，囊括家具、家纺、饰品、灯饰、建材、卫浴等17大品类，是配套完备的家居营销加盟总部、品牌流通总部和创意设计总部。梦幻神迹、幸福之梦、世纪苍穹、禅城佛莲、时代之窗等八大景观，融汇现代科技之美与艺术时尚之美，致力打造中国顶级奢华家居购物公园。

【平洲玉器街】 平洲玉器街（国家AAAA级景区）位于南海区桂城街道，有玉器厂家1000多家，从业人员8000多人，每年采购加工的缅甸翡翠约5000吨，翡翠玉石成品的市场总销售额超过20亿元。玉器街已形成经营翡翠玉石成品零售批发的店档一条街，加上平洲玉器城，规模逐步扩大。经过“三旧”改造工程后，玉器街的周边设施得到完善，购物环境日益改善，通过策划包装，成为华南地区最具特色和吸引力的翡翠玉器购物地。

【南海湾森林生态园】 南海湾森林生态园（国家AAAA级景区）位于南海区西樵镇，景观以二十七潭、十里茶山森林风光、百年道观为主。景区的溪流终年不息，灵动中如“大珠小珠落玉盘”，那玉盘便是一湾湾晶莹碧透的深潭，澄蓝清澈，涓涓溪流汇入银湖；二十七潭，潭潭清幽，见证银坑村沧海桑田的变化。景区南部的茶山山脉连绵百里，七十二峰，峰峰险峻，蜿蜒到景区，十里森林风光，藤萝密缠，层峦叠翠，原生态纯自然气息沁人心脾。庆云道观始建于清光绪戊戌年间，鬼斧神工，净卧于山涧中，气势雄伟，是历史悠久的岭南道教圣地。

【广东长鹿旅游休博园】 广东长鹿旅游休博园（国家AAAAA级景区）位于顺德区伦教街道，建于2002年，是一个集岭南历史文化、顺德水乡风情、农家生活情趣，以吃、住、玩、赏、娱、购于一体的综合性景区，是休闲娱乐、旅游度假、商务会议的最佳场所，更是团队拓展、集体旅游、素质教育的首选基地。主要包括“农家乐主题公园”“动感玩水区”“童话动物王国”“尖叫乐园”“长鹿度假村”五大园区，各具特色，精彩纷呈。自开业以来，经营规模不断发展，近几年成为佛山人气最旺景点。先后获得佛山市“科普教育基地”“2006年佛山十大魅力乡村游景区（点）”“全国农业旅游示范点”等多项荣誉，2008年被评为国家AAAA级旅游景区，2014年被评为国家AAAAA级旅游景区。

【高明盈香生态园】 高明盈香生态园（国家AAAA级景区）位于有“珠三角九寨沟”之称的佛山市高明区凌云山麓下，占地面积1800亩，距离广明高速沧江出口600米，处在广州、佛山、肇庆、江门地区 1 小时生活圈内，交通便利。园区主要有七色花海、开心农场、九寨欢乐水城、鸟巢科普园、机动反斗乐园、松涛公园、生态餐厅等七大板块。

【三水森林公园】 三水森林公园（国家 AAAA 级景区）位于佛山市三水区云东海街道，紧邻三水中心城区，景区总面积 3366 亩，2006 年被评为国家 AAAA 级旅游景区，是一个景点众多、风光独特的大型综合性风景区，以旅游观光、休闲度假、娱乐运动、高尚住宅、饮食服务为主要功能的旅游区。园内主要景点有：孔圣园、鳄鱼湖、大佛区、宣言广场、绿道游览、卡丁赛车场等。其中，孔圣园占地 300 亩，是华南地区最大的孔庙，也是华南地区重要的儒家思想和中国传统文化教育基地。内由棂星门、大成门、婚礼堂、师礼堂、大成殿、崇圣祠、聚星楼等部分组成，全部建筑依山而建，布局巧妙。为了传承中华民族传统文化，每年都会举办开笔礼、成人礼、感恩礼、汉式集体婚礼等具有孔圣园特色的儒家文化活动。鳄鱼湖占地面积 200 亩，主要养殖泰国湾鳄，园区内现有鳄鱼 100 多尾。鳄鱼湖景区内还有孔雀、猴子、鸽子、鹂鹊等动物，是一个亲子游的娱乐场所。森林公园内自行车绿道为珠三角区域绿道 1 号线（西岸山海绿道）其中一段，全长 12.8 公里。

【三水温泉度假村】 三水温泉度假村（国家 AAAA 级景区）位于佛山市三水区芦苞镇长岐村，占地面积 400 亩，总建筑面积 50 万平方米，有酒店客房、温泉养身、高档餐厅、拓展基地、会议中心五大经营项目，集度假、休闲、商务、娱乐为一体，2014 年被评为国家 AAAA 级旅游景区。三水温泉度假村拥有丰富的地热资源，温泉水储量异常丰富，泉水清澈无味，水质富含偏硅酸及多种有益元素， 拥有较高医疗价值。 温泉区域建有大小不一、各具特色的多个露天温泉池，星罗棋布于园林之中。温泉区以世界温泉文化为主题进行建设，划分为经典风情区、神州风情区、泰式风情区、日式风情区、欧式风情区、夏日风情区六大区域。有 208 套特色客房，其中各类豪华酒店客房 158 间，欧陆风格豪华温泉别墅 27 栋，以及具有浓郁中国古典气息四合院套房 3 套。度假村内配套中西餐厅，可容纳 1000 多人同时用餐。拥有各类型会议室、卡拉 OK 厅、健身中心、保健按摩疗养、体育运动休闲等丰富配套设施。

【九道谷自然生态旅游区】 九道谷自然生态旅游区（以下简称九道谷）位于佛山市三水区南山镇，占地面积 3000 亩，景区内野趣横生，丛林密布，各类野生植物 1000 多种，其中以“一藤成景”的野生“禾雀花”沿溪遍布，成为当今都市人向往的“世外桃源”。九道谷集漂流、探险、拓展、休闲、娱乐、美食等多功能项目于一体，是综合性极强的原始生态度假乐园。景区内有密林探险漂流、忘忧涧奇趣猎险、绿水寨禾雀花王国、仟竹园烧烤吧等多个景点项目。另外，九道谷还开设了观星台和星语洞天温泉主题客栈。客栈掩盖于绿丛林中，小家庭院，精致典雅，古朴悠远。夜宿星语洞天温泉主题客栈，坐看繁星点点，云卷云舒，纵情山水，可感受与体验“山顶洞人”的原始生活。

（陈森平）

第七篇

科 教 文

科学技术

科学技术

【综述】 2014年，佛山市科学技术局以党的群众路线教育实践活动为抓手，实施创新驱动发展战略，推进国家创新型城市建设工作，通过“竖大旗、创机制、筑环境、建平台、引团队、强企业、聚产业”，着力推进8项行动计划。市、区联动，全市建设国家创新型城市各项工作均稳步推进，科技创新工作形成区域分类发展、资源协调共建的良好新格局。全市创新能力实现质的提升，巩固了佛山市在全省创建国家级创新型城市第二梯队的战略地位。

【科技创新环境】 2014年，佛山市科学技术工作通过一系列有效措施，科技创新工作的环境得到进一步优化。一是完善科技创新政策。在建设国家创新型城市过程中，佛山市注重做好顶层设计，加快建立健全各项政策体系，发挥政策的引领作用。2014年，佛山市科技局陆续出台《关于加强和改进财政科技资金使用管理的实施意见》《佛山市创建国家创新型城市专项资金管理办法》《佛山市科技型中小企业信贷风险补偿基金设立方案》《关于加快科技服务业发展的实施意见（试行）》《佛山市科学技术局关于市工程技术研究中心建设的管理办法》等文件，进一步形成创新导向的政策合力。二是落实各项税收优惠政策。佛山市科技局联合市财政局、市国税局、市地税局建立“佛山市落实科技创新税收优惠政策联席会议制度”，统筹协调佛山市政策落实工作中的问题，研究制定佛山市政策落实激励措施。三是加大科技创新宣传的力度。佛山市科技局按照宣传工作服务于各项科技业务的思想理念，充分借助各类传播媒介，为全市科技创新工作营造良好的舆论氛围和社会环境。一方面向市委、市政府报送有关信息材料，使市领导及时掌握佛山市科技局重点工作进展和成效；另一方面做好日常新闻宣传工作，与《科技日报》《南方日报》《佛山日报》开展战略合作，全年共推出11个专版。佛山市科技局还积极运用新媒体，全年在新浪微博“佛山科技”发布信息450条。通过举办“科技进步活动月”推动科普进校园、科普进社区，大力弘扬科学精神、提高全民科学素养，在全社会营造良好的创新环境。四是深化科技创新服务。全力推进大科室制，完善创新工作流程，通过流程再造、分权制衡，形成公平、公正、公开的办事机构。将原有的9个业务科室按照业务流程整合成3个大中心，总体上形成一室三部的架构，将所有科室的项目组织管理、监督、评价职能实行分开管理，互相监督，促进各项行政权力的规范运行，提高工作效能和管理服务能力。在园区设立服务点，将服务前移，加快信息的处理速度，使信息的传递更有效、更及时，及时解决企业急需问题。

【创新平台发展】 2014年，佛山市科技局根据广东省新型研发机构建设工作现场会精神，通过组织申报科技项目、召开交流座谈会、跟进建设情况等方式，加强统筹协调工作，发挥对新型研发机构的支持引导作用。

推动新型研发平台建设。协调推进现有新型研发机构健康发展，广东顺德西安交通大学研究院引进“生物前沿即时诊断技术研发创新团队”等2个团队，另有3个创新团队初步敲定入驻。该研究院累计开展产学研合作项目58个，累计获科技成果近20项；累计招收硕士研究生177名、本科生91名；投入注册资金1000万元成立投资管理公司，加快成果产业化步伐。广东顺德中山大学卡内基梅隆大学国际联合研究院已累计投入2.5亿元，建筑面积约4万平方米。该研究院已引进创新团队3个，开展产学研合作项目14个，累计获专利40项、科技成果82项；获批成立省博士后创新实践基地、中山大学本科实习教学基地，共招收博（硕）士研究生184名。佛山市南海区广工大数控装备协同创新研究院已入驻团队18个，均已注册成立公司并开展工作，工作人员数量超过200人；该研究院的入驻团队与佛山市企业开展产学研合作15项，形成专利57项、科技成果30项；已招收本科生82人，另招收硕士研究生45人。佛山市推动一批新型研发平台落户，协助和推动中山大学与美国卡内基梅隆大学在顺德区共建“广东集成芯片研发与产业培育中心”；协调推动广东三水合肥工业大学研究院的落户，研究院已确定办公场地并开展装修工作，与13个科研团队达成初步入驻意向，其中2个获2014年度市级创新团队立项支持。

院市合作平台建设扎实推进。至2014年底，院市合作形成佛山中科院产业技术研究院（育成中心）加7个专业技术中心、33个创新平台、若干个产业园区的创新体系，引入中科院创新团队89个，其中省级创新团队1个、市级创新创业团队5个，总人数达671人，其中院士8人、“千人计划”2人、“百人计划”15人，副研究员及以上187人，博士学位的266人、硕士学位以上的456人。院市双方开展项目合作近1100项，形成新产品300多项，近百个项目实现产业化，带动产值超500亿元，产生了良好的经济和社会效益。

推进企事业研发机构水平企事业研发机构水平快速发展。组织企业承担省市重大科技创新项目，2014年，佛山市科技计划项目共受理有效申报项目388项，其中科技创新团队申报达79个、科技创新平台建设申报达130个、院市合作载体及项目类申报达154个、专利战略项目申报达25个，最终确定拟立项扶持项目119项，资助经费总额达1.86亿元。此外，2014年，佛山市科技局组织除顺德区外的企业申报广东省科技厅重大科技专项、产学研协同创新项目等60项。佛山市医学类科技攻关项目，网上申报652项，立项398项。

【创新主体培育】 2014年，佛山市科学技术工作着力扶持和培养科技型企业，助推企业发展。一是壮大高新技术企业群体。巩固成绩，组织国家重点扶持高新技术企业专项检查和推荐认定、复审培训工作，全市新增高新技术企业73家。至年底，全市拥有高新技术企业618家，其中国家火炬计划重点高新技术企业38家、产值超亿元的共有317家、产值超五亿元的115家、产值超十亿元的65家。二是培育科技型中小企业。2014年，广东工业设计城和佛山新媒体产业园被认定为国家级科技企业孵化器，新增4家国家级孵化器培育单位。2014年度受理国家创新基金项目申报126项，17项立项，资助金额776万元；受理广东省创新项目申报141项，43项获得立项，资助金额1290万元。2014年佛山市科技型中小企业技术创新资金项目共受理有效申报项目296项，89项获得立项，资助金额2820万元。

【创新团队科研水平】 2014年，佛山市大力资助创新创业科研团队，科研水平进一步提高。一是实施创新创业人才团队计划。佛山市首批引进资助11个科技创新团队落地，资助金额达4100万元（首批按60%下拨2460万元），带动上述11家团队2014年度项目投入资金7400万元。欧普曼迪科技公司CEO安昕博士入选为“千人计划”资助对象，全市入选“千人计划”人数增加至23人。广东希荻微电子有限公司的陶海博士、佛山市埃申特公司的刘江总工程师入选科技部“创新创业人才计划”。至2014年底全市共有省级创新团队5个、市级创新团队29个、区级创新团队100多个。2014年继续开展省、市、区创新创业团队扶持项目，收到有效申报80个，共扶持13个项目，扶持金额近7000万元。二是深化国际交流与合作。2014年，PLCopen国际认证培训机构IEC 61131-3广东培训中心在佛山成立，这是华南地区唯一能颁发“IEC 61131-3国际工程师”资格认证的单位；佛山职业技术学院与德国库卡机器人公司签约共建德国库卡机器人技术应用与培训基地项目，是德国库卡唯

——一家与高校联合办学模式的机器人应用技术与培训中心。

【科技金融产业紧密融合】 2014年，佛山市促进科技与金融产业紧密融合，为科技业的发展提供了强有力的支持。一是制定财政科技资金使用实施意见。佛山市政府印发了《关于加强和改进财政科技资金使用管理的实施意见》，提出改变现有单一财政资助的支持方式，逐渐推动财政资金使用从单一无偿向多元结合、从分散支持向集聚使用、从注重项目资助向支持平台建设转变。二是组建佛山市科技型中小企业信贷风险补偿基金。针对科技型中小企业重技术、轻资产的特点，2014年出台了《佛山市科技型中小企业信贷风险补偿基金设立方案》，设立规模2亿~3亿元的科技型中小企业信贷风险补偿基金。一期、二期投入1.2亿元到位，通过对100多家企业的走访和宣讲，促成银行与30多家科技型中小企业达成贷款授信意向。广东希荻薇电子有限公司成功获得佛山农商行划拨的300万元贷款，成为风险补偿基金首家受惠企业。三是成立佛山科技金融综合服务中心。2014年，在广东省科技厅大力支持下，佛山科技金融综合服务中心在佛山火炬园正式成立，中心主要集聚金融机构、投资机构、中介机构、行业协会等资源，以逐步建立企业信用数据库，开展企业信用管理等工作为目标，为科技型企业搭建一个全面的金融服务平台。四是推进科技保险试点工作。佛山市作为广东省科技保险的试点城市之一，推进科技保险、加强创新保障是佛山市科技金融相结合的重要工作。

【知识产权战略】 2014年，佛山市大力推进知识产权战略，既促进知识产权保护工作，有效地维护知识产权不受侵犯，又使知识产权有效地为科技服务，成为企业的创新动力。一是形成知识产权服务新平台。2014年，佛山市知识产权取得新的突破，获得"国家知识产权示范城市"和"国家知识产权服务业集聚发展试验区"两个国字号荣誉，成为佛山发展的新名片，有利于推动完善佛山市知识产权服务体系，为佛山市科技型中小企业的发展提供创新驱动发展的持续动力。二是实施"鲲鹏"计划和"繁星"计划。2014年，佛山市专利申请量25577件，同比增长5.97%，其中发明专利申请量5629件，增长率高达47.59%，发明专利申请量占专利申请量总比为22.01%，比上一年度提高约5%。专利授权量19756件，同比增长10.96%，其中发明专利授权量1000件，同比增长5.71%，有效发明专利5244件。发明专利申请量跃至全省第三位，百万人口发明专利申请量和万人有效专利申请量均居全省前列，实现数量和质量双提升。全年新增广东省知识产权示范企业1家，广东省知识产权优势企业6家，中国专利奖外观设计金奖1项，专利优秀奖3项，外观设计优秀奖4项。三是知识产权质押融资取得新成效。2014年，国家知识产权投融资综合试验区（南海）和国家知识产权投融资服务试点区（顺德）均通过了国家知识产权局专家组验收。2014年禅城区专利投保470件，同比增长24.01%，保费32.59万元，总保额达967.8万元。新增16个知识产权质押融资项目，共74件知识产权获得2.89亿元的贷款，累计知识产权质押贷款项目数51项，758件知识产权参与质押融资，融资总额达7.16亿元。四是构建知识产权服务价值生态链。2014年4月，佛山市成立市知识产权协会服务联盟和市专利代理人协会，建立知识产权交易平台，引进培育高端服务机构，建设知识产权培训基地，编织出服务内容全面、重品质优服务的服务网络，打造知识产权经济全产业链。五是加强专利维权执法。按照《2014年全国打击侵犯知识产权和制售假冒伪劣商品工作要点任务分工》的部署，制定佛山市科技局2014年知识产权执法维权"护航"专项行动实施方案，全年受理专利案件55件，共开展了16次市、区、镇（街）联动的专利执法行动，出动执法人员110余人次，检查禅城、南海、三水3个区的商品共1700多件。会同相关部门开展联合执法。

【科技计划项目管理】 2014年，佛山市以科学的方式和完善的制度进一步规范管理，使科技计划项目得到有力保障。一是改革科技项目组织方式。2014年，佛山市科技局围绕"共性关键技术攻关、产业链提升、协同创新、创新源培育"，编制创新链产业链结合科技创新项目指南，制订2014年科技创新项目的评审办法，委托第三方评审机构组织专家进行网络评审、现场答辩、现场考察等工作，形成评审意见。二是加强科技项目过程管理。根据《佛山市创建国家创新型城市专项资金管理办法》规定，佛山市科技局在2014年首次启动了重大科技项目中期评估工作。扶持资金超过100万元的项目有23个，最终有18个项目顺利通过中期评估，5个项目因资金使用进度滞后等原因延期评估。三是强化科技专项资金绩效管理。建立科技资金绩效全链条管理制度，科技管理部门在资金预算编制时须明确绩效目标，每年由财政部门会同相关监管部门对科技资金使用情况进行绩效跟踪和评价。对绩效较好的专题专项，实行预算优先安排或扩大资金规模，对绩效不佳、存在问题的专题专项，实行缩减规模、调整资助方式或予以撤销。此外，加快企业信用征信系统建设，建立科技资金使用不诚信企业"黑名单"制度。

（赵雪章）

科协工作

【综述】 2014年，佛山市科学技术协会发挥科协学科齐全、人才荟萃、智力密集的优势，在调查研究、征求民意上多下工夫，为政府的决策做好咨询服务；继续动员和组织广大科技工作者积极参与佛山建设国家创新型城市的各项工作和活动，全力营造佛山科技创新氛围和全民创新环境；广泛开展多种形式的科学普及活动，在"四大重点人群"素质行动上下功夫，提高公众的科学素质；完成创建全国文明城市工作任务；做好联系服务科技工作者的工作，提高服务质量，使佛山科协真正成为佛山科技工作者之家。

【科技服务助推企业发展】 2014年，佛山市科协对科技社团技术服务项目进行整理汇编成册，并通过各区科协收集基层企业的技术需求，力求做到技术服务和需求的有效对接，先后组织5场科技社团与企业的对接活动，促成7个合作项目。顺德区科协举办了"企业科技特派员（机械装备产业）座谈会"，协助推进中国地质大学（武汉）科技特派员工作站及实验室的建设工作，联合各有关部门举办"机械装备转型升级大会"等多场培训交流活动。选定"讲理想、比贡献"活动示范点，开展技术项目改造攻关和合理化建议活动。广东万和新电气股份有限公司、佛山燃气集团公司分别获评2013～2014年度全国"讲理想、比贡献"活动先进集体和创新团队，佛山市科协陈锋登获评该活动优秀组织者。广东万和新电气股份有限公司还被评为广东省"院士专家企业工作站"先进单位，万和公司的叶远璋被评为先进工作者。

【"科普惠农兴村计划"实施】 2014年，佛山市、区科协共组织了15场实用技术培训活动，受众2330人次，推广先进实用技术13项。认真完成推荐"广东省基层农村专业技术协会龙头协会和乡土人才"的评选工作，佛山市粉葛种植协会、欧志华分别被评为2014年广东省基层农村专业技术协会龙头协会、乡土人才。高明区科协累计建立了102户科普示范户，开展了科技进村到户活动及农技培训班，向村民派发农技书籍、优质水稻及瓜菜种子，并传授科学种养技术、营销策略及解答种养碰到的疑难问题。

【"创新达人"助力国家创新型城市建设】 2014年，佛山市科协牵头举办"寻访佛山创新达人"活动，以广佛都市网、"佛山微新闻"微信和微博平台等新媒体为主要载体，宣传"佛山创新达人"故事，推出"每周之星"，用文字、图片、视频等形式深入讲述创新人物的故事，同时让市民点赞评论，营造全社会参与创新型城市建设的良好环境与氛围。该次活动采访报道30名创新人物，活动专题网页浏览量超过30万人次，通过"佛山微新闻"和"佛山发布"等两个公众微信向受众发送有关内容超过150万人次，《佛山日报》对活动做了专题报道。佛山市科协承办广东省科协、佛山市政府主办的广东省"千会万企金桥工程"启动仪式并举办佛山市新兴产业发展论坛。以承办启动仪式为契机，组织5个市级学会与企业联合举办包括激光、工业机器人、3D打印、新型陶瓷、污泥处理环保产业等5个主题的佛山市新兴产业发展论坛，探讨新兴产业的发展瓶颈与未来方向、如何创新突破及转型提升等问题，5个分论坛的研讨报告以《科技工作者建议》形式送佛山市政府及有关部门作决策参考。三水区举办首届创新创业大赛，吸引48个省内外项目报名参赛，达到营造创新创业氛围、引进创新人才的预期效果，获奖项目可望成为三水区科技型中小企业的生力军。

此外，佛山市科协组织科协界别的政协委员撰写4份政协提案并参会议事。组织科技工作者代表旁听佛山市第十四届人大第四次会议，参政议政。编印《佛山科协简报》向佛山市委、市政府及有关部门报送工作信息和科技工作者的意见，为党委及政府决策提供科学依据。

【青少年科普工作】 2014年，佛山市成功举办第30届佛山市青少年科技创新大赛，共有242所学校2000多个项目参加基层选拔，200多项参赛作品涉及方方面面，选题贴近实际，关注社会发展，覆盖面较广，大赛评出44个一等奖项目代表佛山市参加全省比赛。市科协组织佛山市师生参加第29届全国、广东省青少年科技创新大赛并获得优异成绩。佛山市参赛项目在全国赛中获得一等奖5个、二等奖5个、三等奖1个及专项奖2个；在省赛中获得一等奖16个、二等奖21个、三等奖16个。佛山市青少年参加科技创新大赛成绩再次在全省蝉联冠军。佛山市承办了广东省第14届机器人大赛，全省210支队伍800多名师生参加比赛，佛山市参赛队伍获得一等奖2个、二等奖3个、三等奖6个，佛山市科协卢钻获评优秀组织工作者，南海实验中学李宁获“优秀教练员”称号。此外，组织佛山市师生参加全国及全省机器人大赛、第二届全省科技创新能力实践赛、全国高校科学营活动等都取得优异成绩。同济小学、三水西南四中等被评为广东省第四批青少年科学教育特色学校。组织和推荐学生参加全国英才计划，佛山一中两名学生通过层层筛选首次进入培养行列。联合有关部门主办2014年佛山市青少年海模、车模、空模及建模比赛，吸引数千名学生及辅导员参加。禅城区科协开展“2014年度禅城区青少年科技创新英才奖”评选活动并提请区政府进行隆重表彰。

开展“大手拉小手”科普报告巡回演讲活动，邀请中科院老科学家科普演讲团的8名专家在佛山市5区67所大中小学及图书馆等公众场所举办了73场科普报告，受众2.3万人次。举办2014年佛山市科技辅导员培训班，邀请广东省青少年科技创新大赛评委组文尚胜教授对120多名科技辅导员进行培训。举办了10期“佛山市青少年科技创新沙龙”，与香港科技促进会共同开展“科技新苗100计划”活动。

【农民、居民科普和公众主题科普活动】 2014年“科技进步活动月”期间，佛山市科协组织了4场共200多人次专家送科技到基层活动，免费提供健康义诊、农技咨询、农业种子及化肥领用等一系列服务，发放《科普大篷车》电视栏目DVD近千套、《城市生活安全》等各种科普读物6万多份（册），举办了多个专题的科普挂图宣传。在“全国科普日”期间，联合各区科协、全国科普示范社区、市级科普基地、科学特色学校开展了主题为“创新发展，建我佛山”上下联动的“全国科普日”系列活动。佛山市科协在中国科协、科技部及教育部的“2014年全国科普日活动”联合考核中获“优秀组织单位”称号。佛山市科协系统在全年共组织了近200场各种形式的科普宣讲活动，受众人数约40万人次。佛山市共培育建立了科普示范镇（街）4个，科普示范村（居）44个。经佛山市科协推荐，2014年禅城区培德社区及高明区中山社区获全国科普益民计划奖补资金；共有4个社区被评为广东省第五批科普示范社区。

【科普基础设施建设和科普资源开发共享】 2014年，高明区科协认真培育海天（高明）公司、盈香生态园科普基地，并完成国家级科普基地的申报工作。至年底，市、区科协共建立科普活动站81个，科普宣传栏1291平方米；培育、建立国家级科普教育基地2个、省级13个、市级20个，农村科普示范基地8个。2014年，佛山市科协系统共编印各种科普图书、挂图16种，印数5万多册（份）。禅城区科协联合广东省科普中心等单位编印了《漫说新科技丛书》系列共10本3.5万册，编印《居民健康手册》共3本1.8万册，均免费发放到社区（村）、学校。

【自然科学优秀学术论文评选及举荐工作】 2014年6月，佛山市科学技术协会完成第13届佛山市自

然科学优秀学术论文评选工作，共征集到论文（著作）403篇（部），英文论文数量明显增多。经过21个市级学会初评及专业评审、终审、公示等环节，共评出294篇（部）获奖论文（著作），对获奖作者进行表彰，并对学术成果进行“科普化”，要求获奖作者将获奖作品撰写成科普文章在佛山市科协网站向公众宣传，普及科学知识，倡导科学方法，传播科学思想。举荐的5篇论文均获得第四届南粤科技创新优秀学术论文评选三等奖；陈锋登、汪元龙撰写的论文获广东省学会研究会论文评选一等奖。

【科技人员职称评审及继续教育工作】 2014年，佛山市科学技术协会联合禅城、三水、高明等区科协举办6场技术创新暨职称公需课培训班，帮助科技人员解决继续教育登记、论文发表等问题，受众超过1200人次。指导致卓公司科协、机械工程学会、建材行业协会、纺织丝绸学会等举办了“如何申报工程类职称”专题辅导。继续利用经佛山市人社局授权认可的网上培训平台——佛山科技人才远程教育网，提供职称公需课、专业课、选修课等的网上培训服务。做好职称材料的受理工作，市科协指导科技人员按照佛山市人社局的要求整理好职称材料，收到申报材料200多份；召开机械、工艺美术、纺织、轻化等4场职称评审会议，并在网上公示通过人员名单。

【科技人员交流、联络、举荐】 2014年，佛山市科学技术协会联合佛山市工业设计学会举办“2014佛山市工业设计交流会”，邀请英国普利茅斯大学工业设计系主任作专题演讲。充分利用“广东省科协学术周”平台，联合佛山市陶瓷学会举办陶瓷行业原料制备新技术论坛；佛山市医学会、护理学会、信息协会、心理学会等市级科技团体也举办了一系列学术交流活动；佛山市科协被评为广东省科协学术活动周优秀组织单位。出版《佛山科普时空》4期，刊登科技人员学术论文97篇。佛山市科协系统全年组织学术交流与继续教育活动210场次，受众3万人次。“中国科协会员日”期间，举办科技专家联谊活动、2014“佛山科协杯”年度锦标赛，促进科技人员间沟通联络。经佛山市科协推荐，佛山科学技术学院的陈忻被评为广东省科协杰出科技工作者。禅城区科协组织了第十届“禅城区十佳科技人物”评选，为产业挖掘科技人才，并提请区政府给予表彰奖励。

【社会组织专项资金考核】 2014年，佛山市科协配合市民政局、市财政局的扶持社会组织专项资金工作，做好2013、2014年度佛山市级自然科学类社会组织发展专项扶持资金绩效考核工作，出台有关绩效考核细则。最终，申报考核的10个项目都通过绩效考核，并被评为“优秀”等级。

【科协自身建设】 2014年，佛山市科协紧紧围绕保持党的先进性和纯洁性，以为民务实清廉为主要内容，把贯彻落实中央八项规定和市委实施意见作为切入点，深入开展党的群众路线教育实践活动，着力解决“四风”突出问题，在佛山市科协党组的高度重视、机关各部室的共同努力、特别是市委第16督导组的严格把关、精心指导下，教育实践活动各阶段工作进展顺利，取得了预期的成效。

举办佛山市科协系统干部培训班，邀请省科协科普部部长黄善辉、省学会研究会常务理事郑德胜为培训班学员授课。组织了市级学会工作座谈会、工程类学会座谈会，听取有关科技社团的建议和意见，做好有关服务工作。鼓励并支持市级学会参加评估评级工作，经市民政局评审，佛山市信息协会被评为AAAAA级社团，佛山市软件行业协会、纺织丝绸学会被评为AAAA级社团。指导佛山市陶瓷学会等顺利完成换届工作，通过了佛山市茶花协会以团体会员身份加入佛山市科协的申请。

继续推进信息化建设，对佛山市科协网站进行改版，市科协网站获2014年度佛山市市直单位政务网站评比同类第二名；按要求做好政务信息发布及政务微博工作，禅城区科协开设了政务微信；佛山市科协、黄祥年分别被评为2014年度广东省科协系统信息宣传工作先进单位、个人。做好各项统计工作，佛山市科协被广东省科协评为2014年度地方科协财务决算工作先进单位。做好机关党建、保密、档案、对口扶贫等各项工作，进一步提高综合服务能力。

（王月新）

社会科学

社会科学界联合会

【综述】 2014年3月18日，佛山市社会科学界联合会第七次代表大会召开，会议经过选举产生市社科联新一届领导机构。是年，市社科联在新的领导班子的带领下，以建章立制为抓手，不断强化自身建设。在社科研究、社科宣传普及、社会组织建设和机关内部管理等方面，制定和完善一系列业务活动和管理制度，编印一本《佛山市社科联规范性文件汇编》。规范档案整理，按照年份进行归类，对每一份发文均进行了编号。同时，对近几年涉及市社科联的重大项目的材料、文件，每一项重要项目、活动设立独立的档案夹进行归类。2014年《广东宣传》《南方日报》《佛山日报》等媒体关于佛山市社科联的报道有36篇，佛山电视台、佛山电台、广佛都市网等媒体也对佛山市社科工作进行多次报道。此外，还对佛山市社科理论网的版块和内容进行全面更新。市社科联还建立社会组织QQ群，增强社科联与全市社科理论工作者之间的实时联系和信息交流。2014年，佛山市社科联再一次获“全国先进社科组织”称号。

【社科研究】 2014年3月，佛山市社科联组织专家对《佛山科学发展蓝皮书（2013）》进行审核把关，于4月印刷出版，分派给佛山市有关单位和珠三角各市社科联。5月，佛山市社科联完成“佛山市重点课题（2013）”的研究，并将其印刷成册，派送给市有关领导和相关单位参阅。7月，市社科联启动2014市重点课题研究工作，课题研究内容为佛山发展模式与经验、新型城镇化与佛山农村基层治理、做大做强佛山市装备制造业、打造人民满意政府的理论探讨及实践、做大做强现代服务业促进佛山城市价值提升等。2014年6月，为进一步挖掘佛山地方优秀历史文化，市社科联启动佛山市第三批人文和社科研究丛书编撰工作。书目征集共收到37套申报材料，经专家评审，李国臣的《佛山社区报跨界探路——媒体型服务业》、申小红的《明清佛山北帝崇拜研究》、万伟成的《佛山诗歌三百首评注》、万钟如的《佛山“私伙局”》、郑海峰的《发现佛山》等5部以佛山为主要研究对象的作品被纳入资助范围。

【提供决策咨询】 2014年6月，为夯实服务决策咨询的基础，有效整合、利用全市社科研究人才资源和成果资源，发挥社科专家学者的智力优势，佛山市社科联向全市各有关单位组织收集相关数据，综合各方建议和意见，并考虑入库专家的研究方向、职称、职务结构、年龄结构、单位平衡及具体应用的需要等实际情况，最终确定118名专家、学者作为佛山市社会科学专家库第一批入库专家。

《佛山研究》《学习天地》是市社科联和市委党校、市委宣传部等有关部门共同创办的2个有多年影响的社科理论刊物，市社科联充分发挥其作用，集中刊发全市决策咨询与对策研究成果。2014年，在上述刊物上选登了《广佛肇产业合作机制调研报告》《温州农村集体产权制度改革对佛山新型城市化建设的启示》等一批社科理论文章，为佛山市经济社会发展决策咨询提供理论支持。

【社科普及】 2014年6月，根据广东省社科联有关要求，佛山市社科联完成全国优秀社科普及专家、

社科普及作品、社科普及工作者及人文社科普及基地等相关材料的申报工作；完成向广东省社科联推荐“广东省哲学社会科学‘十二五’规划2014年度项目”和“广东省2012～2013年度哲学社会科学优秀成果评奖”等工作。7月，佛山市社科联购置经济、文学、历史、医学、农业、工业等方面3600余册书籍，分别送到顺德、禅城、南海辖区内的3个基层单位，供群众借阅。市社科联邀请广东省政府发展研究中心主任、党组书记汪一洋等专家学者深入五区基层开展有关改革、励志、中国梦等为主题的讲座活动。10月30日，市社科联与南海区委宣传部在凯德广场共同主办2014年市社科普及周活动启动仪式。活动内容主要有市社科联组织下属42个学会、协会、研究会现场举行社科知识（摆摊设点）咨询活动，佛山市图书馆组织现场办证和借书，佛山市新华书店展销优秀社科读物，部分社科专家向群众签名赠书。

【社会组织建设】 2014年5月，佛山市社科联分别对佛山科技学院、顺德职业技术学院、市财务管理学会、市养生文化研究会等高校和社会组织进行调研，就如何创新社科联工作，进一步发挥社科联的桥梁作用，如何调动社科工作者更好地围绕市委、市政府的中心工作等内容进行了深入的交流。调研结束后，完成2份调研分析报告并切实解决一些困难问题。7月，为不断提高市级社会组织自身建设能力和业务能力，促进社会组织规范化发展，根据《佛山市社会科学界联合会章程》，市社科联举办市级社科类社会组织业务培训班，邀请市民政局、市民间组织管理局有关专家和市社科联负责学会工作的人员，对市级社会组织等级评估申报工作和社会组织管理等相关业务开展培训。5月，市社科联对获得2013年佛山市社科类5个社会组织发展专项扶持资金项目进行绩效考核评估。制定《佛山市级社科类社会组织发展专项扶持资金绩效考核评估细则》,成立专家考评组,围绕各考核项目的工作内容、达到预期目标情况、财务决算等考评指标采取材料审阅、集中评审、独立评分及分数统计等环节，最终顺利完成验收。12月，市社科联对获得2014年社会组织发展专项扶持资金的5个项目进行绩效考核评估，并对2015年社会组织发展专项扶持资金申报项目进行评审。

【国学研究会成立】 2014年7月，佛山市社科联和佛山科学技术学院文学院联合共建佛山市国学研究会。经过大会推选表决，佛山科技学院陈宪年教授当选会长。研究会聘请全市专家学者，特别是聘请大专院校的教授、博士等组成国学团队，开展国学文化研究，并面向佛山各级学校、企业、村居等单位开展国学讲座活动等。

【社科知识竞赛】 2014年8月,佛山市社科联与《佛山日报》《珠江时报》和广佛都市网联合举办全市社科普及知识有奖竞赛活动,内容涉及佛山市历史、人文、地理及其他社会科学知识。活动吸引数万市民参与，最后评选出一等奖、二等奖、三等奖若干名，取得广泛的社会影响。

【社科文艺普及讲座】 2014年10月，由佛山市社科联和市文广新局联合举办的“社科文艺普及系列公益讲座”在市图书馆开讲。该系列讲座共计6场，大部分都是现场理论讲解和嘉宾表演互动相结合，对丰富广大市民的业余文化生活，营造浓郁的岭南文化氛围，提升群众社科文化素养，普及社科知识和高雅艺术有着积极的作用。

【社科普及基地建设】 2014年7～11月，为扎实开展佛山市的人文社科普及工作，市社科联在全市范围内组织开展了市社会科学普及示范基地的认定工作。经组织专家赴实地调研、考察、评审和公示，认定佛山岭南文化研究院、禅城区图书馆、南海区博物馆、顺德区博物馆、广东盈香生态园、佛山大讲堂·三江讲坛等6家单位为佛山市第一批“佛山市社会科学普及示范基地”。

（涂述卫）

市委党校

【干部教育培训】 2014年，中共佛山市委党校共举办干部培训班210期，培训学员46719人次。其中，计划内班次84期35598人次，计划外班次116期

11121人次。此外，还承接省委党校、省人社厅主体班次10期338人次。一是强化理论武装，用中国特色社会主义理论凝聚共识、引领思想。充分发挥党校的主渠道、主阵地作用，把学习贯彻总书记习近平系列重要讲话精神和党的十八届三中、四中全会精神纳入教育培训课程体系。二是发挥党校优势，着重党性教育。组织新任副处级领导干部培训班和中青年科级干部培训班学员赴河南兰考进行“学习弘扬焦裕禄精神”党性教育，组织市直机关科级公务员任职培训班学员赴江西兴国、瑞金学习毛泽东始终坚持的调查研究精神和苏区干部优良作风。三是围绕中心工作，服务佛山科学发展。在公务员初任班、任职班、军转班等班次设置佛山市情研析专题教学板块，促进学员进一步了解佛山、热爱佛山。举办地方立法工作专题培训班，为佛山市设置立法机构、培养立法人才、建立立法队伍、顺利开展地方立法工作打好基础；举办区域资源共建共享专题研讨班，进一步提高佛山市公共资源的利用水平。为贯彻市委智力援藏要求，培训墨脱学员10期共56人次，做出了积极贡献。四是发挥资源优势，扩大社会影响。2014年除了完成市内各级各部门委托的各类班次外，还承接了省直和广州、东莞等市，以及北京、江苏、福建、四川、新疆等省市的干部培训班，其中有1期厅级公务员培训班、8期县处级领导干部培训班。

【党校科研与教师队伍建设】 2014年佛山市委党校科研成果共337项，其中：咨政研究类62项，占成果总量的18.5%，宣传研究类140项，占总量的41.7%，充分体现党校科研的咨政和宣传作用。

突出咨政服务，强化成果应用。2014年，佛山市委党校有2位教师被广东省委宣传部聘为省级政策宣讲员；有10位教师被广东聘为佛山市社会科学专家库的首批专家，完成1项国家行政学院规划课题结项；5位教师被聘为市讲师团成员，成立校宣讲组，为佛山市各单位送课上门160多场，主要宣传总书记习近平系列重要讲话精神和党的十八届三中、四中全会精神。

佛山创新思想库整合全校力量，《佛山城市价值提升的实现路径分析》等5个课题获得立项，集中当前佛山经济社会发展重点、热点和难点问题开展研究，初步形成咨政成果。教研一体化，突出为党委政府决策和中心工作服务，发挥了智囊团和思想库作用。对32个镇（街）进行调研，并举办专题报告会，深入了解各镇（街）全面深化改革的新措施、新变化和新问题。申报科研课题较多，立项纵向课题13项，其中省级课题9项、市级规划课题4项。

理论实践结合，做实学术平台。“纪念甲午战争120周年学术研讨会”邀请到国防大学战略研究部教授舒健作专题报告；“邓小平理论与佛山全面深化改革——纪念邓小平同志诞辰110周年学术座谈会”，探究邓小平理论对佛山改革开放的重大意义；“学习交流十八届四中全会精神暨宣讲备课会”，率先掀起学习宣讲党的十八届四中全会精神热潮。选派教师参加第五届“广佛肇一体化发展”理论研讨会主题报告课题组，并围绕主题自拟论题、撰写论文赴会，追求研讨与咨政的结合。《佛山研究》注重“时代感、理论性和特色化”，紧扣市委、市政府中心工作，围绕法治化国际化营商环境、建设人民满意政府、践行群众路线、学习贯彻“两会”精神等，组织高水平稿件。《调研快报》紧扣实际，关注本地区发生的热点难点问题和外地可借鉴的经验，编辑出版了8期，其中第四期“充分发挥基层纪委监督作用，全面提升村居‘三资’管理水平”的调研报告获得市委主要领导的批示。

（熊慧萍）

党史研究

【党史征集和研究】 2014年，佛山市党史征集和研究工作根据中央、省委党史研究室提出党史征集研究以中国特色社会主义时间段为重点的工作部署，逐步全面开展该时段的党史资料征集、编研工作。一是开展党史三卷资料征研，全市根据工作实际，有计划地开展党史三卷资料征集、编写工作，市委党史研究室征集资料10万多字；禅城区委党史研究室整理出资料80万字，拟出第一至第三章写作提纲；顺德区委党史研究室征集资料100多万字，并写出第四、第五篇初稿（全书共五篇）。二是完成《广东改革开放实录》（第一辑）组稿任务，市和南海区分别撰写一篇专题文章，并报省委党史研究室审核通过。三是市委党史研究室在完成编写《佛山改革开放35年大事纪要》22万字初稿的基础上，作进一步的补充、完善，写出第二稿共26万字。四是市委党史研究室开展佛山改革开放时期重要党史专题的征研工作，确定20个题目，对相关撰稿人进行多次业务指导。五是开展征集改革开放时期口述史料工作，市委党史研究室拟出4名老领导的访谈提纲；三水区委党史研究室制定出1978～2002年三水县（市）委书记领导访谈方案，拟出两名领导的访谈提纲，并对一名领导作了访谈录音。六是开展年度党史大事记的征集、编写工作，市委党史研究室收集2014年党史大事记资料15万字，写出部分初稿；禅城区委党史研究室征集64万字资料，整理出27万字的初稿；南海区写出2014年度党史大事记初稿2.2万字，对《中国共产党南海历史大事记（1995～2011）》《中国共产党南海历史大事记（1978～1994）》两书作了补充和修改；三水区写出2013年党史大事记初稿1万多字。

【党史书籍的编辑出版】 2014年，佛山市编辑出版了一批党史书籍，深化党史研究成果。市委党史研究室先后编辑出版了《全国革命遗址普查成果丛书（佛山市）》《佛山党史18个专题文集（1949～2011）》和《中共佛山市历届代表大会及全会文献汇编（1993～2011）》3本书籍。禅城区的《中国共产党佛山市城区历届代表大会文件汇编（1994～2002）》、顺德区的《中共顺德党史简读本》、高明区的《高明改革开放领导干部访谈录》、三水区的《中国共产党三水历史（1949～1978）》（第二卷）先后编辑出版。南海区的《中国共产党南海历史人物》定稿付印。

【党史宣传教育】 2014年，佛山市委党史研究室加强横向联系，进一步拓宽党史宣传教育面。继续联合市委宣传部、市社科联编印的《学习天地》，每两月刊登当年度佛山党史大事纪要；在抗战胜利69周年、烈士纪念日等重大纪念日期间，加强与新闻媒体的合作，协同做好专题报道。

各区党史研究室根据各地实际，开展了各具特色的党史宣传教育。顺德区在开展党的群众路线教育实践活动期间，为区委中心理论学习组成员和各部办局负责人作“中共顺德历史发展”学习专题讲座，并以顺德党史一卷、二卷为蓝本，编辑成简读本作为区开展教育实践活动的学习读物；先后撰写2篇资政文章，并在纪念邓小平诞辰110周年纪念活动中提供大量的史料并撰写领导讲话稿。三水区举行了邓培烈士诞辰131周年纪念活动，并在“七一”期间向有关基层单位宣传邓培烈士事迹。

【党史联络员制度建立】 2014年4月10日，经佛山市委同意，市委党史研究室印发《关于设立党史联络员的通知》和《关于印发〈佛山改革开放实录〉编写方案的通知》，要求市直有关单位选配一名党史联络员负责做好本单位党史资料的收集、整理和报送工作，形成长效的党史联络员工作机制。全市43个市直单位共配备党史联络员46名（其中3个单位各超配1人），全市党史联络员网络基本形成。在此基础上，确定《佛山改革开放实录》20个专题征集研究编写任务，把任务分解到市直有关单位，要求在2014～2018年五年内分别完成。

【党史业务指导培训】 2014年，佛山市委党史研究室通过召开全市党史研究室主任会议、深入各区调研，及时传达中央、省有关党史工作的精神，指导各区开展党史工作。并以审稿、召开会议以会代训的形式，加强对基层党史部门及市直党史联络员的业务指导培训。5月27日，市委党史研究室举办了全市党史三卷业务培训班暨党史联络员培训班，邀请中央党史研究室科研管理部副主任姚金果作题为《〈改革开放实录〉写作的基本要求》的讲座，对全市党史工作者和市直党史联络员就如何做好党史资料的搜集、整理等进行专题辅导。

（何燕玲）

教　　育

概　况

【综述】 2014年，佛山市教育工作以办好人民满意的教育为宗旨，以立德树人为根本任务，以促进教育内涵发展为重点，以教育综合改革为抓手，推进教育改革与发展。4月，佛山市被广东省人民政府授予“广东省推进教育现代化先进市”牌匾，成为全省首个推进教育现代化先进市，获得省政府4000万元专项资金奖励。同时，全市五区在全省率先通过全国义务教育发展基本均衡区国家督导评估，佛山市成为全省首个所有区（县）全部通过国家级评估的城市。12月，佛山顺利通过广东省二类城市语言文字工作评估。

【教育统筹】 2014年，佛山市委、市政府加大教育统筹力度，先后召开佛山市推进教育现代化工作总结会、创建国家教育综合改革试验区动员会、教师节座谈会等多个高规格全市性教育工作大会，出台《佛山市深化创建国家教育综合改革试验区工作方案》《关于促进民办教育规范特色发展的暂行实施意见》《佛山市特殊教育提升计划（2014～2016年）》《关于对适龄重度残疾儿童少年送教上门服务工作的实施意见》《关于完善佛山市学前教育生均公用经费制度实施办法的意见》《佛山市家庭经济困难学生助学实施办法》等6份重要政策文件，科学谋划和统筹引领教育事业的改革与发展。教育投入进一步加大，2014年全市教育总投入167.99亿元，比上年增加3.97亿元，增长2.42%，其中财政性教育经费拨款121.87亿元，占教育经费总投入的72.55%，为教育改革发展提供财力支撑。

【教育普及水平】 截至2014年9月，佛山市有各级各类学校1498所，其中普通高校3所、成人高校6所、中职学校48所、普通高中58所、初中135所、小学406所、幼儿园（含部分托儿所）837所、特殊学校5所。各级各类学校在校生118万人，其中基础教育在校生103万人。民办学校（培训机构）823所，其中幼儿园490所、小学44所、初中35所、普通高中13所、中职学校11所、民办非学历培训机构230所，民办学校在校生32.6万人，约占全市各级各类学校在校生的30%，民办非学历培训机构年培训量近20万人次。学前教育毛入园率135.92%，小学毛入学率102.31%、升学率100%，初中毛入学率112.21%、升学率99.06%，高中阶段毛入学率112.81%、普通高中毕业生升学率94.32%，三残儿童少年入学率99.39%。

（吴海桐）

各类教育

【学前教育】 2014年，佛山市学前教育公益普惠性进程加快，通过财政扶持、示范引领、个别指导等方式，推进普惠性幼儿园建设和认定，全市认定公益普惠性幼儿园476所，占全市幼儿园总数的58.3%，超额完成年度50%的目标。“名园帮扶”计划有效实施，重点选取禅城区、南海区和市属幼儿园作为试点，以市机关幼儿园、市惠景幼儿园、南海区机关幼儿园、西樵镇中心幼儿园等20多所优质幼儿园为龙头，通过托管、合作办园、组建发展共同体等形式，带动近100所民办普惠性幼儿园发展。重点选取禅城区、南海区和市属的幼儿园作为试点开展幼儿园教职工“岗位补贴”；以禅城区、高明区为试点，对符合条件的保教人员给予每月600～1000元的补贴，不断提高幼教人员待遇。学前教育教师“学历提升”和“持证上岗”计划深入实施，全年超过2000名幼儿教师参加学历进修，新增1000名幼儿教师取得上岗资格。推动幼教人员专业发展工作，承办全省青年幼师说课大赛，完成托幼机构卫生保健人员岗前全员培训。规范化幼儿园建设工作成绩突出。强化规范化和等级幼儿园创建工作，至11月，全市有规范化幼儿园738所，新增13所，占比90.44%；有省一级幼儿园65所、市一级幼儿园179所。

【义务教育】 2014年，佛山市教育工作坚持均衡优质发展不动摇，着眼校际均衡，着力城乡一体，推进义务教育均衡区建设，五区同创全国义务教育发展基本均衡区工作全省领先。完善教师“以区为主”的统筹配置机制，制定义务教育教师交流工作方案，实施校长教师城乡、校际轮岗交流，实现教师资源在城乡、校际合理流动，有效促进义务教育均衡优质。义务教育标准化学校建设全面启动，全市100%义务教育公办学校通过广东省义务教育标准化学校认定。探索推进小班化教学，针对佛山市随迁子女逐年快速增长的实际，严格执行广东省标准化学校班额规定和佛山市招生计划，科学控制义务教育学校校均规模，严禁计划外招生，同时全市通过新建中小学5所、幼儿园33所，进一步扩大教育资源，有效缓解外来人口快速增加与学位供给不足的矛盾，满足小班化教学需求。配合佛山市国土资源和城乡规划局制订《佛山市城镇新建住宅区配建教育设施管理办法》，探索新型城镇化背景下新一轮教育布局调整，争取增加小区学位，解决教育资源匮乏问题。

【普通高中】 2014年，佛山市普通高中实现优质学校和优质学位均达100%后，以推进学校升级为抓手，通过创新高中管理体制、实现高中区属管理，构建多样化办学体制、发展民办高中，打造高中名师群体、活化教师发展机制，优化高中评价导向、创设学校特色发展激励机制，拓宽学生发展渠道、建立多样化成长机制等多种形式和渠道，引导优质高中向特色化、个性化发展，推动一批教育方式独特、学科优势明显、文化内涵丰富的特色高中建设，全面提升学校办学内涵，普通高中优质化、多样化、特色化办学格局逐步形成。普通高中在岭南文化教育、英语教育、信息技术教育、艺术教育、体育教育、环保教育、健康人格教育、心理健康教育、知识产权教育等方面，形成各自特色和优势，成为省内外颇具示范辐射作用的特色品牌。佛山市8所面向全市招生的普通高中继续引领区域内高中发展，其中佛山市第一中学、南海石门中学、南海中学和顺德区第一中学4所学校本科上线率均达98%以上，办学特色和优势再次凸显。特色高中办学特色更加凸显，其中全市体育艺术类考生本科上线率为40.94%，比上年增加673人。佛山市第三中学双语教学实验班高二级超过50%以上的学生拿到世界前200名著名高校的预录取通知书。

【职业教育】 2014年，佛山市现代职业教育体系建设向纵深推进。是年，全市有2所高等职业技术院校、21所中等职业技术学校、65个专业点纳入全省中高职衔接培养试点，比2013年增加5所中等职业技术学校、20个专业点；佛山职业技术学院深化“高职—本科”高端技能人才培养试点，面向全省高等职业技术院校招收155名插班生，比2013年增加30%；通过竞争优选，佛山职业技术学院“计算机应用技术专业”、佛山科学技术学院“计算机科学与技术专业协同培养人才”以及佛山科学技术学院与佛山职业技术学院“协同培养的电子信息工程专业人才”等项目分别通过广东省教育厅“三二分段专升本应用型人才培养”和“四年制应用型本科人才培养”项目评审，纳入广东省改革试点范围。2014年全市“三二分段专升本应用型人才培养项目”共招收50人，“四年制应用型本科人才培养项目”共招收35人。为适应佛山产业转型升级发展的需求，进一步深化教产融合，推动佛山市职业教育集团化发展，成立了佛山市职业教育校企合作联盟，统筹建立佛山市职业教育校企合作议事机制、运行机制、运作平台，协调组织校企合作开展人才培养、专业建设、技术开发、技术服务等全市性相关工作和合作项目。结合佛山市支柱产业、新兴产业发展需要，依托行业，先后成立机械装备制造业、汽车行业、光电制造业、纺织服装业、现代服务业等六大市级校企合作共同体。在此基础上，按专业类别组建专业建设专家库，聘请企业专家指导重点专业建设，参与教学质量评价，联合开展课程教材建设等，职业教育服务经济社会建设的能力进一步增强。

【高等教育】 2014年，佛山市高等院校办学层次和水平明显提高。佛山科学技术学院创新强校发展规划出台，构建人才、学科、科研三位一体协同发展新机制；研究生教育正式启动，首批招收研究生35名；新校园建设有新进展，北院校区建设总体规划方案制定、工程地质勘察等工作完成，工程初步设计、建设用地清表等工作加紧推进。佛山职业技术学院创建广东省示范性高等职业院校工作扎实开展，第一阶段建设任务基本完成；2014届毕业生就业率高达99.65%，位居全省前列；校企合作、工学结合深入实施，学院有校企合作企业212家。

【特殊教育】 2014年8月，佛山市人民政府办公室印发《关于开展适龄重度残疾儿童少年送教上门服务工作的实施意见》，佛山市将接受“送教上门”服务的残疾儿童少年纳入学籍管理，采取走进家庭、走进机构，实施师生“一对一”或“多对一”的服务方式，把合适的教育送给350名有需要却不能到学校接受教育的3～14岁重度残疾儿童少年，真正做到“哪里有残疾孩子，哪里就有爱心的凝聚”，充分彰显教育公平，让孩子们真切感受到党和政府的温暖和关怀。特殊教育资源扩容工作强力推进，重点实施佛山市启聪学校和禅城区、南海区特殊教育学校扩建改造工程；高明区紧锣密鼓筹建特殊教育学校，特殊教育学校覆盖市及五区的格局指日可待。科学谋划特殊教育新一轮提升发展，研究制订《佛山市特殊教育提升计划（2014～2016年）》，全面启动新一轮提升行动，为残疾儿童少年健康成长构建起“全程无忧”的绿色成长通道，残疾儿童少年接受教育的权利得到全面有力保障。

【民办教育】 2014年12月，佛山市人民政府办公室印发《关于促进民办教育规范特色发展的暂行实施意见》，从政策层面引领民办教育规范特色发展。社会力量举办外国语学校的热情高涨，佛山市外国语学校、北外附校三水外国语学校9月建成开学；南海外国语学校在推进校园建设工程的同时，9月另址先行招生开学；广东外语外贸大学附设佛山外国语学校9月在高明区奠基开建。民办初中学校招生改革实施，佛山市教育局印发《2015年佛山市民办学校义务教育阶段初中招生工作意见》，明确从2015年起，严禁以考试或变相考试的方式选拔新生，要求采取面谈方式选择学生。

【社区教育】 2014年，佛山市社区教育成果显著，禅城区、南海区、三水区通过广东省社区教育实验区复评。“城乡社区建设提升年”工作大力推进，依托社区大学、社区学院广泛开展公益教育培训活动，并建成社区教育示范点3个。11月，全民终身学习活动周广东省总开幕式暨社区教育推进会由佛山市承办，会议现场展示全省各地级市社区教育成果，与会代表与佛山市民一起观摩全省各地终身学习活动成果展。佛山市各区借此机会开展一系列全民终身学习宣传活动，把全民学习、终身学习和社区教育推向深入。

（吴海桐）

教育改革与发展

【教育综合改革】 2014年9月，佛山市人民政府办公室印发《佛山市深化创建国家教育综合改革试验区工作方案》，提出教育综合改革重点任务30项，同时印发相配套的《佛山市深化国家创建教育综合改革试验区行动计划重点任务项表（2014～2016年）》，提出重点任务30项，形成创建国家教育综合改革试验区“30+30”的工作部署。经广东省教育厅审核批准，佛山市有6个教育改革试点项目转为教育改革示范项目，占全省教育改革示范项目的16%。全市上下形成浓厚的教育改革氛围，彰显鲜明特色：佛山市通过开展现代职业教育体系建设试点工作，搭建职业教育人才培养“立交桥”，为全省提供鲜活经验；禅城区探索集团化办学，成立6个教育联盟，实现优势互补、共同发展；南海区在全省首推义务教育质量绿色指标监测和评价，改变唯成绩论质量的考评机制；顺德区选取32所学校开展学校自主发展评价改革试点、8所学校开展现代学校制度建设试点，促进学校自主发展；高明区通过开展广东省学前教育发展试点县工作，优化区域教育资源均衡配置；三水区通过创建国家农村职业教育和成人教育示范县，从更高层面提升职业与成人教育发展水平。

【学校德育工作】 2014年，佛山市学校德育工作以佛山市深化教育综合改革和创建全国文明城市为契机，坚持育人为本、德育为先，加强德育工作的融合与渗透，把社会主义核心价值观融入中小学教育整个过程，提升佛山市学校德育工作整体水平。推进德育品牌创建活动，认定佛山市第一中学等15所学校（单位）为第一批佛山市德育品牌培育学校（单位）。借助创建全国文明城市的契机，开展加强社会主义核心价值观教育实践、我的中国梦主题教育、爱学习爱劳动爱祖国教育、学雷锋实践、美德少年评选、我们的节日、邻里守望志愿服务、勤劳节俭、传统文化经典诵读等系列主题活动，践行道德规范，培育良好风尚，促进学生全面发展。加强学校德育队伍专业能力建设，认定第四届市级名班主任35名。评选表彰省优秀学生13人、市优秀学生387人、市优秀学生干部167人。

【教育教学质量】 2014年，佛山市教育教学质量全面提升。课程与教学改革不断深化，抓好义务教育质量监测的实施与总结，从实践层面积累经验；研究制订《佛山市中小学教育质量综合评价指标体系》，从理论层面引领佛山市教育质量综合评价改革。全市师生在省级以上各级各类教学大赛和学科竞赛中屡获殊荣，比如在第八届全国初中英语教师基本功大赛上，南海区石门实验学校1名教师夺得基本功比赛一等奖和最佳教学设计奖。2014年，佛山市高考成绩再创新高：第一批本科上线首次突破6000人，比2013年增加1318人，超出全省平均水平近8个百分点；第二批本科B线以上21835人，比2013年增加1623人，超出全省平均水平24个百分点；全市普通高考人数只占全省的5.21%，总分600分以上考生占全省的10.48%。

【体卫艺教育工作】 2014年，佛山市学生参加省、市体育比赛屡获佳绩。在2014年广东省中学生体育竞赛中，佛山市女篮获篮球赛第四名，佛山市第一中学获游泳赛和田径赛第四名，佛山市第三中学、禅城区南庄中学分别获羽毛球高中组、初中组比赛第五名，高明区杨和中学获毽球赛第5名；在第八届市运会上，学校体育组共设10个大项比赛，7项12人次打破市中学生纪录，夺得283块奖牌。学校结核病、手足口病、埃博拉出血热、登革热等传染病防控工作成效明显。佛山市首届中小学师生书法摄影比赛、第二届中小学生器乐和合唱比赛等系列艺术活动取得成功，优秀作品参加省赛获多个大奖。

【考试招生制度改革】 2014年，佛山市扩大优质普通高中招收指标生比例和范围，佛山市第一中学等8所学校继续按30%普通生计划招收指标生，并鼓励各区安排区内普通高中学校按一定计划招收指标生。继续减少择校生招生比例，从2014年秋季起，佛山市第一中学等8所学校全部取消招收择校生（含扩招生），鼓励各区内招生的公办普通高中取消择校生；仍需招收择校生的个别公办普通高中，则以学校为单位招收择校生不超过本校招收高中学生计划数（不包括择校生数）的5%；未完成普通生招生计划的学校，一律不得招收择校生，为2015年全市所有公办普通高中取消择校生奠定基础。继续扩大中职学校春季招生试点范围，将省属、市属中专和技校都纳入统筹范围。落实国家、省异地高考政策，2014年佛山市外来工随迁子女符合条件在广东省参加高考38人。继续落实异地中考向符合条件的外来工随迁子女开放政策，2014年全市中考考生52167人，其中非本市户籍考生14960人，共录取12876非户籍考生到佛山市高中阶段学校学习，比2013年增长3.23%。

【师资力量】 2014年，佛山市制定实施《佛山市基础教育系统“强师工程”实施方案》，加大教师队伍建设力度，把师德师风建设摆在首位，不断树立师德模范，培养具有教育家素质的优秀校长和教师；推进教师管理改革创新，完善教师资格认证制度、岗位管理制度和聘用制度；加大高层次教育人才引进力度，稳定高层次人才队伍；加强中小学校长和幼儿园园长队伍建设，落实名校长（园长）培养计划；实施佛山市名教师、名校长（园长）、骨干教师、学科带头人、科研带头人培养工程；加快职业教育“双师型”教师队伍建设步伐；加强中小学教师培训，着力加大民办学校、幼儿园教师培训力度；解决幼儿园教师资格证和学历达标问题；完善公办、民办幼儿园教师准入制度，严格按照标准配足配齐各类幼儿园教职工。2014 年，“强师工程”面对全市教师先后推出 41 个培训项目，其中国家级培训项目 6 个、省级 20 个、市级 15 个，培训教师共计 4100 人次。2014 年，佛山市被评为全国优秀教师、教育系统先进教育工作者等的教师共计 11 人，被评为佛山市优秀教师、优秀班主任、先进教育工作者的教师共计 600 人。

【“智能教育”工程】 2014 年，佛山市全力推进“三通两平台”（宽带网络校校通、优质资源班班通、网络学习空间人人通，教育资源公共服务平台和教育管理公共服务平台）的建设与应用，全市实现“校校通”，加快推进“班班通”，探索推进“人人通”，构建新型的学习与教学模式。智能教育工程技术平台“数码学习港”正式上线运行，为全市师生、市民提供智能学习、智能教学、资源超市、市民加油站、学习乐园等板块，包括优课网、个性化学习、名师在线网格、市民知识银行等近 70 个应用系统，涵盖学习、教学、教育管理、职业技能训练等功能，提供全方位一体化的服务，加快实现学习和教学智能化，加快全民学习型、终身学习型社会建设步伐；不断完善国家、省教育管理公共服务平台应用。推进项目的应用融合和成果共享，国内第一台中小学数字化科学探究流动实验室“佛山探索号”服务全市各区 60 多所学校、2.5 万名师生；“名师辅导”项目正式启动，每逢双休日佛山市名师都上线辅导、答疑；个性化学习自适应系统在禅城区南庄第三中学、三水区白坭中学、禅城区城南小学等多个学校得到有效应用及研究；开展网络探究活动，培养学生创新思维和科学探究能力；联手打造“教育视线”互动电视专栏，将佛山市名师课程资源送到千家万户；禅城区作为全国第一个“教育管理与公共服务云平台”试点区域，云平台项目建成通过验收，并正式投入使用；南海区大力推进智能教育工程的建设，电子书包项目的研究与实践初步形成鲜明特色的模式。2014 年佛山市学生参加全省、全国信息技术项目竞赛，成绩突出。比如，在第十五届全国中小学电脑制作活动中，佛山市评选类项目获奖作品总数 75 个，占广东省选送参加全国评比作品总数 31%，其中获一等奖 16 个（占全国 7%）、二等奖 35 个（占全国 7%）、三等奖 24 个（占全国 3%）。此外，佛山市竞赛类项目获一等奖 4 个（占全国 8%）、二等奖 2 个（占全国 4%）。

【教育装备发展】 2014 年，佛山市按照标准规范、科学均衡、实践创新、优质高效的工作思路，推进教育装备改革与创新。制定佛山市教育装备均衡优质发展三年行动计划，全面试行《佛山市教育装备建设指南》，启动全市教育装备应用开发研究项目暨创新实践能手培养计划，启动全市中小学教育装备（实验室部分）和学校图书馆建设与应用绩效评价标准体系编制项目，启动中学实验室管理与装备应用技术研究项目，开展全市初中化学、生物实验操作考查工作，确保佛山市在全省小学初中科学教师实验能力大赛中综合成绩稳居全省三甲之列。2014 年，在全国首届中小学实验教学展演活动中，佛山市有 21 个优秀实验案例入选广东省参加全国首届展演名单，入选案例类别和数量均居全省首位，最终有 11 个案例获一等奖。在第四届城市教育装备研究与发展工作交流会上，佛山市发表《STEM 理念融合与教育装备创新发展》主题报告，在社会引起普遍关注和热烈反响。参加全国首届中小学实验教学展演活动和全国教育科学“十二五”规划教育部教育装备重点课题中期交流展评活动，均取得优异成绩，居全省前列。

【科研促教】 2014 年，佛山市坚持教育科研“为教育决策服务、为学校发展和教师发展服务、为提高教育教学质量服务”的原则，以教育科研“先行、快速、高效、精品”为目标，加强对佛山市全面深化教育综合改革工作的学术研究和学术宣传，营造活跃的教育改革创新学术氛围。加强教育科学研究成果宣传推广和应用，加强与国内外先进地区教育科研交流合作，做好广佛肇教师校本行动研究活动。开展教育科研名师培养工作，建立跨校、跨区域、跨学段的教师科研共同体，促进研究型、专家型教师成长。以建设教育科研示范校为抓手，打造学校特色精品，17所示范校都有省立项，其中强师工程17项、重点项目1项，获省财政资助19万元。加强课题管理规范化、制度化建设，强化教育科研实效性评价，推进教育科研精品建设，以学生创意教育为抓手开展前瞻性教育实验研究。2014年，佛山市共有教育部规划课题项目10项、广东省教育科研强师工程项目32项，全省领先；获广东省教育教研院独立立项课题94项，数量位居全省前列。围绕深化教育综合改革的核心工作，将全市学校内涵特色发展成果和素质教育成果汇编成册，出版《佛山教育综合改革丛书（一）》。

【教育发展内在驱动力】 2014年，佛山市教育工作以党的群众路线教育实践活动激发教育发展内在驱动力。通过深入开展党的群众路线教育实践活动，抓内容丰富、形式多样的学习，提高领导、干部思想业务素质；抓问题的查摆和问题的解决，在活动中征集意见建议70条，其中“四风”问题16条、关系群众切身利益问题50条、联系服务群众“最后一公里”问题4条；抓对照检查，开好民主生活会，促进领导班子边深入学习，边整改提高；抓整改落实，促进建章立制，修订完善制度19项，新建制度8项，逐步建立党的群众路线长效机制，推动工作作风改进，实现密切联系群众常态化、长效化。推进教育系统反腐倡廉建设。重点抓好案件查处，依法依规进行监督，群众来信来电办结率100%；狠抓专项整治，强化教育收费检查，深入治理教育乱收费，全面规范教育收费行为；参加广东省广播电台“民生回音谷”和佛山电台政风行风热线“民生直通车”节目，倾听群众心声，妥善解决群众反映的实际问题；抓好制度落实，全面规范行风，在学校考试招生宣传、在职教师有偿补课、教师违规收受学生及家长礼品礼金等方面加强规范管理，进一步规范学校办学行为，促进行风建设上新水平。

【校园安全保卫】 2014年，佛山市教育局高度重视校园安全保卫工作，安排1名局领导专职抓安全管理工作，把安全工作摆上突出位置常抓不懈。出台《佛山市教育局关于校园安全“一岗双责”实施办法》，并逐级签订《佛山市学校幼儿园安全管理责任书》，强化安全工作责任制，落实各项安全防范措施，严防各种特大、重大安全事故发生。全年多次就校车管理、校园安全、食品安全、消防安全等校园安全问题召开会议，指导校园安全管理工作落到实处。突出抓好校园安全维稳、溺水防治、校车安全管理、校园食品安全、校园消防、校园及周边治安环境综合治理等“六落实”。创新校园安全工作机制，配合佛山市公安局在全市中小学建立法制、禁毒、交通、消防“四校长”工作机制，深化创建平安校园活动；规划设立区教育行政部门安全保卫机构，配备专职安全管理人员；出台佛山市校园安全教育指导意见，明确每月利用两个周五下午一节课对学生进行安全教育；加大校园风险转移力度，完善以校方责任险为核心的校园保险体系，做到“应保尽保”，切实保障师生人身权和财产权。2014年，全市学校（幼儿园）安全形势保持平稳，没有发生安全责任事故。

【教育督导】 2014年，佛山市责任督学挂牌督导实现全覆盖。建立中小学校责任督学挂牌督导制度，制定《实施中小学校责任督学挂牌督导办法》，全市采取省市级督学联片、区级督学专兼职结合的形式，按照每名督学负责3～5所学校（幼儿园）的原则,为全市每所学校（幼儿园）配备了责任督学。全市共设督学责任区22个，配备责任督学261名，实现责任督学挂牌督导制度对全市约1400所学校（幼儿园）的全覆盖，实现对学校（幼儿园）的近距离督导，加快义务教育均衡优质发展和学前教育公益普惠化进程。

【教育对口帮扶】 2014年，佛山市教育对外帮扶纵深推进。做好选派（第十批）佛山市教育人才智力扶持山区和边疆地区工作，全市选派20名教师赴广东省清远市支教1年、6名教师赴新疆维吾尔自治区伽师县支教1年、2名教师赴西藏自治区林芝地区支教1年。从在全市五区挑选的8所省重点以上职业院校中各选派1名相应专业并具有中级以上职称的专业带头人或骨干教师，通过“一校一专业”形式帮扶新疆维吾尔自治区伽师县中等职业技术学校8个专业开展专业建设。全市选派18名骨干教师赴新疆伽师开展专题讲座和跟岗指导。佛山科学技术学院负责培训伽师50名校长。接受8名西藏墨脱教师到佛山市学校跟岗学习，接受12名伽师教师和6名宁夏临夏教师到佛山市中等职业技术学校跟岗学习。

（吴海桐）

教育民生

【学前教育生均公用经费】 2014年10月，佛山市人民政府办公室印发《关于完善学前教育生均公用经费制度实施办法的意见》，将佛山市学前教育生均公用经费拨款对象覆盖到公益性、普惠性幼儿园非户籍在园儿童，并形成连续三年以每生每年递增300元的增长机制。至此，佛山市学前教育财政拨款支持力度进一步加大，幼儿家长的经济负担明显得到减轻。

【免费义务教育公用经费】 佛山市出台相关政策文件，明确规定：从2013年起至2015年，按小学每生每年提高200元、初中每生每年提高400元的标准，逐年提高免费义务教育公用经费补助。2014年，佛山市免费义务教育资金按小学每生每学年1170元、初中每生每学年1876元的标准拨款，全年核拨到位的免费义务教育资金9.12亿元，其中非本市户籍学生免费资金4.56亿元。按学期统计，春季学期全市享受免费义务教育的学生66.2万人，核拨免费资金4.58亿元，其中非本市户籍学生34.6万人，免费资金2.3亿元。秋季学期全市享受免费义务教育的学生65.6万人，核拨免费资金4.54亿元，其中非本市户籍学生34万人，免费资金2.26亿元。义务教育均衡优质发展得到有力的财力保障。

【免费中等职业教育】 从2014年秋季学期开始，佛山市城乡同步实施免费中等职业教育，对全市中等职业技术学校全日制学籍学生全部免学费，着力落实城乡同步实施免费中等职业教育预算资金1.81亿元，其中中等职业教育免学费1.69亿元，中等职业教育助学金1259万元。至年底，发放免学费补助资金1.35亿元，资助达41.79万（月）次；中等职业教育助学金310.35万元，资助达2.8万人次。这一举措，成为佛山市人民政府2014年保障和改善民生的工作亮点。

【随迁子女读书问题】 2014年，佛山市坚持以流入地政府为主和以公办学校为主的“两为主”原则，千方百计增加公办教育资源，通过落实“政策性借读生”和“积分制入学” 政策，妥善解决佛山外来工随迁子女读书问题，让异地务工人员尽快融入佛山，享有尊严感、幸福感和归宿感的生活，秋季学期，就读佛山市义务教育学校随迁子女33.97万人，其中24.31万人就读公办学校，占71.57%，实现“随迁子女入读公办学校保持70%以上”的目标，工作成效居全省乃至全国前列。随迁子女异地中考、高考政策全面落实，促进佛山城市吸引力和凝聚力进一步增强。

（吴海桐）

文化艺术

概　况

【文艺精品创作】 2014年，佛山市实施文艺精品创作工程，以文艺精品创作带动群众文艺创作。大型话剧《康有为与梁启超》在第12届广东省艺术节上获得优秀剧目一等奖、优秀表演奖等9个奖项，顺德区原创粤剧《铁面青天》获优秀剧目奖、优秀表演奖等5个奖项。大型戏曲剧本《胡贵妃》成功移植为5场古装粤剧，由广州市粤剧团排演，在广州成功首演。在广东省第六届群众音乐舞蹈花会上，佛山市获得3金、3银、12铜的好成绩，市文广新局和顺德区文化体育局获优秀组织奖。在2013年度全省群众文艺作品评选中，佛山市共获一等奖5个、二等奖和三等奖各8个。纪实文学《蔡李佛传奇》入选广东作家协会重大题材创作选题；长篇小说《白茫》入选北大研究生会润知乡村图书馆核心书目；系列散文《屋溪河以北》入选《人间·名家经典散文书系》并获《人民文学》新世纪散文奖。此外，还有3件雕塑、3件绘画作品入选第12届全国美术作品展广东省展。

【特色古村落活化升级】 2014年，佛山市城市升级向乡村延伸，将城市活力向乡村辐射，将城市资源向乡村流转，以人为本、以城带乡、城乡统筹、协同发展。11月，佛山市启动古村落活化升级工作，印发《佛山市特色古村落宜居示范与活化升级实施方案》和《30个特色古村落宜居示范与活化升级2014～2016年工作指导意见》，要求按照“各级加大投入、镇街担当主体、全市统筹推进、有序活化升级”的原则，到2016年底前，全市完成30个特色古村落的宜居示范与活化升级。其中，2015年底完成首批13个特色古村落的活化升级，2016年底完成其余17个特色古村落的活化升级。

【佛山祖庙民俗节庆活动】 2014年，佛山市“春节祈福”“春祭”“三月三北帝诞庙会”“孔子诞”“秋祭”“乡饮酒礼”和“秋色”等民俗节庆活动推陈出新，彰显佛山本土文化特色。其中，2014年佛山秋色欢乐节于11月7～9日在祖庙历史文化街区成功举办，共吸引了约72万人次参与活动，并有中央及省级近40家重点媒体进行报道。

【艺术惠民工程】 2014年，佛山市倾力打造“魅力佛山·四季情韵”艺术惠民工程品牌，推出“周末大戏台”粤剧折子戏艺术展演、高雅艺术展演、园区行和“创艺时光”艺术品鉴等系列活动200余场。其中，高雅艺术展演采取与广东省广播电视网络股份有限公司佛山分公司共同出资举办的形式，为市民提供15场高水平演出，每场演出的政府补贴半价票由20%提高至30%，市民反响热烈，高雅艺术演出市场不断升温。

【公益文化活动】 2014年，佛山市市、区、镇各级文化部门、公共文化机构携手举办“筑梦佛山”文化艺术公益夏令营，全市共开设营地80余个，招收营员由上年的1030人增至5100人，大幅提升夏令营受益面。该夏令营以纯公益、零收费的模式，为异地务工人员子女和本地低保家庭子女提供一项暑期文化艺术福利，用文化的力量向异地务工人员和本地低保家庭传递佛山城市温暖。此外，佛山市各级文化部门全年共组织文化志愿者参与演出、讲座、展览、培训等活动2300余场，为群众提供丰富多彩的文化志愿服务。禅城区文体旅游局的“青春骄阳”暑期青少年文化系列活动、顺德区陈村镇百场文化培训进村居活动获得省“文化志愿服务示范项目”称号，佛山市文化志愿者蔡莹莹获得省“优秀文化志愿者”称号。

公共文化服务体系

【公共文化设施建设】 2014年，佛山市几大重点公共文化设施建设顺利推进。市图书馆新馆12月6日试开放。市文化馆新馆5月封顶，建筑主体完工，内外装修同步推进。佛山大剧院完成结构封顶和部分幕墙施工。市博物馆新馆进行方案设计，争取2015年动工。祖庙功能和景观提升工程进展顺利，预计2015年9月底竣工。其中，市图书馆旧馆改造招标确定了施工单位；孔庙片区景观提升工程完成仓库搬迁，工程的环评、立项报告及设计方案审批通过，并完成施工图设计单位的招标工作。顺德区将顺德博物馆（新馆）首层打造成顺德艺术展览馆，置业广场公众开放部分建设成为“顺德区群众文化艺术馆”。高明区西江新城文化中心完成主体工程建设。三水新城文化中心完成规划设计公示。

【城乡公共文化服务重点工程】 2014年，佛山市公共文化服务立足公平、便捷、惠民，基层公益电影放映、“农家书屋”建设、联合图书馆、汽车图书馆、智能图书馆等工程项目“多点开花”。基层公益电影全年共放映9431场、观众263.87万人次。农家书屋数字化改造紧密推进，完成6家园区书屋建设和227家农家书屋数字化改造。联合图书馆的成员馆数增至59家，总办证量45.6万余个。禅城区联合图书馆体系实现了全区三街一镇的街道一级公共图书馆全覆盖，完成了三街一镇村级示范点建设工作；顺德区稳步推进“公共图书馆服务进校园”项目，在2014年项目覆盖学校达100家。智能图书馆（包括自助借还机）新增10个，全市总数达18家，初步形成佛山市联合图书馆智能图书馆服务网络。南海区7个镇街图书馆实行了公共藏书“三统共享”。三水区的自助图书馆还首次实现了校园“一卡通”的借阅功能。完善佛山市联合图书馆数字资源共建共享平台，开展数字资源推广利用系列培训，组织策划主题多样的数字化阅读活动。“汽车图书馆”行程9360公里，建立服务点57个，上门服务221次，办理借书证14221个，图书流通量达77170册次，服务读者4万余人次。电视图书馆年内更新各类信息396条，配图457幅，视频资源114部，市民可直接在电视上点播文化信息资源共享工程、南风讲坛、佛山记忆等优秀视频节目。

【公共文化服务体系建设保障】 2014年，佛山市不断加大公共文化服务体系建设保障力度。一是围绕公共文化设施建设、文化服务供给，不断加大制度、经费等保障力度。佛山市文化广电新闻出版局印发行政村（社区）综合性文化服务中心建设试点工作方案，指导全市开展基层综合性文化服务中心建设试点工作。禅城区开展“五个有”工程“回头看”工作，通过财政补贴、镇（街）维护，进一步完善村（社区）文体活动中心建设，提高村居公共文化体育设施的利用率。南海区出台《区级业余文艺团队管理办法》和《区级业余文艺团队财政资金使用办法》，对文化事业发展资金扶持四项办法进行修订。《顺德区基层文化设施建设实施方案（2014～2020年）》正式印发，成为该区开展基层文化设施建设的纲领性文件。二是以提升公共文化服务满意度为目标展开群众需求对接行动。7月，佛山市文广新局联合《佛山日报》启动全市公共文化服务需求及反馈调研行动，集中围绕公共文化服务的设施水平、服务供给、活动开展、群众参与、潜在需求等5方面内容，通过实地走访、问卷调查、专家谈访等方式，了解佛山公共文化服务中的市民需求和期待。三是公共文化服务体系示范区（项目）创建连获佳绩。在广东省第一批省级公共文化服务体系示范区（项目）创建工作中，禅城区、南海区和顺德区顺利获得示范区创建资格。南海区和顺德区顺利通过全国文化先进县复评检查，南海区、顺德区和禅城区石湾镇街道、南海区大沥镇被文化部命名为2014～2016年度“中国民间文化艺术之乡”，南海区获“全国文化系统先进集体”称号，顺德区获“创建中国曲艺之乡工作标兵单位”称号。

（张紫琳）

文化活动

【打响“四大名镇”品牌】 2014年，佛山市以举办跨区域文化经贸交流合作活动重塑中国“四大名镇”品牌。11月8日，邀请武汉、景德镇、开封等市党政代表团齐聚佛山，举办了中国“四大名镇”城市文化经贸交流合作会议、名镇品牌与城市价值——中国古代“四大名镇”当代发展研讨会、中国“四大名镇”城市旅游推介会等活动，共同签署了《中国四大名镇城市文化经贸交流合作框架协议》。此次活动成功举办，打响了中国“四大名镇”品牌，使“四大名镇”深厚的历史文化底蕴得到充分挖掘和利用，同时也向武汉、景德镇、开封三市乃至全国各地展示了佛山的城市魅力。

【“订单式”公共文化服务 】 2014年，佛山市继续扩大“订单式”公共文化服务创新模式范围。继市图书馆“读者自主采购借阅服务”、市文化馆“阵地预约服务”试点并逐步成熟后，7月，粤剧折子戏艺术展演根据市民需求推出了“粤剧私人订制”：只要满110人，都可以约定时间、主题，根据不同人群的特点、爱好，设计不同的折子戏剧目；9月，市艺术创作院启动“私人订制 · 艺术家”和“电召诗人”活动，采用预约形式满足市民与艺术家面对面交流的需求。

【群众文化活动】 2014年，佛山市群众文化活动丰富多彩。组织开展2014佛山市音乐舞蹈舞台艺术展演、“行走佛山”公益讲座展览进基层、佛山市产业工人美术书法摄影作品巡展、“廉洁佛山 · 粤曲好声音”私伙局大赛、“廉洁佛山 · 粤韵飘香”粤曲传唱等活动，吸引广大市民群众参与文化创造、乐享“文化礼包”。市文化馆灵活多样搭建“梦想舞台”，全年共举办活动201场，服务群众超3万人次；将“开心广场 · 百姓舞台”公益流动演出、流动画展等活动送至乡村、园区、学校、部队、监狱、戒毒所、儿童福利院等地，加强对异地务工人员、老年人和各类弱势群体的人文关怀；举办少儿语言艺术班、戏剧创编沙龙、戏剧表演基本功训练班、粤曲私伙局培训班、“艺术 · 生活公益讲堂”“剧坛笔会”“曲坛笔会”等活动，各类培训累计500多小时，培训文艺爱好者2万余人次。市图书馆深入推进全民阅读活动，“南风讲坛”“南风学堂”“阳光电影之旅”和蜂蜂故事会等公益文化活动品牌备受市民欢迎。其中，“南风讲坛”年内共举办公益讲座50余场，协助策划或输送到基层与周边城市的讲座约100场，讲座题材丰富，组织形式多样，品牌辐射范围广。11月，“南风讲坛”被评为“2014年特别受百姓喜爱的终身学习活动品牌 ”。禅城区推进文化服务进村（社区），在全区4个镇（街）144个村（社区），举办联欢会、文艺演出等各类型公益文体活动1256场。南海区全年举办区、镇两级文化活动3000多场，“乐活南海 · 灯湖周末”、桂城休闲时尚文化节等品牌文化活动陆续上演。顺德区文化惠民活动纵深开展，全年区、镇（街）、村（居）举办文化活动约6100场。高明区文化下乡活动蓬勃开展，全年流动服务进基层累计1000多场。三水区群众文化活动有声势，举办文化进万家、文化“五送”各类文化活动近千场。

【文化对外交流活动】 2014年，佛山市鼓励并组织本土优秀传统文化项目参加对外文化交流，传播佛山城市文化形象。顺德举办了中法文化之春凤城艺术节、建立中法艺术公园，举办第九届西方合唱音乐指挥大师班，合唱项目参加拉脱维亚世界合唱比赛获1金1银，参加新加坡国际合唱比赛获银奖。南海黄飞鸿中联电缆武术龙狮协会赴德国参加多元文化艺术节，赴孟加拉国给当地学员进行舞狮和龙狮技艺培训。佛山剪纸、狮头、彩灯、陶艺、香云纱以及刺绣等一系列工艺精巧的非遗作品在澳大利亚“悉尼 · 中国广东文化周”活动中展出。市粤剧传习所多次应邀赴港澳演出，为传播优秀的粤剧艺术发挥了积极的作用。佛山彩灯市级传承人也受邀参加香港中秋彩灯会。

（张紫琳）

文化名城建设和文化遗产保护

【11个古村落被评为“广东省传统村落”】 2014年9月4日，广东省住房和城乡建设厅、省文化厅、

省财政厅联合发布第一批广东省传统村落名单，佛山市南海区西樵镇简村村、西樵镇百西村、丹灶镇棋盘村、丹灶镇和平村、九江镇烟桥村、里水镇汤南村、里水镇孔西村、桂城街道江头村、丹灶镇仙岗村、大沥镇璜溪村，三水区大塘镇梅花村等11个古村落入选。

【文物保护与管理】 2014年，佛山市以第一次全国可移动文物普查为重点，完成全市收藏单位的文物认定，完成1.3万件（套）文物的信息录入。开展文物安全检查，并督促有关部门做好保护工作。组织开展市级文保单位蓝田冯公祠、蕺园、西樵奎光楼、何维柏墓、杨氏大宗祠修缮设计方案以及仁寿寺改造提升项目设计方案的评审工作。塔坡庙、李广海医馆、苏氏书塾、永新社学、容桂真武庙、杏坛古朗漱南伍公祠、右滩景涯黄公祠、伦教卢氏大宗祠、乐从陈氏大宗祠（三期）等文物保护工程完成竣工验收。象岗佛子庙、锦岩片区等省级文物保护单位保护规划编制工作进展顺利。开展第五批市级文保单位的评定工作，共评审出第五批市级文保单位33处。历史文化名村影响力增大，中央电视台第四频道《走遍中国》摄制组在南海西樵松塘村、九江烟桥村开展大型纪录片《记住乡愁》摄制。

【文化遗产保护机制】 2014年，佛山市成立文物保护委员会，聘请27名具有丰富工作经验的文博从业人员作为首批专家，为佛山市文物保护工作提供咨询、评审、论证和专业指导。出台《佛山市非物质文化遗产专项资金管理办法》，确保非遗专项资金的使用效率。禅城区建立重点项目报人大审议并监督推进的机制，将老城区改造规划方案报经区人大常委会审议通过，在法定层面对改造工程予以保障，并由区人大对规划实施进行监督，确保规划方案的长期性。

【非遗传承活动】 2014年，佛山市对市级以上非遗项目进行督查，全面了解非遗保护和传承总体情况。评定首批24个市级非物质文化遗产保护传承基地（传习所），有效地拓展社会各行各业参与非遗保护渠道。开展非遗申报工作，八音锣鼓成功申报第四批国家级非遗代表性项目。加紧推进“佛山赛龙舟”申遗工作，委托专业机构承担的项目历史渊源调查和全市普查工作基本完成，为2015年申报省级和国家级非遗项目奠定扎实基础。举办“非遗瑰宝·南海家珍”“非一般的精彩”系列活动、2014年广东省非物质文化遗产——守望岭南等非遗展演活动，南海区醒狮、大头佛亮相2014年中央电视台春节晚会和元宵晚会。

【民办博物馆（纪念馆、美术馆）建设】 2014年，佛山市通过举办民办博物馆经验交流会等形式，为全市博物馆交流搭建平台，并进一步研究制定民办博物馆扶持办法，以推动更多的社会力量参与博物馆建设。至年底，全市有国办综合性博物馆9家，粤剧、武术、陶塑、丝绸等专题博物馆或名人纪念馆20余家，其中正式登记的民办博物馆6家。

【2014年佛山市文化遗产保护宣传月活动】 2014年5月18日至6月14日，佛山市举办为期一个月的文化遗产保护宣传月活动。宣传月期间，通过举办民办博物馆经验交流会、开展专题讲座、非遗展演、民俗文化展示、文博摄影大赛等活动，向市民宣传普及文化遗产相关知识，引导全市公众积极参与文化遗产保护工作。

（张紫琳）

行业监管

【文化行业简政放权】 2014年，佛山市文化行业贯彻“简政放权”宗旨，取消或下放一批文化行政审批事项，简化行政审批流程，并进一步加强后续监管工作。共取消2个行政审批事项，完成行政审批业务585件，审批业务提前办结率、群众满意率均达100%。电影市场方面，新增院线影院10家，全市加入院线影院共53家，全年电影总票房首次突破3亿元，达3.37亿元，放映总场次47.67万场，观众总人次首次突破1000万达1013.87万人次，票房同比增长47%。

【文化市场平安、稳定、有序发展】 2014年，佛山市文化市场结合“平安创建”“扫黄打非”和创建全国文明城市等工作，开展“净网2014”“清源2014”“秋风2014”等专项行动，累计出动执法人员9142人次，检查文化经营场所3318家次，取缔销售非法出版物的游商地摊31个，捣毁六合彩刊物批销窝点1个，收缴非法出版物（印制品、盗版光盘等）8.9万份（张、册），立案27宗，停业整顿违规游戏（游艺）娱乐场所7家，吊销许可证3家，处罚金额49.05万元。

（张紫琳）

文化产业发展

【文化产业扶持】 2014年，佛山市修订完善《佛山市文化广电新闻出版局作品著作权登记资助办法》，有效提升著作权人创作积极性，全年作品著作权登记2239件，比上年增长127%；搭建并启动TSA电子证据固化平台，鼓励、资助企业提升版权保护、管理和运用水平。禅城区重新修订出台了文化产业发展专项资金管理办法；南海区相继出台（修订）了文化产业发展规划、文化产业发展扶持办法及申报指南、文化产业园区认定和管理办法；高明区也拟定了扶持文化产业发展若干意见。在一系列文化产业发展利好政策的带动下，全市建成省级文化产业园区（基地）8家，并涌现了1506创意城、佛山市平洲玉文化传播有限公司等一批优秀文化企业。

【本土文化产业平台】 2014年，佛山市致力搭建文化产业公共服务平台，为本土文化产业开辟对外“新窗口”。重点构建了投资推介、佛山陶艺推广服务和文化产业人才培训三大平台，通过编印《2014年度佛山市重点项目手册》在深圳文博会上首发、利用市文广新局政务网、市投资服务网同期开设专题推介网站、开展“陶醉中国”石湾陶艺巡回展及举办“佛山市青年陶艺师培训班”等系列活动，本土文化产业平台效果显现。如“陶醉中国”石湾陶艺巡回展，完成中山、深圳、上海、北京等城市的巡展。巡展期间，承办机构共直接销售50万元，签约分销机构8家。

【产业提升和孵化工作】 2014年，佛山各级文化部门通力合作，创新开展文化产业提升和孵化工作。一是强化部门在产业融合发展中的引领作用，以文化拉动产业增值。其中，禅城区通过引导石湾酒厂在“石湾玉冰烧酒酿制技艺”（省级非遗）中植入佛山传统陶艺文化和祖庙文化，建设岭南酒文化博物馆，整理出版《岭南酒史》等手段对石湾米酒进行文化提升，并在逆境中取得了销售收入和纳税额保持10%同步增长的成果；还依托中国（禅城）岭南年俗欢乐节、“三月三”北帝诞、“五一”欢乐嘉年华等特色文化品牌活动的消费拉动效应，集聚人气，并把岭南新天地历史街区所拥有的文化魅力转化为文化生产力。南海区率先开展2014年度南海区文化与产业融合专项经费项目申报工作。顺德区在政府的引导下，文化产业跨界发展势头良好。广东工业设计城转变服务模式和业务模式，从省级活动平台走向全国、国际级平台，从产品设计转向设计文化传播，促进文化创意与设计服务的融合发展。二是集聚资源，合力打造中小文创企业孵化基地。南海区打造佛山首个专业性文化产业孵化器——南海区文化产业创业营，为文化产业创业者提供专业权威的创业培训和业务指导，并颁布实施文化产业创业营进驻企业管理办法，从功能布局、设施配套和平台宣传上提供相关保障。顺德区指导顺德创意产业园建设电子商务运营基地，对电子商务产业发展进行重构，为中小微型电商企业节省孵化期的风险及成本，提升孵化成功率。

（张紫琳）

市文联工作

【综述】 2014年3月20日，佛山市文学艺术界联合会第八次代表大会召开，来自全市176名代表，代表佛山市文联16个团体会员和全市广大文艺工作者参加了会议。会议选举产生由29人组成的佛山市文学艺术界联合会第八届委员会。佛山市文联有属下文艺家协会11个，文艺社团13个，全市文联系统有文艺协会339个，镇（街）文联25个。2014年，佛山市广大文艺工作者获得国家级奖励和荣誉76项、省级奖励和荣誉79项。

【文学创作】 2014年，广东省诗歌奖落户桂城，广东省花地文学奖落户里水，华语文学传媒大奖永久落户顺德。佛山市是省内首个“广东诗歌城”，2014年推出《诗意佛山——佛山风物诗歌选》、陈陟云《月光下海浪的火焰》、方羡洲《诗述江湖》等诗集。2013～2014年度“重点文学创作项目计划”实施，蔡玉燕《南方建筑词条》、李东文《我心飞翔》等6部长篇小说入选，彤子、盛慧、许锋的长篇小说被省作协列为2014年重大题材创作选题。纪念文集《大爱若恨安文江》、何百源《月光下的童年》、《南海作家丛书（一）》、顺德作协作品集《成就梦想的地方》等文学作品相继出版。何百源《寻找仇家》获第11届全国小小说年度一等奖；张晓雷《千里牛》获全国第11届金江寓言文学奖等。

【艺术创作成绩斐然】 美术方面。2014年，在由中国美协主办的全国各类大展中，佛山有59人次入选，其中13人次获奖；在广东省组织的各类美术展览中，有54人次入选，10人次获奖。其中在2014年广东省美术大展中，佛山市入选与获奖数量仅次于广州、深圳，位列全省第三名；在五年一届的国家级美术作品展览“第12届全国美展”中，佛山市有23件作品入选，其中有4件作品被送到北京评奖，1件获得铜奖，创造了历年来最高纪录，在全省各地级市中名列前茅； 2014年有5件陶艺作品入选全国美展，取得前所未有的成绩，成为传统民间工艺融入主流美术的重要标志。2014年还推出《庆祝中华人民共和国成立六十五周年佛山美术作品集》，囊括全市200幅美术精品。

书法方面。2014年推出《佛山市首届书法名家提名展作品集》，汇集170多幅书法精品，充分展现佛山书法水平。《李小如楷书〈大学〉〈中庸〉鉴赏》出版。

摄影方面。2014年，佛山市举办禅城区城市升级三年行动成果摄影大赛、“印象皂幕山”摄影大赛、“文明佛山”手机摄影大赛、“美丽佛山”征集照片活动等，并在亚艺公园设立摄影创作基地。在广东省第25届摄影作品展览中，佛山获4金、7银、8铜，入选作品59幅，市摄影家协会获优秀组织工作荣誉证书。

民间文艺方面。2014年，佛山组团参加2014中国（广州）民间工艺博览会，并获7金、11银、15铜的好成绩，市文联、市民间文艺家协会获优秀组织奖。梁诗裕、黄敏、黄志伟获评“广东省优秀民间文艺家”。《陈永才剪纸艺术》《黄志伟陶塑艺术》、梁诗裕记述佛山传统文化的专集《佛山故事》出版。

【舞台艺术】 音乐舞蹈方面。2014年，由佛山市本土作曲家邓国平与著名音乐家郑南创作的中国首部警察组曲《金盾炫歌》首发并举行音乐会。成功举办“欢乐佛山 · 百姓舞台”百歌颂中华群众歌咏活动。在众多音乐赛事中，佛山艺术家获得国际奖项5个、国家级奖项13个、省级奖项1个。少儿合唱《唱给老师的歌》获广东省第九届“五个一工程”奖，六首少儿原创歌曲登上“华语童声榜”。少儿舞蹈《佛宝闹狮》《今天我掌勺》等8个节目获2014中国舞蹈家协会教学成果展演佛山展区一等奖。首届广东省中老年舞蹈大赛中，佛山获得5金、4银、1铜，市舞蹈家协会获优秀组织奖。

戏剧曲艺方面。2014年，大型历史话剧《康有为与梁启超》在广州、佛山巡演，获广东省第十二届艺术节优秀剧目一等奖以及多个单项奖。粤剧电影《小凤仙》、小剧场话剧《春班令》和《江小东和刘小文》等广受好评。南海区承办第三届广东省曲艺大赛、第八届广东省青少年曲艺“明日之星”选拔赛等省级赛事。《黄少梅星腔艺术专辑》获第九届中国金唱片奖。《万福戏台 · 佛山戏剧作品选》出版，首次全面辑录佛山市原创剧目；尹洪波《洪波说戏》的出版为人们研究佛山戏剧提供了材料。

【“中国梦”主题文艺实践活动】 2014年，佛山市文联及各团体会员着眼服务大局，突出“中国梦”这一时代主题，并结合新中国成立65周年、纪念毛泽东诞辰120周年等契机，组织开展“我们的中国梦”文化进万家展演活动近30场，成功举办“致祖国，迎新年”大型合唱音乐会、“中国梦 · 粤韵情”吴炯坚曲艺作品欣赏会、廉政漫画评选活动、“中国梦　佛山情”交响音乐会等；8月开幕的“庆祝中华人民共和国成立65周年佛山市美术作品展览”集中展示上送全国美展和省美展的作品，是佛山市近年规格最高规模最大的美术展览；9月的“成器——冼有成陶塑艺术作品展”以及11月的第二届石湾陶艺新锐展的举办，继续促进石湾陶艺向艺术化的道路发展；6月的张况《史诗三部曲》作品研讨会以及9月的“2014岭南诗会”的成功举办，带动了佛山市诗歌艺术的稳步发展；12月的“魅力中国梦”佛山市第五届摄影艺术展，作为佛山市摄影家协会成立30周年的重头戏，展出近400幅全市五区优秀作品。还有佛山市首届女子书法展、李小如书画展、杨春雨摄影展、中国文人书画展、齐白石诞辰150周年名家邀请展、百姓艺术健康舞展演等系列活动，用艺术的方式讲述佛山人民追梦铸梦的感人故事和奋斗激情。广泛开展以“中国梦”为主题的文艺创作活动，动员和组织文艺家积极创作，向省文联推荐报送诗歌、散文、书法、摄影、舞蹈、情景剧等共13件“中国梦”主题优秀作品。各区文联也把“中国梦”宣传教育和精彩纷呈的文化活动结合起来，把社会主义核心价值观融入文艺实践，开展“中国梦・粤海歌・乡里情”南海曲艺精品巡演、“我们的中国梦——讲述中国故事文艺作品”征集推介活动、“中国梦・我的梦”禅城区书法家协会楹联作品展、“廉洁佛山・粤曲好声音”私伙局大赛、“顺德之春”文艺花会、“顺德金秋嘉年华”系列活动、“三水好风采”千人广场舞、“三水好声音”歌手大赛、2014高明区非物质文化遗产展览等活动。全市各区举办各类征文、绘画、摄影等比赛37场，举办各类艺术展览40多场，参与各类文艺表演活动40多个，表演场次超过300场，举办研讨会近30场，讲座场次近200场。

【**文艺志愿服务**】 2014年，佛山市文联系统广泛开展“深入生活，扎根人民”“我们的节日”“送欢乐下基层”等文艺采风和志愿服务，动员文艺工作者积极开展采风创作、慰问演出、文艺辅导培训、展览展示等活动。5月29日，佛山市文艺家志愿服务团成立，下设11个文艺家志愿者服务队，开展送文艺进基层活动。市民间文艺家志愿者服务队组织20位非物质文化遗产传承人和民间文艺家走进禅城区铁军小学，现场展演传统技艺。市作家志愿者服务队启动佛山作家送文学进校园活动，与禅城区黎涌小学和南庄中心小学师生进行诗歌交流。市音乐家志愿者服务队走进基层演出，举办艺术・生活公益讲堂。市书法家志愿者服务队开展首届禅城区中小学教师的书法培训课程，每周二定期在绿景小学进行系统式书法培训。市曲艺家志愿者服务队开设私伙局表演培训班，为粤曲发烧友提供免费粤曲培训。市摄影家志愿者服务队每月举办摄影沙龙，坚持多年，吸引众多爱好者参与。市杂技艺术家志愿者服务队在端午节、中秋节分别到敬老院、佛山福利院进行慰问演出。禅城区组建禅城区文联文艺志愿者队伍，开展“文明禅城　艺术情韵”禅城艺术民生实事系列活动。南海区“书法家义务送春联活动”历时22天，送出春联2万多副。顺德区在德胜文化广场举办的“五个一百”文化惠民活动超100场，开展了文化志愿服务基层行，其中“文化艺术惠民生・百场培训进企业”文艺培训项目获文化部基层文化志愿服务示范项目。高明区举办暑期公益文艺培训班。三水区开展文化“五送”公益惠民活动。

【**文艺人才培养推介**】 2014年，佛山市文联一方面通过举办培训班等形式培养中青年人才，如举办第三届佛山市文化艺术与创意培训班；另一方面通过举办展览、演出、比赛、研讨、作品观摩、选拔人才参加国际国内各项大赛等方式，宣传推介佛山文艺人才，如举办第二届石湾陶艺新锐提名展、第三届佛山文学奖暨佛山市第四次青年作家代表大会、佛山市首届书法名家提名展等。推荐王志敏等3人参评第二届广东省中青年德艺双馨艺术家，支持饶宝莲、李华林、蔡庆洪、薛芝恋等青年文艺家举办个展，成立佛山市女书法家协会。2014年在佛山文联主办的季刊《佛山艺术》栏目宣传推介中青年艺术家12人次。

【**第三届佛山市文化艺术与创意产业培训班**】 2014年6月9～13日，由中共佛山市委组织部、市文联和市委党校主办的为期5天的“佛山市2014年文化艺术与创意产业发展培训班”在市委党校举行，接受培训的学员共39人，由市、区文联专职工作人员及全市中青年文艺骨干组成。培训班邀请了广东省电影家协会副主席祁海、广东省流行音乐协会常务副主席兼秘书长陈洁明、广州社科院岭南文化研究中心主任梁凤莲、广东省收藏家会所所长方立、中国工艺美术大师梅文鼎、佛山市委党校经济教研部主任蒙荫莉和市文艺批评家协会主席陈宪年等7位专家授课，还组织学员到深圳观澜版画原创产业基地和大芬油画村进行实地考察学习。

【第二届石湾陶艺新锐提名展】 2014年10月31日，佛山市“第二届石湾陶艺新锐提名展”在东方印象艺术馆开展，展期24天。活动由广东陶瓷协会、佛山市文联主办，中国工艺美术大师和专家组成员在石湾陶艺新秀中各提名2位45岁以下的青年陶艺家为参展候选人，然后由中国工艺美术大师梅文鼎、钟汝荣、杨锐华以及主办单位领导组成的评委团，经过无记名投票，最终选出钟婉尧《幻夜》等12件优秀作品和李亚林等12位入选者。

【第三届佛山文学奖暨佛山市第四次青年作家代表大会】 2014年9月14日，由佛山市作家协会和南海区大沥镇人民政府共同主办的第三届佛山文学奖暨佛山市第四次青年作家代表大会在南海区大沥镇都市剧场隆重举行。省市作协和市、区、镇各相关领导，获奖作者、五区青年作家代表、文艺界、传媒界人士等150多人出席。任流的长篇小说《南国酒镇》等10部作品获小说奖；赵芳芳的《夜行公交或从沃尔玛到财政大厦》等5部作品获散文奖；郑启谦的《跨界写手》等2部作品获评论奖；彭乐田的《西樵迎春歌》等3部作品获诗歌奖。

【佛山市首届书法名家提名展】 2014年10月25～30日，由佛山市文学艺术界联合会主办、佛山市书法家协会承办的佛山市首届书法名家提名展在广东省文联艺术馆举行。参加本次展览的作者李小如等17位书法家，有的曾在全国性权威展览中入选或获奖，有的曾在省级权威展览中获一等奖或金奖。本次展览的170幅作品，都是能代表他们创作水平的精品力作。

【文联组织建设】 2014年，佛山市文联加强组织建设，市、区两级宣传阵地不断完善，全新改版佛山市文联网站——“佛山文化艺术信息平台”，开通佛山市文联新浪微博、腾讯微博。“佛山文化艺术信息平台”共有10个栏目，23个分栏目，其中“网上展厅”栏目既能三维展示艺术品又能及时更新展览动态。市文联刊物《佛山艺术》和各类区级文艺刊物，介绍各艺术门类的文艺家及其作品，通报各艺术家动态、作品展览和文艺活动。《岭南文学》编辑出版了4期，发表作品52万多字，刊物质量稳中有升，进一步巩固了文学创作阵地。佛山文联艺术馆、市文联1506艺术中心和市文联美术创作中心举办展览、讲座、培训等活动近10场，充分发挥文联窗口和阵地作用。基层文化阵地不断完善，如禅城区在1506美术馆挂牌成立了区文联艺术中心，成立禅城区文联妇委会等，构建促进文化发展的新平台。

【文艺交流】 2014年，佛山市文联开展形式多样的文化交流活动。开展佛山、无锡两地文化交流，邀请无锡太湖画派名家尤建清、陈建国、杨雨青等人展出绘画作品近百幅。支持李小如在山东济南举办书画艺术展，支持王胜利、梁国荣走进河北遵化办画展，支持邱健彬在广州举办中国画精品展等。禅澳戏剧交流演出继续展开，为佛山澳门两地戏剧爱好者提供一年一度的交流平台。钟汝荣应邀出访新西兰，其画作《马到成功》为新西兰花园之城修建慈善义卖。邹莉参加在曼谷举行的中国书画世界行高峰论坛，被聘为中国书画世界行委员会理事。饶宝莲随广东文化代表团出访澳洲，交流剪纸艺术。各区开展艺术交流活动，如举办艺海同航——南海、三水、鹤山、清新四地书画巡回大展，南海 · 宁都书法展，南海作家文学创作采风活动，广府书画摄影展，禅城南海书画名家精品联展，三水美术骨干湖南永州写生活动，赖智豪香港书画展，顺德山水画作品进京交流展，合唱团韩国大丘合唱邀请赛，中国山水画创作院系列展，穗港澳粤剧曲艺晚会等。

（霍锦莹）

传播媒体

新闻出版和版权

【农家书屋的数字化改造】 2014年，佛山市采取高清数字电视（采用广电网络）和计算机（采用互联网）两种形式共同推进，完成227家农家书屋数字阅读终端配备，其中禅城、南海两区采用计算机互联网的方式完成170家农家书屋的硬件配备；高明、三水两区采取数字电视的形式，完成57家农家书屋的数字硬件设备配置。同时，市文化广电新闻出版局和市图书馆、市广电网络公司达成协议，共同打造佛山市的农家书屋数字阅读平台。

【岭南书香车下基层】 2014年，佛山市开展20次岭南书香车下基层活动。市、区新闻出版行政部门采用“猜灯谜、送书券、换图书”等方式，使活动受到基层群众的热烈欢迎，吸引了上千名群众热情参与，优惠图书销售总额5万元。在各外来工密集的工业园区（商务区域）建成6家园区书屋。岭南书香车下基层和园区书屋建设工作为佛山市基层群众和外来务工人员提供了更多的阅读便利，是解决群众文化阅读“最后一公里”问题的有效措施。

【农家书屋开展阅读活动】 2014年在春节、暑假期间，佛山市组织开展“我的书屋　我的梦”阅读征文活动，引导中小学生读好书、写好文章。经过筛选，共向广东省新闻出版广电局报送各区中小学生撰写的优秀征文9篇，其中1篇获编入国家农家书屋办公室出版的优秀征文集。春节期间，各地农家书屋精心组织了各类阅读、书法、摄影等活动。

【版权兴业工程】 2014年，佛山市版权局对《佛山市版权局作品著作权登记资助办法》原来的申请资助时间、资助作品数量限制、适用全额资助的等条款进行了修订，以适应佛山市日益增长的作品登记数量和种类需求，进一步提升企业创作的积极性。版权基层工作站努力提升版权登记服务质量，做好版权作品登记人的回访工作，根据作品登记的情况，为重点和新兴的版权企业提供版权管理、运用、提升方面的建议和指引，完善版权服务。2014年，版权基层工作站共办理作品著作权登记2039件，同比增长127%。市版权局和市版权保护协会共同搭建并启动TSA电子证据固化平台，通过TSA时间戳和CA证书数字签名等先进技术，对版权作品创作和版权侵权证据进行固化，为传统版权登记作有效补充，进一步丰富、完善版权保护的手段，促进企业创新。

开展打击网络侵权盗版专项治理“剑网”行动，严厉打击网络侵权盗版行为。针对本地电商网站设计被剽窃、图片被盗用、产品被假冒销售等现象，以“广货网上行”“佛山电商嘉年华”等活动为契机，让版权服务进入展会，为100多家参展电商提供版权咨询及快速投诉受理，规范自身使用版权作品行为。

【版权保护宣传】 2014年“4·26”世界知识产权日期间，佛山市版权局和佛山电台、佛山版权保护协会深入合作，利用媒体、网络、视频、讲座等形式，全方位向市民宣传版权保护知识，在佛山电台“今日舆论场”“讲东讲西讲东西”“商学院”等热门栏目开展针对百姓和企业的版权保护宣传工作，并开展有奖问答活动，吸引了600多名市民参与；制作版权保护宣传短片在市内主流网站和媒体发布；利用官网、微信、微博等在网上公开征集有关版权方面的案例，并安排专家现场为市民解答关注的版权问题。市版权局还联合佛山市青少年宫举办了佛山青少年图书与版权日（读书日）活动，倡导小孩子从小爱读书，读正版图书。

【软件正版化工作】 2014 年 4 月初，国家政府机关软件正版化检查组对佛山市进行了检查，检查组对佛山市机关软件正版化工作给予充分肯定。结合国家软件正版化督查发现的一些存在问题，佛山市使用正版软件工作联席会议办公室组织各区政府和市直机关开展自查，指导未全面落实正版化工作的单位进行整改，特别是重点督促被通报的 6 家单位限期整改到位。在企业软件正版化方面，佛山市使用正版软件联席会议办公室指导佛山 8 家被列入省重点督办的企业实现软件正版化。佛山市版权局联合市经信、知识产权等部门，先后举办“佛山推进企业软件正版化专题培训”“版权知识暨企业版权战略讲座”等讲座，向全市 100 多家大中企业、高新企业和设计行业、家纺行业讲授推进软件正版化的意义和主要方式以及版权保护、促进应用的基本途径，以降低企业经营风险，营造更好的市场环境。

【新闻出版业道德管理】 2014 年，为加强对新闻从业人员管理，强化新闻出版职业道德建设，佛山市文化广电新闻出版局精心组织全市新闻媒体共 803 名新闻采编从业人员参加“2014 年新闻采编人员岗位考试”，并于下半年协助省新闻出版广电局开展新闻采编人员岗位考试的补考工作，对未通过、未参加 2014 年年初考试的 145 名新闻采编人员进行梳理，同时借此进一步规范佛山市新闻单位的记者证管理。持续开展打击新闻敲诈和假新闻活动，开展新闻单位驻地方机构清理整顿工作，组织新闻媒体自查自纠。2014 年没收到任何关于佛山市新闻媒体和从业人员严重违反新闻职业道德、进行新闻敲诈和刊播假新闻的投诉举报。

【加强新闻出版业的日常监管】 2014 年，佛山市文化广电新闻出版局完善印刷复制发行业日常管理制度，明确市、区、镇（街）三级监管责任，量化监管任务，既重点检查中心城区，也兼顾较远地区，努力做到不留死角、不留盲区，防止大案、要案的发生。在“两会”“4·26”世界知识产权日、国庆期间等重要时段查缴非法出版物专项行动、中小学教辅材料专项治理等，营造规范出版物市场的高压态势。配合省新闻出版广电局开展报（期刊）社、报刊记者站、印刷企业、出版物发行单位和连续性内部资料出版物的年度核验、换证工作，要求经营单位自查自纠，及时发现违规经营行为并进行整改，指导各区分类进行换证工作，对在年度核验过程中发现的不符合设立条件、存在违法情况的企业进行整顿，确保新闻出版单位守法经营，并将新闻出版产业统计工作与年度核验工作相结合，全面了解新闻出版产业的发展状况，促进新闻出版产业的健康发展。根据 2014 年度核验数据统计，佛山市（不含顺德区）13 家报刊 2013 年的经营总收入为 2.68 亿元；1530 家印刷企业 2013 年实现工业总产值 236.53 亿元，比 2012 年增长 48%；全市 498 家出版物发行单位销售总额为 1.79 亿元。

【出版物审读和鉴定】 2014 年，佛山市出版物鉴定委员会共完成 1699 份出版物的鉴定，为佛山市各级出版物市场执法机构提供执法依据。佛山市出版物审读委员会编印审读简报 4 期，对佛山市出版单位的出版内容、形式和编校质量进行监管，确保正确舆论导向。

（张紫琳）

【佛山市新闻工作者协会】 2014 年，佛山市新闻工作者协会在党的十八届三中、四中全会精神指引下，在上级主管部门的指导下，团结全市新闻工作者，坚持新闻工作的党性原则，遵守宪法、法律法规和国家政策，遵守社会道德和新闻职业道德准则，宣传党的路线、方针、政策，坚持正确舆论导向，提高佛山新闻工作者的素质、保障佛山新闻工作者的权益。

加强学习，不断提升协会工作理论水平。市新闻工作者协会组织协会相关工作人员，一方面深入学习贯彻总书记习近平系列重要讲话精神，认认真真读原文、扎扎实实撰写学习心得，思想认识有了较大提高；另一方面，理论联系实践，配合佛山传媒集团加强与新闻工作者的沟通交流，并以党的群众路线教育实践活动、党的十八届四中全会宣传为主线，结合佛山市创建全国文明城市、三年城市升级、人民满意政府等中心工作，主动沟通、精心策划，传递正能量。

配合培训，不断提升新闻工作者专业素质。2014年，佛山市新闻工作者协会配合市委宣传部、佛山传媒集团举办“佛山市新闻宣传培训班”，佛山传媒集团各媒体采编骨干参加培训班，接受马克思主义新闻观专题培训。此外，该协会还配合佛山传媒集团旗下相关媒体邀请中山大学、暨南大学等专家学者对采编人员持续进行业务素质、道德素质、职业操守等各方面的教育和培训，改进作风，恪守责任，坚持“三贴近”。

提高认识，不断推动行业形成良好风气。2014年，佛山市新闻工作者协会严格按照市委宣传部、市公安局等多部门联合下发的《关于我市深入开展打击新闻敲诈和假新闻专项行动的通知》要求，配合佛山传媒集团组织媒体开展自查自纠，加强新闻从业人员宣传教育，防范新闻敲诈和刊播假新闻。市内主流媒体既加强了采编制度管理，严格三审制度，从记者到编辑、部门主任、值班编委（总监），要严格按程序办事，层层把关；又严格执行新闻报道与经营活动两分开的规定，防止出现“有偿新闻”“有偿不闻”。

加强合作，不断创新协会开展活动的工作方式。2014年，佛山市新闻工作者与佛山市环保局联合开展“倡导环保生活，建设美丽佛山——第一届佛山环境保护好新闻评选”活动。通过该活动，一方面肯定和表彰新闻媒体、有关新闻工作者在每年度对佛山市环保事业发展的积极贡献，进一步调动社会各界对环保报道的主动性和积极性；另一方面，通过评选引起佛山市社会各界对环境保护的关注，加强环保政策、行动、成效的宣传，全面提高公众对环境保护的意识与参与水平；同时，通过好新闻奖的评选，深入挖掘佛山市在环境保护方面的新观点、新思路、新做法，充分发挥媒体的社会舆论监督作用，共同推动环保事业的发展。

（曾永雄）

佛山传媒集团

【综述】 2014年，佛山传媒集团在宣传主业上坚持“主动善意本土主流媒体”的定位，围绕中心服务大局，主动沟通协调，创新话语体系，加大外宣力度，为佛山市经济社会发展事业营造良好的舆论氛围；在内部管理上通过推进“大时政、大经营、大行政”改革，带来集团及各媒体单位的新变化、新发展。

【重大宣传报道】 2014年，佛山传媒集团增强服务市委、市政府中心工作意识，做好重大宣传报道。一是党的群众路线教育实践活动宣传做到位、不越位，各媒体有序配合，分阶段、分重点策划推进宣传工作，宣传了佛山的教育实践活动开展情况和经验，并得到市领导的高度评价。二是营造全民参与创建全国文明城市的浓厚氛围。各媒体统一开设社会主义核心价值观、中国梦等多个“创文”专栏，同时加大“讲文明树新风”公益广告宣传，全面提升佛山市“创文”知晓率、支持率和美誉度。三是立足佛山，聚焦全国“两会”。2014年，佛山传媒集团连续第八年派出联合报道组赴北京报道全国“两会”，既及时传递全国“两会”会议精神，展示佛山代表的声音和风采，也锻炼采编队伍，强化集团品牌建设。四是打通两个“舆论场”，提高宣传效果。2014年，佛山传媒集团承办的微访谈超过40场，在汇聚民智、舒缓民意、政策宣传等方面起积极作用。同时，佛山传媒集团还打通传统媒体与新媒体“两个舆论场”，利用好传统主流媒体做好二次传播，进一步提升新闻报道的深度、高度和广度。

【主动善意媒体推动社会发展】 2014年，佛山传媒集团发挥主动善意媒体作用，主动策划、精心组织一系列“自选动作”，作为打造传媒品牌的前提，坚持为佛山经济社会建设添砖加瓦。

2014年11月，汉口、景德镇、朱仙镇、佛山“四大名镇”首聚佛山，共商区域合作。传媒集团既承担宣传任务，又承担策划执行中国“四大名镇”当代发展研讨会、制作“四大名镇”画册和电视宣传片的组织任务，赢得各地政府代表、商会企业家的交口称赞。由佛山传媒集团投资拍摄的大型电视连续剧《孔子》不仅作为孔子诞辰2565周年国际学术研讨会的献礼，还结合电视剧的播出，传媒集团掀起新一轮中华优秀传统文化的宣传热潮，既对外宣传佛山形象，也为“创文”迎国检营造良好的舆论氛围。

举办佛山新型城镇化宣传活动。2014年是佛山城市升级三年行动计划实施、产城人融合深入推进的关键年。佛山传媒集团通过宣传报道与活动组织，展现佛山30年来波澜壮阔的城镇化历程，记录总结特色城镇化的经验和教训，探讨发掘新型城镇化创新经验。

弘扬慈善文化，传播社会风尚。2014年元宵节，佛山传媒集团连续第三年举办“温爱佛山——元宵慈善文化人人行”活动。该活动已经成为佛山传播公益慈善形象的响亮名片，并对培育城市公益慈善生态、构筑公益生态链条发挥了积极作用。

灭蚊齐参与，践行微文明。2014年，佛山传媒集团主动呼应佛山打造“人民满意政府”和“创文”工作要求，联合市卫计局、市创建办共同推出灭蚊宣传品牌活动，在全市上下掀起一场以灭蚊防蚊为主的爱国卫生大宣传和大行动。

【外宣渠道拓展】 2014年，佛山传媒集团进一步拓展对外宣传信息渠道，提高外宣信息质量，构建高质量高水平的大外宣格局，为佛山经济社会发展营造一个良好的外部舆论氛围。一是送稿量全省排名前列，二是推动佛山经验上中央电视台，三是以专业性赢得央媒、省媒尊重，四是为“建设人民满意政府”专题网站供稿。

【新闻创优工程】 2014年，《佛山日报》共有50件作品获国家级及省级奖项，1人获广东新闻金枪奖；佛山电台共获国家级奖项12项，省级奖项41项；佛山电视台获得国家级奖项23项，省级43项，特别值得骄傲的是获得了“2014中国（广州）国际纪录片节‘广东日’南派纪录片”5项大奖，其中，最高奖项“南派纪录片大奖”1个，一等奖和二等奖各1个，三等奖2个；《珠江时报》获广东新闻奖3项，23件作品获全国地市报好新闻；《珠江商报》1件作品获广东新闻奖，21件作品获中国地市报新闻奖。

（黄海颜）

报　刊

【《佛山日报》】 2014年，中共佛山市委机关报《佛山日报》日均24版。《佛山日报》围绕佛山党委、政府的中心工作组织策划新闻报道，坚持“走、转、改”，深入基层、深入生活、深入百姓，报道民众关注的热点话题，努力发出佛山好声音。

做足做好教育实践活动的宣传报道。2014年2月，佛山市开始开展党的群众路线教育实践活动，佛山日报社成立相应的领导机构和专责报道小组，在日常的报道中坚持做到每个工作日至少开设一个“为民务实清廉”路线教育专版，同时开设一系列专栏，多层面、多角度全面深入反映佛山市开展群众路线教育实践活动的情况。

关注党的十八届四中全会和全国、省、市“两会”。党的十八届四中全会是党的历史上一次十分重要的全会，《佛山日报》通过中央级专家专访、分析、解读以及全媒体播报的强大传播阵容，赢得读者的高度肯定。2014年的全国“两会”期间，佛山日报社派出6人赴京采访报道，并且实施前后方采编联动。每天至少两个版的报道规模，既有全国“两会”的动态报道，还有代表、委员和有关专家的访谈。在广东省“两会”和佛山市“两会”的报道中，佛山日报社全员动员，倾尽全力，既有鲜活的会议动态和政策解读，又有市民关注的热点讨论，显示了《佛山日报》在时政报道领域的强大传播力和影响力。

“创文”报道常抓不懈。2014年是佛山市创建全国文明城市冲刺年，根据市创建办的要求，《佛山日报》配合开设了“邻里守望志愿服务”“学习宣传道德模范和身边好人”等10多个“创文”专栏。在日常的报道中，《佛山日报》注意将“创文”的内容和群众关注的热点问题结合起来进行策划，使“创文”工作更易为群众接受，从而为“创文”冲刺的顺利推进营造了良好的社会氛围。

聚焦城市升级，把脉新型城镇化。2014年是佛山市城市升级三年行动计划的收官之年，《佛山日报》一方面注意跟进动态，另一方面注重选取关键的时间节点进行重点策划与解读。如7月22～24日，佛山市启动新一轮城市升级巡查，市委书记刘悦伦以及代市长鲁毅带队参加巡查，《佛山日报》为此专门策划城市升级巡查系列专题报道，顺德、三水、南海三个记者站分别策划制作城市升级特刊。《佛山日报》的相关工作在该次巡查过程中得到市、区领导的高度评价。

关注城南门诊"黄牛党"系列报道。城南门诊"黄牛党"问题由来已久，媒体曝光多次未得到彻底解决。《佛山日报》以网友在微博上发出的质疑切入，新闻报道采取了"集中追问"的策略，一路追踪问题，一路思考延伸。在《佛山日报》的强力推动下，4月26日城南门诊网络挂号正式实施，为市民解决了多年的"黄牛党""沉疴"，赢得广大市民的赞赏与肯定。

适应新的传播格局新形式，推进媒体融合发展。一方面学习和运用互联网思维，树立用户意识、互动意识、迭代意识，对一些新闻板块、栏目设置进行调整，将新媒体运用到用户、经营资源的拓展上；另一方面在新媒体发展中贯彻圈资源、圈"人头"的意识。打造推出《佛山日报》官方APP，同时形成以《佛山日报》公众微信领衔，各部门品牌微信为轴线，全体员工个人微信加盟的微信矩阵。

2014年，《佛山日报》获2013年度广东新闻奖二等奖2个，三等奖6个，标题奖1个。经济新闻中心副主任曾庆斌获第十一届广东新闻金枪奖。在第28届（2013年度）中国地市报新闻奖评选中，《佛山日报》共有13件作品获奖。

12月6日，第三届中国地市报"十强""十佳"颁奖会在上海举行。佛山日报社获"第三届中国地市报新闻创新十强"称号，佛山日报社社长、总编辑宋卫东被评为"十佳总编辑"。

10月16日，由中国报业协会主办的首届中国报业新媒体发展大会暨颁奖典礼在浙江温州开幕，佛山日报社凭借在报网融合方面的成绩，获"2013～2014中国报业融合发展创新10强"提名奖。

（唐岭梅）

【《珠江时报》】 2014年是珠江时报社从求生存迈向求发展的一年。全年采编工作质量稳定，亮点频出；媒体融合已成体系并开始向媒体型服务业转型；经营工作超额完成目标任务且利润首次突破百万元。2014年，《珠江时报》通过媒体融合，搭建起包括10份数字报纸、2个网站、10个订阅号结盟的微信群、7个微博结盟的微博群、2个手机信息平台以及梦之声微电台在内的全媒体矩阵，与200多万"粉丝"实时互动沟通。在2014传媒中国年度盛典暨百强发布会上，《珠江时报》获"2014传媒中国年度创新力都市报"荣誉。12月6日，中国地市报研究会在上海举行第三届中国地市报"十强""十佳"颁奖会，《珠江时报》获"第三届中国地方都市类报纸成长性十强"称号。

围绕党委政府中心工作，策划各类主题报道。2014年，佛山市"创文"迎来"大考"，《珠江时报》"创文"报道形式多样，累计刊发近1000篇"创文"报道，其中专版70多个，为佛山"创文"营造良好的舆论氛围。在党的群众路线教育实践活动中，《珠江时报》严格按照要求，创新形式开展报道，为活动营造良好的舆论氛围；在建设人民满意政府工作宣传中，《珠江时报》及时跟进策划，在重点版面组织连续专题报道。围绕市委全会、市"两会"、城市升值战略、打造万亿元装备制造业基地等重大主题，均推出系列深度报道。

打造《佛山文化周刊》新品牌。在长期关注佛山文化发展的基础上，《珠江时报》2014年推出了每周4个版的《佛山文化周刊》。该周刊关注当今的文化与产业，以文化的视野观察产业的走向；撷取佛山文化精华予以展现，传承、讲好佛山文化故事。同时，还专门聘请专业团队进行视觉设计，清新的版面风格和手绘插图，均让人眼前一亮。

推出《升值佛山》《珠江西岸政经评论》《南海影响力》等系列品牌特刊。2014年8月18日，《珠江时报》出版近100个版的10周年特刊《升值佛山》，以一张报纸见证佛山改革发展为切入点，在广东乃至全国的范围考量展示佛山的改革发展成就和城市升值路径，兼具思想性和前瞻性，得到市、区及佛山传媒集团领导的认可。

2014年，《珠江时报》开始向政经大报转型。推出的"佛山改革能见度——珠江西岸边的中国"

系列报道和评论特刊《珠江西岸政经评论》,成为《珠江时报》政经报道的新品牌。

一年一度的"南海影响力"年度发展报告和《聚焦三大平台》特刊已经成为《珠江时报》品牌特刊。

《今日南海》做南海改革发展的思考者。2014年是南海全面深化改革、加快推动转型升级之年,《珠江时报》的《今日南海》专刊围绕"思想者和思考者"的价值定位,紧密围绕南海区委、区政府的战略部署,深入思考,提质增效,创新服务,获得南海区政府部门和群众的肯定和表扬。

《今日禅城》成为禅城宣传主阵地。2014年是《珠江时报》与禅城区战略合作的第三年,也是《今日禅城》专刊成为主阵地、形成和提升影响力的关键一年。《今日禅城》主动设置议题,主打定制服务,主导新闻舆论,赢得政府部门和群众的认可,《今日禅城》已经成为禅城宣传的主阵地。《今日禅城》开办的《南庄观察》《张槎观察》,从深度探讨、宣传禅西崛起,成为时报深层次服务镇街发展的重要载体,受到镇街领导的好评。

9份社区报扎根基层更深,覆盖家庭更广。2014年,《珠江时报》新创办丹灶和张槎2份社区报。至此,《珠江时报》旗下拥有桂城、罗村、狮山、九江、里水、西樵、祖庙、丹灶和九江等9份社区报,覆盖佛山禅桂区域的45万个家庭,形成强势的社区报集群,成为时报深深扎根基层的强大平台。

南海新闻网全新改版。2014年9月,南海新闻网全新改版,受到网民热捧,每条新闻的阅读量超过100人次,网站的日均PV最高值达3万。

微博群、微信群列阵扬帆,时报微信排名广东省第七位。2014年《珠江时报》拥有了包括@珠江时报、@南海发布、@禅城发布、@南海微联播、@南海丹灶等7个微博在内的微博群,"粉丝"达200万。《珠江时报》的微信群也已成规模,包括有10个微信号:《珠江时报》官方微信与桂城、罗村、狮山、九江、西樵、里水、祖庙、丹灶和张槎9个社区报微信。12月1日,媒体研究团队"刺猬公社"发布《全国各地区纸媒公号排行榜(11月23～29日)》,珠江时报微信排名广东省第七位。媒体集结号在12月3日发布的"微信公众号巅峰榜",《珠江时报》微信多次上榜,并在第十期登上榜首。

时报微电台圆梦"微心愿"。2014年4月12日,《珠江时报》微信周六版推出微电台"梦之声",主播夏梦用纯净甜美的声音征集粉丝微心愿,并邀请各路"达人"一起援手助人圆梦。半年多时间,"梦之声"帮助过百人圆梦。"梦之声"已引起南海有关部门关注,并欲将其打造成为一个爱心帮扶连接平台。

全媒体介质互相借力无缝融合。《珠江时报》全媒体矩阵与传统报纸互为支撑,相互借力,推出了全新的"全媒体"版面,实现传统媒体、新媒体采编资源的一体化,把报纸、网站、微博、微信、客户端的新闻资源与线上互动、线下活动全部打通,成为《珠江时报》全媒体平台的最大亮点。此外,《珠江时报》还开设了"活动大汇""微联报"等融媒版面,实现传统媒体与新媒体的深度融合。

市民服务中心。2014年4月,珠江时报社成立市民服务中心,这是在党的群众路线教育实践活动中,《珠江时报》切实解决联系服务群众"最后一公里"问题的具体行动,也是《珠江时报》转型媒体型服务业的一个路径初探。旨在链接全媒体资源,为市民的需求提供一站式解决方案。

超额完成年度目标任务,利润首次过百万。2014年《珠江时报》经营总收入为5888.48万元,同比增长5.68%,超额完成传媒集团下达的目标收入5000万元力争收入5500万元的任务。2014年《珠江时报》实现利润120.61万元,同比增长689.85%,这也是珠江时报社历史上首次实现利润过百万。

(戴满香)

【《珠江商报》】《珠江商报》日均对开16版,是顺德区域主流媒体。2014年,该报迎难而上、谋新求变,把党的群众路线教育实践活动工作贯穿始终,坚持把握正确舆论导向,以正面宣传为主,围绕主旋律,出色完成上级下达的宣传任务和经营任务。2014年,《珠江商报》有15件新闻作品分别获省、市、县级奖,并获"金长城传媒奖·2013中国年度创新商报"称号、第七届中国品牌媒体高峰论坛·2013～2014中国最具品牌影响力商报"

称号等。

作为顺德区主流媒体,《珠江商报》扎根顺德，服务本土，策划了大量专题报道，为顺德发展汇聚正能量。推出《超越——寻找顺德中轴线之旅》特刊、“城市新高度——顺德产城人互动启示录”系列报道、“升级 · 升值——顺德城市升级亮点扫描”系列报道、“好大的事——构建大社会好社会顺德改革演义接龙”系列报道、《顺德家春秋》特刊等，全面总结顺德改革创新、城市升级、产业转型、民生幸福等方面的成就。

2014 年，镇街成为各媒体竞争的主战场,《珠江商报》进一步加深扎根镇街基层的力度，先后开设《镇能量、街地气》和《百村行》两个新闻主打栏目，开拓镇街政务专题。最为典型的是《北滘十章》的策划，这个专题系列从打造新闻精品入手，精心做好每一期报道，同时强调团队力量，以团队化合作形式，在策划、评价、采访、摄影、编辑、版式美化等方面，精心制作。进而推广到中德工业服务区、勒流、龙江等地。

为适应读者新的阅读需求，3 月 18 日推出官方微信。商报官方微信主要以“讲新闻”为主打，通过换种方式看新闻，以轻松诙谐的语言，对报纸上的传统新闻进行互联网语境下的二次包装，受到众多年轻网友追捧。同时，建立微信商业运作平台——“珠江商报 · 聚着数”订阅号，并推出商报 APP“无限顺德”，使得该报全媒体矩阵成型。

经营方面，推行项目制管理的探索，针对重点客户的重点项目，制订整合营销计划，领导牵头参照 4A 广告公司制作标准，制作了图文并茂，融品牌定位、硬广告铺排、专题宣传、栏目设置、活动策划、新媒体传播于一体的整合宣传方案，签下多个广告客户。通过实行项目制管理，打破部门樊篱，采取优化的绩效考核方法，在不增加成本的前提下盘活商报人力资源，聚集有志于该项目的员工较好完成设定任务，有效调动人员的积极性、主动性，工作效能得到很大提升。

2014 年，该报继续发挥活动策划的优势，除继续做好中国岭南美食文化节、顺德私房菜大赛、升学咨询会、小记者夏令营、金融文化节、房地产传媒大奖等知名品牌活动项目的同时，在策划、举办新的自主品牌活动上做了新尝试。多方突围寻找办报新空间，分别于 4 月、5 月、7 月接连成功创办《体育运动周刊》《财富周刊》《文化艺术周刊》3 个周刊。通过频繁的走访、推陈出新的策划方案，让一些流失已久的客户重新回到商报版面上来。

（黄　晨）

广播电视

【佛山电视台】 2014 年，佛山电视台坚持品牌发展战略，走出一条靠品牌实力说话的生存之路，影响力逆市上升，收视率连续五年保持 10% 的递增；经营也同步增长，经受住了市场的严峻考验，2014 年佛山电视台的收入 4 亿多元，而且 60% 以上来自本地广告和活动。

佛山电视台每天自制新闻量达 4 小时，晚间由《六点半新闻》《小强热线》等栏目组成的新闻版块，稳居同时段收视排名第一。重大活动直播收视令人瞩目，“行通济”活动直播超过其他电视台元宵节活动，位列收视排行首位；珠江形象大使总决赛收视率再创新高。精品创作成绩突出，80 多件作品获国家级、省级大奖；广东省广播影视奖作品数量连续四年排名地级市台榜首；中国（广州）国际纪录片节获奖数量和质量实现历史性新突破，其中《老佛山　新天地》获年度大奖,《孕》获最具国际销售潜力提案，佛山台纪录片进入国际市场。央视首次以“佛山周”的形式连播佛山台的纪录片。11 月 13 日，国家新闻出版广电总局巡视员、宣传司副司长田玉红一行到佛山，调研佛山电视台纪录片创作的情况，称赞佛山电视台以纪录片团队的成长为抓手和切入点，整体实力和影响力得到全面提升，为今后更大的发展奠定了坚实的基础。他表示要把佛山电视台在纪录片人才培养、节目标准化、提高节目质量、传承历史文化等方面的经验向全国推广。

2014 年，佛山电视台连续第七年在北京设立直播室报道全国“两会”，并策划“全民议案”，收集佛山各界民意，助力人大代表履职，在“两会”报道中寻找本土价值。在全国“两会”开幕前一周，佛山电视台就通过电视、微博、微信、微视等各种渠道，向佛山市民征集对全国“两会”的意见和建议，并将排列前三的主题命名为“全民议案”，分别为“改革最前行”“空气更清新”“食得更放心”，由佛山电视台全国“两会”报道组记者带上北京后，交到7名佛山的全国人大代表手上。3月6日，总书记习近平到广东团参与审议，吴青代表在发言中，特地将“全民议案”呼声最高的“佛山改革再前行”结合自己的议案“加快启动较大的市申报工作”向习近平作建议，得到了重视和回应，习近平认为吴青说得很对。

9月24日，孔子诞辰2565周年国际学术研讨会暨国际儒学联合会第五届会员大会开幕会在北京人民大会堂举行。佛山传媒集团、佛山电视台组织和投资摄制的大型电视连续剧《孔子》作为大会献礼，获得高度评价。9月27日，佛山电视台发起2014佛山国学经典诵读大赛，在五区举行10场海选，走进学校、企业，社区，历时三个多月，吸引5000多人参加，开启了全城诵读国学经典的新模式，助力佛山创建全国文明城市。

2014年，佛山电视台启动全频道联动运作的主题播出季模式，通过广泛的取样对比，深入分析研究，结合本土观众的生活习惯、收视心理的季节性变化，打破以往简单将节日、假期等作为季播时段的做法，转而以提前策划贯穿全年四个特色鲜明的主题播出季——“幸福欢乐季”“感恩成长季”“青春美丽季”“梦想收获季”，整合新闻策划、专题栏目、品牌活动、公益广告和电视剧等多种资源，以“内容为王”整合节目资源，强化与观众的互动，创新传播模式提升品牌影响力。

2014年12月9日，“品牌的力量 ·2015佛山电视台媒体资源推介会”在电视台一号演播大厅举行。这场集媒政、媒企、媒商、媒艺互动的合作，现场签约1.37亿元，鼓舞了全台士气，为2015年工作的开展打下良好开局。2014年电视业界经营普遍遇到严冬，广告大幅下滑，而佛山电视台却逆势而上，引起了业界的关注。

2014年12月31日，佛山电视台连续第六年举办“你好佛山”——六小时跨年大直播，融入城市，彰显专业实力，唱响城市迎新曲。新闻版块以城市风向标的视角，集中展示各地迎接新年的气氛，梳理市民记忆深刻的新闻事件，展望新一年佛山社会经济发展大计；《小强热线》特别节目分享幕后团队与城市、与观众共同成长的心路历程；随着一组组城市镜头的过渡，佛山电视台主办的新年音乐会和两台跨年晚会先后开锣。在新年钟声敲响后，佛山市委书记刘悦伦通过电视镜头，第一时间向全市人民送上新年寄语。当晚在市中心“三地三台”晚会同时举行，进行电视和新媒体网络直播，收视同比增长近三成，体现专业制作水平。

（丁红兵）

【佛山电台】 2014年，佛山电台扎根本土，把握主流媒体的舆论导向，及时、准确、全面宣传各级党委政府重大决策和工作部署，完成各项重大宣传报道工作。同时，启动绿色电台建设，调整经营结构，提升电台频率的影响力。

时政宣传。2014年，佛山电台完成的重大时政报道任务包括：全国、广东省、佛山市“两会”宣传报道；《佛山“两会”热线　市长微博访谈》；《永恒的记忆——纪念邓小平诞辰110周年》；《佛山市先进装备制造业发展现状调查》系列报道；党的十八届四中全会特别节目《依法治国新征程》。同时，开设《依法治国　前行的力量——学习贯彻十八届四中全会精神专题报道》专栏，开办《办实事、求实效，建设人民满意政府在行动》专栏节目，将佛山市政府的各项便民、利民措施，向市民听众作详尽讲解。

“创文”报道。2014年，佛山电台按照佛山“创文”宣传工作的具体要求，六套频率同时开通《创文进行时》栏目，完成11个“创文”公益宣传声带的策划制作工作，规范公益宣传播出次数和播出时间。同时，佛山电台还策划各类“创文”宣传活动，其中，FM92.4频率与佛山市精神文明建设办公室、佛山市公安局交警支队联合举办“交通新声秀”选拔，最终评选出“佛山市交通宣传形象大使”为佛山文明交通代言。各频率还相继推出系列扶贫、助教公益活动，包括：“一升油　一声爱——百万车主公益爱心行动”“助学雅安”“小燕乐园”等，促进“创文”工作开展。2014年，佛山电台采制各类动态“创文”消息2000篇，播出1万次；全台六套频率共播出有关“创文”的公益广告2万条（次）；《创文进行时》栏目共编辑50期，播出600次；“创文”公益活动20场（次）。

民生报道。佛山电台是全国较早开办民生热线节目的电台之一。2014 年，为配合政府工作需要，佛山电台对民生热线节目进行调整和提升。一是将政风行风热线节目调整到周末播出，并延长播出时间，方便市民听众参与节目；二是密切与政府部门合作，组织政府官员和部门负责人上线，积极回应社会热点和难点问题；三是改进民生报道的传播方式。2014 年，佛山电台以调查报道的形式，配合佛山政府部门，对佛山市公交提升、季华路升级改造、禁摩措施出台、环保治气治水、旧楼加装电梯、灭蚊以及城市基层治理模式转变等市民群众关心的社会热点问题进行剖析，取得宣传成效。佛山电台在 FM94.6 频率新闻综合频率开播九年的《民生直通车》节目基础上，增设了延伸版的《兴之所至》，并且与禅城区政府合作，组建《禅城面对面》节目，使市民与政府沟通的平台更加畅顺。佛山电台辖下的 FM90.1 频率《行风热线》节目，全年共举办 40 期，接听市民听众热线电话 2000 个，顺德政府部门对市民听众电话的回复率 100%；FM90.6 频率《对话民生》节目与三水区纪委合作，是设立“访谈加听众互动”模式的特别节目，增强了 FM90.6 频率对佛山市热门事件报道的权威性；FM88.3 频率的《民生热线》2014 年主动与政府部门联系上线节目，实时解答市民听众的各类疑难问题。

应急广播。2014 年 1 月，佛山电台 FM92.4 频率被佛山市政府批复为佛山市政府应急广播，并于 2014 年 4 月 24 日在佛山市政府应急工作会议上挂牌，从而成为广东省首个政府应急广播。

外宣工作。2014 年，佛山电台主动加大与广东省广播电视台、中央人民广播电台的沟通和对接，从过往的单项供稿，转变为主动参与策划、采写的全方位合作，提高上送稿件的采用率。其中，重点稿件《佛山转型升级再出发》《佛山在全国率先建设狠刹“四风”网络监管平台》《佛山探索志愿服务回馈机制，让爱心循环》等报道，均在中央人民广播电台《新闻与报纸摘要》栏目中播出。稿件宣传了佛山的城市形象，扩大佛山在全国的知名度。

2014 年，佛山电台还结合自身践行党的群众路线的实际要求，立足“走转改”，开展历时半年的“佛山最美村镇故事”采访活动，推出 17 篇专题报道，在全台各频率播出。

启动绿色电台建设。2014 年，佛山电台正式启动绿色电台建设，通过成立节目指导小组、建立节目评价标准体系、举办佛山市首届广播广告评选活动、尝试主持人签约制、制定技术保障方案等具体措施，实现广告经营业务的成功转型，提升电台影响力。2014 年，佛山电台获全国“年度十大城市广播电台”、广东省“优秀传播机构”、广东省“年度广告十强单位”等称号；FM94.6 新闻综合频率被评为“全国最具特色市级广播频率”；FM92.4 交通频率被评为“全国最具综合实力市级广播频率”以及“城市广播品牌影响力十强”。

（钟　毅）

图书·档案·地方志·博物

图　书

【佛山市图书馆】 2014年12月6日，佛山市图书馆新馆向读者试开放。这一年，佛山市图书馆以新馆建设为契机，坚持文化惠民、文化亲民的服务理念，夯实基础业务，拓展服务范围，创新服务手段，进一步推动佛山市公共文化服务体系建设。

新馆建设情况。2014年，佛山市图书馆新馆专项建设立项49个，立项金额8867.49万元；完成招投标和直接委托项目44个；验收结项项目13个；完成整幢大楼的消防验收和竣工验收。9月1日起，旧馆启动搬迁工作，于11月中旬完成。新馆开馆前，策划举办"'初探新馆'读者体验活动"，为开馆预热。12月6日，举行"新馆盛大开放暨阅读嘉年华活动"，2.4万名读者共同迎来新馆开放。在新馆内制定各区域对外服务规范、管理办法和服务简介，编辑印刷《佛山市图书馆读者使用指南》。

图书馆基础业务建设。一是加强馆藏资源建设，提高全市人均藏量。全年读者自主采购图书16万余册，音像资料3000盒。全年文献馆藏共增加18.9万册，联合图书馆文献馆藏累计342.8万册。"点注（民国）《佛山忠义乡志》"的项目完成点校。着手复原黄伞铺工作，调研"古镇3D"项目，完成古籍普查登记、整理钤印、古籍数字化工作。并在馆藏中选出稀见地方文献约30种，形成《〈佛山市图书馆馆藏稀见本丛刊初集〉策划书》以及《馆藏稀见古籍书目及其文献价值》。二是深化"二代身份证免押金开通借阅服务"。佛山市联合图书馆累计办证量44.5万个，累计借阅量103万册次，人均持证率9%。市图书馆累计办证量达22.8万个，占联合馆办证总量50%。三是信息服务转型。提供自主研发的信息刊物4种、合作办刊3种、编辑图书5本，提供各类课题、定题服务共计50项。

公共图书馆服务体系。2014年，佛山市进一步完善公共图书馆的服务体系。整个体系包含联合图书馆、智能图书馆、汽车图书馆、数字图书馆、电视图书馆和文化共享工程等项目。

佛山市联合图书馆。2014年，佛山市启动联合图书馆调研工作，全面、深入了解各成员的服务情况和意见建议。继续发展成员馆，2014年佛山市禅城区同安社区图书馆及10个自助图书馆加入联合图书馆，至年底，佛山市联合图书馆成员馆已发展至59家（包括18家智能图书馆和2家馆外新书借阅点）。

智能图书馆。2014年，佛山市新拓展智能图书馆服务点10个，集文化艺术类图书借阅、音乐赏析、体验为一体的综合性、多功能文化艺术赏析空间。智能图书馆运行后，凭"二代身份证"开通借阅功能的读者5万余人，图书流通量48万册次。

汽车图书馆。全年外出服务206次，行程8000公里，建立服务点57个，开通"二代身份证"借阅功能和联合图书馆"一卡通"证1.2万个、借阅图书6.9万册，服务市民4万人次。

数字图书馆。"佛山市联合图书馆数字资源共建共享平台"上，自建特色数据库20个，试用数据库41个，读者可以使用的数据库种类多达31个。完成《佛山市图书馆家谱族谱数据库》建设、完善了《佛山市图书馆数字化地方文献数据库》。共同开展"佛山市联合图书馆数字资源推广利用系列培训"工作，举办数字化阅读宣传活动15场，参与的读者 5.5 万人次。

电视图书馆。2014 年，佛山市图书馆致力于督促现有视频资源转换，充实视频内容；根据试用意见，督促合作方改善页面展现形式，配合合作方进行宣传策划和推广等。

文化共享工程。佛山市文化共享工程于 2004 年启动，至 2014 年底，建成市支中心 1 个、区支中心 5 个、基层服务点 480 个，已覆盖全市所有镇（街）。2014 年佛山市支中心与市纪委、市文化馆、市“数字农家书屋”建设项目开展文化信息资源共享工程资源服务合作，提供专题视频资源数据量累计 700G，服务 6000 多人次，把共享资源和服务送到佛山市强制隔离戒毒所等多个基层服务点。

全民阅读推广。一是传承而行，活动品牌效应彰显。“南风讲坛”2014 年共举办各类讲座 150 余场，听讲人数 5 万人次；佛图群英会有近 200 名固定成员，举办 12 场公益国际文化英语交流活动；“南风学堂”的“手工坊”“摄影圈”及“养生堂”三大文化主题活动相继亮相，已举办了 17 场免费讲座及公益培训，吸引超过 3000 人次到场参与。二是特别策划，推广全民阅读。以“幸福生活”为主题切入活动策划与组织工作。紧扣世界读书日、公共图书馆服务宣传周等时间节点，整合各部门资源分别推出“阅读，小时代”“阅读，轻生活”“阅读，寻温暖”“阅读，E 都市”“阅读，致幸福”为主题的系列活动，赢得市民的欢迎。三是公益均等，重视弱势群体服务。2014 年，佛山市图书馆面向农民工、老人、少儿、视障人士等弱势群体开展了一系列文化活动。为期 7 天的 2014“筑梦佛山”文化艺术夏令营阅读分营活动共招收 300 名营员；“蜂蜂故事会”举办 10 周年回顾主题活动；“面对面朗读”坚持不懈，“视障读者定向出行”活动已让 6 名一级视障人士可以不依靠家人单独出行，“无障碍电影活动”为视障人群的生活带来了不一样的颜色。

优化内部管理机制，提升图书综合服务能力。6 月，市图书馆在全馆组织开展第四期聘用制工作，进行部（副）主任竞聘、员工双向选择、竞争上岗等工作，实现了平稳过渡的工作目标。项目管理工作日益规范化和有序化，于年初成立项目管理小组，同时制定一系列规章制度。至 11 月底，市图书馆共立项项目 64 个，其中，立足图书馆业务发展与提升的项目 56 个，针对新馆专项建设的项目 8 个。启动“佛山市图书馆项目管理系统”项目，拟建成一个网站形式的项目管理平台。在历时半年多的教育实践活动中，市图书馆通过开展专题学习讨论会、组织馆领导调研学习、撰写学习心得、开展公共文化服务、多渠道宣传上报活动信息等富有成效的学习活动，进一步加深全馆党员干部对党的群众路线的认识，推动全馆作风转变。

在配合佛山市创建全国文明城市工作上，佛山市图书馆严格按照“国检”要求，做好相关工作，重点做好整体氛围营造，增加社会主义核心价值观的宣传展示，及时上报工作通讯总结。佛山市图书馆做好媒体公关和新闻策划，有计划有节奏地宣传推介重点业务。是年，市图书馆还创建了“佛山市图书馆官方微信平台”。

以学会为纽带，搭建学术交流平台。2014 年 5 月 20 ~ 22 日，举办第七届图书馆基础业务培训班；2014 年 12 月 16 ~ 17 日，由广东图书馆学会、佛山市图书馆学会共同主办的广东图书馆学会暨广佛肇图书馆学会联合年会在佛山图书馆新馆举行。

佛山市图书馆新馆环境幽雅、图书丰富，是市民休闲阅读的好去处。

2014 年，佛山市图书馆致力举办各种公益文化活动，得到社会认可的荣誉和奖励。“南风讲坛”分别获得中国成人教育协会颁发的“2014 年特别受百姓喜欢的终身学习活动品牌”和中国图书馆学会阅读推广委员会“2014全民阅读年会”的阅读案例一等奖2个奖项；在由中国图书馆学会主办的全国优秀绘本馆评选中，少儿空间获“十佳主题绘本推广活动”称号；“读者自主采购借阅服务”获第二届广东省图书情报创新服务奖；市图书馆在广东图书馆学会、广东省立中山图书馆等单位联合主办的“MyET第四届图书馆杯广东英语口说大赛”“广东省第三届英语电影配音大赛”中同时获得“最佳组织奖”。在“广东省第二届盲人诗歌散文朗诵比赛”和“首届盲人读书征文比赛”中获广东省文化厅、广东残疾人联合会联合颁发的优秀组织奖。

（柯　静）

【佛山市新华书店】 2014年，佛山市新华书店经历佛山图书城搬迁结业、惠景书城升级改造、佛山新城书城筹建加速等重大事项。全店一年总销售7725万元，其中一般图书（不含教材）销售212万册、3459万元，多种经营770万元，全年上交税金142.8万元。

政治理论读物和中小学课本发行。2014年，佛山市新华书店贯彻落实上级政府部门交给的政治读物和中小学教材发行任务，重点做好党政类文件及有关政治书籍的征订发行，其中，《中国共产党第十八届中央委员会第四次全体会议文件汇编》销售1869册、《中国共产党第十八届中央委员会第四次全体会议公报》销售1898册、《中共中央关于全面推进依法治国若干重大问题的决定》销售2573册、《中共中央关于全面推进依法治国若干重大问题的决定》辅导读本销售2497册、《习近平谈治国理政》销售3000册。教材、教辅类图书的发行，主动适应市场的变化，根据学校师生和家长的需要，做好各类中小学教学辅导图书的备货和上架销售。全年为禅城区120所中小学校提供送书上门服务，共计出动汽车294车次，电动单车75车次，出动人力680人次，共送教材、教学辅导用书约220万册、码洋2100万元。

全民阅读和各类主题促销活动。2014年“全民阅读”活动首次被写入国务院2014年的《政府工作报告》，成为大力培育和践行社会主义核心价值观，加强公民道德和精神文明建设，提高城市人文素质的重要引导平台。佛山市新华书店在4月23日“世界读书日”与市委宣传部、市文明办等多家单位联合在惠景书城举办“南国书香节”佛山分会场的启动仪式，该仪式作为2014年“崇文佛山·全民阅读”活动的重要内容之一。通过举办图书捐赠、读书交流以及名家讲座、制作体验等多种读书活动，传播书香，让读书成为一种生活方式，使佛山形成“爱读书、读好书、善读书”的良好氛围。活动当天，不少广东本土演艺明星亲临现场，其中《万花筒》“王医生”的扮演者吴元标、“娇妈”的扮演者陈碧姬、《七十二家房客》“裁缝佬”的扮演者卢家全、《乘龙怪婿》“贾老爷”的扮演者陈详生等演艺明星现场即席挥毫，为捐助贫困地区学校图书馆义卖。此外佛山市新华书店全年还组织作家与读者见面签售讲座2场，识字绘画比赛现场互动活动2场，葡萄酒酒庄庄主见面会3场，与其他单位联合举办的知识宣传及惠民活动7场，主题图书展销促销活动26场。这些活动主要有：4月25日与禅城区委宣传部（文体旅游局）、禅城区文化产业协会联合举办的2014年禅城区保护知识产权（著作权）暨“绿书签行动”宣传活动；7月至11月29日与禅城区教育局、珠江青少年杂志联合举办的2014“我读一本好书”暑期有奖读书征文活动；8月14日举办的阅读点亮人生——知名儿童文学作家庞婕蕾签售见面会；8月16日，在惠景书城举办的一起寻找汉字高手——《中国汉字听写大会》“我的趣味汉字世界”参赛体验活动；8月17日举办的想象的力量——著名儿童文学作家、编剧张之路阅读分享会；8月19日至9月29日与佛山市文化广电新闻出版局、禅城区文体旅游局联合在高明区明城镇明城广场、禅城区南庄镇南庄文化中心广场、南海区平洲影剧院、三水区金本小学先后举办的4站岭南流动图书车下基层惠民活动；10月30日在南海凯德广场与佛山市社科联、南海宣传部联合举办的2014年佛山社科普及周图书流动售书活动；11月2日在惠景书城举办的百米长卷儿童现场创意绘画书法活动。

佛山图书城搬迁结业。2014年9月21日佛山市新华书店按市政府的要求，配合市图书馆旧馆的改造工程把佛山图书城搬迁撤离祖庙路，所有员工暂时并入惠景书城。自佛山图书城发出撤场促销公告后，不少佛山市民纷纷赶到图书城淘书和拍照留念。这家驻扎在老城区有近18年历史的图书城，与佛山市民相依相伴18年，不少市民对其搬迁撤离深感可惜。在最后一天营业的时间里，仍有数以千计的市民读者像老朋友一样流连忘返，依依不舍，过百名读者甚至留守到当晚10时26分，见证了佛山图书城完成18年历史使命落下铁闸的最后一刻。18年来,佛山图书城一直坚持“为书找读者，为读者找书”的服务宗旨，曾获全国新华书店系统二十强门市、省文明书店、市文明窗口等多项荣誉。佛山图书城曾有的光荣，历史数据也能够作出有力的回答。1998年,佛山图书城迎来了发展高峰，当年的销售量高达3000多万册。之后，随着东方书城，凌宇书店、先行图书等越来越多的书城书店的涌现，佛山图书城不可避免地受到市场竞争的冲击，但每年依然可以保持约2000万元的图书销售量。它还可作为佛山的一张文化名片，包括相声艺术家姜昆、央视主持人敬一丹、凤凰卫视记者闾丘露薇、儿童作家张蒙蒙等许多名人学者的签售活动，首选就是佛山图书城。由于新的书城落户佛山新城，地域归属顺德区管辖，佛山图书城的名称已由佛山市工商行政管理局核准注销，它从此将成为佛山市民和广大读者的历史记忆。

惠景书城升级改造。随着移动通讯和网络技术深入到生活的各个领域，人们的阅读方式发生了深刻的变化。不管是成年人还是青少年学生都倾向于通过手机、电脑、电子阅读器等新兴的媒体进行阅读，传统的纸质阅读方式正越来越少。在人们阅读习惯发生改变的强烈冲击下，实体书店的生存基础受到动摇，因此，佛山市新华书店开始探索新的发展出路，打破传统意义上书店的性质，将惠景书城升级改造，实行多元化发展。先是借鉴同行新华书店转型的经验，自2014年7月起，开设新华茶艺、大沿海葡萄酒体验馆，之后又引入养生保健及创意文化产品的经营，把茶文化、葡萄酒文化、养生保健文化和创意文化等产品与传统的图书融合经营，创造更多的客流及销售业绩。惠景书城升级改造后，卖场布局取得初步成效，店容店貌有较大改观。

佛山新城书城筹建加速。自佛山图书城搬迁结业后，佛山市新华书店就加快佛山新城书城的筹建速度。注册成立了佛山市东平新华图书发行有限公司，迅速启动新书城的命名、设计、报建、装修等一系列工作。聘请中央美术学院的教授为该书城设计装修方案，整个书城将突显岭南文化特色，并且立足珠江三角洲，面向佛山五区的读者。新书城拟命名为佛山书城，营业面积近万平方米，规划经营图书及相关文化产品20万个品种以上，将与图书馆、博物馆、档案局、青少宫、电影城等共同形成一个佛山新城文化圈。至2014年底，该书城已投入5900万元基建资金，还将投入3000万元装修、经营资金。

（梁金旺）

档案与地方志

【综述】 2014年，佛山市档案方志工作以开展党的群众路线教育实践活动为契机，以推进档案便民利民服务为主线，重点抓好档案馆新馆建设、档案信息化建设、档案安全体系建设及依法治档等工作。在党的群众路线教育实践活动中，全市各级档案方志部门紧密结合工作实际，聚焦解决“四风”突出问题，完成教育实践活动三个环节各项工作任务，增强领导干部践行群众路线的意识，推进全市档案工作的开展。

【档案馆新馆建设】 2014年，佛山市档案馆通过召开专家研讨会、项目说明会，以及到周边地区学习取经等方式进行论证、完善和发布有关方案，重新制定招标需求书，协调做好密集架与系统集成、专业展览与二次装修、珍藏库、消毒设备设施、家具窗帘采购、公共服务配套设备采购和物业管理等七大项目招投标工作。专门聘请法律顾问，为密集架项目、系统集成项目遗留问题的解决提供法律支持。禅城区将南庄绿岛湖行政服务中心的三、四楼约4100平方米划拨给区档案局（馆）使用。顺德区档案馆新馆主体工程已经封顶，且进行外立面幕墙安装。三水区档案馆新馆项目已形成总体设计图，并完成项目地面平整。

【档案依法行政】 2014年，佛山市档案局完成《佛山市档案管理规定》的起草工作，由市政府办公室以地方规范性文件正式印发。顺德区以规范性文件形式发布房地产登记资料查询办法，制定个人信息和房地产登记资料查询服务指导性文件11份。市、区档案局完成多批次行政职权清单的编制、修改、审核及确认工作。市档案局共对130多家市直单位的年检材料进行审核，对其中的42家单位进行现场检查并印发检查反馈意见。密切关注机构撤并情况，及时与新设机构建立业务指导关系，指导撤并单位做好档案处置工作，防止档案散失。对职能变动的市食药监局、市卫计局、市商务局等单位的档案提出处置意见。协调并联合市工商局、市保密局开展佛山市档案中介服务专项整治活动；规范市直单位档案卷皮卷盒的使用；举办档案中介机构专题培训和岗位培训班，宣贯《佛山市档案局档案中介机构管理办法》；依照有关规定做好档案中介机构备案登记工作。配合建设广东食品安全示范市，市档案局会同市食品药品监管部门修订《佛山市食品安全档案管理办法》，并于12月印发该办法。10月底，广东省档案行政执法检查组到佛山市开展档案行政执法检查，检查组深入镇（街道）、社区、市直单位，对全市相关工作进行详细检查和指导。

【档案信息化建设】 2014年，佛山市档案局（馆）开展数字档案馆系统信息安全等级测评和整改。对市直立档单位已移交的电子档案进行检查核对，并接收进数字档案馆系统，63家市直单位完成2013年度电子档案数据的在线移交。开展电子数据异地备份工作，把总容量为7700GB的备份磁带交付浙江省绍兴市档案馆异地保管。南海区推进数字档案馆二期建设，完善档案业务的6个子系统，推动区档案馆与镇（街）和部分区直单位的互联。顺德区数字档案中心完成相关模块的建设和优化，并与区OA政务系统实现对接，在全区各镇（街道）、区属单位应用，实现OA档案即时归档、档案信息全过程收集、地方志年报资料信息在线报送功能。高明区实现区直单位现有档案条目数据直接迁移到数字档案馆资源库。市档案局（馆）审核并接收市直单位电子政务文件3.6万份。现行文件查询中心数据库电子政务文件约40万份，公开电子政务文件11万份。全市完成纸质档案数字化1065万页。全市国家档案馆机读目录共2966万条。

【档案利用和政府公开信息查阅】 2014年，佛山市档案馆协助做好党内法规和规范性文件清理工作，简化查档调卷流程，利用档案数字化成果，以最快的速度完成文件的检索、打印等工作。档案服务利用工作除工作查考、编史修志、民生利用等，还为展览、纪录片提供大量素材。顺德区以授权查阅、在线调阅、就地出证的方式，借助区数字档案中心和区房地产登记发证与交易中心信息系统，实现馆藏开放档案信息、身份识别类信息、房地产登记资料就近查询和出证服务。一市五区馆共接待档案利用9.9万人次，提供档案资料18.2万卷（册），无偿复（打）印14.4万张。

【档案安全体系建设】 2014年，佛山市档案馆充分利用现代化技术对馆藏档案进行保护，对完成数字化处理的档案用真空杀虫机进行清毒灭菌，消毒档案1.3万卷2.3万件。聘请广东省博物馆字画修复专家对馆藏发霉虫蛀、发黄变脆60幅珍贵字画进行修复，还原历史原貌。对佛山市工商联工商登记档案进行修复抢救，整理、编码、修裱4458卷。统一全市档案馆开放鉴定工作标准，印发《佛山市档案开放鉴定实施细则（暂行）》，举办档案开放鉴定工作培训班，一市五区馆对馆藏档案进行重新鉴定。市档案馆对馆藏的20万件档案重新进行了开放鉴定，拟开放2.7万件。组织人员对2.1万卷6.3万件档案进行密级检查，根据复查结果在数据库核对、修改目录2.8万条。市档案局每季度组织技术人员对一市五区的档案信息保密安全工作进行检查，对各区存在的问题提出整改意见。

【声像档案工作】 2014年，佛山市档案局（馆）为提升政务活动拍摄能力、开展口述历史档案业务，对音像档案处理室（口述历史档案室）项目做好前期准备工作。全市共拍摄重要政务活动1087项，拍摄政务活动照片11.3万张，整理照片10万张；提供利用1万多张。禅城区开展城市升级项目专项拍摄工作，对区45个重点项目进行跟踪，拍摄并征集图片1403张。三水区创新服务基层形式，首次开展“下基层、送摄影”活动，定期协助拍摄镇（街）改革发展新貌。市档案局（馆）举办“城市变迁　佛山记忆”照片征集活动，通过佛山微新闻、佛山发布、"通济论坛"等平台总计推送微信10条，浏览量达16万人次。联手广佛都市网、佛山市摄影家协会策划2场以"见证佛山变迁：你我的佛山情怀"为主题的摄影采风活动，共征集到原创作品1642张，评出一等奖、二等奖、三等奖16个，优秀奖120个。三水区举办"美丽家园，印象三水"地情摄影图片征集活动，共征集到反映三水发展现状的照片180张。市档案局（馆）再次向资深摄影家杨桂煊征集到3000多张照片，大大丰富馆藏照片档案。南海区加大名人访谈实录声像档案收集，完成6次访谈的拍摄及录音录像。

【档案宣传与培训】 2014年，佛山全市档案局（馆）以6月9日"国际档案日"为契机，围绕"走进档案"的宣传主题，开展档案宣传。市档案局（馆）通过官方网站发布"国际档案日"宣传文章《国际档案日知多少》，在官方微博（新浪及腾讯微博）发布"国际档案日"宣传信息。6月，在市档案局官方微博举办每周一问的"微调查"活动，对调查的结果进行总结和分析；12月，市档案局政务微信正式开通上线。禅城区在《珠江时报》刊登《走进"国际档案日"——档案与你息息相关》的专题报道。三水区拍摄制作档案工作宣传片《潮涌三江 激越兰台》；与三水区委政法委（区司法局）、佛山电视台三水分台合作录制并播出《法制之窗·走进档案》节目。全市在《中国档案》《中国档案报》《广东档案》《粤档信息》等刊登稿件20篇。市档案局（馆）在市政府机关大礼堂举办以展示喀什风情、宣传广东援建成绩、促进新疆稳定为主题的"喀什风情图片展"，近500人参观展览。禅城区举办"游走禅城古村，细味佛山文化"和"民间门票收藏，见证时代发展"专题展览。7～10月，市档案局（馆）与南方日报社佛山新闻部联合推出"梦想寄存"活动，征集到的梦想档案保存在"梦想寄存库"里，并颁发"梦想寄存证"，市民凭此证可在20年后拆封征集的梦想档案，活动共征集到梦想作品1123份。南海区举办"档案馆开放日"活动，让市民零距离感受档案文化气息。高明区举办"档案连着你、我、他——走进高明档案馆"主题宣传活动，邀请群众走进档案馆参观。市、区档案馆举办展览17次，接待参观7010人次。全市共举办3期档案人员岗位培训班，培训615人；举办29期档案业务培训班，培训2680人。

【档案开发利用】 2014年，佛山市市、区档案局共编发《档案资政参考》17期。禅城区编写出版《禅城人物》《禅城革命遗址概览》。南海区完成改革开放实录《南海：先饮"头啖汤"的全国首富县》的编写，为南海再饮"头啖汤"提供历史借鉴和资政服务；编写出版《南海院士风采录》，与南海区委宣传部等单位联合主编"南海历史文化丛书"第五辑《南海名医》《根系南海》。高明区编辑出版《高明区改革开放30年领导访谈录》《梁发传》。

（刘绮平）

【地方资料年报】 2014年，佛山市地方志办在完成2013年度资料年报的同时，补报2003～2006年的资料。4月29日，举办业务培训班，聘请专家学者为学员授课。8月19日，下发《关于认真做好2014年佛山市地方志资料年报工作的通知》，督促各单位年报工作。由于部分单位是中央、省直属，导致收集资料困难。11月21日，市地方志办专门召集市有关单位和各区地方志办召开座谈会，协调资料收集工作。

是年，各区地方志办也开展资料年报工作，制定培训计划、收集资料年限和走访指导。10月，各承报单位陆续上交资料，至年底，全市基本完成资料年报工作任务。

【地情研究项目申报成果】 2014年，佛山市市、区地方志部门在做好2013年已立项的地情研究项目的同时，积极申报新项目。全年全市共申报地情研究项目3个。6月，经广东省批复，全市获立项2个。其中，顺德区1个，高明区1个。

【地情资源开发利用】 2014年，佛山市地方志办发挥职能作用，全市地情资源开发利用实现新的突破。一是做好《佛山与佛教文化》研究相关工作。该课题是2013年由市政府立项、市财政拨款的专题研究项目。由市地方志办主持，委托暨南大学课题组研究。市地方志办已带领课题组完成4次实地调查，并先后召开4次评审会。10月16日，该课题通过专家的终审。二是恢复《佛山史志》编辑发行。7月，召开复刊组稿座谈会，邀请熟悉佛山地情的专家、笔手为复刊工作建言献策和撰写稿件。下半年共编辑出版2期。三是保证《资政参考》编写质量。围绕市委、市政府中心工作，搜集资料，继续编好《资政参考》，全年共印发14篇。

禅城区编写禅城地情书《禅城人物》，共收录已故人物318人，约40万字，9月完成出版。

南海区地情资源开发工作成绩较为突出。一是编写《南海院士风采录》。在2013年采访搜集资料的基础上进一步补充完善图片资料，并增加1名院士稿件，12月底正式出版。二是对《南海乡土志》进行点校，6月内部出版。三是出版“南海历史文化丛书”第五辑《南海名医》《根系南海》2书，4月公开出版，总字数48万。三是继续协助中央电视台纪录片频道开展香云纱的拍摄工作，提供人力、智力支持。

高明区出版发行《高明百企风采》。至12月，完成全部稿件编辑和翻译，排版的初稿送区领导审阅。

三水区举办“美丽家园·印象三水”地情摄影图片征集活动。结合当地历史古迹、地理特征、自然环境情况，为西南街道、云东海街道的多条新设马路提供命名参考。

市地方志办继续为党政领导和社会各界提供地情资料及咨询服务，为新闻媒体提供报道素材。编写佛山市大事记；为《广东年鉴》(佛山部分)、《珠江三角洲城市群年鉴》(佛山部分)提供稿件；协助市政协编写《改革开放广东一千个第一》(佛山部分)，年底已基本定稿。

【族（家）谱搜集编修】 2014年上半年，佛山市地方志办与有资质的公司签订协议，将全市方志系统所存的70种126册族谱进行扫描等数字化处理。《佛山地区旧族（家）谱汇辑》第一期项目已完成，共收录36个姓氏，60种族谱，分为29册，印刷50套。第二期项目已进入排版流程，收录11个姓氏，13种族谱，分为15册，印刷50套。除族谱整理工作外，还对其他一些地情资料进行收集编印，编辑出版了第一部《魏碑大家——庞国钟书法资料专集》，共500本。

高明区重点扶持更合镇平塘村的族谱、家谱以及村史编修（平塘村是革命烈士黄仕聪的故乡、平塘村的益智小学是高明的革命摇篮），高村村史编修（高村是1955年任广东省副省长陈汝棠的故乡，陈汝棠创立了高明三小及力社）。同时，向社会征集已经出版的家谱、族谱。全年共收集族谱、家谱等地情书籍28本（套），分别是《区氏林石家塾徵信录序》《陈康华祖房家谱》《敦涌家谱》等，主要是原件人提供原本，方志办（科）复印保存。

【年鉴编辑与出版】 2014年初，佛山市市、区地方志部门及时召开年鉴组稿工作会议。《佛山年鉴》以城市升级为主题，围绕提高城市品质、产业转型、创新社会管理、提高文化软实力等为主要内容，全面记述佛山城市升级全过程。《创新发展实现新跨越》图片专辑，选材广泛，种类较多，图片生动，突显新闻的时效性。10月，2014年刊《佛山年鉴》出版发行，共110万字。

各区年鉴部门开展创新工作。《南海年鉴》在框架结构上作了适度的调整，同时设置《亲切关怀》《大事要闻》等若干个图片专辑，并设置了《南海再出发》大型专题彩页等。新增了“五大文明”等内容。《禅城年鉴》《顺德年鉴》《高明年鉴》《三水年鉴》确保常编常新、突出地方特色，编辑、发行工作顺利完成。

【地方志信息化建设】 2014年，佛山市、区两级地方志机构按照全省地方志信息化建设的有关规定，通过各种方式加快对各类志书、年鉴、地情书的数字化处理和数据上传工作。2014年，市地方志办共上传年鉴3部，合计150万字；上传专业志12部，合计52万字；上传第二轮佛山市志，合计430万字。另外还定期上传志鉴工作动态、地情研究、资政参考等文章，合计10万字。全年累计上传642万字。

禅城区指定专人对网站进行维护管理，定期更新网站信息。至12月，共上传志书2部、综合年鉴2部、地情书籍约700万字。禅城区政府网“魅力禅城”栏目大量引用禅城地情网的信息，点击量近10万人次。

南海区完成《南海年鉴（2014）》的转版和数

据上传工作。全年共计上传约280万字，200余幅图片。至年底，网站访问量达17.5万人次。

高明区完成1999～2001年刊《高明年鉴》的扫描、校对工作。完成1999年刊、2000年刊《高明年鉴》的上传工作，共90万字。加快《高明县志》扫描校对工作，至12月，已经完成40%工作量，约170万字。

三水区共完成16本《三水年鉴》和3本志书的上传工作。上传介绍三水地情的专题视频（容量约1G）2个、图照（包括地图、主题图片和文章插图等）1900幅（容量超1G）。

（张丽珍）

博　物

【佛山市祖庙博物馆】 2014年，佛山市祖庙博物馆围绕创建全国文明城市和文博事业可持续发展的总体要求，不断完善馆内软硬件设施，全方位提升博物馆的综合水平。

推进佛山祖庙功能及景观提升工程。该工程是祖庙博物馆2014年工作的重心。祖庙博物馆配合佛山市代建项目管理中心，完成佛山市图书馆旧馆改造工程施工图设计并取得项目规划许可证。孔庙片区景观提升工程方面，完成孔庙片区仓库搬迁、绿化树木和经堂铁塔迁移以及地质勘探等各项准备工作。专门成立孔庙片区筹建领导小组办公室，及时协调、解决各种问题，加快工程进度。

进一步完善百年修缮配套工程，完成照明系统安装和锦香池水净化项目，按程序推进防雷和高低压电房改造工程。在“三月三”正式启动庆真楼父母殿复原工程，通过与广东狮子会合作，借助社会各界力量共同筹建。

不断丰富各类公益文化活动。为配合纪念孔子诞辰2565周年活动，与禅城区文体旅游局及禅城区教育局共同举办“祖庙与我”征文比赛，承办文博夏令营。成功开展“阳光成长计划”志愿服务活动，让低保或单亲家庭的孩子参观博物馆，参加户外拓展项目、爱心义卖、剪纸和手工制陶等系列活动，让他们享受到佛山的公共文化资源。组织策划“春节祈福”“三月三北帝诞庙会”“2014佛山秋色欢乐节之秋祭与乡饮酒礼”等大型民俗文化活动，通过增加微博互动等环节将贺诞祝寿、春祭仪典、北帝出巡、酬神演戏、名家挥毫、非遗展演、父母殿启动仪式、慈善爱心包暖千家活动等极具佛山祖庙特色的北帝民俗与市民日常生活有机结合起来，进一步突出文化活动品牌的亮点，营造“北帝出巡与民同乐”的和谐氛围。协办“禅城区岭南狮王邀请赛”，组织策划“五一”剪纸DIY专场，举办“希热布大师唐卡艺术展”“老瑞松诗书画展”“恒久的收藏·声音的记忆——中山·中国收音机博物馆藏品展”“铜鉴春秋——中国古代镜鉴展览”等9个专题展览。通过开展形式多样、雅俗共赏的文化活动，不断丰富市民和游客的精神文化生活。

完善内部管理，提升服务水平。厘清孔庙、庆真楼、前殿正殿、万福台等4处古建筑以及原福林酒家建筑物的产权问题，这些建筑物由佛山市政府收回后无偿划拨给祖庙博物馆，这样更有利于全国重点文物保护单位的长远发展。年初，祖庙博物馆正式由公益三类调整为公益二类事业单位，针对新的变化进行了财务、公务活动审批、政府采购招投标等一系列内部管理制度的修订完善工作。设立游客服务中心，为游客提供讲解、智能语音导览器租借、咨询等服务。讲解接待共580批次，导览器租用总量为704台，全年购票参观人数为101万人次。

（邹文平）

【佛山市博物馆】 2014年，佛山市博物馆紧紧围绕建设岭南文化名城战略目标，倾注心力建设新馆、办展览、搞活动、搞保护、做研究，各专题活动精益求精，全年无文物安全事故，非遗保护传承工作实现新提升。

2014年，佛山市博物馆的设计施工招标工作已完成，概念设计工作也已到最后冲刺阶段。确立新馆“以新颖独特的展览吸引观众”的理念，在新馆新开辟“国宝厅”，并明确国宝厅与临时展厅的使用；督促各陈展小组尽快完成各展馆的文字展稿，确保年内两个基本陈列、三个专题陈列以及影像厅能够拿出文字大纲，供专家评审。

陈列巡展。依托藏品特色，精心设计巡回展览到各地展出，广受好评。1～3月在阳江广东海上丝绸博物馆举办“福船迎春——佛山木版年画特展”，10月赴昆明市博物馆举办“巧与拙：石湾陶”展，7月完成市政府代表团赴德国考察交流的图片展览——“佛山市历史文化图片展”。

可移动文物普查顺利推进。完成认定的文物数量占文物总数100%，采集信息的文物数量占文物总数88.3%，完成登录的文物数量占文物总数75.2%，审核上报的文物数量占文物总数59.1%，完成的任务量和进度在广东省名列前茅。此外，组织市第一次全国可移动文物普查专家认定工作，对全市24家单位的28184件（套）文物资料进行认定，并就信息采集与录入进行专业指导。

文物征集。针对新馆陈展需要征集文物6批次，共计220件（套），主要包括清代、民国石湾窑精品8件，19世纪外销象牙雕刻精品2件，及湖南滩头、天津杨柳青、山东潍坊等地年画一批；接受市民捐赠文物资料3批次139件。

文物保护修复。开展馆藏书画的修复保护，采取外聘专业师傅上门，内以文保人员参与的方式，对馆藏书画及年画进行装裱。全年修复装裱书画藏品共计121件。

文物信息化工作逐步铺开。数字博物馆之文物信息化项目完成第三期采集处理，顺利通过专家评审，并完成项目第四期的招标工作。

文化遗产保护宣传月活动。承办文化遗产保护宣传月活动持续1个月，以民办博物馆的扶持发展为主题，特别邀请了18家民办博物馆参与经验交流会，重点向社会展示佛山市民办博物馆的发展成果，还举办“佛道造像文物特展”等2场展览、“故宫与故宫博物院”等2场专题讲座。

博物馆走基层活动。开展“行走佛山”公益讲座、展览进基层活动，策划9场次的流动展览及讲座到基层学校及工业园区，吸引观众3.5万人次，让博物馆走进基层、服务大众。

非遗名录体系。在全市范围开展非物质文化遗产代表性项目督查，重点督查罗行竹编等18个项目，基本摸清佛山非遗的家底，逐步完善各级非遗代表性项目的名录体系和传承人体系。同时，重点推进佛山赛龙舟、佛山咏春拳的调研、整合与申报工作。顺利完成非物质文化遗产司保护处组织的国家级非遗代表性项目保护单位的调整与重新认定工作，新增20个市非遗传承基地和4个非遗传习所，推荐佛山市民间艺术研究社等8个单位为第二批“广东省非物质文化遗产传承基地”。申报第四批省级非遗传承人10名，批准6位省级以上传承人的生活资助申请，并对17位省级以上传承人配付项目保护资金。

注重营造良好的学术科研氛围，进一步丰富佛山市博物馆科研成果。出版两位博士的专著《清中晚期岭南建筑陶塑屋脊研究》《梁启超佛学思想研究》。此外，非遗丛书第六辑《佛山醒狮》《石湾龙窑营造与烧制技艺》2本著作，以及专技人员的《行通济》《明清佛山北帝崇拜研究》等2部学术著作，已进入佛山市社科联文化研究丛书目录。

（邝倩华）

体育·卫生

体　育

【综述】 2014年，佛山市体育工作围绕市委、市政府加快发展第三产业，建设人民满意政府的中心工作，坚持科学发展、持续发展创新，开展全民健身运动，推广和普及青少年体育，谋划体育产业发展，践行党的群众路线教育实践活动，全市体育事业持续、快速、健康发展。成功举办CBA（佛山赛区）、高尔夫欧巡挑战赛、中德足球挑战赛、亚太地区龙舟公开赛、搏击王者中日功夫对抗赛、国际拳联APB职业拳击赛等多项体育大赛，现场观赛群众超过15万人次，营造了良好的体育生活氛围。

2014年，佛山市运动员参加世界级大赛取得4个第一名、1个第三名；12人参加仁川亚运会10个项目比赛获得3银、3铜；参加全国锦标赛、冠军赛获得17金，参加省青少年锦标赛获得32金（位列全省第六名），参加省传统校锦标赛获得6金。2014年佛山市有81人输送到省体工队、省体校训练，29人达到一级运动员水平，87人达到二级运动员水平。

【群众体育活动】 2014年，佛山市举办亚太地区龙舟公开赛、全民健身日、武术嘉年华、镇（街）男子篮球超级联赛、村际篮球赛、百万职工广播体操比赛、绿道城市乐跑赛、南狮锦标赛、羽毛球混合团体赛，U互动五人足球争霸赛、“佛山杯”足球锦标赛等赛事和活动，营造了良好的全民健身氛围。开展广佛肇体育交流，组队参加广州国际龙舟邀请赛、广州横渡珠江活动；邀请广州、肇庆、清远代表队参加亚太地区龙舟公开赛、佛山南狮公开赛等赛事。2014年全市（含区、镇街）组织群众体育活动300多项次，直接参与人数300多万人次，全市体育人口比率60.5%。

【全民健身环境】 2014年，佛山市改善全民健身环境，推进全民健身运动发展。一是全年全市建成社区体育公园40个，把社区体育公园规划建设纳入佛山城市升级计划并制订《佛山市体育公园规划建设与管理办法》报市人民政府审批。二是全市乡镇农民体育健身工程达标率达到90%以上，完成2014年佛山市乡镇农民体育健身工程计划。三是政府购买体育服务力度加大，世纪莲体育中心、岭南明珠体育馆等主要体育场馆实现节假日和每周末其中一天对外免费开放，全年免费开放天数64天。是年，按照国家体育总局统一部署，完成佛山市第六次全国体育场地普查工作，全市有各类体育场地15402个，体育场地面积约1587万平方米，按常住人口729.6万人计算，人均体育场地面积为2.18平方米。

体育组织持续发展。至年底，全市市级体育社团35个，区级体育社团56个、镇（街）体育社团90多个；全市全民健身服务点、晨晚练点1180个，其中“四定”全民健身服务点51个；是年，市级通过竞争分配方式共投入60万元资金扶持体育社团发展。

【体育公共服务】 至2014年底，佛山市以及五区都建设有国民体质监测中心或国民体质测定与运动健身指导站，全年监测人数约6500人；全年培训社会体育指导员1800多人，全市社会体育指导员累计达14711人。2014年，佛山市组建全民健身推广团深入农村、学校、社区、机关、企事业单位开展全民健身大讲堂活动，共开讲30多场次，听课群众达2.6万人次，共派发《全民健身指引手册》2万多册。

【青少年体育运动】 2014年，佛山市大力普及和推进青少年体育运动。一是成功举办第八届市运会。佛山市第八届运动会于2014年11月16～28日在高明区举行，该届市运会是赛制改革后与市中学生运动会合办的第一届运动会，办赛模式亦第一次由区全面承办。佛山五区约3900名运动员参加该届市运会27个大项454个小项比赛，共有3人4次破3项市成年组最高纪录，3人5次破5项市青少年甲组纪录，10人12次破7项市中学生田径最高纪录。市运会的举办锻炼了比赛队伍，检阅了业训水平，选拔了一批优秀后备苗子，同时营造了体育健身氛围。二是成功承办全国羽毛球单项锦标赛、全国击剑俱乐部联赛总决赛、全国少年体操总决赛、粤港澳公路自行车邀请赛和“省长杯”青少年足球联赛启动仪式；组织拳击、摔跤等5个项目市青少年锦标赛和市校园足球联赛等青少年体育赛事和活动。三是壮大青少年体育阵地。2014年创建了2所省级青少年俱乐部、1所国家级青少年体育俱乐部，全市省级青少年俱乐部达4所、国家级青少年体育俱乐部达16所，市级传统网点学校达54所、省级传统网点校达15所。

【第14届省运会备战】 2014年，佛山市积极备战第14届广东省运动会。一是做好青少年竞技体育组6个训练单位20个备战项目运动员的调整和充实；二是科学调整任务指标，与备战单位签订任务责任书；三是完成851名运动员网上注册工作，累计确认2859名运动员，并完成776名运动员骨龄拍摄；四是加强信息收集工作，及时了解竞争对手情况信息；五是做好学校体育组备战工作；六是加强运动员文化学习，顺利通过省组织的文化测试和体能测试；七是加强管理，做好备战保障服务工作。

【学校体育协同发展】 2014年，佛山市体育与教育部门携手合作，大力发展学校体育。一是贯彻执行《学校体育工作条例》，加强课余训练指导和服务；二是提高传统校、网点校、特色校训练质量，加强后备梯队培养；三是市体育局与市教育局互相配合编制《佛山市校园足球运动调研报告》并上报市政府，为制订《佛山市青少年校园足球发展规划》打好调研基础，积极推广和普及校园足球运动；四是市体育局与市教育局共同拟定《关于进一步推进学校体育设施向公众开放的实施意见（征求意见稿）》，积极推动学校体育设施向公众开放。

【《佛山市发展体育产业三年重点行动计划》编制】 2014年，围绕市委、市政府“大力发展第三产业，加快转型升级”的重要部署，佛山市体育局编制了《佛山市发展体育产业三年重点行动计划》，该计划内容包括申报并建设佛山新城国家级体育产业基地；建设世纪莲体育中心体育休闲街区、世纪莲户外游泳池；建设亚洲龙舟联合会总部、洲际龙舟广场、佛山新城体育休闲娱乐区、东平滨河体育休闲带；全市各区体育休闲旅游板块建设；体育产业扶持政策；体育彩票发展规划等。该计划已上报佛山市政府。

【体育场馆运营】 2014年，佛山市体育场馆中心构建“基础运营+辅助运营+增值运营+合作运营”四层复合化运营模式，全年承接各类比赛和活动65场次，接待到场活动市民85.5万人次，同比增加25.4万人次，增长42.3%；全年举办羽毛球、篮球、咏春拳、跆拳道及游泳救生培训共招生656人；市体育场馆中心全年运营收入约1704万元，收支情况基本持平，略有盈余。岭南明珠体育馆全年举办政府大型公益活动、大型体育赛事、文艺演出、会议展览（不含企事业活动）等共计24场次，服务观众71.6万人次。

【体育彩票销售】 2014年，佛山市体育彩票销售点达710间，从业人员近2000人；全年销售体育彩票12.38亿元，排全省第四，同比增长45.28%，其中禅城2.02亿元、南海4.52亿元、顺德4.5亿元、高明0.83亿元、三水0.51亿元；筹集公益金8781万元（市本级1700万元）；代扣个人所得税1821万元。

（胡建中）

医疗卫生

【综述】 2014年，佛山市大力推进医药卫生体制改革，推动卫生服务体系升级，加快人口健康信息化建设，不断提升医疗服务质量。2014年，全市医疗卫生机构1429个，实有病床2.98万张，卫生技术人员4.16万人，执业（助理）医师1.49万人，注册护士1.76万人。医疗机构门急诊人次8309.15万人次，入院人数112.41万人次，出院病人数112.42万人次，全年病床周转次数为39.8次，平均住院日8.5天，病床使用率94.19%。医疗机构门诊病人次均诊疗费用104.9元，平均每出院者住院医疗费7825.3元，出院者平均每日住院医疗费922元。户籍人口孕产妇死亡率2.44 /10万、婴儿死亡率2.97 ‰，5岁以下儿童死亡率4.07 ‰，均低于全国平均水平。

【医药卫生体制改革】 2014年，佛山市贯彻实施国家基本药物制度，政府办基层医疗卫生机构和二、三级医院基本药物使用比例达标。加强基层医疗卫生机构药品配备使用管理。二级及以上医院阳光用药制度覆盖率达100%。

有序推进社会办医。2014年，佛山市政府加强对医疗卫生事业的规划和标准引领，出台《关于进一步推进医疗卫生服务体系改革发展的意见》，部署综合改革任务；调整修订《佛山市医疗机构设置规划（2011 ~ 2015年）》，优化公立医疗机构结构布局，新增和调整的医疗卫生资源优先考虑社会资本进入。全年新注册登记的非公立医疗机构57间，床位490张。

医疗资源进一步下沉。2014年，佛山市构建“基层首诊、分级诊疗、双向转诊”的分级诊疗模式，探索医疗机构集团化、托管等运营模式。南海区完善公立医院集团运营模式，佛山市第一人民医院托管禅城区人民医院、同济医院，市中医院托管张槎医院。佛山市第四人民医院、三水区人民医院等二、三级医院分别与当地基层医疗机构就人才队伍培训、医疗技术支持、双向转诊等方面建立合作关系。16间镇街级基层医疗卫生机构被纳入《广东省城市卫生支援基层卫生实施方案（2013年版）》受援机构，作为三级医院医生晋升高级职称前基层服务基地。推进医师多点执业工作，全市医疗机构注册登记多点执业的医师有523人。推进城乡医疗卫生对口支援。启动社区康复护理试点工作，提高社区康复护理水平。

落实平价医疗等便民惠民措施。2014年，佛山市二级以上公立医院全部设立平价诊室，各医院平价诊室占医院门诊资源比例均超过10%。推广预约诊疗、检验检查结果互认、远程会诊等措施。

发展中医药事业。2014年，佛山市高明区中医院、市中医院三水医院（三水区中医院）通过二级甲等中医医院评审。评选出首批10名佛山市名中医。推进中医预防保健服务。推进基层中医药服务能力提升工程。

【医疗服务质量管理】 2014年，佛山市举办全市医疗质量安全管理培训班，开展对基层医疗质量控制的培训和督导，提高优质护理覆盖面和技术水平。制定医疗机构病人转诊管理办法，规范转诊秩序。加强临床路径管理，提高医院感染管理能力。抓好采供血全程质量监管，加强临床用血管理。开展创建平安医院活动，建立部门联动机制，迅速处理涉医违法案件。

儿科看病难问题得到有效缓解。各医院合理安排儿科就诊时间，保障临床需求，加强儿科专科建设，及时公开儿科医疗服务信息。2014年每千儿童床位数2.34张，每千儿童拥有儿科医生数1.07人，二级及以上综合医院儿科床位数占医院总床位数10.3%，基本满足儿童医疗服务需求。

【基层医疗服务】 2014年，佛山市加强基层医疗卫生机构建设，推动基层医疗卫生机构建设升级。至年底，全市共有镇（街）卫生院12个，社区卫生服务中心40个、社区卫生服务站323个，均实施标准化建设。

试点推行家庭医生式服务。2014年，佛山市在各区选定22间社区卫生服务机构，作为家庭医生式服务市级示范点，以家庭医生团队为基础，为签约居民提供免费基本公共卫生服务和个性化医疗保健服务。全市共组建家庭医生服务团队551个，共有8.7万户家庭、28万多名居民签定服务协议，社区卫生服务机构为签约居民提供上门诊疗服务12.84万人次、家庭病床服务1.09万人次。

【重大疾病防控】 2014年，佛山市登革热、埃博拉出血热、人感染H7N9禽流感、手足口病等重大疫情得到有效防控。艾滋病防控工作深入推进。中学生结核病防治干预项目启动实施。慢性病、地方病、寄生虫病防治效果巩固，职业卫生、放射卫生、环境卫生和学校卫生工作进展顺利。免疫规划工作认真落实，病媒防制和改厕等工作扎实开展。

慢性非传染性疾病防治机制完善。构建以疾病预防控制机构为龙头、专科或综合医疗机构为依托、基层医疗卫生机构为网底的慢性非传染性疾病防治网络，慢性病、地方病、寄生虫病防治效果巩固，职业卫生、放射卫生、环境卫生和学校卫生工作进展顺利。免疫规划工作扎实开展，卡介苗、脊髓灰质炎、麻疹、乙肝等疫苗接种率均保持在98%以上。

【爱国卫生工作】 2014年，佛山市抓好镇村环境卫生整治和长效管理机制的建设，开展病媒防制工作和改厕工作，全面完成城乡环境卫生整洁行动目标任务。全市新创建省卫生村102个、市健康村（居）47个，农村累计改水受益人口达317.4万人，累计受益100%；农村自来水普及率提升至99.36%；卫生厕所普及率达100%，无害化卫生厕所普及率达99.86%。

【推进人口健康信息化建设】 2014年，佛山市在全市102家医疗卫生机构免费发放健康卡300多万张，持卡就诊1000多万人次；通过医院现场预约、电话预约、网站预约、微信预约等多种方式，做好区域预约挂号服务。政务微信“健康佛山”成功预约挂号3.5万人次，佛山智能健康网预约挂号达143万人次；免费为市民建立电子健康档案，全市建立796万份电子健康档案（含流动人口流出未注销）；社区卫生服务信息系统在全市28家社区卫生服务中心、256家社区卫生服务站点使用。

【妇幼重大公共卫生项目】 2014年，佛山市继续实施预防艾滋病、梅毒和乙肝母婴传播项目，全市共为7.7万例孕产妇提供艾滋病、梅毒、乙肝检测服务，共发现47例感染HIV的孕产妇、437例感染梅毒的孕产妇和11539例感染乙肝的孕产妇，并在感染孕产妇知情同意的情况下，提供阻断用药、安全助产或终止妊娠、出生儿童阻断用药及随访管理等免费干预服务。全市为29526对夫妇提供了免费孕前优生健康检查，目标人群覆盖率达99%以上。全市共为77455名孕妇提供了地中海贫血初筛。

【重点专科建设和科研工作】 2014年，佛山市出台扶持医疗卫生单位医学重点专科建设实施方案，完善医学专科建设体系，支持医疗卫生单位开展重点专科建设。加强以全科医生为重点的卫生人才队伍建设，共举办全科医生岗位培训、转岗培训和规范化培训35期。印发关于加强基层卫生人才培训的工作方案，依托佛山市第一人民医院建立全市基层卫生人才培训基地。

【医疗服务监管】 2014年，佛山市推行医疗机构不良执业行为记分管理制度，强化日常卫生监督检查，加强对医疗服务、放射诊疗、饮用水卫生、医疗废物处置等工作的监管。加强对非法行医以及非医学需要的胎儿性别鉴定、选择性别的人工终止妊娠的综合治理，开展专项打击行动。

【卫生宣传教育】 2014年，佛山市卫生医疗系统完善宣传工作机制，搭建宣传服务平台，建设主流媒体宣传专栏，规范新闻宣传和发布工作。做好先进典型人物宣传，围绕新闻热点主动策划手足口病和登革热防治等专题宣传，普及健康知识。建立健康教育学校、院前急救教育基地、精神卫生宣传示范基地等平台，扩大卫生宣传服务覆盖面。

【卫生医疗行业作风】 2014年，佛山市卫生医疗系统开展党的群众路线教育实践活动，加强对领导干部和医护人员的群众路线教育。推进廉政风险防控机制建设，强化党风廉政建设责任制落实，在全市医疗机构开展“廉洁文化进医院、进科室、进病房”活动，抓好治理红包、回扣专项工作，开展市直医院群众服务满意度第三方测评，策划“换位看佛山医护”等活动。

（何敏宏）

第八篇

社会生活

人力资源和社会保障

人力资源

【综述】 2014年，在佛山市委、市政府的正确领导和广东省人社厅的有力指导下，佛山市人力资源社会保障系统贯彻党的十八大，十八届三中、四中全会及中央经济工作会议精神，深入开展党的群众路线教育实践活动，全面深化改革，推进依法行政，就业形势稳中向好，社保体系渐趋完善，劳动关系和谐稳定，人才引育卓有成效，人事管理突出创新。2014年，佛山新增就业82363人，城镇登记失业率为2.35%，在全省农村劳动力技能培训转移就业目标责任考评中获评优秀。

【公务员管理】 2014年，佛山市紧紧围绕全市经济社会发展大局和市委、市政府关于"建设人民满意政府"的中心任务，以建设高素质的公务员队伍为目标，认真做好公务员管理工作，圆满完成各项目标任务。

公务员招录工作。坚持凡进必考制度，组织实施2014年公务员考试录用工作。2014年成功报考佛山市公务员职位考试人数20697人，录用公务员527名。同时，按照《2014年分类招录粤东西北地区乡镇公务员工作实施方案》的要求，从村（社区）书记（主任）中招录17名乡镇公务员。

公务员培训工作。根据广东省人社厅《关于做好2014年全省行政机关公务员培训工作的通知》精神，将公务员培训计划纳入全市干部培训主体班次计划。尤其是将公务员诚信及职业道德等内容纳入到各项培训计划当中，狠抓计划落实，有序推进培训工作顺利进行，举办2013年度军队转业干部培训班，参训人数100人；科级任职培训班3期，参训人数共231人；初任培训班5期，参训人数共339人；提高班1期，参训人数75人；登记人员公务员学法培训班1期，参训人数87人。

妥善做好科级干部选拔任用办法修订工作。根据党的十八届三中全会关于人事制度改革精神和《党政领导干部选拔任用工作条例》相关规定，结合佛山市科级干部队伍实际，联同市委组织部共同对原2009年制定的科级干部选拔任用方案进行修订和完善，于2014年8月8日印发《市直机关（单位）选拔科级干部工作意见》，为佛山市建设一支信念坚定、为民服务、勤政务实、敢于担当、清正廉洁的高素质的科级干部队伍打下坚实的人事制度基础。

【人才建设】 2014年，佛山市拓宽引才渠道，创新培养模式，人才队伍建设取得新成果。全年全市拥有各类人才130万人，大专以上学历人才占人才总量的60%。其中，专业技术人员37万人、技能人才54万人。

人才政策渐趋完善。2014年出台《佛山市人力资源和社会保障局　佛山市财政局关于印发〈佛山市高技能人才培养市级财政资金竞争性分配办法〉的通知》《佛山市人力资源和社会保障局　佛山市财政局关于扶持企业、商会和行业协会创办职业培训学校的通知》，促进佛山技能人才培养。禅城区出台高层次高技能人才落户、子女入学、医疗服务等3份人才政策；南海区出台加强技能人才队伍建设的政策；高明区制定人才发展规划。

高层次人才队伍进一步壮大。佛山市刘一军等3人获确定为国务院特殊津贴专家。南海区认定评定高层次人才51名，顺德区评选出14名突出贡献人才和5个突出贡献团队，三水区认定高层次人才10名,获国家批准增设企业博士后工作站分站19个。

引才工作成绩斐然。全市五区全面启动“校企合作”引才工作，强化人才与企业的准确对接。组团外出开展7场综合性和专项性大型招聘会，外出揽才力度近年来最大；搭建人才交流合作平台，与西安、武汉等地高校及智联招聘签订人才合作协议；组团参加两季国家外籍人才招聘会，举办首届佛港澳留学人员创新创业交流会，促成佛山市外国专家司马策参加国务院总理李克强新春座谈会。佛山全市外国专家超过800人。南海区“蓝海人才计划”引进18个创业团队和4个创新团队。顺德区“凤舞燕京”高端人才交流洽谈会品牌效应凸显。

技能人才培养持续加强。全年新增高技能人才1.5万人。全面推进以企业为主体的技能人才培训模式,有25家知名企业（协会）创办职业培训学校；建立9个职业（工种）5个省级技师工作站；举办陶瓷工艺师等12个职业（工种）技能竞赛，开发更新12个职业工种标准题库；玉石雕刻工等7个职业企业评价进展顺利。

【事业单位人事制度改革】 2014年，佛山市事业单位公开招聘力度加大。公开招聘聘用人员数1501人，新进人员公开招聘比例达90%。举办3次市直事业单位公开招聘统考，招聘人数126人。大力整治事业单位公开招聘突出问题，坚决杜绝“萝卜招聘”“绕道进人”等不公平现象。组织人事考试47项，报考11万人次，确保考试的公平性和安全性。

【军官转业安置】 2014年，佛山市共接收安置军队转业干部117人，其中团职干部27人（包括正团职3年以上11人、正团不满3年及副团职干部16人），营职干部46人，连职、排职干部13人，技术干部27人；自主择业干部4人。军转干部孙建国作为全国模范军队转业干部代表参加第六次全国军转表彰大会暨2014年全国军队转业干部安置工作会议，获得“全国模范军队转业干部”的荣誉称号。南海区军转办吴宏宪获得“全国先进军转工作者”荣誉称号。

【人才招聘】 2014年，佛山市共举办各类大型行业专场招聘活动30场，招聘单位超过2000家，提供就业岗位超过2万个，为各类人才的引进搭建良好平台。

举办各类人才招聘活动。在高校及人才集聚地广州、长沙、武汉等地举办综合性大型人才招聘会。在中国南方人才市场联合举办“广佛肇人才一体化大学生专场招聘会”，吸引6000多名高校毕业生及各类求职者与会；在陶瓷人才聚集地江西景德镇、电子专业类人才集聚地西安举办行业专场招聘会；“2014年佛山市首届陶瓷行业景德镇专场人才招聘会”，吸引景德镇陶瓷学院5000多名应届毕业生进场求职，达成就业意向481人；“2014年佛山市电子行业西安电子科技大学专场人才招聘会”，佛山市提供的紧缺职位超过700个。同时，佛山市还组织企事业单位参加4月在广州、11月在北京的外籍人才招聘会，通过多途径满足用人单位对外国专家需求。

不断创新人才招聘方式。2014年6月举办的“2014年三水区企业（单位）中、高层次人才预约式专场招聘会”，凭借承办单位庞大的人才库信息资源优势，定向预约超过500多个相关专业的人才与会，开创佛山市实行预约式专场招聘先例；2014年11月举办的“2014年佛山市医疗卫生系统单位武汉专场人才招聘会”，是市人社局和市卫计局首次联合针对医疗卫生系统所组织的专场招聘会，标志着佛山市部门联动引才方式有实操性进展。

搭建人才交流合作平台。2014年，佛山市不断拓展人才交流合作的广度与深度。就推进高校毕业生就业、人力资源信息共享、国内外高端人才引进及人才培养等方面工作与智联招聘佛山分公司签订《人才合作框架协议书》，建立长效合作机制；就人才信息共享、高校毕业生就业、理论研究等方面工作与景德镇陶瓷学院和西安电子科技大学分别签订《人才智力合作框架协议书》，建立起三地区域人才服务合作机制，并达成每年联合举办应届毕业生供需见面会的共识；就研究推动珠三角城市群人才交流一体化合作发展的有关问题与珠三角九城市人才中心领导联合召开珠三角城市群人才一体化联盟主任联席会第八次会议，以加强珠三角地区人才服务机构的合作与交流。

【人才引进与交流】 2014年，佛山市以“人才带来项目，以项目拉进人才”为主线，推动国内外高层次人才引进工作。继续发挥北京、上海、香港引才联络处优势，推动坚美铝材与北航、欣源电子与清华大学、昭信集团与香港科大LED研发检测中心等多项校企合作，促成香港纳米及先进材料研究院、北航轻合金实验室落户佛山市。“高校博士进企业”科研活动向常态化、深层化发展，66名高校博士在佛山市26个企事业单位参加科研实践，完成科研项目27项，解决技术难题35项，创造直接经济效益120万元。入选南海区第四批“蓝海人才计划”的18个创业团队和4个创新团队带来了108名核心团队成员，其中国家“千人计划”专家2人，海内外博士51人。以引进“海外工程师”的方式推动柔性引才工作，拟从德国等制造业强国按需引进一批退休工程师为企业提供短期技术服务，帮助企业解决工艺提升、技术创新等问题。经过充分发动和摸底，第一批“海外工程师”人才需求征集成功从14个企业中收集了30个海外工程师引进需求，并经与德国高级专家组织对接联系和筛选，为包括广东文灿压铸有限公司在内的7家企业匹配了8名意向专家。创新人才引进、使用方式，在政府系统首次使用外国专家开展招商引资、投资环境推介等工作。佛山市还每年组织各区和设站单位到高校物色博士后人才，发展与各高校博管办的合作关系。至年底，佛山市已与全国50多所高校、科研院所建立联系，保证了博士后科研人才引进工作的顺利开展。

【政府专家顾问团】 2014年9月25日，佛山市召开佛山市政府第三届专家顾问团第二次会议，来自不同领域的15位专家顾问齐聚佛山，围绕市委、市政府中心工作“把脉开方”，10多家媒体全程跟踪报道。会议期间，来自清华大学、中山大学、同济大学、省社科院等高校、科研机构的专家教授领衔开展多个课题研究并针对佛山实际提出很好的建议。该次会议一改往年集中开会听取一二个重点课题报告做法，一次性7个课题全做重点报告，市、区各级领导深入学习7个课题报告内容。专家发言结束后，市委副书记、代市长鲁毅连称“很受启发”，并总结称7份报告充分展现出国际化大视野、前瞻性思维、战略性思维和对策性思维的特点，给佛山未来谋篇布局带来很大的思想启迪。政府顾问团是佛山市政府的“智囊团”，是佛山市柔性引才方式的重要体现。

【人才服务】 2014年，佛山市做好人才服务工作，营造良好的人才工作、生活环境。全市实现“一站式”人才服务窗口全覆盖，各类人才均可享受周到、便捷的服务。

建立人才服务直联工作机制。市人社局官网开设人才服务直通车栏目，人才政策信息更加清晰易懂；禅城区建设人才公寓，较好地解决人才阶段性住房问题，并在经济园区和主要行业协会（商会）设立7个人才服务联合工作站，推动人才服务工作向生产一线延伸，为企业和人才提供更加便捷高效服务；南海区建立“单位领导+联络人+工作人员”的人才直联小组，南海区各镇（街）、相关部门设置40名人才服务专员，建立人才问题快速处理、专人专项分类解决机制；三水区自2013年设立“佛山市三水区高校毕业生‘一站式’服务窗口”以来，共办理人事代理1802人，其中毕业生人事代理1633人，接收区外毕业生385人，引进人才落户104人，办理毕业生转正定级322人，受到各类人才的好评。

举办业务骨干培训和职称政策宣讲活动。就专业技术资格认定、评审、确认的条件标准和办事程序进行讲解，使企事业单位专业技术人员及人力资源管理部门更全面地了解现行职称政策，进一步提高专业技术人员申报职称的积极性，推动全市专业技术人才队伍建设。

抓好“金牌客户”服务各项工作落实。通过加强与“金牌客户”的沟通联系，及时了解“金牌客户”的人才需求情况，为“金牌客户”提供多项公益性的人才人事服务，减免部分人才人事服务收费。2014年共为“金牌客户”免费设摊304次、发布网络职位1327个，提供人事代理服务3204人，办理职称评审61人，树立了良好的品牌形象。

创造条件让外籍人才融入佛山、爱上佛山。先后邀请外国专家代表出席佛山欢乐节活动，组织政府特殊津贴专家开展年度体检工作，召开文教类外国专家工作座谈会，邀请市公安局出入境、市外事侨务等部门代表出席并对用人单位进行业务培训，规范外国专家队伍管理，认真处理用人单位与外国专家劳动合同问题，为高层次外国专家提供证件办理绿色通道。

【佛山市首届陶瓷行业景德镇专场人才招聘会】 2014年5月22日，为深入实施人才强市战略，大力引进佛山市陶瓷行业紧缺急需的各类专业技术人才、管理人才、技能型人才及优秀高校毕业生，做好佛山市陶瓷行业的人才保障工作，佛山市人社局和景德镇陶瓷学院联合主办，佛山市人才中心和市企业联合会（市企业家协会）联合承办的“2014年佛山市首届陶瓷行业景德镇专场人才招聘会”在景德镇陶瓷学院举行。佛山市共有25家陶瓷及相关行业的民营企业带着500多个紧缺职位北上揽才。招聘活动当天，吸引景德镇陶瓷学院5000多名应届毕业生进场求职。此次招聘活动的参会单位共收获简历2237份，达成就业意向481人。

此次招聘活动，是佛山市人社部门进一步强化陶瓷民营企业人才保障，推动重点培育陶瓷民营企业人才的发展，促进佛山市陶瓷产业转型升级的一项重要举措。佛山市人社局力求创新，首次与佛山市企业家联合会（市企业家协会）合作，通过政府部门与行业协会的相互配合，资源共享，共同做好招聘活动的各项组织筹备工作，提高招聘活动成效。同时，市人才服务办还通过佛山、景德镇两地媒体进行系列宣传报道，邀请《广州日报》《佛山日报》两家新闻媒体随团赴景德镇进行现场采访报道，增强活动效应和影响力。

为进一步加强佛山、景德镇两地区域人才交流与合作，充分发挥景德镇陶瓷学院的科技、人才和教育优势，推动佛山陶瓷民营企业人才的发展，促进科技成果向现实生产力转化，在此次招聘活动期间，佛山市人才服务办与景德镇陶瓷学院毕业生就业工作办公室还签订《人才智力合作框架协议书》，建立起区域人才服务合作机制。双方将在人才信息共享、高校毕业生就业、理论研究等方面加强合作，并计划每年联合举办应届毕业生供需见面会，为佛山市陶瓷企业引进优秀高校毕业生及各类人才提供便利、高效的途径。

【广佛肇人才一体化大学生专场招聘会】 2014年6月20日，广州、佛山、肇庆三市人社部门携手合作，在广州市中国南方人才市场联合举办“2014年广佛肇人才一体化大学生专场招聘会”，切实促进广佛肇经济圈人才服务和高校毕业生就业服务工作，为三地经济发展提供可靠的人才保障和智力支持。

该招聘会共有来自广州、佛山、肇庆三地360多家招聘企业单位，共为高校毕业生提供近8000个就业岗位，所有参会招聘单位及各类求职者免费进场。佛山市共组织112家知名企业单位参加，共为高校毕业生提供2505个就业岗位。招聘活动吸引来自广州、佛山等地6000多名高校毕业生及各类求职者进场求职，其中佛山市参会单位共收获求职简历3300多份，初步达成就业意向200多人，取得了较好的招聘成效。本次招聘会选在高校毕业生即将毕业离校之际举行，也为尚未落实工作单位的高校毕业生提供较好的就业机会，有效缓解高校毕业生就业压力。

（李根成）

劳动就业

【就业】 2014年，佛山市各级人力资源社会保障部门坚持以提高劳动者的就业技能和创业能力为重点，推动更高质量就业。全市新增就业82363人，促进40433名失业人员就业，帮扶就业困难人员8098人实现就业，城镇登记失业率控制在2.35%的较低水平。佛山市在2013年全省农村劳动力技能培训转移就业目标责任考评中获得优秀等次，获广东省政府通报表扬。

完善技能晋升培训补贴制度，激发劳动者提升技能的积极性。2014年7月，佛山市印发《佛山市财政局　佛山市人力资源和社会保障局转发省财政厅　省人力资源和社会保障厅关于印发〈广东省省级劳动力培训转移就业专项资金管理办法〉的通知》，将技能晋升培训补贴对象范围扩大到除全日制在校生、机关事业单位在编人员外的所有法定劳动年龄内的城乡劳动者，每提升一级职业等级可享受一次。新政策首次实现培训补贴直接补贴到个人，劳动者可自由选择培训机构参加培训，或自学，获取职业资格证书后即可申请技能晋升培训补贴。此举不仅大大激发劳动者参与培训的积极性，更有利于培育健康、有序的技能人才培训市场。2014 年全市报名参加培训学员 2.3 万人，培训职业工种包括机械装备制造、汽车修理、养老护理、健康管理师等 50 多个。

深入落实高校毕业生就业政策，促进高校毕业生就业。起草了《佛山市人民政府办公室关于落实 2014 年全国普通高等学校毕业生就业创业工作的通知》，将城乡困难家庭高校毕业生和残疾高校毕业生求职补贴标准从 500 元 / 人提高到 1500 元 / 人；对在全市中小微企业实现就业，签订 1 年以上期限劳动合同并按规定参加社会保险的应届高校毕业生给予一次性 2000 元的就业补贴；对离校未就业的应届高校毕业生实现灵活就业，在公共就业人才服务机构办理实名登记并按规定缴纳社会保险费的，给予社会保险补贴。本市生源高校毕业生就业率达 93.3%，“双困”毕业生就业率达 100%。

完善和落实扶持创业政策，推进创业带动就业。发放小额担保贷款 432 笔、5616 万元，走在全省前列；三水区小额担保贷款发放规模较大。全年成功创业 6662 人，带动就业 36473 人。联合团市委等部门成功举办“时代地产”佛山首届青年创业大赛，对于获奖项目给予工商、社保等政策性支持，通过政府激励创业、社会支持创业，形成劳动者勇于创业的新局面。

打造充分就业社区（村），帮扶就业困难群体。全市充分就业社区达标率 90%，充分就业村达标率 89%，两项达标率均列全省前茅。落实失业人员小额贷款、社保补贴等就业援助政策，有效引导社区（村）内援助对象通过技能提升、自主经营、灵活就业等方式实现就业，全市“零就业家庭”保持动态归零。

举办特色招聘活动，缓解求职难、招聘难问题。精心组织“南粤春暖”“就业援助月”“春风行动”等公共就业服务专项行动；11 次组织优秀企业赴省内外开展劳务协作和校企合作；加强网上招聘力度，市人力资源网设立网上招聘专区，实现“天天有招聘会”。2014 年全市各级公共就业服务机构共举办 1141 场招聘会，提供岗位 85.84 万个（次），86.08 万人（次）进场求职，较好地缓解了用工高峰期的紧张局面。

启动新一轮就业援疆工作。出台扶持政策，精心挑选优质企业岗位，60 名新疆籍劳动者在南海顺利就业。

【职业技能培训】 2014 年，佛山市鼓励、支持企业和行业协会等发挥资源优势，多形式、多渠道开展各类技能培训，着力培养企业岗位需要的技能人才。2014 年，全市开展各类职业技能培训 34.5 万人次，其中，劳动力转移培训 5.1 万人，居全省第二。全年共依托企业、行业协会等举办 8 个项目 12 个职业（工种）的职业技能竞赛，并得到广东省人社厅在晋升职业等级、授予省级荣誉称号等方面的支持。其中包括装配钳工、陶瓷工艺师 2 个职业（工种）的省级二类竞赛，以及美容师、化妆师、养老护理员、按摩师、汽车修理工、汽车维修电工、燃气管道调压工、燃气具安装维修工、装表接电工、变电站值班员等 10 个职业（工种）的市级竞赛。市财政专门安排 100 万元资金用于职业技能竞赛的组织表彰等，深受企业欢迎。

【职业技能鉴定】 2014 年，佛山市加强技能鉴定管理，加快技能人才评价体系建设。通过建立全市技能鉴定考试题库统一制卷统一印发，以及将考评员使用、管理和培训纳入系统管理等制度，规范技能鉴定管理。鼓励企业、商会和行业协会根据行业发展和企业岗位需求开展企业评价工作，对符合条件的员工直接认定为初级工及以上等级。2014 年，佛山市国家职业技能鉴定所（中心）共有 45 家，其中行业组织、企业设立的有 9 家。依托企业、行业协会开发国家职业标准及鉴定题库，佛山市玉石雕刻工、内衣制作工、陶瓷装饰工等 12 个职业（工种）标准和题库开发与更新已得到省人社厅立项。

【技工教育】 2014 年，佛山技工教育长足发展，全市技工院校完成招生 6215 人，在校生 1.63 万人。全市技工院校免学费资助范围扩大到所有符合条件的全日制 1 ~ 3 年级在校生，2014 ~ 2015 学年有 12026 名学生享受免学费资助。占地 400 余亩的南海技师学院新校园建设项目稳步推进。

【企业工资分配】 2014年，佛山市人社部门联合市协调劳动关系三方其他成员单位共同制订《关于在佛山市企业全面推进工资集体协商工作的实施意见》，召开了全市工资集体协商推进工作会议。市协调劳动关系三方明确各自职责，以世界500强企业和大中型企业为抓手，引导其依法开展工资集体协商，夯实基础，提高时效，扩大影响。2014年全市累计有效集体合同5979份，其中工资集体合同1920 份、区域性集体合同114份、行业性集体合同498份，覆盖企业56434家，涉及职工190.13万人，已建工会企业集体合同签订率80 %。

【劳动关系调整】 2014年，佛山市共建立和谐劳动关系示范点46个，其中镇（街）4个、工业园区34个、行业6个、社区1个、其他1个；达标的示范点共26个，其中优秀示范点4个，符合和谐劳动关系示范区创建标准的示范点达到56.5%，圆满完成广东省人社厅当年下达的指标。

严格规范劳务派遣用工行为。依法做好劳务派遣经营行政许可。全年累计共发出劳务派遣经营许可证103份，依法对32家劳务派遣单位分支机构进行备案，共涉及劳务派遣工32533人。

做好企业薪酬调查工作。对全市240家企业，共48867名职工的工资数据进行录入，利用薪酬调查数据编制了佛山市劳动力市场工资指导价位，发布了226个工种的人力资源市场工资指导价位，为工资集体协商开展提供参考。通过向全市102家企业，613位劳动者发放最低工资调查问卷，统计分析相关数据，对本地最低工资标准实施情况，存在问题及原因进行分析，提出意见建议。

构建佛山市和谐劳动关系。组织全市人社系统的人员进行劳务派遣暂行规定业务培训，提高依法行政的能力和水平。利用人流比较集中的公交车作为宣传平台，在公交车上播放宣传片，以简洁易懂的语言及生动的画面向广大劳动者进行宣传。在《佛山日报》开设“建和谐企业，创平安佛山”的劳动法律法规宣传专栏，针对劳资双方认识仍比较模糊的法条，结合劳动合同法、工资报酬、工时管理、女职工保护、劳务派遣等内容进行宣传解读。

【劳动监察和劳动争议仲裁】 2014年，佛山市各级人社部门加强劳动监察执法，提升仲裁质量，维护劳动者合法权益和社会稳定，取得较好成效。2014年共受理群众来信来访9388宗（件），涉及19953人（次），同比分别减少29.7%和44.1%；“12333”系统受理来电47340人次。

监察执法不断加强。联合公安部门在全省率先成立打击恶意欠薪联合执法办公室，监察执法和刑事司法衔接取得实质性进展，得到人民网关注报道。加强劳动监察日常巡查，组织开展农民工工资支付等8个专项行动。全市共检查用人单位15361家，处理劳动监察违法案件3977件，为29468名劳动者追发工资等待遇22510.71万元。深入开展社保执法大检查，为全面解决全员足额参保问题奠定坚实基础。

预警机制建设取得突破。人社、银行、供电等部门联动建立工资支付监控预警制度，加强了对企业用电、工资、社保等异常情况的预警。高明区大力落实建设领域工资保证金制度，有效减少建设领域劳资纠纷。

调解仲裁效能持续提升。全市各级劳动人事仲裁机构探索劳动争议调解仲裁的新途径和新方法，加强矛盾的预防和苗头的调解处理，强化服务体系和服务意识，提升办案质量和效率，并圆满完成上级的工作部署，为建设和谐劳动关系做出努力。全市全年共立案处理劳动人事争议案件6189件，涉及劳动者12981人，法定审限内结案率为97%。指导各类调解组织处理劳动争议8150件，涉及劳动者17806人。

【劳动保障法律法规宣传】 2014年，佛山市开展送法到学校活动。帮助技工学校学生提升学法用法能力，走进校园开展“送法到学校”活动。开展送法到企业和送法到社区活动。派出业务骨干参与宣传活动，在现场提供劳动保障咨询服务，并宣传新修订的《广东省失业保险条例》等劳动保障法律法规。制作各类普法公益广告29条，除了电视台、电台等传统媒体平台，还通过地铁、公交等公共媒介投放大量普法广告，累计播放各类普法广告超过3万次，取得良好效果。针对劳资双方认识仍比较模糊的法条，结合劳动合同法、工资报酬、工时管理、女职工保护、劳务派遣等内容进行宣传解读。

【佛山首次成规模输入60名新疆伽师籍劳动者】 2014年10月29日，为贯彻落实中央就业对口援疆有关工作精神，促进新疆籍劳动者有组织输出就业，广东、新疆两地人社部门联合在乌鲁木齐举办劳务对接活动，组织专列输送489名新疆劳动者来粤就业。10月31日，60名伽师籍劳动者顺利抵达佛山，开始他们全新的工作和生活。这是佛山市首次成规模地输入伽师籍劳动者，标志着佛伽两地人社部门精心组织对接、帮助伽师群众实现就业梦有了良好的开端。

此次来到佛山市的60名伽师籍劳动者全部入职南海区的佛山市谐达轻工实业有限公司。为安置好这批伽师籍员工，市、南海区人社部门及谐达公司做了大量的准备工作，按照新疆的风俗习惯完善了企业的生活和工作环境。伽师籍员工到达广东的当天，佛山人社部门派出专车、工作人员到广州火车站迎接，并将其安全送达企业。市劳动就业服务中心也派出工作人员到谐达公司协助企业做好安置工作。谐达公司方面则提前做好宿舍调整、生活设施安排、饭堂改造加建等工作，为伽师籍劳动者营造良好的工作和生活氛围。

（李根成）

社会保障

【综述】 2014年，佛山市社会保险基金管理局紧紧围绕建设人民满意政府等省、市重点工作部署，结合党的群众路线教育实践活动的开展，以深化改革促进持续发展，打造管理统一、经办便捷、服务贴心、运行阳光的经办体系，各项工作扎实推进，保障水平稳步提高，工作有亮点、有成效。截至2014年12月底，全市职工养老（含机关事业单位，下同）、医疗、失业、工伤、生育保险实际缴费人数分别为237.76万人、235.28万人、220.15万人、224.48万人和222.16万人，职工养老、医疗参保人数分别为344.65万人和272.94万人。此外，城乡居民养老保险参保人数64.38万人，居民住院医保参保人数206.71万人。2014年职工保险基金收入合计247.41亿元，支出199.67亿元，当期结余47.74亿元，期末累计结余522.96亿元。

【社保待遇提升】 2014年，佛山市稳步提升待遇水平，建设人民满意社保。养老待遇大幅提高。全市45万多名企业退休人员基本养老金两次进行调整，月人均增加303元，调整后全市企业退休人员月均养老金达到2438元；3万多名机关、事业单位退休人员月人均增加退休费43元；31万名城乡居保退休人员每月增加基础养老金15元。

2014年，佛山市及时调整工伤保险待遇。两次调整伤残津贴，人均增加357.16元，调整后人均伤残津贴为2403.48元；一次性工亡补助金由49.13万元增加到53.91万元，增幅9.7%；工伤保险供养亲属抚恤金和护理费人均分别增加68元和139元，增幅8.99％，7月1日后死亡的工伤职工丧葬费的计发基数均按新的社平工资计发。

【广东省失业保险新条例贯彻落实】 2014年7月1日，佛山市正式实施新修订的《广东省失业保险条例》，统一了城镇职工和农民工失业保险的缴费类型，在制度上消除了两个群体的待遇类型差异；在领取失业保险金期间，增加对求职、生育、稳定就业、自主创业、职业技能鉴定等事项的待遇。为确保新条例于7月1日正式实施，市社保局从政策学习培训、系统改造、完善经办规程等方面充分准备，实现各项新增待遇的正常发放。同时，与人社信息系统进行实时数据交换，实现社保、就业失业登记、求职、培训、职业技能鉴定等信息数据实时交换，有效提高失业保险经办准确性。

【医保实现跨区】 2014年，佛山市实现全市职工医疗保险参保人跨区参加门诊医疗。针对本市职工医保参保人因参保地与工作地（户籍地、实际居住地）不一致而存在的享受居民门诊医保不便的情况，3月上旬，市社保局与市人社局、财政局联合制定解决方案并就跨区参加门诊医疗中的相关申报、缴费、资金划拨等问题进行明确规定。该社保年度全市共有4.7万名职工医疗参保人办理跨区门诊医疗的申报手续，其中生效人数4.6万人，占职工医疗参保人数的1.77%，共计跨区资金约553万元。

【异地务工人员随迁子女参加居民医保享受同等财政补助】 2014年5月，佛山市出台异地务工人员随迁子女参加居民医保享受财政补助的政策。市社保局及时完成操作规程制定、业务系统功能改造。至年底，全市异地务工就读子女申报居民医保享受财政补贴 5167 人，财政补贴金额 232.94 万元。

【社保卡发行与应用】 2014 年，佛山市社保卡发行与应用功能拓展取得较好成效。采取有效措施推进社保卡发行。出台港澳台居民、华侨及外国人申领社会保障卡的办理办法，发布社保卡网上查询和手机扫描查询功能，制定新旧卡余额跨行转账处理办法，并于 11 月实现可网上查询跨行转账信息。通过市、区社保部门和各合作银行的联合发力，社保卡发卡激活取得明显成效。至 12 月底，完成制卡 471.61 万张，激活 395.7 万张，激活率为 83.9%，户籍人口发卡基本实现全覆盖。

2014 年，佛山市重点推进社保卡金融账户在社保待遇支付方面的应用。在做好社保卡医保个人账户发放和使用的基础上，重点推进社保卡金融账户在社保待遇支付方面的应用，年底已实现职工医疗、生育零报支付以及新退休人员养老金和部分失业金的支付。

2014 年，佛山市利用社会保障卡提供便民快捷服务。利用社保卡身份认证功能，10 月起在全市实行门诊特定病种费用刷卡结算管理办法；参保人在社区、银行等自助设备上凭卡可实现打印参保缴费证明、查询社保信息等；依托社保卡建立市民邮箱平台，7 月起市民邮箱社保个人信息推送正式上线；建立医疗自助结算体系，利用社保卡实现门诊特定病种待遇自助结算，并有两家医院正式应用，而 11 月则完成三水区第一人民医院普通门诊的社保卡自助结算。

【社保服务工作】 2014 年，佛山市提升社保经办服务质量。一是创新养老保险待遇申领资格认证模式。推出便民措施，离退休人员可就近办理资格认证；针对 75 周岁以上行动不便的离退休人员，采取打电话或微信预约上门、亲属代办等服务形式进行资格认证；对居住异地的退休人员可通过广东省协作平台在居住地办理资格认证；对于城乡居保退休人员则主要通过与公安、民政等数据对碰和村居委申报办理。创新方式的推行，大大方便离退休人员和家属。二是社保业务网络延伸村（居），实现社保业务就近办理。为深入推进党的群众路线教育实践活动，解决服务群众“最后一公里”问题，市社保局梳理了可供下放的 18 项业务并完善信息系统，8 月起在顺德区乐从镇试点运行。12 月 5 日，召开社保服务延伸村（居）现场会，推广顺德试点经验，部署在全市各区推广社保服务延伸村（居）工作。三是推进省内异地就医结算新平台上线工作。新增 3 家医院联网结算，可以即时结算医院累计达 20 家。此外，与肇庆市和云浮市的异地定点医疗机构进行联调测试工作，佛山市 4 家定点医疗机构也与外地社保机构进行了联调测试。四是推进工伤医疗住院费用即时结算工作。继 2013 年 8 月在佛山市第五人民医院试行工伤医疗费用即时结算后，2014 年按计划稳步推进与医院联网结算工作，五区共有 13 家医院实现工伤即时结算，已即时结算 526 人次，结算费用 1457 万元。

【社保的监控和管理】 2014 年，佛山市强化监控管理，力保社会保险基金安全。加强医疗机构监管。聘任市内 6 家医疗机构共 229 名医学专家组建（市级）社会保险医学专家库，并多次组织医学专家评审病历；出台并完善《佛山市大病保险经办业务管理规程》，规范大病保险经办业务管理；指导各区配合开展市内定点医疗机构年度考核工作，并开展生育保险定点医疗机构年度综合检查考评；加强协议管理，落实市内外定点医疗机构协议管理要求，至年底，已有 21 家市外定点医疗机构签订协议；开展医疗费用信息监控系统实施工作，并从 10 月起在五区各选择一家定点医院试点运行。成立工作领导小组全面推行省统一的三大目录，平稳完成了全市 123 家定点医疗机构的目录升级工作。

加强财务监管力度。2014 年，佛山市制定《佛山市社会保险基金收付审批制度》和《佛山市社保基金财务经办管理规程》，明确佛山市社保基金实行业务审批与财务审批双线审批制度，规范财务人员工作行为，保障基金安全。将财务业务系统、社银系统、出纳系统、会计系统和报表系统五大系统连通，打造佛山市社保基金财务一体化核算监控系统，至年底，系统全面上线使用。

强化稽核检查工作。2014 年，佛山市开展实地稽核，查出未参保人数343人次，追回少缴社保费836.57万元；核查享受待遇人数50万人，查出欺诈冒领人数53人，追回金额15.93万元；稽核医疗机构、定点药店3297户。开展居民养老、失业保险业务经办内控监督检查，督促各区社保局对2013年全省内控监督检查中发现的问题进行整改。市、区联动开展异地就医零星报销业务检查，对2010年1月至2014年2月佛山市参保人在异地38家医院就医诊疗的住院医疗费零星报销数据及资料进行全面核查，发现高明区有4人12次伪造虚假资料骗保案件，已向高明区公安局报案并移交高明检察院。清理疑似重复领取养老待遇人员1297人，核实重复领取待遇697人，追回191人多发的养老金50.62万元。出台《佛山市社会保险业务自查规定》，加强佛山市社会保险经办机构内部控制力度，完善全市内控监督检查制度建设。

【社保信息和宣传工作】 2014年，佛山市落实社保信息公开工作，全方位多角度推进社保宣传工作。按照广东省人社厅信息公开暂行办法和专项方案要求，制订佛山信息公开工作方案，对各项社保政策、机构职能、发展规划、服务指南、个人权益以及2013年度各项社保数据等信息进行全面梳理并公开。

2014年，佛山市社保部门开展户外宣传便民服务活动。与佛山电台合作开展“相聚在佛山，快乐找工作——2014大型招聘及就业咨询会”；两次与市邮政、住建、交警、工会等部门联合开展“共筑中国梦、服务进社区”便民活动；与佛山日报社、四大社保卡合作银行联合开展“社保卡宣传日”活动，为群众提供现场激活和咨询服务；联合佛山电视台“热线面对面”举办“民生社保　情系群众”宣传活动，采用“情景剧＋社保知识抢答＋专家点评”的形式宣传社保新政，普及社保知识。

开展两期微博社保知识有奖竞答和有奖转发活动，进一步提高社会保险的社会知晓度和官方微博的覆盖面和宣传力度。两期活动“粉丝”共计增长25583人次，“粉丝”总数突破11万人。

在电台开设《兴之所至　民生社保》热线专题节目，宣传社保政策流程、解答群众疑问。每期节目结合佛山市社保工作实际以及社情民意，确定一个访谈主题，由市社保局领导带队上线，现场解答市民有关社保问题的咨询以及进行重点话题讨论。节目共播出36期，接到近2000个热线问题，全部给予答复，办结率100%。“民生社保”热线是市社保局结合工作实际创新实践，拓宽听取群众意见渠道、解决参保人实际问题的重要举措。节目在解决市民实际问题，并受到广大市民的热烈欢迎的同时，也推进了市社保局社保信息公开和各项工作的开展。及时做好社保动态新闻发布，并在《佛山日报》开设“社保热线”专栏，确保社会公众对社保政策法规和社保事业发展动态的知情权。与中国电信合作推出“E信通”，根据业务开展需要和信息公开专项行动的要求发送短信提醒参保人。

【社保部门作风建设】 2014年，佛山市社保部门深入开展党的群众路线教育实践活动，依法行政工作稳步推进。一是开展群众路线教育，培育和弘扬社保精神。根据市委实践办有关要求，成立教育实践活动领导小组，并结合实际制订活动实施方案，做好各环节教育活动，广泛宣传营造良好活动氛围，采取多种形式组织学习教育，开展局领导体检式学习，并广泛征求意见，制订整改台账，取得阶段性成效。二是大力落实权责清单编制工作。3月开始对所有对外行政职权进行清理，经过近5个月集中的讨论、研究和沟通，报送、确认51项行政职权总清单、4项监管清单和2项审批清单。三是认真对待信访事项，重视社保维稳工作。全年转办、答复局长信箱信访咨询件860件、行政投诉件83件、“12345”热线工单710条、网络发言人平台385件，来访来信及其他部门转办信访件106件，共计2144件。四是完善社保经办服务制度体系。整理发布一系列经办服务制度，如《社保服务首问责任制》《社保经办业务一次性告知制》《人社大厅社保咨询服务工作制》《社保工作人员礼仪规范》《社保服务用语及禁忌用语范例》。

（佛山市社保局）

社会福利

【综述】 2014年，佛山市民政工作紧密结合深入开展党的群众路线教育实践活动和建设人民满意政府等重要部署，着力保障底线民生、强化民政服务、提升社会福利水平，全市社会救助、防灾减灾、养老服务、优抚安置、专业社工等工作有序推进，成效显著。

【社会救助】 2014年，佛山市社会救助保障水平稳步提高。困难群众基本生活救助。科学测算并调整2014年城乡低保标准。全市城乡低保标准从1月1日起统一由470元/人·月提高到510元/人·月，城镇低保补差水平不低于369元/人·月，农村低保补差水平不低于290元/人·月。进一步加大五保供养保障力度。从1月1日起，将农村五保供养标准确定参数从不低于当地上年度农村居民人均纯收入的60%统一提高为不低于70%（城镇“三无”人员供养标准参照执行），调整后五区五保供养标准整体提高50～265元。

完善临时救助工作制度。一是及时启动低收入居民临时生活补助联动机制。根据全市物价上涨情况，全年共向低保对象、五保对象和城镇“三无”救济对象及时发放临时生活补助金共计803.7万元，有效保障困难群众的基本生活。二是做好困难群体春节生活补贴发放。全市向35274名城乡低保对象、2588名农村五保对象按照每人150元的标准，发放2014年元旦春节期间一次性临时价格补贴共计567.93万元。三是完善临时救助政策制定。起草《佛山市临时救助暂行办法》，进一步发挥社会救助托底线、救急难的作用，解决城乡困难群众突发性、紧迫性、临时性基本生活困难。四是试点开展“救急难”工作。南海区试点开展“救急难”工作，并成立工作领导小组、制订工作方案和筹建“救急难”专项基金等。

提高大病医疗救助水平。一是探索推动实施异地务工人员大病救助。起草制订《佛山市异地务工人员大病救助实施试行办法》，将对佛山市外来务工人员中因罹患重大疾病造成个人负担医疗费用过高而导致生活困难者提供救助。二是提高城乡低保对象大病医疗救助报销比例。从2014年7月1日起，全市城乡低保对象在一级、二级、三级医保定点医疗机构就医的报销比例分别提高到不低于90%、不低于80%和不低于70%，在政策范围内住院自付医疗费用救助比例平均达80%，年报销封顶线6万元。三是完善医疗救助“一站式”结算服务。各区全面提高救助水平，取消医疗救助起付线、住院押金和病种限制，超出医改责任书要求的12类大病医疗救助试点范围。

强化困难对象救助核查。建立救助申请家庭经济状况核对机制，增设佛山市救助申请家庭经济状况核对办公室并配备了工作人员。各区分别出台相关文件，成立救助申请家庭经济状况核对工作领导小组、居民经济状况核查委员会和建立救助申请家庭经济状况信息核对平台。实施低保、五保对象大普查，联合市直相关部门到各区开展低保、五保工作落实情况督导检查，委托社工机构到低保困难家庭进行入户抽查。通过普查、督查和抽查等手段促进全市困难对象救助政策的落实执行，做到“应保尽保、应退尽退”，规范和完善保障管理。

农村五保供养有关工作。完成敬老院事业单位法人登记工作任务。全市需纳入事业单位法人登记的37间敬老院全部完成登记，登记率100%。实施“暖心行动”工作，采取“一对一、一对多、多对一、多对多”等形式，统筹安排党员、村干部联系困难五保户。全市第四季度“暖心行动”共结对党员和干部3000多人次，结对帮扶重病、重残等失能、半失能五保对象1600多名。

【防灾减灾救灾】 2014年，佛山市防灾减灾救灾工作不断加强。做好汛期防灾减灾工作。一是加强汛期前期排查。组织汛期前准备工作检查组，到各区进行汛期防汛工作检查，为汛期救灾减灾工作做好思想和物资准备。二是坚持24小时值班制度。6月的“威马逊”和9月的“海欧”两大强台风期间，各级民政干部坚守值班第一线，确保通讯畅通。三是成功举办2014年“5·12防灾减灾日”宣传周暨防灾减灾演练活动。四是加强灾情信息管理。落实民政部《自然灾害统计报告制度》，保证灾害发生时灾情信息报送渠道和救灾通讯网络畅通，确保灾害信息初报及时，续报详细，核报准确。

完善救灾应急队伍建设。针对村（居）换届选举后灾害信息员调整的情况，及时举行3期灾害信息员培训班，就自然灾害统计及灾害灾情报送系统操作等内容对区、镇（街道）、村（居）3级灾害信息员共470人进行全面培训。组建佛山市救灾志愿者队伍，专门负责自然灾害应急救助、防灾减灾宣传等，提高灾害应急救助水平和能力。

加强救灾物资网络建设。完善救灾物资仓储，提高救灾备灾能力。开展救灾物资清查，报废过期救灾物资，并购置补充新物资。继续采取与超市签订应急物资代储协议的方式，建立救灾物资代储点。研究起草佛山救灾物资储备规划和应急避护场所建设规划，在岭南明珠体育馆避护场所内增建200平方米应急物资储备仓库，落实配备救灾应急物资，保障险情出现时及时对受灾群众进行紧急安置和生活救助。市、区、镇（街道）级相关救灾物资仓储建设不断完善。加强综合减灾示范社区创建。加大资金投入，加强创建力度，并按照综合减灾示范社区标准全面开展创建活动。全市“全国综合减灾示范社区”累计达120个，城乡综合减灾防灾能力不断提高。

顺利组织开展“6·30广东（佛山）扶贫济困日”活动，募集到账捐款3332.04万元；推动支援云南鲁甸灾区抗震救灾工作，募集到抗震救灾捐款302.17万元。

【社会工作专业发展】 2014年，佛山市报名参加全国社会工作者职业水平考试的人数共8129人，创佛山历年报考人数和全省各市年度报考人数之最。全市累计持证社工人数达3245人，位居全省前列。设立了两个“社会工作专业人才培育基地”，成立了佛山市社会工作协会。开展佛山市2014年“岭南社工宣传周”系列活动和佛山市社工青春体验营活动，提升社工服务社会认知度。社工机构建设扶持力度不断加大，全市96家社工机构共获得政府购买服务项目306个，项目资金总额达8000多万元。此外，加大社工人才培训力度，举办了继续教育培训班。组织佛山市社工支援鲁甸服务队，深入地震灾区开展社工服务。

【养老服务】 2014年，佛山市不断提升社会福利和养老服务，加快推动养老机构床位建设。新建民办养老机构3间，全市68间公办、民办养老机构以及其他类型的日托中心共有收养性床位13301张。五区在建、已立项或计划1～2年内新建床位近万张。养老机构管理服务水平不断提高，新增省特级福利机构和省一级福利机构各1家，确立两个养老机构和两个居家养老单位试点，探索推进养老服务标准化建设。养老服务业发展优惠政策得到落实，医养结合养老服务新模式逐步形成。此外，修订《佛山市老年人优待办法》，落实外埠老人优待服务，增加户籍老人优待项目。做好高龄津贴发放工作，高明区、禅城区继南海区之后出台向70～79岁老人发放高龄津贴的政策。同时，立项开展佛山市老年人信息管理平台建设。

【双拥优抚安置工作】 2014年，佛山市进一步加强双拥优抚安置工作。按照10.8%的增幅调整全市优抚对象补助标准。随军家属一次性安置补助金标准提高至75519元。全市接收2013年冬季退役士兵1171人。各区均实现安置补助标准城乡一体化，并对退役士兵发放经济补助金5519.55万元。开展退役士兵教育培训，创新复退军人服务管理。推进双拥模范城创建工作，动员全市军民参与双拥模范城创建。组织开展慰问部队、重点优抚对象座谈和“双拥在基层”“双百拥军行”以及军地青年联谊活动等。召开“佛山市纪念建军87周年暨创建双拥模范城动员大会”。举行“清明祭奠革命先烈大会”和“9·30烈士公祭活动”。顺利推进零散烈士纪念设施抢救保护工作。加强拥军优属工作宣传，建立“佛山市双拥网”。

2014年7月26日，佛山市开展“幸福双拥 情定佛山——2014年佛山市军地青年联谊活动”。

【福利彩票】 2014年，佛山市福利彩票销售管理成绩突出，福利彩票发行工作安全有序，销售总额达18.69亿元，同比增幅8.53%。

【殡葬管理】 佛山市民政部门继续抓好殡葬管理工作。组织开展殡改宣传月与殡仪馆开放日活动，切实落实基本殡葬服务费减免政策，连续11年开展“绿色殡葬、回归自然”骨灰植树活动，妥善做好清明安保工作。

（吕龙锋）

老龄工作

【综述】 2014年，佛山市企业退休职工月人均养老金达2438元，比2013年提高14%，惠及445万人，全市有70%以上退休人员实行社会化管理。2014年，全市设立家庭病床共9013人次，其中老年人占99%，享受定点医疗机构提供家庭病床服务的老年病人有680人。全市各镇、街道设立社区卫生服务中心80所，社区卫生服务站328所，各级医院都设有老年内科，有的还提供临终医疗服务。各级卫生社区服务机构着手对辖区内65岁以上老年人进行登记和健康管理，提供疾病防治预防和自我保健等健康指导服务，并对建档管理的老年人开展每年一次健康体检。

【老年人优待政策】 2014年，根据新修订的《中华人民共和国老年人权益保障法》和《广东省老年人优待办法》的有关规定，结合全市实际，佛山市对原《佛山市老年人优待办法》进行修订：一是重点突出“对常住本行政区域内的外埠老年人给予同等优待”的规定，增加对常住佛山市外埠户籍老年人在公共交通、文化娱乐、体育活动、公园旅游景点方面实施优待的内容；二是在原办法基础上，进一步充实对佛山市户籍老年人的优待内容，增加户籍老年人在社会救助、医疗卫生、机构养老、殡葬费用减免方面的优待政策。新修订的《佛山市老年人优待办法》和相关配套措施经佛山市人民政府常务会议通过并于2014年9月30日印发施行。

【高龄津贴】 2014年，佛山市高龄津贴进一步提标扩面。一是截至2014年底，佛山市80周岁以上户籍老年人口共7.27万人，全部享受到政府发放的高龄津贴，全年全市按时足额发放80周岁以上高龄津贴共1.21亿元。二是各区在巩固落实80岁以上高龄老人津贴制度基础上，还根据自身实际，进一步提标扩面。其中，三水区从2012年1月起在执行全市标准的基础上，把80岁以上高龄津贴每人每月提高100～200元；2013年至2014年1月期间，佛山市南海区、高明区政府先后将高龄津贴发放范围扩大至70周岁以上老人，70～79岁户籍老人每人每月均补贴30元，南海区100周岁以上老人高龄津贴标准从每月300元提高至500元。

【“银龄安康行动”】 2014年4月22日，佛山市正式启动“银龄安康行动”。作为一项惠及老年人的民心工程和德政工程，“银龄安康行动”突破65岁以上老年人难以购买商业保险的年龄限制，解决老年人因意外住院照护费用不能由医保支付的难题，得到各级党委政府的重视支持、社会各界的热情参与和广大群众的积极响应。至2014年底，参保人数达到16.5万人，实现覆盖率26%（佛山市2013年底全市老年人人口62.5万人），超过省民政厅提出2014年参保人数达到15%的年度目标要求，累计保费金额约220万元，其中政府出资157万元，群众自付费出资63万元。2014年，全市老年人保险理赔46例，赔付金额3.5万元。

佛山市实施“银龄安康行动”是贯彻全省及佛山市民政局、老龄办、中国人寿联合发起“银龄安康行动”的文件精神，动员全社会各方面力量，提升全市老年人保障服务水平的一项举措。

【新“老年法”普法宣传活动】 2014年5月至6月期间，佛山市举办新“老年法”讲座培训班，开展新“老年法”普法宣传活动。主要对新修订的《中华人民共和国老年人权益保障法》以及新修订的《广东省老年人优待办法》进行案例分析与讲解，并针对公众关注的热点问题与培训学员进行互动讨论。此次宣传活动的开展，使学员们进一步了解国家、省一系列关于老龄工作的方针政策，有利于全市老龄工作者提高学法懂法水平，发挥好基层老龄组织的支撑作用，运用老龄法规，夯实老年人维权工作。

【佛山市第八届老年人运动会】 2014年10月，佛山市举办佛山市第八届老年人运动会。该届市老年人运动会于2014年10月9日拉开帷幕，共有7支代表队、430多名运动员参加，参赛选手年龄最大的高达82岁。比赛项目根据老年人的特点设置了门球、乒乓球、象棋、台球、体育舞蹈、太极拳（剑）、秧歌七个项目。该届老年人运动会以“重在参与，重在交流，重在健身，重在快乐”和“安全第一，健康第一，友谊第一”为宗旨，为老年人提供一个展示技艺水平和新时代老年人热爱生活、积极向上、快乐健康的平台。

【“敬老月”系列活动】 2014年，佛山市根据全国、省老龄委关于开展2014年“敬老月”活动的要求，制定印发《2014年佛山市“敬老月”活动实施方案》，要求各地老龄委、各涉老单位结合实际，开展内容丰富、形式多样的“敬老月”活动。一是各区充分发挥主流媒体宣传作用，通过报纸、电台、电视台播放敬老助老公益宣传广告，各基层社区也利用宣传橱窗、画廊、广播等形式开展“传承中华美德·弘扬敬老文化”为主题的“敬老月”宣传活动。二是在“敬老月”活动期间，市、区老龄办分别组织了一系列敬老慰问和“助老扶困”活动。三是开展“为老”志愿服务活动。各区组织社工（义工）开展为老年人提供维权咨询、义诊、老年人安全防范、健康卫生知识、理发、游园活动等各项适合老人参与的项目。

（老龄办）

2014年10月，佛山市举办佛山市第八届老年人运动会。

物　价

物价改革与管理

【综述】 2014年，佛山市价格工作部门贯彻落实国家和广东省稳定物价保障民生的决策部署，按照市委、市政府工作部署的要求，加强价格调控，突出稳价惠民，规范价费行为，推进价费改革，强化价费监管，较好地发挥职能作用，保持全市价格总体水平和群众生活基本稳定。

【价格综合调控】 2014年，佛山市居民消费价格指数（CPI）同比涨幅呈平稳态势。全市居民消费价格指数（CPI）同比涨幅2.3%，低于预期调控目标1.2个百分点。

加强蔬菜大棚、冷链设施、平价商店建设（简称“三项建设”）的管理。开发“三项建设”信息管理平台，培训200多名“三项建设”信息管理人员；运用价格调节基金扶持13间蔬菜大棚、17家冷藏设施、225家平价商店；完善平价商店考核和退出机制，新建43家平价商店。全市共有平价商店343家，形成覆盖镇（街）、社区、保障房小区的平价商店网络。全年平价商店销售总额15.06亿元，优惠总额1.72亿元，较好地发挥了平价商店稳价保供作用。

加大价格调节基金的征收使用管理力度。全市价格调节基金入库1.6亿元。运用市级价格调节基金1800多万元扶持蔬菜大棚、冷藏设施、平价商店、“菜篮子”工程建设、恢复灾后生产和补贴临时价格，为调控市场价格、保持物价稳定、保障群众生活发挥积极作用。同时，探索建立价格调节基金稳价惠民的长效机制，完成2012年和2013年价格调节基金使用项目绩效自评工作。

按照低收入群体临时价格补贴与物价上涨联动机制，并根据低收入居民基本生活费用价格指数的涨幅情况，及时启动联动机制7次，全市共发放补贴895.98万元，惠及群众28.45万人次。进一步完善低收入群众临时价格补贴与物价上涨联动机制，将临界低收入群体纳入联动机制临时价格补贴范围，同时提高临时价格补贴标准，保障低收入群众不因物价上涨而影响基本生活。

【收费专项治理工作】 2014年，佛山市加大清费减负力度，促进各项惠民政策落实。组织开展各项清理收费专项治理工作。组织实施治理行政管理前置事项指定服务机构高额收费问题专项行动；开展行政事业性和经营服务性收费年审，全面审查各行政单位的收费行为；开展整顿规范进出口环节经营性服务和收费工作，进一步减轻进出口企业负担；开展社会团体收费清理整顿工作，解决当前社会团体在收费、培训等方面存在的问题，推进社会团体依法自治。

贯彻落实国家和省各项清费减负措施，着力抓好清费减负措施落实。全市取消、降低、免征58项行政事业性收费，其中两次降低堤围防护费征收费标准，降幅达30%；同时，取消、放开和下放25项经营服务性收费和中介收费定价项目，全年减轻企业和群众负担超过6亿元。进一步完善路桥通行费年票政策，降低营运车辆年票收费标准，为营运车车主减轻负担1.3亿元。贯彻执行社会养老服务机构用水、用气、用电执行居民类价格的优惠政策；继续对低保户、五保户家庭实行电信资费、有线数字电视收视费优惠。落实平价商店用电价格优惠扶持政策。

【价格改革】 2014年，佛山市积极探索价格改革，不断规范收费行为。

开展主要由市场决定价格机制的研究，完成《深化价格改革完善价格机制》课题。该课题对佛山市价格机制改革进行深入研究，梳理全市五区的职能管理权责清单与实行政府定价、政府指导价管理的价费项目，针对价格管理的现状及存在问题，提出今后价格管理的价格改革方向、基本原则、主要任务和相关建议。探索价格监测改革，采取业务指导与购买服务相结合的方式完成了价格监测工作。组织开展了调整医疗废物处理收费标准、价格调节基金征收管理使用、临时价格补贴联动机制等专项改革调研。

建立和完善职权清单、涉企收费目录清单和行政事业性收费清单制度。市（区）各部门除政府定价或指导价的职权清单之外一律不得批费收费。市发展和改革局网站价费公示公告栏开设“行政事业收费”“涉企收费优惠政策目录”“经营性收费”“大型骨干企业行政事业性收费”等专栏，并根据政策变化及时更新公示内容。严格执行行政事业性收费许可证制度。

贯彻落实药品和医疗服务价格管理政策，改革非公立医疗机构医疗服务价格管理方式，审核医用耗材及检验试剂集中招标采购代理服务收费标准。稳妥推进车用压缩天然气计价方式转换。调整活羊定点屠宰加工服务和瓶装液化石油气送气服务收费标准。制定家禽集中屠宰价格管理指导意见。加强出租汽车经济承包经营服务收费的管理。规范车辆救援服务和收费行为。制定殡葬服务收费价格管理规定。出台电动汽车充电服务费试行标准和蓄冷电价政策。

【价格基础建设】 2014年，佛山市落实价格监测、分析、预警制度，及时预测市场价格动态。加强价格监测点报价员的培训，按照平时调查、节假日及紧急状态下密切监视相结合的原则，加强市场供求、市场价格的巡查，及时向公众发布价格信息。组织开展陶瓷价格指数报价员的培训，较好地完成佛山陶瓷价格指数编制工作。组织开展殡葬服务、医疗垃圾、管道天然气和车用天然气的成本监审，完成路桥收费项目债务余额情况和年次票收支还贷情况成本调查。

2014年，全市共查处价格违法案件35宗，实施经济制裁80万元，其中退还用户0.3万元，没收违法所得金额45.1万元，罚款34.6万元。全市共接到价格举报投诉、政策咨询3338件，比2013年同期上升57.3%，做到件件有答复，事事有落实。加强对市场价格的监管，按照省、市有关工作部署，及时组织开展殡葬服务收费告诫活动和涉企收费、医药卫生服务价格、教育收费等专项检查以及成品油价格等日常检查。进一步巩固农贸市场明码标价工作，印制《佛山市农贸市场明码标价巡查手册》和政策宣传小册子，免费派发给农贸市场经营管理公司和场内经营户，将农贸市场明码标价作为日常性工作常抓不懈。协调推进宽带网络建设中遇到的相关问题。

进一步加强价格认证机构规范化建设，开展年度价格鉴定档案互查工作；佛山市物价局价格认证中心明确为行政裁决类事项“涉案财产价格鉴定复核裁定”的行政执法主体；全市共办理行政执法机关委托的价格鉴定10341宗，鉴定标的总额为8.97亿元，完成价格咨询服务13679宗。

（罗志雄）

市场主要商品价格

【综述】 2014年，佛山市市场主要商品价格与2013年相比总体较为平稳，其中：主要粮食月平均价格略有上升，食用油价格逐月下降，猪肉价格稳中趋降，鸡肉价格小幅上升，水产品及蔬菜价格波动下行，饲料价格稳中有降，液化气及成品油价格震荡下行，工业生产资料价格平稳下行，城市居民服务价格总体平稳，房屋销售价格总体微降。

【主要粮食及副食品价格运行情况】 主要粮食价格上升。2014年佛山市14种粮食月平均价格5.15元/500克与2013年4.81元/500克相比上升7.07%，具体走势表现为：受翘尾因素影响，粮食每500克平均价在5.07元至5.27元之间徘徊。春节上涨，节后回落，春夏较为平稳，立秋后小幅上升，冬至后稳中微升。

2013 ~ 2014 年 14 种粮食月均价走势图

单位：元 /500 克

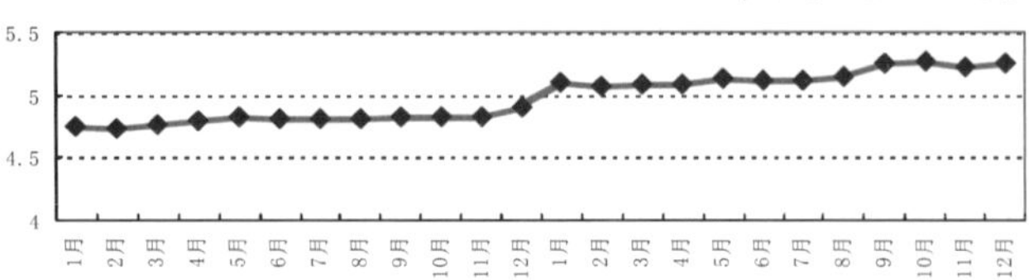

食用油价格逐月下降。2014 年佛山市 9 种 5 升装食用油均价 90.08 元 / 桶与 2013 年 97.28 元 / 桶相比下降 7.4%。本年度食用油价格在国际油脂原料价格波动下行及国内市场供过于求的大环境下，总体呈逐月下降的走势，月均价在 88.6 元 / 桶至 92.8 元 / 桶之间徘徊。由于产能过剩、库存高企、社团购买力下降等因素综合影响，即使在中秋、国庆等传统消费旺季带动下，价格仍难以回升。随着年底消费旺季的到来，各商家纷纷推出打折促销活动，12 月食用油价格创全年最低位 88.6 元 / 桶，与年初 1 月均价 92.8 元 / 桶相比跌幅达 4.53%。

2013 ~ 2014 年 9 种食用油月均价走势图

单位：元 / 桶

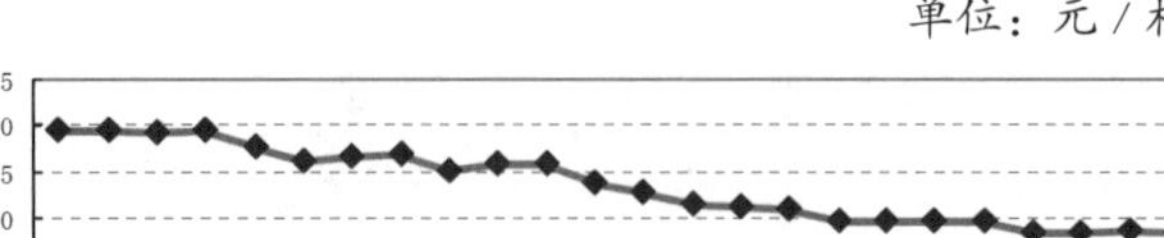

生猪、猪肉价格波动下降，白条猪肉价格较为平稳。受生猪市场供应及季节性需求变动等波动性因素的影响，佛山市 2014 年猪肉市场各环节价格呈震荡波动的局面。2014 年佛山市 4 种猪肉月平均价格 14.61 元 /500 克与 2013 年 16.43 元 /500 克相比下降 11.08%，生猪出场价 6.79 元 /500 克与 2013 年 7.04 元 /500 克相比下降 3.55%，白条猪肉批发价 8.9 元 /500 克与 2013 年 8.75 元 /500 克相比上升 1.71%。白条猪肉全年批发均价在 7.75 元 /500 克至 9.73 元 /500 克之间波动，4 种猪肉全年零售均价在 13.9 元 /500 克至 15 元 /500 克之间波动。

2013 ~ 2014 年猪肉月均价、生猪出栏价、白条猪肉批发均价走势图

单位：元 /500 克

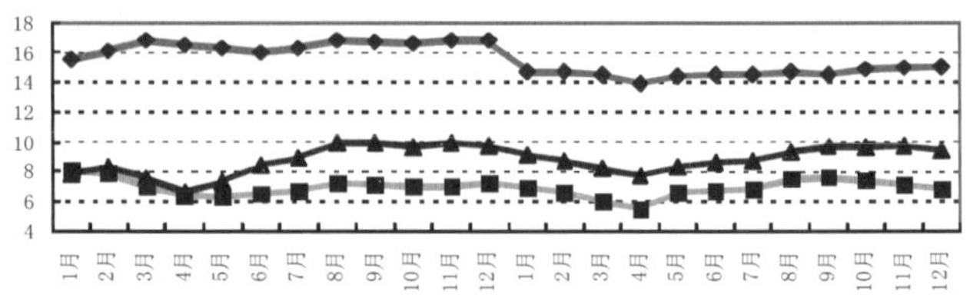

上线：猪肉　中线：生猪　下线：白条猪肉

鸡肉、鸡蛋价格小幅上升。2014 年受禽流感疫情、季节性气候变化、养殖成本及供求关系等因素影响，佛山市鸡肉和鸡蛋价格总体小幅上升。2014 年鸡肉均价 13.24 元 /500 克与 2013 年 12.14 元 /500 克相比上升 9.06%。年初受到禽流感疫情的负面影响，1 月鸡肉均价以 12 元 /500 克低开，2 月跌至全年最低价 11.9 元 /500 克，随着禽流感疫情消退、市场需求开始回暖，加上受佛山市实施“集中屠宰、冷链运输、生鲜上市”政策影响，鸡肉价格开始逐月稳步上涨，12 月均价 14.5 元 /500 克创下全年新高。另一方面，受鸡肉价格波动上升的推动，鸡蛋价格全年走势总体稳中有升。2014 年佛山市鸡蛋均价 6.42 元 /500 克与 2013 年 5.83 元 /500 克相比上升 10.12%。

2013 ~ 2014 年鸡肉、鸡蛋月均价走势图

单位：元 /500 克

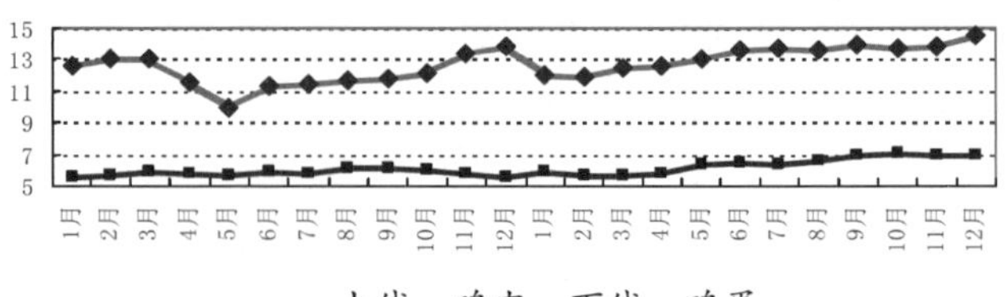

上线：鸡肉　下线：鸡蛋

水产品、蔬菜价格波动下行。2014 年，佛山市水产品价格总体呈现年初先升后平稳回落，南海休渔期结束前夕再小幅上升的走势。水产品均价 23.28 元 /500 克与 2013 年 26.08 元 /500 克相比下降 10.74%。2 月由于天气持续寒冷，春节市场需求旺盛而货源紧张，导致水产品价格走高，4 月开始

进入珠江休渔期，河鲜供应偏紧致水产品价格小幅上涨，9 月由于南海休渔期尚未结束，水产品库存持续减少，供不应求导致其价格攀升，随着休渔期结束后货源供应渐增，价格开始逐月平稳回落。

2013 ~ 2014 年 11 种水产品月均价走势图

单位：元 /500 克

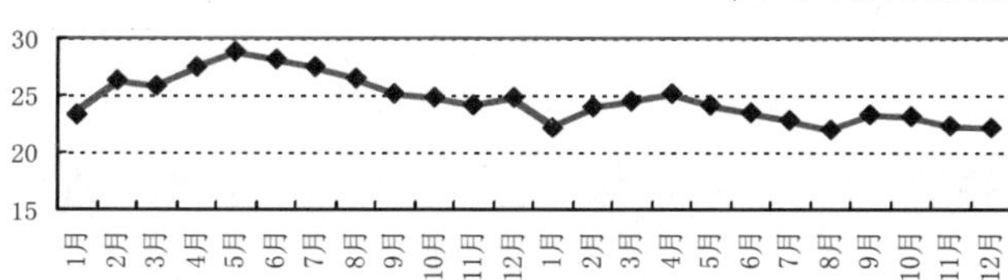

2014 年佛山市蔬菜价格受天气和季节因素影响较大，其价格 3.6 元 /500 克与 2013 年 4.08 元 /500 克相比下降 11.76%，呈现季节性波动的"M 型"局面：年初受天气及春节消费需求旺盛影响，佛山市蔬菜供应减少，使月 2 月、3 月蔬菜均价小幅上升，3 月均价 4.1 元 /500 克达到全年最高价。随后进入夏季，气温逐渐上升，进入蔬菜生长快速期，价格逐步回落平稳运行。进入 9 月台风暴雨天气频繁，对蔬菜的生长和运输有不同程度的阻碍，菜价再次上涨，到 10 月秋高气爽，蔬菜的"换季期"提早完成，大棚蔬菜、冬储菜陆续上市，年底需求增长，供应宽松，菜价平稳运行。

2013 ~ 2014 年 30 种蔬菜月均价走势图

单位：元 /500 克

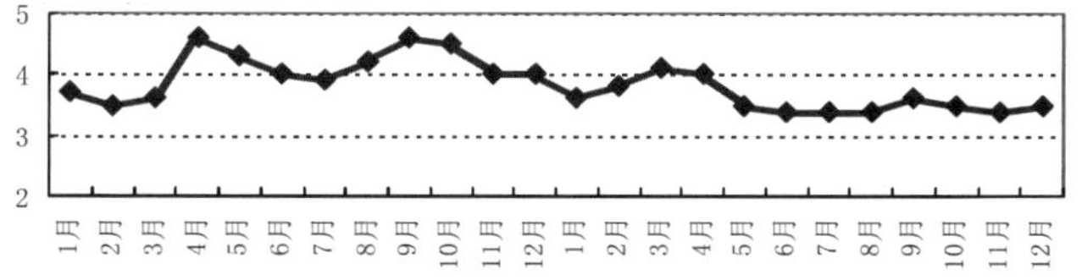

【饲料、液化石油气、成品油及工业生产资料价格运行情况】 2014 年，佛山市饲料价格总体稳中有降。在猪肉市场各环节较为波动及禽蛋市场相对低迷等因素影响下，玉米、豆粕、米糠、麦皮饲料价格总体稳中有降。2014 年佛山市饲料价格 2.56 元 / 公斤与 2013 年 2.61 元 / 公斤相比下降 1.92%。

2013 ~ 2014 年 4 种饲料月均价走势图

单位：元 / 公斤

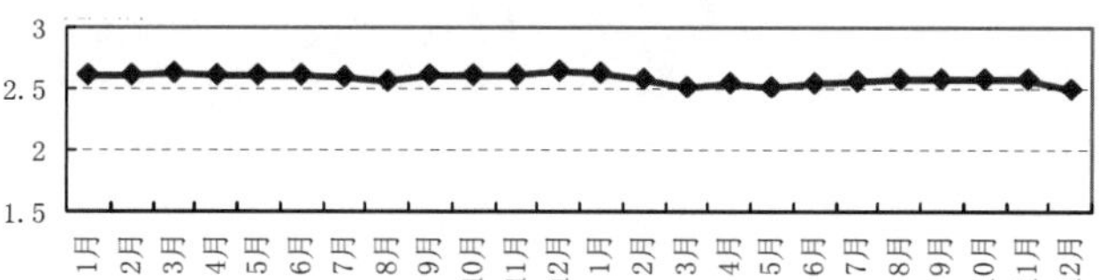

液化石油气、成品油价格震荡下行。2014 年佛山市液化气价格 116.36 元 / 瓶与 2013 年 117.76 元 / 瓶相比下降 1.19%。本年度受国际石油增产、国际油气价格屡创新低和国产气价格持续下降的影响，佛山市瓶装液化气零售价格一路走低。另一方面，2014 年成品油在国家政策调控下，呈小幅下行的局面，成品油均价 8493 元 / 吨与 2013 年 9054 元 / 吨相比下降 6.2%。

工业生产资料价格平稳下行。经济数据的交错表现是造成有色金属价格震荡的主要原因，2014 年佛山市有色金属均价 59738 元 / 吨与 2013 年 60304 元 / 吨相比下降 0.94%。第一季度有色金属均价延续 2013 年年底的平稳走势，到第二季度受多项经济数据利好带动略有上升，在 5 月创全年最高价 63406 元 / 吨，进入第三季度后由于有色金属产量上升，库存充足，但经济增速有所放缓，供应格局略显宽松，其价格开始走低，并在 12 月创下全年最低价位。

【城市居民服务价格及房屋销售价格】 2014 年，佛山市城市居民服务价格总体较为平稳，特别是旅游娱乐类的价格并未受春节、五一、端午节、中秋、国庆等节假日消费旺季的来临而有所提高。另一方面，汽运票价及公路票价等受国外原油价格波动及国内油价调控政策影响略有波动。房地产 2014 年上半年度受国家调控政策及投资低迷的影响下，其价格一路震荡运行，延续至下半年 8 月由于佛山市限购政策松绑，购房刚性需求得到一定释放，利好消息推动下房屋销售价格逐步回暖，整年平均价格呈现"M"型走势。

（罗志雄）

婚姻家庭 · 计划生育

婚姻登记

【综述】 2014年，佛山市抓好全市婚姻登记日常管理和高峰期登记工作。加强各区婚姻登记工作的日常监督指导，确保全市婚姻登记工作开展有序、规范。重点做好涉港澳台和涉外婚姻登记工作，以及如"5·20""9·9"等特殊日子的婚姻登记高峰期工作。

2014年，佛山市共办理结婚登记39657对（其中国内居民39375对，涉外、华侨、港澳台282对），离婚登记9512对（其中国内居民9404对，涉外、华侨、港澳台108对），补领结婚证6095对（其中国内居民6017对，涉外、华侨、港澳台78对），补领离婚证382宗（其中国内居民378宗，涉外、华侨、港澳台4宗）。

【婚姻登记员培训】 2014年11月，佛山市举办全市婚姻登记员培训班，各区民政和外事侨务局业务科长、婚姻登记员和未取得《婚姻登记员》资格证书的婚姻登记工作人员参加培训。该次培训主要是为全面提升婚姻登记员的服务意识，规范服务行为，塑造服务形象及对婚姻登记员进行减压体验。根据民政部《关于开展婚姻登记机关等级评定工作的通知》及省民政厅《关于大力开展推进等级婚姻登记机关建设实施意见》要求，为确保等级婚姻登记机关创建工作顺利开展，佛山市组织28名婚姻登记员参加广东省民政厅举办的婚姻登记业务培训班。组织各区部门业务负责人、婚姻登记员赴广州市黄埔区和深圳市南山区、龙华新区婚姻登记处调研等级婚姻登记机关建设工作。

【婚姻登记机关标准化建设】 2014年，佛山市进一步推进婚姻登记机关标准化建设。组织各区分管业务负责人、区婚姻登记处负责人举行婚姻登记工作座谈会。各区重点汇报婚姻登记标准化建设进展情况和探讨婚姻登记疑难问题。

（吕龙锋）

计划生育

【综述】 2014年，佛山市常住人口出生率11.36‰，自然增长率7.44‰，全面完成广东省下达佛山市的人口指标任务。佛山市和南海区、顺德区、高明区、三水区被评为广东省2014年度人口与计划生育工作先进单位，受到广东省政府通报表彰。

【计划生育领导机制】 2014年，佛山市各级党委政府加大对计划生育工作的投入，落实党政一把手亲自抓、负总责，分管领导具体抓、负主责，其他领导和有关部门分工负责的工作机制，强化目标责任管理和绩效考评，严格执行"一票否决"制度。落实计划生育综合治理机制，完善综合治理责任制考核方案和操作办法，进一步明确计划生育综合治理部门职责。各级计划生育综合治理部门按照职责分工，加强协作，共同做好计划生育工作。落实计划生育挂钩帮扶制度，夯实基层工作基础。

【计划生育宣传教育】 2014年，佛山市整合卫生和计划生育宣传资源，健全计划生育新闻宣传工作制度，大力开展业务培训，并围绕群众关注的热点开展针对性的宣传。做好舆情监测，及时回应社会关切，全年佛山市没有出现不良社会影响的重大计划生育舆情。开设媒体计划生育宣传专栏，拓展新宣传平台。推动人口文化建设并取得新成效，禅城区石湾人口陶文化天地、南海区狮山镇健康体验馆、顺德区“人”“生”“家”系列人口文化阵地和佛山市第一人民医院健康教育学校被广东省卫生和计划生育委员会评为卫生和计划生育宣传示范基地，南海区狮山健康体验馆、顺德区“家文化”主题理念人口文化园、三水区荷花世界人口文化园被广东省卫生和计划生育委员会评为卫生和计划生育“十佳”宣传创新项目。

【计划生育利益导向机制】 2014 年，佛山市落实国家和省、市出台的各项计划生育奖励扶助制度，开展对象资格审核和资金发放等工作，确保奖励扶助金及时足额发放。提高农村部分计划生育家庭奖励标准，将标准从每人每月不低于 80 元提高到每人每月 150 元。围绕“妇幼健康服务年”主题，开展幸福家庭创建活动、生育关怀行动等，加大对计划生育特殊家庭的帮扶力度。

【孕前产前服务】 2014 年佛山市面向常住人口免费提供孕前优生健康检查服务，全年为 2.9 万对夫妇提供免费孕前优生健康检查，目标人群覆盖率达到 99% 以上。开展地中海贫血防控工作，共为 7.7 万名孕妇提供了规范的地中海贫血初筛检查服务，并为符合条件的人员发放补助。

【流动人口计划生育服务】 2014 年，佛山市广泛开展流动人口“春风送温暖”活动，做好流动人口动态监测工作，开展流动人口计划生育服务管理专项活动。开展流动人口卫生和计划生育基本公共服务均等化和区域协作试点工作，完善现居住地与户籍地共同管理模式。把流动人口计划生育工作融入政府流动人口综合服务管理平台和社区公共服务平台，纳入出租屋和流动人口综合服务管理体系，市政府出台《佛山市流动人口和出租屋服务管理办法》《佛山市居住房屋出租管理暂行办法》《佛山市新市民积分制服务管理暂行办法》等文件，均把计划生育工作纳入其中，推动公共服务管理措施、有关民生普惠政策与计划生育政策的衔接。

【计划生育依法行政】 2014 年，佛山市落实“一方是独生子女的夫妇可生育两个孩子”的生育政策。及时回应各界关注，发布政策指引，按照省的要求全面简化审批流程，方便符合条件的群众办理手续。从 2014 年 3 月 27 日开始受理群众申请至 12 月 31 日，全市共受理“单独两孩”再生育申请 13108 例，其中审批同意 13038 例。规范社会抚养费征收和管理，开展依法行政工作专项督查，规范基层执法行为。依法依规处理各类计划生育信访，全市全年无重大违法行政案件，无群访、闹访和突发性事件。推进便民利民，公开执法事项、程序和标准，严格执行一次性告知制、首问负责制和限时办结制，优化办理流程，方便群众办事。

【计划生育信息监测】 2014 年，佛山市进一步完善计划生育统计预警预报机制，定期开展数据质量评估和统计动态监测工作。加强数据安全管理，从制度层面预防信息泄密事件发生。深化应用佛山市全员数据共享平台，提升部门数据比对能力，提高数据完整率、逻辑准确率和网络化协作水平。加强卫生和计划生育部门数据资源的整合应用，利用出生证打印系统，核对全市 58 家产科医院分娩信息，提高计划生育出生统计的准确性和及时性。

【出生人口性别比治理】 2014 年，佛山市加大综合治理出生人口性别比偏高问题的力度，将完善制度与宣传教育、依法行政相结合，加强日常监管。市卫生和计划生育、食品药品监督管理、公安、工商等部门加大对非医学需要的胎儿性别鉴定和选择性别的人工终止妊娠案件查处力度，不定期开展专项整治行动，严肃查处一批违法违规的医疗机构和个人。

【计划生育队伍建设】 2014 年，佛山市充实配强基层计划生育干部队伍，落实镇（街）、村（居）两级计划生育工作人员福利待遇，计划生育专干为村（居）委委员或享受同等待遇。加强队伍能力建设，对各层次、各岗位的计划生育工作人员开展系统化、规范化培训，提高全市计划生育队伍素质和业务水平。

（何敏宏）

坚持稳中求进　突出改革创新

2015新的一页　图片特辑 FOSHAN YEARBOOK

景气和畅——构建社会安全网络

记载佛山辉煌岁月　见证城市腾飞轨迹

景气和畅——构建社会安全网络

平安佛山建设有新举措

2014 年，佛山市社会安全建设成效显著。基层“平安村居”和各行业“平安细胞”创建覆盖面 80%。公安“六大专项”打击整治行动获得全省第二名，“110”刑事警情同比下降 10%。禅桂新中心城区“禁摩禁电”平稳推进。出租屋管理进一步强化和规范。开展“全国安全社区”创建和基层安全生产网格化监管试点，里水、大沥、北滘、伦教镇被评为“全国安全社区”，新增安全生产达标企业 6272 家，总数达 19251 家。

2014 年 12 月 30 日，2014 佛山市公安局反恐处突实战演练举行。图为佛山市委书记刘悦伦（右 2）、代市长鲁毅（前右 4）等领导参观消防装备。

2015 年 3 月 23 日，佛山市市长鲁毅一行赴禅城区督查安全生产工作。图为在佛山德力梅塞尔气体有限公司的中控室，鲁毅（右 2）等督查并听取该公司相关人员对安全生产的汇报。

为确保春运安全，禅城民警在佛山火车站巡逻。

景气和畅——构建社会安全网络

2015 年 2 月 16 日，佛山市委书记刘悦伦一行分别到禅城区、顺德区进行春节前安全检查。图为刘悦伦（左 2）在顺德区乐从镇天佑广场超市检查。

为保障群众“舌尖上的安全”，佛山市公安局经侦部门联合药监、农业、烟草等部门开展联合检查。

2015 年 2 月 2 日，地铁民警装配上“科技三件套”（移动警务通、执法记录仪、多功能警闪肩灯），开始在地铁执勤。图为民警对一些携带大型包裹等物品的乘客进行检查。

大数据分析，网格化防控，三水区公安分局 110 指挥中心民警在接警。

景气和畅——构建社会安全网络

2014 年 11 月 14 日，中国安全生产科学研究院院长刘铁民为佛山市委理论学习中心组新《安全生产法》专题学习会作辅导报告。

2014 年 10 月 8 日，佛山市公安局经侦支队环境犯罪侦查大队揭牌。

消防演练。

2014 年 6 月 12 日，佛山军分区政委李玉林对北江大堤佛山防守段进行防汛部署。

填筑子堤演练。

景气和畅——构建社会安全网络

反恐演练大会。

搏击。

飞越人墙。

防爆队。

火海救人。

反恐摩托队。

景气和畅——构建社会安全网络

南海交警在南海桂城桂江小学举办“文明交通校园体验活动”。民警以互动有奖问答、情景模拟教学、角色扮演游戏、交通指挥手势学习、交警装备体验为活动形式，向在场师生和家长普及文明交通安全知识。

禅城区公安局举行大型警营开放日暨文明交通漫画大赛表彰仪式。图为一个小朋友戴上警察叔叔的大盖帽，坐在警用摩托车上。

大型警营开放日暨文明交通漫画大赛表彰仪式，吸引了大批市民驻足围观。

坚持稳中求进 突出改革创新

2015新的一页 图片特辑 FOSHAN YEARBOOK

民康物阜——民生社会事业

记载佛山辉煌岁月 见证城市腾飞轨迹

民康物阜——民生社会事业

民生保障有新提高

2014 年，佛山市大力发展民生社会事业，省、市民生实事全面完成。企业退休职工月人均基本养老金增长 14.2%，城乡居民社会养老保险基础养老金增长 12.5%。城乡低保标准提高 8.5%，城乡低保对象大病医疗救助报销比例平均达 80%，农村五保供养标准平均增长 26.4%。教育综合改革试验区建设加快，成为全省首个推进教育现代化先进市，全市五区在全省率先通过全国义务教育发展基本均衡区国家督导评估。实施技能晋升培训补贴，5.1 万人参加技能培训。实施创业带动就业政策，发放创业小额担保贷款 5616 万元，成功创业 6662 人，带动就业 3.6 万人。“零就业”家庭持续动态“清零”。加快构建“基层首诊、分级诊疗、双向转诊”模式，建立疾病应急救助制度，鼓励和引导社会办医，新增非公立医疗机构 57 家。新市民入户及随迁子女就读义务教育公办学校实施统一积分，符合条件异地务工人员随迁子女参加居民医保享受同等财政补贴，实行异地务工人员大病救助。

2015 年 1 月 20 日，佛山市委书记刘悦伦一行到禅城区参加佛山市 2015 年春节期间送温暖慰问活动。图为刘悦伦（左 3）在张槎街道敬老院逐一看望老人家，并与正在写书法的 86 岁的王伯亲切握手。

2015 年 1 月 20 日，佛山市代市长鲁毅来到顺德区进行 2015 年春节期间送温暖慰问活动。图为鲁毅（右 3）在和低保对象亲切交谈。

共青团高明区委完善青年创业创新服务体系，圆青年创业梦。

民康物阜——民生社会事业

2015年3月27日，德国巴伐利亚州因戈尔施塔特市首席市长克里斯蒂安·吕泽尔博士（后排左9）等德国客人参加了中国佛山市中医院与德国因戈尔施塔特市市立医院合作揭牌仪式，并与佛山市中医院的医护人员合影留念。

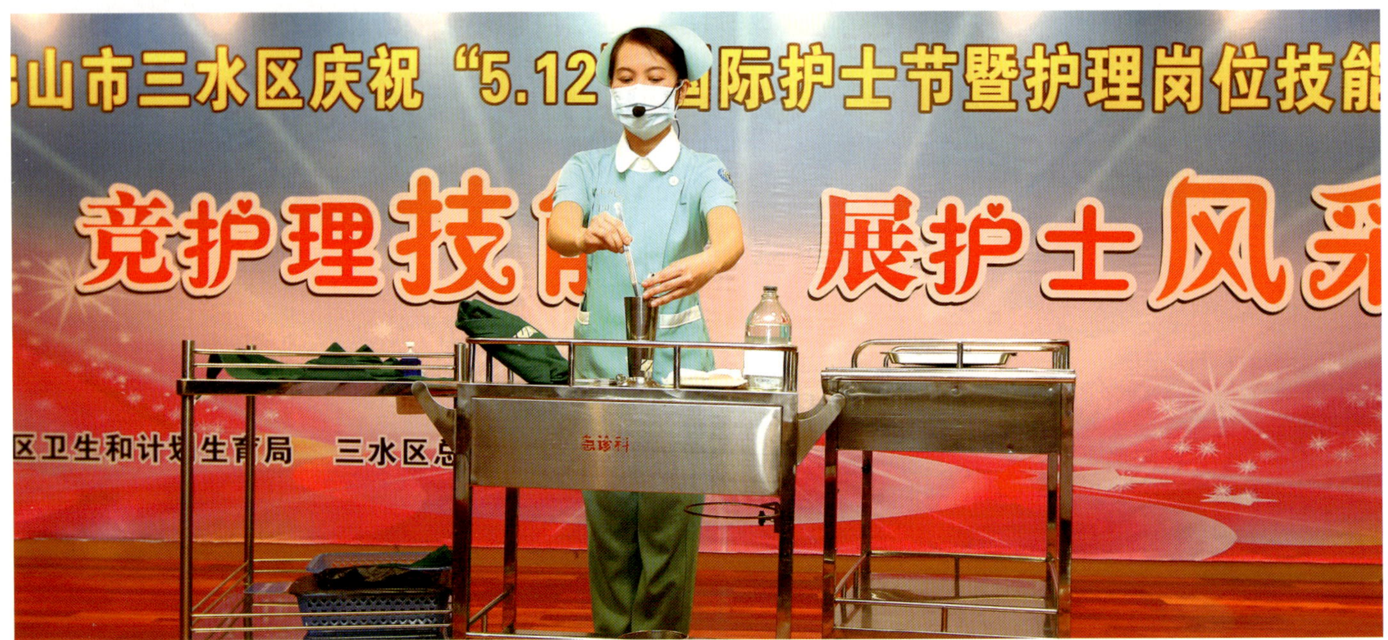

三水区庆祝“5·12”国际护士节暨护理岗位技能大赛表彰大会在三水区人民医院举行，“白衣天使”们展示护理技术、表演精彩节目，并接受表彰。

2015 年 1 月 5 日，顺德第一人民医院“支付宝服务窗”启动仪式。

佛山市第二人民医院内，市民们在等待取药。

民康物阜——民生社会事业

南海碧桂园物业与市中心血站南海站在社区超市门前共同举办“3 月雷锋月，献血暖人心”公益活动。

2015 年 1 月 15 日，团市委、市教育局、市少工委、市青少年文化宫联合在东鄱小学举行“佛山市红领巾艺术团训练基地”挂牌仪式，这是市红领巾艺术团在市青少年文化宫总部外的第一个训练基地。

2015外来工迎新春团年晚宴上，佛山市市长鲁毅（左2）等领导和500名外来工一起包饺子，吃团年饭。

120名困难家庭和外来务工人员的子女参加“福彩欢乐 缤纷童年”流动青少年宫东平小学冬令营，孩子们在运动场上把自己的“小飞机”送上天空。

民康物阜——民生社会事业

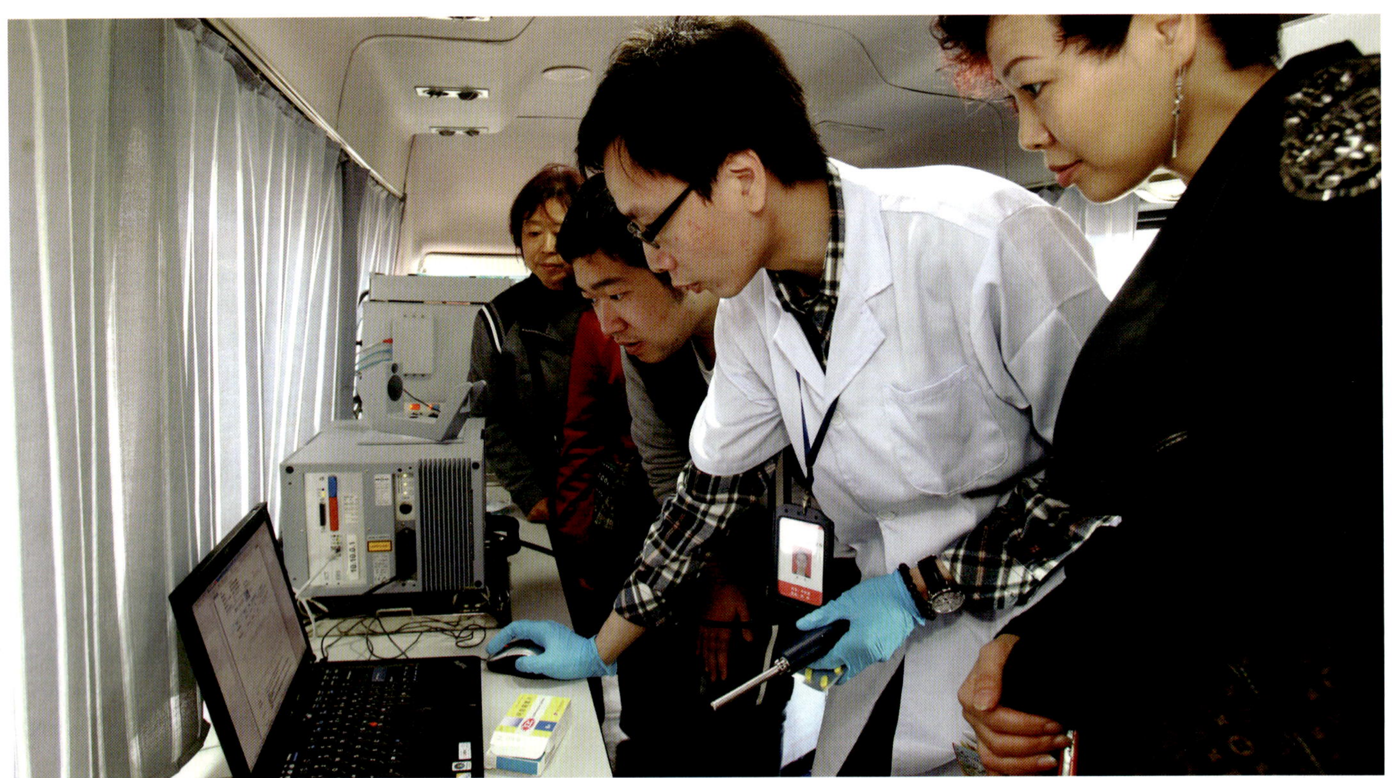

2015 年 3 月 14～15 日，由佛山日报社主办的“3·15”公益维权活动在禅城区举行。图为市民走上药品检测车，现场观看工作人员对药品进行快速鉴别。

市民在干净整洁的西南市场选购药材。

2015年1月9日，广东省食品药品监管局局长、省食安办主任段宇飞带队调研佛山市建设食品（农产品）安全示范市推进情况，佛山市副市长王玲、市政府秘书长徐东涛和市食品药品监管局局长、市食安办主任骆毓林等市、区有关部门领导陪同调研。

改造后的西南市场干净整洁。

民康物阜——民生社会事业

改善服务条件，提升服务水平，佛山市残疾人职业康复服务中心工程奠基。图为佛山市副市长麦洁华（右5）等人为残疾人职业康复服务中心工程奠基。

升平片区改造项目安置房选房顺序号抽签会上，第一位市民上场抽签。

佛山市副市长宋德平（前右 2）到行政服务中心考察“市民之窗”。

2014 年 7 月 10 日，市工商局举办佛山市创建“诚信经营示范店”首场活动。

民康物阜——民生社会事业

社会治理不断创新

在改革开放的浪潮中，佛山勇于解放思想，始终作为中国改革开放的排头兵走在时代前列。近年来推进的大部制等改革，在全国引起较大反响。全面实施企业注册登记改革，实行法人主体资格与经营资格、认缴资本与注册资本、住所与经营场所相分离的登记制度，初步建立“宽进、快审、严管”企业管理新模式，企业登记时间仅为 6 个工作日。推行企业投资负面清单、审批清单与监管清单“三单”管理制度，列明企业投资事前、事中、事后各环节的管理要求，建立全链条、全流程、全行业监管模式，初步实现企业投资“法无禁止则可为”。

基层社会治理创新稳步实施。开展“城乡社区建设提升年”活动，社区协同共治、社区服务水平不断提升。禅城区开展社区“一门式”服务试点，南海区开展社区网格化管理试点，三水区推行“一站式”公共服务平台。顺德区试点建立社会组织综合监管体系。各区均成立社会组织孵化培育基地，全市社会组织达 4663 家。成立社工人才培育基地、市社工协会和市志愿者联合会。全市村（居）完成换届选举工作，书记、主任“一肩挑”比例达 89.9%。

2014 年 12 月 4 日，民政部副部长顾朝曦（左 1）一行考察石湾镇街道“一门式”行政服务，希望禅城大胆推进“一门式”改革，能够在全市、全省甚至全国复制，让其他地方也能在部门之间打破壁垒实现资源互通共享。

市民在“一门式”的综合服务窗口办理业务。

市民在行政服务中心使用自动化设备办事。

佛山已经开通电子港澳通行证办理业务。图为电子港澳通行证样本。

民康物阜——民生社会事业

市民在“创建宜居城乡 · 市民有感体验”活动中感受城乡变化。

广东省非物质文化遗产官窑生菜会千人生菜宴。

坚持稳中求进 突出改革创新

2015新的一页 图片特辑 FOSHAN YEARBOOK

物华天宝——城市文化

记载佛山辉煌岁月 见证城市腾飞轨迹

物华天宝——城市文化

文化活动魅力彰显

2014年，佛山市文化建设成绩喜人。重点公共文化设施建设加快，市图书馆新馆投入使用，市文化馆新馆封顶，佛山大剧院加快建设。祖庙、仁寿寺、梁园等改造提升工程加快推进。成功举办中国“四大名镇”城市交流活动、佛山秋色欢乐节和亚太地区龙舟公开赛等活动。“魅力佛山　四季情韵”艺术惠民工程精彩纷呈。顺德区被联合国教科文组织评为“世界美食之都”。对外文化交流广泛开展，龙狮表演、剪纸、陶艺、香云纱等佛山非物质文化遗产在德国、澳大利亚等国展示。加强社会主义核心价值观宣传教育，开展“微文明”“微志愿”活动，创建全国文明城市深入推进，市民文明程度不断提升。

2015年3月5日，佛山2015年“温爱佛山”公益慈善系列活动之爱心集市在通济广场举行。图为佛山市市长鲁毅（前左3）等领导，与佛山好人——佛山无偿献血冠军许世彬（前左2）一起走过通济桥。

2015 佛山公益慈善盛典上，佛山市委副书记、市长鲁毅等领导与获奖企业、机构的代表及获奖个人合影。

2014 年 12 月 2 日，第四届顺德好人之星晚会在顺德演艺中心举行。顺德好人们集体亮相并向观众席竖起大拇指。

物华天宝——城市文化

2014“马上有爱”行通济元宵直播晚会电视直播位列元宵节同类晚会收视榜首。

2015 年 1 月 31 日，佛山电台举办首届电台新媒体网络主持人大赛。

2014 年 5 月 1 日，珠江时报社五一“大牌驾到”系列活动在东方广场举行。

2014 年 8 月 16 日，由佛山市文联、佛山市美协、南海区文联、丹灶镇政府等联合主办的“庆祝中华人民共和国成立 65 周年佛山市美术作品展览”在南海区丹灶镇隆重开幕。

物华天宝——城市文化

2014 年 11 月 8 日，中国“四大名镇”城市文化经贸交流合作会议系列活动在佛山市启动。

珠江商报社承办岭南美食文化节，20 家新晋顺德餐饮名店获授牌。

2015 年 3 月 1 日，三水区常举办“微文明 · 勤劳节俭”等大型户外宣传活动，提高市民文明意识。

佛山新城佛山市图书馆。

2014 年 6 月 25 日，佛山市档案局局长罗海明（右 2）到南海区档案局调研档案工作。

佛山新城档案中心、创意中心。

物华天宝——城市文化

2014 年 11 月 7 ~ 9 日，2014 佛山秋色欢乐节重头戏——秋色巡游举行。

2014 年 12 月 24 日至 2015 年 1 月 3 日，佛山传媒集团、佛山日报社举办佛山首届欢乐嘉年华活动，活动包括新年广场舞大赛、迎新环湖益起跑等。

2015 年 3 月 5 日，南海区九江女子龙舟队获“全国三八红旗集体”称号。

2015 年 4 月 25 日，由佛山市升级办、佛山传媒集团、共青团佛山市委主办，佛山电视台、佛山市志愿者联合会、佛山市登山户外运动协会承办的“一路向前、美丽佛山 50 公里徒步活动”掀起佛山市民徒步热潮。

物华天宝——城市文化

佛山市第八届运动会开幕式。

2014 年“8・8 全民健身日”气功表演 。

2015 年 3 月 7 日，佛山市第三届南狮锦标赛在岭南明珠体育馆举行，来自广州、佛山、清远和肇庆的 7 支醒狮队参加了比赛。

“激情澎湃，力争上游”，南海叠滘圣堂村举行每年一度的龙舟赛。

物华天宝——城市文化

群众音乐舞蹈舞台展演。

社会主义核心价值观公益宣传遍布佛山城乡。

坚持稳中求进　突出改革创新

2015新的一页　图片特辑
FOSHAN YEARBOOK

龙腾虎跃——五区风采

记载佛山辉煌岁月　见证城市腾飞轨迹

务实耕耘 硕果初显

中共佛山市禅城区委 佛山市禅城区人民政府

2014 年，禅城区深入贯彻落实“强中心”战略，紧紧依靠全区干部群众，克服产业结构调整和经济下行带来的重重考验，坚定不移走可持续发展的道路，增强“通”“新”“实”“活”的工作理念，推动经济和社会各项事业的发展并取得新成绩，在打造“产、城、人”融合典范、建设高品质中心城区的征程中迈出了坚实的一步。

◆传统产业换代升级

传统产业通过“触电”、延伸产业链等办法，转型升级取得新进展。南庄“佛山全球电子商务生态城”、石湾“泛家居电商创意园”、张槎“东成立亿针织产业园”、祖庙“华南金谷”等项目顺利推进，“阿里巴巴 · 佛山产业带”建设成为国内首个以城市整体参与的阿里巴巴产业带项目。

◆新兴产业加快集聚

华南电源创新科技园、华南交通电子产业园、欧洲工业园 C 区、华南移动互联网产业园等载体建设顺利推进。成功引进科力远华南总部、风发科技、中国铁塔、ChinaBio 佛山生命科学园等项目。全年签约或拍地的重点项目 44 个，投资总额 586.8 亿元，超亿元项目 31 个。

◆现代服务业全力提速

高端服务业在禅城加快布局，第三产业发展质量明显提升。全年实现第三产业增加值 862.66 亿元，同比增长 8.2%，占 GDP 比重达 59.1%，成为主导产业。文化创意、公共服务、科技金融、社区服务等新兴业态蓬勃发展。季华商务带服务业集聚效应明显，绿地中心、万科广场等高端商业商务综合体建设进展顺利。

2014 年 9 月 22 日，佛山市代市长鲁毅（前右 2）到禅城区石湾镇街道调研“三旧”改造情况。

2014 年 8 月 1 日，禅城区代区长孔海文（前右 2）率党政代表团参观考察三水区水都饮料基地。

2014 年 5 月 21 日，禅城区在智慧新城举行“新产业、新禅西”重点项目推介签约仪式。

2014 年 6 月 20 日，禅城、南海、高明三区在西樵山听音湖畔签订旅游合作框架协议，促进旅游市场互通互惠。

季华商务带。

环境治理提升后的南庄镇紫南村。

季华路华宝路隧道。

◆片区建设步伐加快

继续以"一老一新"为主轴，不断拓宽发展半径，拉开城市格局。旧城改造有序推进；禅西新城建设形势喜人；奇槎片区现代商务新区建设蓄势待发；石湾西片区"泛家居"优势产业融合；城北片区以"华南金谷"项目为切入点，拉开转型升级的序幕。

◆交通网络日益完善

全年投入30亿元，重点推进20多个道路项目建设，立体化城市交通格局基本成型。完成季华北路建设、樵乐路改造和季华路快速化首期改造、绿景西路和雾岗路北段建设。魁奇路东西延线、南庄二桥北延线、禅港西路、海五西路、同济东路、轻工路、河滘大道、汾江南路南延线等道路建设顺利推进。佛山地铁2号线动工建设，3号线前期工作有序开展。

◆城市环境更加靓丽

城市升级项目完成45项，完成投资总额411亿元，城市面貌进一步改善。全年新增绿化面积103万平方米，顺利完成东平河滨水湿地公园（一期）、智慧新城公园和29个村（居）公园的改造建设，成功实施汾江河"一河两岸"（汾江桥至人民桥）等景观提升工程。

◆行政服务改革成绩斐然

探索推行"一门式"政务服务改革，实现282个事项"一窗"办理，改革成果受到群众的普遍认同和赞赏，并获国家、省、市有关领导肯定。

◆社会领域改革步伐加快

创新开展社会工作，成功创建"全国和谐社区建设示范区"。整合优化教育资源，六大教育联盟运作顺利，佛山外国语学校建成招生，佛山市实验学校教育集团不断壮大。32所学校获评"中国可持续发展教育示范（实验）学校"，成功创建"中国可持续发展教育国家实验区"。

打造品质南海
全面提升南海的长远竞争力和市民幸福感

中共佛山市南海区委　佛山市南海区人民政府

2014年，南海区深入贯彻落实中央、省、市精神，紧紧把握省委书记胡春华挂点指导开展教育实践活动的契机，全面深化改革，加快转型升级，经济社会保持平稳健康发展，综合实力在全国百强市辖区排名第二。

南海区坚持以园区平台为依托，以“产、城、人”融合为路径，以金融科技产业融合创新为抓手，实现产业水平与城市价值的双提升。着力汇聚创新企业、科技平台和人才团队等创新要素，推动汽车制造、机械装备、新材料、生物医药等先进制造业加速发展，佛山国家高新区（南海园）获批成为广东省智能制造示范基地和珠江西岸装备制造产业创新基地。引进人民银行广东金融电子结算中心、京东、阿里巴巴等一批金融机构和电商企业，加快建设佛山民间金融街、C时代互联网产业园、广佛智城，推动现代服务业迅猛发展。深化新一轮“三旧”改造综合试点启动，加快城市升级，佛山西站、新交通试验段等重大项目顺利推进，南九复线、罗行大桥等重点工程建成通车，桂城华南汽车城、里水艺术河畔等连片改造项目加紧建设。加强城市管理和环境综合整治，城市功能不断优化，城市品位不断提升。

南海区深入开展党的群众路线教育实践活动，在全省率先探索建立区、镇、村三级联动的驻点普遍直接联系群众工作体系，解决联系服务群众“最后一公里”问题。着力建设群众满意的服务型政府，全面深化改革，社会治理体系日益完善，民生福祉持续增进。以“三单”管理为重点深化行政体制改革，深入开展行政审批标准化建设，全面下放企业投资管理权限，营造国际化、法治化的营商环境。以农村综合改革为着力点实施基层治理重构，不断提升基层善治水平。以民生重点领域改革为抓手，全面落实十件民生实事，成为全省首批全国义务教育发展基本均衡区，成功创建国家慢性非传染病综合防控示范区。

2015年是全面完成“十二五”规划的收官之年。南海区将把握新机遇，谋求新发展，深入推进区域合作、创新创业、招商引资、城市精细化管理、深化改革、民生建设等重点工作，努力打造品质南海，全面提升南海的长远竞争力和市民幸福感。

2014年8月1日，中共中央政治局委员、广东省委书记胡春华（前左2）到南海区大沥镇凤池社区指导党的群众路线教育实践活动。

2014年7月23日，中欧科技合作产业园正式启动。图为佛山市同能机电有限公司与意大利FIR集团签署合作备忘录。

京东云产业基地在大沥揭牌。

广东金融高新技术服务区。

“美村计划”有效提升农村环境。图为里水镇洲村村。

南海万达广场。

美丽西樵。

幸福顺德

中共佛山市顺德区委　佛山市顺德区人民政府

2014年，顺德区经过不断努力，城市升级战略“三年明显改观”目标已经顺利完成。佛山新城、顺德新城“双核带动”，魅力小城串珠成链、联动发展，水乡的网络型城市展现雏形。企业做主体、政府造环境理念更加坚定，制造业智能化、服务业高端化、现代农业专业化发展趋势逐步确立，依靠创新驱动全产业链转型升级路径更加清晰、动力更加充沛。区域治理体系和治理能力日益现代化，政务环境、营商环境和社会环境全面优化，引领发展的基础优势更加巩固，城市综合竞争力显著提升。全市绩效考核中获得三连冠，连续三年位列中国市辖区百强首位，六次获评中国全面小康十大示范县市。今天的顺德，经济发达、环境优美、生活富裕、社会和谐，已经成为一座富有岭南水乡特色和文化魅力的新兴城市。

当前，在经济社会综合转型的关键时期，顺德区委、区政府提出“城市升级引领转型发展，共建共享幸福顺德”战略举措，以城市升级为路径，以产业转型为核心，以改革创新为动力，以民生幸福为依归，致力打造“宜居顺德、智慧顺德、和谐顺德、文明顺德”，共绘顺德人民的幸福蓝图。

2014年3月17~20日，举办第27届国际“龙”家具展览会和第17届亚洲国际家具材料博览会。

2014年12月16日，举办阿里巴巴·龙江产业带平台启动仪式。

顺德区勒流街道。

顺德区德胜广场。

顺德区容桂街道。

2014 年 4 月 25 日，“中国梦 金盾情”——中国警察组曲《金盾炫歌》警察作品音乐会在顺德演艺中心上演。

2014 年 11 月 2 日，“分享健康 舞出快乐”——2014 年顺德区广场健身活动展演在德胜文化广场举行。

2014 年 10 月 23 日，广东省非物质文化遗产——“守望岭南”专场惠民演出在顺德演艺中心上演。

适应新常态 增创新优势

中共佛山市高明区委 佛山市高明区人民政府

2014年，高明区深入贯彻党的十八届三中、四中全会精神，以践行群众路线促作风转变，以全面深化改革促发展转型，高明再出发迈出了坚实步伐。实体经济提档升级，招商引资合同投资额连续十年超百亿元，13个项目纳入省重点，本土企业上市取得新突破。城市建设焕发活力，西江新城核心示范区一期基本成型，二期陆续启动，沿江路以东江滩滨河景观改造成全市样板工程，江罗高速高明段加快推进。民生事业稳步发展，完成年度十大民生工程，社会保障、教育文化、医疗卫生、革命老区建设等民生事业持续提升。改革活力得到有效激发，出台"高明改革30条"，推出近百个改革项目，在全区重点领域和关键环节的改革创新取得新突破。

2015年，面对经济社会发展新常态，高明区将顺势而为，集中精力谋发展、促跨越，积极增创改革发展新优势，开创有高明特色的新常态发展之路。一是着力推进改革创新。建立全面深化改革刚性约束机制，加快推进一批具有高明特色的改革项目，切实解决影响制约高明的深层次问题，努力将改革红利转化为发展动力。二是着力推进转型升级。坚持创新驱动发展战略，促进科技、金融和产业的高度融合，大力培育轨道交通装备制造、新能源汽车和新材料产业集群，做大做强实体经济。实施城市升级两年延伸行动计划，推动新型城镇化建设提质、扩容，不断优化城市空间环境、促进城市升值。三是着力推进民生改善。坚持实施教育优化、全民创业、社会救助、平安和谐等年度十大民生工程，持续提升市民的幸福感。四是着力优化发展环境。全面推进法治高明建设，大力打造人民满意政府，全面优化营商环境，努力增强高明对各类优质资源的吸引力和凝聚力。

高明明湖艺术公园夜景。

2014年11月28日，佛山市第八届运动会闭幕式在高明西江新城体育中心体育馆举行。

2014年8月30日，在佛山市代市长鲁毅（左2）的陪同下，广东省委副书记马兴瑞（前右2）等省领导一行到高明区杨和镇丽堂新村无公害蔬菜生产基地调研。

一年一度的高明油菜花节。

“我们的节日 · 端午”赛龙舟活动。

广明高速公路延长线。

皂幕云海。

新常态 新动力 新发展

中共佛山市三水区委 佛山市三水区人民政府

2014 年，三水区广大干部群众认真学习贯彻党的十八大和十八届三中、四中全会，以及总书记习近平系列重要讲话精神，紧紧围绕建设“产业新城、南国水都、广佛肇绿芯”战略目标，践行党的群众路线和社会主义核心价值观，团结协作，破解难题，奋力拼搏，推动经济社会各项事业提速提质发展，取得了令人瞩目的成绩。全年全区实现地区生产总值 920.75 亿元，比上年增长 9.6%；工业总产值 2898.57 亿元，增长 10.5%；全社会固定资产投资 500.11 亿元，增长 14.8%；地方公共财政预算收入 39.39 亿元，增长 23%。

三水区的产业结构持续优化，先进装备制造、食品饮料、现代服务三大主导产业占比 80.5%，有效推动产业发展与竞争优势同步提升。“一轴一带三纵五横”的三水新城，“三年完善基础”的目标基本实现。连片改造，时尚新区如雨后春笋般涌现；魅力彰显，田园水乡式的现代化新城逐步形成。东连西达，贵广(南广)铁路三水南站开通，三水迈进高铁时代；一批主干道路建成使用，“镇街 15 分钟上高速”，城镇交通跃上全新的平台。富民惠民，促进和谐，社会事业发展名扬内外；规范政府服务与权力运行，改革创新，继往开来。

三年城市升级计划的落实，促成了三水区的华丽蝶变；宜居宜业、创新创业的城市宏图，承载着三水人民迫切的期待。正在加快建设绿色美丽产业新城的三水人民，同心同德，共同奋斗，为早日实现中国梦而继续扬帆起航！

2014 年 4 月 18 日，广东省省长朱小丹（前左 2）率视察组到三水区检查北江大堤防汛备汛工作。

2014 年 10 月 24 日，佛山市委书记刘悦伦（右 1）到三水区调研迳口华侨农场危房改造项目。

三水中心城区一河两岸美丽风光。

2014 年 6 月 4~5 日，广东省委常委、省纪委书记黄先耀（前右 3）率调研组到三水区调研基层党风廉政建设和经济社会发展情况。

2014 年 4 月 30 日，三水区旅游文化节开幕。

三水中心城区广海大道夜景。

三水区中心城区北江体育休闲公园夜景。

龙腾虎跃 各显雄风

第九篇

各区、镇街建设

禅 城 区

概 况

禅城区位于珠江三角洲腹地，广州市西南，佛山市中部。地处东经 113° 0′ 41″~ 113° 05′ 40″ ，北纬 22° 35′ 01″~ 23° 02′ 24″ 之间。辖区东、西、北面与南海区接壤，东南、南面与顺德区毗邻，南北长 15 公里，东西宽 19 公里，辖域面积约 154.09 平方公里。境内有东平水道、佛山水道、吉利水道、顺德水道等 4 条水道，辖区岸线 95 公里，码头 13 个，二类口岸港口 2 个（澜石港口和佛山新港）。广佛、佛开高速公路和 325 国道及广湛铁路穿境而过，客运火车直通香港九龙，广佛地铁贯穿市区。全区有公交线路 120 条，其中跨区线路 100 条。

禅城区是佛山市人民政府驻地，辖南庄镇、石湾镇街道、张槎街道和祖庙街道，共 54 个行政村和 91 个社区。2014 年末，禅城区户籍人口 61.37 万人，常住人口 110.78 万人，人口自然增长率 4.07‰。

禅城区是佛山市传统中心城区，是著名的陶瓷艺术之乡、民间艺术之乡、武术之乡、成药之乡和龙狮运动之乡。陶瓷文化资源丰富，以南风古灶片区、1506 创意城、公仔街、广东石湾陶瓷博物馆、佛山陶都工艺美术馆、北纬 23 度艺术空间、新石湾美术陶瓷厂、岭南酒文化博物馆为节点的“陶醉文化街区”日趋成熟。全区共有国家级文物保护单位 3 个、省级 6 个、市级 66 个，市级历史文化保护区 1 个，市级历史文化街区 1 个。拥有南风古灶、佛山祖庙博物馆、梁园、广东粤剧博物馆、仁寿寺、佛山岭南天地、南庄绿岛湖、中国（佛山）国际家居博览城等旅游景区。列入非物质文化遗产名录共 35 项，其中石湾陶塑技艺、佛山木版年画、佛山剪纸、粤剧、佛山狮头、佛山彩灯、佛山秋色、佛山十番、佛山祖庙庙会被列入国家级非物质文化遗产代表作名录。正月十六行通济、三月三北帝诞、粤剧华光诞、佛山秋色欢乐节、中国（禅城）岭南年俗欢乐节等民俗节庆活动成为当地旅游品牌。

2014 年，禅城区贯彻落实“强中心”战略，坚定不移走可持续发展道路，增强“通”“新”“实”“活”的工作理念，推动经济和社会各项事业发展。是年，禅城区地区生产总值 1463.93 亿元，比上年增长 8.1%。其中：第一产业增加值 0.58 亿元，增长 0.6%；第二产业增加值 600.69 亿元，增长 8%；第三产业增加值 862.66 亿元，增长 8.2%。人均地区生产总值 132207 元，增长 7.9%。规模以上工业总产值 2493.46 亿元，增长 9%。农林牧渔业总产值 0.08 亿元，增长 7.4%。固定资产投资 464.28 亿元，增长 14.5%。社会消费品零售总额 619.52 亿元，增长 14.7%。外贸出口额 154.1 亿美元，增长 8.2%；实际利用外资 4.66 亿美元，增长 5.3%。地方公共财政预算收入 53.95 亿元，增长 12.5%。全区居民人均可支配收入 35452 元，增长 8.9%。年末，全区金融机构各项本外币存款余额 3138.09 亿元，比年初增加 0.42 亿元。

经济建设

【工业发展】 2014 年，禅城区实现工业总产值 2642.25 亿元，同比增长 8.7%，其中规模以上工业总产值 2493.46 亿元，增长 9%。工业发展呈现以下特点：一是轻工业发展后劲加强。全区规模以上轻工业与重工业分别实现总产值1040.91亿元和1452.55亿元，依次增长11.2%和7.5%。二是民营经济展活力。民营工业产值1772.33亿元，增长10.2%，增幅比全区工业高1.5%，分别快于“三资”工业和国有工业6.1%和3.3%。三是支柱行业带动工业稳步增长。1～12月，在规模以上32个工业行业中，有24个行业实现增长。其中文教、工美、体育和娱乐用品制造业增长1倍，计算机、通信和其他电子设备制造业，印刷和记录媒介复制业分别增长69.4%和51%。四是高技术制造业呈现结构性增长。在全区工业发展过程中，支柱行业带动工业稳步增长。全年规模以上高技术制造业实现产值243.85亿元，增长15.9%；增速比传统产业工业总产值多6.9%。其中电子器件制造业增长53%。规模以上先进制造业产值647.77亿元，增长14.7%，增幅高于工业平均发展速度6%。

【传统产业加快升级】 2014年，禅城区传统产业通过“触电”、延伸产业链等办法，转型升级取得新进展。南庄的“佛山全球电子商务生态城”、石湾的“泛家居电商创意园”、张槎的“东成立亿针织产业园”、祖庙的“华南金谷”等项目顺利推进，“阿里巴巴·佛山产业带”建设成为国内首个以城市整体参与的阿里巴巴产业带项目。畅通企业上市“绿色通道”，佛山市海天调味食品股份有限公司在上海证券交易所成功挂牌上市；佛山精鹰传媒股份有限公司在“新三板”挂牌，实现禅城区“新三板”挂牌企业零的突破。

【新兴产业集聚发展】 2014年，禅城区成立生命健康产业风险投资基金，支持成长型企业发展。加快高端装备制造、电子信息、新能源、生物医药等新兴产业平台建设。华南电源创新科技园、华南交通电子产业园、欧洲工业园C区、华南移动互联网产业园等载体建设顺利推进。坚持“落地”与“投产”并重，提高招商引资工作效益。成功引进科力远华南总部、风发科技、中国铁塔、ChinaBio佛山生命科学园等项目。全年签约或拍地的重点项目44个，投资总额586.8亿元，超亿元项目31个。其中，现代服务业投资额占81.6%，高端装备制造业投资额占12.7%，电子信息业、生命健康产业投资额占5.7%。重点项目进展顺利，列入省重点建设项目5项，完成投资21.4亿元；市重点项目25项，完成投资80亿元。

【电商产业布局与发展】 2014年，禅城区通过“三旧”改造方式，重点打造位于南庄镇绿岛湖都市产业区的“佛山全球电子商务生态城”、张槎街道的“佛山市新媒体电子商务园”和“佛山创意产业园电子商务大厦”、石湾镇街道的“佛山市泛家居电子商务创意设计产业园”和“佛山市电子商务物流园”、祖庙街道的“华南金谷”等一批电子商务集聚园区，形成一镇三街各具特色的电商产业布局。47家企业获得禅城区电子商务载体（企业）认定，52家获得电商专项扶持资金。开展电子商务“千企万人”培训系列活动，通过建设“佛山市电子商务创业孵化基地”和“佛山市电子商务应用人才培训基地”，为佛山的电子商务产业培养实战型人才，打造禅城区电商人才和创业孵化高地。

【阿里巴巴·佛山产业带项目落户禅城】 2014年3月5日，禅城区政府与阿里巴巴签订合作协议，共建阿里巴巴·佛山产业带平台项目，禅城区成为阿里巴巴在广东省的第一个产业带合作城市。9月，阿里巴巴·佛山产业带第一次参加阿里巴巴“9·4”大促销活动，活动当日总交易额2.9亿元，活动期间总交易额3.6亿元，总站点流量31.81万人次，买家数4.3万人，人均购买金额6800元。在全国70多个产业带中成交额居全国第二，仅次浙江义乌产业带。至12月，线上入驻佛山产业带商家超过6000家，在全国70多个城市产业带排名第九。

【现代服务业提速】 2014年，禅城区高端服务业加快布局，第三产业发展质量明显提升。全年实现第三产业增加值862.66亿元，同比增长8.2%，占GDP比重59.1%，成为主导产业。文化创意、公共服务、科技金融、社区服务等新兴业态蓬勃发展。季华商务带服务业集聚效应明显，绿地中心、万科广场等高端商业商务综合体建设进展顺利。城北

片区的汽配、食品、不锈钢等专业市场改造升级不断推进。成功举办禅城区营商环境推介会，与中华两岸连锁经营协会建立战略合作关系。“大祖庙商圈”提质增效，岭南天地、普君新城等综合体招商成效显著，区内消费品市场增速逐步上升。是年，全区社会消费品零售总额619.52亿元，同比增长14.7%。从行业结构看，批发零售业引领全区消费品市场，实现零售额574.65亿元，增长15.5%。从商品销售额看，民营企业经营状况良好，批零业销售额增速达26.5%。限额以上批发零售企业起到支撑拉动作用：批发业增长27.9%，其中限额以上法人增长33.7%；零售业增长18.1%，其中限额以上法人增长32.1%。

【季华商务带建设】 2014年4月28日，季华路（南海大道—季华大桥）主体工程完工并全线通车，佛山季华商务带重要节点交通疏导功能显现。季华大桥景观综合提升工程、景观提升改造工程以及镇街“五位一体”工程完工，季华路沿线城市景观提升。季华路免费WiFi覆盖26个AP点，现代商业、商务氛围渐浓。沿线公交站点建设和7座人行天桥建设基本完工，季华路沿线商业广场建设（改造）和季华商务带招商引资工作有序进行。

【专业市场与会展业发展】 2014年，禅城区拥有规模较大的各类专业市场18个，建筑面积500多万平方米，经营户15000多户，年交易总额超过700亿元。其中专业陶瓷卫浴市场7个，交易额呈现平稳增长的态势。成功举办第23届、第24届佛山陶博会，客流量近20万人次。11月，举办首届中国（佛山）健康乐活节暨中国（佛山）国际医疗器械展览会，有200多家医疗器械和绿色安全食品、健康家居用品、老年保健和健康养生服务等企业参展，有效促进禅城区ChinaBio佛山生命科学园的建设和招商。

【佛山泛家居电商创意园开园】 2014年，禅城区通过旧物业改造，建成佛山首个“泛家居”电商创意园——佛山泛家居电商创意园，佛山首个跨境电商平台和佛山首个电商物流园，新建美居国际建材城等57万平方米“泛家居”专业市场载体。8月18日，位于禅城区三友南路的佛山泛家居电商创意园开园，项目用地5万多平方米，总投资1.5亿元。吸引国际家具一线品牌——意大利BK集团、中国最大的跨境电商企业——传神集团、由30多家企业联合组成的中陶科技、BHB居家梦工厂等41家电商、创意、设计企业进驻。

【招商引资与对外经济发展】 2014年，禅城区举办“新产业　新禅西”重点项目推介会、“2014佛山市禅城区营商环境推介暨迎新年乐活嘉年华活动”等，落户禅城的重点项目44个，投资总额约586亿元。其中超亿元项目31个，投资总额582.9亿元。主要涵盖高端电子信息、新能源、生命健康、现代服务等战略性新兴产业。内资项目投资额和项目动工率在佛山市排名第一。成立佛山生命健康产业风险投资基金、科技型企业信贷风险补偿基金等产业发展金融平台，为成长型企业提供发展资金支持。是年，禅城区合同利用外资9.14亿美元，增长5.5%，其中新批项目57个，新批合同外资额6.03亿美元，增长25.2%。实际利用外资4.66亿美元，增长5.3%。外商实际直接投资集中在第二、第三产业。全年第三产业实际利用外资金额3.27亿美元，占全区实际利用外资总额的70.17%；第二产业实际利用外资金额约1.39亿美元，占全区实际利用外资总额的29.83%。

【科技创新成效显著】 2014年，禅城区创新型城市建设财政投入3.2亿元，带动规模以上企业投入研发经费31亿元。完成工业技术改造投资10.7亿元，增长27.2%。新增国家火炬计划重点高新技术企业2家、高新技术企业3家。佛山新媒体产业园获“国家级科技企业孵化器”称号，国星光电获国家“863计划”立项。全年新增“中国驰名商标”6件、“广东省著名商标”7件、“广东省名牌产品”9个。新增4家省知识产权优势示范企业。专利申请量3000多件，百万人口发明专利申请量为11件，居全市第一，创新专利保险的工作经验在全国进行推广。

【科技型企业信贷风险补偿基金设立】 2014年，禅城区促进科技金融产业融合，推动科技创新工作和产业结构转型升级。禅城区计划从经济科技发展专项资金中连续5年投入5000万元建立“禅城区科技型企业信贷风险补偿基金”，重点支持科技成果转化或转型升级的中小型科技企业开展创新活动。2014年10月31日，禅城区举行科技创新基金合作项目签约仪式。区委副书记孔海文、区委常委乐绍才等领导出席并参与签约。仪式上，禅城区政府与广东省融资再担保有限公司签订合作协议，另外，省融资再担保公司与合作的担保机构、银行分别签订合作协议，以“政府引导、市场运作、风险共担、循环使用”为运作原则，禅城区政府、广东省融资再担保有限公司、担保机构、银行四方共同合作开展“禅城区科技型企业信贷风险补偿基金”的筹建。12月10日，《佛山市禅城区科技型企业信贷风险补偿基金设立方案》出台。

【文商旅融合发展】 2014年，禅城区以祖庙、岭南天地为载体，整合文化资源，举办岭南年俗欢乐节，三月三北帝诞庙会等特色文化活动，开展以“祈福文化游、陶醉文化游、产业文化游、节庆盛事游”为主题的特色旅游活动，拉动禅城区商贸旅游发展，展现禅城特色文化魅力。节庆旅游持续火爆，第五届岭南年俗欢乐节期间参与活动的市民和游客数量超150万人次，“五一”假期接待游客增至100万人次，国庆期间成功举办“台湾美食节”吸引80万人入场。岭南酒文化博物馆、新石湾美术馆相继开馆，成为禅城区新的旅游亮点。旅游宣传覆盖面不断拓宽，出版禅城旅游系列丛书和旅游宣传手册，制作旅游宣传片及建立旅游网站与微信宣传平台，组织区内企业参加旅游推介展会，禅城旅游知名度得到提升。禅城区分别与河源市源城区，佛山市南海区、高明区签订旅游合作协议，共同推进旅游业发展。全年，禅城区旅游收入约149.15亿元，比上年增长17.77%；旅游外汇收入约5.56亿美元，增长16.51%，全年接待境内外过夜游客293.81万人次，增长8.47%。

经济管理

【低碳试点区建设】 2014年，禅城区继续推进“广东省低碳试点区”建设，以“八大绿色工程”（绿色组织、绿色产业、绿色能源、绿色交通、绿色建筑、绿色园区、绿色社区、绿色消费）建设为中心，创新城市低碳发展模式。以华南电源创新科技园为载体，与专业机构合作，启动广东省低碳示范园区创建工作。探索开展太阳能分布式光伏发电项目建设，结合各镇街产业特色，推动镇街示范项目建设，建成 华南电源创新科技园2.2兆瓦分布式光伏发电项目。实施固定资产投资项目节能评估审查，控制高能效项目新建扩建。新批265个项目能耗控制在7万吨标准煤以内，政府投资项目全面实施绿色节能审查，控制耗电高、用水大、用气大的工程设计。

【社会信用体系建设】 2014年，禅城区加强信用信息在社会组织行业和企业监管的应用，以机制建设推进社会组织行业诚信建设。全年完成对31家企业进行环保信用评价，对3家出租汽车公司1963名驾驶员和10家驾培机构1898名机动车培训教练员进行质量信誉考核，对1229家安全生产标准化企业开展评级考核；对56家获证食品生产加工企业进行年度分级管理，评审出纳税信用A级企业998户。与银行合作开展“税融通”项目，发布纳税信用A级企业名单。成功创建全国诚信示范市场1个（佛山市瓷海陶瓷交易市场）、食品安全示范点（店）216个、食品生产企业安全风险防控体系试点51个、学校“阳光厨房”100个。

【质量强区建设】 2014年，禅城区全面推进质量强区工作。禅城区的海天调味食品股份有限公司获首届佛山市政府质量奖，成为佛山市五家获奖企业之一。制订《关于扶持部分千亿产业群工作方案》，引导30家传统产业龙头企业开展科技创新、研发高端产品，引导电源行业企业参加联盟标准修订和创建“标准化良好行为企业”，增强标准创新能力。实施名牌带动战略，全年共推动佛山市蓝箭电子股份有限公司、广东骏仕陶瓷有限公司等19家企业的30个产品获得“广东省名牌产品”称号，与上年同期相比增长200%。建立“首席质量官”制度，全年共有55家企业参加首席质量官培训。开展国家地理标志保护，石湾酒厂的“石湾玉冰烧酒”申报为国家地理标志保护产品。

【公共资源交易管理】 2014年，禅城区被列为全市公共资源交易一体化服务平台建设工程网上交易系统试点单位，凡进入禅城区公共资源交易中心招标的工程建设项目，其招标公告、招标文件等备案资料，须统一使用市公共资源交易一体化服务平台，实行网上备案监管。是年，完成建设工程招标项目审查备案216项，备案金额约84.06亿元；完成政府采购项目事项审批311项，立项金额约5.3亿元。全年节约项目资金约3.3亿元。

【“放心粮油”城市建设】 2014年，禅城区做好“放心粮油”工程和平价商店建设。区食安委、食药监局等单位对辖区流通、生产环节的粮油质量开展专项抽检工作。利用粮食科技周和“世界粮食日”开展“放心粮油城市”宣传活动，让市民参观粮油检测中心实验室亲身体验和感受粮油质量检测的重要性。在粮食科技周期间，免费为市民检测粮油食品，安排专业技术人员进入社区开设粮油科技讲座，“放心粮油”深入人心。3月，中国粮油行业权威媒体《粮油市场报》刊登禅城区“放心粮油工程”发展成果。

【个体工商户转型升级】 2014年，禅城区出台《关于促进个体工商户转型升级工作的实施意见》。区政府设立个体工商户转型升级专项资金，用于鼓励支持符合条件的个体工商户转型升级为企业。专项资金为一次性补助，对符合条件的个体工商户转型升级为个人独资企业或合伙企业的，每户一次性奖励4000元；转型升级为有限责任公司的，每户一次性奖励6000元；对直接升级为规模以上企业的（属于工业、批发业的，每年主营业务收入2000万元以上；属于零售业的，每年主营业务收入500万元以上；属于住宿餐饮业的，每年主营业务收入200万元以上；属于服务业的，每年营业收入1000万元及以上或期末从业人数50人及以上；属于具有资质等级的建筑业和全部房地产开发业的），每户一次性奖励1万元。

【食品生产安全监管】 2014年，禅城区成立区食品药品监督管理局。推进试点企业的食品安全生产关键控制点和食品监管风险点防控体系试点建设工作，为辖区90%以上的食品生产企业的食品安全生产关键控制点进行梳理并明确相关内容。组织开展培训工作，组织企业参加《食品生产通用卫生规范》、食品生产质量安全培训等培训班，培训企业负责人和质量管理人员200多人次。完成对辖区56家获证食品生产加工企业的年度分级管理，经分级管理后，全区有A级企业14家、B级企业38家、C级企业4家。全年检查食品生产企业81家次，发出《责令改正通知书》的问题企业9家，移交稽查立案查处各类食品违法案件12宗。加强区级生产领域食品产品抽检，全年抽检各类食品74批次，其中有63批次合格，剔除纯标签不合格，内在质量合格率95.9%。

【安全生产监管】 2014年，禅城区实施安全生产“一岗双责”。全年监督检查各类生产经营单位3506家，开展检查11073次，查处事故隐患10275项；实施行政处罚511次、经济处罚148次、经济处罚金额179.95万元。在经济罚款中，事前监督罚款119.95万元，占经济罚款的66.66%。全区共发生工商贸事故5起，死亡5人，直接经济损失约338万元。死亡和受伤人数同比下降16.67%和100%。

【混合所有制经济改革】 2014年，禅城区发展混合所有制经济。全区控股混合所有制企业3家，参股的混合所有制企业6家，国有出资约2.32亿元，撬动民营资本约8.42亿元。其中，改革后的国有资本控股粤龙保安押运公司、保安服务公司，利润同比均有大幅增长。8月6日，广东省人大组织30多名全国人大代表到禅城区调研混合所有制经济改革工作发展情况，实地考察粤龙保安押运有限公司。粤龙保安押运有限公司的发展经验和成效得到全国人大代表专题调研组肯定。

城市建设与管理

【城市规划】 2014年，禅城区完成区概念规划，禅西、奇槎城市设计，王借岗片区、莲花路－升平路片区、梁园、湖涌片区控制性详细规划等重大规划编制。加快完成梁园及莲升片区2号、3号、8号地块等规划编制工作，推动旧城改造项目落地。开展禅西新城、奇槎片区、季华路景观提升国际竞赛工作，通过面向全球招标，组织专家评审，完善禅西、奇槎、季华路等重点片区规划建设，提升禅城区城市建设水平。配合推进广佛地铁南延线，广佛环线，轨道交通 2 号、3 号、4 号线规划建设工作，促进全区对外交通网络的外联内提。

【片区建设】 2014 年，禅城区继续以“一老一新”为主轴，不断拓宽发展半径，拉开城市格局。旧城改造有序推进，莲升片区 2 号、3 号、8 号地块开工建设，梁园周边环境提升、仁寿寺改造顺利推进。禅西新城的电商产业带、人才产业园、智慧新城、欧洲工业园 C 区、华南电源创新科技园等产业载体投入使用，绿岛湖行政服务大厅启用，人才公寓建设竣工。奇槎片区基本完成土地征收，城市设计竞赛成果通过专家评审，片区控制性详细规划完成中期方案，现代商务新区建设蓄势待发。石湾西片区探索旧物业改造与“泛家居”优势产业融合的“三旧”改造新模式。城北片区以“华南金谷”项目为切入点，拉开转型升级的序幕。

【交通网络建设】 2014 年，禅城区投入 30 亿元，重点推进 20 多个道路项目建设，立体化城市交通格局基本成型。“外联”方面，完成季华北路建设、樵乐路改造，魁奇路东西延线、南庄二桥北延线、禅港西路建设顺利推进。“内提”方面，完成季华路快速化首期改造、绿景西路和雾岗路北段建设，有序推进海五西路、同济东路、轻工路、河滘大道、汾江南路南延线等道路改造建设。轨道交通方面，佛山地铁 2 号线动工建设，3 号线前期工作有序开展，立体交通网络前景可期，城市交通骨架进一步健全。

【新能源公交与纯电动公交启用】 2014 年 11 月 8 日，佛山市首批插电式气电混合公交车在禅城区上路，首批 18 辆车全部投入 137 路公交线，取代原有的 LNG 天然气公交车，成为禅城区首条新能源公交车示范线路。12 月 30 日，禅城区首批纯电动公交车上路，首批 10 辆新车投放到 111 路公交线，成为佛山市首条纯电动公交车示范线路。纯电动公交车较 LNG 天然气公交车节省 50% 以上能耗。

【城市环境改善】 2014 年，禅城区城市升级项目完成 45 项，完成投资总额 411 亿元，城市面貌进一步改善。全年新增绿化面积 103 万平方米，顺利完成东平河滨水湿地公园（一期）、智慧新城公园和 29 个村（社区）公园的改造建设，成功实施汾江河“一河两岸”（汾江桥至人民桥）等景观提升工程。投入 6 亿元治理水环境，新铺设截污管网 50 多公里，丰收涌、南北二涌等河涌整治成效显著。继续实施“铁腕”治污，累计关停 500 多家污染企业，完成市下达禅城区的“黄标车”和老旧车淘汰任务。动态监控工地扬尘，因地制宜、“靶向”整治，大气质量得到明显改善。全面开展村级工业区环境整治，对全区 132 个村（社区）的 2577 家企业进行排查，关闭、责令停产及停止排污企业 95 家。全年，全区城市生活污水处理能力 60.4 万吨 / 日，城市生活污水处理率达到 98%。全年空气优良天数 232 天，比上年增加 5 天；灰霾天气 86 天，减少 14 天；酸雨频率 60%，下降 19.1%。城市环境空气主要污染物可吸入颗粒年日均值（PM_{10}）0.079 毫克 / 立方米，下降 22.5%。其中二氧化硫 0.026 毫克 / 立方米，下降 21.2%；二氧化氮 0.057 毫克 / 立方米，下降 6.6%。可吸入肺细颗粒年日均值（$PM_{2.5}$）0.046 毫克 / 立方米，下降 19.3%。饮用水源东平河的综合污染指数为 0.17，下降 5.6%；佛山水道汾江河段的综合污染指数为 0.21，均为清洁级水平。饮用水源水质达标率为 100%，城市水环境功能区水质达标率 62.5%。工业固体废物处置利用率、危险废物处置率、生活垃圾无害化处理率均达 100%。

【房地产市场管理】 2014 年，禅城区新建商品房成交面积 179.59 万平方米，成交套数 21833 套，成交金额 166.92 亿元，平均成交价格 9295 元 / 平方米（其中住宅 9442 元 / 平方米）；核发预售许可证 122 宗，办理现售备案证 30 宗。对外房屋登记服务窗口全年共受理、发证 16.71 万宗，受理法院查封、解封房屋及信息处理 6287 宗，接受群众咨询 48675 人次。城镇国有土地房屋产权登记共 31897 宗，城镇集体土地房屋产权登记 1836 宗。完成房屋分户平面图测绘 1368 个单元，完成商品房测量

325幢。房地产档案立卷归档91584份，档案对外利用13.05万份。实施购房人委托房地产开发公司办证改革后，2013年7月至2014年12月累计办理5474宗，其中2014年办理4308宗，较2013年受理量增加269%。是年，完成“禅城区房产市场网”研发，将于2015年1月1日上线。

【土地市场管理】 2014年，禅城区建立基准地价体系，制订《佛山市禅城区2014年国有建设用地基准地价更新及集体建设用地基准地价评估项目工作方案》《关于选定评估机构承办土地评估业务的操作办法》，完成城乡一体的基准地价应用体系编制工作。是年，土地出让总收入74.1亿元。其中完成一级市场土地出让业务12宗，土地出让总面积48.22公顷，土地出让金合同价款54.26亿元；组织4宗转让地块公开挂牌交易，土地出让金金额8.84亿元。

【高速公路沿线旧厂房专项整治改造】 2014年，禅城区出台《禅城区高速公路沿线旧厂房专项整治改造工作方案》，确定高速公路300米范围内“三旧”改造提升示范项目4个，分别是张槎华南电源创新科技园、莲塘示范点项目（童梦天下）、南庄港宏国际和吉利工业园示范点项目，总面积651.9亩。

【绿岛湖人防疏散地域建设】 2014年，禅城区在南庄镇绿岛湖建设广东省首个结合绿道建设的人防疏散地域，功能配置完善，可临时安置因灾疏散居民约4万人。6月，绿岛湖人防疏散地域通过省、市人防办的验收。7月，广东省结合绿道建设人防疏散地域现场观摩会在禅城举办。绿岛湖结合绿道建设人防疏散地域经验在全省人防系统推广。

【城市管理网格化】 2014年，禅城区完善城市网格化管理机制，全区划分122个网格，其中祖庙街道64个，石湾镇街道36个，张槎街道21个，南庄镇1个。抽调区直干部挂点网格，发动辖区干部、社区工作人员参与城市管理，形成区、镇（街道）和村（社区）整体联动、齐抓共管的城市管理格局。各镇（街道）全面建立精细化管理网格，城市管理加快向村（社区）和内街延伸。是年，选取番村、深村、保安社区等为第一批村（社区）示范点，推进村（社区）网格化管理，村容村貌大为改观。

【城管执法】 2014年，禅城区开展各类专项整治3000余次，出动人员21.5万人次，查处纠正各类违法行为65.8万宗。其中教育及查处乱摆卖52470宗，教育及查处占道经营52225宗，清理占道广告灯箱1279个，查处乱张贴、乱拉挂26939宗。拆除乱搭建构筑物1185宗，拆除面积35890平方米。拆除违法建筑物85宗，拆除面积19.7万平方米。拆除广告牌6242宗，拆除面积91009.3平方米。查处燃气执法案件20宗，暂扣燃气瓶612个。开展道路非法营运整治，检查营运车辆13719台次，查处非法营运摩托车和蓝牌车247宗；查处货车超限超载890宗，强制卸货12198.73吨。检查工地500多次，扣押运输车辆300辆；受理、处置各类投诉16.05万宗（日均456宗），结案15.67万宗，办结率97.65%。

社会事业和民生

【区域文化特质显现】 2014年，禅城区提升整合祖庙、岭南天地、仁寿寺、梁园、南风古灶等岭南文化资源，组团创建国家AAAAA级景区。北纬23度艺术空间、岭南酒文化博物馆等建成开放，“石湾陶醉文化街区”建设顺利推进，石湾获“中国民间文化艺术（陶艺）之乡”称号。成功举办行通济、北帝诞庙会、秋色欢乐节、粤剧华光诞、岭南年俗欢乐节、陶瓷艺术节等节庆活动。挖掘保护“老字号”，传统商业文化进一步弘扬。

【社会文化活动】 2014年，禅城区组织各级各类文艺演出近千场，参与活动的市民群众及游客百万人次。举办各类培训讲座558场，参加各类培训讲座近5万人次；公益电影放映1004场，区图书馆开展“流动图书馆”服务85场，区文化馆开展“送戏下乡”活动41场，141个村（居）举办各类文体教育活动1256场。禅城区品牌活动“青春骄阳”暑期青少年文化系列活动被评为2014年度广东省“文化志愿服务示范项目”；区文化馆创作和组织的童声合唱作品《唱给老师的歌》首次获广东省第九届精神文明建设“五个一工程”奖。

【佛山老城保护和活化利用】 2014年，禅城区组织专家对佛山老城内547间保留的古旧建筑的历史价值、文物价值、残损程度以及其所承载的历史文化信息和内涵进行勘查和调研，实行分类保护（维修、整治、加固、复原等）。4月14日，召开《莲花路升平路片区2、3、5-2地块概念规划》专家评审会，通过规划方案。6月23日，召开佛山老城保护和活化利用工作之2、3、5-2地块工作进展情况通报会。开展老城区知名建筑复建工作，水上关帝庙复建工作于12月23日动工。

【教育事业发展】 2014年，禅城区各级各类学校（含民办学校、幼儿园）231所，在校教职工12557人，在校学生及幼儿14.92万人。其中职业学校3所，教职工419人，学生6330人；中、小学94所，教职工6721人，学生10.48万人；特殊学校1所，教职工20人，学生52人；幼儿园、托幼机构133所（公办41所，民办92所），教职工5397人，幼儿37988人。小学义务教育巩固率105.06%；初中义务教育巩固率93.45%；高中阶段教育毛入学率117.7%。全区4740人参加普通高考，重点本科上线1287人，上线率27.2%，重点本科上线率等指标居省内县（区）前列。禅城区探索集团化办学，通过组建幼儿园、小学、初中、高中教育联盟，整合优化辖区教育资源，推进区域教育均衡发展。9月，佛山实验学校集团旗下佛山市外国语学校开学，佛山市实验学校罗格校区——其乐（道尔顿）实验学校在南庄镇罗格村奠基。11月，撤销4个学区指导中心（南庄学区、石湾学区、祖庙学区、张槎学区），其职能整合划入区教育发展中心。区内佛山市实验学校、佛山市外国语学校、佛山三中、溶洲小学等11所学校获授“教育国际化实验学校”牌匾。

【禅城区获授“可持续发展教育项目国家实验区”】 2014年12月29日，中国可持续发展教育项目授牌仪式暨禅城区阶段成果展示活动在东鄱小学举行，禅城区被授予“可持续发展教育项目国家实验区”称号，成为继北京、上海后，广东省首个国家实验区。佛山市第二中学、佛科院附属学校、东鄱小学、张槎中心小学、溶洲小学等5所学校被联合国教科文组织中国可持续发展教育项目全国工作委员会授予“中国可持续发展教育示范学校”称号。佛山三中等27所学校成为“中国可持续发展教育实验学校”。

【科技成果与科普基础设施建设】 2014年，禅城区有3个项目获2014年度国家级重点新产品计划立项；有22个项目获2014年度佛山市医学攻关项目立项。3项科技成果获广东省2013年度科学技术奖三等奖；12项科技成果获2013年度佛山市科学技术奖。禅城区企事业单位完成技术合同登记119项，合同成交额达1.38亿元，其中技术交易额1.31亿元。禅城区有31个科普示范村（社区），其中祖庙街道红棉社区被评为广东省“科普示范社区”；祖庙街道培德社区被评为2014年基层科普行动计划“全国科普示范社区”。全区有11所区级青少年科技创新示范学校，其中佛山市同济小学被评为广东省青少年科学教育特色学校。

【科技教育竞赛】 2014年，禅城区坚持“可持续发展”教育理念，科技教育成绩显著。禅城学子在全国、省、市科技创新大赛中夺冠（已连续8年），代表国家参加国际科技大赛夺取大奖（已连续5次）。参加第29届全国青少年科技创新大赛获2金2银和1项专项奖；参加2014年全国电子白板课例评比获奖32项；参加2014年全国及广东省机器人竞赛获奖17项；参加全国中小学电脑制作竞赛获奖86项；参加全国教育软件评比赛获奖33项；参加第12届全国中学生水科技发明比赛暨斯德哥尔摩青少年水奖中国地区选拔赛总决赛，再次摘金夺银。在第30届佛山市青少年科技创新大赛中，禅城区获得科技创新成果奖项9金18银，占全市金牌总数的45%；获得科技实践奖项4金9银，占全市入选省级比赛总数100%。

【群众体育竞赛活动】 2014年，禅城区推进体育服务进基层、进学校。深入宣传全民健身活动，全年组织举办龙狮、武术等竞赛活动50多场。龙狮比赛活动包括岭南狮王邀请赛、珠三角狮王争霸赛、禅城区第一届传统南狮锦标赛、中小学生龙狮锦标赛、南庄镇第七届“吉利杯”狮王争霸赛、张槎街道龙狮争霸赛等。8月2日，在中山公园举办“全民健身促健康·同心共筑中国梦”——2014年“武聚禅城·精华荟萃”禅城区全民健身活动启动暨武术龙狮嘉年华系列活动。佛山精武体育会在元旦期间举办第二届蔡李佛功夫大汇演；7月举办张炎（张鸿胜）诞辰190周年纪念暨2014粤港澳青少年蔡李佛功夫赛；12月举办第四届岭南精武传统武术精英赛。太极拳、咏春拳、蔡李佛拳、洪拳、白眉拳、龙形拳、南家拳等武术功夫深受民众喜爱。

【医疗卫生事业发展】 2014年，禅城区共有医疗卫生机构255家。其中，医院23家，卫生院5家，门诊部（所）131个，社区卫生服务中心（站）57个，卫生站26个，专科防治所4个，卫生监督所、疾病预防中心和妇幼保健院（所、站）各2个，健康教育所、采供血机构和其他各1个。全区共有卫生技术人员1.02万人，比上年增加0.06万人。全区共有医院床位0.94万张，增长17.3%。全区医疗机构诊疗2021.41万人次。

禅城区探索医疗机构托管运营模式。禅城区与佛山市第一人民医院、佛山市中医院签订托管医院的合作框架协议，将辖区内的南庄医院、同济医院交予佛山市第一人民医院托管；将张槎医院按照先托管后进行资源重组的原则，交予佛山市中医院实行整体托管。实现优质医疗资源均衡化，整体提升区基层医院和社区卫生服务机构的服务能力。探索新型社区卫生服务工作模式，开发建设“智能社区健康医疗平台”，为签约居民提供远程居家医疗监护，延伸社区卫生服务机构的业务功能，提高家庭医生团队的服务能力。全区组建家庭医生服务团队43个，与11229户家庭签定服务协议。全区健康村数量增至19个，占全区村（社区）数的35%。南庄镇紫南村、吉利村成为佛山市首批五星级健康村。

【“单独两孩”政策执行】 2014年3月27日，广东省“单独两孩”生育政策实施。禅城区加强执法培训，贯彻落实“单独两孩”政策，制定再生育一胎子女的办事指南，压减审批材料，取消公示期，实行申请人承诺制，简化办事程序，缩短审批时间。3月31日，禅城区各镇（街道）开始受理市民“单独两孩”申请，已怀孕或者在3月27日以后生育的“单独两孩”妈妈可申领计划生育服务证。是年，全区1镇3街共受理符合“单独两孩”夫妻再生育申请2612宗，审批2533宗。

【民生实事落实到位】 2014年，禅城区推进落实10件民生实事，全年投入资金5.6亿元。投入3.2亿元提升公共交通，其中对区内12条公交线路进行调整，新增18条公交路线，方便市民出行。投入1000多万元，在社会救助、养老服务和困难职工帮扶等领域开展专业社工服务，受益群体达30万人次。通过加强黑烟车路检执法、做好污染大户的整治和搬迁，大气污染得到有效治理。将孤寡、丧失自理能力等特殊退休人员纳入社会化管理，特殊退休人员社会化管理服务水平得到提升。对全区全日制中职学籍学生免学费。通过促进基层医疗主动、定期、上门服务，让市民群众在家中享受到医疗服务。落实校园锻炼计划，中小学生体质健康得到保障。智能平安小区建设、园林增量提质、“妇女之家”建设等民生实事顺利完成。

【劳动就业帮扶与培训】 2014年，禅城区开展“就业援助月”“春风行动”等系列专项活动，全区举办招聘会127场。落实小额担保贷款制度，全年发放贷款580多万元。开展青年创业就业服务系列活动，落实社保补贴、培训补贴、岗位补贴等扶持政策，鼓励企业吸纳高校毕业生、失业人员等重点群体就业。全年审批和发放灵活就业人员社保补贴26017人次。开展电商从业人员、养老护理员、保育员等岗位培训和再就业和技能晋升培训，培训失业职工1800人、农村富余劳动力360人，培训高级工1552人、技师416人、高级技师21人。8月11日，首批受聘为“就业经理人”的9名劳动保障员在祖庙街道上岗，为辖区内用工企业、失业人员及就业困难人员提供帮扶服务。是年，全区新增就业人数2.1万人，新增就业岗位4.9万个，城镇失业人员实现再就业

1.7 万人，城镇登记失业人员年末实有 5620 人，登记失业率 2.31%。

【社区服务与社会保障】 2014 年，禅城区建立社区服务中心 38 个，比上年增加 2 个。全区有星光老年之家 165 个，敬老院 5 个。五保供养人数 51 人，享受城市最低生活保障 0.16 万人，下降 3.8%。发放低保金 970.55 万元，增长 15%。城乡居民最低生活保障标准每月 510 元，提高 40 元，增长 8.5%；企业职工每月最低工资标准达 1310 元 / 人。救助流浪乞讨人员 0.18 万人次，增长 5.8%。为残疾人提供各种康复服务 0.44 万人次，增长 7%；免费培训残疾人 282 人，增长 5%；安排残疾人就业 0.23 万人，增长 19%；投入的残疾人事业经费增长 19%。全年共建保障性住房 1110 套，为 1034 户城镇低收入家庭解决住房困难。年末，全区域参加城镇职工基本养老保险人数为 38.61 万人，比上年末增加 0.16 万人。参加城乡居民养老保险 3.02 万人，减少 0.01 万人。参加城镇职工基本医疗保险 42.84 万人，增加 0.68 万人。参加城镇居民住院基本医疗保险 21.15 万人，增加 0.05 万人。参加居民门诊基本医疗保险 75.5 万人，增加 0.58 万人。参加失业保险人数 39.39 万人，下降 1.6%；参加工伤保险人数 39.29 万人，增长 1.6%；参加生育保险 39.28 万人，增长 1.8%。新型农村居民基本养老保险参保率达 92.8%，居民门诊基本医疗保险参保率 95.3%，居民住院基本医疗保险参保率 94.7%。全年享受居民医疗门诊 404.72 万人次，享受居民医疗住院 2.4 万人次。

【专业社工服务】 2014 年 9 月 9 日，禅城区出台《禅城区关于推进村（居）社会工作者社工化的意见》，提出村（居）社会服务岗位优先招录社工人才、实行村（居）社工从业补助和考取社工证书一次性补助等多项政策，支持村（居）社会工作者转换为专业社工。至 12 月，禅城区持证服务的专业社工约 400 人，其中村（居）持证社工 148 人，占 45 岁村（居）工作人员总数的 31%。11 月 4 日，《佛山市禅城区人民政府办公室关于印发佛山市禅城区社会工作者职业水平证书补助办法的通知》出台，对区内各级政府机关单位、事业单位、村民委员会、居民委员会内从事社会工作专业服务的人员考取禅城区社会工作者职业水平证书的给予一次性补助，补助标准为助理社会工作师资格水平证书 1000 元、社会工作师 2000 元。全年，禅城区投入购买社工服务经费约 1000 万元，在社区建设、婚姻家庭、社会救助、养老服务、安置帮教、社区矫正、优抚安置、医疗康复、青少年服务、妇女儿童服务、残疾人服务、外来工服务等 10 多个领域开展社工服务项目 50 多个，服务市民 30 多万人次。11 月，禅城区第二届社工服务创投大赛启动，设立 100 万元资助金，共有 13 个项目获得资助。

【社会大局和谐稳定】 2014 年，禅城区开展公职人员定期下基层“直联”村（居）活动，听民意、解民困。在全市率先建立社会矛盾排查和研判机制，实行部门联动，依法、主动、及时解决群众合理诉求。落实“平安创建”工作，有效原始总警情同比下降 10.2%。完善应急管理体系，预防和处置突发事件能力不断增强。推进“禁摩（摩托车）禁电（电动车）”工作，共受理报废申请 7.1 万辆。实行安全生产“党政同责、一岗双责”，全年督促整改隐患 46952 项。开展网格化监督管理试点，“安全社区”建设稳步推进。

【全警武装巡防升级】 2014 年，禅城区升级武装巡防，一线警种和机关科室民警统一佩带单警装备，实行全员武装，三级巡防。巡防职能从街面治安防控延伸到交通管理和打击违法犯罪领域，巡防警力从日均 800 人次提升至 1800 人次以上。实行治安卡哨动态化，在禅城区主要入口设置 5 大警务执勤点，实施全天侯值守勤务，与指挥中心、巡逻民警形成“三位一体”动态化合成作战模式。全年查处违章停车 26.46 万辆，查处非法车辆 83185 辆，抓获违法人员 2531 人（其中罚款 120 人，行拘 2087 人，刑拘 324 人）。全区原始总警情在前 3 年累计下降 68% 的基础上，同比再下降 10.2%。

【“彩虹计划”成为全国品牌】 2014 年，禅城区帮教转化涉罪未成年人“彩虹计划”被中央综治办、共青团中央、中国法学会评为“全国未成年人健康成长法制保障制度创新优秀事例”，“彩虹计划”实现从零经验探索到全国品牌的建立。是年，区检察院将新刑诉法规定的附条件不起诉制度与“彩虹计划”相结合，突出司法属性，共开展法律援助78人次，帮教考察涉罪未成年人37人，对帮教后符合条件的21人依法决定不起诉。

【党的群众路线教育实践活动】 2014年2月20日，禅城区召开党的群众路线教育实践活动动员部署会议，制订下发《禅城区深入开展党的群众路线教育实践活动实施方案》。按照“高规格组建，高标准要求，近距离督导” 的思路，派出12个督导组，由区人大、区政协班子党员领导担任组长，推进党的群众路线教育实践活动督导工作。全区围绕“照镜子、正衣冠、洗洗澡、治治病”总要求，聚焦“四风”（形式主义、官僚主义、享乐主义和奢靡之风），致力解决群众切身利益问题和联系服务群众“最后一公里”问题，结合“强中心”战略部署，全面推进党的作风建设。至10月，全区有1800多个党组织、4.1万名党员参加活动。区领导班子共开展集中学习24次，班子成员带头开展讲学33人次，调研式学习155人次，体验式学习122人次，主持召开各类征求意见座谈会86场；通过“请上来、走下去、专线听、网络谈、问卷评、基层集”等6种渠道收到群众意见建议1500多条，各镇（街）和区属各单位通过召开座谈会、走访入户、窗口征集、发放征求意见表等多种渠道收集意见建议5800多条。在开展教育路线实践活动过程中，禅城区探索民意联络机制和直联制，76名镇街班子成员全部进驻到54个村、85个社区，广纳民意；率先在全市探索“一门式”政务服务制度改革，实现一窗办、马上办、限时办、网上办、全区通办和天天办，使群众办事等候时间缩短一半，成为禅城教育实践活动的亮点品牌；区域化党建和网格化管理取得新突破，全区区域化党建试点由5个增至14个，祖庙街道铁军社区按照社区+商圈社区、“一家亲”、“多元参与”的培育方法，构建商圈1+N红色区域党建运行模式，走出一条区域化服务的党建道路。房产证办证难、旧楼加装电梯、禁摩配套问题等民生难题得到有效解决，“私人定制”公交、医疗改革等民生实事获群众赞许。

【“一门式”行政服务改革】 2014年，禅城区决定以“一门式”行政服务体系建设为重点，推进行政审批制度改革。5月16日，禅城区召开“一门式”行政服务体系建设动员大会，以实施企业登记“三证”（营业执照、机构代码证、税务登记证）同发模式及旧楼加装电梯事项作为“一门式”改革突破口。投入3000多万元用于“一门式”平台建设，相继完成系统顶层设计、启动软件开发及配套设施建设，对行政服务中心前台人员进行培训。9月1日，“一门式”行政服务在祖庙街道和石湾镇街道试运行。禅城区成为广东省内首个试行“一门式”行政服务的区级单位。12月，禅城区“一门式”行政服务覆盖全区一镇三街。镇（街）政务服务中心实行“一门式”行政服务后办理事项由原来的60多项增至282项；群众办事等候时间由原来的10～15分钟缩短至5～10分钟；即时办事项由31项增加到78项，限时办事项平均办理时间缩短7.5个工作日；减少申请材料的事项97项。12月4日，民政部考察团到禅城调研“一门式”改革，民政部副部长顾朝曦多次“点赞”，并评价说：“期待禅城大胆往前闯，成为改革开放新的范例。”

【绿岛湖行政服务大厅启用】 2014年7月21日，禅城区行政服务中心绿岛湖大厅对外开放。服务大厅办公面积4910平方米，共划分8个功能区，分别是咨询导办区、电子查询区、自助服务区、表单填写区、商务服务区、休息等候区、综合受理区以及后台协同区。其中“自助服务区”包括自助查询和24小时自助服务功能，铺设多台自助服务终端（包括“市民之窗”、国税、地税、农商银行自助服务终端）。休息等候区提供咖啡和使用免费WiFi，市民在此只需搜索“W-FoShan”，无需认证就能上网。至12月，绿岛湖行政服务大厅共有22个单位进驻，设对外服务窗口55个，进驻人员227人，进驻审批服务事项620项，其中法人类事项536项、自然人类事项84项。包括组织投资立项审批、建设工程报建、工程竣工联合验收等企业服务事项和南庄辖区户口、身份证办理等市民服务事项。

【机构改革】 2014年11月，禅城区开展政府职能转变和机构改革工作，改革后，设5个党委和14

个政府部门，分别是：区委办公室（区政府办公室）、区委组织部（区编办）、区委宣传部（区文化体育局）、区委政法委员会（区委防范办、司法局）、区委统战部（区外事侨务局）、区发展规划和统计局、区经济和科技促进局、区教育局、区民政局、区财政局、区人力资源和社会保障局、区国土城建和水务局、区环境保护局、区城市综合管理局、区交通运输局、区卫生和计划生育局、区审计局、区食品药品监督管理局（区市场监督管理局）和区安全生产监督管理局。

【精神文明建设与创建全国文明城市工作】 2014年，禅城区组织开展“我们的节日”、勤俭节约、全民阅读、道德模范巡讲巡演、公民道德修养课堂、“邻里守望”社区志愿服务暨邻里节等系列主题活动，倡导文明风尚。全年组织开展道德模范巡讲巡演活动10多场。启动禅城区第二届“感动禅城道德人物”暨2014年度“禅城好人”推荐命名活动，挖掘贴近百姓生活的道德楷模。罗玉辉、许世彬、胡伟洁、邱治春、乔晓峰、关山、罗来弟、李光振、郑雄伟、龚晓淳等10人当选首届“禅城好人”。加强未成年人思想道德建设，推动“我们的中国梦·文化进万家惠民工程”开展，营造未成年人快乐成长的社会文化环境。5月29日，由禅城区委宣传部、禅城区文体旅游局、禅城区教育局、禅城区文明办、张槎街道办事处主办，张槎街道宣传文体局、张槎街道文体服务中心承办，禅城区戏剧研究会（张槎西贝戏剧天地）创作排演的佛山第一部根据电影改编的公益性大型儿童剧《池塘底的天籁之声》在佛山琼花大剧院举行首演。

禅城区创建全国文明城市工作持续深入，“创文”工作向规范化、常态化、精细化发展。通过营造社会文明氛围，构建社会诚信体系，开展志愿服务、文明旅游、未成年人思想道德建设、“我们的节日”、学习道德模范、文明创建、考评文明指标等重点工作，培育和践行社会主义核心价值观，“创文”成效显著。12月，顺利通过佛山市第三次全国城市文明程度指数及未成年人思想道德建设工作测评。

【志愿者服务】 2014年，禅城区志愿服务时数为40多万小时，新注册志愿者1200多人，新开发志愿服务项目8个，新增志愿服务团队12个，全区志愿服务团队172支，成立拥有20个成员的企业志愿者联盟。在社区、公共场所设立145个便民利民志愿服务站，在岭南天地综合示范体设立有示范作用的志愿服务站，82个社区居委会、党支部和物业公司拥有共建的志愿服务队。近600名大学生志愿者参与“邻里守望”“邻里日”等志愿服务活动。青年123社区行动在32个社区开展各类贴近群众需求、关爱社区群众志愿服务活动。9月初，团区委发动全区青年参与“创文”志愿服务，在工作日900多名青年志愿者在区内15个主要交通路口开展文明交通引导志愿服务；节假日在岭南天地等公共场所开展志愿服务活动，包括文化导赏、文明导游等便民服务。至12月底，参与行动志愿者9854人次，服务时数36758小时，完成问卷调查1600余份。

各镇街介绍

【南庄镇】 南庄镇位于禅城区西部，面积76.7平方公里，辖18个行政村和2个社区。至2014年底，南庄镇总户数26372户，户籍人口84601人，外来人口约6万人。南庄镇自古以“桑基鱼塘”著称，水系发达，河网交错，是典型的岭南水乡。镇内有国家级生态村1个，广东名村1个，省宜居示范村庄2个，市级生态村18个。拥有湖体面积1000亩，有附属河网面积500亩的休闲生态景区绿岛湖。

南庄镇是“中国建陶第一镇”“中国陶瓷商贸之都”，曾获广东省“乡镇企业十强镇”、第一批“省市共建循环经济产业基地”、国家级“生态乡镇”、“国家卫生镇”、“广东省宜居城镇”等称号，2014年被评为广东名镇。南庄镇是全国知名品牌较集中的镇区之一，拥有“中国驰名商标”19个、“广东省著名商标”33个、“广东省名牌产品”24个。陶瓷研发、总部经济、会展营销发展迅速，拥有世界级的陶瓷国际会展中心和国家级的华夏建陶研发中心、中国陶瓷产业总部基地、中国陶瓷中央商务区等。2014年，产业优化升级和城市化发展速度加快。电子商务、高端装备、交通电子、新能源新材料等新兴产业集聚提速。建筑卫生陶瓷、铝型材等传统优势产业科技创新、知识产权、品牌建设竞争力增强。阿里巴巴 · 佛山产业带、佛山全球电子商务生态科技城、风发科技智能电机、金溢智能交通物联网及纳动陶瓷变压器等项目落户南庄。和记黄埔、招商地产、信财置业、绿岛明珠和水悦龙湾等商住项目加快建设。是年，实现地区生产总值163.15亿元，同比增长9%；工业总产值421.93亿元，同比增长10.2%；固定资产投资93.78亿元，同比增长8.5%。税收总额16.44亿元，同比增长14.4%，其中国税收入7.91亿元，同比增长5.7%；地税收入8.53亿元，同比增长23.9%。财政可支配收入5.5亿元。辖区产值超亿元的企业43家，年纳税额超1000万元的企业23家。

招商引资工作顺利开展。2014年3月，华南交通电子产业园启动建设，完成动迁和拆除旧物业150多亩，深圳风发纯电动汽车智能电机生产基地项目入园。3月5日，禅城区政府与阿里巴巴签约，在南庄绿岛湖都市产业区共建阿里巴巴 · 佛山产业带电子商务平台。3月31日，广州五行电商产业发展有限公司进驻绿岛湖都市产业区，打造佛山电商生态城。5月21日，中国（华南）物联网应用产业基地、南方电网新能源产业基地、佛山全球电子商务生态科技城落户南庄。是年，新增各类企业2131家，同比增长37 %，总投资30亿元。完成合同利用外资2.22亿美元，同比增长5.3 %，实际利用外资7059万美元，同比增长6.5%。

主题产业园区建设不断推进。杜邦鸿基项目一期建成试产，阿里巴巴 · 佛山产业带吸纳上线企业5500多家，佛山全球电子商务生态科技城引入14家建材和数码电商企业。华南交通电子产业园完成原有村级工业区动迁，新园区科学规划。绿岛湖都市产业区被认定为“全国信息技术人才培养工程培训基地”“广东省（佛山）软件产业园科技创新服务区”和“禅城区电子商务产业园”。继续推进陶瓷中央商务区建设，举办第23届、第24届中国（佛山）国际陶瓷及卫浴博览交易会，第九届、第十届中国艺术瓷砖节和首届中国（佛山）国际电商博览会。新明珠等龙头陶企通过“触网”向多元化产业链条拓展，兴发铝业等4家企业被评为“广东省知识产权优势企业”，9家陶瓷生产企业通过广东省节能考核检查。

新农村建设扎实开展。全年农村集体资产交易平台录入资产9937宗，镇、村两级资产成功交易1570宗。16个村成为省级村务公开管理示范村。名村示范村和宜居村庄建设成效显著，罗南村成为“广东名村”，紫南村、吉利村创建为“佛山市五星级健康村”，全镇有4个村获“佛山市宜居村庄”称号，3个村纳入“佛山市百村升级行动计划”。11月12日，佛山市绿行者同盟与南庄镇共同启动“中国美丽乡村”公益计划，罗园村纳入为“中国美丽乡村”首个试点村。

民生社会事业持续发展。2014年，广明高速、乐狮立交、樵乐路扩建、禅西大道二期、南九复线、禅港西路南段竣工通车。完成北片区污水干管等51.2公里的污水管网工程，启动南片区污水干管工程。完成南围水闸重建、罗格围和二联围堤围灌浆整治，以及罗南涌、贺平涌等10.8公里内河涌整治。公交线路优化调整6条、新增5条，建成吉利工业园公交首末站、南庄客运站。佛山市外国语学校启用，其乐道尔顿国际学校（新罗格小学）奠基。基层医疗服务体系进一步完善，市第一人民医院托管禅城区人民医院（原南庄医院）、绿康医院基本建成。社会管理能力提升，建立数字城管指挥中心，开展“门前三包”示范区建设。村居平安创建工作突出，20个村居全部通过区“平安村居”考核验收。实现村（居）公共文化体育设施“五个有”全覆盖，成为全区首个达到省级标准的镇（街）。第二届世界冼氏联谊会在罗格村举办。开展困难职工帮扶、“妇女之家”“青年荟”公益沙龙活动。

【石湾镇街道】 石湾镇街道位于禅城区东南部，北江支流东平河北岸，辖区面积26.62平方公里，下辖12个行政村和25个社区。2014年，户籍总户数5.25万户，户籍人口15.9万人，常住人口约30万人。石湾镇街道是禅城区委、区政府所在地，交通发达，季华路、魁奇路、汾江路、佛山大道、岭南大道等佛山市内多条城市主干道贯穿辖区。在营、在建、规划中的地铁1 ~ 6号线在石湾均设有站点。魁奇路东延线二期工程在建，将成为禅城连接广州南站的最近通道。

“石湾瓦、甲天下”。石湾是佛山存有历史文化遗产最丰富的地区之一，是“中国十大魅力名镇”，享有“南国陶都”“中国陶瓷文化名城”“中国陶瓷艺术之乡”“中国民间文化艺术（陶艺）之乡”等称号，有着5000年的制陶史，辖区内有全国重点保护文物单位——500年薪火不断的南风古灶和石湾陶瓷博物馆、莲峰书院、丰宁寺、公仔街以及众多艺术馆、大师工作室等文化旅游资源。石湾陶塑技艺被评为第一批国家级非物质文化遗产。

石湾经济发达，是中国现代建筑陶瓷的发源地，是世界著名的建陶产销区，享有“中国陶瓷之都”“南国陶都”等美誉。又是全国唯一的不锈钢名镇、全国最大的不锈钢制品和材料集散地，被授予“中国不锈钢商城”“品牌中国不锈钢（国际）产业示范基地”等称号。陶瓷、不锈钢等传统产业逐步转型升级成以陶瓷为核心的泛家居产业集群。2014年，辖区内较具规模的泛家居专业市场有15个，涵盖家具、陶瓷、卫浴、马赛克、陶艺、建材等，建筑面积300多万平方米，进驻商铺4000多家，批发零售企业6000多家，年交易额400多亿元。佛山市移动、电信、联通三大电信运营商，市、区两级的电力总部，集成金融、交通银行等金融保险区域总部均设在石湾。辖内有佛山最大的汽车交易市场——佛山车城、佛山（国际）车城。是年，石湾实现地区生产总值（GDP）412亿元，增长7.1%；社会批发品零售总额855亿元，增长40%，增速全区第一；固定资产投资149亿元，占全区的32%，总量全区第一；国、地两税收入49亿元，同比增长7%。

建设东部奇槎现代商务新区（桂澜路以东）。实行连片开发，吸引青年创业孵化基地、专利交易中心等创新型企业进驻，打造禅城“中关村”。2014年，以政府统一收储、全部货币补偿的方式，完成奇槎村1300多亩集体土地的征收，交由政府统一规划开发。城市设计竞赛成果通过专家评审，片区控制性详细规划完成中期方案，现代商务新区建设蓄势待发。

建设中部中心商务区（佛山大道以东，桂澜路以西）。实施中轴线发展规划，发展高端商业、金融、楼宇经济等产业。2014年，引入三大电信运营商的基站运营提供商——中国铁塔公司，以及创兴银行佛山支行、高端特色商业街（冼村商会）、永旺主力店等一批高端商业、金融项目。城南片区首家五星级酒店——希尔顿酒店于3月18日开业，兆阳广场于10月25日开业运营。天虹商场、中国国药总部大厦等项目动工建设，新建楼宇产业载体近38万平方米。

建设石湾西片区（佛山大道以西）。探索旧物业改造与“泛家居”优势产业融合的“三旧”改造新模式，创建国家级文化产业示范园区。2014年，通过旧物业改造，建成佛山首个“泛家居”电商创意园——佛山泛家居电商创意园，佛山首个跨境电商平台和佛山首个电商物流园，新建美居国际建材城等57万平方米“泛家居”专业市场载体。8月18日，位于禅城区三友南路的佛山泛家居电商创意园开园，项目用地约5万多平方米，总投资约1.5亿元。吸引国际家具一线品牌——意大利BK集团、中国最大的跨境电商企业——传神集团、由30多家企业联合组成的中陶科技、BHB居家梦工厂等41家电商、创意、设计企业进驻。

建设石湾文化街区。2014年3月19日，广东最大规模的酒文化博物馆——岭南酒文化博物馆在石湾开馆。博物馆首期占地9000平方米，历时4年多建成，总投资4000万元，是一所体验式的行业博物馆，向公众展示悠久的岭南酒文化和传统酿造技艺。7月10日，石湾文化街区产业促进会成立。促进会由高庙路至跃进路区域内的南风古灶片区、佛山陶都工艺美术馆、北纬23度艺术空间、新石湾美术陶瓷厂、石湾酒厂的业主以及街区范围内的陶艺大师自发组成，首届理事会成员6名，梁桐灿任第一届会长。12月31日，由佛山市文广新局、禅城区人民政府主办，石湾镇街道办事处、石湾文化街区产业促进会承办的2014年中国（佛山）陶瓷艺术节在佛山南风古灶开幕，开展20多项陶艺活动。是年，建成北纬23度艺术空间等文化产业载体6万平方米，潘汾淋等4名国家级大师和学院派教授吴信坤进驻。石湾15名国家级大师中有13名进驻文化街区。石湾被授予“中国民间文化艺术（陶艺）之乡”称号，新美陶厂被评为“国家文化示范基地”。

民生事业不断发展。辖区13家农贸市场、63家学校（幼儿园）和12个公园改造提升。创建“平安村居”，“平安村居”覆盖率92%。城镇登记失业率控制在3 % 以下。城市网格化管理、消防网格化管理、登革热防控工作成效明显。10个村（居）被评为广东省宜居村（居），南风古灶历史文化遗产保护项目获省宜居环境范例奖。“一门式”行政审批服务改革成为禅城区“一门式”服务的示范工程。

【张槎街道】 张槎街道位于禅城区中西部，总面积26.5平方公里，辖15个行政村和6个社区。2014年，总户数2.4万户，户籍人口近8万人，外来人口20多万人。辖内有生产经营单位1.5万家，其中生产性企业5600多家，非生产性单位9400多家。交通运输网络四通八达，规划有“一高四轨”（佛开高速、广佛肇轻轨、地铁2号线、地铁4号线、地铁5号线）、“四纵四横”（佛山大道、禅西大道、槎湾路、季华北路4条纵向道路和季华路、轻工路、张槎路、塱沙路4条横向道路）。拥有东平河、汾江河、王借岗等自然风光。

国家级高新区（佛山高新技术产业开发区禅城区城西工业园）位于在张槎街道。禅城园形成以电子信息、数码光学、光机电一体化、精密制造、生物工程、新材料等为主导的产业体系，高新技术产业集聚效应明显，拥有包括安德里茨、汇丰、丰富汽配、腾龙光学等涵盖19个国家和地区的一批具有国际影响力的知名企业，常驻外籍人员占全区外籍人员的75%，是禅城区优化产业结构和技术创新的基地。

2014年，张槎街道围绕区委、区政府打造“禅西产业新城”的战略部署，致力“扩园、建城、优环境、强队伍”，不断巩固提升传统产业，做强新兴产业，重点打造高端装备制造业、电子信息产业、生产性服务业、生物医药产业以及针织时尚产业等五大产业。建设佛山生命科学园、广东化工电子交易中心、华南移动互联网产业园等“三新”主题产业园区，智慧新城、华南电源创新科技园、欧洲工业园C区、新媒体产业园等主题产业园区扩园提质，累计引进项目1518个，其中2014年新引入项目409个。全年新增企业1328家，产值超亿元的企业38家。是年，实现地区生产总值330.72亿元，同比增长9%，其中第二产业242.88亿元，增长9.9%；第三产业87.83亿元，增长6.5%。工业总产值1173.23亿元，增长10.7%；固定资产投资额116.32亿元，增长11.3%；社会消费品零售总额61.2亿元，增长18.4%；合同外商投资额2.06亿美元，增长5.8%，实际外商直接投资7901万美元，增长5.2%。税收总额40.86亿元，增长16.7%，其中国税26.25亿元，增长26.5%；地税14.61亿元，增长2.6%。GDP、第二产业、工业总产值、固定资产投资、合同外资、税收总额、国税等7项主要经济指标增幅居全区第一。

产业招商与发展。2014年，成立张槎街道招商局，建立区、街、村、园区四位一体的招商队伍体系。重点发展高端装备制造业、电子信息业、生物医药产业、现代服务业和时尚针织产业，张槎区域经济核心竞争力不断提升。吸引中交集团、厦门科华、湖南科力远、台湾鸿海等高端装备制造业企业和荷兰CSI“机器手”项目、正大机电研发中心进驻，张槎村智能电气产业园落地，华南电源创新科技园公共创新服务检测平台等3个项目获国家火炬计划项目立项。辖区聚集电商企业1020家，华南移动互联网产业园、恒强IT数码城、浪潮集团云计算上市企业及佛山首个“电子商务物流基地”、广东首个O2O体验式步行街落户张槎。3月29日，首届“佛山首届电商节”在张槎举行。辖区“一中心四平台”（一中心即化工交易中心，四平台即世纪互联、鹏博士、广东广电、浪潮四大云计算平台）格局确立，华南信息产业带战略布局初步形成。5月21日，生物医药孵化平台ChinaBio生命科学园落户张槎，汇集中西达一、华美众联、迪安等高端企业，推动生物医药、医疗器械等产业发展。佛山农商行、广州农商行、太平保险、广东融通融资、汤姆逊物流等金融、物流机构相继进驻，辖区内首家国际学校——璟辉国际学校签约落户。中国首个针织电子商务试点基地——东成立亿针织产业园封顶，童梦天下项目动工建设。组织筹办首届中国针织行业高峰论坛，牵头组建中国针织产业联盟，抱团参加2014年上海国际针织博览会，承办广东省针织产业工人技能大赛，张槎针织品牌影响力不断提升。

张槎再获“中国针织名镇”称号。2014年6月24日，由中国针织工业协会、中国针织电子商

务试点基地、佛高区禅管委、张槎街道办事处以及中山大学管理学院共同举办的2014年中国针织行业高峰论坛在马哥孛罗酒店举行。中国纺织工业联合会、中国针织工业协会分别授予张槎街道“中国针织名镇”称号，授予张槎商会“纺织产业集群地区优秀协（商）会”称号和“中国针织电子商务试点基地”称号。活动期间，举行“针尖上的张槎”系列活动的启动仪式，包括中国针织产业博物馆揭牌、“针尖上的张槎”大型图书及主题片制作启动、筹备组建中国针织产业联盟、2015年中国T恤流行趋势发布四大启动仪式。

民生事业不断发展。张槎街道家庭综合服务中心、佛山市中医院禅城高新区医院、张槎街道劳动争议法律援助中心挂牌成立。5个“一村一公园”村级主题公园和智慧公园（10万平方米）、欧C区滨江公园、季华桥湿地公园完成建设。“智慧城市管家”城市综合管理服务启动，打造禅城城管新模式。社区居民议事会成立，在全区率先实施“线上微博（信）互动”“线下民主议事”的议事方式。安全生产网格化工作成效明显，经验在全市推广。“一门式”行政审批服务全面推行，涵盖审批事项282项。

【祖庙街道】 祖庙街道位于禅城区的东北部，东至桂澜路、南沿季华路，西以佛山大道为界，北抵汾江河北岸。辖区面积21.5平方公里，辖9个行政村和54个社区。2014年，辖区总户数9.36万户，户籍人口29.4万人，总人口约60万人。祖庙街道地处佛山市中心城区，交通便利，广佛地铁横贯辖区。旅游景点有佛山祖庙、梁园、仁寿寺、广东省粤剧博物馆、东华里古建筑群、岭南天地商业街区、精武馆、中山公园等，其中佛山祖庙和东华里古建筑群是国家级文物保护单位。辖区祖庙、东方广场和季华等商圈人气旺盛，商圈商贸文化活动丰富。是年，开展“岭南年俗欢乐节暨祖庙商圈迎春嘉年华”和“第三届佛山金牌导购大赛”等活动。正月十六行通济、三月三北帝诞、粤剧华光诞、佛山秋色欢乐节等民俗节庆活动均在辖区举行。

2014年，祖庙街道继续围绕城北、老城、东升、季华四大片区发展战略，推进“三旧”改造，坚持产业引领、基础设施配套、环境提升助推，传统优势产业转型升级，祖庙核心竞争力和辐射力全面提升。辖内在建重点工程项目有绿地中心项目、星星凯旋国际、天丰国际、佛山万科广场、恒福国际商业中心、达磐恒广场、时代云图、佛山童服城项目、东海银湾、富力地产、国瑞南堤湾文化商业旅游项目、华强广场项目、华南金谷项目、普君新城、东方新天地等。

是年，实现地区生产总值558.1亿元，比上年增长8.1%，其中第二产业实现增加值134.9亿元，增长7.5%；第三产业实现增加值423.2亿元，增长8.3%。第二、第三产业结构比重为24：76。工业总产值437.5亿元，同比增长6.3%，其中规模以上工业总产值161.4亿元，增长17.7%。全社会固定资产投资105.1亿元，增长10.1%。社会消费品零售总额318.7亿元，增长11.6%。税收总额84.2亿元，同比增长12.1%，其中国税42.7亿元，同比增长13.2%；地税41.5亿元，同比增长11.1%。辖区内产值超亿元的企业有16家，重点企业有：佛山市海天调味食品股份有限公司、广东省佛山水泵厂有限公司、广东省烟草专卖局、佛山市日丰企业有限公司、佛山佛塑科技集团股份有限公司、佛山电器照明股份有限公司、广东中盈盛达融资担保投资股份有限公司、佛山瑞安天地房地产发展有限公司、欧司朗（中国）照明有限公司。

传统产业升级发展。创新旧物业整体流转租赁新模式，格沙工业区实现整体升级改造，建设佛山童服城，传统童服产业转型升级。五金、电子批发零售业向高端发展，华南金谷项目、华强项目全面发售；城北汽配、食品、不锈钢项目对外招商；兆祥东路以北、朝安北路以西地块成功出让，顺德公二期、文昌路北侧、童服城等地块引入开发商建设高端产业载体；海天、佛山照明、水泵厂、康思达等传统大型企业推进总部项目建设。季华路沿线绿地中心、万科广场、天丰国际、恒福国际等综合体启动招商，高端服务业集聚发展。

城市景观不断提升。完成汾江河“一河两岸”（汾江桥至人民桥）景观提升项目，通过实施两岸三桥灯饰亮化、亲水平台重建、人行道和绿道重铺等工程，汾江河两岸展现新风采。完成季华路、河滨路、永安路、建新路、文昌路、锦华路道路景观改造提升工程，启动岭南大道（卫国路至同济路段）周边环境提升项目和朝安路道路景观改造提升项目。建新路的建筑外立面仿古漆和永安路的建筑外挂花板应用效果良好。

河涌整治成效明显。投资1.05亿元（其中征收拆迁补偿约6535万元、河涌整治约3600万元，堤边环境综合整治约400万元），启动同济涌综合整治工程（朝安路—同济东路河段环境整治工程），对总长度约1100米的一河两岸进行综合整治，成为禅城中心城区具有岭南特色的河涌水景。相继完成5项截污工程，启动6项村（居）污水收集工程，制定"一河一策"方案对重点河涌进行整治。

社区环境改造提升。投入9000万元，提升辖内54个社区环境，开展社区绿化提升工程、社区道路维修和养护服务工程。社区内主要道路全部沥青罩面，建设林下广场或休闲活动小广场，增设健身、休闲座椅等设施。完成置业公园、文沙公园、唐翠园、鸿业公园、通济桥绿地、垂虹公园、垂虹六街公园、汾江桥两侧公园、南善里小公园、南浦公园、白燕小公园、新虹公园、榕亭里小公园、城门西公园、朝安公园等18个社区公园改造提升工作。改造提升后的社区公园均设有羽毛球、乒乓球等运动康乐设施场地，园内景观墙、廊亭、石雕等融入粤剧、书画、雕刻、剪纸、武术等岭南传统文化元素，景观设施焕然一新，社区文化氛围浓厚。

民生事业不断发展。村（居）环境全面提升，24个村（居）通过"平安村居"创建考核达标验收。辖区散居楼聚集的小区封闭管理覆盖率达60%，"全国安全社区"创建工作通过省检。社区便民服务网络日益完善，家政中介服务平台辐射63个村（居）。社区综合服务水平不断提升，居家养老服务成熟规范，兰桂社区"妇女之家"建设成为市、区示范点。祖庙街道塔坡社区连续3年达到省（市、区）充分就业社区的标准，被评选为"第三批省级充分就业星级社区"。

（陈晓平　梁健鹰）

附：2014年禅城区党政主要领导名单

书　记： 区邦敏（任至7月）
刘东豪（7月任职）
副书记： 刘东豪（任至7月）
张辉明（任至7月）
孔海文（7月任职）
区柱明（8月任职）
常　委： 殷　辉　卢建华　区柱明(任至8月)
冯永康（任至1月）
黄清华（任至3月）
甘绮霞　徐　航　郑作勋
王民旻（3月任职）
乐绍才（8月任职）
李　军（8月任职）
区　长： 刘东豪（任至7月）
代区长： 孔海文（7月任职）
常务副区长： 卢建华
副区长： 乔　羽　梁炳军　李剑雄　杜　梅
卢志华　曾阳春（挂职）
丁　伟（4月挂职）
政务委员： 李　军（任至10月）
高成建　罗　振　吴志伟　孔祥日

现任禅城区党政主要领导名单

书　记： 刘东豪
副书记： 孔海文　区柱明
常　委： 殷　辉　卢建华　甘绮霞　徐　航
郑作勋　乐绍才　李　军　吴问其
区　长： 孔海文
常务副区长： 卢建华
副区长： 梁炳军　杜　梅　渠　铮　卢志华
刘思朝
政务委员： 高成建　罗　振　吴志伟　孔祥日

（2015年7月禅城区供稿）

南 海 区

概 况

南海区位于佛山市东北部，东连广州市白云区、荔湾区，西邻三水区、高明区，南接顺德区，北濒广州市花都区，中南部与禅城区接壤。总面积1073.82平方公里，辖1个街道、6个镇，共67个行政村和182个社区。2014年年末，全区有户籍人口126.52万人，流动人口197.57万人。还有旅居海外的侨胞和港澳台同胞40多万人。

南海历史悠久，文化底蕴深厚，是珠江文明的发祥地之一，也是岭南文化的典型代表。在5000多年前，就孕育出新石器时代的“西樵山文化”。隋开皇十年（590年）设置南海县。近代以来，涌现出近代科学家、第一部摄像器研制者邹伯奇，清末大儒朱次琦，中国民族工业先驱陈淡浦、陈启沅，“中国铁路之父”詹天佑，岭南武林一代宗师黄飞鸿，维新运动领袖、思想家康有为等杰出人物。区内旅游资源丰富，有西樵山、南国桃园、西岸、仙湖等四大旅游度假区及千灯湖、康有为故居、黄飞鸿狮艺武术馆、叶问纪念馆、平洲玉器街、九江双蒸博物馆等特色景点。民俗活动丰富多彩，官窑生菜会、乐安花灯会、赛龙舟、醒狮盛会等传统民俗独具魅力。南海先后被命名为“中国龙舟运动之乡”“中国龙狮运动之乡”“中国曲艺之乡”；广东醒狮（南海）、茶基十番、粤剧被列入国家级非物质文化遗产，官窑生菜会、乐安花灯会、九江传统龙舟、盐步老龙礼俗、西樵大仙诞被列入广东省非物质文化遗产。

2014年，全区生产总值2373.08亿元，比上年增长8.7%；工业总产值5424.91亿元，增长10%；农林牧渔业总产值84.72亿元，增长1.1%；全社会固定资产投资792.04亿元，增长15.6%；社会消费品零售总额831.51亿元，增长13.2%；外贸出口额121.6亿美元，增长10.9%；实际利用外资8.07亿美元，增长5.2%；金融机构本外币存款余额4062.77亿元，增长3.4%；地方公共财政预算收入166.59亿元，增长14%；城镇常住居民人均可支配收入36886元，增长8.9%；农村常住居民人均可支配收入23655元，增长9.3%。

经济建设

【农业】 2014年，南海区实现农林牧渔业生产总值84.72亿元，比上年增长1.1%。其中农业产值42.38亿元，增长6.1 %；渔业产值32.86亿元，增长7.7 %；牧业产值4.31亿元，增长49.4%。

农业园区建设稳步推进。至2014年底，里水镇“广东万顷园艺世界”项目累计投入3.5亿元，集约农地136公顷，修建园区道路6800米，建成温室20多公顷，180多家苗木、花卉、观赏鱼企业进驻。西樵镇“渔耕粤韵”园区累计投入3013万元，其中2014年投入1199万元，第一期桑基鱼塘休闲区对外试开放。九江镇“西部观赏鱼基地”项目累计投入1500万元，其中2014年投入425万元，完成1个800平方米工厂化生产车间和1个500平方米锦鲤展览区的扩建，并与珠江水产研究所签订技术合作协议，开始锦鲤、鳜鱼、宝石鲈的引种、繁殖及推广养殖，成功筛选培育出优质锦鲤鱼苗2万尾。

扶持农业龙头企业向现代企业转型升级。重新修订出台《佛山市南海区农业龙头企业申报认定与奖励管理办法》，完善区级农业龙头企业认定考核奖励。是年，佛山市南海通威水产科技有限公司、佛山市好来客食品有限公司成功申报市级农业龙头企业。至2014年底，全区有区级以上农业龙头企业38家，其中国家级1家、省级6家、市级17家、区级14家；进行工商登记的农民专业合作社18家，合作社成员532户，种养面积1.1万亩，辐射带动农户4000多户。

引导水产企业开展品牌打造、保护和管理。是年，广东何氏水产有限公司的鲈鱼（活鱼）获“广东名鱼”称号；南海百容水厂良种有限公司的鲫鱼获2014年“广东省名牌产品”称号。

推动水产品质量安全示范点创建。引导百容、何氏、环球3家水产企业进行水产品质量安全示范点整改提升。至年底，南海区成功创建3个农业部健康养殖示范场、8个省级示范点（另有2家已完成省级验收）和4个市级示范点，示范点面积达293.5公顷。

加强农产品质量安全监管。重点开展农资打假专项行动及农产品质量安全隐患排查。区、镇共出动4236人次，检查农产品生产经营单位、农资经营店铺2390家次。推动镇（街）完善水产品独立检测试点建设，扶持渔业龙头企业、渔业合作社等建立完善质量检测、销售台账等管理制度，夯实区、镇、水产企业、合作社四级检测体系基础。加强对水产品的生产、运输、流通等环节的全链监控，全年完成区、镇两级及市级以上水产品监测抽样任务3002个，检测合格率达98%。区农检中心与各镇（街）农检站对蔬菜基地、养殖场、肉联厂的初级农产品进行例行风险监测，全年抽检样品8406份。

【工业】 2014年，南海区实现工业总产值5424.91亿元，比上年增长10%，其中规模以上工业总产值4986.9亿元，增长9.4%。规模以上工业销售产值4920.05亿元，增长9.3%。产品销售率达98.66%。规模以上工业亏损企业数量增加，截至11月，亏损企业达276家，亏损面为12.1%，亏损总额为5.45亿元。

全年招商引资超百万元以上项目325个，计划投资总额519.66亿元，比上年增长5.1%。其中，超千万元项目238个，计划投资总额515.06亿元；超亿元项目96个，计划投资总额450.64亿元。区外资金152.02亿元（不包括外资），占全区招商引资总额的29.25%。

全区传统制造业产值超过3000亿元，占工业总产值的60%。机械装备制造、铝型材、纺织服装、小五金等优势行业在国内占据重要地位，拥有6个省级以上产业集群示范区和2个全国知名品牌创建示范区。机械装备制造业以轻型专业机械为主，形成了汽车及零部件、包装机械、注塑机械、床具机械、起重机械、输配电机械及器材、医疗器械等特色行业，其中铝型材加工机械、制鞋机械、包装机械等在省内均处于领先地位；拥有一汽－大众、本田变速箱、福迪汽车、粤海汽车、南方风机、东方精工、源田床具、中南机械、菱王电梯、中联电缆、广东电缆等一批知名企业。是年，规模以上机械装备企业（含通用设备制造、专用设备制造、交通运输设备制造、仪器仪表及文化办公用机械制造、电气机械及器材制造）542家。有色金属产业有规模以上企业134家，其中超亿元企业33家，全年实现产值711.6亿元。纺织服装产业主要包括西樵纺织业、盐步内衣业、九江无纺布产业和桂城、里水的制鞋业，全年实现规模以上工业总产值223.01亿元。五金产业产品以日用五金为主，有企业5000多家，主要分布在丹灶和里水，全年实现规模以上工业产值431.5亿元。

平板显示、新光源、新材料、生物医药、环保等新兴产业不断壮大，拥有3个省级产业集群升级示范区和产业基地。平板显示产业已形成以奇美电子为龙头，菱展电子和峻凌电子等一批关联企业为配套的产业集群，上下游项目投资总额超过15亿美元，建成全国最大的大屏幕液晶电视模组生产基地。新光源产业以芯片制造为切入点，以广东新光源产业基地、金谷·光电社区和佛山高新区南海园区为载体，相继引入国星光电等芯片企业和中国赛宝实验室、省半导体联合创新中心等产业平台，形成从芯片研究、装备制造、LED外延和芯片制造、大功率封装、应用产品开发、中试及生产、产品检测到市场流通的全产业链。至2014年底，广东新光源产业基地已有90家照明产业相关企业、机构落户，超过50家企业实现投产。芯光源孵化器顺利通过省科技厅的国家级科技企业孵化器培育单位认定。生物医药产业拥有一方制药、双鹤制药、北沙制药、百合医疗、凯洋医疗和朗肽制药等龙头企业。南海生物医药产业基地孵化中心一期约9000平方米载体已投入使用，已入驻项目36个，新型特异性肿瘤显影剂产业化、中德医疗谷等项目顺利落户，并成功孵化佛山市华普生药业有限公司、佛山市广昆园生物科技有限公司、广州博济医药生物技术股份有限公司。至2014年底，国家环境服务业华南集聚区检测认证中心、科技金融中心、方案解决和招商服务中心已完工，已引进中科院、佛山市环境工程技术研发中心、国环清华环境设计院等30多家知名环保企业和专业机构。是年，国家环境服务业华南集聚区管理委员会与广东金融高新区股权交易中心签订金融服务战略合作协议，实现环保产业与金融市场融合发展的突破。全年有5家环保企业在股权交易中心挂牌，其中3家环保企业成功登录“新三板”。全年全区引进环保企业11家，新增注册资金超过3000万元。

【商贸旅游】 2014年，南海区社会消费品零售总额831.51亿元，比上年增长13.2%。其中批发零售贸易业实现零售总额707.43亿元，增长14.5%；住宿和餐饮业实现零售总额124.08亿元，增长6.7%。批发零售业实现商品销售总额2393.39亿元，比上年增长15.6%，其中批发额1685.96亿元，增长16%。至年底，全区拥有亿元商品交易市场17个，全年城乡主要商品交易市场成交额526.66亿元，比上年下降1.9%。

2014年，南海区电子商务发展迅速。22400多家企业涉足电子商务业务，涌现了维尚家具、凯仕乐、星期六鞋业等一批以电商提升传统产业的企业。佛山京东云产业基地、阿里巴巴南海产业带、中国网库等重大项目相续落户大沥镇。12家电子商务企业和1个电子商务主体载体获得南海区首批电子商务企业和电子商务专业载体认定授牌。C时代互联网产业园被授予“中国电子商务智慧型企业孵化器”“中国电子商务创新基金和C时代云动力创业基地”称号，园区一期已引入包括佛山电子商务协会、全返电子商务、品购天下网、晨晖电子网络、厚德宝供应链服务（EMS）等25家电商企业；广佛智城获得“佛山电子商业体验基地”和“佛山市电子商务创智园”两大市级平台称号，已引进电商企业50家；九江镇获批“佛山市应用电子商务促进传统产业升级试点镇”。

全年，南海区接待游客1113.52万人次，比上年增长6.2%；实现旅游总收入105.05亿元，增长10%，其中旅游外汇收入1.55亿美元，增长7.8%。是年，南海区全面推进智慧旅游“精进计划”、市场拓展“精诚计划”和品质提升“精智计划”。以旅游电商平台建设为突破口，在全市率先启动“南海旅游”微信微商城、天猫旗舰店建设。微信微商城自7月试运行，至年底，上线17个产品，总成交金额超10万元。与香港共建旅游发展平台，首次与香港旅游发展局、香港入境旅游接待协会联合举办以“一程多站，南海旅游”为主题的欧洲推介会。加强形象宣传与产品推广。区旅游局联合西樵镇、佛山电视台《小强热线》栏目组，在西樵镇松塘古村录制《热线面对面：春节去哪玩　南海欢迎你》节目，重点推介春节期间民俗旅游活动；邀请香港无线电视旅游栏目组到南海拍摄，并在香港无线网络电视为食台播放2集南海美食旅游专辑。加强特色旅游产品开发。6月6日，位于西樵镇松塘村游客服务中心的南海旅游纪念品专卖店正式开张，首批数十款旅游商品亮相。8月，“文翰樵山”旅游纪念品在广东国际旅游产业博览会首次亮相。是年，平洲玉器街成功创建为国家AAAA级景区，至此，南海区有国家AAAAA级景区1个（西樵山风景名胜区）、AAAA级景区2个（南海湾森林生态园、平洲玉器街）。

【对外经济贸易】 2014年，南海区进出口贸易总值1344.5亿元，比上年增长4.3%。其中，出口总值746.8亿元，增长9.9%；进口总值597.7亿元，下降1.9%。贸易结构方面，一般贸易进出口仍占主导地位，一般贸易进出口总值679.6亿元，增长0.8%，占全区进出口总值的50.5%；加工贸易进出口总值625.7亿元，增长7.9%，占46.5%。外资企业和私营企业进出口齐头并进，外商投资企业进出口总值582.9亿元，下降3 %，占全区进出口总值的43.3 %；私营企业进出口总值565亿元，增长10%，占42%。市场结构方面，主要贸易伙伴为中国香港、中国台湾和欧盟（28 国），三者进出口值占全区进出口总值的 40.7%。对非洲及澳大利亚进出口增长迅速，分别增长 29.4% 和 35.8%。产品结构方面，机电产品出口总值 394.5 亿元，增长 5.1%，占全区出口总值的 52.8%；高新技术产品（与机电产品有交集）出口总值 126.3 亿元，增长 4.6%，占 16.9%；传统劳动密集型产品出口总值 152.9 亿元，增长 9.8%，占 20.5 %，主要出口产品为家具及其零件，服装及衣着附件，鞋类，玩具，纺织纱线、织物及制品。机电产品进口总值 226.8 亿元，下降 2 %，占全区进口总值的 37.9%；高新技术产品进口总值 154.7 亿元，下降 10.5%，占 25.9%。废金属和未锻造的铜及铜材进口额降幅较大，分别下降 17.3% 和 49.2%。

南海区在美国举办投资推介会，并参加台湾对接合作洽谈会等对外招商活动。全年新批外商投资企业项目 66 个，比上年增长 10%；合同利用外资 9.54 亿美元，增长 5.8%；实际利用外资 8.07 亿美元，增长 5.2%。新引入世界 500 强企业 1 家，为日本永旺投资设立的永旺梦乐城（佛山南海）商业管理有限公司，投资总额 1.02 亿元人民币。外国投资者积极进军第三产业。是年，新批房地产项目 4 个，房地产增资项目 7 个，合同利用外资 4.86 亿美元，占全年合同利用外资的 50.9%；新批商贸企业 28 家，其中有全球最大家居企业宜家家居投资设立的佛山宜家家居有限公司，日本著名零售集团永旺集团投资设立的永旺梦乐城（佛山南海）商业管理有限公司；新批融资租赁项目 4 家，增资项目 1 个，合同利用外资 8030.9 万美元，占全年合同利用外资的 8.4%。至年底，全区有外资企业 1593 家，其中 28 家世界 500 强企业投资设立企业 38 家，投资总额 47.5 亿美元。

【财政金融】 2014 年，南海区公共财政预算收入 166.59 亿元，比上年增长 14%。其中，税收收入 125.37 亿元，增长 13.1%；非税收收入 41.22 亿元，增长 16.8%。

至年底，全区有银行机构 27 家（含 4 家外资银行）。年末金融机构本外币存款余额 4062.77 亿元，比上年增长 3.4%。其中，人民币存款余额 3906.79 亿元，增长 2.5%；外币存款余额 25.49 亿美元，增长 32.1%。城乡居民本外币储蓄存款余额 2081.22 亿元，增长 4.7%。其中，人民币储蓄存款余额 2067.68 亿元，增长 4.7%；外币储蓄存款余额 2.21 亿美元，增长 3.9%。年末金融机构本外币贷款余额 2317.44 亿元，增长 17.9%。其中，人民币贷款余额 2265.76 亿元，增长 20.9%；外币贷款余额 8.45 亿美元，下降 43%。

金融服务业壮大发展。广东金融电子结算中心签约进驻广东金融高新技术服务区，广东－诺丁汉高级金融研究院落户金融高新区。至年底，金融高新区已吸引 216 家金融机构及知名企业落户，总投资额达 507 亿元，总建筑面积约 600 万平方米，项目涵盖银行、保险、证券、服务外包、私募创投、融资租赁等金融业态，其中私募创投类机构 105 个，募集资金达 252 亿元，规模位居全国前列。佛山民间金融街进驻项目 60 多个，汇集银行、保险、证券、股权交易中心、PE/VC、事务所、行业协会等多种金融业态，广东金融高新区股权交易中心、全景网（广东）路演中心等 30 多个项目正式投运。是年，金融街内 17 家小贷公司累计投放贷款 3987 笔，投放金额 116.3 亿元，惠及中小微企业及个体工商户数千家。广东金融高新区股权交易中心有注册挂牌企业 1141 家，其中高新技术企业和科技型企业 613 家，占 54%。此外，中心聚集银行、证券、基金、投资公司、中介机构等各类会员单位 165 个，合格投资者 211 个；构建起包括股权、债权、知识产权、科技创新等新型融资服务体系，形成 4 大类、近 30 项融资产品，并在江门、肇庆、云浮、韶关、揭阳、茂名，以及粤桂合作特别试验区和河南省等地设立运营中心或服务基地。中心还设立知识产权交易平台、科技板、国资板、青创板，并推出全省首批小贷公司私募债，成为全国首家与深交所开展私募债“双边挂牌”业务的场外交易市场。

城乡建设

【城乡规划】 2014 年，南海区围绕“一山、两站、三湖、三核、三轴”总体空间结构，进一步细化城乡规划布局，编制完成千灯湖轴线地区城市设计、博爱湖城市景观设计、听音湖片区整体城市设计及重点地段控规、佛山西站枢纽新城控规、广珠铁路官窑货场片区控规、西部水系利用规划、桂城华南汽车城控规等多个重点片区规划。编制完成《户外广告专项规划》《重点路段户外广告详细规划》及《高（快）速路两侧户外广告专项规划》，并完成南海大道、佛平路、广佛路等30多条道路的广告招牌详细规划。

【基础设施】 2014年，南海区投入交通基础设施建设资金29亿元，新建公路20.02公里，改扩建公路5.27公里；新建桥梁26座，其中大桥8座，新建桥长3576.82延米，通车里程29.3公里。全年建成道路10条，分别为南九复线、三山南桥重建工程、红沙高新产业基地配套道路4号路、红沙高新产业基地配套道路5号路、一汽－大众零部件园区纵七路、河滨路一期工程、爱国路、西江公路、西樵西岸庆云大道（绿化等附属工程）、西樵西岸东西大道（绿化等附属工程）。此外，禅西大道北延线立交工程、桂江路三座桥扩建工程等项目涉铁部分工程按时按质完成。至年底，全区公路通车里程1929.58公里，公路密度179.69公里／百平方公里。加快推进与禅城、顺德、高明等区域公交互融，优化调整公交线路21条，新增、优化南顺、南禅、南高、旅游专线等公交线路23条。编制全区公交站场配建规划和公共自行车站点建设规划，落实公交站场配建项目8个，如期完成公交电子站牌、公交专用道建设，各镇（街道）完成200个公共自行车站亭建设；更新禅桂新出租车95辆，新投放“镇的”70辆。

全区完成电网建设投资9.92亿元，其中主网投资4.48亿元，配网投资2.8亿元，电网维修技术改造投资2.66亿元。新建10千伏线路143.46公里，低压线路313.55公里，新增配电容量16.44万千伏安。重点推进500千伏东坡变电站、220千伏上柏变电站、110千伏西岸变电站及贵广铁路牵引站、佛山西站牵引站等22个主网建设项目。完成佛山西站、狮山中心城区电力专项规划，编制三山新城、狮山软件园等30余项重点区域供电方案。优化调整电网设备配置，提升各镇（街道）老城区电网供电能力。年供电量212.46亿千瓦时，比上年增长8.05%。

全区累计完成燃气市政管道建设83公里，工程投资6300多万元。完成城市升级三年行动计划重点项目西部片区燃气市政管建设任务，新建燃气市政管道37.2公里，共建设燃气市政管道92.16公里，完成计划的103%。7月19日，南海区首个城市燃气应急气源和调峰气源储配站——狮山液化天然气综合储配站一期建成试运行，一期包括6个150立方米储罐，可储存液化天然气约900立方米。

全区有供水企业17家，自来水厂11间，其中镇级以上自来水厂6间，村级自来水厂5间。年内，新桂城水厂投产运营。全区总供水能力达152.9万立方米／日，全年有效供水量4.94亿立方米（包括顺德区、禅城区、三水区以及广州市等地区对南海区供水量）。

【环境保护】 2014年，南海区空气优良天数为242天，优良率为66.3%，其中优秀天数42天；城市主要污染物平均浓度均呈下降趋势，二氧化硫年平均浓度下降25%，二氧化氮下降5%，可吸入颗粒物（PM_{10}）下降6.4%，细颗粒物（$PM_{2.5}$）下降11.5%；6个饮用水源地监测断面水质达到Ⅱ类标准，水质评价为优。

南海区进一步健全环保工作体制机制，出台《关于进一步加强环境保护责任落实的通知》《佛山市南海区环境保护行政过错责任追究实施办法》《进一步加强镇（街道）环境保护监督管理工作意见》《南海区村（居）环境保护监督管理办法（试行）》等7份文件，明确分工，厘清职责。大力打击违法排污行为。全年开展专项行动222次，检查企业4922家，下发行政处罚决定书567份，行政处罚总额为2193多万元，移送司法部门涉刑案件26宗28人，取缔无牌无证污染企业1687家。开展工业污染源整治。共整治提升陶瓷、玻璃、VOC、电镀、皮革等各类企业387家，关停26家。开展对狮山龙头片区、狮山佛科院北校区、里水逢涌南发铸造厂、大沥许海中学周边等群众投诉的热点区域的综合整治，强制关停无牌无证污染企业471家。完成对南海发电一厂、南海京能发电有限公司以及南海长海发电厂的脱硫、脱硝和除尘环保设施第一阶段升级改造，削减烟尘排放60%。出台《佛山市南海区村级工业区环境整治指导意见》，将187个村级工业园分批进行整治。是年起，从7个镇（街道）各选取1个最迫切需要整治的村级工业园开展试点整治。全年整治企业173家，其中提升管理的企业75家，淘汰不适宜继续发展的企业98家。通过严格环保标志管理、严把新车准入、加强尾气路检和场检、推行黑烟车限治和黑名单制度等，加快“黄标车”淘汰进程。至2014年底，累计淘汰黄标车38368辆，淘汰率为50.9%。

【城乡绿化】 2014年，南海区开展新一轮绿化南海大行动。组织开展植树造林活动，全年种植各种树木96.6万株，其中参加义务植树活动93.8万人次。送苗下乡达12.4万株，建设甘蕉、西岸等乡村绿化美化示范村25个。推进高速公路生态景观林带提升建设，完成佛开高速公路（南海段）沙头出入口节点景观林带、广三高速狮山段（原大沥段）景观林带、武广高铁里水段生态景观林带建设。完成九江外滩景观工程、西樵江浦东路景观公园、丹灶云山峰山体公园（一期）、狮山街首小公园、大沥拱北街心公园、里水村公园等26个公园建设或改造提升，改造公园面积13.44公顷，新增公园面积123.47公顷。完成九江沙头基耕大道绿化工程，西樵旅游大道一期建设工程，新丹横路及官山涌河岸美化绿化工程，桂丹路、桂和路绿化整治工程，南海大沥同庆大道等道路绿化工程29个，改造或新增道路绿化面积33.4公顷。至年底，建成区绿化覆盖率41.9%，比上年提高3.8%；绿地率38.4%，提高3.3%；人均公园绿地面积18.06平方米，增加2.1平方米。

【城市管理】 2014年，南海区出台《佛山市南海区招牌管理办法》和《佛山市南海区户外广告招牌设施设置指引》，为各类户外广告招牌设置提供指导性依据。开展违规户外广告牌整治，共拆除违规户外广告标牌8052块，并对主要城市道路两侧广告标牌进行统一整改。组建市容环境整治专业队伍，以日间巡查和夜间整治相结合的方式，对市、区城市管理考评区域内的主要道路及市场周边，群众反映强烈的“十二乱”行为进行整治。加大无证无照经营行为查处力度，全年组织联合执法行动2836次，出动人员36061人次，处理举报投诉2037件，查处案件2390件，取缔无证无照经营10010家，补办证照12699家。同时，建立临时集中摆卖点，至年底，已在桂城、里水、狮山等镇（街道）建立临时摆卖点20个。围绕工地夜间施工、泥头车撒漏、无证处置工程渣土、施工工地扬尘等问题，加强对建筑工地的督促检查，打击建筑工地不文明施工行为。区城管部门与相关职能部门联动，对全区在建建设工程开展不定期的夜间突击巡查，并对高考、中考考场周边各类污染源进行重点监控。在重点路段设点严查违规作业的工地运输车辆，安装高清视频监控设备，对泥头车违规运输现象进行监管。出台《佛山市南海区建设工程渣土管理办法（试行）》，做好渣土排放、运输及扬尘治理工作。区数字城管中心接入住建局建筑工地视频，全年共接入监控视频工地475个，监控摄像头1741个。区城管部门处理市容环卫、市政公用、城市规划、城市绿化、环境保护、工商行政、室内违建等方面的案件17.7万件，处理信访案件2.3万宗。区数字城管系统接报案件55.41万件，其中应结案33.57万件，结案33.55万件。

科教文体卫

【科技】 2014年，南海区财政投入科技创新资金6.28亿元，全社会科研投入57亿元，比上年增长12.4%，R&D占GDP比重2.41%。南海区获“国家知识产权强县工程示范区”称号，佛山高新区南海园获“广东省智能制造示范基地”称号，狮山镇被认定为广东省技术创新专业镇。至年底，全区有院士工作室7个、国家火炬计划重点高新技术企业13家、国家高新技术企业249家、省工程技术开发中心42家、市工程技术开发中心77家、区工程技术开发中心191家。

依托佛山科技街，南海区加强科技创新公共服务平台建设。至年底，全区科技创新平台数量达12个，广东半导体照明产业联合创新中心、广工大数控装备研究院等相继投入运营。建立“创享蓝海”“力合创智”“芯光源”等孵化器8个，在孵企业达150家，孵化项目产业化进程不断加快。芯光源孵化器获国家级科技企业孵化器培育单位认定。继续开展“科技镇长团”及“蓝海人才计划”引进工作，新引进创新创业团队36个，累计引进创新创业团队61个，其中引入国家“千人计划”专家18名、中科院“百人计划”专家7名，有效提升企业科研创新能力。南海区欧普曼迪科技有限责任公司CEO安昕入选国家“千人计划”创新人才长期项目资助对象，广东希荻微电子有限公司总经理陶海和佛山市埃申特科技有限公司高级工程师刘江入选科技部2013年创新人才推进计划。10月，在第三届中国创新创业大赛先进制造行业总决赛上，广东高聚激光有限公司获第三名，成为全省在该组别中唯一获得名次的企业。11月，在首届“岭南天使杯”佛山科技创新创业大赛总决赛中，南海区有7家企业获奖，成为五区中获奖最多的区。广东星联精密机械有限公司和菱王电梯股份有限公司入选国家火炬计划重点高新技术企业；75家企业获国家高新技术企业认定，14家企业通过复审；维尚家具、坚美铝型材、雪莱特光电、朝野科技、黛富妮、志高空调等6家企业入选2014年广东省“两化”融合管理体系贯标试点企业。12月17日，南海区政府颁布《佛山市南海区科技创新券实施管理办法》，改革科技资金投入方式。政府将向申请资助的企业发放一张无偿的“创新券”，企业可用于向科技服务机构和科技金融服务机构购买科技及金融创新服务，引导区内小微企业积极创新。

【教育】 至2014年末，南海区有幼儿园（所）329所，在园幼儿93250人；小学127所，在校学生16.22万人；初中52所，在校学生67667人；普通高中18所，在校学生43161人；中等职业技术学校7所，在校学生18935人。另有特殊学校1所、成人大中专学校1所、成人文化技术学校8所。是年，南海成为全省首批全国“义务教育发展基本均衡县（区）”和广东省社区教育实验区。

南海区全面落实学前教育三年行动计划，推进公益性普惠性学前教育建设。新增幼儿园13所，新增学位5000多个。继续落实户籍儿童学前教育资助、低保家庭幼儿资助和特殊儿童学前教育资助项目。全年发放户籍儿童学前教育补助2500多万元，补助幼儿3.6万人，占在园幼儿数的40%。90名低保家庭幼儿获3000元／年的资助，25名特殊儿童享受6000元／年的学前教育补助。通过政策引导、资金激励措施，促进幼儿园普惠性发展。财政投入由原来每年的2000多万元增加至5000多万元。全年新认定普惠性幼儿园51所，全区公益普惠性幼儿园达71所，占全区幼儿园总数的22.3%。发布《南海区教育发展状态报告》《绿色教育质量监测报告》，为南海教育决策提供依据。扩大义务教育阶段学校优质资源规模，新建桂城灯湖小学和南海实验中学三山校区，扩建狮山小塘中学小学部、狮城中学小学部。规范非户籍常住人口子女入读义务教育公办学校招生工作，全年共有6320名非户籍普通借读生通过“积分入学”方式入读公办学校，比上年增长10倍。全区非户籍常住人口随迁子女入读公办学校比例达66.8%。高中多样化发展、小班化教学改革、导师制教育实验以及智能教育服务体系构建成效显著。4月，《广东教育》对南海区普通高中发展成果进行长篇深入报道，广东省教育厅亦再次以简报形式向全省推介南海区普通高中改革与创新经验。名师工程内涵愈加丰富，教师队伍整体素质明显提升。全区师生共获国家级以上奖励13567项、省级以上奖励8670多项、市级以上奖励7056项，6名教师在全国赛课中获得一等奖。是年，全区参加普通高考14413人，本科上线人数8658人，上线率60.07%。其中，上重点线人数2570人，增加580人，上线率17.83%。启动公办中职学校“122工程”（即全区5所公办中职学校中，实现南海信息技术学校上国家级示范性中职，盐步职业技术学校、南海卫校2所学校上国家重点职校，南海一职、九江职校2所学校上省重点职校），南海信息技术学校顺利通过国家级示范校终期验收评估。完善职中与高职的对接培养，新增8个专业为“三二分段”直通培养专业。加大职普融通试点力度，全年有18名中职学生转入高中学习，1名高中学生转入中职学习。积极开展省、市重点专业申报，模具、会计、商务助理等7个专业被评为市重点专业，南海区信息技术学校的电子商务专业通过广东省重点建设专业评估验收。

【文化】 至2014年年底，全区有文化馆1间、镇文化站7个、农村文化室539间、博物馆4间、纪念馆8间、图书馆18间、影剧院28间、数字影院28间，图书馆藏书量138.5万册。

2014年，南海区着力提高公共文化服务水平，推动文化事业走特色发展路线。加大文化消费补贴力度，补贴高雅艺术精品演出19场、电影下乡3000场、社区文化活动86场、图书进基层项目43个、文化景点1个，共补贴1482万元，总受惠群众约360万人次。出台首个文化产业发展规划，颁布实施文化产业发展扶持办法，大力推动文化产业发展。全年评选出文化事业发展资金扶持项目435个，发放补贴1049.16万元。重点文化产业项目建设顺利，39°空间艺术创意社区、"南国酒镇"酒文化产业项目、平洲玉器街、中凯文化商务港、国艺影视城等如期推进。南海醒狮首次亮相央视春晚，西樵镇获评为"中国历史文化名镇"。

【体育】 至2014年年底，全区有体育场地5612个，其中体育馆11个、篮球场2743个、网球场451个、足球场51个、游泳池84个。区级场馆全年正常开放，其中免费开放52天，比上年增加27天；全年接待市民189.15万人次，其中免费开放日接待市民22.55万人次，比上年增长125.5%。承办各级赛事活动54项，参与人数2.8万人次，观众9.9万人次。开办专业培训班20多个班次。南海区运动员在亚运会、亚残会等各项比赛中成绩优异，共获奖牌57枚，其中金牌34枚。梁婉霞在世界现代五项锦标赛中获女子团体、女子接力赛2枚金牌以及个人赛铜牌；张家玮在第十七届亚运会上获拳击男子56公斤级银牌，梁婉霞获现代五项女子团体铜牌。林福荣、林萍、崔永佳参加第十一届亚洲残疾人运动会游泳比赛，林福荣获8枚金牌，其中50米自由泳、100米自由泳、100米仰泳及100米蝶泳4个项目破亚洲纪录；林萍获金牌1枚、银牌4枚、铜牌1枚，并破女子200米混合泳亚洲纪录；崔永佳获金牌2枚、银牌2枚。此外，南海区运动员在全国青少年体育竞赛田径、游泳、举重、空手道等项目中获金牌21枚。是年，南海区、镇（街道）两级举办群众体育竞赛729次，参赛运动员3.5万人次，进一步促进了民间体育活动的蓬勃开展。桂城街道灯湖社区、狮山镇小塘社区、大沥镇嘉怡社区等23个社区获"广东省第五批城市体育先进社区（居委会）"称号。

【医疗卫生】 2014年，南海区有各级各类医疗卫生机构401个，其中公立医院15所（其中区属医院3所，镇属医院12所；"三甲"医院3所，"二甲"医院10所，"一甲"医院2所），社区卫生服务站130个，民营医院4所，社会诊所、门诊部、医务室252所。全区公立医院床位数7719张，执业医师5020人，注册护士6101人。全区每千人口拥有医院床位2.97张、医生（执业医师）1.38人、护士（注册护士）1.78人。全年各类医疗机构门诊接诊2467万人次，平均门诊费用80.5元/人次；出院32.93万人次，平均出院费用5396.61元/人次。

南海区加强医疗质量管理，修改《医疗质量安全管理考评指标体系》，增加20项质量指标，指导和促进医院管理工作。全年抽调专家397人次，开展日间飞行检查36次。重视医疗人才培养。从区级及以上医学重点专科、医学特色专科及其对口帮扶培育的专科技术骨干中，遴选出42名优秀年轻专技人才，送他们到国内代表各学科先进水平的医疗机构进修。6～7月，在全区公立医院公开选拔40名优秀年轻干部，通过挂职、选派进修、集中培训、定期交流等方式，加强公立医院干部队伍的建设。推进智能卫生建设。对外开放居民健康档案平台，开通"健康南海"微信推送服务，开发阳光用药管理、抗菌药物临床应用的管理与监测等管理系统。推广"医路情暖·细节服务医家亲"项目。将一年一次的第三方医院顾客满意度调查增加至一年三次；将5种特殊病种居民门诊参保人的开药天数由7天延长至14天。是年，全区医院顾客总体满意度评价为85.11分，比上年度提高0.8分。全年处理医疗纠纷案件118件，比上年下降13.2%。试点推广家庭医生式服务，并在7个镇（街道）选取8个试点。至年底，各示范点建立家庭医生团队22个，签订家庭医生式服务协议共2290户、6909人，建立家庭健康档案2290份，开展老年人健康管理服务2406人次、0～6岁儿童保健服务333人次、孕产妇保健服务94人次、慢性病患者健康管理2419人次。开展高血压患者和糖尿病患者等慢性非传染性疾病登记、跟踪、监测等服务工作。截至2014年年底，全区有高血压患者14.77万人，规范化服务11.26万人，血压达标95364人；糖尿病患者40262人，规范化服务31819人，血糖达标25084人。南海区成功创建国家慢性非传染性疾病综合防控示范区。加强卫生监督执法，全年处罚案件168件，其中一般程序及听证程序案件106件，比上年增长1倍多；向公安机关移送非法行医涉嫌犯罪案件10件，向检察机关备案10件宗，逮捕8人；罚款34.57万元，没收违法所得6.01万元；吊销“医疗机构执业许可证”7个。

社会各项事业

【精神文明建设】 2014年，南海区以培育和践行社会主义核心价值观为重点，以佛山市创建全国文明城市为契机，加强公民思想道德建设和未成年人思想道德教育，打造“有德南海”品牌。组织“文明旅游随手拍”“文明旅游征文”宣传教育活动，举办文明旅游市民体验活动，引导文明旅游。开展“文明交通我参与，交通安全进万家”系列主题活动30多场。组织餐饮企业从业人员参加“文明餐桌”活动专题培训，在青少年中开展“文明餐桌”手抄报活动。组织“梦南海·家文明”摄影大赛，评选出112件获奖作品并在全区举办10场巡展活动。举办“中国梦·家乡情”——2014年南海区爱国主义教育系列活动，激发广大市民爱国爱乡热情。加强核心价值观示范点建设，桂城街道翠颐社区、大沥镇沥雄社区被确定为广东省社会主义核心价值观示范点，南海妇幼保健院、北汽福田汽车公司被确定为佛山市社会主义核心价值观示范点，千灯湖公园被确定为核心价值观主题公园。组织开展两年一届的“善美的星空”感动南海道德人物评选以及一年两次的“南海好人”评选活动，树立道德典范。评选出“关爱之星”“孝德之星”“树本之星”“至善之星”各2名、“星光奖”获得者12名以及“南海好人”18名、团队1个。推荐符合条件的“南海好人”参加第五届佛山十佳“美德之星”和“佛山好人”评选，丁敏强、吴俭明获“佛山市美德之星”称号，齐红雷、梁国庭、赵秀梅、侯勇、凌送军获评“佛山好人”。同时，依托“道德讲堂”平台，开展“南海好人”和道德人物进机关、进企业、进社区、进学校、进村居、进军营“六进”巡讲巡演活动。

【社会治安综合治理】 2014年，南海区以“社会矛盾化解年”工作为主线，提高信访维稳工作的考核权重，设立信访维稳专项考核，加大各类社会矛盾特别是重点领域和重大不稳定问题化解力度。全年共排查矛盾纠纷361宗，化解348宗，化解率为96%。抓好“平安村居”建设和平安学校、平安市场、平安企业、平安家庭、平安边界等“平安细胞”创建工作。全区有243个村（居）被命名为“平安村居”，维持率达97.2%。整合人防、物防、技防资源，提升社会治安防控整体实力。推进全区11个“环佛护城河”警备执勤点和10个拦截警务室工程建设；设立527个区、镇、村（居）三级卡点，构筑三道查辑堵截关卡；投入3000万元铺开720个高清视频监控点补点建设，并加快推进视频联网整合，累计建成镇级视频监控平台18个、村级250多个，全区联网视频监控点达9342个，联网率超过90%；推广安装“安居星”智能门禁和视频监控系统300多套，督促全区1180间行业场所安装“全球眼”视频监控系统，落实非经营性上网场所安装网络安全审计系统2500多套、安装WiFi管控系统223套，推广安装从业人员自助申报系统4869套，强化行业场所和出租屋的治安管控；完成城区村（居）治安队“五统一”整编管理，推进村（居）治安队“五统一”整编管理，推动6个镇（街道）建立治保安员培训基地。开展打击整治涉毒、涉黄赌、涉食药假、涉电信诈骗及银行卡、涉车、涉枪犯罪“六大专项”整治行动，打掉涉毒团伙12个，破案1380宗，缴获各类毒品278.6公斤；行拘涉黄赌人员5687人，逮捕824人；破获电信及银行卡诈骗案件748件，逮捕193人；破获涉车案件9944件，涉枪案件112宗，破案总量、打击处理人数居全市前列。成立打击街面犯罪指挥部，统筹整合南海区公安分局和派出所9支近200人的动态打击街面犯罪专业队。全年打掉“两抢”团伙67个，逮捕522人。强化流动人口和出租屋信息采集。至年底，登记在册流动人口信息196万人，出租屋登记备案31万间（栋）。4～5月，开展为期2个月的出租屋清查行动，走访核查出租屋13万间，走访核查流动人口信息74万条，收集出租屋涉及计生、治安、消防、无证经营、“日租、时租”变相旅业、“小产权”等问题信息6802条，向有关部门反馈通报信息3729条。开展“我为新南海人办实事”活动，帮扶外来人员解决生活困难1165人次，上门办理居住证31050件，免费提供出租屋租赁信息6850条，出租屋安全防范知识推广33554人次。

全区刑事治安警情比上年下降2.2%，街面“三两警情”下降11.6%，命案发案下降3.6%，群众安全感上升0.4%，达到87.3%。

【人口与计划生育】 2014年，南海区贯彻落实“单独两孩”生育政策。至年底，全区共受理、审核单独夫妻再生育申请4083例。落实计划生育家庭特别扶助金制度、节育奖制度、城镇独生子女父母奖励制度、历史遗留城镇独生子女父母退休一次性奖励规定。全年为14384人兑现各项计生奖扶政策2232.28万元，其中农村部分计划生育家庭奖励8323人、1338.08万元；计划生育家庭特别扶助225人、223.68万元；节育奖1970人、591万元；城镇独生子女父母奖励3828人、643.1万元；历史遗留城镇独生子女父母和无子女人员退休一次性奖励38人、27.42万元。加强计生服务，开展“爱・相随”“爱・益生”“爱・天使”服务项目，为“失独”家庭、不孕不育困难家庭、外来女工性安全提供关爱服务。成功在南海区慈善会创建全省首个“爱・相随”家庭发展基金，为“失独”家庭提供稳定、持久的资金支持。继续开展免费孕前优生健康检查，全年累计参加孕前优生健康检查24346人，其中新婚夫妇16836人、有二孩指标夫妇7046人、流动人口夫妇680人。创新计生工作宣传方式，举办首届家庭人口文化节系列活动。

【人力资源和社会保障】 2014年，南海区新增就业人数27394人，城镇登记失业人员3005人，登记失业率2.33%；城镇登记失业人员再就业12772人，就业困难人员实现再就业1091人；区内农村劳动力新增转移就业2139人，新增吸纳本省劳动力人数8127人。

落实就业保障政策，出台新的小额担保贷款办法，将最高贷款额度调整为15万元，全年资助创业项目5个，发放小额担保贷款75万元。设立就业专项资金，全年区级筹集用于公共就业服务的资金529.74万元。开展公共就业和人才服务进校园活动，将9月设为“高校毕业生就业服务月”并组织开展24场招聘会，提供岗位20637个。全区高校毕业生总人数11449人。至年底，毕业生就业率超90%。为高校毕业生提供社会保险补贴、创业资助等10项补贴。全年享受高校毕业生就业补贴88人次，补贴金额约15万元。支持镇（街道）出台相应就业扶持政策，推动“四大基地”建设。大沥镇“关爱扶持就业基地”增加到9个。

组织开展各类招聘活动，全年举办现场及专场招聘会305场，进场企业2.7万家次，提供岗位47万个，初步达成就业意向10万人。举办第十届校企合作洽谈会，共达成合作意向311项，企业提供就业和实习岗位1.48万个，达成“订单式”培训的企业45家，院校设置“企业专班”30个。

加快技能人才培养。出台《南海区加强技能人才队伍建设暂行办法》，推出12项措施，鼓励企业、培训机构、职业院校和行业协会引进和培养技能人才。广东华兴玻璃有限公司、平洲玉器宝石协会各获得10万元的“企业技能人才评价”奖励，北汽福田公司南海汽车厂获得技能竞赛扶持资金2万元。实施技能晋升“直补个人”新政，将技能晋升培训补贴直接发放给个人。凡符合条件的个人只要在省内考取相关资格证书，便可在一年内申请技能晋升培训补贴，最高可补3500元，贫困家庭学员还可申请500元生活费补贴。至年底，共44人申请个人技能晋升补贴，发放补贴资金9.44万元。

开展高层次人才认定评定工作。全年评定第三批高层次人才51名，其中一级3名、二级7名、三级41名。至此，全区共有高层次人才204名。

至年末，全区养老保险实际缴费人数79.83万人（其中企业77.04万人，机关事业单位2.79万人），领取职工基本养老金待遇离退休人员15.22万人（其中企业纳入社会养老保险离退休人员14.32万人，机关事业单位0.9万人），企业离退休人员人均养老金为1830元/月，机关事业单位离退休人员人

均养老金1688元/月。全区257个村（居）委会已全部纳入城乡居民养老保险，参加城乡居民养老保险7.15万人，享受城乡居民养老保险待遇11.21万人，月均养老金136.88元/人。纳入全征土地农村居民基本养老保险补贴参保范围的股份合作社435个，纳入参保对象16万人，有3.4万人领取全征土地农村居民养老保险补贴，月待遇300元/人。失业保险实际缴费人数72.49万人，按月领取失业保险金待遇3616人，每人1048元/月。城镇职工基本医疗保险实际缴费人数77.5万人，共有55.6万人次享受城镇职工基本医疗保险住院及门特待遇。居民住院医保参保人数73.52万人，有16.4万人次享受居民住院医保待遇；居民门诊医保参保人数153.98万人，有1096万人次享受居民门诊医保待遇。工伤保险实际缴费人数75.4万人，核发工伤保险待遇0.48万人次。生育保险实际缴费人数74.4万人，核发生育医疗费用报销9989人次，生育津贴申领9522人次。

开展企业退休人员基本养老金待遇以及城乡居民基本养老保险待遇调整工作，涉及全区企业离退休人员13.7万人，调整后平均养老待遇由1674.73元调整至1855.26元；涉及城乡居民11.2万人，个人基础养老金由120元调整至135元。

【民政工作】 2014年，南海区将城乡最低生活保障标准从470元提高到510元。全年区、镇（街道）、村三级发放低保金等各类救助款近7000万元。农村五保供养、城镇“三无人员”、分散孤儿补助标准从835元提高到1080元，全年共发放补助金739.5万元。着手养老事业整体规划，引导成立南海区养老服务协会。南海区社会福利中心二期工程进度超过90%，新增床位900个。全年区、镇（街道）两级投入资金超过414万元，为符合条件的老年人提供居家养老服务。继续开展“广东扶贫济困日·南海慈善募捐月”系列活动，募集善款2269万多元。全年各级慈善组织共募集善款6397万元，支出善款5446万元。试点社区网格化治理，在狮山镇罗村社会管理处、大沥镇和里水镇选取10个社区作为社区网格化治理的试点。进一步完善健全社区参理事会、市民议事厅等协同共治机制。南海区被民政部确定为“全国社区治理和服务创新实验区”，桂城街道桂园社区、平东社区，大沥镇嘉怡社区、沥雄社区获“全国和谐社区建设示范社区”称号。加快社会组织培育和社工人才建设。创新社会组织扶持方式，由区政府和区慈善会共同出资350万元，举办第一届“益动全城·家南海公益慈善创意汇”活动，向社会组织征集优秀社会服务项目并给予资助。全年新成立社会组织133个。至年底，全区共有各类社会组织1427个。推动基层干部社工化和社工人才本土化。开展社工知识普及培训等培训，培训人员超1500人次。是年，全区共327人通过全国社工资格考试，占全市通过人数的21.7%。

【人民生活】 2014年，南海区经济总体运行平稳，人民生活质量得到进一步提升。是年，全区居民人均可支配收入36206.5元，比上年增长9%。其中城镇常住居民人均可支配收入36885.7元，增长8.9%；农村常住居民人均可支配收入23655.4元，增长9.3%。城乡居民本外币储蓄存款达2081.22亿元，比年初增长4.7%。

各镇街介绍

【桂城街道】 桂城街道位于南海区东部，辖区面积84.16平方公里，下辖31个社区，1个行政村。户籍人口24.8万人，流动人口35.79万人。2014年，街道实现工业总产值341.91亿元，其中规模以上工业总产值274.33亿元；农业总产值5.78亿元；社会消费品零售总额267.45亿元；全社会固定资产投资139.9亿元。

“两轴四湖五城”城市发展格局初步成型。金融城成为现代服务业高地。广东金融电子结算中心、省农信社后台服务基地等重大项目顺利落地；汇丰环球客服运营中心、广发金融中心相继开业；佛山民间金融街引入股权交易中心、全景网（广东）路演中心、小额贷款公司等项目共65个，17家小贷公司累计投放贷款超100亿元；股权交易中心注册挂牌企业1141家，累计为企业实现融资26亿元；金融公园、夏北中心公园等项目建设顺利推进，魁星阁开门迎客，千灯湖三期和特色步行街一期工程完成，A 区路网建设进一步完善，金融区景观亮化一期工程完工。科技创新城跨越怡海南岸。天安中心、汇源通电力产业园建设基本完成，南舜·怡海港项目动工兴建；丽日文化广场成功引入正大集团高端会员店，科技创新城产业社区配套进一步完善。华南新加坡城发展提速加力。怡丰城顺利开业，映月湖公园建成开放，东区路网一期按期完成，新加坡国际教育产业社区动工兴建，天鹅湖酒店对外营业，片区呈立体化连片发展态势。平洲玉器城产业升级扩容。平洲玉器城获评国家 AAAA 级旅游景区，实现从传统商贸加工集散地到文化、旅游、商贸、观光综合发展区域的提升。璞玉园建设进一步加快，和氏璧玉石古玩博览中心即将动工兴建。三山新城加速崛起。文翰湖一期水体开挖完成，景观工程加速建设，三山河堤公园三期完成三山南桥至禾仰段，长江路一期全面完成；新引入中海万锦熙岸和保利国际品牌五星酒店项目；丰树国际创智园、三山科创中心加速高新产业集聚。

商贸业特色化发展。怡丰城、万达广场、万科广场相继开业。三山佛罗伦萨小镇如期推进。阳光国际广场、中海环宇天下、新凯广场、招商置地中心、宜家家居、地铁金融城等项目加快建设，桂澜路千米商贸长廊加速成型。

互联网金融与电子商务开始发力。C 时代互联网产业园获批“中国电子商务智慧型企业孵化器”，引进易联支付总部、沃银支付、北京旅联商务、司马钱、小资网络等多家互联网金融机构。

都市型产业向纵深发展。瀚天科技城被认定为国家级科技企业孵化器。天安数码城、金谷光电产业社区加速产业集聚。方舟一号、创越时代等产业载体加快成型。天富科技城启动建设。

高端制造业优化提升。星联模具、宝索机械、广特电气、景兴国际、南华仪器等本土优质企业先后落户三山新城建设企业总部。南华仪器在创业板首发申请获得通过，在深交所上市。广东金赋信息等 5 家企业成功创建市级工程中心，建准电子、广东昭信等 4 家企业申报省级工程技术研究开发中心。新增广东省名牌产品 5 个。

城市建设步伐加快。实施《“三旧”改造扶持办法》和《土地整理试行办法》，完善“三旧”改造流程，全年完成“三旧”改造用地清拆 40 多公顷。华南汽车城升级改造完成首期动迁签约和清拆工作。西约致越优城、百纳大厦，石硝大正生活广场等项目全面启动建设。加大公共财政扶持力度，出台“美村美居”工作计划，提升村（社区）公园、公厕及其他公共设施。全年审批通过农村社区项目 155 个，总金额 1816 万元；实施江滨体育公园改造提升等 9 个美化社区环境工程项目，完成平西、平东等 20 多个社区公园设计方案；完成 25 座农村社区公厕选址及建设方案，为农村社区配置果皮箱 1902 套，开展农村社区停车位画线工作，规范农村路边停车管理。公交进一步提速扩容，新增公交车 165 辆，新开通科技专线等公交线路 7 条。完成中心城区“五纵五横”公交专用道划定。新建公共自行车站点 30 个，新投放公共自行车 2000 辆。完成南桂东路—桂平路沿线 5 座天桥建设，季华东路、南海大道等天桥建设加快推进。

环境治理纵深推进。建立环委会季度会议制度，统筹协调截污、引水、生态修复、污染治理等各项水环境治理工作。动工修建截污管网 21 公里，启动细海、洪滘、黄猄等电排站建设。完成第二批 8 条重点河涌“一河一策”编制工作，完成第一批 13 条重点河涌（水域）排水口调查；叠滘河涌和东二沙涌生态治理试验项目已完成第一阶段整治，石硝藤冲涌完成第一阶段生物基安装和投菌。推进林岳岳明湾和南社小型污水处理装置建设，河涌水质持续改善。完成主要污染物减排目标，全年查处黑烟车、黄标车 136 辆，淘汰黄标车 1389 辆。完成 4 家企业 VOC 排放治理，取缔无证照污染企业 81 家。购置全市首台喷雾压尘车。组建综合整治大队，综合督查环保、安全生产、消防等社会治理突出问题，开展渣土运输和建筑工地专项整治。

城市管理向精细化发展。开展市容市貌、“城中村”及背街小巷、社区硬件、交通秩序、市场周边、“五小”场所、校园周边 7 大专项环境整治工作。完善城市管理考核机制，打击城市“八乱”现象，开展违法广告专项整治行动，拆除违法广告标牌 4956 块，取缔无证无照经营 2160 家。城市管理向农村延伸，推行网格化管理，开展蠕岗社区“四约”（东约、南约、西约、北约）城中村管理试点工作，探索破解城中村管理难题。加强路面执法，全年查扣违法摩托车 14268 辆；进一步完善流动人口基础数据，组建农村社区出租屋主联合会，开展城市社区流管分站试点。完成新一轮夏滘片、三山片城乡市政管理一体化项目新旧交接工作，实现城乡市政管理一体化全覆盖。新增环卫工具房39座，配置新型环保公厕20座，有效改善人流密集区域市政设施配套。购置佛山首部碎枝机，对植物残枝进行环保化处理。绿化保养全面提升等级，保养绿化面积454万平方米；环卫保洁时间从17小时提高到24小时，保洁面积1620万平方米，每天清理垃圾690吨。

社会事业稳步提升。加大城乡教育资源统筹力度，将平胜、林岳等8所村域学校收归街道直接管理，增拨资金提升学校硬件设施；完成南海外国语学校和灯湖小学建设，增建桂江二中宿舍；优化提升师资配置，开展全员培训，新招聘优秀教师分配向师资较薄弱学校倾斜。社会保障救助体系不断完善。全征地农民养老保险补贴从每月150元提高至300元；提升计生手术补贴，开展失独家庭跨界服务计划试点工作；新组建工会123家，发展会员7600多人，开展形式多样的“送温暖”活动；加快保障房建设，全年完成主体封顶1233套、交付使用638套。举办“关爱桂城”五周年授勋典礼、“全城关爱月”服务、“校园公益大赛”，弘扬关爱精神。全年投入1120多万元，购买社会服务项目输送到村（社区）。推进“全城义工”计划，注册成立“桂城商界关爱联会”，筹建桂城志愿服务发展中心，三大志愿V站投入运营。建立3家“职工·家”服务中心，为职工排忧解难。通过叠北小候鸟驿站、融爱家庭服务中心和青苹果之家，为妇女、儿童提供专业服务。2014年3月2日，在中宣部举办的第十一届中国公民道德论坛上，南海区委常委、桂城街道党工委书记罗坚华作题为《弘扬关爱文化　建设和谐社区》的典型发言。

基层治理不断创新。开展党的群众路线教育实践活动，实施街道领导、社区干部直接联系群众工作，23个驻班团队坚持每周到村（社区）驻班，直接联系群众总数2301人，村（社区）两级党员干部挂钩群众1.8万户，为民解决问题945个。122支党员志愿服务队全年开展志愿服务1920项。扶持社区社会组织，成立首个社区社工个案工作室，形成“街道—居委—居民”多元参与的社会治理创新体系。举办首届邻里节，打造邻里互助、居民自治文化。启用社区居民自主“创熟”运作基金，试点推行无物业小区自治管理模式。

【九江镇】 九江镇位于南海区西南部，辖区面积94.75平方公里，下辖19个社区、7个行政村，户籍人口10.57万人，流动人口11.3万人。2014年，全镇实现工业生产总值268.76亿元，其中规模以上工业总产值239.3亿元；农业总产值12.25亿元；社会消费品零售总额39.16亿元；全社会固定资产投资38.48亿元。

“北业南城西园”产城定位进一步明确。樵江科技园“中国医卫用非织造产品示范基地”启动建设。大正新城欧浦金属交易港、依云公馆、信基广场等八大项目相继崛起，道路路网配套日趋完善。九江金属材料市场转型方向明确，致力打造以金属类制品、先进装备制造及新材料为主导的临港国际产业社区。

制造业持续发展。深化“植产兴业”和“产业链招商”三年行动计划，扶持企业增资扩产、技术创新、品牌提升。PGI项目一期进入设备调试阶段。九江家具协会成立的电子商务委员会揭牌。雄塑集团申报省级企业技术中心，永泉阀门建立博士后创新实践基地，九江酒厂试点“海外工程师项目”，承安铜业等企业申报10个省名牌产品，佳科风机等企业上市步伐加快。

电商物流深度融合。获颁“佛山市应用电子商务促进传统产业升级试点镇”，真龙、龙赛、广佛壹号三大电商物流载体相继开业，林氏木业引领美团电商、那度、尤瑞家具等70多家电商集聚九江，成功举办“家具电商与生产企业采购对接会”，现场120家电子商务企业与500多家家具生产企业深度对接。港区物流保持双位增长，货物吞吐量达1500万吨。

水产业优化发展。继续推进“西部观赏鱼养殖示范基地”项目建设，提升渔业工厂化养殖水平。完成朗星1129亩、海寿328亩鱼塘整治工作。引入微孔管道增氧技术，建设设施农业示范点。试点推广水产品标识管理，发展精细化、规模化现代渔业。组织农业科技知识培训11期，700余人接受培训，提高养殖户养殖技能。

文旅产业加快发展。九江外滩、吴家大院一期及朱九江先生纪念公园陆续启用，海寿岛、烟桥村等景点人气渐旺。举办龙舟锦标赛、“饭香刀”美食烹饪大赛、“九江龙”散文奖活动，“渔耕粤韵”文化品牌进一步巩固。

城市建设有序推进。沙头大道建成通车，九江大道完成改造，教育路北延线、进港路有序施工，樵江路及325国道九江段改造、大正路裁弯取直等项目稳步推进。新增镇巴33辆，标准化升级公交站点40个。推进“一河一策”整治，新增污水管网6.3公里，实现一级主管网全覆盖。加强环保执法，查处违法排污企业36家。继续拓展“大市政”，创建“名村示范村”和“优美百村”。探索建立城市精细化综合管理体系，全年处置案件2.3万件，结案率超99%。开展户外广告牌、交通标志线等12类整治，清理无牌无证企业378家。

基层治理更趋善治。通过建立健全风险评估、属地管理等6项机制，推动社会矛盾化解阵地前移。率先实现“三个平台”100%对接，规范农村工程招投标及“三资”管理。烟南、水南试点经济社股权固化，为农村集体经济市场化改革作好铺垫。设立镇党联办，统筹全镇党员干部、机关及社区相关人员、“两代表一委员”、工青妇群团及村（居）代表等6000多人，结对联系29700多户家庭，实现区、镇、村三级直联常态化、全覆盖，解决群众诉求548宗。增设“市民之窗”自助服务终端，开通“三级评价系统”，提供优质的行政服务。

民生保障更加有力。九江医院新住院大楼落成，有序开展社区卫生管理机构改革。完成儒林第一小学等3所学校运动场改造。启动九江颐养院建设，建成海寿围庇护中心。646套保障房交付使用。“乐善·家”完成建设并投入运营，社会组织孵化培育能力显著提升。

【西樵镇】 西樵镇位于南海区西南部，辖区面积176.63平方公里，下辖21个社区、9个行政村，户籍人口15.48万人，流动人口14.69万人。2014年，全镇实现工业总产值318.98亿元，其中规模以上工业总产值252.93亿元；农业总产值16.98亿元；社会消费品零售总额73.01亿元；全社会固定资产投资79.71亿元。

文旅项目加快建设。南海观音文化苑提升工程稳步推进，新三湖书院对外开放，岭南文化研究院完成建设。西樵山、国艺影视城推行联票制，与400多家旅行社签订合作协议。听音湖片区锦湖大道建成通车，河滨路、爱国路、西江公路、樵山瀑影、听音广场、西门牌坊基本完工。樵山文化中心、飞鸿馆、叠泉织锦、“渔耕粤韵”水上景观试验段动工建设。山南片区国艺影视城拍摄基地一期对外开放，已拍摄20多部电影和电视剧，国艺度假酒店试业。“渔耕粤韵”文化旅游园桑基鱼塘区、烧烤区对外开放，低碳生活体验示范区基本完成建设。西岸片区南海湾“四季花海”景区升级改造完工，水上会所、游艇码头开业迎客。8间旅游纪念品专卖店开业，222种特色产品上架销售。全年全镇接待游客441万人次，实现旅游收入5亿元。

产业提升再创佳绩。成功举办西樵流行面料常熟巡展、“西樵之路”上海时装发布秀。组织170多家纺织企业参加国内外纺织博览会。承办全国纺织行业穿经工职业技能竞赛和染化料配置工职业技能竞赛。开展纱线快速定形装备、纺织节能低排放快速染整技术研发，搭建纺织品技术性贸易壁垒公共服务平台。废旧织机齿轮润滑油再生技术通过佛山市科技成果鉴定，纺织生产原材料高速离心分散技术研究取得突破，东华大学纺织面料技术教育部重点实验室西樵分中心完成验收。镇政府与广发银行合作成立总额1亿元的“中小微企业融资担保互助基金”，首期向5家企业授信2000万元。21家纺企新购置421台先进纺织设备，获122.5万元贴息。3家企业借助区信用担保政策续额贷2500万元。全年为企业融资2.26亿元，缓解企业资金压力。建成“樵企通”企业服务平台，拓展企业服务领域。全年获发明专利授权11件、实用新型104项、外观专利125件。新增4个科技型企业。8家企业13个产品获评“广东省名牌产品”，15家纺织企业获得“中国流行面料及吊牌认证”。西樵纺织产业基地申报国家级循环经济园区进行认定备案。西樵获评“全国十大纺织产业集群”；西樵轻纺城获评“中国百强商品市场”和“广东省外贸转型升级示范基地”；南方技术创新中心公共技术服务平台获“全国纺织产品开发推动突出贡献奖”。

城市设施不断完善。完成西岸片区分区规划、官山片区控制性详细规划、4批次名村示范村建设规划和崇南新城区水网规划，开展21个控制性详细规划、官山涌“一河两岸”滨水空间概念规划及综合交通枢纽概念规划。南九公路复线、广明二期（西樵段）、西岸庆云大道、东西大道、樵北公路一期（联新段）、百太路二期顺利通车，旧樵高路、登山大道、龙泉路、东街、文明路、沿江路改造完成。物流线一期、二期稳步推进，新城区“三纵三横”道路、江滨花园人行天桥、金典广场隧道完成施工图设计。新增公路养护191公里，实施全镇道路维修140多宗，236座桥梁完成常规检测。完成全镇消防栓布点建设，建成78个消防栓。成人学校完成拆除，将建设为市民广场。天镇峰公园、民强公园、河滨公园、官山入口景观公园完成建设，登山大道和江浦东路“五位一体”综合整治提升工程完工。樵园公园、天镇锋文化长廊、官山涌“一河两岸”一期工程启动建设。全年投入市政资金1亿多元，建设13项市政工程，新增绿化养护外包面积70万平方米，承接道路绿化管养89公里，提升公共绿地10万平方米。

生态治理有力开展。实施环境整治年行动，成立环境监察巡查队，建立环保三级网格化管理和企业黑名单制度，开展染整、陶瓷、家具专项整治，完成大型锅炉降氮脱硝年度任务，完成39台燃煤锅炉淘汰工作。建成崇北、平沙两个小型生活污水处理设施，完成樵北路、崇南黎涌等多项截污工程，新建污水管道约10公里，全年处理生活污水2000多万立方米。纺织产业基地人工湿地生态系统改造提升顺利推进，入水终沉池系统工程通过专家评估论证。年减少排放二氧化硫7500多吨、化学需氧量（COD）5000多吨。投入1.9亿元完成三年内河涌目标整治和相关设施建设。完成大栅围十字涌中心涌“一河一策”水质达标整治目标。山根涌扩宽整治、山根水利枢纽、环山沟整治二期、官山涌周家塱段岸线整治等工程按期推进。环山沟整治一期等5项工程竣工验收。完成4600亩高标准农田建设和292亩鱼塘标准化改造。开展西岸社区国家生态文明建设示范村规划。实施河岗等7个村（居）的农村环境综合整治。完成简村等3个亮点村（居）建设和大岸垃圾收集站等9个农村环境整治“1060工程”。崇北等7个村（居）获评“佛山市宜居社区”。

特色文化加快形成。成功举办首届国际洪拳邀请赛等特色文化活动。松塘村获评“广东省旅游名村”，入选中央宣传部、中央电视台联合制作的《记住乡愁》百集宣教记录片，承办第四届全国古村落文化遗产保护与开发研讨会。由政府搭台，文体协会主导举办贺新春粤剧晚会、“魅力西樵”摄影大展、村村有段古等文化体育活动20多项。联合广东广播电视台拍摄和播出《联说西樵》系列宣传片。《西樵历史文化文献丛书》已出版26种，共2.25万册。西樵镇第一小学获评“国家级非物质文化遗产粤剧传习所”和联合国教科文组织“世界非物质文化遗产粤剧中国保护中心推广基地”。

公共服务不断完善。深化农村集体经济财务监管平台建设，启用农村股权股份管理交易平台。全年组织农村集体资产交易1062宗，实现增收14%。完成第三批“村改居”工作。“至善基金”投入约300万元资助48个社会服务项目。启鸿创益中心开展各类服务3500多场次，开展市民议事厅活动6场。建成34个行政服务24小时自助服务终端，镇行政服务中心新增4个办事窗口，全年办理各类事项20多万件。投入3200多万元支持西樵人民医院购置先进医疗设备。崇南、周家保障房投入使用，全镇保障房入住率超过八成。举办4场春季招聘会，提供工作岗位13610个。举办4场应届毕业生就业见面会和专场招聘会，实现就业1632人。实施“樵山英才计划”，搭建青年发展平台。镇老年人活动中心投入使用。镇财政投入5600多万元用于帮扶特殊群体，慈善会投入700多万元开展救济活动。启用工疗站，接收30多名智障残疾康复工疗人员。1708人享受残疾人生活津贴。441名困难职工得到帮扶。1万多名老人享受高龄津贴和保险。269名老人享受居家养老服务。

社会管治能力增强。完成“平安校园”等14个领域平安创建，开展涉毒、涉假、涉枪等“六大专项”整治行动，刑事立案比上年下降12.1%。22个村（居）612套视频监控设备实现统一维护，71个高清视频图像采集点完成采购。建立人民调解“以案定奖”新机制。推行流管“常驻管理＋中队联动”新模式，全镇在册登记流动人员16.03万人、出租屋81328间。实施淡水鲜活水产品标识管理，推行水产品产地标识和市场准入。推行熟食品市场准入制度，完成2条特色旅游食街、31个食品安全示范店创建和98个“阳光厨房”建设。深化城市管理年建设，开展市容市貌“十二乱”、违规户外广告招牌、占道经营、非法营运、工地扬尘、集贸市场等专项整治行动。推行城市管理网格化双向三级管理模式,实现城市管理常态化。开设“樵城拍客”、金点子等专栏，加强市民参与度。

【丹灶镇】 丹灶镇位于南海区西部，辖区面积143.5平方公里，下辖18个社区、6个行政村。户籍人口9.07万人，流动人口14.35万人。2014年，全镇实现工业总产值261.82亿元，其中规模以上工业总产值184.24亿元；农业总产值10.35亿元；社会消费品零售总额36.42亿元；全社会固定资产投资48.29亿元。

“双城”建设有序铺开。丹灶新城规划不断完善，建沙路工程完成过半，罗行大桥建成通车，丹金大道、有为隧道、有为广场规划设计初步完成，翰林湖都市型农业生态园建成开放，桂丹颐景园佳盛购物广场即将开业，徐工机械6S店落户。物流新城路网项目抓紧设计施工，水利配套工程施工设计完成。珍丰广场建设加快，新兴利商业广场开业，金爵士商业广场封顶，康园项目设计、征地初步完成。

载体建设引领产业集聚发展。广东新能源汽车核心部件产业基地引入上汽集团参与建设，与清华大学共建燃料电池堆膜电极多参数现场检测平台，基地一期53.33公顷园区建设完成，广顺厂区一期竣工使用，已进驻的6家企业陆续投产，新能源大厦主体工程即将完成。南海日本中小企业园与日本最大的信息通信技术供应商开展战略合作，引入企业22家，其中日资汽配企业20家。南海欧洲中小企业园启动建设，引入同向集团开发运营。大金智地平台建设加快，联东U谷·佛山南海国际企业港一期A区17栋建筑全部封顶，成功引入3个优质项目。世海钢材物流中心引入央企中钢货运，广珠铁路丹灶货场一期投入运营，普洛斯电商物流园即将开工。以金沙片区为重心打造文化旅游平台，广佛（金沙）休闲运动岛规划设计完成，仙岗迎宾广场等系列工程竣工。引入首家水产物流企业勇记水产，采取“公司+基地+农户+市场”的运营模式，带动农户增收，百容水产基地、良登花卉基地成效扩大，农业产业链日趋完善。

环境治理力度加大。出台建设项目环保管理规定，建立行业准入清单，成立集中拉丝处理加工中心，完成金属表面处理行业整治，完成官山支Ⅰ涌（大涡窦至上桥段）、大洲河（新安至下滘段）整治和樵桑联围达标加固、南铁鼎围沥青路面工程。

综合改革深入推进。率先建立集体经济收益监管中心，全面完成经联社改制，规范股权管理交易平台运作，全部开放退伍军人出资购股资格。撤消大涡社区居委、党总支，将其区域并入丹灶社区管理。开展“三单”管理和商事登记制度改革，优化审批程序衔接，完成行政服务标准化建设，设立“市民之窗”24小时自助服务设施。

民生服务能力增强。健全社会服务协商机制，推进有为创益中心建设，设立“有为基金”，形成社区组织、社会组织和社工义工协同共进的公共服务新格局，成功孵化2家NGO（NPO）服务型社会组织、7个社区“邻里家”。区第八人民医院金沙医院住院部、镇计生服务所、残疾人医疗中心建成使用。《有为周报》顺利创刊。成功创建省文明镇。强化食品安全监管，健全药品质量安全信用分类管理制度。

【狮山镇】 狮山镇位于南海区中部，辖区面积330.6平方公里，下辖东区、西区、罗村、大圃4个社会管理处，38个社区和28个行政村，户籍人口28.29万人，流动人口43.97万人。2014年，全镇实现工业总产值2817.2亿元，其中规模以上工业总产值2707.56亿元；农业总产值18.36亿元；社会消费品零售总额152.02亿元；全社会固定资产投资总额257.79亿元。

主导产业发展迅猛。以一汽－大众为龙头的汽车产业形成特色产业集群和完整产业链，一汽－大众主机厂一期全年实现产量21.9万辆、产值262.87亿元、税收20.6亿元，成为全区首个年纳税额超10亿元的企业。主机厂二期于7月正式动工建设，41家配套企业建设顺利，其中30家正式投产。是年，获“省口腔医疗装备产业基地”“省口腔器材技术创新专业镇”称号。至年底，全镇拥

有口腔器材相关企业约60家，牙科综合治疗机年产量约占全国的50%。新光源产业基地建成载体70万平方米，进驻企业约130家，芯光源孵化器被评为“国家级科技企业孵化器培育单位”。生物医药产业基地建成载体6.6万平方米，进驻企业38家，省生物医药前孵化器产业对接基地成功落户。

产业载体集聚效应凸显。至年底，全镇在建或建成重点载体项目超过9个，面积达100多万平方米。中欧科技合作产业园7月启动，与4个欧洲商协会签订合作备忘录。佛山科技街初步成型，已建成约20万平方米产业载体，超过50个创业团队入驻并完成注册。力合科技园引进项目36个，广工大数控装备研究院建成三大创新服务中心，进驻项目26个，慧泉科技园、佛山创智港等平台辐射带动成效更加明显。

企业科创能力增强。南方风机重型金属构件电熔精密成型技术产业化项目取得重大突破，处于世界领先水平。安排3亿元财政资金扶持科技创新，成功组建安信德摩、广东猎投、国科蓝海三支产业投资基金。全年有5名“千人计划”专家、50多个创新创业团队落户高新区，新增发明专利495项、高新技术企业22家、省市企业技术中心8家。

城市配套日益完善。佛山西站主线站场签约征地100%完成，全市首个高铁商业综合体富弘广场封顶。博爱湖、区市民服务中心、城市综合体等重点项目建设进展顺利，市民广场、体育馆、中央公园完成环境提升，狮山获评“佛山市宜居城镇”。投入10亿元对兴业路、桃园路、禅炭路等57.3公里道路进行改造提升，完成罗穆路、横沙路、小塘工业大道等路网扩宽修复，新建绿道52公里。

民生事业全面发展。推行民生项目三年计划，实行财政预算支出中期规划，教育、文体、医疗等公共资源实现“多规合一”，保障民生项目落到实处。官窑中心幼儿园新园、狮城中学小学部投入使用，狮山中心小学、小塘中学小学部等扩建工程顺利启动，推动城乡教育均衡发展。顺利通过广东省“亿万农民健康促进行动”示范镇复审，健康体验馆获评全省“十佳”宣传创新项目，计生卫生服务水平进一步提高。全面实施文体惠民工程，成功举办高尔夫欧巡赛、全国三人篮球赛、世界咏春拳大赛等赛事。文体社团快速增长，达250多个。树本产业家园成为狮山社会服务的总部基地和对外窗口。镇工会被评为“全国工会落实建会三年规划先进集体”“全国工会职工法律援助维权服务示范单位”。小候鸟驿站和聚心园为600多名产业工人子女提供假期免费托管服务。

社会管理不断强化。创建平安车站、平安校园等“平安细胞”工程635个，新增治安岗亭3个，建成覆盖园区及村居的视频监控网络。“六大专项”整治行动成绩突出，五类恶性案件比上年下降57%，治安环境不断好转。中南市场“菜篮子”基地实现智能化、信息化监管，建成“阳光厨房”89个，完成熟食品市场准入工作。深化落实安全生产“一岗双责”，创建安全生产标准化企业1955间。

政府服务不断优化。全面推行直联制，党员干部直接联系群众2995人次，收集意见1301条，约98%的问题实现在镇内协调解决。深入开展行政审批标准化建设，在全区首推标准化考核窗口人员，全年共受理行政审批业务67万件，群众评价满意率达99.9%；安装82台“市民之窗”自助服务机，形成镇村全覆盖的自助服务网络。推进公共资源交易“管办分离”改革，初步实现管理规范化、流程标准化、交易阳光化。

【大沥镇】 大沥镇位于南海区东部，辖区面积95.9平方公里，下辖东区和西区2个社会管理处，38个社区，户籍人口25.23万人，流动人口43.55万人。2014年，全镇实现工业总产值690.09亿元，其中规模以上工业总产值599.54亿元；农业总产值6.6亿元；社会消费品零售总额187.86亿元；全社会固定资产投资总额109.4亿元。

优势产业快速发展。国家级铝型材和纺织检测平台加紧建设。铝型材产业知名品牌示范区成功创建，内衣知名品牌示范区顺利获批。中铝、华昌、沥王和南海铝协总部大楼进展顺利。是年，有色金属企业实现工业总产值449亿元，其中铝材行业实现产值260亿元。规模以上内衣企业实现生产总值31.49亿元。

电子商务初具规模。佛山京东云产业基地、阿里巴巴南海产业带、中国网库及南方跨境电商产业园项目成功签约落户。南海电商服务联盟成立。大镇电商履约中心、联滘淘宝村、广佛智城国际电商采购中心加快推进。大沥镇获“中国专业市场电商采购示范区”称号。

产业金融壮大发展。国内首个镇级金融行业协会——大沥金融行业协会挂牌成立，新华村镇银行对外营业，东亚银行华南数据中心签约落户。广东有色金属交易平台吸纳会员137家，成交额突破500亿元。宝力股权投资项目成功对接本地基金募集和投融资业务。大沥总商会成立企业互助专项资金，有效化解会员金融风险。

商贸业蓬勃发展。永旺梦乐城奠基建设，打造超21万平方米的商业综合体。希尔顿、喜来登星级酒店项目布点大沥。宝盈广场开门迎客，和华、华亚、国昌二期、星港城等多个商业广场建设步伐加快。加快专业市场升级改造，全年专业市场成交额超百亿元，交易额超亿元专业市场达15个。

城市更新步伐加快。中轴核心区、广佛路沿线旧物业加快改造，坚美商务大厦、太平国华新都等30多个旧改重点项目铺开建设，奇槎片区、雅瑶罗城工业区等20多个项目集约改造。贵广（南广）高铁贯通大沥，岭南大道、同庆大道曹边段建成通车，文华路北延线、珠江桥放射线二期、桂澜路北延线建设稳步实施，广佛新干线佛山一环隧道开工建设，洞庭路等路网推进改造，连接东西、畅通南北的路网骨架加速成型。九龙公园和16个街心公园全面开放，香基四季湿地公园、沥桂滨河公园、龙湖印象、南海外滩等大型生态工程积极推进，新城公园和大沥文化公园加快改造。香基河、龙沙涌、河西大涌等19条内河涌生态修复工程有序铺开，激表涌一河两岸完成景观塑造。深入开展环保百日专项行动，关停污染企业超过300家。工业废水处理厂、地埋式垃圾压缩站如期建设。

社会管理成效显著。社区居委换届选举工作顺利完成，开展社区网格化和法治村居试点建设，横江社区“股权确权到户”工作进展理想。成功创建“全国安全社区”，刑事案件发案率比上年下降6.2%。食品集中加工中心投入运营。农村社区街坊会和4个志愿V站建成运作，凤池社区“和谐五十一工程基地”投入使用，服务内容和形式不断创新。

社会事业协调发展。许海中学完成扩建，沥北小学综合楼竣工使用。新大沥敬老院全面开放，盐步医院新住院楼顺利竣工。就业扶持力度更大，成功创建2个关爱就业基地、1个关爱创业基地和7个大学生见习基地，新增就业近4000人。太平、沥中保障房双双封顶，有效解决652户家庭住房需求。基本医疗保险实现全覆盖，发放低保金和救助款600万元。沥商慈善会正式成立，社会救济力度加大。公共文体扶持力度不断加大，近500个文化项目获250多万元扶持。大沥城市论坛顺利举办。南海藤编制作艺术展览馆开馆运营，广东书法园投入使用。顺利举办2014伯奇创意摄影展，获“中国摄影之乡”称号。龙母文化节、十大感动人物评选、藤编技艺创新大赛、龙舟联赛、广东青年创新创业大赛、“大沥杯”首届中国口哨大赛、“沥桂一体、美丽家园”文化活动月等成功举办。

【里水镇】 里水镇位于南海区东北部，辖区面积148.28平方公里，下辖16个行政村、17个社区，户籍人口13.08万人，流动人口33.93万人。2014年，全镇实现工业总产值769.56亿元，其中规模以上工业总产值729亿元；农业总产值14.41亿元；社会消费品零售总额76.08亿元；全社会固定资产投资总额111.15亿元。

产业发展迈出新步伐。入选“全国重点镇”“全国百强镇”。家电、医药、新材料三大支柱产业快速发展，总产值实现平均增幅9.3%。新材料高科技产业园成为省“三旧”改造重点示范项目，完成土地征租。一方制药、钜仕泰扩建厂房完工。广东骆驼电商总部成功落户。香港新顺福寿桃绿色食品城、喜达屋品牌酒店、香雪制药、普霖医疗器械、永润广场卜蜂莲花等一批高端项目达成合作意向。全年共引进超千万元以上项目20个，超亿元以上项目10个，计划总投资56.34亿元，总占地56.47公顷。现代农业进一步发展，获颁“中国香水百合名镇”。灵芝专业合作社不断壮大，花海流潮项目顺利招商，国内知名园艺电商进驻万顷洋农业示范区，引领花卉产业电子商务化发展。工业连片改造取得突破，大冲虎头岗工业区改造启动，沙涌工业区改造基本完成，南亚产业园建成投产。商贸业加快发展。洲村永润广场加快建设，华美达酒店顺利封顶，万福城广场、梦汇尚城开业。

企业服务优质高效。成立里水企业服务大联

盟，吸纳40家中介服务机构，为企业提供申报咨询、投融资顾问等10项服务。发挥里水企业商学院作用，开展专题培训、工业考察、政策解读等活动。加大政府职能下放力度，86项企业服务事项下放总商会。全年新增高新技术企业5家、省名牌产品5个、省著名商标5件，制定国家标准1项、行业标准19项，发放科技类企业扶持资金4205万元。

城乡环境更加优美。完成城市中轴线及中心城区规划，展旗楼主体结构如期封顶，盘山路景观工程全面完工。深入推进“公园化”战略，建成甘蕉、白岗等十大公园，新增绿化面积12.5万平方米。加紧实施“美村计划”，赤山、北沙、河村等成为南海建设新农村示范点。提速“梦里水乡”建设，新河路全线通车，军民路改造拆迁工程加快推进，太行路景观改造提升工程顺利完工，里水河南岸3.3公里绿道投入使用，“一河三岸”生态浮岛完成更新，艺术河畔一期改造完成，沿江路立面改造、红旗湾调蓄湖工程相继完工，麻奢、共同、文教等6条村道改造全面完成。“两厂、四站、十一片区”污水设施建设抓紧实施，大石污水处理厂建设启动，水口、志高花园小型污水处理站投入使用，60公里截污管网全面开建。

社会管理优化提升。制订《智慧城镇建设工作方案》，启动智慧城镇指挥中心建设。选取金溪社区为试点，实行“定格、定人、定责、定点”，社区网格化管理成效初显。全面成立出租屋主联合会，推动出租屋专业化、自主化管理。创安工作顺利通过国家考评，获评“全国安全社区”。加强法治村（居）建设，出台“以案定奖”办法，深入推进“律师进村居”。设立村（居）安监工作站，组建专职队伍，充实基层安全生产监管力量。新增32个“阳光厨房”，推进食品集中加工中心二期建设，率先实行溯源制度，有效保障食品安全。

社会事业不断进步。举办第三届百合花文化节，吸引35万名游客。举办“情系基层”文化惠民活动以及第二届“梦里水乡·锦龙盛会”。里水电影院开业。南海区第三人民医院新院封顶，社区卫生服务中心管理逐步完善，试点开展家庭医生式服务。持续改善教育教学环境，对里水中学、旗峰中学等学校进行改造提升。加快保障性住房建设，和顺保障性住房一期全面完工，816套志高保障性住房投入使用。推进就业工程，发放困难家庭就业补贴100多万元，3347人次受惠。创新医保参保模式，居民基本医疗保险参保人数81568人，参保率达99.6%。行政服务中心设置24小时便民自助服务区，33个村（居）设置“市民之窗”自助服务终端，群众办事更快捷。建成里水“七一”空间和创益中心，完善里水、金溪融爱家庭服务中心，引入专业社会服务团队，设置志愿服务V站，提供多元化综合社会服务。

（沈　娜）

附：2014年南海区党政主要领导名单

书　　记：邓伟根（任至11月）
　　　　　梁维东（11月任职）
副 书 记：郑灿儒
　　　　　孔海文（任至7月）
　　　　　张辉明（7月任职）
常　　委：植伟生　龚嘉明　刘涛根
　　　　　俞　进（任至6月）　李志伦
　　　　　梁耀斌　罗坚华　李佳华
　　　　　苏　岩（6月任职）
　　　　　王　雪（挂职）
区　　长：郑灿儒
副 区 长：刘涛根　冼富兰　黎建军　刘铭恩
　　　　　李晓佳　陈绍文　周佩珊（挂职）
　　　　　玉秋静（5月挂职）
政务委员：叶迎津（任至1月）
　　　　　朱伟新　张衍昌　蔡汉全

现任南海区党政主要领导名单

书　　记：梁维东
副 书 记：郑灿儒　张辉明　刘涛根
常　　委：植伟生　龚嘉明　李志伦　梁耀斌
　　　　　罗坚华　苏　岩　潘建刚
　　　　　杨焕新（挂职）
区　　长：郑灿儒
副 区 长：梁耀斌　杨焕新（挂职）　黄　果
　　　　　冼富兰　刘铭恩　李晓佳　陈绍文
政务委员：朱伟新　张衍昌　蔡汉全

（2015年7月南海区供稿）

顺　德　区

概　况

顺德区位于佛山市东南部，东接广州市，南邻中山市，西南与江门市隔江相望。行政区域面积806.57平方公里，是广佛都市圈、粤港经济圈的重要组成部分。建县于明景泰三年（1452年），1992年撤县建市，2003年撤市设区。2014年辖4个街道、6个镇，共计108个行政村、96个社区。全区年末户籍人口127万人，常住人口约251万人。2014年，顺德成为联合国教科文组织第六个"世界美食之都"，获评"中国民间文化艺术之乡"，八音锣鼓入选国家非物质文化遗产，成为省区共建国家生态文明示范区、国家知识产权投融资服务试点，获评"国家义务教育发展基本均衡区"。连续3年位列中国市辖区百强首位、六次获评中国全面小康十大示范县市。

2014年，顺德区实现地区生产总值2765亿元（快报数），增长8.6%。其中，第一产业增加值43.92亿元，增长1.2%；第二产业增加值1453.44亿元，增长9.5%；第三产业增加值1267.62亿元，增长7.7%。三大产业结构比重为1.6：52.6：45.8。全社会固定资产投资550.38亿元，同比增长15.1%。地方公共财政预算收入173.93亿元，同比增长12.9%。农业总产值87.12亿元，增长0.5%。全社会工业总产值6440.4亿元，增长9.1%。社会消费品零售总额775.63亿元，同比增长13.2%。外贸出口额206.42亿美元，同比增长10.5%；外商直接投资8.12亿美元，同比增长5.6%。城镇居民人均可支配收入38766.8元，同比增长8.9%；农村居民人均纯收入24536.5元，同比增长9.3%。高中毕业生升学率93.9%，初中毕业生升学率98.4%，小学毕业生升学率100%，小学入学率100%，3～6岁幼儿入园率为100%。参加城镇职工基本养老保险85万人，参加城镇职工基本医疗保险84.28万人（未含退休人员），参加城乡合作医疗69.39万人。

经济建设

【工业】 2014年，顺德区继续实施"扶持骨干企业18条""龙腾计划"和"星光工程"，大型骨干企业实力持续提升，中小微企业发展潜力不断增强，大中小微企业协同发展格局进一步形成。全区累计认定骨干企业共42家；市重点培育企业17家，占全市入选企业总额35%；被认定为省重点支持大型骨干企业年内新增4家，累计达7家，总数居全省第三，占全市比例超过60%；超百亿元企业累计7家。重新遴选新一批龙腾企业和星光企业，提升龙腾、星光企业的行业标杆作用。龙腾企业已成为产业转型升级主力，占全区规模以上企业工业产值约70%，营业收入超亿元的龙腾企业211家，超四成星光企业实现营业额增长20%以上，1000家星光企业共提供近10万个就业岗位，星光企业对社会的经济贡献逐步增大。

装备制造业加快发展。机械装备业实现工业产值1648亿元，同比增长13.8%，高于全区工业总产值增速4.7个百分点。先进装备业骨干企业取得突破，产生首家超50亿元装备企业（科达机电），拥有超10亿元装备企业9家。顺德省级高新区西部启动区作为核心区，引入3个智能制造项目，顺德智富园、华南机械城、顺联国际机械城、顺德精密制造装备产业园等10家已入园企业动工建设，先进装备业形成从生产制造到市场交易的全产业链发展模式。机器人产业的区域品牌逐步形成。顺德工业机器人相关企业超过20家，有2家超亿元机器人系统集成企业，成为国内机器人集成系统解决方案聚集地。全球机器人前五名行业巨头中已有4家（瑞士ABB、日本安川、德国库卡、日本川崎重工）通过独资、合资、合作等方式进入顺德。

深入推动技术改造。制订《促进工业技术改造实施方案》，建立全区技术改造项目库，鼓励企业开展新一轮技术改造。重点企业明显加大技术改造力度，40%以上的龙腾企业开展技术改造工作，技术改造投资占工业投资比重超过65%，处于全省领先水平。推出“机器代人”计划，区内家电、机械装备、家具、汽配等规模以上企业大部分已启动智能制造升级改造，智能制造重点项目近100项，投入近540亿元，顺德已成为以智能制造为路径推动工业转型升级的典范和国内先发地区。把握全国首个“装备工业两化深度融合暨智能制造试点”机遇，打造“智慧示范”，认定“百家企业智能制造示范企业”18家、智能制造重大项目6个、物联网重大项目10个，带动企业实行智能改造投资1.25亿元。推动国家两化融合管理体系贯标工作，新增国家级贯标试点企业4家和服务机构1家、省级贯标试点企业7家，数量居全省第二。

推动节能降耗管理。地区能耗水平逐步下降，单位GDP能耗下降率为4.6%。年内完成53家企业节能考核工作和25个节能项目扶持。大力推进清洁生产工作，6家企业通过省级验收。完成4个电力需求侧管理项目试验收。推进电机能效提升计划，5个项目通过上级验收。推进能源管理中心建设及能源体系建设。

【农业】 2014年，顺德区加快发展现代农业，逐步推进农业转型升级。

推进农业产业化。培育扶持农业产业化龙头企业，全区拥有国家级农业龙头企业2家、省级农业龙头企业7家、市级农业龙头企业11家。推进菊花湾现代农业园、大峰水产养殖有限公司、生生农业集团股份有限公司、东村联丰农场等现代农业项目的实施。协办“2014年云浮（佛山）名优农产品博览会暨家庭农场成果展”“第九届中国岭南美食文化节”等相关农业展览，展示顺德特色农业。

推进省级现代农业示范区建设。2月14日，顺德被认定为广东省省级现代农业示范区。顺德按省财政资金1∶1的比例配套投入，完善实施方案，将示范区打造成农业科技示范中心、农产品质量安全管理创新平台，产学研、农业技术推广和农民创业示范基地，并在示范区核心区探索“花基鱼塘”“菜基鱼塘”等生态模式。

健全农产品质量安全监管体系。加强农产品质量安全检验检测工作，区镇合力，由区、镇（街）、企业、农民专业合作社代表签订农产品质量安全和农业生产安全责任书，加强基层农业综合执法建设，完善农产品质量安全追溯体系建设，强化畜禽屠宰监督管理。召开顺德区农产品质量安全工作会议，拟订《关于加强全区农产品质量安全监控体系建设的意见》（讨论稿），从产地基础数据和问题追溯、检验检测体系、监管机构建设、农业标准化生产、市场准入和产品认证、执法监督、信息公示、社会共建等方面进行全方位的监控。

【服务业】 2014年，顺德区做大生产性服务业，做强生活性服务业，先进性服务业发展水平进一步提高。

电子商务综合竞争力迅速提升。全区有网商3000多家，电商平台超15个，在建各类电商特色产业园区16个，省百强电子商务企业19家，数量排全省第二，区电子商务示范企业90家。年内全区电子商务交易额达750亿元，同比增长25%。

工业设计蓬勃发展。广东工业设计城新增进驻企业15家，设计广场二期工程投入使用，8个共性技术设计平台建设完成，成立广东顺德工业设计研究院。广东工业设计城成为国内最大的主题产业园。主导设立“中国设计活动日”，推动顺德成为创新设计全国典范。

旅游文化产业继续发展。长鹿休博园成为顺德首个、广东第十个国家AAAAA级旅游景区，乐从国际会展中心获评国家AAAA级旅游景区。成为全球第六个“世界美食之都”，获评“中国美食文化国际示范城市”称号，连续9年举办中国“岭南美食文化节”，推动中国烹饪学院落户顺德。

商圈建设稳步推进。乐从家具市场集群被认定为广东家具（乐从）国际采购中心。中国·慧聪整体工程竣工，乐从钢铁世界一期全部投入使用，均安珠三角国际牛仔交易中心项目有序推进。打造城市商业副中心，容桂文塔商务中心、乐从天佑城、陈村太平洋等城市综合体扎实推进。

会展经济助力市场。全年开展市场开拓活动共47场次，有效拉动消费，钢材、家具、汽车等九大专业市场销售额突破千亿元。年内共举办较具规模展会25个，家电展、家具展、机械展等一大批展会办展水平和影响力不断提升。发动和组织一大批企业参与中欧企业对接会、国际中小企业博览会等各类展会，有效提升顺德制造品牌。

2014年3月17～20日，第27届国际“龙”家具展览会和第17届亚洲国际家具材料博览会在顺德龙江隆重举行。

【载体平台建设】 2014年，顺德区坚持实施创新驱动，加快建设创新载体和新型研发机构，促使重点产业进一步集聚，促进产业合理布局和高端发展。

顺德高新区建设有新成效。通过推动市场化运营及园、镇、村三级联动合作，园区运营管理体制进一步优化。推进18项基础设施工程建设，园区投资配套环境进一步成形。园区西部启动区已引进项目20个，项目投资总额超50亿元，洽谈中的企业超15家，产业范围涉及智能制造、先进装备及其零部件、新能源利用等。

扎实推进南方智谷建设。南方智谷总部园区启动区一期市政工程基本完工。清华顺德力合科技园项目奠基，一批创新团队和创业企业签约进驻，科威（华南）国际技术转移中心揭牌落户。第三届中国创新创业大赛（顺德赛区）落幕，顺德赛区共有10个项目参加全国的行业总决赛，其中1个项目取得全国第三名的好成绩。广东工业设计城被认定为国家级科技企业孵化器，全区已累计培育了1个国家级、3个省级科技企业孵化器，初步形成孵化器的梯队体系，孵化科技型企业超200家。

加快建设新型研发机构。广东顺德西安交通大学研究院大楼正式启用，与容桂合作筹建“传热传质领域院士工作站”，与中国家用电器协会合作申报的“中国制冷维修良好操作区域级培训中心”获批成为全国第一批国家级区域培训中心。组织西安交通大学研究院、华南理工大学等8家单位共同申报省重大科技专项，联合建设华南智能机器人创新研究院，致力于工业机器人产业研发和应用。引入中国电器科学研究院组建华南家电科技服务基地，开展家电核心技术创新和研发服务，启动“十三五”家电领域科技发展规划编制等实质性工作。筹建广东集成芯片研发与产业培育中心。

产业转移园区建设有新进展。落实对口新兴县基础设施建设帮扶资金。推动出台关于鼓励顺德企业到顺德（云浮新兴新成）产业转移工业园投资的实施细则，6个工业项目已正式落户转移工业园，用地共410亩，总投资额达5.15亿元，实现顺德企业落户“零的突破”。广东顺德清远（英德）经济合作区10个企业项目完工，首家企业投产。

城市建设与管理

【城市规划】 2014年，顺德区优化城乡布局，强化控制性详细规划编制，控规覆盖率达64.1%。佛山新城与乐从镇充分融合，市档案中心、图书馆等公共设施交付使用，中欧城镇化合作示范区建设步伐加快。顺德新城88个项目全部启动，20个完工，美的万豪国际酒店开业，保利商务综合体、置业广场封顶，华侨城进场施工，征地拆迁、基础设施、环境提升等各项工作全面推进，德胜商务区、大良东区展现城市中心新形象，新城辐射聚集效应持续增强。“佛山十大居民满意度镇街”顺德占4个。

【基础设施建设】 2014年，顺德区进一步完善基础设施建设。江顺大桥主桥合龙，横九干线均安段、伦桂路一期、甲子路延伸线、滨河路等10项工程通车，海华大桥等项目加快推进，市政路网与广珠西线、南国路、碧桂路、珠二环、105国道等骨干路网实现无缝对接。顺德新港水域工程完工，7宗民生水利设施建成，500千伏换顺线投运。互联网普及率达90%，光纤入户率达39.4%，信息化基础设施处于全国先进水平。开通“南顺互通”公交线路。中心城区公交分担率达23.5%。

【人居环境建设】 2014年，顺德区改善人居环境取得新成效。广东省环保厅和顺德区共建国家生态文明示范区，39个年度项目全部完成。设立专职“环保警察”，重拳打击环境违法行为。空气质量优良率、主干河涌水质达标率全市最高。全区94%的村（居）已完成保洁社会化进程。城乡生活垃圾无害化处理率达98%。全省主要污染物总量减排考核优秀，全市环保考核连续两年第一。依托主干水道打造24公里滨水绿带，依托骨干路网打造118公里生态绿廊，人均公园面积达19.2平方米，中心城区绿化覆盖率达40%。美城行动扩展至全部村（居），群众满意度提升20%。全面铺开42条道路“五位一体”景观改造，数字城管覆盖区域达134.3平方公里，城市管理取得全市第二个考评年度冠军。全部村（居）普及“六个有”文化设施，基层体育设施普及率达90%。

社会各项事业

【社会基础保障】 2014年，顺德区扩大和提升基础保障范围与质量。完善基本门诊医疗制度，门诊药品目录增至1019种。低保临界补助与物价联动，为特殊群体提供一站式住院医疗救助。职工养老待遇连续十年大幅提高，低保、特困人员供养标准分别提高40元／人·月、250元／人·月。充分就业社区建成率达98%，城镇登记失业率稳定在2.3%以下。善耆养老家园项目动工建设。全区新开工保障房762套，竣工1080套。

【社会公共服务】 2014年，顺德区进一步做好公共服务优质均衡。获评“国家义务教育发展基本均衡区”，在广东省率先推进职业教育“三元融合五年贯通”人才培养试点，公益性普惠性幼儿园占比居佛山五区之首。社区卫生服务覆盖率达95.1%，家庭医生服务覆盖率达93.9%，新人民医院主体工程封顶，顺德中医院成为三甲医院。开通佛山首个支付宝医疗服务窗，提供智能就医服务。有序实施“单独两孩”政策。异地务工人员在劳动就业、子女入学等方面享受更多公共服务。

【社会建设】 2014年，顺德区加强社会建设。全区平安村（社区）创建率达98%，治安原始警情同比下降16.4%，北滘、伦教被评为“全国安全社区”，陈村获全国“六五”普法先进单位。法定机构承接政府职能更加有力，AAA级及以上社会组织数量居全市第一，社区矫正、退休人员管理等购买社会服务试点取得实效。新成立英国、马达加斯加顺德商会，境外商会累计达11家。推动集体资产阳光交易，发展新型农业经营主体，扶持43家农民专业合作社，农民股份分红和经营收入大幅增加。累计兑现征地留用地7375亩，以乐从为试点解决农村历史债务，农村大局保持稳定。

【国家知识产权投融资服务试点】 2014年5月28日，“国家知识产权投融资服务（顺德）试点工作验收会”在佛山市举行。顺德顺利通过考评验收，成为全国第三个通过验收的试点城市，是全国唯一一个区（县）试点。制定《顺德区知识产权质押融资专项资金管理办法》《顺德区知识产权质押融资指南》等一系列引导、鼓励政策；搭建知识产权投融资服务联盟，构建政府、银行、服务机构、企业广泛参与的投融资协作机制；建立顺德区企业知识产权投融资需求动态数据库、设立知识产权质押融资专项资金；基本建立了知识产权质押及投融资运作体系，有效营造知识产权质押及投融资的市场环境，创造了“政府引导、企业参与、市场化运作”的工作模式。

【村（居）党群先锋队】 2013年10月，顺德区在乐从镇的葛岸、平步、上华、劳村、沙边5个村（社区）试点组建党群先锋队，由基层党员和热心群众组成团队，开展社区服务。2014年，以深入开展党的群众路线教育实践活动为契机，将党群先锋队数量扩大至15支。这一模式属全国首创。党群先锋队经过集中轮训后，根据队员的职业、身份、年龄和特长设岗定责，参与领导干部驻点直接联系群众工作，定期举办“茶话时政会”，到居民家中走访，主动服务群众，积极参与社区事务。推行向群众公开承诺服务事项，强化群众监督，增进群众参与。建立联席会议制度，定期收集党员群众意见，营造协商民主环境。通过打造党群先锋队，探索改进基层党组织领导方式、组织结构和活动方式，增强党组织的凝聚力和服务力。

【顺德获“世界美食之都”称号】 2014年12月1日，联合国教科文组织宣布，顺德成为联合国教科文组织全球创意城市网络组织成员，并获得“世界美食之都”称号。这是继成都之后，该组织正式授予的第二个中国城市。顺德美食文化源远流长，民间素有“食在广州，厨出凤城”之说，有“中国厨师之乡”“粤菜之源”美誉。每年一届的岭南美食文化节，吸引各路民间“厨神”同台竞技，各显神通；与马来西亚UCSI大学共建顺峰烹饪学院，致力打造烹饪界“孔子学院”，成功搭建美食文化交流平台，促使“美食顺德”走向世界。顺德凭借其在中华美食领域的重要地位以及顺德人的烹调技术在粤菜中的独到优势，获“世界美食之都”的世界级城市名片，将对在全球范围内交流和展示顺德美食文化、助推顺德餐饮业转型升级，提高顺德的知名度和美誉度发挥重要作用。

各镇街介绍

【大良街道】 大良街道是顺德区政府所在地，是顺德的政治、文化、教育、商贸中心，地处顺德中部偏东，连接广州，毗邻港澳，是佛山市规划的第二个百万人口中心组团的核心区。辖区面积80.29平方公里，建成区面积36.11平方公里，下辖19个社区和2个行政村，常住人口40.55万人，其中户籍人口21.13万人。2014年，大良实现地区生产总值367.83亿元，同比增长8.5%；规模以上工业产值294.21亿元，同比增长8.5%；第三产业产值达到257.68亿元，同比增长10.77%，在“三产”中占比70.05%；售电量21.09亿千瓦时，同比增长8.9%；全社会固定资产投资72亿元，同比增长14.36%；工商税收97.67亿元，同比增长10.33%；居民储蓄存款余额418.45亿元，同比增长0.13%；社会消费品零售总额230.78亿元，同比增长9.29%。

2014年，大良坚持产业转型结构优化，做优传统产业，做强支柱产业，扶持新兴产业，提升审批服务，强化自主创新，经济发展质量显著提高，经济发展基础日渐雄厚。村田新材料、阿格蕾雅OLED等一批重点项目相继建成投产，顺特配电设备项目动工建设；顺德酒厂绿色生物饮料、伊之密智能机械装备等一批高质量工业项目落地；美芝、泛仕达实行生产线自动化改造，广锻引入烧焊机器人生产模式提升产能和效益。位于新城区的天津股权交易所广东营运中心已吸引26家金融中介机构入驻，8家企业通过其实现上市。顺德创意产业园成为区首批电子商务特色园区，进驻创意产业园和金粤宏泰大厦的电商有85家，电商发展平台建设初见成效。华侨城文化旅游综合项目开工建设，大型城市综合体——美的商业广场落成并初具规模，国际著名品牌万豪酒店开始试运营，东区商业板块集休闲、购物、娱乐、文化为一体，成为顺德城市核心商圈。

2014年，大良继续推动文明城市创建工作，不断完善城市管理体制机制，优化市政基础设施建设，强化环境保护和生态治理。街道重点推进的华侨城文化旅游综合项目征拆、宝华巷拆迁改造、苏岗全征地、东乐路东延线和南国路东延线征地及清场收地等工作进展顺利。完成桂畔海南岸绿化景观和活动设施建设工程等5项区城市升级工程，推进逢沙污水管网工程、大门片区福田村和北村截污管道工程。大良代表顺德参加佛山城市管理考评连续七个季度获得五区第一。年投入约1.2亿元的“大保洁”已经覆盖辖区所有社区（村）。推动旧城区延年路、保健路、锦龙路等16条道路升级改造，道路总长约17公里，总投资额1.9亿元。全年完善各类交通设施涉及面积2.2万平方米；开展主次干道破损路面、人行道等设施修复，所涉修复面积约9000平方米；完成6所公厕、5个社区（村）公园、3个旧小区和3个农贸市场的改造提升。街道加大"两违"查处清拆力度，拆除违章建筑物约8800平方米，拆除违法广告箱牌约8200平方米。全年组织开展各类专项整治行动780多次，纠正查处各类市容违法案件1.8万宗。

2014年，大良不断加大教育、文化、医疗、就业等民生投入，推动社会保障事业多元化发展。全年教育投入在公共财政支出中占比达37%，教育资源均衡优质发展，校园新建、扩建工作进展顺利，公立学校招生及插班入学方案面向公众公开透明，罗定邦中学高考上线率位列全区镇属学校第一。就业工作再出新招，推出手机求职客户端，进一步拓宽就业信息渠道。成立文化中心整合利用公共文化资源，大良文化品牌进一步被擦亮。大良青年中心成为团中央扶持建设的青年平台，是大良青年思想交流和创业孵化的新基地。全街道社保养老参保人数达17.67万人，超额完成扩面任务。"步行15分钟社区卫生服务圈"不断完善，14个社区卫生服务站实现21个社区（村）卫生服务全覆盖。街道治安视频监控摄像头达1815个，平均每平方公里区域分布22.6个。组织开展安全生产大检查全年共出动1500人次，检查企业2000多家，发现并整治隐患近800处。

【容桂街道】 容桂街道地处顺德区南部，靠近广州，毗邻港澳，地理位置优越，水陆交通便利，105国道、广珠西线、太澳高速、广珠城际轨道等重要交通线贯穿辖区。辖区面积80平方公里，下辖23个社区、3个行政村，常住人口47.1万人，其中户籍人口20.6万人。先后获得"全国文明单位""中国品牌名镇"等荣誉称号，是珠三角的制造基地、经济重镇。2014年，容桂街道实现地区生产总值423亿元，工商税收59.39亿元，金融机构人民币存款余额453.79亿元，居民储蓄余额328.98亿元。辖区内有各类企业及个体工商户2.5万家，超亿元企业119家、超十亿元企业13家、超百亿元企业集团2家，高新技术企业50家；拥有占地13.5平方公里的顺德高新技术开发区以及科技创新中心、中科院顺德基地、陶文铨院士工作站等创新平台和研究院所；拥有海信科龙、德美化工、万和新电气、华声股份、顺威股份、伊之密等6家上市公司及盈天医药、鸿特精密、顾地科技等3家控股区外上市公司；拥有"中国驰名商标"7件、"广东省著名商标"33件、"广东省名牌产品"34个。基本形成以智能家电、信息电子、医药保健、化工涂料、机械模具、汽车配件、精密机械、电子商务、物联网等为主的产业体系。

2014年，容桂支柱企业持续稳健发展，不断拓展科技创新，推进重点产业项目，支柱企业稳健发展，电子商务和商贸业蓬勃发展。海信科龙提高产品质量和精细化水平，获第16届中国专利奖外观设计优秀奖；万和集团年产值69亿元，同比增长57%；伊之密借上市契机扩大注塑机产能，全年产值13.3亿元，同比增长18%；顺威公司发挥段正澄院士工作室作用，加强产学研合作，全年产值12.5亿元，增长超50%；环球制药新车间投产，通过技术改造提升产能，全年产值11.8亿元。中科院顺德基地加强院企技术交流和对接，全年服务对接企业50家，促成合作项目10个；德美新材料创新科技园成功晋升为国家级科技企业孵化器培育单位，新引进创新团队25家，共有9个项目获各级科技资金1390万元；年内街道增加新昊玮和索奇2家区级工程技术研究中心。确定顺德精密制造装备产业创业园等13个项目为重点项目；文塔商务中心项目完成桩基础工程量的50%，并与国际五星级酒店希尔顿签订合作协议；广东威博新能源供暖供水系统项目完成；高新区阿波罗等5家企业调整建筑容积率。依托制造业优势及近年来的积累，容桂电子商务聚集和加速发展，电子商务企业达150家，广东省百强电子商务企业中容桂占12家，占全区60%以上；顺德科技创新中心、CIC创意产业园、原动力电商创业园、顺德微电商产业园、中外运电商产业园等5家各具特色的电子商务产业园被认定为"顺德区第一批电子商务特色产业园"，占全区的三分之一，其中CIC电商产业园于2014年底投入使用；容桂承办第二届顺德区电商大会暨顺德电商节，吸引超过1000位珠三角制造与电商领域的行业精英及创业人员参加。成立"容桂零售服务业协会"，结合节假日组织举办系列活动，促进商圈购物环境和商业氛围进一步提升。

2014年，容桂坚持城市升级引领转型发展的战略，推进顺德科技创新中心建设，加快德胜河南岸改造，优化辖区路网建设，通过“三旧”改造进一步拓展发展空间，以“美城行动”促进人居环境提升。容奇大桥以西约3万平方米的景观带建设基本完工，与容奇大桥以东的德胜河滨公园互相呼应；滨河道路（容奇大桥至凤祥北路段）工程完成管网铺设及路基基础。“三旧”改造认定项目共6个，用地面积5.6万平方米；公开交易出让“三旧”改造项目1个，面积5.4万平方米。完成容豪路、永昌南路等一批道路改造工程；桂洲医院易地新建项目推进装修和设备安装；容桂第二污水处理厂一期完成厂区土建工程；花溪公园、大凤山公园、凤岭公园等精品绿化工程基本完成，其中花溪公园已投入使用，全年新增绿化面积达24.2万平方米；引入社会资源建设232个标准化、智能化公交站亭；完成马冈小学、兴华中学等学校加固改造；完善油气站点布局，推进红旗路、外环路两个油气平台。开展“美城行动”网格化工作，探索临时摆卖疏导点模式，全年共对5个农贸市场进行升级改造并通过区乙级标准验收，24个农贸市场中有20个达到街道以上改造标准，其中10个达到区乙级以上标准。查处环保违法违规行为，全年共排查企业2400多家次，责令整改近200家，立案查处260多家，强制停产130多家，移送公安机关7家；督查重点企业，削减挥发性有机污染物的排放量；规范重点企业危险废物管理。

2014年，容桂以加大民生保障为基础，促进公共服务水平不断提高。开展教育综合改革，全面推进校务咨询和监督委员会工作，容桂100%学校成立校务咨询和监督委员会，97%学校（幼儿园）建立家长委员会，95%学校（幼儿园）建立家长学校；推进职业教育改革，依托容桂产业结构，通过校企合作探索职业技能人才培养模式；制订《容桂街道非牟利幼儿园招生办法指引》，进一步规范非牟利幼儿园招生。完善桂洲医院智能化建设，容桂社区卫生服务中心接种门诊数字化呼号系统投入使用；扩展基础医疗卫生服务种类，容桂13个社区卫生服务站均增设中医诊疗服务；推进健康村创建工作，上佳市、红旗、南区社区成功创建市级健康村。充分调动社会资源参与养老事业，建成容桂长者综合服务中心并投入使用；开展社区矫正人员和残疾人免费技能培训；建立劳动关系信息预警系统，完善企业工资支付情况监控管理和欠薪倒查机制，全年共受理劳动调解案件800多宗，检查企业1000多家，清退欠薪1500多万元。进一步规范慈善会管理，容桂慈善会获评顺德区社会组织等级评估AAAAA级单位；开展“慈善文化进企业”活动；创新慈善项目，联合新麒麟、东海一族酒楼推出“爱心招牌菜”慈善募捐项目；容桂妇女事业促进会发动社会资源为容桂单亲母亲家庭、孤儿开展生活、学习等方面的帮扶；容桂慈善会、社区（村）福利会、容桂总商会、容桂高协等全年共接受社会各界捐赠3000多万元；全年通过慈善会、福利救济等开展助医、助学、助残、助困、助老及发放各类补贴、补助2360多万元。开展安全文明小区建设，全年新增全封闭式安全文明小区6个、半封闭式1个、全开放式2个。组织开展“法律服务进社区”活动63场，街道法律援助工作站接受群众来电来访咨询114人次，办理法律援助案件83宗，标的金额1125多万元。开展特种设备、液氨使用企业、油气管道、粉尘爆炸、危险化学品、职业卫生“八打八治”打非治违等多项专项检查和整治，检查各类生产经营单位755多家次，立案处罚4宗。查处无照废旧电视收购经营户近200家。打击制假售假，全年共查处大要案15宗，案值约630万元。全力排查整治火灾隐患，检查各类场所4.3万家次，排查整治“三合一”消防安全隐患场所2500多家次。严厉打击各类违法犯罪活动，“110”刑事治安警情9500多起，同比下降27%。举办第三届优秀“新容桂人”和“容桂好人”之星评选活动、“东亚杯”女子垒球赛、“中顺洁柔”国标嘉年华活动、“水之魅——刘海粟美术馆分馆藏书画精品展”、“游龙大汇东逸湾”端午龙舟巡游等活动，提升容桂城市品位和影响力。

【伦教街道】 伦教地处珠江三角洲腹地，与广州番禺一水之隔，是顺德中心城区的重要组成部分，总面积59.2平方公里，总人口约20万人，下辖8个行政村和2个社区。辖区内的太澳高速、珠二环高速、广珠城轨、105国道、325国道等构成了伦教交通的主要脉络。近年来，伦教确立“东融、西优、北提、中连”的发展思路（“东融”是融入东部的顺德新城，“西优”是优化西部建成区，“北提”是提升北面工业区，“中连”是连接东西轴线的村居以及连接南北轴线的商业带），坚持“一心两轴多点”战略（即以融入顺德新城为核心，提升东西、南北两条中轴线，推行村居改貌等为重点的战略）。2014年，伦教实现规模以上工业总产值510.98亿元，限额以上批发零售餐饮业营业额33.65亿元，固定资产投资38.01亿元，国地税入库15.89亿元。

2014年，伦教街道珠宝首饰行业实现工业总产值338.51亿元，机械行业实现工业总产值39.39亿元，电子信息行业实现工业总产值67.63亿元。佛山市顺德周大福珠宝金行有限公司新增珠宝检验中心，建成珠宝首饰行业设计师工作室、自用型保税仓、自动化物流配货中心，打造华南地区生产加工基地及物流配送中心；周生生珠宝（佛山）有限公司启动工业园，新增电子商务、物流配套，打造全国最大、最先进的电子商务总部基地；伦教珠宝产业被纳入“广东省2014～2020年珠宝玉石产业中长期发展规划”，郑敬诒职业技术学校引进珠宝类大师傅，设立全区首个“首饰工作室”，与广东省珠宝玉石及贵金属检测中心签约强化珠宝人才培训。长鹿旅游休博园正式获批成为国家AAAAA级旅游景区，成为顺德首个国家AAAAA级旅游景区。华南机械城一期工程改造完成并开展全面招商，约50家商户进驻，租赁面积超1万平方米，主要以机械装备及其零配件企业为主，并融入餐饮、物流等配套企业；中国机床工具工业协会木工机床分会落户伦教，促进木工机床行业市场有序发展；成功引入保利城市综合体、广进商业中心、大润发商场等项目，为市民提供便利的生活配套商圈；广东美涂士建材股份有限公司在新三板挂牌上市，佛山市顺德区博汇智能包装设备有限公司、广东威德力机械实业股份有限公司、广东启智数码有限公司3家企业在天交所挂牌；广东威德力机械实业股份有限公司被认定为第14批广东省省级企业技术中心，成为伦教街道首家企业科协试点单位。

2014年，伦教街道围绕“一心两轴多点”思路，配合区属重点项目建设，推进两轴深化提升，完善旅游文化产业配套，强化土地资源整合，实施城市升级。新市良路工程、甲子路延伸线工程、新基北路工程等区重点工程项目进行周边绿化工程；华南机械城在建展馆进行周边道路绿化；香云纱生产基地完成周边绿化、道路、园建等市政设施；东西南北轴线进一步完善羊大路绿化、护栏、人行道、105国道中分带绿化、灯光亮化等工程；三洲村改貌工程改造区域内的道路、绿化、河涌等设施，打造678文化街；东西轴线推进滨江西公园建设工程，提升休闲娱乐元素。伦教街道全年共计投入11451.9万元，提升城市管理水平。推进13个农村分散式生活污水站点建设、11个村（居）生活垃圾收集站升级改造、水环境综合治理，其中三洲花粘基涌、霞石诗歌涌等内河涌整治初见成效；扩展“送花入户”打造特色街景，参与住户由原试点170多户增加至550多户；新增100套企业污染源在线监控系统，纳入监控企业合共146家，试点加装浓度监控仪升级系统功能；开辟临时摆卖点以委托协议方式由市场管理方负责市场周边秩序管理；组建村（居）美城志愿服务队，美城志愿者由原150多人扩至300多人。

2014年，伦教街道加大投入，提升服务，社会各项民生事业取得进步。投入1300万元改善教学设备设施，扩大优质教育资源；推动强师工程，全面提升伦教教师的综合能力和水平；郑敬诒职业技术学校通过国家示范校建设项目验收；举办青少年科技创新大赛，征得科技发明创新作品254件，科幻画109幅，实践报告16篇。伦教戏剧曲艺协会在千里驹故居挂牌，千里驹故居载兰园戏台揭幕。伦教社区卫生服务中心正式独立运作；“健康村”工程有序铺开，三洲、霞石、鸡洲3个村（居）顺利通过佛山市健康村的评审；近三年共建立一般居民健康档案17.2万份，完成116.5%；组建32个家庭医生团队，家庭医生服务覆盖率达85%。“平安村居”工程投入1300多万元作为平安建设、高清视频监控、警务“E超市”的专项资金。年内街道开展安全促进活动共148项，建成“阳光厨房”46间，完成食品生产企业HACCP体系建设7家，完成学校饭堂HACCP体系建设2间，获评“全国安全社区”。仕版村社区营造试点工作初见成效，充分发挥“村民领袖”及“村民团体”的作用，提升村民参与社区管理的积极性；时间银行、社区青年坊、企业义工计划、和谐家庭联谊会等特色项目日趋成熟；伦教街道志愿者（义务工作者）联合会正式成立，推动社会公共服务发展。

【勒流街道】 勒流街道地处顺德区中心部位，河网密布，水资源丰富，是著名的岭南水乡。总面积90.78平方公里，下辖17个行政村、5个社区，户籍人口11.9万人。2014年，勒流实现规模以上工业总产值564.38亿元，同比增长11.04%；全社会固定资产累计完成投资额35.01亿元，同比增长15.58%；限额以上贸易餐饮业营业额16.35亿元，同比增长27.01%；税收（含国税调库数）完成21.35亿元，同比增长8.45%；工业用电量12.52亿千瓦时，同比增长2.95%。

2014年，勒流街道出台专门政策，引导企业进行资本运营和技术改造，培育推广区域品牌、应用电子商务等，为企业创新发展增添动力。新宝电器在深圳中小板成功挂牌上市。多家龙头企业在自动化、精益生产、信息化等改造项目方面总投入近1.5亿元，企业生产效能和整体竞争力显著提升。东泰自动化生产改造项目运用ERP系统，更新立体器仓库管理模式，自动化水平和整体运作能力获得有效提升。“顺德区家居五金协会”“勒流科技工作者之家”等平台组织相继成立，充分发挥产业集聚能力。街道组织企业参加广州国际家具生产设备及配料展览、德国法兰克福照明展、上海国际照明展览会和第16届中国（广州）国际建筑装饰博览会等，开展“勒流企业自动化技术改造和信息化应用提升”系列活动，吸引超过100家中小型企业参加。勒流电子商务创业中心项目成功申报为顺德区十五个特色产业园区之一。“顺德区勒流五金制品基地”被广东省正式评定为“广东省外贸转型升级专业型示范基地”。福田电器获“中国驰名商标”称号，3家企业的产品成功获评为“广东省名牌产品”。至年底，勒流街道拥有“中国驰名商标”4件、“广东省著名商标”21件、“广东省名牌产品”27个，获得顺德区政府质量奖企业3家，实现街道四大支柱产业的驰名商标大满贯。

2014年，勒流街道突出城市规划引领，加快形成开放格局，提升区域竞争力。加快推进菊花湾大桥和港口路城市经济主轴建设，调整产业布局，对接佛山新城和顺德新城；明确西丫区域、君王酒店改造方案，谋划龙洲路三个重要交通节点的提升改造，促进优质因素在勒流充分集聚；打造龙升北路—金华路—悦来路休闲慢行式的中心城区商业区域，启动泰明市场“三旧”改造（东菱广场）项目,营造街道商业氛围。开展绿化提升改造工程，新纳入养护行道树超万棵，增长40%，新纳入养护绿地面积达19万平方米，增加26%；推进“一河一策”重点河涌整治工程，勒良河堤岸整治工程竣工；加快污水处理三期工程建设，厂区主体建设完工并通水试运行；推进农村分散式生活污水治理工程；投入4240万元推进“五位一体”沿街景观整治,道路总长度超过3公里；实现22个村（居）100%保洁专业化全覆盖工作目标，建成垃圾收集站24个，基本实现村居垃圾收运标准化、一体化、专业化和机械化运营全覆盖的工作目标。推进“二改二”改造，将黄连、江义村的“盛世产业园”“宏宇勒流工业园”“骏达电子有限公司”进行跨村连片“三旧”改造，面积共312.11亩；滨水生态区启动区改造项目成为全区首个“改一垦一”政策试点项目；推进东菱高端西式小家电生产基地、商业照明产业孵化园、凯乐斯城市照明智能化系统技术开发与应用等项目落地建设，合计用地313.17亩，投资总额近10亿元。开展名村示范村规划编制，8个村（居）纳入名村示范村，其中江义村作为佛山唯一代表获“2014中国最美村镇”；启动村（居）三年改貌计划，预计街道、村（居）总投入可达6000万元。

2014年，勒流注重改善社会各项事业，促进社会和谐发展。广泛开展“平安细胞”创建活动，22个村（居）全部建成全封闭或半封闭小区，辖区内大中型企业29家、农贸市场13个完成平安创建工作；动员创建236家国家安全生产标准化企业和2家区级安全文化示范企业；辖区内建成警务“E超市”11个、高清视频70个、社会视频623个。政府和社会力量全年合计发放救助款900多万元，惠及4000多人次；完成“长者综合服务中心”建设，成立“颐养基金”定向服务、扶助老人群体；实现省卫生村全覆盖；新增“港湾之家”和“桃园人家”两个片区家庭综合服务中心，与“勒水人家”初步构建起街道家综服务体系，全年共向社会提供1万人次服务。改善居民出行条件，年内建设大型公交站亭84座，建设提升首末站23个，修复道路31.5

公里。全年举办各类文体活动超400场次，参与群众约20万人次；培育打造花样跳绳体育运动品牌和“龙眼点睛”民俗文化品牌，开展文化申遗工作；国庆慈善巡游暨“颐养基金”募捐活动筹得善款超1000万元；举办“让爱骑行，让希望续航”公益慈善系列活动。在全国首创“手机村务通”平台建设，共投入150万元在22个村（居）全面推广应用；推进设立村（社区）议事监事会，构建基层治理新机制；推广黄连农村改革试点工作经验，建立社区党代表定向联系群众机制。

勒流新貌。

【陈村镇】 陈村镇素有“中国花卉第一镇”“千年花乡”美誉，自古就是商贾云集之地，历史上曾与广州、佛山、东莞石龙镇合称“广东四大名镇”，是《三字经》作者区适子、清代作家黎简和现代雕塑艺术家梁明诚的故乡。辖区面积50.7平方公里，常住人口18.7万人，其中户籍人口8万人，下辖7个行政村、8个社区。获“世界盆景赏石园艺博览之都”“中国花木之乡”“中国机械装备工贸名镇”“中国花卉之都”“中华花卉美食名镇”“国家级生态乡镇”等称号。2014年，陈村镇实现地区生产总值140.1亿元，工业总产值346.5亿元，全社会固定资产投资50.3亿元，公共财政收入6.7亿元，税收收入20.6亿元，全镇居民储蓄余额139.4亿元。

2014年，陈村三大产业比重为3∶60∶37。花卉世界特色步行街二期改造工程完成，陈村花卉世界向综合旅游休闲区转型；举办花卉旅游文化节、陈村花宴系列活动，花卉业与第三产业进一步融合发展。电商平台建设取得新进展，国通物流成为首个“顺德跨境电子商务产业园”，品珍鲜活、顺品蔬果网等电商平台上线运行。北斗天绘民用服务项目落地，车联网平台进入试运行阶段。昇辉电子项目推动智慧社区物联网发展。推进浦项、松柏等11个增资扩能项目。科达洁能入选2014年“中国机械500强”，申菱空调与香港科技园达成合作，奔朗新材料成立“广东省超硬材料及制品院士工作站”，申菱等3家企业获顺德区突出贡献人才（团队）三项荣誉。陈村出台企业上市扶持办法，为企业上市提供“绿色通道”服务。1月29日，海关总署、财政部、国家税务总局、国家外汇局联合发文，正式批准设立佛山国通保税物流中心（B型），这是佛山首家，也是广东此次获批的唯一B型保税物流中心。

2014年，陈村城市功能日臻完善，城市面貌持续提升。启动城市、产业、文化“三规合一”研究。潭村华阳路以东、广佛环线陈村站控规及旧城区道路综合整治规划等取得阶段性成果。推进广佛环线、佛陈路东延线、魁奇路东延线征地拆迁工作，配合推进广明高速、华阳南路、佛山地铁2号线等道路及轨道交通建设，优化融入广佛交通体系。合成工业区等“三旧”改造项目加快实施，原申菱空调及周边地块、赤花和南涌留用地等4块地成功出让。开展潭洲水道生态景观改造，完成玉带公园主体工程。继续在全镇主干道路节点摆放时花，“千年花乡”生态优势进一步突显。开展爱国卫生运动月活动，推进锦龙路“五位一体”景观改造、城乡结合部美容工程等项目。新增石洲、登洲等5个农村分散生活污水治理项目，大都、庄头等9个垃圾压缩站点投入使用。新增安装企业污染源在线监控系统50套，全镇106家企业累计安装在线监控系统已达156套。整治环保违法行为，立案39宗，依法关停企业48家，违法偷排得到有效遏制。

2014年，陈村民生事业全面进步。推进托幼园所“抑扬工程”，完善“积分入学”制度，推进石洲、庄头小学体育馆和陈村职业技术学校综艺楼建设，继2013年后再次被评为“顺德区教育先进镇”。开展未充分就业劳动力普查，建立动态数据库；设立定点人力资源市场，举办15场招聘会，3000

多人达成就业意向。社区卫生服务中心增设自助健康检测设施，在5个村（居）开设送医送药服务；新建2个社区卫生服务站点，社区卫生服务实现全覆盖。启动社区养老配餐服务，新增为200多人提供居家养老及平安钟服务。推动陈村花协、高协设立慈善基金，引入“幸福银行”项目，扩大社会救助和公益服务覆盖面。丰富“花香家园”品牌内涵，为各类人群提供专业社工服务。推进网络畅通工程，在13个公共场所提供免费WiFi服务；开通禅城经陈村至广州南站公交线路，市民出行更加便捷。建设7个村（社区）户外戏台，加快推进三字经文化公园项目，改造提升体育中心场馆。推动文体联合会实现社会化运作。将公益慈善、法治文化、公民素质教育等元素融入文化活动，全年举办“陈村梦想SHOW”“美心总动员”等品牌活动800多场次，“百场文化培训进村居”被评为全省文化志愿服务示范项目。完成村（居）换届，6个村（居）试点建设议事监事会。加强农村集体资产交易平台建设，600多亩农用地通过平台完成交易。增加扶持村（居）发展竞争性分配资金总额，镇、村共同投入1687万元，落实79个民生项目。在4个村（居）试点建设律师工作室，落实创建省法治镇先行点验收工作，获“全国六五普法中期先进单位”称号。率先在全市实施信访听证，有效化解信访积案。推进平安创建工作，加大打防控硬件投入，全镇一类公共视频监控点达850个。加强食品安全监督抽检，完成3个农贸市场升级改造。12月10日陈村镇获评“佛山十大居民满意度镇街”。

【北滘镇】 北滘，古称“百滘”，意为“百河交错、水网密集”，位于佛山市顺德区东北部，全镇总面积92.11平方公里，辖20个村（社区），户籍人口12.2万人，常住人口27.44万人。地理位置优越，距离广州主城区、佛山新城、顺德新城均只有十几公里；对外交通便利，域内及外围有广珠西线（太澳高速）、佛山一环、广州南站等交通设施连接穗港澳及华中地区。已开通的广珠轻轨在北滘设有2个站点，规划建设中的广佛环线轻轨途经北滘，佛山地铁3号线和广州地铁7号延长线在北滘新城交汇。北滘作为全国知名的经济强镇，2014年全镇地区生产总值439亿元，规模以上工业产值1956亿元，国地税收入83.02亿元，城镇居民年人均可支配收入达46478元、农民人均纯收入14942元，在“中国科学发展百强镇”排名榜上位列第九。家电制造业优势尤为显著，是国际级家电生产基地之一，被评为“中国家电制造业重镇”。北滘民营经济实力雄厚，孕育了美的、碧桂园2家千亿龙头企业，拥有本地及控股上市企业共7家。总部经济、工业设计和家电全产业链项目等新经济引擎蓬勃发展。已建成美的总部、碧桂园中心、怡和中心等总部经济大楼，盈峰、丰明等10座民营企业总部如火如荼建设中，过百万平方米的总部商务区雏形已现。广东工业设计城是全国知名的工业设计产业园区，2014年获评“中国工业设计示范基地”。以慧聪中国家电城为龙头的家电全产业链，为传统家电产业向会展、电子商务、“互联网+”等现代服务业快速发展提供了前所未有的机遇。北滘致力于小尺度建设小城，优生活营造城市魅力。6平方公里的新城区成为产城融合典范，至2014年已吸引社会资本投入超过300亿元，各项公共设施、商业文化配套成型，总部商务区高楼林立，吸引众多高端人才扎根。乡村水网纵横，有着众多古建、祠堂，随着“一村一公园”“祠堂修复计划”等农村改貌工作的推进，“望得见山、看得到水、留得住乡愁”的岭南水乡风貌得以恢复。北滘，已发展成为广佛都市圈内一座产业与城市互融的宜居宜业魅力小城。

2014年，北滘镇围绕“超前引领产业转型升级，以城市化带动区域发展”的战略目标，全面实施产业转型和城市升级。美的集团全年销售额超过1400亿元，布局智慧家居以及移动互联网业务，启动创新中心建设。碧桂园集团实现合同销售再超千亿元，碧桂园中心二期投入使用。盈峰、丰明总部大楼、美的销售中心顺利封顶，国际财富中心完成桩基础工程。启动总部商圈招商策略研究，怡和中心招商顺利。广东工业设计城发展提速，新增设计企业和机构15家、设计师近200名，设计产品超过6000件，获得知识产权439项，设计收入达4.5亿元；设计广场二期竣工，市场化收购50亩土地及办公楼；4月21日注册成立广东顺德工业设计研究院，联合46所高校培养300多名国内外研究生；12月9日承办首届“中国设计日”活动，行业影响力不断扩大；成立设计城社区，理顺设计城社会管理事项。北滘推进“全国家电配套制造产业知名品牌创建示范区”建设，龙头项目慧聪·中国家电城一期主体工程竣工，家电博物馆启用。以美的、飞鱼电商为首的一批企业积极拓展电子商务，“双十一”全镇电商销售业绩突破10亿元，多种产品在综合性网购平台同类产品中销售排名第一；创业孵化中心累计孵化电商企业76家，被评为顺德区电子商务特色产业园；安捷物流等电商仓储物流发展迅速。汽车经济发展势头强劲，碧江高端汽车商圈基本成型，引入路虎、雷克萨斯、保时捷等国际汽车品牌。至年底，北滘新增高新企业3家，有美的、精艺、广东工业设计城3家博士后工作站。全年专利申请数为5572件，增幅保持在30%以上，位居全区榜首。北滘西南新型工业园区新引入迅发盛环保家具以及美的高效节能家电项目，丰明电子、通程顺等项目进场动工。

2014年，北滘镇以“产城互融”为中心，推动城市升级。全年完成规划修编13项，完成西南片区、新城区益丰路以东控制性详细规划编制。开展中心城区10公里环形水道规划、城市雕塑专项规划，以及跨105国道天桥、北滘沙游艇码头等方案研究。北滘门、财富花园建设完成，市民活动中心（慈善大楼）完成二层土建工程，岭南园林（和园）动工建设，盈峰艺术博物馆奠基兴建。雅居乐项目一期完工、君兰江山项目进展顺利。完成林头社区13条街巷、广教工业大道、三洪奇大道及公园改造工程，中心城区一体化进程纵深推进。继续实施“一村一公园”计划，完成三洪奇、顺江等13个公园建设，推进黄涌鲤鱼沙等12个村级公园建设。完成上僚、高村等8个村级农贸市场升级改造。启动首批16间祠堂修缮，完成西滘郡马祠、林头双溪祠等5间祠堂修复。推动西南工业区开发建设，启动北居、都宁工业区“三旧”改造工作。完成佛山新城的麦家沙收地工作。优化与周边高等级交通设施的对接，加快镇内环形路网建设，完成君兰大道、三乐路下穿广珠西线通道、林上路（佛山一环至西滘段）等50项快速路网建设。启动美的大道下穿105国道工程，推进百福公园、三乐路人行天桥工程和新交通中心建设。完成11万伏西滘变电站建设，推进22万伏熙悦变电站、11万伏槎涌变电站建设。推进林广电排站重建、西河二期扩宽整治等水利工程。启动都宁岗森林公园建设，完成潭洲水道13.5公里景观工程，推进中心城区细海河二期、三期，推进杨家涌和林头河“一河两岸”提升。全年全镇绿化种植面积16.8万平方米，完成105国道碧江段、陈村段及新城区中央区域等重要节点绿化提升工程。加快群力围污水管网规划和招标工作，完成三桂、莘村、水口等6项分散式污水处理工程。实施河涌生态修复，引入生物净水技术改善林头河、杨家涌水质。全年排查企业885家，强制关停违法企业30家。开展畜禽养殖场专项整治，全年清理场舍面积9.5万平方米。开展土地卫片执法，拆除违章建筑7.2万平方米。美城行动在村（社区）全面铺开，在北居、黄龙试点开展村（社区）“大保洁”。数字化城管实现村（社区）全覆盖，全年立案超过2万件，结案率达98.81%。完成东基路、建设北路等4条城区重点道路的“五位一体”道路景观改造。全年刑事治安原始警情同比下降7.4%。全面创建“平安村（社区）”，基本实现重要路段、重点场所视频监控全覆盖，新增北居、黄龙等5家警务“E超市”，实现社区警务工作智能化。投放22辆消防电瓶车到村（社区），提升基层消防机动能力和响应速度。镇专职消防队被评为“第二届全国119消防奖先进集体”。

2014年，北滘社会民生事业繁荣发展。北滘文化中心全年举办各类文体活动超1000场次，接待群众超过75万人次。成功举办第12届华语文学传媒大奖颁奖典礼、第九届中国岭南美食文化节、第三届顺德·北滘仲夏音乐节，吸引过百万群众领略小城魅力。推进“十二校八园”校舍工程建设，镇内参加省级以上竞赛活动获奖超过170人次。北滘连续四年获“顺德区教育先进镇”称号，连续两年获“佛山市促进学前教育发展先进镇”称号。西海保障房首批75户入住，碧江、马龙廉租房项目加快推进。成立安居工程基金，帮助94户困难家庭修缮房屋，100套人才公寓交付使用。推进“全民就业能力提升三年行动计划”，专业培训超过1800人次。开展便民公交进厂企，解决2万名员工出行难题；新建公交站亭46个，完成650辆公共自行车招标。实施居家养老服务提升工程，提升长者综合服务中心服务质量。全年共办理临时救济、危重病特殊救助500例。市民活动中心（慈善大楼）项目探索商业运营模式，反哺慈善事业可持续发展。成立北滘高协慈善基金、青年企业家慈善基金帮扶困难群众。美的集团连续六年捐款1000万元扶贫解困，碧桂园集团捐赠435万元用于镇内爱心助学。广东省何享健慈善基金会投资3亿元，建设岭南水乡特色的公益性城市公园。美的、碧桂园等热心企业及社团为善耆家园养老院项目筹得善款1.25亿元，捐款数额位列全区各镇街第一。北滘成为广东省首批获评“全国安全社区”的镇街之一。创新社会治理机制，君兰居委会试点探索“社区共融”。启动《北滘志》编纂工作，推进资料收集工作。成立澳门顺德北滘同乡会，搭建旅澳乡亲沟通平台。加强城市形象宣传，全年在境内外主流媒体上刊登54个专题版面，政务微信——“魅力北滘”订阅号影响力位列全省第五名，政务微博活跃度位列全区第五名。

【佛山新城、乐从镇】 佛山新城、乐从镇位于佛山市中南部，以东平河为界，跨禅城、顺德两区。辖区包括乐从镇行政区域和禅城区东平路以南，陈村镇华阳路以西，北滘镇僚龙路以西，三乐路以北的部分。总用地面积为87.8平方公里，其中：乐从镇77.9平方公里、禅城区2.9平方公里、陈村镇3.1平方公里、北滘镇3.9平方公里。佛山市委、市政府在2013年12月11日正式作出佛山新城（中德工业服务区）、乐从镇管理体制调整，实施区镇融合、联动发展机制的重大决策，佛山新城、乐从镇形成统一规划、统一实施、统一管理的佛山新城发展新格局。

佛山新城于2003年开始建设，发展定位为“佛山市中心城区、中德工业服务区、中欧城镇化合作示范区、现代岭南文化新城”，是珠三角城市协同发展的重要节点，更是佛山市委、市政府“强中心”战略和“城市升级三年行动计划”的重要组成部分。2012年以来重点打造的佛山中德工业服务区，是广东省六大重大合作平台之一，致力谋划“仿真德国”，探索以“引资”和“引智”为支撑，以“引制”先行先试为重点的国际合作新模式，主要发展现代服务业，重点引进国内外各类研发设计、检测认证、新IT、新材料、新能源、生物制药、会展和职业培训等产业。

乐从镇是著名的商贸名镇和侨乡，下辖5个社区，19个行政村。常住人口25万人，户籍人口10万人，旅居港澳及世界各地的海外乡亲6万多人。乐从现代商贸和物流业兴旺发达，尤以家具、钢材、塑料三大专业市场享誉全球，是全国最大钢铁贸易集散地，先后获得“中国家具商贸之都”“中国塑料商贸之都”“中国钢铁专业市场示范区”“中国专业市场示范镇”等荣誉称号。除三大市场外，乐从还拥有全球最大的汽车外饰件生产企业，全国最大的啤酒贴纸生产基地，广东最大的烟包及滤咀纸生产基地。2010年成为工信部授予的全国唯一“国家级电子商务试点”，2011年大力发展物联网应用产业，建设“广东省物联网应用产业基地”。是广东省居家养老服务示范中心创建点，获“广东省文明镇”“广东省教育强镇”“国家卫生镇”“慈善中华行杰出贡献单位”等称号。2014年实现地区生产总值159.91亿元，贸易业销售收入870.46亿元，税收入库33.42亿元。

自融合后，佛山新城、乐从镇掀开新的发展篇章，机构、人员有序融合，围绕“办事不出新城”目标，区级权限逐步全面下放。2014年4月19日，佛山新城与国家发改委城市和小城镇改革发展中心、欧洲发展机构协会签订框架性合作协议，成为全国首批两个中欧城镇化合作示范区之一，加快佛山新城、乐从镇城市升级速度。至2014年底，佛山新城、乐从镇范围内有文化中心、中德工业服务平台、东平广场（交通枢纽中心）、能兴体育休闲区、中德高技术科技实验园、佛山德国服务中心、佛山市妇女儿童医院、CBD一期、佛山苏宁广场、物联网应用产业园智汇广场、罗浮宫国际家居总部大厦等10多个高端综合建筑项目在建，涉及建筑体量超700万平方米，总投资超过500亿元，涵盖城市公共服务配套、城市商业、产业平台等方面。

2014年，佛山新城、乐从镇高端工业服务业加速聚集，传统型优质产业升级加快，创新型科技产业发展加速。中欧服务中心分批交付使用，26个高端项目率先进驻；德国服务中心与8家欧洲企业签订合作意向；物联天下集团与匈牙利19家企业签订框架协议共建“匈牙利中心”。至年底，招商洽谈及落地项目达64个。全球照明龙头德国欧

司朗集团亚太区总部落户运作；全球知名环境企业德国瑞曼迪斯集团拟进驻设立地区总部和研发中心；全球四大机器人制造商德国库卡公司拟进驻设立机器人工程中心；中科院首批科研团队顺利落户，已开发一批填补国际空白的医学专利产品并逐步实现产业化；德国史太白技术转移中心、北航技术转移有限公司落户。家具市场集群被认定为广东家具（乐从）国际采购中心，加速向国际化贸易市场转型；罗浮宫家居总部大厦完成新进口馆升级；广东乐从钢铁世界新建水暖配件消防阀门专区、乐从君和（国际）家居城展开招商；天佑城综合体全面开业。浪登服装被认定为“中国驰名商标”；辖区全年专利授权766件。物联网应用产业基地入园企业达90家，企业总注册资金超3亿元，4个科技创新与产业化项目获得区科技扶持项目立项。国家级电子商务试点取得新突破，“欧浦钢网”成功上市，“欧浦家具网”上线运营，助推钢铁、家具商贸板块新跨越，上马中欧电商城项目，打造集电商、展示、休闲于一体的20万平方米商业旗舰。探索搭建国际知识产权交易平台，成功举办首场科技项目路演。

2014年，佛山新城、乐从镇加快规划建设。佛山新城（中德工业服务区）成为首批“中欧城镇化合作示范区”，城市升级对欧合作迈出新步伐。举办城市发展策略咨询竞赛，明确“岭南水、佛山心、国际城”的发展策略，开展交通、生态、市政、历史文化保护等城市子系统规划研究。推动岭南水乡规划项目，大罗、路州基本完成水乡规划方案编制。大墩、腾冲改造规划基本完成。加快建设城市新载体，累计完成重大投资项目超351亿元。中欧服务中心基本完成建设；中欧实验园完成主体建设；佛山中德服务中心CBD一期完成基坑开挖85%，宝能大厦、企业家大厦、中欧高技术服务平台等项目动工建设；物联网一期产业园智汇广场完成基础工程；罗浮宫国际家居总部大厦完成幕墙装饰工程；乐从新天地商圈改造项目启动，配合全面完成麦家沙拆迁。加快完善城市新配套。文化中心、市图书馆正式开放，艺术馆主体工程完工，科学馆青少宫项目、档案中心逐步移交；坊塔完成主体结构施工70%；市妇女儿童医院奠基建设；龙舟广场一期正式启用；滨河景观带夜景项目建成；污水管网二期完成48公里建设；新建成农村分散生活污水处理站8个；全年新增公园、绿道、水系等绿化40.4万平方米。加快突破城市大路网。汾江路南延线、岭南大道（乐从段）拆迁工作基本完成；广佛环线（平步段、岳步段）交付施工；华阳路南延道路工程陈村段建成，华阳特大桥即将合拢；交通枢纽中心完成地下基础工程；北围园区环镇南路以南路网建设基本完成；永兴道、万福路、乐中路（新桂路—S121段）、镇安路南延线、横三路西延线顺利通车。创新“三旧”改造。大墩村、腾冲社区旧村改造方案成功通过集体表决，以“政府主导、市场指导、村自主改造”的旧村改造模式进入实质性推动阶段；创新“镇村合作开发”新模式，推动东村钢管市场改造项目签约，完成拆迁超80%；推动企业自主改造项目中欧电商城建设。统筹城乡环境综合治理。申报国家绿色生态示范城区；全面推行绿色建筑，全年新开工绿色建筑面积90万平方米；继续深化“大环保”综合治理机制，强势开展“环保执法年”行动，制定环保准入“负面清单”，关停污染企业260家；组建“两违”执法中心，强势推进“两违”执法；拆除“两违”建筑物2.43万平方米，拆除违规户外广告牌6万多平方米；新增3条公交线路，新建、改造首末站7个、站亭28座；加强内河涌整治，水质整体达标率稳居全区前列，水环境综合整治经验全区推广；启动百村升级行动计划，探索城市升级带动乡村升级的新型城镇化之路。

2014年，佛山新城、乐从镇社会各项事业全面发展。成立全区首家社工学院，新增路州家庭综合服务中心、路州青年坊，基本实现专业社工服务辐射全镇。全年开展各类社区活动684场，服务近5万人次。多个社工服务项目获评省、市、区社会创新优秀项目。举办各类创业及劳动技能培训班，为1483名群众提升就业竞争力。年内投入发放各类救助金350万元，城乡居民医疗保险达137万元。黎时煖松柏大学建立3个分校，全区首创老人教育延伸村（居）。长者日间护理中心全面开放，推动居家养老普惠服务。敬老院投入改造，引入驻院社工服务。罗浮宫集团、供销集团、陈登社会服务基金会以及邓枫、吴健威等一大批热心企业及企业家助建敬老院、助学、助医、助困达6300万元。新劳村小学投入使用，多所学校完成设施改造、硬件扩充。乐从再获顺德区“教育先进镇”称号。德国非营利性教育机构 F+U 教育集团、广东金融学院－中欧创新促进中心落户，开启国际化职业教育发展新模式。陈登职校与德国欧中经济技术中心合作成立德国工业技术人才培训基地。6 个村（社区）通过市首批健康村（居）评审。完成 3 个社区卫生服务村站点改造和增设，全区率先开展社区诊断、家庭式医生签约、慢非病管理创新，全年门诊量突破 100 万人次。乐从医院创建“广州医科大学非直属附属医院”通过预评审，连续两年患者满意度第三方调查获全区第一；与德国德中卫生组织签署 3 个国际领先水平医疗项目合作协议，推动高端优质国际医疗服务落户。全年举办中德文化节、万人长跑、乡村文化节等 19 场活动，吸引 23 万人次参与；举办社区文体活动 370 场，超 10 万人次参与。乐从家具龙舟队再获国际、国内 25 个冠军，成百冠之王，村际龙舟赛成为独特文化景观。《乐从华人华侨历史》完成编印，还原 500 年来海外乐从人奋斗史。

【龙江镇】 龙江镇位于顺德区西部，辖区面积 73.8 平方公里，下辖 10 个社区、13 个行政村，户籍人口 10.2 万人。龙江是国家重点镇、广东省中心镇，也是珠三角地方性中心和佛山城市组团之一，先后获“中国家具制造重镇”“中国家具材料之都”“中国塑料建材产业之都”“国家卫生镇”“广东省技术创新专业镇”“广东省历史文化名镇”等称号。2014 年全镇地区生产总值 187.6 亿元，累计工业产值 590.1 亿元，全社会固定资产投资 51.5 亿元，税收入库（含调库收入）19.18 亿元，公共财政预算收入 5.38 亿元，人民币存款余额 215.7 亿元。

2014 年，龙江镇突出结构调整、工商并举，经济发展活力持续增强。实施《龙江镇家具行业五年整治提升行动实施方案》，与阿里巴巴签约启动龙江网上产业带平台建设。编制家具材料标准丛书，建立国家级水性木器涂装实训基地，推进家具专利快速调处中心落地。成立龙江镇家居设计师协会，“龙江设计”作品到上海、成都等大型展会。新增家具销售、电子商务贸易等配套行业企业 560 多户，同比增长 100%，显示龙江家具行业转型步伐明显，产业布局趋向多元化。推动联塑集团扩能增产，优化发展战略，参与多领域投资。亚洲国际、顺德家具国际采购中心、碧桂园凤凰酒店、盈信二期、龙江购物中心、华美达、乐龙国际、广域龙城、陈涌宝盈商业广场等重点工商项目推进顺利，部分项目开始招商。酒店业群兴起，4 家连锁酒店进驻，新增朗廷、奥斯汀柏丽、盈信万怡等多家三星级以上酒店。电子商务初成集群，“龙家具电商港”拓展到五大园区，聚集 600 多家电商企业，年交易额超 30 亿元，其中龙头家具电子商务港、广东车翼凤城产业园、亚洲国际家具材料交易中心和融美大厦被认定为区第一批电子商务特色产业园。建成知识产权、技术创新、工业设计、企业融资、产业专业信息等公共服务平台，引进创科检测、126 人才网等 13 家科技服务机构。启动公共场所免费 WiFi 服务，首期项目覆盖龙江医院、交通中心、文化广场以及行政服务中心、市监分局、派出所服务大厅等 6 个区域。年内全镇纳入省、市级重点项目 6 个，认定“龙腾企业”28 家、“星光企业”113 家。顺德家具研究院获授“顺德科普教育基地”称号，其检测中心获认可标准从原来的 128 项扩大到 181 项。新增驰名商标 1 件、省著名商标 6 件、一般注册商标 822 件以及省名牌产品 2 个。累计申请专利 1637 件，获得专利授权 1581 件。

2014 年，龙江镇突出城乡共建、环境先行，区域综合环境优化。完成龙洲路以北、乐龙路以东地区控制性详细规划，协助东头村、官田村完成留用地规划编制，编制中心区北片区、朝阳开发区一期和旧城区道路综合整治规划。推进工业大道、里海路、官田南路、丰华北路等 4 条道路以及旧区道路“五位一体”沿街景观整治，其中丰华北路完成改造，被列为区城市升级示范工程。完善公共基础设施和电力配套工程，集北、东华路、丰华南路等 3 座人行天桥建成，110 千伏开源站建成投产。“三旧”改造认定项目增至 31 个，总面积 852 亩。完成珠二环龙江出入口匝道、沿线两侧绿化和广湛高速公路龙江段生态景观林带建设一期、二期，启动顺番路、乐龙路、龙洲路龙江段绿化景观方案设计。启动西溪世埠涌截污和活化水资源工程，建成横滘涌节制闸、左滩生活污水处理站，启动污水处理厂二期、工业有机废水回收处理厂建设。严厉打击违法排污企业，整治三联、南坑慈云、河柏以及东头吴涌等4个村级工业区，关停不符合环保标准企业40家。启动企业污染源在线监控系统建设，安装在线监控设备62套，治理VOCs排放企业31间，完成全镇空气环境监控系统升级。综合整治农村环境，完成仙塘农场污染治理。数字城管系统覆盖面积17平方公里，处理率98.9%。投入1亿多元推进环卫综合保洁，实现全镇立体化大保洁。制定道路行业规划，实行沿路以及住宅区商业街行业准入制度。严厉打击违建行为，拆除违法建设、违法用地共74宗，面积4.6万平方米。优化公共交通服务，增设公交站亭45座、公共自行车站点11个。

2014年，龙江镇突出民生需求、和谐共建，市民生活品质持续提高。全镇民生事业支出占公共财政预算支出的63%。投入3778万元推进平安建设，整合群防群治队伍，新建120套视频监控、4个社区民警中队监控室和3个高清治安卡口。创新综治信访模式，综治工作站受理案件496件，办结率100%；人民调解委员会受理纠纷471件，履行争议标的额958万元，调处成功率超99%。全镇共接报刑事治安警情同比下降14.3%，交通事故宗数下降7.5%，直接经济损失下降17.1%。共查处产品质量、食品安全、安全生产、无证照经营等各类案件439宗，罚没金额近170万元，办理消费投诉1196宗，办结率100%。升级改造农贸市场7个，创建食品安全示范点10家、省餐饮服务A级单位10家、“阳光厨房”50家。龙江职业技术学校获评“省级示范学校食堂”，联塑机器制造有限公司获评“区安全文化建设示范企业”。新增安全生产标准化企业132家，安全生产形势持续稳定好转。举办各类招聘会11场次，提供就业岗位1.4万个，应届高校毕业生就业率94.7%，全镇城镇登记失业率2.61%。举办各类培训班27场次，培训转移技能劳动力1205人。创建三星级标准仲裁庭，处理群体性劳资纠纷案件55宗，涉及金额2005.1万元，其中处理欠薪逃匿案件21宗，为工人追讨工资617.9万元。接受各类救助申请317宗，发放救助款494万元，发放各类供养费572万元。新增公租房80套。提高居家养老资助范围和标准，资助对象从12类扩展至20类，全额资助每月由440元增至534元；556名老人享受到平安钟服务，比上年增加3倍。奖励扶助计划生育家庭11430人共155万元。“一对一关怀行动”成功帮扶694户家庭，其中25户成功脱贫。443人获慈善助学金超100万元，仁泽基金捐助善款超100万元。新增“慈善映夕阳助老”“联塑助医”等项目，“一元捐”项目不断扩展范围。排沙社区沙中村成立龙江首个以村小组名义冠名的爱心基金。镇慈善会全年募集善款695万元，发放善款613万元。完成3所学校运动场改造，提升改造一批中小学功能场室、教学装备，新增民办幼儿园2所。中小学全面推进“课堂教学改革”，提高教育质量。完善社区卫生服务，启动北山社区卫生服务站异地重建，全镇创建“佛山市健康村（社区）”3个。落实“单独两孩”政策，发出同意再生育一胎子女决定书187份。传播龙江正能量，17个村（社区）出版村（社区）报50期，区级以上媒体有关龙江报道超过350篇。举办首届镇运会、残疾人运动会和第五届全国五人龙舟赛等重大文体赛事，以及第四届“龙江好人”之星评选活动。创建“广东曲艺青少儿传承基地”。东海村获评顺德区第五批“文化示范村”和第六批“全民健身示范村（社区）”。

【杏坛镇】 杏坛镇位于顺德区西南部，以孔子讲学的杏坛之说命名。全镇总面积122平方公里，下辖24个行政村，6个社区。2014年户籍人口13.34万人。杏坛是珠江三角洲知名水乡，文化氛围浓郁，现存较完好的古桥16座；有刘氏大宗祠、黄氏大宗祠、尢列故居等省、市级文物保护单位42处；有“顺德周庄”——逢简水乡，“中国永春之乡”——马东村；杏坛的舞龙、龙舟说唱、锣鼓柜、柜色表演等是传统民间文化艺术，其中永春拳、龙舟说唱、光华人龙舞、八音锣鼓列入国家级非物质文化遗产名录。杏坛拥有“中国民间文化艺术之乡”“全国群众体育先进单位”“国家卫生镇”“广东省生态示范镇”“广东省教育强镇”“广东省体育先进镇”“广东省环保材料专业镇”等称号。2014年，“中国最美村镇”——杏坛逢简村被评为国家AAA级景区。2014年，全镇实现地方生产总值174.18亿元，同比增长12.1%；工业总产值472.56亿元，同比增长13.4%，其中，规模以上工业产值327.25亿元，同比增长12.8%；全社会固定资产投资总额达39.87亿元，同比增长18.45%；国、地两税收入11.56亿元，同比增长 7.17%。

2014 年，杏坛镇致力于加快产业转型，打造产业优势，经济发展稳健增长。顺德高新区西部启动区加快收地收尾工作，浦项汽车钢板正式投产，梅塞尔工业气体试投产，12 家进驻龙腾产业园企业动工建设。中科院合作项目产业园、南粤星光珠宝产业园、钜牛烤箱等项目如期推进。开拓电子商务发展领域，成立电商学院、电商协会，智富园成为“顺德电商示范基地”。深入实施“科技杏坛”五年计划，建成以宇红纳米科技、达美新材料、三和化工等为代表与国内知名高校合作的纳米科技项目，达美新材料、东方管业等主导或参与国家行业标准制定。刘氏大宗祠成为杏坛非遗展示馆，推进进士牌楼、逢简岭南文化艺术展览中心建设，改造旧建筑成为商业街，举办一系列水乡特色文化活动。全年接待游客约 80 万人次。

2014 年，杏坛镇致力于优化城市布局，完善城市功能，城市面貌持续改善。完善杏韵湖、镇东门户片区、齐宁路及两侧用地等项目整体规划，完成昌教、龙潭 2 个村庄规划。以“三旧”改造促升级，地标性建筑——宏汇城一期封顶预售，第一个城市综合体——凯盛华府开始销售。君怡金海岸、美的时代城等大型商住小区加快成型，杏龙路商圈效应初显。顺德新港完成码头主体工程，江顺大桥主桥合拢。生活污水处理厂二期扩建及污水收集系统二期工程动工建设。电排站、闸站、景观林带等建设顺利推进，完成 7000 多亩高标准基本农田建设，500 千伏换顺线建成投入使用。“美城行动”扩展至村（社区），“五位一体”沿街景观综合提升工程深入推进，创新全民化数字城管新模式，构建“三位一体”城管队伍。加大环境建设与生态保护力度，推进城乡环境综合治理，改进环保执法模式，实现智能化管理，大力改善水环境，统筹村（社区）生活垃圾收运，提高城市绿化水平。

2014 年，杏坛镇致力于惠民生解民忧，强调协同共治，社会大局和谐稳定。推进十件民生实事，民生支出约占公共财政支出 34%。构建和谐稳定劳动关系，全面开展退休人员社会化管理服务工作；杏坛敬老院引入社工专业服务，探索养老机构社工服务新路径；建设长者综合服务中心，全面开展长者服务。优先保障教育投入，投入 2.4 亿元，推进伍蒋惠芳中学新建、潘祥中学和逢简小学修缮等工程，持续改善办学条件，深化教育管理体制改革，幼儿园上等级率 78.6%，省规范率 100%。医疗卫生体系日趋完善，社区卫生服务网络不断延伸，古朗社区卫生服务站投入使用；实现所有村（社区）100% 创建省级卫生村，逢简、古朗成功创建“健康村”。系统推进历史文物修缮，继续深化龙腾水乡闹元宵、龙潭“龙母诞”、水乡文化节等文化活动品牌，八音锣鼓入选国家级非物质文化遗产，龙潭“龙母诞”成为区级非遗项目，梁建德、陈国基等评为区级非物质文化遗产传承人。全镇新增高清视频监控 267 套，建设警务“E 超市”10 个，全面提升技防能力。完善疫情防控体系，完成 H7N9 禽流感及登革热等疫情防控。推广“阳光厨房”，升级农贸市场。进一步优化行政效能，提升社会服务。行政服务中心创新设立跨部门综合服务窗口，开展“关爱特殊群体（职工）办证”服务和村居“蹲点”服务，试点村居事务清理。启动“马东永春文化主题村”营造项目，搭建社会综合服务站、咏春拳文化展览馆等平台，推出公益 ATM、爱心田等项目；逢简努力探索农村新经济模式，成功创办全区首个社区经济项目，构筑传承水乡本土文化发展平台。加大培育和扶持社会组织发展力度，增设 3 个社会综合服务站，创建全区首个镇级党员服务中心暨外来务工党员服务站，建立 5 个村（社区）社矫工作站，理顺社区矫正工作机制，全面落实社区矫正信息监管平台应用。

【均安镇】 均安镇位于顺德区西南部，毗邻中山、江门两市，地势西高东低，三面环水，河流纵横交错，中部有 7000 亩山丘群，总面积 79.45 平方公里，常住人口达 16.4 万人，户籍人口达 8.99 万人。旅居港澳台的乡亲和海外华侨 4 万多人，下辖 8 个社区和 5 个行政村。均安镇以良好的生态环境、国际武打巨星李小龙故乡和盛产牛仔服装而闻名，是“中国牛仔服装名镇”“中国曲艺之乡”“中国民间文化艺术之乡”“全国环境优美乡镇”“广东省生态示范镇”“广东省旅游度假区”。2014 年，均安地区生产总值 124.29 亿元。工农业总产值 303.38 亿元，同比增长 9.85%，其中：工业产值 296.7 亿元，同比增长 10.21%，规模以上工业产值 142.3

亿元，同比增长（现价）9.07%（可比价 10.04%）。限额以上批零住宿餐饮营业额 7.14 亿元，同比增长 27.02%。工业出口交货值 17.16 亿元，同比下降 9.9%。全镇居民存款余额 82.77 亿元，同比增长 4.04%。工商业税收 8.13 亿元,同比增长 3.74%。固定资产投资 30.53 亿元，同比增长 11.07%。三大产业比例为 1.81 ：60.43 ：37.76。

2014 年，均安镇重创新、优服务，产业转型稳步推进。全镇共有工商企业 5900 多家，其中工业企业近 2400 家，形成以牛仔服装为龙头，以汽车配件、磁性材料、精细化工、皮革制品、家用电器、五金制品、塑料制品为主体的工业体系。牛仔服装是均安的传统特色产业。均安是国内外著名的牛仔服装产业集群地，2014 年全镇纺织、服装制造及其配套加工企业 1800 多家，年产牛仔服装 2 亿多件，年批发、零售牛仔面料 8000 多万码，牛仔服装年产值近百亿元，产品出口率达 80% 以上。均安聚集大量的熟练工人和庞大的设计师队伍，建立牛仔服装创新中心，形成与国际潮流同步的设计能力和独具特色的水洗工艺，拥有纺织、制衣、水洗、浆染在内的完整产业链和成熟的产供销体系。“力高牛仔”为省级著名商标，“均安牛仔”已成为区域品牌。均安启动牛仔联盟,推广智能制造模式，成立投资公司专业运营“均安牛仔”区域品牌。均安牛仔研究院下属的华纺检测中心获得国家重点实验室 CNAS 资质授权，累计为过百家企业提供检测服务。均安主动承接周边产业转移，进一步调整优化全镇产业结构，照明灯饰行业快速成长，成立照明灯饰行业协会,全镇共有照明灯饰企业 100 多家。企业营销模式不断创新，电子商务逐渐兴起，出现一批专业电商，成立均安电商协会。77 家企业跻身顺德区“龙腾计划”和“星光工程”并得到政策扶持。7 家（次）企业完成“广东省著名商标”和“广东省名牌产品”评选申报，6 家餐饮企业被评为“均安名菜标准示范店”。均安加大企业发展帮扶力度，出台企业专员制度，对 24 家重点培育企业进行对口帮扶。星豪湾广场、银座・高旺广场、骏景酒店二期等一批“三产”项目顺利推进，粤亨新材料等新企业相继投产。畅兴产业基地在建项目 5 个，总投资 4.7 亿元，成为工业经济的新增长点；南面、菱溪工业区的“三旧”改造稳妥推进，畅兴产业基地三期回填工程按步实施，为下一阶段招商引资搭建起优质的载体平台。

2014 年，均安镇抓项目、造环境，城市升级成效显著。横九路实现试通车，与百安路、均荷路形成交通大回环。广中江高速公路、佛江高速公路全线开工建设，沙头通安路、三华锦文路、仓门常安路、沙浦大三丫路、星槎星力路、均榄路新华段等一批道路实施升级改造，南沙新桥完成工程招标，新均榄路一期征地完成。深入开展创建全国文明城市工作，美城行动扩展到全部村（社区），社会化大保洁扎实推行，常安路、宏安路、建安路、均榄路等实施“五位一体”沿街景观整治。公交站亭改造提升，公共自行车系统逐步向全镇覆盖，城市功能配套进一步完善。鹤峰农民公寓（一期）、文化中心、体育公园等一批项目竣工。凫洲河和华安涌水环境提升工程实施，星槎大沙顶外滩河岸整治和横九路、通安路等一批重要交通线路、节点绿化工程推进。打击环境污染行为，建立部门联运执法机制，借助“环保警察”，大力查处污染环境违法行为。港汇废水深度治理和节水工程完成,南浦、南沙、太平等三个村级污水处理站建设推进，环境保护和生态建设取得初步成效。均安被授予“广东名镇”称号，均安社区、鹤峰社区被评为“广东省宜居社区”。

2014 年，均安镇惠民生、谋善治，社会活力进一步激发。投入 1 亿多元推进鹤峰、新华、沙头、星槎 4 所幼儿园的新建和南浦、童圆 2 所幼儿园的扩容；投入 2000 多万元的均安职中实训楼投入使用；投入 1000 多万元建设均安中学新宿舍楼和新饭堂。“教育共同体”入选顺德区重点科研课题,“家校共育”成效明显，均安获评“全国优秀家长学校实验区”。“关帝出游”成功申报区级非物质文化遗产，元宵文艺晚会、广东省青少年篮球锦标赛、第八届广东省青少年曲艺“明日之星”选拔赛、均安女篮顺德百村挑战赛等一批有影响的文体活动广泛开展。投入 1000 多万元实施菱溪社区卫生服务站改造和南沙、南浦社区卫生服务站易地新建，站点全面覆盖 13 个村（社区）。开展登革热疫情防控防治工作,感染率保持全区最低；加快农村改厕工作，全镇共完成改厕 370 多个。稳妥执行“单独两孩”政策，实现户籍人口政策生育率 91.23%、流动人口政策生育率93.15%。全镇登记失业率控制在2.3%以内。331家企业参与创建"和谐劳动关系"，劳动争议同比下降22.51%。社保扩面工作顺利完成，居民医保参保率达98%以上。推进信息便民工程，行政服务中心、车站、医院、广场等公共场所设置免费WiFi站点。实施"注册登记审核合一"和"并联审批"等创新举措，实现"一窗受理、一表登记、三证同发"，提高办事效率，方便企业办事，全年全镇市场主体数量增长16%。进一步完善社会综合服务中心的运作，成立工业园社区综合服务中心、缤纷青年联谊会、志愿者联合会等社会服务组织，专业化的公益服务渗透社会各个群体。5个村（社区）试点设立议事监事会，2个村（社区）成立水产专业合作社，3个村（社区）创办村报，以沙浦和沙头为试点的农村土地承包经营权确权登记颁证工作稳步推进。13个村（社区）换届选举工作完成，书记、主任交叉任职率达92.3%，"两委"交叉率达82.3%，党组织建议人选当选率达96.8%。倾听和解决群众诉求，及时消除不稳定苗头，成为全区唯一未出现到市级和以上上访案件的镇（街）。全镇"110"刑事治安警情下降20.6%。

（顺德区地方志办公室）

附：2014年顺德区党政主要领导名单

书　记： 梁维东（任至11月）
区邦敏（11月任职）

副书记： 黄喜忠　杜镜初
赵　海（挂职至7月）
列海坚（7月挂职）

常　委： 肖秀明（4月任职）
潘东生（任至3月，4月挂职）
邓永强（任至11月）
周爱群　黄少文（4月任职）
蓝　斌　周驭洪
马洪胜（任至4月）　王　勇
李东文　陈浩斌（12月任职）

区　长： 黄喜忠

副区长： 邓永强（任至11月）
陈浩斌　杨小晶　卢志雄
赵万雄（任至7月）　刘　怡
乔吉飞（挂职至7月）
谢国高（挂职至4月）
冼阳福（9月任职）
刘朝阳（挂职至11月）
朱　丹（4月挂职）

政务委员： 关世良　徐国元　谭志亮　林胜初
麦连桐（挂职）
乔吉飞（7月任职）

现任顺德区党政主要领导名单

书　记： 区邦敏

副书记： 黄喜忠　杜镜初　列海坚（挂职）

常　委： 肖秀明　潘东生（挂职）
黄少文　蓝　斌　王　勇　李东文
陈浩斌　梁子财（挂职）

区　长： 黄喜忠

副区长： 陈浩斌　卢志雄　刘　怡　冼阳福
赖雪晖　梁子财（挂职）

政务委员： 乔吉飞　关世良　徐国元　谭志亮
林胜初　麦连桐（挂职）

（2015年7月顺德区供稿）

高 明 区

概　况

高明区位于广东省中部，珠江三角洲西翼，濒临西江，东南和南面与鹤山市交界，西南与新兴县相连，西北与高要市接壤，东北隔西江与三水区、南海区相望。全区总面积960平方公里，年末户籍人口29.91万人，常住人口42.85万人，下辖荷城街道、杨和镇、明城镇、更合镇和西江新城，有72个行政村（社区）。区政府所在地为荷城街道。

高明于明成化十一年（1475年）设县，历史文化悠久，曾有“文风甲端郡”“硕彦辈出”美誉，涌现清代版刻家、中国第一个华人牧师梁发，革命“三谭”（谭平山、谭植棠、谭天度）等大批历史文化名人。地貌为“六山一水三分田”，拥有唐代龙窑遗址、灵龟塔、古椰贝丘遗址、皂幕山风景区、杪椤自然保护区等生态和人文景观。

2014年，高明区实现地区生产总值608.09亿元，增长9.3%；规模以上工业总产值2514.67亿元，增长10.8%；地方公共财政预算收入26.75亿元，增长15%；固定资产投资305.62亿元，增长14.5%；社会消费品零售总额101.7亿元，增长8.9%；出口总值21.6亿美元，增长15.7%；城镇常住居民人均可支配收入25353元，增长9.9%；农村常住居民人均可支配收入16673元，增长10%。

经济建设

【农业】 2014年，高明区实现农业总产值34.6亿元，增长4%。种植业产值10.67亿元，下降0.1%；林业产值1.03亿元，增长6.7%；牧业产值12.49亿元，增长3.8%；渔业产值8.73亿元，增长9.6%；农林服务业产值1.68亿元，增长4.5%。

农业载体加快建设。新增省级农业龙头企业1家，共3家；新增市级农业龙头企业3家，共11家；新增农民专业合作社7家，共27家，其中7家获评市级示范社，3家申报创建省级示范社；认定区级“菜篮子”生产基地10个。投入1160万元建设现代农业园区，2009～2010年度基本农田保护示范区项目通过省验收，完成革命老区标准农田整治、市级基本农田保护示范区和海峡两岸农业合作实验区建设。

现代农业稳步发展。农业产业项目推进顺利，杨和福融八达水产物流项目建成投产，并引进何氏水产现代农业智慧园区、明轩生态农场等一批优质农业项目。加强农业企业服务，首期投入200万元设立高明区“政银保”农业合作货款担保基金，解决企业融资6000万元。打响生态农业品牌，全区有有机认证农产品3个，绿色认证农产品1个，无公害认证农产品3个，建成“三品”产地认证基地6个，认证面积6834亩，海达“鲜一先冰鲜鹅”获“广东名鹅”称号。

智慧农业深入推进。完善“农信通”服务平台，全区农信通平台用户达9096户，全年通过平台发送信息53.5万条。加快农产品质量智能化可追溯网络交易平台建设，完善二维码追溯系统，应用追溯平台企业11家，涉及产品60多个。推进动物标识及疫病可追溯体系应用，全年向农业部服务器上传动物标识信息33.13万条，免疫信息40.44万条。实施淡水鲜活水产品试点标识管理，备案养殖户459户，养殖总面积9916亩。加强肉品屠宰监管，全面开展肉品统一配送，农产品质量安全水平提升。

【工业】 2014年，高明区实现工业总产值2579.39亿元，增长10.6％。工业增加值460.75亿元，占生产总值比重75.8%。工业产值超亿元企业172家，超10亿元企业16家。税收超千万元企业54家，超亿元企业4家。

项目支撑作用明显。全年引进项目57个，合同投资额168亿元，连续十年超百亿。其中，亿元以上项目32个，包括明威医疗器械、家得宝智能家居等一批优质项目。13个项目纳入省重点，数量再创历年新高。其中，中国南车佛山修造基地项目、中国科学院产业研究院新材料产业园等11个项目动工，动工率84.62%。31个项目纳入市重点，其中动工项目23个，动工率74.19%。在项目带动作用下，全区工业法人企业新增189家，增至1334家，工业发展具备有力的实体支撑。

产业集聚水平得到提升。以纺织服装、石化塑料、金属材料、食品饮料四大传统产业，新能源、新材料两大战略性新兴产业，以及先进装备制造业为核心的“421”产业集群加快成形。2014年，七大产业实现生产总值2181.59亿元，占全区规模以上生产总值86.75%，成为全区发展的主支撑。其中，四大传统工业产业产值1550.92亿元，增长10.1%，年产值超50亿的海天调味、溢达纺织和中油高富龙头带动作用明显；两大战略性新兴产业产值61.55亿元，增长11.2%；先进装备制造业产值569.11亿元，增长11.1%，成为拉动工业平稳发展的重要力量。

创新驱动持续增强。建设国家创新型城市成效良好，全社会研发投入占地区生产总值比重1.85%，中科院新材料产业园等一批重点科技平台投入使用，引入培育科技创新团队15个。广东省知识产权试点区域建设成效显著，成为全市唯一获得优秀等次的县区级区域。新增技改备案（核准）项目52项，涵盖塑料、纺织、装备制造、光电等领域，新增技改投入10.59亿元，创历史新高。申请各类专利1511件，其中发明申请量530件，增长66.14%；发明专利拥有量284件。新增有效注册商标467件，共3670件；新增“国家驰名商标”2件,共10件；新增“广东省著名商标”2件，共30件；拥有“广东省名牌产品”15个。

【第三产业】 2014年，高明区实现第三产业增加值118.1亿元，增长8.1%，占地区生产总值19.4%。第三产业增加值增速及占地区生产总值比重分别比上年提升3%和0.2%。社会消费品零售总额101.7亿元，增长8.9％。全年引进现代服务业项目7个，合同投资额77.09亿元。全年接待游客417.24万人次，增长16.2%；实现旅游总收入18.3亿元，增长14%。

项目引领效应突出。确定20个重点第三产业支撑项目，总投资240亿元；其中8个第三产业项目列入省重点，占13个省重点项目的61.54%。2014年，20个重点项目中，17个项目动工建设，4个项目投产，动工率85%，完成投资35.5亿元。

现代旅游业发展提速。盈香生态园成为全区第二个国家AAAA级旅游景区；君御西江国际游艇展示中心、美的白鹭湖等一批重点旅游项目加快建设；深埗水旅游项目成功招商；泰康山景区、海天工业游项目不断完善；油菜花节、万人濑粉节、绿博会、旅游欢乐月等一批特色旅游节会逐步形成区域品牌。加快打造“智慧旅游”，高明旅游网以及微博、微信高明旅游公众号投入运行。“禅南高”（禅城、南海、高明）、“要明鹤兴”（高要、高明、鹤山、新兴）区域旅游合作不断深入，高明旅游品牌效应进一步打响。

现代服务业加快发展。现代物流稳步发展，全年引入包括佛汽集团物流中心在内的物流项目5个，投资额21.47亿元，其中金谷园食品物流配送项目建成投产。万方塑料制品国际采购中心建成全区首家公共保税仓，引入首家跨境电子商务企业，打造现代服务业新业态。全区首家大型城市综合体勤天汇广场完成一期建设，荷城新天地等一批商贸项目加快建设，沃尔玛、大润发等大型超市持续旺盛，带动全区零售业实现销售额58.64亿元，增长11.1%；餐饮业实现营业额15.33亿元，增长9.4%。

【对外经济】 2014年，高明区新批外资项目6个，同比增长100%。合同利用外资2.14亿美元，增长

5.7%；实际利用外资 1.56 亿美元，增长 5.6%。外贸进出口总值稳中有升，全年实现外贸进出口总值 25.2 亿美元，增长 11%。其中，进口总值 3.6 亿美元，下降 10.2%；出口总值 21.6 亿美元，增长 15.7%。联检部门推行信息互换、监管互认、执法互助“三互”联检新举措，企业申报、查验环节分别提速 30%、50%，口岸货物进出口货运量增长 12.4%，增幅为全市第一。

【财政金融】 2014 年，高明区实现财税总收入（含海关代征增值税）79.51 亿元，增长 1.4%；公共财政预算收入 26.75 亿元，增长 15%。克服各种减收增支不利因素，高效运营公有资源，实现国有资本经营收益大幅增长，拉动全区非税收入实现 35.85% 的快速增长。优化调整财政支出结构，保障重点支出和民生事业资金需要，全年对民生事业投入 17.29 亿元，增长 3.28%，占全区公共财政预算支出 74.53%。

金融服务实现创新发展。搭建“政银企”信息平台，推出“税融通”等 30 多项企业信贷融资产品，发放大众创业贴息贷款资金 1130 万元，切实化解企业融资难题。引入南粤银行，海纳川、川东热敏磁电 2 家企业成功在新三板挂牌，实现本土企业对接资本市场新突破。加强对小额贷款公司和融资担保公司等金融机构监管，营造良好金融生态环境。年末辖区金融机构本外币各项存款余额 262.79 亿元，比年初下降 2.9%。其中，城乡居民储蓄存款余额 177.55 亿元，比年初增长 5.4%。年末辖区金融机构本外币各项贷款余额 211.33 亿元，比年初增长 9.7%。

城乡建设

【西江新城建设】 2014 年，西江新城大样初成，总投资 22.6 亿元的核心区一期工程基本建成，文化中心、体育中心全面完工，明湖公园、秀丽河公园、丽江水廊对外开放，“三纵六横”路网框架初步成型，其中体育中心成功承办了佛山市第八届运动会开幕、闭幕式。总投资 31 亿元的核心区二期项目启动建设，主要项目包括明湖公园二期以及多条连接一期的道路等。2014 年，西江新城有建设工程 48 个，总投资约 18 亿元，其中年内新开工项目 12 个，竣工 28 个。以新城建设为载体，招商引资取得新突破，累计引入 13 个高品质现代服务业项目，总投资达 123 亿元。其中，佛山君御西江国际游艇展示中心建设速度加快；勤天汇广场首期风情商业街对外销售。

2014 年 1 月，明湖艺术公园建成完工并对外开放。图为明湖艺术公园夜景。

【“三旧”改造】 2014 年，高明区“三旧”改造建设项目 37 个，新启动项目 9 个，竣工项目 7 个，改造面积 321.56 亩。重点“三旧”改造项目进展加快，沿江路以东区域项目完成年度投资 1.73 亿元，累计完成投资 13.1 亿元，完成动迁量 96% 以上，完成安置房建设，超九成居民入住安置房。江滩滨河景观改造工程完成，并成为全市样板工程。三洲旧区改造稳步推进，引入北控水务集团合作开发，安置房一期工程建成，二期工程启动建设。荷城商圈改造项目之一——荷城新天地正式动工建设，将打造成为大型城市商业综合体。明城镇原明泰毛巾厂、更合镇利德丰陶瓷公司等旧厂房改造项目进展顺利。

【交通建设】 2014 年，高明区大力加强道路建设，交通路网不断完善。高速公路网络持续完善，广明高速佛山段（陈村至西樵段工程）建成通车，江罗高速高明段完成投资 3.5 亿元，完成总投资

48.6%，鹤开高速高明段启动前期工作。区内外骨干路网加快建设，荷杨大道工程进入招投标阶段，丽江路（祥福路—海华路段）工程、荷香路北延伸道路（跃华路—怡乐路）工程、围拳涌（文明路—荷富大道）硬底化建设工程均完成建设前期工作。全面推进高明大桥等8项重点公路桥梁的加固维修，完成人明线旧沧江桥等4座农村桥梁的加固维修工程，以及明富线等一批农村公路改造提升工程。推动轨道交通建设，高明现代有轨道电车项目完成工程可行性研究有关路线方案技术审查。

【生态环境保护】 2014年，高明区通过创新环保执法机制，整合环保执法资源，完善区镇联动执法体系，实施全方位、全空间、全时段的“三不”（不定时间、不打招呼、不听汇报）、“三直”（直奔现场、直接督查、直接曝光）执法，并建立“要明鹤兴”（高要、高明、鹤山、新兴）联合执法机制，重拳出击，实行铁腕治污。全年关停重污染企业56家，整治锅炉114台，立案处罚环保污染案件84宗，处罚金额超600万元，同期上升154.5%和268.3%。其中最高一宗处罚金额达94.5万元，创下佛山有史以来环境行政处罚单笔最高罚单。淘汰黄标车2600多辆，新增清洁能源公交车64辆。清理禁养区内畜禽养殖场（点）约300个，深化治理4条河涌，建成8个分散式农村生活污水处理工程，城乡生活污水、生活垃圾处理率分别达92%、95%。创建3个国家级生态镇和10个省级宜居社区，建成首个省级生态村。启动新一轮绿化高明大行动，建成20个乡村森林家园，新增绿化面积53万平方米。

【城市配套建设】 2014年，高明区完成中山路沿街景观整治提升和中心城区十大社区改造提升工程，分批推进中心城区内街巷硬底化建设和市政改造，城市景观不断改善。完善交通设施配套，实施第四期中心城区新增车位和标志牌工程，四期累计增设汽车停车位11244个，摩托车停车位10989个。完善公共交通体系，新开通533、535公交线路，新增农村公交站牌14个，完成公共自行车系统二期建设，新增19个站点，扩建18个站点，新增投放400辆公共自行车，进一步方便市民出行。加快推进七星岗泵站重建、三洲北泵站新建、沧江水利枢纽除险加固工程、沧江堤防护岸加固及河道整治工程等系列重点水利骨干工程，落实灌区改造工程，完成面上农水、应急渡汛和电排冬修等38宗工程。电力设施逐步完善，完成西江新城电网专项规划修编，确定中心城区3个110千伏变电站选址，73项配电网工程投产，全年全社会用电量44.16亿千瓦时，增长9.95%。供水保障不断加强，完成明城镇光明和明南片区水改工程、荷富路供水工程二期、富湾供水资源整合等重点工程建设，新建、改造管网74公里，全年实现供水量8568.92万立方米，增长14.92%。天然气管网覆盖加快扩面，新建城镇燃气管道37.87公里。信息工程加快推进，建成首批20处公共场所WLAN热点。

【城市综合管理】 2014年，高明区实施城市精细化管理体制改革，完善“大城管”和城市管理考评机制，建成数字化、网格化、智能化“三合一”数字城管系统，新增数字城管覆盖面积42.7平方公里，共覆盖超70平方公里，实现城镇建成区及工业园区全覆盖。全年系统立案12.61万宗，办结12.14万宗，实现城管案件的快速处理。深入整治城市“八乱”现象，处理“八乱”现象5万多宗。切实提高城市管养水平，探索实行夜间保洁，完成中心城区新的建筑垃圾消纳点建设，创新绿化管养市场化运营机制，对道路、公园、小区翻种、换种植被约31070平方米。加强中心城区路灯管养，实行每日巡查制度，城区亮灯率99%以上。

民生事业

【社会保障】 2014年，高明区参加城镇职工基本养老保险12.15万人，参加失业保险12.32万人，参加工伤保险12.51万人，参加医疗保险12.97万人，参加生育保险12.4万人；参加城乡居民社会养老保险2.41万人，领取养老金3.15万人；参加居民门诊基本医疗保险17.43万人，参加居民住院基本医疗保险17.43万人，参保率99.15%。累计发放社会保障卡30.56万张，激活26.07万张。调整社会保险待遇，城镇职工企业退休人员月人均养老金从1395.5元增至1562.25元，城乡居民养老保险基本养老金从120元提至135元。住房保障日趋完善，落实资金4508万元建设保障性住房500套；开建公租房514套，其中432套竣工；投入资金168万元改造农村危房70间。运用区级价格调节基金扶持平价商店建设，向20家平价商店发放补贴102万元，向低收入群众5.32万人次发放临时价格补贴106.4万元。

【社会救济】 2014年，高明区加强社会救助体系建设，对城乡低保对象2250户4443人发放救济金1755.87万元。其中，城镇低保对象215户372人，发放救济金184.71万元；农村低保对象2035户4071人，发放救济金1571.16万元。落实农村五保供养，对农村五保对象679人发放供养经费565.86万元。提升医疗救助服务水平，对城乡低保、五保等1571人次落实救助金173.9万元。建成首个农村养老服务试点，推进居家养老服务，投入服务经费108万元，惠及服务对象300人。高龄津贴扩面至70岁以上老人。加快慈善事业发展，累计支出慈善资金683.82万元，资助困难居民2543人次。实施居民特别扶助计划，共计扶助93户家庭，发放特别扶助金297.5万元。

【劳动就业】 2014年，高明区新增城镇就业6038人，城镇登记失业率2.64%。加强职业技能培训，累计培训人员超1800人，各级公共就业服务机构为2037家次用人单位收集和发布空岗岗位2.1万个，为3.15万人次求职者提供免费应聘服务，组织招聘会250场，提供就业岗位1.8万个，促成就业近6500人，转移本地农村劳动力就业4001人，高校毕业生就业率92.8%，失业人员实现再就业1801人，就业困难人员实现就业251人，21个社区、36个行政村达到充分就业村标准。鼓励创业，发放创业小额担保贷款503万元，752人成功创业，带动就业3624人。

【医疗卫生】 2014年，高明区拥有医疗卫生机构128个，卫生工作人员2966人，卫生专业技术人员2399人，医疗机构床位1715张。实行65岁以上老年人免费体检，纳入管理并建立老年人健康档案32964人，健康体检16990人。深化区疾控中心改革，提升全区疾病预防控制能力。探索实现公立医院政事分开、管办分离，完成新市医院法人治理结构建设试点。区中医院成功创建为广东省二级甲等中医医院。实施基本药物制度、平价医疗服务，新增医疗机构9家。试点推广家庭医生签约服务，签约数2000多户，服务对象超7000人。启动联防联控应急机制，有效防控登革热、H7N9禽流感等传染病。

【人口计生】 2014年，高明区户籍人口出生率11.5‰，自然增长率5.2‰，政策生育率93.12%，户籍出生人口性别比104。落实免费孕前优生健康检查项目，1940对夫妇参检，目标人群覆盖率100%，孕前优生项目室间质评项目合格率100%，在国家和广东省均获评“优秀”等级。落实“单独两孩”政策，完善计划生育利益导向机制，实施计生家庭意外伤害保险，向2298名各类计生奖励扶助对象发放奖励金405万元。强化计划生育综合治理，推进流动人口基本公共卫生服务均等化，严厉打击“两非”行为，规范社会抚养费征收，全年共征收社会抚养费4854万元。

【人才事业】 2014年，高明区引进人才1039人，人才总量达6.26万人，增长7.54%；其中引进博士2人，总量19人，增长11.76%；引进硕士73人，总量1239人，增长6.26%；引进本科生678人，总量26879人，增长5.2%；副高以上专业技术人才和高级技师1034人。出台《高明区人才发展规划（2014～2018年）》，营造良好引入、培养、留住人才发展环境。建立“高层次人才绿卡”制度，对引进的急需高层次人才、创新型人才，在其家属就业、子女入学等方面予以政策倾斜。放开落户限制，提高异地人员积分入户审批效率，全年办理人才落户146人。为98人发放高层次人才津贴，发放金额116.4万元。

【教育事业】 2014年，高明区推进教育资源配置均衡化、优质化，成功通过“全国义务教育发展基本均衡区”国家督导评估。中小学校建设改革步伐加快，开建高明实验中学，引入广东外语外贸大学附设佛山外国语学校；新杨梅小学、合水小学、杨和中学工程建设稳步推进。中职教育实现全免费，启动特殊教育送教上门服务。实行大规模教师交流制度，199名教师进行调动和单向、双向挂职交流，占全区中小学专任教师10%。搭建教学联盟，建立区级教学联盟组织机构，成立普通高中、初中、小学三个教学联盟平台。实施政府奖教奖学，实施财政教育专项资金竞争性分配，激发学校、教师良性竞争。2014年，全区参加高考2573人，本科上线1100人，增长19.31%；专科以上上线2122人，增长6.31%；高职类上线195人，增长13.37%。

【科技事业】 2014年，高明区拥有国家高新技术企业28家；各级工程中心115个，其中省级工程中心19个、市级工程中心41个、区级工程中心55个。获各级科技进步奖27项，其中省级科学技术奖1项、市级科技进步奖1项、区级科技进步奖25项。全区拥有省级重点实验室1个、省级农业科技创新中心2个。组织参加第29届广东省青少年科技创新大赛，获一等奖2个，二等奖2个，三等奖2个，专项奖6个。荷城街道中山社区被中国科协、财政部评为“全国科普示范社区”及“基层科普行动计划”奖补单位，河江社区获评第五批“广东省科普示范社区”。区粉葛协会被评为“广东省基层农技协龙头协会”。

【文化体育】 2014年，高明区完善区、镇、村三级公共文化服务设施网络，建成全市首家乡镇级自助图书馆，农家书屋覆盖全区72个行政村，第二批园区书屋挂牌成立，建成8家500人以上自然村综合文化室。开展“缤纷高明·四季情韵”“魅力大舞台、文化周末”系列群众文化品牌活动，提升文化品质。推进文化投融资体制改革，成立区文化产业协会，促进文化产业规模化发展。完成区文化馆法人治理改革，深化文化事业改革。扶持文艺精品创作，《日月高明》《一起走过的青春》等作品获省、市级表彰。成功承办市第八届运动会，开创区级政府承办市运会先河。完善各镇（街道）体育场地设施，成立并开放区内首家国民体质测定与运动健身指导站，推进学校体育设施免费开放。全年举办各类群众性体育活动20多项，赛事覆盖区、镇、村三级，超40万人次参加。全区全年在各类市级以上体育竞赛中获金牌37枚、银牌56枚、铜牌62枚。

【革命老区建设】 2014年，高明区实施革命老区扶贫开发“双到”后续跟踪帮扶，推进九大类25个项目建设，累计投入资金2.7亿元。落实农村基础设施项目162个，总投入1470万元，涉及二次水改、农田水利、文化娱乐等，完成项目160个，完工率98.76%。老区造血功能日趋增强，完善皂幕山AAAA级旅游景区基础配套设施、景观文化建设工程，合朝生猪、海达家禽、丽堂蔬菜、举世水产、鸿丽蔬菜、泰禾蔬菜等省级、市级“菜篮子”基地不断发展壮大，推进8个现代农业园区和海峡两岸农业合作试验区项目，开展6个农民专业合作社生产建设示范项目。革命老区各项配套设施加快完善，新杨梅中心小学、杨和镇中心幼儿园、合水小学、新建东洲中学等新建、扩建、改造工程顺利推进，完成明城镇光明、明南两村市政供水管网建设，投入2464.6万元推进5个公路建设项目。

体制改革

【全面深化改革】 2014年，高明区出台《中共佛山市高明区委关于深化重点领域和关键环节改革的实施意见》，提出到2020年的阶段性改革目标，并明晰七大类30项改革任务。建立全面深化改革刚性约束机制，由区、镇领导领衔推进33项改革专题，区各有关部门确立63项改革清单，推动改革创新在涉及产业转型、城市建设、民生事业、环境保护等一系列重点领域和关键环节取得新突破。其中，推进智慧城镇研究，提升新型城镇化建设的信息化水平；制定实施政府权责清单，完成企业投资管理体制改革，实施重点项目模拟审批制度，政府职能进一步转变；探索建立“诉访分离”机制，创新环保执法机制，在全市率先启动户籍管理制度改革，社会管理不断深化。

【建设人民满意政府】 2014年，高明区出台《佛山市高明区建设人民满意政府实施方案》，确立六个方面28项主要任务，分2014年和2015至2020年两个时间段推进。2014年完成268个小项任务，其中，民生政府方面，顺利完成年度“十大民生工程”；高效政府方面，国际化法治化营商环境逐步形成；法治政府方面，制定实施《佛山市高明区重大行政决策程序规定（试行）》；责任政府方面，建立公众参与行政问责和行政过错责任追究平台；诚信政府方面，深入推进绩效管理试点，推动政府及各部门履职践诺；廉洁政府方面，建成工程建设领域廉政风险防控平台和区、镇、村三级公共资源交易监管综合平台。

【行政审批制度改革】 2014年，高明区编制实施政府权责清单，纳入权责清单单位52个，行政职权合计10532项。出台企业投资准入负面清单、投资准入审批清单和市场监管清单，清理禁止和限制投资措施629条，准入审批事项176项，监管类型608种，监管措施2066条，监管标准1717条，形成事前、事中、事后各环节管理要素，进一步规范政府和市场行为。深化“三个集中到位”改革，区行政服务中心完成升级扩容，年末累计进驻单位26个，集中区级权限业务90%以上。全面清理行政审批事项，新增150项、取消97项、调整290项行政许可和非行政许可审批事项。完善网上办事大厅建设，纳入全区全部行政审批和社会服务类事项1169项，其中三级深度事项占比超45%。推广“市民之窗”自助服务终端，累计配置60台“市民之窗”，覆盖43个村（社区）。改革企业登记制度，实现“三证同发”，受理各类市场主体登记业务5404宗；新成立各类市场主体4553户，同期增长20.4%，其中新设立企业804家，增长84%。

社会管理

【社会建设和管理创新】 2014年，高明区加大力度培育发展社会组织，建成区社会组织孵化基地，以及覆盖一街三镇的职工服务中心、家庭服务中心，建成首个产业社区。全区有专业社工机构4家，正式登记的社会组织203家，其中社会团体108家、民办非企业单位95家。探索推进“诉访分离”机制，建立起案件分流、受理平台、规范办结、倒查机制、社会救助、闹访处置、终结制度、难点破解八大机制，分离案件30宗，案件分流率100%，引导涉法涉诉案件通过法律途径解决。

【农村综合改革】 2014年，高明区进一步完善农村集体资产管理交易平台与农村财务网上监控平台，出台《佛山市高明区农村集体资产交易奖补办法》，农村集体资产进入平台交易319宗，资产成交年标的总金额1250.55万元。推广村级公益事业建设“一事一议”财政奖补制度，完成项目27个，涉及15个行政村、18个村民小组（经济社），总投资757.51万元，受益人口近万人。推进土地股份制改革试点，完成4个村改革试点工作。推进名村示范村建设，完成第二批1个名村2个示范村创建。落实种粮补贴、农机购机补贴、政策性水稻保险、政策性农村住房保险等强农惠农政策，探索开展政策性渔业保险，促进农村居民持续增收、集体经济持续发展。加强农村基层社会治理，顺利完成村（居）“两委”换届。

【精神文明建设】 2014年，高明区完成全国文明城市三年创建任务，打造读书节等一批“微文明”品牌，志愿服务、文明餐桌、文明交通等活动常态化推进，开展“文明的力量”主题道德实践活动，实施“寻找最美村官”评选，城市文明程度和市民文明素质得到不断提升。创建文明窗口单位9个，“十好”和谐文明村（居）13个。坚持正面舆论宣传，策划高明改革新动力等多个系列报道，开辟“高明发布”门户网站。进一步强化网络问政，开展区委书记、区长微访谈活动，收集意见建议8000多条，回复率100%。

【社会综合治理】 2014年，高明区建立立体化治安防控体系，至年底，累计建成一类视频监控点609个、摄像头838个，72个村（社区）创建为“平安村居”，中心城区安全小区覆盖率达85%。大力打击违法犯罪，“110”接获违法犯罪警情数8134起，同比下降3%。推进“社会矛盾化解年”工作，加强劳资纠纷、涉军群体、涉农等领域矛盾纠纷排查化解，社会大局持续稳定。大力保障食品安全，创建192家“阳光厨房”，区熟食品集中加工中心基本建成，试点推行肉品冷链统一配送，落实农村集体聚餐备案制。加强安全生产监管，903家工贸企业完成安全生产标准化创建。突发事件应急体系进一步完善，建成农村突发事件预警发布应急广播系统。

各镇街介绍

【荷城街道】 荷城街道位于高明区东部，西江之滨，被西江、沧江二水环抱，是区委、区政府所在地，为全区政治、经济、文化、金融、信息和科技中心。辖区面积179.06平方公里，下辖14个社区和14个行政村，户籍人口15.07万人。

2014年，荷城街道实现规模以上工业总产值1616.49亿元，增长10.9%；农业生产总值6.99亿元，增长3.9%；固定资产投资147.51亿元，增长14.5%；实际利用外资1.47亿美元，增长5.9%；工商税收总收入39.5亿元，增长5%；本级税收收入4.1亿元，增长13%。

招商引资成效显著。全年引进项目22个，投资总额61.55亿元，其中亿元项目14个。加强企业服务，促进项目落地投产，2011～2013年引进的43个项目中，实现动工29个，实现投产23个。其中，海天调味公司扩建工程等20个省、市、区重点项目稳步推进，南车佛山修造基地项目动工建设，旺旺华南生产基地项目启动前期工作，塑料制品国际采购中心建成公用型保税仓，展示中心已投入使用。

城乡环境有效改善。与北控水务集团合作投资7.5亿元开展城市基础设施建设。全年建设工程62项，投资1.64亿元，包括海天大道北工程，南车修造基地、旺旺华南生产基地项目的土地整理及周边基础设施建设等。完成“三旧”改造项目报批47宗。实行铁腕治污，对纺织城污染、锅炉、电镀行业污染、畜禽养殖开展重点整治，清拆沧江禁养区238家畜禽养殖场。加快中心城区第三污水处理厂建设，其中一期项目已建成，三期工程全面完成后污水处理总规模将达15万吨 / 日。城乡保洁日趋完善，建设垃圾屋255间，基本实现农村生活垃圾收集体系全覆盖。生态环境有效改善，2014年获“国家级生态乡镇”称号。

社会民生持续发展。强化社会保障，新增就业2300人，68553人参加居民医疗保险，8690人参加全征地养老保险。加强社会救助，发放低保家庭、优抚对象、老年人、残疾人等福利补贴1500万元。扎实推进扶贫开发，投入400多万元开展革命老区后续跟踪帮扶和郁南县对口帮扶。农业保障扎实开展，种粮直补面积7915亩，发放生态公益林补偿款140多万元，完成3663亩基本农田建设。推行健康档案管理服务、65岁及以上老年人免费健康体检。教育事业加快发展，对13所学校进行功能场室改造及教育教学设施配置，开办跃华中学小学部，连续两年获“佛山市学前教育先进镇”称号，并通过“广东省教育强镇”验收。

行政效能有效加强。街道行政服务中心进驻行政审批事项176项，委托管理事项30项，全年受理业务6万多件。28个村（社区）行政服务中心受理和承办38项行政审批服务事项，对泰兴等4个村（社区）行政服务中心办公大楼优化改造，在中山等17个村（社区）完成“市民之窗”系统安装，进一步方便群众办事。监督机制不断深化，全年办理人大、政协议案提案40件，满意率100%；受理纪检监察信访案件92宗，办结86宗，对造价500万元以上工程项目实施重点监控。

社会管理成效显著。全年受理信访案件165宗，办结率90%；未发生群体性越级上访事件。创新以“行政处理”模式维护“出嫁女”合法权益，摘除河江村“信访问题重点村（居）整治”帽子。开展“两违”用地整治，遏制违法违规用地蔓延。对社会治安“六乱”现象开展专项清理整治行动158次，在22个村（社区）安装视频监控系统。筹建16个业主委员会，新建荷城职工服务中心和凝爱家庭服务中心。制定《荷城街道村（居）委会财务管理规定》，进一步规范村级财务。加强农村集体资产交易平台建设，全年通过平台交易农村集体资产项目128宗，平均溢价7%。

【杨和镇】 杨和镇位于高明区腹地，辖有3个社区、7个行政村，有105个自然村，辖区面积246.27平方公里，耕地面积3.5万亩，山林面积18万亩，户籍人口3.89万人。

2014年，杨和镇实现规模以上工业总产值326.86亿元，增长9.7%；固定资产投资60.48亿元，增长14.5%；工商税收收入5.51亿元，增长6%，其中国税收入3.84亿元，增长14.3%，地税收入1.67亿元，与上年持平。

发展后劲不断增强。全年新引入项目17个，合同投资额14.29亿元；增资扩产项目11个，总额10.04亿元。引进项目加快落户，年内新动工项目18个，同比增长20%；新增投产项目20个，增长12%。万和电气、韩丽家具、海纳川药业、住友电梯、川东热敏磁电等重点企业产值、税收增速超20%。企业上市实现新突破，海纳川药业、川东热敏磁电相继在“新三板”上市。科技创新能力加强，发明专利申请76件，发明专利拥有量42件，新认定高新技术企业3家。

现代农业发展加快。落实强农惠农政策，发放种粮综合直补和基本农田补贴资金约800万元。推动农网改造项目21宗，开展生态公益林林相改造1339.5亩，完成高标准基本农田建设2528.51亩，加快推进杨和灌区工程和禄堂子围加固工程。新增区级农业龙头企业3家，新增“菜篮子”基地3家。重点项目推进顺利，福融八达水产公司投产，何氏水产智慧物流园区项目推进有序，高明粮油城新增海鲜食街等特色项目。

城镇建设不断升级。新杨梅小学建设提速，杨和中心幼儿园完成主体建设，城镇生活配套逐步完善。欧浦花城、雅居蓝湾等优质房地产项目相继建成发售，美的·皇朝白鹭湖森林生态旅游综合开发区项目完成总体规划。推进交通路网建设，荷杨大道延长线开展前期工作，三和路独岗段征地工作完成。加快装备制造业园区、豸岗片区工业园和对川片区工业园基础设施建设，园区配套不断完善。皂幕山景区完成登山路径、山下客栈和旅游风情街等设施建设，配套环境逐步完善。

城镇环境有效改善。加大高明大道杨和段综合整治力度，提升城镇主干道净化、绿化、美化、亮化水平。对杨和污水处理厂内外管网作管道清理修复，完成洞口村和吉庆村生活污水处理试点，完成清泰村、对川村环境综合整治。加强杨梅紫荆路夜市管理，开展杨梅河流域综合整治，推进第二阶段畜禽养殖污染整治，20家规模化养殖场得到规范整治，强拆4家非法养殖场。打击违法排污行为，20多家高耗能企业使用清洁能源。生态环境进一步优化，2014年获“国家级生态乡镇”称号。

民生事业发展加快。完善社会保障体系，居民社会养老保险完成扩面，基本医疗保险实现全覆盖。发放救济金额400多万元，困难群众生活水平得到提升。完成16户农村危房改造，加快推进革命老区建设50个项目，完成井一、井二、平岭等自然村水改，有效改善农村生活生产条件。完成家庭服务中心和职工服务中心建设，开展11项基本卫生服务，公共服务有效开展。保障食品安全，8家餐饮单位设置“阳光厨房”，4家餐饮单位成为“食品安全示范单位”。

社会大局和谐稳定。开展矛盾纠纷排查，调解矛盾纠纷114件，成功调解113件，成功率99.1%。加大平安创建力度，推进“平安企业”“平安校园”“平安村居”等“平安细胞”工程，加大对治安重点地区和突出治安问题整治。落实安全生产“一岗双责”，加强安全生产监管，重点开展粉尘防爆等专项安全生产整治行动，完成事故隐患整改621项。185家企业建立职业卫生“一企一档”，有效监控企业职业卫生。

政府效能建设加强。推广“市民之窗”网上审批，编制政府权责清单，打造阳光政务环境。加强基层组织建设，完成村（居）委会换届选举。加强农村财务网上监控平台管理，完善农村集体资产交易平台，确保资产保值增值。全年完成76宗交易，超过底价25.22%。优化财政开支，细化公有资产管理，压缩经费优化支出，保证重点项目建设和民生投入。接受人大和群众监督，试点成立2个镇人大代表联络站，办理人大建议和政协提案23个，办复率100%。

【明城镇】 明城镇地处高明区中部，辖区总面积186平方公里，下辖1个社区、11个行政村，有150个村民小组，是革命“三谭”（谭平山、谭植棠、谭天度）的故乡。户籍人口4.69万人。

2014年，明城镇实现规模以上工业总产值287.65亿元，增长7.1%，固定资产投资44.5亿元，增长14.5%；国、地两税入库3.57亿元；合同利用外资2360万美元，实际利用外资102.42万美元；

农业总产值 6.71 亿元，增长 4.1%。

产业转型步伐加快。全年引入项目 10 个，合同投资额 29.98 亿元。增资扩产项目 6 个，合同投资额 7.4 亿元。项目落实进度提速，年度投试产项目 6 个，包括中旗新材料、中豹科技、新住意宅配家居等；在建项目 9 个，合同投资 17.63 亿元。新兴产业发展加快，佛山中科院新材料产业园区中试基地引入 7 家科技公司，陆地方舟完成总工程量 80%，德方纳米完成改造升级，德健五金顺利投产。传统产业转型加速，贝斯特陶瓷、华兴玻璃、万华容威等骨干传统企业带动作用增强。科技创新能力加强，申请专利 172 项，创国家和省级名牌 5 个，25 家企业进行技改。现代服务业加快发展，泰康山生态旅游度假区举办首届“七夕岭南山稔文化节”，“高明区科普教育基地”挂牌，“三谭”展览馆成为“广东省党史教育基地”。农业不断发展壮大，金葵子和金禾乡农业分别增资完成技术攻关和产业化发展，崇步现代农业园区引入田丰等 2 个农业项目。

城镇环境不断改善。加强城镇基础设施建设，完善新能源汽车产业园市政建设，完成仙峰路Ⅱ标段工程雨污水管安装，完成城十路、城六路等路段升级改造。强化城市“八乱”整治和市场管理，大力治理工业污染，4 家企业完成强制性清洁生产审核，3 家陶瓷企业完成粉尘深化治理。推进“再造沧江”工程，落实河涌保洁制度，在天湖等 3 个村试点推进农村生活污水处理，清拆沧江两旁一批畜禽违章搭建。加强生态环境改造，完成 1200 多亩生态公益林更新改造。顺利通过国家级生态镇创建，茶地、大简通过省级卫生村验收。

民生事业持续发展。投入 1.29 亿元用于社会保障、医疗福利、公共安全、“三农”和教育等民生事业，占全镇财政总支出 33%。深化教育综合改革，学前教育普惠性覆盖率实现 100%，义务教育均衡优质标准提高。推进文化惠民工程，镇级综合文化服务中心对外开放。引入社会专业机构，建成家庭服务中心和职工服务中心。推动医疗服务向乡村延伸，明西和光明卫生服务站投入使用。城乡基础配套不断完善，完成路灯、村道、文化室、高标准农田、水利等 38 项农村基础设施工程，推进 33 个革命老区后续跟踪帮扶项目。落实村级“一事一议”财政奖补，推动罗塘村水改等 12 个农村基础项目建设，完成光明和明南片区 14 公里市政供水主管网建设。

农村治理不断改善。推进农村土地股份制改革，选取明阳北街村民小组为试点，研究制订土地股份制改革方案。推动农村经济组织建设，新增潭朗瓜菜、鹿禾辣椒、农丰顺南瓜 3 家农民专业合作社，江裕城池龟鳖经济合作社被评为“2014 年佛山市农民专业合作社示范社”。规范农村集体资产交易管理，农村集体资产交易成交金额 407 万元，比交易底价高 33%。

社会大局保持稳定。推进“平安村居”建设，提升农村治安防控水平，全年未发生重大影响的恶性案件、事故和群体性事件。落实安全生产“一岗双责”，开展“八打八治”打非治违专项行动，完成 164 家企业标准化评审工作。强化市场监管，推进“个转企”工作，11 家个体工商户升级为企业。开展冷冻肉市场、乳猪制品、食品安全“三打两整治”、农村食品市场“四打击四规范”专项行动，铺开农村集体聚餐管理，以龙尾村作为示范点逐步推广。

【更合镇】 更合镇位于高明区西部，总面积 348.91 平方公里，下辖 3 个社区、19 个行政村，有 184 个村民小组，是佛山唯一一个镇内村庄皆为革命老区的镇。户籍人口 6.26 万人。

2014 年，更合镇实现规模以上工业总产值 273.67 亿元，增长 8.9%；固定资产投资 53.13 亿元，增长 14.5%；税收总收入 3.62 亿元，增长 13.88 %；镇本级收入 1.01 亿元， 与上年持平。全镇供电量 5.73 亿千瓦时，增长 4.99%。

农业产业化加速发展。加强现代农业园区和休闲观光农业基地建设，完成平塘、横村农业园区建设，鹏鹄食用菌专业合作社建成 3 亩食用菌种植示范基地和 5 亩农业休闲观光、科普、社会实践基地。4 个专业合作社被评为市级农民专业合作社示范社，生记鱼苗场被评为市级良种场。农业品牌逐步打响，合水粉葛申报为“广东省著名商标”，明丽蔬菜生产基地、合朝生猪养殖基地公司分别被评定为佛山市“菜篮子”基地、“菜篮子”培育基地，鸿丽蔬菜被评为佛山市农业龙头企业。

产业转型步伐加快。引入8个优质项目，总投资19.2亿元，发展后劲进一步加强。项目建设加快推进，年度投试产项目4个，在建项目8个。企业自主创新能力增强，共有高新技术企业2家、民营科技企业5家、省级工程中心3个；省名牌产品4个、省著名商标7件；组建各级企业工程技术研究开发中心13个、企业技术中心1个、省重点实验室1个；专利申请70件、授权专利40件；申请市、区两级技术创新项目17个。第三产业项目加快推进，深埗水等重点项目抓紧启动前期工作。

新型城镇化有序铺开。镇级职工服务中心、家庭服务中心投入使用，第二污水处理厂及其配套管网进展顺利，利德丰旧改项目拆除旧厂房并完成开发设计方案，白石碧丽公园完成租赁手续及改造方案，接源街旧改项目完成安置房设计，行政中心控规修编通过专家评审论证，更合中心小学增建教学楼项目动工。完成小洞工业园区红狮陶瓷修坡抢险工程、合塘路侧排水涵工程、合瑶路人行道工程、修筑富域新材料公司便道工程，完成江罗高速高明段补征地工作。

革命老区建设深入推进。申报村集体建设项目51个，涵盖水利设施建设、村容村貌改造、道路建设、文化设施建设、自来水改造等多个领域，其中完工项目33个。对55间危房进行改造，39间通过验收。38宗民生水利项目开展前期设计，部分工程已经进入施工阶段。推行农村"一事一议"公益事业，选取洞心村为旧村改造示范点，8大项目建设已完成6个。

公共服务不断完善。扎实推进教育提升工程，更合中学各项中考指标居全区普通中学第一。完成计生目标任务，组织825对计划怀孕夫妇参加免费孕前优生健康项目检查，为2108名育龄妇女做免费生殖健康检查。文化服务有效推进，开展8次大型文化活动，完成创建2家500人以上综合文化室，开展全国第一次可移动文物普查，举办镇第七届村际篮球赛，放映公益数字电影228场、广场电影50场。生态环境持续改善，关闭镇内污染严重企业2间，督促4家企业完成锅炉整改，完成沧江及更楼河沿岸禁养区内53间养殖场清拆，推进4项农村生活污水处理工程。

惠民政策落实到位。社会保障体系进一步完善，年度居民医疗保险参保率99%，"新农保"领取待遇9100人，2700多人申请办理"新农保"一次性补缴；全年发放低保金574.2万元，支出助医助困助学等各项社会救济54.9万元，发放老龄津贴292.8万元，发放残疾人居家护理补贴和生活津贴298.3万元；针对196名优抚对象建立医疗救助、医疗减免、住院费按比例报销、大病救助"四位一体"医疗保障制度，将年满60周岁、无儿无女的孤老人员全部纳入五保户；改善合水敬老院设施，对17户残疾人居家环境进行无障碍设施改造。

【西江新城】 西江新城位于高明区东部，紧靠西江，北依广明高速，规划总面积20平方公里，规划居住人口25万～30万人，是高明区未来城市核心。西江新城核心启动区是新城首期开发建设区域，地处新城东南部，于2012年启动建设，市政配套主要包括"一园一廊两中心九干道"，即一个城市公园（明湖公园）、一条绿色走廊（丽江水廊）、两个中心（体育中心、文化中心）以及丽江路、明湖南路、滨湖路等9条市政道路。

城市配套不断完善。有建设工程48项，总投资约18亿元。其中，新开工项目12个，竣工28个，完成投资约2.5亿元。核心区一期项目相继竣工投入使用，其中明湖艺术公园对外开放，并进行规范化管理；体育中心成功承办第八届佛山市运动会。核心区二期项目完成项目建设投资方招标，部分项目开展设计招标工作。多条市政道路建设成型，荷富大道扩建工程东侧完工，西侧工程推进顺利。新开通的533公交线路10个公交站亭等配套设施建设完成，新增3个公共自行车站点建设完工。

生态环境不断提升。丽江水廊完成建设及绿化提升，智湖完工并投入使用，跃华路至西江大道段（东段）动工建设，沿江路改造（秀丽路—东湖路段）Ⅱ标段沥青铺设完成工程量约90%。加快荷富大道西侧、怡乐路、大德路北延线约8.5公里管网工程建设，提升核心启动区污水收纳能力。富湾引排水渠工程Ⅱ标段及Ⅳ标段5.3公里河道提升工作完成。君御海城、美的西海岸、丽日名都、江滨香格里、东湖洲等高端商住项目销售和建设持续稳定，入住居民不断增加。

重点产业项目推进顺利。注重产城人融合发展，加大产业招商力度，累计引入13个高品质现代服务业项目，总投资额123亿元。加快项目落实进度，至年末累计完成投资38.5亿元。其中，佛山君御西江国际游艇展示中心开展土地平整等基础工程施工；勤天汇广场首期风情商业街对外销售；高明农商银行西江支行、南粤银行高明首个网点正式进驻。

融资渠道不断拓宽。探索适合自身特点的多元化融资途径，深化和中铁的合作，扩大合作协同效应。与中铁确定核心区二期"一湖两桥七干道"的建设项目，累计总投资超31亿元，并已陆续启动建设。加强银政对接，为工程项目建设注入资金后劲，全年新增银行到位贷款资金2.8亿元。

市政管理水平持续提升。实现公建设施养护市场化，通过强化考核监督，促进秀丽河堤围公园、明湖公园、丽江水廊进行常态化管理。推行数字化管理，运用数字城管系统对城市"八乱"现象等城市管理问题进行快速处理，全面提升辖区整洁度、美观度，全年处理数字城管案件3818宗。探索智慧城市建设，制订《高明西江"智慧新城"与地下三维辅助决策系统建设方案》

（陈志芬）

附：2014年高明区党政主要领导名单

书　记：谭伟平
副书记：黄棋泰　罗　雄
常　委：赖剑文　赵灿华　陈新文　苏　宇
宗纪昌　林艳红
曾文斌（任至10月）　温俊勇
黄敬军（10月任职）
区　长：黄棋泰
副区长：赖剑文　严　冰（任至5月）
余明开　梁恩球
刘志刚（任至7月）　黄志明
苏年福（5月任职）
麦兆雄（7月任职）
吴永合（3月挂职）
政务委员：谢志强　李杰铿　谭应佳　江　苏
区政府党组成员：张明生　臧继炎

现任高明区党政主要领导名单

书　记：谭伟平
副书记：黄棋泰　罗　雄
常　委：苏　宇　赖剑文　赵灿华　陈新文
宗纪昌　林艳红　温俊勇　黄敬军
区　长：黄棋泰
副区长：赖剑文　余明开　黄志明　苏年福
麦兆雄　徐　舟
练凌东（挂职）　陆　智（挂职）
政务委员：谢志强　李杰铿　谭应佳　江　苏
区政府党组成员：臧继炎

（2015年7月高明区供稿）

三　水　区

概　况

明朝嘉靖五年（1526 年），建置三水县。1959 年 3 月 2 日，三水县并入南海县；1960 年 9 月 30 日，恢复三水县建置；1993 年 3 月 29 日，三水撤县设市（县级市）；2002 年 12 月，三水撤市设区，2003 年 1 月 8 日，挂牌成立，成为佛山市 5 个辖区之一。

三水区地理坐标为北纬 22° 58′ ~23° 34′、东经 112° 46′ ~113° 02′，位于广东省中部、珠江三角洲西北端、佛山市西北部。东邻广州市花都区，东南与佛山市南海区相连，西北与肇庆四会市交界，北接清远市清城区和清新区，西南与肇庆高要市、佛山市高明区隔西江相望。三水中心城区东距广州市区 30 公里，东南距佛山市禅城区 24 公里。2014 年，三水区总面积 827.69 平方公里。辖西南街道、云东海街道、白坭镇、乐平镇、芦苞镇、大塘镇、南山镇 7 个镇（街道），有 22 个社区、48 个行政村，有 774 个自然村。户籍人口 40.35 万人。

2014 年，三水区创建成为“全国义务教育发展基本均衡区”。芦苞镇入选住房和城乡建设部发布的“全国重点镇”。三水工业园区入选“2014 年省市共建战略性新兴产业基地”。全区实现生产总值 920.75 亿元，比上年增长 9.6%；工业总产值 2898.57 亿元，增长 10.5%；全社会固定资产投资 500.11 亿元，增长 14.8%；地方公共财政预算收入 39.39 亿元，增长 23%。城镇居民人均可支配收入 26143 元，增长 9.9%；农村居民人均纯收入 18903 元，增长 10.3%。

经济建设

【农业】 2014 年，三水区农业总产值 63.45 亿元，比上年增长 3.2%，其中种植业产值 18.74 亿元，减少 2%；林业产值 2302 万元，增长 19.1%；畜牧业产值 28.2 亿元，减少 0.2%；渔业产值 13.2 亿元，增长 17.6%。农村经济总收入 725.78 亿元，减少 10.44%；村组两级集体可支配收入 7.7 亿元，增长 3.1%；农村居民人均可支配收入 18903 元，增长 10.3%。全年农作物播种面积 37.1 万亩，比上年减少 1.5%，其中粮食作物播种面积 11 万亩，减少 4.1%；蔬菜种植面积 18.1 万亩，减少 5.3%。粮食产量 3.52 万吨，减少 1.9%；蔬菜产量 41.7 万吨，减少 3.2%；水产品产量 11.4 万吨，增长 8.9%，优质鱼养殖逐步提高，品种结构进一步优化；受畜牧养殖规划调整和 H7N9 禽流感疫情的影响，肉类产量 11.3 万吨，减少 0.6%。

【工业】 2014 年，三水区规模以上工业总产值 2850 亿元，比上年增长 10.6%；规模以上工业增加值 695.6 亿元，增长 10.6%；工业投资 336 亿元，增长 40%；工业用电量 53.72 亿千瓦时，增长 9.4%。纳入统计范围的 205 家工业龙头企业营业收入 669.1 亿元，增长 7.04%；上缴税收 44.8 亿元，增长 24.9%；用电量 26.4 亿千瓦时，增长 5.14%。纳入统计的 205 家工业龙头企业中，销售收入比上年增长的有 131 家，占比 63.9%，当中 20% 以上高速增长的企业有 59 家，占比 28.8%；比上年下滑 10% 以内的有 30 家，占比 14.6%；下滑 10% ~ 20% 的有 20 家，占比 9.8%；下滑超过 20%

的有24家，占比11.7%，其中有2家企业全年处于停业状态。

三水区企业技改项目备案35项，项目投资总额40.07亿元，同比分别为–30%和62.1%，占全市比例为15.8%和22.7%。全区在建的技改项目50项，计划总投资41.93亿元，其中已备案项目16项，备案金额35.68亿元；未动工及意向技改项目79项，计划总投资26.2亿元，其中已备案项目7项，备案金额4.54亿元，两项合计储备可发动备案项目106项，可发动备案资金27.92亿元。单个项目投资金额方面，超亿元（含1亿元）项目5个，5000万～1亿元项目2个，1000万～5000万元项目23个。

三水区装备制造业工业总产值683.91亿元，比上年增长17%，比规模以上工业总产值增长速度快6.4个百分点。其中，汽车制造业产值37.66亿元，增长30.3%；电子及通信设备制造业产值141.77亿元，增长10.6%；医疗仪器设备及仪器仪表制造业产值24.73亿元，增长19.5%。至年底，全区67个重点项目中有57个项目建设进展顺利，10个项目由于各种原因无法推进，重点项目累计完成投资额48亿元。

全区15家企业创建企业技术中心，其中4家通过市级企业技术中心的认定。全区有省级企业中心9家、市级企业技术中心12家。

【招商引资】 2014年，三水区新签约项目73个，计划投资额187.8亿元，预计项目投产后可新增年产值140.8亿元。其中，超亿元项目41个，投资额176.39亿元，占新项目投资额的93.9%；超5亿元项目3个，投资额16.62亿元，占新项目投资额的8.84%；超10亿元项目4个，投资额90亿元，占新项目投资额的48%。新签项目中，机械装备、饮料食品、现代服务业三大产业项目50个（占总数的68.5%），投资额151.25亿元（占总额的80.5%）。超10亿元项目中，有大连万达（新城）、卡通奇境（新城）、健力宝搬迁（西南）、新动力广场（西南）项目，支撑起近半的投资额（48%），大连万达为近3年签约投资额最大项目。

【国内贸易】 2014年，三水区商贸流通业继续保持良好的增长态势。全年社会消费品零售总额181.55亿元，比上年增长9.6%。批发和零售业零售额143.88亿元，增长8.9%；住宿和餐饮业零售额33.67亿元，增长9.7%。民营经济稳步发展，全区货运量1625万吨，比上年增长2.7%，商品销售总额219.75亿元，增长7.2%。

三水区通过网络平台展示全区知名商贸企业情况，为市民搜罗餐饮、住宿、旅游、休闲等最新促销优惠信息。组织三水酒厂等企业参加2014中华老字号博览会暨旅游嘉年华；组织日日升、卜蜂莲花和大润发等大型超市参与全市商贸信息手册制作。

【对外经济贸易】 2014年，三水区合同利用外资56831万美元，比上年增长5.21%；实际利用外资41510万美元，增长5.11%。全区进出口贸易总值24.84亿美元，比上年增长8.41%；其中出口15.39亿美元，增长4.62%；进口9.45亿美元，增长15.19%。

全区外贸进出口整体保持平稳增长的态势，占全区货物进出口主导地位的一般贸易略有放缓，进出口值19.56亿美元，比上年下降0.96%，贡献率达78.74%。加工贸易继续保持较快发展势头，进出口值3.47亿美元，比上年增长28.54%。以电器及电子产品为代表的加工贸易企业保持迅猛发展势头，带动全区加工贸易显著增长，其中加工贸易出口增长高达37.02%。

出口方面，全区机电产品出口总值6.62亿美元，占同期出口货值的比重达43.04%。以光电技术、计算机与通信技术产品、电子技术产品及计算机集成制造技术产品为代表的高新技术产品出口值2.48亿美元，同比增长29.9%，占出口商品比重达16.1%。铝材、钢铁制品等传统产品的出口保持较强的市场竞争力，增幅超20%。进口方面，机电产品进口1.49亿美元，比上年增长24.52%，其中，光电技术产品和液晶显示板增幅均超四成。

全区288家企业有外贸进出口业务，其中进出口值超1亿美元企业5家、5000万美元～1亿美元企业4家，这9家企业进出口值9.72亿美元，外贸值贡献比重达39.13%，外贸骨干企业的带动作用突出。

【旅游业】 2014年，三水温泉度假村被评为国家AAAA级景区，佛山伊利乳业集团被评为国家AAA级景区。三水区全年旅游总收入20.18亿元，比上年增长3.92%；接待人数427.19万人，比上年增长6.18%。推出“三水旅游”官方微信，及时传递最新旅游资讯；启动“文明与旅游同行”主题活动，发放文明旅游宣传资料约6万份；举办2014年旅游文化节暨雅居乐·雅湖半岛美食嘉年华、“三水真滋味”美食评选大赛等系列活动，吸引区内外12万人次参与。三水区内餐饮企业参加首批佛山名菜评选活动，5道菜式入选。举办南国水都·美丽三水摄影大赛、三水旅游攻略评选大赛等活动，推广三水整体旅游形象。开展“平安景区”创建，三水温泉度假村、侨鑫生态园和芦苞祖庙通过第二批“平安景区”考评。在区内竖立40个旅游路牌，完善旅游指引系统。旅游饮食协会完成换届选举。三水区与华南师范大学文化产业与文化地理研究中心合作开展课题研究工作，形成三水区文体旅游产业融合发展等3个课题研究。

【财政】 2014年，三水区地方公共财政预算收入39.39亿元，为年初区第十五届人大第四次会议通过预算（以下简称“年初预算”）的111.8%，比上年增收7.37亿元，增长23%。公共财政预算收入加上级补助收入和上年结余，收入总计51.63亿元，为年初预算的123.7%，比上年增加6.42亿元，增长14.2%。财政支出45.71亿元，为年初预算的111.2%，比上年增支3亿元，增长7%。其中公共财政预算支出36.98亿元，为年初预算的119.3%，比上年增长6.5%；上解支出7.82亿元；计提专项资金5994万元，安排预算稳定调节基金3000万元。收支相抵，略有结余。

全年财税收入实现“双百亿”，从2011年突破100亿元，仅用3年时间到2014年再突破100亿元，实现204.6亿元，增长36.5%；地方库收入突破100亿元，实现134.9亿元，增长56.5%，其中公共财政预算收入实现39亿元，增长23%。

全年筹措基建工程及还本付息资金18.2亿元，推动40项重点工程项目建设。打造稳健的资金运作链。筹集4.1亿元，重点推进新城建设、产业升级和企业技术创新，支持现代服务业、食品饮料等50多个企业项目建设。率先使用网上申报省级专项资金管理平台，全年为223家企业获取2亿元扶持资金。盘活财政存量资金，清理核销上年结余（结转）资金0.5亿元，回收当年预算资金1.3亿元，统筹支持民生改善、生态环境、产城发展等重点领域建设。向社会首次公开2013年三水区财政决算和2014年区直部门“三公”经费预算。压减会议费、培训费、差旅费等一般性行政支出，开展党政机关办公用房清理等专项工作。建立项目滚动预算管理模式，探索实施跨年度预算编制的同步同向管理。试行大部门分党组的预算及财务管理模式，提高部门预算执行力。对涉及26个单位、75个项目累计3.1亿元资金纳入绩效管理；对上年度已完成的70个支出项目开展第三方绩效评价工作，并把评价结果纳入区机关作风和效能建设考评内容。开展区镇两级公有资产管理、执行中央八项规定、严肃财经纪律和“小金库”专项治理等66项检查，健全因公短期出国培训费用管理办法、中小学校财务制度等38项制度，加强政府采购和基建工程领域监督，基建预结算核减率12%。

【税收】 2014年，三水区税收收入（含海关代征）74.22亿元，比上年增长15.5%，增加9.96亿元；组织国内税收收入53.18亿元，比上年增长22.2%，增加9.65亿元；组织区级税收收入11.32亿元，比上年增长23.6%，增加2.16亿元。全区地税收入首次突破50亿元大关，达53.3亿元，比上年增长11.2%。其中，税收收入首次突破30亿元，达31.7亿元，比上年增长14.1%；各级次收入中，市县级税收首次突破20亿元，达20.1亿元，比上年增长17.5%，增幅位居佛山五区第一；中央级收入3.6亿元，比上年增长7.8%；省级收入7.99亿元，比上年增长8.96%；社保费收入17.2亿元，比上年增长6.7%。全年减免税2.9亿元，其中为7家高新技术企业减免税3565万元，为302家次小型微利企业减免税122万元。三水区国税局、地税局和农村信用合作联社共同推行“税融通”服务项目，向诚信纳税的中小企业提供融资产品及金融服务，全区有26家企业通过“税融通”项目获得贷款，共发放贷款4亿元。

【金融】 2014年，三水区有银行类金融机构17家，金融网点135个，从业人员1815人。年末，金融机构本外币各项存款余额558.81亿元，比年初增53.22亿元，增长10.53％；各项贷款余额381.65亿元，比年初增73.49亿元，增长23.85％；存贷款余额增幅在佛山市五区排名第一。出口收汇金额16亿美元，比上年增加8.1%，进口付汇10.6亿美元，比上年增加18.3%。

开通“三水金融融资超市”网上服务平台，实现网上融资功能，为企业提供贷款、股权投资、融资担保、保险服务等个性化、全方位的综合金融服务，为城乡企业、农民专业合作社开通便捷、对接的融资“绿色通道”。推进“政银保”“保险贷”“创业小额担保贷款”“妇女创业贷款”等多项金融创新产品工作，加大对“三农”、中小微企业、社会民生信贷的支持。“政银保”和“创业小额担保贷款”发放贷款分别为5.74亿元和1.37亿元，有效帮助辖区农户和创业人员实现致富。

三水区政府打造首条“金融街”，开展引进南粤银行、南海农商行、顺德农商行和光大银行等金融机构的工作。金融机构加大反假货币、反洗钱力度，举行人民币反假现场检查2次、金融机构人员反假实操考试1次；办理人民币鉴定18笔，收缴假人民币11700元。

【中国人寿佛山市三水支公司发展】 2014年，中国人寿保险股份有限公司佛山市三水支公司优质、高效服务，个险渠道通过大客户拜访计划、个人品牌推介会、少儿绘画才艺比赛、会员大回馈等活动推动销售。银保渠道通过团队主管每日巡点，监督展业情况和展业质量，填写工作日志，提高服务质量。推广散卡升级，客户转保时提升保费。全年保费收入1.64亿元，个人业务部首年期交保费1339万元、十年期及以上期交保费937万元、短期险保费666万元、短期意外险462万元；团体业务部短期险保费364万元、意外险325万元、小额信贷险92.7万元；银行中介部首年保费4927万元、期交保费955万元。

城市建设

【城市面貌焕然一新】 2014年是佛山城市升级三年行动计划的收官之年。是年，三水区城市面貌发生根本性改变，干净有序的生活环境得到广大市民认可。城市升级项目呈现整体显著效果，城市形象和城市综合竞争力得到提升。三水区以佛山市下达的城市升级三年行动计划工作任务为核心，强化城市升级项目的载体和示范作用，充分凸显区位、生态、产业等综合优势。强化园区载体作用，加快构建现代产业体系，巩固“产业新城”基础；坚持“治、管、建”并重，持续推进环境治理与建设工作，使优美环境成为“南国水都、广佛肇绿芯”建设的重要成果。优交通，强中心，城市面貌焕然一新。重生态，抓绿化，人居环境不断改善。保民生，促管理，市民满意度不断提高。通过对城市形象、城市环境、城市内涵、城市品质等方面的改造提升，增强三水城市综合竞争力。

【城市管理】 2014年，三水区城管办、创文办调整考评内容，完善考评方法，督促各责任部门整改存在问题，提升城市管理和创建全国文明城市工作长效化、精细化管理水平。通过充分发挥考评的导向和倒逼作用，案件处理水平进一步提升。数字城管全年各类案75454宗，处理75336宗，处理率为99.84%。

开展“美丽乡村，治理脏乱差”农村清洁专项行动。完成西南九小区市政绿化提升试点工程，对小区道路、绿化、下水道、停车位、文体设施等进行全面升级。有针对性地对7个公园、14座公厕和广海大道中、广海大道西、白坭镇黄金大道、南山镇漫江大道4条示范路“五位一体”沿街景观进行整改提升。优化公共自行车营运，加强对营运公司的监管和公共自行车的保养、调度。开展工地扬尘、渣土运输路面撒漏、不文明施工执法，查处600多处工地，工地违规问题得到遏制。整治乱摆卖、占道经营、乱穿马路等行为。全区户外广告审批389处。开展生活噪音整治专项行动。

【城市规划】 2014年，三水区立足“一主三副三板块”，编制完成《佛山市三水区分区规划（2012～2020年）》。规划内容主要包括“板块统筹协调规划和三大板块分区规划”，分区规划为发挥区位与生态两大优势，抢抓区域一体化、区域产业结构升级和消费结构升级三大机会，以三产融合、产城互动、绿色发展的理念，建设产业新城、南国水都、广佛肇绿芯。在土地利用总体规划中期调整过程融合编制，相互衔接建设用地规模与边界控制要求，并按要求划定永久基本农田、生态保护红线，保障生态文明，维护底线规划。

完成《三水区基本公共服务设施均等化规划》现状调研报告和初步成果，并通过网站征集社会意见。该规划内容包括基础服务类、基本保障类和其他公共设施三大类14项服务设施。完成《三水区河口片区控制性详细规划》《三水新城启动区控制性详细规划》编制，并通过市规委会审议。制订全区开展控制性详细规划全覆盖工作方案，开展控规导则全覆盖编制的前期工作。

开展《三水区户外广告专项规划》《三水区河涌综合整治规划》《三水区三旧改造专项规划修编》等多项专项规划编制工作。提出广茂铁路（三水段）外迁方案，并纳入《佛山市轨道交通系统规划》和《佛山市总体规划》。市级规划明确区内轨道交通规划方案，即城市轨道8号、12号线和有轨电车T18、T19线，全长约100公里。

【住房和城乡建设】 2014年，三水区审批建筑工程施工许可201宗，建筑面积约427万平方米，工程造价约57亿元，分别比上年减少4%、增长50%、增长43%。全年全区商品房批准预售面积128.54万平方米，比上年增加63.89%；销售金额49.08亿元，增加7.95%；销售均价为6043.16元/平方米，减少3.33%。市政府下达三水区住房保障目标任务为新开工建设公租房560套、基本建成公租房1419套、分配公租房900套，全年实际完成新开工公租房616套、基本建成公租房2088套（包括竣工462套）、分配公租房956套。

三水中心城区农贸市场周边景观改造工程属2014年“十件民生实事”之一，该项目主要对新西南市场周边建筑外立面、道路路面及设施、照明亮化、绿化种植、供电高压台架等进行改造提升。其中，重点对红卫路按商业步行街标准改造，改造资金约1200万元，工程于6月底完成。是年，三水区对芦苞镇长岐古村（首批）和独树岗村、白坭镇富景社区祠巷村（首批）和岗头村开展特色古村落宜居示范和活化升级。

【交通建设】 2014年，三水区在建绿化项目1项，交通工程12项（包括民生实事1项），路灯安装项目3项，总投资约22.16亿元。

竣工工程项目：3月18日，三水二桥南引道延长线完工通车。5月3日，广海大道商业城、西南公园、汽车站3座人行天桥完工并投入使用。6月20日，健力宝立交、塘九立交改造完成。9月28日，口岸大道下穿广三高速道路改造工程完工。11月8日，高丰南路改造与景观提升工程完工并开放交通。11月8日，广四线（S118）三水范湖至大塘段改建工程莘田村段变更工程完工通车。11月8日，三花公路改造工程项目（Ⅱ标）完工通车。12月26日，贵广（南广）铁路三水南站道路连接线及站前广场完成建设，与三水南站同步投入使用。广四线油金桥到伊利段路灯项目竣工。

在建工程项目：在建交通工程项目9项（纳入区城市升级项目7项），需跨年完成。其中，广海大道景观改造与提升工程计划下一年完成。塘西二期剩余约3公里沥青路面计划下一年铺设。兴业路北延线三水段完成。虹岭路西延线和三达路南延道路工程、西乐公路路灯工程、乐大线路灯工程、省道S269（大塘—清远）路灯工程施工。石湖洲人行天桥下一年施工。

待建工程项目：推进金乐路东延线工程、塘西三期工程、油金大桥及引道扩建（二标）、中心城区道路路口改造、贵广（南广）铁路三水南站道路连接线（II期）工程的前期工作。

【国土资源管理】 2014年，三水区充分利用和合理安排上级下达311.28公顷新增建设用地指标，上报32个批次城镇建设用地和1个单独选址项目用地，保障福田汽车、苏宁电器、三全食品、SOD合作区等项目用地。全年获批22个批次城镇建设用地，用地面积95.51公顷；获批单独选址项目1个，用地面积13.7公顷。

三水区全年出让土地56宗，面积368.15公顷，出让金额83.44亿元，完成万达广场、普洛斯、佳明重工等多个大项目供地。划拨土地7宗，面积13.71公顷，解决西南街道北江小学、110千伏永平输变电工程等民生项目用地。跟进2012年、2013年已认定闲置土地处置工作。其中，新增动工10宗，面积37.23公顷；新增达25%的15宗，面积47.88公顷；消除政府原因5宗、面积134.98公顷；新增协议收回4宗，面积20.17公顷。

三水区调整“三旧”改造三年行动计划工作方案，重新确定2014年、2015年推进三水新城、对外经济开发区等23个项目，面积294.53公顷，并对上述项目建设进度实行每月跟踪掌握。启动高速公路沿线旧厂房整治工作，制定工作方案，收集调查资料。

全区土地矿产卫片执法监督检查发现的23个违法用地图斑行为，按要求全部处理完毕，并于10月底通过省政府验收组检查验收。对2013年1月起170宗违法违规用地行为立案、查处；对全区“小产权房”排查摸底。严肃查处违法用地行为，对涉嫌犯罪的责任人一律移送司法机关追究刑事责任，移送责任人6人。

推进高标准基本农田建设。完成2012年1.75万亩、2013年1.57万亩高标准基本农田建设任务，并分别获得省级和市级奖励新增建设用地指标150亩和300亩。按时做好基本农田保护补助补贴发放工作，2012年的省级补助和2013年的市、区级基本农田补贴发放到各镇（街道）。

通过安排新增建设用地指标、“三旧”改造完善手续等方式，解决59.34公顷历史留用地手续问题，提高已完善用地手续经济留用地的利用效率。推进农村宅基地改革，重点推进公寓式农民住宅建设、村庄规划编制、“一村一策”试点、宅基地审批工作。对西南街道江根沙塘、白坭镇岗头小学后岗和芦苞镇西河下北等8处地质灾害隐患点整治。做好审批服务，按时办结各类土地登记核准业务15317宗，受理群众、单位的查档申请3363份。开展地理空间框架建设工作和档案规范化整理项目（第二期），提高国土资源信息化管理水平。

【水利建设】 2014年，三水区水利建设项目34宗，完成投资2.7亿元，更新改造泵站3535千瓦，河涌整治39公里，疏浚清淤74万立方米。推动大塘跨北江至芦苞西河片、南山镇主管网建设。全区城镇污水处理厂网建设项目8宗，城镇生活污水处理率约93%。投入2600万元对三达路、教育东路及南丰路宝月市场路段实施排水改造，完成45公里管网清淤，清淤7000立方米。全年受理行政审批148宗，征收水利规费约1.2亿元，其中堤围防护费约8680万元，城镇生活污水处理费约2416万元，水资源费约470万元，河道管理范围占用费约45万元，水土保持补偿费约0.57万元。引水释污，引水总量1.78亿立方米。执法巡查125次，出动执法人员796人次，执法船（艇）22艘次，执法车177车次，排查水事违法案件16宗。全年出现5次风雨灾害，分别是“3·30”雷雨大风，“8·6”“8·12”特大暴雨，“7·18”第九号超强台风“威马逊”和“9·16”第15号台风“海鸥”，没有发生因风雨灾害造成的人员死亡事故，实现全年安全度汛。

【环境保护】 2014年，三水区空气质量指数（AQI）优良天数277天，达标天数比例为76.1%。6项空气污染物中，除NO_2、$PM_{2.5}$超标外，SO_2、PM_{10}、CO、O_3日最大8小时滑动浓度均达标准限值，其中O_3、CO达标率100%。9条责任考核河涌中，水质较好的有芦苞涌、西南涌、大塘引涌和草塘围东排渠，V类水体达标率36.11%，主要污染物为氨氮、总磷、五日生化需氧量和化学需氧量。

全年区、镇审批项目321个，含报告书项目29个，报告表项目185个，登记表项目107个；验收企业132家；核发排污许可证342份，排污费入库2378万元（比上年增长10.45%）；出具环保守法证明187份；核发机动车环保检验合格标志59403个。

三水区环保部门综合整治重点行业。完成青岛啤酒、西城玻璃、粤玻玻璃、大鸿制釉等大企业及一批小锅炉的改燃工作，预计可减排二氧化硫1503.5吨、氮氧化物915.28吨；强化工业锅炉和高污染限燃区内设施的淘汰或改造，淘汰整治锅（窑）炉71台；31家挥发性有机物排放企业完成整治工作；25家陶瓷企业全面完成烟气深化治理；

28家企业安装烟气在线监测；52家重点企业完成清洁生产验收。严控机动车污染，查处黄标车、“黑烟车”闯禁，完成淘汰黄标车4240辆，发放黄标车补贴2082.6万元（比上年增长190.02%）。

强化污水管网建设，推广污水管网网格化精细管理模式，扩大部分污水处理厂的纳污范围，逐步解决污水处理厂负荷低及进水COD浓度低的问题。建立广覆盖的综合污水处理模式，加快融合城镇生活污水处理厂、农村分散式处理设施、农村面源连片整治设施等多种污水处理模式，打通污水收集关键节点，提高污水收集率。完成12套分散式农村污水处理设施建设，全区累计建成处理设施35套。完成禁养区145家禽畜养殖场清理和70家规模化养殖场整治。完成20个行政村综合整治验收，累计完成全区行政村（全区55个,2013年完成18个）的69%；打造7个亮点行政村；完成“10个领域60项工程”项目70个。白坭镇、芦苞镇、大塘镇、南山镇创建为“国家生态镇”。

全年出动环境监察6867人次，检查企业2150厂次，立案查处违法企业204宗次，罚款金额805.03万元；责令整改57厂次，责令停产企业243家；移送公安机关案件14宗（法院已判决3宗），4人被追究刑事责任，9名犯罪嫌疑人被刑事拘留。处理环境投诉案件542宗，处理率100%。处罚宗数、金额均远超2013年，其中处罚宗数增长240%，处罚金额增长259%。

【安全生产】 2014年，三水区发生各类生产安全事故190宗，死亡61人，受伤234人，直接经济损失87.69万元，与上年同期相比，事故宗数下降64.4%，死亡人数上升7%，受伤人数下降52.9%，直接经济损失下降52.5%。全年检查生产经营单位1925家，出动执法人员6848人次，立案98宗，经济处罚134.21万元。

为更好地落实安全生产工作，三水区政府与各镇（街道）、有关部门签订《安全生产责任书》，将安全生产工作纳入年终绩效考核。全面推进安全生产标准化达标和职业卫生基础建设创建工作，有400家企业完成安全生产标准化达标、135家企业完成职业卫生基础建设创建。加大监管力度，强化重点领域隐患排查，开展安全生产“八打八治”专项行动。开展烟花爆竹专项执法联合行动、安全生产“阳光执法”活动、安全生产培训教育专项执法行动、道路桥梁高空作业单位专项执法联合行动等12个专项联合执法行动。全面推进建设项目职业卫生“三同时”，督促2013年起开展职业卫生“三同时”工作的建设项目完成相关工作，对2009年起进行职业病危害预评价，并投入生产使用但未进行控评验收的企业开展清理工作，督促相关企业限期完成“三同时”工作。加强应急管理，针对危险化学品、烟花爆竹、建筑施工、道路交通、消防火灾等高危重点行业企业的危险源和危险危害因素，开展安全演练1800余场，参演人数2.3万人。加强宣传教育，组织企业从业人员培训6242人。

【食品药品安全管理】 2014年初，三水区建立区、镇两级食品药品监管体系，区食品药品监管局和各镇（街）分局分别在2014年1月和2月挂牌成立。全年办理食品药品行政许可业务2054宗，开展食品药品抽检2183批次，检查食品药品企业13810家次，立案查处案件197宗，罚款39.8万元，发出责令改正通知书231份，取缔窝点41个，没收、查扣物品一批，移送公安机关刑事案件34宗，移交工商案件1宗，处理食品药品安全的投诉举报342宗。全区近90%的村实行集体聚餐备案制度。试行食品生产加工小作坊登记管理，验收并发登记证的食品生产加工小作坊43家。

【社会治安综合管理】 2014年，三水区出台《开展社会管理综合治理网格化管理工作的实施方案》。依托村(居)综治信访维稳工作站,按照“十位一体”的模式，整体开展治保、调解、流动人口、重点人口等工作，把人、地、物、事等要素全部纳入网格,实行综治工作的“三定”(定格、定人、定责)管理。全区按行政区划分一级网格66个、二级网格372个、三级网格1206个，整合村（居）、村民小组等基层干部以及治安联防队员等力量，组建网格员队伍，开展全员业务培训，制定网格化管理运行流程等8项制度。印发“民情日志”和“网格化管理工作指南”。网格长、网格员经常开展巡查走访，全面了解网格民情，统筹开展多项综治工作的信息收集、处置、上报、跟踪、反馈，及时发现安全隐患和不稳定因素。“网格化管理”工作开展后，全区及时调解邻里纠纷319宗，发现并及时处置消防等安全隐患23处，引导群众到政府办理事务136人次，协助开展禁毒、消防安全等宣传83场次，呈现“社情民意早知道，矛盾信息早掌控，纠纷问题早调处，突出问题早解决，重大问题早上报”的良好局面。

【供电】 2014年，三水区电力供需平衡，没有实施错峰用电。负荷首次“破百”，最大负荷110.7万千瓦，比上年增长12.38%。供电量64.8亿千瓦时，比上年增长7.48%；用户平均停电时间为1.41小时，比上年降低6%。盖洛普第三方客户满意度达92分，在佛山市五区排名第一。全年完成主网建设投资3.15亿元，配网建设投资2.05亿元。

【供水】 2014年，三水区有北江、石塘、西南、六和、佛山市新泉供水有限公司（原迳口水厂）5家水厂。供水能力每日约42.5万吨，供水服务面积约827平方公里，供水管道总长约2027公里，服务人口约60万人。全年总供水量1.41亿吨，售水量1.32亿吨。供水水质综合合格率99.9%。年内，完成西南大道市政供水管道、乐平镇黄塘市政供水管道、南山镇迳口漫江大道市政供水管道建设，以及乐平镇黄塘、湖岗和南山东和卢屋等的村前供水管道建设。芦苞镇西河，大塘镇六一，南山镇六二、楼房、深坑、邓边、东和、择善8项村前供水管道建设工程纳入北江以西片区村村通自来水工程统筹范围。完成北江以西片区村村通自来水工程项目申请报告编制、环评报告表编制、油金大桥搭载供水管道安全评估，完成芦苞镇、大塘镇、南山镇等片区供水管线地形图，完成缺失地形图部分管段的地形图补测。至年底，按全区农村常住人口计算，通水率95%。

组织人事建设

【组织人事工作】 2014年，三水区进一步完善大部制改革，以新一轮党政机构调整为契机，结合干部动态考核、年度考核对大部门领导干部进行职务调整，选优配强领导班子。编制区直单位人力资源白皮书，探索实施“433”计划，努力提升全区公务员专业化建设水平。组成4个工作组对各区直单位和镇（街）开展干部日常了解工作，对39个单位900多名干部进行谈心谈话活动，发放调查问卷1600余份，并结合党的群众路线教育实践活动，对领导班子运行情况进行分析研判，将分析研判结果作为干部选拔任用、管理监督的重要参考。开展“配偶已移居境外干部”岗位调整、领导干部在企业兼职和超职数配备干部清理工作。开展“吃空饷”和干部走读治理工作，规范档案管理工作，对干部“三龄二历一身份”进行认真核查，杜绝档案造假等行为。出台科级非领导职务提任办法、中层干部高配政策工作意见、股级公务员职务晋升和管理意见3份文件。推进区直部门和镇（街）之间挂职与跟班学习。举办基层社会治理、新型城镇化、干部政策研究等6期主体班，330人参加培训。

【基层组织建设】 2014年，三水区组织全区67个单位、1285个党组织、2.4万名党员参加党的群众路线教育实践活动，得到广东省委第五督导组、佛山市委第四督导组肯定和群众认可。在“三固定一创新”的基础上，创新推出“三一”工作法、“户情信息卡”“菜单式”联动机制等有效举措。推行镇（街）领导干部驻村（社区）直接联系群众制度，并在全市首推“民生微实事”立办制改革，建立“十天就办”的处理机制。出台加强农村基层党组织建设等“1 + 8”系列配套文件，提高村党组织在基层的威信。注重大学生村干部培养。以项目管理进村（居）的方式整顿软弱涣散党组织。全年机关落实党建创新项目40个，建立党建示范点37个、基层服务示范岗250个。以乐平产业社区为试点，探索“六化型”园区党建新模式。

社会事业和综合改革

【各项改革有序推进】 机构改革方面。2014年9月，三水区大部门体制改革后，全区设党委部门6个、政府部门21个（其中合署办公部门6个），重新组建区审计局、区民政局、区环境保护局，并对大部门领导干部进行适当调整，除党委部门、实行分板块管理部门外，区领导一般不再兼任政府部门首长，也不配备常务副职，强化区领导宏观决策功能。减少部门常务副职，做强区直部门正职。机构调整后，14名区管干部担任区党政机构正职。

行政审批制度改革方面。2014年，三水区实行审批服务事项最低时限办结承诺制，全区28个部门1061个事项一律取消弹性时限，全面推行“3天上报、5天办结”，审批时限从17.5个工作日缩减到5.3个工作日，审批提速69.7%，各类业务进入高效运转轨道。统筹推进全区权责清单编制工作，于12月公布实施三水区政府权责清单，其中行政职权清单囊括区级36个行政机关8709项行政职权；负面清单编制禁止和限制投资措施649条；审批清单纳入24个区级部门的218个审批事项；监管清单编制监管措施1926条，进一步明晰政府与社会、政府与市场的边界。11月成立区重点工程建设项目报批服务中心，对区重点项目试点“并联预审”，抽调专干负责重点项目报批相关咨询指引、协调监督工作，实现审批“全程跟踪、一跟到尾”，促使项目报批工作提速增效。配合全市深化企业登记联合审批改革工作，对原区企业登记综合服务窗口进行升级，于10月建成企业综合服务窗口，对涉及区级企业登记和准入许可审批的事项提供咨询、预约、接件（受理）、发证等服务。

财政管理体制改革方面。2014年，三水区盘活财政存量资金，清理核销上年结余（结转）资金0.5亿元，回收当年预算资金1.3亿元，统筹支持民生改善、生态环境、产城发展等重点领域建设。向社会首次公开2013年三水区财政决算和2014年区直部门“三公”经费预算，进一步增强预算透明度。树立勤俭办事、节约资源的理念，压减会议费、培训费、差旅费等一般性行政支出，开展党政机关办公用房清理等专项工作。建立项目滚动预算管理模式，探索实施跨年度预算编制的同步同向管理。试行大部门分党组的预算及财务管理模式，提高部门预算执行力。建立预算支出进度通报、大额支出划拨短信告知制度，强化预算约束和部门绩效用款责任。对涉及26个单位、75个项目累计3.1亿元资金纳入绩效管理，增强预算单位的支出责任；对上年度已完成的70个支出项目开展第三方绩效评价工作，并把评价结果纳入区机关作风和效能建设考评内容，确保财政资金落到实处和发挥实效。开展区镇两级公有资产管理、执行中央八项规定、严肃财经纪律和“小金库”专项治理等66项检查，建立和健全因公短期出国培训费用管理办法、中小学校财务制度等38项制度，加强政府采购和基建工程领域监督，基建预结算核减率12%，有力提升科学理财水平。开展财政廉政文化示范点建设，营造廉洁理财氛围。

社会管理体制改革方面。2014年1月20日，三水区完成第六届村民委员会、第五届居民委员会换届选举。全区70个村（居）新一届村（居）委会成员373人。换届选举的特点有“五高”：交叉任职率高。村（社区）书记、主任“一肩挑”67人，占比95.7%，比上一届提高5.7个百分点；“两委”（党支委、村居委会合称“两委”）成员交叉任职291人，占比93.6%，比上一届提高27.6个百分点。选民投票率高，投票率达97.6%。一次性投票通过率高，一次选举成功的村（居）委会占比91.4%。得票率高，村（居）委班子平均得票率为84.5%。“两委”干部素质高，形成40岁左右、大专以上文化为主体的干部梯次结构。

2014年，三水区在村（组）换届选举时同步产生村民议事会，发挥村民议事会的作用，提高民主决策水平，建立起由村民议事会决策、村委会（村民小组长）执行、村（组）务监督委员会监督的三权分设体制。华中师范大学中国农村研究院农村改革发展协同创新中心对三水区村、组两级议事会进行深入研究，撰写了《两级议事会：打造村民自治“小人大”——基于广东省三水区创新村、小组两级议事会的调查与思考》专题材料报省民政厅、民政部，民政部部长李立国、副部长窦玉沛分别作了批示。

【民政事业】 2014年，三水区社会救助力度加大，低保标准提高至每人每月510元，特困人员供养标准提高至每人每月864元；提高城乡低保对象大病医疗报销比例，缓解看病难问题。双拥优抚安置工作落到实处，全年支出各类优抚对象优待、抚恤、补助经费2420多万元；接收安置2013年冬季退役士兵127名，退役安置率100%。完成村（居）委会换届选举工作，全区70个村（居）委会新一届成员373人；全区村委会和村民小组结合换届选举基本上同步产生村（组）议事会和村（组）务监督委员会，村（组）议事会议事模式获民政部肯定。按照“一村（社区）一站”的模式设置村（社区）公共服务站，提升服务水平；民办养老服务机构培育力度加大，乐平颐康院获得由省民政厅颁发的《养老机构设立许可证》，是省内首家引入外资运营的养老机构。青岐万福颐养居开业。居家养老服务的监督管理更为完善，全区约1000名老人接受居家养老服务。引入三水区创新社会工作服务中心对区内3所承接政府购买居家养老服务的机构进行跟踪。投入康复救助经费273.48万元，为脑瘫儿童、精神病人、白内障患者、听残肢残等残疾人提供全方位的康复救助。7月，各镇（街道）社区卫生服务中心入户对残疾人服务对象开展居家康复服务。9月，162户残疾人家庭无障碍改造工作竣工。常规性的社会组织登记、地名登记以及婚姻登记工作依法开展。殡改工作成绩突出，举办“首届三水区殡仪馆开放日活动”，区殡仪馆获“广东省二级殡仪馆”及“全国先进集体”称号。

【劳动和社会保障】 2014年，三水区城镇新增就业人员6022人，城镇失业人员再就业1850人，就业困难人员再就业260人，新增农村劳动力转移就业4018人，新增吸纳本省劳动力5019人，实现零就业家庭动态归零，城镇登记失业率控制在2.32%。全年发放创业小额担保贷款4300万元，扶持550人创业，带动就业11018人。创造性开展“订单式”点对点对接培训，举办企业职工培训班200个，培训7940人。培训登记下岗失业人员521人。新设广成铝业职业培训学校和爱君家政职业培训学校。全区专业技术人员初级职称认定153人，申报初、中、高级职称评审（中小学教师、卫生医疗人员未列入统计）人数185人，人才库入库单位132个，入库人数3508人。10人被认定为区首批高层次人才。发出劳动合同文本20236套，办理劳动合同鉴证6076份；全区参加创建工程的企业占企业总量的60%，符合和谐劳动关系示范区创建标准的示范点占45%。立案处理劳动监察案件147宗，为1168名企业员工追回工资等待遇约174万元，劳动保障监察投诉举报法定期限内办结率保持100%；劳动争议立案受理1498宗，涉及企业员工2720人，涉及经济标的8110.21万元；受理工伤认定申请2130例，劳动能力鉴定申请709人，法定期限内办结率100%。全区职工养老、医疗、失业、工伤、生育保险参保人数分别为28.16万人、21.59万人、17.41万人、17.4万人、17.54万人。居民医疗保险完成年度征收24.92万人。全征地农村居民基本养老保险参保缴费的村146个，参保人数18506人，参保率91.23%。

【教育】 2014年，三水区创建“全国义务教育发展基本均衡区”，被评为“国家级农村职业教育和成人教育示范区”，通过“广东省社区教育实验区”复评。区域教育资源升级优化，师资队伍整体素质增强，教育教学质量提升，各类教育协调快速发展。学前教育毛入园率104.59%，小学毛入学率105.84%，初中毛入学率127.03%，高中阶段毛入学率101.7%，“三残”儿童少年入学率100%。出台《三水区义务教育学校教师交流工作方案》，开展校长教师交流工作。全区139名中小学教师参加交流，占符合交流条件人数的15%。课堂教学改革取得显著成效。西南中心小学老师魏广生获广东省说课比赛一等奖和全国说课比赛特等奖，并作为广东省唯一代表参加全国第七届小学数学优质课观摩交流会，获得全国一等奖。三水中学附属初中老师梁晓华作为广东省初中组的唯一代表，参加第十一届全国物理青年教师教学大赛，以第一名成绩获全国一等奖。

【卫生和计划生育】 2014年，三水区人民医院门诊配套大楼竣工使用。三水人民医院大塘医院挂牌成立，芦苞社区卫生服务中心升级改造工程完成。西南街道江根、耀华、南岸、青岐等社区卫生服务站升级改造完成。乐平镇南边社区服务站建成，填补南边公立医疗卫生机构的空白。西南街道北江社区卫生服务中心、云东海街道绿湖社区卫生服务站和南山镇滨江社区卫生服务中心建设启动。三水区人民医院加挂佛山市第六人民医院牌子，成为市级三甲医院。三水区中医院通过二级甲等中医院复审，成为广州中医药大学附属佛山市中医院三水医院。

西南街道、白坭镇、乐平镇、大塘镇、南山镇等社区卫生服务中心组建家庭医生团队，开展家庭医生签约服务，为签约居民提供免费基本公共卫生服务和个性化医疗保健服务。至年底，全区组建家庭医生团队29个，签约家庭1608户，签约服务人数4048人。

全区可供使用基本药物1042种。全年120多万门诊人次享受基本药物制度，比上年增长46%，群众减少药费支出360多万元。镇、村两级公立医疗机构全部实施基本药物制度，零差价销售率100%。9家民营医疗机构实施基本药物制度。区妇幼保健院被设为平价医院，全年接受平价服务，门诊72.1万人次、住院10836人次。区人民医院和区中医院设置平价诊室12间，平价诊室占比超过10%，全年近1万人享受平价诊疗服务。因开设平价诊室服务而使病人减少支出近80万元。在基层医疗卫生服务机构开展推广使用平价药包服务工作，全年120多万人次享受平价药包治疗。推进国家公共卫生均等化服务，重大和基本公共卫生服务项目完成年度目标。

2014年，三水区发生历年来首次登革热疫情。疫情主要集中在西南街道中心城区，云东海街道、白坭镇、乐平镇、芦苞镇、大塘镇有散发病例。9月16日出现首例本地病例，累计报告55例本地病例，无重症和死亡。10月25日起，无新增病例，疫情得到有效控制。

2014年，三水区将“中医中药进社区工程”列为民生“十件实事”。全年完成76期中医中药特色宣传，举办30场健康讲堂。开展中医体质辨识活动，初步建立三水居民中医健康档案。建立糖尿病、高血压慢性病病友俱乐部、中医适宜技术培训基地、中医适宜技术推广视频平台以及7个镇级“中医特色示范点”等一批服务平台，中医中药服务网络得到完善。

2014年，三水区常住人口累计出生6789人，出生率10.8‰，自然增长率6.74‰。户籍人口累计出生4557人，出生率11.15‰，死亡2487人，死亡率6.09‰，自然增长人数2070人，自然增长率5.06‰，政策内出生4317人，政策生育率94.73%。三水区通过广东省、佛山市两级年度考核，获省、市2014年“计划生育工作先进单位”称号。

全面落实独生子女保健费、免费产检、节育奖、农村家庭奖励制度、独生子女家庭特别扶助制度、城镇独生子女父母退休奖励等系列优惠奖励政策。奖扶对象落实率100%，资金发放及时率100%。对自觉参加双查和落实避孕节育长效措施的育龄群众发放误工补助、对自觉参加免费孕前优生检查的新婚夫妇发放营养补助。开展“生育关怀行动”，向计生困难家庭免费赠送计生家庭意外伤害保险，为农村独生子女户、纯二女户、贫困计生家庭、单亲家庭和失独家庭等购买计生意外险，对20户计生失独、特别困难家庭给予每户5000元困难扶助。全年全区受理审批“单独两孩”申请849宗，群众满意度100%。

全区新增计生服务人员12名。芦苞镇投入50万元实施计生服务所搬迁升级，南山镇投入48万元对计生服务所进行升级改造。佳利达、海尔、好帮手等企业设置计生服务室。打造具三水本土特色“七彩人生”长寿人口文化品牌，提升以“红、橙、黄、绿、青、蓝、紫”为主题色彩的7个镇（街）人口宣教阵地品位，三水区荷花世界人口文化园被广东省卫生计生委评为2014年度“十佳”宣传创新项目。5月27日，三水区承办广东省计生协会“5·29会员活动日”暨生育关怀基金捐赠仪式，发动会员参与，争取社会各界支持，在区内筹得生育关怀基金154.8万元。10月16日承办广东省科学育儿家庭教育主题活动（三水专场），进行佛山市启动仪式，分别在区和镇（街道）举办国家级和省级讲座。11月4日，三水区承办广东省“创建幸福家庭·关爱计生特殊困难家庭”活动，向本区单位和计生特殊困难家庭赠送价值410万元的计生服务设备和物资，包括12台蓝氧治疗仪，116台微波治疗仪和1万盒福施福母婴保健品。

【科技文化体育事业】 科学技术方面。2014年，三水区围绕佛山建设国家创新型城市的目标要求，修订完善4项配套政策。50多家企业91个项目申报国家、省、市、区科技项目。全年新增10家高新技术企业、1家广东省创新型企业、1家广东省创新型（试点）企业，新增广东省高新技术产品86个。全年全区专利申请总数1087件，其中发明专利申请686件，发明专利申请量比2013年增长

91.62%。全年新增25家工程中心，全区工程中心总数130家。

7～11月，举办三水区首届创新创业大赛，吸引省内外48个项目报名参加，12个优质创新创业项目获三水区提供创业扶持资金以及一系列优惠政策扶持。三水区有9个人才团队申报市级科技创新团队，2个团队通过认定，纳入“2014年度佛山市科技创新团队”扶持名单。三水区创新人才团队创业计划项目吸引26个海内外人才团队报名，最终确定重点扶持类团队项目1个，引导扶持类团队项目5个，比上年增长100%。9月，广东三水合肥工业大学研究院挂牌，成为全市第二个大型综合性研究院，填补三水区在大型综合性科技公共服务平台上的空白。10月，组建三水区智能制造产业技术创新联盟，助推三水区机械装备制造业做大做强。

在沙头社区举办“科普进社区”活动。邀请5位科学家到区内7所学校作科普报告，参与学生1800多人。开展区级青少年科技创新大赛活动，吸引82所中小学校和幼儿园1695件作品参赛，评出获奖作品1103件。广东多正化工科技有限公司组建“院士专家企业工作站”，实现三水区“院士专家企业工作站”零的突破。广东省食品学会分别与水都基地、隐雪饮料有限公司组建科技服务站。

文化事业方面。2014年，三水区制定《文化体育与旅游业发展战略规划》。微安IT、影视三水、卡通奇景等3个项目入选佛山市文化产业重点项目，并被编入《2014年度佛山市文化产业重点项目手册》。开展“我们的中国梦”文化进万家系列活动和“开心广场·百姓舞台——2014公益流动演出”等文化惠民活动。全年开展文化“五送”活动约90场次、放映农村数字电影576场。24小时自助图书馆投入使用，三水首家视障人士流动服务站挂牌成立。举办三水民俗文化展、非物质文化遗产展等系列活动，建立第五批区级非遗名录体系。全年有30件作品获得省、市级以上奖项。受理文化市场审批事项50项。全年出动执法人员3164人次，检查歌舞娱乐场所、印刷企业等单位918家，发出整改通知书3份，整改率100%，立案处理1件，发出《行政处罚决定书》1份。

体育方面。2014年，三水区开展第六次全国体育场地普查工作，全年投入公共体育设施维护资金20万元，新增全民健身路径5条。开展全民健身活动，发挥社会体育指导员的作用，全年组织各类群众体育竞赛活动55项。举办三水区第15届运动会，开设篮球、田径等16个项目，13个代表团1600多名运动员参赛。组成851人的体育代表团参加2014年市运会，获24枚金牌、52枚银牌、66枚铜牌， 成年、青少年男足均获冠军。三水籍运动员钟杏平在韩国仁川亚运会上夺得蹦床银牌，何忠勉入选中国男子篮球队和国家奥林匹克代表队。三水区体育彩票全年销售总额3746万元。全区有单项体育协会8个，社会经营卡丁车场、健身馆、游泳池、篮球馆等体育场所220家。

【精神文明建设】 2014年，三水区以佛山市创建全国文明城市工作为龙头，以提高市民素质和城市文明程度为目标，开展一系列工作。大力开展社会主义核心价值观进校园、进企业、进社区主题教育实践活动，建成西南公园、木棉村委会、区行政服务中心3个市级示范点和区实验小学等4个区级示范点。深入开展“感动三水”道德人物推荐命名宣传活动，选出道德模范20名；深入机关、学校、社区、村居、企业开展道德模范巡讲巡演活动200多场次。评出区级“诚信经营示范店”23家，创建10个区级学雷锋活动示范点。深化阵地机制建设，实施“文明餐桌”“文明交通”“文明旅游”“文明网络”等“四大文明”引导行动方案。开展文明单位、文明社区创建活动，10个单位被命名为区级文明单位。制作1万余个“文明餐桌”提示牌，全区餐饮企业、饭堂开展“文明餐桌”行动参与率80%以上。建立5个社区校外未成年心理辅导站，推进未成年人身心健康和心理健康齐发展。

各镇街介绍

【西南街道】 西南街道位于西江、北江、绥江三江汇流处，是三水区委、区政府驻地，辖区面积149.68平方公里，常住人口25.99万人。2014年，实现地区生产总值296.86亿元，比上年增长9.6%；工业总产值734.7亿元，增长9.53%；固定资产投资 108.9 亿元，增长 14.52%；地方税收入库 52.22 亿元，增长 18.11%；公共财政预算收入 7.23 亿元，增长 18.74%。

西南街道围绕“为民务实清廉”主题，深入推进党的群众路线教育实践活动，化解“四风”等问题 400 多个，“入学难、看病贵、收入低、治安差”等群众热点难点问题得到解决。组建 19 个团队开展街道干部直接联系群众制度，健全机关效能建设和绩效考核机制，实行机关中层干部动态考核全覆盖，完成村（居）“两委”（党支部委员会和村民委员会）换届。

西南街道注重把握改革重要领域和关键环节，承接上级改革试点和重大改革专题，取得阶段性成果。深化农村体制综合改革，引导农村土地承包经营权集约流转，理顺农村财务和农村干部收入管理，完成村组财务归口管理，建设网上交易平台和监控平台建设，木棉村村委会获“佛山市两个平台规范管理示范村委会”称号。完成 6 个行政村行政区划调整，编制权责清单。街道行政服务中心获“佛山市青年文明号”称号，全年实现行政服务“零投诉”。

西南街道全力打造国际级绿色饮料食品专业园区。水都基地启动“南接北拓”，完成控制性详细规划修编。污水处理厂建成运行，完善中心湖等配套。引入“香港中旅物流”，实现利用农村经济留用地引入中国 500 强企业“零”的突破。百威啤酒五期、健力宝新厂、亨氏食品于 12 月动（竣）工，三大项目达产后预计新增税收 4.5 亿元。以水都基地为核心，饮料食品产业成为拉动西南经济转型升级领军力量。饮料食品工业产值 209.16 亿元，比上年增长 19.01%；创税 17.08 亿元，比上年增长 17.09%。西南街道纳税前 5 名企业，食品饮料企业占 4 家。

“西南产业城市十大项目”中，西南大道、工业大道建成通车，新动力广场等 23 个城市项目快速建设，北江新区形成规模。发挥西南控股等公有资产平台作用，为产业、城市以及民生提供资金支持。西南控股资产值位居三水区各镇（街）之首，成为街道发展重要支撑。如期完成贵广铁路工程等省、市重点工程的土地征收拆迁任务，保障重点项目实施。启动城镇升级“八个一”工程，推动布心、鹿洞等“三旧”改造，开展“创文”迎“国检”，整治城市“八乱”，加大市政绿化投入，城市综合承载力得到提高。

西南街道创新城市综合治理模式，“零容忍”城市“毒瘤”，解决“老大难”问题。改变各部门执法模式，抽调环保、国土、安监、派出所等 30 人组建联合执法大队和临时执法队，形成“多兵团作战、组合拳出击”格局，采取“24 小时不间断”执法。重点提升水都基地核心区域及其周边水环境质量，西南涌通过整治后达Ⅳ（四类）水质标准。重点开展淘汰燃煤锅炉、整治禽畜养殖场污染、淘汰辖区黄标车、农村综合环境整治、土地“两违”拆迁等工作，完成上级各项整治考核任务。

西南街道教育“扩容提质”，北外附校（一期）开学，西南二中江南校区、北江小学动工。医疗卫生计生工作提升，建设北江新区社区卫生服务中心，形成社区卫生服务“两中心十站点”格局和“15 分钟服务圈”全覆盖，并展开“登革热”疫情防控、健康村创建等工作。深化平安村居建设，实施综治网格化管理，打造恒福餐饮服务食品安全示范广场，完成市火灾隐患重点区域“摘牌”任务，安全生产呈现“两降、两无、一提升”态势。分批启动 15 个“民生微实事”项目，按年投入 300 万元专项资金保障。引入民间资本推动养老服务社会化，建成青岐万福颐养居和皓晖养老院。三江论坛升格为市级论坛和科普示范基地。社会救助和劳动保障体系完善，扶贫、工青妇、武装等工作取得新成绩。

【云东海街道与三水新城】 云东海街道位于三水中心城区北部，于 2008 年 3 月 28 日挂牌成立。2014 年，原由西南街道管辖的鲁村、高丰、横涌、邓岗、石湖洲、宝月等 6 个行政村调整至云东海街道管辖。行政区划调整后，云东海街道辖区总面积 84.32 平方公里，辖 1 个社区和 10 个行政村，户籍人口 2.98 万人。云东海街道地处珠三角广佛经济圈内，东接广州，南达港澳，境内的广三高速、广肇高速、广佛肇轻轨、三茂铁路等形成四通八达的交通网络，到广州新机场只需 30 分钟车程。云东海街道自然环境优美，生态优势突出，森林覆盖率 80%，是珠江三角洲地区一块不可多得的生态宝地。云东海街道按照三水区建设“产业新城、南国水都、广佛肇绿芯”的战略部署，推动云东海生态恢复和城市面貌升级改造，提升民生及社会事务管理水平，加快三水新城建设发展。

社会经济发展上新水平。2014年地区生产总值74.19亿元，比上年增长8.4%；工业总产值252.04亿元，增长6.8%；全社会固定资产投资22.73亿元，增长18%；税收入库5.26亿元，增长70.4%。

推进城市基础性工程。云东海湖生态恢复建设之湿地景观恢复工程A标（西乐路市政改造工程）竣工，松树坑水库堤坝、云东海湖堤围加固、南涡涌临时截污管道和疏浚等工程完工。

企业服务升级。成立云东海商会，发挥其桥梁纽带作用。推动骨干企业做大做强，金银河、合和等企业申报省、市、区级工程中心，合和等3家企业申报区第一批骨干企业，盛路及金银河公司被评为扶强培优企业，金万达、澳信、力鹏电池申报创新人才团队，参加区创新创业大赛。在知识产权管理、电子商务及光伏应用推广方面取得进展。

社会民生事务发展。完成与西南街道部分行政区划调整的交接工作，建成街道行政服务中心。启动农村综合改革，拟订股权固化、村改居、宅基地改革等4个工作方案，确定家庭农场试点。完成清产核资筹备工作，规范农村集体资产管理，推进土地集约流转，壮大村集体经济。社区卫生服务中心常态化运作，医疗服务功能和覆盖面持续增大。落实社会保障、劳动就业、教育、文体旅游、人口计生、养老服务、救灾救济等工作。

加强生态环保建设。推进河涌水环境和大气环境整治，完成三水中学一带的污水截污工程，对南涡涌上游截污。关停污染企业110家，提交区环保局移送司法机关追究当事人刑责的涉重金属超标排放企业8家，推进锅炉改造和禽畜养殖业治理。

社会大局和谐稳定。狠抓安全生产隐患排查，推进企业安全生产标准化、职业卫生危害申报及职业卫生基础建设工作。投入100多万元用于村（社区）消防站建设。完善食品药品监管制度。国防后备力量建设成效显著，完成2014年度征兵工作任务。狠抓“平安创建”，提升“平安村居、平安校园、平安企业”等立体防控工作水平，加强治安联防，增加9个公共视频监控点，对视频监控平台实行24小时值班备勤，辖区治安指数持续上升，社会大局保持稳定。

机关作风建设有成效。抓好作风建设，深入开展党的群众路线教育实践活动，完善纠风工作机制。民生微实事项目获区首批专项资金扶持，“直联制”工作获群众点赞。抓好廉政建设，开展纪律教育月、纪工委书记与中层干部谈话活动，加强在土地征收、财政预算执行等领域的审计监督力度。抓好干部培训、读书交流和学法考试工作，在机关形成知法、用法、守法的良好氛围。抓好基层党组织建设，以书记项目带动，做好发展党员和党员教育管理工作。以伏户村党支部、征地拆迁联合党支部两个基层党组织作为优秀示范典型，培育基层服务型党组织。

三水区新城建设管理委员会于2011年12月28日成立，属区政府议事协调机构，下设办公室、规划国土局、市政建设局、招商投资服务局、征地拆迁办，负责三水新城规划建设工作。三水新城控制范围128平方公里，其中核心区57平方公里，启动区19.32平方公里。2014年，新城管委会坚持以科学发展观为统领，以提速提质、改革创新、城市升级、产业转型为重点，破解难题，完成三水新城建设“三年完善基础”目标。

加快城市建设。完善市政基础和公共配套设施，动工项目17个，建成道路32公里，城市景观及绿化面积近90万平方米，总投资超25亿元。完成“一轴”水庭岸线工程量的60%。TOD范围内水轴部分进场施工。“一带”西南涌北段综合整治工程一期主体工程完工；二期水利工程完成，占工程量的65%。推进“三纵五横”等市政道路工程。完成南湖路各标段路基施工及管线埋设，占工程量的65%；桃园路西延线（三水段）完成约40%的工程量；河西路、湖滨南路、湖滨北路、桃园路、协和路、鲁村路、高丰路等工程施工；推进荷园路、三达北路、站南路、站北路、兴联污水厂等设计工作。实施配套电网迁改工程。

加大产业引进力度。促进项目动工和国家创新型城市、现代服务业集聚区建设。完成微安IT项目首期土地出让。成立外资项目公司。影视三水项目土地规划调整方案获市批准并报省备案。推进北京外国语大学南方（佛山）国际学院、国际文化创意产业园南方分园等签约项目与一批在谈项目。

深化规划工作。落实城市规划，完善规划体系，为新城建设提供良好支撑。《三水新城启动区TOD片区控制性详细规划》获佛山市人民政府批复，《三水新城启动区控制性详细规划》获佛山市规划委员会批复。启动《三水新城北湖片区控制性详细规划》《三水新城体育休闲公园发展策划及概念规划》《三水新城下岗、伏户迁村安置项目详细规划》等多项规划编制工作。打造亮点项目，《三水新城启动区集中供冷供热系统特许经营项目实施方案》通过专家评审，新能源示范城市稳步推进；《三水新城文化商业综合体设计方案》完成方案公示，《新汽车客运站综合体规划设计》获区政府批复同意。

推进新城范围“三旧”改造工作。完成鲁村下岗村改造前期工作，确定高丰何家村改造模式，完成横涌旧村（居）、百旺城改造。

【白坭镇】 白坭镇位于三水区南部。东南面与南海区相接，西面紧靠西江，拥有约15公里的西江“黄金水道”，与高明区、高要市隔江相望，东距广州市区60公里、佛山市禅城区24公里。全镇面积66.46平方公里，辖富景社区和周村、岗头2个行政村。户籍人口2.5万人，外来人口近6万人。2014年，白坭镇围绕“提速增效”的工作主线，实施“北连东拓”战略，完成各项主要任务，经济社会加速发展、提质发展和均衡发展。全年实现地区生产总值123.9亿元，比上年增长9.8%；工业总产值443.9亿元，增长10.8%；税收8.1亿元，增长36.6%，创历史新高；全社会固定资产投资81.3亿元，增长13.8%；公共财政收入1.5亿元，增长36.4%。

白坭镇引进佛山水泵厂等9个优质项目，旷达汽配等9家企业建成投产，陶瓷行业税收占比从2010年底的43%下降到2014年底的28%。传统产业投入超3亿元进行技术改造。盘活超10万平方米的闲置土地及厂房，淘汰5家低效企业。企业申请各类科技创新资金超600万元。新增2家国家高新技术企业，新增1家省级工程技术中心、2家市级工程技术中心以及1家市级企业技术中心，获得“中国驰名商标”2个，新增发明专利申请量43件。成立白坭人才协会，申报2个区级人才团队。水都基地对接区取得突破，完成1000亩基本农田核减。科技园核心区启动首期路网、园区景观等基础设施工程。汇金工业城人才公寓动工，机械制造、电子电器精品工业园区建设成型。中茂农业增资启动二期工程，升级成为区级农业龙头企业和市级精品项目。康喜莱专业合作社与省农科院合作建设蔬菜科技成果转化基地，被评为市级示范社和区级优秀示范社。

白坭镇被佛山市确定为“集约、智慧、低碳、绿色”田园城镇试点镇。完成城镇总规划和东部控制性规划调整，启动黄金大道北至水都基地对接区控制性规划试点工作。完成城市升级三年行动计划，并完成两年延伸计划的编制。完成桂丹路以及二桥南延线白坭段、汇盈路绿化景观建设，完成进港大道西段、岗凤公路改造以及塘九线抱龙桥段路灯安装。打击企业违法排污行为，立案查处违法企业15宗，责令停产企业5家，移送公安机关案件1宗。建成城区第二污水处理厂及一期截污管网，推动鲸鲨等4家化工厂建设污水处理应急池，新增5座分散式农村生活污水治理系统，完成鸡陵涌等4条内河涌以及3个规模禽畜养殖场的整治提升，樵北涌水质达到Ⅴ类标准。陶瓷企业投入2亿元进行废气整治，完成11台锅炉的淘汰或提升，淘汰黄标车143辆；治理码头、堆场和建筑工地，加强源头监管以及路面执法力度，依法严厉打击洒漏、扬尘等违法行为。角里村建成市名村示范村，祠巷村等20个村建成区名村示范村，岗头村等3个村建成森林家园示范村。增加投入350万元，将绿化养护和环卫保洁服务外包范围扩大到白金大道、桂丹路白坭段和汇金工业城。

白坭镇完成村（居）委会和村民小组组长换届，绝大多数村民小组组长以高票当选。率先建成全区首批3个家庭农场，流转150亩以上土地2宗共351亩，水运村完成股权固化工作，岗头村农民公寓完成项目选址以及初步设计；实现乡贤慈善会和家乡建设委员会在村组的“全覆盖”，累计筹集资金超过3000万元。在2013年打造陈氏大宗祠的基础上，再打造岗头村文化活动中心、凤果村周氏大宗祠2个农村新型文化社区示范点。创新实施“外来人口融入社区”项目，组建“新白坭人”融入社区联络员，选举2名代表进入富景社区议事会，共同参与社会管理，富景社区获评为“全国和谐社区建设示范社区”。

白坭镇“民生十件实事”有效落实，创新推行“民生微实事”立办制，累计实施“民生微实事”事项20项，投入资金428万元，带动社会资金投入293万元，解决一批农村历史遗留问题。居民医疗参保率99.79%，超额完成城镇职工社保扩面任务。全年累计发放各类慈善救助金、高龄津贴、低保五保金587万元。为创业者发放小额担保贷款28万元，支持20人成功创业，带动137人就业；新增就业岗位3000个，“零就业”家庭保持动态“清零”；城镇登记失业率为1.01%。全面完成健康村（居）创建，有效防控登革热等疫情；社区卫生服务中心通过打造“10元以内门诊”、“20分钟职业卫生服务体系”、中医中药进社区、建设远程会诊平台、组建“家庭医生”服务等新举措，有效解决群众“看病贵、看病难”问题。周村幼儿园建成招生，成功创建5间普惠性幼儿园。完成4000亩基本农田的高标准建设，新增“政银保”贷款100宗共1323万元，补助10条村组“一事一议”资金100万元。严格落实安全生产“党政同责、一岗双责、齐抓共管”工作要求，创建“全国安全社区”，累计完成247家企业标准化创建。成功打造首条“食品安全示范街”，新增28家“阳光厨房”，全面实行农村集体聚餐备案，获“创建食品安全示范市先进镇”称号。实施综治网格化管理，推行“以案定补”、律师进村（居）、领导包案等机制化解信访积案；投入50万元加强护村队伍建设。全年送戏下乡、进企45场。9月28日，举办“龙竞西江·幸福白坭”龙舟竞渡大赛。

2014年，白坭镇以开展群众路线教育实践活动为契机，全面启动人民满意政府建设。大幅压缩会议、文件和简报，会议数量下降12%，政府文件数量下降20%；“三公”经费下降23%。开展驻村直接联系群众活动，面对面倾听民意、了解民情、化解民忧。上线“微访谈”“对话民生”等问政平台，开通“白坭食品药品监督”微信公众号，加强公众参与政府决策，提高科学施政水平。

【乐平镇】 乐平镇位于三水区中部，南与南海区接壤，东接广州市花都区，辖区面积198.5平方公里，下辖3个社区、14个行政村，有158个自然村，户籍人口76503人。佛山高新区三水园位于辖区内，规划面积100.98平方公里。2014年，乐平镇被评为全国中小城市综合实力百强镇，是广东省教育强镇、省卫生镇、省重点发展的中心镇、省安全农业产业的重要示范基地、省现代农业技术示范的重要基地、省社会主义新农村建设示范点、珠三角“农业科普”展示窗口，并有佛山最具规模的休闲农业观光生态园。镇内交通便捷，区位优势明显，珠二环高速、佛山一环、省道盐南线、三水大道等高等级公路横贯境内，邻近三茂铁路货场和三水港，距离广州新白云国际机场、佛山中心城区仅30分钟车程。自然风光秀美，旅游资源丰富，有省级文物保护单位、“全国历史文化名村”大旗头村，有集农业田园风光、科普素质教育、休闲度假、生态美食于一体的全新生态旅游景区侨鑫生态园，并有北江黄金沙滩、西南涌岸、芦苞涌岸等多个未开发的旅游休闲水岸。建成一批生态农业项目，主要有“国家地理标志保护产品”乐平雪梨瓜，乐平“四宝”：韭菜花、甲鱼、瘦身鲩鱼、南边西瓜。

2014年，乐平镇地区生产总值235.06亿元，比上年增长9.84%，地区生产总值三大产业比重是3.32∶85.66∶11.02。工农业总产值858.75亿元，增长10.18%，其中工业总产值843.4亿元，增长10.24%。全社会固定资产投资119.38亿元，增长14.5%。税收17.94亿元，增长30.48%。引进摩根大通空调国际、法雷奥等优质项目37个，总投资42.75亿元，其中世界500强项目1个、超亿元项目14个。19个项目动工、投产，其中海尔等4个省、市重点项目超额完成年度投资计划。海尔、澳美、兴发成立销售公司。纳税超500万元的企业54家，纳税超亿元的企业4家。欧神诺陶瓷成为佛山首家挂牌新三板企业，佳明机器等4家企业共5个产品获“广东省名牌产品”称号。汽车产业园建设顺利推进，兴业路北延线投入使用，福田、永力泰公司动工。分布式光伏发电建设加快，并网发电51.6兆瓦，在建18兆瓦。乐平镇被评为“广东省智能制造示范基地”，德国库卡与佛山职业学院在乐平共建机器人应用技术培训中心，引进6个

机器人集成应用项目。合肥工业大学广东研究院在乐平挂牌成立。新增4家国家级高新技术企业，10个省、市级工程技术研究中心，1家省创新型试点企业和10个产学研项目。专利申请成效显著，专利授权总量325件，比上年增长30%，其中发明专利授权22件，增长83%。

乐平镇初步完成总规划、控制性规划等规划编制。全年投入9.6亿元，完成12项城市升级工程，新建市政道路7公里、雨污水管网20公里，新增绿化面积11万平方米。商业广场完成主体建设，大旗头村市政整治工程启动。建成17个“社会主义新农村”，1.1万亩高标准基本农田建设完成，农民公寓二期土建及市政工程、盘龙西小区路灯工程等建成使用。实施“四大专项整治行动”，推进省生态镇创建工作。投入6000万元，完成乐平涌水体整治。生活污水处理厂二期建设竣工，65家重点企业实现24小时联网监控。立案查处环境违法企业40家，27家企业开展清洁生产。完成禁养区49个养殖场清理。推进“三农”工作，在全区率先完成股权固化试点工作，完成14个家庭农场培育及1300亩土地集约流转。盘活村级留用地533亩，引入6个项目投资超14.6亿元。建成3个区级水产示范基地、1个水产良种场，培育3个农业龙头企业和2个农民专业合作社。

全年发放低保、五保供养金1050万元，新增就业岗位1.1万个。投入近300万元，改善范湖、源潭小学办学条件。南边中学、乐平中学中考重点高中上线率分别位列全区镇级中学第一、第二名。南边社区卫生服务站投入使用，开展国家基本公共卫生服务项目。成立全区首家职工夜校，“工疗站”项目被评为广东省重点示范项目，开创帮扶残疾人新模式。社会秩序稳定和谐，化解矛盾纠纷152宗。律师进村（居）工作开展“以案定补”激励机制试点，化解一批历史积案和重大矛盾纠纷。投入1900万元建设视频监控系统，立体治安防控体系有效构筑。成立全区首个“警校共建”警务室，校园治安持续强化。农村聚餐登记备案、推进学校食堂在线监控平台建设，食品药品安全防控体系更加完善。有效落实安全生产专项整治，确保全镇安全生产形势稳定。

乐平镇深入开展党的群众路线教育实践活动，完善各项制度16项。简化公务接待，规范公车使用，“三公”经费压缩30%以上。举办《对话民生》、微访谈系列活动，政民互动渠道畅通。投入258万元实施21项“民生微实事”工程，集中解决195个群众反映突出的问题。镇政府梳理行政审批项目123个、行政执法项目1102个，行政效能明显提升。设立村级网上办事自助服务终端，实现行政审批村镇同步。深化干部动态管理考核机制，实行绩效评估和末位淘汰制度，有效激发干部队伍活力。武装、消防、统计、扶贫、计生、工会、妇联、共青团等工作成效明显。

【芦苞镇】 芦苞镇位于三水区中北部，东接广州市花都区，南接乐平镇，西与四会市相连，北与大塘镇接壤。总面积105平方公里，辖1个社区、6个行政村，有90个自然村，是佛山市科学发展特色镇、广东省旅游特色镇、广东省宜居示范镇、国家卫生镇、国家级生态乡镇、国家重点镇。

2014年，芦苞镇地区生产总值73.98亿元，比上年增长9.8%；工业总产值253.34亿元，增长11%；农业总产值10.37亿元，增长2%；税收3.23亿元，增长0.97%；招商引资项目15个，合同引资额20.67亿元。

芦苞镇加大闲置土地整理回收力度，累计回收闲置土地16宗765亩，盘活低效土地11宗828亩，促成企业增资扩产3宗，涉及开发土地154亩。完成城镇总体规划修编，启动土地利用总体规划，为城镇扩容拓宽了空间。启动影剧院“三旧”改造项目。引资新建汽车客运站，投入2500万元完成芦湖路改造提升工程，投入1200万元实施独树岗大桥改建工程，启动长岐古村活化升级、芦苞涌景观提升等城市升级项目。争取各级资金9500万元，启动白土涌、南丫涌、欧边涌、黄岗涌等超20公里河涌整治。整合农村连片土地超2000亩，引入慈航科技等一批优质项目，单位土地发包价格和产出同比大幅度上升。

芦苞镇淘汰低效落后企业13家，涉及投资总额近2亿元、税收800多万元。新签项目15个，投资总额20亿元，预计新增税收近1.5亿元。其中，现代服务业占20%，先进制造业占50%，有效优化产业结构。荣高科技公司试产。普洛斯芦苞物流园动工。华农大种业项目用地完成填土工程，进行规划报建。石湾酒厂注资帝一酒业，有效改进工艺加大产能。皇派门窗等一批优质项目加快推进。协助帝一酒业、家家卫浴、金三角水泥等企业，利用现有厂区，增资近3亿元扩产。奥鹏黏胶、迪生钢构开拓海外市场，全镇合同利用外资和实际利用外资分别达4496万美元和3288万美元。工业企业销售额同比增长30%。华兴玻璃、振宣科技等一批企业税利大幅度增长。全镇纳税超1000万元企业由2家增至4家。

芦苞镇环境治理成效明显。涉环保投诉同比下降近10%。博德、威特各投入1000万元开展粉尘治理。多正化工等8家企业完成在线监控设备安装。推进VOC企业整治、重金属综合防治等工作。取缔多家畜禽养殖场点，完成6个规模化养殖场治理和2个分散式农村生活污水处理系统建设，有效推进“一河一策”河涌综合整治工作，芦苞涌水质首次达到四类标准。

芦苞镇组建农民专业合作社26个，整合农村劳动力超3000人，推动农业抱团发展，芦江水产专业合作社率先实施盈余分配机制，推出“拉爷”“颖健叶”“芦苞鱼干”等一批农业品牌。辖下7个村（社区）全部组建村级公共服务站，实现行政服务全覆盖。

芦苞镇促成4.5万人参加各类社会保险，为1380名劳动力提供免费技能培训。确立微实事17项，投入财政资金150多万元，带动社会资金近200万元，完成蔡叶线路灯改造、工业园区下水道改造等一批民生工程。投入近1000万元建设公共卫生大楼，在各村社区卫生服务站实现基本药物制度全覆盖。实验幼儿园和伊萌幼儿园建成招生。佛山市女企业家协会捐献56万元建设新乐丰小学综合楼，并设立助学基金。通过省教育强镇二次复评，龙坡中学中考重点高中上线率创历史新高。

芦苞镇投入300多万元，实现村（居）视频监控全覆盖。全年接处警情1403宗，同比下降11.9%。完善食品安全监管体系建设，建成5个食品安全示范单位、24个“阳光厨房”，获三水区“食品安全先进镇”称号。有28家企业通过标准化建设验收，40家企业通过职业卫生基础建设验收。解决困扰近20年的温泉高尔夫球场股权纠纷等一批历史遗留问题。完成村（居）委会和村民小组换届选举，村干部年龄结构、文化程度得到较大优化，整体素质得到提升。完成中小学校校长竞聘工作。

【大塘镇】 大塘镇是广东省可持续发展实验区，位于三水区北部，与广州市花都区和清远市接壤，北江流经境内，省广四线、清龙线及肇花高速公路贯境而过。全镇总面积98.23平方公里，辖1个社区、7个行政村，有99个自然村，户籍人口4.07万人，外来人口3.02万人。

2014年，大塘镇紧扣区委、区政府“一主三副三板块”的发展战略，按照“1+2”的发展思路，坚持科学发展，加快转型升级，经济实力明显增强，社会大局和谐稳定。全年预计地区生产总值90.81亿元，比上年增长9.8%；工业总产值304.96亿元，增长10.9%；全社会固定资产投资71.36亿元，增长14.5%；税收4.97亿元，增长22.7%；农民人均纯收入13275元，增长12.2%。

产业发展成果丰硕。加大招商选资力度，全年新签项目9个，合同引资额18.45亿元，签约上海东久产业园、广东拉多美复合肥、和丰盛纺织等一批规模项目。项目建设进度加快，安博物流等5个项目动工，西陇化工等9个项目完工或试投产，菱王电梯等6个在建项目抓紧施工。盘活低效存量用地工作铺开，引导16家企业通过二次招商、增资扩产等方式，盘活883亩存量用地。推进工业园区主干道修复、天然气管网及产业社区装修改造工程。企业创新步伐加快，申报区级以上工程中心5家、高新技术企业2家，新增7家企业通过清洁生产审核。农业基础设施不断完善，农业园区入口景观工程完工，1.5万亩高标准基本农田项目完成9000亩建设。加强重点项目建设和农业招商，“三水鱼世界”项目首期1500亩工程建成投产，引入占地510亩的劲农都市农业创意园区项目。新增4家市级菜篮子基地、3家市级农业龙头企业、6家市级农民专业合作社示范社，注册“三水大塘蔬菜”集体商标，提升大塘农业品牌价值。

城乡建设深入推进。完成望岗涌生态改造、涌北路等市政基础工程，重点抓好新汽车客运站、万豪大厦、大塘中心广场、奥利花园三期、莱福花园等重点配套项目建设，促进公共服务和商住配套资源向新城区聚集。加强城乡环境综合整治，结合城市管理考核工作，开展农贸市场及周边环境、户外广告牌、违法建设专项整治行动，启动北江沿岸（S118 线油金大桥西至六一村段）生态景观林带提升工程，镇容镇貌得到改善。按照环保责任制考核要求，推进城乡水体、大气环境整治和生态建设，完成上村等 3 个分散式农村生活污水治理及 5.6 公里内河涌清淤工程。优化农村人居环境，抓好新农村示范村创建工程，完成叶家村等 4 个自然村“森林家园”示范村工程和念塘等 3 个自然村“进村道路绿化提升”工程，建成 9 个省卫生村。

社会民生持续改善。兼顾统筹，保障投入，落实“民生八件实事”。加强劳动就业培训，开发就业岗位 3000 个，培训劳动力 1015 人，“新农保”、居民基本医疗保险、全征地农村（居）民养老保险扩面工作有效开展。健全城乡救助体系，全年发放低保、医疗、慈善救助金 644 万元，完成大塘敬老院改造工程。优先发展教育事业，结合教育资源整合调整，投入 1025 万元，完成中心小学教学楼、永平小学综合楼及校园市政配套改造工程，办学条件得到改善，通过广东省“教育强镇”复评验收。镇卫生院与区人民医院合作，加挂“三水区人民医院大塘医院”牌子，区疾病防治所大塘工作站建成启用，完善医疗服务网络，提升服务水平。落实人口计生综合治理机制，深化人口计生优质服务和日常管理，完成人口计生各项考核指标。创办内部刊物《大塘万象》，开通政务微信，组织文体活动进村（居）、进园区。强化社会治安综合治理，推动平安创建工作向企业和村（居）延伸，社会治安形势好转。落实安全生产“一岗双责”，开展安全生产网格化管理，推进安全生产、消防安全、食品药品安全等专项巡查、执法及整治，全年没有发生重特大事故。

政府建设不断加强。推进行政审批制度改革，重点开展职能部门权责清单清理工作，镇行政服务中心迁至新城区办公，规范审批事项流程，优化办事环境。完善镇公共资源交易中心软硬件建设，整合镇公共资源交易平台，组织工程招投标、政府采购、农村集体资产交易平台等工作。

【南山镇】 南山镇位于三水区最北端，与四会市、清新县接壤，总面积 124.21 平方公里，常住人口 2.9 万人，户籍人口 2.6 万人（含归侨侨眷 2636 人）。辖 1 个行政村（六和）和 4 个社区（漫江、东和、择善、禾生），有 150 个自然村。2014 年，南山镇以“生态立镇、产业强镇、科农兴镇”为理念，以打造南山“养生福地，精品名城”为战略目标，提速增效，全镇经济社会发展取得新的成效。新签约项目 11 个，投资总额超 20 亿元；地区生产总值 22.33 亿元，比上年增长 8.89%；工农业总产值 67.65 亿元，增长 12.08%，其中工业总产值 58.92 亿元，增长 12.87%；农业总产值 8.73 亿元，增长 6.99%；税收 7123.78 万元，增长 2.26%。

南山镇围绕生物科技和食品饮料、生态养生休闲度假旅游两大主导产业，引入杰隆南方区域总部、杰隆生物制品、杰康诺等 3 个生物科技项目及 1 个广村食品项目，另有卓超集中供热、森和业丰等 3 个产业配套项目；引入乐华商学院、六和幼儿园和九道谷温泉养生度假酒店等 3 个项目。产业园区载体建设加快。基地北园一期 100 公顷完成“七通一平”建设，并预留发展用地 300 公顷。梳理产业园区闲置用地和低效用地，采取土地收储等方式推动土地开发利用，收储产业园区 4 宗闲置土地共 19.8 公顷。福贞 5 条生产线、乐华一期、顺发起重投产。“个转企”工作取得重大突破，转型升级 9 家企业。办理项目立项 18 项，申报发明专利 7 个。

南山镇加快行政经济中心区城市功能配套建设。完成南山入口景观节点、广四线和六山线的绿化提升改造和亮化工程。南山新客运站建成，九道谷温泉酒店建成开业。乐华公寓、企业家高管公寓、幸福商城城市综合体、假日蓝湾酒店等动工。配套完善公共服务区城镇化建设，完成公共服务区的道路、排水、路灯、市场周边环境改造等市政建设，启动公共服务中心公园及南山公共服务中心改造等建设工程。南山大道南段扩建工程纳入三水区重点工程，区、镇合力推进该工程建设，工程投资超 3 亿元，按 I 级公路设计，总长 7.8 公里，扩建后双向 4 车道沥青路面，建成城市主干道路，工程征地工作完成。启动漫江河筑坝蓄水工程、一河两岸桥梁连接工程及两岸生态景观建设工程进入招标阶段。加大环保执法巡查力度，查处无牌无证企业 1 家，处罚违法企业 3 家。加强广四线常态化管理，查处违章运输车辆113台次。淘汰黄标车68辆。坚持“一河一策”，东排涌综合整治达标。完成污水处理厂、城区截污工程。完成全镇14家养殖场节能减排整治，建成六和农村生活污水处理设施。创建为国家级生态镇。扎实推进危房改造工程。危房改造自建区95%以上的自建户动工，市政配套、文化中心、商业广场建成；旧房维修完成630户的验收及资金补助发放工作。完成大埗塘排灌站拆旧建新工作，天桥旧村改造、限价房建设进入施工阶段，完成450户选房抽签工作。

南山镇出台《南山镇扶贫开发工作实施方案》，确定涵盖农村、教育、医疗、养老、卫生、农业的6大建设项目（含14个子项目），计划从2014年起，用3年时间彻底改变南山镇的落后面貌。农业园区5项提升工程完工。平安创建工作实现村（居）视频监控覆盖80%以上，半封闭式大包围安全小区100%覆盖。全年接收处理警情562宗，同比下降6.7%。落实农村集体聚餐备案工作，规范小作坊登记管理，全年实现食品药品安全“零事故”。深入开展“八打八治”专项行动，完成42家企业安全生产标准化验收。强化疫情联防联控工作机制，未出现人感染登革热、H7N9禽流感等疫情。

南山镇争取区级民生微实事项目资金181万元，扶持建设项目10个。开展《对话民生》、微访谈等系列活动，推进政务公开。建立重点工作一周一报制度，对“奋战100天，敢叫南山换新篇”等系列重点工作实施督查考核，以督促查办促建设、保增效。规范财政资金管理，出台《南山镇政府投资项目专项资金管理暂行办法》《佛山市迳口华侨农场危房改造专项资金管理暂行办法》等系列规章制度，确保财政资金安全高效运行。

附：2014年三水区党政主要领导名单

书　　记：苏伟波
副 书 记：陈英文　陈浩明
常　　委：钟飞健　李伟成　何国辉　陈必田
孔耀明　李仕清（任至3月）
潘建刚（3月任职）
霍　平　曾阳春（12月任职）
黄少文（任至4月）
李学坚（4月任职）
区　　长：陈英文
常务副区长：钟飞健
副 区 长：张卫红　黎延坤　胡　英　杨日强
乐绍才（任至9月）
何小玲（9月任职）
刘秀梅（3月任职）
政务委员：何小玲（任至9月）
杨鉴岐　翁　良　罗卫平　黄昌建

现任三水区党政主要领导名单

书　　记：苏伟波
副 书 记：陈英文　陈浩明
常　　委：钟飞健　李伟成　何国辉　陈必田
孔耀明　曾阳春　李学坚　刘达文
区　　长：陈英文
常务副区长：钟飞健
副 区 长：张卫红　黎延坤　胡　英　杨日强
何小玲　唐磊晶　王　鹏
政务委员：杨鉴岐　翁　良　罗卫平　黄昌建

（2015年6月三水区供稿）

第十篇

社会统计资料

2014年佛山市主要经济指标

指标名称	计量单位	2014年	2014年比上年增长（%）
一、年末总户数	万户	116.26	0.3
二、年末户籍总人口	万人	385.61	1.0
其中：男	万人	191.72	1.0
女	万人	193.89	1.1
年平均人口	万人	383.61	1.0
人口出生率	‰	11.87	增长0.18个千分点
人口自然增长率	‰	6.60	下降0.11个千分点
三、地区生产总值	亿元	7441.60	8.3
第一产业	亿元	133.75	2.4
第二产业	亿元	4602.17	9.0
第三产业	亿元	2705.68	7.3
人均国内生产总值	元	101617	7.7
第一产业比重	%	1.80	—
第二产业比重	%	61.84	—
第三产业比重	%	36.36	—
四、农林牧渔业总产值	亿元	270.47	1.8
五、规模以上工业	亿元	18796.65	9.8
其中：轻工业	亿元	8884.21	11.8
重工业	亿元	9912.44	8.0
六、固定资产投资总额	亿元	2612.45	15.0
七、社会消费品零售总额	亿元	2400.58	13.1

续表

指标名称	计量单位	2014年	2014年比上年增长（%）
八、地方公共财政预算收入	亿元	501.19	14.4
地方公共财政预算支出	亿元	525.01	7.5
九、出口总值	亿美元	467.20	9.9
其中：内资企业出口	亿美元	249.32	17.0
外资企业出口	亿美元	217.89	2.7
实际使用外资金额	亿美元	26.56	5.4
十、金融部门存款余额（本外币）	亿元	11275.63	–1.0
其中：城乡居民储蓄存款余额	亿元	5806.94	3.6
金融部门贷款余额	亿元	7595.79	6.8
十一、货物周转量	亿吨公里	253.15	4.8
旅客周转量	亿人公里	62.77	4.5
港口货物吞吐量	万吨	5907.01	7.9
十二、移动电话年末用户	万户	1490.40	11.3
本地电话年末用户	万户	294.71	–0.4
十三、旅游总收入	亿元	496.27	15.1
接待过夜总人数	万人次	1181.92	5.6
十四、小学学校数	所	406	–0.5
小学在校学生	万人	47.44	2.3
普通中学学校数	所	193	1.0
普通中学在校学生数	万人	30.78	–2.5
高等学校在校学生	万人	5.62	–15.8
初中毕业生升学率	%	99.06	0.03
高中毕业生升学率	%	94.38	持平
十五、卫生医疗机构	个	1429	4.6
其中：医院	个	99	11.2
卫生机构病床数	张	29821	10.2

续表

指标名称	计量单位	2014年	2014年比上年增长（%）
各类卫生技术人员数	万人	41619	4.2
十六、城镇非私营单位在岗职工平均工资	元	56056	11.3
常住居民人均可支配收入	元	35140	9.1
其中：城镇	元	36555	9.0
农村	元	20094	9.6
常住居民人均生活消费支出	元	24849	10.1
其中：城镇	元	26043	10.0
农村	元	13474	10.6
十七、每百户常住居民拥有			
家用汽车	辆	60.1	—
摩托车	辆	70.1	—
电冰箱（柜）	台	95.4	—
洗衣机	台	89.6	—
热水器	台	101.4	—
空调	台	195.4	—
彩色电视机	台	128.3	—
摄像机	台	7.5	—
照相机	台	48.3	—
计算机	台	111.3	—
中高档乐器	架	7.5	—
固定电话	部	77.8	—
移动电话	部	250.8	—
十八、主要农业产品产量			
粮食	万吨	9.84	0.2
其中：稻谷	万吨	5.56	–1.1
蔬菜	万吨	124.42	–12.0

续表

指标名称	计量单位	2014年	2014年比上年增长（%）
水果	万吨	4.37	–12.6
肉类总产量	万吨	22.65	–8.5
其中：猪肉	万吨	11.46	–8.8
水产品总产量	万吨	61.26	2.9
其中：塘鱼	万吨	60.23	2.9
十九、主要工业产品产量			
酱油	万吨	260.92	8.4
布	万米	72326.10	–1.2
机制纸及纸板	万吨	14.73	–56.0
塑料制品	万吨	285.45	13.9
铝材	万吨	408.87	17.3
家用电冰箱	万台	995.83	6.2
家用电风扇	万台	3721	15.4
房间空气调节器	万台	2350.65	11.1
微波炉	万台	5606.68	6.5
电光源（灯泡）	万只	137165	–21.0
照相机	万台	70.33	–93.5
发电量	亿千瓦·小时	157.74	–11.0

注：1. 2012年四季度开始，按照国家统计局和广东调查总队的统一部署，佛山市实施了城乡一体化住户调查改革。2014年按照新的调查口径对外发布城乡一体的居民人均可支配收入、支出和分城镇、农村常住人口人均可支配收入、支出数据。由于新老调查方案在调查范围、调查对象、城乡划分标准、样本抽选、计算和汇总方式、指标口径等方面变化较大，改革后新口径数据和旧口径数据存在不可比的差异。

2. 金融机构本外币存、贷款余额的增长速度，为与年初相比的计算数。

（市统计局）

2014年佛山市国民经济发展情况

项　目	单　位	佛山市	禅城区	南海区	顺德区	高明区	三水区
年末户籍人口（万人）		385.61	61.37	126.52	127.1	30.13	40.49
地区生产总值	绝对值（亿元）	7441.60	1368.67	2088.93	2419.68	664.74	948.84
	比上年增长（%）	8.3	8.7	8.7	7.9	9.4	9.6
人均地区生产总值	绝对值（元）	101617	123604	78724	96722	155732	149706
	比上年增长（%）	7.7	8.5	7.7	7.4	8.7	8.9
第一产业增加值	绝对值（亿元）	133.75	0.59	45.46	40.57	16.90	29.53
	比上年增长（%）	2.4	8.5	2.7	1.8	4.5	2.2
第二产业增加值	绝对值（亿元）	4602.17	647.92	1244.91	1442.55	534.12	732.67
	比上年增长（%）	9.0	8.1	9.4	8.1	9.5	10.6
工业增加值	绝对值（亿元）	4444.10	614.51	1195.99	1392.06	522.31	719.24
	比上年增长（%）	9.1	8.2	9.5	8.2	9.6	10.6
第三产业增加值	绝对值（亿元）	2705.68	720.15	798.56	936.56	113.73	186.64
	比上年增长（%）	7.3	9.2	7.6	7.9	9.8	6.3
规模以上工业总产值	绝对值（亿元）	18796.65	2461.59	5112.58	5885.69	2507.11	2829.68
	比上年增长（%）	9.8	9.0	9.4	9.3	10.8	10.6
农林牧渔服务业总产值	绝对值（亿元）	270.47	1.32	84.72	84.75	35.07	63.45
	比上年增长（%）	1.8	8.4	1.1	0.5	5.5	2.4
固定资产投资	绝对值（亿元）	2612.45	464.28	792.04	550.38	305.62	500.11
	比上年增长（%）	15.0	14.5	15.6	15.1	14.5	15.0

续表

项　目	单　位	佛山市	禅城区	南海区	顺德区	高明区	三水区
外贸进口额	绝对值（亿美元）	220.98	—	—	—	—	—
	比上年增长（%）	3.2	—	—	—	—	—
外贸出口额	绝对值（亿美元）	467.20	—	—	—	—	—
	比上年增长（%）	9.9	—	—	—	—	—
实际使用外资金额	绝对值（亿美元）	26.56	4.66	8.07	8.12	1.56	4.15
	比上年增长（%）	5.4	5.3	5.2	5.6	5.6	5.1
地方一般公共预算收入	绝对值（亿元）	501.19	53.95	166.59	174.21	26.75	39.39
	比上年增长（%）	14.37	12.46	14.00	13.02	14.96	23.01
地方一般公共预算支出	绝对值（亿元）	525.01	65.79	152.26	156.39	25.46	36.98
	比上年增长（%）	7.5	6.2	9.3	4.5	-1.9	6.5
社会消费品零售总额	绝对值（亿元）	2400.58	577.53	781.50	775.63	95.45	170.47
	比上年增长（%）	13.1	14.7	13.2	13.2	8.9	9.6
城镇常住居民人均可支配收入	绝对值（元）	36555	—	—	—	—	—
	比上年增长（%）	9.0	—	—	—	—	—
农村常住居民人均可支配收入	绝对值（元）	20094	—	—	—	—	—
	比上年增长（%）	9.6	—	—	—	—	—
城乡居民储蓄存款余额	绝对值（亿元）	5806.94	1266.27	2081.22	1952.90	177.55	322.34
	比年初增长（%）	3.6	2.3	4.7	2.6	5.4	8.2

注：2012年四季度开始，按照国家统计局和广东调查总队的统一部署，佛山市实施了城乡一体化住户调查改革。2014年按照新的调查口径对外发布城乡一体的居民人均可支配收入、支出和分城镇、农村常住人口人均可支配收入、支出数据。由于新老调查方案在调查范围、调查对象、城乡划分标准、样本抽选、计算和汇总方式、指标口径等方面变化较大，改革后新口径数据和旧口径数据存在不可比的差异。

（市统计局）

2013 ~ 2014 年佛山市基本建设情况

项　目	单　位	2013年	2014年
公路通车里程	公里	5197.78	4879.24
其中：高速公路	公里	120.50	120.50
本地电话年末用户	万户	296.02	294.71
移动电话年末用户	万户	1339.30	1490.40
（固定）互联网用户	万户	234.10	244.33
电力消费量	万千瓦时	5270608	5641251
商品房屋实际销售面积	万平方米	940.74	1061.14
商品房屋实际销售额	亿元	860.56	940.37

（市统计局）

2013～2014年
佛山市教育事业情况

项　目	单　位	2013年	2014年
普通高校数	所	3	3
普通高校在校学生数	万人	4.73	4.67
中职和技校学校数	所	48	48
中职和技校在校学生数	万人	9.67	9.46
普通中学学校数	所	191	193
普通中学在校学生数	万人	31.56	30.78
普通高中毛入学率	%	111	112.81
小学学校数	所	408	406
小学在校学生数	万人	46.37	47.44
学前教育入园率	%	99.62	99.81
幼儿园数	所	809	837
在园幼儿数	万人	23.65	25.14

（市统计局）

2013～2014年
佛山市医疗文化体育事业情况

项　目	单　位	2013年	2014年
医院、卫生院数	个	106	110
医院、卫生院床位数	张	25166	27764
平均每千人口医院、卫生院床位数（常住）	张	3.45	3.78
文化馆数	个	7	7
公共图书馆数	个	6	6
博物馆数	个	16	16
体育场馆（标准）	个	135	139
人均体育运动面积	平方米／人	2.2	2.3

（市统计局）

第十一篇

文件·法规选编

佛山市建设人民满意政府行动方案

（2014～2020年）

佛府〔2014〕1号

为深入开展党的群众路线教育实践活动，全面加强政府自身建设，努力建设人民满意政府，制定本行动方案。

总体要求

以党的十八大和十八届三中全会精神为指引，深入贯彻落实科学发展观，围绕最大限度满足人民群众、企业、基层发展需求，努力提升政府治理能力现代化水平，全面推进人民满意政府建设，形成行为规范、运转协调、公正透明、廉洁高效的行政管理体制，为“加快转型升级、建设幸福佛山”创造优良环境。

基本原则

（一）解放思想、转变职能。

以更大决心突破思想和利益的束缚，积极破除各方面体制机制障碍，进一步转变和优化政府职能，促进政府依法、民主、科学治理，激发和增强市场和社会的活力和创造力。

（二）以民为本，提升服务。

尊重人民主体地位，把人民群众生活富裕安康放在一切思想、工作的首位，以人民群众满意作为政府工作的最大追求。大力建设民生工程，着力提供丰富的公共产品和优质的政务服务。

（三）突出重点，全面覆盖。

围绕人民群众的关心和期待，突出重点领域、重点环节、重点项目，建立重点工作项目库予以推进落实。实行市、区、镇（街道）上下联动、整体推进，把目标和责任落实到全市政府系统的各级、各部门和全体公务员。

（四）狠抓当前，着眼长远。

把建设人民满意政府作为一项长期目标和任务，既要有长远战略举措，又要从现实问题入手，着力解决当前政府自身建设中存在的突出问题，进一步创新管理方式，改进工作作风，提高工作效率，提升公众满意度。

满意标准

建设人民满意政府的标准是：民生政府、高效政府、法治政府、诚信政府、责任政府、廉洁政府。

工作目标

2014年全面启动建设人民满意政府工作，结合群众路线实践教育活动狠抓政府自身改革和建设，初步实现政府治理能力明显提升，机关作风明显改进，干部素质明显增强，服务水平明显提高，发展环境明显优化，行政效能明显提升，投资者、企业、群众对政府工作满意度显著提高。

到2016年，广大人民群众、企业和投资者对政府工作满意度进一步提高，城市发展综合实力进一步增强，城市形象、品质显著提升，政府治理能力现代化水平进一步提升，政府公信力和执行力显著增强。政府绩效、基本公共服务均等化水平位居全省前列。到2020年，形成佛山政务品牌和影响力，成为全省乃至全国建设人民满意政府的示范城市，成为全国知名的、理想的投资热土。

主要任务

（一）坚持发展为民，建设民生政府。

1. 坚持全面协调可持续发展。转变发展理念，完善经济社会发展成果考核评价体系，加大资源消耗、环境损害、生态效益、产能过剩、科技创新、安全生产等指标的权重，更加重视劳动就业、居民收入、社会保障、人民健康状况。大力推进“两化”深度融合和商业模式创新，大力实施专利、品牌、标准战略，改造提升传统产业，发展壮大先进制造业、战略性新兴产业和现代服务业。坚持走绿色低碳发展道路，大力发展循环经济，开展清洁生产，实现包容性增长。落实民营经济跨越式发展政策，优化民营经济发展环境，拓宽民间资本投资渠道。鼓励群众创业创富，实现藏富于民。

2. 健全基本公共服务均等化制度。完善促进基本公共服务均等化相关政策，构建政府主导、社会参与、市场运作的基本公共服务供给平台。调整优化公共财政支出结构，加大对基本公共服务支出的投入力度。统筹城乡一体化发展，推动实现义务教育、基本医疗卫生、社会保障体系、就业区域服务、保障性住房、文化体育惠民、福利救助等基本公共服务均等化。逐步统一全市基本公共服务最低标准，保障均等化建设质量。

3. 推进民生社会事业改革发展。深入推进教育领域综合改革；加快普惠性幼儿园建设，促进义务教育均衡优质标准化发展，推动普通高中教育优质化多样化特色化发展，加快现代职业教育体系建设，进一步提升特殊教育服务水平；落实立德树人根本任务，深入实施素质教育。完善平价医疗服务机制，落实便民惠民措施；强化医疗服务体系建设，推进组团联网运营，促进社会资本办医，满足群众多样化就医需求；巩固基层医疗卫生机构综合改革成果，完善合理分级诊疗模式，探索建立社区医生和居民契约服务关系。健全现代公共文化服务体系，统筹服务设施网络建设，打造“魅力佛山·四季情韵”、秋色欢乐节等文化品牌；倡导和推广“微文明”行动，围绕爱国、敬业、诚信、友善，积极培育市民的社会主义核心价值理念。健全社会保障管理体制和服务体系，实现基本养老保险、住院和门诊基本医疗保险全覆盖。构建劳动者终身职业培训体系，健全公共就业服务体系，推进创建充分就业社区建设，促进重点困难人群就业。进一步完善住房公积金制度，扩大住房公积金制度的覆盖面，力争2020年实现全市在职职工全覆盖。深化食品安全示范城市创建工作，建立全程覆盖、责任明晰、机制完善、协同高效的食品安全监管体系，2016年食用农产品和食品评价性抽检内在合格率要稳定在95%以上。推动民生实事办理制度化，每年解决一批群众关心的热点、难点问题。2016年，力争我市民生政府总体满意度达到90%以上。

4. 建设健康宜居城市环境。持续推进城市升级、“三旧”改造、“1+2+5+X”组团城市建设，加强城市综合管理，改善城市面貌，努力提升城市形象和品质。着力改善生态环境，狠抓大气污染防控和水环境综合治理，重点抓好广佛跨界河涌的整治，加快淘汰黄标车步伐，推进生活垃圾分类处理，推动农村污染防治，加快推进佛山植物园等一批公园建设，创建国家生态市和国家森林城市，让天更蓝、水更绿、环境更美。力争到2020年，环境空气质量实现全面达标，城镇污水处理率达93%以上，城乡生活垃圾处理率达100%，建成国家森林城市。积极开展中心城区疏堵保畅工作，加快城际、区际、镇（街道）路网建设，大力发展轨道交通，完善智能公交和慢行系统，为市民提供畅顺便捷的出行环境。深入推进“平安佛山”“安全社区”创建活动，保持对违法犯罪的高压打击态势，大力整治“黄赌毒”，确保社会和谐稳定，提升群众安全感。深入推进全国文明城市创建工作，提升城市文明程度和市民文明素质。

5. 促进异地务工人员市民化。深化户籍制度改革，完善积分入户和高技能人才落户政策，让更多异地务工人员成为“佛山人”。加大对异地务工人员在临时住房、就业扶持、子女入学、社会保险、医疗服务等方面的政策优惠，解决异地务工人员工作生活实际问题。充分发挥司法调解、劳动仲裁等作用，维护异地务工人员合法权益。发挥工青妇等群团组织和慈善组织、行业协会商会等社会组织优势，加快培育异地务工人员社会服务中心和互助组织，为异地务工人员提供实际帮助和服务。

6. 加大困难群体帮扶力度。实施城乡最低生活保障标准动态调整机制，建立健全城乡医疗救助制度，落实特殊群体和特定项目财政补贴。扩大联动机制临时价格补贴范围，确保低收入群体基本生活不因物价上涨受到影响。落实农村五保供养工作，完善敬老院管理服务机制，提高五保供养对象、“三无”老人保障水平。加大弱势群体免费法律援助力度，帮助他们依法维护合法权益。加大革命老区、华侨农场和贫困农村帮扶力度，做好扶贫开发和对口援建工作。

7. 完善政民互动机制。建立健全政民互动平台，整合市领导“微访谈”、民生直通车、纠风热线、“12345”政务平台等现有渠道，搭建改革发展市民建言献策平台，探索设立人大代表工作室，线上线下问计民生、汇聚民智，打造全方位、常态化、规范化的政民互动体系。建立健全民意收集、处理、反馈和通报机制，从制度上保障“民有所呼，我有所应”。

（二）坚持务实干事，建设高效政府。

8. 加快转变政府职能。理顺政府和市场的关系，突出市场在资源配置中决定性作用，强化政府公共服务、市场监管、社会管理、环境保护等职责，完善决策权、执行权、监督权既相互制约又相互协调的行政运行机制。建立健全市、区、镇（街道）行政职能库系统，对政府机构职能进行清单式动态管理。进一步清理、下放、转移行政审批事项，稳步推进政府职能向基层和社会转移。加快推进社会组织承接政府职能，构建多元监管体系，由注重事前审批向注重事中、事后监管转变，确保下放和转移事权规范有序运转。

9. 建设高效政务服务体系。打造集网上办事大厅、政务服务中心、公共资源交易中心和电子监察系统于一体的综合性政务服务平台，形成市、区、镇（街道）、村（居）行政服务中心四级一体化的政务服务体系。创新政务服务方式，推进“网络行政”“网络问政”“网络监督”三网融合，建设政务数据中心，形成集网上办事、综合服务、指挥调度、决策支持、效能监察于一体的政务服务大后台。加强行政审批效能建设，全面推行“一窗式受理、一站式服务、一网式运行、一次性缴费、一套标准服务”的“五个一”审批和服务方式。推进工商登记制度和企业投资管理体制改革，进一步优化审批流程、压减审批时间。开展行政职权标准化建设，统一、规范和公开行政审批权实施的全过程。力争到2016年，审批业务流程改造、行政审批标准化建设市民满意度达到90%以上。整合完善“12345”话务平台，打造“市民之窗”自助服务品牌，营造更加方便快捷的政务环境。

10. 提升政府执行力。完善大部门制改革，适时调整优化大部门设置，最大限度整合分散职能，完善部门间的协调沟通机制，着力解决推诿扯皮、执行不力等问题。优化内部人员结构配置，减少中间平行管理层次，充实提升一线执法、办事人员比例。按照统一规范、量化管理、奖罚分明的原则，建立健全高效执行机制，实行推进落实工作的目标、时限、责任人、要求、措施“五落实”制度。深入开展督查督办和考核，通过行政监察、政务督查和限时督办，确保重大决策和重大工作项目得到落实。对执行不力、工作不落实的，及时通报情况，严格追究责任，确保政令畅通。

11. 建设国际化营商环境。通过放宽市场准入、规范涉企税费管理、完善企业服务体系、加快电子商务发展、提升金融服务水平、推进社会信用体系和市场监管体系建设、深化佛港澳紧密合作等一系列措施，打造市场准入统一透明、资源配置公平高效、企业运营成本有效降低、政府服务管理行为更加规范的国际化营商环境，成为全省法治化国际化营商环境示范城市。

12. 加强政风行风建设。反对形式主义、官僚主义、享乐主义和奢靡之风，大兴务实干事之风。健全领导干部下基层调查研究和现场办公等常态化机制，建立市直机关业务科室下基层、察民情、优服务常态化机制，强化与基层和群众的密切联系。深入推进“三统一”绩效管理，整治“庸懒散奢”。着力改进文风会风，精简公文数量，严格控制不必要的发文；精简会务活动，提倡少开会、开短会、开电视电话会议，提高会议实效。坚持开展民主评议政风行风活动，将市、区、镇（街道）三级政府部门全部列为被评议对象并纳入各级绩效考核，完善市、区、镇（街道）三级作风暗访工作机制，切实转变工作作风。

（三）坚持依法行政，建设法治政府。

13. 推进权力公开透明运行。以行政许可、行政处罚、行政收费、行政征收等涉及群众切身利益的事项为重点，将权力行使的法律依据、执法主体、运行程序和监督措施等向社会公布，同时探索执法投诉和执法结果公开制度，增强行政行为透明度，提升依法行政公信力。各级政府及其部门应当带头维护法律权威，确保行政权力在法律和制度的框架内运行。

14. 健全行政决策机制。进一步明确行政决策权限，加强重大行政决策的市级统筹与协调。推进重大行政决策民主化、科学化，把公众参与、专家论证、合法性审查和集体讨论决定作为重大行政决策的必经程序。完善法律顾问制度，充分发挥专家顾问在行政决策中的智力支持作用。建立健全重大行政决策风险评估、事后评估和责任追究制度，促进决策、执行、监督相互协调、相互制约。健全规范性文件科学管理制度，落实规范性文件备案、合法性审查、定期评估和定期清理制度。

15. 完善行政执法体制机制。依法界定行政执法权限，整合行政执法资源，推进综合执法，着力解决权责交叉、多头执法问题，建立权责统一、权威高效的行政执法体系。规范行政执法自由裁量权，落实行政执法责任制和执法经费由财政保障制度。加强行政执法监督检查和评估工作，健全行政执法电子监察系统，建立动态管理机制。健全行政执法案卷评查制度。健全完善行政执法与刑事司法衔接机制。

16. 开展依法行政考评。结合我市实际，制定科学的法治建设指标体系和考核标准。市、区人民政府设立的依法行政（法治政府建设）工作领导协调机构，分别负责对下一级人民政府和本级人民政府所属各部门、各直属机构的依法行政状况进行考评。2016 年，考评新增法治政府公众满意度调查，力争法治政府总体满意度达到 90% 以上。

17. 创新有效预防和化解社会矛盾机制。深入推进行政复议委员会工作，畅通行政复议渠道，探索社会力量参与案件议决机制，充分发挥行政复议解决行政纠纷的主渠道作用。规范行政机关应诉行为，认真落实佛山市行政机关负责人出庭应诉制度，完善行政机关与司法机关的良性互动。探索建立行政调解、人民调解、司法调解相衔接的大调解联动机制。加强镇（街道）综治信访维稳中心建设，强化信访机关与复议机关、仲裁机构及司法机关的联系与协作，实行“诉访分离”；实施网上受理信访制度，积极引导当事人通过法律途径解决矛盾纠纷。

18. 加强依法行政能力建设。建立健全领导干部学法制度，原则上每年至少安排市政府常务会议学法 2 次。制定年度学法计划并组织实施，做到学法的计划、内容、时间、人员、效果“五落实”。落实依法行政集中培训制度，切实加强对政府法制工作人员、行政执法人员和初任公务员的法律知识培训。加强专业法律知识的培训，对行政执法人员的法律知识培训每年不少于 1 次。

（四）坚持讲信守诺，建设诚信政府。

19. 加强政府机关诚信建设。建立统一的市政府政务诚信管理机构及征信系统，编制政府机构及公务人员政务诚信征信目录，以“契约式责任政府”理念，致力于政府决策、执行、监督诚信建设。加强政府诚信日常管理，建立政府失信行为信用风险预警机制，严格规范履行各类重大合同及担保行为，努力形成言必行、行必果、果必信的诚信氛围，不断提升政府公信力，使公众对政府信用的满意度逐年提升。

20. 加强公务人员诚信建设。制定公务人员诚信征信指引，规范公务人员诚信行为。建立公务人员诚信档案，推进公务人员信用信息平台建设，把公务人员的诚信和失信情况记录在案。建立公务人员诚信考核机制，逐步将公务人员诚信情况列为干部考核、任用、评优的重要内容。加强公务人员诚信教育，不断增强公务人员的诚信意识。

21. 加强诚信政府环境建设。健全社会诚信体系，建立全社会信用平台和信用监督管理体系，推进佛山市社会信用体系建设重点工作和重点项目，建设涵盖社会组织信用、事业单位信用、企业信用、个人信用信息等的联合征信系统。深入开展“两建”工作，打造诚信商圈、诚信市场、诚信行业、诚信企业等诚信品牌。创建多元共治的消费维权模式，着力优化消费环境，维护广大消费者合法权益。强化诚信文化培育，完善诚信教育、守信激励、失信预防和惩戒等制度机制，营造良好的诚信人文环境，塑造城市诚信品质。

（五）坚持为民负责，建设责任政府。

22. 完善权责一致的行政运行机制。理顺政府内部权责关系，编制市、区、镇（街道）三级政府权责清单，厘清和明确权责主体和权责边界，有效评估和监督权利主体的履责行为。建立责权对称、层级清晰的部门责任制，将工作职责、任务和目标科学明确地分解到各个部门。建立主体明确、具体量化的岗位责任制，将责任落实到具体职级和岗位，杜绝职责不清、人浮于事的情况出现。

23. 严格实施行政问责。全面落实首长问责制，进一步明确问责对象，规范问责主体自由裁量权，建立健全包括问责标准、问责程序、问责范围、问责主体、问责救济在内的全市统一问责机制。严格实行行政过错责任追究，确定各环节相关人员应当承担的具体责任。动态评估责任追究实施情况，及时修改完善相关制度和程序。建立健全责任追究监督机制，及时将问责处理结果向社会公布。

24. 加强社会监督和问责。充分发挥人大代表、政协委员、市政府特约监察员、纠风志愿者、市民群众、新闻舆论的监督作用，畅通群众参与问责和责任追究的渠道，保障群众、媒体对政府机关及其工作人员批评、检举和建议的权利。结合政府绩效管理制度，推动政府及其部门年度工作任务及完成情况公开，接受社会监督。建立规范性文件的异议处理机制，接受公众对规范性文件合法性的监督。

（六）坚持激浊扬清，建设廉洁政府。

25. 完善廉洁从政的教育机制。坚持开展纪律教育，改进教育培训方式和方法，增强教育实效。建立谈心提醒教育制度，对干部存在的有悖廉洁的苗头性问题早发现、早教育、早提醒、早纠正。推进廉政教育基地和警示教育基地建设。推动廉洁文化进机关，发挥先进单位示范引领作用，宣传崇尚廉洁的价值理念，倡导廉洁从政的行为规范。

26. 完善权力行使的监督机制。落实党内监督制度，全面开展党委（党组）主要负责人向纪委全会述责述德述廉活动，建立领导干部个人有关事项报告抽查核实机制，开展新提任领导干部个人有关事项公开制度试点。完善法律监督机制，规范行政监察工作，加强审计监督。按照有关规定及时处理和回复人大议案，自觉接受人大及其常委会对政府的监督和对法律实施情况的监督。推动中央“八项规定”精神和省委实施办法落实，健全作风建设长效机制，严格控制“三公”经费支出。完善网络反腐联盟建设，引导社会力量有序参与反腐败。

27. 完善权力运行的约束机制。推进政府部门建立权责清单制度，明确权力运行边界、程序，依法公开权力运行流程，规范行政审批自由裁量权。健全廉政风险防控机制，深入开展重点领域廉政风险防控，着力推进狠刹“四风”网络监督、公共资源交易、网络教育、市直机关单位廉政风险科技防控等平台建设。深化公共资源交易平台和监管体制改革，健全“一委一办一中心”监管模式，统一规范招标流程和评标标准，推行网上招标、电子评标等电子技术手段，减少人为因素干预。建立完善标后信用评价和应用机制，加强标后监督管理。

28. 完善从严治腐的惩戒机制。健全腐败案件揭露发现机制，落实举报人和证人保护制度，加强问题线索集中管理工作。完善查办案件组织协调机制，增强反腐败合力。完善以案治本工作机制，坚持抓早抓小原则，建立健全“一案三报告”制度和重大典型案件通报制度，扩大惩治的震慑和教育效果。

保障措施

（一）加强组织领导。

市政府成立建设人民满意政府工作领导小组，由市长任组长，副市长任副组长，市政府工作部门为领导小组成员单位。领导小组下设办公室，市政府秘书长兼任办公室主任，从市直相关单位抽调工作人员集中办公，负责建设人民满意政府工作的组织协调和统筹推进，对各级、各部门落实建设“六个政府”的工作进行督促和指导，不断完善相关工作制度，形成长效机制。同时，统筹确立年度重点项目，以促工作取得实效。

（二）加强队伍建设。

坚持“凡进必考”原则，严把公务员（含参公管理人员）进人关。完善公务员教育培训机制，加强理想信念、服务宗旨和廉政教育，不断提高公务

员队伍的综合素质和能力水平。围绕“争当改革先锋 争做人民满意勤务员”，切实加强职业道德建设，不断改进工作作风、增强服务意识、提升服务效能。完善公务员任用和管理制度，落实群众对公务员选拔任用的知情权、参与权、选择权和监督权，把信念坚定、为民服务、勤政务实、敢于担当、清正廉洁的好干部选拔出来、任用起来。

（三）加强工作落实。

各级政府要依据本行动方案，结合各自实际，将建设人民满意政府工作任务量化分解，责任落实到具体岗位、具体人，做到任务、时间、权责、要求、措施“五落实”，形成一级抓一级、层层抓落实的责任体系，确保人民满意政府建设工作有序有效开展、取得实效。各级、各部门要高度重视、对待督促检查，对监查过程中提出的意见，要认真抓好整改落实，并及时反馈整改落实情况。

（四）加强舆论宣传。

统筹各类媒介，广泛开展建设人民满意政府活动的宣传，展示建设人民满意政府的决心、达到目标的信心和为民服务的真心，不断提高人民群众的知晓度、参与度和认同度，形成政府、社会、群众共同推动人民满意政府建设的强大合力。既要大张旗鼓地宣传建设人民满意政府中涌现出的好典型、好做法、好经验，更要发挥舆论监督作用，公开曝光反面典型、落后单位和个人，最大限度压缩“不满意”空间，推动人民满意政府建设工作顺利开展。

（五）加强督导考评。

成立市建设人民满意政府督导工作组，定期通报工作进展情况，针对存在问题狠抓督促整改。市纪委监察局对整改不力的单位实施问责，确保各项工作有序推进。建立第三方监督评价机制，在全市范围聘请部分人大代表、政协委员、市政府特约监察员、市民群众为人民满意政府建设的监督员，对人民满意政府建设工作进行监督，形成综合评价机制。将建设人民满意政府工作统一纳入市绩效管理体系，市绩效管理办公室和市建设人民满意政府督导工作组共同组织对各级各单位推进人民满意政府建设工作进行考评，促进各项工作任务有效落实。

附　则

（一）市政府各部门、直属各机构，市各参公管理事业单位参与人民满意政府建设。

（二）本行动方案自发文之日起试行，根据实施情况逐步完善。

二〇一四年四月一日

佛山市人民政府
关于提升佛山陶艺文化的实施意见

佛府〔2014〕4号

各区人民政府，市政府各部门、直属各机构：

为认真贯彻落实《佛山市城市升级三年行动计划》的总体部署，充分发挥佛山陶艺在岭南文化名城建设中的作用，以打造陶瓷文化品牌为切入点，充分挖掘佛山陶艺的人文价值和经济价值，不断增强产业凝聚力和驱动力，全面提升佛山陶艺文化，现提出如下实施意见：

工作目标

在未来5年通过城市规划建设、举办主题活动、理论研究、人才培养和宣传推介等一系列措施，促进陶艺文化的品牌化、产业化发展，提高佛山陶艺在国内外的知名度，使我市成为全国甚至世界都有影响力的陶艺文化集聚区，以陶艺发展带动城市综合竞争力的提升。

工作措施及分工

（一）加强规划建设，彰显城市公共空间的陶艺特色。

1. 在城市公共空间改造中融入佛山陶艺元素。在公园、地铁站、公共广场、街道、邻街建筑、佛山新城等城市公共环境中增添陶艺元素；在禅城区各街道（道路）命名中突出陶艺特色；将历代佛山陶艺经典作品放大到城市公共空间中。

2. 把石湾片区打造成为陶艺文化和产业集聚区。以高庙路、跃进路为轴心，以南风古灶片区、北纬23度艺术空间、新石湾美陶厂为主要节点，在其周边约3平方公里的地带，建成“陶艺文化街区”，街内建设陶艺博物馆、陶艺会展中心、陶艺品交易中心、陶艺公园、陶艺雕塑长廊、陶艺大师馆、陶艺文化酒店等，让陶艺真正在这一片区集聚；保护和利用好片区内南风古灶、河宕贝丘遗址、莲峰书院等历史文化资源，与城市规划相结合，增强佛山陶艺发展的历史厚度。

3. 建设佛山陶艺集中展示窗口。依托大师工作室聚集区建立一个石湾陶艺文化展示群，结合市博物馆新馆建设，加大力度征集明、清、民国时期的陶艺精品和建国以来中国工艺美术大师、中国陶瓷艺术大师以及省级以上大师的代表性作品，开辟专题展厅集中展示佛山陶艺发展的全面历程，形成佛山陶艺的高端文化形象展示；扶持民办陶艺博物馆（展览馆、纪念馆）和陶艺产业园区发展，发挥民间的力量，使陶艺展示场馆聚集成群。

（二）举办主题活动，扩大佛山陶艺的影响力。

1. 定期举办全市性陶艺主题活动（暂定每年1届）。采取政府搭建平台、企业参与运作的方式，整合现有的各类陶艺活动，打造一个高规格、内容丰富的陶艺主题活动，通过主题展览、学术研讨会、陶商大会、陶艺精英培训营、陶乐狂欢夜等一系列活动，广泛发动业界、市民参与，助推陶瓷产业发展。

2. 策划举办国际性展览或赛事。在每届陶艺主题活动期间，策划举办国际陶艺展或陶瓷产业创意设计展，推动陶艺的行业交流和国际交流，鼓励陶艺创新，促进艺术和产业的互补融合，打造具有国际影响力的陶艺展示平台；继续办好和提升“石湾贺年生肖陶艺赛展”，推动其国际化、品牌化发展。

（三）加强理论研究，确立佛山陶艺的价值体系。

1. 普及佛山陶艺知识。编纂出版佛山陶艺家故事传说、陶艺家作品图册、佛山陶艺历史沿革和民风民俗等通俗类书籍；编制出版有关佛山陶艺的科普小册子；编写乡土教材，向中小学生系统介绍佛山陶艺。

2. 佛山陶艺基础性理论研究。联合高校、社会机构和国内外专家学者的科研力量，通过专题研究的方式，分析佛山陶艺、尤其是石湾公仔的历史源流、艺术价值、艺术风格、发展现状和未来走向，形成一批有分量的研究报告；出版佛山陶艺家丛书和佛山陶艺家代表作图录丛书，5 年内将所有国家级大师列入丛书；翻译国外佛山陶艺研究相关著作，为佛山陶艺发展提供理论支持。

3. 佛山陶艺现象研究。进行佛山陶艺推广案例研究，如新石湾美陶厂、1506 创意城和著名陶艺家个人工作室等；对比分析宜兴、景德镇、龙泉等陶艺产区以及国内外相关案例，为佛山陶艺发展提供可借鉴的经验。

（四）打造陶艺交易平台，促进陶艺产业化发展。

1. 建立陶艺交易平台和项目配对机制。依托陶艺主题活动，举办高规格的陶艺博览会、拍卖会，搭建在行业内具有公认地位的陶艺交易平台；建立以“政府引导、市场化运作，面向产业、服务企业，资源共享、注重实效”为原则的陶艺公共服务平台，为区域和行业中小企业提供信息查询、技术创新、质量检测、管理咨询、创业辅导、人员培训、设备共享等开放性、公共性服务；建立陶艺文化项目配对机制，每年收集陶艺家在产品开发、展览展示等方面的项目，向社会招商引资，促成陶艺项目与企业配对合作，鼓励社会资本参与陶艺品牌化、产业化运作；鼓励陶艺出口及国外办公司，加快走出去的步伐。

2. 培育陶艺市场体系和中介机构。积极推动陶艺交易市场建设，鼓励和扶持价格评估鉴定、艺术品经纪、艺术品拍卖等中介机构；培育相关行业协会，鼓励行业协会开展与陶艺相关的交流工作，通过陶艺品鉴会、艺术沙龙等形式建立陶艺企业、陶艺家与投资者、收藏家之间的交流平台。

3. 打造陶艺产业链。寻找分析佛山陶艺产业链的薄弱环节，着力完善上下游产业配套和服务能力，鼓励企业、陶艺家加大研发投入和品牌营销，鼓励陶艺家联合生产企业、营销机构建立产销联盟，逐步形成大师创作、企业生产、机构营销的产业链合作格局；推动旅游、会展、陶瓷、创意设计、纺织等相关产业与陶艺产业的融合，大力打造陶艺产业链。

4. 加强陶艺知识产权保护工作。加大宣传力度，引导陶艺作者积极进行版权登记、交易，提高陶艺作品版权登记的资助比例；加强与陶艺相关的专利、商标、版权的保护力度，开展陶艺市场正版正货承诺活动，鼓励陶艺工作者和从事陶艺创作经营的企业注册商标，并加强推广和使用，形成自主品牌，利用大师效应、工业品牌衍生、国际品牌合作等多种途径，推动自有品牌创意、品牌连锁经营、品牌市场营销，引领石湾本土陶瓷品牌走上世界舞台；成立陶艺维权鉴定委员会，加大打击侵权盗版力度，维护陶艺市场环境。

（五）强化人才培养和激励，建立陶艺教育体系。

1. 建立陶艺人才培养和激励机制。对陶艺高端人才的培育和引进设立绿色通道，通过资金补贴、税收减免等方式，促进一批陶艺大师的集聚；鼓励陶艺家申报国家级、省级大师称号，对获得国家级大师称号的陶艺家优先推荐为佛山市创新领军人才；制定陶艺专项奖励办法，对获得各级荣誉的陶艺家和各级奖项的陶艺作品进行奖励。

2. 实施青年陶艺家支持计划。对青年陶艺家提供资金、场地和政策等方面的支持，促进青年陶艺家加速成长；每年组织 1 ~ 2 届“佛山陶艺精英班”，选取有代表性的陶艺新秀参加，培养佛山陶艺大师后备梯队。

3. 完善陶艺教育体系。建立包括基础教育、中高等教育在内的陶艺教育体系。在中小学校大力普及陶艺课程，完善课程设计，培养陶艺接班人；加强陶艺专业技术教育和高等教育，鼓励职业院校和普通高校开设陶艺专业，搭建校企合作机制，扩展陶艺人才实习、就业空间。

（六）扩大宣传交流，提升佛山陶艺知名度。

1. 加强陶艺文化交流。组织代表佛山陶艺发展水平的陶艺精品在国内外巡展，向海内外宣传推广佛山陶艺；鼓励和支持我市的陶艺大师到国内外高等学府和陶瓷产区进行展览、讲学活动；邀请国内其他陶艺产区和国外的陶艺家到我市进行交流活动；鼓励艺术中介机构、个人和企业参与开展国际性陶艺文化交流和文化贸易，推动陶艺精品、陶艺大师、陶艺企业进入国际工艺美术品交易收藏、会展交流、学术研讨等国际活动平台。

2. 树立大师地位。通过艺术品拍卖、陶艺精品征集等方式，在艺术品流通领域提高佛山陶艺大师及作品地位；通过系统理论研究、学术研讨活动等方式推介佛山陶艺，提升佛山陶艺大师及作品的行业地位和市场价值。

3. 加大佛山陶艺宣传力度。将佛山陶艺纳入城市外宣体系当中，确立佛山陶艺形象标识系统，突出石湾公仔的社会影响；在电视台、电台、报刊和主要门户网站开设“佛山陶艺”专栏，向公众系统介绍佛山陶艺；拍摄一系列关于佛山陶艺的纪录片，力争在中央以及海外媒体传播；邀请著名编导拍摄既有一定艺术水准又符合观众审美的佛山陶艺主题影视作品；组织文艺创作人员创作一系列关于佛山陶艺的小说、传记、舞台剧等文艺作品；策划与佛山陶艺相关的旅游精品路线，编制旅游指南，向国内外游客推介佛山陶艺文化。

保障机制

（一）加强组织领导。

建立提升佛山陶艺文化工作联席会议制度，专责佛山陶艺提升各项重大决策的制定和落实，总召集人为市政府主要领导，副召集人为市政府分管副市长、分管副秘书长、禅城区政府主要领导，会议成员为市文广新局主要领导，市委宣传部、市经济和信息化局、市教育局、市科技局、市民政局、市财政局、市人力资源社会保障局、市国土规划局、市旅游局、市外经贸局、市国税局、市地税局、市工商局、佛山新城管委会、佛山传媒集团、石湾镇街道办事处等单位分管领导。联席会议下设办公室，负责联席会议日常工作，办公室设在市文广新局。

（二）统筹安排，合力协作。

提升佛山陶艺文化工作联席会议办公室负责组织审查工作实施方案，指导、协调和督促佛山陶艺行动提升工作的实施工作，参与检查、督办，定期召开联席会议等。各项目牵头单位及时组建工作机构并保障人员到位，研究提出推进工作的主要思路、工作方案和具体措施，确保行动计划各项任务的落实。

（三）贯彻落实税收优惠政策。

进一步落实对陶艺工作室的小微企业税收优惠政策，支持、鼓励陶艺销售、拍卖等交易行为。

（四）加大投入力度。

以财政资金为主导，积极吸收社会资金，对陶艺创意设计，陶艺园区，与陶艺相关的重点龙头企业、省市级老字号、国家级非遗传承人、传承基地、人才培养、品牌活动、重大项目进行补贴。对建设资金有缺口的项目，坚持主体多元化、形式多样化、运作市场化导向，拓宽全方位、宽领域、多层次、多形式的融资渠道。鼓励陶瓷企业加大投入，加快企业体制创新步伐，发挥产业凝聚力和驱动力，提升企业知名度和竞争力，从而增强陶艺文化的生命力。

二〇一四年一月七日

佛山市人民政府
关于促进公路水路货运业发展的意见

佛府〔2014〕5号

各区人民政府，市政府各部门、直属各机构：

为促进我市公路水路货运业发展，提高货运业在服务业中的比重，实现货运量与货运周转量的平稳增长，做大做强我市货物运输业，现提出如下意见：

指导思想

深入贯彻落实党的十八届三中全会精神，全面改善我市的营商环境，以提高货运效率为出发点，以调整优化运输结构为重点，以实现货运量与货运周转量平稳增长为目标，引导支持本地货运业通过规模化集约化信息化发展，实现做大做强。降低我市物流成本，全面提高我市产品的竞争力。

发展目标

经过5年的努力，促使我市货运业“散、小、弱”状况明显改善，初步形成规模化集约经营为主导，“零散”经营为补充的市场格局，实现加快我市生产性服务业发展的目标。使我市运输结构和方式得到优化调整，货运效率显著提高，货运物流成本进一步降低，货运业逐步从传统生产性服务业向现代综合性服务业转变，成为我市服务业新的经济增长点，行业服务能力和服务水平大幅提高，为我市社会经济可持续发展提供良好的运输保障。

公路货运方面，到2018年新增大型货运车辆约2万辆，比重提升到25%，车均载重提高到5吨／车以上，运力净增约30万吨，争取进入珠三角九市前3位；货运周转量年递增15%以上；规模以上公路货运企业增加到150家以上。水路货运方面，未来5年新增水路运力5万吨以上，发展5000吨以上海洋运输船和大吨位内河运输船，总运力突破50万载重吨；水运量每年递增50万吨，年水运周转量递增5%以上。铁路货运方面，形成布局合理，功能清晰的铁路货场体系，以铁路货场为依托的多式联运运量逐步递增。

2018年全市公路水路货运周转量比2012年底翻一番，达到300亿吨公里，交通运输业在服务业中的比重由目前5%增加到6%，增加值增长达到8.2%。

工作措施

（一）落实国家各项涉税政策。

1.交通运输业是“营改增”试点行业。全市各级税务、财政部门要按照“改革试点行业总体税负不增加或略有下降，基本消除重复征税”的原则，认真落实“营改增”试点改革过渡性财政扶持资金政策，引导并帮助规模以上货运企业用足用好相关财税优惠政策，解决由于可抵扣的进项税金有限、“营改增”可能导致货运业税负上升的问题，使“营改增”真正为货运业带来税收减负，避免重复征税。

2.逐一梳理落实有利于货运物流业发展的各项

涉税政策和规定。一是认真落实《中华人民共和国企业所得税法实施条例》关于“投资经营公用型港口码头免征和减征企业所得税”的政策。二是根据《财政部国家税务总局关于物流企业大宗商品仓储设施用地城镇土地使用税政策的通知》规定，“对物流企业自有的大宗商品仓储设施用地，减按所属土地等级适用税额标准的50%计征城镇土地使用税”等，做到“应免则免，应减则减”。

（二）实施财政引导政策。

引导货运规模企业提升运输装备，提高运输效率。为改变公路货运业“散、小、弱”的状况，引导鼓励企业规模化集约经营；为引导发展江海联运、海运及内河大型船舶运输，对符合条件规模以上的公路水路货运企业实施财政引导政策。市、区人民政府安排货运业装备提升专项资金，根据规模企业年度货运营业收入总额的1.5%给予企业装备提升资金补助。管理办法另行制定。

（三）鼓励和引导货运个体工商户转为企业，实现规模化和集约化，提高运输业规模化水平。

（四）适时调整我市年票征收标准，改善我市的营商环境，减轻货运企业的经营成本。

（五）加快推进佛山“一环”高速化改造，提高我市公路路网通行能力，改善我市货运业经营条件。

（六）鼓励多式联运，调整运输结构。

1. 加快铁路货场的资源整合，形成布局合理的铁路货场体系。对现有的佛山东、三眼桥、小塘、三水西等铁路货场的功能优化整合，加快官窑货场和丹灶货场的建设，形成布局合理、功能清晰的铁路货场体系。

2. 加快全市港口资源整合和临港物流产业园的建设，提高港口服务功能，推动港口向现代物流园区发展，以港口建设带动水运业发展。

3. 依托铁路货场和港口开展铁、公、水多式联运，发挥各种运输方式的优势，积极引导“适水”货物弃陆走水，改变过渡依赖公路运输的局面，促使货运结构趋向合理，降低物流成本。通过货运装备专项补助，吸引更多的“适水”货物选择水运。引导水运企业与陆运企业按供应链模式进行整合，通过优势互补降低物流成本。扶持重点水运企业发展国内沿海航线、试点水陆联运，在丹灶货场开展钢材和陶瓷公铁联运试点，在官窑货场开展汽车和家电公铁联运试点，在九江港开展家具和钢材公水联运试点。

（七）加快货运物流公共信息平台建设，全面提升行业信息化应用水平。

1. 加快完善货运物流公共信息平台建设。利用科技手段实现货运物流业相关节点联网，减少流通环节，提升行业效率与管理水平，为承托双方提供及时、准确、全面的信息服务。

2. 积极开展货运公共信息服务平台推广应用活动。通过多种渠道宣传推介平台，鼓励、动员承托双方使用平台，提高行业信息化应用水平。

3. 对货运物流公共信息平台建设与应用实行资金扶持。未来5年每年在省下达我市成品油消费税（增长性）返还资金中安排专项经费，用政府购买服务的方式为社会提供货运信息服务，提高我市货运服务能力。

（八）强化营运车船的监管，创造公平竞争的市场环境。

1. 建立由政府牵头，环境保护、公安、交通运输等部门联动的机制，采取路面执法、社会有奖举报、跟踪查处等方式，加大对本地和外地黄标货车的打击力度。

2. 在路面执法中要加大对本地和外地非法改装货车的查处力度。

3. 要依法依规严厉查处超限超载的本地和外地货车。一是创新执法方式，提高路面执法管控率；二是加强源头监管，确保双超车辆不出场；三是积极争取省有关部门支持，跟踪落实对外地超限超载货车的源头处罚。

4. 要严厉查处非法营运船舶和超越经营范围或超越核定载重量的船舶。

二〇一四年一月八日

佛山市行政执法争议协调办法

佛府〔2014〕18号

第一条 为加强行政执法争议协调工作，提高行政效能，促进依法行政，根据《国务院关于加强市县政府依法行政的决定》（国发〔2008〕17号）、《广东省行政执法责任制条例》等规定，结合我市实际，制定本办法。

第二条 本办法所称行政执法争议，是指行政执法主体之间在执行法律、法规、规章及规范性文件中发生的争议。

本办法所称行政执法争议协调，是指在市、区政府领导下，由政府法制机构对我市行政区域内行政执法主体之间的行政执法争议进行协调处理的活动。

前款所称行政执法主体，包括具有行政执法职责的行政机关以及法律、法规授权的具有管理公共事务职能的组织。

第三条 行政执法主体之间发生的行政执法争议属于下列情形之一的，可以按照本办法进行行政执法争议协调：

（一）两个或者两个以上行政执法部门对同一种行政违法行为都具有法定管理职责，需要就执法环节、标准等事项进行协调的；

（二）两个或者两个以上行政执法部门认为法律、法规或者规章的有关规定不明确或者对其理解不一致的；

（三）两个或者两个以上行政执法部门就同一事项实行联合执法需要进行协调的；

（四）其他涉及行政执法的争议事项。

第四条 行政执法争议协调工作由市、区政府负责，同级政府法制机构组织实施，同级监察机关、编制机构管理机关在各自职能范围内协助具体行政执法争议的协调处理。

第五条 发生本办法第三条规定的行政执法争议事项的，有关行政执法主体应当及时自行协商解决。必要时，执法主体可以将协商情况向同级政府法制机构通报，法制机构视情况可以征求监察机关、编制机构管理机关或其他有关部门意见，给以相应的指导。

有关行政执法主体经自行协商达成的一致意见，不得违反法律、法规、规章的规定，不得损害行政相对人的合法权益。

有关行政执法主体经自行协商不能达成一致意见的，除法律、法规、规章另有规定外，发生争议的任何一方行政执法主体均可按照本办法规定的程序申请行政执法争议协调。

第六条 政府法制机构在本级政府的领导下，具体负责行政执法争议协调的受理工作。

第七条 行政执法主体申请行政执法争议协调，应当提交下列材料：

（一）行政执法争议协调申请书；

（二）关于争议事项、自行协商情况的说明以及本单位的处理意见；

（三）有关法律、法规、规章和其他规范性文件的文本；

（四）政府法制机构要求提供的其他有关文件、资料。

第八条 政府法制机构收到行政执法主体申请行政执法争议协调的材料后，应当及时审查，并在10个工作日内作出受理或者不予受理的决定。对

应由其他部门处理的事项，应当告知行政执法主体送相关部门处理。

申请材料不齐全的，政府法制机构应当通知申请协调的行政执法主体按照本办法第七条的规定补齐，补齐申请材料所需时间不计入前款规定的期限内。申请协调的行政执法主体未能补齐或者拖延补齐申请材料的，政府法制机构可以不予受理。

第九条 政府法制机构决定受理行政执法争议协调申请的，应当在受理之日起10个工作日内通知与争议有关的其他行政执法主体及行政执法争议协调责任部门参加协调。

执法争议相关的行政执法主体应当在收到参加协调的通知之日起10个工作日内向政府法制机构提交书面答复，并提供本办法第七条第（二）（三）（四）项规定的材料。

监察机关、编制机构管理机关或其他部门应当在收到参加协调的通知之日起10个工作日内向政府法制机构提交对执法争议协调处理的书面意见。

第十条 政府法制机构可以调查了解相关情况，充分听取有关行政执法主体的意见。必要时可以召开协调会议，也可以邀请专家学者对行政执法争议事项进行分析论证。

政府法制机构在协调行政执法争议时需要有关行政机关或者组织协助、配合的，有关行政机关或者组织应当积极予以协助、配合。

第十一条 协调行政执法争议应当依据法律、法规、规章及其他相关规范性文件的规定。

相关法律、法规、规章和其他规范性文件对争议事项没有作出明确规定的，政府法制机构应当根据法律、法规、规章确立的原则进行协调。必要时，政府法制机构可以依照法定程序提请有权机关解释。

第十二条 行政执法争议经协调或政府作出决定之前，有关行政执法主体不得单独作出行政处理决定。

情况紧急，争议事项不及时处置可能给公共利益或者公民合法权益造成难以挽回的损失的，有关行政执法主体可以单独作出行政处理决定，同时应当立即告知协调行政执法争议的政府法制机构。

第十三条 政府法制机构对协调的行政执法争议事项应当按照下列规定处理：

（一）经协调达成一致意见的，由政府法制机构报请本级政府下发《行政执法争议协调确认书》；

（二）经协调仍不能达成一致意见的，由政府法制机构提出行政执法争议协调书面建议，报请本级政府研究同意后下发《行政执法争议协调决定书》。

《行政执法争议协调确认书》和《行政执法争议协调决定书》自发布之日起生效，有关行政执法主体应当立即执行；情况特殊的，可以在《行政执法争议协调确认书》或《行政执法争议协调决定书》中另行确定协调结果的落实期限和生效期限。

第十四条 政府法制机构协调行政执法争议，应当在受理行政执法争议协调申请之日起60个工作日内办结。争议事项情况复杂、特殊，需要延长办理期限的，经政府法制机构负责人批准，可以延长60个工作日，并告知有关行政执法主体。

依照法定程序提请有权机关对相关法律、法规、规章和其他规范性文件的规定进行解释的，所需时间不计入前款规定的期限内。

第十五条 监察机关负责对《行政执法争议协调确认书》《行政执法争议协调决定书》的执行情况进行督促落实。

第十六条 行政执法主体具有下列情形之一的，政府法制机构可以提请本级政府予以通报批评，同级监察机关应依情形按照相关规定追究有关责任人员的行政责任：

（一）对发生的行政执法争议不及时协商、不及时申请协调，造成严重后果的；

（二）自行协商作出违反法律、法规、规章的处理决定的；

（三）在行政执法争议经协调或者政府决定之前，擅自作出行政处理决定，且不属于第十一条第二款规定情形，造成不良后果的；

（四）无正当理由不执行、拖延执行《行政执法争议协调确认书》或《行政执法争议协调决定书》的。

第十七条 本办法自2014年3月1日起施行。

二〇一四年二月二十六日

佛山市人民政府工作规则

佛府〔2014〕22号

第一章　总　则

一、第十四届佛山市人民代表大会第一次会议产生的新一届市人民政府，根据《中华人民共和国宪法》和《中华人民共和国地方各级人民代表大会和地方各级人民政府组织法》，参照《国务院工作规则》和《广东省人民政府工作规则》，制定本规则。

二、市政府工作的指导思想是，高举中国特色社会主义伟大旗帜，以邓小平理论、“三个代表”重要思想、科学发展观为指导，认真执行党的路线方针政策，坚持党的群众路线，严格遵守宪法和法律，全面正确履行政府职能，努力建设职能科学、结构优化、廉洁高效、人民满意的法治政府和服务型政府。

三、市政府工作的准则是，执政为民，依法行政，实事求是，民主公开，务实清廉。

第二章　组成人员职责

四、市政府组成人员要模范遵守宪法和法律，认真履行职责，为民务实，严守纪律，勤勉廉洁。

五、市政府实行市长负责制，市长领导市政府的工作。副市长协助市长工作。

六、市长召集和主持市政府全体会议和市政府常务会议。市政府工作中的重大事项，必须经市政府全体会议或市政府常务会议讨论决定。

七、副市长按分工负责处理分管工作；受市长委托，负责其他方面的工作或专项任务，并可代表市政府进行外事活动。

八、秘书长协助市长处理安排市政府的日常工作。

九、市长出国访问、出差期间，由市长指定负责常务工作的副市长代行市长职务。

十、各委员会、各局实行主任、局长负责制，由其领导本部门的工作。

市政府各部门根据法律、法规和省政府的规章、决定、命令以及市政府的规范性文件，在本部门的职权范围内，制定规范性文件。市审计局在市长和省审计厅双重领导下，依照法律规定独立行使审计监督职能，不受其他行政机关、社会团体和个人的干涉。

市政府各部门要各司其职，各负其责，顾全大局，协调配合，确保政令畅通，坚决贯彻落实市政府各项工作部署。

第三章　全面正确履行政府职能

十一、市政府要全面深化改革，切实转变政府职能，加强公共服务、市场监管、社会管理、环境保护等职责，形成权界清晰、分工合理、权责一致、运转高效、法治保障的机构职能体系，创造良好发展环境，提供基本均等公共服务，维护社会公平正义。

十二、全面贯彻党中央、国务院和省委、省政府关于宏观调控的决策和部署，坚持和完善基本经济制度，加强经济发展趋势研判，主要运用经济、法律手段并辅之以必要的行政手段引导和调控经济运行，促进国民经济持续健康发展。

十三、加强和优化公共服务，完善公共政策，健全政府主导、社会参与、覆盖城乡、可持续的基本公共服务体系，健全城乡发展一体化体制机制，增强基本公共服务能力，促进基本公共服务均等化，切实解决突出民生问题。

十四、深化行政审批制度改革，加快完善现代市场体系。依法严格市场监管，规范市场执法，着力清除市场壁垒，提高资源配置效率和公平性，维护全市市场的统一开放、公平诚信、竞争有序。

十五、加强社会管理制度和能力建设，完善基层社会管理服务，形成源头治理、动态管理、应急处置相结合的社会管理机制，维护社会公平正义与和谐稳定。

十六、加强环境保护，加快建立系统完整的生态文明制度体系，建设资源节约型、环境友好型社会，促进社会进步、经济发展和环境保护的协调发展。

第四章　坚持依法行政

十七、市政府及各部门要坚决维护宪法和法律权威，建设法治政府。按照合法行政、合理行政、程序正当、高效便民、诚实守信、权责统一的要求，行使权力，履行职责，承担责任。

十八、市政府根据经济社会发展的需要，制定规范性文件，适时修改或废止不相适应的规范性文件。

市政府规范性文件草案，由市政府法制机构审核或征求其意见。

十九、市政府及各部门要坚持科学民主制定规范性文件，不断提高规范性文件质量。起草规范性文件，要坚持从实际出发，符合法律法规，准确反映经济社会发展要求，充分反映人民意愿，使所确立的制度能够切实解决问题，备而不繁，简明易行。

完善规范性文件制管机制，扩大公众参与，除依法需要保密的外，规范性文件草案都要公开征求意见。加强制规协调，对经协调仍达不成一致意见的问题，市政府法制机构要列明各方理据，提出倾向性意见，及时报请市政府决定。

规范性文件实施后要进行后评估，发现问题，及时完善。

二十、市政府各部门制定规范性文件，要符合宪法、法律、法规和省政府有关规章、决定、命令以及市政府有关规范性文件的规定，严格遵守法定权限和程序。

涉及两个及以上部门职权范围的事项，要充分听取相关部门的意见，并由市政府制定规范性文件，或由有关部门联合制定规范性文件。其中，涉及公众权益、社会关注度高的事项及重要涉外、涉港澳台侨的事项，应当事先请示市政府；部门联合制定的重要规范性文件发布前须经市政府批准。

严格合法性审查，规范性文件不得设定行政许可、行政处罚、行政强制等事项，不得违法增加公民、法人和其他组织的义务。

部门规范性文件发布前须报市政府法制机构审查，和政府规范性文件统一在《佛山市人民政府公报》上发布。对违反宪法、法律、法规或省政府决定、命令或市政府规范性文件，或者规定不适当的部门规范性文件，要依法责令制定部门纠正或由市政府予以改变、撤销。

二十一、市政府各部门要严格执法，健全规则，规范程序，落实责任，强化监督，做到有法必依、执法必严、违法必究，公正执法、文明执法，维护公共利益、人民权益和社会秩序。加快行政审批制度改革，推进网上办事大厅建设。

第五章　实行科学民主决策

二十二、市政府及各部门要完善行政决策程序规则，把公众参与、专家论证、风险评估、合法性审查和集体讨论决定作为重大决策的必经程序，丰富民主决策形式，增强公共政策制定透明度和公众参与度。

二十三、全市国民经济和社会发展计划及全市预算，重大规划，贯彻中央、省委宏观调控和改革开放的重大政策措施，社会管理重要事务、规范性文件等，由市政府全体会议或市政府常务会议讨论和决定。市政府班子对重大问题决策、重大项目投资和大额资金使用等，必须经集体讨论决定。

二十四、市政府各部门提请市政府研究决定的重大事项，都必须经过深入调查研究，并经研究、咨询机构等进行合法性、必要性、科学性、可行性和可控性评估论证；涉及相关部门的，应当充分协商；涉及区政府的，应当事先征求意见；涉及重大公共利益和公众权益、容易引发社会稳定问题的，要进行社会稳定风险评估，并采取听证会等多种形式听取各方面意见。凡涉及机构、编制及经费问题的，要严格控制和把关，除有关专门文件外，其他规范性文件、政策性文件原则上不对机构、编制及经费问题作出规定。

在重大决策执行过程中，要跟踪决策的实施情况，了解利益相关方和社会公众对决策实施的意见和建议，全面评估决策执行效果，及时调整完善。

二十五、市政府在作出重大决策前，根据需要通过多种方式，直接听取民主党派、社会团体、专家学者、社会公众等方面的意见和建议。

二十六、市政府各部门必须坚决贯彻落实市政府的决定，完善工作落实机制，及时跟踪和反馈执行情况，加强督查督办，确保政令落实。

第六章　推进政务公开

二十七、市政府及各部门要把公开透明作为政府工作的基本制度。深化政务公开，完善各类办事公开制度，健全政府信息发布制度，加强对群众关注热点的信息公开，推进行政权力行使依据、过程、结果公开。

二十八、市政府全体会议和市政府常务会议讨论决定的事项、市政府及各部门制定的政策，除依法需要保密的外，应及时公布。

二十九、凡涉及公共利益、公众权益、需要广泛知晓的事项和社会关切的事项以及法律和国务院、省政府、市政府规定需要公开的事项，均应通过政府网站、政府公报、新闻发布会以及报刊、广播、电视、网络等便于公众知晓的方式，依法、及时、全面、准确、具体地向社会公开。

第七章　健全监督制度

三十、市政府要自觉接受市人大及其常委会的监督，认真负责地报告工作，接受询问和质询，依法备案规范性文件；自觉接受市政协的民主监督，虚心听取意见和建议。认真办理人大代表建议和政协提案。

三十一、市政府各部门要依照有关法律的规定接受人民法院依法实施的监督，做好行政应诉工作，尊重并自觉履行人民法院的生效判决、裁定。

三十二、市政府要强化行政监察，加大审计力度，不断完善管理机制，建设开放、动态、创新、系统的监督体系。市政府各部门要自觉接受监察、审计等部门的监督，对监督中发现的问题，要认真整改并向市政府报告。

三十三、市政府及各部门要严格执行行政复议法，加强行政复议指导监督，纠正违法或不当的行政行为，依法及时化解行政争议。

三十四、市政府及各部门要接受社会公众和新闻舆论的监督，认真调查核实有关情况，及时依法处理和改进工作。重大问题要向社会公布处理结果。

三十五、市政府及各部门要重视信访工作，进一步完善信访制度，畅通和规范群众诉求表达、利益协调、权益保障渠道；市政府领导及各部门负责人要亲自阅批重要的群众来信，定期接待群众来访，督促解决重大信访问题。

三十六、市政府及各部门要推行绩效管理制度和行政问责制度，加强对重大决策部署落实、部门职责履行、重点工作推进以及自身建设等方面的考核评估，健全纠错制度，严格责任追究，提高政府公信力和执行力。

第八章　会议制度

三十七、市政府实行市政府全体会议和市政府常务会议制度。

三十八、市政府全体会议由市长、副市长、秘书长、各委员会主任、各局局长组成，由市长召集和主持。市政府全体会议主要任务是：

（一）传达贯彻党中央、国务院、省委、省政府、市委的重要指示、决定和市人大的重要决议；

（二）讨论决定市政府工作中的重大事项；

（三）部署市政府的重要工作。

市政府全体会议一般每半年举行1次。根据需要可安排其他有关单位负责人列席会议。

三十九、市政府常务会议由市长、副市长、秘书长组成，由市长或市长委托常务副市长召集和主持。市政府常务会议的主要任务是：

（一）讨论决定市政府工作中的重要事项；

（二）审议以政府名义发布的规范性文件草案；

（三）通报和讨论其他重要事项。

市政府常务会议一般每两周召开1次。根据需要可安排有关部门、单位负责人列席会议。

四十、提请市政府全体会议和市政府常务会议讨论的议题，由分管副市长协调、审核后提出，报市长确定；会议文件由市长批印。市政府全体会议和市政府常务会议的组织工作由市府办公室负责，议题和文件一般于会前送达与会人员。从严控制上会议题数量，确保市政府常务会议集中精力议大事。

四十一、市政府领导如不能出席市政府全体会议或市政府常务会议，向市长请假；市政府全体会议其他组成人员或市政府常务会议列席人员请假，由市府办公室向市长报告。

四十二、市政府全体会议和市政府常务会议的纪要，由市长签发；会议讨论决定的事项中，需要办理的，由市府办公室按工作性质向主办单位发出交办通知，并负责催办，加强会议决定事项督办力度，定期将落实情况向市政府领导报告。

各副市长分管的工作中，需要有关区、市直有关部门研究协调解决的问题，由分管副市长召开工作会议解决；必要时，可委托秘书长、副秘书长召开会议协调解决。市政府工作会议纪要，由主持会议的副市长签发，或由受委托主持会议的秘书长、副秘书长核报分管副市长签发。

四十三、市政府及各部门召开的工作会议，要减少数量，控制规模，严格审批。市政府召开的全市性会议，每年不超过24个；各部门召开本系统全市性会议，每年不超过1个。贯彻省政府部门工作会议精神，布置、总结部门业务工作的会议，由各部门召开。应由各部门召开的会议，不以市政府或市府办公室名义召开，不邀请区政府负责人出席，确需邀请的须报市政府批准。市政府领导一般不出席部门的工作会议。

全市性会议应尽可能采用视频或网络等便捷的会议形式召开。各类会议都要充分准备，提高效率和质量，重在解决问题。

第九章　公文审批

四十四、各区、各部门报送市政府的公文，应当符合《党政机关公文处理工作条例》的规定，其中报送市政府的规范性文件草案送审稿，还应当符合《佛山市行政机关规范性文件管理规定》的规定。除市政府领导交办事项和必须直接报送的紧急机密事项外，一般不得直接向市政府领导个人报送公文。各部门报送市政府的请示性公文，凡涉及其他部门职权的，必须主动与相关部门充分协商，由主办部门主要负责人与相关部门负责人会签或联合报市政府审批。部门之间有分歧的，主办部门主要负责人要主动协商；协商后仍不能取得一致意见的，主办部门应列明各方理据，提出办理建议，与相关部门负责人会签后报市政府决定。

四十五、各区、各部门报送市政府审批的公文，由市府办公室按规定程序办理，按照市政府领导分工呈批，并根据需要由市政府领导转请其他市领导核批，重大事项报市长审批。如属有关部门职责范围内的事务，由市府办公室直接转交有关部门办理，办理部门应及时向市府办公室反馈办理结果。

四十六、市政府向市人大及其常委会提出的议案、人员任免，由市长签署。

四十七、以市政府名义发文，经市政府分管领导审核后，由市长签发。其中以市政府名义发出的函件，属于分管副市长职权范围内的，可授权分管副市长签发；常规事项的行文，也可授权秘书长签发。

以市府办公室名义发文，其中以政府名义表态的，由分管副市长签发或核报市长签发；常规事项的行文，由市政府秘书长或分管副秘书长签发。

四十八、精简文件简报，以市政府、市府办公室名义下发的正式文件每年不超过100个。凡法律、法规已作出明确规定的，一律不再制发文件。没有实质内容、可发可不发的文件简报，一律不发，一般性工作会议不发纪要。属部门职权范围内的事务、应由部门自行发文或联合发文的，不再由市政府批转或市府办公室转发。

充分利用电子政务系统，提高公文处理效率。

第十章　工作纪律

四十九、市政府组成人员要坚决贯彻执行党和国家的路线方针政策以及省委、省政府和市委、市政府工作部署，严格遵守纪律，有令必行，有禁必止。

五十、市政府组成人员必须坚决执行市政府的决定，如有不同意见可在市政府内部提出，在没有重新作出决定前，不得有任何与市政府决定相违背的言论和行为；代表市政府发表讲话或文章，个人发表涉及未经市政府研究决定的重大问题及事项的讲话或文章，事先须经市政府同意。

五十一、市政府组成人员要严格执行请销假制度。市长离开佛山市出访、出差、休假、学习，应按规定提前向省府办公厅报备，副市长、秘书长离开佛山市出访、出差、休假、学习，应事先报告市长，由市府办公室通报市政府其他领导。

各部门主要负责人离开佛山市外出，应事先向分管副市长请示报告，同时向市府办公室报备。

五十二、市政府各部门发布涉及政府重要工作部署、经济社会发展重要事项的信息，要经过严格审定，重大情况要及时向市政府报告。

五十三、市政府组成人员要严格遵守保密纪律和外事纪律，严禁泄露国家秘密、工作秘密或因履行职责掌握的商业秘密等，坚决维护国家的安全、荣誉和利益。

第十一章　廉政和作风建设

五十四、市政府及各部门要严格执行改进工作作风、密切联系群众和廉洁从政的各项规定，切实加强廉政建设和作风建设。

五十五、市政府及各部门要从严治政。对职权范围内的事项要按程序和时限积极负责地办理，对不符合规定的事项要坚持原则不得办理；对因推诿、拖延等官僚作风及失职、渎职造成影响和损失的，要追究责任；对越权办事、以权谋私等违规、违纪、违法行为，要严肃查处。

五十六、市政府及各部门要严格执行财经纪律，艰苦奋斗、勤俭节约，坚决制止奢侈浪费，严格按照中央“三个零增长”的要求，严格执行住房、办公用房、车辆配备等方面的规定，严格控制差旅、会议经费等一般性支出，各类会议活动经费要全部纳入预算管理。切实降低行政成本，建设节约型机关。

改革和规范公务接待工作，统一规范公务接待标准，严格公务接待审批，严禁随意扩大接待范围和提高标准。不得违反规定用公款送礼和宴请，不得接受地方的送礼和宴请。

压减检查考核评比活动和议事协调机构，严格控制因公出国（境）团组数量和规模。严格控制和规范国际会议、论坛、庆典、节会、研讨、博览、表彰、奠基、剪彩等各类活动。

五十七、市政府组成人员要廉洁从政，严格执行领导干部重大事项报告制度，不得利用职权和职务影响为本人或特定关系人谋取不正当利益；不得违反规定干预或插手市场经济活动；加强对亲属和身边工作人员的教育和约束，决不允许搞特权。

五十八、市政府组成人员要做学习的表率，市政府及各部门要建设学习型机关。

五十九、市政府领导要带头改进作风，深入基层调查研究、指导工作，注重研究和解决实际问题。重点深入困难较多、情况复杂、矛盾尖锐的地方调研，面对面听取基层干部群众的意见。

到基层考察调研，要轻车简从，一般性调研不安排部门主要负责人陪同，杜绝层层陪同；简化接待，减轻地方负担；地方负责人不到机场、车站、码头及行政区域分界处迎送。除工作需要外，不去名胜古迹、风景区参观。一律不使用警车带路，不安排宴请。

六十、市政府领导不为部门和地方的会议活动等发贺信、贺电，不题词，因特殊需要发贺信、贺电和题词，一般不公开发表。市政府领导政务活动的新闻报道、接受媒体采访以及外事活动安排，按有关规定办理。

六十一、市政府直属机构、直属事业单位适用本规则。

二〇一四年三月十二日

佛山市社会信用体系建设规划

（2014～2020年）

佛府〔2014〕64号

社会信用体系是社会主义市场经济体制和社会治理体制的重要组成部分。它以信用法律法规、标准规范和契约为依据，以健全社会成员的信用信息系统和信用信息合规应用为基础，以信用服务市场规范发展为支撑，以守信激励和失信惩戒为运行机制，以诚信教育和诚信文化建设为内在要求，目的是提高全社会的诚信意识和信用水平，建立一个适合信用交易发展的市场环境，保证一国的市场经济向信用经济方向转变，即从以货币支付手段为主流的市场交易方式向以信用交易为主流的市场交易方式的健康转变。

现代市场经济是信用经济，信用是市场经济的“基石”，加快建设社会信用体系，是完善社会主义市场经济体制、加强和创新社会治理的重要战略性制度安排，对增强社会成员诚信意识，营造优良信用环境，提升市场竞争力，促进社会发展与文明进步具有重要意义。

根据党的十七届六中全会、十八大提出的“加强政务诚信、商务诚信、社会诚信和司法公信建设”，十八届三中全会提出的“建立健全社会征信体系，褒扬诚信，惩戒失信”，《中共中央国务院关于加强和创新社会管理的意见》（中发〔2011〕11号）提出的“建立健全社会诚信制度”和省十一次党代会提出的加快社会信用体系建设的总体要求，以及《佛山市国民经济和社会发展第十二个五年规划纲要》，制定本规划。规划期为2014～2020年。

第一章　总体思路

第一节　发展现状

近年来，我市全面贯彻落实国家、省和市委、市政府关于建设社会信用体系的工作部署，大力推进社会信用体系建设有关工作，尤其是2012年以来，随着“三打两建”的深入开展，我市社会信用体系建设进程加快，并取得了积极成效。

信用工作机制初步建立。2008年，市政府建立了由市经济和信息化局和人行佛山市中心支行牵头，市金融局、公安局等19个部门参与的中小企业信用服务体系建设部门联席会议。全省“三打两建”工作开展后，我市进一步加强信用工作机制建设，建立了由46个市直单位参加的市社会信用体系建设统筹协调小组，办公室设在市发展改革局，各区也建立了相应的工作机制。

信用制度和标准规范建设取得积极进展。以规范信用信息的征集、管理和使用为重点，围绕交通运输、水利、建筑、质监、环境保护等行业领域，制定或修订出台了《佛山市交通运输局公路水运工程施工及监理企业信用评价管理实施细则》《佛山市建筑行业诚信管理办法》等一系列规范性文件，为推进相关领域信用体系建设提供了法制保障。

行业和部门信用建设稳步推进。近年来，我市在总结信贷、纳税、产品质量3个行业试点经验基础上，重点在农产品标准化生产及质量检测、农贸市场明码标价、食品安全，以及国土测绘、土地出让、交通运输、建筑市场、水利工程、重点污染源环境保护等领域，通过完善制度、建设信用信息平台和信用档案、开展信用评价等，初步建立起守信激励和失信惩戒机制，促进重点行业领域的信用状况稳步改善。在全市启用流动人口服务管理综合信息系统，加强流动人口信用管理。推进社会组织信用建设，开通佛山市社会组织信息公开网，建立信息披露机制。

公共信用信息管理系统建设和应用初见成效。以公共信用信息的整合为重点，着力推进公共信用信息管理系统平台建设。进一步完善“佛山市企业信用信息网”，整合企业等级评定信息、企业处罚信息等 67 个信息项，可供市民免费查询的数据量达 1300 万条。加快建设市信用数据共享“云平台”，截至 2014 年 1 月，已从工商、地税、公安等 63 家单位收集到包括企业登记信息、企业等级评定信息和企业违法处罚信息等 230 个数据表，信息总量突破 1.6 亿条。人民银行的金融信用信息基础数据库，目前收录全市约 4 万家企业的信贷信息以及约 170 万户个人的住房按揭和信用卡账户信息。“信用南海”网站和“信用三水”网站投入使用，顺德区公共信用信息管理系统平台（一期）完成验收，首批征集“龙腾企业”“星光工程”等 1300 家重点企业的信用数据，并可供市民查询。

政务诚信建设探索力度不断加大。近年来，我市着力推进网上办事，网上办事大厅服务延伸至村居和工业园区，截至 2014 年 1 月，我市网上办事大厅共进驻市、区 157 个部门 5228 项服务事项（含 12 个中央、省属单位）。完成市、区两级公共资源交易管理体制改革，推动公共资源交易走向规范化和法制化轨道。开展政府性债务审计和清查工作，对市级政府债务进行了统计核查。积极推进审批制度改革，加快推进全市行政审批电子网络一体化建设，深化行政审批监察，创新政府管理和服务方式，加强对公务员队伍的培训和管理，政务诚信建设探索力度不断加大。

诚信宣传教育逐步深入人心。我市全面贯彻《公民道德建设实施纲要》，制定了市民行为准则，按照省、市有关工作部署，深入开展诚信宣传教育月、诚信企业评选和品牌评选等活动，并大力开展佛山精神讨论，诚信宣传教育逐步深入人心，为社会信用体系建设营造了良好的氛围和环境。

尽管我市社会信用体系建设取得一定成效，但依然存在亟待解决的突出问题：信用工作推进机制有待完善，信用制度和标准规范建设相对滞后；尚未建成覆盖全市社会成员的信用信息系统，社会成员信用信息的记录、征集和共享水平不高；信用服务市场不发达，信用产品和服务的需求和供给尚未有效激发，服务体系不成熟，服务行为不规范；守信激励和失信惩戒机制尚不健全，守信激励不足，失信成本偏低；履约践诺，诚实守信的社会氛围尚未形成，商业欺诈、制假售假、偷逃骗税、虚报冒领、学术不端等现象屡禁不止，政务诚信度和司法公信度与人民群众的期待还有一定差距等。

第二节　面临形势

党的十七届六中全会和党的十八大都要求把诚信建设摆在突出位置，大力推进政务诚信、商务诚信、社会诚信和司法公信建设。党的十八届三中全会提出，建立健全社会征信体系，褒扬诚信，惩戒失信。省第十一次党代会进一步明确要求加快建设社会信用体系。国家和省对社会信用体系建设工作的高度重视，以及我市面临的经济社会发展形势和任务，对我市加快建设完善社会信用体系提出了迫切要求。

完善社会主义市场经济体制，客观要求加快社会信用体系建设。信用是市场经济的基石，是降低交易成本、优化资源配置的有效手段。当前偷税漏税、商业欺诈、制假售假等现象时有发生，严重影响和干扰了市场经济秩序。加快建设法制健全、体系完善、监管有力、竞争有序的社会信用体系，是打击失信行为，防范和化解经济金融风险，整顿和规范市场经济秩序，完善社会主义市场经济体制的根本举措。

实现经济社会转型升级，必然要求加快社会信用体系建设。我市正处于经济社会发展转型升级的关键期，如果没有诚实守信、容忍创新、尊重知识产权的良好市场环境作为支撑，就难以持续推进经济社会转型升级。全面建立符合国际惯例的社会信用体系，营造诚实守信、规范有序、公平竞争的法治化国际化营商环境，有利于吸引和集聚高素质人才和资本，促进资源优化配置，全面推动我市经济社会加快转型升级。

改进和创新社会治理方式，要求必须加快社会信用体系建设。当前，我市社会转型速度加快，利益主体及其诉求更加多元化，社会矛盾凸显，迫切需要创新社会治理方式。加快推进社会信用体系建设，通过建设完善社会成员的信用信息系统和守信激励与失信惩戒机制，形成对失信行为的网络化和无缝化监管，有助于推进建设服务型政府，规范社会组织发展，增强社会诚信，促进社会互信，及时化解社会矛盾，是创新社会治理服务模式的重要抓手。

建设幸福佛山，迫切要求加快社会信用体系建设。建设幸福佛山，需要营造关系和谐、诚信友爱的社会氛围。加快推进社会信用体系建设，不断提升政府和司法公信力，加强社会成员信用建设，有助于弘扬社会公平正义，提高全社会诚信意识，促进人际关系融洽和利益关系协调，提高群众的幸福感，是建设幸福佛山的内在要求。

第三节　指导思想

全面推动社会信用体系建设，必须以邓小平理论、“三个代表”重要思想、科学发展观为指导，坚持社会主义市场经济的改革方向，以打造“信用佛山”为总目标，坚持他律与自律机制建设相结合，围绕社会成员信用信息的记录、整合和应用，着力建设完善信用制度和标准规范，建设覆盖全市的信用信息系统，强化信用服务市场培育和监管，完善守信激励与失信惩戒机制，加强诚信教育和诚信文化建设，加快构建社会信用体系基本框架与运行机制，加强政务诚信、商务诚信、社会诚信和司法公信重点领域诚信建设，实施信用建设专项工程，努力提高全社会的诚信意识和水平，为经济社会加快转型升级和建设幸福佛山提供重要保障。

第四节　基本原则

政府推动、社会共建。充分发挥政府的组织、引导、推动和示范作用。政府负责制定实施建设规划，健全制度和标准，培育和监管信用服务市场。注重发挥市场机制作用，协调并优化资源配置，鼓励和调动社会力量，广泛参与，共同推进，形成社会信用体系建设的合力。

统筹规划、分步实施。针对社会信用体系建设的长期性、系统性和复杂性，强化顶层设计，立足当前，着眼长远，统筹全局，系统规划，有计划、分步骤地组织实施。

健全法制、规范发展。建立健全信用法规制度和标准规范体系，加强对信用信息记录、整合、应用等全过程的管理，规范发展信用服务市场，切实维护信用信息安全和信用主体合法权益。

重点突破、强化应用。选择重点领域和典型地区开展信用建设示范。积极推广信用信息和信用服务产品的社会化应用，促进信用信息互联互通，协同共享，健全社会信用奖惩联动机制，营造诚实、自律、守信、互信的社会环境。

标杆引领、规则对接。充分借鉴先进国家和地区社会信用体系建设经验，以信用环境好、信用建设水平高的国家和地区为标杆，积极探索开展本地化实践，与国际国内先进理念和通行规则进行对接。

第五节　建设目标

到2015年，基本建成与我市经济社会发展水平相适应的社会信用体系框架与运行机制，成为广东社会信用体系建设的先行市。信用制度和标准规范体系基本建立，覆盖全市的信用信息系统基本建成，信用服务市场初具规模，守信激励和失信惩戒联动机制在主要领域有效发挥作用，诚信文化初步普及，全社会诚信意识普遍增强。

到2020年，基本建成与国际惯例接轨、符合社会主义市场经济体制和社会治理体制目标要求的社会信用体系，成为广东社会信用体系建设的示范市。信用制度和标准规范体系健全完善，信用信息系统功能齐备、运行良好，信用服务市场规模不断扩大，成为我市现代服务业的重要新兴产业，多层次、全方位的守信激励和失信惩戒机制基本健全，诚信文化普及繁荣，全社会诚信水平显著提升，形成新时期佛山诚信文化和诚实、自律、守信、互信的环境氛围。

第二章　主要任务

社会信用体系建设的主要任务是加快建设完善我市社会信用体系基本框架和运行机制，即加快建设信用制度和标准规范、健全覆盖全市社会成员的信用信息系统，加强信用服务市场培育和监管，建立完善守信激励和失信惩戒机制，着力诚信培育和诚信文化建设。

第一节　建立健全信用制度和标准规范

信用制度和标准规范是社会信用体系建设的重要保障。围绕公共信用信息征集、管理、应用、信用奖惩等关键环节和重点领域，加强信用制度和标准规范建设，推动形成层次分明、运行规范的信用制度和标准规范体系。

加快制定规范信用信息记录、整合和应用等行为的信用制度。根据《征信业管理条例》，结合我市实际，加快制定相关配套制度和实施细则，建立异议处理、投诉办理和侵权责任追究制度，规范企业、个人、事业单位、社会组织等信用主体信用信息的记录、征集、整合、查询和应用等行为。

加快推进守信激励和失信惩戒制度建设。根据省有关信用主体守信激励和失信惩戒的规定，加快制定我市信用主体守信激励和失信惩戒配套制度和实施细则，对守信者给予奖励，对失信者给予限制或惩戒。加快完善信用奖惩制度，逐步形成使守信者“处处守信，事事方便”、失信者“一处失信，处处受制”的信用联动奖惩机制。

加快推进信用服务市场监管制度建设。贯彻落实国家、省有关信用服务业管理的规定，制定我市配套实施办法，明确信用服务机构的监管部门及其职责范围，加强对信用服务机构及其从业人员的监管，明确对提供虚假信息、侵犯商业秘密和个人隐私等行为的处罚。

建立信用信息分类管理制度。制定信用信息目录，明确信用信息分类，按照信用信息属性，结合保护个人隐私和商业秘密，依法推进信用信息在采集、共享、应用、公开等环节的分类管理，加大对贩卖个人隐私和商业秘密行为的打击力度。

推进信用信息安全管理制度建设。制定出台我市信用信息安全管理办法，明确安全管理规范。建立健全人员管理、安全培训、软件使用与维护管理、应用系统授权管理等制度，落实信用信息安全工作责任制。健全安全管理审查和评估制度，适时修订并不断完善安全防护策略。完善信息安全事件的应急处置和责任追究制度。

建立统一社会信用代码制度。建立以公民身份证号码为基础的自然人统一社会信用代码制度和以组织机构代码为基础的法人统一社会信用代码制度。完善相关制度标准，推动在经济社会中广泛使用统一社会信用代码。

建立健全信用信息技术标准。参照国际先进标准、国家标准和省有关标准，制定完善信用信息目录及指标、数据格式、技术编码、信用信息分类分级、查询权限等级，以及数据库建设、应用支撑技术和网络基础设施建设、与其他地区同类机构交换征信数据的标准等，统一信用指标目录和建设规范。

推动形成征信服务标准。推动征信服务合同格式规范、征信机构服务质量规范、征信产品使用规范、征信服务争议处理程序等标准的制定，促进信用服务行业的专业化和标准化。

第二节　推进信用信息系统建设和应用

信用信息系统是社会信用体系建设的基础性工程。充分利用现代信息技术，按照统一的信用信息标准和技术规范，完善部门和行业信用信息系统，有序建设市公共信用信息管理系统，支持信用服务机构建设商业征信系统，着力建立健全覆盖全市社会成员的信用信息系统，为政府信用管理和信用服务市场发展提供必要支撑。

完善行业和部门信用信息系统。各行业和部门依托现有的业务管理信息系统，以及市电子政务网络、设备等资源，按照统一规划、统一标准和规范、不重复建设的原则，改造完善相关基础设施，加快建设完善各部门、各行业纵向信用信息系统，加强对本行业社会成员信用信息的记录和整合，建立健全社会成员信用档案。以行业、部门的管理服务需求为导向，依托市政务信息资源共享平台，建立行业或部门间信用信息的持续交换共享机制，着力消除“信息孤岛”。到2015年，全部涉信行业和部门实现信用信息的市级集中。

建设市公共信用信息管理系统。一是建立完善市公共信用信息管理系统建设、运维、管理的长效机制。确定专门工作机构，负责市公共信用信息管理系统的建设、运维和管理，制定市公共信用信息管理系统管理制度和考核办法，明确共建单位在系统建设、运维、应用和日常管理中的职责，确保市公共信用信息管理系统持续有效运行和维护。二是加快构建市公共信用信息管理系统，推进信用信息的整合共享。依托市电子政务网络和电子政务信息资源共享平台，遵循统一规划、分级负责、一数一源的原则，按照统一的信息标准、技术规范和安全等级，加快建设与省级公共信用信息管理系统相联通的市公共信用信息管理系统，搭建政府内部信用信息交换和共享平台，实现行业、部门之间信用信息的互通共享；2014年初步建成市公共信用信息管理系统，将“佛山市企业信用信息网”改造为“信用佛山”网，作为市级公共信用信息统一对外发布、接受外部查询和异议受理等的平台。全面整合有关行业和部门记录的社会成员信用信息，建立企业、个人、事业单位和社会组织信用信息公共数据库。按照统筹规划，分步实施的原则，逐步扩大信用信息采集范围，重点归集企业、事业单位和社会组织的信用信息，分批次归集重点人群的信用信息，到2015年，基本建成覆盖全部法人的公共信用信息数据库，在此基础上着力加快归集个人的信用信息，进一步扩充企业、事业单位和社会组织信用信息，到2020年建成覆盖全市社会成员的、能全面反映各类主体信用状况的公共信用信息数据库。三是推动市公共信用信息管理系统与其他信用信息系统实现信息交换与共享。根据监管需要，实现我市公共信用信息管理系统与省、兄弟市公共信用信息管理系统平台的交换共享；探索建立跨区域公共信用信息交换与共享机制，扩大信用信息的来源和应用范围；探索实现与市场监管信息平台的对接和共享。

支持建设商业征信系统。以社会信用服务机构信息化建设为重点，大力支持商业征信系统建设，鼓励征信业发展。提供政策、技术支持，探索社会信用服务机构通过授权等方式与公共信用信息管理系统实现有条件联通，推动信用服务机构依法建设商业征信系统，采集、整理、保存和加工信用主体的信用信息，不断创新信用服务产品，满足市场多样化、个性化的信用服务需求。

第三节　加强信用服务市场培育和监管

发达的信用服务市场是优化社会信用的重要力量，是社会信用体系建设的核心内容。坚持以发挥市场在资源配置中的决定性作用为导向，着力培育扩大信用服务需求、培育壮大信用服务产业、加强信用服务市场监管等，推动信用服务市场健康发展。

培育扩大信用服务需求。一是推动政府及其部门在社会治理和公共服务中带头使用信用产品和服务。推动政府及其部门率先在市场准入、政府采购、建设项目招投标、财政补助资金管理、融资担保、债券发行、保障房分配、人力资源管理、外来工积分入户等社会治理和公共服务的重点领域使用信用产品和服务，创造信用服务需求。二是引导金融机构、企事业单位和个人广泛使用信用产品和服务。引导金融机构在信贷审批、证券发行、信贷担保、信用卡发放等方面主动使用外部信用评级等信用产品和服务。鼓励企事业单位和个人在信用销售、信用消费、合同签订、项目承包、投资合作、招投标和租赁等市场交易中以及企业高管的招聘中，主动查询信用信息或要求提供信用报告，积极使用信用产品和服务，激发潜在市场需求。

培育发展信用服务产业。一是培育发展各类信用服务机构。逐步建立公共信用服务机构和社会信用服务机构互为补充、信用信息基础服务与增值服务相辅相成的多层次、全方位的信用服务组织体系。二是完善现代信用服务产业链。逐步建立起涵盖信用征集、信用调查、信用评级、信用管理与咨询、信用担保、信用保险以及保理等现代信用服务产业链，为社会提供专业化、全方位、多层次、高质量的信用产品和服务。三是推动信用服务业机构集聚发展。鼓励引导信用服务业机构集聚发展，积极引入信用服务产业链上下游企业，鼓励各类中介机构强化业务协同、资源整合，壮大信用服务业规模，将信用服务业打造成为我市现代服务业的重要新兴产业，促进信用经济加快发展。到2015年，初步形成与我市经济社会发展水平相适应的信用服务市场体系；到2020年，形成整体实力强、应用范围广、服务水平高的信用服务市场体系。

加强信用服务市场监管。一是加强对信用服务机构的监管。根据信用服务市场、机构业务的不同特点，依法实施分类监管。建立信用服务机构市场准入和退出机制，完善备案管理，建立信用服务机构信用档案，到2015年信用档案覆盖率达100%。完善信用服务机构监管制度，明确监管职责，加强对信用服务机构日常业务监管，规范信用服务机构业务运作，切实维护市场秩序。二是加强对信用服务机构从业人员的监管。建立信用服务机构从业人员资格认定管理制度和行为准则，严格信用服务机构从业人员准入标准。建立健全信用服务机构从业人员信用档案，到2015年信用档案覆盖率达到100%。依法审核信用服务机构高级管理人员、董事、监事的任职资格，建立违规处罚、责任追究和市场退出制度，强化信用服务机构从业人员的资质管理，提高从业人员专业技能和公信力。三是推动信用服务机构完善法人治理，加强自身信用建设。强化信用服务机构内部控制，确立行为准则，完善约束机制，加强规范管理，提高服务质量，坚持公正性和独立性，提高公信力。鼓励各类信用服务机构设立首席信用监督官，加强自身信用管理。四是强化信用服务机构行业自律。充分发挥信用行业协会作用，加强和引导行业自律，制定行业约束机制和信用守则，引导信用服务机构“客观、独立、公正”地开展业务。推行信用服务行业诚信服务承诺公开制度，并在“信用佛山”网建立信用服务机构投诉举报业务平台，强化社会监督。

第四节　构建守信激励和失信惩戒机制

守信激励和失信惩戒机制是确保社会信用良性循环的必要手段。坚持“激励与惩戒并重”的原则，综合运用行政性、司法性、行业性、市场性和社会性手段，切实加大对守信行为的激励和对失信行为的惩戒力度，逐步形成使守信者“处处守信、事事方便”，失信者“一处失信、处处受制”的联动奖惩体系。

加大对守信行为的激励力度。一是加大政府对守信行为的激励。政府各部门在履行市场监管和公共服务职责过程中，广泛应用信用信息和各类信用产品，加强对诚实守信者的激励，建立健全守信“红名单”制度，对守信者在金融服务、市场准入、招投标、政府采购、项目审批和补贴补助等领域依法提供优先办理、简化程序、“绿色通道”和重点支持等激励政策，使其“处处守信、事事方便”。二是加大对守信行为的表彰和宣传。定期发布企业产品质量、企业环境信用评价等“红名单”，对诚信企业、社会组织、事业单位和个人给予大力表彰，并充分利用广播、电视、报刊、图书、互联网等各类媒体广泛宣传，树立诚实守信的榜样和典范。三是加强对守信行为的自我激励。大力推行政府部门、企业、事业单位、社会组织和重点涉信人群守信公开承诺制度，引导政府部门以及社会成员将诚信理念转化为自觉的价值追求和守信行动。

加大对失信行为的惩戒力度。一是加强行政监管性惩戒。政府有关部门在日常监管和公共服务过程中，加快落实信用分类监管制度，依法对失信者予以惩戒，并探索开展部门间和区域间联合惩戒行动，使失信者“一处失信、处处受制”，加大对失信者的惩戒力度，提高失信成本。二是加强司法性惩戒。加强失信违法案件移交机制和执法联动机制建设，进一步优化有效惩治违法失信行为的司法环境。引导诚信诉讼，加强对虚假诉讼的识别和打击，依法追究虚假诉讼行为人的刑事责任，加大裁判文书执行力度，捍卫守信者的正当权益。三是加强行业性惩戒。行业协会要加快完善行业内部信用信息采集、共享机制，建立健全会员单位信用档案，通过行规、行约等方式加强对失信会员单位的监督和约束。四是加强市场性惩戒。鼓励市场主体在市场交易中查询交易对象的信用信息，应用由第三方机构提供的信用产品和服务，引导市场主体选择与守信者交易，使失信者在市场交易中受到制约，形成对失信者的市场性惩戒。五是加强社会性惩戒。建立信用信息的快速传递机制，通过政府网站、“信用佛山”网、新闻媒体等依法向社会发布失信者“黑名单”及违法违规行为的处罚结果，对失信者形成社会性惩戒。

第五节　加强诚信教育和诚信文化建设

诚信文化建设是社会信用体系建设的内在要求。以宣传、教育、培训和诚信创建工作为抓手，着力弘扬诚信文化，引导社会成员诚信自律，努力营造诚信和谐的社会氛围和环境。

加强诚信文化的宣传普及。结合社会主义核心价值观的宣传，充分发挥广播、电视、报刊、图书、互联网等社会媒体的作用，广泛开展形式多样、生动活泼的诚信宣传活动，加大诚信文化宣传力度，积极培育诚信道德，在全社会形成“守信光荣、失信可耻”的道德风尚。注重正面引导，挖掘诚信典型事例，加强典型宣传，使诚实守信成为全社会的自觉追求。加强失信典型披露工作，提高失信成本，促进形成“守信受益、失信受损”的社会环境。全面系统宣传信用政策，普及信用文化知识，推广社会信用体系建设成果和经验，努力形成全方位、多层次、广覆盖的舆论宣传监督网络。基层组织和企事业单位通过多种形式宣传普及信用知识，增强全民诚信意识和维权意识，引导公民自觉监督和抵制各种失信行为。

强化诚信教育培训。一是加强诚信教育。制定诚信教育实施方案，深入开展社会公德、职业道德、家庭美德和个人品德教育，将诚实守信教育贯穿于群众性精神文明建设全过程。组织编写诚信培训教材，结合道德教育和素质教育，把诚信内容纳入幼儿园、中小学、大学的教学和职业技能培训等各阶段的教育中，建立完善诚信教育体系，着力提高青少年的诚信意识。加强信用理论和信用政策研究，支持高校设置信用管理专业或开设相关课程，为信用发展提供人才储备和智力支撑。二是强化诚信培训。以公务员、司法执法人员、金融机构负责人、企事业单位管理者等为重点，广泛深入开展诚信教育培训，提高其信用认知和管理水平。加强信用管理职业培训与专业考评，推进企事业单位信用管理岗位培训，探索建立企事业单位信用管理岗位人员职业培训和岗位认证机制。将学术道德和诚信教育纳入教师和科研人员职业培训内容。

广泛开展诚信创建活动。广泛发动社会各界积极参与社会诚信创建活动，使诚实守信真正成为公民道德、职业道德的重要基础。突出诚信主题，有步骤、有重点地组织开展“3·15”消费者权益保护日、“6·14”信用记录关爱日等公益活动，以及“守合同重信用”“诚信纳税”“诚信企业”“诚信社区”“诚信园区”“诚信家庭”“诚信计生”等诚信创建活动，集中举办“诚信活动月”“诚信活动周”“诚信培训班”等诚信宣传培训活动，推进诚信创建活动进机关、进企业、进学校、进社区、进村镇、进家庭，努力提高各类社会主体的信用意识。选择诚信缺失问题突出、诚信建设需求迫切的行业领域开展专项治理活动，努力树立行业诚信风尚。积极倡导诚信自律，推动行政机关、社会组织、企事业单位等开展面向社会的诚信服务承诺活动，制定和履行诚信服务公约，公开办事流程等相关信息，自觉接受社会监督。

推进企业诚信文化建设。开展以信守承诺为核心的企业诚信文化建设，推动企业树立“诚信第一”的理念，把“诚信立企”作为经营守则，增强企业维护自身信用的自觉性，擦亮佛货品牌，在国内外树立佛商、佛企、佛货的良好信用形象。鼓励企业通过开展建立诚信联盟、签署诚信共同宣言等形式建立守信公开承诺制度，从守法经营、合同履约、产品服务质量、安全生产到劳动保障、环境保护、节能减排等方面，逐步扩大守信公开承诺范围。倡导企业建立专门信用管理机构和岗位，配备专职信用管理人员，建立健全以客户资信管理、债权保障、应收账款管理和追收为主要内容的企业信用管理制度，增强防范与控制信用风险的能力。到2015年，在国有大中型企业基本建立内部信用管理制度；到2020年，在各类大中型企业建立较为完善的内部信用管理制度。

第三章　重点领域

第一节　加强政务诚信建设

政务诚信建设是社会信用建设的关键，对其他社会主体诚信建设发挥着重要的表率和导向作用。重点围绕规范行政履职行为，建立政府守信践诺机制建设，强化政府示范带动，加强对公益类事业单位和公务员的诚信管理，健全行政监督体系，全面提升政府公信力。

规范行政履职行为。一是完善行政决策机制。完善行政决策机制，健全公众参与、专家论证和政府会商决定相结合的政府决策机制，明确重大行政决策范围，实行重大行政决策和强制听证的目录管理、网上征询、民意听证、专家咨询论证、廉洁性评估等制度，提高行政决策的科学化、民主化、法制化水平。二是坚持依法行政。将依法行政贯穿于决策、执行、监督和服务的全过程。重点推进行政审批制度改革，加快政府职能转变，增强服务意识，简化工作程序，提高工作效率，规范政府及其部门的行政行为，建立和完善各项配套制度，营造公正的诚信制度环境。推进行政行为程序规范固化，制定政府及其部门权责清单，健全行政自由裁量约束机制，推行行政自由裁量集体会审、会签制度。三是强化政务公开。严格执行《中华人民共和国政府信息公开条例》，建立和完善政府信息公开与披露机制。加大政务公开和办事公开力度，积极创新政务公开方式，将公开情况纳入各部门绩效考评范围。全面推行网上公开、网上办事、网上审批、网上服务和网上监督，提高政府服务和管理效率。到2015年，100%的政务公开信息实现网上发布。

强化政府示范带动。一是发挥政府在社会信用体系建设中的组织推动和示范引领作用。充分发挥政府及其部门在编制发展规划、健全制度和标准、培育信用服务市场、建立守信激励失信惩戒机制等方面的组织推动作用。政府各部门首先要加强自身诚信建设，以政府的诚信施政、诚信作为带动全社会诚信意识的树立和诚信水平提高。二是发挥政府在应用信用信息和信用服务产品中的示范带动作用。在行政许可、政府采购、招标投标、劳动就业、社会保障、科研管理、干部选拔任用和管理监督、申请政府资金等领域，率先广泛使用信用信息及信用产品和服务，培育信用服务市场发展。三是保持政策的连续性和稳定性。妥善处理好新旧政策衔接，加强部门间协调，减少行政自由裁量权，避免随意撤销行政行为、调整空间布局规划、变更产业发展政策等，增强政策的连续性、稳定性和可预见性。

建立政府守信践诺机制。一是严格履行政府向社会做出的承诺。把政府履约和守诺服务纳入政府绩效评价体系，把发展规划和政府工作报告中的经济发展目标落实情况以及为老百姓办实事的践诺情况作为评价政府诚信水平的重要内容，推动各区、各部门逐步建立健全政务和行政承诺考核制度。政府各部门对依法做出的政策承诺和签订的各类合同要认真履约和兑现。二是严禁不当行政干预和地方保护主义。严禁行政手段对微观经济活动的不恰当干预，清理和废除妨碍统一市场和公平竞争的各种规定和做法，严禁滥用行政权力封锁市场、对辖区内社会主体违法违规和失信行为进行包庇纵容等地方保护主义措施，积极营造公平竞争、统一高效的市场环境。三是规范招商引资行为。严格遵守国家和省的统一规定，认真履行和兑现招商引资过程中依法做出的政策承诺和签订的各类合同，严禁和惩处各类违法实行优惠政策行为，防止随意承诺给予政策优惠。四是规范公共资源交易活动。依法依规开展政府采购、招标投标、医疗药品和器械及耗材采购、土地使用权出让或转让、国有产权交易等公共资源交易活动，维护公平公正的公共资源交易市场秩序。到2015年全市公共资源交易事项“一站式”集中办理率达到80%以上，到2020年达到100%。五是加强政府性债务管理。做好政府性债务统计和存量债务清偿工作，清理政府关联类不良贷款和债务以及拖欠的各类政府投资工程项目款项，加快建立规范的政府举债融资机制。规范政府各项财务支出，加大财政预算公开力度，提高财政预算透明度。建立规范合理的地方政府债务管理及风险预警机制。

加强公务员诚信管理。一是建立公务员诚信档案，依法依规将公务员个人有关事项报告、廉洁记录、年度考核结果、相关违法违纪违约行为等信用信息纳入诚信档案，到2015年，公务员信用档案覆盖率达到85%，到2020年达到100%。逐步将公务员的诚信状况作为干部考核、任用和奖惩的重要依据。二是加强公务员职业道德教育。将诚信教育纳入公务员培训中，强化公务员职业道德、法律知识和信用知识教育，增强诚信意识和信用观念，规范公务员职业操守，建立守法诚信、高效廉洁的公务员队伍。到2015年，公务员信用培训覆盖率达到100%。

加强事业单位诚信建设。一是建立健全事业单位信用档案。加强对事业单位法人登记管理、机构编制、公共服务质量、社会保障、财税、审计、贷款、价格与收费、诉讼（仲裁）、资质审核、执业许可等方面信用信息的记录和整合。到2015年，事业单位信用档案覆盖率达100%。二是建立信息披露和信用分类监管机制。推进事业单位信息公开和办事公开，将公开情况纳入绩效考评范围。建立信息披露制度和服务承诺制度，向社会公开年度报告、重要事项和服务承诺兑现情况。完善分类监管和考核评价机制，逐步将信用记录作为事业单位管理、考核的重要依据，积极引入第三方信用中介机构开展信用评价。到2015年，建立较为完善的事业单位信用评价机制；到2020年，建立科学、合理的事业单位信用评价机制。

健全行政监督体系。一是加强行政内部监督。进一步完善和落实行政监察和行政审计制度，加强行政程序、行政责任和行政效能的监察，加强经济责任的审计。到2015年，全面建成覆盖全市各级政府部门的行政审批电子监察系统。二是发挥人大、政协的监督作用。加强人大在履行立法、决定、任免等职责时对政府及其部门诚信状况的审查，加强依法行政监督检查，强化对政府全口径预算决算以及国民经济和社会发展规划、计划编制执行、重大项目建设等重大事项的审查和监督。发挥政协在经济社会发展重大问题和涉及群众切身利益的实际问题上的协商沟通和监督作用。三是完善群众监督和舆论监督机制。推进行政运行的规范化、公开化建设，建立政民互动机制，扩宽公众参与政府决策的渠道，充分听取群众对涉及其切身利益相关决策的意见，自觉接受群众和舆论监督。四是建立政策、规划和行政办理程序定期宣讲机制，便于群众和媒体及时了解相关政策和事项办理情况。

第二节　加强商务诚信建设

商务诚信建设是社会信用建设的重点。围绕生产、流通、电子商务、价格、金融、税务、工程建设、交通运输等重点领域，进一步加强行业诚信管理，建立企业信用档案，实施分类监管，强化守信自律，深入推进商务诚信建设，全面提升我市商务诚信水平，为率先建立与经济国际化相适应的市场管理体制和运行机制提供有力支撑。到2020年，实现企业信用档案全覆盖。

生产领域诚信建设。建立安全生产和质量承诺制度、信用档案制度、信用评价制度、风险抵押金制度、安全生产责任保险制度、安全生产标准化达标分级制度、重大质量事件企业主动报告制度以及产品质量追溯制度、隐患排查、产品召回和责任追究制度等。以危险化学品、烟花爆竹、特种设备生产企业以及民用爆炸物品生产、销售企业和爆破企业单位，以及日用消费品、农产品和农业投入品生产经营主体为重点，推动企业落实安全生产和质量安全主体责任，建立健全生产准入和退出信用审核机制。加强对生产经营单位产品安全、质量等信用信息的记录和整合，建立健全生产经营单位信用档案，动态更新维护信用记录，依法向社会披露和曝光安全生产和质量失信企业的违法违规行为，推进各地各部门产品质量信用信息共享，逐步建立和形成对失信行为的联合惩戒机制，加大对违法失信行为的惩处力度。依法依规开展生产经营单位的安全生产与质量信用评价，将企业的信用状况列为企业生产许可、食品认证、强制性认证、质量奖励等工作的考核条件；以涉及群众生命健康安全的产品为重点，强化对重点产品、重点行业、重点地区的监控和抽查。加强对安全生产和质量安全风险的监测、评估、预警、信息通报和应急处置。到2015年，规模以上企业信用档案覆盖率达到100%。

流通领域诚信建设。依托政府相关部门业务管理系统和信用信息系统，建立健全批发零售、住宿餐饮及居民服务企业、流通服务企业、进出口企业等流通企业信用档案。逐步建立以商品条形码等标识为基础的商品流通追溯体系。对不同信用等级的流通企业实行差别化待遇，加强部门协调配合，严厉打击假冒伪劣、商业欺诈等违法失信行为。支持商贸服务企业信用融资，发展商业保理，规范预付消费行为，鼓励企业扩大信用销售，促进个人信用消费。指导流通领域的行业协会、商会在食品、药品、屠宰等重点行业以及现代物流、连锁经营、对外承包工程、对外投资及劳务合作、重点产品出口等领域，率先推行企业信用认证和信用评价，逐步建立完善流通企业信用评价和分类监管制度，对失信行为进行行业评议和惩戒，引导流通企业实现诚信经营。建立跨部门的外贸企业信用信息共享机制，将进出口企业信用状况与进出口管理措施结合起来，实施差别化通关政策。

食品药品安全领域诚信建设。建立健全食品药品安全信用信息征集、评价、披露、奖惩等制度，以及信用风险的预警、传递、管控机制和食品药品安全责任追究机制。统筹推进食品药品安全电子监管体系建设，建立健全质量追溯体系。全面建立并动态更新粮食、肉制品、蔬菜、乳制品、食用油、水产品等食品的生产、经营、销售以及药品的研制、生产、流通和使用环节各相关责任主体的信用档案，推进食品、药品安全信用信息互通共享。加强对食品药品企业的量化分级管理，严厉打击涉嫌生产、销售假冒伪劣及有毒有害食品药品的违法犯罪行为，对严重违法失信行为进行披露和曝光。加强检验检测、认证检查和不良反应监测等食品药品安全技术支撑能力建设，完善食品药品信息报送系统、安全监测体系和安全应急处置机制。强化食品药品安全信用信息及信用评价结果的应用，作为开展分类监管的重要前置条件和评估依据，依法在融资、用地、年检、报关等方面，给予守信主体相关便利；依法对失信主体实施惩戒或限制措施，将其列为日常监督、监测或抽查的重点；严格执行“黑名单”制度，强化联动惩戒，对违法失信主体实施行业禁入和市场退出等措施。到2015年，食品药品企业信用档案覆盖率达100%。到2020年，全市建立完善的食品药品安全信用评价机制。

电子商务领域诚信建设。建立健全规范电子商务经营和交易行为的诚信制度，推行电子商务主体身份标识和信息公开披露制度、网店实名制度以及网店产品质量认证制度。将电子商务经营主体及其从业人员的银行信贷、合同履约、产品质量、售后服务等相关信用信息纳入信用档案，加强信用信息的交换共享。推动电子商务与线下交易信用评价，积极引入第三方信用服务机构开展信用调查、评估、担保、保险以及信用支付、商账管理等信用服务业务。对诚信经营的电子商务主体给予支持，对失信主体予以警告或实施行业限期禁入等惩戒措施，严厉打击依托网络制售假冒伪劣商品、侵犯知识产权、传销、诈骗等行为。到2015年，率先建立电商信用评价机制；到2020年，建立完善的电子商务信用评价机制。

价格领域诚信建设。完善明码标价和收费公示制度，倡导诚实标价，提高收费公示的覆盖面、准确度和公信力，增强价格政策透明度。依托有关业务管理信息系统，加强对价格信用信息的记录、整合和共享，完善企业价格诚信数据库。严厉查处价格垄断、价格欺诈等违法失信行为，对重大价格违法行为进行曝光并加大惩戒力度。广泛开展价格诚信承诺、价格诚信服务月、价格诚信单位评选等价格诚信创建活动，营造全社会价格诚信意识。

金融领域诚信建设。深化信用信息和信用服务产品在信贷、股票、债券、票据等市场的使用，试点推广信用服务产品在期货、基金、非上市公司股权转让、保险交易、信托受益权转让等市场的应用，推动特色信用服务产品在资产证券化产品、应收账款质押、供应链融资中的试点使用。通过财政投入、企业参股等方式，组建信用担保机构和贷款担保基金，推动解决县域中小企业和“三农”经济融资担保难等问题。依托金融业统一征信平台和市公共信用信息管理系统，加大对金融欺诈、恶意逃废债和制售假保单等违法违规失信行为的打击力度，维护金融市场秩序。建立完善网络金融领域诚信制度，强化网络金融市场准入管理，鼓励社会机构依法建设网络金融诚信系统，加大对网络金融违法失信行为的惩戒力度，构建良好的网络金融诚信环境。推行金融业诚信公开承诺制度，通过签署共同宣言等方式引导金融机构及其从业人员加强诚信意识；推动金融机构将诚信经营纳入内部考核和监督管理，完善奖惩措施，建立诚信经营长效机制。到2015年，金融账户实名制比率达到90%，到2020年达到100%。

税务领域诚信建设。依托现有税收征管系统，加大对纳税人信用信息的采集力度，建立纳税人信用信息数据库，完善纳税人信用档案，并加强与公安、银行、工商、质监等涉税部门的信息交换共享。积极开展纳税信用等级的评定和发布工作，实施纳税人分类管理和服务，深入开展综合治税工作，加大对偷税、抗税、骗税等失信纳税人的惩戒力度，提高税收风险防控水平。加强诚信纳税宣传，与重点纳税人签订诚信纳税承诺书，并逐步扩大承诺制度覆盖面，提高纳税人诚信纳税意识。

工程建设领域诚信建设。加快工程建设领域诚信制度建设，规范工程建设市场征信活动，完善信用信息征集标准，建立健全不良行为记录公示制度和信用评价制度。加强对勘察、设计、建设、施工及监理、工程检测、施工图审查、机械配备和安全防护用具出租等企业及其从业人员信用信息的记录、整合和共享，建立健全市场主体信用档案。依托电子招标系统及其公共服务平台，全面设立项目信息和信用信息公开共享专栏，集中公开工程建设项目信息和信用信息。积极鼓励和引导第三方中介机构，按照科学的评级指标体系和规范的评级程序，对工程建设领域市场主体开展综合信用评价，在招标发标和评标时，将企业信用评定结果作为投标人资格预审条件。建立健全市场主体准入和退出机制、工程建设市场和施工现场联动机制、注册人员管理与企业资质管理的联动机制，加大对企业及其从业人员在招投标、工程造价、质量管理、施工安全和工资支付等方面违法失信行为的惩戒力度，及时曝光严重失信行为。

政府采购和招投标领域诚信建设。完善政府采购、招投标领域信用信息公开和共享及不良信用记录公示等诚信管理制度。健全政府采购供应商、代理机构、评审专家以及相关从业人员信用记录，建立涵盖招标投标情况的信用记录和评价标准体系。建立完善全市统一的政府采购管理交易系统和电子招标投标系统及其公共服务平台，实现政府采购、招标投标信用信息的共享和集中发布。完善政府采购和招投标市场的准入和退出机制，强化联动惩戒，充分利用工商、税务、金融、检察等其他部门提供的信用信息，加强对当事人和相关人员的信用管理。鼓励市场主体运用基本信用信息和第三方信用评价结果，并将其作为供应商和投标人资格审查、评标、定标和合同鉴定的重要依据。

交通运输领域诚信建设。建立完善交通运输诚信考核评价制度、不良信用记录公示制度等诚信管理制度，逐步将信用考核和信用管理工作纳入法治建设轨道。依托全市交通运政网络，加强对交通运输企业及其从业人员信用信息的记录、整合和共享，将各类交通违规违法行为列入失信记录，建立健全交通运输市场主体信用档案。积极引入第三方信用中介机构开展交通运输行业诚信分类考核评价，建立健全具有监督、申诉和复核机制的综合考核评价体系。对诚信考核优秀的企业在享受政府和行业优惠政策、拓展交通运输服务业务、扩大经营范围和扶持发展等方面予以支持激励，对考核不合格的企业列入重点监管名单，实施重点监管，限制发展。根据交通运输行业从业人员的诚信记录，加强对从业人员的诚信管理。推动交通运输经营单位建立诚信服务准则和承诺制度，加大对随意拒载、绕行、超载、乱涨价、乱收费等违规失信行为的处罚力度。

统计调查领域诚信建设。建立统计违法案件公开通报、统计诚信管理和统计失信惩戒等制度。将统计调查单位、统计中介（代理）机构以及统计调查企业的失信行为纳入信用档案。严肃查处各种统计违法违纪行为，以查处统计弄虚作假行为为重点，强化统计执法检查，依法打击违法干预统计数据、统计机构和统计人员参与弄虚作假、统计调查对象拒报及提供不真实统计资料等行为，加大对统计失信企业的联合惩戒力度。开展诚信统计承诺活动，加强诚信统计宣传教育，增强全社会诚信统计意识和依法统计观念。

会展和广告领域诚信建设。加强对会展和广告领域市场经营主体及从业人员资质、骗展、发布虚假广告等相关信息的记录、更新和整合。探索引入第三方信用中介机构开展会展和广告业经营主体及从业人员信用评价，建立规范的市场主体信用评价机制。规范会展和广告市场从业人员资质认定、职业培训和管理、评级评优等活动，明确广告制作、传播等环节各参与者责任，加大对骗展、制作和发布虚假广告等违法失信行为的惩处力度。充分发挥行业协会作用，制定会展和广告市场经营机构行为准则及从业人员诚信从业准则，推动会展和广告领域市场主体提高守信自律意识。到 2015 年，率先建立规范的会展和广告市场主体信用评价机制；到 2020 年，建立较为完善的会展和广告市场主体信用评价机制。

中介服务业诚信建设。建立完善律师、公证仲裁、司法鉴定、鉴证、会计、担保、评估、代理、经纪、职业介绍、咨询、交易、检验检测等类型中介服务机构及其从业人员的信用档案。实行中介服务机构及其从业人员信用记录披露制度，开展中介服务业信用评价，将有关信用记录和信用评价结果作为市场行政执法部门实施监管的重要依据。到 2015 年，在主要中介服务业领域率先建立规范的信用评价机制；到 2020 年，主要中介服务业建立较为完善的信用评价机制。

第三节　加强社会诚信建设

社会诚信是社会信用建设的基础。重点围绕医疗卫生、社会保障、劳动用工、教育及科研、知识产权、环境保护等领域，建立完善激励约束机制，着力提高社会诚信水平。

医疗卫生、人口计生领域诚信建设。通过量化分级管理模式，推行医疗机构依法执业信誉度评审制度。建立不良执业行为记分、医疗机构法人约谈、通报公示等制度，健全药品价格和医疗服务价格公示制度。建立健全医疗机构及执业医师、药师、护士等从业人员的信用档案。建立信用评价标准，实行医疗机构依法执业信誉度评审和不良执业行为记分管理制度，将医疗机构的评价情况作为实施医疗机构校验、等级评审等的参考依据；加大对违法失信医疗机构的监管处罚力度，惩戒过度医疗、收受贿赂等违法失信行为。加强医疗卫生机构内部信用管理和行业诚信作风建设，开展医护人员医德综合考核评价，培育诚信执业、诚信诊疗、诚信收费、诚信医保理念。加强人口计生领域诚信建设，完善公民计划生育情况信用记录，推进人口和计划生育信用信息的共享，通过签订诚信计生协议等方式，推进计生诚信公开承诺制度，完善信用分类监管机制，推动计生信用信息在市场监管和公共服务管理中的应用，对计生失信者进行惩戒。

社会保障领域诚信建设。在养老、医疗、生育、失业、救灾、救助、低保、慈善、彩票、婚姻、收养及保障性住房管理等领域建立全面的诚信制度。将各类骗保、诈捐骗捐、骗取保障房等失信记录纳入信用档案，建立健全信用信息数据库。加强对社会保险基金管理、经办机构及其工作人员的监督，提高基金征收、管理、支付等各环节的透明度，依法严厉打击贪污、挤占、挪用社保基金等违法失信行为。加大对骗取保障房、骗取社会保险待遇、用人单位少缴和漏缴社会保险费、医保欺诈等失信行为的惩戒力度，依法打击医保定点医疗机构、零售药店以及工伤保险协议医疗机构、康复机构、辅助器具配置机构及其工作人员的违法违规行为。

劳动用工领域诚信建设。建立完善重大劳动保障违法行为公示制度和“黑名单”制度，建立健全劳动保障信用等级评价办法。以企业劳动保障守法诚信记录为基础，开展信用等级评价工作，对劳动保障信用等级较高的企业，可通过授牌授证、通报公告等方式给予激励；加大对重大违法失信行为的惩罚力度，并予以曝光；加强对劳动合同订立和仲裁的管理，加大劳动保障监察执法力度。加强人力资源市场诚信建设，打击非法用工、非法职介等失信行为，优化人力资源市场环境。到 2015 年，全市企业劳动合同和集体合同签订率分别达到 92% 和 80%，到 2020 年分别达到 96% 和 85% 以上。

教育、科研领域诚信建设。建立完善科学有效的师德评价考核机制以及教学科研人员信用评价制度和学生综合素质评价制度，建立健全研究试验原始记录和检查制度、学术成果公示制度、论文答辩前实验数据审查制度、毕业和离职研究材料上缴制度以及学术道德问责制度。探索建立教育、科研机构以及学生、教师和科研人员信用信息的征集标准，提高信用数据采集质量，到 2015 年教育、科研领域相关重点人群信用档案覆盖率达 100%。积极开展教育和科研机构以及学生、教师和科研人员的信用评价工作，将信用评价结果与招生录取、学位授予、职称评定、岗位聘用、职务晋升、项目申报、科研经费分配、评选表彰等挂钩，加大对学术作假、考试作弊、违规使用科研经费等失信行为的处罚力度。建立教师和科研人员守信公开承诺制度，自觉接受学生和社会各界的监督。

文化、体育、旅游领域诚信建设。整合文化、体育和旅游领域市场经营主体及从业人员的信用信息，完善信用档案。探索引入第三方信用中介机构开展文化、体育和旅游领域市场经营主体及从业人员信用评价。将信用评价结果作为分类监管的重要依据，加强对文化、体育和旅游网络经营活动的诚信管理，规范文化、体育和旅游市场从业人员资质认定、职业培训和管理、评级评优等活动，加强联动执法，加大对违法失信行为的惩处力度。充分发挥行业协会作用，制定文化、体育和旅游市场经营机构行为准则及从业人员诚信从业准则，推动文化、体育和旅游市场主体提高守信自律意识。到 2015 年，率先建立规范的信用评价机制；2020 年，建立较为完善的信用评价机制。

低碳、节能与环保领域诚信建设。建立完善企业低碳发展、能源节约和环境保护的信用评价、分类监管和“红牌、黄牌、绿牌”环保信用管理制度，贯彻落实企业环境信息公开制度，建立企业污染排放自行监测与公布制度、应对环境事故情况公布制度，健全环评机构信用信息公开制度。完善环境执法信息系统建设，加强环保信用数据的采集与整理，建立企业环境行为诚信档案。加强控排企业碳排放核查，建立企业碳排放行为诚信档案。加强重点用能单位节能目标责任考核，建立重点用能单位信用评价机制。积极探索引入第三方社会信用评级机构开展企业环境保护信用评价，加强评价结果的应用和后续监督管理，督促企业落实环境安全主体责任，根据企业的环境保护信用等级予以相应的奖励、警示和惩戒。完善企业低碳、节能、环保行为信用信息共享机制，加强与质检、银行、证券、保险、商务、投资管理等部门的联动。建立环评、能评机构及其从业人员诚信档案数据库，强化对环评、能评机构及其从业人员的信用管理，依法依规实行环评、能评文件责任追究制度。加强环境行政执法与刑事司法衔接，探索建立环境公益诉讼制度，强化低碳、节能、环保管理部门与司法部门的执法协调机制建设，加大对环境违法犯罪行为的打击力度。

知识产权领域诚信建设。探索建立知识产权诚信信息管理、信用评价和失信惩戒等制度，建立健全重大侵权、违法假冒信息披露发布制度，引导上市辅导期企业建立知识产权评估制度和信息披露制度。将假冒专利和其他知识产权侵权行为纳入失信记录，积极开展知识产权信用评价工作。坚决打击假冒专利、商标、版权等知识产权违法行为，加大对恶意侵权、重复侵权等案件的打击力度，集中查处情节严重、影响恶劣的侵权案件。鼓励各行业、各区域建立知识产权保护联盟，形成强有力的知识产权保护网络；成立市“正版正货”保护联盟，深入开展“正版正货”承诺活动。

社会组织诚信建设。制定并落实社会组织信用评价、失信行为公示和守信激励与失信惩戒等制度，加强对社会组织信用信息的记录、整合和应用，根据社会组织的信用状况对守信者给予必要的激励，对违法失信行为加大惩戒力度。把诚信建设内容纳入各类社会组织章程，推动社会组织建立健全内部信用管理体系和信息披露制度，向社会披露年度工作报告、重大活动和财务状况等重要信息，引导社会组织增强运作的公开性和透明度，推行社会组织守信公开承诺制度，提高社会组织守信自律意识。到 2015 年和 2020 年，社会组织信用档案覆盖率分别达 80% 和 100%。

互联网应用及服务领域诚信建设。大力推进网络诚信建设、培育依法办网、诚信用网理念，逐步落实网络实名制，加强网络信息保护。建立涵盖互联网企业、上网个人的网络信用档案，积极推进建立网络信用信息与社会其他领域相关信用信息的交换共享机制，大力推动网络信用信息在社会各领域推广应用。建立网络信用黑名单制度，将实施网络欺诈、造谣传谣、侵害他人合法权益等严重网络失信行为的企业、个人列入黑名单，对黑名单主体采取网上行为限制、行业禁入等措施，并通报相关部门和进行公开曝光。

第四节　加强司法公信建设

司法公信建设是社会信用建设的重要内容，是树立司法权威的前提，是社会公平正义的底线。重点围绕加强司法公开、严格公正司法、加强司法执法和从业人员信用建设，健全促进司法公信的工作机制，不断提升司法公信力、权威性，提高人民群众的满意度。到 2020 年，形成全社会认同司法、尊崇司法、信赖司法、服从司法的良好局面。

加大司法公开力度。创新司法公开的方式和途径，着力建设覆盖范围广、数据即时生成、资源互通共享的司法业务管理系统，及时公开执法办案的制度规范、程序时限和办案进展等信息。健全内部透明的监督制约机制，维护当事人合法权益，切实保障人民群众对司法工作的知情权、参与权、表达权和监督权。

严格公正司法。坚守司法公正底线，严格依法办案，惩防司法腐败。支持人民法院依法规范法官自由裁量权的行使，推进强制执行案件信息公开，完善案件执行联动机制，加大对诉讼失信与规避执行的打击力度，提高审判的质量和效率。推进公正廉洁执法，执行宽严相济的刑事政策，规范刑事强制措施的适用，积极查办和预防贪污职务犯罪，加大反渎职侵权力度，依法严厉打击各种危害国家安全和社会稳定的暴力犯罪活动。加快司法行政系统执法执业制度化、规范化进程，重点加强规范刑罚执行、监狱管理、强制隔离戒毒、社区矫正、司法鉴定、律师管理、法律援助等方面的建设。完善司法纠错机制。

加强司法执法和从业人员诚信建设。建立司法执法人员执法档案，将司法执法人员徇私枉法、徇情枉法以及不履行或不正确履行职责等不良记录纳入执法档案，将其执法记录作为考核、奖惩、晋职晋级的重要内容和依据，到 2015 年执法档案覆盖率达 100%。推行公正廉洁文明司法执法公开承诺制度。加强对律师、公证员、基层法律服务工作者、法律援助人员、司法鉴定人员等司法相关从业人员信用信息的记录和整合，建立健全司法相关从业人员信用档案，推进诚信规范执业。到 2015 年，相关从业人员信用档案覆盖率达 100%。

健全促进司法公信的工作机制。稳步推进司法体制和工作机制改革，优化司法职权和资源配置，确保审判机关、检察机关依法独立公正行使审判权、检察权。支持法院系统重点推进审判程序性事务与审判决定权分离、主动执行、量刑规范化、诉前联调、判后释法答疑及家事审判合议庭等改革事项，检察系统重点推进诉讼活动的法律监督、“阳光检务”等改革事项，公安系统重点推进执法信息公开、流动人口服务管理、执法资格考试等改革事项，司法行政系统重点推进社区矫正全覆盖、司法鉴定规范化、法律援助便民化、狱政管理和律师制度等改革事项。健全司法工作监督机制，建立健全行政执法与刑事司法衔接机制，加强对政法机关执法活动的监督。支持检察机关强化对刑事诉讼、民事审判、行政诉讼、刑罚执行和监管活动以及民事执行活动的法律监督。支持完善人民陪审员、人民监督员制度，加快群众对司法活动监督的法制化、规范化进程。加强舆论监督，建立健全司法机关新闻发布制度，建立与新闻媒体常态沟通联络机制及舆情快速反应机制。

第四章　专项工程

专项工程是建设社会信用体系的有力抓手和重要依托。着力围绕社会信用体系建设的关键环节和社会关注的重要领域，形成工作示范，以点带面，逐步推广，推进我市社会信用体系建设加快发展。

第一节　政务诚信建设工程

以建设市网上办事大厅、开通企业专属网页和市民个人网页为重点，创新政府政务服务。加快推进网上审批、并联审批，严格规范行政审批自由裁量权，加快建立服务于市民查询、办事、投诉等的便民服务电子系统。到 2015 年，各区各部门行政审批事项网上办理率超过 90%，公共服务事项网上办理率超过 80%，全面建成集政务公开、投资审批、网上办事、政民互动、效能监察等功能为一体的网上政务服务系统；70% 以上常住人口开通市民个人网页，80% 以上企业开通企业专属网页。到 2020 年，所有可公开办理的事项网上办理率达到 100%；所有常住人口开通市民个人网页，企业专属网页开通率为 100%。加快建设完善禅城区“一按灵”睿智城市服务平台，探索提升公共服务管理水平。着力完善南海区“三中心一平台”建设，推动实现网络问政、网络行政和网络监督“三网融合”，探索政务诚信建设新模式。深入推进顺德区商事登记制度改革和行政审批制度改革，探索建设公共服务型政府。

第二节　重点园区信用体系建设工程

依托广东金融高新区、中德工业服务区、佛山高新区等一批产业园区和重大平台，率先开展信用建设探索创新，搭建信用信息记录和归集平台，建设完善企业及其从业人员信用档案，强化信用信息在各环节的应用。充分利用创建“广东省民间金融改革发展试验区”契机，以信用建设为先导，加强金融和园区信用管理改革创新，推动智力、资本加快集聚，提升园区发展水平和治理水平，推动金融、科技和产业实现更紧密融合。

第三节　重点人群信用体系建设工程

建立公务员、事业单位员工、企业法定代表人、律师、会计从业人员、注册税务师、审计师、评估师、统计从业人员、认证和检验检测从业人员、证券期货从业人员、上市公司高管人员、保险经纪人、新闻媒体从业人员、医务人员、导游、教学科研人员等重点涉信人群信用档案。到 2015 年底，重点人群信用档案全面建立。探索开展重点人群信用评价工作，各有关行业和部门在实施资质（格）认定、职称评定、干部选拔、人员录用等重点领域，加大对重点人群信用信息及其评价结果的应用力度，加强对重点涉信人群的信用监管，严厉打击学历造假、学术不端、虚报冒领等失信行为，建立完善重点人群信用公示、警示制度。针对重点人群开展守信公开承诺制度，接受舆论和社会公众的监督。

第四节　中小微企业信用体系建设工程

以金融信用信息基础数据库为依托，完善中小微企业信用信息标准和采集方式，加强对中小微企业信用信息的记录和整合，建立健全中小微企业信用档案。依托专业评级机构，构建符合中小微企业特点的信用评价体系。推动政府部门、商业银行等加强对中小微企业信用信息及评定结果的应用，对守信中小微企业在政策扶持、资金补助、授信额度、贷款期限、利率等方面给予倾斜支持。搭建多渠道、多形式的政银担企融资推荐对接平台，共同开展以政策扶持、信用评价、融资对接、定期监测等为主要内容的中小微企业融资培育计划，推动解决中小微企业融资难问题。

第五节　农村信用体系建设工程

结合本地实际，探索完善农村社会成员信用信息标准和采集方式，依法依规记录和整合农村社会成员的信用信息，建立健全农村社会成员信用档案。以农村社会成员的经济状况为基础，结合农村社会治理工作，对农村社会成员的信用进行及时评价和认定，推动建立符合农村社会成员特点的、客观规范的信用评价体系。重点围绕金融服务、社会保障、治安管理等领域，加强农村社会成员信用等级评定结果的应用，对信用等级较高的农村社会成员，在授信额度、利率、项目资金安排、补贴补助、审批手续办理等方面给予优惠和方便，引导社会成员关注自身信用状况。加快推进信用村（镇、户）创建活动，推动解决农户贷款难问题，着力改善农村信用环境。

第六节　流动人口信用体系建设工程

以现有流动人口管理业务系统为依托，重点围绕居民管理、治安、社会保障、就业、房屋购买与租赁、纳税、计生等领域，加强对流动人口信用信息的记录和整合，建立健全流动人口信用档案。根据流动人口的信用记录，对守信者在入户、就业培训、子女入托入学、社会保障等方面予以优惠，对失信者给予必要的限制，建立健全流动人口守信激励和失信惩戒机制，强化流动人口的信用意识，提高社会治理和公共服务水平。针对流动人口集中的地区，开展诚信宣传教育活动，通过签署诚信协议等方式引导流动人口增强诚信意识，提高信用认知水平。

第七节　区域信用建设合作工程

利用广佛肇合作平台率先与广州、肇庆开展信用合作，探索开展公共信用信息标准制订、信息互通共享和跨市联合奖惩等合作。推动我市与兄弟市之间开展不同形式、不同内容的信用合作，不断拓展合作领域。在制度和标准规范建设、信息交换、技术和产品研发与应用、学术研究等方面加强与外省市之间的合作交流。探索开展跨境信用合作，在发展信用经济、规范信用管理、完善技术标准、开展联合奖惩等方面与港澳台加强合作。

第五章　保障措施

第一节　加强组织领导

全市各级政府、部门要将社会信用体系建设纳入重要工作日程，协同推进社会信用体系建设工作。市社会信用体系建设统筹协调小组承担规划实施的协调指导工作，建立定期会商制度，及时研究解决社会信用体系建设中的重大问题；各专责小组及其成员单位根据规划确定的建设任务，按照职责分工，制订工作计划，全力推进相关建设工作。

第二节　加大资金投入

落实社会信用体系建设经费保障责任，将社会信用信息化基础设施建设等纳入政府投资计划，将社会信用体系建设工作经费纳入财政预算。探索建立多元化投融资机制，鼓励民间资本投资信用服务业，为我市社会信用体系建设提供充足的资金保障。

第三节　加大政策支持

制定推广使用信用产品和服务的政策措施，对政府部门、金融机构、行业组织、企事业单位和个人推广使用信用产品和服务做出必要的规定，政府部门要做好示范，带头使用信用产品和服务。落实国家和省在加快现代服务业、高技术产业发展等方面支持信用服务机构发展的相关政策。对信用服务机构的数据库建设、服务收费等给予政策支持。

第四节　强化督查考核

建立全市社会信用体系建设分级管理责任制，实行分工负责、分类指导、逐步推进，将有关指标和任务纳入各区政府、市直部门的年度工作目标责任制考核范围。做好规划实施的评估和监督工作，实施动态跟踪和管理，及时发现并解决规划实施中的问题。建立规划实施激励与问责机制，对社会信用体系建设成效突出的区、部门和单位予以表彰，对建设工作推进缓慢的区、部门和单位予以通报批评。

二〇一四年八月二十日

佛山市环境保护“一岗双责”责任制暂行实施办法

佛府〔2014〕72号

第一章　总　则

第一条　为全面贯彻落实科学发展观，落实环境保护行政责任，改善环境质量，推进生态文明建设，根据《中华人民共和国环境保护法》《广东省环境保护条例》等有关法律法规规定，结合本市实际，制定本办法。

第二条　本办法适用于各区人民政府和市有关部门的领导班子和领导干部。

法律、法规、规章和上级文件另有规定的，从其规定。

第三条　本办法所称“一岗双责”，是指各区人民政府和市有关部门的领导班子和领导干部既要履行职务对应的岗位业务工作职责，又要履行环境保护工作职责。

各区人民政府和市有关部门的主要负责人是本行政区域、本部门职责范围内环境保护工作的第一责任人，对环境保护工作负全面领导责任；分管环境保护工作的负责人对环境保护工作负综合监管领导责任；其他负责人对分管业务工作范围内的环境保护工作负直接领导责任。

第四条　各区人民政府对本行政区域的环境保护工作负责；市环境保护局对全市环境保护工作实施统一监督管理；市有关部门在各自职责范围内，对环境保护直接实施监督管理。

第五条　环境保护坚持“保护优先、预防为主、综合治理、公众参与、损害担责”的原则。

环境保护监督管理实行“属地管理与行业管理相结合，以属地管理为主”和“谁主管、谁负责”“谁污染、谁治理”“谁受益、谁担责”的原则。

第二章　环境保护工作职责

第六条　各区人民政府职责：

（一）对本行政区域的环境质量和环境安全负责，将环境保护工作纳入国民经济和社会发展规划，优化空间开发格局，实施有利于节约资源和保护环境的经济、技术政策和措施，实现经济社会发展与环境保护相协调。

（二）制定实施本行政区域的环境保护规划及管理措施、办法，加强对大气、水、土壤等的保护，持续改善生态环境。

（三）对本行政区域的主要污染物减排工作负责，严格落实污染减排目标责任。

（四）负责组织实施关闭、拆除饮用水源保护区内设置的排污口和违规建设项目；依法关闭不符合环境保护法律、法规、规章以及国家环境保护政策或逾期未完成限期治理任务的污染企业。

（五）负责组织本行政区域突发环境事件的应急处置工作，成立相应的应急领导机构和应急救援队伍，储备充足的环境应急救援物资，提高政府应对突发事件的能力。

（六）负责加强环境保护能力建设，加大环境保护经费投入，不断提升环境保护执法、环境监测、环境信息能力和管理水平。

（七）开展各类生态建设示范区创建，不断提升生态文明建设水平。

（八）严守生态保护红线，加大自然生态系统环境保护力度，组织实施农业和农村环境保护工作，开展生态建设和农村环境综合整治工作，增强生态产品生产能力。

（九）负责对保护和改善环境有显著成绩的单位和个人给予适度激励。

第七条 市环境保护局职责：

（一）负责综合协调、监督指导各相关单位落实环境保护工作。

（二）贯彻执行国家和省有关环境保护的方针政策和法律法规；拟定并监督实施全市环境保护的规定和管理办法；组织编制全市环境功能区划，拟定全市环境保护规划；组织拟定并监督实施重点区域、流域污染防治规划和饮用水水源地环境保护规划。

（三）负责污染防治的监督、指导，监督责任单位建立并落实好废气、废水、废渣、放射性物质以及噪声振动、电磁辐射等的污染防治管理制度；负责对饮用水源水质保护工作实施统一监督管理。

（四）督促各行业企业落实污染减排目标责任，组织制定主要污染物排放总量控制制度并监督实施，提出实施总量控制的指标，督查、督办、核查各责任单位污染物减排任务的完成情况，会同监察等相关部门实施环境保护目标责任制、总量减排考核并公布考核结果。

（五）督促指导责任单位从源头上预防、控制环境污染和消除环境破坏。按管理权限审批开发建设区域、项目环境影响评价文件以及建设项目竣工环境保护验收。

（六）负责牵头推动全市水环境综合整治、大气污染防治和机动车污染防治工作。

（七）负责农业、农村污染防治工作；组织拟定生态保护规划，配合各行业主管部门监督对生态环境有重大影响的自然资源开发利用活动、重要生态环境建设和生态恢复工作；指导、协调和监督农村环境保护和生态建设示范区创建工作。

（八）指导协调全市重大突发环境事件的应急、预警工作，协调处置跨区域环境污染纠纷，组织开展重点区域、重点流域环境污染防治工作。

（九）负责组织开展环境保护专项行动和环境安全隐患大清查大整治行动，查处环境违法行为；组织实施排污申报登记、排污许可证、重点污染源环境保护信用管理等各项环境管理制度；依法征收排污费，会同有关部门监督排污费的使用和环境保护资金的管理。

（十）负责组织环境质量监测和污染源监督性监测；组织对环境质量状况进行调查评估、预测预警；负责发布环境质量、环境监测、环境行政许可等环境信息。

（十一）负责组织、指导和协调环境保护宣传教育工作，提高公民的环境保护意识，推动和指导民间环境保护组织工作。

（十二）组织环境保护科技发展、科学研究和技术示范工程；指导和推动环境保护产业发展。

（十三）开展国内和国际间环境保护的合作和交流。

第八条 市发展和改革局职责：

（一）负责将环境保护工作纳入国民经济和社会发展规划，促进经济、资源与环境的协调发展。

（二）组织编制全市热电联产规划时，依法开展规划环境影响评价工作，并向规划审批机关提交环境保护部门对规划环境影响评价的审查意见。

（三）负责严把高耗能、高排放和产能过剩行业的产业政策关，严格做好该类项目的立项工作；负责推进能源战略性结构调整；积极争取天然气用量，加快清洁能源替代，推动工业园区开展集中供热、热电联供工作。

（四）负责制定城镇污水垃圾处理收费政策以及贯彻落实差别电价和惩罚性电价等有利于环境保护的价格政策。

（五）协调做好减排配合工作，负责做好职能范围内的项目申报、资金争取等工作。

第九条 市经济和信息化局职责：

（一）组织编制工业专项规划时，依法进行规划环境影响评价，并向规划审批机关提交环境影响评价文件和环境保护部门书面审查意见。

（二）牵头拟定并组织实施能源节约、循环经济、资源综合利用和促进清洁生产的有关规划和政策措施；组织推广应用以节能降耗为主要内容的新技术、新工艺、新产品，积极推进清洁生产和循环经济；组织协调节能环保产业发展。

（三）严格执行国家产业政策，提请政府关闭、淘汰不符合国家产业政策的工艺、装备和产品；配合环境保护部门制订污染物排放总量控制计划，配合开展重点行业环境综合整治；负责制定并监督落实产业结构调整措施；牵头组织淘汰落后产能。

（四）依法对无线电（站）、移动通信基站、电视广播发射塔等进行管理，督促项目单位按规定开展环境影响评价并做好电磁辐射环境管理和污染防治工作。

（五）组织电信运营业务部门为环境事件应急救援提供通讯保障。

（六）负责监督供电企业严格执行政府有关部门做出的对淘汰、关停企业和环境违法企业依法采取停、限电措施的决定。

（七）负责实施煤炭总量控制，控制新增用煤量，严格控制新增煤电项目。

（八）负责成品油市场运行和经营活动的监督管理。

第十条　市教育局职责：

（一）推进各类学校开展环境教育，将环境教育纳入教学计划，鼓励中小学开办各种形式的环境教育课堂；督促指导各中小学创建“绿色学校”，并将创建“绿色学校”纳入学校建设总体规划。

（二）督促和指导各类学校积极开展环境宣传活动，加强环境保护教学活动和社会实践活动。

第十一条　市科技局职责：

（一）负责将环境保护科技进步纳入科学技术发展计划并组织实施。

（二）加大对环境保护科研创新的投入，支持科研机构和有关单位开展环境保护科学技术研究，推动环境保护科技进步。

（三）加大对节能减排科技研发的支持力度，完善技术创新体系，推广应用成熟的新技术、新工艺、新设备和新材料，引导企业开展节能减排。

第十二条　市公安局职责：

（一）负责行政区域内的环境保护刑事执法，主动介入、支持配合其他行政部门的环境保护行政执法活动，及时查处构成污染环境罪的环境违法行为。

（二）负责危险化学品的公共安全管理，核发剧毒化学品购买许可证、剧毒化学品道路运输通行证，并负责危险化学品运输车辆的道路交通安全管理。

（三）负责放射性物品道路运输安全和放射源安全保卫的监督管理工作，负责丢失、被盗放射源的立案侦查和追缴，参与辐射事故应急处理工作；按要求做好本部门所拥有X射线行李包检查装置等核技术应用项目的辐射环境管理和安全防护工作。

（四）负责机动车污染减排及黄标车淘汰相关工作；依照职责对机动车排气污染防治实施监督管理，会同环境保护部门对在城市建成区道路行驶的无环保检验合格标志或排放黑烟等可视污染物的机动车进行排气污染抽检；对未达到现行执行的国家阶段性机动车污染物排放标准的机动车不予办理注册登记；对达到强制报废条件的机动车依法强制报废和注销。

第十三条　市监察局职责：

（一）负责对环境保护“一岗双责”责任制执行情况的监督。

（二）负责配合环境保护部门对环境保护法律法规和政策规定贯彻落实情况开展监督检查。

（三）负责会同环境保护部门对省、市人民政府部署的重大环境保护工作、挂牌督办项目进行督查和考核，组织开展专项检查，督促各项环境保护措施落实。

第十四条　市民政局职责：

（一）协助做好环境事件的相关善后工作。

（二）负责督促指导福利企业及假肢科研和生产企业落实环境保护工作。

（三）协助组织社区开展“绿色社区”创建活动，组织社区开展环境保护活动，普及环境保护知识，提高环境保护意识。

（四）负责引导村居基层政权落实环境保护职责。

第十五条　市司法局职责：

将环境保护法律、法规纳入公民普法的重要内容，会同有关部门宣传普及有关环境保护法律、法规知识。

第十六条 市财政局职责：

（一）负责编制同级政府年度环境保护投入预算；统筹安排环境保护及其监督管理所需的费用。

（二）按照现行事权、财权划分原则，根据环境保护工作需要，加大对环境保护工作和环境保护能力建设的投入。

（三）贯彻落实有利于环境保护的财政政策，将环境保护指标完成情况作为财政有关资金分配的重要依据。

第十七条 市人力资源和社会保障局职责：

负责按照国家有关职业标准组织环境保护职业技能培训。

第十八条 市国土资源和城乡规划局职责：

（一）组织编制的土地利用总体规划和矿产资源总体规划，应当在编制过程中进行环境影响评价，并提交环境影响评价文件和环境保护部门书面审查意见。

（二）负责将环境保护纳入城乡规划决策，编制城乡规划应明确各功能区定位，避免工业区、居民区、文教区等混杂引发环境问题。

（三）负责组织编制并加快实施佛山市功能区规划，优化空间布局，促进区域协调发展。划定佛山市生态控制线，配套出台生态控制线管理办法，建立国土空间开发保护制度。

（四）实施土地用途管制制度、耕地和基本农田保护政策，加强对村级工业企业、畜禽养殖场用地合法性的监管，引导土地集约高效利用，控制零散村级工业用地扩张，对符合复垦条件的零散村级工业用地进行复垦。

（五）负责组织划定禁止采矿区；负责对矿山地质及生态环境的治理恢复实施监督管理；负责调处在查处环境问题过程中涉及的矿业权纠纷、土地权属、农田损毁矛盾纠纷。

（六）负责将环境保护工作市级重点项目建设纳入城市近期建设规划。

（七）负责地质灾害防治工作，防范地质灾害发生导致的环境污染和生态破坏事故。

第十九条 市住房和城乡建设管理局职责：

（一）协助把好建筑工程新建项目环保审批和验收关；对建筑工程建设项目环评文件未经批准、未经环境保护部门出具验收认可文件或准许使用文件的，不得办理工程竣工验收备案手续。

（二）负责建筑工地文明施工管理，加强建筑工地的施工扬尘污染防治工作，确保建筑工地环境卫生；加强建筑工地非道路移动机械（指装配有发动机的移动机械、可运输的工业设备以及不以道路客运或者货运为目的的车辆）和运输车辆的扬尘及尾气等向大气排放污染物的控制。

（三）组织编制城市生活垃圾处理处置规划时，依法进行规划环境影响评价，并向规划审批机关提交环境影响评价文件和环境保护部门书面审查意见；负责城市生活垃圾清扫、收集、贮存、运输和处置的监督管理工作；推进生活垃圾分类处置；负责餐厨垃圾收集、运输、处置的监督管理；负责沿街（路）或在垃圾容器内焚烧废弃物的监督管理；负责防止道路清扫过程中产生的二次扬尘污染，督促对扬尘污染严重的路段进行洒水作业。

（四）行使环境保护管理方面法律、法规、规章规定的对社会生活噪声污染、建筑施工噪声污染的行政处罚权，对饮食服务业油烟污染的行政处罚权，对向大气排放粉尘、恶臭气体或者其他含有有毒物质气体的行政处罚权，对焚烧产生有毒有害烟尘和恶臭气体物质的行为进行监管并按规定行使行政处罚权。

（五）负责组织城乡绿化工作，加强公园绿地建设，推动建立多物种、多层次的绿地系统；指导和监督全市园林绿化工作，制定园林绿化维护管养的标准。

（六）负责开展村庄环境整治，组织编制村庄整治规划，改善村庄人居环境。

（七）积极推广环保、节能建筑材料的使用。

第二十条 市交通运输局职责：

（一）负责在交通专项规划上报或审批前，按照有关法律、法规组织环境影响评价，并向规划审批机关提交环境影响评价文件和环境保护部门书面审查意见。

（二）负责指导、监督落实公路两侧声屏障或其他噪声污染防治设施的建设。

（三）配合环境保护部门依法对机动车污染大气实施监督管理。

（四）负责督促运输管理机构依法对危险化学品公路运输单位及其运输工具的安全管理，对危险化学品和放射源水路运输企业安全生产实施监督。

（五）负责协助海关等口岸联检部门督促港口按要求做好X射线行李包检查装置等核技术应用项目的辐射环境管理和安全防护工作。

（六）负责加强对道路建设过程中的现场环境监督管理，减少对生态环境的破坏，控制道路施工扬尘污染。

（七）负责加快构建快速便捷绿色的交通系统，积极发展和优化城市公共交通，大力发展绿色公共交通。

（八）负责营运类黄标车淘汰工作。

（九）负责结合治超工作加强对外市籍货运车辆的监管。

第二十一条 市水务局职责：

（一）负责全市水资源保护，组织开展全市水资源调查评价，对水功能区的水质状况进行监测，指导水利工程项目做好环境保护工作；加强农田水利建设，推广节水灌溉技术。

（二）组织编制水利资源开发专项规划时，依法进行规划环境影响评价，并向规划审批机关提交环境影响评价文件和环境保护部门书面审查意见。

（三）合理调度水资源，负责区域内水资源开发利用及生态用水的平衡。

（四）负责督促供水部门对环境违法企业依法采取限水、停水、断水等措施。

（五）组织全市水土保持生态环境工作；会同有关部门编制水土保持规划；审批建设项目水土保持方案；组织水土流失监测和综合防治工作。

（六）配合环境保护部门做好饮用水源地综合性保护工作，加强饮用水源地内滩涂地的管理和生态维护，配合各区人民政府做好饮用水源区滩涂地内排污口和违规建设项目的清理工作，协助有关部门做好饮用水源水质保护工作，负责河涌整治工程项目的建设管理。

（七）负责城镇污水处理厂设施及配套管网建设及农村生活污水处理工作，监督、考核城镇污水处理设施运营情况，负责生活污水处理厂污泥处理处置工作。

（八）负责主要河道河砂可采区和禁采区的划定，查处河道违法采砂行为；协助环境保护部门加强对河道排污口及饮用水源保护区违规排污口的监督管理；负责河道漂浮物清理工作。

第二十二条 市农业局职责：

（一）组织编制农业、畜牧业的有关专项规划时，依法进行规划环境影响评价，并向规划审批机关提交环境影响评价文件和环境保护部门书面审查意见。

（二）负责对农业面源污染防治统一监督管理；推广使用合理农业技术，引导农民科学施肥、安全使用农药，推广生态农业技术，防止植被破坏和土壤污染。

（三）组织开展农业环境监测和生态农业建设工作，加快发展无公害农产品、绿色食品和有机产品，指导农业生产对农业生态环境造成污染、破坏的预防和治理；指导农业废弃物资源化利用，推广秸秆综合利用，减少秸秆露天焚烧。

（四）牵头开展畜禽养殖污染减排工作，推进畜禽养殖场废弃物综合利用和污染治理工作；推动畜禽养殖产业转型升级；做好畜禽养殖场基础数据统计，加强畜禽养殖场防疫条件审批管理；组织开展重大动物疫病防控，按规范无害化处理病死畜禽尸体。

（五）结合名村、示范村、新农村的创建，配合做好农村生活污水处理、农村生活垃圾收运、畜禽养殖污染治理等有助于改善农村环境质量的重点工作。

（六）负责依法对主管的自然保护区进行保护和监督管理，依法对森林资源的保护实施监督管理，依法对陆生野生动物和植物保护实施监督管理。

（七）负责推进国家森林城市、名村示范村等创建活动，积极促进绿化水平的整体提升；实施新一轮绿化佛山大行动，加强森林、湿地等自然生态系统保护和修复，完善森林公园和湿地公园体系的建立，深入推进生态景观林带建设，落实生态公益林建设和保护，提高森林生态系统质量。

（八）负责对水产养殖区的水污染防治实施监督管理，推广生态水产养殖；指导养殖生产者科学确定养殖密度，合理投饵、施肥、使用药物；监督落实规定区域网箱养殖的取缔，依法查处违规水产养殖行为；负责对渔业污染事故或渔业船舶造成的水污染事故进行调查处理。

第二十三条 市商务局职责：

（一）负责招商引资和投资促进工作中对外资的产业引导，依据环境保护部门对项目的审核意见实施项目准入审查；配合环境保护部门监督外商投资企业执行环境保护法律法规的情况，并协调解决有关环境保护问题。

（二）按照产业政策拟订现代流通业发展规划。

（三）加强商贸服务业的行业管理，配合环境保护执法部门严格查处商贸服务行业的环境保护违法行为。

（四）组织实施国家第三批再生资源回收体系试点城市的建设工作。

（五）执行国家制定公布的禁止进口、限制进口和自动许可进口的固体废物目录，负责协助环境保护、口岸等部门对列入限制进口目录的固体废物进行审查许可。

（六）负责报废汽车回收管理工作；负责《报废汽车回收证明》领取、发放；监督报废汽车回收企业及网点高污染黄标车的回收、拆解。

第二十四条 市文化广电新闻出版局职责：

（一）依法加强对营业性文化娱乐场所环境污染的监督管理，对未取得环境保护部门批准文件的项目，不得核发娱乐经营许可证；对未取得娱乐经营许可证擅自从事娱乐场所经营活动的，按照相关规定依法予以取缔。

（二）严格监管文化娱乐场所营业时间，对超时营业行为进行查处，避免噪声扰民。

（三）组织广播电台、电视台等新闻媒体配合政府有关部门共同开展生态文明、生态文化、环境保护宣传教育和重大宣传活动。

（四）负责督促广播电台、电视台落实辐射设施的污染防治措施。

第二十五条 市卫生和计划生育局职责：

（一）负责对医疗卫生机构内医疗废物收集、运送、贮存以及医疗废水处理实施监督管理。

（二）参与人体铅等重金属含量超标事件的调查，负责流行病学调查，组织医疗卫生机构对患者进行诊疗。

（三）督促医疗机构做好放射性同位素和射线装置的辐射防护与安全管理工作；负责辐射事故的医疗应急；负责加强对放射诊疗活动的监督管理，配合上级主管部门做好医疗机构放射诊疗活动中辐射环境的职业病危害评价的监督管理工作。

（四）组织对市政水厂出厂水水质进行卫生监督监测。

（五）组织开展卫生城市、卫生镇、卫生村、健康村创建工作，进一步改善城乡环境质量。

第二十六条 市审计局职责：

加强财政筹集用于城镇排水与污水处理设施建设、运营、维护和保护等资金管理和使用情况的监督，并经市人民政府同意后公布审计结果。

第二十七条 市国资委职责：

（一）履行国有资产出资人职责，督促所监管企业贯彻落实环境保护法律、法规，建立健全环境保护责任制。

（二）督促所监管企业落实环境保护措施，负责将环境保护工作作为管理绩效考核的重要内容，纳入企业负责人经营业绩考核之中，并与企业负责人的酬薪管理相挂钩。

（三）参与或协助开展对所监管企业环境保护工作的检查、督查，督促企业认真落实环境保护、污染治理的各项措施。

（四）负责市属国有企业公共服务类黄标车淘汰工作。

第二十八条 市工商行政管理局职责：

（一）配合环境保护部门对发现的违反环境保护法律、法规的企业，通过企业信用信息公示系统或其他系统公示其名称及相关信息，实行信用约束联动机制。

（二）对因违反环境保护法律法规被责令停业、关闭的各类市场主体，根据环境保护部门的抄告，依法吊销营业执照。

（三）依法对超市、商场、集贸市场等商品零售场所违规销售、使用超薄塑料购物袋等行为予以查处。

第二十九条 市质量技术监督局职责：

（一）按职责分工落实我市特种设备相关的环境保护政策，办理锅炉使用登记审批时，提前咨询环境保护部门意见。

（二）依法对机动车安检机构实施监督管理，配合环境保护部门做好对机动车尾气检测的监督管理工作。

（三）负责对生产领域的环保产品的质量实施

监督。

（四）对生产领域危险化学品包装物、容器的产品质量实施监督。

（五）依法查处违规生产超薄塑料购物袋，或不按规定加贴（印）合格塑料购物袋产品标志，以及其他违法违规行为。

第三十条 市安全生产监督管理局职责：

（一）负责危险化学品安全监督管理综合工作，对新建、改建、扩建生产、储存危险化学品（包括使用长输管道输送危险化学品）的建设项目进行安全条件审查，负责危险化学品登记工作。

（二）负责职责范围内矿山尾矿库安全生产相关监督管理工作。

第三十一条 市统计局职责：

（一）负责将环境保护有关数据纳入国民经济和社会发展统计指标体系，并定期公布。

（二）负责严格审核把关企业上报的能源消耗，印染布、机制纸、陶瓷、水泥等重点排污行业产品产量数据，合理反映出真实情况。

第三十二条 市旅游局职责：

（一）协同做好旅游资源开发利用中的环境保护监督管理工作，督促A级旅游景区落实环境整治措施。

（二）负责在旅游活动中的环境保护宣传工作。

第三十三条 市法制局职责：

（一）负责审核、审查市人民政府或者部门制定的涉及环境保护方面的规范性文件草案。

（二）依法办理对环境保护监督管理部门具体行政行为不服向市人民政府申请复议的行政复议案件。

（三）负责对环境保护执法部门进行执法监督，审核环境保护行政执法人员资格，并核发行政执法证件。

第三十四条 市地震局职责：

负责地震灾害预防管理工作，及时提供震情信息，会同环境保护部门防范地震次生灾害导致的环境污染和生态破坏事故。

第三十五条 佛山传媒集团职责：

（一）指导新闻媒体加强环境保护方针政策、法律法规、知识和环境生产工作举措、先进典型、经验等公益宣传。

（二）完善突发环境事件新闻发布机制，指导媒体正确报道事件信息。

（三）指导新闻媒体对违反环境保护法律法规的行为进行舆论监督。

第三十六条 市气象局职责：

负责重大灾害性天气的监测、预报、警报工作，及时发布天气预警、预报信息，及时提供重大环境事件的气象信息。

第三十七条 佛山地质局职责：

（一）负责协助做好地质环境监测工作。

（二）负责协助做好地质灾害预防管理工作，及时提供灾情险情信息，会同环境保护部门防范地质灾害次生灾害导致的环境污染和生态破坏事故。

第三十八条 佛山航道局职责：

负责会同有关部门处理水资源综合利用与航道有关的事宜。

第三十九条 佛山海事局职责：

（一）负责行政区域内水上交通管制，船舶及相关水上设施检验、登记等工作。

（二）负责组织行政区域内通航水域上搜寻救助工作；负责行政区域内水上交通事故、船舶污染事故的调查处理工作。

（三）负责实施行政区域内船舶载运危险货物及其他货物的安全监管，防治船舶污染水域监督等工作。

第四十条 佛山海关职责：

负责废物进出境监管，加大对走私废物等行为的查处，阻断危险废物非法跨境转移。

第四十一条 佛山检验检疫局职责：

（一）负责进口固体废物的检验检疫及监督管理工作。

（二）负责对进口固体废物国内收货人的监督管理。

第四十二条 佛山银监分局职责：

（一）负责督促各银行业金融机构对未通过环评审批或者环保设施验收的项目，不得新增任何形式的授信或贷款支持。

（二）负责根据环境保护部门提供的企业环境违法事实、处罚内容等信息，将因环境违法行为被处以处罚的企业信息告知市内各银行业金融机构，严格授信或发放金融贷款。

第四十三条 佛山水文分局职责：

（一）负责水文行业管理，组织指导水文测验、情报和预报工作，为处理处置突发水环境事件决策、水资源开发利用提供水文技术支持。

（二）负责水文水资源勘测评价，为饮用水源安全提供水文技术支撑。

（三）负责全市水文水质监测评价，承担江河湖库水量和水文水质的监测、分析。

第四十四条 各区人民政府和市有关部门要根据市人民政府重点工作和分工及时调整环境保护工作职责。

第三章 监督考核

第四十五条 市人民政府每年初向各区人民政府和市有关部门下达本年度环境保护目标任务。

各区人民政府和市有关部门应当细化分解、抓好落实，确保实现年度考核目标。

第四十六条 市环境保护委员会负责制定环境保护“一岗双责”责任制考核办法，市环境保护委员会办公室负责具体承担考核工作的组织实施、综合协调、管理指导等相关工作。

第四十七条 各区人民政府领导班子和领导干部环境保护责任制考核按照《中共佛山市委办公室佛山市人民政府办公室关于印发佛山市环境保护责任制考核办法的通知》（佛办发〔2013〕8号）执行，市有关部门领导班子和领导干部环境保护责任制考核办法由市环境保护委员会制定。

第四十八条 对各区人民政府的考核分为季度考和年度考，对市有关部门按年度考核。

考核采取自评资料及相关资料审核、现场检查核查和邀请人大代表、政协委员、市民代表、第三方参与评价等方式评定分数。具体考核细则由市环境保护委员会办公室制定。

第四十九条 领导班子的考核分为优秀、合格和不合格三个等次，领导干部的考核分为优秀、称职和不称职三个等次。

第五十条 市人民政府将环境保护“一岗双责”责任制纳入市绩效考核指标体系，依据考核结果对领导班子和领导干部进行激励和惩罚，考核结果同时抄送组织部门，作为单位或个人评定先进、优秀、劳模以及干部职务晋升的参考依据。

领导班子被评为优秀的，给予通报表扬，并给予该单位环境保护工作经费，所需资金纳入市级财政预算予以保障。

领导班子被评为不合格的，主要领导向市人民政府作出检讨，提出限期整改意见，同时由市环境保护委员会办公室通报全市并对其整改情况进行跟踪和重点督办。

领导干部被评为不称职的，按干部管理权限，书面向组织部门检讨并由组织部门对其进行约谈。

第五十一条 对各区人民政府和市有关部门负责人的环境保护行政过错责任追究按照《佛山市人民政府办公室关于印发佛山市环境保护行政过错责任追究实施办法的通知》（佛府办〔2014〕49号）执行。

第四章 附 则

第五十二条 本办法所称主要负责人，指政府及有关部门的正职负责人，以及主持工作、代行正职职能的副职负责人。

本办法所称分管负责人，指根据“一岗双责”负责某一方面工作的副职负责人。

第五十三条 各区人民政府应参照本办法，制定对镇（街道）和区有关部门领导班子和领导干部的环境保护“一岗双责”责任制规定。

第五十四条 本办法自发布之日起施行。

二〇一四年九月二十九日

佛山市人民政府关于加快推进债券融资工作的实施意见

佛府〔2014〕96号

各区人民政府，市政府各部门、直属各机构：

为贯彻落实党的十八届三中全会和《国务院办公厅关于金融支持经济结构调整和转型升级的指导意见》（国办发〔2013〕67号）精神，加快落实我市金融、科技、产业融合发展，推动企业利用资本市场提升直接融资比例，促进实体经济持续快速协调健康发展，结合我市实际，现提出以下实施意见。

重要意义

债券融资是指发行主体按法定程序发行有价证券并承诺按期向其持有者支付利息和偿还本金的一种融资方式。作为直接融资的重要手段，债券融资已成为发达国家及成熟资本市场的重要融资渠道。与银行贷款等间接融资方式相比，债券融资具有周期灵活、政策稳定、成本相对较低等诸多优势。引导和支持企业利用债券市场融资，扩大债券融资规模，有利于拓宽中小企业融资渠道，解决企业资金期限错配问题；有利于规范企业财务和管理制度，提升企业综合竞争力；有利于我市构建完善的直接融资与间接融资相结合的融资体系，促进金融、科技、产业深度融合。各区人民政府和市相关部门要充分认识政府在债券市场中的引导和扶持作用，积极发展并规范企业利用债券市场融资，将债券融资作为促进金融科技产业融合发展、推动产业转型升级的重要工作内容。

主要目标、基本原则和总体思路

（一）主要目标

一是实施债券融资倍增计划，提高债券融资总体规模，促进间接融资与直接融资结构优化。争取到2017年，当年发行债券融资金额占全市金融机构新增贷款比例超过10%；到2020年，占比超过15%。二是建立完善的政府支持持续债券融资机制，形成多层次的债券融资企业梯队。2015～2020年，每年至少新增5家以上企业首次运用债券实现融资。

（二）基本原则

一是坚持市场化运作原则。发挥市场在资源配置中的决定性作用，尊重市场机构的创新活力；充分发挥政府的服务职能，减少政府对资源的直接配置。二是坚持规范引导原则。引导企业通过发行债券规范企业经营，引导企业自主决策参与债券市场融资，尤其注重对企业首次运用债券实现融资的规范和扶持。三是坚持分类推进原则。既要全面支持各类符合债券融资条件的骨干企业发行债券，又要按照“储备一批、培育一批、发行一批”的模式重点推进符合产业政策导向的中小企业通过单体或集合的形式进行债券融资。四是坚持创新推动原则。鼓励企业尝试创新的债券融资工具，探索区域债券市场创新的发行模式，提高中小企业参与债券市场的广度与深度。

（三）总体思路

通过培育发行主体、出台扶持政策、完善外部增信机制以及推动本地法人金融机构积极参与，同时努力搭建区域发债平台，调动债券融资参与主体的积极性，大力发展本地债券投资者，支持更多的企业利用债券市场融资，拓宽融资渠道，优化融资结构。

重点工作

（一）建立企业资源库

各区对区内企业进行全面摸底，选择符合产业政策导向的大型企业、上市公司、政府投融资平台企业、优质中小企业等作为债券融资后备企业，纳入企业资源库，并实行分类管理和动态管理。资源库中的企业拟发行债券时，市、区人民政府和有关部门应做好手续办理、历史遗留问题处理、融资项目支持等协调工作，在依法依规的前提下加快审批进度，给予支持。

（二）出台扶持政策

对于成功运用债券实现融资的企业以及在债券融资工具创设、发行、承销等过程中发挥重要作用的各类机构，给予一定金额的扶持资金，扶持资金从市财政专项资金列支，扶持办法另行制定。各区人民政府可根据本区实际情况，对成功实现债券融资的企业给予贴息等扶持。

（三）完善外部增信机制

充分利用现有的中小企业直接债务融资发展基金，探索设立政府性债券风险缓释基金，为更多中小企业运用债券融资增信。争取建立全市性信用再担保机构，加强与国内大型担保公司和再担保公司的合作。探索保险公司参与债券融资保险的增信模式，降低债券融资成本。

（四）鼓励发展区域债券市场

支持广东金融高新区股权交易中心探索符合我市实际的各类债券融资工具和模式。鼓励中小企业通过广东金融高新区股权交易中心以多元化的增信方式参与债券融资。鼓励本地法人机构积极参与区域债券市场，大力发展本地的债券投资者，培育一批成熟、理性的合格投资者。

（五）加强专业培训工作

按照“多元化、分批次、有重点”原则组织职能部门和企业参与各交易市场（所）以及省、市举办的债券融资业务培训。推动银行、证券公司、会计师事务所、律师事务所等中介机构组成债券融资服务联盟，对行政区域内企业进行一对一的专业辅导和培训。

（六）搭建信息交流平台

建设网络信息交流平台，提高企业对债券融资的认识和了解，通过“线上了解、线下对接”模式让有需求的企业能找到合适的中介机构。组织金融沙龙，使债券融资相关各方信息互通，促进合作交流，提高区域债券市场活跃度。

保障措施

（一）加大统筹力度

建立由分管市领导为总召集人，市金融局、人行佛山市中心支行、市发展和改革局、市财政局、市国资委、市经济和信息化局、市科技局等部门为成员单位的债券融资联席会议制度，协调解决重大问题。市金融局承担日常工作，各有关部门按照职责分工出台配套措施，加强协调配合，完善工作机制，扎实推进。

（二）发挥各区积极性和能动性

各区要按照本意见要求，结合本区实际抓紧制订扶持债券融资的具体方案，重点做好建立企业资源库和协调服务工作，确保扶持政策和措施落到实处。有关重大事项及时报告市人民政府。

（三）营造良好氛围

加强与债券融资上级主管部门的沟通，了解政策变化和产品创新的最新动态，及时反映我市债券融资情况及需求变化。通过学习考察、交流研讨、宣传资料等方式加大宣传、推介力度，提高债券融资的社会认知度和认同度。注重已发行债券的跟踪监测分析，完善风险防范机制，确保金融稳定底线，形成全市充分利用债券市场融资的良好氛围。

二〇一四年十二月二十九日

主题索引

说　明

一、本索引采用主题分析方法，款目按汉语拼音字母（同音字按声调）顺序排列。

二、文中的篇目题、类目题、分目题用黑体字标明，其余用宋体字排印。

三、索引款目后的数字表示内容所在的页码，数字后面的英文字母（a、b）表示栏别（即版面的左、右栏）。

四、同一主题的内容在文中多次出现的，在其款目后用不同的页码标明。

五、本索引对《特载》《佛山大事记》《文件·法规选编》等篇不作内容主题分析。书中的图表仅对其标题进行索引，并在其款目后分别注明“表”或“图”。

E

F

R

T